知道法律的词句并不意味着了解法律，只有掌握法律所含有的力量和支配权才意味着了解法律。

为了使法律的意志得到遵守，需要给法律以适当的解释。

——培特·J. 杰尔苏（Pater Juventius Celsus）

《学说汇纂》第 26 编、第 29 编

法律援助法

注释书

吴宏耀　等著

该书系樊崇义教授主持研究阐释党的十九届四中全会精神国家社科基金重大项目『健全社会公平正义法治保障制度研究』（20ZDA032）的阶段成果

中国政法大学出版社

2022·北京

图书在版编目（ＣＩＰ）数据

法律援助法注释书/吴宏耀等著. —北京：中国政法大学出版社，2022.1

ISBN 978-7-5764-0236-0

Ⅰ.①法… Ⅱ.①吴… Ⅲ.①法律援助－法律解释－中国

Ⅳ.①D926.05

中国版本图书馆CIP数据核字(2022)第005629号

书　名	法律援助法注释书
	FALÜYUANZHUFA ZHUSHISHU
出版者	中国政法大学出版社
地　址	北京市海淀区西土城路 25 号
邮　箱	fadapress@163.com
网　址	http://www.cuplpress.com (网络实名：中国政法大学出版社)
电　话	010-58908466(第七编辑部) 010-58908334(邮购部)
承　印	北京中科印刷有限公司
开　本	710mm×1000mm　1/16
印　张	48.5
字　数	840 千字
版　次	2022 年 1 月第 1 版
印　次	2022 年 1 月第 1 次印刷
定　价	265.00 元

作 者 简 介

吴宏耀

教授、博士生导师，中国政法大学国家法律援助研究院院长、中国政法大学刑事辩护研究中心主任。2020 年中组部、团中央第二十批西部博士服务团成员（挂职西南政法大学校长助理）。

兼任国家检察官学院特聘教授、最高人民检察院检察理论研究所特聘研究员；曾先后赴美国纽约大学、耶鲁大学以及英国诺丁汉大学、德国马普所等进行学术访问和交流。

在《法学研究》《中国法学》《政法论坛》等刊物发表学术论文五十余篇；出版《刑事审前程序研究》《诉讼法论纲》等专著，翻译《美国刑事诉讼法精义》《刑事诉讼故事》等著作；编辑整理民国刑事诉讼法学经典著作十余部。

序一
迈向新时代的中国法律援助

　　总体来看，尽管新中国法律援助制度的构建历经了坎坷，是一个从无到有的过程。然而，回顾新中国法律援助制度的发展历程，可见其从有到优的重大跨越与发展。特别是 2003 年公布了《法律援助条例》，这标志着我国法律援助制度正式步入法制化的时代。实践已经证明，《法律援助条例》的颁行，极大地推进了我国法律援助的发展与实施，对法律援助制度的现代化发展具有划时代的重大意义。应该说，我国现行法律援助制度在实践中取得的成就是举世瞩目的，集中表现为覆盖全国的法律援助组织机构体系基本建成、法律援助专业人员的数量与质量稳步提升、以政府财政拨款为主的法律援助经费保障体系日渐稳定、法律援助覆盖的事项范围和对象范围不断扩大、以民事代理为主的法律援助案件数量大幅增加、标准化的法律援助质量监管体系有所发展。

　　然而，也要看到，受特定时代的主客观因素的制约，《法律援助条例》颁行后，国际社会的法律援助制度及其实践发生了较大变化，我国社会也发生了翻天覆地的变化。人民群众不断增长的法律援助需求，与我国发展中的法律援助制度及其实施水平之间，存在一定的差距。这意味着我国法律援助制度仍需继续加速向前发展，党和政府及有关部门应当积极推动法律援助的实施。进言之，现行法律援助制度在实践中存在一些突出问题，包括法律援助服务的供给能力仍显不足、法律援助尤其是刑事法律援助的覆盖范围仍显狭窄、民事刑事法律援助案件比例严重失调、法律援助办案质量得不到保障等。为此，必须秉持精益求精的精神，坚持高质量发展的道路，努力推进新时代法律援助制度的重构与升华。在我看来，一是定位要高：要从提高国家治理体系与治理能力现代化的高度定位法律援助制度。二是目光要远：要积极推动《法律援助法》[1]的立法工作并重构我国法律援助的体系。三是发力要准：要从实处着力解决好刑事法律援助实践中存在的突出问题。四是板凳要稳：要以足够的耐性持续培育壮大我国法律援助的理论研究水平。但是，抓紧制定法律援助法显得尤为重要和迫切，是解决上述问题最直接有效的方式，也是实现我国现代法律援助制度根本性变革的关键所在。

《中共中央关于全面推进依法治国若干重大问题的决定》（以下简称十八届四中全会《决定》）描绘了我国全面依法治国的新蓝图，其明确提出要完善法律援助制度，扩大法律援助范围，健全司法救助体系，保证人民群众在遇到法律问题或者权利受到侵害时获得及时有效的法律帮助，旗帜鲜明地将法律援助制度纳入全面依法治国体系。为认真落实中央关于全面推进依法治国的重大战略部署，2015年两办[2]《关于完善法律援助制度的意见》指出，法律援助是国家建立的保障经济困难公民和特殊案件当事人获得必要的法律咨询、代理、刑事辩护等无偿法律服务，维护当事人合法权益、维护法律正确实施、维护社会公平正义的一项重要法律制度，法律援助工作是一项重要的民生工程，并对进一步加强法律援助工作与完善中国特色社会主义法律援助制度提出了明确的意见和要求。这反映了党和国家高度重视民生问题，坚持以人民为中心的执政理念。更重要的是，这为加快推进将法律援助法的制定工作纳入立法议程奠定了坚实的基础。

抓紧制定法律援助法，不仅是全面推进中国特色法律援助制度发展与完善的关键举措，更是利国利民的重大法治工程。2018年10月，第十三届全国人民代表大会常务委员会第六次会议决定，将法律援助立法纳入全国人民代表大会常务委员会的立法规划。法律援助立法不仅体现"以人民

---

〔1〕 为行文方便，本书中我国相关法律法规名称中的"中华人民共和国"均省去。
〔2〕 "两办"是指中共中央办公厅、国务院办公厅，全书同样表述均使用该简称。

为中心"的服务理念，而且直接关系到老百姓的获得感、幸福感和公平感。2019年初，习近平总书记在中央政法工作会议上强调，全面深入做好新时代政法各项工作，促进社会公平正义，保障人民安居乐业。在各项政法工作中，现代法律援助是一项促进社会公平正义的重要制度，是一项直接关系老百姓安居乐业的重要民生工程。进一步完善我国的法律援助制度具有重要意义，而推进法律援助立法是贯彻党中央决策的重大现实需要。在此时代背景下，全国人民代表大会常务委员会把法律援助法纳入立法计划，就是为了更好地解决人民群众对美好生活日益发展的需要、对公平正义民主法治的需要与社会提供的法律服务不充分、不平衡之间存在矛盾的问题，通过法律援助制度推动法治进步与社会发展。这宣告了我国法律援助法的立法工作已经全面启动，并有序推进。

历经近三年的时间，2021年8月20日，第十三届全国人民代表大会常务委员会第三十次会议表决通过《法律援助法》，自2022年1月1日起施行。这意味着我国历经几十年的发展后，终于有了自己的首部《法律援助法》。由此，也正式确立了法律援助的基本原则和基本制度，并以制度化的方式为法律援助积极应对新时代社会主要矛盾、满足人民群众日益增长的法律服务需求提供了坚强的保证，开启了我国法律援助制度发展的"国家法"新时代。

法律援助制度是社会公平正义的重要保障。《法律援助法》的通过，是深入贯彻习近平法治思想的集中体现，其对我国法治建设、以人民为中心的执政理念等都具有非常深远的积极意义。总的来看，我国首部《法律援助法》很好地遵循了一些基本的哲理思维与法治原则。其中，"人本主义"是法律援助立法和实践之本，人权保障是法律援助立法和实践的理论基础，"国家责任、政府义务"是法律援助立法与实践的基本理念，"国家本位、社会本位、个人本位"是法律援助立法和实践的主要维度。中国特色法律援助制度具有不可忽视的公法属性。社会主义法律援助制度的价值目标是追求全面实现社会公平正义。这些关于法律援助的基本理念都在本法中得以充分体现，并以条文的形式予以确认。这足以说明本法是一部高质量的立法成果，也必将引领我国法律援助事业迈向新的高度。

中国政法大学国家法律援助研究院是中国政法大学为切实贯彻落实党的十九大精神和习近平总书记"5·3"重要讲话精神，经由司法部与中国政法大学共同设立的全国首家以法律援助理论研究为主要特色的国家智库研究机构。研究院由我担任名誉院长，著名法学专家暨知名刑事辩护律师顾永忠教授担任首席专家，吴宏耀教授担任院长。同时，研究院还吸纳了国内外对法律援助制度有着深厚造诣的专家学者、对刑事辩护充满热情并富有公益精神的律师作为专家研究团队成员。研究院的正式成立，鲜明地标志着我国法律援助事业从机构建设迈向制度建设、理论建设并重的新阶段，也标志着我国法律援助制度建设已经完成了"从无到有"的1.0时代，正在迈向"从有到优"的2.0时代。同时，研究院的发展对于积极贯彻落实好习近平法治思想，推进中国政法大学"双一流"建设，培养德法兼修的高素质法治人才也具有十分重要的意义。研究院自成立以来，始终致力于加强法律援助的基础理论研究、立法政策研究和实施问题研究，竭力为我国法律援助制度的发展与完善提供持续的理论支撑和技术支持，不断提升中国法律援助制度的软实力，积极向世界讲好中国法律援助的故事。特别是近几年，研究院紧密围绕法律援助立法这一重大事件，积极发挥国家智库的作用，为法律援助立法建言献策，为出台一部利国利民的好法不断努力探索。

积极参与法律援助法的工作，不仅是研究院的本职工作，更是研究院充分发挥国家智库角色的具体体现。我们很高兴地看到，研究院在立法过程中的积极参与、立法建言等，部分地通过《法律援助法》的条文予以反映与体现。这是无上光荣的事情。当前，随着《法律援助法》的通过，正确宣传好本法，推动本法的全面高效实施，已经成为接下来的重要内容。特别是首部《法律援助法》的实施，必将为我国现代法律援助制度的发展与理论研究提供前所未有的契机。

有鉴于此，依托研究院作为国内首家且是唯一的实体性研究力量以及平台，由吴宏耀教授牵头，组织了几位有志于法律援助制度的研究人员，共同围绕我国首部法律援助法的制定问题展开全方位的制度研究，深入浅出地介绍了《法律援助法》的立法过程、背景、旨趣，并就条文的理解与适用作了深度解读，成就了《法律援助法注释书》一书。该书是宣传和运用我国《法律援助法》的好手册与好向导。此外，本书还结合我国法律援助制度及其实施的历史发展、基本回顾、基本理论、性质定位、功能设置、制度建设、立法建言等若干重大问题展开研究，并就我国法律援助制度的现代化发展及其优化实施建言献策，超越单纯对《法律援助法》进行文义解读的维度，亦是一部有深度的理论著作。尤其需要指出的是，该书还以"坚持一个中国原则"的学术情怀，在附录部分详细介绍了我国香港、澳门、台湾地区的法律援助制度。通过相关介绍，我们可以看到，我国的法律援助制度具有多样性，法律援助的研究应当具有更广阔的学术视野，要多学习借鉴各地的成熟制度和实践经验。

值此之际，受邀作序，欣然应允。我本人也特别向大家推荐本书，以为大家学习法律援助法、运用法律援助法、了解法律援助法的立法全貌、洞悉法律援助制度的精髓、开展法律援助制度的理论研究工作等的案头参考。

是为序。

樊崇义

教授、博士生导师

中国政法大学国家法律援助研究院名誉院长

2021 年 8 月 20 日

2021 年 9 月 24 日 改定

序二

我国法律援助制度的创新与发展

2021 年 8 月 20 日，第十三届全国人民代表大会常务委员会第三十次会议通过了《法律援助法》，并自 2022 年 1 月 1 日起施行。如果说 2003 年《法律援助条例》标志着我国法律援助制度正式建立，进入初创时代，那么，《法律援助法》的通过和施行则意味着我国法律援助制度已进入成熟期，走向新时代。

当下，全国法律援助系统以及相关部门正在掀起学习《法律援助法》的热潮和着手贯彻《法律援助法》的各项准备工作。由吴宏耀教授等所著的《法律援助法注释书》一书，相信会对大家学习、贯彻《法律援助法》起到重要的引领作用。我本人长期关注法律援助的理论研究和制度运行，并积极参与了法律援助立法的有关工作，借此机会愿将自己学习《法律援助法》的心得体会与大家分享交流。

在我看来，《法律援助法》对我国法律援助制度具有以下重要的创新与发展。

一、提升了法律援助制度在国家法律体系中的地位

众所周知，中国特色社会主义法律体系，是以宪法为统帅，以法律为主干，以行政法规、地方性法规为重要组成部分的有机统一体。我国法律援助制度滥觞于 2003 年 7 月国务院发布的《法律援助条例》，由此决定了

彼时的法律援助制度在国家法律体系中所处的地位属于行政法规调整规范的法律制度。这是与法律援助制度处于初创时期的历史状况相适应的。《法律援助法》的通过和施行，表明我国法律援助制度已经从初创走向成熟，调整规范法律援助制度的法律形式随之也从"行政法规"上升为"国家法律"。

我国宪法规定，全国人大及其常委会行使国家立法权。全国人大及其常委会制定的法律，是中国特色社会主义法律体系的主干，解决的是国家发展中带有根本性、全局性、稳定性和长期性的问题，是国家法制的基础。行政法规是由国务院根据宪法和法律制定的，在中国特色社会主义法律体系中具有重要地位，是将法律规定的相关制度具体化，是对法律的细化和补充，但不得与法律相抵触。据此可知，随着《法律援助条例》上升为《法律援助法》，法律援助制度在我国法律体系中的地位也得以提升，成为旨在解决"国家发展中带有根本性、全局性、稳定性和长期性的问题"的法律制度。

相较于《法律援助条例》，《法律援助法》对法律援助制度的调整规范范围大大增加。国务院制定的《法律援助条例》，主要对国家行政管理事项进行调整规范，其调整规范的对象主要是国家行政机关，不可对国家司法机关以及司法活动进行调整规范。而《法律援助法》作为国家法律，则可以对法律援助事项涉及的司法机关以及司法活动提出要求，作出规范。比如《法律援助法》第6条、第25条、第27条、第35条等诸多条文对人民法院、人民检察院、公安机关在刑事诉讼中提出"应当"如何的义务性规范和"不得"如何的禁止性规范，这在《法律援助条例》中是难以做到的。又如，《法律援助法》第25条专门就刑事诉讼中的法定法律援助范围作出规定，在所列对象中"（二）视力、听力、言语残疾人"和"（五）申请法律援助的死刑复核案件被告人"与现行《刑事诉讼法》规定的法定刑事法律援助范围并不一致，实质上是对《刑事诉讼法》规定的法定刑事法律援助范围作出了补充，但这对作为国家法律的《法律援助法》并不存在法律障碍。因为根据《宪法》第67条的规定，在全国人民代表大会闭会期间，全国人民代表大会常务委员会可以对全国人民代表大会制定的法律进行部分补充和修改，但是不得同该法律的基本原则相抵触。而国务院制定的《法律援助条例》则不可以对全国人民代表大会制定的《刑事诉讼法》的规定进行修改。

《法律援助法》对法律援助制度在国家法律体系中地位的提升还体现在诸多方面，这一切对于不断完善法律援助制度，推进法律援助事业在国家全面依法治国方略中发挥更大的作用具有重要而深远的意义。

二、提出了法律援助的完整概念，为法律援助制度的不断发展奠定了重要基础

什么是法律援助或法律援助制度？处于法律援助制度初创时期的《法律援助条例》并未直接作出规定。《法律援助法》在第1条对其立法目的作出规定后，在第2条开宗明义，明确规定"本法所称法律援助，是国家建立的为经济困难公民和符合法定条件的其他当事人无偿提供法律咨询、代理、刑事辩护等法律服务的制度，是公共法律服务体系的组成部分"。这是以国家法律的形式首次对法律援助概念作出的权威界定。根据这一概念，法律援助具有以下基本特征。

第一，法律援助是一种为特定对象提供法律服务的制度。在这里为"特定对象"是法律援助制度作为一种法律服务制度，不同于其他法律服务制度譬如诉讼活动中的律师辩护、代理制度的重要特征。所谓"特定对象"，是指"经济困难公民和符合法定条件的其他当事人"，其中前者以"经济困难"为条件，后者则不论经济状况如何，以"符合法定条件的其他当事人"为对象，完全不同于向社会无条件开放的一般的律师辩护、代理制度。至于"法律服务"的形式和内容，法律援助制度与其他法律服务制度并无不同，都可以包括"法律咨询、代理、刑事辩护等法律服务"。

第二，法律援助是一种"无偿提供"法律服务的制度。"无偿性"是法律援助的根本属性和根本特征，这也是它以特定人员为对象的原因所在。法律服务是需要投入人力、物力、财力资源的，一般的法律服务势必要求服务对象提供相应报酬，是一种有偿法律服务，这是市场经济的必然法则，也是市场规律的客观要求。但是，有偿法律服务对于经济困难人员

以及因某种原因而不接受有偿服务的其他人员来讲，则是难以承受或者拒绝接受的。如此以来，对于国家而言，司法公正的实现因这部分人群没有获得应有的法律服务而受到影响。为此，无论国家还是社会都需要设法为这部分人群提供无偿法律服务。法律援助乃至法律援助制度正是在此背景下产生，起初只是在少数国家萌芽，后来则在世界范围发展壮大。当今世界，以无偿性为根本特征的法律援助制度已成为法治国家的"标配"。我国正在推进全面依法治国方略，目标是迈向中国特色社会主义法治国家，坚持并推进以无偿性为根本属性的法律援助制度在其中具有重要的地位和作用。

第三，法律援助是"国家建立"的一种无偿法律服务制度。从法律援助的起源看，其最初只是一种民间慈善活动，是由少数有钱、有善心、有能力的社会人士包括律师发起的，其善心可嘉、善行可彰，但终究规模有限，难以发扬光大，更重要的是难以获得国家、政府的认可与支持。因此，当今世界各国的法律援助制度都是由国家建立的。我国也不例外，早在 2003 年《法律援助条例》中就明确规定"法律援助是政府的责任"，如今在《法律援助法》中进一步明确，法律援助是"国家建立"的一种无偿法律服务制度。从"政府的责任"变为"国家建立"，包含着丰富的含义和明显的进步。一是"国家"相对于"政府"，内涵更丰富，寓意更深刻。在现代政治制度中，国家是永恒的，政府作为国家的代表则是有任期的；国家政权包含了立法机关、司法机关、行政机关等诸多国家机关，政府则一般仅指行政机关。在此背景下，以国家之力建立法律援助制度与以政府之责推进法律援助制度显然不可同日而语。二是"国家建立"蕴含着深刻的"国家责任"，不能简单、狭义地理解为只是由国家"设立"法律援助制度，而应当是指国家从人力、物力、财力等资源的投入和支持其健康运行的保障上确保法律援助制度充分发挥其职能和作用，实现"保障法律正确实施，维护社会公平正义"的根本目的。

第四，法律援助是公共法律服务体系的组成部分。以上三点表明了法律援助的内在特征。同时，法律援助不是孤立运行的，它实际上也属于公共法律服务体系的组成部分，这是它的外部特征。它是一种由国家提供所需资源、服务对象可以无偿获得法律服务的公共法律服务制度，因而在公共法律服务体系中居于特殊的地位。它在贯彻以人民为中心、尊重和保障人权、保障司法公正方面发挥着不可忽视也不可取代的特殊作用。

质言之，法律援助概念的提出，不仅为法律援助制度的建立奠定了坚实的基础，而且由于其具有稳定性、开放性、长远性，也为法律援助制度的未来发展奠定了重要的基础。

三、强化了国家、政府对法律援助的责任

如前所述，《法律援助法》在界定法律援助的概念时，突出强调了国家与法律援助的关系，集中表现为是由"国家建立"的一种为特定对象无偿提供法律服务的制度。"国家建立"即意味着"国家责任"，在《法律援助法》中主要体现在三个方面：其一，直接表述为"国家如何"的规定，经统计此类条文共有 8 个，而在《法律援助条例》中只有 2 个；其二，对政府及所属司法行政机关提出相关要求或授予特定权力的规定，此类条文达 16 个，而在《法律援助条例》中只有 8 个；其三，对司法机关在刑事诉讼中提出的应当保障特定人员依法获得法律援助的明确要求，此类条文有 6 个，而在《法律援助条例》中没有此类条文。

至于上述条文的内容则涉及法律援助制度建立和发展的方方面面，比如《法律援助法》要求"县级以上人民政府应当将法律援助工作纳入国民经济和社会发展规划、基本公共服务体系，保障法律援助事业与经济社会协调发展"（第 4 条第 1 款）。《法律援助条例》虽然也规定县级以上人民政府应当采取积极措施推动法律援助工作，保障法律援助事业与经济、社会协调发展（第 3 条），但并没有强制要求"应当将法律援助工作纳入国民经济和社会发展规划"。《法律援助法》的规定使得法律援助工作在国家经济和社会发展中处于非常重要的地位，不再是"选答题"而成为"必答题"。又如，在法律援助经费保障方面，《法律援助法》规定"县级以上人民政府应当健全法律援助保障体系，将法律援助相关经费列入本级政府预算，建立动态调整机制，保障法律援助工作需要，促进法律援助均衡发展"（第 4 条第 2 款）。《法律援助条例》虽然也涉及法律援助的经费问题，但具体表述是各级政府应当"为法律援助提供财政支持"（第 3

条）。"支持"二字似乎把法律援助工作看作是政府工作的"分外"之事，而"将法律援助相关经费列入本级政府预算"显然是把法律援助工作视为政府工作的"分内"之事。再如，针对我国经济社会发展不平衡的现状，《法律援助法》明确表示"国家建立健全法律服务资源依法跨区域流动机制，鼓励和支持律师事务所、律师、法律援助志愿者等在法律服务资源相对短缺地区提供法律援助"（第18条），这在法律援助制度初创时期是不可能提出并做到的。

总之，《法律援助法》从多方面强化了国家、政府对法律援助负有的责任，势必推动法律援助事业蓬勃发展。

四、确定了法律援助机构的法定地位和职责，为法律援助工作奠定了组织基础

法律援助事业是一项伟大的事业。要把这项伟大的事业发扬光大，使其生根开花，繁荣茂盛，首先需要建立一大批法律援助机构，负责全面组织实施法律援助工作，这是法律援助工作的重要组织基础。否则，法律援助就无法"落地"，成为脱离实际的空中楼阁。

我国法律援助制度的建立就是以建立法律援助机构为标志的。2003年《法律援助条例》要求"直辖市、设区的市或者县级人民政府司法行政部门根据需要确定本行政区域的法律援助机构"（第5条第1款）。在这里没有提出强制性的要求，而是"根据需要确定本行政区域的法律援助机构"，这与当年法律援助制度处于初创时期密切相关。经过十多年的发展，截至2018年，全国法律援助机构已达到3281个，成为我国法律援助制度蓬勃发展的重要基础和标志。

但是，在《法律援助法》制定过程中，对于法律援助机构的设立问题经历了认识上的反复和变化。2020年9月形成的《法律援助法（草案）》初稿第11条规定"县级以上人民政府司法行政部门根据需要设立法律援助机构"，其实质是对于各地是否设立法律援助机构没有提出刚性要求，而是"根据需要设立"的弹性要求。在此情形下，一旦立法通过，各地已经建立起来的3000多个法律援助机构势必面临不稳定甚至被裁撤的风险。

事实上，在前几年的机构改革中，一些地方已经出现法律援助机构被撤销，工作人员离职的现象，这对法律援助事业形成不容忽视的冲击。于是，各方面对于草案征求意见稿的上述规定反响强烈。最终立法机关经广泛听取意见后，明确规定"县级以上人民政府司法行政部门应当设立法律援助机构"。这一规定从法律上确立了法律援助机构在法律援助制度中的地位。此外，还对法律援助机构的职责提出明确要求，即"法律援助机构负责组织实施法律援助工作"，包括受理、审查法律援助申请，指派法律援助人员向援助对象提供法律援助服务，并向他们支付法律援助补贴等。

从"根据需要确定"法律援助机构到"应当设立法律援助机构"，并明确法律援助机构的职责所在，为法律援助制度的完善和法律援助事业的发展奠定了重要的组织基础。

五、建立了层次分明、各有所长、符合实际的法律援助队伍

法律援助事业的发展不仅需要法律援助机构，还需要一支既有专业能力，又有奉献精神的法律援助队伍。在法律援助制度初创时期，法律援助人员尚未形成稳定、成规模的队伍，主要是律师、法律援助机构的工作人员以及其他社会组织的所属人员。经过近20年的发展，法律援助队伍已经形成相当规模，并且队伍组成也发生了变化。针对这种情况，《法律援助法》在以往基础上重新梳理并确立了法律援助队伍主要由律师、基层法律服务工作者和法律援助志愿者三支不同层次、各有所长的力量组成。其中律师是经过国家专门考试获得法律职业资格的专业人员，是法律援助队伍的主干力量，主要从事与诉讼相关的法律援助事务。基层法律服务工作者是法律援助队伍的重要组成部分，他们遍布城乡，了解、熟悉普通公民常见的法律问题，主要从事法律咨询、代拟法律文书，以及承担简单、轻微的民事、行政、劳动争议案件的诉讼、仲裁代理。法律援助志愿者则是一支新兴力量，主要是在法律院校、科研机构从事法律教育、研究工作的人员和法学专业的学生以及其他相关人员。他们是法律援助队伍的补充力量，主要利用自身的一技之长和奉献精神，为当事人提供法律咨询、代拟法律文书等法律援助服务。同时，也是为青年法学学子的成长提供培养渠

道。此外，《法律援助法》第13条还规定："法律援助机构根据工作需要，可以安排本机构具有律师资格或者法律职业资格的工作人员提供法律援助……"

在以上三支力量中，律师和基层法律服务工作者是比较稳定并具有相当规模的，同时又各具特点。律师主要是指社会律师，他们靠自己向社会提供法律服务获得生存发展条件，身份相对独立和自由；而基层法律服务工作者是隶属于司法行政部门并处于社会最基层的专职法律服务人员，他们有自己的本职工作和相应的报酬。如何把律师和基层法律服务工作者组织、调动起来积极投入法律援助事业事关重大。为此，《法律援助法》多措并举，积极推动、促进广大律师和基层法律服务工作者投身法律援助工作：其一，明确规定"律师事务所、基层法律服务所、律师、基层法律服务工作者负有依法提供法律援助的义务"；其二，明确要求"律师协会应当指导和支持律师事务所、律师参与法律援助工作"，"律师事务所、基层法律服务所应当支持和保障本所律师、基层法律服务工作者履行法律援助义务"；其三，要求司法行政部门可以通过政府采购等方式，择优选择律师事务所等法律服务机构为受援人提供法律援助；其四，明确要求"法律援助机构应当依照有关规定及时向法律援助人员支付法律援助补贴"，并且规定"法律援助补贴免征增值税和个人所得税"。

六、理性扩大法律援助范围，务实简化法律援助程序

对于希望得到法律援助的受援人而言，主要关注两个方面：一是法律援助的范围，以此确定自己是否属于法律援助的对象；二是获得法律援助的程序，以此判断自己获得法律援助需要履行的手续和付出的"成本"。当然从国家的角度讲，也非常重视这两个方面，法律援助的范围涉及什么样的人可以或应该获得法律援助，这与建立法律援助的目的高度契合，尽可能使更多需要法律援助的人能够获得法律援助，应当是这一制度的初衷。同时，降低门槛，简化手续也是提高法律援助法律效益、社会效益、便民利民的客观要求。《法律援助法》在这些方面都有明显进步。

《法律援助法》第三章对法律援助的范围专门作出规定，其中关于刑事法律援助的范围尤其令人关注。在强制或法定法律援助的范围方面，

《法律援助法》第25条除吸收了现行《刑事诉讼法》已有的规定外，还在以下两个方面有创新之举：其一，把《刑事诉讼法》中规定的"犯罪嫌疑人、被告人是盲、聋、哑人"表述为"视力、听力、言语残疾人"，这一变化不只是名称上的，更有实质意义。从医学上讲，"视力、听力、言语残疾人"的范围要广于"盲、聋、哑人"，这实际上是扩大了此类特定对象法律援助的范围。其二，将法律援助第一次引入死刑复核程序，规定"死刑复核案件的被告人"也可获得法律援助。这是过去多年想做而没有做成的事情，现在则迈出了重要的一步。

此外，鉴于2017年以来最高人民法院和司法部开展的刑事案件律师辩护全覆盖的试点取得的经验和成效，《法律援助法》还规定"其他适用普通程序审理的刑事案件，被告人没有委托辩护人的，人民法院可以通知法律援助机构指派律师担任辩护人"，这里之所以使用了"可以"而不是"应当"的表述，主要基于现实、理性的考虑。起初的草案中，曾经把所有适用普通程序审理的案件的被告人，凡没有委托辩护人的，一律纳入"应当"提供法律援助的范围。但经过调研，听取各方意见，考虑到各地发展不平衡，法律援助资源也不均衡的现状，最后改为"可以"提供法律援助，但"可以"的表述也具有重要的导向作用，会在有条件的地方明显扩大法律援助的范围。

在申请获得法律援助的范围上，《法律援助法》也有所扩大，其中比较引人关注的是将申请获得法律援助导入以往关闭的再审程序，规定对于因当事人申诉而被人民法院决定再审或被人民检察院提起抗诉的案件，当事人因经济困难没有委托辩护人或诉讼代理人的，也可以申请法律援助。

为了使受援人尽快、便利地得到法律援助，降低门槛、简化程序在《法律援助法》第四章"程序和实施"中表现得尤为亮眼。其一，对于有关办案机关和法律援助机构办理有关法律援助事项的时间提出了明确的、较短的时限要求，比如对于法定刑事法律援助事项，要求办案机关"应当在三日内通知法律援助机构指派律师"；对于在押人员提出法律援助申请的，要求办案机关、监管场所或值班律师"应当在二十四小时内将申请转交法律援助机构"；其二，对于申请法律援助并符合特定紧急事项的当事人，要求法律援助机构"可以决定先行提供法律援助"；其三，对于申请人"经济困难"状况的审查不再像以前那样要求提供诸多证明文件，法律援助机构进行必要的核查即可，包括"可以通过信息共享查询，或者由申请人进行个人诚信承诺"；其四，对于符合法定条件的特定人员比如无固定生活来源的未成年人、老年人、残疾人等则免予核查经济困难状况，如此等等，大大便利了当事人获得法律援助。

七、明确了委托辩护应当优先于法律援助辩护的原则

在刑事诉讼中，委托辩护与法律援助辩护都是法定的辩护形式，从两者在辩护人的法律地位、享有的诉讼权利以及对犯罪嫌疑人、被告人辩护的目的和意义上来讲，没有也不应该有所区别。但是，由于委托辩护是由当事人及其亲属以有偿方式获得的辩护人，而法律援助辩护是法律援助机构依法为当事人无偿指派的辩护人，两种辩护在当事人与辩护人的信任基础上，当事人对辩护人职业素质、专业能力的了解上，当事人与辩护人在诉讼过程中的互动关系上，存在着明显的差异。总体上讲，委托辩护往往是当事人及其亲属的优先选择，而法律援助辩护相对委托辩护则是不得已或下位的选择。再从国家的角度看，委托辩护是当事人自行承担费用而获得的辩护，而法律援助辩护对当事人虽然是无偿的，但国家为此要有很大的投入。因此对于国家而言，委托辩护也是首选，法律援助辩护则是在当事人因经济困难或其他原因没有委托辩护人并且符合相关法定条件下，才予以提供的辩护。正因为如此，《法律援助条例》第23条规定的应当终止法律援助的诸多事项中就有"受援人又自行委托律师或者其他代理人的"情形，也就是说，即使起初法律援助机构依法已经向当事人提供了法律援助，包括法律援助辩护，但其后如果当事人自己又委托了辩护人，法律援助机构经核查情况属实的，就应该终止已经提供的法律援助。该规定明显体现出委托辩护优先于法律援助辩护的精神。

但是，近年来司法实践中出现了一种不正常的现象，就是在当事人亲属依法已经或准备为当事人委托辩护人的情形下，办案机关却通知法律援助机构为当事人指派律师提供辩护，以致当事人亲属委托的律师难以参与诉讼为当事人提供辩护。甚至有的当事人亲属向办案机关或法律援助机构

明确要求撤销法律援助辩护，由其自己委托的律师进行辩护，也不能获准。这种现象被称为"占坑式辩护"或"占坑式法律援助"，受到社会广泛关注，也受到法律界特别是律师界不少人的质疑。

针对这种现象，《法律援助法》在吸收、保留《法律援助条例》上述规定的同时（第48条），又在第27条强调性地规定："人民法院、人民检察院、公安机关通知法律援助机构指派律师担任辩护人时，不得限制或者损害犯罪嫌疑人、被告人委托辩护人的权利。"应该说，这一规定清楚地表明了委托辩护与法律援助辩护的关系，在法律上明确了"委托辩护应当优先于法律援助辩护"的原则，为今后司法实践中处理委托辩护与法律援助辩护的关系，特别是解决"占坑式辩护"或"占坑式法律援助"的问题，提供了明确的法律依据。

需要特别指出的是，《法律援助法》第27条的规定是立法机关在第三次审议该法案时才增加上去的，此前的两次审议稿并没有该规定，由此表明立法机关对于委托辩护与法律援助辩护关系的重视和态度。

八、构建了法律援助案件质量管理体系

过去20多年，我国法律援助制度走过了从无到有的历程。首先需要解决的突出问题是如何实现"从无到有"。《法律援助条例》对于法律援助案件的办案质量几乎没有提及。在法律援助实践中，伴随"有"的问题逐渐解决，法律援助案件的质量问题开始显现并受到重视。近些年来，司法行政部门在继续做好法律援助"从无到有"的同时，开始把法律援助"从有到优"作为工作的重点来抓，为此，制定发布了不少规章制度和文件，在法律援助案件质量管理方面取得了明显成效。

《法律援助法》在系统总结以往工作经验的基础上，全面构建了法律援助案件质量管理体系，其一，未雨绸缪，培训先行，要求各级司法行政部门"应当有计划地对法律援助人员进行培训，提高法律援助人员的专业素质和服务能力"；其二，在法律援助过程中，要求"法律援助机构应当综合运用庭审旁听、案卷检查、征询司法机关意见和回访受援人等措施，督促法律援助人员提升服务质量"；其三，加强质量监督考核，要求"司法行政部门应当加强对法律援助服务的监督，制定法律援助服务质量标

准，通过第三方评估等方式定期进行质量考核"；其四，建立投诉查处制度，一方面敞开大门勇于接受受援人对法律援助机构、法律援助人员的履职情况进行投诉，包括要求更换法律援助人员；另一方面重视受理和调查处理投诉反映的问题并向投诉人告知处理结果。从事前到事中，再到事后，构建了法律援助案件全面质量管理体系，对促进、保障法律援助办案质量具有重大意义。

最后，衷心祝贺《法律援助法注释书》的出版！

顾永忠

教授、博士生导师

中国政法大学国家法律援助研究院首席专家

2021 年 11 月 8 日

自序

中国法律援助制度的新格局新起点

在全面建设社会主义现代化国家的时代背景下，高质量发展、实现共同富裕已经成为新时代发展的主旋律。在法治领域，推动"法律面前人人平等"的宪法原则从"形式平等"转向"实质平等"，让更广泛的社会阶层、更基层的人民群众都能够"共享"现代法治发展的红利、感受到法治的力量和温暖，是我国法治高质量发展的内在要求和应有之意，也是法治领域的"全面小康""共同富裕"。

"以人民为中心"是中国法治之路的价值基础和底层逻辑。"只有坚持以人民为中心的发展思想，坚持发展为了人民、发展依靠人民、发展成果由人民共享，才会有正确的发展观、现代化观。"[1]因此，共享法治发展成果，努力让人民群众在每一个司法案件中都感受到公平正义是我国法治发展的核心命题。为了切实解决好老百姓打官司难问题，保证人民群众在遇到法律问题或者权利受到侵害时获得及时有效的法律帮助，十八届三中、四中全会先后提出了"完善法律援助制度"的改革任务。

国家立法是完善法律援助制度的重要举措，也是国家责任原则的内在要求。《十三届全国人大常委会立法规划》将法律援助法列入二类立法项

---

[1] 2021年1月11日，习近平在省部级主要领导干部学习贯彻党的十九届五中全会精神专题研讨班开班式上的讲话。

目；2018 年 10 月，第十三届全国人民代表大会常务委员会第六次会议在听取全国人大监察和司法委员会《关于第十三届全国人民代表大会第一次会议主席团交付审议的代表提出的议案审议结果的报告》后，决定启动法律援助立法，由监察和司法委员会负责。经过近三年的持续努力，2021 年 8 月 20 日，第十三届全国人民代表大会常务委员会第三十次会议通过《法律援助法》。该法共七章，计 71 条，依次规定了总则、机构和人员、形式和范围、程序和实施、保障和监督、法律责任、附则等内容。

在我国法律援助制度史上，《法律援助法》的制定与颁布开启了我国法律援助制度发展的"国家法"时代。回顾历史，1996 年《刑事诉讼法》《律师法》率先采用了"法律援助"这一立法概念，为我国引入现代法意义上的法律援助制度提供了制度契机；2003 年《法律援助条例》从司法行政角度构建了法律援助制度的基本工作机制。作为国家立法，《法律援助法》以习近平法治思想为指导，立足"以人民为中心""共享发展理念"等时代要求，将经实践检验已经比较成熟的法律援助制度及其实践上升为国家立法，以制度化的方式为法律援助制度积极应对新时代社会主要矛盾、满足人民群众日益增长的法律服务需求提供了坚强的保证。

共享发展理念是社会主义法治的本质特征；法律援助制度是共享发展理念在法治领域的集中体现。《法律援助法》坚持"以人民为中心"的法治理念，以"保证更多需要法律援助的人更便利地享受更有质量的法律援助服务"为导向，[1] 为法律援助服务多元化、可持续、高质量发展奠定了坚实的制度基础。作为社会主义法律体系的重要组成部分，法律援助制度旨在"贯彻公民在法律面前一律平等的宪法原则，使公民不论经济条件好坏、社会地位高低都能获得必要的法律服务"。

一、法律援助立法是全面推进依法治国的时代召唤

作为我国社会主义法律体系的必要组成部分，法律援助制度肇始于 1996 年《刑事诉讼法》《律师法》。根据两法规定，在司法部大力倡导下，

---

〔1〕 蒲晓磊："为群众获得优质高效法律援助服务提供法治保障 解读法律援助法"，载《法治日报》2021 年 8 月 21 日，第 2 版。

各省市先后设立了法律援助机构并以地方立法的形式颁布了法律援助条例。为适应地方法律援助实践发展的需要，2003 年国务院发布了《法律援助条例》，从司法行政的角度规范了法律援助的工作机制。针对法律援助制度供给不足等问题，2011 年第十一届全国人民代表大会第四次会议期间，王恒勤、刘玲等 61 名代表曾提出议案，建议制定法律援助法。议案指出，为确立法律援助的法律地位和效力，与现有司法制度相衔接，更好地开展法律援助工作，建议制定法律援助法，明确法律援助机构的设立和性质，明确法律援助机构人员的资质和法律地位等。对此，司法部的态度非常积极，认为"法援法立法条件成熟，可纳入立法规划"。但遗憾的是，当时的全国人大内务司法委员会认为，《刑事诉讼法》《律师法》已经对法律援助作了规定，全国人大常委会正在审议的刑事诉讼法修正案草案进一步扩大了法律援助的范围。国务院已于 2003 年公布了《法律援助条例》。当前的主要工作应着重于贯彻落实条例规定，健全完善工作机制，积累实践经验，更好地发挥法律援助在维护公民合法权益、促进社会公平正义中的作用，待条件成熟时再考虑制定法律援助法。

法律援助制度是现代法律服务体系不可或缺的重要组成部分。在刑事法律领域，刑事法律援助是一项重要的人权司法保障制度；在民事行政法律领域，法律援助又是基本公共服务的组成部分，是一项"弱有所扶"的社会保障制度。因此，随着我国社会主义法治实践的蓬勃发展，尤其是，自 2013 年以来，在全面推进依法治国的时代背景下，法律援助制度及其实践的发展已经远远不能满足我国法治建设的客观需要。新时代条件下，人民群众在民主、法治、公平、正义等方面的法律服务需求日益增强并呈现多元化趋势，然而，法律援助制度的相关规定立法层级过低、基本制度供给不足已成为困扰我国法律援助制度可持续、高质量发展的根本症结。

在全面推进依法治国进程中，习近平总书记对法律援助工作高度重视，多次对法律援助工作作出重要指示。2013 年 2 月，在中央政治局第四次集体学习时，习总书记强调，"要努力让人民群众在每一个司法案件中都感受到公平正义，所有司法机关都要紧紧围绕这个目标来改进工作，重点解决影响司法公正和制约司法能力的深层次问题。要坚持司法为民，改进司法工作作风，通过热情服务，切实解决好老百姓打官司难问题，特别是要加大对困难群众维护合法权益的法律援助"。2014年1月，习总书记在中央政法工作会议上再次重申，"要重点解决好损害群众权益的突出问题……决不允许让普通群众打不起官司……"。2014年4月21日，习近平总书记在听取司法部工作汇报后，专门就法律援助工作作出重要指示，要在不断扩大法律援助范围的基础上，紧紧围绕经济社会发展的实际需要，注重提高法律援助的质量，努力做好公共法律服务体系建设。事实上，习总书记对法律援助工作的关注由来已久。早在担任浙江省委书记时，他就非常关心关注法律援助工作。2005年，习近平同志视察安吉县法律援助中心时指出："法律援助是创造公平环境的一个重要举措，全省要做好扩大覆盖面的工作，打好基础，充实人员，提供必要的经费。"2006年，习近平同志在余杭区调研"法治浙江"建设时又指出："各地要高度重视法律援助工作，加快建设农村法律援助体系，健全机构，组织队伍，规范操作。并通过政府和社会捐助等多种渠道，建立法律援助经费保障机制，确保让每一位群众遇到矛盾之时先去调解，调解不成也愿意打官司、懂得打官司、打得起官司，信得了打官司的最终结果。"

秉持以人民为中心的法治理念，十八届三中、四中全会提出了"完善法律援助制度"的改革任务。2013年11月，十八届三中全会《决定》在第九部分"推进法治中国建设"标题下，作为"完善人权司法保障制度"的具体要求之一，明确提出了"完善法律援助制度"的改革任务。2014年10月，十八届四中全会《决定》在第五部分"增强全民法治观念，推进法治社会建设"中进一步指出，要"建设完备的法律服务体系。推进覆盖城乡居民的公共法律服务体系建设，加强民生领域法律服务。完善法律援助制度，扩大援助范围，健全司法救助体系，保证人民群众在遇到法律问题或者权利受到侵害时获得及时有效法律帮助"。2015年5月21日，中央全面深化改革领导小组会议审议通过了《关于完善法律援助制度的意见》，该意见指出："法律援助工作是一项重要的民生工程，要把维护人民群众合法权益作为出发点和落脚点，紧紧围绕人民群众实际需要，积极提供优质高效的法律援助服务，努力让人民群众在每一个案件中都感受到公平正义。要适应困难群众的民生需求，降低门槛，帮助困难群众运用法律手段解决基本生产生活方面的问题。要注重发挥法律援助在人权司法保障中的作用，加强刑事法律援助工作，保障当事人合法权益。要通过法律援助将涉及困难群体的矛盾纠纷纳入法治化轨道解决，有效化解社会矛盾，维护和谐稳定。各级党委和政府要高度重视法律援助工作，不断提高法律援助工作水平。"

习近平总书记的重要指示和中央的决策部署，为完善法律援助制度、做好法律援助工作指明了方向，有力地保障和促进了法律援助事业的发展。2015 年 9 月，根据《国务院 2015 年立法工作计划》，《法律援助法》作为"有关保障和改善民生、促进社会和谐稳定的立法项目"，被纳入"研究项目"之列。2017 年 3 月，国务院印发《"十三五"推进基本公共服务均等化规划》，建立了国家基本公共服务清单制。据此，法律援助是国家基本公共服务体系中一项"弱有所扶"的社会服务内容。2018 年，"加强法律援助工作" 8 个字第一次被写入总理的《政府工作报告》；2019 年，"加强法律援助工作"被写入《关于 2018 年中央和地方预算执行情况与 2019 年中央和地方预算草案的报告》。

以国家立法的形式确立法律援助制度，是推动我国法律援助制度可持续、高质量发展的必要条件。因此，随着我国社会主义法律体系日益完备、社会公众的法律服务需求日益增强，呼吁法律援助立法的声音也越来越迫切。2016 年，第十二届全国人民代表大会第三次会议期间，许文有、刘玲等 63 名代表提出制定法律援助法的议案 2 件（第 143 号、第 161 号）。议案提出，《法律援助条例》对法律援助作了体系化的规定，但其效力位阶较低，难以起到统领作用。建议制定法律援助法，对法律援助的条件、范围以及法律援助的申请、实施等程序问题作出规定，重点解决和规范法律援助保障问题。对此，全国人大内务司法委员会的审议意见是："完善法律援助制度是党的十八届三中全会提出的改革任务。目前，司法部正在抓紧起草法律援助法，建议适时列入全国人大常委会立法工作计划。"2017 年 11 月，第十二届全国人民代表大会第四次会议期间，许文有等 31 名代表再次提出关于制定法律援助法的议案（第 369 号）。对此，全国人大内务司法委员会审议报告认为，法律援助法"已经列入国务院立法工作计划，有关部门正在抓紧立法工作，建议列入十三届全国人大常委会立法规划"。2018年3月，第十三届全国人民代表大会第一次会议期间，郑喜兰等31名代表再次提出制定法律援助法的议案（第93号）。鉴于2018年9月7日公布的《十三届全国人大常委会立法规划》已经将法律援助立法作为"需要抓紧工作、条件成熟时提请审议的法律草案"纳入立法规划，全国人大监察和司法委员会审议报告认为："制定法律援助法，确定由我委牵头起草，我委将抓紧起草工作，按期完成起草任务。公共法律服务中的律师、公证、人民调解等法律服务，已经制定相应法律，议案提出的有关法律援助的内容，我委将在起草法律援助法时一并研究。"

为适应法律援助立法的需要，中国政法大学国家法律援助研究院成立了专门的法律援助立法课题组，就法律援助立法相关问题展开专题研究。2018年10月27日，作为尚权刑事辩护论坛的一部分，中国政法大学国家法律援助研究院组织召开"法律援助立法专题研讨会"，邀请各省市法律援助领域的专家学者，广泛听取各地的法律援助实施经验及其实施问题，并就法律援助立法的调整范围（是国家法律援助还是同时覆盖社会公益法律服务）、如何理顺法律援助的管理体制、法律援助机构的性质及其职责、法律援助服务的提供方式以及公职律师、经费保障、信息化建设等问题进行了研讨。2019年1月19日，司法部公共法律服务管理局与中国政法大学国家法律援助研究院联合组织召开"法律援助立法研讨会"，结合司法部《法律援助法（建议稿）》相关条文，依次研讨了以下6个专题："法律援助定位""法律援助对象和援助事项范围、受援标准""法律援助提供模式及其经费保障""法律援助服务提供主体及其权利义务""法律援助管理体制""法律援助组织实施程序、信息化运用"。

二、法律援助法的立法进程及争议问题

根据《十三届全国人大常委会立法规划》，《法律援助法》属于2020年度立法工作计划初次审议项目；具体立法工作由全国人大监察和司法委员会负责。2018年10月，监察和司法委员会启动立法工作，研究制订起草工作实施方案，组织成立起草工作领导小组，下设办公室和工作专班。

2018 年 11 月 27 日，法律援助法起草领导小组第一次工作会议召开，起草工作正式启动。之后，监察和司法委员会认真领会中央有关文件精神，收集整理国内外立法资料，先后赴深圳、云南、重庆、浙江、上海及澳门等地调研，认真总结法律援助实践经验，梳理研究立法重点问题。

2019 年 6 月，根据实施方案要求，司法部向全国人大监察和司法委员会提交草案建议稿；监察和司法委员会将草案建议稿印发中央编办、全国人大常委会法制工作委员会、国务院有关部门、最高人民法院、最高人民检察院、中华全国律师协会等有关单位并征求意见。结合前期立法调研、会议研究等工作成果，于 2019 年底形成了草案征求意见稿初稿，并经再次征求有关单位意见，反复研究修改，形成了草案征求意见稿。

（一）《法律援助法（草案）》初稿

2020 年 9 月 24 日，全国人大监察和司法委员会在京组织召开法律援助立法专家座谈会，就《法律援助法（草案）》初稿听取专家意见。在此过程中，争论较大的问题主要有以下方面。

1. 关于法律援助机构的设置问题

初稿第 9 条规定："县级以上人民政府司法行政机关根据需要设立法律援助机构。"对此，多数意见认为，县级以上人民政府司法行政机关"应当"而不是"根据需要"设立法律援助机构。理由有三：第一，根据相关规范性文件的要求，法律援助案件以办案机关所在地同级法律援助机构受理为原则。如果是"根据需要设立"而不是"应当设立"，可能导致一些地方根本就没有法律援助机构的局面。第二，在法律援助实践中，绝大多数需求来自于基层。统计数字表明，2019 年，全国共办理法律援助案件 127 万余件，其中县市区一级法律援助机构办案量占 70%。根据 2018 年《中共中央关于深化党和国家机构改革的决定》关于"促进公共资源向基层延伸"的精神，为更好满足人民群众日益增长的法律服务需求，应当从制度上保证至少县一级人民政府必须设立法律援助机构。第三，在当前实践中，一些地方政府在事业单位改革中存在随意撤并法律援助机构的现象，如果立法规定可以"根据实际需要"设置法律援助机构，则会进一步助长这一趋势。统计数字表明，在此之前几年，全国法律援助机构数量减少了 14%，而且，减少的主要就是县市区一级的法律援助机构。因此，为了从制度上保证基层法律援助服务的供给能力，保证其均衡发展，县市区一级不能没有法律援助机构。

2. 关于法律援助机构的性质问题

针对我国法律援助机构性质不统一的现状，有专家指出，应当从法律援助均衡、可持续发展的角度对其性质予以明确。具体方案有两种：第一种，将法律援助机构统一界定为行政性质或者参公管理性质。因为法律援助机构是《刑事诉讼法》规定的法定机构，是保障刑事司法顺利进行的必要辅助机构之一。在域外法治国家，为保证刑事法律援助服务供给，很多国家实行公设辩护人制度，并规定公设辩护人享有与检察官同等的工资待遇。第二种，根据我国事业单位改革的相关精神，也可将法律援助机构规定为"政府全额拨款的公益事业单位"。

3. 关于扩大法律援助范围的问题

就刑事法律援助而言，建议法律援助法反映刑事辩护全覆盖试点的内容，将"适用普通程序审理的被告人"纳入强制指派辩护的范围。还有专家认为，在认罪认罚从宽制度下，应当为不认罪认罚的犯罪嫌疑人、被告人提供更充分的法律保障，因此建议将"适用普通程序审理的被告人"修改为"不认罪的犯罪嫌疑人、被告人"。

4. 关于经费保障问题

法律援助是国家提供的基本公共服务之一，为保证其可持续性、高质量及均衡发展，必须建立切实可行的经费保障制度。在我国同级财政保障体制下，有专家指出：就立法权限而言，刑事法律援助（如刑事法律援助的范围、值班律师的设置等）属于中央事权，取决于《刑事诉讼法》的具体规定；就法律性质而言，这一制度属于人权司法保障制度。因此，在经费保障制度上，应区分刑事、非刑事法律援助，而刑事法律援助应由中央财政保障为宜。

针对《法律援助法（草案）》初稿，中国政法大学国家法律援助研究院的研究团队提出了五方面的建议：（1）建议明确"法律援助是国家责任"。（2）建议从制度上统筹解决各地法律援助发展不平衡、不充分问题；明确法律援助机构的性质；探索合同聘任制的法律援助专职律师制度；完善刑事法律援助经费保障制度、法律援助信息公开制度、第三方质量评估制度、年度轮训制度等。（3）明确区分司法行政机关的监督管理职责与法律援助机构的服务供给职责。（4）基于被害人的当事人地位，建立对等的被害人法律援助制度，对于符合法定情形的被害人，实行强制指派代理制度。（5）完善法律援助办案补贴制度，建议明确该补贴应当充分体现法律援助服务的劳务费用并纳入免征个人所得税范围。同时，研究团队还结合具体条文，就立法技术、条文表述等细节问题提交了书面专家意见。

（二）《法律援助法（草案）》一审稿

2021年1月20日，第十三届全国人民代表大会常务委员会第二十五次会议就《法律援助法（草案）》进行了第一次审议。草案分为七章，包括总则、法律援助机构和人员、法律援助范围、法律援助程序、保障措施、法律责任和附则，共61条。全国人大监察和司法委员会副主任委员张苏军向全国人大常委会作《关于〈中华人民共和国法律援助法（草案）〉的说明》，报告了"制定法律援助法的必要性""起草过程、立法指导思想和原则""主要内容和重点问题"。

初次审议后，全国人大常委会法制工作委员会将草案印送有关部门、地方和单位征求意见；同时在中国人大网公布了草案一审稿全文，面向社会公众公开征求意见（2021年2月2日至25日）；其间还先后到湖北、江苏调研，听取地方政府有关部门及法律援助机构、法院、检察院、人民团体、高等院校、律师事务所和全国人大代表的意见。

针对《法律援助法（草案）》一审稿，中国政法大学国家法律援助研究团队提交了书面专家意见和条文修改建议，并在座谈会中重点谈了以下问题。

（1）从制度上解决各地法律援助发展不均衡、不充分问题，建议强化中央—省级的统筹职责。建议增加规定："国务院、省级人民政府应当通过具体制度和措施，有效解决法律援助发展的不平衡、不充分问题。根据经济社会发展情况和人民群众实际需要，国务院、省级人民政府应当为法律援助制度的可持续发展提供必要的人员和经费支持。"（2）人员保障问题。作为一种专业化法律服务，法律援助离不开"人的问题"。针对我国律师资源地理分布不均衡的现实，应当通过法律援助制度积极探索"逆市场配置"的律师配置规则。为此，建议在律师资源匮乏地区实行"聘任制的法律援助专职律师制度"。（3）社会力量参与问题。为提高法律援助服务的供给能力，必须明确并开放社会力量利用自有经费和人员提供服务的渠道。同时，根据培养德法兼修高素质法律人才的精神，对符合规定条件的法科院校，可授权其在轻微案件中提供适宜的案件代理服务。（4）完善律师参与法律援助的激励机制。建议规定："各级人民政府聘请法律顾问，人民法院、人民检察院从律师中遴选法官、检察官，以及律师行业的评优评先等应当将律师的公益法律服务活动纳入考量范围。"（5）建议将刑事法律援助范围扩大到三年以上有期徒刑的案件，并明确规定重罪案件法律援助律师的资质要求。（6）根据扩大法律援助范围的改革精神，建议赋予地方扩大民事行政类法律援助事项的权力："省、自治区、直辖市、自治州、设区的市的人民代表大会及其常务委员会可以根据本行政区域的经济社会发展程度和法律援助需求，适当扩大法律援助的范围。"此外，书面专家意见还重申了法律援助信息公开制度、强化被害人强制指派代理制度、明确办案补贴标准及免税等内容。

同时，中国政法大学国家法律援助研究院顾永忠教授还单独提交了一份书面意见，主要论证了三方面的问题：（1）刑事法律援助的经费保障问题。刑事法律援助不属于地方事权，而是中央事权、国家事权，应当由中央财政承担其经费。（2）律师的法律援助义务问题。建议将"按照国家规定"修改为"按照律师行业有关规定承担法律援助责任"。（3）律师参与法律援助应当公开、透明、平等的问题。建议规定："司法行政部门及法律援助机构应当为执业律师、律师事务所参与法律援助工作、提供法律援助服务提供公开、透明的机制和平等、公正的程序。"

2021 年 5 月 19 日，全国人大宪法和法律委员会根据全国人大常委会组成人员的审议意见和各方面意见，对草案一审稿进行了逐条审议。全国人大监察和司法委员会、司法部、全国总工会有关负责同志列席了会议。

5月27日，宪法和法律委员会召开会议，再次对草案一审稿进行了审议，并提出了八方面的修改建议：第一，增设专条明确群团组织实施法律援助的法定地位。第二，强化经费保障制度；同时，在条文顺序上，将相关条文从第五章"保障和监督"提前至第一章总则部分第4条。第三，删除有关"法律援助机构律师"的规定。第四，在法律援助志愿者条文中，增加第1款规定国家鼓励和规范法律援助志愿服务；还增加了第3款的规定。第五，在相关条文中增加一款，规定重罪案件法律援助律师的特殊资质要求。第六，进一步扩大民事、行政法律援助覆盖面，明确规定四类特殊案件申请法律援助不受经济困难条件限制。第七，明确法律援助补贴标准实行动态调整，法律援助补贴免征增值税和个人所得税。第八，建立健全法律援助工作的有关监督制度。

（三）《法律援助法（草案）》二审稿

2021年6月7日，《法律援助法（草案）》提请全国人大常委会第二十九次会议进行了第二次审议。二次审议后，全国人大常委会法制工作委员会在中国人大网公布草案二审稿全文，向社会公开征求意见。同时，先后到重庆、云南调研，听取地方政府有关部门以及法律援助机构、法院、检察院、群团组织、高等院校、律师事务所和全国人大代表的意见。

针对二次审议稿，中国政法大学国家法律援助研究团队提交了书面专家意见和条文修改建议，并在座谈会中重点谈了以下问题：（1）从制度上解决律师资源匮乏地区的法律援助服务问题。（2）建议适应刑事辩护全覆盖试点的要求，在有关强制指派辩护的条文中，恢复"适用普通程序的被告人"的规定。（3）法律援助经费应当实行"专门账户、专款专用"。（4）为适应经济困难核查的需要，建议"省级司法行政部门应当建立经济困难人员数据库，实现法律援助信息互联互通、资源共享"。（5）为防止出现"以法律援助为借口拒绝委托辩护"的情形，建议将有关终止法律援助的法定情形中"受援人自行委托律师或者其他代理人"修改为"受援人及其近亲属已经自行委托的"。

2021年7月12日，全国人大宪法和法律委员会根据委员长会议精神、常委会组成人员审议意见和各方面意见，对草案二审稿进行了逐条审议。

全国人大监察和司法委员会、司法部、全国总工会有关负责同志列席了会议。

7月20日，全国人大常委会法制工作委员会召开会议，邀请部分全国人大代表、专家学者和地方有关部门、法院、检察院、法律援助机构、律师事务所等方面代表，就草案中的主要规范的可行性、出台时机、实施效果及可能出现的问题等进行评估。与会人员普遍认为，草案经过多次审议修改，坚持了问题导向，贯彻落实了有关中央文件精神，吸收了各方面的意见，回应了社会关切，主要制度设计符合实际，具有较强的针对性和可操作性，已经比较成熟。

7月27日，全国人大宪法和法律委员会、监察和司法委员会，全国人大常委会法制工作委员会召开会议，进一步听取了司法部、全国总工会等有关方面的意见。7月28日，全国人大宪法和法律委员会召开会议，对草案二审稿进行了再次审议，并提出了六点修改建议：第一，针对法律援助机构律师能否办案问题，建议增加规定："法律援助机构根据工作需要，可以安排本机构具有律师资格或者法律职业资格的工作人员提供法律援助。"第二，为解决西部地区律师资源匮乏的问题，建议增加一条："国家建立健全法律服务资源依法跨区域流动制度机制，鼓励和支持律师、法律援助志愿者等在法律服务资源相对短缺地区提供法律援助。"第三，在有关法律咨询的条文中，建议增加规定："法律援助机构应当提示当事人享有依法申请法律援助的权利，并告知申请法律援助的条件和程序。"第四，结合刑事案件律师辩护全覆盖试点的内容，建议增加规定："其他适用普通程序审理的案件，被告人没有委托辩护人的，人民法院根据实际情况，可以通知法律援助机构指派律师担任辩护人。"第五，针对司法实践中屡有发生的"以法律援助为借口拒绝当事人家属委托辩护"的错误现象，建议增加规定："人民法院、人民检察院、公安机关通知法律援助机构指派律师担任辩护人时，不得限制或者损害犯罪嫌疑人、被告人委托辩护人的权利。"第六，在群团组织的列举规定中，建议增加"残疾人联合会"。

（四）《法律援助法》三审通过

2021年8月17日，《法律援助法（草案）》提请全国人大常委会进行第三次审议。全国人大常委会会议于 8 月 17 日下午对《法律援助法（草案）》三审稿进行了分组审议。普遍认为，草案已经比较成熟。同时，有些常委会组成人员和列席人员还提出了一些修改意见。全国人大宪法和法律委员会于 8 月 18 日上午召开会议，逐条研究了常委会组成人员的审议意见，对草案进行了审议。全国人大常委会法制工作委员会就草案修改与司法部进行了沟通，共同研究。全国人大宪法和法律委员会认为，草案是可行的，同时，就第 18 条、第 22 条、第 31 条的条文表述提出了三点修改意见。

2021 年 8 月 20 日，第十三届全国人民代表大会常务委员会第三十次会议表决通过《法律援助法》。根据中华人民共和国主席令（第九十三号），该法自 2022 年 1 月 1 日起施行。

三、新时代法律援助制度的发展愿景及其挑战

《法律援助法》开启了我国法律援助制度的"国家法时代"。以 1996 年为发端，我国法律援助制度从无到有，先后经历了地方先行先试的实践探索时期、以国务院《法律援助条例》为标志的制度形成时期；近年来，在 2015 年两办《关于完善法律援助制度的意见》指引下，各省市以扩大法律援助范围、提高法律援助质量为导向，因地制宜、积极探索，积累了丰富的制度规范和实践经验。然而，"随着我国经济社会不断发展，社会主要矛盾转化为人民日益增长的美好生活需要和不平衡不充分的发展之间的矛盾，人民群众在民主、法治、公平、正义、安全、环境等方面的要求日益增长。现行《法律援助条例》已经不能很好地适应法律援助工作需要，与人民群众特别是困难群众日益增长的法律援助需求相比，法律援助工作还存在制度不够完善、保障不够充分、援助范围亟待扩大等问题"。[1] 为适应新时代人民群众的法律援助需求，《法律援助法》"进一步拓宽法律援助方式、扩大法律援助范围、提高保障水平、加强质量管理、提供便捷化措施等，从而更好地满足人民群众日益增长的需求，在更大范围内通过更多形式，为人民群众获得及时便利、优质高效的法律援助服务提供法治保

---

[1] 参见《关于〈中华人民共和国法律援助法（草案）〉的说明》。

障……通过完善法律制度，努力实现两个目的：让符合条件的更多力量有更多渠道和形式参与法律援助，更有积极性地开展法律援助工作；让更多需要法律援助的人更便利地享受更有质量的法律援助服务"。[1]

《法律援助法》是对我国法律援助制度发展及实践经验的总结。表面上看，《法律援助法》似乎只是 2003 年《法律援助条例》的"升级版"；但究其实质，《法律援助法》是以国家立法的形式，将一些经实践检验已经比较成熟的制度上升为国家意志，为新时代法律援助制度的可持续、高质量均衡发展夯实基础，擘画了一幅以更好满足人民群众法律援助需求为基调的发展蓝图。在此意义上，《法律援助法》的贯彻实施应当谨防"穿新鞋走老路"的守旧模式；相反，在全面推进依法治国、逐步实现共同富裕的时代背景下，应当以习近平法治思想、共享发展理念为指导，立足人民群众日益增长的法律援助需求，积极应对新时代法律援助制度发展的历史机遇与挑战。

（一）新时代法律援助立法的责任与使命

立法是时代的产物，也必然反映着时代的责任与使命。回顾我国法律援助法的制定历程，可以发现，《法律援助法》的制定与党和国家的高度重视密不可分。2011 年第十一届全国人民代表大会第四次会议期间，有代表提出制定法律援助法的议案；但立法机关明显持否定态度。[2]然而，时隔不足两年的时间，在 2013 年中央政治局第四次集体学习时，习总书记强调，全面建成小康社会对依法治国提出了更高要求；要努力让人民群众在每一个司法案件中都感受到公平正义，所有司法机关都要紧紧围绕这个目标来改进工作，重点解决影响司法公正和制约司法能力的深层次问题。要坚持司法为民，改进司法工作作风，通过热情服务，切实解决好老百姓打官司难问题，特别是要加大对困难群众维护合法权益的法律援助。之

---

〔1〕 蒲晓磊："为群众获得优质高效法律援助服务提供法治保障 解读法律援助法"，载《法治日报》2021 年 8 月 21 日，第 2 版。

〔2〕 "司法部建议将法律援助法纳入立法规划"，载法律信息网，http://service.law-star.com/cacnew/201202/1675075384.htm，最后访问时间：2021 年 8 月 20 日。

后，习总书记又多次对法律援助工作作出重要指示。[1]在党和国家的高度重视下，十八届三中、四中全会提出了"完善法律援助制度"的改革任务。2015年5月21日，中央全面深化改革领导小组会议审议通过了《关于完善法律援助制度的意见》，要求"紧紧围绕经济社会发展和人民群众实际需要，落实政府责任，不断扩大法律援助范围，提高援助质量，保证人民群众在遇到法律问题或者权利受到侵害时获得及时有效法律帮助"。2018年9月，《十三届全国人大常委会立法规划》将法律援助法作为"需要抓紧工作、条件成熟时提请审议的法律草案"列入本届全国人大常委会立法规划。[2]

回顾上述历史，尤其是重温2013年中央政治局就全面推进依法治国进行第四次集体学习时习总书记的讲话精神，我们可以得出两点结论：一是，"法律援助工作是体现以人民为中心的发展思想，切实维护人民群众合法权益的一项重要民生工程，有利于贯彻公民在法律面前一律平等的宪法原则，使公民不论经济条件好坏、社会地位高低都能获得必要的法律服务；有利于保障社会公平正义，保证人民群众在遇到法律问题或者权利受到侵害时获得及时有效法律帮助"。[3]二是，在全面推进依法治国进程中，及时制定法律援助法是共享法治发展理念的内在要求，旨在保证法治发展成果可以惠及每一位公民。

《法律援助法》第3条规定："法律援助工作坚持中国共产党领导，坚持以人民为中心……"根据该条规定，"两个坚持"是我国法律援助制度发展必须恪守的基本政治原则。基于此，系统阐释法律援助制度与以人民为中心法治思想、与共享发展理念之间的关系，有助于充分认识法律援助制度在全面依法治国中的基础性地位，有助于全面理解新时代法律援助制度的历史责任与使命。具体而言，《法律援助法》的贯彻实施应当体现以下时代要求。

---

[1] "进一步完善法律援助制度 确保各项改革任务落地生效"，载司法部网站，http://www.gov.cn/xinwen/2017-08/29/content_5221343.htm，最后访问时间：2021年8月20日。

[2] 《十三届全国人大常委会立法规划》第二类项目第45号。

[3] 参见《关于〈中华人民共和国法律援助法（草案）〉的说明》。

第一，积极回应社会主要矛盾。十九大报告指出，"中国特色社会主义进入新时代，我国社会主要矛盾已经转化为人民日益增长的美好生活需要和不平衡不充分的发展之间的矛盾"。在新时代条件下，法律援助制度的发展必须强化服务意识，让更多需要法律援助的人更便利地享受更有质量的法律援助服务。其中，在宏观层面，根据基本公共法律服务均等化的要求，县级以上人民政府应当积极保障法律援助事业与当地经济社会发展状况同步协调发展，并积极促进本行政辖区不同地区之间法律援助的均衡发展。

第二，努力提高法律援助服务质量。高质量发展是"十四五"乃至更长时期我国经济社会发展的主题。作为全面依法治国的必要组成部分，法律援助制度应当始终把最广大人民群众的根本利益放在首位，坚定不移地增进民生福祉；把高质量发展同满足人民日益增长的法律服务需要紧密结合起来，通过提供高质量的法律援助服务、创造多样化的法律援助服务产品，保证人民群众在遇到法律问题或者权利受到侵害时能够获得及时有效的法律帮助；通过法律援助服务，引导经济困难群体通过法治化手段解决矛盾纠纷，有效化解社会矛盾，维护社会和谐稳定。

第三，作为司法行政领域唯一纳入基本公共法律服务体系的保障性制度，法律援助制度的发展应当遵循"量力而行、尽力而为"的原则，着力保障国家标准落地落实；同时，积极回应人民群众的新要求、新期待，系统研究、谋划、解决法治领域人民群众反映强烈的突出问题，不断增强人民群众的获得感、幸福感、安全感，用法治服务保障人民群众安居乐业。

（二）新时代法律援助立法的守成与发展

《法律援助法》是对我国法律援助制度规范及实践经验的总结，旨在通过国家立法，加强顶层设计，"规范和促进"法律援助制度的可持续、高质量均衡发展。因此，《法律援助法》的首要目的是"规范"全国法律援助工作，并以此为基础"促进"法律援助制度的均衡发展。

其中，就规范法律援助工作而言，根据《立法法》第73条规定，《法律援助法》生效实施后，2003年《法律援助条例》以及各省市法律援助条例中与立法"相抵触的规定无效，制定机关应当及时予以修改或者废止"。因此,《法律援助法》的相关规定对于各省市的法律援助规定及实践的影响必然存在较大差异。以《法律援助法》第 12 条为例。根据该条规定,县级以上人民政府司法行政部门"应当设立法律援助机构"。很显然,对于已经设立法律援助机构的地方来说,该条规定实际上只是确认了既有事实。但是,对于法律援助中心被撤销或裁并的地方来说,该条规定则意味着:司法行政部门应当积极与同级人民政府及相关部门沟通,依法设立独立的法律援助机构。具体而言,又分为两种情形:一是,对于撤销法律援助中心的县市区,应当依照本法规定,通过提供人财物等机构保障措施,重新组建独立的法律援助中心。二是,对于没有独立设置法律援助中心的地方,则应当依照本法要求,恢复法律援助中心的独立建制;不得以"保留职能"为由,规避《法律援助法》的强制性规定。

简言之,《法律援助法》以国家立法的形式,将一些经过实践检验已经比较成熟的制度规定和实践经验上升为国家制度,为全国范围内法律援助制度的均衡发展提供了一套具有法律拘束力的"顶层设计方案"。具体而言,《法律援助法》确立了以下内容。

第一,法律援助制度是现代法律服务体系不可或缺的组成部分。十八届四中全会提出了"建设完备的法律服务体系"的改革任务。其中,在完备的法律服务体系中,法律服务应当以市场化法律服务为原则,以法律援助服务为必要补充。换句话说,法律援助制度旨在"保证公民不论经济条件好坏、社会地位高低都能获得必要的法律服务",[1]是一项"保基本""兜底帮扶"的保障性制度。因此,法律援助服务以申请人没有委托辩护人或代理人且符合经济困难条件为必要条件。《法律援助法》第 48 条第 1 款规定,对于"受援人的经济状况发生变化,不再符合法律援助条件"或者"受援人自行委托律师或者其他代理人"等情形,法律援助机构应当及时终止法律援助服务。同时,针对刑事法律援助问题,《法律援助法》第 27 条特别强调:"人民法院、人民检察院、公安机关通知法律援助机构指派律师担任辩护人时,不得限制或者损害犯罪嫌疑人、被告人委托辩护人

―――――――――

〔1〕 参见《关于〈中华人民共和国法律援助法(草案)〉的说明》。

的权利。"据此，对于犯罪嫌疑人、被告人及其近亲属已经自行委托辩护人的，公安司法机关不得以任何借口限制或者损害其委托辩护的权利。

第二，法律援助是一项国家基本公共服务，各国家机关及其相关部门在各自职权范围内均负有支持和保障的职责。具言之，县级以上人民政府及其有关部门应当"依照各自职责，为法律援助工作提供支持和保障"（第5条第2款）。在刑事诉讼领域，人民法院、人民检察院、公安机关应当在各自职责范围内"保障当事人依法获得法律援助，为法律援助人员开展工作提供便利"（第6条）；应当依法及时告知有关当事人申请法律援助、获得值班律师帮助的权利（第35条、第37条）；及时通知、转交法律援助申请（第36条、第39条）。此外，立法还规定，新闻媒体应当积极开展法律援助公益宣传（第10条第2款）；律师协会应当指导和支持律师事务所、律师参与法律援助工作，并将其履行法律援助义务的情况纳入年度考核内容（第7条、第60条）；法律援助机构开展经济困难核查工作，有关部门、单位、村民委员会、居民委员会和个人应当予以配合（第41条）；等等。

第三，作为法律援助的行政主管部门，司法行政部门应当代表同级政府积极履行法律援助保障职责，并通过制定相关政策、实施标准对法律援助工作予以宏观指导和监督。具体而言，根据《法律援助法》相关规定，司法行政部门负有以下具体职责：（1）设立法律援助机构。《法律援助法》第12条规定，"县级以上人民政府司法行政部门应当设立法律援助机构……"。因此，在法律援助中心已经被撤销或裁并的县市区，司法行政部门（尤其是上级司法行政部门）应当积极推动法律援助中心的复建工作。（2）通过政府采购的方式，推动律师资源的跨区域流动，保障法律援助机构的服务供给能力。（3）有计划地对法律援助人员进行培训，提高法律援助人员的专业素质和服务能力。需要指出的是，在多元化法律援助供给体制下，司法行政部门的培训对象不仅包括法律援助机构的法律援助人员，还应当覆盖其他法律援助组织的法律援助人员，如提供法律咨询、代拟法律文书服务的高校法律援助人员；群团组织的法律援助人员等。（4）投诉查处（第55条、第56条）。（5）质量管理（第57条）。（6）信息公开

（第58条）。（7）行政处罚权（第61~65条）。此外，司法行政部门还负有开展法治宣传（第10条）、指导社会力量依法提供法律援助（第8条）、指导法律援助志愿服务（第17条）等职责。

需要特别指出的是，《法律援助法》第52条第2款规定："法律援助补贴的标准，由省、自治区、直辖市人民政府司法行政部门会同同级财政部门，根据当地经济发展水平和法律援助的服务类型、承办成本、基本劳务费用等确定，并实行动态调整。"根据《立法法》第12条关于"被授权机关不得将被授予的权力转授给其他机关"的禁止性规定，确定法律援助补贴标准是省级人民政府司法行政部门及财政部门的专属职责。当然，省级人民政府司法行政部门可以根据不同县市区的经济社会发展程度，按照一定类别设置差异化的法律援助补贴标准。

第四，多元化法律援助供给体制。根据《法律援助法》规定，法律援助供给主体包括：各地法律援助机构（第12条）；依法提供法律援助的群团组织（第8条、第68条）；依法提供法律援助的事业单位、社会组织（第8条）；依法提供法律援助服务的高等院校、科研机构（第17条）；法律援助志愿者等。

其中，各地法律援助机构是确保法律援助服务可持续发展的主力军。因此，《法律援助法》重点规定了法律援助机构的设立、职能、经费保障、服务形式、实施程序、信息公开等内容。在设立上，立法规定，县级以上人民政府司法行政部门"应当设立"法律援助机构；各级司法行政部门设立的法律援助机构之间不具有行政隶属或业务指导关系。根据本法第38条规定，在服务职能分工上，实行属地管辖原则。因此，按照"重心下移、力量下沉"的原则，各地应当重点加强县市区一级法律援助机构的服务供给能力。地市级、省级法律援助中心以同级保障为原则，服务于对应的人民法院、人民检察院、公安机关。此外，根据《刑事诉讼法》第35条规定，刑事领域的法律援助，应当由法律援助机构专门负责。

群团组织是推动法律援助服务专业化、特色化发展的生力军。《法律援助法》第68条就群团组织提供法律援助作出了规定。对照《法律援助法》第12条规定，与"应当设立"法律援助机构不同，第68条本质上是授权群团组织"有权""可以"开展法律援助的规定。因此，群团组织开展法律援助应当遵循以下原则：其一，是否开展法律援助应当量力而行。立法并不要求各地群团组织都必须开展法律援助。具体来说，在条件成熟的地方，群团组织可以依法提供法律援助服务；对于还不具备现实条件的地方，则不宜勉为其难、强行开展法律援助。当然，对于开展法律援助的群团组织，应当利用自身的组织优势，加强顶层设计和宏观管理，构建上下一体的法律援助服务管理系统。其二，群团组织应当立足自身的权益保障职能，就特定群体开展法律援助服务，并根据特定群体的特殊需求，推动法律援助服务的特色化、专业化发展。其三，在服务内容上，群团组织开展法律援助主要是提供民事、行政领域的法律援助服务。其四，在业务管理上，群团组织开展法律援助，应当"参照适用本法的相关规定"。如《法律援助法》第 31 条、第 32 条关于基本法律援助事项的规定；第 41 条、第 42 条关于经济困难申请与核查程序的规定；第 43 条、第 44 条、第 48 条、第 49 条关于实施程序的规定；第 52 条、第 55 条、第 58 条、第 59 条关于保障制度的规定；第 61 条、第 63 条、第 66 条、第 67 条关于法律责任的规定；等等。

事业单位、社会组织、法律援助志愿者是法律援助服务的必要补充。根据国家保障与社会参与相结合原则，司法行政部门应当采取积极措施，鼓励和支持事业单位、社会组织、法律援助志愿者提供法律援助，逐步完善社会力量广泛参与的社会主义法律援助制度。

第五，经费保障制度。科学的经费保障制度是法律援助制度可持续、高质量均衡发展的必要前提。《法律援助法》第 4 条专门规定了县级以上人民政府的经费保障职责。作为国家基本公共服务体系的组成部分，法律援助服务的经费保障应当根据 2021 年《国家基本公共服务标准》的要求，坚持同级财政保障为主，中央、省级保障为辅的原则。

就法律援助的支出责任，2021 年《国家基本公共服务标准》规定，"由地方人民政府负责支付法律援助补贴等法律援助经费，中央财政给予适当补助"。对此，《关于印发〈国家基本公共服务标准（2021 年版）〉的通知》具体指出："有效落实支出责任……地方的财政事权原则上由地方通过自有财力安排经费，相关收支缺口除部分资本性支出通过依法发行地方政府债券等方式安排外，主要通过上级政府给予的一般性转移支付弥补……各地财政要加强基本公共服务资金预算管理，完整、规范、合理编制基本公共服务项目预算，保障基本公共服务资金的及时下达和拨付，推动建立可持续的投入保障长效机制并平稳运行。"因此，对于经济欠发达地区，县市区一级财政确实无法将法律援助经费全部纳入同级财政预算的，省级司法行政部门应当加大统筹协调力度，确保县市区一级法律援助机构的平稳运行。具体而言，可以按照 2015 年两办《关于完善法律援助制度的意见》的精神，[1] 以推动各地法律援助均衡发展为导向，加大对经济欠发达地区的省级财政转移支付力度，提高经济欠发达地区的财政保障能力。

第六，质量保障制度。质量是法律援助制度可持续发展的生命线。法律援助虽然是无偿的，但是，对受援人而言，法律援助服务绝对不是纯粹的单方受益行为；相反，法律援助服务如果缺乏必要的质量，甚至会对受援人的诉讼权利或实体合法权益造成巨大的损害（如提出的诉讼请求不准确、不完整；错过举证质证的时间；没有及时收集相关证据；等等）。因此，提供符合质量标准的法律援助服务才是真正满足人民群众法律援助需求的核心和关键。

根据"十四五"规划提出的高质量发展的时代要求，《法律援助法》着重完善了法律援助服务的质量保障体系。与 2003 年《法律援助条例》相比，《法律援助法》新增了第五章"保障和监督"，着重完善了服务质量保障体系。例如，明确了重罪案件法律援助律师的资质要求（第 26条）；要求司法行政部门应当有计划地对法律援助人员进行培训，提高法律援助人员的专业素质和服务能力（第 54 条）；要求法律援助机构对法律服务过程实施过程性监督，督促法律援助服务人员提升服务质量（第 59条）；强化司法行政部门的法律援助服务监督职责，实行第三方评估制度

---

〔1〕 2015 年两办《关于完善法律援助制度的意见》规定："中央财政要引导地方特别是中西部地区加大对法律援助经费的投入力度。省级财政要为法律援助提供经费支持，加大对经济欠发达地区的转移支付力度，提高经济欠发达地区的财政保障能力。"

（第57条）；要求建立法律援助服务的投诉查处制度（第55条、第56条）；建立法律援助信息公开制度，将服务质量考核结果作为信息公开内容，接受社会监督（第58条）；对于怠于履行法律援助义务的律师事务所、律师，律师协会负有惩戒责任（第60条）；等等。简言之，法律援助质量保障体系是一系列保障措施，包括对法律援助人员的资质要求、服务过程的全程监督、服务结果的评估与考核等内容。

除具体法律援助制度外，《法律援助法》第3条还规定了法律援助制度的基本原则，为《法律援助法》的贯彻实施、政策制定、行政管理、服务供给等提供了方向性指导。其中，根据以人民为中心原则的要求，《法律援助法》规定了一系列便民措施。如，第32条关于"不受经济困难条件的限制"的规定，第42条关于"免予核查经济困难状况"的规定，第41条关于"说明—核查制"的规定，第44条关于可以"先行提供法律援助"的规定，大大增加了人民群众的法律援助"获得感"。第52条关于法律援助补贴标准应当体现"基本劳务费用"以及"免征增值税和个人所得税"的规定，有利于提高法律援助人员参与法律援助的积极性。

（三）贯彻落实《法律援助法》相关规定的实践挑战

"法律的生命力在于实施，法律的权威也在于实施。"因此，强化法律实施是全面依法治国的应有之义，是治理能力现代化的必然要求。在新时代条件下，贯彻落实《法律援助法》应当谨防"穿新鞋走老路"的守旧模式，而应当着眼发展，积极创造条件，切实兑现《法律援助法》的立法承诺。

鉴于各省市法律援助制度发展的不均衡局面，各地在贯彻落实《法律援助法》的相关规定时，面临的主要问题和实施困难会明显有所不同。择其共性问题，结合相关法律条文，扼要论述如下。

第一，建立健全法律援助保障体系，促进法律援助均衡发展。法律援助服务是国家建立的无偿提供基本公共法律服务的保障性制度。因此，法律援助不仅需要有持续的经费投入，还需要有专门的组织实施机构和人员。《法律援助法》第4条重点强调了经费保障问题；第12条规定了机构设置问题；第18条规定了法律服务资源依法跨区域流动机制。因此，在

《法律援助法》实施过程中，各省级司法行政部门应当充分发挥统筹协调及支持保障职能，立足本省实际情况，有针对性地建立健全法律援助保障体系，推动本省法律援助事业的均衡发展。例如，对于经济欠发达的县市区，应当加强省级财政统筹力度，通过划拨专项经费的方式，重点加强县市区一级法律援助机构的基础设施建设；充分利用中央—省级财政转移支付经费，通过科学的经费分配方案，加大对经济欠发达地区的转移支付力度，提高县市区一级法律援助机构的财政保障能力。再如，对于律师资源匮乏地区，上级司法行政部门可以通过政府采购等方式，公开招聘社会律师，以合同聘任的形式委派到律师资源匮乏地区专职提供法律援助服务。

第二，作为法律援助的行政主管部门，司法行政部门应当树立"大法援"的观念，建立科学的法律援助管理模式。根据《法律援助法》第5条、第7条、第17条规定，司法行政部门负有指导、监督法律援助工作的职责。在多元化法律援助供给体制下，司法行政部门应当秉持"平等对待、一体化管理"的理念，通过宏观政策、行业标准等手段，对法律援助工作进行宏观指导和监督；同时，鼓励并支持法律援助机构等法律援助供给主体依照法律法规、行业标准自主开展法律援助工作。

第三，针对最高人民法院死刑复核案件，建立死刑复核案件的法律援助制度。《法律援助法》第25条第1款第5项规定，"申请法律援助的死刑复核案件被告人"属于强制辩护的法定情形，人民法院应当通知法律援助机构指派律师担任辩护人。鉴于2012年以来，高级人民法院复核死刑案件均应当提供法律援助，[1]因此，该条规定调整的对象主要是最高人民法院的死刑复核案件。根据最高人民法院、司法部《关于为死刑复核案件被告人依法提供法律援助的规定（试行）》第2条规定："高级人民法院在向被告人送达依法作出的死刑裁判文书时，应当书面告知其在最高人民法院复核死刑阶段可以委托辩护律师，也可以申请法律援助；被告人申请法律援助的，应当在十日内提出，法律援助申请书应当随案移送。"为了确保最高人民法院死刑复核案件的被告人能够依法获得高质量的法律援助

---

〔1〕　2012年《最高人民法院关于适用〈中华人民共和国刑事诉讼法〉的解释》第42条第2款；2021年《最高人民法院关于适用〈中华人民共和国刑事诉讼法〉的解释》第47条第2款、第3款。

服务、保证死刑复核案件的办案质量和程序公正，司法部法律援助中心应当尽快建立死刑复核案件的法律援助制度，就律师的资质要求、遴选淘汰机制、服务流程要求、培训及质量管理等事宜作出规定；同时明确法律援助律师的相关诉讼权利、严格案件保密义务、与前审辩护律师的沟通协作机制等。

第四，依照《法律援助法》第41条规定，严格实行"说明—核查制"。对绝大多数法律援助机构而言，"说明—核查制"无疑是最大的挑战。就此，需要特别说明三点：一是，应当严格区分法律援助基本事项与补充事项。"说明—核查制"仅适用于《法律援助法》明确规定的法律援助基本事项；至于各省市自行规定的补充事项，是否适用该条规定，由其自行决定。《关于印发〈国家基本公共服务标准（2021年版）〉的通知》第2条规定，"严格界定主要范围。各地要对照《国家标准2021》认真查缺补漏，进一步细化充实本地区的相关服务标准和服务流程，确保国家标准落地落实。已有国家统一标准的基本公共服务项目，各地区要按照不低于国家标准执行……服务项目、内容、数量等超出国家标准范围的，要加强事前论证和风险评估，确保符合国家法律法规和制度规定，符合本地区人民群众的迫切需要并控制在财政可承受范围内"。就法律援助事项而言，《法律援助法》规定的援助事项属于"国家统一标准"，应当确保落地落实。至于各省市自行扩充的补充事项，则属于"超出国家标准范围的"内容，要加强事前论证和风险评估，将其控制在财政可承受范围内。因此，在审查机制上，应当区分《法律援助法》规定的法律援助基本事项以及各省市规定的补充事项，在法律援助资源允许范围内，优先重点保障立法规定的基本事项落地落实。

二是，申请人的如实说明义务。根据《法律援助法》第41条规定，申请人应当如实说明经济困难状况，并就此承担相应的法律责任。具体而言，根据第48条规定，"受援人以欺骗或者其他不正当手段获得法律援助"的，法律援助机构应当及时终止法律援助服务；根据第64条规定，"受援人以欺骗或者其他不正当手段获得法律援助的，由司法行政部门责令其支付已实施法律援助的费用，并处三千元以下罚款"。

三是，核查方式。《法律援助法》第 41 条第 2 款规定了两种核查方式：通过信息共享进行查询；个人诚信承诺。其中，信息共享查询是未来经济困难状况核查的发展趋势和努力方向。法律援助司法行政主管部门应当根据第 51 条、第 5 条规定，积极建设与民政部门、人力资源和社会保障部门等相关部门对接的信息共享查询。在信息共享查询尚未建立之前，立法规定，法律援助机构还可以根据本法第 41 条第 3 款规定，通过传统的方式开展核查工作；在确实无法核查或者核查成本过大的时候，可以要求申请人进行个人诚信承诺，并以此推定其符合经济困难条件。采取个人诚信承诺时，应当明确告知申请人"以欺骗或者其他不正当手段获得法律援助"的法律责任和处罚后果。采取个人诚信承诺，可以依法免除法律援助机构及其工作人员"故意为不符合法律援助条件的人员提供法律援助"的法律责任。

吴宏耀

教授、博士生导师

中国政法大学国家法律援助研究院院长

2021 年 11 月 15 日

写作说明及分工

根据全国人民代表大会 2018 年 9 月 7 日公布的《十三届全国人大常委会立法规划》，法律援助立法作为"需要抓紧工作、条件成熟时提请审议的法律草案"纳入本届人大常委会立法规划。2018 年 10 月，第十三届全国人民代表大会常务委员会第六次会议决定，由全国人民代表大会监察和司法委员会牵头起草《法律援助法》。

鉴于我国法律援助法研究基础相对薄弱，为配合全国人大法律援助立法工作小组及时收集整理相关立法资料，自 2019 年 1 月起，中国政法大学国家法律援助研究院组织相关高校教师、博士硕士研究生及部分律师组成法律援助立法课题组，积极收集翻译域外法律援助法制的最新动态、整理法律援助制度相关研究成果、撰写法律援助专题研究报告。法律援助立法课题组邀请樊崇义教授、顾永忠教授担任顾问，定期组织专题讨论，由相关负责人汇报相关专题的研究成果或做专题汇报。

2021 年 8 月 20 日，第十三届全国人民代表大会常务委员会第三十次会议审议通过《法律援助法》；根据中华人民共和国第九十三号主席令，《法律援助法》自 2022 年 1 月 1 日起生效实施。为了准确把握立法条文的含义，中国政法大学国家法律援助研究院法律援助立法课题组就《法律援助法》撰写了逐条释义。在写作体例上，释义包括三项基本内容：条文要旨（概括了相关条文的主旨）；立法背景（详细介绍了立法的制度背景及立法过程中存在的争议问题及相关建议）；条文释义（运用法解释学方法，结合我国法律援助实践的经验，阐释了相关立法规定的含义和具体要求）。此外，为了帮助读者了解相关法律援助理论或法律援助制度，深化对相关条文的理解，就部分条文，还以词条的形式撰写了"延伸阅读"。

《法律援助法注释书》是研究团队合作完成的集体成果，计80余万字。写作成员及其分工如下。

吴宏耀（中国政法大学教授）：第1~7条；第22~33条；第38条

赵常成（中国人民大学博士研究生）：第12~21条

丰怡凯（中国政法大学博士研究生）：第22~33条；第45条；第61~67条

王　凯（中国政法大学博士研究生）：第35~38条

余鹏文（中国政法大学博士研究生）：第34条；第38~44条；第46~50条

王玉晴（中国政法大学博士研究生）：第51~60条

孙道萃（中国政法大学副教授）：第61~67条

贾紫涵（中国政法大学硕士研究生）：第8~12条；第68~71条

此外，为了全面反映我国法律援助制度的多样性，增进交流，该书在附录部分，收录了三篇系统介绍我国香港、澳门、台湾地区法律援助制度的学术论文，收录、整理了我国香港、澳门地区的主要法律援助法规。

法律法规等规范性文件全称简称对照

法律法规等规范性文件	简称
十八届三中全会《中共中央关于全面深化改革若干重大问题的决定》（2013 年）	十八届三中全会《决定》
十八届四中全会《中共中央关于全面推进依法治国若干重大问题的决定》（2014 年）	十八届四中全会《决定》
中共中央办公厅、国务院办公厅《关于完善法律援助制度的意见》（2015 年）	2015 年两办《关于完善法律援助制度的意见》
中共中央办公厅、国务院办公厅《关于加快推进公共法律服务体系建设的意见》（2019 年）	2019 年两办《关于公共法律服务体系建设的意见》
《国家基本公共服务标准（2021 年版）》	2021 年《国家基本公共服务标准》
《中华人民共和国法律援助法（司法部征求意见稿）》（2019 年 1 月 17 日）	2019 年司法部"征求意见稿"
《中华人民共和国法律援助法（草案）》（2020 年 9 月初稿）	《法律援助法（草案）》初稿
《中华人民共和国法律援助法（草案）》（2021 年 1 月一次审议稿）	《法律援助法（草案）》一审稿
《中华人民共和国法律援助法（草案）》（2021 年 6 月二次审议稿）	《法律援助法（草案）》二审稿
《中华人民共和国法律援助法》（2021 年）	《法律援助法》
最高人民法院、司法部《关于民事诉讼法律援助工作的规定》	2005 年《民事法律援助工作的规定》

续表

法律法规等规范性文件	简称
最高人民法院、司法部《关于加强国家赔偿法律援助工作的意见》	2014 年《国家赔偿法律援助工作的意见》
联合国《关于在刑事司法系统中获得法律援助机会的原则和准则》（2012 年）	2012 年联合国《原则和准则》
联合国《全球法律援助研究：全球报告》（2016 年）	2016 年联合国《法律援助全球报告》
联合国《刑事法律援助示范法典》（2017 年）	2017 年联合国《示范法典》

目 录

第一章 总 则

第二章　机构和人员

第三章　形式和范围

第四章　程序和实施

第五章　保障和监督

第六章　法律责任

第七章　附　则

附　录

中华人民共和国法律援助法

（2021 年 8 月 20 日第十三届全国人民代表大会常务委员会第三十次会议通过。根据中华人民共和国第九十三号主席令，自 2022 年 1 月 1 日起施行）

第一章 总 则

该章共 11 条，依次规定了立法目的、法律援助概念、基本原则、政府职责、公安司法机关的保障职责、社会力量参与以及法治宣传、表彰奖励等内容。

该章内容集中体现了"法律援助是国家责任、公民权利；政府职责、社会参与"的基本特色。其中，此次立法首次规定了以下内容：法律援助制度的基本原则（第 3 条）；公安司法机关的保障职责（第 6 条）；普法宣传责任（第 10 条）。此外，立法强化了法律援助的经费保障制度（第 4 条）、明确了法律援助的行政管理部门（第 5 条第 1 款；第 8 条）。

第一条【立法目的】

为了规范和促进法律援助工作，保障公民和有关当事人的合法权益，保障法律正确实施，维护社会公平正义，制定本法。

【条文要旨】

本条是关于本法立法目的的规定。根据该条规定，《法律援助法》的立法目的分为直接目的与根本目的。其中，直接目的包括两方面内容：（从法律援助服务供给角度）规范和促进法律援助工作；（从依法享有法律援助服务角度）保障公民和有关当事人的合法权益。通过上述直接目的，以实现法律援助法的根本目的，"保障法律正确实施，维护社会公平正义"。

《法律援助法》是以国家立法的形式，将一些经实践检验已经比较成熟的制度上升为国家意志，确立了法律援助制度的国家标准。根据《立法法》第 73 条规定，作为地方性法规，各省市法律援助条例与《法律援助法》[1]"相抵触的规定无效，制定机关应当及时予以修改或者废止"。在此意义上，《法律援助法》的首要功能是"规范"各省市法律援助规定及其实践的差异，从国家制度层面为各省市法律援助制度的均衡发展奠定基础。

---

[1] 2003 年国务院《法律援助条例》与《法律援助法》的关系较为复杂，详见本法第 71 条的条文释义。

【立法背景】

在我国立法传统中，部门法通常在第一条开宗明义地明确规定本法的立法目的或立法宗旨。例如，《民法典》第1条规定："为了保护民事主体的合法权益，调整民事关系，维护社会和经济秩序，适应中国特色社会主义发展要求，弘扬社会主义核心价值观，根据宪法，制定本法。"《刑法》第1条规定："为了惩罚犯罪，保护人民，根据宪法，结合我国同犯罪作斗争的具体经验及实际情况，制定本法。"又如《律师法》第1条规定："为了完善律师制度，规范律师执业行为，保障律师依法执业，发挥律师在社会主义法制建设中的作用，制定本法。"第十三届全国人民代表大会常务委员会第三十次会议同期审议通过的《个人信息保护法》《监察官法》等，均沿循了这一立法传统。

《法律援助法》关于立法目的的表述明显受到2003年《法律援助条例》的影响。作为我国第一部有关法律援助制度的国家行政法规，2003年《法律援助条例》第1条规定："为了保障经济困难的公民获得必要的法律服务，促进和规范法律援助工作，制定本条例。"[1]其中，"促进和规范法律援助工作"这一表述，在有关法律援助的规范性文件中一直沿用至今。例如，2005年《民事法律援助工作的规定》第1条规定，"为加强和规范民事诉讼法律援助工作，根据……结合法律援助工作实际，制定本规定"。2013年《关于刑事诉讼法律援助工作的规定》第1条规定，"为加强和规范刑事诉讼法律援助工作，根据……结合法律援助工作实际，制定本规定"。

在我国司法实践中，国家机关或相关行政主管部门习惯性地使用"政法工作""审判工作""检察工作""律师工作"等表述，如"全国律师工作会议""司法行政工作会议"等。但是，需要指出的是，"法律援助工作"这一表述更多体现的是自上而下的管理者视角，而无法体现法律援助的"服务属性"。因此，随着我国法律援助制度及其实践的发展，部分省市的法律援助条例开始放弃"法律援助工作"的表述方式，而代之以一种更为客观中立的表述，如"法律援助活动""法律援助行为"。例如，2002年《河南省法律援助条例》第1条规定，"为了贯彻公民在法律面前一律平等的宪法原则，维护公民的合法权益，规范法律援助活动，根据国家

---

[1] 在我国法律援助制度发展早期，法律援助的实践探索及其制度构建主要是在省级层面展开的。其中，广东省一直走在全国法律援助实践探索与制度建设的前列。1995年11月，经广州市人民政府批准，广州市成立了全国首家政府法律援助机构——广州市法律援助中心。1999年8月，广东省人大常委会审议通过《广东省法律援助条例》。作为全国第一部关于法律援助制度的省级地方性法规，《广东省法律援助条例》的立法体例及其内容对此后各地方法律援助条例以及2003年《法律援助条例》产生了较大影响。以立法目的为例，2003年《法律援助条例》第1条关于立法目的的条文表述明显借鉴了1999年《广东省法律援助条例》第1条规定的内容，"为保障公民享受平等的法律保护，规范法律援助工作，根据国家法律、法规的有关规定，结合本省的实际，制定本条例"。

法律、法规的有关规定，结合本省实际，制定本条例"。2008年《北京市法律援助条例》第1条规定，"为了保障经济困难或者符合法定条件的公民获得必要的法律服务，规范法律援助行为，促进法律援助事业发展，根据国务院《法律援助条例》和有关法律、行政法规，结合本市实际情况，制定本条例"。

关于本法的立法目的，《法律援助法（草案）》初稿、一审稿表述一致。《法律援助法（草案）》一审稿第1条规定，"为了促进和规范法律援助工作，维护公民合法权益，维护法律正确实施，维护社会公平正义，制定本法"。在此，立法者试图通过"维护公民合法权益"的立法表述，将法律援助对象严格限定于自然人。在公开听取意见后，《法律援助法（草案）》二审稿对该条规定进行了若干文字性修改。具体修改有二：一是，将"维护公民合法权益"具体化为"保障公民和有关当事人合法权益"；二是，将"维护法律正确实施"修改为"促进法律正确实施"。

在提交三次审议期间，立法机关就该条规定又略作文字性修改。尤其值得注意的是，《法律援助法》将立法的直接目的修改为"规范和促进"：立法的目的首先是"规范"各省市法律援助规定及其实践的差异，建立全国统一的法律援助制度；以此为基础，进而"促进"全国各地法律援助制度的可持续、高质量均衡协调发展。

一审稿	二审稿	《法律援助法》
第一条 为了促进和规范法律援助工作，**维护公民合法权益**，维护法律正确实施，维护社会公平正义，制定本法。	**第一条** 为了促进和规范法律援助工作，**保障公民和有关当事人**合法权益，**促进**法律正确实施，维护社会公平正义，制定本法。	**第一条** 为了**规范和促进**法律援助工作，保障公民和有关当事人的合法权益，**保障**法律正确实施，维护社会公平正义，制定本法。

关于本条规定，在立法过程中，有专家针对一审稿提出了两方面的完善建议。

第一，建议明确本法的宪法根据。有专家建议，该条规定应当明确本法与宪法（尤其是与"法律面前人人平等"的宪法原则）之间的从属关系。具体表述方式有二：一是，参考《刑事诉讼法》第1条规定，增加"根据宪法，制定本法"的内容。二是，参考《河南省法律援助条例》第1条规定，增加"为了贯彻公民在法律面前一律平等的宪法原则"的表述。

第二，建议将本法的直接目的表述为"完善法律援助制度，保障公民获得法律援助的权利"。"完善法律援助制度"是十八届三中、四中全会《决定》提出的具体改革任务。十八届三中全会《决定》第九部分，在"推进法治中国建设"标题下，作为"完善人权司法保障制度"的具体要求之一，明确提出了"完善法律援助制度"的改革任务。之后，十八届四中全会《决定》第五部分进一步明确要求，应当"完善法律援助制度，扩大援助范围，健全司法救助体系，保证人民群众在遇到法律问题或者权利受到侵害时获得及时有效法律帮助"。据此，两办于2015年6月印发《关于完善法律援助制度的意见》。该意见明确规定，"为认真落实中央关于全面推进依法治国的重大战略部署，进一步加强法律援助工作，完善中国特色社会主义法律援助制度"；"完善中国特色社会主义法律援助制度"的指导思想是"紧紧围绕经济社会发展和人民群众实际需要，落实政府责任，不断扩大法律援助范围，提高援助质量，保证人民群众在遇到法律问题或者权利受到侵害时获得及时有效法律帮助"。因此，有专家认为，国家进行法律援助立法的首要目的应当是"完善法律援助制度"，而不单纯是"为了促进和规范法律援助工作"。

此外，专家团队还建议，将"保障公民和有关当事人合法权益"具体表述为"保障公民和有关当事人获得法律援助的权利"。专家团队认为，"获得法律援助"是公民的一项"权利"（而非"权益"）。明确法律援助的权利属性，不仅有助于彰显"以人民为中心"的法治理念，而且也是我国法治发展的内在要求。在我国基本公共服务建设中，国务院《"十三五"推进基本公共服务均等化规划》明确指出，"享有基本公共服务是公民的基本权利，保障人人享有基本公共服务是政府的重要职责"。据此，在国家立法中，应当旗帜鲜明地规定，法律援助服务是公民的一项基本权利。而且，在立法例上，《社会救助法（征求意见稿）》第2条规定，"中华人民共和国公民依照本法享有申请和获得社会救助的权利"。就此，值得《法律援助法》参考借鉴。

综上，专家团队提出修改建议如下："第一条［立法目的］为完善法律援助制度，保障公民和特殊案件当事人获得法律援助的权利，保障法律正确实施，维护社会公平正义，根据宪法，制定本法。"

【条文释义】

该条规定了国家法律援助立法的直接目的和根本目的。其中，"保障法律正确实施，维护社会公平正义"是《法律援助法》的根本目的和价值追求；"规范和促进法律援助工作，保障公民和有关当事人的合法权益"是《法律援助法》的直接目的，是实现根本目的的手段和途径。

一、根本目的："保障法律正确实施，维护社会公平正义"

《法律援助法》的根本目的是"保障法律正确实施，维护社会公平正义"。对此，需要明确以下两点。第一，"保障法律正确实施，维护社会公平正义"是我国立法、司法的根本价值追求，而非《法律援助法》特有的立法目的。例如，《律师法》第2条第2款规定："律师应当维护当事人合法权益，维护法律正确实施，维护社会公平和正义。"再如，我国法学界也普遍承认，"促进法律正确实施，维护社会公平正义"是我国审判制度、检察制度的根本价值追求。作为社会主义法律制度的必要组成部分,《法律援助法》是诸多"保障法律正确实施,维护社会公平正义"的国家立法之一;只有与其他部门法、其他法律制度相辅相成,才能够形成"保障法律正确实施,维护社会公平正义"的制度合力。以刑事法律援助为例,《法律援助法》必须依托《刑事诉讼法》及其相关司法解释、规范性文件规定的具体诉讼程序,才能确保刑事法律援助的实施。第二,在诸多法律制度中,《法律援助法》以其特有的、不可替代的方式服务于"保障法律正确实施,维护社会公平正义"这一根本目的。"让弱势群体能够免费接受国家统一提供的法律服务,是维护社会公平正义的重要防线,是彰显政府责任的一项民心工程。由此,法律援助是一项扶助贫弱、保障社会弱势群体合法权益的社会公益事业,也是一项基础性的法律救济制度,特别是在服务群众法律需求的'最后一公里'上,应当发挥特殊的保障作用。"[1]具体而言,《法律援助法》通过建立"一个方便使用的、有效的、可持续的和可信赖的法律援助综合制度",通过切实保障法定群体享有"获得法律援助的权利",在实质意义上实现了"法律面前人人平等"的宪法原则,由此,从制度上解决"决不让困难群众打不起官司"的问题,"保证人民群众在遇到法律问题或者权利受到侵害时获得及时有效法律帮助"。

二、直接目的:规范和促进法律援助工作,保障公民和有关当事人合法权益

《法律援助法》的直接目的有二:一是,从法律援助服务的供给角度看,该法旨在"规范和促进法律援助工作";二是,从法律援助服务的需求角度看,该法旨在"保障公民和有关当事人的合法权益"。

(一)法律援助工作

根据《法律援助法》规定,"法律援助工作"包含两方面的内容:[2]一是以政策指导、行业监督为特点的法律援助行政管理工作。二是以服务供给为基本内容的法律援助服务管理工作。为"规范和促进法律援助工作",《法律援助法》明确区

---

〔1〕 樊崇义:"我国法律援助立法与实践的哲理思维",载《江西社会科学》2021年第6期。

〔2〕 顾永忠教授认为,不宜将"法律援助工作"等同于"法律援助服务"。法律援助不仅有服务属性,更有保障属性,因此,法律援助服务所涉及的不仅是需求、机构与援助人员的三方关系,办案机关在法律援助特别是刑事法律援助中处于非常重要、非常特殊的地位,不能忽视。办案机关的所作所为应当属于"法律援助工作"的范畴,"法援法"的"规范"目的应当也包括对办案机关的"规范",不应将其排除在外。

就此,我们认为,应当明确法律援助制度与法律援助服务之间的关系:在现代法治社会,国家通过建立法律援助制度,以保证法律援助服务的可持续、稳定供给。一般而言,法律援助制度至少包括两部分内容:一是,以法律援助保障为内容的支持性制度;二是,以法律援助服务为核心的组织实施制度。其中,办案机关的法律援助保障职责以及各级人民政府相关部门的保障职责属于支持性制度。就像辩护律师行使诉讼权利离不开办案机关的支持和尊重一样,办案机关的所作所为也直接影响着法律援助服务的实施效果。但本质上,办案机关的支持与保障活动属于"外部环境""必要的配套措施",而非"法律援助工作"本身。

分了法律援助行政管理职责与法律援助服务管理职能；以此为基础，为了从制度上确保更多需要法律援助的人能够更便利地获得更有质量的法律援助服务，立法通过供给侧改革，确立了多元化法律援助服务供给机制。

1. 法律援助行政管理职责

根据《法律援助法》第5条规定，县级以上各级人民政府的司法行政部门是法律援助的行政主管部门，负有指导、监督本行政区域法律援助工作的行政管理职责。

在《法律援助法》中，有关司法行政部门的条文有19条之多。根据《法律援助法》相关规定，司法行政部门依法负有以下具体职责：（1）设立法律援助机构，指导群团组织、事业单位、社会组织依法提供法律援助（第12条；第8条、第17条、第68条）；（2）通过政府采购等方式，强化法律援助供给能力；（第15条）（3）开展经常性的法律援助宣传教育（第10条）；（4）审查处理不予法律援助、终止法律援助引发的争议（第49条）；（5）加强法律援助信息化建设，促进信息共享和工作协同（第51条）；（6）有计划地对法律援助人员进行培训（第54条）；（7）建立法律援助投诉查处机制（第55条、第56条）；（8）建立法律援助信息公开制度（第58条）；（9）法律援助服务质量的监督管理（第57条）；（10）与法律援助有关的行政处罚权（第61~65条）。此外，《法律援助法》还规定了一项省级人民政府司法行政部门专属的权力：根据第52条规定，省级人民政府司法行政部门负责会同同级财政部门确定法律援助补贴标准。根据《立法法》第12条第2款关于"被授权机关不得将被授予的权力转授给其他机关"的禁止性规定，确定法律援助补贴标准是省级人民政府司法行政部门及财政部门的专属职责；省级司法行政部门不得以任何借口将确定法律援助补贴标准的职责移交给下级司法行政部门，徒增层层沟通的行政成本。

在此前的法律援助实践中，法律援助培训、宣传教育、质量评估等工作通常由法律援助中心负责。根据"事业单位不再承担行政职能"的改革精神，《法律援助法》明确规定，上述事宜由司法行政部门具体负责，依法不宜再交由法律援助机构行使。而且，随着法律援助服务供给主体的多元化，司法行政部门组织法律援助培训、质量评估等活动，应当涵盖法律援助机构以外的其他法律援助组织。

2. 法律援助服务管理职能

根据《法律援助法》第12条规定，法律援助机构的基本定位是"负责组织实施法律援助工作"。法律援助机构具体行使以下三项服务管理职能：受理、审查法律援助申请；指派法律援助人员提供法律援助服务；（根据法律援助服务质量）支付法律援助补贴。

据此，在组织实施层面，法律援助工作主要是指法律援助机构为满足法定群体的法律服务需求而组织法律援助人员为其无偿提供法律援助服务的相关活动。具体而言，法律援助工作的主要内容是：对于那些特殊案件的当事人或因经济困难无力通过法律服务市场自行购买律师服务的个人，为满足其法律服务需求，国家以"兜底帮扶"的方式，通过法律援助机构组织法律援助服务人员为其无偿提供法律援助服务。在此意义上，法律援助机构的核心工作是：保障法律援助服务的可持续稳定供给，实现援助服务需求与援助服务供给之间的有效对接。

在组织实施层面，法律援助活动涉及三方主体：具有法律援助服务需求的法定群体；法律援助机构；法律援助人员。在上述主体之间，存在着三类不同性质的法律援助活动：一是，法定群体与法律援助机构之间的申请—受理审查活动。值得注意的是，就刑事法律援助而言，法律援助机构应当根据公安司法机关的通知直接指派，无需审查；除此之外，对于申请法律援助的，法律援助机构应当依法核查并确认申请人是否符合法定的经济困难条件（第41条）。二是，法律援助机构与法律援助人员之间的组织管理活动。具体包括法律援助人员的遴选、指派；对法律援助人员的服务实施必要的过程性监督；根据法律援助服务质量，依照差别化标准发放法律援助补贴等。三是，法律援助人员与受援人之间的法律援助服务活动。法律援助人员应当依法提供符合标准的法律援助服务（第19条）；受援人享有知情权、投诉权（第55条）。

在法律援助实践中，上述三种法律援助活动虽然性质不同，却环环相扣、互为依托。具体而言，三者的关系是：以满足法定群体的法律服务需求为目标导向、以提供无偿的法律援助服务为核心内容、以法律援助机构有效组织法律援助人员提供法律援助服务为根本保障。具体如图1-1所示。

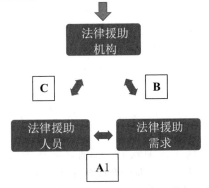

法律服务市场（A）

图 1-1 法律援助活动的组成要素及其相互关系

结合上图，就法律援助活动的组成要素及其相互关系说明如下。

（1）法律服务需求与法律援助需求：在现代法治社会，完备的法律服务体系应当以法律服务市场化为原则（A），法律援助服务为例外（A1）。法律援助制度"是国家建立的为经济困难公民和符合法定条件的其他当事人无偿提供……法律服务的制度"，旨在确保"公民不论经济条件好坏、社会地位高低都能获得必要的法律服务"。因此，在法律服务供给上，应当以自行委托为原则，法律援助服务为必要补充。《法律援助法》第27条规定，在刑事案件中，应当遵循委托辩护优先原则；不得以提供法律援助为由，限制或者损害犯罪嫌疑人、被告人委托辩护人的权利。

（2）法律援助制度与法律援助服务：在现代法治社会，国家通过建立法律援助制度，以保证法律援助服务的可持续、稳定供给。一般而言，法律援助制度应该包括两部分内容：一是，以法律援助保障为内容的支持性制度。完备的法律援助保障体系是法律援助机构组织开展法律援助工作的基础。因此，针对此前法律援助保障不足等问题，此次法律援助立法注重完善、强化了法律援助保障制度（如机构保障、人员保障、经费保障、服务质量保障、信息化保障等）；明确了相关机关的保障职责（如第5条、第6条规定）。二是，以法律援助服务为核心的组织实施制度。为保证更多的人可以更方便获得更有质量的法律援助服务，此次立法拓宽了法律援助供给渠道，确立了多元化法律援助供给机制。同时，《法律援助法》第12条明确规定，法律援助机构是法律援助服务的组织实施机构，专职负责并保证所在辖区法律援助服务的可持续、稳定供给，以满足法定人群的法律援助服务需求。

法律援助服务的组织实施涉及三方主体：作为组织实施方的法律援助机构（或其他服务供给组织）；作为法律援助服务提供者的法律援助人员；作为法律援助服务需求方的受援人（或申请人）。

（3）法律援助需求与法律援助机构：二者之间属于供需关系（B）。法律援助机构是法律援助服务的组织实施机构，负责法律援助服务的供给并保证法律援助服务的可及性、可持续性、合乎质量标准。其中，刑事法律援助属于人权司法保障制度，实行司法保障原则。因此，刑事法律援助以公安司法机关依职权通知为原则，当事人自行申请为补充。民事行政法律援助则属于"弱有所扶"性质的社会保障制度，以申请为原则。申请法律援助以经济困难为必要条件；只有符合法定条件的法律援助需求，才有权获得法律援助服务。法律援助机构通过说明—核查程序，确定申请人是否符合法定援助条件。

（4）法律援助机构与法律援助人员：二者之间属于服务合同关系（C）。法律援助人员是法律援助服务提供者，根据合同约定或依照法定报酬标准（而非市场标准）获得法律援助补贴；法律援助机构根据合同约定或依照法定服务质量标准，监督法律援助服务质量并据此支付法律援助补贴。

（5）法律援助人员与受援人：二者之间是服务与被服务的关系（A1）。就法律服务本身而言，法律援助人员提供的法律援助服务与市场化的法律服务并不存在本质区别。但对受援人而言，法律援助服务属于无偿服务，不需要支付任何对价。

在法律援助制度中，法律援助机构是有效对接"法律援助需求"与"法律援助人员"的桥梁和纽带：面向社会公众，法律援助机构需要审查决定申请人是否符合法定援助条件；面向法律援助人员，法律援助机构组织法律援助人员提供无偿法律援助服务；针对法律援助服务活动，法律援助机构负有就法律援助服务实施过程性监督的职责，以督促并保证法律援助人员提供符合标准的法律援助服务（第59条）；同时，法律援助机构有权根据法律援助服务质量、依照差异化标准发放法律援助补贴。

在此，需要特别说明以下几点内容。

第一，法律援助工作应当强化服务意识，构建以法律援助服务为本位的法律援助理论。无论是法律援助行政管理工作还是法律援助服务管理工作，都是基于管理者视角进行的观察。然而，法律援助工作只是手段，而非目的。在新时代条件下，应当秉持"以人民为中心"的法治理念，从受援人视角重新审视法律援助的各项工作，强化服务意识，构建以法律援助服务为本位的法律援助理论。也即，国家立法之所以要"规范和促进法律援助工作"，其目的是保证法定群体依法更方便地享有更高质量的法律援助服务。因此，法律援助工作的核心任务是"为法定群体提供可持续的、合乎质量标准的法律援助服务"；各项法律援助工作应当以服务供给为核心并以此作为最终的评价标准。

第二，法律援助服务是否属于行政给付？在此前的法律援助实践中，一些地方将法律援助视为一种特殊类型的行政给付。[1]但就其法律性质而言，很难将法律援助服务定性为行政给付。在行政法上，行政给付是行政决定的独立形态，属于具体行政行为范畴。[2]一般认为，广义的行政给付，是指行政主体基于法定职责或服务的要求，在特定相对人处于失业、年老、疾病或丧失劳动能力及其他法定情况下，依照法律、法规、规章和其他有关行政规范的规定，对上述相对人无偿提供物质帮助或其他优待的具体行政行为。据此，行政给付具有以下法律特征：财物性；

---

〔1〕 如甘肃政务服务网将法律援助的审批列于"行政审批"事项之列。一些基层的司法行政部门，也将法律援助规定为行政给付事项。如安徽省淮南市、山东省烟台市福山区、河北省石家庄市裕华区、内蒙古自治区乌海市海勃湾区。

〔2〕 参见姜明安主编：《行政法与行政诉讼法》，法律出版社2003年版；叶必丰主编：《行政法与行政诉讼法》，中国人民大学出版社2003年版；应松年主编：《行政法与行政诉讼法》，中国法制出版社2009年版；胡建淼：《行政法学》，法律出版社2015年版；邢鸿飞等：《行政法专论》，法律出版社2016年版；吴鹏：《行政法学》，高等教育出版社2019年版。

单向性；无偿性；依申请性（或可诉性）。其中，就给付内容而言，行政给付的内容是赋予行政相对人一定的物质权益或与物质有关的权益；行政给付"以金钱或物质为给付内容。不具有'财物性'的给付不属于这种意义上的行政给付。因此，精神奖励不属于行政给付，物质奖励就属于行政给付；还有国家给相对人提供人身权或财产权上的保护等，也不属于行政给付行为，只属于给付行政的一种内容"。[1]在我国，行政给付的形式散见于各类给付制度之中，主要包括发放抚恤金、低保金、行政奖励、行政补助等具体形式。相关给付制度主要是指：行政保障制度、行政救助制度、行政补助制度、行政奖励制度。[2]简言之，我国行政法学主流理论普遍认为，行政给付是基于国家对国民的生存照顾义务而提供的物质救助，一般不包括服务类活动。因此，法律援助不属于行政给付行为。

在法律援助理论上，法律援助制度本质上是一种法律服务保障制度。其中，就刑事法律援助而言，法律援助制度是一项以辩护权为基础的人权司法保障制度，本质上属于刑事司法制度的一部分。因此，在实行司法保障模式的国家（如德国、斯里兰卡），刑事法律援助由法院系统直接负责；在实行公设辩护人制度的国家（如美国、巴西），公设辩护人办公室属于司法辅助机构，是隶属于"司法分支的独立机构"（an independent agency of the judicial branch）。就非刑事法律援助而言，尽管政府就法律援助服务供给负有法定的保障职责，但是，政府本身并非法律援助服务的直接提供主体。因此，有关法律援助服务的组织实施行为，根本不属于具体行政行为。

在我国，《法律援助法》确立了"以国家法律援助为主、社会力量广泛参与"的多元化法律援助服务供给制度。根据《法律援助法》第 12 条、第 15 条、第 8 条、第 17 条、第 68 条规定，法律援助服务的供给主体既包括县级以上人民政府司法行政部门设立的法律援助机构，也包括在司法行政部门指导下依法提供法律援助服务的群团组织、事业单位、社会组织等法律服务机构。因此，在多元化法律援助服务供给制度下，根据"政事分开、管办分离"原则，司法行政部门是法律援助服务的行政主管部门，而非法律援助服务的直接提供者；法律援助服务的供给主体依照法律规定和行业标准自主组织实施法律援助服务，接受司法行政部门的指导和监督。故此，《法律援助法》第 49 条规定，法律援助机构的决定不属于具体行政行为，不具有可诉性。在程序上，申请人、受援人对法律援助机构不予法律援助、终止法律援助的决定有异议的，只能"向设立该法律援助机构的司法行政部门提出"异议；经过司法行政部门的审查处理后，对于司法行政部门决定不服的，才可以

---

〔1〕 胡建淼：《行政法学》，法律出版社 2015 年版，第 397 页。

〔2〕 胡建淼：《行政法学》，法律出版社 2015 年版，第 397~398 页。参见邢鸿飞等：《行政法专论》，法律出版社 2016 年版，第 193 页。

"依法申请行政复议或者提起行政诉讼"。[1]

第三，法律援助制度是"完备法律服务体系"不可或缺的组成部分，是法律服务市场的必要补充。诚如香港地区律师所言，法律服务需要付费导致找律师代辩对不少香港地区居民而言，像门户对外开放的高档酒店般，属可望不可及。香港地区较为可幸的是有一个资源比其他管辖区较为充裕的法律援助制度。这是一个由政府部门运作的制度，申请人只要通过资产审查和对诉因的评估后便可获批法律援助，由法律援助署以公款支付其安排委派的律师和大律师提供的法律服务。[2]概言之，完备的法律服务体系，不能单纯靠市场，还必须有国家公共财政予以保障的法律援助服务作为"兜底帮扶"。在此意义上，法律援助服务本质上就是法律服务的一种供给方式；仅就其服务属性而言，法律援助服务与通过法律服务市场自行购买的律师服务相比，在职业操守和服务要求上并不存在本质性差别。在法律援助实践中，法律援助人员应当按照职业操守和行业标准"为受援人提供符合标准的法律援助服务"。《律师法》第42条规定，"律师、律师事务所应当按照国家规定履行法律援助义务，为受援人提供符合标准的法律服务，维护受援人的合法权益"。对于法律援助服务明显不符合法律服务标准的，根据《法律援助法》第60条规定，律师协会可以依照有关规定进行惩戒。

不过，鉴于法律援助服务的组织实施方式，法律援助服务的质量保障制度明显有别于市场化的法律服务活动。就市场化的法律服务而言，当事人与律师之间是一种服务合同关系：当事人以支付市场对价的方式购买律师的法律服务；律师通过提供个性化法律服务获取相应的对价。因此，在微观层面，市场价格机制为律师提供高质量的法律服务提供了内在动力。在宏观层面，律师的法律服务最终将受到市场竞争、市场规律的检验；通过市场"这只看不见的手"，律师的法律服务质量最终将通过服务价格机制呈现出来并逐步实现优胜劣汰。法律援助服务则明显不同：在法律援助人员及其援助服务之间并不存在"价格激励机制"，受援人与法律援助人

---

[1] 根据《法律援助法》第49条规定，有研究者认为，"从上述对法律援助相关决定'复议或者诉讼'的程序性规定看，法律已经明确法律援助机构作出的上述法律援助决定，是一种具有行政给付功能的行政行为，即各级司法行政部门的法律援助机构，在职能定位上，是一个能够行使行政权的机构"。周玉华："《法律援助法》立法重点和难点解读"，载《中国司法》2021年第9期。

值得注意的是，上述研究者显然忽视了第49条各款规定的功能：根据该条第1款规定，对于法律援助机构的决定有异议的，只能向司法行政部门提出异议，而不能提起行政复议或行政诉讼。根据本条第3款规定，"可以依法申请行政复议或者提起行政诉讼"的对象，不是法律援助机构的决定，而是司法行政部门维持法律援助机构决定的决定。因此，第49条规定恰恰说明，在事业单位"去行政化"的改革大背景下，立法者明确否定了法律援助机构的决定属于具体行政行为，根本不具有可诉性；在程序上，只有经过司法行政部门的处理，才能"复议或诉讼"。

[2] 罗沛然："香港律师的诉讼权利维护经验"，载《中国法律评论》2014年第2期。

员之间也不得存在任何形式的"经济往来"。因此，为了保证法律援助服务的质量，《法律援助法》建立了一套体系化的法律援助质量保障制度：（1）通过有计划培训提高法律援助人员的能力。法律援助人员的服务能力是法律援助质量的基础。为此，《法律援助法》第54条规定："县级以上人民政府司法行政部门应当有计划地对法律援助人员进行培训，提高法律援助人员的专业素质和服务能力。"此外，第26条还明确规定了特定案件的资质要求，即对于"可能被判处无期徒刑、死刑的人，以及死刑复核案件的被告人"，法律援助机构"应当指派具有三年以上相关执业经历的律师担任辩护人"。（2）强化了司法行政部门的监督职责。《法律援助法》第57条规定，"司法行政部门应当加强对法律援助服务的监督，制定法律援助服务质量标准，通过第三方评估等方式定期进行质量考核"。（3）明确了法律援助机构实施过程性监督的职责。《法律援助法》第59条规定，"法律援助机构应当综合运用庭审旁听、案卷检查、征询司法机关意见和回访受援人等措施，督促法律援助人员提升服务质量"。（4）强化了受援人的服务监督权利。根据《法律援助法》第55条规定，对于法律援助人员未依法履行职责或怠于履行职责的，受援人可以向司法行政部门投诉，并可以请求法律援助机构更换法律援助人员。（5）严格了法律援助服务的法律后果。《法律援助法》第19条规定，"法律援助人员应当依法履行职责，及时为受援人提供符合标准的法律援助服务，维护受援人的合法权益"。根据《法律援助法》第57条、第58条规定，司法行政部门应当通过第三方评估等方式定期进行质量考核；质量考核结果应当定期向社会公布，接受社会监督。此外，《法律援助法》第60条规定，对于怠于履行法律援助义务的，律师协会应当依照有关规定进行惩戒；情节严重的，根据第63条规定，司法行政部门有权依法给予处罚。

第四，法律援助工作离不开相关部门的支持和保障。法律援助服务是一项需要国家持续性投入的基本公共服务。因此，为保证法律援助服务的可持续、稳定供给，在明确县级以上人民政府的基本保障职责之后，《法律援助法》第5条第2款进一步规定："县级以上人民政府其他有关部门依照各自职责，为法律援助工作提供支持和保障。"而且，作为具体诉讼活动的一部分，法律援助服务的顺利实施也离不开公安司法机关的保障、支持。故此，为创造友好、友善"外部诉讼环境"，《法律援助法》第6条规定："人民法院、人民检察院、公安机关应当在各自职责范围内保障当事人依法获得法律援助，为法律援助人员开展工作提供便利。"此外，鉴于律师在法律服务业务方面的特殊地位，《法律援助法》第7条、第60条规定了律师协会的指导、支持责任。

（二）不同语境下的"法律援助工作"

在《法律援助法》中，"法律援助工作"一词先后出现了15次，涉及12个法律条文。仔细推敲相关条文中"法律援助工作"的含义，可以发现，在不同条文中，"法律援助工作"一词所指内容不尽相同，具体分为三种情形。

一是特指（法律援助人员提供的）法律援助服务。例如，《法律援助法》第 6 条 "法律援助人员开展工作"，第 7 条 "律师事务所、律师参与法律援助工作"。

二是专指以服务供给为基本内容的服务管理工作。例如，《法律援助法》第 68 条规定："工会、共产主义青年团、妇女联合会、残疾人联合会等群团组织开展法律援助工作，参照适用本法的相关规定。" 根据我国法律援助实践经验，该条所称 "开展法律援助工作"，是指 "以自身人力和财力资源为本社团特定对象提供免费法律服务"。[1] 也即，工会、共产主义青年团、妇女联合会、残疾人联合会等群团组织 "提供法律援助服务" 时，在法律上 "视为法律援助机构"，参照适用本法关于法律援助受理、核查、指派、发放补贴、督促服务质量等相关规定。此外，《法律援助法》第 12 条（"法律援助机构负责组织实施法律援助工作"）、第 34 条（"经济困难的标准……根据本行政区域经济发展状况和法律援助工作需要确定"）、第 56 条（"建立法律援助工作投诉查处制度"）中的 "法律援助工作"，也是在这一含义上使用的。

三是在广义上使用 "法律援助工作" 一词。具体而言，在外延上，既包括法律援助机构的 "法律援助服务管理工作"，又包括主管部门的 "法律援助行政管理工作"。例如，《法律援助法》第 3 条（关于法律援助基本原则的规定），第 11 条（关于表彰、奖励的规定），第 66 条（关于滥用职权、玩忽职守、徇私舞弊的规定）。

（三）保障公民和有关当事人的合法权益

1. "公民和有关当事人"

《法律援助法（草案）》二审稿将 "维护公民合法权益" 修改为 "保障公民和有关当事人的合法权益"。对此，有实务部门的同志提出，"公民和有关当事人" 在概念上有一定的重合，建议简化为 "当事人"。显而易见，该项建议并没有认识到《法律援助法》采用 "公民" 一词其实别有深意。立法之所以在此采用 "公民" 一词而不用 "个人" "自然人" 的表述，旨在强调该法调整的是国家与 "中国公民" 之间的关系。具体而言，"公民" 二字限定了该法的适用范围：首先，该法旨在保障中国公民依法获得法律援助的权利；至于外国人、无国籍人，则应当依照二审稿第 66 条的规定处理。其次，该法仅适用于自然人，而不适用于法人或其他组织。

该条关于 "公民和有关当事人" 的规定，其实是该法第 2 条 "经济困难公民和符合法定条件的其他当事人" 的简称。立法明确区分 "公民" 与 "有关当事人" 主要是基于两方面的考虑：一是，二者的援助条件不同。这里的 "公民" 并非指任

---

[1] 司法部《关于贯彻落实〈法律援助条例〉促进和规范法律援助工作的意见》。

何公民个人，而是指"经济困难的公民"。至于"有关当事人"，则是指符合法定情形"应当予以援助"的特定当事人（如《法律援助法》第25条关于强制辩护的规定、第28条关于强制代理的规定，以及第32条关于特定案件不受经济困难条件限制的规定）。[1]此前，有关法律援助的规范性文件也往往采取这种并列式表述。例如，2015年两办《关于完善法律援助制度的意见》规定，"法律援助是国家建立的保障经济困难公民和特殊案件当事人获得必要的法律咨询、代理、刑事辩护等无偿法律服务，维护当事人合法权益、维护法律正确实施、维护社会公平正义的一项重要法律制度。法律援助工作是一项重要的民生工程"。当然，如果《法律援助法》第1条、第2条规定均采用"经济困难公民和特殊案件当事人"的表述似乎更为科学。二是，区分"公民"与"有关当事人"还包含了以下意思：符合法定情形应当予以援助的"特殊案件的当事人"，不仅包括中国公民，还包括不具有中国国籍的外国人和无国籍人。除此之外，对于其他情形，法律援助服务作为国家基本公共服务的具体内容之一，则仅限于中华人民共和国公民。[2]至于不具有中国国籍的外国人和无国籍人，则应当适用《法律援助法》第69条的规定。

2."保障公民和有关当事人的合法权益"

作为《法律援助法》的直接目的之一，"保障公民和有关当事人的合法权益"包含两层含义：其一，也是最重要的，该法旨在保障符合法定条件的特定群体（即"符合经济困难标准的公民"以及"特殊案件的当事人"）依法享有获得法律援助的权利。为此，《法律援助法》扩大了应当予以援助的法定案件范围（第25条、第28条以及第32条）；明确了"经济困难标准"的设定主体、设定标准及其调整原则（第34条）；弱化了"经济困难"的证明要求（第41条、第42条）。同时规定了关于"不予法律援助、终止法律援助的决定"的救济机制（第49条）。其二，在功能上，《法律援助法》通过"规范和促进法律援助工作"，通过切实保障法定群体享有合乎标准的法律援助服务，从制度上切实"保证人民群众在遇到法律问题或者权利受到侵害时获得及时有效法律帮助"。换句话说，通过法律援助服务，"使公民不论经济条件好坏、社会地位高低都能获得必要的法律服务"，[3]为法定群体运用法律手段维护自身合法利益提供了强有力的制度保障。

---

[1] 在司法实践中，对于实行双罚制的单位犯罪，如果单位被告没有委托辩护人，办案法官往往会参照《最高人民法院关于适用〈中华人民共和国刑事诉讼法〉的解释》第48条的规定（"共同犯罪案件中，其他被告人已经委托辩护人"），通知法律援助机构指派法律援助律师。我们认为，在刑事案件中，"符合法定条件的其他当事人"当然可以包括单位被告人。因此，在人民法院认为"有必要指派律师提供辩护"时，可以依法通知法律援助机构指派。

[2] 根据《国籍法》规定，我国香港地区、澳门地区的居民并不必然具有中国国籍。

[3] 参见《关于〈中华人民共和国法律援助法（草案）〉的说明》。

【延伸阅读】 获得法律援助的权利

"获得法律援助的权利"是 2012 年联合国《原则和准则》提出的第 1 项法律援助原则。2012 年 12 月 20 日，联合国大会第 67 届第 60 次全体会议通过了 2012 年联合国《原则和准则》，[1]这是联合国通过的第一部关于法律援助制度的专门性规范文件。[2]2012 年联合国《原则和准则》立足于《世界人权宣言》、《公民权利和政治权利国际公约》第 14 条、1977 年《囚犯待遇最低限度标准规则》、1990 年《关于律师作用的基本原则》等国际规范性文件关于刑事法律援助的规定，在充分尊重"不同国家和区域的刑事司法制度各不相同，并铭记实际上法律援助是按照刑事司法制度的总体平衡以及各国和各区域的实际情形得到发展的"等前提下，[3]根据不同国家和区域刑事法律援助制度及其实践的"国际标准和公认的良好做法，力求就刑事司法方面法律援助制度所应依据的基本原则向各国提供指导，并扼要列出高效和可持续的国家法律援助制度所需具体要件，目的是……增进获得法律援助的机会"。[4]

2012 年联合国《原则和准则》"作为一个有益的框架，根据刑事司法中的法律援助制度所应依据的原则为会员方提供指导"。[5]2012 年联合国《原则和准则》就刑事法律援助制度提出了 14 项原则、18 项准则。其中，第 1 项原则即"获得法律援助的权利"。2012 年联合国《原则和准则》第 14 条规定，"鉴于法律援助是以法治为依据并且行之有效的刑事司法系统的一个基本要件，是享有包括公正审判权等其他权利的基石，并且是确保刑事司法程序基本公正并且得到公众信任的一个重要保障，各国应当尽最大可能在本国法律体系中保障获得法律援助的权利，包括酌情在宪法中保障这一权利"。

事实上，综观不同国家和地区的法律援助制度及其实践，法律援助服务的发展基本上经历了一个"从社会公益到国家行为""从权利到福利"的发展历程。例如，有研究者将西方国家法律援助制度的三个发展阶段概括为：早期"作为恩惠的法律援助"；十七、十八世纪（主要针对刑事案件）"作为权利的法律援助"；"二

---

〔1〕 联合国大会第 67 届第 60 次全体会议会议记录（A/67/PV.60），载联合国官网，https://documents-dds-ny.un.org/doc/UNDOC/GEN/N12/659/10/PDF/N1265910.pdf? OpenElement，最后访问时间：2021 年 9 月 29 日。

〔2〕 关于 2012 年联合国《原则和准则》的官方中文文本，载中国政法大学国家法律援助网站：http://legalaid.cupl.edu.cn/info/1083/1243.htm，最后访问时间：2021 年 7 月 28 日。关于《原则和准则》的研究成果，可参阅刘思敏："刑事法律援助制度的国际标准研究"，中国政法大学 2018 年硕士学位论文。

〔3〕 2001 年联合国大会第 56 届第 60 次全体会议决议内容。

〔4〕 2012 年联合国《原则和准则》（A. 导言，6）。

〔5〕 2001 年联合国大会第 56 届第 60 次全体会议决议内容。

战"后，作为社会福利保障体系组成部分的"作为福利的法律援助"。[1]也有研究者将世界法律援助制度的发展历程概括为：慈善性法律援助、国家责任的法律援助、个体权利的法律援助。[2]尽管着眼点不同，但毋庸置疑的是：现代意义上的法律援助制度，都是由以（中央或地方政府）公共财政经费予以保障的法律服务保障制度。

在现代社会，基于实质正义的观念，福利国家理论认为，"国家有责任防止贫困和不幸，社会福利是一种社会责任……每个国民都有权从社会获得救济，使自己的生活水平达到国民最低社会标准"。[3]例如，在美国，经历"大萧条时代"之后，受罗斯福新政影响，"20世纪下半叶，在美国，对于是否能通过'法律平等'解决平等问题产生了某种疑问……在公法方面，重要的主题正开始超越宪法平等保护条款所确立的在法律形式上的平等。以传统的消极术语所表达的法律平等的概念，被视为不适于处理由事实上的不平等所提出的问题。假如向富者和穷人一视同仁地提供平等司法，在适用法律规则和原则时，人们就会同样地要求比单单遵从形式上的平等更多的实质性内容……法律平等只可能存在于这样一种情况下，即社会每一成员在事实上而非仅仅在形式上拥有使用其天赋的平等机会。由于每个人的社会环境不同，与此相比，一部分人缺乏能力或能力受到阻碍，而同时他人的能力却高出一筹或得天独厚，权利平等就成为一种'华而不实的浮夸之词'。对于在这种不平等下生活不走运的社会成员提供'补偿'是一种社会责任"。[4]在上述法律思潮影响下，美国联邦最高法院通过1963年吉迪恩案判决指出："在刑事案件中，律师是一种必需品，而不是奢侈品。与某些国家不同的是，在美国被告人获得律师帮助的权利被认为是公平审判必需的基本权利……每一个被告人都能得到法律的平等对待。如果一个贫穷的被告人在没有律师帮助的情况下直接面对控方的指控，这种崇高的理念就会荡然无存。"[5]

20世纪六七十年代，西方国家兴起了一场"获得司法程序上的公正"的运动。该运动"旨在保证包括穷人在内的全体公民有效地接近法律，法律援助范围不仅仅限于刑事法律问题，而且扩大至关注穷人的'未满足的需要'，包括住房、社会安全、家庭和债务问题的民事法律事项"。[6]受此影响，现代法治国家普遍认为，法律援助服务不是一项"基于裁量可以给也可以不给的社会福利"，而应当成为符合

---

〔1〕 张耕主编：《中国法律援助制度诞生的前前后后》，中国方正出版社1998年版，第85页。

〔2〕 薛清文："世界法律援助制度的历史与发展"，载《科教导刊》2009年第3期。

〔3〕 陈训敬主编：《社会法学》，厦门大学出版社2009年版，第19页。

〔4〕 ［美］伯纳德·施瓦茨：《美国法律史》，王军等译，法律出版社2018年版，第308页。

〔5〕 Gideon v. Wainwright, 372 U. S. 335, 83 S. Ct. 792.

〔6〕 ［加］艾琳·斯金奈德："国家提供法律援助的责任"，载司法部法律援助中心组织编译：《各国法律援助理论研究》，中国方正出版社1999年版，第292页。

法定条件的个体依法享有的一项法律权利。

我国社会主义法律援助制度也大体经历了三个发展阶段。[1]一般认为，尽管1979年《刑事诉讼法》明确规定了"指定辩护"的内容，[2]但是，直至1994年初，法律援助对于99%的中国老百姓乃至绝大多数各级官员来说，还是一个完全陌生的概念。[3]20世纪90年代初是我国法律援助的萌芽时期。当时，为通过法律手段维护特殊群体的合法权利，在部分法学专家推动下，逐渐出现了一批带有法律援助色彩的民间组织。例如，1992年5月，万鄂湘教授在武汉大学珞珈山校区创办了中国第一个法律援助机构——"社会弱者权利保护中心"。1995年12月，陈光中教授创立中国政法大学刑事法律研究中心，设立刑事法律援助部。1995年12月，郭建梅教授创立北京大学法学院妇女法律研究与服务中心，这是我国第一个专业从事妇女法律援助和研究的公益性民间机构。值得注意的是，这一时期的民间机构更多地采用"权利保护""研究与服务"（而非"法律援助"）作为机构名称——这从一个侧面反映了当时关于法律援助制度的探索基本上还处于"懵懵懂懂"的状态。

20世纪90年代中期至"十二五"时期，政府财政经费予以保障的法律援助制度逐步建立，法律援助服务开始成为一项法律明确规定的政府责任。当时，在时任司法部部长肖扬同志推动下，司法部一方面积极推动法律援助制度试点探索，一方面借助修改《刑事诉讼法》、制定《律师法》之际，大力推动法律援助"入法"。[4]在此期间，在司法部推动下，各地开始先后成立专门的法律援助机构。例如，1995年11月9日，广州市法律援助中心成立。"广州市法律援助中心为市政府批准设立的，由市司法局领导的负责组织实施全市法律援助工作的事业单位。这是全国首家政府批准设立的市级法律援助机构。"[5]1996年12月18日，司法部法律援助中心成立，负责"研究起草有关法律援助工作的政策和法律、法规、规章及规范性文件"，"指导、监督地方法律援助工作及其开展情况"等工作。在立法层面，1996年《刑事诉讼法》第34条、《律师法》第六章分别规定了法律援助的内容。之后，各省先后颁布法律援助条例，就法律援助服务的组织管理问题作出了具体规定。1999年8月，广东省人大常委会审议通过了《广东省法律援助条例》。作为我国第一部关于法律援助制度的省级地方性法规，《广东省法律援助条例》的立法体例对

---

[1] 在我国法治现代化历史上，法律援助的观念最初因清末苏报案渐为国人所知。之后，伴随清末修律及民国立法，公设辩护人制度逐步确立。

[2] 1979年《刑事诉讼法》第27条规定，"公诉人出庭公诉的案件，被告人没有委托辩护人的，人民法院可以为他指定辩护人。被告人是聋、哑或者未成年人而没有委托辩护人的，人民法院应当为他指定辩护人"。

[3] 张耕主编：《中国法律援助制度诞生的前前后后》，中国方正出版社1998年版，第1页。

[4] 张耕主编：《中国法律援助制度诞生的前前后后》，中国方正出版社1998年版，第47~84页。

[5] 张耕主编：《中国法律援助制度诞生的前前后后》，中国方正出版社1998年版，第65页。

之后各省法律援助条例以及 2003 年国务院《法律援助条例》产生了深刻影响。[1] 2003 年国务院《法律援助条例》"确立了我国法律援助制度的基本框架，明确了经济困难的公民有权获得免费法律服务，法律援助是政府的责任"。[2]但遗憾的是，在制度层面，无论是各省法律援助条例还是 2003 年国务院《法律援助条例》均未涉及法律援助机构自身的组织问题（如机构性质、机构人员组成及其任职条件、机构职责等），并由此造成了实践层面的巨大差异。

"十三五"时期，法律援助服务正式纳入基本公共服务范畴，成为公民享有的一项基本权利。2017 年，国务院《"十三五"推进基本公共服务均等化规划》明确提出，"享有基本公共服务是公民的基本权利，保障人人享有基本公共服务是政府的重要职责"，"国家建立完善基本社会服务制度，为城乡居民提供相应的物质和服务等兜底帮扶，重点保障特定人群和困难群体的基本生存权与平等参与社会发展的权利"。作为基本公共服务的一部分，法律援助制度应当"降低法律援助门槛，扩大法律援助范围"。

近年来，"随着我国经济社会不断发展，社会主要矛盾转化为人民日益增长的美好生活需要和不平衡不充分的发展之间的矛盾，人民群众在民主、法治、公平、正义、安全、环境等方面的要求日益增长。现行法律援助条例已经不能很好地适应法律援助工作需要，与人民群众特别是困难群众日益增长的法律援助需求相比，法律援助工作还存在制度不够完善、保障不够充分、援助范围亟待扩大等问题。及时制定法律援助法，是贯彻落实中央关于推进全面依法治国的重大战略部署，完善中国特色社会主义法律援助制度的必然要求，是努力让人民群众在每一个司法案件中感受到公平正义的重要举措，对于更好地维护公民合法权益、维护法律正确实施、维护社会公平正义具有十分重要的意义"。[3]为适应新时代的需求，针对法律援助"服务供给不足、资源分配不均、覆盖范围偏窄、保障不充分、质量不高和便民措施不健全等问题"，《法律援助法》"进一步拓宽法律援助方式、扩大法律援助范围、提高保障水平、加强质量管理、提供便捷化措施等，从而更好满足人民群众日益增长的需求，在更大范围通过更多形式，为人民群众获得及时便利、优质高效的

---

[1] 值得注意的是，2006 年《上海市法律援助若干规定》采取了一种特殊的立法体例。就此，当时的立法说明特别说明理由如下，考虑到 2003 年《法律援助条例》对法律援助制度的总体框架、法律援助的范围以及申请、审查和实施等问题已作了较为详尽的规定，地方立法没有必要对条例已经明确的内容再作重复规定。为此，《上海市法律援助若干规定（草案）》未仿照条例和其他省市已经出台的地方性法规，采用大而全的体例，而是针对条例的授权性规定以及本市法律援助实践中亟需解决的问题，以"若干规定"的形式作出补充和细化的规定。

[2] 司法部《关于贯彻落实〈法律援助条例〉促进和规范法律援助工作的意见》。

[3] 参见《关于〈中华人民共和国法律援助法（草案）〉的说明》。

法律援助服务提供法治保障"。[1]

全国人民代表大会常务委员会法制工作委员会社会法室主任郭林茂认为，此次法律援助立法，"通过完善法律制度，努力实现两个目的：让符合条件的更多力量有更多渠道和形式参与法律援助，更有积极性地开展法律援助工作；让更多需要法律援助的人更便利地享受更有质量的法律援助服务"。[2]为此，《法律援助法》一方面从服务供给角度规定了法律援助服务的组织实施机构、经费保障制度、质量保障制度等内容；通过供给侧改革，进一步拓宽了法律援助服务供给渠道，保障更多公民更便捷地获得高质量的法律援助服务；另一方面，从受援人角度，降低了获得法律援助服务的难度。例如，将特定案件规定为"不受经济困难条件的限制"、将特定人群规定为"免予核查经济困难状况"，保证法律援助服务的可及性；确立经济困难状况"说明—核查制"，降低了申请法律援助的证明难度。此外，立法还完善了权利救济机制，从制度上保证了法律援助的权利属性。《法律援助法》第49条规定，对于法律援助机构不予援助的决定，申请人可以向设立该法律援助机构的司法行政部门提出异议；"对司法行政部门维持法律援助机构决定不服的，可以依法申请行政复议或者提起行政诉讼"。同时，立法规定，"司法行政部门应当建立法律援助工作投诉查处制度"（第56条）；法律援助机构及其工作人员"拒绝为符合法律援助条件的人员提供法律援助"的，司法行政部门应当责令限期改正（第61条）。

第二条【法律援助概念】

本法所称法律援助，是国家建立的为经济困难公民和符合法定条件的其他当事人无偿提供法律咨询、代理、刑事辩护等法律服务的制度，是公共法律服务体系的组成部分。

【条文要旨】

本条是关于法律援助概念的规定。根据该条规定，作为公共法律服务体系的组成部分，法律援助制度提供的法律援助服务具有四项基本特征：国家以制度化方式予以保障的（以区别于社会慈善、公益法律服务等服务形式）；特定群体享有的（属于"保基本"的"兜底性"服务）；无偿提供（以区别于其他遵循市场规律的有偿性公共法律服务）；特定法律服务（两大类：法律咨询等基础性法律服务；辩护与代理类服务）。

---

[1]　蒲晓磊："为群众获得优质高效法律援助服务提供法治保障　解读法律援助法"，载《法治日报》2021年8月21日，第2版。

[2]　蒲晓磊："为群众获得优质高效法律援助服务提供法治保障　解读法律援助法"，载《法治日报》2021年8月21日，第2版。

【立法背景】

作为社会主义法律制度体系的组成部分，我国立法关于"法律援助"的规定始于 1996 年《刑事诉讼法》[1]《律师法》。1996 年修正后的《刑事诉讼法》第 34 条，首次以立法的形式，规定了我国刑事法律援助制度的基本原则和框架，首次明确提出了"法律援助"的概念。1996 年《律师法》专设一章，规定了律师法律援助的有关内容。

鉴于此，在 20 世纪 90 年代中叶，对于绝大多数人而言，法律援助还是一个比较陌生的法律概念、法律制度。以至于我们一提起"法律援助"，就得不厌其烦地解释："法律援助是……"[2]受此影响，在早期有关法律援助的规范性文件中，往往都会先明确法律援助的概念。例如，1997 年司法部《关于开展法律援助工作的通知》开门见山地指出，"法律援助制度是贯彻'公民在法律面前一律平等'的宪法原则、保障公民享受平等公正的法律保护、完善社会保障制度、健全人权保障机制的一项重要法律制度"。同时，在该通知正文部分，首先规定了"法律援助的定义"："法律援助，是指在国家设立的法律援助机构的指导和协调下，律师、公证员、基层法律工作者等法律服务人员为经济困难或特殊案件的当事人给予减、免收费，提供法律帮助的一项法律制度。"[3]

值得注意的是，在上述法律援助概念中，法律援助服务并非必然"免费"，而是"减、免收费"。与此相呼应，该通知第 2 条第 5 项明确规定："受援人因所需援助案件或事项的解决而获得较大利益时，应当向法律援助机构支付服务费用。"很显然，在早期法律援助制度构想中，法律援助制度包含了"法律援助分担制"的懵懂设计。

之后，作为我国第一部省级法律援助地方行政法规，1999 年《广东省法律援助条例》第 2 条规定了"法律援助""法律援助人员"的概念。其中，关于法律援助的概念，该条例沿袭了"减收或者免收费用"的表述，即"本条例所称法律援助，是指由县级以上人民政府设立的法律援助机构组织法律援助人员，为经济困难或者特殊案件的当事人提供减收或者免收费用的法律服务"。但是，在具体规定上，该条例遵循的却是"无偿提供法律援助"的基本精神。之后，随着法律援助实践的发展，绝大多数省份的法律援助条例均将法律援助服务定义为"无偿提供"或

---

〔1〕 1979 年《刑事诉讼法》第 27 条规定："公诉人出庭公诉的案件，被告人没有委托辩护人的，人民法院可以为他指定辩护人。被告人是聋、哑或者未成年人而没有委托辩护人的，人民法院应当为他指定辩护人。"在立法例上，1979 年《刑事诉讼法》沿袭德日刑事诉讼传统，通过司法保障模式为没有辩护人的被告人提供辩护服务。也即，对于符合法定强制辩护情形的案件以及其他具有司法利益的案件，由人民法院直接为被告人"指定辩护人"。

〔2〕 张耕主编：《中国法律援助制度诞生的前前后后》，中国方正出版社 1998 年版，第 1 页。

〔3〕 司法部《关于开展法律援助工作的通知》。

"免费提供"。只有个别省份的法律援助条例,[1]在法律援助概念中继续保留了关于"减、免收费"的表述。但在法律援助实践中,法律援助服务事实上都是无偿提供的。

2003年国务院《法律援助条例》没有规定法律援助的概念。但是,《法律援助条例》第2条从受援人角度强调,"符合本条例规定的公民,可以依照本条例获得法律咨询、代理、刑事辩护等无偿法律服务"。自此,"无偿性"成了我国法律援助服务的一项基本特征。[2]

然而,诚如早期法律援助研究注意到的那样,从国际法律援助制度及其实践来看,法律援助服务不一定都是"无偿的"。事实上,为解决那些虽不符合经济困难标准,但经济状况也算不上富裕的"中等偏低收入群体"的法律服务需求问题,往往根据梯级化、多层次的经济困难标准,提供差异化的法律援助服务:符合最低经济困难标准的,无偿提供(即全部援助);符合中间经济困难标准的,则减收一部分费用(即部分援助)。也即法律援助制度是"免收、减收费用的法律保障制度"。例如,在欧洲,绝大多数国家会根据案件性质(即刑事或非刑事),申请人收入、资产状况以及是否已婚、是否有被抚养人(及人数),将法律援助分为完全免费的法律援助和申请人需要交纳一定费用的法律援助。[3]以英格兰和威尔士地区为例。对于皇家法院审理的重罪案件,是否予以法律援助,法律援助局需要审查委托人的家庭年度可支配收入。其中,对于年度可支配收入高于3399英镑但低于37 500英镑的家庭,委托人需要根据其收入按月分担(最多6个月)一定比例的法律援助费用。如果最终判决委托人有罪且被告人拥有30 000英镑以上的资产(包括存款、房产),委托人则必须支付法律援助的主要支出。[4]

在我国港澳台地区,除澳门地区实行单一经济困难标准外,[5]我国香港、台湾地区都设立了两级经济困难标准。在我国香港地区,普通民事法律援助计划的财

---

〔1〕　如,2001年《黑龙江省法律援助办法》第3条;2001年《青海省法律援助条例》第2条;2002年《河南省法律援助条例》第2条。

〔2〕　有研究者对各省份法律援助条例中有关"法律援助概念"的规定进行了研究。其结论是,各省份法律援助条例普遍地将"无偿"或"免费"作为法律援助服务的根本特征。"法律援助的根本特征,即法律援助区别于一般法律服务的显著特征。一般法律服务对接受一方的当事人是要收费的,而公民接受法律援助无需支付任何法律服务费用。主要有两种提法:一是'无偿'……二是'免费'。"参见刘新华:《中国法律援助立法研究》,民主与建设出版社2017年版,第13页、第15页。

〔3〕　Barendrecht M. et al, *Legal Aid in Europe: Nine Different Ways to Guarantee Access to Justice？*, Hague Institute for the Internationalisation of Law (2014).

〔4〕　[英]格林·哈迪:"英国法律援助制度概述",吴宏耀等译,载中国政法大学国家法律援助研究院公众号,https://mp.weixin.qq.com/s/-PUP5yGh1fF0NWrLYLCi9w,最后访问时间:2021年7月31日。

〔5〕　根据我国澳门地区第13/2012号法律《澳门地区司法援助的一般制度》的规定,申请人及其家庭成员的可支配财产金额,如果低于法定限额,即视为经济能力不足。按照我国澳门地区第2/2013号行政法规,申请人及其家庭成员的可支配财产的法定限额为320 000澳元。

务资格限额为 420 400 港元, 法律援助辅助计划的限额为 2 102 000 港元。其中, 就普通民事法律援助计划而言, 根据法律援助署官网就常见问题的回答, 如果申请人财务资源[1]不超过 420 400 港元, 即有资格申请完全免费的法律援助。但是, 如果申请人的财务资源经评定为介于 52 550 港元至 420 400 港元之间, 便需要按累进比例缴付一定数额的分担费, 数额由 1051 港元至 105 100 港元不等。再如, 我国台湾地区 "法律扶助法" 第 31 条在 "全部扶助与部分扶助之决定及分担比例" 标题下规定, "分会准许法律扶助时, 应视受扶助人之资力, 决定为全部或部分扶助。但第五条第一项第一款、第二款之情形, 应为全部扶助。分会准许部分扶助时, 应决定受扶助人应分担酬金及必要费用之比例。受扶助人就其应分担之酬金及必要费用未能及时给付者, 得向分会申请垫付"。据此, 我国台湾地区每年都会根据 "各县市公告之低收入户、中低收入户标准" 以及家庭人口数, 公布完全援助与部分援助的 "无资力认定标准"。[2]

关于法律援助法的概念, 2019 年司法部 "征求意见稿" 在传统法律援助概念基础上, 进一步引入了法律援助费用分担制的内容。"本法所称法律援助, 是指由国家依照法定程序为经济困难无力支付法律服务费用的当事人或者特殊案件的当事人免费提供法律咨询、代理、刑事辩护等法律服务的法律保障制度。有一定支付能力但无力支付全部法律服务费用的当事人, 可以在分担法律援助办案费用后获得法律援助。" 所谓法律援助费用分担制, 是指 "具有一定支付能力却又无力完全支付法律服务费用的受援人, 就其本人所接受的法律援助服务, 按照其经济状况, 与由政府出资设立的法律援助机构共同分担一部分法律援助办案费用的制度"。[3]分担制可以扩大法律援助服务的覆盖范围, "惠及中等偏低收入群体", 同时又可以 "缓解法律援助覆盖面与政府财政负担之间的矛盾"。[4]但是, 引入法律援助费用分担制, 也就意味着法律援助服务不再是 "完全免费的", 而是根据经济困难程度

---

[1] 在我国香港地区, 财务资源是指 "每年可动用收入" 与 "可动用资产" 的总和。"可动用收入" 是指每月收入减去某些可扣减项目, 例如租金或住所的按揭供款、差饷、入息税及按本人和本人的受养人生活开支而定的法定个人豁免额。可动用资产包括一切资本资产, 例如, 现金、银行存款、珠宝、古董、股票、股份及物业。不过, 有些资产不会计算在可动用资产内, 例如, 自住的物业; 家俬及用具、衣物, 以及营生工具; 如年满 60 岁, 一笔相等于普通民事法律援助计划财务资格限额数目的资产 (420 400 元)。

[2] 我国台湾地区 2021 年法律援助 "无资力认定标准", 参见 https://www.laf.org.tw/index.php?action=apply_detail&p=1&id=8940, 最后访问时间: 2021 年 7 月 28 日。

[3] 关于法律援助费用分担制度的 "意义及特点" "中外制度比较" "在我国实行的必要性", 可参阅 2014 年《中国司法》上发表的一组专题文章, 分别是言: "关于法律援助受援人分担费用制度几个基本问题的研究 (一): 意义及特点", 载《中国司法》2014 年第 4 期; 言: "关于法律援助受援人分担费用制度几个基本问题的研究 (二): 中外制度比较", 载《中国司法》2014 年第 5 期; 言: "关于法律援助受援人分担费用制度几个基本问题的研究 (三): 在我国实行的必要性", 载《中国司法》2014 年第 6 期。

[4] 张甜: "法律援助费用分担机制研究", 上海师范大学 2019 年硕士学位论文。

的层级，"免收、减收费用"。因此，在 2016 年联合国《法律援助全球报告》中，研究者将法律援助定义为，"以很少或零成本向被划定为有资格的人提供法律咨询、援助和/或代理服务"。

在我国法律援助立法过程中，2020 年司法部《法律援助法（草案）》初稿删除了费用分担制的内容。关于法律援助概念的规定，初稿和一审稿着眼于"法律援助活动"，强调"法律援助是国家为法定群体无偿提供的法律服务"。二审稿则着眼于"法律援助制度"，强调"法律援助是一项为法定群体无偿提供法律服务的国家法律制度，是公共法律服务体系的组成部分"。

在一审稿征求意见过程中，针对一审稿第 2 条第 2 款规定，有的常委会组成人员、部门、地方和社会公众提出：一审稿将提供法律援助的主体限定为法律援助机构，但实践中还包括群团组织、事业单位和社会组织；应当尊重现实做法，进一步拓宽渠道，鼓励和支持更多社会力量参与法律援助。宪法和法律委员会经研究，建议删去"法律援助由法律援助机构组织法律援助人员实施"的规定，明确鼓励和支持群团组织、事业单位、社会组织依法提供法律援助，并在二审稿中增加第 65 条规定："工会、共产主义青年团、妇联等群团组织开展法律援助工作，参照适用本法的相关规定。"

一审稿	二审稿
第二条 本法所称法律援助，是指国家为经济困难公民和符合法定条件的当事人无偿提供的法律咨询、代理、刑事辩护、值班律师法律帮助等法律服务。 法律援助由法律援助机构组织法律援助人员实施。	**第二条** 本法所称法律援助，是指国家**建立的**为经济困难公民和符合法定条件的**其他**当事人无偿提供法律咨询、代理、刑事辩护等法律服务**的制度，是公共法律服务体系的组成部分。**

在法律援助立法过程中，法律援助概念是否需要具体列举（以及如何列举）法律援助的对象（经济困难公民和符合法定条件的当事人）以及法律援助服务的具体形式（法律咨询、代理、刑事辩护等法律服务），曾存在较大的争议。需要说明的是，《法律援助法（草案）》一审稿、二审稿关于法律援助概念的规定，本质上属于描述性概念，目的是客观描述"法律援助是什么"。因此，在概念表述上，难免会陷入是否需要穷尽列举的困境。针对上述困境，有专家建议，立法可以采用"属加种差"的定义方式，通过法律援助概念揭示法律援助制度的本质属性和规范性特征。

故此，有专家建议将该条修改为："本法所称法律援助，是指国家为保证公民在遇到法律问题或者权利受到侵害时能够获得及时有效的法律帮助，由法律援助机构依照法定程序为经济困难公民和符合法定条件的当事人提供法律援助服务的社会基本保障制度。"以"属加种差"的方式,上述法律援助概念揭示了法律援助制度的以下基本特征:第一,法律援助制度是一种社会基本保障制度。根据国务院《"十三五"推进基本公共服务均等化规划》第八章"基本社会服务"的规定,法律援助服务属于国家基本公共服务之一。因此,法律援助制度本质上应当属于"弱有所扶"的社会基本保障制度。第二,法律援助制度的根本任务是"保证公民在遇到法律问题或者权利受到侵害时能够获得及时有效的法律帮助"。十八届四中全会《决定》第五部分提出,要"完善法律援助制度,扩大援助范围……保证人民群众在遇到法律问题或者权利受到侵害时获得及时有效法律帮助"。因此,"保证人民群众在遇到法律问题或者权利受到侵害时获得及时有效法律帮助"理应成为我国法律援助制度的发展方向和目标。第三,法律援助制度的核心内容是法律援助机构组织提供的法律援助服务。

针对《法律援助法(草案)》二审稿的规定,有专家建议,应当将第 2 条规定最后一句话修改为"本法所称法律援助……是国家基本公共服务的组成部分"。理由如下:在公共法律服务体系中,法律援助以其"无偿性""兜底帮扶"等特点,区别于"律师、公证、鉴定、仲裁"等以"有偿服务""市场化"为基本特征的其他公共法律服务类型。

此外,有专家认为,应当在立法中明确规定"法律援助是国家责任"。[1]理由如下:从法理上讲,我国应尽快确立国家责任理念。其一,是为了与国际社会的一般共识相互衔接。主要有:(1)现代法治国家的基本要求。在现代法治国家中,基于国家与公民的基本关系,国家与公民之间永远是义务主体与权利主体的关系。国家应当是法律援助义务的承担者与提供者,法律援助制度本质上就是以国家力量来保障公民平等地实现法律赋予的权利。(2)现代法律援助制度的基本特征。从法律援助制度的发展历史可以看出,现代法律援助制度已经作为国际人权标准与国际司法保护标准,并伴随公民享有的法律援助基本权利而进一步发展。法律援助公民权利和国家责任的相继确立使法律援助性质发生根本性的转变,国家责任理念也成为现代法律援助区别过往的基本标准。(3)法律援助制度的基本属性。法律援助制度具有多义性,它作为一种基本法律制度、社会保障法律制度以及司法人权保障制度,而且也是法律公共服务的重要内容,具有普遍而重大的价值。无论从法律援助制度的哪一基本属性看,都要求国家承担提供法律援助的基本责任,否则,法律援助制度及其实施都基本上流于形式。

其二,在我国法律援助制度与立法中确立国家责任理念,有更特殊的意义和价值,主要包括:(1)社会主义制度的基本要求与新时代的任务。中华人民共和国成

---

[1] 樊崇义:"我国法律援助立法与实践的哲理思维",载《江西社会科学》2021 年第 6 期。

立后，中国人民掌握了国家的权力，成为国家的主人，社会主义制度也由此确立。《宪法》第33条规定，中华人民共和国公民在法律面前一律平等。国家尊重和保障人权。任何公民享有宪法和法律规定的权利，同时必须履行宪法和法律规定的义务。这是确认国家责任理念的政治制度与社会体制的基石。党的十九大报告明确指出，中国特色社会主义进入新时代，我国社会的主要矛盾已经转化为人民日益增长的美好生活需要和不平衡不充分的发展之间的矛盾。人民美好生活需要日益广泛，在民主、法治、公平、正义、安全、环境等方面的要求日益增长。但更加突出的问题是发展不平衡、不充分已经成为满足人民日益增长的美好生活需要的主要制约因素。我国法律援助工作的不平衡、不充分发展与人民群众日益增长的法律服务需求之间所形成的矛盾日益凸显。(2) 中国共产党的使命。《中国共产党章程》指出，党始终坚持全心全意为人民服务。党除了工人阶级和最广大人民群众的利益，没有自己特殊的利益。党在任何时候都把群众利益放在第一位。党在自己的工作中实行群众路线，一切为了群众。党的十九大报告深入阐述了"以人民为中心"的重大思想：人民是历史的创造者，是决定党和国家前途命运的根本力量。必须坚持人民主体地位，坚持立党为公、执政为民，践行全心全意为人民服务的根本宗旨，把党的群众路线贯彻到治国理政的全部活动之中，把人民对美好生活的向往作为奋斗目标。在新时代，"以人民为中心"的核心思想，必然要求国家勇于承担提供法律援助的义务，积极努力确保人民群众可以享有法律援助的权利。（3）冲破2003年《法律援助条例》的制度瓶颈。2003年《法律援助条例》作为国务院行政法规，受法律效力等级以及调整范围等限制，只能规定法律援助是政府责任。通过立法明确为经济困难公民、特殊案件当事人提供法律援助是国家责任，有利于更好地体现国家贯彻落实"法律面前人人平等""国家尊重和保障人权"之宪法原则的坚定决心，也更利于提高法律援助水平。

《法律援助法》应当将国家责任理念作为基本的立法事项。在比较域外经验和充分结合国情的基础上，借此立法契机明确规定国家责任理念及其相关内容。实际上，国家责任理念不是空洞的概念，而是有血有肉的制度实体。一方面，国家责任理念有其丰富的内涵，需要妥善解决其与政府义务、社会参与等的关系，解决好组织管理体制等问题。另一方面，国家责任理念需要完善的法律援助实施保障机制予以支撑，如财政资金、人员配置等，才能真正落到实处。在国家责任理念的本体内容中，从其产生与发展的立场看，有以下内容尤为重要：（1）公民法律援助权及其实现最为重要。法律援助的雏形是国王的慈善行为，公民接受法律援助并非行使权利的结果。在法律援助范围与对象的扩大化过程中，由于法律援助的不充分、不均衡以及覆盖不足等问题，法律援助无法成为均等化的公共法律服务，国家与政府控制了法律援助的惠及对象及范围。直到公民享有法律援助这一基本权利成为共识，并得到宪法以及基本法律的确认后，才实质上明确了国家承担提供法律援助的基本责任与义务。易言之，法律援助逐渐成为公民的一项权利的同时，也将成为国家义不容辞的责任。（2）刑事法律援助制度是终极形式。法律援助是公民享有公正审判权利的重要保障，特别是刑事案件中受追诉人应当享有公平审判的权利。随着法律援助从民事案件扩大到刑事案件，刑事法律援助不仅可以保护被追诉人的权益，更重要的任务是努力实现公平审判及司法诉讼活动的正义。易言之，刑事法律援助制度的健全与否是衡量一国刑事诉讼现代化程度的一个重要参考指标，其制度设计往往都蕴含着一国对人权保障的尊重程度。在犯罪嫌疑人处于被追诉而无力聘请辩护律师的情况下，刑事法律援助就成为被告保障自身诉讼权益的唯一可能路径，也是国家责任理念的集中体现。

【条文释义】

根据该条规定，法律援助制度是指国家建立的为经济困难公民和符合法定条件的其他当事人无偿提供法律咨询、代理、刑事辩护等法律服务的制度，是公共法律服务体系的组成部分。据此，我国法律援助制度具有以下四个基本特点。

一、国家以制度化方式保障可持续稳定服务供给是法律援助制度的本质特征

"法律援助是国家的责任"是现代法治国家的一项基本共识。2012年联合国《原则和准则》规定了14项法律援助原则。其中，第2项原则即法律援助是"国家的责任"："国家应当把提供法律援助视为其义务和责任。为此目的，它们应当考虑酌情颁布具体法规和条例，确保有一个方便使用的、有效的、可持续的和可信的法律援助综合制度。国家应当为法律援助制度调拨必要的人力和财政资源"。具体而言，法律援助作为一项国家责任，首先，意味着国家应当以立法的方式"建立（国家）政府提供经费支持的法律援助制度"，以制度化的方式"确保需要得到法律援助的个人能够享有易于获得的、支付得起的、平等、高效、可信赖、可持续的法律援助服务"。[1]在现代法治社会，法律援助服务不是政府的恩赐，而是特定人群依法享有的一项保障性权利。因此，为确保特定人群能够依法获得法律援助服务，国家有责任建立适宜的法律援助制度，以制度化的方式确保法律援助服务的可持续、稳定供给。其次，国家应当为法律援助服务提供财政经费保障和必要的人力资源。法律援助制度是一项法律服务保障制度，需要国家持续性地经费投入，才能保证并维持法律援助服务的可持续、稳定供给。因此，在法律援助制度体系中，经费保障制度是基础，是法律援助制度可持续、高质量均衡发展的必要前提。此外，现代国家还往往设置专门的组织机构，如公设辩护人办公室、法律援助中心等，专职负责组织实施法律援助服务。

在我国，法律援助制度及其实践鲜明体现了"法律援助是国家的责任"的特

---

〔1〕 2017年联合国《示范法典》第2条。

点。例如，2003 年《法律援助条例》第 3 条规定，"法律援助是政府的责任，县级以上人民政府应当采取积极措施推动法律援助工作，为法律援助提供财政支持，保障法律援助事业与经济、社会协调发展。法律援助经费应当专款专用，接受财政、审计部门的监督"。2015 年两办《关于完善法律援助制度的意见》指出，"法律援助是国家建立的保障经济困难公民和特殊案件当事人获得必要的法律咨询、代理、刑事辩护等无偿法律服务，维护当事人合法权益、维护法律正确实施、维护社会公平正义的一项重要法律制度。法律援助工作是一项重要的民生工程"。近年来，随着国家基本公共服务体系的不断发展完善，法律援助服务作为"基本社会服务"的具体内容之一，已经纳入国家基本公共服务的范畴。例如，2017 年国务院《"十三五"推进基本公共服务均等化规划》、国家发展和改革委员会等部门联合印发的2021 年《国家基本公共服务标准》均明确规定，法律援助是国家基本公共服务体系的一部分，旨在保障法定人群"弱有所扶"。

十九大报告提出，"转变政府职能，深化简政放权，创新监管方式，增强政府公信力和执行力，建设人民满意的服务型政府"。建设服务型政府，意味着政府要还权于社会、还权于市场，政府主要是做市场和个人不能做、不愿做或做不好的事情。即主要是提供维护性的公共服务和社会性的公共服务。[1]维护性的公共服务主要包括维护市场经济秩序、保护财产权利和公民权利、保卫国家安全和社会安全，这是服务型政府的基石；社会性的公共服务主要是指完善的社会福利体系和健全的社会保障制度，包括教育、医疗、卫生、环境保护、公共事业和社会保障等，社会性公共服务是服务型政府的主要体现。"服务型政府建设的出发点是提高公共服务水平，让全体人民共享改革发展成果，基本内容围绕教育、医疗、卫生、社保、就业等重要民生议题展开。"[2]法律援助服务是国家提供的一种基本公共服务。因此，作为国家责任的内在要求，国家必须为法律援助制度的可持续化运行提供必要的"公共财政经费和人力资源"。[3]其中，法律援助经费保障制度是整个法律援助制度可持续发展的基础和前提。根据 2015 年两办《关于完善法律援助制度的意见》，我国法律援助经费保障制度实行"明确责任、分类负担、收支脱钩、全额保障的原则"。也即，在坚持同级财政保障的基础上，强调中央、省级财政的统筹、协调作用。《法律援助法》第 4 条进一步强化了县级以上人民政府的经费保障责任。

---

〔1〕 参见唐铁汉、李军鹏："公共服务的理论演变与发展过程"，载《新视野》2005 年第 6 期。

〔2〕 郭道久："势所必然：国家治理现代化的重要推动力"，载《人民日报》2018 年 9 月 9 日，第 5 版。

〔3〕 根据 105 个成员的反馈信息，2016 年联合国《法律援助全球报告》的结论是："在最不发达国家，民间团体组织提供了大部分法律援助服务，而在高收入国家，国家资助的法律援助实体是法律援助的主要提供者。"就法律援助服务类型来看，各国往往为刑事法律援助服务提供公共财政保障；至于刑事案件以外的法律援助服务，则往往更多发挥社会组织的作用。

由国家财政经费予以保障的法律援助服务，既有别于市场化的法律服务活动，也不同于律师的公益性法律服务[1]和各式各样的法律志愿服务[2]。一方面，与市场化的法律服务相比，尽管在服务内容及其要求上，法律援助服务与市场化的法律服务并没有本质不同（二者的主要区别在于获取服务的方式不同），但是，在服务收费方面，法律援助服务的补贴标准往往低于法律服务的市场价格。在此意义上，尽管律师提供法律援助服务也会收取一定的报酬，但是，就其低收费而言，律师提供法律援助服务本身就是一项具有公益性质的活动。另一方面，法律援助服务又有别于律师自发实施的公益法律服务和法律志愿服务。在现代法治社会，国家鼓励和支持法律职业群体在力所能及的范围内，为社会公众提供适宜的公益性法律服务或志愿服务。例如，2019年司法部印发《关于促进律师参与公益法律服务的意见》，"倡导每名律师每年参与不少于50个小时的公益法律服务或者至少办理2件法律援助案件"。但是，本质上，律师参与公益性法律服务、法律志愿服务是律师个人的自发行为。与此不同，法律援助人员提供法律援助服务则是一种有组织的法律服务行为。在实行法律援助律师名册管理的国家和地区，入选名册的律师事务所、律师，事实上与法律援助管理机构之间形成了一种法律服务契约关系，并以此保证法律援助服务的可持续性。

二、法律援助制度旨在保障符合法定条件的个人享有依法获得法律援助的权利

法律援助制度旨在保障符合法定条件的个人享有依法获得法律援助服务的权利。一般认为，在"二战"以前，国家予以保障的法律援助服务仅限于刑事案件。"二战"后，随着福利国家观念的流行，[3]民事、行政类案件才逐渐被纳入法律援

---

[1] 公益性法律服务（pro bono legal services）不一定是完全免费的。但是，与市场化的法律服务相比，服务提供者往往是基于"回馈社会、服务公共利益"的情怀自愿放弃"市场对价"而以免费或明显优惠的服务价格提供相应的法律服务。

[2] 根据2017年国务院《志愿服务条例》第2条第2款规定，"志愿服务，是指志愿者、志愿服务组织和其他组织自愿、无偿向社会或者他人提供的公益服务"。

[3] "'福利国家论'原是19世纪英国、德国一些经济学家的主张。进入20世纪，英国经济学家庇古的福利经济学说于20年代开始提出，30年代又兴起凯恩斯学派的就业理论等经济学说，更为英国于战后实施社会福利政策提供了理论依据……第二次世界大战激烈进行的1941年，英国政府委托曾任劳工介绍所所长和伦敦经济学院院长的贝弗里奇教授负责制订战后实施社会保障的计划。这个计划于1942年底发表，题为'社会保险和相关服务'，这就是著名的'贝弗里奇报告'。报告以消除贫困、疾病、肮脏、愚昧和怠惰懒散5大社会病害为目标，制订了以社会保险制度为核心的全面的社会保障计划……英国于1948年宣告，英国已建成为世界上第一个'福利国家'。继英国之后，北欧国家和其他西欧经济发达国家，纷纷按英国模式实施社会福利政策。美、澳、日等国也按'福利国家'的路子建设各自的社会保障制度。"陈训敬主编：《社会法学》，厦门大学出版社2009年版，第19页。

助的范围。"二次世界大战后，特别是在六十年代民权运动的推动下，发达国家进入了社会福利化时期。民权运动对社会经济机会平等权利，包括寻求法律保障的机会平等权利的强调，使得法律援助活动进一步向社会化发展，加上经济长足发展所创造的物质可能性，法律援助逐渐被纳入社会福利保障体系之中。"〔1〕以英国为例，在英格兰和威尔士地区，尽管早在 1907 年《英国刑事上诉法》就规定了刑事上诉案件的法律援助服务，但是，直到 1949 年《英国法律援助与法律咨询法》，英国才第一次确立了民事法律援助制度——这也是世界上最早关于民事法律援助的规定。

受上述历史原因影响，各国法律援助制度的覆盖人群、优先保障政策存在着较大差异。一些国家（如美国〔2〕、德国〔3〕、斯里兰卡〔4〕等），在坚持传统刑事法律援助制度基础上，通过立法创设了自成体系的"非刑事法律援助制度"。由此形成了刑事、民事法律援助制度相对独立的"二元模式"。进入 21 世纪以来，在国际法律援助第三波改革浪潮中，〔5〕一些国家和地区（如日本〔6〕、英格兰和威尔士），

---

〔1〕 张耕主编：《中国法律援助制度诞生的前前后后》，中国方正出版社 1998 年版，第 85 页。

〔2〕 在美国，刑事法律援助是宪法性要求。联邦及各州有责任确保可能判处自由刑的犯罪嫌疑人、被告人获得法律援助服务。然而，"在美国，没有规定为当事人在民事领域获得律师提供经济援助的宪法或法定权利……如果事情在本质上是有关民事方面的，则无论个人是否需要有关商业交易或处理纠纷的咨询，联邦、州或地方政府都没有义务为其提供律师（以上有些小小的技术上的例外。例如，如果一个州想要终止一方父母的监护权，则当事人有权要求提供免费的律师代理）。因而，为那些无力支付律师费用的人提供民事法律帮助的体制与提供刑事辩护服务的体制有很大区别"。[美] 安东·辛森："美国的民事法律服务：州和私人的作用、服务提供模式和范围与资格标准"，载司法部法律援助中心组织编译：《各国法律援助理论研究》，中国方正出版社 1999 年版，第 502 页。

〔3〕 在德国，受联邦制国家体制的影响，没有统一的刑事法律援助国家政策，没有全国性监督管理机构。所有的法律援助申请都是由各法院负责受理；以法院代理类法律援助服务为主，非法院代理类法律援助服务非常有限。法律援助几乎全部由私人律师提供，政府只是发挥出资人的作用。参阅郑志化："浅析德国民事法律援助制度"，载方小敏主编：《中德法学论坛》（第 12 辑），法律出版社 2015 年版，第 142~161 页。

〔4〕 在斯里兰卡，刑事法律援助实行司法指派模式，由法院直接负责；非刑事类法律援助服务（包括被害人、证人保护；保释；侵犯宪法基本权利等案件）则由法律援助委员会负责组织实施。斯里兰卡法律援助委员会提供诉讼代理的案件范围，请查阅：http://www.legalaid.gov.lk/index.php/our-services/litigation，最后访问时间：2021 年 7 月 29 日。

〔5〕 2016 年联合国《法律援助全球报告》指出，"二十一世纪初掀起了巨大的改革浪潮，86%的答复国在过去 15 年内改革了法律援助体系。而且，改革保持了高速发展态势：过去三年（即 2012~2015 年），多达 40%的答复国（主要是东欧和中亚、西欧和其他国家集团以及撒哈拉以南非洲）进行了法律援助制度改革"。

〔6〕 日本于"二战"后不久即建立了刑事法律援助制度，是亚洲地区较早建立法律援助制度的国家之一。2004 年，作为 21 世纪日本司法制度改革的一环，日本制定《日本综合法律援助法》。该法自公布之日起，在不超过两年零六个月的期限内开始施行。《日本综合法律援助法》分四编，共计 55 条。主要包括两方面内容：一是综合法律援助的实施及体制；二是有关司法援助中心的组织及运营。根据该法规定，日本于 2006 年 4 月 10 日设立了日本司法援助中心，并于同年 10 月 2 日开始法律援助工作。日本司法援助

基于法律援助管理上的便利，将刑事法律援助制度与非刑事法律援助制度合二为一，建立了一体化的法律援助服务体系，也即所谓的"一元模式"（或综合性法律援助模式）。但需要指出的是，即便是在实行"一元模式"的国家，在人权优于财产权的法律观念影响下，刑事法律援助依然是法律援助服务的核心内容和优先保障领域。

在我国，尽管法律援助制度最初萌芽于刑事法律援助领域，但是，从各省法律援助条例到2003年国务院《法律援助条例》，始终奉行的是一体化规定刑事、民事行政法律援助的"一元模式"。而且，为适应法律援助一体化管理的需要，2012年《刑事诉讼法》删除了原法第34条有关"人民法院可以/应当直接指定承担法律援助义务的律师"的规定，明确要求公安司法机关"应当通知法律援助机构指派律师为其提供辩护"。

值得注意的是，在我国法律援助制度下，法律援助服务尽管有刑事、民事之别，但是，在优先保障政策上，则呈现一种特殊的样态：以是否适用经济困难标准为依据，我国法律援助服务的对象可以分为两类：一类是"经济困难公民"：对于此类申请，依法适用经济困难标准（即所谓的 themeans test），需要通过经济困难状况核查以确定是否为其提供法律援助服务（《法律援助法》第41条）。在立法体例上，《法律援助法》没有采纳根据经济困难程度不同实行差别化对待的法律援助理念。因此，在单一经济困难标准之下，申请人或者符合经济困难标准有权获得法律援助，或者不符合标准不得享受法律援助制度之惠，是一种全有或全无（all-or-nothing）的服务模式。另一类是"符合法定条件的当事人"：对于此类情形，适用案件实质标准（即所谓的 themerits test），基于司法利益需要，属于应当提供法律援助的法定情形，无需进行经济困难状况核查（如《法律援助法》第25条、第28条以及第32条规定）。随着"应当予以法律援助"的刑事案件范围不断扩大，我国也逐步确立了刑事法律援助优先的价值导向。

在此，值得深入研究的是，法律援助服务是否应当涵盖法人和非法人组织？对此，理论上多采取否定态度。有论者从法律援助制度的性质入手分析，认为法律援助制度是社会救助体系的重要组成部分，其价值在于保护公民，因此，法律援助服务仅限于经济困难、无能力支付诉讼费用的公民个人。而法人是有必要的财产或者经费的、依法成立的能够独立承担民事责任的组织，不存在公民权利救济问题。[1]

（接上页）中心总部设在东京，同时在各地设有111个分支机构。

　〔1〕冯祥武："论法律援助对象之学理分类"，载《广西大学学报（哲学社会科学版）》2011年第2期。

也有的学者从实践操作层面出发，认为将法人纳入法律援助范围，将导致经济困难标准难以认定等问题。相比于公民可以参考当地最低生活保障标准来认定经济困难，法人存在的经济基础决定其不可能成为法律援助的对象。[1]但是，有趣的是，法律援助实践却呈现一种更为开放的姿态。例如，《广东省法律援助条例》第 12 条规定，"福利院、孤儿院、养老机构、光荣院、优抚医院、精神病院、SOS 儿童村等社会福利机构，因维护其合法民事权益需要法律帮助的，法律援助机构根据其申请可以提供法律援助。社会组织依法对污染环境、破坏生态等损害社会公共利益的行为向人民法院提起民事公益诉讼的，法律援助机构根据其申请可以提供法律援助"。此外，早在 2000 年，《最高人民法院关于对经济确有困难的当事人提供司法救助的规定》[2]就已经将特定法人和非法人组织纳入了司法救助的范围。该规定第 3 条第 13 项规定，"当事人为社会福利机构、敬老院、优抚医院、精神病院、SOS 儿童村、社会救助站、特殊教育机构等社会公共福利单位的"，可以向人民法院申请司法救助。很显然，由于非营利性质的福利机构直接服务于社会弱势群体，因此，在此类机构遇到民事、行政纠纷时，其诉讼结果如何，将在一定程度上间接影响到福利机构所服务的特定人群。因此，我们认为，将此类机构纳入法律援助范围，等于间接保护了该机构所服务的社会弱势群体，有助于提高社会弱势群体的整体保障水平。[3]

三、法律援助制度旨在提供法定的、无偿性法律援助服务

在法律服务体系中，法律援助服务（相对于法律服务市场）具有补充性、保障性特点。因此，作为"兜底帮扶""弱有所扶"的国家基本公共服务之一，法律援助服务不是全方位的服务，而是以法定案件、法定服务为特点。

根据是否有资质门槛的要求，法律援助服务可以分为两大类。

一是基础性法律援助服务。如法律咨询。此类服务具有两方面的特点：第一，无需进行经济困难标准审查。由于没有资质门槛的限制，此类服务具有普惠均等的特点，是人人均能够享有的公共法律服务。第二，无需第三方配合，就可以直接满足相对人的法律服务需求。由于此类服务需求是一种可以即时予以满足的需求，因此，法律援助机构可以通过固定的窗口服务、村（居）法律顾问等方式直接服务于

---

〔1〕 信萍、陈丹、洪靓："刍议我国法律援助中的援助对象的合理界定"，载《辽宁大学学报（哲学社会科学版）》2000 年第 5 期。

〔2〕《最高人民法院关于对经济确有困难的当事人提供司法救助的规定》（2000 年 7 月 12 日最高人民法院审判委员会第 1124 次会议通过，2005 年 4 月 5 日最高人民法院审判委员会第 1347 次会议通过修订）。

〔3〕 姜学琳、苏振良："我国现行法律援助对象、范围和形式之问题探讨"，载《中国司法》2007 年第 4 期。

相对人。在我国公共法律服务平台建设中，此类法律援助服务已经逐渐融入公共法律服务之中，并成为各地公共法律服务中心的常规性服务内容。

二是以案件为基础提供的代理、辩护服务。此类服务是法律援助服务的核心内容。或者说，在传统意义上，法律援助服务就是围绕具体诉讼案件展开的。鉴于此，我国澳门地区将法律援助制度叫作"司法援助制度"，旨在"确保符合法定条件者不会因经济能力不足而无法透过司法诉讼取得或维护其依法受保护的权益"。具体而言，此类法律援助服务具有以下特点：第一，服务于具体案件的一方当事人。因此，与基础性法律援助服务不同，此类法律援助服务具有"门槛限制"。也即，必须符合法定的援助条件，申请人才有权享有此类法律援助服务。第二，此类法律援助服务具有较强的法定性、程序性，必须依照法定要求和程序进行。以刑事法律援助为例。根据刑事诉讼法的相关规定，在主体方面，提供刑事法律援助的人员必须是具有执业资格的律师，其他法律援助人员不得提供此类服务。在服务内容上，法律援助律师应当依照刑事诉讼法的规定履行其相应的法律职责、实施相应的诉讼行为。第三，法律援助人员作为诉讼主体之一参与到具体案件之中。因此，其能否如期所愿地提供法律服务，很大程度仰赖于相关办案机关。以刑事法律援助为例。在侦查阶段，法律援助律师能否依照《刑事诉讼法》第 39 条规定同在押的犯罪嫌疑人、被告人会见和通信，往往不取决于提供法律援助服务的律师，而取决于办案机关和看守所。第四，与基础性法律援助服务相比，此类法律援助服务往往具有持续时间长、服务地点不在法律援助机构监控范围之内等特点；同时由于法律援助人员直接介入具体法律纠纷之中，其服务质量如何将在一定程度上影响到案件的处理结果，决定着受援人依法享有的实体合法权益。因此，在法律援助实践中，此类法律援助服务理应成为法律援助服务的核心内容。进一步加强此类援助服务的过程性管理、提高服务质量，是法律援助服务高质量发展的应有之义。

法律援助的本质是提供法律服务。在我国，无偿性是法律援助服务的根本特征。也即，对于那些没有经济能力通过法律服务市场购买法律服务的公民，国家通过法律援助制度为其"无偿提供"法律援助服务。因此，对于接受法律援助服务的公民而言，法律援助服务是"无偿的""免费的"。

四、法律援助制度是公共法律服务体系的组成部分

2019 年两办《关于公共法律服务体系建设的意见》指出，"公共法律服务是政府公共职能的重要组成部分，是保障和改善民生的重要举措，是全面依法治国的基础性、服务性和保障性工作"。在公共法律服务体系建设中，平台是基础，服务是关键。其中，在各项公共法律服务中，法律援助服务具有不可或缺的重要地位。

首先，法律援助服务是基本公共服务之一，在公共法律服务体系建设中，理应优先发展、优先保障。2017 年国务院《"十三五"推进基本公共服务均等化规划》

指出，基本公共服务是指"由政府主导、保障全体公民生存和发展基本需要、与经济社会发展水平相适应的公共服务……享有基本公共服务是公民的基本权利，保障人人享有基本公共服务是政府的重要职责。推进基本公共服务均等化，是全面建成小康社会的应有之义"。2021年国家发展和改革委员会等部门《关于印发〈国家基本公共服务标准（2021年版）〉的通知》特别指出，应当着力强化基本公共服务标准的"能力保障"：各地要按照本地区基本公共服务实施标准，强化供给能力建设，织密扎牢民生保障网。合理规划建设各类基本公共服务设施，加快补齐基本公共服务短板，不断提高基本公共服务的可及性和便利性。按照确定的服务项目和服务标准，确保相关经费足额拨付到位，配齐相关服务人员，保障服务机构的有效运转，鼓励将适合通过政府购买方式提供的基本公共服务事项纳入政府购买服务指导性目录。加强基层人才队伍建设，完善人才激励政策，着力培养一支数量充足、结构合理、素质优良的基本公共服务人员队伍。因此，在公共法律服务体系建设中，法律援助服务作为唯一纳入基本公共服务体系的服务事项，理应在发展上具有优先性。具体而言，公共法律服务体系建设应当"科学合理界定基本公共服务和非基本公共服务的范围，持续推进基本公共服务均等化，多元扩大普惠性非基本公共服务供给"；[1]在资源配置上，公共法律服务体系建设不仅不应当削弱、挤占法律援助服务的保障资源，相反，在人财物方面，应当优先保障法律援助事业的发展，确保法律援助的服务供给能力。

其次，法律援助服务是公共法律服务体系建设的基础和核心内容。2014年4月21日，习近平总书记在听取司法部工作汇报后，就法律援助工作作出批示，指出要在不断扩大法律援助范围的基础上，紧紧围绕经济社会发展的实际需要，注重提高法律援助的质量，努力做好公共法律服务体系建设。因此，只有立足完备的法律援助制度，公共法律服务体系建设才能取得稳步发展。

最后，与其他公共法律服务产品相比，法律援助服务具有无偿性、日常性等优势。因此，在各地公共法律服务中心提供的法律服务项目中，法律援助服务一直是最基本的法律服务产品之一。事实上，在公共法律服务体系中，除法律援助、调解、公证外，鉴定、仲裁、律师等公共法律服务都不可能通过"窗口"提供完整的服务内容。因此，在实践中，公共法律服务中心"3+X"模式中，基本功能是法律

---

〔1〕　"有关部门负责同志介绍解读《中国的全面小康》白皮书——实现全面小康　迈向伟大复兴"，载《人民日报》2021年9月29日，第3版。其中，就持续改善民生问题，国家发展和改革委员会党组成员、秘书长赵辰昕指出，"全面建成小康社会之后，老百姓对收入稳步提升、优质医疗服务、教育公平、住房改善等有了更多、更高层次的需求"。"十四五"期间，国家发展和改革委员会将科学合理地界定基本公共服务和非基本公共服务的范围，持续推进基本公共服务均等化，多元扩大普惠性非基本公共服务供给，全方位调动政府、社会、市场及个人等多方面力量，补短板、强弱项、提质量，使民生改善始终与经济发展同频共振，共同创造更加美好的生活。

援助、人民调解、法律咨询。其中，"去门槛化"的法律咨询更是公共法律服务中心常规化、日常化的服务内容。

【延伸阅读】 公共法律服务体系

公共法律服务体系并非严格的法律概念，而是一个内涵和外延相对模糊的政策性概念。党的十八大、十八届三中全会对创新社会治理，加强基本公共服务体系建设，推进基本公共服务均等化作出决策部署；2012 年国务院《关于印发国家基本公共服务体系"十二五"规划的通知》[1]对建设基本公共服务体系的目标任务提出明确要求。据此，2014 年 1 月，司法部《关于推进公共法律服务体系建设的意见》规定，公共法律服务是"公共服务的重要组成部分"。公共法律服务"是指由司法行政机关统筹提供，旨在保障公民基本权利，维护人民群众合法权益，实现社会公平正义和保障人民安居乐业所必需的法律服务，是公共服务的重要组成部分。具体包括：为全民提供法律知识普及教育和法治文化活动；为经济困难和特殊案件当事人提供法律援助；开展公益性法律顾问、法律咨询、辩护、代理、公证、司法鉴定等法律服务；预防和化解民间纠纷的人民调解活动等"。

2014 年 10 月，十八届四中全会《决定》在第五部分"增强全民法治观念，推进法治社会建设"要求"（三）建设完备的法律服务体系。推进覆盖城乡居民的公共法律服务体系建设，加强民生领域法律服务。完善法律援助制度，扩大援助范围，健全司法救助体系，保证人民群众在遇到法律问题或者权利受到侵害时获得及时有效法律帮助"，"发展律师、公证等法律服务业，统筹城乡、区域法律服务资源，发展涉外法律服务业。健全统一司法鉴定管理体制"。

需要强调的是，上述内容以"建设完备的法律服务体系"为主题，划分为两个自然段，其中，第一段是关于"推进覆盖城乡居民的公共法律服务体系建设，加强民生领域法律服务"的规定，主要涉及法律援助制度、司法救助体系两项内容。第二段是关于"发展法律服务业"的规定，主要涉及律师、公证、涉外法律服务业、司法鉴定等内容。故此，根据上述规定，完备的法律服务体系事实上可以分为两部分：一是（以无偿、保基本为基本特征的）"覆盖城乡居民的公共法律服务体系"，主要侧重于民生领域的法律服务；二是（遵循市场规律、以有偿性为基本特征的）"法律服务业"，具体包括律师、公证、鉴定等法律服务业；涉外法律服务业；调解、仲裁等司法辅助事务。

---

[1] 国务院《关于印发国家基本公共服务体系"十二五"规划的通知》指出，"基本公共服务，指建立在一定社会共识基础上，由政府主导提供的，与经济社会发展水平和阶段相适应，旨在保障全体公民生存和发展基本需求的公共服务。享有基本公共服务属于公民的权利，提供基本公共服务是政府的职责"。需要说明的是，囿于当时的认识水平，"十二五"规划提出的国家基本公共服务体系并不包含法律援助的内容。

2014 年之后，公共法律服务体系建设主要表现为公共法律服务平台建设。2017年 8 月，司法部《关于推进公共法律服务平台建设的意见》要求，"紧紧围绕经济社会发展和人民群众实际需要，立足'法律事务咨询、矛盾纠纷化解、困难群众维权、法律服务指引和提供'的平台建设功能定位"，打造公共法律服务实体、热线和网络三大平台；提出了以下阶段性发展目标："到 2018 年底前在全国范围内基本实现村（居）法律顾问全覆盖，到 2020 年总体形成覆盖城乡、功能完备、便捷高效的公共法律服务网络体系，实现公共法律服务的标准化、精准化、便捷化，努力为人民群众提供普惠性、公益性、可选择的公共法律服务。"

随着公共法律服务平台建设的推进，公共法律服务的内涵和外延也逐渐发生了"质变"：在概念上，公共法律服务体系逐渐放弃了"保基本""无偿或公益性"等特性，而趋同于"法律服务体系"；在外延上，公共法律服务平台也不再局限于2014 年所列的四种类型，而是几乎涵盖了与司法行政有关的各类法律服务或政务服务。以司法部"中国法律服务网"为例，该平台列出的主要事项有"请律师""办公证""求法援""找调解""寻鉴定""要仲裁""案例库""（监狱、戒毒、社区矫正、安置帮教）执法服务""法考服务"等。[1]

2019 年 7 月 10 日，两办印发《关于公共法律服务体系建设的意见》。据此，有论者指出，我国的公共法律服务具有特殊内涵。具体而言，我国的公共法律服务是我国政府公共职能的重要组成部分，是全面依法治国的基础性、服务性和保障性工作，是由党委领导、政府主导、社会参与，为满足各类主体在社会公共生活中日益增长的法律服务需求而提供的公共法律服务设施、服务产品、服务活动以及其他相关法律服务，主要包括法治宣传教育、律师、公证、法律援助、基层法律服务、法律顾问、调解、仲裁、司法鉴定、法律职业资格考试等方面。公共法律服务既包括无偿或公益性法律服务，也包括面向社会公众有偿性的法律服务。我国公共法律服务具有不同于其他国家的特殊内涵：一是公共性方面。我国作为社会主义国家提供和管理的法律服务，本身就带有公共性质。我们的公共性源自我们的政权为人民服务的宗旨，在这个意义上的公共性就是人民性，是以人民为中心的发展思想的具体体现。二是法律性方面。对公共法律事务进行管理，履行的是法律相关职能，处理的是法律相关事务，满足的是法律相关需求，毋庸置疑具有法律性。随着法治成为治国理政的基本方式，党和国家各项工作纳入法治轨道，法律服务也日益成为各类主体的普遍需求。三是服务性方面。我国政权为人民服务的根本性质决定了公共法律服务工作者不是自由职业者，而是社会主义法治工作队伍的重要组成部分，负有维护当事人合法权益、确保法律正确实施、促进社会公平正义的社会职责和服务

---

〔1〕　参见 http://www.12348.gov.cn/#/homepage，最后访问时间：2021 年 7 月 28 日。

属性。根据上述论断，公共法律服务体系在外延上当然包含法律援助服务，但又远远超越了法律援助服务的界限。

需要指出的是，法律援助服务本质上是一种面向特殊群体的、带有"兜底帮扶"性质的无偿法律服务。因此，在性质上，法律援助属于国家基本公共服务范畴，与律师、公证、仲裁、鉴定等有偿性公共法律服务存在着本质区别。或者说，法律援助制度恰恰是为了弥补市场化法律服务的不足，以保证那些没有经济能力通过法律服务市场购买法律服务的人也可以享有同等法律服务的保障性制度。

简言之，在公共法律服务体系建设中，有必要区分两组概念：基本公共服务与非基本公共服务。就基本公共服务事项范围而言，则需要进一步区分国家立法规定的基本事项与（各省市规定的）补充事项。首先，应当科学界定基本公共服务和非基本公共服务，政府财政将重点"保基本"，逐步实现全体公民都能够公平可及地获得大致均等的基本公共服务。在 2021 年《中国的全面小康》白皮书发布会上，相关部门指出，在"十四五"期间，我国将科学合理界定基本公共服务和非基本公共服务的范围，持续推进基本公共服务均等化。通过基本和非基本公共服务的区分，把有限的财政资金用在民生保障最亟需、最迫切的领域，同时争取更多的社会资源投入到公共服务领域。具体来看，政府的重点是保基本、促均等。紧扣保障人民群众基本生活需要，切实加大投入力度，不断完善标准体系，优化提升资源配置效率，持续推进基本公共服务均等化，逐步实现全体公民都能够公平可及地获得大致均等的基本公共服务，坚决兜住兜牢民生底线。同时，要多元扩供给、促普惠。充分发挥政府引导作用，鼓励和支持事业单位、社会组织、国有经济等多元主体参与非基本公共服务供给，有效降低服务成本，逐步实现非基本公共服务付费可享有、价格可承受、质量有保障、安全有监管，实现供需动态均衡、服务普惠享有。其次，根据 2021 年版国家基本公共法律服务标准的建设要求，推进基本公共服务均等化应当"严格界定主要范围……确保国家标准落地落实。已有国家统一标准的基本公共服务项目，各地区要按照不低于国家标准执行……服务项目、内容、数量等超出国家标准范围的，要加强事前论证和风险评估，确保符合国家法律法规和制度规定，符合本地区人民群众的迫切需要并控制在财政可承受范围内"。[1]

简言之，法律援助与国家基本公共服务、公共法律服务的应然关系是：第一，从国家责任角度看，法律援助服务属于国家基本公共服务范畴，国家有责任有义务保障符合法定条件的个人依法获得法律援助服务。从服务获得方式看，法律援助是法律服务市场的必要补充。即，对于那些无法通过市场化方式获取法律服务的个人，可以通过国家法律援助制度享有必要的法律服务。第二，在公共法律服务事项

---

[1] 《关于印发〈国家基本公共服务标准（2021 年版）〉的通知》。

中，只有法律援助服务属于国家基本公共服务；在公共法律服务平台建设中，法律援助及法律咨询是"3+X"模式的基本职能。三者关系如图1-2所示。

国家基本公共服务 （弱有所扶）〔1〕	社会救助服务	扶残助残服务	公共法律服务 （法律援助服务）		
公共法律服务平台 建设：3+X 模式〔2〕	法律援助	法律咨询	人民调解	X：律师、公证、司法鉴定、专业调解、司法考试、安置帮教、监所远程视频探视等服务

图1-2 法律援助制度与基本公共服务关系

根据2018年《中共中央关于深化党和国家机构改革的决定》的要求，公共服务管理体制的完善，应当注意区分基本公共服务与非基本公共服务：第一，"健全公共服务体系，推进基本公共服务均等化、普惠化、便捷化，推进城乡区域基本公共服务制度统一。政府职能部门要把工作重心从单纯注重本行业本系统公共事业发展转向更多创造公平机会和公正环境，促进公共资源向基层延伸、向农村覆盖、向边远地区和生活困难群众倾斜，促进全社会受益机会和权利均等。加强和优化政府在社会保障、教育文化、法律服务、卫生健康、医疗保障等方面的职能，更好保障和改善民生。推动教育、文化、法律、卫生、体育、健康、养老等公共服务提供主体多元化、提供方式多样化"。第二，"推进非基本公共服务市场化改革，引入竞争机制，扩大购买服务"。

第三条 【基本原则】

法律援助工作坚持中国共产党领导，坚持以人民为中心，尊重和保障人权，遵循公开、公平、公正的原则，实行国家保障与社会参与相结合。

【条文要旨】

本条是关于法律援助基本原则的规定。根据该条规定，法律援助制度的政策制定、实践发展应当遵循"两个坚持、三项原则"的要求。所谓两个坚持，即"坚持中国共产党领导；坚持以人民为中心"。这是习近平法治思想的基本要求，是中国特色社会主义法律援助制度的"根"与"魂"。我国社会主义法律制度的根本特征在于坚持党的领导；坚持"以人民为中心"、坚持共享法治发展，是社会主义法治的基本价值立场。作为我国社会主义法律体系的一项具体法律制度，法律援助制

〔1〕 2021年《国家基本公共服务标准》第七类"弱有所扶"（第18项）。
〔2〕 2017年司法部《关于推进公共法律服务平台建设的意见》。

度应当遵循三项法律原则：尊重和保障人权原则；遵循公开、公平、公正的原则；实行国家保障与社会参与相结合原则。

【立法背景】

法律基本原则是指体现法的根本价值的法律原则。法律基本原则是相关法律活动的指导思想和出发点，是相关法律体系的神经中枢。因此，为了彰显部门法的价值立场和制度特色，立法者往往会明文规定部门法的基本原则。如《刑法》第 3 条至第 5 条依次规定了"罪刑法定原则""适用刑法人人平等原则""罪责刑相适应原则"。《民法典》第 4 条至第 10 条依次规定了"平等原则""自愿原则""公平原则""诚信原则""守法与公序良俗原则""绿色原则"六大原则。

2003 年《法律援助条例》没有规定法律援助制度的基本原则。2015 年两办《关于完善法律援助制度的意见》在"总体要求"部分，第一次明确规定了我国法律援助制度发展完善的"指导思想""基本原则"。其中，关于基本原则的规定是："坚持以人为本""促进公平正义""推进改革创新"。但总体而言，这里的"基本原则"更多属于政策性要求，而非法律原则。

《法律援助法（草案）》初稿第一次系统归纳了法律援助制度的基本原则问题。其第 3 条规定，"法律援助工作应当坚持以人为本，尊重和保障人权，坚持公开、公平、公正，坚持国家保障与社会参与相结合"。针对该条规定，有专家立足法律基本原则的功能及其内容体系构建，建议将该条内容修改为："法律援助制度应当坚持以人为本、人民至上；尊重和保障人权；坚持法律面前人人平等；坚持公开、公平、公正；坚持国家保障与社会参与相结合；坚持法律援助服务均等化、可及化；坚持与经济社会协调发展。"具体理由如下。

第一，基于基本原则的法律功能，建议明确该条是"法律援助制度的基本原则"，而非"法律援助的工作原则"。法律基本原则体现了一部法律的基本理念和价值立场，对于立法、释法、执法均具有重要的指导意义。因此，该条关于基本原则的规定不仅是今后法律援助管理工作、法律援助服务管理、法律援助服务等具体法律实践活动应当遵循的基本行为指南，同时也应该是法律援助制度立法、政策应当予以遵循的价值立场和宏观要求。故此，建议将条文中的"法律援助工作"修改为"法律援助制度"。

第二，就基本原则的具体内容，建议增加四项原则：（1）为凸显法律援助制度应当坚持贯彻"以人民为中心"的法治理念，建议将"以人为本"修改为"以人为本、人民至上"原则。（2）建议增加"法律面前人人平等"原则。法律援助制度是"法律面前人人平等"这一宪法原则的具体化和制度化。"建立和实施法律援助制度是实现'法律面前人人平等'原则的重要机制。'法律面前人人平等'是我国宪法确定的社会主义法治的最基本、最重要的原则。由于现阶段我国公民存在经济收入的差别，一部分人在经济上相对贫困，不能支付保障自身合法权益所需要的法律服务费用。如果不能从完善机制上解决这一问题，我国法律赋予公民的平等权利就可能由于公民经济收入的差别而不能实现。建立和实施法律援助制度……是实现'法律面前人人平等'原则所必需的重要法制机制。"〔1〕事实上，各国法律援助立法普遍承认，法律援助法是"实质法治"的内在要求，旨在从实质意义上实现"法律面前人人平等"的宪法原则。（3）增加"均等化、可及化"原则。法律援助服务属于国家基本公共服务。2017年国务院《"十三五"推进基本公共服务均等化规划》指出，"基本公共服务均等化是指全体公民都能公平可及地获得大致均等的基本公共服务，其核心是促进机会均等，重点是保障人民群众得到基本公共服务的机会，而不是简单的平均化"。故此，"均等化、可及化"原则理应成为我国法律援助制度发展完善的基本原则。（4）增加"与经济社会协调发展"原则。这是我国法律援助政策及实践经验的概括与总结。具体而言，该项建议的政策性依据有三：其一，2015年两办《关于完善法律援助制度的意见》。该意见在"指导思想"部分要求："……紧紧围绕经济社会发展和人民群众实际需要，落实政府责任，不断扩大法律援助范围，提高援助质量，保证人民群众在遇到法律问题或者权利受到侵害时获得及时有效法律帮助。"此外，2015年两办《关于完善法律援助制度的意见》第12条规定："……各省（自治区、直辖市）要根据本行政区域经济发展状况和法律援助工作需要，及时审查、调整补充事项范围和经济困难标准，促进法律援助事业与经济社会协调发展……"其二，2017年国务院《"十三五"推进基本公共服务均等化规划》。该规划指出："基本公共服务是由政府主导、保障全体公民生存和发展基本需要、与经济社会发展水平相适应的公共服务……在本规划实施过程中，可结合经济社会发展状况，按程序对《清单》具体内容进行动态调整。"其三，2003年《法律援助条例》。《法律援助条例》第3条第1款规定，"法律援助是政府的责任，县级以上人民政府应当采取积极措施推动法律援助工作，为法律援助提供财政支持，保障法律援助事业与经济、社会协调发展"。该条规定要求，法律援助制度的发展完善应当"与经济、社会协调发展"。具体而言，该项基本原则有两方面的含义：一是，要结合具体经济社会发展状况实行上下动态调整。在特定经济社会发展条件下，既要尽力而为，又要量力而行，将法律援助服务事项"控制在财政可承受范围内"。〔2〕二是，在特定经济社会发展条件下，法律援助制度作为社会服务保障的基本事项，应当与其他社会保障制度保持同步协调发展。

在初稿基础上，《法律援助法（草案）》一审稿将"坚持以人为本"修改为"以人民为中心"。二审稿通过文字性修改，与习近平法治思想的"十一个坚持"

---

〔1〕　肖扬："建立有中国特色的法律援助制度"，载《诉讼法学（司法制度）》1996年第4期。

〔2〕　国家发展和改革委员会等《关于印发〈国家基本公共服务标准（2021年版）〉的通知》。

保持一致，凸显了"两个坚持"的特殊含义。[1]

一审稿	二审稿
第三条 法律援助工作应当坚持中国共产党的领导，坚持以人民为中心，尊重和保障人权，坚持公开、公平、公正，坚持国家保障与社会参与相结合。	**第三条** 法律援助工作坚持中国共产党领导，坚持以人民为中心，尊重和保障人权，**遵循**公开、公平、公正的原则，**实行**国家保障与社会参与相结合。

【条文释义】

根据该条规定，法律援助制度及其实施应当遵循"两个坚持、三项原则"。其中，"两个坚持"是政治原则，是习近平法治思想的核心内容；"三项原则"是法律基本原则，是对贯彻实施法律援助法具有宏观指导意义的原则性要求。

需要说明的是，该条规定的三项法律基本原则并非法律援助制度"独有的原则"。例如，"尊重和保障人权"既是宪法原则，也是刑事诉讼法原则。再如，"公开、公平、公正原则"，既是立法、司法原则，也是现代行政法的基本原则。然而，毋庸置疑的是，这些原则虽然并非法律援助制度所"独有"，对于我国法律援助制度的发展完善却具有至关重要的指导意义和引领作用。

一、坚持中国共产党领导：中国特色社会主义法律制度的最本质特征

"坚持中国共产党领导"是习近平法治思想的核心要义和首要内容。在新时代背景下，习近平法治思想指出，"坚持党对全面依法治国的领导，是中国特色社会主义法治的本质特征和内在要求"，"中国共产党的领导是中国特色社会主义最本质的特征，是社会主义法治最根本的保证，是社会主义法治之魂"。

"坚持中国共产党领导"是中国特色社会主义法律制度的最本质特征。习近平总书记在庆祝中国共产党成立100周年大会上的讲话中指出："以史为鉴、开创未来，必须坚持中国共产党坚强领导。办好中国的事情，关键在党……历史和人民选择了中国共产党。中国共产党领导是中国特色社会主义最本质的特征，是中国特色社会主义制度的最大优势，是党和国家的根本所在、命脉所在，是全国各族人民的利益所系、命运所系。"

---

[1] 2020年11月，中央全面依法治国工作会议正式提出了"习近平法治思想"，并将习近平法治思想明确为全面依法治国的根本遵循和行动指南。习近平法治思想的主要内容是"十一个坚持"：坚持党对全面依法治国的领导；坚持以人民为中心；坚持中国特色社会主义法治道路；坚持依宪治国、依宪执政；坚持在法治轨道上推进国家治理体系和治理能力现代化；坚持建设中国特色社会主义法治体系；坚持依法治国、依法执政、依法行政共同推进，法治国家、法治政府、法治社会一体建设；坚持全面推进科学立法、严格执法、公正司法、全民守法；坚持统筹推进国内法治和涉外法治；坚持建设德才兼备的高素质法治工作队伍；坚持抓住领导干部这个"关键少数"。

在法律援助领域坚持党的领导，就是要按照党中央的部署和要求，切实解决老百姓打官司难的问题。2013年，在中央政治局就全面推进依法治国进行第四次集体学习时，习总书记强调指出，"要努力让人民群众在每一个司法案件中都感受到公平正义……切实解决好老百姓打官司难问题，特别是要加大对困难群众维护合法权益的法律援助……"。[1]2014年1月，在中央政法工作会议上，习总书记再次强调，"要重点解决好损害群众权益的突出问题……决不允许让普通群众打不起官司……"。

根据党中央的部署和要求，2015年两办《关于完善法律援助制度的意见》指出，要切实加强法律援助的组织和领导。"地方各级党委和政府要高度重视法律援助工作，将其纳入党的群众工作范围，纳入地方经济和社会发展总体规划、基本公共服务体系、为民办实事和民生工程，帮助解决工作中遇到的困难和问题。"

二、坚持以人民为中心：中国特色社会主义法治的根本立场和核心价值追求

坚持以人民为中心是习近平法治思想的根本立场。习近平法治思想指出，人民是国家的主人，依法治国的主体。社会主义法治建设必须为了人民、依靠人民、造福人民、保护人民。人民幸福生活是最大的人权。推进全面依法治国，根本目的是依法保障人民权益。要依法保障全体公民享有广泛的权利，保障公民的人身权、财产权、基本政治权利等各项权利不受侵犯，保证公民的经济、文化、社会等各方面权利得到落实，不断增强人民群众获得感、幸福感、安全感，用法治保障人民安居乐业。公平正义是我们党追求的崇高价值。要牢牢把握社会公平正义这一法治价值追求，努力让人民群众在每一项法律制度、每一个执法决定、每一宗司法案件中都感受到公平正义。

坚持以人民为中心是中国共产党领导的新时代治国理政的最鲜明特色。在《习近平谈治国理政》第三卷中，"坚持以人民为中心"是贯穿全书的一条主线，充分体现了习近平总书记领导新时代治国理政实践的根本逻辑、显著特点和现实要求。

坚持以人民为中心要求法律援助制度的发展完善必须坚持共享发展理念。共享法治发展是社会主义法治的内在要求。党的十八大以来，立足中国特色社会主义发展的新要求，习总书记基于社会公平正义的考量，提出了"共享发展理念"的新概念。"共享是全民参与、全面共享、全民共享，而不是少数人参与、单一共享、少数人共享。"共享法治发展成果，是我国社会主义法律制度与资本主义法律制度的本质区别。

---

[1] "习近平：解决老百姓打官司难——强调努力让人民群众在每一个司法案件中都感受到公平正义"，载《燕赵晚报》2013年2月25日，第A10版。

根据 2015 年两办《关于完善法律援助制度的意见》，在法律援助领域，坚持"以人民为中心"，就是要"紧紧围绕经济社会发展和人民群众实际需要，落实政府责任，不断扩大法律援助范围，提高援助质量，保证人民群众在遇到法律问题或者权利受到侵害时获得及时有效法律帮助"。具体而言，要"把维护人民群众合法权益作为出发点和落脚点，积极回应民生诉求，完善便民利民措施，推进公共法律服务体系建设，加强民生领域法律服务，努力为困难群众提供及时便利、优质高效的法律援助服务，将涉及困难群体的矛盾纠纷纳入法治化轨道解决，有效化解社会矛盾，维护社会和谐稳定"。

因此，樊崇义教授认为，"在我国法律援助的立法和实践中，最根本的理念，或曰'指导思想'，是'人本主义'，亦即'以人民为中心'的法治理念。这是不可动摇的，也是不可偏离的政治方向。应当把坚持习近平法治思想关于'以人民为中心'理念，充分贯彻到法律援助立法之中。其中，坚持'以人民为中心'更是法律援助各项业务工作的根本指南与基本遵循"。[1]

三、尊重和保障人权

在人类历史上，人权观念萌芽于西方哲学家的天赋人权理论，后在各国成文宪法保障下逐步固化为个体的宪法基本权利、在国际公约的保障下逐步上升为国际人权。[2]

在我国，"尊重和保障人权"是党和国家始终坚持的执政理念。2004 年宪法修正案将"尊重和保障人权"确立为一项宪法原则。2012 年《刑事诉讼法》修改再次将"尊重和保障人权"明确为刑事诉讼法基本原则。

与欧洲启蒙运动所提倡的第一代人权不同，我国"坚持将人权的普遍性原则与中国实际相结合，坚持生存权、发展权是首要的基本人权，坚持人民幸福生活是最大的人权，坚持促进人的全面发展，不断增强人民群众的获得感、幸福感、安全感，成功走出了一条中国特色社会主义人权发展道路"。[3]

"人权保障是法律援助立法和实践的理论基础。"[4]在法律援助领域，"尊重和

---

〔1〕 樊崇义："我国法律援助立法与实践的哲理思维"，载《江西社会科学》2021 年第 6 期。

〔2〕 根据 1948 年《世界人权宣言》，第 21 届联合国大会于 1966 年 12 月 16 日先后通过了《经济、社会、文化权利国际公约》（A 公约，1976 年 1 月 3 日生效）、《公民权利和政治权利国际公约》（B 公约，1976 年 3 月 23 日生效）和《公民权利和政治权利国际公约任择议定书》（B 公约议定书，1976 年 3 月 23 日生效）。所谓国际人权公约，即上述三部公约的总称。在 2012 年联合国《原则和准则》通过的大会决议中，特别强调了 1948 年《世界人权宣言》《公民权利和政治权利国际公约》第 14 条，以及以下与法律援助制度密切相关的国际规范性文件：《囚犯待遇最低限度标准规则》（1957 年核准，1977 年修订）、《保护所有遭受任何形式拘留或监禁的人的原则》（原则 11）、《关于律师作用的基本原则》（原则 6）等。

〔3〕 2021 年《〈中国共产党尊重和保障人权的伟大实践〉白皮书》（前言）。

〔4〕 樊崇义："我国法律援助立法与实践的哲理思维"，载《江西社会科学》2021 年第 6 期。

保障人权"至少包含三层含义。

第一,坚持"人权优先"原则,优先发展并保障刑事法律援助。"人权高于财产权"是各国法律援助制度的通例。从法律援助制度的发展历程看,各国以公共财政保障的国家法律援助制度(publicly founded legal aid)肇始于刑事法律援助;至于刑事领域之外的法律援助,则是"二战"之后福利国家政策的产物。而且,就当前各国法律援助实践来看,且不说奉行刑事、民事法律援助分离(即"二元制")的国家,即便是实行法律援助"一元制"的国家,在服务保障方面,也往往优先考虑刑事法律援助。2016 年联合国《法律援助全球报告》指出,"在所有地区,法律援助服务在刑事案件中比在民事和行政案件中更广泛地提供。虽然所有答复的成员国均报告称,刑事案件法律援助已纳入检察院、法院或裁判所提供的法律援助代理服务,但对于民事案件,这一比例却降到了 84%"。以英格兰和威尔士为例。在英国 1999 年法律援助改革中,由于刑事法律援助受制于《欧洲人权公约》第 6 条的规定,受政府缩减法律援助经费影响最大的,其实主要是刑事领域之外的法律援助服务。[1]再如,在日本,刑事、民事法律援助具有不同的法律属性。其中,刑事法律援助是《日本宪法》第 37 条规定的一项宪法基本权利。因此,国选辩护人制度在日本司法援助服务中居于特殊的地位。具体而言,日本国选辩护人制度由三部分组成:犯罪嫌疑人的国选辩护人、被告人的国选辩护人以及家庭法院未成年人的国选辩护人。日本法律规定,日本司法援助中心根据法院的请求,从在其处注册的律师名单中挑选辩护律师候选人。关于犯罪嫌疑人的辩护活动在羁押场所进行,如警察局;关于被告人的辩护活动在法庭上进行。[2]在日本,法律援助机构提供的民事法律援助服务主要有两类:一是对经济困难的人实施免费法律咨询;二是在满足一定的条件下,为经济困难的人垫付律师费用或法律文书代拟人费用。总体而言,"与欧美各国相比,民事法律援助服务对象案件的范围和对象者的范围等都是有限制的,预算规模也很小"。[3]

需要指出的是,在国际法律援助文件中,刑事法律援助始终是国际人权法的重要内容之一。联合国《公民权利和政治权利国际公约》第 14 条第 3 款第(丁)项规定,"获得法律援助的权利"是辩护权的有机组成部分,是公正审判的"最低限

---

〔1〕 Sarah Moore, Alex Newbury, *Legal Aid in Crisis: Assessing the Impact of Reform*, Policy Press (2017), p. 24.

〔2〕 "日本法律援助制度考察报告",载中国政法大学国家法律援助研究院公众号,https://mp.weixin.qq.com/s/ZTpeHzlJJgJySJHwT8Lucg,最后访问时间:2021 年 8 月 6 日。

〔3〕 何琳:"日本法律援助制度发展报告",载樊崇义、施汉生主编:《中国法律援助蓝皮书:中国法律援助制度发展报告 No. 1(2019)》,社会科学文献出版社 2020 年版,第 150 页。

度的保证"。[1]据此，2012年联合国《原则和准则》开宗明义地指出，"法律援助是以法治为依据的公正、人道和高效的刑事司法系统的一个基本要件。法律援助是享有《世界人权宣言》第11条第1款所界定的其他权利包括公正审判权的基石，是行使这类权利的一个先决条件，并且是确保刑事司法程序基本公正而且得到公众信任的一个重要保障"。显而易见，这里的"法律援助"专指与辩护权相关的刑事法律援助。

在我国，刑事法律援助制度本质上属于人权司法保障制度。在立法传统上，有关刑事法律援助范围、程序等内容，属于刑事诉讼法的调整对象。因此，为避免法律援助立法引发刑事诉讼法的连锁反应，在立法技术上，《法律援助法》以2018年《刑事诉讼法》规定为基础，适度完善了刑事法律援助制度的相关内容。具体修改内容有：（1）明确了公安司法机关的法律援助保障职责。《法律援助法》第6条规定："人民法院、人民检察院、公安机关应当在各自职责范围内保障当事人依法获得法律援助，为法律援助人员开展工作提供便利。"在实施程序部分，《法律援助法》具体规定了公安司法机关的告知义务（第35条、第37条）、通知义务（第36条）、转交义务（第39条）。（2）适度扩大了刑事法律援助范围。通过有关残疾人的立法表述，《法律援助法》扩大了强制辩护的法定范围（第25条第1款第2项、第3项）；同时，吸收刑事辩护律师全覆盖试点的相关内容，明确适用普通程序审理的刑事案件，也属于法律援助的范围（第25条第2款）。（3）明确了重罪案件的资质要求。为保证重罪案件的法律援助质量，《法律援助法》第26条规定，对于可能判处无期徒刑、死刑的案件，法律援助机构"应当指派具有三年以上相关执业经历的律师担任辩护人"。（4）确立了委托辩护优先原则。即公安司法机关不得以法律援助为由限制或损害犯罪嫌疑人、被告人委托辩护的权利（第27条）。

第二，紧紧围绕人民群众实际需要，积极回应民生诉求，加强民生领域法律援助服务。在民事、行政领域，为合理配置有限的法律援助资源，法律援助机构应当根据民生诉求和实际需要，优先保证重点领域、重点人群的法律服务需求。例如，在同等条件下，应当优先保障《法律援助法》第32条、第42条规定的法律服务需求。此外，根据2017年司法部、财政部《关于律师开展法律援助工作的意见》的规定，法律援助机构应当围绕劳动保障、婚姻家庭、食品药品、教育医疗等民生事项，及时为符合条件的困难群众提供诉讼和非诉讼代理，促进解决基本生产生活方面的问题。

---

[1] 联合国《公民权利和政治权利国际公约》第14条第3款规定，"在判定对他提出的任何刑事指控时，人人完全平等地有资格享受以下的最低限度的保证：……（丁）出席受审并亲自替自己辩护或经由他自己所选择的法律援助进行辩护；如果他没有法律援助，要通知他享有这种权利；在司法利益有此需要的案件中，为他指定法律援助，而在他没有足够能力偿付法律援助的案件中，不要他自己付费"。

第三，以促进实质平等为目标，强化弱势群体的权益保障。在 2012 年联合国《原则和准则》规定的原则体系中，第 10 项原则是"公平获得法律援助的机会"。该原则具体包含两方面的要求：一是应当采取特别措施以确保妇女、儿童和有特殊需要的群体享有获得法律援助的有意义的机会。此类措施应当适应这些群体的特殊需要，包括性别敏感措施和年龄适宜措施。二是国家应当确保并为生活在农村、偏僻地区以及在经济和社会上处于不利地位的地区的人以及向属于在经济和社会上处于不利地位的群体的人提供法律援助。

有效保障每个人的发展权是现代法治国家的基本要求。在法律援助领域，应当注重从服务需求入手，通过改善并提供有针对性的法律援助服务，让法律面前人人平等的宪法原则真正惠及每一个人。例如，《法律援助法》第 45 条第 1 款规定，"法律援助机构为老年人、残疾人提供法律援助服务的，应当根据实际情况提供无障碍设施设备和服务"；为未成年人、妇女、老年人、残疾人等"特定群体提供法律援助"，应当考虑上述人员的特殊情况，优先适用相关法律法规及规范性文件的特别规定。

四、公开、公平、公正的原则

公开、公平、公正的原则是普遍适用于立法、司法、执法领域的法治原则。其中，公开是基础，公平是保证，公正是最终的法治追求。

（一）公开是公平、公正的前提和基础

在现代法治国家，公开透明（Transparency）具有多方面的价值。贝卡利亚以审判公开为例，阐释了公开的积极意义："审判应当公开，犯罪的证据应当公开，以便使或许是社会唯一制约手段的舆论能够约束强力和欲望；这样，人民就会说：我们不是奴隶，我们受到保护。"[1]可以看出，就防止权力滥用而言，公开是最好的防腐剂，是"约束强力和欲望"的唯一制约手段。就民众而言，公开又是一种法治宣传手段，是增进公众法治信念的最好方式。

法律援助领域的公开，首先是指法律援助信息公开。法律援助信息公开是法律援助制度的最基本要求。在现代法治国家，任何公共财政经费的使用，都应当遵循财政公开原则。也即，无论是财政的收入还是支出，都应当通过一定的方式向社会公开。尤其是法律援助财政拨款如何使用，使用是否合法、合理和有效，包括纳税人在内的社会公众都享有知情权、监督权。就法律援助而言，法律援助信息公开具有两方面的积极意义：一是，从政府角度看，财政预算公开体现了同级人民政府对法律援助事业的重视程度和支持力度；二是，从援助机构角度看，通过法律援助信息公开，可以让社会公众知悉法律援助机构都做了哪些事情、经费使用是否合理合

---

〔1〕〔意〕贝卡利亚：《论犯罪与刑罚》，黄风译，中国大百科全书出版社 1993 年版，第 20 页。

法、法律援助服务取得了哪些成效。鉴于此，《法律援助法》第 58 条确立了法律援助信息公开制度，要求司法行政部门、法律援助机构"定期向社会公布法律援助资金使用、案件办理、质量考核结果等情况，接受社会监督"。

其次是程序公开。《法律援助法》第四章就法律援助服务的"程序和实施"作出了明确规定。例如，法律援助机构在提供法律咨询服务过程中，应当"提示当事人享有依法申请法律援助的权利，并告知申请法律援助的条件和程序"（第 23 条）。人民法院、人民检察院、公安机关和有关部门在办理案件或者相关事务中负有告知义务，应当及时告知有关当事人享有依法获得法律援助服务的权利（第 35 条、第 37 条）。对于法律援助申请，法律援助机构应当自收到法律援助申请之日起 7 日内进行审查，作出是否给予法律援助的决定……决定不给予法律援助的，应当书面告知申请人，并说明理由。对于申请材料不齐全的，法律援助机构应当一次性告知申请人需要补充的材料或者要求申请人作出说明（第 43 条）。需要指出的是，在法律援助服务管理中，法律援助机构与法律援助提供者之间的管理活动也应当遵循公开原则，即公开法律援助律师的遴选标准、遴选程序；公开每个法律援助人员的办案数量、服务质量、办案补贴等内容。

在立法过程中，顾永忠教授特别强调了执业律师及律师事务所公开、透明、平等参与法律援助的问题，"法律援助使用的是国家公共资源，属于基本公共服务。特别是随着国家经济社会的发展，法律援助事业也会不断发展，将形成较为丰厚的公共资源。执业律师及律师事务所作为向国家依法纳税的主体，都有权分享公共资源参与法律援助。因此，应当为执业律师及律师事务所参与法律援助提供公开、透明的机制和平等、公正的程序。此外，律师行业自身也在不断发展，全国律师人数现已达到 51 万余人，行业内部竞争不仅难以避免甚至会不断加剧，也要求在参与法律援助事务上提供平等的机会。基于以上原因，国家应当为执业律师及律师事务所参与法律援助建立公开、透明的机制和平等、公正的程序，这既是国家公共资源公平、公正分配的要求，也是引导律师业积极向上、平等理性竞争的需要，还有助于提高法律援助服务质量，有利于主管部门对法律援助进行有序管理。因此，建议增加以下规定：'司法行政部门及法律援助机构应当为执业律师、律师事务所参与法律援助工作、提供法律援助服务提供公开、透明的机制和平等、公正的程序'"。

最后是服务公开。具体包括服务主体、服务内容、服务标准等方面的公开。例如，《法律援助法》规定，司法行政部门应当制定法律援助服务质量标准（第 57 条）。此外，值得借鉴的是，在实行法律援助律师名册管理的国家和地区，法律援助主管机构会定期编制并公布全国（或各省）法律援助律师名单，以便社会公众知悉哪些律师在从事法律援助服务。更重要的是，在法律援助律师名册制度下，法律援助的指派环节也可以变得更加公开透明。例如，在一些国家，受援人有权从名册中自行选择适宜的律师担任自己的法律援助律师。

（二）公平是公正的必要保证

公平（Fairness）重在强调"同等情况同等对待"。公平意味着，在同等条件下适用"同一个尺度、同一个标准"。因此，基于公平原则的要求，法律援助制度在实施过程中应当一视同仁，防止对于同样的人同样的事适用不同标准、给予差别对待。

在法律援助行政管理层面，司法行政部门作为法律援助事业的主管部门，应当适应多元化法律援助供给制度的新发展格局，平等对待依法提供法律援助的群团组织、事业单位、社会组织。具体而言，在培训、质量考核、指导监督等方面，应当实行"平等对待、一体化管理"原则。

在法律援助服务管理层面，公平的观念体现在法律援助活动的三个方面。一是面向申请人，法律援助机构在受理—审查环节，应当根据法定经济困难标准决定是否提供法律援助。对于符合经济困难标准的，不得以任何理由和借口拒绝提供法律援助服务，否则，将承担一定的法律责任（第61条）。二是就法律援助人员而言，法律援助机构在法律援助律师的遴选、指派上，应当明确标准、完善程序，避免人情人为因素的影响。例如，在我国香港地区，相关指派规则明确规定，在一定时段内，同一名律师不得代理过多的法律援助案件。[1] 三是在服务层面，法律援助人员接受指派后，应当为受援人提供合乎标准的法律援助服务；法律援助机构对法律援助服务质量的监督、办案补贴的发放，也应当遵循统一的标准，"一碗水端平"。

（三）公平正义是法治的首要价值追求

公正（Justice），即公平正义。公正是法律援助制度的根本使命。2015年两办《关于完善法律援助制度的意见》要求："把保障公平正义作为法律援助工作的首要价值追求，依法履行法律援助职责，扩大法律援助范围，使符合条件的公民都能获得法律援助，平等享受法律保护，努力让人民群众在每一个案件中都感受到公平正义。"

一般认为，公正包括形式公正与实质公正双重含义。其中，在法律援助领域，实质公正首先意味着一种制度化努力，即，通过具体法律制度，消除因一般性法律规则造成的实质不公正。现代法治本质上是一种形式正义。"法律若想不成为专断，还需要满足一项条件，即这种'法律'乃是指平等适用于人人的一般性规则。这种一般性（Generality），很可能是法律所具有的特性（亦即我们所称的'抽象性'）的一个最为重要的方面。由于真正的法律不应当指涉任何特定者，所以它尤其不应

---

〔1〕　根据我国香港地区法律援助指派规则，在12个月内，民事案件，事务律师不得超过35件、大律师不得超过20件；刑事案件，事务律师不得超过25件或法律援助总支出不得超过75万港元、大律师不得超过25件或总支出费用150万港元。

当指向任何具体的个人或若干人。"[1]例如，在民事代理制度中，立法者考虑的是抽象意义上的平等民事主体，而不可能考量个体的真实经济状况、财富智力差异。鉴于此，为了确保因经济困难而无力聘请律师的个人同样可以享受民事代理制度的"红利"，就需要法律援助制度来予以平衡。再如，有关法律援助服务的政策和标准，往往着眼于申请人的常规需求。但是，为了真正满足老年人、残疾人、女性、儿童等特殊群体的服务需求，则必须考虑这些群体的特殊需要并设置特殊的保障措施，以实现"不歧视"意义上的实质平等。例如，2012年联合国《原则和准则》第35条规定，未成年人法律援助"应当符合儿童的根本利益，并且应当方便获得、与年龄适宜、是多学科的、有效的并且对儿童在法律和社会上的具体需求作出了回应"。

在法律援助实施层面，同样需要坚持实质公正的观念。以指派法律援助人员为例，为确保法律援助服务质量，在为具体案件指派法律援助人员时，不能仅仅满足于随机指派一个律师，而是需要考虑该律师是否具有办理此类案件的经验、该律师手头是否已经有太多案件无暇办理等因素。

五、国家保障与社会参与相结合原则

在现代法治社会，法律援助制度首先是"国家责任"。不过，为了更好地满足社会公众日益增长的、多元化的法律援助服务需求，各国都大力提倡并鼓励社会力量积极参与法律援助，以提高法律援助服务的供给能力。

中国特色社会主义法律援助制度的发展与完善离不开"社会力量的广泛参与"。"发达国家的经验表明，建立和健全法律援助制度，仅靠政府不行。在我国，为了保障经济困难的公民获得必要的法律保护，国家应当提供法律援助。同时，法律援助的性质决定政府责任与社会责任应当相互协同。法律援助作为一项政府职责，主要体现在从组织和经费等方面予以保障。但同时也要鼓励社会积极参与，共同把'蛋糕'做大做强。"[2]

根据2015年两办《关于完善法律援助制度的意见》的相关规定，同时借鉴域外法律援助制度及其实践经验，社会力量参与法律援助的方式主要有三种。

一是，募集社会资金。2015年两办《关于完善法律援助制度的意见》指出，要"鼓励社会对法律援助活动提供捐助，充分发挥法律援助基金会的资金募集作用"。《法律援助法》第9条规定："国家鼓励和支持企业事业单位、社会组织和个人等社会力量，依法通过捐赠等方式为法律援助事业提供支持；对符合条件的，给

---

〔1〕 [英]弗里德利希·冯·哈耶克：《自由秩序原理》，邓正来译，生活·读书·新知三联书店1997年版，第191页。

〔2〕 樊崇义："法律援助应建构政府主导社会参与新模式"，载《人民法治》2019年第5期。

予税收优惠。"2021 年 8 月 17 日，中央财经委员会第十次会议提出"构建初次分配、再分配、三次分配协调配套的基础性制度安排"。所谓第三次分配，是指个人在道德观念推动下基于自愿，通过合法途径把个人和企业可支配收入的一部分或大部分捐赠出去。"三次分配"为我国的慈善公益、社会公平和共同富裕道路指明了方向，有助于缩小地区差距、城乡差距和收入差距，让每个人公平享有发展机会。

二是，提供法律援助志愿服务。根据我国《志愿服务条例》，国家鼓励志愿者、志愿组织以自己的时间、知识、技能、体力等为社会公众提供志愿服务。《法律援助法》第 17 条规定了法律援助志愿服务制度。其中，从各国法律援助实践经验来看，法学院校的法律诊所教育是大学生服务社会的一种重要的志愿服务形式。

三是，依法提供法律援助服务。《法律援助法》第 8 条规定："国家鼓励和支持群团组织、事业单位、社会组织在司法行政部门指导下，依法提供法律援助。"第68 条进一步对群团组织开展法律援助进行了规定。根据 2016 年联合国《法律援助全球报告》的调查结果，在高收入国家，法律援助服务主要是由国家资助的法律援助机构来提供的；但是，在最不发达的国家，私人或国际捐助者资助的民间团体组织提供了大部分的法律援助服务。借鉴域外经验，社会力量依法提供法律援助，应当注意以下几点：第一，要注重发挥自身优势，积极开展政府法律援助不能或不宜承担的援助项目（如为艾滋病人、性工作者等社会群体提供法律援助服务），努力将法律援助服务渗透到社会最底层。第二，应当与政府法律援助建立必要的衔接机制，形成制度合力，扩大社会受益面。例如，在经济困难标准上相互衔接，对于因不符合法定援助条件的"夹心层"群体，由适宜的社会法律援助机构予以援助。第三，立足自身优势和专长，针对特定服务对象及其特殊需求，走特色化、专业化之路。

此外，《法律援助法》第 10 条第 2 款规定，"新闻媒体应当积极开展法律援助公益宣传，并加强舆论监督"。

【延伸阅读】 国际刑事法律援助制度的基本原则

2012 年 12 月 20 日，联合国第 67 届第 60 次全体会议通过了 2012 年联合国《原则和准则》（联合国大会第 67/187 号决议附录）。[1] 2012 年联合国《原则和准则》结合有关法律援助领域的"国际标准和公认的良好做法，力求就刑事司法方面的法律援助制度所应依据的基本原则向各国提供指导"。其中，就刑事法律援助制度，2012 年联合国《原则和准则》提出了以下 14 项基本原则。

原则 1：获得法律援助的权利。各国应当尽最大可能在本国法律体系中保障获

---

〔1〕 刘思敏："联合国刑事法律援助国际规则的形成与发展"，载中国政法大学国家法律援助研究院官网，http://legalaid.cupl.edu.cn/info/1083/1287.htm，最后访问时间：2021 年 9 月 5 日。

得法律援助的权利，包括酌情在宪法中保障这一权利。

原则2：国家的责任。国家应当把提供法律援助视为其义务和责任。为此，国家应当颁布具体法规和条例，建立一个方便使用的、有效的、可持续的和可信的法律援助综合制度。国家应当为法律援助制度调拨必要的人力和财政资源。

原则3：给涉嫌或被控刑事犯罪者的法律援助。在刑事司法程序的各阶段，被拘留者、被逮捕者、涉嫌或被控可处以徒刑或死刑的刑事犯罪者均有权获得法律援助。

原则4：给犯罪受害人的法律援助。在不侵害或不有悖于被告权利的前提下，国家应当酌情向犯罪受害人提供法律援助。

原则5：给证人的法律援助。在不侵害或不有悖于被告权利的前提下，国家应当酌情向犯罪的证人提供法律援助。

原则6：不歧视。国家应当确保向所有人提供法律援助而不论其年龄、种族、肤色、性别、语言、宗教或信仰、政治或其他见解、民族血统或社会出身或财产、公民身份或居所、出身、教育或社会地位或其他地位。

原则7：迅捷有效地提供法律援助。国家应当确保在刑事诉讼程序各阶段迅捷提供有效的法律援助。

原则8：知情权。国家应当确保在进行任何讯问之前以及在剥夺自由之时，向相关人告知其享有获得法律援助和其他程序性保障措施的权利，并向其告知自愿放弃这些权利所可能产生的后果。国家应当确保关于在刑事司法程序中享有的权利及法律援助服务的信息免费提供并向公众开放。

原则9：救济措施和保障措施。国家应当就获得法律援助的机会受损、遭拖延或被剥夺或在相关人未充分获知其享有法律援助权的情况下拟订所可适用的有效的救济措施和保障措施。

原则10：公平获得法律援助的机会。国家应当采取特别措施以便确保妇女、儿童和有特殊需要的群体享有获得法律援助的有意义的机会……这类措施应当述及这些群体的特殊需要，包括性别敏感措施和年龄适宜措施。国家还应当确保，向生活在农村、偏僻地区以及在经济和社会上处于不利地位的地区的人以及向属于在经济和社会上处于不利地位的群体的人提供法律援助。

原则11：符合儿童根本利益的法律援助。应当优先向儿童提供法律援助；这类法律援助应当符合儿童的根本利益，并且应当方便获得、与年龄适宜、是多学科的、有效的并且对儿童在法律和社会上的具体需求作出了回应。

原则12：法律援助服务人员的独立性以及向其提供的保护。国家应当确保法律援助服务人员能够有效、自由和独立地开展其工作。

原则13：法律援助服务人员的能力和责任。国家应当建立相关机制，以便确保所有法律援助服务人员都拥有与其工作性质包括所处理罪行的严重性质相称，且与妇女、儿童和有特殊需要的群体的权利和需要相称的教育、培训、技能和经验。对于声称法律援助服务人员违纪的投诉，应当由一个中立机构根据职业道德守则立即展开调查并作出裁决，并将允许进行司法复审。

原则14：伙伴关系。国家应当承认并鼓励律师协会、大学、公民社会及其他群体和机构协助提供法律援助。应当酌情建立某种形式的伙伴关系，以便扩大法律援助的范围。

第四条【政府职责】

县级以上人民政府应当将法律援助工作纳入国民经济和社会发展规划、基本公共服务体系，保障法律援助事业与经济社会协调发展。

县级以上人民政府应当健全法律援助保障体系，将法律援助相关经费列入本级政府预算，建立动态调整机制，保障法律援助工作需要，促进法律援助均衡发展。

【条文要旨】

本条是关于政府职责的规定。根据该条规定，县级以上人民政府负有两方面的保障职责：一是，通过宏观规划，保障法律援助事业与当地的经济社会状况同步协调发展；二是，通过建立科学的法律援助经费保障机制，促进不同地区法律援助的均衡发展。

该条是关于政府职责的一般性规定。在法律援助实践中，政府的保障职责最终具体化为人民政府相关部门的具体保障职责。故此，该条规定与第5条规定是抽象与具体的关系。

【立法背景】

法律援助制度的可持续健康发展离不开党和政府的支持和保障。其中，在法律援助保障体系中，政府财政经费保障是法律援助制度得以存在、发展的基础和前提。2003年《法律援助条例》第3条规定："法律援助是政府的责任，县级以上人民政府应当采取积极措施推动法律援助工作，为法律援助提供财政支持，保障法律援助事业与经济、社会协调发展。法律援助经费应当专款专用，接受财政、审计部门的监督。"据此，我国初步确立了以同级财政保障为主的法律援助经费保障制度。然而，实践证明，同级财政保障制度存在明显的问题：一是，需求与保障能力不协调。法律援助服务需求主要来自基层的人民群众；然而，在各级财政中，县市区一级人民政府的财政保障能力又往往是最弱的。在我国法律援助实践中，法律援助中心所依托的政府层级越高，法律援助中心的人、财、物保障情况往往会越好；法律援助中心的机构性质和人员编制情况亦然。二是，同级财政保障制度必然导致不同地区之间法律援助制度发展的不均衡现象。受县市区一级人民政府的经济社会发展状况影响，东西部地区、同一省份的不同县市区之间，法律援助发展状况往往存在较大差异。在一些经济欠发达地区，法律援助经费短缺一直是困扰基层法律援助实践的首要问题。

为完善法律援助经费保障制度，2015年两办《关于完善法律援助制度的意见》提出："按照明确责任、分类负担、收支脱钩、全额保障的原则，完善法律援助经费保障体制，明确经费使用范围和保障标准，确保经费保障水平适应办案工作需要。中央财政要引导地方特别是中西部地区加大对法律援助经费的投入力度。省级财政要为法律援助提供经费支持，加大对经济欠发达地区的转移支付力度，提高经济欠发达地区的财政保障能力。市、县级财政要将法律援助经费全部纳入同级财政预算，根据地方财力和办案量合理安排经费……财政、审计等部门要加强对法律援助经费的绩效考核和监督，确保专款专用，提高经费使用效益。"根据上述规定，2017年司法部、财政部印发《关于律师开展法律援助工作的意见》，再次重申"完善法律援助经费保障体制，明确经费使用范围和保障标准，确保经费保障水平适应办案工作需要"。但是，在一些县市区，受当地基层人民政府自身财政状况的影响，即便中央文件三令五申，一些地方依然没有把法律援助经费纳入同级财政预算。2017年，司法部相关部门对全国各省份法律援助经费纳入同级预算等情况进行了调研。调研结果显示，截至2017年底，全国有6个地市级、244个县级机构法律援助业务经费未纳入同级财政预算。针对上述情况，司法部相关部门下发法律援助业务经费有关情况通报，并向尚未将法律援助经费纳入同级财政预算的17个省份下发点对点通报，督促其将法律援助业务经费全面纳入同级财政预算。但截至2018年9月，全国仍有24个机构未纳入同级财政预算。[1]实践经验表明，立足我国基层实践，同级财政经费保障制度必然会遇到这样那样的问题。

鉴于经费保障制度的基础性地位，《法律援助法（草案）》初稿第5条规定："国务院和县级以上地方人民政府应当将法律援助工作纳入国民经济和社会发展规划，纳入基本公共服务体系，保障法律援助事业与经济社会协调发展。"同时，在第五章"制度保障"中率先规定了经费保障问题。其中，第45条规定了"总体发展要求"："国务院和县级以上地方人民政府应当健全法律援助保障体系，合理配置法律援助资源，完善便民服务机制，促进法律援助均衡发展，推动法律援助规范化建设。"第46条规定了具体"经费保障措施"："法律援助经费应当列入政府预算，明确经费使用范围和保障标准，保障法律援助工作需要。"

---

〔1〕 李雪莲、夏慧、吴宏耀："法律援助经费保障制度研究报告"，载《中国司法》2019年第10期。

针对上述规定，有专家认为，我国各地法律援助制度发展不均衡不充分的根本原因在于以基层政府为主的经费保障制度。过去二十多年的法律援助实践表明，法律援助需求主要集中在县市区一级；然而，在同级财政保障为主的经费保障制度下，县市区一级的法律援助经费必然受制于当地的社会经济发展状况，并由此造成了各地基层法律援助服务不均衡的局面。因此，针对各地法律援助发展不均衡不充分问题，立法应当重点强化中央、省级人民政府的统筹职责，尤其是经费保障责任。为此，有专家建议，在第5条规定中增加第1款、第2款规定："国务院、省级人民政府应当通过具体制度和措施，有效解决法律援助发展的不平衡、不充分现象。""国务院、省级人民政府应当为基层法律援助的可持续发展提供必要的人员和经费。"具体理由如下：第一，在新时代背景下，根据基本公共法律服务均等化的发展要求，法律援助法应当积极回应社会主要矛盾，从制度上解决各地法律援助发展不平衡不充分问题。故此，建议明确中央政府、省级人民政府负有"推动法律援助均等化"的一般职责，应当"通过具体制度和措施，有效解决法律援助发展不平衡不充分问题"。第二，确立"省级财政保障为主，中央财政保障为支撑"的法律援助经费保障新体制。我国法律援助制度发展的二十多年实践经验表明，将县级财政作为法律援助经费的主要来源，是造成各地法律援助制度发展不平衡不充分的根本原因。为确保不同地区、不同区域之间法律援助制度的均衡发展，建议确立省级财政统筹规划、均衡保障的经费保障体制。有研究者以扶贫为例指出，为了建立更具普惠性质的社会政策，"需要提高政府社会政策的统筹级别"："到现在为止，中国的统筹只是市一级，连省一级统筹都没有实现，更不用说国家一级了。发达国家甚至很多第三世界国家，基本社会政策都是国家统筹的。中国的国家统筹不是不能实现，而是一个思想意识问题。早期经济社会发展水平不高，低级别的地方化统筹不可避免。但经过数十年的快速经济发展，现在已经具备了足够条件来提高统筹的级别。这需要通过顶层设计来达成，逐步地从地一级提升到省一级，最终实现国家层面的统筹。"[1]还有专家指出，刑事法律援助范围是国家基本法律规定的援助事项，属于中央立法事权。因此，根据事权财权相统一原则，刑事法律援助的经费保障应当以中央财政保障为原则。

《法律援助法（草案）》一审稿原则上保留了初稿第5条、第45条、第46条拟定的内容。在征求意见过程中，有的常委委员、部门、地方和社会公众提出：政府应当不断加大法律援助经费投入，提高经费保障水平。宪法和法律委员会经研究，建议明确：县级以上人民政府应当健全法律援助保障体系，将法律援助相关经费列入本级政府预算，建立动态调整机制，保障法律援助工作需要，促进法律援助

---

[1] 郑永年：《大趋势：中国下一步》，东方出版社2019年版，第345~346页。

均衡发展。故此，《法律援助法（草案）》二审稿删除了第五章"保障措施"中关于"总体发展要求"的规定，同时，将该章"经费保障"的内容前移，作为第4条第2款规定，以凸显经费保障制度的重要地位。

一审稿	二审稿
第四条 国务院和县级以上地方人民政府应当将法律援助工作纳入国民经济和社会发展规划，纳入基本公共服务体系，保障法律援助事业与经济社会协调发展。	**第四条** 县级以上人民政府应当将法律援助工作纳入国民经济和社会发展规划、基本公共服务体系，保障法律援助事业与经济社会协调发展。 县级以上人民政府应当健全法律援助保障体系，将法律援助相关经费列入本级政府预算，建立动态调整机制，保障法律援助工作需要，促进法律援助均衡发展。
第四十三条 国务院和县级以上地方人民政府应当健全法律援助保障体系，合理配置法律援助资源，完善便民服务机制，促进法律援助均衡发展，推动法律援助规范化建设。	（删除）
第四十四条 法律援助经费应当列入政府预算，保障法律援助工作需要。	前移，作为第4条第2款

【条文释义】

根据该条规定，县级以上人民政府负有保障法律援助制度均衡协调发展的一般职责。十九大报告指出："中国特色社会主义进入新时代，我国社会主要矛盾已经转化为人民日益增长的美好生活需要和不平衡不充分的发展之间的矛盾。"在法律援助领域，发展不平衡不充分问题主要表现在两个方面：一是外部不均衡。即就县市区一级行政辖区而言，法律援助服务与当地社会经济发展状况、与其他基本公共服务供给之间，呈现出一定的发展不均衡。二是地域之间不均衡。即就法律援助服务自身而言，在同一省市行政辖区内，各县市区之间，法律援助机构的性质、人员编制、人员数量、管理水平、服务质量等方面还存在较大差异。为此，《法律援助法》第4条规定，各级人民政府应当"保障法律援助事业与经济社会协调发展""促进法律援助均衡发展"。

一、保障法律援助事业与当地经济社会协调发展

"随着我国经济社会不断发展，社会主要矛盾转化为人民日益增长的美好生活需要和不平衡不充分的发展之间的矛盾，人民群众在民主、法治、公平、正义、安全、环境等方面的要求日益增长。"[1]在全面推进依法治国的新时代背景下，法律服务就像医疗卫生、科教文化一样，已经逐渐成为人民群众日常生活的必需品。例如，2021 年实施的《民法典》涵盖了老百姓生活的方方面面；每个人的生老病死、衣食住行，每个企业的生产经营、每个组织的业务活动都离不开它的规范和保护。而且，在日常生活中，一些貌似寻常的行为，如日常购物消费[2]、网上娱乐转发[3]、抖音点赞刷单……都可能会引发一系列复杂的具体法律问题。为满足人民群众日益增长的法律服务需求，十八届四中全会《决定》提出了"建设完备的法律服务体系"的改革要求。其中，基于社会公平正义的考虑，对于那些因经济困难没有能力通过法律服务市场购买法律服务的群体，国家将通过法律援助制度为其提供免费的法律援助服务，以保障其在遇到法律问题或者权利受到侵害时获得及时有效的法律帮助。

为确保法律援助事业能够适应当地经济社会发展状况的需要、能够与基本公共服务体系保持同步协调发展，《法律援助法》第 4 条第 1 款规定："县级以上人民政府应当将法律援助工作纳入国民经济和社会发展规划、基本公共服务体系，保障法律援助事业与经济社会协调发展。"

国民经济和社会发展规划是指导国家或某一地区经济和社会发展的纲领性文件。在理论上，国民经济和社会发展规划分为长期规划（十至二十年）、中期规划（一般为五年）、年度规划。在我国历史上，国民经济和社会发展五年规划[4]（简称"五年规划"）对于整个经济社会发展具有重要的战略指导意义。其中，作为我国开启全面建设社会主义现代化国家新征程的宏伟蓝图，《国民经济和社会发展第十四个五年规划和 2035 年远景目标纲要》在第五十九章"全面推进依法治国"部分规定了法律援助的内容："实施法治社会建设实施纲要，加强社会主义法治文化建设，深入开展法治宣传教育，实施'八五'普法规划，完善公共法律服务体系、法律援助和国家司法救助制度。"

基本公共服务是由政府主导、保障全体公民生存和发展基本需要、与经济社会

---

〔1〕 参见《关于〈中华人民共和国法律援助法（草案）〉的说明》。

〔2〕 例如，《消费者权益保护法》第 55 条第 1 款规定："经营者提供商品或者服务有欺诈行为的，应当按照消费者的要求增加赔偿其受到的损失，增加赔偿的金额为消费者购买商品的价款或者接受服务的费用的三倍；增加赔偿的金额不足五百元的，为五百元。法律另有规定的，依照其规定。"

〔3〕 2013 年《最高人民法院、最高人民检察院关于办理利用信息网络实施诽谤等刑事案件适用法律若干问题的解释》规定，"同一诽谤信息实际被点击、浏览次数达到五千次以上，或者被转发次数达到五百次以上的"；利用信息网络诽谤他人，"造成被害人或者其近亲属精神失常、自残、自杀等严重后果的"，将构成网络诽谤罪。

〔4〕 新中国成立以来，我国已制定了 14 个五年规划（计划）。其中，从"十一五"规划开始，"五年计划"更名为"五年规划"，明确了五年规划的宏观性、战略性和指导性地位。

发展水平相适应的公共服务。享有基本公共服务是每个公民的基本权利，保障人人享有基本公共服务是政府的重要职责。在我国，构建基本公共服务体系是政府转型的内在要求。为建设人民满意的服务型政府，政府必须转变职能，注重加强社会管理和公共服务产品的供给。具体而言，作为基本公共服务的供给主体，政府应当在教育、医疗、社会保障、就业和住房保障等领域建立惠及全民的基本公共服务体系。根据2017年国务院《"十三五"推进基本公共服务均等化规划》规定，法律援助服务是政府提供的基本公共服务产品之一。2021年《国家基本公共服务标准》进一步明确，基本公共服务体系涵盖了幼有所育、学有所教、劳有所得、病有所医、老有所养、住有所居、弱有所扶等"七有"，以及优军服务保障、文体服务保障"两个保障"，共9个方面、22大类、80个服务项目。该标准明确了现阶段各级政府必须予以保障的基本公共服务项目范围和底线标准，旨在让地方政府对现阶段保障基本民生"重点要保什么""保到什么程度"做到心中有数；引导各地对照中央要求，查缺补漏，优化资源配置，把有限的财力用到人民群众最关心的领域、生活中最关键的环节，兜牢民生底线，保障基本生活。[1]其中，法律援助服务是"弱有所扶"的具体内容之一，其服务对象是"符合法律援助条件的经济困难的公民和特殊案件当事人"，服务内容具体包括"提供必要的法律咨询、代理、刑事辩护、值班律师的法律帮助等无偿法律服务"。

二、促进法律援助均衡发展

一般认为，法律援助的保障体系主要包括经费保障、人员保障、服务质量保障等多方面内容。其中，经费保障是基础。为此，该条重点强调了政府的经费保障职责。

根据该条规定，县级以上人民政府的保障职责可以分为具体职责和一般职责。

（一）具体职责

对于本行政辖区的法律援助机构，同级人民政府负有两项具体职责。

一是，将法律援助相关经费列入本级政府预算，并保障经费预算足以满足法律援助工作需要。2011年司法部《关于加强法律援助经费使用监督管理工作的意见》就"科学合理编制经费预算"作出了规定："进一步加强与财政部门的沟通协调，全面掌握法律援助经费的需求，充分考虑公民经济困难标准、法律援助事项范围、案件数量、办案经费支出和补贴标准等因素，以及开展法律援助宣传、人员培训等方面对经费的需求，法律援助业务装备建设对经费的需求，科学合理编制年度法律援助经费预算。要研究制定法律援助办案业务成本开支和成本核算办法，细化各项预算支出标准，按财政预算管理程序编报。"2015年两办《关于完善法律援助制度

---

[1] 邱玥："基本公共服务有了国家标准"，载《光明日报》2021年4月22日，第11版。

的意见》明确要求，"市、县级财政要将法律援助经费全部纳入同级财政预算，根据地方财力和办案量合理安排经费"。2021年国家发展和改革委员会等部门《关于印发〈国家基本公共服务标准（2021年版）〉的通知》要求，"各地财政要加强基本公共服务资金预算管理，完整、规范、合理编制基本公共服务项目预算，保障基本公共服务资金的及时下达和拨付，推动建立可持续的投入保障长效机制并平稳运行"。其中，就法律援助支出责任，2021年《国家基本公共服务标准》规定，"由地方人民政府负责支付法律援助补贴等法律援助经费，中央财政给予适当补助"。

在我国法律援助实践中，所谓"法律援助相关经费"，首先是指"法律援助业务经费"。其次还应该包括法律援助机构的人员经费、日常运行经费、装备费以及基础设施建设经费等。[1]根据《法律援助法》第10条（关于法律援助宣传的规定）、第54条（关于培训的规定），法律援助宣传、人员培训由同级司法行政部门组织实施，故此，可以不再列入法律援助机构的经费预算。此外，根据《法律援助法》第57条规定，法律援助质量评估由司法行政部门负责。因此，法律援助机构不再列支"案件质量专家评估费"；但根据第58条规定，可以列支法律援助服务质量督查费用。

在法律援助相关经费中，法律援助业务经费（又称办案经费）是指"办理法律援助案件的开支和支付办案补贴"。[2]作为法律援助机构的经常性项目经费，法律援助业务经费直接关系到法律援助服务的数量和质量。因此，保障法律援助业务经费，就是保障人民群众享有的法律援助服务。法律援助业务经费主要是为提供法律援助服务而支出的费用。因此，根据上年度该地法律援助服务类型及其数量以及法律援助办案经费等绩效评价情况，可以大体测算下一年度的法律援助办案经费需求。

在法律援助实践中，一些地方在法律援助经费预算中，不具体列支人员经费、日常运行经费等支出项目。对此，2011年司法部《关于加强法律援助经费使用监督管理工作的意见》第8条规定，"办案经费用于办理法律援助案件的开支和支付

---

〔1〕 根据2018年统计数据，该年度全国法律援助经费支出总额为236 694.47万元。在经费支出构成中，人员经费、基本公用经费和业务经费分别为81 822.22万元、15 143.4万元、131 631.63万元，在经费支出总额中所占比例分别为34.52%、6.4%和55.54%。

〔2〕 2011年司法部《关于加强法律援助经费使用监督管理工作的意见》第8条。根据2018年统计数据，该年度全国法律援助业务经费支出为131 631.63万元。主要用于以下支出项目：（1）办案补贴及支出为110 192.12万元，占业务经费支出的83.71%；其中，提供咨询服务和代书服务补贴，分别为13 342.5万元、732.89万元，分别占业务经费支出的10.14%、0.56%。（2）宣传费用支出和培训费用支出分别为8695.82万元和3485.57万元，占业务经费支出的6.6%和2.6%。（3）因受援人败诉支出的鉴定费用总计45.54万元。

办案补贴，不得用于购置固定资产、弥补日常运行公用经费或基础设施建设经费不足。要将中央和地方政法转移支付资金、本级财政拨付的法律援助经费和各种渠道筹集的社会资金结合起来，统筹安排使用，优先保障法律援助办案经费。办案经费支出原则上地市一级不得低于50%，县区一级不得低于60%"。为确保法律援助办案经费不被挤占挪用，一些地方要求，法律援助办案经费应当专项下达。如，2016年重庆市司法局《关于进一步加强法律援助经费保障工作的意见》规定，"市、区县（自治县）财政部门，对法律援助办案补助，均应以专款方式下达，不得与其他业务费打包下达。司法行政部门对法律援助办案补助应建立专账进行管理，确保专款专用"。

二是，应当建立法律援助经费预算动态调整机制，以保证法律援助经费与当地经济社会发展状况保持同步协调发展。法律援助经费预算的动态调整机制，应当遵循"尽力而为、量力而行"原则。[1]具体而言，应当兼顾两方面的因素：政府的实际财政保障能力；法律援助服务需求的实际类型及其数量。

（二）一般职责

对于本辖区下辖的法律援助机构，上级人民政府负有促进法律援助均衡发展的一般职责。

所谓法律援助均衡发展，包括法律援助活动的三个维度：就申请人而言，涉及法律援助事项范围大小、经济困难标准高低等内容；就法律援助机构而言，涉及法律援助机构的基础设施建设、人员保障、办公条件等内容；就法律服务人员而言，涉及法律援助人员的资质与遴选、服务质量、办案补贴标准等问题。其中，根据《法律援助法》第34条规定，经济困难标准由省级人民政府予以确定；第52条规定，办案补贴标准由省级司法行政部门会同同级财政部门予以确定。因此，省级人民政府及司法行政部门应当通过健全法律援助保障体系，加大法律援助事业均衡发展的统筹协调力度。

在经费保障方面，2015年两办《关于完善法律援助制度的意见》规定："中央财政要引导地方特别是中西部地区加大对法律援助经费的投入力度。省级财政要为法律援助提供经费支持，加大对经济欠发达地区的转移支付力度，提高经济欠发达地区的财政保障能力。"在司法实践中，中央、省级转移支付的法律援助专项经费由省级司法行政机关统一管理、统筹分配。因此，在中央、省级专项经费分配上，省级司法行政部门应当以推动各地法律援助均衡发展为导向，加大对经济欠发达地区的转移支付力度，引导县市区一级加大对法律援助经费的投入。

---

〔1〕 2021年国家发展和改革委员会等《关于印发〈国家基本公共服务标准（2021年版）〉的通知》。

【延伸阅读】经费保障制度

我国法律援助经费主要来自县市区一级的财政拨款。受此影响，不同省市、同一省市的不同县市区之间，法律援助发展存在着较为明显的不均衡与不充分现象。这种不均衡不充分现象的普遍存在，严重影响了人民群众的法律援助"获得感"。具体而言，在县级财政保障为主的法律援助经费保障体制下，我国法律援助经费呈现以下总体特征。

第一，法律援助投入缺乏总体规划、年度总量不高。根据 2018 年统计数据，我国当年财政一般公共预算支出 22.09 万亿元，但当年全国法律援助经费总额只有 26.51 亿元，法律援助经费仅占全国财政一般公共预算支出的 0.012%。这一数字远远低于欧洲国家 1%的公共财政占比。

而且，需要特别说明的是，在统计口径上，我国法律援助经费不仅包括法律援助的办案经费，还包括了法律援助的人员经费和日常管理经费。例如，2018 年法律援助经费支出总额为 236 694.47 万元。在经费支出构成中，人员经费、基本公用经费分别为 81 822.22 万元、15 143.4 万元，分别占经费支出总额 34.57%、6.4%（总计 40.97%）；业务经费为 131 631.63 万元，占比为 55.61%。因此，真正用于法律援助服务的人均经费事实上只有 0.94 元，远远低于法治发达国家的最低水平。

2018 年，欧洲司法效能委员会（The European Commission for the Efficiency of Justice）出版了关于部分欧洲国家或地区法律援助经费情况的研究报告。该报告关于欧洲部分国家或地区 2016 年度人均法律援助经费情况如表 1-1 所示。

表 1-1 欧洲部分国家或地区人均法律援助经费预算（2016 年）[1]

国家与地区	人均法律援助经费预算（欧元）	人均法律援助经费预算（折合为人民币）
瑞典	36.21	264.3
英格兰与威尔士	31	226.3
苏格兰	29.26	213.6
荷兰	27.42	200.2
爱尔兰	19.61	143.1
瑞士	19.07	139.2
芬兰	16.24	118.5

---

[1] 李雪莲、夏慧、吴宏耀："法律援助经费保障制度研究报告"，载《中国司法》2019 年第 10 期。

续表

国家与地区	人均法律援助经费预算（欧元）	人均法律援助经费预算（折合为人民币）
摩纳哥	9.85	71.9
德国	8.23	60.1
比利时	7.32	53.4
法国	5.06	36.9
意大利	3.85	28.1

根据表 1-1 可知，在欧洲，不同国家和地区的人均法律援助经费差距较大。其中，瑞典人均法律援助经费最多，高达人均 36.21 欧元，是意大利的 10 倍左右。但即便是人均经费最低的意大利，也折合人民币 28.1 元/人。

除人均法律援助经费外，比较一个国家法律援助发展水平的另一重要数据指标是法律援助总经费占财政支出或司法系统经费支出的比例。这一指标越高，说明国家对法律援助经费的重视程度越高。在欧洲国家和地区中，法律援助经费与司法系统总经费的占比情况如表 1-2。

表 1-2　欧洲部分国家和地区法律援助经费占司法系统经费的比例（2016 年）[1]

国家与地区	比例
英格兰与威尔士	39%
挪威	38%
爱尔兰	35.1%
苏格兰	34.7%
瑞典	28.0%
荷兰	22%
芬兰	21.2%
比利时	8.9%
瑞士	8.8%
法国	8.3%

---

〔1〕　参见李雪莲、夏慧、吴宏耀："法律援助经费保障制度研究报告"，载《中国司法》2019 年第 10 期。

第二，法律援助案均经费过低。2018 年，我国法律援助案件的案均经费只有 883.34 元，具体情况见表 1-3。

表 1-3 我国案均法律援助经费（2015—2018 年）[1]

年份	办案补贴及直接费用支出（万元）	结案数	案均经费（元）
2015	67 946.21	1 026 186	662.12
2016	75 177.93	1 010 113	744.25
2017	83 802.68	1 022 970	819.21
2018	96 116.73	1 088 104	883.34

在我国，案均法律援助经费过低的根本原因在于法律援助办案补贴标准过低。而且，不同省份之间、同一省市的不同县市区之间的法律援助办案补贴标准也存在着较大差异。[2]办案补贴标准过低，不仅影响了律师参与法律援助的积极性，也严重影响了法律援助人员的服务质量；办案补贴标准的地区差异，则进一步加重了法律援助人员的不公平感受。

为促进法律援助事业的均衡发展，有专家建议，以人均法律援助业务经费为基准，完善中央、省两级经费保障体制，以逐步实现各省、各地之间法律援助事业的均衡发展。具体建议如下。

第一，为平衡东西部之间的地区差异，应当加大中央财政的投入。具体建议如下：（1）以上一年度全国人均法律援助业务经费投入为基准，对于人均法律援助业务经费投入低于全国基准的省份，由中央财政按照该省常住人口在下一财政年度中补足差额。（2）为引导地方特别是中西部地区加大对法律援助经费的投入力度，对于人均法律援助业务经费投入增幅较大的前三个省份，可以就增幅部分等额追加经费，作为法律援助业务经费以外的专项发展经费，如信息化建设经费、基本公用专项经费等。（3）上述补足差额及奖励经费，由省财政作为法律援助经费专项，统一进行分配。

方案一：以 2018 年统计数据为准，各省法律援助人均经费的中位数为山东省（1.86 元）。若以中位数为基准补齐后 15 个省份的法律援助经费，需要为后 15 个省份共计 8.35 亿人追加共计 3.34 亿元［8.35×（1.86-1.46）］的财政经费。

方案二：各省法律援助人均经费平均数为 1.97 元。若以平均数作为基准，则

---

〔1〕 参见李雪莲、夏慧、吴宏耀：“法律援助经费保障制度研究报告”，载《中国司法》2019 年第 10 期。

〔2〕 “同样是做法律援助，补贴差距竟然这么大？”，载中国政法大学国家法律援助研究院公众号，https://mp.weixin.qq.com/s/5NSfamRKNVMmHG2zJraMew，最后访问时间：2021 年 8 月 3 日。

应当补足经费的省份为17个，应追加的经费为4.29亿元（法律援助人均经费×17个省份的总人口-2018年该17个省份的法律援助总经费）。

第二，在省级财政层面，为保证本省辖区内市县法律援助事业的均衡发展，同样可以采取上述方法，既激励基层财政加大法律援助经费投入，又保证各县市发展的基本均衡。具体方法如下：（1）以上一年度全省人均法律援助业务经费投入为基准，对于人均法律援助业务经费投入低于全省基准的县区市，由省级财政在下一财政年度中补足差额。中央财政划拨的补足经费，应当计入省级财政补足经费，统一分配。（2）为引导县级财政加大对法律援助经费的投入力度，对于人均法律援助业务经费投入增幅较大的前十名县市，可以就增幅部分等额追加经费，作为法律援助业务经费以外的专项发展经费，如信息化建设经费、基本公用专项经费等。中央财政划拨的奖励经费，应当计入省级财政奖励经费，统一分配。

第五条【政府相关部门的职责】

国务院司法行政部门指导、监督全国的法律援助工作。县级以上地方人民政府司法行政部门指导、监督本行政区域的法律援助工作。

县级以上人民政府其他有关部门依照各自职责，为法律援助工作提供支持和保障。

【条文要旨】

本条是关于政府相关部门法定职责的规定。其中，第1款是关于法律援助行政主管部门的规定。根据该条及第12条规定，我国法律援助制度实行"行政管理职责—服务供给职能"相分离的二元化管理体制。其中，司法行政部门是法律援助事业的行政主管部门，负责法律援助领域的行政管理职责；法律援助机构是法律援助服务的组织实施机构，负责法律援助的供给、为社会公众提供合乎标准的法律援助服务产品。因此，根据"政事分开、官办分离"原则，司法行政部门与法律援助机构之间的关系，犹如卫生行政部门与医院、教育行政部门与学校一样，属于业务主管关系，而非管理与被管理的行政隶属关系。具体而言，司法行政部门负责法律援助领域的政策供给及行政管理事务；法律援助机构则根据相关法律法规及行业标准独立自主地为社会公众提供具体的服务产品。需要指出的是，在具体指导、监督职责上，不同级别的司法行政机关应当各有侧重。应当破除"中央和地方机构职能上下一般粗"的不科学局面，"赋予省级及以下机构更多自主权"。[1]具体而言，中央及省级司法行政部门应当强化政策供给功能，通过制定政策法规、行业规划、标准规范等方式，为指导监督法律援助服务提供政策依据；基层及地市一级司法行政

---

[1] 2018年《中共中央关于深化党和国家机构改革的决定》。

部门则依据法律规定及相关政策、标准对法律援助服务实施行业指导和监督。就服务供给而言，《法律援助法》确立了"以法律援助机构为主、社会力量广泛参与"的多元化供给制度。

第2款是关于政府相关部门保障职责的规定。在逻辑上，第2款规定可以看作是第4条政府职责的具体延伸。据此，县级以上人民政府的有关部门（如财政部门、机构编制部门），应当依照各自职责，为法律援助机构的设立提供人员编制、场地装备等必要条件；为法律援助机构的正常运行提供日常办公经费、技术装备、信息化建设等支持；为法律援助机构组织实施法律援助服务提供经费保障，以满足法律援助服务的实际需求。其中，作为法律援助的行政主管部门，司法行政部门应当代表同级人民政府积极督促相关部门依法履行其保障职责。

【立法背景】

在我国法律援助发展历程中，究竟采取何种法律援助管理体制，政策制定者在理想方案与现实选择之间一直摇摆不定。在制度初建时期，立足全国各地先行先试的实践经验，[1]政策制定者更倾向于"建立一个全国性的工作机构来推动各地法律援助制度的建立与发展"。[2]为此，以成立司法部法律援助中心为契机，当时政策制定者就法律援助机构的模式、组织架构、具体职能等问题进行了较为系统的研究。"建立什么样的法律援助中心曾是一件令人颇费心思的事情。进入九十年代以后，随着政治体制改革的逐步深入，国家在推进政府机构改革、控制机构膨胀方面加大了工作力度，对新增机构采取了从严控制的政策。在这种形势下，无论是谁都不能不审慎地考虑建立法律援助中心将会遇到的各种困难……如果参照世界上一些通行的做法，把实施法律援助作为政府职能，成立一个相应的政府管理机构，事实上在当时根本行不通。所以，既要合理、又要现实地确定国家法律援助中心的机构模式，就成为萦绕在每个人心中的一道课题。"[3]鉴于此，关于法律援助机构模式，当时的基本定位是："我国的国家法律援助中心是代表国家行使法律援助管理职能的机构。考虑到目前政府部门内新增机构的实际困难，国家法律援助中心应作

〔1〕 张耕主编：《中国法律援助制度诞生的前前后后》，中国方正出版社1998年版，第63~69页。"从1994年初到1996年初（或延至上半年），通过各地两年多的试点，全国基本形成了以北京、广州、武汉、上海、郑州为代表的五种模式。"其中，北京模式的特点是：没有设立法律援助中心，而是在北京市律师协会下设"北京市法律援助基金"；通过"分散受理、事后审查"的方式实施法律援助服务。广州模式的特点是：设立专门机构，办理全市法律援助业务。武汉模式的特点是：依托市律协和具体律师事务所，分两级实施。上海模式的特点是：将法律援助定性为律师事务所及乡镇法律服务机构的义务。郑州模式的特点是：从律师事务所业务收入中提取10%作为法律援助经费，用以资助具体的律师事务所开展法律援助。

〔2〕 张耕主编：《中国法律援助制度诞生的前前后后》，中国方正出版社1998年版，第93页。

〔3〕 张耕主编：《中国法律援助制度诞生的前前后后》，中国方正出版社1998年版，第99页。

为行使政府组织、管理、指导、监督全国法律援助工作的事业单位为宜。"〔1〕鉴于此，当时的文件规定，"司法部设立法律援助中心，指导和协调全国的法律援助工作"。〔2〕

然而，遗憾的是，在实践层面，我国始终没有形成以司法部法律援助中心为主导的一体化法律援助管理体制。主要原因有：一是，在早期机构建设过程中，为敦促各地迅速建立法律援助机构、尽快开展法律援助工作，政策制定者缺乏必要的顶层设计，忽视了法律援助机构的统一建制问题。受此影响，各地"八仙过海、各显神通"，致使法律援助机构在机构性质、人员编制、经费保障等方面五花八门，缺乏最基本的统一性。二是，在同级财政保障体制下，法律援助机构的相关经费主要来自于同级人民政府，不可能形成"上下一体的管理体制"；相反，在经费保障体制影响下，各地法律援助机构严重依赖同级行政主管部门的庇护，在管理体制上呈现鲜明的地方化、"碎片化"色彩。三是，尽管早期的政策制定者已经认识到，"制定全国性的法律援助发展规划，是各国开展法律援助工作的一项十分重要的基础工作"，并将"负责对全国法律援助机构的业务指导，制定全国性的法律规章制度、中长期发展计划和年度工作方案，协调全国法律援助工作事宜"列为司法部法律援助中心的首要职责，〔3〕但回望历史，司法部法律援助中心似乎并没有就此做过尝试或探索。

在法律援助管理体制上，2003 年《法律援助条例》初步确立了"二元化管理体制"。〔4〕其中，《法律援助条例》第 4 条第 1 款规定："国务院司法行政部门监督管理全国的法律援助工作。县级以上地方各级人民政府司法行政部门监督管理本行政区域的法律援助工作。"根据该条规定，司法行政部门是法律援助事业的主管部门。同时，第 5 条第 2 款规定："法律援助机构负责受理、审查法律援助申请，指派或者安排人员为符合本条例规定的公民提供法律援助。"据此，法律援助机构的定位应该是法律服务机构。但是，有趣的是，在 2003 年《法律援助条例》颁布前夕，司法部于 2003 年 4 月作出《关于进一步明确部法律援助中心职能的决定》，将司法部法律援助中心的职能明确为："指导监督法律援助工作是司法部的重要职责。

---

〔1〕 张耕主编：《中国法律援助制度诞生的前前后后》，中国方正出版社 1998 年版，第 100 页。

〔2〕 司法部《关于开展法律援助工作的通知》。之前，司法部 1996 年 6 月 3 日《关于迅速建立法律援助机构开展法律援助工作的通知》已明确要求："司法部已经成立国家法律援助中心筹备组，有关法律援助机构的设置和工作进展情况，各省、自治区、直辖市司法厅（局）的有关业务机构可直接与中心筹备组联系。"

〔3〕 张耕主编：《中国法律援助制度诞生的前前后后》，中国方正出版社 1998 年版，第 99~100 页。

〔4〕 关于二元化管理体制的发展历程，参见吴宏peterborough、赵常成："法律援助的管理体制"，载《中国检察官学院学报》2018 年第 4 期。关于二元化管理体制的反思与检讨，参见朱昆、郭婕："我国法律援助机构设置中存在的主要问题及对策建议"，载《行政与法》2013 年第 8 期。

司法部法律援助中心作为司法部直属事业单位，在司法部领导下，代表司法部具体负责指导、监督全国的法律援助工作，履行以下职能：1. 研究起草有关法律援助工作的政策和法律、法规、规章及规范性文件；2. 指导、监督地方法律援助工作及其开展情况；3. 组织宣传法律援助制度；4. 管理法律援助经费；5. 组织法律援助制度和理论研究；6. 组织法律援助工作的对外交流与合作；7. 承办司法部交办的其他有关事项。"鉴于此，《法律援助条例》于 2003 年 9 月 1 日生效实施后，事实上依然是由司法部法律援助中心代表司法部具体负责指导、监督全国法律援助工作。

2008 年 12 月，根据国务院办公厅《司法部主要职责内设机构和人员编制规定》，司法部成立法律援助工作司，同时明确了法律援助工作司与司法部法律援助中心的职责分工：作为司法部内设机构，法律援助工作司的主要职责是，"指导、检查法律援助的法律法规和政策的执行工作；规划法律援助事业发展布局；承担法律援助机构、法律援助工作人员的监督管理工作；指导社会组织和志愿者开展法律援助工作"。"法律援助工作司设：综合处、指导处、监督管理处。"[1]作为参照公务员法管理的司法部直属全额拨款事业单位，司法部法律援助中心的主要职责是："负责法律援助宣传工作；组织实施法律援助培训；负责法律援助案件质量评估；组织法律援助国际项目交流与合作；管理全国'148'法律援助专线工作；开展法律援助理论研究；承办司法部交办的其他有关事项。法律援助中心设：办公室、宣传处、培训处、交流合作处。"[2]根据上述职责分工，司法部法律援助中心依然行使一定的法律援助行政管理职能，而非法律援助服务的组织实施机构。[3]

在地方层面，各地法律援助条例关于法律援助机构职责的规定也不尽相同。有研究者将其概括为三种类型：一是只规定有关法律援助服务的组织实施职能，即负责受理、审查法律援助申请，指派或安排人员为符合规定的公民提供法律帮助。除此之外，并没有特别规定法律援助机构具有其他方面的指导、监督职能。如宁夏、山东、上海、新疆、辽宁。二是在服务供给职能基础上，特别规定法律援助机构具有监督、指导、协调、管理权。如北京、甘肃、广西、河北、湖北、湖南、江西、青海、四川、云南、重庆。三是直接规定法律援助机构对所在辖区法律援助的管理、监督、协调、指导权。如福建、贵州、广东、河南、浙江等。[4]

---

〔1〕 司法部《关于司法部法律援助工作司主要职责和内设机构的通知》。

〔2〕 司法部《关于司法部法律援助工作司主要职责和内设机构的通知》。

〔3〕 2019 年，司法部成立公共法律服务管理局负责规划和推进公共法律服务体系和平台建设工作。下设法律援助处，负责指导、监督法律援助，指导社会组织和志愿者开展法律服务工作。司法部法律援助中心的职能依然保持不变。

〔4〕 参见刘新华：《中国法律援助立法研究》，民主与建设出版社 2017 年版，第 44 页。

更重要的是，在各地法律援助实践中，一些地方长期以来一直是"一套人马、两块牌子"，法律援助机构根本没有专门的人员编制或专职人员，而是由司法行政机关指派人员代行法律援助中心的职责，致使相关职责混杂、政事不分。还有一些地区的省法律援助中心、地市级法律援助中心，既是服务实施机构，又依法对本行政区域法律援助事务行使一定的行政管理职能；受此影响，法律援助的行政管理职能与服务供给职能混为一谈，纠缠不清。简言之，在我国法律援助实践中，各地法律援助机构的职能、管理体制五花八门，各不相同。此外，在法律援助实践中，部分法律援助机构的工作人员，既负责管理又亲自办案，既当裁判员又当运动员，既影响法律援助指派机制的公平性，也在一定程度上对其管理职能产生了不良影响。

2018年2月，《中共中央关于深化党和国家机构改革的决定》明确要求，"调整优化政府机构职能，全面提高政府效能，建设人民满意的服务型政府"；同时，"加快推进事业单位改革……理顺政事关系，实现政事分开，不再设立承担行政职能的事业单位……区分情况实施公益类事业单位改革，面向社会提供公益服务的事业单位，理顺同主管部门的关系，逐步推进管办分离，强化公益属性，破除逐利机制"。根据上述改革要求，理顺法律援助中心同主管部门之间的关系，厘定法律援助的行政管理职能与法律援助服务供给职能，无疑是推动法律援助事业可持续、高质量发展的首要问题。

在法律援助管理体制上，2019年司法部"征求意见稿"和《法律援助法（草案）》初稿原封不动地保留了2003年《法律援助条例》第4条的相关内容。针对《法律援助法（草案）》初稿的规定，有专家建议，在我国法律援助二元化管理体制下，应当以列举的方式，明确司法行政部门的行政管理职责，以期厘清行政管理职能与法律援助服务供给职能之间的界限。具体而言，根据"转变政府职能，建设人民满意的服务型政府"的改革精神，作为法律援助服务的主管部门，司法行政部门应当遵循"政事分开、管办分离"的原则，创新管理方式，减少对法律援助机构的微观管理和直接管理，强化制定政策法规、行业规划、标准规范和监督指导等职责。法律援助机构作为面向社会提供公益服务的事业单位，应当逐步落实其事业单位法人自主权，保证其依法决策、独立自主开展活动并承担责任。此外，结合我国新时期的社会主要矛盾，有关法律援助行政管理职能的规定，应该注重强调中央、省级人民政府司法行政部门的统筹协调职责，以确保省级行政区域内法律援助制度的均衡发展。基于此，有专家建议条文如下："国务院司法行政部门监督管理全国的法律援助工作。""省级人民政府司法行政部门对本行政区域的法律援助工作行使以下监督管理职责：（一）规划本行政区域法律援助事业发展布局；（二）制定法律援助经费预算计划；（三）制定法律援助服务的评估标准、质量监管措施等规定；（四）法律法规规定的其他职责。"其中，在具体行政管理职责中，建议明确规定"法律援助服务质量评估与监督"属于行政管理职责，以避免法律援助机构"自己评估自己"，既当运动员又当裁判员。

《法律援助法（草案）》一审稿原则上接受了初稿拟定的条文。即，在立法技术上，分为两条：一条规定司法行政部门的行政管理职责；一条规定其他国家机关的支持保障职责。基于上述条文之间的逻辑关系，二审稿对相关条文内容进行了重组：将一审稿第 6 条第 2 款关于人民政府有关部门的规定提前，作为第 5 条第 2款。也即，在该条一揽子规定了政府相关部门的职责。

一审稿	二审稿
第五条 国务院司法行政部门监督管理全国的法律援助工作。 　　县级以上地方人民政府司法行政部门监督管理本行政区域的法律援助工作。	**第五条** 国务院司法行政部门指导、监督全国的法律援助工作。县级以上地方人民政府司法行政部门指导、监督本行政区域的法律援助工作。 　　**县级以上人民政府其他有关部门依照各自职责，为法律援助工作提供支持和保障。**
第六条 人民法院、人民检察院和公安机关应当在各自职责范围内保障当事人依法获得法律援助。 　　各级人民政府有关部门应当按照职能分工，支持和保障法律援助工作，提供办案便利。 　　律师协会应当指导和支持律师、律师事务所参与法律援助工作。	**第六条** 人民法院、人民检察院和公安机关应当在各自职责范围内保障当事人依法获得法律援助，为法律援助人员开展工作提供便利。

在立法过程中，有实务部门建议，将该条第 1 款"指导、监督"修改为"指导、管理"。上述建议显然误解了司法行政部门与法律援助机构之间的关系。基于"简政放权，建设人民满意的服务型政府"的要求，政府应当向市场、向社会放权。就法律援助而言，主管部门应当转变观念，减少对法律援助机构的微观管理和直接管理，强化制定政策法规、行业规划、标准规范等宏观指导、监督职责；至于具体法律援助服务的组织与实施，则应当支持并保障法律援助机构依照本法及相关政策、标准独立自主地开展法律援助工作。因此，法律援助中心虽然由司法行政部门设立，但其并非司法行政部门的内设机构，而是具有独立法律地位的服务实体。因此，司法行政部门与法律援助机构之间的关系不应该是管理与被管理的"从属关系"，而应该是业务主管关系、指导监督关系。

【条文释义】

古罗马法学家杰尔苏指出，"知道法律的词句并不意味着了解法律"。[1]因此，学习法律，不是学习"法律的词句"，而是透过法律条文理解其蕴含的法律规则、洞悉规则背后的法律精神。

在法解释学中，体系解释是一种重要的法律解释方法。"盖每一法律规范，系属一个整体，其条文之解释，自亦应本诸论理的作用，就整个体系构造加以阐释，以维护各个法条之连锁关系……以法律条文在法律体系上之地位，即依其编章节条项款之前后关联位置，或相关法条之法意，阐明规范意旨之解释方法，称为体系解释。此项解释方法能维护整个法律体系之一贯及概念用语之一致，在法解释上确具价值。"[2]因此，关于具体法条的理解，需要将其置于相关法律条文的逻辑体系之中。

就《法律援助法》第5条规定而言，在逻辑关系上，该条规定是第4条政府职责的具体化。根据该条第1款规定，司法行政部门是法律援助事业的主管部门，代表同级政府履行相应的保障职责，并就法律援助行使行政管理职责。该条第2款规定，为保障法律援助事业与经济社会协调发展、促进法律援助均衡发展，政府其他相关部门应当依照各自职责，为法律援助工作提供支持和保障。

一、法律援助的行政管理职责

《法律援助法》第5条第1款规定，司法行政部门是法律援助事业的主管部门，负责指导、监督本行政区域的法律援助工作。与2003年《法律援助条例》相比，《法律援助法》将司法行政部门的行政管理职责定位为"指导监督"，而非"监督管理"。因此，在法律援助实践中，作为法律援助事业的主管部门，司法行政部门应当根据2018年《中共中央关于深化党和国家机构改革的决定》的要求，理顺与法律援助机构之间的关系，逐步推进管办分离；减少对法律援助机构的微观管理和直接管理，强化制定政策法规、行业规划、标准规范和监督指导等职责，落实法律援助机构作为事业单位的独立法人地位，鼓励并支持法律援助机构依法依规独立自主开展法律援助服务并对此负责。

此外，根据《法律援助法》规定，司法行政部门负有以下具体行政管理职责：（1）设立法律援助机构。《法律援助法》第12条规定："县级以上人民政府司法行政部门应当设立法律援助机构……"（2）通过政府采购的方式选择法律服务机构提供法律援助服务。《法律援助法》第15条规定，"司法行政部门可以通过政府采

---

〔1〕［意］桑德罗·斯奇巴尼选编：《民法大全选译：正义和法》，黄风译，中国政法大学出版社1992年版，第59页。

〔2〕杨仁寿：《法学方法论》，中国政法大学出版社1999年版，第107页。

购等方式，择优选择律师事务所等法律服务机构为受援人提供法律援助"。因此，对于法律援助机构无力或难以组织实施的特定法律援助服务类型，司法行政部门可以通过政府采购的方式，择优选择适宜的法律服务机构予以提供。（3）专业培训。《法律援助法》第 54 条规定，"县级以上人民政府司法行政部门应当有计划地对法律援助人员进行培训，提高法律援助人员的专业素质和服务能力"。（4）信息公开。《法律援助法》第 58 条规定："司法行政部门、法律援助机构应当建立法律援助信息公开制度……"（5）质量管理。《法律援助法》第 57 条规定，"司法行政部门应当加强对法律援助服务的监督，制定法律援助服务质量标准，通过第三方评估等方式定期进行质量考核"。（6）投诉机制。《法律援助法》第 56 条规定："司法行政部门应当建立法律援助工作投诉查处制度……"（7）行政处罚。《法律援助法》第 61~65 条赋予司法行政部门行政处罚的职能。此外，司法行政部门还有指导法律援助志愿服务（第 17 条），法治宣传（第 10 条）等职责。

《法律援助法》关于法律援助行政管理职责的规定，事实上等于重新厘定了法律援助机构的职能。具体而言，在此前法律援助实践中，专业培训、法治宣传、质量管理往往由法律援助机构自行负责；但根据《法律援助法》的相关规定，这些工作今后将归入司法行政部门的职责。在此意义上，《法律援助法》相当于重新界定了法律援助机构的定位。即，根据事业单位"去行政化"的改革精神，《法律援助法》剥离了法律援助机构的行政管理职责；根据第 12 条规定，法律援助机构的基本职责是通过组织实施法律援助，保障法律援助服务的稳定供给。

需要特别指出的是，针对过往法律援助供给"渠道相对单一、力量较为有限"的问题，"法律援助法进一步拓宽了提供法律援助的渠道，动员更多力量参与，大致明确了三个渠道：司法行政部门设立的法律援助机构指派律师、基层法律服务工作者、法律援助志愿者，或者安排本机构具有律师资格或者法律执业资格的工作人员提供法律援助；工会、共青团、妇联、残联等群团组织参照本法规定开展法律援助工作；法律援助志愿者包括高等院校、科研机构从事法学教育、研究工作的人员和法学专业学生，以及其他符合条件的个人依法提供法律援助。不同渠道的法律援助工作，都接受司法行政部门的指导和监督"。[1]

在多元化法律援助供给体制下，法律援助机构依然是法律援助服务最主要、最基本的供给渠道。但是，就司法行政部门的指导监督职责而言，其指导监督对象必然趋于多元，不仅包括根据《法律援助法》第 12 条设立的"法律援助机构"，而且还包括依照本法提供法律援助服务的各类法律服务组织，如群团组织、高校法律援助组织、社会组织等（第 8 条、第 17 条、第 68 条）。

---

〔1〕 蒲晓磊："为群众获得优质高效法律援助服务提供法治保障 解读法律援助法"，载《法治日报》2021 年 8 月 21 日，第 2 版。

二、政府相关部门的支持保障职责

《法律援助法》在第4条之后，紧接着于第5条规定了人民政府相关部门的具体职责。因此，从体系解释出发，第4条与第5条之间是一般与具体的逻辑关系。因此，第5条规定应当视为第4条人民政府"保障法律援助事业与经济社会协调发展""促进法律援助均衡发展"等一般职责的内在要求和逻辑延伸。具体而言，法律援助机构作为一个依法设立的法律服务实体，其设立及可持续健康发展均离不开人民政府相关部门的支持和保障。例如，机构的设立，离不开人员编制、办公场地、办公设施等；机构的运转和发展离不开日常办公经费、装备费用、人员培训费等基本开支；组织实施法律援助服务必须有充足的法律援助办案经费、必要的律师资源等；经济困难核查，也需要相关部门的支持和信息共享。鉴于此，2019年司法部"征求意见稿"试图明确列举需要人民政府的哪些部门予以支持："人民政府发展改革部门、财政部门、人力资源和社会保障部门、市场监管部门、档案部门、金融机构等应当支持法律援助工作。"

第5条第2款规定："县级以上人民政府其他有关部门依照各自职责，为法律援助工作提供支持和保障。"所谓"其他有关部门"，其实是相对第1款规定而言。换言之，作为法律援助的主管部门，司法行政部门当然负有"为法律援助工作提供支持和保障"的职责。故此，第2款规定，除司法行政部门外，"人民政府其他有关部门"也应当"依照各自职责"，为法律援助提供支持和保障。

根据《法律援助法》相关规定，结合我国法律援助实践，人民政府相关部门的具体保障职责主要有以下方面。

第一，设立法律援助机构。《法律援助法》第12条规定："县级以上人民政府司法行政部门应当设立法律援助机构……"据此，对于尚未设立法律援助中心的地方，或者法律援助中心后来被撤销或裁并的地方而言，该条规定意味着：司法行政部门应当积极与同级人民政府及相关部门沟通，依法设立独立的法律援助机构。具体而言，又分为两种情形：一是，对于撤销法律援助中心的县市区，应当依照本法规定，通过提供人财物等机构保障措施，重新组建独立的法律援助中心。二是，对于没有独立设置法律援助中心的地方，则应当依照本法要求，恢复法律援助中心的独立建制；不得以"保留职能"为由，规避《法律援助法》的强制性规定。

就设立法律援助机构而言，在机构人员编制方面，机构编制部门应当根据当地的法律援助需求和法律援助工作量，为法律援助机构配置一定数量的管理岗位和技术岗位，确保法律援助机构有必要的组织实施法律援助服务的人力资源。在基础设施建设方面，应当为法律援助机构提供办公场所、办公设备等必要条件。

第二，根据法律援助工作需要，为法律援助机构提供充足的经费保障。为此，财政部门应当将法律援助相关经费列入本级政府预算，并建立动态调整机制。

第三，加大法律援助机构基础设施建设。根据 2015 年两办《关于完善法律援助制度的意见》的相关要求，机关事务管理部门应当"加大法律援助基础设施建设投入力度，建设与服务困难群众工作需要相适应的服务设施，提高办公办案设施配备水平"。而且，根据 2012 年国务院《无障碍环境建设条例》，社会各个领域都应当"创造无障碍环境，保障残疾人等社会成员平等参与社会生活"。因此，在法律援助机构服务场地建设上，应当遵循"无障碍环境建设"的要求。

第四，加强法律援助机构人员建设。法律援助服务的可持续、高质量均衡发展，需要法律援助机构有一支稳定的、专业化的管理团队。因此，既要从岗位设置、人员配备、收入分配等方面，为法律援助机构队伍建设创造积极条件，又要加强教育培训，持续提高法律援助机构人员的专业素质和服务能力。

第五，信息化建设。根据 2015 年两办《关于完善法律援助制度的意见》的要求，司法行政机关应当"加强信息化建设，加大投入力度，改善基层信息基础设施，提升法律援助信息管理水平"。《法律援助法》第 51 条规定："国家加强法律援助信息化建设，促进司法行政部门与司法机关及其他有关部门实现信息共享和工作协同。"在法律援助服务实践中，法律援助机构进行经济困难标准审查同样离不开人民政府相关部门的配合与支持。例如，在经济困难状况核查中，离不开民政部门的支持与协助；为了解核查企业退休人员的经济状况，需要人力资源和社会保障部门协助查询其退休金方面的信息；等等。因此，只有与相关部门实现信息共享，法律援助机构才有可能根据第 41 条规定，"通过信息共享查询"的方式，核查申请人的经济困难状况。

【延伸阅读】 法律援助管理模式

2012 年联合国《原则和准则》规定的准则 11 是"全国性法律援助制度"。根据 2016 年联合国《法律援助全球报告》的调查结果，在全球范围内，几乎所有答复国（90%）都建立了专门机构来监督法律援助的提供。但在具体管理模式上，不同国家和地区因法律援助的提供模式不同，管理模式也存在较大的差异。具体而言，在 105 个接受调查的国家和地区中，43% 的成员的法律援助主管机关是司法部（或负责司法行政的执行机构）；25% 是律师协会；19% 是独立的法定法律援助机构（其中，有 16% 是公设辩护人办公室）。

在组织模式上，2012 年联合国《原则和准则》鼓励法律援助机构实行全国统一、上下一体的自治型管理模式。即通过依法设立的、独立于政府的法定机构对法律援助实行自治型管理；该机构根据法律授权有权制定自己的预算，建立指派协调系统、法律援助提供者认证和培训系统，以及全国法律援助需求评估系统。2012 年联合国《原则和准则》第 59 条规定："为确保有效执行全国性法律援助计划，各国应当考虑建立一个法律援助机构或管理机构，以便提供、管理、协调和监督法律援助服务。这类机构应当：（a）不受政治或司法不当干预、在法律援助相关决策上独立于政府并且在履行其职能方面不应当接受任何人或任何行政管理机构的指示或控制或经济恫吓，而不论其行政架构如何；（b）享有提供法律援助的必要权限，包括但不局限于：人事任命、将法律援助服务指派给个人、拟订标准并对法律援助服务人员进行资格认证，包括确定培训要求；对法律援助服务人员实施监督并建立处理对其提出的申诉的独立机构；在全国范围内对法律援助需要作出评估；并且有权制订自身的预算；（c）与司法部门关键利益相关者和公民社会组织协商，拟订指导法律援助工作发展和可持续能力的长期战略；（d）定期向负责机构报告。"

以日本为例。作为 21 世纪日本司法制度改革的一环，日本于 2004 年制定了《日本综合法律援助法》。根据该法规定，日本在 2006 年 4 月 10 日设立了日本司法援助中心，并于同年 10 月 2 日开始法律援助工作。日本司法援助中心是日本政府全额出资设立的公共法人，遵循独立行政法人的框架，准用于《日本独立行政法人通则法》；日本司法援助中心的工作人员是准公务员，法律也保障中心所属的专职律师（即常勤律师）与裁判官、检察官享有同等的待遇。另外，日本司法援助中心是法务省（相当于我国的司法部）所管辖的法人，要接受法务省监督。比如，日本法务大臣对法律援助的中期目标给予指示、批准中期计划、任命理事长和监事，以及每年由法务省设立的评估委员会对司法援助中心的业绩进行评估等。同时，为了确保与中心签订合同的专职律师等法律专家的职务独立性，在日本司法援助中心内部设立了第三方机关，即审查委员会（《日本综合法律援助法》第 29 条第 1 项）。审查委员会共有 9 名成员，分别由最高裁判所推荐 1 名裁判官、检察总长推荐 1 名检察官、日本全国律师协会会长推荐 2 名律师和 5 名有识之士组成。

日本司法援助中心实行全国一体化管理：总部设在东京，并在全国各地设有111 个分支机构（截至 2018 年 3 月 31 日）。其中，分支机构共有四种类型：第一，地方事务所。全国共有地方事务所 50 个，分别是都道府县厅所在地 47 所和北海道多加的 3 所（函馆、旭川和钏路）。地方事务所可以提供司法援助中心提供的所有服务。第二，支部。在人口较多或者审判案件数量较多的城市，为了管辖仅靠地方事务所而无法完全覆盖的地域的案件，在全国设置了 11 个支部。支部可以提供司法援助中心主要的五项服务。第三，办事处。主要以民事法律扶助服务和震灾法律扶助服务为中心，也提供法律信息服务。分别是东京的 3 所（上野、池袋和八王子）和大阪（堺）的 1 所。为了支援受灾地，设置了 7 所受灾地办事处，分别是岩手县 2 所，宫城县 3 所和福岛县 2 所。第四，地域事务所。地域事务所设置在由于律师、法律文书代拟人人数有限等原因致使当地居民无法轻易获得法律服务的地区。到 2018 年 3 月 31 日为止，日本共有 39 个地域事务所，由司法援助中心派专职律师常驻。地域事务所有两种情况：一种是，在法律服务资源不足的地区，由于很难接触到律师而设置，以提供法律服务，包括有偿的法律咨询和案件受理（35所）。另一种是，虽然并不是法律服务资源不足的地区，但由于处理民事法律扶助案件、国选辩护案件和国选被害人案件的律师人数较少，为了处理以上案件而设置（4所）。

在实行公设辩护人制度的国家和地区，公设辩护人办公室是依法实行自治管理的法定机构。以菲律宾为例。根据 2007 年《菲律宾公设辩护人法》，菲律宾设立公设辩护人办公室，负责管理全国的法律援助工作，制定法律援助政策和方案。根据《菲律宾公设辩护人法》，除向司法部提交年度财政预算外，菲律宾公设辩护人办公室是完全独立的法律援助机构，在法律援助实施中具有完全自主的独立性：（1）独立受理、审批、办理案件。（2）独立管理使用法律援助经费。中央公设辩护人办公室负责全国法律援助经费的下拨。（3）独立人事任免。除法律规定的理由外，首席公设辩护人、副首席公设辩护人和地区公设辩护人，不得被免职或停职。菲律宾公设辩护人办公室在全国各重要地区下设 341 个办事处，实行全国一体化管理：17 个区域办事处、316 个区办事处、4 个分区办事处、2 个区域特别与上诉案件办事处和 2 个卫星城办事处，以便于切实有效地向贫困和其他合格的客户提供免费的法律援助服务。菲律宾各级公设辩护人办公室共有 2437 名公设辩护人和 1035 名非律师雇员。[1]

第六条【公安司法机关的保障职责】

人民法院、人民检察院、公安机关应当在各自职责范围内保障当事人依法获得法律援助，为法律援助人员开展工作提供便利。

【条文要旨】

本条是关于公安司法机关保障职责的一般性规定。根据该条规定，在具体司法实践活动中，公安司法机关的保障职责有二：一是，对于当事人而言，保障其能够依法获得法律援助服务；二是，为法律援助人员提供必要的便利，保障其能够依法发挥应有的作用。

据此，《法律援助法》将成熟的刑事司法解释上升为立法，规定并强化了公安司法机关的保障职责。具体而言，公安司法机关的保障职责包括积极、消极两个方面：一是积极保障职责：告知义务（第 35 条、第 37 条）、及时通知义务（第 25 条、第 28 条；第 36 条）、及时转交义务（第 39 条）、提供必要便利的义务（第 37 条、第 53 条）。二是消极保障职责。公安司法机关负有不得限制或损害委托辩护权的消极义务（第 27 条）。

---

〔1〕 嵇苏红："菲律宾法律援助制度概述"，载中国政法大学国家法律援助研究院公众号，https://mp. weixin. qq. com/s/H836TQbeH2UMVjeJgH5qwQ，最后访问时间：2021 年 8 月 5 日。

【立法背景】

在刑事诉讼活动中，法律援助具有不可替代的人权司法保障价值。联合国《公民权利和政治权利国际公约》第 14 条规定，获得法律援助的权利是辩护权的有机组成部分，是公正审判"最低限度的保证"。基于此，2012 年联合国大会专门针对刑事法律援助问题通过了首部有关法律援助的国际性规范文件——2012 年联合国《原则和准则》。事实上，在各国法律援助制度中，刑事法律援助因事关被告人的辩护权而具有"依法应当提供"的强制属性。例如，在美国，保障被告人获得法律援助的权利是联邦宪法第六修正案的宪法性要求。恰如美国联邦最高法院大法官布莱克所言："在刑事审判中，律师是一种必需品，而非奢侈品……当一个人根据其拥有的金钱数量来决定其获得审判的形式时，是没有平等正义可言的。必须为贫穷的被告和那些具有足够金钱购买副本的被告提供同样充分的申诉审查……被告人获得律师帮助的权利在某些国家可能并不会被看作是公平审判的根本性和重要性的因素，但是在美国却恰恰相反。"[1]欧洲人权法院也一直认为，"任何受到刑事指控的人应当得到律师的有效辩护，而且在必要时，律师应当由官方指派。这是公正审判的一个基本特征，尽管并不是绝对的。法院援引公约第 6 条第 3 款第 3 项关于获得法律援助的规定指出，为了确保接受公正审判的权利是'实际且有效的'，而不是'理论或空洞的'，公约要求获得法律援助的权利应该在调查阶段就得到保证"。[2]应当承认，并不是所有国家和地区都承认刑事法律援助的宪法属性，但是，基于公正审判的要求，世界各国普遍认为，根据司法利益的需要，应当将一定范围的刑事案件规定为"强制辩护情形"，而毋庸考虑被追诉人的经济状况。

在我国，1996 年修改后的《刑事诉讼法》第 34 条第一次在立法中引入了"法律援助"概念，并将刑事法律援助区分为"应当指定"与"可以指定"两种情形。之后，经过 2012 年、2018 年《刑事诉讼法》修改，尤其是随着刑事辩护全覆盖试点的逐步推行，[3]应当予以援助的刑事案件范围逐步扩大。[4]此外，根据《刑事诉讼法》第 36 条规定，在刑事诉讼的所有阶段，任何没有辩护人予以协助的犯罪嫌疑人、被告人，均有权获得值班律师的法律帮助。

---

〔1〕 Gideon v. Wainwright 372 U. S. 335 (1963).

〔2〕 Ed cape 等主编：《欧洲四国有效刑事辩护研究——人权的视角》，丁鹏等编译，法律出版社 2012 年版，第 4 页。

〔3〕 2017 年 10 月，最高人民法院、司法部印发《关于开展刑事案件律师辩护全覆盖试点工作的办法》，开始在部分省市开展刑事辩护全覆盖试点。2018 年 11 月，最高人民法院、司法部在安徽合肥联合召开刑事案件律师辩护全覆盖试点工作推进会，要求"到 2019 年，刑事全覆盖要在第一批试点的八个省市和天津、江苏、福建、山东等发达省市基本实现，其他省份要在省会城市和一半以上的县市区基本实现全覆盖"。

〔4〕 车梦婷："刑事法律援助范围研究"，重庆邮电大学 2018 年硕士学位论文。

然而，与刑事法律援助制度的发展相比，刑事法律援助的实践状况却不容乐观。在刑事司法实践中，犯罪嫌疑人、被告人获得刑事法律援助的权利并没有得到应有的尊重和重视。以值班律师为例。根据《刑事诉讼法》第36条第2款规定，看守所"应当告知犯罪嫌疑人、被告人有权约见值班律师，并为犯罪嫌疑人、被告人约见值班律师提供便利"，公安部办公厅、司法部办公厅就此专门联合印发了《关于进一步加强和规范看守所法律援助值班律师工作的通知》，但在司法实践中，各地看守所的值班律师基本上流于形式：看守所的高墙，阻隔了高墙内的法律服务需求与高墙外的值班律师；由于缺乏制度化的渠道，值班律师基本上无法为在押的犯罪嫌疑人、被告人提供及时、有效的法律帮助。同样，在认罪认罚案件中，尽管犯罪嫌疑人签署认罪认罚具结书时，检察机关都会依法通知值班律师到场，但是，在司法实践中，值班律师的作用往往被不合理地限缩解释为"仅仅是在场见证"，很难为犯罪嫌疑人提供实质性的法律帮助。在审判阶段，对于依法应当予以援助的案件，尽管人民法院都会依法通知法律援助机构提供法律援助，但在司法实践中，通知时间过晚（致使法律援助律师缺少必要辩护准备时间）等现象时有发生；而且，在庭审过程中，有些审判人员也往往并不鼓励法律援助律师发挥实质性的辩护作用。

鉴于二十多年来刑事法律援助的实践经验和教训，政策制定者逐渐认识到，与民事法律援助不同，刑事法律援助制度的贯彻实施离不开公安司法机关的支持和保障。为此，2015年两办《关于完善法律援助制度的意见》特别强调，"落实刑事诉讼法及相关配套法规制度关于法律援助范围的规定，畅通刑事法律援助申请渠道，加强司法行政机关与法院、检察院、公安机关等办案机关的工作衔接，完善被羁押犯罪嫌疑人、被告人经济困难证明制度，建立健全办案机关通知辩护工作机制，确保告知、转交申请、通知辩护（代理）等工作协调顺畅，切实履行侦查、审查起诉和审判阶段法律援助工作职责"。

在《法律援助法》制定过程中，有专家提出，应当在立法中明确规定："人民法院、人民检察院和公安机关依照刑事诉讼法及本法的规定保障当事人获得法律援助。"换句话说，保障当事人获得法律援助，是刑事诉讼法上的法定义务，是公安司法机关不容推卸的职责。

在条文表述上，《法律援助法（草案）》一审稿强调人民法院、人民检察院和公安机关应当"在各自职责范围内"履行其保障责任。也即，人民法院、人民检察院和公安机关的保障责任，不应当仅仅局限于《刑事诉讼法》《法律援助法》明确规定的事项，而应当根据法律援助活动的实际需要，在其职责范围内提供必要的支持和便利。《法律援助法（草案）》二审稿进一步增加了"为法律援助人员开展工作提供便利"的要求。

一审稿	二审稿
第六条 人民法院、人民检察院和公安机关应当在各自职责范围内保障当事人依法获得法律援助。 各级人民政府有关部门应当按照职能分工，支持和保障法律援助工作，提供办案便利。 律师协会应当指导和支持律师、律师事务所参与法律援助工作。	**第六条** 人民法院、人民检察院和公安机关应当在各自职责范围内保障当事人依法获得法律援助，**为法律援助人员开展工作提供便利。** （说明：第2款前移至第5条；第3款单独成条，后移到第7条）

【条文释义】

该条规定主要适用于刑事案件。当然，在民事、行政案件中，人民法院、仲裁机构同样应当在各自的职责范围内切实保障当事人能够获得法律援助，并为法律援助人员发挥应有的作用提供必要的支持和便利。

在刑事诉讼领域，该项规定具有不言自明的重要意义。现代刑事诉讼理论普遍承认，获得法律援助的权利是辩护权的应有之义；基于司法利益的需要，从制度上保证特定案件的犯罪嫌疑人、被告人获得法律援助，是程序公正的内在要求。但是，毋庸置疑的是，在特定的刑事诉讼阶段，居于主导地位的办案人员对待律师、对待法律援助的态度，将直接影响着法律援助的取得及其质量。其中，就法律援助需求与供给环节而言，在办案过程中，公安司法机关的办案人员是最先与犯罪嫌疑人、被告人发生接触的诉讼主体，而且，基于其程序主导地位，可以根据具体案情和被追诉人的个人情况就该案是否符合法定援助条件作出实质性判断。因此，在刑事诉讼实践中，办案人员对法律援助的重视程度，将直接决定着法律援助需求的实际数量以及能否依法及时通知法律援助机构。就法律援助服务环节而言，法律援助人员参与刑事诉讼同样离不开办案人员的支持。如果办案人员对刑事辩护律师总体持消极态度，那么，即便法律援助机构为被追诉人指派了法律援助律师或值班律师，法律援助律师或值班律师也未必能够依法行使其诉讼权利，未必能够如期所料地为受援人提供有效的辩护服务。因此，在刑事案件中，当事人能否依法获得法律援助、法律援助服务的效果如何，很大程度上取决于侦查人员、检察人员、审判人员对待法律援助的态度。

在刑事诉讼活动中，公安机关、人民检察院、人民法院依次在侦查阶段、审查起诉阶段、审判阶段发挥着程序主导作用。因此，《法律援助法》将成熟的刑事司法解释上升为法律，明确并强化了公安司法机关的保障职责。其中，第6条是关于公安司法机关保障职责的一般规定；此外，《法律援助法》在相关条文中，进一步规定了公安司法机关的积极保障职责、消极保障职责。其中，积极保障职责包括：

告知义务（第 35 条、第 37 条）、及时通知义务（第 25 条、第 28 条；第 36 条）、及时转交义务（第 39 条）、提供必要便利的义务（第 37 条、第 53 条）。消极保障职责是指，公安司法机关负有不得限制或损害委托辩护权的消极义务（第 27 条）。

在刑事诉讼过程中，公安机关、人民检察院、人民法院应当根据其职责范围，保障当事人能够依法获得有效的法律援助服务。公安司法机关的保障职责包含以下三层含义。

首先，在责任主体上，根据《刑事诉讼法》的规定，这里的"公安机关"包含两层含义：一是，就侦查权而言，这里的"公安机关"属于示例性列举：在外延上，除公安机关外，事实上还包括所有依法享有侦查权的侦查机关。如国家安全机关、人民检察院、军队保卫部门、中国海警局和监狱侦查部门以及海关走私犯罪侦查机关等。二是，就公安机关内部职能部门而言，除行使侦查权的刑事侦查、经济犯罪侦查、食品药品犯罪侦查、禁毒、反恐等侦查部门外，还包括看守所等羁押管理部门。

其次，在对象上，这里的"当事人"包括依法有权获得法律援助的犯罪嫌疑人、被告人、被害人、自诉人，以及附带民事诉讼案件的原告人。

最后，公安司法机关的保障职责既包括法律明确规定的法定职责，也包括为保证当事人能够真正获得有效的法律援助，应当提供的必要的支持和便利。其中，根据《法律援助法》相关规定，公安机关、人民检察院、人民法院在各自职责范围内应当履行的法定积极职责如下。

（1）告知义务。这是保障当事人获得法律援助服务的前提和基础。根据《刑事诉讼法》相关司法解释的规定，在刑事诉讼过程中，公安机关、人民检察院、人民法院应当告知当事人享有获得法律援助、值班律师帮助的权利。本法第 35 条、第 37 条将上述告知义务上升为国家立法，明确为一项法定职责。

在我国有关刑事诉讼的规范性文件中，关于告知义务的规定不胜枚举。例如，2020 年"两院三部"[1]《法律援助值班律师工作办法》第 12 条规定："公安机关、人民检察院、人民法院应当在侦查、审查起诉和审判各阶段分别告知没有辩护人的犯罪嫌疑人、被告人有权约见值班律师获得法律帮助，并为其约见值班律师提供便利。"第 13 条第 1 款、第 2 款规定："看守所应当告知犯罪嫌疑人、被告人有权约见值班律师，并为其约见值班律师提供便利。看守所应当将值班律师制度相关内容纳入在押人员权利义务告知书，在犯罪嫌疑人、被告人入所时告知其有权获得值班律师的法律帮助。"再如，《公安机关办理刑事案件程序规定》第 43 条第 1 款规定："公安机关在第一次讯问犯罪嫌疑人或者对犯罪嫌疑人采取强制措施的时候，应当

---

[1]　"两院三部"指最高人民法院、最高人民检察院、公安部、安全部、司法部，全书同样表述均使用该简称。

告知犯罪嫌疑人有权委托律师作为辩护人，并告知其如果因经济困难或者其他原因没有委托辩护律师的，可以向法律援助机构申请法律援助。告知的情形应当记录在案。"《人民检察院刑事诉讼规则》第40条，《最高人民法院关于适用〈中华人民共和国刑事诉讼法〉的解释》第44条，也有类似的告知义务规定。

需要指出的是，值班律师的法定职责之一就是为没有辩护人的犯罪嫌疑人、被告人提供法律咨询、申请法律援助。因此，对于在押人员而言，看守所应当依法将值班律师制度纳入在押人员权利义务告知书，在犯罪嫌疑人、被告人入所时就告知其有权获得值班律师的法律帮助，同时应当采取积极措施，畅通在押人员约见值班律师的制度通道。看守所能否依法履行其告知义务，对于在押人员依法申请、获得法律援助具有极其重要的实践价值。鉴于此，作为法律监督机关，人民检察院应当将看守所是否依法履行告知义务纳入诉讼监督的范围。

（2）及时通知/转交义务。根据《法律援助法》第36条规定，在刑事诉讼过程中，对于符合第25条第1款、第28条规定情形的犯罪嫌疑人、被告人，公安机关、人民检察院、人民法院应当及时通知法律援助机构；根据第39条规定，在押的犯罪嫌疑人、被告人提出法律援助申请的，相关机关应当及时将申请转交法律援助机构。

针对司法实践中不及时通知的问题，建议在跨部门大数据协同平台建设中，将法律援助的"通知—指派"纳入公安司法机关的办案系统。通过"通知—指派"的信息化建设，可以与时俱进，将费时费力的线下文书流转升级换代为管理平台的"信息互联互通"。在传统社会，线下文书流转是一种不得已的信息传输方式。在现代社会，借助信息化技术，"通知—指派"的程序文书流转可以大幅度简化，办案人员只需点击一下鼠标即可。简言之，加强法律援助指派管理工作与刑事办案系统的互联互通，既可以实现无纸化办公、减轻司法辅助人员的负担，也可以更加高效、及时地保障当事人获得法律援助的权利。

（3）切实保障法律援助人员的诉讼权利。在刑事案件中，提供值班律师帮助、法律援助服务的，只能是执业律师。因此，为保障当事人获得有效的法律援助，公安机关、人民检察院、人民法院首先应当按照有关保障律师诉讼权利的规定，切实保障法律援助律师、值班律师依法享有的诉讼权利。其次，鉴于法律援助的公益性特点，公安机关、人民检察院、人民法院还应当在各自的职责范围内，为法律援助律师、值班律师提供法律援助服务积极创造条件、提供必要的便利和支持。例如，为法律援助律师、值班律师会见设置绿色通道，尽可能地减少法律援助律师、值班律师会见的等待时间。再如，在视频会见之后，积极协助法律援助律师、值班律师快速获得在押人员的签字，等等。此外，根据本法第53条规定，法律援助人员复制相关材料等费用，应当予以免收或者减收。值班律师参与认罪认罚案件时，根据本法第 37 条规定，公安司法机关应当"依法为值班律师了解案件有关情况、阅卷、会见等提供便利"。

【延伸阅读】以有效辩护为导向的刑事法律援助

在刑事案件中，有效辩护是被追诉人享有公正审判权的前提。在欧洲，根据《欧洲人权公约》第 6 条有关公正审判的规定，有研究者指出，"有效刑事辩护是获得公正审判权不可或缺的一部分，这不仅要求保障获得法律援助的权利，而且要求与之适合的立法、程序环境以及组织结构，这样才能确保有效辩护——作为实现公正审判权的关键要素——的前提和便利……如果缺少了其他的必要因素，再好的法律援助都不能保证嫌疑人获得公正审判"。[1]

在此，欧洲研究者提出了一个非常有趣的观点：如果缺乏必要的立法、程序环境和组织结构，再好的法律援助都不能保证犯罪嫌疑人、被告人获得公正的审判。因此，在刑事诉讼领域，法律援助制度的发展及其实践，严重受制于刑事司法制度的整体氛围和制度环境。换句话说，如果刑事司法制度对辩护律师的参与总体上持消极态度，那么，刑事法律援助实践也必然会遇到这样那样的羁绊和阻碍。在此意义上，与民事法律援助服务不同，刑事法律援助制度的实践效果如何，不仅取决于法律援助机构的服务供给能力，更仰赖于公安司法机关及其具体办案人员对于法律援助的支持程度。换句话说，在刑事诉讼实践中，公安司法机关是连接法律援助需求与法律援助供给的"关键性要素"。因此，即便法律援助机构能够及时派律师，法律援助律师能否提供有效的刑事辩护，依然仰赖于公安司法机关的态度和支持。

鉴于此，刑事法律援助制度的实践发展，关键在于人民法院、人民检察院和公安机关是否真正认同法律援助的人权司法保障价值；是否能够根据《刑事诉讼法》《法律援助法》的立法精神和法律规定，切实履行其法定保障责任。

第七条【律师协会的职责】

律师协会应当指导和支持律师事务所、律师参与法律援助工作。

【条文要旨】

本条是关于律师协会职责的规定。根据该条规定，律师协会的职责包括两个方面：一是支持、鼓励律师积极参与法律援助活动，二是指导、监督律师的法律援助服务质量。

与本条相呼应，第 16 条规定了律师事务所、律师依法提供法律援助的义务；

---

〔1〕 Ed cape 等主编：《欧洲四国有效刑事辩护研究——人权的视角》，丁鹏等编译，法律出版社 2012 年版，第 5 页。

第 60 条规定了律师协会的考核、惩戒职责。

【立法背景】

古罗马法学家杰尔苏认为，"法是善良和公正的艺术"。[1] 基于朴素的公平正义情感，人类社会为满足贫穷者的法律需求进行了诸多尝试。其中，带有慈善性质的、帮助穷人进行诉讼的律师实践"其历史像法律本身一样久远"（has existed as long as the law itself）。[2]

在英国历史上，法律援助实践源于英格兰地区律师群体为穷人无偿提供法律服务的公益之举。[3] 在欧洲历史上，各国法律援助的萌芽时期，律师协会也往往在法律援助服务供给中发挥着至关重要的作用。例如，18 世纪至 19 世纪，在奥地利、法国和德国，律师协会和教会越来越愿意为穷人提供免费的辩护帮助。根据 2016 年联合国《法律援助全球报告》的调查结果，在 105 个答复国中，现如今依然有四分之一的国家（主要是中东、北非地区国家）是通过律师协会来组织实施法律援助服务的。

在我国法律援助制度初建时期，为了快速推进法律援助制度的实施，司法行政机关以行政命令的方式规定了律师的法律援助义务。例如，1997 年司法部《关于开展法律援助工作的通知》在第五部分明确规定了三点要求：第一，律师、公证员、基层法律工作者每年都必须无偿提供一定数量的法律援助服务。"律师、公证员、基层法律工作者，每年提供无偿法律援助的案件数量，由各省、自治区、直辖市司法厅（局）规定。每名律师、公证员、基层法律工作者都应按规定承担法律援助义务，尽职尽责，依法为受援人提供法律服务。上述人员还应当接受法律援助机构的指派承办有偿法律援助事项。"第二，应当尽职尽责。"法律援助承办人员接受指派后，不得疏于应履行的职责，无正当理由不得拒绝、延迟或终止承办的法律援助事项。"第三，不履行法律援助义务或不尽职尽责的法律责任。"法律援助承办人员拒不履行法律援助义务，或者疏于履行法律援助职责致使受援人遭受重大损失的，法律援助机构可以建议有关司法行政机关不予年审注册或给予相应的处罚。"

实事求是地讲，在我国法律援助初建时期，尤其是在法律援助经费保障制度尚未有效建立起来的时候，通过行政手段组织律师参与法律援助，无疑是一种简单、高效的工作方式。但是，这种政府主导的行政化模式也为我国法律援助制度的可持续健康发展埋下了深深的隐患。有研究者指出，"这种政府主导的法律援助模式解

---

〔1〕 ［意］桑德罗·斯奇巴尼选编：《民法大全选译：正义和法》，黄风译，中国政法大学出版社 1992 年版，第 34 页。

〔2〕 Pollock, *Legal Aid the First 25 Years*, London: Oyez Publishing（1975），p. 9.

〔3〕 覃雅倩："英国法律援助制度的发展历程"，载中国政法大学国家法律援助研究院官网，http://legalaid. cupl. edu. cn/info/1012/1276. htm，最后访问时间：2021 年 9 月 30 日。

决了我国法律援助从无到有的问题，其实质是在资源稀缺、投入不足的情况下，政府通过强大的行政职权，一方面增加财政投入，另一方面赋予律师等法律工作者强制性义务，通过提供免费的法律服务和社会捐赠来弥补财政资源的不足，具有明显的行政化色彩。这种强行政化模式带来的问题正在不断凸显：政府主导的行政化模式与法律服务市场的基本规律相冲突；政府的大包大揽忽视了法律援助本身的社会公益性，造成社会领域有效参与不足。实践表明，我国法律援助制度建立至今，始终无法摆脱供需矛盾的约束：财政经费投入有限，法律援助需求不断扩张，案件质量良莠不齐。直至今日，不断扩大法律援助覆盖面、提升法律援助质量仍然是改革的目标"。[1]

受上述历史因素影响，长期以来，政策制定者一直将法律援助视为一项"律师义务"。在这种观念支配下，有关法律援助的规范性文件往往高度重视律师协会的协助责任。例如，2003 年《法律援助条例》第 4 条第 2 款，在司法行政机关行政管理职责之后，紧接着规定了律师协会的协助责任："中华全国律师协会和地方律师协会应当按照律师协会章程对依据本条例实施的法律援助工作予以协助。"根据《中华全国律师协会章程》第 9 条第 5 项规定，作为律师协会的会员，律师应当"履行律师协会规定的法律援助义务"。

但是，在我国法律援助实践中，随着法律援助机构越来越多地诉诸经济手段，直接面向律师、律师事务所购买法律援助服务，律师协会在组织律师参与法律援助中的作用已经逐渐变得模糊不清。有研究者认为，律师协会主要承担行业管理责任。"律师、律师事务所是提供法律援助的主力军，而律协作为律师行业的管理组织，相对其他法律服务行业管理组织，在法律援助工作中所履行的职责较为重要。主要有：（1）协助制定、执行法律援助的行业规范和办案标准；（2）总结、交流法律援助工作经验；（3）组织律师法律援助业务培训和职业道德、执业纪律教育，对律师的法律援助工作进行考核；（4）对律师、律师事务所的法律援助工作实施奖励和惩戒；（5）受理对律师法律援助工作的投诉或者举报，调解律师法律援助工作中发生的纠纷；（6）支持律师依法开展法律援助工作，维护律师在法律援助中的合法权益；等等。"[2]但是，随着我国法律援助制度的发展，上述所列职责或者已经成为司法行政部门、法律援助机构的具体职责（如制定、执行规范和标准；行业培训；交流经验；投诉处理），或者律师协会几乎从来没有真正实施过（如惩戒和奖励）。

鉴于上述情况，《法律援助法（草案）》初稿只是笼统规定："律师协会应当

---

〔1〕 胡铭、王廷婷："法律援助的中国模式及其改革"，载《浙江大学学报（人文社会科学版）》2017 年第 2 期。

〔2〕 刘新华：《中国法律援助立法研究》，民主与建设出版社 2017 年版，第 46 页。

对法律援助工作予以协助。"对此，有专家认为，该条规定过于原则和抽象，建议修改为："律师协会应当通过具体激励措施引导、支持律师、律师事务所提供法律援助服务。"

在条文位置上，《法律援助法（草案）》初稿将该项规定从有关司法行政部门管理职责的条文中剥离出来，作为相关条文的第 3 款，与公安司法机关、其他行政部门的协助职责规定在一起。考虑到条文内容之间的逻辑关系，《法律援助法（草案）》二审稿将有关律师协会的内容后移，独立成条，规定在公安司法机关保障责任之后。

一审稿	二审稿
第六条　人民法院、人民检察院和公安机关应当在各自职责范围内保障当事人依法获得法律援助。 各级人民政府有关部门应当按照职能分工，支持和保障法律援助工作，提供办案便利。 律师协会应当指导和支持律师、律师事务所参与法律援助工作。	第六条　人民法院、人民检察院和公安机关应当在各自职责范围内保障当事人依法获得法律援助，**为法律援助人员开展工作提供便利。** （说明：第 2 款前移至第 5 条；第 3 款后移，独立成条，作为第 7 条）
	第七条　律师协会应当指导和支持律师事务所、律师参与法律援助工作。

【条文释义】

律师协会是律师的自律性组织，依法对律师行业实施管理。根据《律师法》第 46 条第 1 款规定，律师协会的职责是：保障律师依法执业，维护律师的合法权益；总结、交流律师工作经验；制定行业规范和惩戒规则；组织律师业务培训和职业道德、执业纪律教育，对律师的执业活动进行考核；组织管理申请律师执业人员的实习活动，对实习人员进行考核；对律师、律师事务所实施奖励和惩戒；受理对律师的投诉或者举报，调解律师执业活动中发生的纠纷，受理律师的申诉；法律、行政法规、规章以及律师协会章程规定的其他职责。

根据该条规定，律师协会应当立足自身职责，结合 2017 年司法部、财政部《关于律师开展法律援助工作的意见》的要求，通过具体的激励、惩戒措施，引导、支持律师、律师事务所积极参与法律援助服务。诚如我国香港地区律师所言，"有法律界的前辈曾对我说，'从事义务法律协助虽或对钱包没有得益，但定对灵魂有所裨益。'香港的律师行业虽然不像有的管辖区的法律界强制要求律师每年拿出若干个工作天去提供义务法律协助，可是每一个执业者经如李国能首席法官等业界翘楚的呼吁与身教下，自会参加不同的义务法律服务或者法律知识普及活动，在维护香港居民的诉讼权利上出她或他的一份绵力"。[1]据罗沛然大律师介绍，我国香港地区律师界组织提供的义务法律服务有：当值律师服务；大律师公会法律义助服务计划；我国香港地区律师会的公益律师服务；无律师代表诉讼人资源中心；律师自发临时安排；等等。

具体而言，在引导、支持律师事务所、律师参与法律援助服务方面，律师协会可以发挥以下积极作用。

一、建立必要的激励机制，支持、鼓励律师积极参与法律援助服务

律师是法律援助服务的主力军。更重要的是，根据《刑事诉讼法》规定，只有执业律师才能担任值班律师、刑事法律援助律师。因此，支持、鼓励律师积极参与法律援助是律师协会的行业责任和社会责任。诚如香港特别行政区首任终审法院首席法官李国能在 2010 年法律年度开启典礼致辞时所言，"法律执业始终不能仅视为商业活动。法律执业是一门崇高的职业（an honourable profession），执业者必须维持高专业道德操守，并以服务社会为理想。所有律师都应为其专业及社会，并为推动需求殷切的义务法律服务作出贡献"。[2]

在我国法律援助实践中，鉴于法律援助补贴相对偏低，律师参与法律援助的积极性普遍不高。作为律师行业的管理者，律师协会有责任也有义务通过建立具体的激励措施，支持、鼓励律师积极参与法律援助活动，而不是仅仅停留在律师个人"自觉承担社会责任"的道德层面。

具体而言，律师协会应当通过精神奖励，切实增强律师提供法律援助服务的责任感和荣誉感。例如，根据 2017 年司法部、财政部《关于律师开展法律援助工作的意见》的要求，对于积极办理法律援助案件、广泛开展法律援助工作的律师事务所和律师，律师协会在人才培养、项目分配、扶持发展、综合评价等方面应当给予支持，在律师行业和法律援助行业先进评选中加大表彰力度，并通过多种形式对其先进事迹进行广泛深入宣传，树立并提升行业形象。再如，在优秀律师、优秀律师事务所评选中，可以将提供法律援助服务、公益法律服务作为结构性量化指标或必要条件，纳入评选要求之中。此外，律师协会也可以明确要求，为申请律师执业依法需要参加实习的人员，必须在法律援助机构实习一定的时间。

除了精神奖励，针对各地法律援助补贴标准不高、标准不一的现状，律师协会还可以借鉴日本律师协会的做法，拨付一定比例的律师会费，用作青年律师从事法律援助服务的"奖励"，即对于参与法律援助服务的青年律师，在法律援助机构办

---

[1] 罗沛然："香港律师的诉讼权利维护经验"，载《中国法律评论》2014 年第 2 期。
[2] 罗沛然："香港律师的诉讼权利维护经验"，载《中国法律评论》2014 年第 2 期。

案补贴之外，律师协会再按照一定比例予以"货币奖励"，以此鼓励青年律师积极参与法律援助。例如，在日本，对于自愿提供值班律师公益服务的律师，日本律师协会会支付一定的报酬。该报酬由两部分构成：一是日本全国律师协会提供的5000日元（约折合人民币300元）的基本报酬；二是各地律师协会根据自身的条件支付的报酬。其中，京都律师协会的标准比较高，含交通补贴大约在15 000日元左右（约折合人民币900元）。

二、指导、监督法律援助律师尽职尽责，切实提高律师法律援助服务质量

在法律服务体系中，法律援助服务尽管在委托方式、付费机制等方面有别于市场化的法律服务，但是，就服务本身而言，法律援助服务同样是律师提供的一种专业化法律服务。因此，提供法律援助的律师，不得以法律援助补贴明显低于法律服务市场价格为借口，怠于履行必要的诉讼职责、故意降低法律服务品质。律师协会应当引导律师逐步确立以下观念：只要是律师提供的法律服务，无论该服务是否收费、收费多少，都应当勤勉敬业、尽职尽责；否则，不仅会损害受援人的利益，也直接损害了整个律师行业的社会形象。在此意义上，律师协会应当充分发挥指导、监督职责，确保提供法律援助服务的律师严格遵守律师职业道德、执业纪律、执业规范的要求。故此，《法律援助法》第60条规定："律师协会应当将律师事务所、律师履行法律援助义务的情况纳入年度考核内容，对拒不履行或者怠于履行法律援助义务的律师事务所、律师，依照有关规定进行惩戒。"

具体而言，律师协会应当将律师提供法律援助服务时的具体表现、法律援助服务质量好坏等事项纳入律师执业考核内容；采取具体措施，督促律师依法做好法律援助案件的会见、阅卷、调查取证、庭审等工作，像委托案件一样认真细致、尽职尽责。同时，律师协会应当加强与法律援助机构的联系，积极参与法律援助服务质量监督工作，对于发现的普遍性问题，及时予以纠正和解决。

【延伸阅读】 日本律师协会倡导的值班律师服务[1]

在日本，值班律师服务最初不是国家保障的法律援助服务，而是各地律师协会自发组织提供的一项公益性刑辩服务。2006年以前，日本的国选辩护人制度只适用于已经提起公诉的刑事案件；至于审前程序的侦查阶段（从逮捕到勾留、再到检察官决定提起公诉），犯罪嫌疑人虽然可以随时聘请私选辩护人，但在法律上，侦查阶段的犯罪嫌疑人并不享有获得国选辩护人的权利。因此，在2006年以前，由于无力聘请私选辩护人的犯罪嫌疑人在侦查羁押期间（最长23天时间。其中，勾留前3日；勾留后，侦查羁押时间最长20天）缺少律师的帮助，也就无法从制度

---

〔1〕 "日本法律援助制度考察报告"，载中国政法大学国家法律援助研究院公众号，https://mp. weixin. qq. com/s/ZTpeHzIJJgJySJHwT8Lucg，最后访问时间：2021年8月6日。

上保证犯罪嫌疑人供述的真实性。而且，在日本司法实践中，如果犯罪嫌疑人在侦查阶段做了有罪供述，即便在此后的审判阶段翻供，法庭也往往更倾向于采信侦查阶段的供述。

基于上述原因，1989 年日本律师协会深刻反省了侦查阶段至起诉前实质辩护的不充分问题。以此为契机，1990 年 4 月，日本全国律师协会成立了刑事辩护中心。同年 9 月 14 日，日本大分县律师协会（日本的县相当于我国的省）率先借鉴英国值班律师制度，组织 134 名律师为侦查阶段的犯罪嫌疑人提供免费的值班律师服务。作为律师协会倡导的一项公益性刑辩服务，律师协会鼓励愿意利用闲暇时间提供值班律师服务的律师，向当地律师协会申请登记为值班律师。《日本辩护士白皮书》的数据表明，在日本，登记为值班律师的比例逐年增加，2017~2019 年基本维持在 46% 左右。登记为值班律师后，律师会根据自己的空闲时间，申请担任特定日期的值班律师。在此期间，遇有犯罪嫌疑人需要律师，警察会通过当地律师协会告知值班律师。通常情况下，律师会在当天到警察局为犯罪嫌疑人提供一次免费的法律咨询。

据日本全国律师协会国选辩护本部副本部长山口健一律师介绍，在日本，警察讯问犯罪嫌疑人时，律师无权在场；但是，司法实务中，值班律师到场后，警察一般会停止讯问，由值班律师为犯罪嫌疑人提供法律咨询。一般情况，值班律师会告知犯罪嫌疑人相关的程序法规定及其享有的诉讼权利，以及供述的法律效果。山口律师特别强调，他尤其会提醒犯罪嫌疑人，如果在侦查阶段做了有罪供述，即便在审判中不承认有罪，法庭也往往会采信侦查阶段的供述。

在侦查阶段，值班律师只提供一次免费的法律咨询。为了激励律师积极参与值班律师服务，各地律师协会允许犯罪嫌疑人聘请值班律师担任其私选辩护人，或者在后续程序中，担任该案的国选辩护人。

在日本，每一个律师需要向全国律师协会和当地律师协会逐月缴纳会费。其中，部分会费将用于支付值班律师的报酬。因此，在司法实践中，值班律师的报酬由两部分构成：一是日本全国律师协会提供的 5000 日元（约折合人民币 300 元）基本报酬；二是各地律师协会根据自身的条件支付的报酬。其中，京都律师协会的标准较高，含交通补贴大约在 15 000 日元左右（约折合人民币 900 元）。

2001 年 6 月，日本司法制度改革审议会通过《司法制度改革审议会意见书——支持 21 世纪的日本司法制度》。在该意见书第二部分第二节，专门就犯罪嫌疑人、被告人的国选辩护人制度提供了改革建议。以此为指导，过去十年间，日本国选辩护人制度开始逐步适用于侦查阶段被勾留的犯罪嫌疑人。其中，自 2006 年 10 月起，可能被判处死刑、无期徒刑以及法定最低刑 1 年以上的案件，自法院批准勾留决定后，符合贫困条件的犯罪嫌疑人（年收入低于 50 万日元）有权获得国选辩护人的帮助。2009 年 5 月，有权获得国选辩护人帮助的案件范围进一步扩大到法定最高刑 3 年以下的案件。2016 年《日本刑事诉讼法》修正案规定，所有刑事案件的犯罪嫌疑人，在被勾留后，只要符合贫困条件，都有权获得国选辩护人的帮助。该项修改已于 2018 年 6 月开始生效。因此，2018 年 6 月之后，在司法实践中，日本值班律师服务仅适用于刑事案件的早期阶段，即从逮捕犯罪嫌疑人到法官批准勾留决定之间的这段时间（最长 72 小时）。据日本全国律师协会副会长吉成务介绍，虽然有国选辩护人制度，但近年来，犯罪嫌疑人要求值班律师服务的数量依然在增加。日本律师每年大约为四五万犯罪嫌疑人提供值班律师服务。而且，吉成副会长指出，恰恰是因为律师群体持之以恒的努力和值班律师的志愿服务，才促使国家将国选辩护人制度推广到侦查阶段并逐步覆盖到所有刑事案件。

最后，值得一提的是，日本律师协会和各地律师协会不仅为所有犯罪嫌疑人提供免费的值班律师服务，而且，还为特定贫困案件的犯罪嫌疑人提供免费的"法律援助代理服务"。据寺崎教授介绍，2006 年以来，虽然立法将国选辩护人制度延伸到了侦查阶段，但是，获得国选辩护人要求必须符合法定的经济困难标准。因此，为了确保刑事诉讼程序的公平和公正，根据日本全国律协的要求，自 1990 年起，日本司法援助委员会开始为刑事被告人提供法律援助志愿服务（the Criminal Suspect Defense Aid System）。即，在被告人选聘私选辩护人后，如果因故无力支付律师费，可以申请由法律援助项目为其支付律师费。为了确保该项目有足够的经费，日本全国律协于 1995 年成立值班律师救急基金（the Emergency Fund for Duty Attorney System）；2009 年 6 月之后，该基金更名为青少年与刑事辩护基金（the Fund for Juvenile and Criminal Defense）。

第八条【社会力量参与】

国家鼓励和支持群团组织、事业单位、社会组织在司法行政部门指导下，依法提供法律援助。

【条文要旨】

本条是关于社会力量参与的规定。"社会力量广泛参与"是我国法律援助制度的特色之一。根据本条规定，除法律援助机构外，在司法行政部门指导下，其他社会力量也可以"依法提供法律援助"。其中，关于群团组织开展法律援助工作的规定，详见本法第 68 条。

【立法背景】

法律援助制度是贯彻我国宪法规定的"法律面前人人平等"原则和实现司法公正终极目标的必然要求，是落实"司法为民"的具体需要，是保障弱势群体基本人权的重要举措。[1]随着我国法律援助事业的深入、蓬勃发展，越来越多的社会团体积极投身法律援助工作，成为法律援助队伍的新生力量，发挥着独特而重要的作用。据统计，2014年社会组织及志愿者参与法律援助案件的数量为51 958件，占法律援助结案总数的5.2%。[2]相较于法律援助机构，社会力量参与法律援助具有专门性、灵活性、公益性、志愿性等特点，是国家法律援助的必要补充。同时，支持社会力量参与法律援助也是创新基层社会治理体系的内在要求。

我国一直鼓励和支持社会力量参与法律援助。2003年《法律援助条例》第8条规定，"国家支持和鼓励社会团体、事业单位等社会组织利用自身资源为经济困难的公民提供法律援助"。这一规定肯定了社会组织提供法律援助的法律地位。2012年司法部《办理法律援助案件程序规定》第2条规定："法律援助机构、律师事务所、基层法律服务所、其他社会组织和法律援助人员办理法律援助案件，适用本规定。"该条规定同样承认社会组织是法律援助服务的重要提供主体之一。2015年两办《关于完善法律援助制度的意见》强调，要"坚持和完善党委政府领导、司法行政机关具体负责、有关部门协作配合、社会力量广泛参与的中国特色社会主义法律援助制度"。同时，针对社会力量参与法律援助的组织模式和监管方式，明确提出要"加大政府购买法律援助服务力度，吸纳社会工作者参与法律援助，鼓励和支持人民团体、社会组织开展法律援助工作"；"发挥政府主导作用，鼓励和支持社会力量通过多种方式依法有序参与法律援助工作"；"加强对人民团体、社会组织和志愿者从事法律援助服务的指导和规范，维护法律援助秩序"。

在法律援助实践中，参与法律援助工作的社会主体大致可分为三类：[3]第一类是各级工、青、妇、残等群团组织成立的法律援助中心（站）。在组织机构上，这些群团组织从中央到地方，具有较强的组织性；在经费上，得到国家财政的保障，具有"半官方"色彩。基于维护特定群体合法权益的职能定位，这些群团组织一般会在内部的维权部门或信访部门加挂法律援助中心工作站的牌子，并为所覆盖的特定群体提供法律援助。第二类是法学院校设立的法律援助组织。基于社会公益性和法学人才培养的双重考虑，各高校往往会在校内设立法律援助中心、法律援助工作站或依托法律诊所教育，在相关教师指导下，面向社会公众提供免费的公益法律服务。第三类是民间法律援助组织。在我国法律援助制度初创期，依托律师事务

---

[1] 孙云长："论我国的法律援助制度"，载中国法院网，https://www.chinacourt.org/article/detail/2009/06/id/361626.shtml，最后访问时间：2021年8月16日。

[2] 胡铭、王廷婷："法律援助的中国模式及其改革"，载《浙江大学学报（人文社会科学版）》2017年第2期。

[3] 司法部法律援助中心调研组："社会组织参与法律援助工作的调研报告"，载《中国司法》2005年第4期。

所成立民间法律援助组织是民间法律援助力量培育和壮大的重要形式。如 1998 年由北京市致诚律师事务所佟丽华律师在北京市丰台区司法局协调与北京市司法局的支持下开设的民间青少年法律援助机构——"青少年法律援助与研究中心"（后更名为"北京青少年法律援助与研究中心"）。除专业从事法律援助的民间公益法律组织外，我国还诞生了一批服务于某类特殊弱势人群，为其提供部分法律援助的民间公益组织。如 2002 年由"打工妹之家"公益组织成立的"打工妹维权小组"，专门给外来务工女性提供法律方面的帮助。[1]

随着社会的发展，越来越多的社会力量参与到法律援助事业中来。如何更好地支持、引导各社会主体参与法律援助工作成为制度建设的当务之急。鉴于此，《法律援助法》就社会力量参与作出了专门规定。与 2003 年《法律援助条例》第 8 条规定相比较，《法律援助法》不仅从立法层面赋予社会力量参与法律援助的法律地位，还廓清了提供法律援助主体的具体构成、参与法律援助的方式与依循规范。《法律援助法》将提供法律援助的社会主体明确为三类：群团组织、事业单位、社会组织；同时规定，这些组织单位依照本法规定组织实施法律援助、司法行政部门有义务为社会参与主体提供具体指引和帮助，体现了"国家保障与社会参与相结合"的基本原则。

在立法过程中，本条历经多次修改与调整。《法律援助法（草案）》初稿规定了两款内容。第 1 款规定，"国家鼓励和支持人民团体、事业单位、社会组织在司法行政部门指导下，利用自身资源依法参与法律援助工作"。第 2 款规定，"各级人民政府及其有关部门应当采取措施，鼓励和支持组织、个人提供法律援助志愿服务，捐助法律援助事业"。一审稿保留了初稿的两款内容，但删除了"利用自身资源"的表述，以期为社会力量通过政府采购等方式利用公共资金组织实施法律援助预留必要的制度空间。在公开听取意见基础上，二审稿对该条规定进行了较大修改：其一，二审稿仅保留了第 1 款规定，删除了第 2 款关于"各级人民政府及其有关部门应当采取措施"予以支持的内容。其二，二审稿将"依法参与法律援助工作"修改为"依法提供法律援助"。因为本条规范对象是社会主体直接向受援人提供法律援助，而"法律援助工作"更多用于指称司法行政机关的指导、监督等行政管理活动，故使用"依法提供法律援助"更妥当。其三，二审稿将"人民团体"修改为"群团组织"。该修改旨在更科学周延地揭示提供法律援助的社会主体的种类，避免因语义重合引致实践混乱。与此同时，二审稿增加了关于群团组织组织实施法律援助的特殊规定。《法律援助法》保留了二审稿的表述方式。

---

〔1〕 杨晓光、王爱芹："我国社会组织参与法律援助研究"，载《河北法学》2020 年第 7 期。

一审稿	二审稿
第七条 国家鼓励和支持人民团体、事业单位、社会组织在司法行政部门指导下，依法参与法律援助工作。 各级人民政府及其有关部门应当采取措施，鼓励和支持组织、个人提供法律援助志愿服务，捐助法律援助事业。	第七条 国家鼓励和支持**群团组织**、事业单位、社会组织在司法行政部门指导下，依法**提供法律援助**。

【条文释义】

社会参与已成为法律援助的重要力量源泉，是中国特色社会主义法律援助制度的必要组成部分与重要特征。依托国家鼓励、支持社会参与的政策意旨，遵循法律援助实行国家保障和社会参与相结合的原则，群团组织、事业单位、社会组织可以在司法行政部门的指导下按本法规定直接向受援人提供法律援助。

一、群团组织的法律援助

群团组织，是"群众性团体组织"的简称，是沟通党和人民群众的桥梁与纽带。据中央编办管理机构的相应编制规定，由中央建立或改组而成的群团组织共计22个，分别为中华全国总工会、中国共产主义青年团中央委员会、中华全国妇女联合会、中国文学艺术界联合会、中国作家协会、中国科学技术协会、中华全国归国华侨联合会、中国法学会、中国人民对外友好协会、中华全国新闻工作者协会、中华全国台湾同胞联谊会、中国国际贸易促进委员会、中国残疾人联合会、中国红十字会总会、中国人民外交学会、中国宋庆龄基金会、黄埔军校同学会、欧美同学会、中国思想政治工作研究会、中华职业教育社、中国计划生育协会和中华全国工商业联合会。[1]

与一般社会组织相比，群团组织具有健全的组织机构体系、稳定的财政预算、专职的工作人员和较高的社会影响力等制度优势，是我国法律援助制度发展不可或缺的重要力量。在工会、妇联、残联、共青团等群团组织中，一般都有本组织的权益保护部门和信访部门，法律援助机构往往同其合署办公。[2]群团组织承担着维护本组织成员合法权益的职责，向成员提供法律援助是重要的帮助方式之一。相较于法律援助机构，群团组织更了解其成员的利益诉求，熟悉受援对象的特点，具有处理受援对象各种情况的经验，因而在开展法律援助工作时更易于获得受援人信任，保证沟通顺畅。为了规范群团组织参与法律援助的方式方法，提高群团组织提

---

〔1〕 "中央编办管理机构编制的群众团体机关"，载中国机构编制网，http://www.scopsr.gov.cn/zlzx/jggk/201901/t20190118_359599.html，最后访问时间：2021年8月16日。

〔2〕 杨晓光、王爱芹："我国社会组织参与法律援助研究"，载《河北法学》2020年第7期。

供法律援助的质量，帮助更多的弱势群体获得正义，本法新增第 68 条对群团组织开展法律援助工作予以规范，"工会、共产主义青年团、妇女联合会、残疾人联合会等群团组织开展法律援助工作，参照适用本法的相关规定"。

二、事业单位的法律援助

根据《事业单位登记管理暂行条例》第 2 条规定，事业单位是指国家为了社会公益目的，由国家机关举办或者其他组织利用国有资产举办的，从事教育、科技、文化、卫生等活动的社会服务组织。在法律援助实践中，事业单位的法律援助多指高等院校、科研机构组织其从事法学教育、研究工作的职工或法学专业学生向社会公众提供的法律援助。

我国高校法律援助制度是中国特色社会主义法律援助体系的重要组成部分，不仅有利于缓解当前法律援助人力不足、资金匮乏的困境，还能够促使法学教育与法学实践相结合。具体而言，高校、科研机构拥有丰富的智力资源，开展法律援助具有法律专业人才优势与人力成本优势，这使得高校、科研机构开展法律援助具有先天优势，成为政府法律援助的有效补充。[1]同时，法学教育既是知识教育，也是技能教育，组织学生开展法律援助有利于实现寓教于学、寓学于练、寓练于做。高校、科研机构参与法律援助的形式多元，包括高校与政府法律援助机构联合在校内设立法律援助工作站，高校经行政机关批准设立法律援助中心，以高校或法律院系名义参与法律援助组织，高校师生作为法律志愿者参与法律援助活动等。[2]为了更好地指引高校、科研机构提供法律援助，本法第 17 条对其提供法律援助的方式、服务范围等作出了更细致的规定。

三、社会组织的法律援助

社会组织广泛参与法律援助，在人力、资金、组织各方面支持法律援助事业的开展。关于"社会组织"一词，我国法律并没有给出明确的定义，其所指概念在相关法规规章中历经了"社会团体""民办非企业单位""民间组织"等多次称谓变迁。溯源"社会组织"，该表述首次出现于 2006 年党的十六届六中全会通过的《中共中央关于构建社会主义和谐社会若干重大问题的决定》中，该决定要求"健全社会组织，增强服务社会功能"。此后，党的十七大、十八大、十八届三中全会、十八届四中全会均使用了"社会组织"概念。2015 年，中共中央办公厅《关于加强社会组织党的建设工作的意见（试行）》指出，"社会组织主要包括社会团体、民办非企业单位、基金会、社会中介组织以及城乡社区组织等"。2016 年，两办印发《关于改革社会组织管理制度促进社会组织健康有序发展的意见》，明确提出"以

---

[1] 谭志福："高校参与法律援助的价值分析"，载《政法论坛》2014 年第 3 期。
[2] 杨晓光、王爱芹："我国社会组织参与法律援助研究"，载《河北法学》2020 年第 7 期。

社会团体、基金会和社会服务机构为主体组成的社会组织，是我国社会主义现代化建设的重要力量"。据此，社会组织可以被理解为以社会力量为基础，以公共利益为主要目标，以提供公共服务和从事公益活动为内容的群体和组织形式，包括社会团体、基金会、社会服务机构三类。[1]

　　具体而言，社会团体是指由中国公民自愿组成，为实现会员共同意愿，按照其章程开展活动的非营利性社会组织。国家机关以外的组织可以作为单位会员加入社会团体，[2]包括各类使用学会、协会、研究会、促进会、联谊会、联合会、商会等称谓的社会组织。社会团体不得从事营利性经营活动。一般来说，工会、共青团、妇联等人民团体也属于社会团体，但由于其在法律援助中的特殊功能与重大作用，同时为了与其他法规规章相衔接，本条将其单独归于群团组织项下，不在此列。基金会是指利用自然人、法人或者其他组织捐赠财产，以从事公益事业为目的，按照《基金会管理条例》成立的非营利性法人。[3]社会服务机构是指自然人、法人或者其他组织为了提供社会服务，主要利用非国有资产设立的非营利性法人。[4]如各类民办学校、医院、文艺团体、福利院、人才交流中心等。"社会服务机构"原名称为"民办非企业单位"。2016年，民政部在《关于〈民办非企业单位登记管理暂行条例（修订草案征求意见稿）〉公开征求意见的通知》中将其更改为"社会服务机构"。综上所述，社会组织具有民间性、自愿性、自治性、非营利性、公益性等特征。其中非营利性是社会组织的第一基本属性，旨在与企业的营利性相区分；民间性、自愿性、自治性是社会组织的第二基本属性，旨在强调其非政府性；公益性是社会组织的第三个属性，旨在强调其设立目的与宗旨。截至2020年3月，全国社会组织超过77.3万个，其中社会团体36.3万个，基金会0.6万个，社会服务机构40.4万个。[5]

　　社会组织广泛参与法律援助，在人力、资金、组织各方面支持法律援助事业的开展。以中国法律援助基金会为例，该基金会成立于1997年，是我国目前唯一一家致力于发展法律援助事业的全国性公募基金会，其不仅为法律援助提供物质支持，更直接参与法律援助，组织律师、志愿者赴全国各地提供法律援助。自2009年始，中国法律援助基金会响应司法部、共青团中央号召，会同司法部有关部门共同组织实施的"1+1"中国法律援助志愿者行动项目，组织律师志愿者到中西部无

〔1〕 鲍绍坤："社会组织及其法制化研究"，载《中国法学》2017年第1期。
〔2〕 2016年《社会团体登记管理条例》第2条。
〔3〕 2004年《基金会管理条例》第2条。
〔4〕 2016年《社会服务机构登记管理条例》第2条。
〔5〕 "《社会组织信用信息管理办法》政策问答"，载民政部门户网站，http://www.mca.gov.cn/article/gk/jd/shzzgl/201801/20180115007688.shtml，最后访问时间：2021年8月16日。

律师县或律师资源匮乏县，为当地政府和群众提供为期 1 年的法律服务。截至 2020 年，该项目共派遣律师 2000 余人次至中西部 19 个省（区、市）400 余个区县，志愿律师办理法律援助案件 8 万余件，化解群体性矛盾纠纷 2.6 万起，开展普法宣传和法治讲座 2.3 万余场次，培养大学生和基层法律服务工作者 500 余名，受益群众达 1685 万余人次。[1]同时，中国法律援助基金会还与司法部公共法律服务管理局共同组织实施"西部基层法律援助志愿者行动"，旨在解决中西部边远贫困县法律援助机构人员短缺的问题，壮大基层法律援助工作力量，并为高校毕业生到基层工作搭建平台，使其运用所学法律知识为中西部困难群众提供法律援助服务。该项目自 2017 年实施以来，在中西部 11 个省（自治区）226 个县（区）招募了 273 名应届法律专业大学生志愿者。大学生志愿者共接待法律咨询 41 200 余人次，代写文书 11 900 余份，协助办理法律援助案件 2300 余件，参与普法宣传 1260 余场次，整理法律援助案卷 11 800 余份。[2]可见，在司法行政部门的指导下，社会组织深入政府法律援助资源匮乏处，向受援人提供多形式的法律援助，不断扩大法律援助覆盖面，为保障困难群众合法维权作出了巨大贡献。

律师事务所也是社会参与法律援助的重要力量。律师事务所通过设立公益组织，依托本所人才资源和智力资源，承接法律援助案件。例如北京市致诚律师事务所和北京青少年法律援助与研究中心于 2005 年共同设立北京致诚农民工法律援助与研究中心，专门向农民工普及法律援助知识，承办农民工法律援助案件的办理，开展农民工法律援助的研究工作。截至 2020 年 12 月 21 日，该中心共接待法律咨询案件 112 778 件，涉及农民工逾 30 万人，涉及金额 6 亿元。[3]该中心于 2011 年被评为"5A 级社会组织"。类似的还有依托北京市东卫律师事务所成立的北京东卫妇女法律援助与研究中心、依托北京市荣德律师事务所成立的北京荣德军人军属法律援助与研究中心等。需要注意的是，在司法实践中有大量律师事务所积极动员本所律师向困难群体提供法律援助，但鉴于这些律师事务所本身的非公益性，不能将其直接归为社会组织范畴，亦即不属于本条规范范畴。

除此之外，各市区县还设有大量法律援助协会、法律援助与研究中心、法律援助服务站、法律援助工作站、法律援助基金等共同推动我国法律援助事业发展。例如天津市律协法律援助工作站、北京市西城区法慈为老法律援助与研究中心、南京

---

[1] 张彦珍："发挥法律援助在推进国家治理体系和治理能力现代化中的积极作用"，载中国法律援助基金会，https://www.claf.com.cn/claf/1921/cpgyjxm/3362/10585/index.html，最后访问时间：2021 年 8 月 16 日。

[2] "'西部基层法律援助志愿服务行动'项目介绍"，载中国法律援助基金会，https://www.claf.com.cn/claf/1921/xbjcflyzzyzfw86/5352/index.html，最后访问时间：2021 年 8 月 16 日。

[3] 参见农民工法律援助网，https://zgnmg.org/，最后访问时间：2021 年 8 月 16 日。

市法律援助基金会、翁牛特旗法律援助志愿者中心、哈尔滨市南岗区青少年法律援助与研究中心等。

社会组织广泛参与法律援助，凭借其独立、灵活的特点，发挥拾遗补阙的作用，通过引导困难群众利用法律维权，避免其合法权益受到侵害。鼓励社会组织参与法律援助不仅体现了我国法律援助制度的优越性，更体现了我国基层治理思维的先进性。社会组织的公共属性决定了其能够作为多方参与主体情绪化解、矛盾稀释的"缓冲器"，在提供法律援助的同时也为争议各方提供了沟通交流的平台，有助于及时化解纠纷，实现基层的精准化治理。

四、社会力量参与的外部支持

社会力量参与法律援助离不开国家与政府的鼓励和支持。这种支持不仅仅是立法条文的承诺，更应当落实于具体实践。例如，在制度上，应当明确社会组织参与法律援助的资质，并通过具体激励措施，引导社会组织提供特定领域的法律援助服务等；在政策上，应当为社会力量参与法律援助服务提供政策性支持，对优秀的法律援助组织单位予以表彰奖励（如本法第 11 条）；在经济上提供财政补助、减免税收等（如本法第 9 条）。

此外，司法行政机关应当通过具体政策、规定为社会力量提供法律援助服务提供必要的引导。与法律援助机构相比，群团组织、事业单位、社会组织参与法律援助具有社会网络、社会资本的优势，可以将援助的触角延伸到社会各个角落，深入了解弱势群体的维权需求。但是，与法律援助机构相比，社会力量组织提供法律援助服务也存在不可忽视的不足。如组织运营不规范、资金筹措困难、援助志愿者流失现象严重；在具体案件中，可能无法得到法院、仲裁机构等办案机关的认可等。因此，需要由司法行政部门发挥引领作用，以促使政府法律援助与社会参与法律援助形成合力，共同推动我国法律援助事业的发展。

司法行政部门指导群团组织、事业单位、社会组织参与法律援助的形式多样，既包括保持经常性工作联系、针对不同类型的组织提供法律援助业务培训和指导，也包括与具体组织联合举办法律援助项目，直接参与项目的管理，对其提供法律援助进行监督；既包括在法律知识层面为各组织单位树立典范，如颁布法律援助工作指导案例，也包括在法律程序上对政府法律援助、社会参与法律援助一视同仁，保证律师、法律援助志愿者等提供法律援助流程的顺畅。需要注意的是，司法行政部门指导社会力量参与法律援助应避免过度干预，以激发群团组织、事业单位、社会组织提供法律援助的活力为目标，而非借指导之名行管制之实，导致社会力量参与法律援助丧失原有的制度优势。

【延伸阅读】韩国的民间法律援助

在韩国，法律援助起源于民间。1956 年成立的韩国家庭法律咨询所是韩国现代型法律援助事业的起点。1972 年，韩国法务部设立韩国法律援助协会，公共政府机构才开始介入法律援助。1987 年《韩国法律援助法》生效后，韩国法律援助公团成立，法律援助正式以公共服务形式开展。

根据《韩国法律援助法》规定，除韩国法律援助公团，符合条件的法律援助民间组织经向法务部长官登记，也可以向受援人直接提供法律援助。如韩国家庭法律咨询所于 1988 年在法务部登记为法人，至今在全国发展支部 27 处。据统计，自1956 年至 2016 年，该所共计提供 3 735 802 件法律援助，其中 2016 年共提供法律咨询服务 71 343 件，和解调解 3602 件，诉讼等文书代拟 2120 件，诉讼救助 561件。根据《韩国律师法》规定，韩国律师协会也是提供法律援助服务的机构，在首尔以外地区可以设立支部。韩国律师协会会纲上应当记载法律援助事务的有关事项。此外，韩国辩协法律援助财团、权利救助支援处、YMCA 市民中介室、经济正义实践市民联合等各种民间组织均向公众提供法律援助服务。[1]

第九条 【社会捐赠】

国家鼓励和支持企业事业单位、社会组织和个人等社会力量，依法通过捐赠等方式为法律援助事业提供支持；对符合条件的，给予税收优惠。

【条文要旨】

本条是关于社会捐赠的规定。根据该条规定，"通过捐赠等方式"为法律援助事业发展提供经费等支持，也是社会力量广泛参与法律援助事业的重要方式。

【立法背景】

法律援助事业的长足发展离不开充足的经费支持。近年来，我国法律援助的经费保障制度日益完善，法律援助经费持续增长，但从实践需求来看，仍然不能满足日益增长的法律援助需求。

通过社会捐赠弥补国家财政拨款的不足是解决法律援助经费匮乏的重要途径，也是世界各国的普遍做法。以英国为例，英国的法律援助民间服务机构和慈善组织遍布全国各地，这些机构组织的资金主要来源于社会渠道的筹集，如依靠银行家、企业财团、公司及个人等赞助。[2] 目前我国的法律援助经费主要依托国家财政拨款，社会捐赠占比极小。据统计，2018 年法律援助经费总额为 265 107.08 万元。

---

〔1〕 石贤平、尹文希、李康根："韩国法律援助制度述评"，载《中国法研究》2018 年第 35 辑。
〔2〕 孔德勤："英国法律援助制度比较及启示"，载《中国司法》2012 年第 1 期。

其中财政拨款额为 263 523.87 万元（包括中央专项彩票公益金法律援助项目资金 7925.30 万元；同级财政拨款额为 85 229.57 万元），占经费总额的 99.4%。社会捐助、行业奉献等只有 1583.21 万元，占比 0.6%。因此，有必要拓宽法律援助经费渠道，鼓励社会力量通过捐赠的方式为法律援助事业提供支持。

法律规范方面，1999 年《公益事业捐赠法》和 2016 年《慈善法》对社会各主体捐赠公益事业、开展慈善活动进行了全面规定。其中《公益事业捐赠法》主要规范自然人、法人或者其他组织自愿无偿向公益组织捐赠财产，以用于公益事业，包括救济贫困、扶助残疾人等困难的社会群体和个人等非营利事项。《慈善法》主要规范自然人、法人和其他组织开展慈善活动及相关活动，包括扶贫、济困、扶老、救孤、恤病、助残、优抚等公益活动。可见，群团组织、事业单位（尤指高等院校组织设立的法律援助中心、法律诊所等）以及依法成立的社会组织（如法律援助基金会、法律援助与研究中心等）均有权接受社会各主体自愿无偿向其捐赠财产，用于法律援助事业。

在司法实践中，中国法律援助基金会是接受社会捐赠最具规模，也最为典型的慈善组织。中国法律援助基金会是经国务院批准，于 1997 年在民政部依法登记成立的公募基金会，也是目前我国唯一一家致力于发展法律援助事业的全国性公募基金会。基金会的宗旨是保障全体公民享受平等的司法保护，维护法律赋予公民的基本权利；主要任务是募集法律援助资金，为实施法律援助提供物质支持，促进司法公正，维护社会公平与正义。据统计，中国法律援助基金会 2019 年共计收到捐款等 1990.11 万元。[1]其中政府出资占中国法律援助基金会所接受捐款的 43.7%，社会力量捐助法律援助仍有待激活。在基金会经费开支方面，2019 年用于法律援助项目资助共计 1628.99 万元。[2]

根据中国法律援助基金会的收支情况，可以预计我国在未来一段时期内的法律援助经费将仍以政府出资为主导，社会捐赠为辅助。如何激发企业事业单位、社会组织和个人等社会力量进行捐赠，成为立法者需要慎重考虑的课题。这不仅是中国问题，也是世界问题。一些国家的解决之道为出台相关政策鼓励社会主体参与慈善。以美国为例，美国政府通过税收方式鼓励社会组织与个人积极捐赠。根据美国联邦所得税法，美国个人现金部分捐赠给公众募款机构，所得税的可抵税比例达到 50%，而企业的可抵税比例则为 10%；同时，个人捐赠给基金会所得税可抵税比例

---

〔1〕 "中国法律援助基金会 2019 年收到捐款公示"，载中国法律援助基金会，https://www.claf.com.cn/claf/1923/3126/3353/index.html，最后访问时间：2021 年 8 月 16 日。

〔2〕 "中国法律援助基金会 2019 年法律援助项目支出公示"，载中国法律援助基金会，https://www.claf.com.cn/claf/1923/3126/3350/index.html，最后访问时间：2021 年 8 月 16 日。

达到 20%，这意味着较高的税前扣除比例将不断吸引社会主体参与慈善捐助。[1]
事实上，我国目前也在不断加强相关法律与政策的制定和完善，以期通过税收优惠
鼓励企业、个人参与慈善捐赠。2021 年 8 月，习近平总书记召开中央财经委员会第
十次会议，首次提出"构建初次分配、再分配、三次分配协调配套的基础性制度安
排"，鼓励高收入人群回报社会，以解决贫困问题、缩小收入差距、促使全体人民
朝着共同富裕的目标迈进。具体而言，第三次分配，是建立在自愿性的基础上，以
募集、自愿捐赠和资助等慈善公益方式对社会资源和社会财富进行分配的方
式。[2]国家通过加大免税、减税等税收优惠力度，鼓励支持更多企业、个人将更
多财力投入到慈善事业与公益事业中，是发挥第三次分配的作用的重要配套措施。
目前，我国已在《公益事业捐赠法》《慈善法》《企业所得税法实施条例》《慈善捐
赠物资免征进口税收暂行办法》中对"公益性捐赠"的税收优惠作出了规定。对
于法律援助捐赠，2003 年《法律援助条例》仅在第 7 条提出"国家鼓励社会对法
律援助活动提供捐助"，未明示鼓励措施。基于此，《法律援助法》第 9 条进一步明
确规定，"国家鼓励和支持企业事业单位、社会组织和个人等社会力量，依法通过
捐赠等方式为法律援助事业提供支持；对符合条件的，给予税收优惠"。如此既使
参与法律援助捐赠的社会主体在税收优惠方面有法可依，同时也能够实现本法与其
他法规规章的衔接，促进我国公益性捐赠相关法律法规的体系化发展。

在立法过程中，《法律援助法（草案）》初稿、一审稿未单独列明社会捐助，
仅在"社会参与"的第 2 款中予以提及，"各级人民政府及其有关部门应当采取措
施，鼓励和支持组织、个人提供法律援助志愿服务，捐助法律援助事业"。与初稿、
一审稿相比，二审稿作出了较大的变动：其一，将社会捐助单独列为第 9 条，旨在
强调社会力量向法律援助提供捐助的重要性与必要性，同时也旨在说明社会主体直
接参与法律援助与提供捐助是不同形式的社会参与，在鼓励和支持政策上应当有所
区分。其二，将主语由"各级人民政府及有关部门"修改为"国家"，一方面体现
了法律援助是国家的责任，另一方面意图说明税收优惠是国家促进社会捐助的具体
手段，应由国家统一制定相关政策。其三，新增"符合条件的，依法享受税收优
惠"，旨在通过具体化国家鼓励政策，明确社会主体捐赠预期，激发社会主体捐赠
的公益性与积极性，从而提高社会捐赠金额，切实解决我国法律援助经费不足的问
题。《法律援助法》就该条的条文表述略作文字性修改。

---

[1] 数据来源：美国捐款基金会 2015 年报告。

[2] "学习时报评论员：重视发挥第三次分配的作用"，载共产党员网，https://www.12371.cn/
2019/12/18/ARTI1576623617328944.shtml，最后访问时间：2021 年 8 月 17 日。

一审稿	二审稿	《法律援助法》
第七条 国家鼓励和支持人民团体、事业单位、社会组织在司法行政部门指导下，依法参与法律援助工作。 各级人民政府及其有关部门应当采取措施，鼓励和支持组织、个人提供法律援助志愿服务，捐助法律援助事业。	**第九条** 国家鼓励和支持企业事业单位、社会组织和个人等社会力量，依法通过捐赠等方式为法律援助事业提供支持；**符合条件的，依法享受税收优惠。**	**第九条** 国家鼓励和支持企业事业单位、社会组织和个人等社会力量，依法通过捐赠等方式为法律援助事业提供支持；对符合条件的，给予税收优惠。

【条文释义】

本条是关于国家鼓励社会捐赠及为捐赠主体提供税收优惠的规定。

一、社会力量依法向法律援助提供捐赠

首先，法律援助捐赠主体包括企业事业单位、社会组织和个人，其基于公益性目的，自愿捐赠法律援助事业。

《公益事业捐赠法》第 10 条规定，"公益性社会团体和公益性非营利的事业单位可以依照本法接受捐赠"。公益组织包括公益性社会团体和公益性非营利的事业单位，其中公益性社会团体是指依法成立的，以发展公益事业为宗旨的基金会、慈善组织等社会团体；公益性非营利的事业单位是指依法成立的，从事公益事业的不以营利为目的的教育机构、科学研究机构、医疗卫生机构、社会公共文化机构、社会公共体育机构和社会福利机构等。一般而言，根据《法律援助法》第 12 条设立的法律援助机构不属于捐赠的对象。例外情况下，根据境外捐赠人特别要求，县级以上人民政府法律援助机构也可以接受捐赠。[1]

通常情况下，捐赠对象可以是法律援助基金会，也可以是从事法律援助的群团组织、事业单位（高等院校、科研机构）、社会组织。不过，不同受赠主体由于组织性质相异，在接受捐赠时应当遵循不同的法律法规。具体而言，诸如中国法律援助基金会、北京市法律援助基金会等在民政部登记的慈善组织，既应受《慈善法》的规范，也应受《公益事业捐赠法》的规范，由于其还属于《基金会管理条例》的规制对象，故在接受法律援助捐赠时亦应当遵循该条例；诸如北京东卫妇女法律援助与研究中心、北京致诚农民工法律援助与研究中心等具有公益性的社会组织，需遵循《公益事业捐赠法》。

其次，捐赠财产应当符合法律规定。根据《公益事业捐赠法》第 9 条、《慈善

---

〔1〕 "中华人民共和国公益事业捐赠法释义"，载中国人大网，http://www.npc.gov.cn/npc/c2207/200108/b77417809ef24cbc8f358af024cb14b7.shtml，最后访问时间：2021 年 8 月 16 日。

法》第36条规定，捐赠财产必须符合以下两点要求：其一，捐赠人捐赠的财产应当是其有权处分的合法财产。其二，捐赠财产的形式包括货币、实物、房屋、有价证券、股权、知识产权等有形和无形财产。以北京市法律援助基金会为例，其声明可以接受"包括设立永久性基金或以现金、支票、汇票、股票、证券、债券、图书、资料、设备、房产、遗产、财产等形式的捐赠"。在实践中，大部分捐赠以货币或实物形式作出。对于货币捐赠，既包括传统的现场付款、邮政汇款、银行转账、提供金融票据，又包括如网上银行、手机银行、支付宝、微信等现代电子支付方式。关于实物捐赠，该物应当具有使用价值，符合安全、卫生、环保等标准。捐赠人捐赠企业产品的，应当依法承担产品的质量责任和义务。捐赠人作为生产者，如果因其捐赠的本企业产品存在质量问题，给受益人或者其他消费者造成损失的，应当依法承担赔偿责任。[1]

最后，捐赠人应当履行捐赠义务。根据《慈善法》第41条规定，如果捐助者通过广播、电视、报刊、互联网等媒体公开承诺进行法律援助捐赠，或者已与慈善组织签订书面捐赠协议承诺进行捐赠，那么该捐赠人负有履行捐赠的法定义务。如果捐赠人违反捐赠义务未交付捐赠财产，慈善组织可以要求捐赠人交付；若捐赠人拒不交付，慈善组织可以依法向人民法院申请支付令或者提起诉讼。同时，本条第2款列举了捐赠义务的例外情形，规定捐赠人公开承诺捐赠或者签订书面捐赠协议后经济状况显著恶化，严重影响其生产经营或者家庭生活的，经向公开承诺捐赠地或者书面捐赠协议签订地的民政部门报告并向社会公开说明情况后，可以不再履行捐赠义务。

二、捐赠主体依法享受税收优惠

税收优惠是国家促进社会向法律援助事业提供捐赠的具体手段。根据税收种类的不同，税收优惠政策也有所不同。具体而言，关于企业所得税，根据2016年《慈善法》第80条，2017年《企业所得税法》第9条，2007年《企业所得税法实施条例》第53条和财政部、税务总局《关于公益性捐赠支出企业所得税税前结转扣除有关政策的通知》第1条、第3条、第4条的相关规定，企业发生的公益性捐赠支出，在年度利润（指年度会计利润）总额12%以内的部分，准予在计算应纳税所得额时扣除；超过年度利润总额12%的部分，准予结转以后3年内在计算应纳税所得额时扣除。企业发生的公益性捐赠支出未在当年税前扣除的部分，准予向以后年度结转扣除，但结转年限自捐赠发生年度的次年起计算最长不得超过3年。企业在对公益性捐赠支出计算扣除时，应先扣除以前年度结转的捐赠支出，再扣除当年发生的捐赠支出。

---

[1] 张晶晶："慈善捐赠的财产要求及双方义务"，载《中国社会报》2021年4月19日，第A03版。

关于个人所得税，根据 2018 年《个人所得税法》第 6 条第 3 款和《个人所得税法实施条例》第 19 条规定，个人将其所得对教育、扶贫、济困等公益慈善事业进行捐赠，捐赠额为超过纳税人申报的应纳税所得额 30% 的部分，可以从其应纳税所得额中扣除；国务院规定对公益慈善事业捐赠实行全额税前扣除的，从其规定。关于印花税，根据《印花税暂行条例》第 4 条第 2 项，财产所有人将财产捐赠给政府、社会福利单位、学校的免纳印花税。

此外，针对向中国法律援助基金会的捐赠，财政部、税务总局在《关于向中华健康快车基金会等 5 家单位的捐赠所得税税前扣除问题的通知》中特别规定，对企业、事业单位、社会团体和个人等社会力量，向中国法律援助基金会的捐赠，准予在缴纳企业所得税和个人所得税前全额扣除。

第十条【法律援助宣传】

司法行政部门应当开展经常性的法律援助宣传教育，普及法律援助知识。新闻媒体应当积极开展法律援助公益宣传，并加强舆论监督。

【条文要旨】

本条是关于法律援助宣传的规定。根据该条规定，司法行政部门、新闻媒体应当积极宣传法律援助制度。此外，该条还规定了新闻媒体的宣传义务和监督作用。

【立法背景】

法律援助宣传是广大人民群众了解法律援助的重要途径，也是我国法律援助工作的必要组成。只有广泛、深入地开展法律援助宣传，使更多的困难群众了解并实际地运用法律援助维护自己的合法权益，法律援助工作才能进入良性循环的发展轨道，法律援助制度才能更好地发挥社会效用。

让更多困难群众了解法律援助制度，是法律援助宣传工作的首要目的。调查法律援助公众知晓率，能够帮助政府法律援助管理部门了解工作情况，探寻法律援助走进人民群众日常生活的程度。2008 年，司法部和国家统计局联合在北京、山西、吉林、江苏、山东、河南、广西、四川、云南、新疆等 10 个省区市开展法律援助知晓率和需求调查。这次调查是自 1994 年初司法部提出探索建立法律援助制度以来，我国首次针对法律援助所做的大规模调查。调查报告显示，超过六成居民知晓法律援助，其中"听说过法律援助"的受调查者占 56.6%，对法律援助"印象比较模糊"的受调查者占 6.8%，两者合计得出法律援助知晓率为 63.4%。调查注意到，低收入群体对法律援助知晓率较低。家庭月总收入 300 元及以下、未受义务教育、农村五保供养人员"听说过"法律援助的分别占 31.6%、16.5% 和 25.5%，明显低于社会平均水平。与此相对应的是，收入水平较高且受教育水平较高者的法律援助知晓率远高于社会平均水平。收入水平较高的大学本科及以上、家庭月总收入在 8001 元至 10 000 元之间和党政机关干部"听说过"法律援助的分别占 83.5%、83.5% 和 91.8%。[1]由此可知，法律援助的社会影响力与其应当发挥的职能作用相比还存在一定的差距，法律援助目标群体对法律援助知晓率较低。因此，应当加强对文化程度较低者、较低收入水平者、农民和农民工、老年人的法律援助宣传，提高其对法律援助的了解程度。

同时，为了更好地了解法律援助工作在基层的情况，各地亦纷纷在本省市（区县）开展法律援助知晓率调查。2021 年 6 月，江苏省常州市对该市 7 个区的民众开展了为期一个月的法律援助知晓率调查。调查结果显示，20% 的受调查者"听说过，且比较了解"法律援助，70.77% 的受调查者"听说过，但不太了解"法律援助，9.23% 的受调查者"没听说过"法律援助。尽管大部分民众对法律援助制度有所知晓，但高达 78.46% 的受调查者不知道申请法律援助的途径。此外，在知晓渠道上，通过电视、报刊等大众媒体知晓法律援助的受调查者占比 50.77%，通过政府相关部门的宣传知晓法律援助的受调查者占比 24.62%，通过朋友或邻居介绍知晓法律援助的受调查者占比 7.69%，其他途径知晓法律援助的受调查者占比 16.92%。[2]可见，随着法律援助制度的发展，越来越多的民众开始了解法律援助，但这种了解仅止于皮毛，仍需要加大法律援助的宣传力度、不断提高法律援助的知晓率，让法律援助成为困难群众维权的首选。

2006 年 8 月，司法部《关于进一步加强法律援助宣传工作的通知》中明确指出了加强法律援助宣传工作的重要意义、开展法律援助宣传的主要方式等，对法律援助宣传工作从宏观角度予以设计安排。《法律援助法》中新增一条彰明法律援助宣传，不仅体现了我国对法律援助宣传工作的重视与做好法律援助宣传、提高法律援助知晓率的决心，更体现了要将法律援助宣传工作纳入法治轨道予以规范的决心。

在《法律援助法（草案）》一审稿中，有关法律援助宣传的内容，规定在第五章"保障措施"部分。在公开听取意见基础上，二审稿将该条前移到总则部分，以凸显其重要地位。同时，二审稿基于立法科学性考虑，将该条拆分为两款，同时规定，新闻媒体除进行公益宣传外，还负有社会舆论监督的责任。《法律援助法》保留了二审稿的表述方式。

---

[1] 袁定波："中国首个法援需求调查：5 成多人称申请程序复杂"，载中国新闻网，https://www.chinanews.com.cn/gn/news/2008/08-05/1336043.shtml，最后访问时间：2021 年 8 月 16 日。

[2] "常州市 2021 年法律援助知晓率调查问卷的结果反馈"，载常州市人民政府网，http://www.changzhou.gov.cn/vote/survey.php? a = vresult&bid = 1062，最后访问时间：2021 年 8 月 16 日。

一审稿	二审稿
第四十八条　各级人民政府及其有关部门应当组织开展经常性的法律援助宣传教育。新闻媒体应当开展法律援助公益宣传，扩大法律援助知晓度。	第十条　**司法行政部门**应当开展经常性的法律援助宣传教育，**普及法律援助知识**。 新闻媒体应当**积极**开展法律援助公益宣传，**并加强舆论监督**。

【条文释义】

本条是关于开展法律援助宣传工作的规定。本条共两款，第 1 款明确了司法行政部门是法律援助宣传的主体，具有开展法律援助宣传工作的义务，应当经常性向民众提供法律援助宣传教育，普及法律援助知识。第 2 款规定，新闻媒体是推动法律援助事业发展的重要力量，也是法律援助的主要宣传阵地。新闻媒体承担着法律援助的普法责任，应当积极开展法律援助公益宣传，如大力传播法律援助理念、积极宣传报道法律援助相关活动、广泛宣传优秀法律援助者的典型事例等，同时加强法律援助工作的舆论监督，推动法律援助工作依法开展。

十八届四中全会《决定》强调，为了推动全社会树立法治意识，要坚持把全民普法和守法作为依法治国的长期基础性工作，深入开展法治宣传教育，引导全民自觉守法、遇事找法、解决问题靠法。加强法治宣传教育是构筑法治社会的有力抓手，而法律援助宣传是法治宣传的重要组成。加强法律援助宣传，不仅有利于让更多民众知晓法律援助，更能够促使弱势群体于危难时求助于法律援助机构及相关组织通过合法渠道进行维权，从而培育人民群众信仰法治、尊崇法治，为构筑公平正义、和谐有序的社会主义法治社会添砖加瓦。

2021 年 6 月，中共中央、国务院转发《中央宣传部、司法部关于开展法治宣传教育的第八个五年规划（2021—2025 年）》（以下简称《八五规划》），对我国未来五年法治宣传工作多角度、全方面地予以顶层设计和蓝图规划。《八五规划》明确指出，"全民普法是全面依法治国的长期基础性工作"。我国全面开启建设社会主义现代化国家新征程、进入新发展阶段之际，只有"把普法融入法治实践、融入基层治理、融入日常生活、融入全面依法全过程"，才能够进一步提升公民法治素养、推动全社会尊法学法守法用法。《八五规划》在"加强组织实施"中强调，应当"全面落实普法责任制""强化基层基础工作"，这对法律援助宣传具有重要的指引意义。

普法责任制，全称"谁执法谁普法"普法责任制，是开展法治宣传教育工作的首要遵循。2011 年 7 月，中共中央、国务院转发《中央宣传部、司法部关于在公民中开展法制宣传教育的第六个五年规划》，首次提出了"谁执法谁普法"工作机制；2014 年党的十八届四中全会将其上升到制度高度，提出实行国家机关"谁执法谁普法"的普法责任制；2017 年 5 月，两办《关于实行国家机关"谁执法谁普法"普法责任制的意见》就该制度目的、任务、组织实施方式等多项内容予以全面说明。该意见指出，"国家机关是国家法律的制定和执行主体，同时肩负着普法的重要职责"，应更加注重发挥国家机关及其工作人员在全民普法中的作用，敦促每一个国家机关积极履行普法责任。为认真贯彻两办意见，2017 年司法部《司法行政系统落实"谁执法谁普法"普法责任制实施意见》将国家机关"谁执法谁普法"普法责任制进一步予以细化与实化。该实施意见第 14 条特别提出，要"广泛开展法律援助咨询服务和公共法律教育，依法解答法律问题，积极提供法律信息和帮助，引导群众依法表达合理诉求。受理法律援助申请，要告知当事人法律援助条件、程序、范围；办理法律援助案件要向当事人释明法律依据，宣传法律知识；回访当事人要解疑释惑，增强法律效果，把普法贯彻于法律援助服务全过程"。

法律援助知晓率直接决定着"人民群众在遇到法律问题或者权利受到侵害时"是否会通过法律援助渠道寻求帮助。因此，提高社会公众的法律援助知晓率（尤其是让社会公众知道对于哪些事情有权获得法律援助帮助、可以到哪里寻求法律援助帮助等），意味着为社会公众"赋能"，让法律援助服务真正走进人民群众的日常生活。但是，有实证研究表明，在我国基层社会生活中，法律援助的知晓率还相对较低。例如，江苏省常州市 2017 年、2021 年的法律知晓率调查数据表明：尽管绝大多数的被调查人都对法律援助服务有所认知，但总体而言，关于法律援助的认知还主要限于抽象层面的认知，或者说，只是泛泛的了解而已。[1]因此，法律援助宣传，应当注意三方面的问题：第一，应当秉持十八届四中全会的要求，提高普法宣传的实效性。即"把法治教育纳入精神文明创建内容，开展群众性法治文化活动，健全媒体公益普法制度，加强新媒体新技术在普法中的运用，提高普法实效"。第二，应当有针对性地开展法律援助宣传，把宣传重点放在乡村、放在基层，着力提高潜在受援群体的法律援助知晓率。第三，根据潜在受援群体的认知特点和受教育程度，采取适宜的宣传方式。

作为法律援助宣传的责任主体，司法行政部门应当开展经常性的法律援助宣传教育，普及法律援助知识，同时注意宣传方式方法，提高法律援助宣传的有效性。具体而言，首先，司法行政部门应当有针对性地制定宣传策略。例如根据宣传受众的性别年龄、受教育程度、收入水平、宗教信仰、是否有法律援助需求等情况，精准选择不同的宣传人员、宣传资料、宣传方式等，因材施教、精准普法，以切实提高被普法者的法律援助知晓程度。其次，司法行政部门应当不断创新宣传内容，采取灵活多样，群众喜闻乐见的形式进行法律援助宣传。如利用报刊、广播、电视、

---

〔1〕 "江苏省常州市法律援助知晓率调查结果的对比分析"，载中国政法大学国家法律援助研究院公众号，https://mp.weixin.qq.com/s/UUjOIEgz9hdXFNtJ40XBCg，最后访问时间：2021 年 11 月 7 日。

网络等媒体，组织法律援助咨询活动、论坛讲演、志愿服务、文艺演出、巡回宣传、公益广告、影视剧、文学创作等。在媒体融合新时代，司法行政部门还应搭建融"报、网、端、微、屏"于一体的全媒体法治传播体系，进行全方位"线上线下""大屏小屏"法律援助宣传，以将法律援助宣传活动延伸到社会各个角落，扩大宣传范围。再次，司法行政部门应当强化基层法律援助宣传工作，让法律援助走进人民群众日常生活。这要求司法行政部门加大对基层开展普法工作的指导和支持力度，在人员配备数量、待遇、经费、装备等方面，切实向普法基层一线倾斜，推动各类资源向基层下沉。同时，也应当加强基层普法评估检查，敦促法律援助宣传沿着正确轨道展开。最后，应当加强对各级普法工作人员的系统培训，提升法律援助工作普法水平，保证法律援助宣传内容的正确性、有用性与时效性。

新闻媒体是宣传的重阵，也是凝聚法律援助共识、提高法律援助知晓率的重要载体。新闻媒体包括纸质媒体（报刊）、广电媒体（广播、电视）和新媒体（互联网）。《法治社会建设实施纲要（2020—2025年）》明确提出，要"健全媒体公益普法制度，引导报社、电台、电视台、网站、融媒体中心等媒体自觉履行普法责任"。《八五规划》要求"落实媒体公益普法责任"，"把法治类公益广告纳入媒体公益广告内容，促进媒体公益普法常态化、制度化"。在宣传方法上，新闻媒体应加强与法律援助机构及相关社会组织的联系，及时报道法律援助事业最新发展动态、典型法律援助案例、重大法律援助活动等；制作、播放法律援助公益广告，传播法律援助信息；运用微信、微博、互联网论坛等新媒体传播法律援助信息，加强社会互动，增强法律援助宣传效果。在组织实施中，各级司法行政部门、网信、新闻出版广电部门要加强沟通协作，共同将法律援助宣传工作落到实处、做好做精；网信、新闻出版广电等部门要切实发挥职能作用，制定相关制度规范、鼓励政策，为新闻媒体承担法律援助宣传工作提供支持；各级各类媒体应提高对法律援助宣传的重视，加强统筹协调、完善机制、加大人力物力投入，确保法律援助宣传的相关版面、时段、位置。新闻媒体还应当发挥舆论监督作用，主动揭示法律援助中存在的问题并促使其解决，推动法律援助事业向善向好发展。

【延伸阅读】公共法津教育

公共法律教育（Public Legal Education，PLE），是指通过讲座、知识竞赛、模拟法庭等活动，向社会公众传递法律知识，帮助公众了解其所享有的法律权利和需履行的法律义务、掌握一定的基础法律知识，并运用这些知识去处理生活中常见的法律问题。公共法律教育的核心不是帮助公众解决其所遇见的实际法律问题，而在于传递法律知识。因此，不提供法律咨询、代写文书等服务。

普及公共法律教育，提高社会公众法律了解程度已成为国际社会共同的选择。2006年，英国宪法事务部（现被并入英国司法部）牵头成立了公共法律教育和支持（Public Legal Education and Support）工作小组。该工作小组旨在拓宽社会公众了解法律的渠道，让更多的公民有机会学习法律知识。2007 年，该工作小组发布报告"为公民赋能：公共法律教育的作用"（Developing Capable Citizens：the Role of Public Legal Education），对公共法律教育的定义与意义、存在的问题及解决办法予以介绍和分析，为英国发展公共法律教育提供指引。[1]加拿大同样重视公共法律教育的开展，在 10 个省和 1 个地区均设立了公共法律教育组织，专门向社会公众提供法律教育。以设立于不列颠哥伦比亚省的法律教育协会（Justice Education Society）为例，该组织为非营利性组织，旨在帮助社会公众尤其是青年、残疾人、原住民、移民更好地了解加拿大司法系统的运作方式以及他们在司法系统中扮演的角色。[2]

在我国，公共法律教育由法律援助机构组织专业法律服务机构和人员实施，通过编辑法律信息工具包或者法律读物、举办诉讼当事人专题研讨班或课堂教学活动、编写剧本或电视节目、制订辅导计划、开通网站和博客、提供多种语言电话服务等方式，为潜在的法律援助需求者提供法律信息和法律建议。公共法律教育的任务是培养"有能力的公民"，教育公民在日常工作生活中养成依法办事的习惯，及时预料并自觉规避法律问题的发生；在遇到常见法律问题时，能够利用所学的法律知识和技能，通过自助方式及时解决法律问题；遇到复杂法律问题靠自身能力无法解决时，知道如何寻求法律援助或其他形式的帮助。此外，司法部法律援助中心还计划开展"全国公共法律教育推进计划"，促进各地提高开展公共法律教育活动的认识，帮助各地优化开展公共法律教育的方式和手段，提升开展公共法律教育的能力，从而使公共法律教育活动更加具有针对性，扩大公共法律教育受众的覆盖面。[3]

第十一条【表彰奖励】

国家对在法律援助工作中做出突出贡献的组织和个人，按照有关规定给予表彰、奖励。

【条文要旨】

本条是关于表彰奖励的规定。根据该条规定，国家应当通过表彰、奖励等激励机制，鼓励社会公众投身法律援助事业。

---

〔1〕"Developing capable citizens the role of public legal education"，载 https：//www.docin.com/p - 728491647. html，最后访问时间：2021 年 8 月 16 日。

〔2〕https：//www.lawcentralalberta.ca/en/public-legal-education-canada，最后访问时间：2021 年 8 月 16 日。

〔3〕"司法部法律援助中心推出系列公共法律教育产品"，载中国法院网，https：//www.chinacourt.org/article/detail/2013/04/id/939098. shtml，最后访问时间：2021 年 8 月 16 日。

【立法背景】

法律具有行为引导功能。以立法的形式明确国家对在法律援助工作中作出突出贡献的组织和个人给予表彰奖励，既有利于引导其更积极地投身法律援助事业，更努力地开创法律援助工作新局面，为推进法治社会、法治国家建设作出更大贡献，亦有助于提高法律援助社会知晓率，扩大法律援助的社会影响力，激发社会力量支持法律援助工作，从而促进法律援助事业的长足发展。

2020 年司法部《关于表彰全国法律援助和公共法律服务工作先进集体 先进个人的决定》决定授予包括北京市法律援助中心等 270 个集体"全国法律援助工作先进集体"荣誉称号，授予北京市东城区法律援助中心科员杜宏娟等 424 名法律援助工作者"全国法律援助工作先进个人"荣誉称号。2018 年，司法部与新华网联合策划举办"砥砺奋进的五年·司法行政故事"新时代最美法律服务人主题宣传活动，通过网络评选和评委评选相结合的方式，从 551 名候选人中共计评选出 90 名最美法律服务人，其中包括 10 名最美法律援助人。[1]

地方政府也纷纷出台法律援助奖励制度，鼓励、表彰在地方法律援助工作中作出突出贡献的组织和个人。2020 年 11 月，福建省厦门市司法局《关于表彰 2020 年度十佳法律援助案件和优秀法律援助案件的决定》，对法律援助案件承办律师及其所在单位予以通报表彰。2020 年 9 月，宁夏回族自治区司法厅、财政厅联合印发通知，对承办法律援助优秀案件的律师按照一类案件 1500 元的标准上浮 20% 发放补贴以示奖励。[2]2019 年 3 月，河南省开封市司法局《关于表彰 2018 年度开封市法律援助先进集体和先进工作者的决定》，授予祥符区法律援助中心、杞县法律援助中心、通许县法律援助中心"先进集体"荣誉称号，授予祥符区司法局朱振华等 20 名法律援助工作者"先进工作者"荣誉称号。

2003 年《法律援助条例》第 9 条规定，"对在法律援助工作中作出突出贡献的组织和个人，有关的人民政府、司法行政部门应当给予表彰、奖励"。与之相比，《法律援助法》一共作出 2 处修改：其一，将授予表彰、奖励的主体从"人民政府、司法行政部门"上升为"国家"；其二，要求表彰、奖励应"按照有关规定"进行。

在立法的过程中，《法律援助法（草案）》初稿、一审稿的表述方式均为"对在法律援助工作中做出突出贡献的组织、个人，按照国家有关规定给予表彰、奖励"。二审稿对此做了文字性修改，将主语提前至句首，使得法条表述更通顺晓畅、

---

[1] "实录：新时代最美法律服务人系列访谈之法律援助人"，载新华网，http://www.xinhuanet.com/legal/2018-01/23/c_ 129788228. htm，最后访问时间：2021 年 8 月 16 日。

[2] "宁夏落实补贴、奖励优秀 提高法律援助质量"，载中华人民共和国中央人民政府网，http://www.xinwen/2020-09/01/content_5539052. htm，最后访问时间：2021 年 8 月 16 日。

符合立法习惯。《法律援助法》保留了二审稿的表述方式。

一审稿	二审稿
第八条 对在法律援助工作中做出突出贡献的组织、个人，按照国家有关规定给予表彰、奖励。	**第十一条** **国家**对在法律援助工作中做出突出贡献的组织和个人，按照有关规定给予表彰、奖励。

在立法过程中，有专家建议，在本条中增加一款，就法律援助工作中作出突出贡献的社会律师规定更具针对性的专门奖励措施。在司法实践中，法律援助案件大多依靠社会律师办理，但由于社会律师的特殊属性，加之经费保障、配套措施等不完善，社会律师很难投入大量精力去办理法律援助案件，法律援助案件的服务质量受到很大影响。因此，通过将法律援助评优与社会律师未来职业发展相联系，可以激发广大社会律师参与法律援助工作的积极性、主动性，吸引更多社会力量投身法律援助事业，从而缓解法律援助人力资源不足之顽疾，进一步提高法律援助质量，促进我国法律援助制度的长远发展。故此，建议增加第2款规定："各级人民政府聘请法律顾问，人民法院、人民检察院从律师中遴选法官、检察官，以及律师行业的评优评先等，应当将律师参与法律援助、提供法律援助志愿服务等活动纳入考量范围。"

【条文释义】

本条是关于国家奖励法律援助工作中作出突出贡献的组织和个人的规定。

国家对法律援助工作中有显著成绩和突出贡献的组织和个人给予奖励，并使之法律化、制度化，是国家鼓励组织、个人参与法律援助工作的一种手段，对激发更多的组织、个人参与法律援助工作，提高法律援助质量，维护困难群众合法权益，实现社会公平正义具有重要意义。

对于本条所规定的"法律援助工作"，应当采取广义的理解方式，不仅包括法律援助人员提供法律援助的工作，也包括法律援助服务管理工作和法律援助行政管理工作。其中"法律援助"包括狭义的法律援助和值班律师提供的法律帮助。根据2019年司法部办公厅《关于评选表彰全国法律援助和公共法律服务工作先进集体 先进个人的通知》显示，全国法律援助工作先进集体评选范围包括省级以下（含省级）法律援助机构、律师事务所、司法所、基层法律服务所，依托看守所、法院、监狱、戒毒所、信访、部队、人武部或工、青、妇、高校等部门建立的法律援助工作站，法律援助类社会组织。全国法律援助先进个人评选范围包括省级以下（含省级）法律援助机构工作人员、律师、司法所工作人员、基层法律服务工作者、法律援助工作站工作人员、法律援助类社会组织工作人员、法律援助志愿者。由此可见，国家表彰、奖励的法律援助对象基本涵盖所有直接参与法律援助事业的组织和个人。

国家奖励，是指国家为了表彰先进、激励后进、充分调动人们的积极性和创造性，依照法定条件和程序，对为国家和社会作出突出贡献的或模范地遵纪守法的组织、个人给予物质的或者精神的奖励的一种具体行政行为。国家奖励、表彰法律援助活动严格遵循相关法律法规开展。2018 年 12 月，两办印发《评比达标表彰活动管理办法》，对国家奖励的主体、内容、程序等多方面予以规范。

首先，给予国家奖励的主体法定。《评比达标表彰活动管理办法》第 4 条、第 5 条规定，给予国家奖励主体为党的机关、人大机关、行政机关、政协机关、监察机关、审判机关、检察机关、人民团体和经国务院批准免予登记的社会团体及其所属单位。党中央、国务院决定授予的奖励属于国家奖励，但不适用《评比达标表彰活动管理办法》。在此之外的其他组织开展评比表彰活动，均不属于国家奖励范畴。

其次，国家奖励的内容法定。国家奖励包括精神和物质两个方面。具体而言，在精神方面，包括通报表扬，颁发奖状、奖牌、奖杯、奖章、荣誉证书等。根据《评比达标表彰活动管理办法》第 13 条规定，"省部级评比达标表彰一般不评选副司局级或者相当于副司局级以上单位和干部、县级以上党委或者政府，县处级干部原则上不超过评选总数的 20%"。在物质方面，包括发放奖金、给予物质奖赏等。根据《评比达标表彰活动管理办法》第 20 条第 2 款规定，"对于获得表彰奖励的集体，不发放奖金"。

再次，开展评比、表彰工作应当遵循法定程序。以申请程序为例，中央和国家机关、人民团体、有关社团及其所属单位的表彰项目的设立应当在每年 3 月底前按照归口分别向党中央、国务院提出申请。各省（自治区、直辖市）省级以下评比达标表彰项目按照归口分别向各省（自治区、直辖市）党委或者政府提出申请。各地区各部门一般不得开展临时性评比达标表彰活动。但因重大事件、重要专项工作等特殊情况，确需临时开展评比达标表彰活动的，可以单独申请。已经批准的评比达标表彰项目，如果需要调整或者变更项目名称、主办单位、活动周期、评选范围、奖项设置、奖励标准等，应当重新提出申请。

最后，开展评比、表彰活动，应当主动接受群众监督、社会监督、舆论监督。

第二章　机构和人员

　　该章共 10 条，规定了法律援助机构及其具体职责、法律援助人员及其服务职责和要求。其中，第 14 条吸收了值班律师制度的相关规定；第 19 条、第 21 条吸收借鉴了《律师法》第 42 条、第 38 条的规定。

　　在多元化法律援助供给制度下，法律援助机构是组织实施法律援助服务的主力军。鉴于此，在机构设立问题上，第 12 条确立了"应当设立"原则，以期有专职专责的机构确保法律援助服务的可持续、稳定供给。此外，为增强法律援助服务的供给能力、推动法律援助制度的均衡发展，《法律援助法》新增了第 15 条、第 17 条、第 18 条内容。其中，第 15 条规定旨在强化法律援助机构的服务供给能力。第 17 条规定了高校法律援助及法律援助志愿服务的内容。第 18 条将相关政策性要求上升为国家立法，以保证律师资源匮乏地区的法律援助服务供给。

　　根据规定，法律援助人员主要包括律师、基层法律服务工作者、法律援助志愿者。在例外情形下，可以安排适格的法律援助机构工作人员提供法律援助服务。

第十二条【法律援助机构及其基本职责】

　　县级以上人民政府司法行政部门应当设立法律援助机构。法律援助机构负责组织实施法律援助工作，受理、审查法律援助申请，指派律师、基层法律服务工作者、法律援助志愿者等法律援助人员提供法律援助，支付法律援助补贴。

【条文要旨】

　　本条规定了法律援助机构的设立及其职责。法律援助机构，是指国家依法设立的负责组织实施法律援助工作的专门性机构。根据本条规定，县级以上人民政府的司法行政部门均应当设立相应的法律援助机构。法律援助机构是独立的法人，具有独立法律地位；依照法律法规及相关政策、标准独立自主地开展法律援助工作，接受主管部门的指导监督。

　　法律援助机构的基本职能是"组织实施法律援助工作"，具体包括三项具体职责：一是受理、审查法律援助申请；或者根据公安司法机关的通知指派法律援助律师。二是（决定援助的）指派法律援助人员提供法律援助服务。三是（有权根据法律援助服务质量，按照差异化标准）支付法律援助补贴。

此外，本法第 61 条规定了法律援助机构及其工作人员的法律责任。

【立法背景】

法律援助机构是确保法律援助服务可持续、稳定供给的基础和保障。在我国法律援助制度初建时期，各地司法行政机关以设立法律援助机构为首要任务，积极推动本区域法律援助工作的开展。1994 年，时任司法部部长肖扬第一次正式提出了"建立和实施中国的法律援助制度"的设想。在此背景下，一些地方率先设立法律援助中心，并通过机构设立，组织专门人员积极开展法律援助工作试点。1995 年11 月 9 日，广州市法律援助中心挂牌成立，成为全国最早成立的法律援助机构。[1]1996 年 6 月 3 日，司法部《关于迅速建立法律援助机构开展法律援助工作的通知》要求各省、自治区、直辖市司法厅（局）尽快建立相应的法律援助工作管理机构；各直辖市、省会城市、计划单列市以及有条件的中等以上城市的司法行政机关，尽快建立起为本地区提供法律援助的机构。[2]之后，全国各地纷纷根据各自的实际情况，因地制宜，建立了性质各异的法律援助中心。1996 年 12 月 18日，经报请中央机构编制委员会办公室批准，司法部成立司法部法律援助中心。1997 年，全国法律援助机构已有 100 家左右。根据 2003 年全国法律援助统计数据，全国应建法律援助机构数为 3154 个，已建 2774 个，占应建数的 88%。其中，地、市机构 381 个，占应建数的 98%；县、区机构 2361 个，占应建数的 86%。[3]随着法律援助事业的发展，截至 2018 年底，全国法律援助机构数已经达到 3281 个。[4]

从上述数据可以看出，在组织机构层面，在全国范围内，中央、省、市、县四级人民政府普遍成立了法律援助中心。但是，在机构性质上，由于一直缺乏中央层面的顶层设计和政策供给，各地法律援助机构的性质并不统一。具体有三种类型：行政机关性质的法律援助机构、参照公务员管理的法律援助机构以及全额拨款事业单位的法律援助机构。这种机构性质不统一的现象，不仅在全国范围内广泛存在，甚至在某些设区的市辖区范围内，各区县法律援助机构的性质也不尽相同。机构性质的不同直接导致人员的入口、管理、待遇等方面的不同，直接影响法律援助机构

---

〔1〕　秋实："广州市法律援助中心挂牌开业"，载《中国律师》1995 年第 12 期。

〔2〕　1996 年《刑事诉讼法》《律师法》颁布后，司法部于 1996 年 6 月发布《关于迅速建立法律援助机构开展法律援助工作的通知》。该通知指出，"司法部决定把贯彻'两法'、建立中国法律援助制度，作为司法行政系统 1996 年的一项重要工作来抓"。

〔3〕　蒋建峰、郭婕："2003 年全国法律援助统计分析"，载《中国司法》2004 年第 3 期。

〔4〕　樊崇义、施汉生主编：《中国法律援助蓝皮书：中国法律援助制度发展报告 No.1 （2019）》，社会科学文献出版社 2019 年版，第 34 页。

的正常运转和工作人员的工作积极性，进而影响法律援助服务的供给能力。[1]

在法律援助机构的具体职责方面，我国法律援助制度也经历了数次变化与调整。在法律援助制度初建时期，由于缺少国家层面的统一规定，各地设立的法律援助机构职责配置各不相同。例如，广州市法律援助中心除负责组织、指派律师办理各项法律援助事务外，还承担制定法律援助工作规章、工作标准、规范，以及拟定推行法律援助制度的长期规划和年度计划并组织实施等职责；再如，上海市浦东新区法律援助中心主要负责接受法律援助申请并向律师事务所指派法律援助案件。2003 年《法律援助条例》在强调司法行政部门对于法律援助工作负有监督管理职责的同时，进一步明确了法律援助机构的职责，即"负责受理、审查法律援助申请，指派或者安排人员为符合本条例规定的公民提供法律援助"。根据该条例规定，法律援助机构的工作职责主要是组织实施法律援助服务，即法律援助申请的受理、审查，以及指派或者安排人员提供法律援助服务。然而，在法律援助实践中，因各地法律援助条例的规定不同，各地法律援助机构的具体工作职责依然呈现复杂多样的局面。[2]例如，2002 年《河南省法律援助条例》第 8 条规定："省、省辖市、县（市、区）的法律援助机构负责指导、协调、监督并组织实施本行政区域内的法律援助工作。上级法律援助机构指导下级法律援助机构的工作。"据此，河南省上级行政区划的法律援助机构对于本辖区辖下的法律援助机构负有"业务指导"职责。再如，《杭州市法律援助条例》已历经数次修改，法律援助机构的职能也几经变化，由最初的八项具体职能，到增加"负责对法律援助的指导、监督和援助案件的质量管理"的规定，再到删除"指导、协调和组织实施本地区的法律援助工作"的职能，反映了杭州市对法律援助机构职责的不断探索与修正。

法律援助机构的性质不同、职责各异，引发了两个方面的问题：一是，部分地方将司法行政机关的法律援助部门与法律援助中心合二为一，采取"两块牌子，一套班子"的工作模式，或者仅设立一个法律援助中心或法律援助工作处，而将二者职责混同。[3]二是，《法律援助条例》仅就职责问题进行了原则性划分，司法行政部门与法律援助机构之间的职责界限不明、相互掣肘。[4]

---

〔1〕 樊崇义："中国法律援助制度的建构与展望"，载《中国法律评论》2017 年第 6 期。

〔2〕 有研究者将各地法律援助条例有关法律援助机构职责的规定概括为三种类型：(1) 仅规定法律援助机构负责受理、审查法律援助申请，指派或安排人员为符合规定的公民提供法律帮助，不再特别规定法律援助机构具有监督、管理、协调、指导权。(2) 在规定法律援助机构负责受理、审查法律援助申请，指派或安排人员为符合规定的公民提供法律帮助的基础上，还特别规定法律援助机构具有监督、指导、协调、管理权。(3) 直接规定法律援助机构对本辖区法律援助的管理、监督、协调、指导权。参见刘新华：《中国法律援助立法研究》，民主与建设出版社 2017 年版，第 43~44 页。

〔3〕 吴宏耀、赵常成："法律援助的管理体制"，载《国家检察官学院学报》2018 年第 4 期。

〔4〕 桑宁："法律援助发展中结构性矛盾和瓶颈问题研究"，载《中国司法》2012 年第 1 期。

在《法律援助法》立法过程中，关于法律援助机构的设立及其职责定位，一直存在较大争议。其中，主要争议包括以下三个方面。

一是，对法律援助机构的设立是否应当作出刚性要求。2003 年《法律援助条例》第 5 条第 1 款仅规定："直辖市、设区的市或者县级人民政府司法行政部门根据需要确定本行政区域的法律援助机构。"《法律援助法》是否延续上述规定，在草案征询意见的过程中对此存在较大的争议。各界反馈的意见普遍认为，法律援助服务需求主要集中在基层，因此，建议本条明确，县级人民政府应当设立法律援助机构，而不是延续此前"根据需要确定"的弹性规定。《法律援助法（草案）》一审稿采纳了上述建议。[1]

二是，法律援助的管理体制究竟应当采取"一元制"还是保持"二元制"。《法律援助法（草案）》一审稿第 9 条规定，"县级以上人民政府司法行政部门应当设立法律援助机构。法律援助机构负责组织实施法律援助工作……"该条规定明确延续了"二元化管理体制"的立场。对此，有专家认为，应当将司法行政部门的管理职能与法律援助机构的服务管理职责合二为一，确立"一元化的法律援助管理体制"，避免机构与职权设置上的叠床架屋、多头管理。立法者没有采纳上述意见，而是沿袭了 2003 年《法律援助条例》确立的司法行政部门与法律援助机构的"二元化管理体制"。同时，《法律援助法》在第 5 条、第 12 条基础上，通过具体条文明确了司法行政部门的工作职责，厘清了司法行政部门与法律援助机构的职责分工。[2]

三是，是否应当明确法律援助机构的性质。受历史因素影响，各省市之间（甚至同一省市的不同县市区之间），法律援助机构的性质存在一定差异，并由此导致人员待遇等方面出现"同工不同酬"的不公正现象。[3]因此，在《法律援助法》立法过程中，实务部门的同志一直期待国家立法能够明确法律援助机构的性质。针对我国法律援助机构性质不统一的现状，有专家指出，应当从法律援助均衡、可持续发展角度对其性质予以明确。具体方案有二：第一种，将法律援助机构统一界定为行政性质或者参公管理性质。因为法律援助机构是刑事诉讼法规定的法定机构，是保障刑事司法顺利进行的必要辅助机构之一。在域外法治国家，为保证刑事法律援助服务供给，很多国家实行公设辩护人制度，并规定他们享有与检察官同等的工资待遇。第二种，根据我国事业单位改革的相关精神，也可将其规定为"政府全额

---

[1]　顾永忠："法律援助机构的设立、职能及人员构成之立法讨论"，载《江西社会科学》2021 年第 6 期。

[2]　详见本法第 5 条解释。

[3]　例如，在法律援助实践中，受机构性质、人员编制影响，一些法律援助机构人员可享受每月 1200 元的政法专项津贴、车补等，一些机构人员却无法享受上述待遇，严重影响了法律援助机构人员的队伍建设。

拨款的公益事业单位"。根据 2018 年《中共中央关于深化党和国家机构改革的决定》"事业单位不再承担行政职能"的机构改革精神，有专家建议，可以在立法中明确"法律援助机构是政府全额拨款的公益事业单位"。

按照事业单位"先分类、后改革"的要求，目前大多数省市已基本完成行政类事业单位改革、从事生产经营活动事业单位改革。具体改革情况，参见图 2-1。

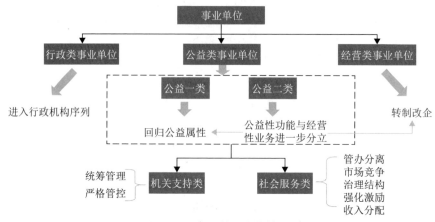

图 2-1　事业单位改革情况

至于公益类事业单位改革，尚待中央出台具体的改革政策。2018 年十九届三中全会《决定》对公益类事业单位改革提出了新的总体要求。2020 年 2 月 14 日，中央全面深化改革委员会第十二次会议审议通过了《关于深化事业单位改革试点工作的指导意见》。该意见提出要坚持试点先行，坚持优化协同高效，改革事业单位机构设置和职能配置，探索实行政事权限清单、机构编制职能规定、章程管理等制度，促进公益事业平衡、充分高质量发展。该意见选取了内蒙古、江西等 9 个省区作为全国深化事业单位改革试点。鉴于公益类事业单位改革还在探索过程中，《法律援助法》未就法律援助机构性质作出明确规定。

一审稿	二审稿
第九条　县级以上人民政府司法行政部门**应当设立**法律援助机构。法律援助机构负责组织实施法律援助工作，受理、审查法律援助申请，指派执业律师、**法律援助机构律师**、基层法律服务工作者、法律援助志愿者等法律援助人员提供法律援助，支付法律援助补贴。	**第十二条**　县级以上人民政府司法行政部门应当设立法律援助机构。法律援助机构负责组织实施法律援助工作，受理、审查法律援助申请，指派**律师**、基层法律服务工作者、法律援助志愿者等法律援助人员提供法律援助，支付法律援助补贴。

【条文释义】

本条是关于法律援助机构的设立及其职责的规定。本条明确了两项基本内容：一是法律援助机构的设立；二是法律援助机构的职责。

根据本条规定，在设立方面，根据我国行政区划，在县级（县、区、市）、地市级（设区的市、自治州）、省级（省、自治区、直辖市）以及中央人民政府，司法行政部门均"应当设立"法律援助机构（一般命名为"法律援助中心"）。各级司法行政部门设立的法律援助机构应当具有独立的法人资格，对外以法律援助中心名义组织实施法律援助服务。

法律援助机构的基本职责定位是：法律援助服务的具体组织实施者，即负有法律援助的服务管理职责。法律援助机构的具体职责包括：一是，指向法律援助申请人（人民群众）的受理审查职责，即法律援助申请的受理、审查与决定。二是，指向法律援助服务提供者的服务组织职责，具体包括法律援助人员的遴选、指派、支付补贴等。三是，指向服务提供过程的监督督促职能。

一、"应当设立"四级法律援助机构

根据《法律援助法》第 12 条，法律援助机构的设立以"应当设立"为原则；与此同时，县、市、省、中央四级人民政府的司法行政部门均应当设立相应的法律援助机构。简言之，应当设立四级法律援助机构。

（一）"应当设立"四级法律援助机构的正当性

与 2003 年《法律援助条例》相比，《法律援助法》的上述规定对于法律援助机构的设立意义重大。2003 年《法律援助条例》第 5 条第 1 款规定："直辖市、设区的市或者县级人民政府司法行政部门根据需要确定本行政区域的法律援助机构。"根据该条例规定，法律援助机构的设立以"按需设立"为原则。显而易见，该条例规定以尊重各地实际差异为由，从制度上默许了法律援助机构设置上的差异性，而非就法律援助机构的设置提供一套令人满意的顶层设计。《法律援助法》确立了"应当设立"原则，硬性规定四级行政区划必须设立法律援助机构，其正当性依据概述如下。

首先，"应当设立"原则的确立，契合我国法律援助事业发展的现实需要。与2003 年相比，我国法律援助需求量早已不可同日而语，随着法律援助实践的迅速发展，《法律援助条例》的规定已经不能很好地适应现实需要。[1]根据司法部法律援助中心的统计，2003 年全国共办理各类法律援助案件 166 433 件，而 2018 年全

---

〔1〕　顾永忠教授认为，"如果说 17 年前的《法律援助条例》如此规定是符合当时实际情况的，那么，17 年后准备出台的法律援助法如果还是这样规定，就不符合当前我国上下对法律援助制度的认识程度、法律法规对法律援助制度的规定和需求、经济社会发展的水平以及 17 年来法律援助事业本身的发展程度"。顾永忠："法律援助机构的设立、职能及人员构成之立法讨论"，载《江西社会科学》2021 年第 6 期。

国共办理各类法律援助案件 1 452 534 件，增加 8.7 倍。同时，随着我国《刑事诉讼法》等法律法规的历次修改，法律援助的范围得到进一步扩大，法律援助的现实需求大大增加，未来对于法律援助的需求也将呈现出长期增长的趋势。因此，《法律援助法》有必要对法律援助机构的设立作出更为刚性的要求，以满足法律援助的现实需求。

其次，"应当设立"原则的确立，有利于衔接各类案件诉讼管辖及法律援助案件受理的相关规定。根据最高人民法院、最高人民检察院、司法部《关于逐步实行律师代理申诉制度的意见》，以及"两院两部"[1]《关于刑事诉讼法律援助工作的规定》，通知辩护的刑事法律援助案件，由办案机关通知所在地的同级法律援助机构受理；实践中，诉讼代理的民事行政法律援助案件亦遵循层级管辖原则受理。因此，有必要在立法中明确规定各行政层级均应设立法律援助机构，以配合办案机关工作开展，确保法律正确实施。

再次，"应当设立"原则的确立，有利于纠正我国法律援助机构设立中的不当倾向。由于 2003 年《法律援助条例》仅要求"按需设立"，近年来，在党和国家机构改革中，一些县级人民政府以压缩编制为由，任意撤并当地的法律援助机构，严重影响了该地区法律援助服务的供给机制。例如，在云南，129 个县（市区）中，有 69 个撤销了法律援助中心；在贵州，88 个县（市区）中，有 23 个撤销了法律援助中心。[2]统计数据显示，2019 年，全国共办理法律援助案件 127 万余件，其中区县法援机构办案占比 70%；然而，虽然 2018 年全国法律援助机构数已经达到 3281 个，但 2019 年全国法律援助机构数为 2828 个，同比减少 14%，且减少的主要是区县法律援助机构。因此，我国亟需加强顶层设计，以遏制法律援助机构继续减少的态势，保障法律援助服务供给，更好地满足困难群众法律援助需求。法律援助机构是负责组织实施法律援助工作的机构，是确保法律援助服务供给的专门组织机构。本法将法律援助机构的设立确定为"应当设立"，要求所有县级以上人民政府司法行政部门均应当设立同级的法律援助机构，这进一步贯彻并体现了法律援助的普惠性，有利于巩固并扩大我国法律援助机构的组织结构与组织规模。

最后，"应当设立"原则的确立，有助于理顺法律援助工作的衔接事宜。例如，根据 2003 年《法律援助条例》和司法部、财政部《关于完善法律援助补贴标准的指导意见》《中央补助地方法律援助办案专款管理暂行办法》等文件，法律援助补贴由法律援助机构支付，法律援助经费拨付至法律援助机构，收付主体均非司法行政机关，各级法律援助机构设置不可或缺。

---

[1] "两院两部"是指最高人民法院、最高人民检察院、公安部、司法部，全书同样表述均使用该简称。

[2] 张纯："推动法律援助立法：好制度尚需细筹谋"，载《民主与法制周刊》2020 年第 9 期。

（二）"应当设立"四级法律援助机构的理解与适用

《法律援助法》第12条要求四级行政区划必须设立法律援助机构，这一制度安排具有现实必要性，对法律援助制度的稳步发展具有积极意义。然而，法律援助的制度安排有赖于法律援助实践的进一步贯彻落实。在《法律援助法》正式实施后，围绕法律援助机构的设立问题，应当作出下述理解与适用。

1. 尚未设立或已撤并法律援助机构的地区，应当尽快设立法律援助机构

"应当设立"四级法律援助机构是《法律援助法》的硬性要求，不存在灵活、变通执行的空间。我国法律援助制度经历了二十余年的发展，法律援助机构的数量得到了迅速增加，目前全国各地已经基本建立了本行政区划的法律援助机构。然而，当前法律援助机构设立的现状仍没有符合本法"应当设立"的制度期待，还存在一定的差距。一方面，由于编制不足、财政紧缺、人员有限、观念落后等多种原因，部分地方一直未能设立该地方的法律援助机构，法律援助事业尚未得到有效开展；另一方面，如前所述，近年来，在党和国家机构改革中，一些县级人民政府以压缩编制为由，任意撤并当地的法律援助机构，全国法律援助机构数量呈减少的态势。对于尚未设立或已撤并法律援助机构的地区，应当尽快贯彻落实《法律援助法》第12条的要求，及时设立本地区的法律援助机构。在具体落实中，地方人民政府及司法行政机关应当积极与编制管理部门沟通协调，设立或恢复法律援助机构，切实保障法律援助服务的供给。

2. 法律援助机构是单独设立的法定机构，应当具有独立的法人地位，不应由其他机构代行其职能

法律援助机构是负责组织实施法律援助工作的法定机构，具有独立的建制，通常命名为"法律援助中心"，并根据四级行政区划依法设立，例如司法部法律援助中心、山东省法律援助中心、杭州市法律援助中心、西湖区法律援助中心等。根据《法律援助法》第12条的条文精神，法律援助机构单独设立，不应当由其他机构代行其法定职责。在我国法律援助制度实践中，目前存在两种不当的机构设置做法，亟待纠正。

一是，司法行政部门代为履行法律援助机构职能。我国实行"二元化管理体制"，由司法行政部门负责监督管理法律援助工作，法律援助机构负责组织实施法律援助工作，二者各司其职，分别履行法律援助的行政管理与服务管理职能。然而，部分地方将二者合二为一，仅设立一个法律援助中心或法律援助工作处；部分地方将司法行政机关的法律援助部门与法律援助中心设置成"两块牌子，一个班子"。这些做法实质上否定了法律援助机构的独立地位，不当削弱了法律援助的供给能力。二是，将法律援助机构职能与其他公共法律服务职能合并，创设新的"公共法律服务中心"统一履职。为总体形成覆盖城乡、功能完备、便捷高效的公共法

律服务网络体系，根据国务院《"十三五"推进基本公共服务均等化规划》及司法部《关于推进公共法律服务平台建设的意见》等要求，各地以县（市、区）、乡镇（街道）为重点，普遍建立了"公共法律服务中心"或"公共法律服务工作站"等实体平台。根据《关于推进公共法律服务平台建设的意见》的部署，这些实体平台建设的功能定位是，通过整合资源，实现各类别公共法律服务集中进驻，打造综合性、一站式的服务型窗口。因此，无论是"公共法律服务中心"抑或"公共法律服务工作站"，均只是窗口单位、服务平台，发挥着服务综合枢纽和指挥协调平台的作用，其并不承担法律援助服务管理职能，不能替代法律援助机构的设立与履职。然而，在实践中，部分地方在"公共法律服务中心"设立后取消了法律援助中心，将法律援助中心的职能交由公共法律服务中心统一行使，这完全违背《法律援助法》及其他规范性文件的要求和部署。

3. 法律援助机构之间不存在上下级行政隶属关系

需要强调的是，法律援助机构虽然由不同级别的人民政府分别设立，但是作为法律援助的服务管理机构，各地法律援助机构之间却并非上下级关系，而是具有独立法人资格的平等服务实体。法律援助机构之间不存在任何行政隶属关系，是由法律援助机构的设立主体与法定职能所决定的。

根据《法律援助法》第12条前半段的规定，法律援助机构由县级以上人民政府司法行政部门设立。因此，特定行政等级的法律援助机构由该等级的司法行政部门设立，专门负责该行政等级对应的法律援助组织实施工作，并对设立该法律援助机构的司法行政部门负责，接受其监督管理。例如，区县级法律援助机构负责受理、审查、指派基层人民法院审理的法律援助案件；市级法律援助机构负责受理、审查、指派中级人民法院审理的法律援助案件等。

根据《法律援助法》第12条后半段的规定，法律援助机构仅负责组织实施法律援助工作，受理、审查法律援助申请，指派律师、基层法律服务工作者、法律援助志愿者等法律援助人员提供法律援助，支付法律援助补贴。如下文所述，这些职能均属于服务管理职能，而非行政管理职能。因此，在规范层面，根据职能预设，上一级法律援助机构不享有对下一级法律援助机构的监督管理权力；在现实层面，在实际履职过程中，上下级之间也不需要开展业务上的管理、监督与指导。

因此，虽然我国存在四级法律援助机构，但基于其设立主体与法定职能，不同层级法律援助机构之间并非上下级的领导、指导或监督关系，而是各自独立组织实施法律援助工作。

4. 法律援助机构根据属地管辖、同级对应原则，依法独立自主开展法律援助工作

在规范层面，根据"应当设立"四级法律援助机构的要求，我国四级人民法院

均存在级别对应的法律援助机构，各级法律援助机构各自管辖同级法律援助案件的受理审查与指派工作。这一理解理顺了法律援助案件中可能存在的管辖争议，并有利于衔接诉讼管辖及法律援助案件受理的相关规定。此前，根据最高人民法院、最高人民检察院、司法部《关于逐步实行律师代理申诉制度的意见》，以及"两院两部"《关于刑事诉讼法律援助工作的规定》，通知辩护的刑事法律援助案件，由办案机关通知所在地的同级法律援助机构受理。在法律援助实践中，诉讼代理的民事行政法律援助案件通常亦遵循级别管辖规定受理。在《法律援助法》实施后，应当进一步明确，各级法律援助机构各自管辖同级法律援助案件的受理审查与指派工作。据此，区县级法律援助机构应当受理审查基层人民法院审理的一审法律援助案件；地市级法律援助机构应当受理审查中级人民法院审理的一审、二审法律援助案件；省级法律援助机构应当受理审查高级人民法院审理的一审、二审、死刑复核法律援助案件；司法部法律援助中心应当受理审查最高人民法院审理的一审、二审、死刑复核法律援助案件。

5. 根据法律服务力量下沉的原则，应当加强基层法律援助机构的资源配置

鉴于法律援助机构应当根据属地管辖、同级对应的原则，依法独立自主开展法律援助工作，在法律服务力量的现实需求方面，我国基层法律援助机构远大于其他级别的法律援助机构。在我国，基层人民法院承担着大部分司法案件的审判工作，与之相应，基层法律援助机构承担着大部分法律援助案件的受理、审查与指派工作，是将矛盾化解在基层、维护社会稳定的重要力量。合理、充分配置资源是我国公共服务体系建设的基本理念之一。基于基层法律援助机构承担的繁重工作量，及其在我国法律援助事业中发挥的中流砥柱作用，各级政府应当采取措施，充分贯彻法律服务力量下沉的原则，加强基层法律援助机构资源配置，充实基层法律援助机构的人员编制、资金供给与各项待遇，提升基层法律援助机构的资源动员能力、资源配置能力和资源有效使用的能力。

"法律服务力量下沉"已经体现于我国目前社会治理的政策安排中。2015 年 10 月 13 日，习近平总书记在中央全面深化改革领导小组第十七次会议上指出，要针对基层工作特点和难点，推动职能下沉、人员力量下沉，建立与基层改革实际需要相匹配的权责体系。2017 年，中共中央、国务院发布了《关于加强和完善城乡社区治理的意见》，在"健全完善城乡社区治理体系"项下提出"推动管理和服务力量下沉"；其后，司法部发布的《关于推进公共法律服务平台建设的意见》中首次提出"优质法律服务资源下沉""多渠道解决基层法律服务力量短缺问题"等命题。2019 年，党的十九届四中全会要求，"推动社会治理和服务重心向基层下移，把更多资源下沉到基层"。2021 年，两办《关于加快推进乡村人才振兴的意见》中再次重申"推动公共法律服务力量下沉"的政策安排。法律服务力量下沉的原则要

求，不仅体现于充实基层法律援助人员、加强农村法律人才队伍建设等服务供给侧面，同时体现于法律援助机构的资源配置等服务管理侧面。

然而，在我国法律援助实践中，"法律服务力量下沉"尚未得到充分实现。目前，我国法律援助机构的资源配置通常与所属行政级别挂钩。这意味着，法律援助机构所属的司法行政部门级别越高，其人员编制、福利待遇等资源保障越充分，能调动的法律援助力量越大；反之，虽然基层法律援助服务需求更大、任务更重，但基层法律援助机构的资源保障更为匮乏，服务能力也更为欠缺。在《法律援助法》颁布实施后，基于法律援助机构的职能分工，以及基层法律援助机构在四级机构设置中的工作负担，必须进一步贯彻"法律服务力量下沉"的原则，加强基层法律援助机构的资源配置。为此，一方面，应当实现服务管理力量下沉，充实基层法律援助机构的人力资源、财力资源保障，并提高基层法律援助机构人员的各项待遇；另一方面，应当实现服务供给力量下沉，扩大基层法律援助机构可以调配、动员、使用的法律援助资源，例如，充分利用政府购买法律援助服务、法律服务资源跨区域流动机制等制度渠道。

二、法律援助机构的职能定位及具体职责

根据本条规定，法律援助机构的基本职能定位是：组织实施法律援助工作。关于该基本职能定位，应当与《法律援助法》第5条关于司法行政部门职责的规定结合起来进行理解。在法律援助管理体制上，《法律援助法》沿袭了"二元化管理体制"，由司法行政部门负责监督管理法律援助工作，法律援助机构负责组织实施法律援助工作。在学理层面进行归纳，司法行政部门履行行政管理职能，法律援助机构履行服务管理职能。

法律援助机构的基本职能定位决定了其具体职责的内容，二者之间是"概括—列举"的关系。根据法律援助机构的基本职能定位，法律援助立法列举了法律援助机构的三项具体职责：一是，受理、审查法律援助申请；二是，指派律师、基层法律服务工作者、法律援助志愿者等法律援助人员提供法律援助；三是，支付法律援助补贴。上述三项具体职责是法律援助机构服务管理职能的重要组成部分，但并未涵盖服务管理职能的全部内容。[1]结合法律援助服务实践，有必要在学理层面对

---

[1] 例如，顾永忠教授认为，根据"组织实施法律援助工作"的立法定位，法律援助机构的具体职能应当包括以下方面：一是考核、遴选法律援助人员，以保证只有符合条件的人员才能参与法律援助；二是管理、培训法律援助人员，使他们有序、有效向受援对象提供法律援助；三是受理、审查法律援助申请，或者受理公安司法机关的通知，指派或安排法律援助人员为受援对象提供法律援助；四是检查、监督法律援助人员办案活动，确保法律援助案件办案质量；五是收集整理法律援助案件档案，总结法律援助工作，考评奖惩法律援助人员；六是向法律援助人员支付法律援助补贴；七是其他工作。详见顾永忠："法律援助机构的设立、职能及人员构成之立法讨论"，载《江西社会科学》2021年第6期。

法律援助机构的具体职责予以重述。根据法律援助机构"组织实施法律援助工作"的基本职能定位，法律援助机构的具体职责主要包括三种类型。

（一）针对法律援助受援人的受理审查职责

针对法律援助受援人的受理审查职责，即法律援助申请的受理、审查与决定。根据《法律援助法》第43条第1款的规定，法律援助机构应当自收到法律援助申请之日起7日内进行审查，作出是否给予法律援助的决定。决定给予法律援助的，应当自作出决定之日起3日内指派法律援助人员为受援人提供法律援助；决定不给予法律援助的，应当书面告知申请人，并说明理由。受理审查职责是法律援助机构的核心职能之一，同时是法律援助服务管理职能的重要体现。只有通过必要的受理审查环节，才能联结法律援助服务供给与法律援助需求，为法律援助提供者与法律援助受援人之间搭建桥梁与纽带。

法律援助机构如何履行受理审查职责？对于这一问题，《法律援助法》在第四章"程序和实施"中作出了具体规定。另需说明的是，基于法律援助机构的受理审查职责，在作出提供法律援助的决定后，法律援助机构同时有权作出终止法律援助的决定，对此，《法律援助法》第48条对终止情形作出了列举式规定。

（二）针对法律援助服务提供者的服务组织职责

针对法律援助服务提供者的服务组织职责，是指法律援助机构组织、监督法律援助提供者依法提供法律援助服务的职责。该项职责具体包括以下内容：法律援助人员的遴选、指派、服务监督、支付补贴等。除本条明文列举的指派与支付补贴外，其他服务组织职责在《法律援助法》其他条文或法律援助实践工作中同样有所体现。

其一，遴选职责。在法律援助实践中，应当逐步建立公正公平公开的法律援助遴选制度，通过公开遴选标准、遴选程序，以公开的方式确定法律援助人员的范围、建立法律援助律师名册。关于法律援助人员的指派，应当逐步完善指派规则和指派机制，避免出现"个别律师垄断法律援助"的乱象。为了提升法律援助的质量和受援人的获得感、满意度，法律援助机构可以根据本地实际情况，建立法律援助人员准入机制、双向选择机制等。例如，综合权衡本地区法律援助人员的执业水平、职业素质以及法律援助需求，通过法律援助人员名册，向社会公开提供法律援助服务的人员名单。再如，切实保障受援人选择权，允许受援人在法律援助人员名录中自主选择服务人员。简言之，法律援助机构"组织实施法律援助工作"应当逐步实现规范化发展。

其二，指派职责。为匹配法律援助的供给与需求，在完成对于受援人的审查并决定提供法律援助后，法律援助机构工作人员还应当指派律师、基层法律服务工作者、法律援助志愿者等法律援助人员提供法律援助服务。需要说明的是，这里的

"律师"，特指执业律师或社会律师，而不包括法律援助机构内持律师工作证的法律援助律师。除本条的规定外，《法律援助法》第25条、第26条、第27条、第28条、第36条、第43条等条文均贯彻并体现了法律援助机构的指派职责，在此无需赘言。

需要进一步说明的是，法律援助机构如何履行指派职责？这涉及法律援助的供给模式问题。我国《法律援助法》确立了多元化的法律援助供给模式，并可分为以下三种类型。一是指派社会法律服务人员服务模式；二是法律援助机构工作人员服务模式；三是购买社会律师服务模式。[1]从我国实践情况来看，大多数地方大多数案件采用的模式是指派社会法律服务人员服务模式，即直接指定律师事务所、基层法律服务所、其他社会组织来承担法律援助案件的模式。这种传统意义的指派模式难以合理配置律师资源，不利于调动律师积极性，同时在法律援助需求量与律师数量及分布之间存在结构性矛盾。有鉴于此，《法律援助法》第13条规定，"法律援助机构根据工作需要，可以安排本机构具有律师资格或者法律职业资格的工作人员提供法律援助……"，明确了法律援助机构工作人员服务模式的合法性；同时，《法律援助法》第15条规定，"司法行政部门可以通过政府采购等方式，择优选择律师事务所等法律服务机构为受援人提供法律援助"，这为购买社会律师服务模式提供了法律依据。因此，法律援助机构履行指派职责，应当根据现实需要，结合可调用的法律援助服务资源，充分运用不同的法律援助供给模式，指派法律援助人员提供法律援助。

其三，支付补贴职责。办案补贴既是对法律援助人员的基本经济保障，也是最基础的参与奖励机制。向法律援助人员支付补贴的职责，涉及法律援助机构对于法律援助经费的管理与使用问题。在法律援助"二元化管理体制"下，司法行政部门负责指导监督法律援助工作，法律援助机构负责组织实施法律援助工作。对此，《法律援助法》第52条第1款、第2款，第57条规定，司法行政部门应当保障法律援助的经费、确定补贴标准、制定服务质量标准；法律援助机构则依照有关规定及时向法律援助人员支付法律援助补贴。此外，根据2019年司法部、财政部《关于完善法律援助补贴标准的指导意见》第9条规定，各地法律援助机构应当"逐步推行补贴与服务质量挂钩的差别补贴。法律援助机构可以各项补贴标准为基准，根据服务质量上下浮动一定比例，确定不同级别补贴标准，促进提高服务质量"。

（三）针对法律援助服务质量的督促职责

法律援助服务质量的高低，直接影响到法律援助受援人的获得感。毋庸赘言，法律援助服务质量的实质提升，有赖于法律援助制度的整体完善，例如供需矛盾的

---

[1] 程滔、杨永志："法律援助模式多元化探究"，载《中国司法》2019年第11期。

化解、管理体制的顺畅、经费保障的加强等。健全法律援助服务质量的监管体系，同样是提高法律援助服务质量的重要方面，并集中规定于《法律援助法》第五章"保障和监督"之中。虽然本法第 12 条并未规定与法律援助服务质量相关的职责，但是，基于法律援助机构"组织实施法律援助工作"的基本职责定位，法律援助机构对于法律援助服务质量的保障同样负有一定职责，并体现为"督促职责"。

这一督促职责规定于《法律援助法》第 59 条。该条规定："法律援助机构应当综合运用庭审旁听、案卷检查、征询司法机关意见和回访受援人等措施，督促法律援助人员提升服务质量。"基于该规定，法律援助机构对服务质量的督促职责，既包括对于法律援助服务的过程督促，也包括法律援助服务活动结束后的结果督促。督促的内容，应当包括执行法律援助办案程序的情况，办理案件的情况，遵守行业规范、职业道德和执业纪律的情况等；督促的方式，包括庭审旁听、案卷检查、征询司法机关意见和回访受援人等措施。在法律援助实践中，还包括要求法律援助人员及时汇报办案的进展情况、对特殊案件进行跟踪、听取受援人反馈意见等形式。

需进一步说明的是，法律援助机构的督促职责应当与司法行政部门的监督职责进行区分。法律援助服务质量的监管工作，由法律援助机构与司法行政部门共同完成，但二者负有不同的职责。基于法律援助的"二元化管理体制"，涉及行政管理职能的相关质量监管工作，应当由司法行政部门进行；涉及服务管理职能的相关质量监管工作，则应当由法律援助机构进行。这一精神充分体现于《法律援助法》第56 条、第 57 条及第 59 条之中。本法第 56 条规定："司法行政部门应当建立法律援助工作投诉查处制度；接到投诉后，应当依照有关规定受理和调查处理，并及时向投诉人告知处理结果。"第 57 条规定："司法行政部门应当加强对法律援助服务的监督，制定法律援助服务质量标准，通过第三方评估等方式定期进行质量考核。"因此，对于法律援助的投诉查处、制定质量标准、质量考核等具有行政管理色彩的"监督职责"，由司法行政部门负责，完全有别于法律援助机构的"督促职责"。二者互为补充，共同构成法律援助服务质量的监管体系，促进法律援助服务质量的提升。

最后，除上述三类具体职责之外，"组织实施法律援助工作"也包括其他尚未类型化的职责，如法律援助的统计管理、档案管理等。《法律援助法》第 58 条规定："司法行政部门、法律援助机构应当建立法律援助信息公开制度，定期向社会公布法律援助资金使用、案件办理、质量考核结果等情况，接受社会监督。"根据本条规定，法律援助机构同样需要负责法律援助的统计管理、档案管理等职责。在《法律援助法》基础上，建议我国在相关规范性文件中，进一步明确法律援助机构的职责明细。

【延伸阅读】法律援助机构

在理论上，法律援助机构（legal aid authority）即国家为确保法律援助服务稳定供给而依法设立的专门性机构，具体负责提供、管理、协调和监督法律援助服务。2012年联合国《原则和准则》第59条规定："为确保有效执行全国性法律援助计划，各国应当考虑建立一个法律援助机构或管理机构，以便提供、管理、协调和监督法律援助服务。这类机构应当：（a）不受政治或司法不当干预、在法律援助相关决策上独立于政府并且在履行其职能方面不应当接受任何人或任何行政管理机构的指示或控制或经济恫吓，而不论其行政架构如何；（b）享有提供法律援助的必要权限，包括但不局限于：人事任命、将法律援助服务指派给个人、拟订标准并对法律援助服务人员进行资格认证，包括确定培训要求；对法律援助服务人员实施监督并建立处理对其提出的申诉的独立机构；在全国范围内对法律援助需要作出评估；并且有权制订自身的预算；（c）与司法部门关键利益相关者和公民社会组织协商，拟订指导法律援助工作发展和可持续能力的长期战略；（d）定期向负责机构报告。"据此，联合国发布的《刑事法律援助示范法典》将法律援助机构定义为"为管理、协调、监测法律援助服务提供活动而成立的主管机构"。

法律援助机构设置是世界各国和地区法律援助立法的首要内容；与此同时，根据各国法律制度与实践的差异，法律援助机构的名称设置、组织结构与职责分工各有不同。

例如，在日本，根据2004年《日本综合法律援助法》，日本于2006年成立了司法援助中心。该中心为独立行政法人，业务主管部门为法务省；主要办事处设于东京都，地方设立办事处。在独立行政法人的机构性质下，司法援助中心实行自治化管理，负责具体的法律援助管理工作；法务省仅负有宏观的政策制定职能，有权确定3~5年间司法援助中心应实现的业务运营目标、监督司法援助中心的各项事务。

在英国，法律援助管理体制几经变迁。根据1949年《英国法律援助与法律咨询法》，英国开始建立民事领域的综合性法律援助体系，同时规定由事务律师公会（Law Society）负责法律援助事务的管理事宜。40年后，根据1988年《英国法律援助法》规定，英国法律援助管理事宜转由新成立的法律援助委员会（Legal Aid Board）负责。[1]之后不久，英格兰和威尔士法律服务委员会（the Legal Services Commission）取代法律援助委员会。法律服务委员会是根据1999年《英国获得正义法》创设的行政法人。法律服务委员会管理社区法律服务和刑事辩护服务两个法律援助计划，有权进行任何履行职责所必要且恰当的行为，享有广泛的服务管理、服务监督、政策制定职能。此外，上议院大法官则在委员会的工作之上提出指导与

---

〔1〕 在机构性质上，法律援助委员会属于行政法人（non-departmental governmental public body）。即独立于内阁部会之外（non-departmental，independent），不采传统行政机关组织形式，但提供公共服务（providing public services）或执行公共任务的一种行政组织方式。

命令。[1]2012 年，为了加强对法律援助工作的管理，根据 2012 年《英国法律援助、罪犯量刑和处罚法案》，司法部的内设机构法律援助局（Legal AidAgency）取代法律服务委员会，同时由上议院大法官全面负责民事及刑事法律援助计划的管理工作。[2]

考察联合国及域外国家的法律援助机构设置，不难发现，国际层面的法律援助机构往往是全面负责法律援助管理工作的自治机构，其具体职责涵盖法律援助管理的各个方面。根据我国 2003 年《法律援助条例》及《法律援助法》的规定，我国法律援助管理实行"二元化管理体制"：司法行政部门负责监督管理法律援助工作（行政管理事宜），法律援助机构负责组织实施法律援助工作（服务供给事宜）。因此，在我国法律援助制度下，法律援助机构（即"法律援助中心"）的基本定位是服务组织实施机构。根据《法律援助法》第 12 条规定，"……法律援助机构负责组织实施法律援助工作，受理、审查法律援助申请，指派律师、基层法律服务工作者、法律援助志愿者等法律援助人员提供法律援助，支付法律援助补贴"。

基于上述职能分工，在我国法律援助制度下，应当注意区分以下两类机构：法律援助机构与法律援助管理机构。其中，法律援助管理机构，是各级司法行政部门内部设立的、负责行使司法行政部门监督管理法律援助工作职责的具体职能部门。2008 年，为进一步理顺法律援助管理体制、加强法律援助工作监督管理职责，司法部根据国务院"三定"规定，设立法律援助工作司，作为全国法律援助管理机构，其性质为司法部内设职能部门。根据司法部《关于司法部法律援助工作司主要职责和内设机构的通知》，法律援助工作司的主要职责是：指导、检查法律援助的法律法规和政策的执行工作；规划法律援助事业发展布局；承担法律援助机构、法律援助工作人员的监督管理工作；指导社会组织和志愿者开展法律援助工作等。地方层面，以法律援助工作处命名的法律援助管理机构同样广泛设立。根据 2018 年《中共中央关于深化党和国家机构改革的决定》，司法部为进一步推进公共法律服务体系建设，于 2019 年成立公共法律服务管理局，主要负责拟订公共法律服务体系建设规划并指导实施，统筹和布局城乡、区域法律服务资源；指导、监督律师、法律援助、司法鉴定、公证、仲裁和基层法律服务管理工作。自此，中央层面的法律援助管理机构转变为公共法律服务管理局下设的法律援助工作处。

---

[1] Explanatory Notes Access to Justice Act 1999, p. 12. para. 50 (1999).

[2] Reform of Legal Aid in England and Wales: the Government Response, 2011, p. 2.

第十三条 【法律援助机构的特殊职责】

法律援助机构根据工作需要，可以安排本机构具有律师资格或者法律职业资格的工作人员提供法律援助；可以设置法律援助工作站或者联络点，就近受理法律援助申请。

【条文要旨】

本条是关于法律援助机构援助服务的规定。该条规定包含两项内容：一是，为确保法律援助服务供给，授权法律援助机构在例外情形下可以安排本机构适格的工作人员提供法律援助服务。本项授权是第12条（指派法律援助人员提供法律援助）的例外性规定。二是，基于便民服务的要求，法律援助机构可以根据工作需要，设置法律援助工作站或者联络点；法律援助工作站或联络点的主要职责是，就近受理群众提出的法律援助申请。

【立法背景】

一、法律援助机构的服务提供职能

根据《法律援助法》第12条的规定，法律援助机构的基本职能在于组织实施法律援助工作。然而，为弥补法律援助资源不充分不均衡的问题，早在法律援助机构设立之初，司法部即允许法律援助机构内部的工作人员直接提供法律援助服务。在规范层面，2003年《法律援助条例》第21条明确规定："法律援助机构可以指派律师事务所安排律师或者安排本机构的工作人员办理法律援助案件……"因此，长期以来，法律援助机构在组织实施法律援助工作的职能之外，同时兼具直接办理法律援助案件的职能。"中国各地方法律援助机构除担负法律援助的管理工作之外，还直接提供法律援助的服务。特别是地（市）、县（区）两级法律援助机构具有较强的法律援助服务职能。"[1]为履行服务提供职能，各地法律援助机构的工作人员中往往会有数量不等的专职律师，即所谓的"法律援助律师""法律援助机构律师"。根据2018年统计数据，全国法律援助机构共有工作人员13 013人。其中，法律援助注册律师数为4546人，约占总人数的34.9%。[2]这些法律援助律师曾经一度是法律援助服务的主力军，承担了大量的法律援助服务工作。

随着法律援助事业的发展，对于法律援助机构的服务提供职能，存在一定的批评与质疑。

---

〔1〕 高贞：《法律援助的理论与实践》，法律出版社2014年版，第11页。

〔2〕 司法部公共法律服务管理局法律援助处："2018年全国法律援助工作统计分析"，载樊崇义、施汉生主编：《中国法律援助蓝皮书：中国法律援助制度发展报告No.1（2019）》，社会科学文献出版社2020年版，第35页。

一方面，有些地方由于法律援助机构人员有限，在组织实施法律援助工作外，难以兼顾服务提供职能。"2010 年全国法律援助机构的平均工作人员只有 3.75 人，法律援助机构平均受理审批法律援助申请 222 件"，[1]仅这一项服务管理职能，法律援助机构即需投入大量工作精力。如果法律援助机构工作人员既要兼顾本部门的日常行政工作，又要兼职提供法律服务，个人精力都是有限的，必然导致行政效率下降、服务质量受到制约。同时，顾永忠教授统计了 2011~2013 年各地承办刑事法律援助案件的律师来源、办案比例及法律援助机构人员构成。数据显示，2011 年，办理刑事法律援助案件的社会律师与法律援助机构律师比例分别是 73.2% 和 26.8%，2012 年改变为 75.34% 和 24.66%，2013 年则发展为 78.69% 和 21.31%，[2]法律援助机构直接办理法律援助案件的比例正逐年下降。这在一定程度上反映了，面对日益增长的法律援助服务需求，法律援助机构难以兼顾既是监管者又是服务提供者的双重职能。

另一方面，有些地方的法律援助机构将办理法律援助案件当作主要职责，存在职能异化的问题。法律援助律师既是法律援助机构的管理者，又是法律援助服务的提供者；既作为专职人员领取固定的工资报酬（在 2019 年以前），又按照法律援助补贴标准领取补贴。在法律援助实践中，出于个人利益，法律援助机构工作人员更热衷于办理法律援助案件并赚取办案补贴，尤其是一些律师资源较丰富的地方的法律援助机构也热衷于办理法律援助案件。有数据显示，吉林省长春市法律援助中心2013 年办理了 331 件刑事法律援助案件，其中法律援助中心工作人员的办案比例高达 73%，领取的办案补贴数额远远高于支付给社会执业律师的办案补贴。[3]因此，对于法律援助机构是否应当具有服务提供职能，法律援助律师"能否办案""能否领取补贴"，存在较大争议。

《法律援助法（草案）》初稿肯定了法律援助机构的服务提供职能，规定法律援助人员包括"法律援助机构律师"，并明确了法律援助机构律师的任职条件。在《法律援助法（草案）》一审稿征求意见过程中，有的意见提出：法律援助机构既负责监督管理，又直接提供法律援助，这种做法不妥；同时，在律师法等法律之外再创设新的律师种类，也缺乏必要依据。全国人大宪法和法律委员会经研究，建议删去有关"法律援助机构律师"的规定。这一变动使得法律援助机构直接提供法律

---

〔1〕　桑宁："法律援助发展中结构性矛盾和瓶颈问题研究"，载《中国司法》2012 年第 1 期。

〔2〕　参见顾永忠、杨剑炜："我国刑事法律援助的实施现状与对策建议：基于 2013 年《刑事诉讼法》施行以来的考察与思考"，载《法学杂志》2015 年第 4 期。

〔3〕　2019 年司法部、财政部《关于完善法律援助补贴标准的指导意见》第 1 条规定："法律援助补贴，是指法律援助机构按照规定支付给社会律师、基层法律服务工作者、社会组织人员等法律援助事项承办人员（不含法律援助机构工作人员，以及其他承办法律援助事项的具有公职身份的基层法律服务工作者、社会组织人员）所属单位的费用。"据此，法律援助机构的专职律师作为机构"工作人员"不得领取办案补贴。

援助服务不再于法有据。

2020 年 6 月，第十三届全国人民代表大会常务委员会第二十九次会议对《法律援助法（草案）》二审稿进行了分组审议。针对法律援助机构律师提供法律援助问题，一些全国人大常委会组成人员就此提出了不同意见。例如，张苏军委员指出，《法律援助法（草案）》二审稿删除了一审稿中"法律援助机构律师"的规定，但简单删除会造成一个问题——亟需法律援助的中西部地区出现了空档。张苏军委员指出，仅在 2020 年，全国 5500 余名法律援助机构律师就办案 7 万余件，有效缓解了中西部地区律师资源匮乏的现状。为解决这个实际问题，促进法律援助事业发展，建议在二审稿第 16 条增加第 3 款："法律援助机构安排本机构具有律师资格或者法律职业资格的人员办理法律援助事项，参照律师提供法律援助的有关规定。"张苏军委员还指出，法律援助法是全国人大监察和司法委员会负责起草的，在起草之前进行的大量调研显示，我国西部地区现在还有近百个县没有律师事务所，个别县甚至连一名律师都没有。有个别通过降低规格而取得了法律职业资格的人，因不能到发达地区从业，必须留在本地，但其又开办不了律师事务所，所以不得不依托法律援助机构开展工作。他们从事的工作中有一项，就是向刑事案件被告人提供法律援助。如果把法律援助机构律师提供法律援助的条款取消的话，那么这些人就无法开展工作了。此外，徐显明委员认为，删去有关"法律援助机构律师"的规定，不利于法律援助服务和法律援助工作在中西部、在法律资源缺乏地区的开展，建议恢复。[1]

虽然"法律援助机构律师"的表述被草案二审稿删去，但是基于我国律师资源不充分不均衡的问题，由法律援助机构内部人员提供法律援助服务的现实需要仍然存在，应当在立法中予以回应。因此，在《法律援助法（草案）》第三次审议期间，结合各方相关意见，全国人大宪法和法律委员会认为，为满足实际需要，法律援助机构指派本机构具有一定资格的工作人员提供法律援助，是现实做法，法律上应当有所体现。全国人大宪法和法律委员会经研究，建议增加规定，法律援助机构根据工作需要，可以安排本机构具有律师资格或者法律职业资格的工作人员提供法律援助（《法律援助法》第 13 条）。据此，立法者最终同意，根据法律援助工作需要，在例外情形下，法律援助机构"可以安排"适格的机构工作人员提供法律援助服务。

二、法律援助工作站点

设立法律援助工作站点，是完善法律援助便民服务机制的重要举措。2003 年《法律援助条例》没有关于法律援助工作站点的规定。但是，2004 年司法部《关于进一步贯彻〈法律援助条例〉加快法律援助工作发展的通知》要求，为积极探索

---

[1] 蒲晓磊："增加'法律援助机构律师'规定 促进中西部法律援助工作"，载《法治日报》2021 年 6 月 11 日，第 2 版。

便民利民措施，提高工作效率，把法律援助工作真正落到实处，各地还可以根据法律援助的需求情况，拓宽法律援助申请的渠道，探索在城市社区和农村乡镇建立法律援助工作站，方便困难群众就近申请法律援助。2015 年两办《关于完善法律援助制度的意见》进一步提出了"完善法律援助便民服务机制"的改革任务，并明确要求"拓宽申请渠道，发挥法律援助工作站、联络点贴近基层的优势，方便困难群众及时就近提出申请，在偏远地区和困难群众集中的地区设立流动工作站巡回受案"。对此，时任司法部副部长赵大程同志解释说，"这要求进一步加强法律援助站点建设，在乡镇、街道、社区等人群集中的地方要有法律援助专门的工作站和人员……要在临街一层设立法律援助的便民服务窗口，为残疾人、老年人等行动不便者提供无障碍通道，根据服务对象的身心情况提供有针对性的服务"。〔1〕据此，法律援助工作站点建设已经成为我国推进法律援助可及性的重要举措之一，并逐渐形成了法律援助机构—法律援助站—法律援助点的三级便民服务网络。

回顾我国法律援助工作站点的发展历程，法律援助工作站主要依托基层（城市街道、乡镇）司法所设立，法律援助联络点则根据需要在社区、村（居）设立。〔2〕此外，法律援助工作站点还包括多种形式，如农民工法律服务工作站、军人军属法律援助工作站、老年人法律援助工作站等。司法部公布的数据显示，截至 2018 年底，全国共设立法律援助工作站 73 597 个。其中，依托司法所设立工作站 39 526 个，在工、青、妇、老、残、信访、高校、监狱、戒毒所设立工作站15 051个，在看守所设立工作站 2526 个，依托人民法院建立工作站 3117 个。〔3〕可见，在社会治理过程中，法律援助工作站点的设立为扩大法律援助覆盖面、维护社会长治久安发挥了重要作用。

一审稿	二审稿	《法律援助法》
第十条　法律援助机构根据工作需要，可以设置法律援助工作站或者联络点，就近受理法律援助申请。	**第十三条**　法律援助机构根据工作需要，可以设置法律援助工作站或者联络点，就近受理法律援助申请。	**第十三条**　法律援助机构根据工作需要，**可以安排本机构具有律师资格或者法律职业资格的工作人员提供法律援助**；可以设置法律援助工作站或者联络点，就近受理法律援助申请。

〔1〕　周洪双："为群众提供更可及的法律援助"，载《光明日报》2015 年 7 月 3 日，第 8 版。

〔2〕　吕涛、杨江红："政府主导的法律援助现状与拓展——基于实践与基层的视角"，载《云南大学学报法学版》2011 年第 3 期。

〔3〕　樊崇义、施汉生主编：《中国法律援助蓝皮书：中国法律援助制度发展报告 No.1（2019）》，社会科学文献出版社 2019 年版，第 34 页。

一审稿	二审稿	《法律援助法》
第十三条 法律援助机构律师应当具备以下条件： （一）拥护中华人民共和国宪法； （二）具有国家统一法律职业资格； （三）品行良好； （四）具有正常履行职责的身体条件和心理素质； （五）从事相关法律工作一年以上。	（删除）	

【条文释义】

本条包括两方面内容：第一，为弥补法律援助资源不充分不均衡的问题，立法授权法律援助机构根据实际工作需要可以安排本机构的适格工作人员直接提供法律援助服务；提供法律援助的工作人员应当具有律师资格或者法律职业资格。与指派法律援助人员提供法律援助相比，所谓"可以安排"是一种具有例外性、补充性的特殊制度安排。

第二，为完善法律援助便民服务机制，保障人民群众获得便利可及的法律援助，法律援助机构根据工作需要，可以设置法律援助工作站或者联络点；法律援助工作站或联络点的主要职责是，就近受理群众提出的法律援助申请。

一、法律援助机构工作人员直接提供法律援助服务

根据《法律援助法》第12条，法律援助机构的基本职责是"负责组织实施法律援助工作"，即法律援助的服务管理职能，这是法律援助机构的基本职责定位。在此基础上，《法律援助法》第13条规定，"法律援助机构根据工作需要，可以安排本机构具有律师资格或者法律职业资格的工作人员提供法律援助"。据此，作为"指派法律援助人员"的例外和必要补充，法律援助机构根据法律援助服务的实际需要，"可以"安排本机构适格的工作人员直接提供法律援助服务。因此，在完整意义上，我国法律援助机构负有双重职能，即法律援助的服务管理职能（基本职能），以及法律援助的服务提供职能（例外补充）。

（一）服务提供职能

所谓法律援助的服务提供职能，是指由法律援助机构的工作人员直接提供法律援助服务的职能。世界范围内，各国法律援助机构往往根据实际情况创设一定的制度机制，为受援人直接提供法律援助服务，这是各国普遍的制度经验。以美国公设辩护人制度为例。美国公设辩护人制度始于 1914 年，公设辩护人是由国家或社会资助，为贫困被追诉人提供刑事法律援助的专职或兼职刑事辩护律师。受 1963 年吉迪恩诉温莱特案的推动，美国刑事案件辩护需求极大地提高，然而，美国当时实行的"援助律师制"[1]无法满足法律援助的需要。因此，1963 年至 1970 年代期间，美国贫困者辩护体系经历了空前发展，公设辩护人办公室获得了爆发式增长。[2]

在一定程度上允许法律援助机构负有服务提供职能，可以直接向受援人提供法律援助服务，其核心原因在于：原有社会律师资源难以充分满足不同地区、不同时期的司法需求，因而需要法律援助机构动用国家力量以弥补该不足。我国之所以规定法律援助机构根据需要可以安排适格的工作人员提供法律援助服务，同样是基于法律援助实践的现实需要。一方面，我国当前律师资源的地域分布极不平衡。截至 2020 年底，全国共有律师事务所 3.4 万多家，执业律师 52.2 万多人，然而律师主要集中在经济较发达地区的大中城市，西部等欠发达地区的律师数量占比较少。有数据显示，贵州、青海、甘肃、江西、安徽等省区平均每 10 万人拥有的律师不到10 人，最少的是西藏，只有 4.6 人。[3]另一方面，近年来，我国提出了多项司法改革举措，对法律援助覆盖率提出了更高要求。例如，最高人民法院、司法部于2017 年 10 月印发了《关于开展刑事案件律师辩护全覆盖试点工作的办法》（以下简称《律师辩护全覆盖试点办法》），提出刑事案件律师辩护全覆盖的发展目标。在上述背景下，通过法律援助机构内部设立的律师队伍直接提供法律援助服务，弥补律师资源不均衡不充分的问题，提高法律援助服务的供给力量，是十分必要的。事实上，我国法律援助律师队伍已经形成一定规模。2018 年，全国法律援助机构共有工作人员 13 013 人，其中法律援助注册律师数为 4546 人。可以预见的是，这一律师队伍将在今后继续发挥其作用，以满足巨大的法律援助需求。

（二）服务提供职能属于补充性、例外性规定

结合《法律援助法》第 12 条、第 13 条规定，法律援助机构的基本职责是"组织实施法律援助服务"，即法律援助的服务管理职能；法律援助的服务提供职能是基本职能的例外和必要的补充。具体而言，法律援助机构原则上应当"指派法律援

---

　　[1]　"援助律师制"即由被追诉人或其他相关人员向法律援助机构提出申请，待审核通过后由机构指派相应的私人律师为被追诉人提供法律援助。"这一模式在 1963 年前的盛行一方面是因为它既方便又快捷，另一方面是因为司法实践中对于法律援助律师的需求还相对较小。但是面对激增的案件量，这种模式就显示出了极大的弊端。参见程衍："论我国法律援助制度的完善——建立公设辩护人系统"，载《中国政法大学学报》2017 年第 2 期。

　　[2]　吴羽："美国公设辩护人制度运作机制研究"，载《北方法学》2014 年第 5 期。

　　[3]　参见朱景文主编：《中国人民大学中国法律发展报告 2012：中国法律工作者的职业化》，中国人民大学出版社 2013 年版，第 214 页、第 267~268 页。

助人员提供法律援助"；作为上述原则性规定的必要补充，本法第 13 条作出如下补充性规定：法律援助机构根据法律援助工作的实际需要，也"可以"安排本机构的适格人员提供法律援助。申言之，法律援助机构工作人员的基本职能定位是法律援助服务管理者，其主要任务是履行受理审查、服务组织、督促等职能；而法律援助机构的服务提供职能具有补充性，仅在"工作需要"的情况下，才由法律援助机构工作人员直接提供法律援助服务。

所谓服务提供职能的补充性质，是由服务管理职能与服务提供职能的固有冲突所决定的。一方面，法律援助机构的工作人员有限。由工作人员兼顾服务提供职能，是以牺牲法律援助机构的服务管理职能为代价的，难免导致服务管理的效率下降、服务质量受到制约。另一方面，由服务管理者直接提供法律援助服务，其服务管理的公正性将遭到质疑。在法律援助实践中，允许法律援助机构的工作人员"既作裁判员，又作运动员"，难以避免其在服务管理过程中追逐个人利益，损害法律援助事业的公共利益。

基于法律援助机构服务提供职能的补充性特征，《法律援助法》第 13 条所规定的"根据工作需要"，应当作以下两个方面的理解。

其一，"根据工作需要"是"根据服务提供工作的需要"。为缓解法律援助供给力量不足的问题，在法律援助资源相对匮乏的地区，可以通过法律援助机构工作人员提供法律援助，填补法律援助的城乡差距、地区差距；相反，在法律援助资源相对充足的地区，原则上不鼓励由法律援助机构工作人员提供法律援助，否则将不必要地牺牲法律援助机构的服务管理职能，造成资源浪费。换言之，法律援助资源相对匮乏，是由法律援助机构工作人员直接提供法律援助服务的正当性事由，符合"根据工作需要"的内在要求。

其二，"根据工作需要"也是"根据服务管理工作的需要"。为推动服务管理工作的专业化，也可以允许法律援助机构工作人员提供少量的法律援助服务。法律援助的服务管理并不是简单的受理审查工作，其职能履行具有专业性。在履职过程中，法律援助机构工作人员需要充分把握本地区的法律援助现实需求、法律援助的供给队伍、法律援助的质量、法律援助中的突出问题等，使本地区的法律援助供给与需求得到最大程度的匹配，切实提高法律援助受援人的满意度。有鉴于此，"根据服务管理工作的需要"，可以允许法律援助机构工作人员通过亲自参与法律援助案件办理，直接接触法律援助受援人与法律援助服务的一线工作，进而将所获得的实践经验应用于服务管理之中，提高法律援助服务管理的能力和水平。

（三）服务提供职能的实现方式

《法律援助法》第 13 条前半段虽然明确了法律援助机构的服务提供职能，为法律援助机构直接提供法律援助服务提供了成文法依据；然而，如何组织法律援助机构工作人员提供法律援助服务,包括遴选、聘任、考核等事项,《法律援助法》尚未进行规定,有待进一步规范。

我们认为,提供法律援助服务是一项专业性较强的工作,基于法律援助机构自身的双重职能定位,在法律援助实践工作中,应当对管理工作与服务工作进行科学区分,即推动"服务人员的专职化"。换言之,应当区别办理法律援助案件的服务人员及负责组织实施的管理人员,服务人员应当专注于办理案件,不应参与管理工作;管理人员应当尽职履行管理职责,不应利用其角色优势参与办案,谋取办案补贴。同时,应当对二者设立不同的人员配置、薪资报酬、专业分工、职责任务、培训机制等。通过服务人员的专职化,有助于明晰法律援助工作中的权责、提高管理效率、保障服务质量,同时能够化解法律援助机构工作人员是否既当裁判员又当运动员,办案能否领取办案费用、补贴等质疑。

在立法过程中,有专家团队曾建议,为了从制度上解决我国律师资源地域分布不均衡导致的"人力资源问题",可以结合我国法律援助"1+1"项目的经验,并借鉴西方的公设辩护人制度,积极探索年薪制的公职律师制度,以期提高我国欠发达地区法律援助服务的供给能力。[1]具体而言,专家团队提出了两点建议:一是,将法律援助机构律师作为解决律师跨区域配置的制度化手段,明确法律援助机构律师由省级司法行政部门统一遴选、管理。针对律师资源不充分不均衡的问题,可以由国务院、省级人民政府通过在律师资源匮乏地区实行年薪制的法律援助机构律师制度,来统筹实现律师跨行政区域提供法律援助服务,解决偏远地区律师少、无律师的问题。据此,建议增加以下规定:"根据需要,法律援助机构可以设置一定数量的法律援助机构律师岗位。""法律援助机构律师由省司法行政部门负责遴选、聘任、考核。"二是,明确法律援助机构律师是合同聘任制人员,不占国家编制。"法律援助机构律师实行薪酬制。法律援助机构律师的薪酬标准,由省、自治区、直辖市人民政府司法行政部门会同同级财政部门,根据当地经济发展水平和法律援助的服务类型、承办成本、基本劳务费用等确定。"

(四)服务提供职能的具体应用

法律援助机构根据实际工作需要,安排本机构工作人员提供法律援助,应当注意以下问题。

1. 适格条件

法律援助机构安排本机构工作人员提供法律援助应当符合法定资质要求。根据《法律援助法》第61条第2项规定,法律援助机构不得以本法第13条规定为借口,指派"不符合本法规定的人员提供法律援助"。

---

〔1〕　樊崇义、吴宏耀、余鹏文:"西部地区法律援助制度之完善",载《人民法治》2020年第14期。

根据《法律援助法》第 13 条规定，法律援助机构工作人员自行提供法律援助的适格条件是具有律师资格或者法律职业资格。值得注意的是，在我国，有关法律职业的资格考试先后经历了律师资格考试（1986 年至 2001 年）、国家统一司法考试（2002 年至 2018 年）和国家统一法律职业资格考试（2018 年以来）。[1]《律师法》第 5 条第 2 款规定，"实行国家统一法律职业资格考试前取得的国家统一司法考试合格证书、律师资格凭证，与国家统一法律职业资格证书具有同等效力"。据此，《法律援助法》第 13 条规定的适格条件具体包括三种资格凭证：国家统一法律职业资格证书、国家统一司法考试合格证书以及律师资格凭证。

根据《律师法》第 13 条规定，以律师名义从事法律服务实行执业许可制度。据此，以律师名义从事法律服务业务，应当取得律师执业证书。根据《律师和律师事务所执业证书管理办法》第 3 条第 1 款，律师执业证书包括适用于专职、兼职律师的"律师执业证"和适用于我国香港、澳门、台湾地区居民在内地（大陆）从事律师职业的"律师执业证"两种。此外，该办法第 21 条第 1 款规定，"对公职律师、公司律师、法律援助律师的律师工作证的管理，参照本办法执行"。律师工作证根据律师种类分为不同颜色：公职律师持绿色律师工作证、公司律师持蓝色律师工作证、法律援助律师持褐色律师工作证、军队律师持红色律师工作证。据此，法律援助机构工作人员，符合条件的，应当申请律师工作证而非律师执业证。

关于法律援助机构工作人员申领律师工作证的条件，各省司法行政部门有相应的规定和要求。以北京市为例，申请人需提交三项材料：中华人民共和国居民身份证；法律职业资格证书或律师资格证；盖有相关印章的所在单位对申请人的审查意见。[2]再如，根据 2016 年山东省司法厅《关于法律援助律师资质管理工作的通知》，法律援助律师资质管理工作纳入律师执业许可管理部门统一管理。法律援助中心工作人员申请法律援助律师工作证，参照社会律师申请执业程序统一受理。申请人需提供的材料包括：《律师执业申请表》；法律职业资格证书或者律师资格证书；律师协会出具的申请人实习考核合格的证明材料；申请人的身份证明（居民身份证；县级以上人民政府人事部门出具的申请人在援助中心在职在编状况的职业身份证明；人事档案存放证明）；县级以上司法局出具的同意其从事法律援助的证明。

在效力上，律师工作证与律师执业证具有同等法律效力。根据《律师法》第 13 条规定，作为《法律援助法》的例外性授权规定，法律援助机构工作人员根据

---

[1]　2017 年 9 月，第十二届全国人民代表大会常务委员会第二十九次会议审议通过《关于修改〈中华人民共和国法官法〉等八部法律的决定》，明确了法律职业人员考试的范围、规定了取得法律职业资格的条件、增加了有关禁止从事法律职业的情形等，定于 2018 年开始实施国家统一法律职业资格考试制度。

[2]　北京市人民政府网站，http://banshi.beijing.gov.cn/pubtask/task/1/110109000000/1ffc024e-5d25-4c89-a4f2-d190d1d81c5d.html#apply-main，最后访问时间：2021 年 10 月 27 日。

法律援助机构的安排，持律师工作证，"可以从事诉讼代理或者辩护业务"，但不得以律师名义从事有偿性法律服务业务。

综上，《法律援助法》第13条规定的"本机构具有律师资格或者法律职业资格的工作人员"，具体包括两类人员：一是依法已经取得律师工作证的法律援助律师；二是只有法律职业资格证书或律师资格证书，尚未取得律师工作证的法律援助机构工作人员。

2. 两类适格人员可以提供的法律援助服务类型

《律师法》第13条规定，"没有取得律师执业证书的人员，不得以律师名义从事法律服务业务；除法律另有规定外，不得从事诉讼代理或者辩护业务"。据此，持有律师工作证的法律援助机构工作人员，"不得以律师名义从事法律服务业务"；但因《律师法》第13条"另有规定"，此类人员虽然没有律师执业证书，但根据《律师法》第13条的例外性授权规定，有权"从事诉讼代理或辩护业务"。故此，法律援助机构可以安排此类人员提供包括诉讼代理或者辩护业务在内的各种法律援助服务。

问题是，对于第二类适格人员（即只有法律职业资格证书或律师资格证书，尚未取得律师工作证的法律援助机构工作人员），是否可以根据《法律援助法》第13条规定，将其作为《律师法》第13条的法定例外，允许法律援助机构安排具有法律职业资格但尚未获得律师工作证的工作人员从事法律援助案件的诉讼代理或辩护服务呢？答案是否定的。理由有二：首先，法律援助服务不是纯粹单方受益的慈善行为；相反，作为一种高度专业化的法律服务，如果缺乏最基本的质量保证，法律援助服务甚至会严重损害受援人的诉讼权利和实体合法权益。因此，法律援助服务，尤其是以诉讼代理或辩护业务为特点的法律援助服务，服务提供者必须具备相应的服务资质。其次，在法律上，《律师法》第13条规定的"法律另有规定"，是针对前半句"没有取得律师执业证书的人员"所作的例外性规定。换句话说，这里的"法律另有规定"是指相对于"律师执业证书"而言的"另有规定"。或者说，这里的"法律另有规定"，是律师执业许可制的例外规定，而非降低"从事诉讼代理或辩护业务"的资质标准。因此，只有法律职业资格证书，尚未取得律师工作证的工作人员，不属于《律师法》第13条规定的例外情形，不得据此赋予其"从事诉讼代理或辩护业务"的资质。

需要强调的是，根据《刑事诉讼法》第35条、第278条、第293条、第304条的规定，法律援助机构只能指派律师为犯罪嫌疑人、被告人提供辩护服务。根据《民事诉讼法》第58条、《行政诉讼法》第31条规定，诉讼代理人原则上应当是"律师、基层法律服务工作者"。所谓"律师"，根据《律师法》第2条规定，是指"依法取得律师执业证书，接受委托或者指定，为当事人提供法律服务的执业人员"。因此，在诉讼法上，提供刑事辩护或诉讼代理的法律援助人员，原则上只能是具有律师执业证书的社会律师、取得类似服务资质的法律援助律师。

综合上述规定，我们认为，《法律援助法》第13条规定的两类适格人员，可以从事的法律援助服务范围存在着实质性差异：一是依法取得律师工作证的法律援助律师。此类人员可以提供包括诉讼代理或者辩护业务在内的各种法律援助服务。二是只有法律职业资格证书或律师资格证书，尚未取得律师工作证的法律援助机构工作人员。此类人员，依法无权从事诉讼代理或者辩护业务；但可以根据法律援助机构安排，从事《法律援助法》第22条规定的法律咨询等基础性法律援助服务，或者像实习律师一样，在资深律师指导下，参与办理适宜的轻微法律援助案件。

二、法律援助工作站点

本条后半段是关于法律援助工作站点的规定。在立法内容上，本条后半段规定包含两方面内容：其一，明确了法律援助工作站点的设立权限和原则，即由法律援助机构根据工作需要，设置法律援助工作站或者联络点；其二，明确了法律援助工作站点的职责，即就近受理群众提出的法律援助申请。

（一）法律援助工作站点释义

整体而言，对于法律援助工作站点应当作以下三方面理解。

从立法理念层面解读，法律援助工作站点的设立，旨在保障人民群众获得便利可及的法律援助服务，是我国法律援助制度坚持以人为本原则的具体体现。由于法律援助机构一般设置在区（县）一级，且数量有限，对于广大基层人民群众（尤其是农村及偏远地区的人民群众）而言，往往无法及时就近地获得法律援助服务。根据以人为本原则，法律援助服务的供给应当从需求入手，持续完善便民服务措施，努力为困难群众提供及时、便利的法律援助服务，保障法律援助的可及性。基于上述考量，《法律援助法》授权法律援助机构，可以根据法律援助服务的实际需要，设置特定类型的法律援助工作站或者联络点，以提高法律援助服务的供给能力。

从历史渊源层面解读，《法律援助法》第13条后半段的规定，实际上是对我国长期以来法律援助工作站点实践经验所作的立法确认。近些年来，随着我国法律援助事业的不断发展，为方便群众及时就近获得法律援助服务，各地法律援助机构已经在基层社区广泛设立了法律援助服务站或联络点，并初步形成了全覆盖的基层法律援助便民服务网络。例如，早在2014年，深圳市龙岗区法律援助处就在全区先后设立了14个法律援助工作站，其中，街道法律援助工作站8个，区工会、社保、妇联、残联、人武部、人力资源等部门设立6个；设立了123个法律援助联络点，其中，设在社区109个，设在区检察院、看守所、派出所、交警中队、医院、劳动办、综治维稳中心和工业区等地14个。[1]通过上述法律援助服务站点的设立，深

---

[1] 马军港等："关于深圳市龙岗区法律援助工作站建设的调研与启示"，载《中国司法》2014年第9期。

圳市龙岗区构建了"区法律援助处—街道工作站—社区法律援助联络点"三级工作网络。

从现实意义层面解读，根据各地法律援助的实践探索，设置法律援助工作站点的意义有三：一是扩大了法律援助服务的触角和覆盖面。通过法律援助工作站点的设置，将法律援助的触角延伸到乡镇、街道、社区等人群集中的地方，有效提高了群众申请法律援助服务的便利性。二是提高了法律援助公众知晓率。法律援助工作站点的存在本身就是一种宣传。法律援助工作站点通过面向民众提供便捷服务，可以让更多的民众直接感受到法律援助服务的存在，这无疑比各种形式的法治宣传能更有效地提高法律援助公众知晓率。三是充实了基层司法所的工作职能。法律援助工作站点的设立，有助于基层司法所将法律援助与法制宣传、人民调解、法律服务等职能工作相互融合，充分发挥法律援助在预防和化解矛盾纠纷、引导群众依法维权工作中的优势。

（二）法律援助工作站点的设立

在设立层面，法律援助工作站点"根据工作需要"设置，并没有明确限定设置工作站点的地点或场所。在众多的规范性文件之中，对于法律援助工作站点的设立，我国已经作出了不同形式、不同层面的规定，可以视为对"根据工作需要"的进一步解释。

就刑事法律援助而言，2019年司法部《全国刑事法律援助服务规范》明确列举了法律援助工作站的设立地点。《全国刑事法律援助服务规范》第8.2.1条规定："法律援助机构依法受理刑事法律援助申请。法律援助机构在下列机构设立的法律援助工作站可接收刑事法律援助申请，并将材料及时转交所在地的法律援助机构审查。a）司法所；b）律师事务所；c）基层法律服务所；d）司法行政部门设立的公共法律服务中心（站、室）；e）人民法院、人民检察院、看守所；f）其他依规定可转交刑事法律援助申请的工作站点。"

除刑事法律援助外，各地法律援助工作站主要依托基层（城市街道、乡镇）司法所设立；法律援助联络点则主要在社区、村（居）设立。此外，根据我国相关规范性文件以及地方法律援助实践，法律援助工作站点包括多种形式。例如，（1）农民工法律援助工作站。2007年国务院《关于维护职工合法权益工作情况的报告》指出，"在农民工集中的社区普遍设立了农民工法律援助工作站、联系点，广泛开展普法宣传和人民调解等活动，为农民工提供法律服务和法律援助"。（2）军人军属法律援助工作站。2014年国务院、中央军委《关于进一步加强军人军属法律援助工作的意见》指出，"各地法律援助机构可在省军区（卫戍区、警备区）、军分区（警备区）、县（市、区）人民武装部建立军人军属法律援助工作站，有条件的可在团级以上部队建立军人军属法律援助工作站或联络点"。（3）老年人法律援助工作站。国务院《关于印发"十三五"国家老龄事业发展和养老体系建设规划的通知》提出,"扩大老年人法律援助范围,拓展基层服务网络,推进法律援助工作站点向城市社区和农村延伸,方便老年人及时就近寻求法律帮助"。(4)司法机关。《人民检察院刑事诉讼规则》规定,"人民检察院应当商法律援助机构设立法律援助工作站派驻值班律师或者及时安排值班律师"。事实上,在我国法律援助实践中,法律援助工作站的设立地点非常广泛,在工、青、妇、老、残、信访、高校、戒毒所、监狱、看守所等场所,根据法律援助机构的工作需要,都可以设立法律援助工作站,履行受理法律援助申请的职责。[1]

(三)法律援助工作站点的职责

根据《法律援助法》第13条规定,法律援助工作站点的基本职责是:接收法律援助申请,并将材料及时转交所在地的法律援助机构进行审查。除接收、转交法律援助申请外,根据我国法律援助实践,法律援助工作站的职责还包括以下内容。

其一,提供值班律师服务。2020年"两院三部"《法律援助值班律师工作办法》第2条规定:"本办法所称值班律师,是指法律援助机构在看守所、人民检察院、人民法院等场所设立法律援助工作站,通过派驻或安排的方式,为没有辩护人的犯罪嫌疑人、被告人提供法律帮助的律师。"据此,值班律师依托法律援助工作站开展工作,而提供值班律师服务其实就是此类特殊法律援助工作站点的职责所在。[2]毋庸赘言,这一职责限于看守所、人民检察院、人民法院等场所设立的法律援助工作站点。

其二,宣传政策和法律法规,解答法律咨询,化解矛盾纠纷。作为非涉诉职责,法律宣传、法律咨询、纠纷化解,历来同样是法律援助机构的重要职责,这一职责也可以由其下设的法律援助工作站点履行。[3]设立于基层的法律援助工作站点搭建起政府和群众之间沟通联系的桥梁,特别在处理化解某些群体性事件过程中,更是可以及时发挥疏导矛盾、消除对立情绪、指引合法维权途径的独特作用。

【延伸阅读】 公设辩护人制度

作为刑事法律援助的实施模式之一,公设辩护人制度是指以国家设立的公共机构为组织形态,以公设辩护人办公室为运作形式,雇用全职公设辩护人为犯罪嫌疑

---

〔1〕 法律援助工作中还存在设立少数民族法律援助工作站等做法。刘亚男:"完善少数民族地区法律援助制度的路径选择",载《云南民族大学学报(哲学社会科学版)》2019年第1期。

〔2〕 于超:"法律援助机构对值班律师监督管理的新路径——以《法律援助值班律师工作办法》为切入点",载《中国司法》2020年第10期。

〔3〕 司法部法律援助中心调研组:"经济发达地区推进法律援助工作的思考——江、浙、沪法律援助工作调查报告",载《中国司法》2006年第8期。

人、被告人提供辩护服务的制度体系。[1]在《布莱克法律词典》中，公设辩护人被定义为，"由公共机构任命并支付薪水的，以为贫困刑事被告提供辩护服务为职责的私人律师或专职律师，通常简称辩护人"。[2]简言之，公设辩护人是直接受雇于政府，致力于贫困者辩护服务的专职或兼职的领薪律师。公设辩护人制度起源于美国，目前这一制度在美国贫困者辩护体系中确立了主导地位，在保障人权和促进司法公正方面发挥着重要的作用。在美国，公设辩护人办公室的律师，是全职领薪的政府雇员，他们在一名负责本司法辖区的贫困者代理服务的首席辩护人的领导下相互协作。[3]下文将以美国为借镜，简要介绍公设辩护人制度的发展历史、组织形式、资金来源、受案范围等内容。

（1）发展历史。美国联邦宪法第六修正案明确规定，被告人有权获得律师帮助。但是，在相当长的时间内，因经济贫困，美国绝大多数的刑事被告无法享受到律师帮助权。形式上，第六修正案仅保障了被告有权请律师为其辩护，并没有明确国家有义务保障公民获得辩护。因此，正如大法官胡果·布莱克所言，"如果一个人得到什么样的审判取决于他的经济状况的话，那么，就不可能有平等的司法"。[4]虽然美国于1914年即成立了首个公设辩护人办公室，但美国刑事法律援助制度真正始于1963年吉迪恩诉温莱特案。在沃伦法院正当程序革命的背景下，该案对刑事法律援助制度具有里程碑的意义。该案中，联邦最高法院裁决，州刑事重罪案件的贫困被告人享有国家为其指派律师的权利，第六修正案规定的律师帮助权属于"正当程序"条款保护的基本权利，州法院有责任为犯有重罪的刑事被追诉人提供免费的刑事辩护服务。自此，刑事法律援助成为州或者县政府不可推脱的责任。同时，该判例确立了"律师是必需品，而非奢侈品"的司法理念，被告获得律师帮助是确保其能够获公正审判的前提条件。在吉迪恩案后，美国刑事案件辩护需求得到了极大地提高。但是美国当时实行的"援助律师制"无法满足法律援助的需要，因此，受吉迪恩诉温莱特案推动，1963年至20世纪70年代间，美国贫困者辩护体系得到了空前发展，公设辩护人办公室出现爆发式增长。[5]到20世纪80年代，公设

〔1〕 吴羽："比较法视域中的公设辩护人制度研究——兼论我国公设辩护人制度的建构"，载《东方法学》2014年第1期。

〔2〕 Bryan A. Garner. Black's Law Dictionary（Ninth Edition），WestGroup, 2009：1349.

〔3〕 ［美］约书亚·德雷斯勒、艾伦·C. 迈克尔斯：《美国刑事诉讼法精解》（第二卷·刑事审判），魏晓娜译，北京大学出版社2009年版，第63页。

〔4〕 Griffin v. Illnois, 351 U. S. 12, 19（1956）. 转引自［美］约书亚·德雷斯勒、艾伦·C. 迈克尔斯：《美国刑事诉讼法精解》（第一卷·刑事侦查），吴宏耀译，北京大学出版社2009年版，第597页。

〔5〕 Kim Taylor-Thompson, *Individual Actor V. Institutional Player*：*Alternating Visions of the Public Defender*, 84 Geo. L. J. 2425（1996）. 转引自吴羽："美国公设辩护人制度运作机制研究"，载《北方法学》2014年第5期。

辩护人制度逐步在美国的刑事法律援助体系中占据主导地位，美国大多数地区都设立了公设辩护人办公室。

（2）组织形式。在设立主体上，美国公设辩护人制度存在联邦与州两个独立的体系。在联邦体系中，公设辩护人办公室是按照司法辖区设立的；在州体系中，具体又分为州立和县立两种模式。公设辩护人的组织机构通常为公设辩护人办公室，一个公设辩护人办公室通常拥有一名公设辩护人和受雇的三四名辅助人员。美国公设辩护人办公室的设立主体呈多元化，政府设立为主，其次为司法机关设立，私人非营利机构设立较少。根据《美国全国刑事辩护制度研究》的数据，在 1982 年，全美县级公设辩护人办公室 38% 隶属于县政府，25% 隶属于州级行政部门，23% 隶属于司法机关，8% 隶属于独立的非营利性机构，6% 隶属于其他机构。由于政府设立和司法设立的公设辩护人存在双重身份的问题，美国目前大力提倡社会化参与，提高私人非营利机构等主体设立公设辩护人办公室的比例。除了联邦和州系统外，美国还存在一个全国性的公设辩护人机构（NLADA），主要负责对公设辩护人的培训、援助标准的制定等工作，并为公设辩护人提供理论、技术及信息等方面的支持。

（3）经费来源。目前，在美国最大的 100 个城市中，有 90 个城市已经采用公设辩护人制度，并且在这 90 个城市中，议会每年拨款 12 亿美元作为法律援助经费，其中 73% 的拨款都被用在公设辩护人体系上。基于联邦制政体，美国公设辩护人办公室的经费由联邦与州共同承担。公设辩护人制度运行所需经费主要是由国家财政拨款，私人资金所占比例不大；在国家财政拨款部分，主要以州、县财政拨款为主，联邦政府为辅，形成了由联邦、州、地方三级财政共同承担的模式。[1]联邦政府设立的公设辩护人办公室，其经费来源于联邦政府的专门拨款；22 个州是州立公设辩护人办公室，管理和经费来源是它们各自的州；27 个州和哥伦比亚行政区是郡立公设辩护人办公室，这其中，12 个州的公设辩护人办公室经费来源于郡级层面，16 个州的公设辩护人办公室经费由郡级和州级两个层面共同承担。[2]同时，美国各级政府会根据地方的具体情况，设立专项法律援助基金进行商业运作，所获得的投资利润投入到公设辩护人制度中来。

（4）美国公设辩护人制度的受案范围。美国公设辩护人制度的受案范围，受贫困标准和案件性质两方面制约。一方面，就被追诉人的贫困标准而言，州或县级出资的公设辩护人办公室一般采用正式的书面标准。《美国 2007 年州公设辩护人方案》中指出，在 27 个州立项目中，美国关于贫困的标准最为常见的主要有收入水

---

〔1〕 吴羽："美国公设辩护人制度运行机制研究"，载《北方法学》2014 年第 5 期。

〔2〕 数据为 2007 年的统计分析。转引自洪盈焕："美国公设辩护人制度及其对我国的启示：兼论我国公设辩护人制度的构建"，载《四川警察学院学报》2013 年第 3 期。

平、获得公共援助、宣誓申请、负债水平、居住于公共机构、交付保释金和提供保释人的能力、联邦贫困标准、法官的自由裁量以及其他标准等。[1]贫困标准会根据美国年度家庭困难标准的变化动态调整。另一方面，就案件性质而言，根据阿杰辛格案所确立的标准，只要被追诉人可能被判处 6 个月以上的监禁，且没有聘请律师为其辩护，其均有可能获得辩护服务。此外，为了有效地分配案件和保证服务质量，美国还制定了全国性的案件负荷标准，旨在实现资源的合理配置。

从制度功能分析，公设辩护人制度具有辩护服务质量保障与法律援助成本控制两大基本功能。公设辩护人较私人律师模式更具专业性、协调性、对抗性、保障性、监管性等优势，有助于提供优质的辩护服务；同时，公设辩护人制度运作的专业化及"官僚方式"、可控性及可预测性、注重服务效率等特征，使其更能实现国家对刑事法律援助成本控制的功能。[2]目前已有许多国家确立了公设辩护人制度，如英国、加拿大等。近年来，为解决我国辩护率低下、辩护质量不高、律师资源短缺等现实问题，一些学者积极建议在我国建立公设辩护人制度，并论证了可能的制度方案。[3]在我国法律援助制度的未来发展中，公设辩护人制度值得引入与借鉴。

第十四条【派驻值班律师的职责】

法律援助机构可以在人民法院、人民检察院和看守所等场所派驻值班律师，依法为没有辩护人的犯罪嫌疑人、被告人提供法律援助。

【条文要旨】

本条是关于法律援助机构派驻值班律师的规定。根据本条规定，派驻值班律师是法律援助机构的职责；值班律师的派驻场所包括人民法院、人民检察院和看守所等；值班律师的职责是，依法为没有辩护人的犯罪嫌疑人、被告人提供法律援助。

此外，本法第 30 条规定了值班律师提供法律帮助的具体内容；第 37 条规定了有关值班律师的权利告知义务及值班律师权利；第 39 条规定了值班律师转交法律援助申请等内容。

【立法背景】

我国值班律师制度经历了从地方试点到立法规定的发展历程。我国值班律师制

---

〔1〕　吴羽："公设辩护人制度研究"，复旦大学 2012 年博士学位论文。

〔2〕　谢佑平、吴羽："公设辩护人制度的基本功能：基于理论阐释与实证根据的比较分析"，载《法学评论》2013 年第 1 期。

〔3〕　汪海燕："贫穷者如何获得正义：论我国公设辩护人制度的构建"，载《中国刑事法杂志》2008年第 3 期；程衍："论我国法律援助制度的完善——建立公设辩护人系统"，载《中国政法大学学报》2017年第 2 期。

度始于 2006 年，由商务部、司法部和联合国联合开发计划署在河南省修武县开展值班律师试点工作。经过两年的试点，河南省修武县在人民法院、公安局、城关镇派出所、看守所均建立了值班律师工作室，后又在县、乡、村建立了法律援助网络，试点期间成果显著。[1]2008 年 3 月，值班律师制度受到司法部的高度评价，河南省司法厅认为试点项目实施成功，具有推广可能性。同年 5 月，法律援助值班律师制度试点单位扩大到 20 家。2009 年，河南省司法厅再次扩大适用法律援助值班律师制度，将其适用范围推广到全省各市县。截至 2013 年，河南省共有 128 个看守所设立了法律援助工作站，值班律师的工作也从审判阶段扩展到了侦查和审查起诉阶段。河南省法律援助中心 2016 年的数据显示，全省值班律师当年共提供法律咨询 16.2 万人次、参加诉前调解 8215 余次、指引申请及受理法律援助案件 1.95 万件，在看守所对未成年犯罪嫌疑人讯问时，值班律师到场 2917 人次，切实加强了对在押人员的合法权益保护。[2]

2014 年 8 月，"两院两部"《关于在部分地区开展刑事案件速裁程序试点工作的办法》首次指出，应当在全国范围内设立值班律师制度，同时明确值班律师的主要职责是为速裁案件的犯罪嫌疑人和被告人提供法律咨询以及程序选择建议。2016 年 11 月，在"两院三部"《关于在部分地区开展刑事案件认罪认罚从宽制度试点工作的办法》中，规定了值班律师制度的适用情形及方式等内容。2017 年 8 月，"两院三部"《关于开展法律援助值班律师工作的意见》进一步对法律援助值班律师的职责、基本权利、运行机制、条件保障等内容进行了规定。这是我国第一部较为系统地规定值班律师制度的规范性文件，标志着我国值班律师制度的基本确立。截至 2018 年 2 月，全国共 3300 余个人民法院、2500 余个看守所均设置了值班律师工作站，基本实现全覆盖。[3]

2018 年修正后的《刑事诉讼法》第 36 条首次以立法形式明确，人民法院、看守所应当设立值班律师，其职责是为没有辩护人的犯罪嫌疑人、被告人提供法律帮助。2019 年 10 月 11 日，"两院三部"《关于适用认罪认罚从宽制度的指导意见》再次细化了值班律师的职责，并扩充了值班律师的程序权利。该意见明确指出，值班律师拥有会见犯罪嫌疑人、被告人的权利；案件进入审查起诉阶段，值班律师可查阅案卷材料，人民法院、人民检察院应当为值班律师查阅案卷材料提供相应的便利条件。2020 年 8 月，为解决值班律师权利保障、工作经费、部门协作等方面存在的困难和问题，"两院三部"《法律援助值班律师工作办法》进一步明确了值班律

---

〔1〕 殷晓章："修武：联合国'值班律师'唯一试点县"，载《检察风云》2017 年第 7 期。

〔2〕 孙欣："'河南经验'成效显著仍有短板"，载《河南青年报》2017 年 1 月 4 日，第 A07 版。

〔3〕 樊崇义、施汉生主编：《中国法律援助蓝皮书：中国法律援助制度发展报告 No.1（2019）》，社会科学文献出版社 2019 年版，第 34 页。

师的服务职责、服务程序、服务保障等内容。该办法的出台对于推动值班律师制度的高质量发展具有十分重要的意义。

【条文释义】

基于"尊重和保障人权"的刑事诉讼理念，我国历次《刑事诉讼法》修正均高度重视犯罪嫌疑人、被告人的诉讼权利保障，尤其是辩护权的保障。2012年《刑事诉讼法》修改明确规定犯罪嫌疑人自侦查阶段起就有权聘请律师作为辩护人，并对侦查阶段辩护律师的诉讼权利进行了完善，同时扩大了法律援助的范围、提前了获得法律援助的时间。2018年《刑事诉讼法》增设了值班律师的规定，并明确了值班律师的派驻主体、派驻场所、适用对象、工作内容以及执业权利等内容，初步构建了我国值班律师制度，以期从制度上保障被追诉人认罪认罚的自愿性，保障其辩护权利。

《法律援助法》第14条重申了《刑事诉讼法》的相关规定。本条明确了以下内容：第一，值班律师的派驻主体为法律援助机构；第二，值班律师的派驻场所为人民法院、人民检察院和看守所等；第三，值班律师的职责是，依法为没有辩护人的犯罪嫌疑人、被告人提供法律援助。

一、值班律师的派驻主体

值班律师的派驻主体为法律援助机构。值班律师制度是我国法律援助制度的重要组成部分。派驻值班律师，由法律援助机构负责。该职责的具体内容包括，管理法律援助值班律师名单、事先分配派驻时间、派驻场所，指派值班律师，督促值班律师提供合格的法律帮助等。

在此需进一步指出的是，法律援助机构的履职，离不开司法行政部门的政策供给与行政管理支持。根据我国司法行政部门与法律援助机构的职责划分，前者负责监督管理工作（行政管理职能），后者负责组织实施工作（服务管理职能）；根据体系解释的要求，这一二元制职责划分同样适用于值班律师制度。因此，按照职能分工，司法行政部门应当通过规范性文件，明确值班律师的执业年限、执业经验等准入资质，明确值班律师的选任方式，制定值班律师服务标准和行为规范等；法律援助机构则应当按照规范性文件的要求组织实施值班律师服务。在法律援助制度实践中，我国部分地方已经依据上述分工对值班律师开展了管理工作。例如，北京市司法局制定了值班律师选任的"三查"制度，即报名条件初步审查、履职能力调查、执业和违纪情况核查。同时，北京市司法局还规定了法律援助值班律师的准入退出机制。在此机制下，2017年，北京市法律援助中心清退违规或不符合值班条件的律师事务所 34 家。[1]

二、值班律师的派驻场所

根据本条规定，值班律师的派驻场所包括人民法院、人民检察院和看守所等。为适应司法实践的需要，《法律援助法》第 14 条扩充了《刑事诉讼法》第 36 条关于值班律师派驻场所的范围。根据《刑事诉讼法》第 36 条第 1 款规定，"法律援助机构可以在人民法院、看守所等场所派驻值班律师……"在此基础上，《法律援助法》第 14 条将"人民检察院"纳入值班律师的派驻场所。

上述派驻场所的扩展具有正当性。从法律规范层面考察，《刑事诉讼法》第 36 条第 2 款即已规定："人民法院、人民检察院、看守所应当告知犯罪嫌疑人、被告人有权约见值班律师，并为犯罪嫌疑人、被告人约见值班律师提供便利。"根据目的解释方法，既然人民检察院负有约见值班律师的权利告知义务与提供便利的义务，则在人民检察院派驻值班律师，是为被追诉人约见值班律师提供便利的当然举措，有助于强化被追诉人的权利保障。同时，《法律援助法》第 14 条的规定与2019 年《人民检察院刑事诉讼规则》第 268 条第 1 款的规定保持了一致，即，人民检察院应当商请法律援助机构设立法律援助工作站派驻值班律师或者及时安排值班律师，为犯罪嫌疑人提供法律咨询、程序选择建议、申请变更强制措施、对案件处理提出意见等法律帮助。事实上，在我国认罪认罚从宽制度下，审查起诉阶段是认罪认罚协商的关键环节。因此，为适应检察机关办理认罪认罚案件的实践需要，根据有关值班律师的规范性文件，基层及地市一级检察机关已经普遍设立了值班律师工作站。《法律援助法》第 14 条明确将人民检察院纳入值班律师的派驻场所，进一步在立法层面顺应了值班律师制度的实践发展。

三、值班律师的基本职责

值班律师的基本职责是，依法为没有辩护人的犯罪嫌疑人、被告人提供法律援助。《法律援助法》第 14 条是值班律师制度的概括性条款，仅明确了值班律师的派驻主体、派驻场所、基本职责等内容。至于值班律师的具体职责，另参见《法律援助法》第 30 条、第 39 条，《刑事诉讼法》第 36 条、第 173 条、第 174 条及其他相关规范性文件的规定。对于值班律师的基本职责，应当作如下理解。

第一，应当准确把握值班律师与法律援助辩护律师的关系。根据本法第 22 条关于法律援助服务形式的规定，值班律师与法律援助辩护律师虽然均提供的是法律援助服务，但是二者存在根本区别，前者提供法律帮助服务，后者提供刑事辩护服务。结合 2018 年《刑事诉讼法》第 35 条、第 36 条规定，法律帮助服务与刑事辩

---

[1] 北京司法行政："打造法律援助值班律师制度'北京模式'"，载网易号，https://www.163.com/dy/article/ECGE5UO20514DUKG.html，最后访问时间：2021 年 7 月 26 日。

护服务的差别在于：其一，服务的对象不同。虽然二者均以没有委托辩护人为前提，但任何没有辩护人的犯罪嫌疑人、被告人均有权获得值班律师提供的法律帮助服务；而法律援助辩护服务仅向符合法律援助条件的犯罪嫌疑人、被告人提供。其二，服务的内容不同。法律援助辩护律师提供的是完整的刑事辩护服务，而值班律师仅提供法律咨询、程序选择建议、申请变更强制措施、对案件处理提出意见等法律帮助，不包括参与法庭审理活动等。其三，服务的顺位不同。在同一时间点，犯罪嫌疑人、被告人无法既享有法律援助辩护，又享有值班律师法律帮助，法律援助辩护优先于值班律师法律帮助。换言之，只有在犯罪嫌疑人、被告人既无委托辩护，又无法律援助辩护时，才为其提供值班律师的法律帮助服务。因此，《法律援助法》第 14 条特别采用了"没有辩护人"作为提供值班律师服务的前提。

第二，应当准确理解值班律师"法律援助"与"法律帮助"的关系。根据本条规定，值班律师的基本职责是提供"法律援助"，这与《刑事诉讼法》第 36 条"法律帮助"的表述并不一致，对此可能存在分歧理解。在《法律援助法（草案）》征求意见的过程中，有建议提出，本条规定应当将有关值班律师职责的表述由"法律援助"改为"法律帮助"，以求与《刑事诉讼法》第 36 条的规定保持一致。但是，立法者并没有采纳上述建议。之所以使用了不同的立法语言，源于《法律援助法》与《刑事诉讼法》在立法目的上的差异。《法律援助法》是法律援助制度的专门立法，需要特别明确何种事项应当纳入法律援助制度的调整范围。根据本法第 14 条规定，值班律师虽然在刑事案件中仅提供法律帮助，但同样具有法律援助的性质。换言之，值班律师所提供的法律帮助，虽然并非全面的法律援助，但仍是一种具有无偿性、及时性、临时性的特殊法律援助形式，应当纳入法律援助制度的整体框架内予以调整。[1] 因此，"法律援助"与"法律帮助"概念是种属关系。在此基础上，《法律援助法》第 22 条进一步规定，"法律援助机构可以组织法律援助人员依法提供下列形式的法律援助服务……（五）值班律师法律帮助；……"。

【延伸阅读】值班律师制度

值班律师制度，是指由法律援助机构指派专门律师在法院、检察院和看守所等固定场所值班，为犯罪嫌疑人、被告人免费提供法律咨询、提供程序选择建议、申请变更强制措施以及对司法机关案件处理提出意见等法律帮助的制度。在世界范围内，设立值班律师的主要目的是为解决刑事诉讼全过程律师辩护全覆盖存在的"最初一公里"缺失问题。[2] 通过为尚未指定以及委托辩护的被追诉人提供及时、必要的法律帮助，值班律师可以弥补传统法律援助供给的缺陷与不足，是法律援助制

---

〔1〕 樊崇义："值班律师制度的本土叙事：回顾、定位与完善"，载《法学杂志》2018 年第 9 期。
〔2〕 顾永忠："追根溯源：再论值班律师的应然定位"，载《法学杂志》2018 年第 9 期。

度的补充性力量。

值班律师制度起源于英国。1972 年，为弥补传统法律援助制度的不足，英国布里斯托市率先在治安法院设置了提供免费法律咨询服务的事务律师，以确保被告人在初次聆讯时随时可以向事务律师进行法律咨询。由于这些事务律师如同法院职员一样定时定点地到治安法院上班，因此，人们将这一做法形象地叫做"值班律师制度"（Duty Solicitor Scheme）。[1]布里斯托市的这一做法很快赢得了社会各界的好评，许多司法辖区纷纷仿效，在治安法院设置值班律师。经过十年的实践探索，1982 年《英国法律援助法》以国家立法的形式确立了值班律师制度。其后，根据 1984 年《英国警察与刑事证据法》的规定，英国进一步在警察局设置了值班律师。

值班律师通常被类比为"急诊医生"，所提供的法律服务具有应急性。英国值班律师制度包括法庭值班律师与警察局值班律师两种值班律师形式。[2]两种形式均不受财产状况、犯罪性质等条件的限制，平等地向公民提供，区别在于值班场所、值班对象、服务内容等。警察局值班律师的职责是为在警察局内关押的犯罪嫌疑人提供法律咨询服务，并实行 24 小时值班模式，具体服务方式包括当面咨询和电话咨询两种，由律师根据自身实际情况选择决定。警察在讯问嫌疑人或者询问被传唤的公民前，必须明确告知其可以申请值班律师免费为其提供法律咨询等帮助服务，否则被讯问对象可以拒绝回答办案人员的提问。犯罪嫌疑人如果没有聘请律师，警察局就电话通知值班名单上的律师，值班律师应在 45 分钟内赶到警察局，在讯问前律师可以与警方调查人员交谈。值班律师可以单独会见犯罪嫌疑人为其提供法律咨询，并在讯问开始后有权在场，必要时可以要求中断讯问，可以复制讯问录音带。法庭值班律师，除了和警察局值班律师具有相同的服务方式外，其服务方式还包括值班律师必须在被告人第一次参与开庭审理时到庭，确保能够为被告人、犯罪嫌疑人及时提供法律咨询乃至提供出庭代理服务。[3]

基于英国值班律师在保障人权、维护司法公正方面的突出作用，加拿大、澳大利亚、新西兰、日本等国家也借鉴了英国经验并结合自身国情设立了值班律师制度。在加拿大，值班律师主要分为刑事电话咨询值班律师、法院值班律师以及其他值班律师三种类型。首先，刑事电话咨询值班律师主要负责接听犯罪嫌疑人的电话咨询，并为其作出专业解答，同样实行 24 小时全天候值班制。当犯罪嫌疑人首次被讯问时，其可以申请电话咨询值班律师，值班律师在电话咨询过程中如果发现犯

---

[1] 吴宏耀："我国值班律师制度的法律定位及其制度构建"，载《法学杂志》2018 年第 9 期。

[2] 顾永忠、李逍遥："论我国值班律师的应然定位"，载《湖南科技大学学报（社会科学版）》2017 年第 4 期。

[3] 郭婕："法律援助值班律师制度比较研究"，载《中国司法》2008 年第 2 期。

罪嫌疑人有申请法律援助的需求，且具备申请法律援助的条件，便可以直接帮助犯罪嫌疑人申请法律援助。其次，法院值班律师分为民事和刑事两类，刑事值班律师的职责主要包括为当事人提供法律咨询、申请休庭、申请保释、代表被告人参加与检察官的控辩交易。最后，在加拿大部分地区，其他值班律师可以提供特殊的、延伸的服务，如精神健康法值班律师等。

在日本，国选辩护人的服务范围并不包括侦查讯问阶段。为弥补上述弊端，日本借鉴英国的做法，建立了值班律师制度。[1]日本值班律师制度缺少法律的明确规定和国家财政经费的支持，是由律师协会自发设立并筹集民间经费建立起来的，具有民间性、公益性、咨询性、一次性的特点。九州岛律师联合会于1990年首先设立了"值班律师服务计划"，为没有辩护律师的犯罪嫌疑人提供一次免费的法律帮助服务。两年后，值班律师服务计划在日本52个地区迅速发展。[2]值班律师的服务形式有"待命制"和"名簿制"。"待命制"是指值班律师先在律师事务所待命，当犯罪嫌疑人或者其他公民有提供帮助的诉求时，警察局就会通知当值的值班律师前往警局，为需要帮助的犯罪嫌疑人提供法律帮助服务。"名簿制"是指由律师个人向律师协会提出申请，律师协会将申请的律师进行登记并制作名簿，根据名册登记顺序与律师沟通协调，联系该时间段方便的律师为需要帮助的嫌疑人提供服务。此外，值班律师可以通过律师协会指派主动会见犯罪嫌疑人，这种主动会见通常适用于重大或有较大影响的案件；值班律师可以在提供法律帮助的同时，告知经济困难的被告人，有权申请刑事犯罪嫌疑人辩护援助基金，由律师协会为其免费指定律师提供辩护服务。

在我国，值班律师制度从实践探索到上升为立法、到发挥实践价值，经历了十余年的发展历程。具体而言，我国值班律师制度的发展大致经历了试点探索、积极推动、全面建设几个主要时期。

一、试点探索阶段

我国值班律师制度的实践探索最早始于联合国开发计划署资助的"法律援助值班律师试点项目"。该项目于2006年7月1日在河南省焦作市修武县正式启动，为期两年，旨在"为低收入人群提供及时、专业、低成本高效率的法律援助服务"。修武县首期选聘参与试点项目的律师共18名，分别在县人民法院、公安局、看守所、城关镇派出所设立的法律援助值班律师办公室工作，每个值班室每个工作日有两名律师值班，免费为当事人或群众提供法律服务。至2008年3月结项时，这一项目共接待咨询事项1735起、接待来访人员1953人、帮助解答咨询1161

---

〔1〕　白春花："法律援助值班律师制度比较研究"，载《河南司法警官职业学院学报》2008年第4期。

〔2〕　〔日〕四宫启："日本刑事法律援助的过去、现在和未来"，李辞译，载顾永忠主编：《刑事法律援助的中国实践与国际视野：刑事法律援助国际研讨会论文集》，北京大学出版社2013年版，第454页。

起、引导申请法律援助 171 起、引导至相关部门 267 起、其他 136 起。基于两年试点的经验，焦作市及其所辖 10 个县（市、区）"法律援助值班律师办公室"于 2008 年 8 月 13 日同时挂牌，焦作市成为我国第一个全面建立法律援助值班律师制度的地级市。

2008 年，值班律师试点受到司法部的高度评价；河南省司法厅认为，试点项目的实施成功经验具有推广可能性。2009 年，河南省司法厅开始在全省范围内推广值班律师制度。之后，湖北监利、广西南宁、辽宁绥中、宁夏石嘴山、山西忻州、上海闵行、浙江温州等地也于 2011 年设立了值班律师试点办公室。

二、积极推动阶段

为了切实推动看守所在保障在押人员合法权益方面的积极作为，2009 年我国逐步开始推动看守所管理制度改革：一方面，执法理念由以往服务刑事办案，转变为服务刑事诉讼；另一方面，工作模式由以往"一看二守三送走"，转变为依法保障刑事诉讼活动顺利进行，保障在押人员合法权益，教育感化挽救在押人员，实行人性化管理。

2011 年以来公安部监管局要求各地公安监管部门选择部分基础好、有条件的看守所试点建立法律援助工作站。一是在看守所办公区调整出专用办公用房，并配置桌椅等必要的办公家具，为法律援助中心驻看守所工作站开展工作提供条件；二是看守所积极主动联系当地司法行政部门，选派法律援助律师到驻看守所工作站履行职责。2014 年 4 月，公安部监管局在总结部分地区成功工作经验基础上，下发了《关于进一步做好看守所法律援助工作站建设工作的通知》。该通知指出，"辩护权是在押人员最为重要的诉讼权利，在看守所建立法律援助工作站，是保障看守所在押人员合法权益的有效措施，对于保障刑事诉讼顺利进行具有重要意义，各级公安监管部门要高度重视"。依据这一通知的要求，2014 年上半年，全国各地的看守所法律援助工作站如雨后春笋般建立了起来。看守所法律援助工作站主要面向在押人员及其家属开展收转法律援助申请、宣传法律援助制度、提供法律咨询和进行法律教育等业务，各看守所要为法律援助工作提供必要的条件和便利。

三、司法改革背景下的全面建设阶段

2014 年 10 月 23 日，党的十八届四中全会《决定》要求"建设完备的法律服务体系。推进覆盖城乡居民的公共法律服务体系建设，加强民生领域法律服务。完善法律援助制度，扩大援助范围，健全司法救助体系，保证人民群众在遇到法律问题或者权利受到侵害时获得及时有效法律帮助"。据此，2015 年两办《关于完善法律援助制度的意见》提出了"建立法律援助值班律师制度，法律援助机构在法院、看守所派驻法律援助值班律师"的具体改革目标。由此，在刑事诉讼领域，法律援助范围的扩大主要表现为值班律师服务的全覆盖。

我国有关值班律师的制度化探索始于刑事速裁试点。2014 年 8 月，"两院两部"《关于在部分地区开展刑事案件速裁程序试点工作的办法》第 4 条规定："建立法律援助值班律师制度，法律援助机构在人民法院、看守所派驻法律援助值班律师。犯罪嫌疑人、被告人申请提供法律援助的，应当为其指派法律援助值班律师。"这是我国中央司法改革文件首次就值班律师制度作出明确规定。之后，在认罪认罚从宽制度改革试点中，2016 年 7 月、11 月，《关于推进以审判为中心的刑事诉讼制度改革的意见》《关于在部分地区开展刑事案件认罪认罚从宽制度试点工作的办法》先后印发，明确将值班律师制度规定为认罪认罚从宽制度改革试点中保障犯罪嫌疑人自愿性的一项重要的基础性配套措施。其中，后者对值班律师的工作职责、设立值班律师办公室以及公检法机关对值班律师工作开展给予支持等内容，作出了较为详细的规定。2017 年 8 月，为深入贯彻落实 2015 年两办《关于完善法律援助制度的意见》，充分发挥法律援助值班律师在以审判为中心的刑事诉讼制度改革和认罪认罚从宽制度改革试点中的职能作用，依法维护犯罪嫌疑人、刑事被告人诉讼权利，"两院三部"联合印发《关于开展法律援助值班律师工作的意见》。

根据上述规范性文件的规定，我国值班律师制度逐步趋于成熟，成为刑事司法制度改革中一项重要的人权司法保障措施。最初，在刑事速裁试点中，相关规范性文件只是笼统地规定，"犯罪嫌疑人、被告人申请提供法律援助的，应当为其指派法律援助值班律师"；至于值班律师能够（或者说应该）提供哪些援助服务，相关规定则失之阙如。之后，在认罪认罚从宽制度试点中，相关规范性文件明确规定，"犯罪嫌疑人、被告人自愿认罪认罚，没有辩护人的，人民法院、人民检察院、公安机关应当通知值班律师为其提供法律咨询、程序选择、申请变更强制措施等法律帮助"。2017 年《关于开展法律援助值班律师工作的意见》则进一步就值班律师的职责、组织管理等内容作出了具体的规定。更重要的是，根据该意见，值班律师制度开始超越认罪认罚从宽试点的限制，成为犯罪嫌疑人、被告人普遍享有的一般性诉讼权利。该意见第 1 条规定："……人民法院、人民检察院、公安机关应当告知犯罪嫌疑人、刑事被告人有获得值班律师法律帮助的权利。犯罪嫌疑人、刑事被告人及其近亲属提出法律帮助请求的，人民法院、人民检察院、公安机关应当通知值班律师为其提供法律帮助。"之后，2017 年 10 月，最高人民法院、司法部《律师辩护全覆盖试点办法》第 2 条规定，凡是没有辩护人予以协助的犯罪嫌疑人、被告人，都有权要求值班律师提供法律帮助。至此，获得值班律师法律帮助已经逐步发展成为犯罪嫌疑人、被告人的一项基本诉讼权利。截至 2018 年 2 月，全国 3300 多个人民法院、2500 多个看守所设立了值班律师工作站。

四、通过立法修改上升为国家立法

在我国全面推进依法治国的大背景下，值班律师制度作为各项重大司法改革任务的配套性、保障性措施而得以确立并逐步得到完善。如，在以审判为中心的刑事诉讼制度改革、速裁程序改革、认罪认罚从宽制度改革、刑事案件律师辩护全覆盖试点等一系列重大司法改革任务中，值班律师制度作为法律援助方式之一，受到了中央政法决策者的高度重视。2018 年 10 月 26 日，全国人民代表大会常务委员会通过了《关于修改〈中华人民共和国刑事诉讼法〉的决定》。根据该决定，2018 年《刑事诉讼法》正式将值班律师制度确立为我国刑事诉讼的一项具体制度；据此，值班律师服务也成为我国法律援助服务的一种法定形式，并覆盖所有没有辩护人的刑事案件、覆盖刑事案件的各个诉讼阶段。

2018 年《刑事诉讼法》正式确立了值班律师制度。该法第 36 条第 1 款规定："法律援助机构可以在人民法院、看守所等场所派驻值班律师。犯罪嫌疑人、被告人没有委托辩护人，法律援助机构没有指派律师为其提供辩护的，由值班律师为犯罪嫌疑人、被告人提供法律咨询、程序选择建议、申请变更强制措施、对案件处理提出意见等法律帮助。"据此，值班律师法律帮助正式成为一种独立的、有其法定职责和特殊含义的刑事法律援助服务形式。

为持续推动值班律师制度的落地生根，相关政策高度重视值班律师制度的发展问题。2019 年两办《关于公共法律服务体系建设的意见》明确提出，"加强法律援助值班律师工作，推进法律援助参与认罪认罚从宽案件办理工作，依法保障刑事诉讼当事人合法权益"。同年，司法部印发《全面深化司法行政改革纲要（2018—2022 年）》，要求"健全完善法律援助值班律师制度。完善值班律师工作运行机制，细化值班律师职责范围、权利保障、监督管理、工作保障措施"。

在实践层面，2019 年 10 月，"两院三部"印发《关于适用认罪认罚从宽制度的指导意见》，进一步明确了认罪认罚从宽案件值班律师的诉讼权利问题。之后，为解决值班律师权利保障、工作经费、部门协作等方面存在的困难和问题，2020 年8 月，"两院三部"《法律援助值班律师工作办法》进一步明确了值班律师的服务职责、服务程序、服务保障等内容。该办法的出台对于推动值班律师制度的高质量发展具有十分重要的意义。一是为正确实施《刑事诉讼法》关于值班律师的相关规定提供了操作细则，解决了实践中一些"无法可依"的情况。二是完善了值班律师各项工作机制，对进一步推动法律援助值班律师工作具有积极意义。三是进一步强化依法为没有辩护人的犯罪嫌疑人、被告人提供有效的法律帮助，更好地促进公正司法和人权保障的有机结合。四是不断推动我国值班律师的制度建设，为今后法律援助值班律师的进一步改革与完善奠定了更加坚实的制度基础。

第十五条 【政府购买法律援助服务】

司法行政部门可以通过政府采购等方式，择优选择律师事务所等法律服务机构为受援人提供法律援助。

【条文要旨】

本条是关于政府购买法律援助服务的规定。根据本条规定，司法行政部门可以通过政府采购等方式，借力社会法律服务机构，弥补、充实、强化法律援助机构的服务供给能力。

本条规定为通过政府采购等方式购买法律援助服务提供了立法依据，有助于推动我国法律援助提供模式的"体制转型"，即从主要依靠行政手段组织服务资源，转变为通过市场化手段组织服务资源。

【立法背景】

一般认为，政府购买服务是指，通过发挥市场机制作用，把政府直接提供的一部分公共服务事项以及政府履职所需服务事项，按照一定的方式和程序，交由具备条件的社会力量和事业单位承担，并由政府根据合同约定向其支付费用。政府购买服务对于减轻政府压力，整合社会力量参与社会公共物品的供给，最大程度满足人民群众的各类服务需要等具有积极的意义。因此，自 20 世纪下半叶以来，政府购买服务已经逐步成为世界范围公共管理改革的重要发展趋势之一。政府购买服务倡导市场和竞争机制，主张通过运用市场哲学和企业的技术方法，减少政府的管理职能，让公共服务回归市场和社会，寻求多元主体参与公共事务治理，缩减政府规模、促进政府职能转变。[1]向第三方社会组织购买公共服务，既有助于推动某些政府职能向社会组织的转移，使政府更好地专注于公共服务决策、监督和评估，同时也有助于发挥社会组织的优势，按照"低成本、高效率"的原则提供公共服务。[2]

在我国，政府购买服务萌芽于 20 世纪 90 年代，并逐渐形成了"政府采购服务"与"政府购买服务"两种相联系又略有区别的概念。

在制度层面，为了规范"政府采购"行为，提高政府采购资金的使用效益，我国于 2002 年 6 月 29 日审议通过了《政府采购法》，并于 2014 年 8 月 31 日进行了修正。《政府采购法》第 2 条第 2 款规定，"本法所称政府采购，是指各级国家机关、

---

〔1〕 涂晓芳、付庆伟："基层政府购买公共法律服务的途径"，载《北京航空航天大学学报（社会科学版）》2017 年第 4 期。

〔2〕 詹国彬："地方政府购买公益性法律服务：方式、挑战与路径选择"，载《南京邮电大学学报（社会科学版）》2018 年第 2 期。

事业单位和团体组织，使用财政性资金采购依法制定的集中采购目录以内的或者采购限额标准以上的货物、工程和服务的行为"。换言之，政府采购的采购方不限于国家机关，还包括"事业单位和团体组织"。2014 年 12 月 31 日国务院第 75 次常务会议通过《政府采购法实施条例》，自 2015 年 3 月 1 日起施行。根据该实施条例第 2 条第 4 款规定："……政府采购法第二条所称服务，包括政府自身需要的服务和政府向社会公众提供的公共服务。"

在政策层面，"政府购买服务"则是一个推动政府转变职能、创新治理方式的概念。2006 年国务院《关于发展城市社区卫生服务的指导意见》首次以中央文件的形式明确提出了"购买服务"的概念，并确定了购买服务的基本政策。2013 年，国务院办公厅印发《关于政府向社会力量购买服务的指导意见》，对政府购买服务进行了顶层设计。该意见提出："政府向社会力量购买服务的内容为适合采取市场化方式提供、社会力量能够承担的公共服务，突出公共性和公益性。教育、就业、社保、医疗卫生、住房保障、文化体育及残疾人服务等基本公共服务领域，要逐步加大政府向社会力量购买服务的力度。非基本公共服务领域，要更多更好地发挥社会力量的作用，凡适合社会力量承担的，都可以通过委托、承包、采购等方式交给社会力量承担。"随后，党的十八届三中全会也提出，"推广政府购买服务，凡属事务性管理服务，原则上都要引入竞争机制，通过合同、委托等方式向社会购买"。由此，政府购买服务正式上升为党和国家的一项改革政策。2019 年，为规范政府购买服务行为，促进转变政府职能，改善公共服务供给，根据《预算法》《政府采购法》《合同法》等法律、行政法规的规定，财政部制定了《政府购买服务管理办法》。[1]根据该管理办法第 2 条规定，"本办法所称政府购买服务，是指各级国家机关将属于自身职责范围且适合通过市场化方式提供的服务事项，按照政府采购方式和程序，交由符合条件的服务供应商承担，并根据服务数量和质量等因素向其支付费用的行为"。

2003 年《法律援助条例》没有规定"政府购买服务"或"政府采购服务"的内容。随着我国服务型政府及法治国家建设的持续推进，2015 年两办《关于完善法律援助制度的意见》明确要求，"加大政府购买法律援助服务力度，吸纳社会工作者参与法律援助，鼓励和支持人民团体、社会组织开展法律援助工作"。目前，在我国法律援助实践中，一些地方已经将法律援助服务纳入地方政府购买服务的范围。立足实践需要，2020 年司法部、财政部《关于建立健全政府购买法律服务机制的意见》对政府购买法律服务的范围作出了统一性、原则性规定。该意见将公共法律服务分为"政府向社会公众提供的公共法律服务"和"政府履职所需辅助性

---

[1] 2019 年 11 月 19 日，财政部第一次部务会议审议通过《政府购买服务管理办法》；根据财政部第 102 号令，《政府购买服务管理办法》自 2020 年 3 月 1 日起施行。

法律服务"两大类。前者针对社会公众的需求，具有公共性、公益性、普惠性和保障性的特征，是政府基于法定职责，不以营利为目的所提供的无偿法律服务，其中即包括法律援助服务；后者面向政府自身需求，是政府委托社会力量提供的法律顾问服务及其他辅助性法律服务。2020年12月，中共中央《法治社会建设实施纲要（2020—2025年）》明确提出"完善政府购买公共服务机制"，并要求在2022年要基本形成"覆盖城乡、便捷高效、均等普惠的现代公共法律服务体系"。由此可见，政府购买法律援助服务，具有明确的规范性文件及政策支持。

关于政府购买法律援助服务，《法律援助法（草案）》一审稿第12条第2款规定，"县级以上人民政府及其有关部门可以采取购买服务等措施，支持律师事务所等法律服务机构为公民提供法律援助"。在公开听取意见后，《法律援助法（草案）》二审稿根据《政府采购法》的相关规定，对该条进行了修改。主要修改有三：一是，将"采取购买服务等措施"修改为"通过政府采购等方式"，以确保立法用语的统一。二是，将购买主体由"县级以上人民政府及其有关部门"限缩为"司法行政部门"，突出强调了司法行政部门作为法律援助主管部门的保障职责。三是，政府采购应当通过公平竞争、择优选择方式确定承接主体，建立优胜劣汰的动态调整机制。鉴于此，立法将"支持"修改为"择优选择"。

一审稿	二审稿
第十二条　执业律师、律师事务所应当按照国家规定履行法律援助义务。 　　县级以上人民政府及其有关部门可以采取购买服务等措施，支持律师事务所等法律服务机构为公民提供法律援助。	第十五条　**司法行政部门**可以**通过政府采购等方式**，**择优选择**律师事务所等法律服务机构为**受援人**提供法律援助。

【条文释义】

本条为通过政府采购等方式弥补、充实、强化法律援助机构的服务供给能力提供了立法依据，有助于促进政府采购法律援助服务的常态化发展。根据本条规定，作为法律援助主管部门，司法行政部门应当根据当地法律援助工作的需要，积极探索通过政府采购等方式，通过市场化手段而非行政手段，增强法律援助服务供给能力。以市场化手段组织法律援助服务，不仅有助于优化法律援助服务的提供机制和组织模式，而且可以更有效地提高法律援助服务的供给能力。

一、通过政府采购等方式购买法律援助服务

（一）政府购买法律援助服务的正当性

政府购买法律援助服务，是指政府按照法定程序和采购目录，利用财政资金，采取市场化、契约化方式，面向具有专业资质的法律服务机构购买法律援助服务的制度设置与政策安排，其正当依据如下。

在宏观社会治理层面，通过政府采购等方式购买法律援助服务，对于促进我国基本公共法律服务均等化，提高社会治理能力，推动法治国家、法治政府、法治社会一体化建设具有重要意义。[1]法律援助作为一项专业化服务，离不开专业化的人力资源。因此，由政府买单，向律师事务所等社会组织购买法律援助服务并向公众提供，既有利于政府集中精力进行监督管理，也有利于政府提高依法管理水平，夯实社会治理基础。在政府购买服务的提供模式下，政府与社会律师本质上是法律服务的购买者与提供者之间的合同关系。由此，引入专业化的法律服务机构，有助于弥补法律援助机构组织实施法律援助服务的不足和短板；有助于司法行政部门集中精力行使行政管理职能，节省行政资源，提高管理效率。[2]

在法律援助制度层面，通过政府采购等方式购买法律援助服务，是解决法律援助供给能力不足、法律援助服务质量不高等问题的重要制度安排。首先，政府购买法律援助服务可以提高法律服务资源的利用效率，缓解法律援助的供需矛盾。将案件统一打包给专业化的法律服务机构，将在整体上节约法律援助资源。[3]其次，政府购买法律援助服务，可以提高律师办理法律援助案件的积极性，提升法律援助质量。[4]签订服务购买合同的双方属于平等民事主体，律师所提供的法律援助服务与其所获报酬充分对价，能够最大程度地维护律师的经济利益，激励更多优秀律师从事法律援助事业。最后，在政府购买法律援助服务中，政府作为市场交易中的一方，将以"理性人"的立场，审慎地择优选择法律援助服务提供者；在接受服务过程中积极监管，确保购买的法律援助服务符合合同要求，并在法律援助提供者怠于履行合同义务时追究其相应责任。在市场机制激励下，那些不符合要求的法律援助提供者会被淘汰出局，从而激发作为市场交易主体的社会律师的内生动力，使其尽职尽责地提供更高质量、更具效率的法律援助服务。

（二）"政府购买服务"与"政府采购服务"的关系

通过政府采购等方式购买法律援助服务，是我国法律援助提供机制和提供模式的重大转变。目前，世界各国提供法律援助服务，主要采取的是政府购买服务的方式。律师把政府为贫困者提供的法律援助服务作为一种法律服务业务，公平竞争，

---

[1] 方世荣、付鉴宇："论法治社会建设中的政府购买公共法律服务"，载《云南社会科学》2021年第3期。

[2] 曹吉锋："公共法律服务范畴中政府购买服务政策与实践"，载《陕西行政学院学报》2018年第4期。

[3] 潘金贵、黄海强："刑事法律援助供给侧结构性改革——以刑事辩护全覆盖为视角"，载《广西警察学院学报》2019年第3期。

[4] 王正航等："法律援助政府购买服务机制研究"，载《中国司法》2016年第5期。

有序参与。〔1〕例如，在英国，法律援助服务主要采取合同制模式，由司法部法律援助局通过公开招标的方式向律师事务所采购，由私人律师事务所参与竞标。法律援助局根据国家制定的标准，综合审查竞标方的能力后确定中标机构，并与之签订法律援助合同。只有取得签订合同的资格条件，相关律师事务所才能够提供法律援助服务。此外，在签订合同以后，法律援助局有权监督管理服务提供者的履约行为。法律援助合同中包含合同期限、案件负荷量、支付费用、服务质量、监督和评估等重要条款，而服务质量的评估又具体包括文件资料审查、档案审查、工作技能要求、特定评价标准等内容。〔2〕

需要进一步说明的是，"政府采购服务"与"政府购买服务"有所不同，应当明晰二者的关系问题。总体而言，政府购买服务与政府采购服务的内涵基本一致，但强调的侧重点不同：政府购买服务强调的是投入方式，政府采购服务强调的是程序规范。具体而言，在主体范围上，根据财政部《政府购买服务管理办法》第33条规定，"政府购买服务"的购买主体，仅限于各级国家机关；党的机关、政协机关、民主党派机关、承担行政职能的事业单位和使用行政编制的群团组织机关，可参照适用该管理办法购买服务。与此相比，"政府采购"适用的主体范围则更为宽泛：除涵盖所有政府购买主体外，还包括"其他事业单位和非行政编制的群团组织"。在购买（采购）服务范围上，"政府购买服务"的范围仅限于政府向社会公众提供的公共服务和政府履职所需辅助性服务；而"政府采购服务"的范围既包括需要"政府购买服务"的事项，还包括"政府自身需要的服务"，后者是为保障单位正常运转，需要向社会力量采购的后勤保障性服务，如物业管理、安全保卫、公车租赁、车辆维护、餐厅托管、系统开发与运维、档案加工与整理等。在法律层面，区分"政府购买服务"和"政府采购服务"，其主要价值在于：一是，事业单位可以依法通过"政府采购"的方式购买服务，但不适用政府购买服务的规定；二是，就服务事项而言，"政府购买服务"有严格限定，不得将"不属于政府职责范围的服务事项""应当由政府直接履职的事项"等纳入购买服务范围。

公共法律服务是政府基于公共服务职能而统筹提供的一般性法律服务，属于"政府向社会公众提供的公共服务"，属于政府购买服务事项，同时需要遵循政府采购的程序规范。法律援助服务是"公共法律服务体系的组成部分"，但又有其自身的特殊性。根据《法律援助法》第4条、第5条规定，县级以上人民政府就法律援助负有保障职责，政府相关部门应当依照各自职责为法律援助工作提供支持和保障；又根据《法律援助法》第5条、第12条规定，司法行政部门是法律援助事业

---

〔1〕　李燕丽等："提高法律援助案件质量的杭州实践"，载《中国司法》2017年第7期。
〔2〕　吴宏耀、余鹏文："构建多元化的法律援助服务提供模式"，载《中国司法》2020年第6期。

的主管部门，其自身不直接提供法律援助服务；为确保法律援助服务的供给，县级以上人民政府司法行政部门应当设立法律援助机构，由法律援助机构依法组织实施法律援助。因此，为确保法律援助服务的可持续、稳定供给，司法行政部门作为法律援助事业的主管部门，一方面，应当加大法律援助的经费投入，保障法律援助机构有充足的资金开展法律援助服务；另一方面，也可以通过政府采购等方式，弥补、充实、强化法律援助机构的服务供给能力。

根据《法律援助法》第15条规定，法律援助服务的购买主体是司法行政部门，而非法律援助机构。因此，就司法行政部门购买法律援助服务而言，"政府采购服务"与"政府购买服务"之间并没有本质区别。这意味着，在法律适用上，司法行政部门通过政府采购等方式购买法律援助服务，既要适用《政府采购法》的规定，又要遵守财政部《政府购买服务管理办法》的相关要求。例如，《政府采购法》第26条规定："政府采购采用以下方式：（一）公开招标；（二）邀请招标；（三）竞争性谈判；（四）单一来源采购；（五）询价；（六）国务院政府采购监督管理部门认定的其他采购方式。公开招标应作为政府采购的主要采购方式。"再如，根据财政部《政府购买服务管理办法》第17条规定，"购买主体应当根据购买内容及市场状况、相关供应商服务能力和信用状况等因素，通过公平竞争择优确定承接主体"。第22条规定，"政府购买服务合同的签订、履行、变更，应当遵循《中华人民共和国合同法》的相关规定"。

二、政府购买法律援助服务具有补充性质

在多元化法律援助供给制度下，法律援助机构是确保法律援助服务稳定供给的"国家队、主力军"，是确保法律援助服务可持续、高质量发展的根本保障。根据《法律援助法》第5条，作为法律援助事业的主管部门，司法行政部门负有"设立法律援助机构"并为法律援助机构依法开展工作"提供支持和保障"的首要职责。鉴于此，该章在明确法律援助机构相关职责（基本职责、特殊职责、派驻值班律师的职责）之后，进一步规定，司法行政部门可以"通过政府采购等方式"，借助社会法律服务机构，弥补、充实、强化法律援助机构的供给能力。申言之，司法行政部门"通过政府采购等方式"购买法律援助服务，目的是强化法律援助机构的服务供给能力，而不是削弱、架空法律援助机构。因此，应当避免出现"一方面部门花钱购买服务，另一方面部门及所属相关事业单位人员和设施闲置"的局面。[1]故此，在法律援助经费安排上，政府相关部门应当优先加强法律援助机构的经费保障机制、

---

[1] 财政部2020年12月22日《关于印发中央本级政府购买服务指导性目录的通知》。根据该通知公布的"中央本级政府购买服务指导性目录"，"法律援助服务"作为"公共服务"一级目录项下"社会保障服务"的组成部分，属于中央本级政府购买服务事项之一。

为其组织实施法律援助提供充足的经费；在此基础上，针对法律援助机构的不足和短板，为弥补、充实、强化法律援助机构的服务供给能力，可以通过政府采购等方式购买社会服务。

需要强调的是，根据《法律援助法》第15条规定，司法行政部门"可以"而非必须购买法律服务。因此，相对于第4条政府经费保障职责而言，确保法律援助机构依法组织实施法律援助是政府的基本职责；通过政府采购等方式购买法律援助服务，具有补充性质、保障性质。因此，政府购买法律援助服务应当以法律援助工作确实需要为原则，以支持保障法律援助机构依法工作为导向。申言之，相对于法律援助机构，政府购买法律援助服务具有补充性质，目的是为了弥补、充实、强化法律援助机构的服务供给能力。

具体而言，司法行政部门可以通过政府采购等方式，借助社会法律服务机构的力量，实现以下目的。

其一，通过政府购买服务，为法律援助机构"减负"。法律援助机构的首要职责是稳定法律援助服务供给、保质保量地为受援人提供法律援助服务。在新时代，随着全面依法治国进程的持续推进，人民群众在民主、法治、公平、正义、安全、环境等方面的法治需求、法律服务需求也在持续增加。因此，在公共法律服务体系建设中，司法行政部门可以通过政府购买服务的方式，将部分适宜的公共法律服务事项〔如法律咨询服务、村（居）法律顾问服务、人民调解服务等〕交由社会力量负责，以减轻法律援助机构的负担，保证法律援助机构的工作人员能够集中精力处理其核心业务，即法律援助案件的辩护、代理服务。

其二，通过政府购买服务，满足特定的法律服务需求。在部分行政区域，可能存在一些特殊的审判机构（如海事法院、互联网法院、军事法院、最高人民法院巡回法庭等），这些特殊审判机构产生的法律援助服务需求，往往具有较强的专业性和特殊性。在一些地区，可能存在大量的外地人口或进城务工人员，在语言、习惯上，对法律援助人员提出了更高的要求。因此，为了更好地满足此类特殊服务需求，司法行政部门可以通过政府采购等方式，择优选择适宜的社会法律服务机构来专门负责此类法律援助服务。

其三，通过政府购买服务，实现特定领域法律援助服务的专门化。对于特定类型的案件，为了更好地满足特定群体的特殊需求，可以通过政府采购等形式，购买具备专业知识或特殊服务能力的社会法律服务机构，提供专业化的法律援助服务。例如，未成年人刑事法律援助案件的办理，需要特别照顾未成年人的身心健康，并对其进行感化、教育，引导其顺利回归社会。因此，对于此类案件，司法行政部门可以通过政府采购的方式，向办理未成年人案件经验丰富、熟悉未成年人身心特点的律师事务所或律师团队购买专业化的法律援助服务等。

其四，通过政府购买服务，推动法律服务资源的跨区域流动，确保法律援助机构能够依法正常开展法律援助工作。在某地区法律援助供给数量难以满足法律援助需求数量的情况下，可以由该地区的上级司法行政部门通过政府采购等形式，在所在行政辖区内择优选择律师事务所等法律服务机构，由其向法律服务资源相对短缺的地区派驻律师，作为当地法律援助机构的专职律师，专门提供法律援助服务。《法律援助法》第18条确立了法律服务资源跨区域流动机制；政府购买法律援助服务是法律服务资源的来源渠道，跨区域流动机制是法律服务资源的转移渠道。二者共同作用，可以改善偏远地区法律服务资源相对短缺的现实问题。对此，我国法律援助制度已经展开了初步探索。例如，苏州等地正积极推动采取政府购买服务方式，鼓励律师事务所打破地域限制，跨区域承办法律援助案件，以实现法律援助办案量与律师资源供给的相对平衡。再如，2020年"两院三部"印发《法律援助值班律师工作办法》，该办法第32条规定，"……对律师资源短缺的地区，可采取在省、市范围内统筹调配律师资源，建立政府购买值班律师服务机制等方式，保障值班律师工作有序开展"。

三、政府购买法律援助服务的购买主体

根据本条规定，法律援助服务的购买主体是司法行政部门。对于法律援助服务购买主体的确定问题，立法草案经历了从"开放式购买主体"到"限定性购买主体"的转变，并最终确立为司法行政部门。《法律援助法（草案）》一审稿曾将购买主体规定为"县级以上人民政府及其有关部门"；在此意义上，法律援助机构也可以成为政府采购的适格主体。但《法律援助法（草案）》二审稿将政府采购主体限定为"司法行政部门"，从而排除了法律援助机构自行采购法律援助服务的主体资格。

事实上，在我国此前政府购买公共法律服务的制度安排中，从未明确将司法行政部门作为政府购买公共法律服务的购买主体，而是仅将其作为指导监督主体。不论是2020年财政部《政府购买服务管理办法》，抑或是2020年司法部、财政部《关于建立健全政府购买法律服务机制的意见》均规定，"各级国家机关是政府购买法律服务的购买主体"，由此，购买法律服务的主体是多元的，这与《法律援助法（草案）》一审稿规定的"县级以上人民政府及其有关部门"高度重合。同时，该意见提出，"省级司法行政部门和财政部门可以制定政府购买法律服务的具体办法"；"各级司法行政部门应当引导律师等社会力量有序参与政府购买法律服务供给，加强业务指导和监督，研究完善政府购买法律服务质量标准，促进提高法律服务水平"。在该意见出台之前，各地对于政府购买公共法律服务的地方性安排同样大致如此。例如，山东省司法厅、山东省财政厅《政府购买公共法律服务办法》第4条第1款规定，"政府购买公共法律服务的主体（简称购买主体）是各级行政机

关和具有行政管理职能的事业单位"；第9条第2款规定，"司法行政机关负责政府购买公共法律服务的指导协调、监督管理等工作……"

根据《法律援助法》第5条规定，司法行政部门是法律援助工作的主管部门。鉴于此，第15条明确规定，司法行政部门是法律援助服务的法定采购主体。具体而言，将法律援助服务的采购主体限定为司法行政部门，其理由有二。

其一，法律援助服务不同于其他公共法律服务的组成部分，决定了购买法律援助服务的主体范围不可能是多元的。虽然关于政府购买公共法律服务的一系列规范性文件均对购买主体作出了相对宽泛的规定，但作为公共法律服务的特定组成部分，法律援助服务有其自身的特殊性。一般认为，公共法律服务体系既包括向社会公众提供的公共法律服务，如法律援助服务、村（居）法律顾问服务、法治宣传教育服务、人民调解服务、法律咨询服务、公益性公证、司法鉴定服务等，同时包括政府履职所需的辅助性法律服务，如政府法律顾问服务、参与重大决策重大执法决定合法性审查服务等。由于涉及服务范围较广，因而在政府提供公共法律服务的过程中，涉及多元的政府部门，乃至事业单位、党政机关等。在这一意义上，规定多元化的法律服务购买主体无疑是正确的。然而，就仅具有公益性、基本性、普惠性、兜底性的法律援助服务而言，其购买主体应当是单一的。根据《法律援助法》确立的法律援助制度体系，除由县级以上人民政府负责的部分宏观规划职能外，法律援助制度采用"二元化管理体制"，即由司法行政部门与法律援助机构承担法律援助事业的主要管理工作。因此，购买法律援助服务的职责仅可能由上述两个主体承担，如果仍旧沿用"县级以上人民政府及其有关部门"的规定，将不必要地造成购买主体的混淆。

其二，基于司法行政部门与法律援助机构的"二元化管理体制"，法律援助机构"不再承担行政职能"，只负责组织实施法律援助工作；司法行政部门作为法律援助工作的主管部门，负责指导监督法律援助工作。对于政府采购而言，政府购买法律援助服务涉及预算管理、采购管理、合同管理、履约管理等多个专门性事项，这些工作内容远超法律援助机构的服务管理职能范围。不仅如此，在此次党和国家机构改革中，各地通常将法律援助机构定性为事业单位。根据财政部《政府购买服务管理办法》第8条规定，"公益一类事业单位、使用事业编制且由财政拨款保障的群团组织，不作为政府购买服务的购买主体和承接主体"。因而，从事业单位改革趋势看，法律援助机构也不宜作为政府购买服务的适格主体。因此，在法律援助管理体制内部，基于司法行政部门的行政管理职能，由其开展购买法律援助服务的相关工作，向法律援助机构输送法律援助供给，是更为恰当的制度安排。

四、政府购买法律援助服务的承接主体

根据本条规定，政府购买法律援助服务的承接主体为律师事务所等法律服务机

构。毋庸赘言，律师事务所作为最为典型的法律服务机构，理应作为政府购买法律援助服务的承接主体之一；然而，除律师事务所外，满足何种条件的"法律服务机构"可以作为政府购买法律援助服务的承接主体，仍然需要进一步解释。

针对这一问题，我国规范性文件已经作出了相关规定。在"政府购买服务"的制度安排中，财政部已经对于承接主体的条件进行了整体性规定。2020年财政部《政府购买服务管理办法》第7条规定："政府购买服务的承接主体应当符合政府采购法律、行政法规规定的条件。购买主体可以结合购买服务项目的特点规定承接主体的具体条件，但不得违反政府采购法律、行政法规，以不合理的条件对承接主体实行差别待遇或者歧视待遇。"同时，司法部、财政部特别就"政府购买法律服务"进行了专门的制度安排，并对承接主体的条件提出了一脉相承的要求。在2020年司法部、财政部《关于建立健全政府购买法律服务机制的意见》中规定，"政府购买法律服务的承接主体应当具备法律服务能力，并符合有关法律、行政法规、规章规定的资格条件"。因此，根据上述规范性文件，法律服务机构欲作为政府购买法律援助服务的承接主体，应当符合"法律服务能力"与"合法资格条件"两个方面的要求。

"合法资格条件"是一项抽象条件，要求政府购买法律服务的承接主体必须符合有关法律、行政法规、规章规定的资格条件。至于哪一机构具备相关的合法资格条件，对此，山东省司法厅、山东省财政厅《政府购买公共法律服务办法》第5条的规定可资参考。该条规定明确指出，"承接政府购买公共法律服务的主体（简称承接主体）包括：律师事务所、公证机构、司法鉴定机构、基层法律服务所等，人民调解委员会、律师协会、公证协会、司法鉴定协会、基层法律工作者协会、人民调解员协会等，以及具备提供公共法律服务相关资格条件的其他社会力量……"

"法律服务能力"是一项具体条件，购买主体可以结合购买服务项目的特点，提出具体的要求。换言之，司法行政部门可以根据具体法律援助服务项目的需要，对法律服务机构应当具备的法律服务能力进行专门要求与考察，例如，是否具备提供某一法律援助服务类型的专业服务能力和资质、社会公信力是否良好、有无重大违法违纪记录等。此外，不同地区还应当充分结合该地区的法律服务市场情况。例如，在律师资源相对充足的地区，可以从当地具有专业化服务能力的律师事务所等机构中择优选择；在律师资源相对匮乏的地区，可以从当地基层法律服务所等法律服务机构中选择，或者根据各地方的实际需要，跨区域购买法律援助服务。

五、政府购买法律援助服务的原则

根据本条规定，政府购买法律援助服务应当遵循"择优选择"的原则。不同于点援制等传统法律援助供给模式，在政府购买法律援助服务的过程中，司法行政部门应当善于利用市场规律、市场思维，通过市场机制"择优选择"，进一步促进法律援助资金投入与服务供给的"效益最大化"。司法行政部门有权事先严格控制市场准入机制，选择符合资质要求的法律援助服务机构，并在事中定期检查服务质量，事后根据品质标准选择延长合同期限或解除合同。这有助于提高服务质量和效率，推动法律援助事业朝着科学、规范的方向发展。[1]需要另行说明的是，"择优选择"的原则性表述仅重申了政府购买服务中的一项原则。根据财政部《政府购买服务管理办法》第3条的规定，"政府购买服务应当遵循预算约束、以事定费、公开择优、诚实信用、讲求绩效原则"。这些政府购买服务的原则性要求，同样应当贯彻并适用于政府购买法律援助服务的工作之中。

六、政府购买法律援助服务的程序

《法律援助法》第15条并未明确规定政府购买法律援助服务的程序。该购买程序应当如何进行，需要结合《政府采购法》《政府购买服务管理办法》《关于建立健全政府购买法律服务机制的意见》等法律、法规、规章和制度规定组织实施，并由司法部、财政部等国家机关考虑今后出台政府购买法律援助服务的专门性文件予以进一步明确。结合已出台的相关制度规定，政府购买法律援助服务，应当遵循如下四个方面的程序。

其一，预算管理（编制预算）。政府购买法律援助服务项目所需资金，应当在年度部门预算中统筹安排。作为购买主体，司法行政部门应当根据社会公众法律服务需求、政府财力保障水平、本部门履职需要和年度部门预算安排，研究拟定本部门（单位）购买的法律援助服务项目，合理测算购买资金，编制年度政府购买法律援助服务计划（预算），并报同级财政部门审批。

其二，采购管理（组织购买）。作为购买主体，司法行政部门应当按照政府购买服务和政府采购的有关制度规定，组织实施购买活动。司法行政部门应综合考虑所购买法律援助服务的供求特点、市场发育程度等因素，按照方式灵活、程序简便、公开透明、竞争有序、公平择优的原则，采用适当的采购方式确定承接主体，并参照所在区域同类法律服务的市场收费标准合理确定政府购买价格。《法律援助法》第15条明确规定法律援助服务的购买"可以通过政府采购等方式"，因此，属于《政府采购法》适用范围的项目，应当统一纳入政府采购程序，通过公开招标、邀请招标、竞争性谈判、竞争性磋商、单一来源采购等方式确定承接主体；不属于《政府采购法》适用范围的项目，可以采用定向委托、竞争性评审等方式确定承接主体。

其三，合同管理（签订合同）。购买主体（即司法行政部门）与承接主体（即法律服务机构）应当按照合同管理要求签订书面购买公共法律服务合同，明确购买

---

〔1〕　吴宏耀、余鹏文："构建多元化的法律援助服务提供模式"，载《中国司法》2020年第6期。

公共法律服务的内容、期限、数量、质量、价格等要求，以及资金结算方式、双方权利义务事项和违约责任等内容。

其四，履约管理（履行合同）。购买主体应当对政府购买法律援助服务项目进行履约管理，指导和监督承接主体严格履行合同，按时完成法律援助服务任务，开展绩效执行监控和验收评估，并按照合同约定向承接主体支付服务费用。承接主体应当认真履行合同，依法诚信规范执业，规范使用政府购买服务项目资金，按时保质保量提供法律服务。

第十六条【提供法律援助的义务】

律师事务所、基层法律服务所、律师、基层法律服务工作者负有依法提供法律援助的义务。

律师事务所、基层法律服务所应当支持和保障本所律师、基层法律服务工作者履行法律援助义务。

【条文要旨】

本条是关于提供法律援助义务的规定。根据该条规定，作为法律服务的供给群体，律师事务所、基层法律服务所、律师、基层法律服务工作者负有依法提供法律援助服务的行业义务。但就具体律师、基层法律服务工作者而言，是否有资格提供法律援助，则需要具备相应的资质并入选法律援助服务律师库。

律师、基层法律服务工作者作为法律服务人员提供法律援助服务，本质上是一种低收费的法律公益服务活动。因此，立法规定，律师、基层法律工作者所在的律师事务所、基层法律服务所应当为其提供法律援助服务提供必要的支持和保障。此外，本法第62条、第63条规定了相应的法律责任。

【立法背景】

在我国法律援助制度初建时期，基于计划经济时代形成的行政管理思维，一直将提供法律援助服务视为律师的义务。与1980年《律师暂行条例》不同，根据1996年《律师法》的定位，律师已经不再是"国家的法律工作者"，而是"为社会提供法律服务的执业人员"。但是，1996年《律师法》在"法律援助"一章，第42条规定："律师必须按照国家规定承担法律援助义务，尽职尽责，为受援人提供法律服务。"据此，为推动各地法律援助机构尽快开展工作，司法部于1997年5月下发了《关于开展法律援助工作的通知》。该通知规定："律师事务所、公证处、基层法律服务机构在本地区法律援助中心的统一协调下，实施法律援助。""法律援助承办人员接受指派后，不得疏于应履行的职责，无正当理由不得拒绝、延迟或终止所承办的法律援助事项。法律援助承办人员拒不履行法律援助义务，或者疏于履行法律援助职责致使受援人遭受重大损失，法律援助机构可以建议有关司法行政机关不予年审注册或给予相应的处罚。"

之后，有关法律援助的法律规定一直沿袭上述立场，认为"律师负有履行法律援助的义务"。例如，2003年《法律援助条例》第6条规定："律师应当依照律师法和本条例的规定履行法律援助义务，为受援人提供符合标准的法律服务，依法维护受援人的合法权益，接受律师协会和司法行政部门的监督。"2012年修正后的《律师法》第42条规定："律师、律师事务所应当按照国家规定履行法律援助义务，为受援人提供符合标准的法律服务，维护受援人的合法权益。"而且，2003年《法律援助条例》、2012年《律师法》的相关条文均就律师、律师事务所不依法履行法律援助义务设定了相应的罚则。

在理论界，关于律师是否应当负有"法律援助义务"，长期存在不同的认识与争议。有研究者认为，法律援助是国家与政府的责任，国家不应当强制律师提供免费的法律援助服务；律师也没有义务免费提供法律援助，否则无异于转嫁国家与政府应当承担的责任。[1]也有研究者认为，规定社会律师承担无偿法律援助义务与现行宪法相抵触，也与立法原则相违背，与国家已经建立并继续发展的市场经济秩序不相吻合。这种对律师劳动的"行政征收"行为，存在严重的立法瑕疵。[2]但也有研究者认为，基于律师的职业伦理与社会属性，律师应当肩负起提供法律援助的义务。[3]

《法律援助法（草案）》初稿尽管保留了2003年《法律援助条例》的很多内容，但是，明显放弃了《法律援助条例》第6条的规定，而是在有关法律援助人员的条文中规定："法律援助人员应当按照本法和其他有关法律的规定，承担法律援助义务，尽职尽责地维护受援人的合法权益。"在此，立法者建议将条例规定的"律师"替换为"法律援助人员"。

《法律援助法（草案）》一审稿第12条第1款、第14条先后规定"执业律师、律师事务所应当按照国家规定履行法律援助义务""基层法律服务工作者、基层法律服务所应当按照国家规定履行法律援助义务"。在公开听取意见过程中，顾永忠教授专门就第12条第1款规定提交了书面意见。顾永忠教授认为，"此规定要求执业律师、律师事务所按照国家规定履行法律援助义务，于法于理依据不足"，理由包括三个方面。

第一，本法草案明确规定，法律援助是国家的责任。那么，要求执业律师及律师事务所应当承担法律援助义务的法律规定或国家规定何在？经查国家专门规范律

---

〔1〕　贺海仁："法律援助：政府责任与律师义务"，载《环球法律评论》2005年第6期。

〔2〕　操武斌、张宪涛："法律援助应是政府责任而不是律师的义务——兼论《法律援助条例》第五章法律责任的立法瑕疵"，载《科技创业月刊》2004年第17期。

〔3〕　程滔："法律援助的责任主体"，载《国家检察官学院学报》2018年第4期。

师行为的《律师法》，并无直接要求执业律师及律师事务所应当承担法律援助义务的规定，只是在第42条规定"律师、律师事务所应当按照国家规定履行法律援助义务，为受援人提供符合标准的法律服务，维护受援人的合法权益"，但其中"应当按照国家规定履行法律援助义务"的"国家规定"指什么并无明确指向。《法律援助法（草案）》也如此规定，但何为执业律师应当履行法律援助义务的"国家规定"同样指向不明，依据不清。

第二，根据现行《律师法》及其他有关规定，在现行律师体制下，除极其有限的国办律师事务所及所属律师外，绝大多数执业律师及律师事务所属于自收自支、自负盈亏、依法纳税的法律执业人员和社会组织，国家并不向他们提供工资、福利待遇和开办、运行经费，在此情形下，要求他们履行法律援助义务，法理何在？再以国家公办医院的医生、公办学校的教师、公办科研机构的专业技术人员为例，他们都由国家提供工资、福利待遇等，国家尚且没有要求他们承担无偿向社会提供相关服务的法定义务，又何以要求自收自支、自负盈亏的执业律师及律师事务所无偿承担法律援助义务？

第三，经查，《全国律师协会章程》第9条关于"个人会员的义务"第5项规定"承担律师协会委托的工作，履行律师协会规定的法律援助义务"；第11条"团体会员的义务"第1项规定"遵守本会章程"，第6项规定"为律师行使权利、履行义务提供必要条件"。可见，在律师行业管理规定上，执业律师及律师事务所负有法律援助义务，但这是律师行业组织给行业成员设定的义务，并不是国家的规定或国家给执业律师及律师事务所确定的义务。

根据《律师法》的有关规定，"律师协会是社会团体法人，是律师的自律性组织"（第43条第1款），"律师、律师事务所应当加入所在地的地方律师协会。加入地方律师协会的律师、律师事务所，同时是全国律师协会的会员。律师协会会员享有律师协会章程规定的权利，履行律师协会章程规定的义务"（第45条）。据此，可以确定在律师行业规定上，律师及律师事务所应当承担法律援助义务是有据可查的，并且该义务的设定在《律师法》上是能够成立的。

综上，顾永忠教授建议，将《法律援助法（草案）》一审稿第12条第1款"执业律师、律师事务所应当按照国家规定履行法律援助义务"修改为"执业律师、律师事务所应当按照律师行业有关规定承担法律援助责任"。如此修改，既有据可依又于法成立。

在立法过程中，还有专家针对二审稿第16条的规定指出，在我国法律援助制度初建时期，为确保有律师提供法律援助服务，政策制定者曾一度强调执业律师、律师事务所负有履行法律援助的义务。但是，随着我国法律援助制度的发展，尤其是基于法律援助服务质量的考量，越来越多的法律援助机构开始建立法律援助律师库，对法律援助律师实行资质化管理。而且，从国际法律援助实践来看，法律援助服务名册制度也是一项普遍的做法和经验。故建议将该条第1款修改为："国家应当建立法律援助服务名册管理制度。入选法律援助服务名册的执业律师、律师事务所应当按照国家规定或合同约定履行法律援助义务。"

一审稿	二审稿
第十二条 执业律师、律师事务所应当按照国家规定履行法律援助义务。 ……	**第十六条** 律师事务所、基层法律服务所、律师、基层法律服务工作者**负有依法提供**法律援助的义务。 **律师事务所、基层法律服务所应当支持和保障本所律师、基层法律服务工作者履行法律援助义务。**
第十四条 基层法律服务工作者、基层法律服务所应当按照国家规定履行法律援助义务。	

【条文释义】

本条规定包括两个方面的内容：一是特定人员负有提供法律援助的义务；二是法律服务提供者所属组织的支持义务。

一、基层法律服务工作者

根据本条及第12条规定，律师、基层法律服务工作者是最主要的法律援助人员。其中，律师是一种较为常见、社会活跃度较高的法律职业群体；相比较而言，人们对基层法律服务工作者可能会感到有些陌生。

基层法律服务是一项具有中国特色的法律服务制度。20世纪80年代初期，为弥补律师资源的不足，满足当时农村经济体制改革和沿海对外开放产生的大量法律服务需求，基层法律服务在东南沿海部分乡镇产生，并逐步发展到内地和城市。多年来，广大基层法律服务工作者坚持立足基层、扎根基层，发挥近民便民利民优势，为服务基层经济社会发展、维护人民群众合法权益、维护社会和谐稳定作出了重要贡献。[1]

基层法律服务工作者，是指经司法行政部门核准执业登记，在基层法律服务所中执业，为社会提供法律服务的人员。根据司法部2017年《基层法律服务工作者

---

〔1〕 "司法部相关负责人就修订后的《基层法律服务所管理办法》《基层法律服务工作者管理办法》答记者问"，载央视网，http://news.cctv.com/2018/01/04/ARTIRvvygiBtYoJUuLkgUhQy180104.shtml，最后访问时间：2021年8月14日。

管理办法》第 6 条规定："申请基层法律服务工作者执业，应当具备下列条件：
（一）拥护中华人民共和国宪法；（二）高等学校法律专业本科毕业，参加省、自
治区、直辖市司法行政机关组织的考试合格；（三）品行良好；（四）身体健康；
（五）在基层法律服务所实习满一年，但具有二年以上其他法律职业经历的除外。
各省、自治区、直辖市的自治县（旗），国务院审批确定的国家扶贫开发工作重点
县，西部地区省、自治区、直辖市所辖县，可以将前款第二项规定的学历专业条件
放宽为高等学校法律专业专科毕业，或者非法律专业本科毕业并具有法律专业知
识。"符合上述条件，经设区的市级或者直辖市的区（县）司法行政机关执业核准
并颁发《基层法律服务工作者执业证》，基层法律服务工作者应当与基层法律服务
所签订聘用合同或者劳动合同，在该家基层法律服务所执业，为社会提供有偿或无
偿的法律服务。总体而言，基层法律服务工作者的执业条件明显低于律师，法律服
务类型也受到一定限制，但就其法律服务功能而言，基层法律服务所与基层法律服
务工作者之间的关系，与律师事务所和律师之间的关系颇为相似。

在发展历程上，我国 20 世纪 80 年代末，伴随着改革开放的浪潮，社会纠纷急
剧增多，亟需大量能够提供法律服务的专业人才。然而，当时我国律师数量十分有
限，不足以满足法律服务需求。基层法律服务工作者的出现，一方面弥补了律师数
量的不足，另一方面也满足了当时社会大众对法律服务的需求。尤其是，在农村法
律服务需求日益增大与农村法律服务资源较为匮乏、众多农民群众对市场化的法律
服务支付能力不足的矛盾十分突出的情况下，乡镇法律服务所作为农村法律服务市
场的主要或重要供体之一，曾在很大程度上缓解了农村法律服务供给不足的矛盾。

20 世纪 90 年代，基层法律服务工作者数量急剧增加，工作区域逐渐扩展到西
部内陆地区、偏远地区；其业务范围也十分广泛。数据显示，1988 年，全国共有基
层法律服务工作者 81 520 人；90 年代，基层法律服务工作者的数量基本保持在 10
万~12 万人。21 世纪以来，社会矛盾的复杂化对法律工作者的法律服务提出了更
高的要求，法律工作职业化成为必然的发展趋势。在这一背景下，基层法律服务工
作者表现出的准入门槛较低、业务素质不高、职业竞争混乱等不良现象严重影响了
自身的发展。为了保证法律服务的质量，规范法律服务市场，基层法律服务工作者
队伍开始受到某些限制。[1]随着国家相关政策的出台，以及律师、公证员等职业
群体的数量增多，基层法律服务工作者的发展呈现下滑趋势，2011 年，基层法律服
务工作者数量已经降到 7.3 万人。[2]

在组织基础上，基层法律服务工作者在基层法律服务所中执业，对于基层法律

---

[1] 朱景文："中国法律工作者的职业化分析"，载《法学研究》2008 年第 5 期。

[2] 朱景文："中国法律职业：成就、问题和反思——数据分析的视角"，载《中国高校社会科学》
2013 年第 7 期。

服务需求而言，基层法律服务所费用较少，距离较近，同时也更为基层群众所信赖。基层法律服务所自20世纪80年代出现后，限于当时的社会环境，基层法律服务所与基层司法所基本上是"两个牌子、一套班子"。1994年以后，部分地方逐渐开始尝试改变这种状况，使二者在"职能、人员、财务"等各个方面相分离，强化了基层法律服务所的法律服务职能。2000年《基层法律服务所管理办法》实施后，各地方对基层法律服务工作进行了调整整顿和脱钩改制，使基层法律服务所与司法所实质性分家，基层法律服务所彻底走向"不占行政编制，不靠财政经费，自收自支、自负盈亏、自我发展、自我约束"的"两不四自"发展道路。[1]据统计，2001年，全国基层法律服务工作者已达107 985人，已建立基层法律服务所28 647个。可见，在我国法律服务市场中（尤其是在基层法律实践中），基层法律服务所、基层法律服务工作者已经成为一种不可忽视的法律服务主体。

2017年12月，司法部对《基层法律服务所管理办法》和《基层法律服务工作者管理办法》进行了修订。其中，就基层法律服务所，规定了事业体制和普通合伙制两种组织形式，并对这两种组织形式的基层法律服务所应当具备的条件作出了明确规定。就基层法律服务工作者，从核准条件、核准程序、定位及其发展方案三个方面完善了执业核准制度。根据修订后的《基层法律服务工作者管理办法》，基层法律服务的定位和功能主要是对律师服务进行补充。因此，在设区的市的市辖区，律师资源比较充足，可以不再发展基层法律服务工作者队伍；在广大农村地区，特别是经济欠发达地区的农村，律师资源相对匮乏，基层法律服务仍将在一定时期内发挥不可替代的补充作用，尤其是在推进公共法律服务体系建设中，基层法律服务工作者队伍仍然是一支重要的工作力量。

2017年《基层法律服务工作者管理办法》规定了基层法律服务工作者的管理制度，包括执业资格、执业登记、聘用管理、职业权利与义务等内容。根据该办法规定，省级司法行政机关应当从解决乡镇等经济欠发达地区律师资源不足问题，满足基层人民群众法律服务需求出发，制订本地区的基层法律服务队伍发展方案；各地要根据本地区基层法律服务队伍发展方案，实施基层法律服务工作者执业核准，推动基层法律服务资源合理布局。同时，该办法根据基层法律服务工作人员的定位，明确限定了其诉讼代理的执业区域；加强了基层法律服务执业监管。总之，对于律师资源匮乏地区，基层法律服务工作者的存在有助于满足群众多层次、差异化的法律需求，是我国法治建设整体工程中不可或缺的一部分，也是为基层农民群众

---

[1] 郭松、肖仕卫："穿梭于两种知识之间：律师作用新解读——以农村'基层法律服务工作者'为例"，载《中南民族大学学报（人文社会科学版）》2007年第4期。

提供法律服务的一种有效形式。[1]

二、提供法律援助的义务

根据该条第 1 款规定，律师事务所、基层法律服务所、律师、基层法律服务工作者负有依法提供法律援助的义务。所谓提供法律援助的义务，应当在抽象意义与具体意义两个方面加以理解。

在抽象意义上，提供法律援助是法律服务从业人员的一种行业责任、行业义务。法律援助义务来源于行业规定，是律师共同体自行设立的行业义务，而非来源于法律规定，不是国家强制力保障实施的法律义务。国家专门规范律师执业行为的《律师法》中，并无直接要求执业律师及律师事务所应当承担法律援助义务的规定，只是在第 42 条规定"律师、律师事务所应当按照国家规定履行法律援助义务，为受援人提供符合标准的法律服务，维护受援人的合法权益"，但其中的"国家规定"指什么并未明确。在现行律师体制下，绝大多数执业律师及律师事务所属于自收自支、自负盈亏、依法纳税的法律执业人员和社会组织，国家并不向他们提供工资、福利待遇和开办、运行经费，在此情形下，由法律规范直接要求律师履行法律援助义务，并不具有正当性基础。

同时，在律师行业规定中，可以确立法律援助义务的规范来源。根据《律师法》第 45 条规定，"律师、律师事务所应当加入所在地的地方律师协会。加入地方律师协会的律师、律师事务所，同时是全国律师协会的会员。律师协会会员享有律师协会章程规定的权利，履行律师协会章程规定的义务"。《全国律师协会章程》第 9 条（个人会员的义务）第 1 款第 5 项规定，"承担律师协会委托的工作，履行律师协会规定的法律援助义务"。据此，在律师行业规定上，律师及律师事务所应当承担法律援助义务；这是律师行业组织给行业成员设定的义务，并不是来源于法律规定或由国家强制为执业律师及律师事务所设定的义务。进而，以行业义务作为基本属性，法律援助义务应当包含以下含义：其一，提供法律援助服务，是律师的职业追求和价值目标；其二，提供法律援助服务具有职责性、合理性和倡导性，但不具有严格的强制性。[2]

在具体意义上，提供法律援助的义务则是指相关主体在接受法律援助机构指派后提供法律援助服务的义务。具体而言，由于特定的法律服务（如案件代理、刑事辩护）只能由律师、基层法律服务工作者提供，因此，律师事务所、基层法律服务所、律师、基层法律服务工作者负有抽象意义的法律援助行业义务；但是，在具体

---

[1] 谢雅琴："从法社会学角度浅析基层法律工作所存在的合理性"，载《湖北函授大学学报》2011年第 11 期。

[2] 程滔："法律援助的责任主体"，载《国家检察官学院学报》2018 年第 4 期。

法律援助实践中，只有通过公开遴选程序入选的律师、基层法律服务工作者，才有资格作为法律援助人员提供法律援助服务，才依法负有具体意义上的法律援助义务。也即，对于入选的法律援助人员，在接到法律援助机构指派后，在无正当理由情况下不得拒绝、怠于、擅自终止提供法律援助服务。

对于负有具体法律援助义务的法律援助人员及其所属机构，不依法尽职尽责提供法律援助将产生一定的法律后果。《法律援助法》第 46 条第 1 款规定："法律援助人员接受指派后，无正当理由不得拒绝、拖延或者终止提供法律援助服务。"第62 条、第 63 条规定，律师事务所、基层法律服务所、律师、基层法律服务工作者无正当理由拒绝接受法律援助机构指派、无正当理由拒绝履行法律援助义务或者怠于履行法律援助义务，将根据情形予以一定的行政处罚。

需要说明的是，提供法律援助的义务与法律援助的国家责任存在本质区别，二者的区别主要表现在以下方面。

其一，来源不同。法律援助是国家责任，是现代人权保障理念深入人心的产物。当前，法律援助是国家责任的基本理念已经成为国际共识，许多国家予以明文规定。基于国际社会的人权标准、司法领域的基本要求等内容，公民有权享有司法公正的权利和获得司法保障的权利；既然明确了公民的权利，也就对国家设定了最基本的义务。法律援助是国家责任这一基本理念，正是在明确规定和充分保障公民享有法律援助权利的前提下，基于国家履行义务的客观前提与现实需要，逐渐在国际社会得以确立并发展。[1]与之不同的是，律师事务所、基层法律服务所、律师、基层法律服务工作者的法律援助义务，来源于法律从业者的职业责任、行业责任，源于法律从业者在法律实践中对司法正义的自觉追求。就具体义务而言，则源于法律援助服务合同的约定，或入选法律援助人员这一事实行为。

其二，内容不同。法律援助的国家责任，要求国家划定法律援助的范围、对象标准，并提供充分的组织机构、经费和制度保障，履行其监督管理与组织实施的职责；律师等主体的法律援助义务，则是针对接受法律援助机构指派提供法律援助服务这一职责，要求律师无正当理由不得拒绝提供法律援助，并且应当尽职尽责依法提供适当的法律援助。国家责任与律师义务之间的关系类似于民法中的转委托关系：法律援助的责任主体是国家，国家通过公共财政经费为符合法定条件的公民购买法律服务；作为入选法律援助人员的律师、基层法律服务工作者，则根据合同约定或按法定费率收费的方式，为符合法定条件的案件提供法律援助服务。因此，法律援助人员提供法律援助服务虽然收费明显低于市场价格，但是，依然应当具有一

---

[1] 樊崇义："法律援助应定位为国家的责任，政府的义务"，载《人民法治》2019 年第 7 期。

定的对价性，而非由国家强制设定该义务。[1]

从司法实践考察，之所以法律援助的国家责任与律师的法律援助义务存在争议，主要原因在于：法律援助的指派关系在很大程度上带有"行政摊派色彩"，法律援助补贴过低以致根本不具有对价性特征。在我国法律援助实践中，大多数地区的办案补贴标准过低，办案补贴基本上只能维持甚至还不够最基本的办案实际支出成本，更遑论律师本身的法律服务费用了。这种通过法律和行政的手段强制要求律师等法律援助服务者履行法律援助义务的做法，违背了市场经济条件下法律服务市场的经济规律，片面强调律师的法律援助义务而忽视了律师的正当利益，使律师参与法律援助的积极性受到挫伤，导致法律援助服务的供给能力不足、法律援助服务的质量难以提高。[2]

根据《法律援助法》的规定，法律援助既包括政府责任也包含律师义务。因此，问题的关键在于观念、在于实施环节：在观念上，必须承认律师提供法律援助服务依然需要支付必要的对价；只有支付合理的对价，才能运用市场这只"看不见的手"激发律师提供法律援助服务的积极性。在具体制度设计上，应当建立科学合理的办案补贴制度，并以此确保法律援助服务真正成为律师、基层法律服务工作者愿意参与的一项法律业务。简言之，关键在于国家与律师能否做到"各司其职"，使法律援助在正常的轨道上行进。[3]

三、法律服务提供者与法律服务提供组织

根据该条第 2 款，应当区分律师事务所、基层法律服务所与律师、基层法律服务工作者的不同法律援助义务；前者是法律服务的组织保障义务，后者是法律服务提供者的服务义务，二者相辅相成，缺一不可。律师、基层法律服务工作者作为个体，是具体法律援助服务的提供者，其法律援助义务在于接受法律援助机构指派、依法提供符合法律援助质量标准的法律援助服务。作为律师、基层法律服务工作者所属的组织机构，律师事务所、基层法律服务所的义务在于为律师、基层法律服务工作者履行法律援助义务提供相应的支持与保障。例如，在接到指派后及时安排本所律师办理法律援助事项，不得对本所律师提供法律援助设置业绩评价、工资发放上的消极障碍；收到法律援助补贴后，应当及时足额发放给具体提供法律援助服务的律师、基层法律服务工作者等。

此外，《法律援助法》还在"法律责任"一章中从消极角度进一步明确了法律

---

〔1〕 汪海燕："贫穷者如何获得正义——论我国公设辩护人制度的构建"，载《中国刑事法杂志》2008 年第 3 期。

〔2〕 朱良好："法律援助责任主体论略"，载《福建师范大学学报（哲学社会科学版）》2014 年第 1 期。

〔3〕 李婉琳："法律援助的制度反思与应有品性"，载《学术探索》2017 年第 3 期。

服务提供组织的法律援助义务。该法第62条规定："律师事务所、基层法律服务所有下列情形之一的，由司法行政部门依法给予处罚：（一）无正当理由拒绝接受法律援助机构指派；（二）接受指派后，不及时安排本所律师、基层法律服务工作者办理法律援助事项或者拒绝为本所律师、基层法律服务工作者办理法律援助事项提供支持和保障；（三）纵容或者放任本所律师、基层法律服务工作者怠于履行法律援助义务或者擅自终止提供法律援助；（四）法律法规规定的其他情形。"

【延伸阅读】 法律援助律师名册制度

法律援助律师名册制度，是指将有意提供法律援助的律师记入名册，实行专门管理并指派案件的制度，目前在世界范围内多数国家和地区实行。例如，加拿大即采取律师名册的方式。在安大略省，法律援助制度的主体是证书服务制度，实质是由政府为受援人购买法律服务，即政府通过向符合法律援助条件的当事人发放证书，承诺向办理案件的私人律师支付办案费用。律师自愿加入为当事人提供法律援助的律师名册中。当事人在申请法律援助并获得证书后，有权根据地区办公室提供的律师名册，选择自己的法律援助律师。律师名册以私人律师为主，也有一些是刑法、家庭法和难民法办公室的专职律师。建立律师名册，可以确保律师具有提供法律援助的主观意愿，并可以根据主要的执业区域、业务专长等进行分类，供当事人选择，确保律师能够胜任办案要求。同时，律师名册也是具有开放性的，私人律师可以随时报名加入；对于那些严重不负责任、损害客户利益的律师，则可能被地区办公室开除出名册。

英国及日本建立了专门的值班律师名册制度。在英国，如果当事人没有自己熟悉的事务律师，他们可以寻求值班律师的帮助。签约的事务律师事务所会将其事务律师注册为值班律师，英国法律援助局负责管理各地的值班律师名册。每地的值班律师名册应当确保一天24小时、一年365天都会有值班律师随时可以前往警察局。在日本，从1990年起，各地律师协会为维护犯罪嫌疑人权利，也开始推行值班律师制度。该制度分为"待机制"和"名簿制"，前者指由律师协会事先根据律师本人的志愿和日期制作值班表；后者是指事先把志愿担任值班律师的律师会员名单独立编制成册，由律师协会按名册顺序向犯罪嫌疑人推荐值班律师。

在我国内地，法律援助律师名册制度的具体表现形式为"法律援助服务律师库"。法律援助服务律师库是指，由具有公益服务意向的律师自行申报，经相关部门进行审核决定并纳入的法律援助人才库。律师库备存于法律援助机构，对库内律师根据其执业区域、擅长领域、专业特长、成功案例等情况进行分类，由法律援助机构在审核申请时从法律援助律师库中选定律师办理案件。2015年两办《关于完善法律援助制度的意见》中指出，"探索法律援助队伍专业化、职业化发展模式，加强法律援助人才建设，培养一批擅长办理法律援助案件的专业人员"。根据这一意见，我国许多地方正在陆续探索建立法律援助服务律师库，并设定了相应的入库条件、申报程序、使用与管理等内容，具体做法不一。

设立法律援助服务律师库，其积极意义在于：其一，有利于提升法律援助专业化、职业化水平。在我国法律援助实践中，由于受援人的诉求性质和类型比较复杂，仅对符合经济困难等标准的受援人随机指派一位法律援助律师，并不能充分满足受援人的法律援助需求。因此，管理法律援助服务律师库，有利于建立专业化、职业化的法律援助服务律师团队，有利于强化办案质量监管，提升法律援助受援人满意度。例如，在少数民族地区，通过在法律援助服务律师库中纳入通晓少数民族语言文字、熟悉少数民族风俗习惯的律师并组成专业团队，在受理相关案件时，即可确保少数民族群众享受优质高效的法律援助服务。其二，有利于强化质量监管，提高法律援助质量。法律援助机构通过对法律援助服务律师库的管理工作，可以及时了解案件办理质量并跟踪案件情况，对法律援助律师的工作进行评价。承办律师在办理法律援助案件过程中，如存在违规行为，法律援助机构可以登记在案，停止指派，乃至及时从法律援助服务律师库中予以删除。其三，服务于法律资源跨区域流动机制。上级司法行政部门可以建立法律援助服务律师库，并进行律师资源的统筹调配，不受行政区域的限制。通过将法律援助服务律师库分享至行政区划内的下级司法行政部门及法律援助机构，可以为案件指派工作提供便利，统筹调配全区域法律援助服务律师资源，乃至建立跨区域律师对口帮扶制度或律师异地办案制度等。

法律援助服务律师库的建设，同时可以与点援制相结合。对于经审查符合法律援助条件的案件，法律援助机构应当指派法律援助人员及时提供法律援助，点援制则赋予受援人在法律援助服务律师库（律师名册）中自主选择律师的机会与权利。毋庸赘言，法律援助作为代理关系的来源之一，需要在当事人与律师之间建立相互信任的关系；在许多法律援助案件的指派过程中，承办律师是被动接受指派，受援人并没有选择律师的权利，因而很难建立代理双方的相互信任，对于法律援助案件质量产生了不利影响。通过"律师库+点援制"，一方面，将法律援助专职律师、社会律师、基层法律工作者、法律援助志愿者登记造册，按照擅长领域进行分类；另一方面，受援人也可以在名册内申请信任的律师为其办理案件。点援制在我国许多地方早已展开了制度实践与探索，并取得了较好的社会效果。

我国香港地区也是施行法律援助律师名册制度的代表性地区。在我国香港地区，根据《香港地区法律援助条例》，署长须备存大律师名册及律师名册，记录所有愿意就法律援助个案进行调查、作出报告及提供意见，并代表受助人行事的大律师或律师。法律援助受助人可以向署长要求委派法律援助律师名册上的律师或大律师代表其进行诉讼。在我国香港地区，任何持有有效执业证书的大律师或律师均可申请把姓名列入法律援助律师名册。署长必须在具有充分理由的情况下，才可拒绝将大律师或律师的姓名列入名册，如有关律师处理某件案件的方法失当，或专业操守欠佳等。大律师或律师如欲将其姓名列入名册，须填写一份参加表格，详述其个人资料、工作经验和专长；取得资格后工作经验少于 7 年的大律师，在递交申请时，须提供两名咨询人的推荐信；资深大律师接办法律援助案件，不受最低工作经验要求所限，但在申请加入名册时，应列明希望接办哪类民事及/或刑事案件。目前，我国香港地区法律援助律师名册上有超过 1100 名大律师及 2400 名律师。

第十七条【法律援助志愿者】

国家鼓励和规范法律援助志愿服务；支持符合条件的个人作为法律援助志愿者，依法提供法律援助。

高等院校、科研机构可以组织从事法学教育、研究工作的人员和法学专业学生作为法律援助志愿者，在司法行政部门指导下，为当事人提供法律咨询、代拟法律文书等法律援助。

法律援助志愿者具体管理办法由国务院有关部门规定。

【条文要旨】

本条是关于法律援助志愿者的规定。在法律援助服务供给层面，法律援助志愿者，尤其是大学生法律援助志愿者，是我国法律援助事业的重要补充。根据该条规定，国家鼓励并支持法律援助志愿服务。本条第 2 款专门就大学生法律援助志愿服务作出了规定。根据该款规定，高等院校、科研机构中从事法学教育、研究工作的人员和法学专业学生可以作为法律援助志愿者，为当事人提供法律咨询、代拟法律文书等基础性法律援助服务，并且应当在司法行政部门的指导下提供法律援助志愿服务。

【立法背景】

除法律援助机构组织实施的法律援助服务，各种形式的法律援助志愿服务同样是法律援助事业的重要组成部分。在中央层面，从 2002 年开始，司法部和共青团中央共同实施了法律援助志愿者计划，动员社会各界，特别是青年人才通过志愿服务方式积极投身法律援助工作，取得了良好效果，有力地推动了法律援助和志愿服务事业的发展。在地方层面，许多社会力量自发成立了大量的法律援助志愿服务组织，如律师协会组织的法律援助志愿者律师团、工会成立的法律援助律师志愿者纵队等，有效提高了法律援助服务的供给能力，维护了弱势群体的合法利益。[1]

---

〔1〕 李琳："关于完善法律援助志愿者工作运行机制的思考——以宁波市为例"，载《赤峰学院学报（汉文哲学社会科学版）》2014 年第 2 期。

在法律援助志愿服务中，2009 年启动的"1+1"中国法律援助志愿者行动已经成为我国最具代表性的志愿活动之一。该行动由司法部、团中央发起，由司法部法律援助工作司、法律援助中心、中国法律援助基金会等六部门共同组织，旨在解决西部地区无律师县和欠发达地区律师资源不足的问题。通过该行动，国家每年组织派遣律师、大学生志愿者到律师资源匮乏的中西部地区，开展为期一年的法律援助志愿服务。截至 2018 年，该行动先后有 1100 多名志愿者参加，在中西部 390 多个老、少、边、穷的律师资源严重短缺的县城，办理了 6 万多件法律援助案件，化解了上万起社会矛盾纠纷，开展了 2 万多场次普法宣传和法治讲座，1600 多万人直接受益，为受援群众挽回经济损失 39.8 亿元。[1]

高等院校法律援助活动同样是法律援助志愿服务的重要组成部分。我国高等院校法律援助组织起步较晚。1992 年，武汉大学社会弱者权利保护中心成立，这是全国首家社会弱者权利保护机构。随后，全国比较有名的几所高等院校的法律专业院校相继设立了自己的法律援助组织。[2]目前，我国已有数十家高等院校设立了法律援助组织，并大致可分为三种组织类型：与法律诊所相结合的学生社团、政府法律援助机构下的法律援助工作站和高等院校自行设立的法律援助中心。这些高等院校法律援助组织开展了大量的普法宣传、法律咨询工作；在 2012 年《民事诉讼法》修改之前，[3]甚至还会代理一些轻微的法律援助案件。这些高等院校法律援助志愿者活动既锻炼了法科学生的法律实践能力，也丰富了法律援助服务的供给形式；更重要的是，通过具体案件的法律援助志愿服务，培育了大学生的公益法律服务精神。

大学生法律援助志愿服务具有充实法律援助人员队伍、解决律师资源短缺地区法律援助工作力量不足等重大意义。然而，在《法律援助法》出台前，大学生开展相关法律援助活动并无明确的法律依据。

《法律援助法（草案）》初稿在第 17 条作出规定，"组织、个人提供法律援助志愿服务的，应当接受法律援助机构的指导。高等院校可以组织法学教育人员和法学专业学生作为法律援助志愿者，在法律援助机构指导下，为困难公民和符合法定条件的当事人提供法律咨询、代拟法律文书"。对此，有专家认为，应当从培育大学生公益法律服务精神、培养德法兼修高素质法治人才的高度，充分认识大学生法

---

〔1〕 樊崇义、施汉生主编：《中国法律援助蓝皮书：中国法律援助制度发展报告 No.1（2019）》，社会科学文献出版社 2019 年版，第 59~60 页。

〔2〕 周甲禄："为了社会弱者的权利——记武汉大学社会弱者权利保护中心"，载《团结》1994 年第 6 期。

〔3〕 2012 年《民事诉讼法》修改，将第 58 条第 2 款修改为："下列人员可以被委托为诉讼代理人：（一）律师、基层法律服务工作者；（二）当事人的近亲属或者工作人员；（三）当事人所在社区、单位以及有关社会团体推荐的公民。"据此，一般认为，立法取消了一般公民的诉讼代理权。

律援助志愿服务的意义，并适度扩大高等院校提供法律援助服务的服务形式。据此，建议将该条第2款修改为："高等院校可以组织法学教育人员和法学专业学生作为法律援助志愿者，在法律援助机构指导下，为经济困难公民和符合法定条件的当事人提供法律咨询、代拟法律文书；经省级司法行政部门授权，可以提供本法第十八条第（三）（四）项的法律援助服务。"

在《法律援助法（草案）》一审稿征求意见过程中，有的常委会组成人员、部门、地方和社会公众提出，应当鼓励法律援助志愿服务，完善志愿服务范围和管理规范。因此，全国人民代表大会宪法和法律委员会经研究，建议明确高等院校、科研机构可以组织法律援助志愿者，提供"法律咨询、代拟法律文书等法律援助"，并增加第1款规定："国家鼓励和规范法律援助志愿服务；支持符合条件的个人作为法律援助志愿者，依法提供法律援助。"增加第3款规定，"法律援助志愿者具体管理办法由国务院有关部门规定"。

一审稿	二审稿	《法律援助法》
第十五条 组织、个人提供法律援助志愿服务的，应当接受法律援助机构的指导。 高等院校可以组织法学教育人员和法学专业学生作为法律援助志愿者，在法律援助机构指导下，为经济困难公民和符合法定条件的当事人提供法律咨询、代拟法律文书。	第十七条 国家鼓励和规范法律援助志愿服务；支持符合条件的个人作为法律援助志愿者，依法提供法律援助。 高等院校、科研机构可以组织从事法学教育、研究工作的人员和法学专业学生作为法律援助志愿者，在司法行政部门指导下，为当事人提供法律咨询、代拟法律文书等法律援助。 法律援助志愿者具体管理办法由国务院有关部门规定。	第十七条 国家鼓励和规范法律援助志愿服务；支持符合条件的个人作为法律援助志愿者，依法提供法律援助。 高等院校、科研机构可以组织从事法学教育、研究工作的人员和法学专业学生作为法律援助志愿者，在司法行政部门指导下，为当事人提供法律咨询、代拟法律文书等法律援助。 法律援助志愿者具体管理办法由国务院有关部门规定。

【条文释义】

一、法律援助志愿者与法律援助志愿服务

志愿服务是社会文明进步的重要标志。党的十九大报告指出，"推进诚信建设和志愿服务制度化，强化社会责任意识、规则意识、奉献意识"。根据2017年国务院《志愿服务条例》第2条第2款规定："本条例所称志愿服务，是指志愿者、志愿服务组织和其他组织自愿、无偿向社会或者他人提供的公益服务。"第6条第1款规定："本条例所称志愿者，是指以自己的时间、知识、技能、体力等从事志愿服务的自然人。"

法律援助志愿服务是志愿服务之一，是指法律援助志愿者运用自己的法律知识无偿为社会公众提供的法律服务。法律援助志愿服务是法律援助服务的必要补充。支持、鼓励法律援助志愿服务是我国法律援助政策的一贯立场。例如，2013年《司法部关于进一步推进法律援助工作的意见》中明确提出："鼓励和支持社会组织和法律援助志愿者开展与其能力相适应的法律援助活动，依法规范机构设置，严格职业准入标准，维护法律援助秩序。"2015年两办《关于完善法律援助制度的意见》也明确要求："加强对人民团体、社会组织和志愿者从事法律援助服务的指导和规范，维护法律援助秩序。"

为了提高我国法律援助服务的供给能力，本条第1款规定："国家鼓励和规范法律援助志愿服务；支持符合条件的个人作为法律援助志愿者，依法提供法律援助。"同时，为了规范法律援助志愿服务（如资质条件、激励机制等），第3款规定，法律援助志愿者具体管理办法由国务院有关部门规定。

二、高等院校法律援助志愿服务

本条第2款是关于高等院校法律援助志愿服务的特殊规定，是高等院校组织开展法律援助活动的法律依据。目前，我国法律援助组织分为政府成立的法律援助机构和民间法律援助组织两大类。其中，高等院校法律援助组织是民间法律援助组织中最活跃、最富有潜力的生力军。

高等院校法律援助组织，是指由高等院校法律专业学生自发组成的社团性组织，或者由高等院校法学院老师为主导，学生志愿参与的公益性组织。高等院校法律援助组织具有两方面的属性：一方面，就法律援助服务而言，高等院校法律援助组织可以帮助社会弱势群体维护其自身合法权益、解决矛盾纠纷，具有积极的社会意义；另一方面，就法科学生人才培养而言，高等院校法律援助组织又是法学教育的一部分，可以让法科学生通过真实的案例培养运用法律知识、法律规则解决纠纷的能力，并通过无偿服务大众培育大学生的公益法律服务精神，具有积极的教育意义。我国高等院校法律援助组织在实践中已经存在多年，但迄今为止，高等院校法律援助组织一直缺乏必要的法律依据和规范。

本条第2款规定为高等院校法律援助组织组织实施法律援助志愿服务提供了法律依据。该款规定明确了以下内容。

第一，高等院校、科研机构可以组织从事法学教育、研究工作的人员和法学专业学生作为法律援助志愿者。该规定明确了高等院校法律援助组织及其活动的法律性质，即高等院校师生作为法律援助志愿者从事法律援助志愿服务。

第二，高等院校法律援助组织从事志愿服务，应当在司法行政部门的指导下开展。该规定明确了司法行政部门对高等院校法律援助组织的指导职责，从而促进高等院校法律援助的有序及高质量发展。《法律援助法（草案）》初稿、一审稿规定，对于法律援助组织的指导职责，由法律援助机构承担。二审稿对此进行了调整。这一调整符合司法行政部门与法律援助机构的职责划分，即司法行政部门履行监督管理职责，法律援助机构履行组织实施职责。对于高等院校法律援助组织从事志愿服务的指导工作，属于监督管理职责的范畴，应当由司法行政部门进行。例如由司法行政部门举行法律服务志愿者队伍的常规培训，建立法律服务志愿者队伍的激励机制，建立法律援助志愿服务评价反馈机制等。

第三，高等院校法律援助组织的法律援助志愿服务范围，包括为当事人提供法律咨询、代拟法律文书等基础性法律援助服务。作为以高等院校师生为主体的法律援助志愿者队伍，考虑其身份、知识、经验等多重因素，立法机关将其服务范围规定为提供法律咨询、代拟法律文书等基础性法律援助服务。

法律咨询是一种最基本的法律援助服务形式，只能解决一些较为简单、基本的法律问题。因此，在法律咨询服务过程中，志愿者应当主动了解咨询人的相关情况；对于符合法律援助条件的，志愿者应当主动告知其有权依法申请法律援助，并告知其申请法律援助的条件和程序；咨询人愿意申请法律援助的，志愿者应当积极协助其提出法律援助申请。

鉴于法律文书往往直接关系到受援人的诉讼权利或实体利益，高等院校法律援助志愿者提供代拟法律文书服务必须格外慎重。为了避免因表述不当损害受援人利益，代拟法律文书应当遵循以下原则：其一，仅限于较为简单的程序性法律文书，或者案情简单、法律关系不复杂的实体性法律文书；其二，要认真阅读受援人提供的案卷材料或证据材料，而不能仅凭受援人口述的情况；其三，必须交由有实践经验的老师或律师审阅。

三、退休法官、检察官可以作为法律援助志愿者提供法律援助服务

本条第 1 款规定："国家鼓励和规范法律援助志愿服务；支持符合条件的个人作为法律援助志愿者，依法提供法律援助。"据此，在法律援助实践中，具有丰富司法经验但没有取得律师执业证的退休法官、检察官能否作为法律援助志愿者参与法律援助服务？法律援助机构能否指派这些人办理相应的法律援助案件，担任辩护人或者代理人？

关于退休法官、检察官提供法律援助的资质问题，可以具体分解为以下三个层面的问题：一是法律援助机构能否指派退休法官、检察官提供法律援助服务？二是作为法律援助志愿者，此类人员能够提供何种法律援助服务？三是此类人员作为法律援助志愿者提供法律援助服务，能否取酬？依次释明如下。

第一，关于法律援助机构能否指派的问题。

《法律援助法》第 12 条规定："……法律援助机构负责组织实施法律援助工作，受理、审查法律援助申请，指派律师、基层法律服务工作者、法律援助志愿者等法

律援助人员提供法律援助，支付法律援助补贴。"据此，作为法律援助服务的提供者，法律援助人员主要包括三类人员：律师、基层法律服务工作者、法律援助志愿者。此外，考虑到部分地区法律服务资源不足等现实问题，作为上述规定的补充和例外，《法律援助法》第13条授权规定，根据法律援助工作需要，法律援助机构也"可以安排本机构具有律师资格或者法律职业资格的工作人员提供法律援助"。

根据上述规定，法律援助机构原则上应当指派律师、基层法律服务工作者、法律援助志愿者等法律援助人员提供法律援助服务。具体而言，首先，律师是最主要的法律援助服务提供者。根据《律师法》第2条第1款规定，律师是指依法取得律师执业证书，接受委托或者指定，为当事人提供法律服务的执业人员。《律师法》第13条规定："没有取得律师执业证书的人员，不得以律师名义从事法律服务业务；除法律另有规定外，不得从事诉讼代理或者辩护业务。"故此，以律师名义提供法律服务必须以取得律师执业证书为前提。此外，根据《律师法》第13条后半段的例外规定及《法律援助法》第13条的授权性规定，持有律师工作证的法律援助机构工作人员也可以作为法律援助律师提供刑事辩护或者诉讼代理服务。需要强调的是，律师以及取得律师工作证的法律援助工作人员，可以提供全业务类型的法律援助服务，即《法律援助法》第22条规定的七项内容。

其次，基层法律服务工作者是提供法律援助服务的重要力量。根据《基层法律服务工作者管理办法》第2条，基层法律服务工作者是指符合执业条件，经司法行政机关核准取得《基层法律服务工作者执业证》，在基层法律服务所执业，为社会提供法律服务的人员。根据《基层法律服务工作者管理办法》第26条规定，基层法律服务工作者可以从事的法律服务包括：担任法律顾问；代理参加民事、行政诉讼活动；代理非诉讼法律事务；接受委托，参加调解、仲裁活动；解答法律咨询；代写法律事务文书等。据此，法律援助机构可以指派基层法律服务工作者提供以下法律援助服务：法律咨询，代拟法律文书，民事、行政、国家赔偿案件的诉讼代理与非诉讼代理，劳动争议调解与仲裁代理等。但与律师相比，基层法律服务工作者的执业权限受到一定限制，即，不得提供刑事辩护、刑事代理、值班律师法律帮助等法律服务。

最后，法律援助志愿者是法律援助工作的必要补充力量。《法律援助法》第17条第3款规定："法律援助志愿者具体管理办法由国务院有关部门规定。"在法律援助志愿者具体管理办法颁布之前，法律援助志愿者可以参照适用《志愿服务条例》的相关规定。

需要指出的是，根据2021年《关于进一步规范法院、检察院离任人员从事律师职业的意见》，相关政策不鼓励法官、检察官离任后从事律师职业或相关有偿法律服务。但是，根据国家鼓励、倡导志愿服务的相关规定，退休法官、检察官可以利用自己的闲暇时间、专业知识和技能等，自愿、无偿地向社会或者他人提供法律援助服务。因此，法律援助机构可以依法指派没有律师执业证的退休法官、检察官作为法律援助志愿者提供法律援助。

简言之，除非已经依法取得律师执业证，退休的法官、检察官不得以律师名义从事法律服务业务，但可以法律援助志愿者的身份接受法律援助机构指派，提供相应的法律援助服务。

第二，作为法律援助志愿者，退休法官、检察官能够提供何种法律援助服务？

退休法官、检察官虽然没有律师执业证，但具有丰富的司法实践经验，因此，法律援助机构可以指派其作为法律援助志愿者提供法律援助；至于能够提供何种法律援助服务，则需要遵守相关法律的资质要求。

首先，根据《律师法》第 13 条规定，退休法官、检察官虽然具有丰富的办案经验，但在未依法取得法律服务从业资质之前（如律师执业证、律师工作证），不得以律师名义从事法律服务业务；不得从事诉讼代理或者辩护业务。根据刑事诉讼法规定，也不能作为值班律师提供值班律师法律帮助。

其次，作为法律援助志愿者，退休法官、检察官往往具有丰富的司法实践经验，甚至是相关法律领域的业务专家。因此，法律援助机构可以根据其专业知识和技能，指派其提供没有明确资质要求的相关法律援助服务。参照《法律援助法》第 17 条第 2 款规定以及基层法律服务工作者的援助范围，我们认为，退休法官、检察官可以提供以下法律援助服务：法律咨询、代拟法律文书、非诉讼代理、劳动争议调解与仲裁代理等法律援助服务。

第三，退休法官、检察官提供法律援助服务能否取酬的问题。

根据 2014 年中共中央组织部《关于规范退（离）休领导干部在社会团体兼职问题的通知》第 3 条规定，"兼职不得领取社会团体的薪酬、奖金、津贴等报酬和获取其他额外利益，也不得领取各种名目的补贴等，确属需要的工作经费，要从严控制，不得超过规定标准和实际支出"。因此，退休法官、检察官作为法律援助志愿者提供法律援助服务的，不得领取报酬或获得其他额外收益。

但是，根据国家鼓励、倡导志愿服务的相关规定，法律援助机构可以向法律援助志愿者支付一定补贴。根据 2020 年民政部发布的《志愿服务基本术语》第 3.11 条，志愿者补贴是指志愿服务组织或其他组织、单位对志愿者在志愿服务中支出的交通、通讯、食宿等费用给予的补助。此种补贴与报酬、津贴的性质不同，不属于因志愿者提供志愿服务而支付的对价，仅是对志愿者在志愿服务过程中因工作需要产生的相应支出的补助。因此，退休法官、检察官作为法律援助志愿者，因提供志愿服务而支出交通、通讯、食宿等费用的，可以获得相应补贴。

四、法律援助志愿者管理办法

本条第 3 款为授权条款。[1]该条规定授权国务院有关部门出台规范性文件对法律援助志愿者进行进一步的规范与管理。由于法律援助志愿者的管理问题涉及数项具体的制度内容，不宜以立法形式在《法律援助法》中进行全面、系统的规定。因此，本条第 3 款以授权立法的方式，将制定法律援助志愿者具体管理办法的权力授予国务院有关部门。我们认为，未来在法律援助志愿者管理办法的制定中，应当明确以下基本内容。

第一，司法行政部门对于法律援助志愿者的指导职能，应当属于宏观指导，而非个案指导。司法行政部门应当对法律援助志愿者的准入资格、资金来源、组织机构、实务培训、质量监督等宏观事项进行指导，而不应当就法律援助个案办理开展具体的指导工作。确立司法行政部门的宏观指导定位，其依据在于《法律援助法》第 5 条第 1 款，即"……县级以上地方人民政府司法行政部门指导、监督本行政区域的法律援助工作"。亦即，基于司法行政部门的行政管理职能，在法律援助志愿服务中，司法行政部门仅限于提供宏观指导。

第二，关于法律援助志愿者管理办法的具体内容，可以参照 2017 年国务院《志愿服务条例》的规定，从服务入手，明确法律援助志愿组织的成立条件、法律援助志愿者的资格条件、法律援助志愿服务的范围、法律援助志愿组织的资金支持、法律援助志愿服务的监督管理、违反条例规定的法律责任等事项。

【延伸阅读】法律诊所

法律诊所，即诊所式的法律教育（Clinical Legal Education），是 20 世纪 60 年代起在全美法学院中广泛兴起的一种法律教育模式。法律诊所教育的初衷是，把医学院学生临床实习中的诊所式教育模式引入法学教育，设立法律诊所，在教师（一般也是执业律师）的指导监督下，法学院学生通过代理真实案件、参加诉讼活动等方式认识和学习法律，并为委托人提供法律服务。这一教育模式既缓解了法律资源的紧缺问题，同时能够克服以往案例教学方式的弊端。在发展历程方面，最初，一些法学院的学生开始成立自愿的法律援助机构；杰罗姆·弗兰克（J. Frank）法官因势利导，率先在耶鲁大学法学院成立了法律诊所。其后，在福特基金会等机构和美国法律职业责任教育委员会的支持和参与下，法律诊所迅速在美国的法学院中普及开来。目前，超过 80% 的美国法学院均设立了法律诊所教育课程，平均每个法学院设有 3 个左右的法律诊所。

法律诊所课程一般为法学院高年级选修课，采取学分制，并将学生在诊所的实

---

[1] 关于立法授权条款的论述，参见张义清、曾林翊晨："配套立法：授权条款支配下的'次级'立法"，载《厦门大学法律评论》2016 年第 2 期。

践活动记入档案，为其毕业后的求职创造条件。法律诊所教育的目的是加强职业技能训练，培养职业道德，促进社会公平正义。通过法律诊所教育，学生可以获得如何与委托人会面、解答法律咨询、起草法律文书，甚至经法院指派提供出庭代理服务等方面的能力。例如，伊利诺伊大学法学院现开设 9 个法律诊所。每年，该校法学院通过面试，择优录取数名学生参与法律诊所工作，并经伊利诺伊州高等法院批准，以法律实习生的身份从事法律诊所执业活动。法律诊所经费主要来自于学校经费，其他资金来源还包括法院、基金会，以及其他机构和个人捐款等。

法律诊所教育的特色在于：其一，职业教育。法律诊所教育鲜明体现了美国的法律教育特色。美国法学院通常有明确的教育目标，即旨在培养未来的执业律师，而非法官等。法律诊所课程的核心就是要求学生处理真实案件，这正是美国法学院职业教育的体现。法律诊所的指导老师大多具有丰富的执业经验，通过老师的指导，学生可以以准律师的身份处理庭前事务，单独参与庭审，提升其职业技能。其二，树立良好的职业道德。通过办理真实的法律援助案件，在为弱势群体提供免费法律援助之际，学生不仅可以学习运用律师思维思考问题，同时在办案过程中可以培养学生的职业道德，树立责任意识，产生强烈的社会责任感，进而树立牢固的法治信仰。其三，社会价值。与课堂式教育相比，法律诊所教育更加关注社会公益事业。通过为缺乏法律知识且经济困难的当事人提供法律援助，法律诊所在促进社会公平正义方面体现出了独特的社会价值。

在我国，法律诊所教育（高校法律援助）已经得到了众多高校法学院的认同和接受，并且取得了一定的发展成果。2000 年 9 月，北京大学法学院、清华大学法学院、中国人民大学法学院、复旦大学法学院、华东政法学院、武汉大学法学院、中南财经政法大学法学院等七所政法院校法学院，在美国福特基金会的资助下，率先开设了法律诊所教育课程，拉开了法律诊所教育在中国发展的帷幕。2002 年，中国法学会批准成立"中国法学教育研究会诊所法律教育专业委员会"，这是我国法律诊所教育发展的里程碑。在该委员会的推动下，法律诊所教育得到了更多学校的关注与发展。据统计，目前已经有超过 160 所高校加入了中国法学会法学教育研究会诊所法律教育专业委员会。

法律诊所一方面有助于加强我国法学教育的实践性，应成为我国法学教育的必要组成部分；另一方面，法律诊所教育应成为我国法律援助工作的重要补充力量。然而，从总体情况来看，我国法律诊所教育虽然有所发展，但目前仍然存在诸多不足，例如，高校法律援助组织的组织地位不明确、管理体制混乱、缺乏必要的经费保障、队伍缺乏稳定性、案件来源渠道狭窄等。我国《法律援助法》第 17 条对"法律援助志愿者"进行了规定，其中明确了高等院校、科研机构可以组织从事法学教育、研究工作的人员和法学专业学生作为法律援助志愿者，提供部分法律援助服务。这为我国今后高校法律援助工作的开展提供了立法依据。未来，在国务院有关部门制定法律援助志愿者具体管理办法时，应当对高校法律援助所面临的现实问题予以回应与解决，促进高校法律援助组织的快速发展。

第十八条【法律服务资源跨区域流动机制】

国家建立健全法律服务资源依法跨区域流动机制，鼓励和支持律师事务所、律师、法律援助志愿者等在法律服务资源相对短缺地区提供法律援助。

【条文要旨】

本条是关于法律服务资源跨区域流动机制的规定，旨在解决我国法律援助资源配置不均衡的问题。根据本条规定，国家鼓励和支持律师事务所、律师、法律援助志愿者等主体在法律服务资源相对短缺地区提供法律援助。

【立法背景】

我国法律援助制度起步较晚，目前法律援助工作本就面临着十分突出的供需矛盾和资源短缺问题。随着人民群众法律服务需求的日益增大，法律援助服务资源配置失衡、偏远地区法律服务队伍薄弱的问题更为凸显，城乡之间、地区之间的法律援助（服务）资源存在较大的差距，亟待解决。针对法律援助资源配置不均衡的现实问题，党和政府在法律援助实践中已经采取了多项支持政策。相关政策大致包括两个方面。

第一，欠发达地区法律援助资金的倾斜保障。司法部早在 2009 年《关于加强和改进法律援助工作的意见》中即已提出，"（十）加大法律援助经费财政投入力度……设立省级法律援助专项资金，推动中央和省级财政加大对贫困地区经费支持力度，提高贫困地区法律援助经费保障水平"。2013 年，司法部发布的《关于进一步推进法律援助工作的意见》进一步要求"加强对经济欠发达地区和律师资源短缺地区法律援助工作扶持"，并提出了数项具体的资金倾斜保障措施，例如，"加大中央补助地方法律援助办案专款、中央专项彩票公益金法律援助项目资金对连片特困地区和革命老区、民族地区、边疆地区倾斜力度""推动省级财政全部建立法律援助专项资金，加大司法行政机关政法转移支付资金对本行政区域经费保障能力较低地区支持力度，促进提高贫困地区法律援助经费保障水平"等。2019 年，两办《关于公共法律服务体系建设的意见》强调，通过"统筹利用中央财政转移支付资金等资金渠道"，对欠发达地区法律援助资金予以倾斜保障。

第二，欠发达地区法律援助人员的多渠道支持。2013 年，司法部发布的《关于进一步推进法律援助工作的意见》提出，"多渠道解决律师资源短缺和无律师地区法律援助工作力量不足问题，充实县（区）法律援助机构专职办案人员，在农村乡镇注重发挥基层法律服务工作者的作用，合理调配本行政区域内律师资源丰富地区律师支持律师资源短缺地区法律援助工作，深入开展'1+1'法律援助志愿者行动，选派优秀律师、大学生志愿者到无律师和律师资源短缺地区服务，满足当地群众法律援助需求"。2015年，两办《关于完善法律援助制度的意见》延续了上述政策立场，即"多渠道解决律师资源短缺地区法律援助工作力量不足问题"，并提出了基本相同的支持措施，即"充实县区法律援助机构办案人员，在农村注重发挥基层法律服务工作者的作用，加大力度调配优秀律师、大学生志愿者等服务力量支持律师资源短缺地区法律援助工作。深入开展法律援助志愿服务行动"。

对相关政策进行实质分析，所谓"多渠道解决律师资源短缺地区法律援助工作力量不足问题"，主要通过两种方式：一是加强本地区的法律援助队伍建设；二是建立健全法律服务资源跨区域流动机制，具体包括调配律师、大学生志愿者等服务力量支持律师资源短缺地区法律援助工作等。2019年，两办《关于公共法律服务体系建设的意见》中明确提出"建立健全法律服务资源依法跨区域流动制度机制"的要求。该意见指出，"建立健全法律服务资源依法跨区域流动制度机制，支持欠发达地区律师事务所建设，鼓励律师事务所等法律服务机构到欠发达地区设立分支机构。鼓励发达地区法律服务机构通过对口援建、挂职锻炼、交流培训等形式支持欠发达地区法律服务机构发展。加强对欠发达地区引进法律服务专业人才和志愿者的政策扶持，持续推进'1+1'法律服务志愿者活动，支持利用互联网等方式开展远程法律服务"。该意见为我国进一步解决法律援助资源配置不均衡的现实问题指明了方向。正如樊崇义教授所言，"考虑到我国律师队伍资源分布严重不均的情况，对律师资源紧缺的县区和乡镇基层，可以探索在一定区域内统一调配律师资源，激活资源分配与服务提供的集成效应"。[1]

虽然我国已经提出了"建立健全法律服务资源跨区域流动机制"的政策要求，但法律援助立法前，这一机制仍然欠缺法律层面的规范依据。在法律援助立法过程中，《法律援助法（草案）》一审稿、二审稿也并未对此作出相应规定。在第三次审议期间，有的常委委员和地方提出，应当合理调配法律服务资源，为偏远地区开展法律援助工作提供更多支持。全国人大宪法和法律委员会经研究，建议落实有关中央文件精神，增加一条规定："国家建立健全法律服务资源依法跨区域流动制度机制，鼓励和支持律师、法律援助志愿者等在法律服务资源相对短缺地区提供法律援助。"其后，有的常委委员提出，为更好地保障律师在上述地区开展法律援助工作，建议在鼓励和支持的对象中增加"律师事务所"。全国人大宪法和法律委员会经研究，建议采纳这一意见。

〔1〕　樊崇义："我国法律援助立法重点和难点问题研究"，载《中国法律评论》2019年第3期。

【条文释义】

法律援助资源的不足极大地制约了欠发达地区法律援助事业的发展。建立健全法律服务资源依法跨区域流动机制，鼓励和支持律师事务所、律师、法律援助志愿者等在法律服务资源相对短缺地区提供法律援助，是弥补法律援助资源配置不均衡的核心举措之一，其重要意义不言而喻。《法律援助法》第 18 条正式确立了法律服务资源跨区域流动机制，这为我国法律援助实践中法律服务资源的跨区域流动提供了基础性的立法依据。

然而，本条并未规定法律服务资源跨区域流动机制的具体内容，对此有待规范性文件进一步明确。结合我国法律援助实践发展，以及域外法律援助制度经验，建立健全法律服务资源依法跨区域流动机制，至少应当发展以下两类常态化的具体举措：一是跨区域统筹调配律师资源；二是跨区域开展法律援助志愿活动。

一、跨区域统筹调配律师资源

（一）什么是"跨区域统筹调配律师资源"

跨区域统筹调配律师资源，是指由不同区域的共同上级政府在所辖行政区域内对律师资源进行统筹调配。例如，2013 年司法部《关于进一步推进法律援助工作的意见》提出，"合理调配本行政区域内律师资源丰富地区律师支持律师资源短缺地区法律援助工作"。律师资源的跨区域调配，在表现形式上，既可能表现为城市地区向农村地区的调配，亦可能表现为经济发达省份向中西部欠发达省份的调配等多种形式；在调配范围上，统筹调配应当充分结合律师资源合理调配的需要。例如，针对农村地区的法律援助，左卫民教授指出，由于农村地区本身即是律师资源短缺地区，因此，跨区域统筹调配律师资源的"本行政区域"至少应该是地级市，甚至是省（直辖市）、自治区意义上的行政区域内才有可能满足律师资源合理调配的需要。[1]

统筹调配律师资源，既可以用于提供整体意义的法律援助服务，亦可以用于提供某一项具体的法律援助服务。自 2019 年两办印发《关于公共法律服务体系建设的意见》以来，在规范性文件层面，我国已经在不同的法律援助服务类别中，陆续推行了法律服务资源跨区域流动的若干举措。例如，2020 年，"两院三部"印发了《法律援助值班律师工作办法》，根据该办法第 32 条规定，"……对律师资源短缺的地区，可采取在省、市范围内统筹调配律师资源，建立政府购买值班律师服务机制等方式，保障值班律师工作有序开展"。因此，单就值班律师服务的法律服务类别，同样可以进行律师资源的统筹调配，并且根据该办法，在省、市范围内统筹调配即

---

[1] 左卫民："都会区刑事法律援助：关于试点的实证研究与改革建言"，载《法学评论》2014 年第 6 期。

可满足值班律师服务的实践需要。

（二）如何"跨区域统筹调配律师资源"

跨区域统筹调配律师资源需要结合特定的法律援助供给模式，才能发挥跨区域调配资源的目标预期，如何"跨区域统筹调配律师资源"，是贯彻落实本条文的核心问题。从法律援助供给模式的角度看，跨区域统筹调配律师资源至少存在以下两种可能的制度方案。

其一，跨区域统筹调配律师资源可以采取传统的"指派社会律师模式"。例如，2014年《北京市法律援助案件指派办法（试行）》规定，北京市法律援助中心可以办理区县法律援助中心管辖的民事、行政案件，也可以将本中心管辖的民事、行政案件指定区县法律援助中心办理，从而实现统一调配，利用北京市丰富的律师资源，对一些律师资源不足的区县给予支持。[1]显而易见，如果仍然沿用该模式，即由法律援助机构以个案为单位，直接指派本地区律师提供跨区域的法律援助服务，在部分律师资源相对丰富的发达省市内部或许是可行的，但是难以适用于整体上律师资源欠缺的省市地区，更无法切实提高律师跨区域服务的效率、质量与积极性。因此，该制度方案存在较大局限性。

其二，跨区域统筹调配律师资源可以积极探索"合同聘任制律师模式"。在建立健全法律服务资源依法跨区域流动机制的过程中，跨区域统筹调配律师资源应当与"合同聘任制律师模式"相结合，通过合同聘任制方式，制度化解决律师服务资源问题。在世界范围内，通过合同聘任制律师模式跨区域统筹调配律师资源，是行之有效的制度方案。例如，在日本，《日本综合法律援助法》第30条第1款中提出，日本司法援助中心的业务包括应对司法资源分配不均衡问题业务，即为法律服务资源不足地区提供解决方案。为此，日本在2006年确立了专职律师制度。即，聘任常勤律师在律师缺乏地区建立起法律办公室（市政办公室）以及地方机构、分支机构专职提供法律援助服务。[2]在专职律师设立之初，司法援助中心雇用了24名专职律师并指派到因律师资源匮乏而无法提供足量法律服务的地区，以解决需要援助的刑事和民事当事人日益增长的问题。2015年，日本法律援助机构的专职律师数量达到250人，分布在85个机构，其中在全国各地法律工作人员过少的地方共有35个办事处，配置了222名专职律师，取得了良好的社会效果。另需说明的是，日本专职律师制度旨在解决法律援助服务需求与律师资源短缺之间的矛盾，因而司法援助中心每年聘请的专职律师人数并不固定。例如，2013年至2019年，专职律师人数分别为246人、252人、250人、232人、215人、198人、201人。

在法律援助立法过程中，借鉴"合同聘任制律师模式"的立法建议同样存在。

---

〔1〕　郑惠云、杨宇浩："跨地区法律援助工作的实践与思考"，载《中国司法》2015年第12期。

〔2〕　参见日本司法支援センター《法テラス白書（平成27年度版）》第102~104页。

有专家团队建议，为从制度上解决我国律师资源地域分布不均衡导致的"人力资源问题"，可以结合我国法律援助"1+1"项目的经验，并借鉴西方的公设辩护人制度，积极探索年薪制的公职律师制度，以期提高我国欠发达地区法律援助服务的供给能力。[1] 具体而言，一是，将法律援助机构律师作为解决律师跨区域配置的制度化手段，明确法律援助机构律师由省级司法行政机关统一遴选、管理。针对律师资源不充分不均衡的问题，可以由国务院、省级人民政府通过在律师资源匮乏地区实行年薪制的法律援助机构律师制度，来统筹实现律师跨行政区域提供法律援助服务，解决偏远地区律师少、无律师的问题。据此，建议增加以下规定："根据需要，法律援助机构可以设置一定数量的法律援助机构律师岗位。""法律援助机构律师由省司法行政部门负责遴选、聘任、考核。"二是，明确法律援助机构律师是合同聘任制人员，不占国家编制。"法律援助机构律师实行薪酬制。法律援助机构律师的薪酬标准，由省、自治区、直辖市人民政府司法行政部门会同同级财政部门，根据当地经济发展水平和法律援助的服务类型、承办成本、基本劳务费用等确定。"

上述建议虽然并未明文规定于《法律援助法》之中，但立法并未否定"合同聘任制律师模式"的可行性。事实上，合同聘任制与政府购买法律援助服务具有亲缘性，完全可以实现将法律服务资源跨区域流动机制与政府购买法律援助服务相结合的制度安排。根据《法律援助法》第15条，"司法行政部门可以通过政府采购等方式，择优选择律师事务所等法律服务机构为受援人提供法律援助"。据此，上级司法行政部门可以通过政府采购等方式，与一定数量的律师或其他法律援助人员签订特定年限的服务合同，约定由相关法律援助人员在其所在的行政区域内跨区域提供法律援助服务。例如，省级、市级司法行政部门可以以推动法律援助均衡发展为导向，积极发挥法律服务资源统筹职责，通过合同制聘任一定数量的社会律师，按照需求配置到县市区一级的法律援助机构专职提供法律援助服务。通过对合同聘任制律师服务资源进行合理调配，以充分满足欠发达地区对律师资源的需求，同时激发律师事务所等服务机构跨区域服务的积极性与活力。

二、跨区域开展法律援助志愿活动

跨区域开展法律援助志愿活动，同样是法律服务资源跨区域流动机制的组成部分。与跨区域统筹调配律师资源所不同的是，跨区域开展法律援助志愿活动具有无偿性、公益性的显著特征。近年来，我国已经开展了为数众多的法律援助志愿活动，其中许多法律援助志愿活动是跨区域开展的。例如，2009年，我国法律援助机构联合全国律师协会等组织开展"1+1"中国法律援助志愿者行动等计划，招募律师及应届毕业生志愿者到无律师县或中西部律师人才短缺的地、市、县专门从事法

---

[1] 樊崇义、吴宏耀、余鹏文："西部地区法律援助制度之完善"，载《人民法治》2020年第14期。

律援助工作。2014 年，通过"1+1"中国法律援助志愿者行动等计划的长期努力，全国 174 个县无律师问题已经全部解决，实现了律师法律服务县域及以上区域全覆盖。[1]

除"1+1"中国法律援助志愿者行动外，仅中央层面即已推出了一系列跨区域的法律援助志愿活动，如"西部基层法律援助志愿服务行动""援藏律师服务团"等。西部基层法律援助志愿服务行动，通过招募大学生志愿者到西部边远地区贫困县法律援助机构从事法律援助服务工作，缓解法律援助人员严重不足的压力，充实基层工作力量，促进法律援助区域协调发展。2019 年，该行动在中西部 11 个省（自治区）招募了 99 名应届法律专业大学生志愿者。截至 2020 年，大学生志愿者共解答法律咨询 22 560 人次，代写文书 2247 份，协助办理法律援助案件 2166 件，参与普法宣传 852 场次，整理法律援助案卷 7436 份。援藏律师服务团，是深入贯彻落实习总书记关于加快解决有些地方没有律师问题重要指示精神，从全国选派志愿律师支援西藏无律师县的公益法律服务活动。自 2019 年启动以来，司法部先后选派了 200 余名律师深入西藏 7 市（地）无律师县开展法律服务工作，为弱势群体办理各类法律援助案件 3800 余件，接待法律咨询近 34 万人次，开展法治宣传讲座 760 余场，为当事人挽回经济损失 1.71 亿元，已经成为我国律师公益法律服务的响亮品牌。

建立健全法律服务资源依法跨区域流动机制，必须大力倡导、深入推进跨区域的法律援助志愿活动。在《法律援助法》出台前，无论是 2013 年司法部《关于进一步推进法律援助工作的意见》、2015 年两办《关于完善法律援助制度的意见》、2019 年两办《关于公共法律服务体系建设的意见》，均明确提出了这一要求；在《法律援助法》出台后，全国范围内应当进一步促进跨区域法律援助志愿活动的开展，着力通过社会力量弥补我国法律援助资源配置不均衡的问题。

第十九条【法律援助人员的职责】

法律援助人员应当依法履行职责，及时为受援人提供符合标准的法律援助服务，维护受援人的合法权益。

【条文要旨】

本条是关于法律援助人员职责的规定。根据本条规定，法律援助人员履行法律援助义务，应当同时满足合法性、及时性、适当性的要求。

【立法背景】

为了保证法律援助服务的质量，法律援助人员（尤其是律师）在提供法律援助

---

[1]　参见刘子阳："174 个县无律师已经全部解决"，载《法制日报》2014 年 10 月 18 日，第 1 版。

服务时，必须遵循一定的执业纪律、服务标准。2003 年《法律援助条例》第 6 条规定："律师应当依照律师法和本条例的规定履行法律援助义务，为受援人提供符合标准的法律服务，依法维护受援人的合法权益，接受律师协会和司法行政部门的监督。"《律师法》第 42 条规定："律师、律师事务所应当按照国家规定履行法律援助义务，为受援人提供符合标准的法律服务，维护受援人的合法权益。"立足上述有关律师提供法律援助服务的职责要求，《法律援助法》第 19 条将其普遍化为法律援助人员的职责要求。与 2003 年《法律援助条例》相比，该条规定有以下明显变化。

其一，将法律援助提供者由"律师"变更为"法律援助人员"。根据《法律援助法》第 12 条、第 17 条的规定，作为法律援助提供者，法律援助人员不仅仅包括律师，还包括基层法律服务工作者、法律援助志愿者。随着法律援助人员主体范围的变化，该条规定不能仅限于律师，还应当涵盖所有提供法律援助服务的相关主体。因此，考虑到法律援助制度体系的融贯性、一致性，本法使用了更具概括性的"法律援助人员"概念，使法律概念更为周延。

其二，将"及时性"纳入法律援助人员的职责之中。此前，无论是《法律援助条例》抑或《律师法》，均没有强调法律援助人员应当"及时"提供法律援助服务。这一规定是《法律援助法》在法律援助人员职责上的另一变化。

【条文释义】

法律援助人员，即法律援助提供者，是指接受法律援助机构指派，提供法律援助服务的人员。根据《法律援助法》第 12 条的规定，法律援助人员具体包括律师、基层法律服务工作者以及法律援助志愿者等。

一、法律援助职责

本条是法律援助职责的概括性规定。《法律援助法》第 16 条第 1 款规定，律师及基层法律服务工作者负有提供法律援助的义务。就法律援助人员而言，法律援助义务与法律援助职责既存在联系，亦存在区别。

二者的联系在于，律师及基层法律服务工作者负有提供法律援助的义务，而在履行法律援助义务的过程中必须遵循法律援助人员的职责。这两则条文是相互承继的关系，共同规范法律援助提供者的行为。

二者的区别在于：其一，内容不同。法律援助义务仅涉及在接到法律援助指派后必须承接该法律援助案件，不得拒绝、怠于履行、擅自终止法律援助服务；而法律援助职责的内容更为广泛，要求法律援助服务的履行具备合法性、及时性、适当性。其二，主体不同。法律援助义务仅规范律师及基层法律服务工作者；而法律援助职责则规范所有法律援助人员，包括律师、基层法律服务工作者，以及法律援助志愿者等。

二、法律援助职责的具体要求

根据本条，法律援助人员提供法律援助服务，应当符合以下三个方面的要求。

（一）合法性要求

法律援助人员应当按照国家法律规定提供法律援助服务。一方面，合法性要求包括遵守《法律援助法》。例如，《法律援助法》第 20 条规定，"法律援助人员应当恪守职业道德和执业纪律，不得向受援人收取任何财物"。第 21 条规定："法律援助机构、法律援助人员对提供法律援助过程中知悉的国家秘密、商业秘密和个人隐私应当予以保密。"另一方面，合法性要求包括遵守其他国家法律规定。"依法履行职责"，不仅指涉《法律援助法》，同时包括《刑事诉讼法》《民事诉讼法》《律师法》等法律规范，还包括《律师职业道德和执业纪律规范》《基层法律服务工作者管理办法》《志愿服务条例》等具有法规范效力的规范性文件。各类规范性文件中涉及法律援助人员的行为规范，法律援助人员均应当遵守，否则可能触犯《法律援助法》第 62 条、第 63 条，由司法行政部门依法给予处罚。

（二）及时性要求

律师、基层法律服务工作者提供法律援助服务，应当及时进行。一方面，对于临时性法律援助服务，如值班律师服务，法律援助人员应当在规定的时间内值班并随时提供服务；另一方面，对于非临时性法律援助服务，如刑事辩护服务，法律援助人员应当在法定期限内及时履行其法律援助义务。

（三）适当性要求

本条规定，法律援助人员应当为受援人提供"符合标准"的法律服务，这体现了法律援助的适当性要求。法律援助服务应当符合特定的标准，从而为法律援助受援人提供有效的法律援助服务，切实增进法律援助受援人的获得感。《法律援助法》第 57 条也规定："司法行政部门应当加强对法律援助服务的监督，制定法律援助服务质量标准，通过第三方评估等方式定期进行质量考核。"结合这一规定，法律援助人员需要接受司法行政部门的"监督管理"，认真执行司法行政部门制定的法律援助服务质量标准，为受援人提供符合标准的法律服务。

根据法律服务领域与法律服务性质的不同，法律援助人员应当遵循的适当性要求存在一定的差异。迄今为止，为保障法律援助服务质量，各地司法行政部门陆续制定了法律援助服务的地方标准，如浙江、上海、山东等地；在全国层面，司法部也已经制定并发布了若干全国性的行业服务标准，对不同的法律援助服务类型提出了标准化要求，旨在对法律援助案件各环节严格规范，努力为受援群众提供优质便捷的法律援助服务。

对于刑事法律援助案件，2019 年司法部《全国刑事法律援助服务规范》明确了刑事法律援助的行业标准，细化了刑事诉讼程序中法律援助的服务要求。该行业标准共 9 章，对刑事法律援助服务原则、服务类型、法律咨询、值班律师法律帮助、刑事法律援助和服务质量控制等提出了具体要求。例如，规定刑事法律援助承办律师"应确保每个诉讼阶段至少会见受援人一次""应当参加庭审，发表辩护意见并提交书面辩护意见"等，并对未成年人案件办理单独设置章节予以规范，以促进提高刑事法律援助服务质量，不断提升刑事案件受援人满意度。该规范是提供刑事法律援助服务的一般准则，即合格标准，也是监管刑事法律援助服务质量的重要依据。

对于民事行政法律援助案件，2019 年司法部《全国民事行政法律援助服务规范》规定了民事法律援助案件、行政法律援助案件的行业标准。该规范对民事行政法律援助的服务原则、服务类型、法律咨询、诉讼案件代理、非诉讼案件代理以及服务质量控制等内容作出了规定，细化了民事行政法律援助的服务要求。例如，承办人员首次约见受援人或其法定代理人、近亲属的，应告知本案主要诉讼风险及法律后果等重要事项；如果受援人为行动不便的老年人、残疾人，承办人员可视情况提供上门服务。法律援助人员在服务提供的过程中，应当遵循这些标准要求。此外，为提高民事行政法律援助服务质量，该规范提出"法律援助机构审查案卷或者评定代理质量不合格的，可不发或少发办案补贴或直接费用"，倒逼承办律师提高办案质量，促进人民群众对法律援助满意率的不断提升。

第二十条 【职业道德和执业纪律】

法律援助人员应当恪守职业道德和执业纪律，不得向受援人收取任何财物。

【条文要旨】

本条是关于法律援助人员执业纪律的规定。根据该条规定，法律援助人员应当恪守职业道德和执业纪律，并且根据法律援助服务的无偿性、公益性，不得向受援人收取任何财物。

【立法背景】

2003 年《法律援助条例》第 22 条规定："办理法律援助案件的人员，应当遵守职业道德和执业纪律，提供法律援助不得收取任何财物。"《律师法》第 3 条第 1 款规定："律师执业必须遵守宪法和法律，恪守律师职业道德和执业纪律。"本条沿袭了上述法律法规的相关规定。

【条文释义】

法律援助人员是法律援助服务的提供者，包括律师、基层法律服务工作者、法律援助志愿者等主体。在提供服务的过程中，上述主体既应当遵守其作为法律从业人员而负有的职业道德和执业纪律，同时应当遵守其作为法律援助人员而负有的职业道德和执业纪律，不得向受援人收取任何财物。具体包括如下内容。

第一，律师、基层法律服务工作者作为法律从业人员，必须遵守其职业本身所设定的职业伦理规范，包括职业道德与执业纪律。职业道德与执业纪律的具体要求，散见于若干规范性文件、行业规定之中。例如，对于律师，中华全国律师协会《律师职业道德和执业纪律规范》具体规定了律师职业道德基本准则，律师在执业机构中的纪律，律师在诉讼、仲裁活动中的纪律，律师与委托人、对方当事人的纪律，律师与同行之间的纪律等。这些规范性文件、行业规定为进一步明确法律援助人员应当遵守的职业道德与执业纪律提供了规范依据。再如，对于基层法律服务工作者，司法部《基层法律服务工作者管理办法》在第 20 条、第 22 条、第 25 条、第 41 条、第 46 条等数个条文中均对基层法律服务工作者遵守职业道德与执业纪律的相关事项作出了规范，如年度考核制度、违规行为的处理等。

第二，律师、基层法律服务工作者、法律援助志愿者作为法律援助服务人员，必须遵循法律援助工作本身的行为规范。通常而言，法律援助人员所应遵循的职业道德和执业纪律，与法律从业人员所应遵循的内容基本一致，但二者之间同样存在区别。《法律援助法》第 20 条仅规定，法律援助人员应当恪守职业道德与执业纪律，但并没有对职业道德与执业纪律的具体内容予以明确，相关规范性文件暂付阙如，有待今后作出进一步规定。尤其是，《法律援助法》将法律援助志愿者纳入法律援助人员范围，对于这一主体所应遵循的道德规范，应当与其他主体有所区别。

第三，虽然本法并未对法律援助人员的职业道德与执业纪律作出全面性规定，但值得注意的是，本条后半段"不得向受援人收取任何财物"的规定，应当视为法律援助人员所应遵循的特殊的职业道德和执业纪律。基于法律援助的无偿性、公益性等基本属性，律师、基层法律服务工作者不得在法律援助的过程中以任何名义向受援人收取任何财物，只能由法律援助机构以发放补贴的形式获得一定报酬。对于收取受援人财物的法律援助人员，根据《法律援助法》第 63 条之规定，司法行政部门应当依法给予处罚。

第二十一条【保密义务】

法律援助机构、法律援助人员对提供法律援助过程中知悉的国家秘密、商业秘密和个人隐私应当予以保密。

【条文要旨】

本条是关于保密义务的规定。在法律援助过程中，保密义务的主体是法律援助机构、法律援助人员；保密义务的范围，包括提供法律援助过程中知悉的国家秘密、商业秘密和个人隐私。

【立法背景】

我国相关立法已经普遍确立了律师的保密义务。例如，针对刑事辩护律师，《刑事诉讼法》第48条规定："辩护律师对在执业活动中知悉的委托人的有关情况和信息，有权予以保密。但是，辩护律师在执业活动中知悉委托人或者其他人，准备或者正在实施危害国家安全、公共安全以及严重危害他人人身安全的犯罪的，应当及时告知司法机关。"再如，《律师法》第38条则一般性地规定了律师的保密义务："律师应当保守在执业活动中知悉的国家秘密、商业秘密，不得泄露当事人的隐私。律师对在执业活动中知悉的委托人和其他人不愿泄露的有关情况和信息，应当予以保密。但是，委托人或者其他人准备或者正在实施危害国家安全、公共安全以及严重危害他人人身安全的犯罪事实和信息除外。"此外，《律师职业道德和执业纪律规范》第8条也规定："律师应当严守国家机密，保守委托人的商业秘密及委托人的隐私。"

在立法过程中，有专家指出，任何国家的律师的保密义务都不是绝对的，而是存在一定的例外。法律援助人员的保密义务当然也需要设定必要的例外。故此，在立法技术上，建议参照《律师法》第38条规定，与律师保密义务保持一致。具体建议条文如下："法律援助人员应当参照《律师法》第38条规定，保守法律援助服务过程中知悉的国家秘密、商业秘密和个人隐私。"

《法律援助法（草案）》一审稿、二审稿仅规定："法律援助人员对提供法律援助过程中知悉的国家秘密、商业秘密和个人隐私应当予以保密。"在《法律援助法（草案）》第三次审议期间，增加了"法律援助机构"作为保密义务的主体。

一审稿	二审稿	《法律援助法》
第十七条 …… 　　法律援助人员对提供法律援助过程中知悉的国家秘密、商业秘密和个人隐私应当予以保密。	第二十条　法律援助人员对提供法律援助过程中知悉的国家秘密、商业秘密和个人隐私应当予以保密。	第二十一条　**法律援助机构**、法律援助人员对提供法律援助过程中知悉的国家秘密、商业秘密和个人隐私应当予以保密。

【条文释义】

一、保密义务

本条明确了保密义务的主体与范围。根据本条规定，在法律援助过程中，保密义务的主体，包括法律援助机构、法律援助人员；保密义务的范围，包括提供法律援助过程中知悉的国家秘密、商业秘密和个人隐私。

保密义务的主体，既包括作为个体的法律援助人员，亦包括作为组织机构的法律援助机构。首先，作为个体的法律援助人员同时是法律从业人员，保密义务是法律从业人员的基础性职业伦理规范，是其必须承担的重要职业责任。从条文体系看，《法律援助法》第21条对法律援助人员的保密义务予以具体化规定，即将职业道德和执业纪律中的保密义务独立作出规定，要求法律援助人员对提供法律援助过程中知悉的国家秘密、商业秘密和个人隐私予以保密。其次，作为组织机构的法律援助机构，在受理、审查、提供法律援助服务的过程中同样会知悉受援人及案件情况。对于在此过程中知悉的国家秘密、商业秘密和个人隐私，法律援助机构同样应当予以保密。

国家秘密的范围，应当依据我国《保守国家秘密法》《保守国家秘密法实施条例》等法律法规的具体规定予以确定。商业秘密的范围，应当依据《反不正当竞争法》及其他相关法律法规、规范性文件予以确定。个人隐私的范围，应当依据《民法典》以及其他相关法律法规、规范性文件予以确定。

根据保密义务的要求，一方面，法律援助机构及法律援助人员不得主动向社会媒体或其他人泄露在法律援助过程中知悉的秘密。另一方面，在被动接受调查或询问时，法律援助机构及法律援助人员有权拒绝回答。例如，在刑事案件中，侦查人员向法律援助人员了解犯罪嫌疑人与其谈话的情况、要求其提供所掌握的当事人可能涉嫌犯罪的材料，法律援助人员有权拒绝；再如，在民事诉讼中，一方当事人基于收集证据的需要，向法律援助人员询问属于国家秘密、商业秘密、个人隐私的信息，法律援助人员同样有权予以拒绝。[1]

二、保密义务的例外

根据《法律援助法》第21条规定，法律援助机构、法律援助人员对法律援助服务中知悉的秘密或隐私信息负有保密义务，但并未规定例外情形。需要进一步解释的是，保密义务的遵守是否存在例外情形？

我们认为，本条规定并不排除例外情形的存在；对于其他法律中设定的例外情形，同样适用于法律援助案件。例如，《律师法》第38条第2款规定："律师对在执业活动中知悉的委托人和其他人不愿泄露的有关情况和信息，应当予以保密。但是，委托人或者其他人准备或者正在实施危害国家安全、公共安全以及严重危害他人人身安全的犯罪事实和信息除外。"再如，《刑事诉讼法》第48条规定："辩护律师对在执业活动中知悉的委托人的有关情况和信息，有权予以保密。但是，辩护律师在执业活动中知悉委托人或者其他人，准备或者正在实施危害国家安全、公共安全以及严重危害他人人身安全的犯罪的，应当及时告知司法机关。"上述规定同

---

〔1〕　李贵方："保密是律师的义务也是权利"，载《中国律师》2017年第9期。

样应当类推适用于法律援助案件的办理。亦即，法律援助机构、法律援助人员在提供法律援助过程中知悉的国家秘密、商业秘密和个人隐私应当予以保密；但是受援人或者其他准备或者正在实施危害国家安全、公共安全以及严重危害他人人身安全的犯罪事实和信息除外。这一类推解释的证立理由如下。

其一，本条与《律师法》《刑事诉讼法》等条文之间并非择一适用的关系，而是交叉适用的关系，《法律援助法》第21条并不排斥《律师法》第38条与《刑事诉讼法》第48条的适用。法律援助服务的主要提供者是律师群体；律师在从事法律援助工作中不仅具备法律援助人员的身份，需要遵守《法律援助法》的规定，同时也是法律从业人员，需要遵守《律师法》的规定。法律援助虽然是由国家组织实施，但是律师在法律援助案件中应遵守的保密义务与一般案件并无本质不同，并不存在区别对待的特别理由。因此，对于法律援助人员而言，基于其同时具备的律师职业身份，《律师法》第38条的但书规定同样适用。

其二，对于非律师的法律援助机构、法律援助人员而言，《律师法》《刑事诉讼法》的相关规定同样应当类推适用。法律援助制度具有公益性，本身即体现了国家对公共利益的特别关照与维护。基层法律服务工作者、法律援助志愿者，乃至法律援助机构虽然不具有律师身份，但并不因其身份而排除维护社会利益的基本职责与要求。在受援人或者其他人准备或者正在实施危害国家安全、公共安全以及严重危害他人人身安全犯罪的情况下，公共利益处于十分紧迫的状态，法律援助受援人与法律援助机构、法律援助人员的信赖利益应当让位于公共利益的实现。换言之，基于法律援助的公益性，从事法律援助服务的相关机构与人员更不应推卸其基于公共利益而负有的道义义务。因此，对于规范律师群体的《律师法》《刑事诉讼法》的例外规定，同样应当类推适用于非律师的法律援助机构、法律援助人员，从而合理协调法律援助过程中公共利益与信赖利益的冲突。

第三章 形式和范围

　　该章共 13 条，规定了法律援助的服务形式（第 22 条、第 23 条）、法律援助范围（第 24 条、第 25 条、第 28~33 条）、重罪案件法律援助律师的资质要求（第 26 条）、不得限制或损害委托辩护权（第 27 条）以及经济困难标准的确定（第 34 条）等相关事项。

　　就刑事法律援助而言，第 25 条适度扩大了法律援助的范围（如扩大了残疾人的强制辩护范围；明确了最高人民法院死刑复核案件的法律援助制度；吸收了刑事辩护全覆盖的相关内容）；第 26 条规定了重罪案件的援助资质；第 27 条确立了委托辩护优先规则。

　　就民事行政法律援助而言，第 31 条、第 32 条规定了具体的援助事项范围，并设定了不同援助事项之间的优先序位：第 32 条规定的援助事项，不受经济困难条件限制，有申请即应当予以援助。因此，属于优先保障事项。第 31 条规定的援助事项，属于基本援助事项，是基本公共服务的"国家标准"，根据本法第 41 条规定，适用"说明—核查制"，以降低人民群众获得法律援助的难度。地方性法规规定的援助事项，属于补充性事项，是否适用本法第 41 条规定，由地方性法规根据"量力而行、尽力而为"的原则予以确定。

　　第二十二条【*法律援助服务的法定形式*】

　　法律援助机构可以组织法律援助人员依法提供下列形式的法律援助服务：

　　（一）法律咨询；

　　（二）代拟法律文书；

　　（三）刑事辩护与代理；

　　（四）民事案件、行政案件、国家赔偿案件的诉讼代理及非诉讼代理；

　　（五）值班律师法律帮助；

　　（六）劳动争议调解与仲裁代理；

　　（七）法律、法规、规章规定的其他形式。

【条文要旨】

本条是关于法律援助服务形式的规定。在立法体例上，该条规定采取"具体列举+概括性规定"的立法模式。根据该条规定，一般情况下，法律援助服务人员可以提供六种具体形式的法律援助服务。同时，该条第7项规定，其他法律、法规、规章可以规定其他形式的法律援助服务。因此，该条列举非穷尽式列举，而属于举例性列举。这种立法体例既突出了法律援助服务的最基本形式，又保留了法律援助服务形式的开放性。

本条所规定的法律援助服务具体形式，散见于本法若干条文之中，例如，第2条（法律咨询、代理、刑事辩护）；第17条（法律咨询、代拟法律文书）；第23条（法律咨询）；第24条、第25条、第26条、第27条（刑事辩护）；第28条、第29条、第31条、第33条（代理）；第30条（值班律师法律帮助）。

【立法背景】

法律援助服务的形式不仅承载着法律援助服务的具体内容，也在一定程度上彰显了法律援助服务的深度与广度。关于法律援助服务形式，2003年《法律援助条例》第2条规定："符合本条例规定的公民，可以依照本条例获得法律咨询、代理、刑事辩护等无偿法律服务。"在我国二十多年的法律援助实践中，为适应人民群众法律援助实践需求的多样化发展，法律援助服务形式也出现了一些新类型。例如，在法律援助实践中，除法律咨询外，代拟法律文书也逐渐变成了一种人民群众喜闻乐见的服务形式。此外，在刑事案件速裁程序试点、认罪认罚从宽制度改革试点的实践基础上，2018年《刑事诉讼法》第36条已经将值班律师提供法律帮助规定为刑事法律援助的主要服务形式之一。

关于法律援助服务形式的规定，《法律援助法（草案）》初稿的表述是："法律援助机构可以提供下列法律援助服务：（一）法律咨询、代拟法律文书；（二）刑事辩护和代理；（三）国家赔偿、民事、行政代理；（四）值班律师法律帮助；（五）法律法规规定的其他形式。"《法律援助法（草案）》一审稿仅就两处文字略作修改，基本上保留了初稿的规定。具体而言，一是将"法律援助机构可以提供下列法律援助服务"修改为"法律援助机构可以组织法律援助人员提供下列法律援助服务"；二是将"法律法规规定的其他形式"修改为"法律法规规定的其他法律援助服务"。

在听取各方意见的基础上，《法律援助法（草案）》二审稿对该条规定进行了较大幅度的调整。与一审稿相比，除文字性修改外，主要修改有三：一是将法律咨询、代拟法律文书区分为两项，作为两种独立的法律援助服务形式；二是将"国家赔偿、民事、行政代理"具体化为"国家赔偿、民事和行政诉讼代理及其非诉讼代理"，突出了非诉讼案件的代理；三是增加"劳动争议调解与仲裁代理"的规定，以示周延。在第三次审议过程中，根据部分常务委员的建议，对该条第4项规定进行了文字性修改。

需要指出的是，在立法技术上，这种将法律援助服务形式与法律援助案件范围联系在一起的表述方式明显"过于琐碎且存在列举不尽之弊"。其实，无论是诉讼案件的代理还是非诉讼案件的代理，无论是劳动争议的代理还是仲裁代理，本质上都是"代理"，都应当适用《民法典》有关代理的规定。而且，这种立法细分似乎也缺乏实践操作层面的实际意义。

一审稿	二审稿	《法律援助法》
第十八条　法律援助机构可以组织法律援助人员提供下列法律援助服务： （一）法律咨询、代拟法律文书； （二）刑事辩护和代理； （三）国家赔偿、民事、行政代理； （四）值班律师法律帮助； （五）法律法规规定的其他法律援助服务。	**第二十一条**　法律援助机构可以组织法律援助人员提供下列形式的法律援助服务： **（一）法律咨询；** **（二）代拟法律文书；** （三）刑事辩护与代理； **（四）国家赔偿、民事和行政诉讼代理及其非诉讼代理；** （五）值班律师法律帮助； **（六）劳动争议调解与仲裁代理；** （七）法律、法规、**规章**规定的其他形式。	**第二十二条**　法律援助机构可以组织法律援助人员依法提供下列形式的法律援助服务： （一）法律咨询； （二）代拟法律文书； （三）刑事辩护与代理； **（四）民事案件、行政案件、国家赔偿案件的诉讼代理及非诉讼代理；** （五）值班律师法律帮助； （六）劳动争议调解与仲裁代理； （七）法律、法规、规章规定的其他形式。

在立法过程中，有专家就本条规定提出了两点完善建议。

第一，建议将"可以"修改为"应当"。有专家建议，提供法定形式的法律援助服务是法律援助机构的责任和职责所在。因此，不是"可以组织"，而是"应当组织"。

第二，建议将原条文第5项"值班律师法律帮助"，前移到第2项"代拟法律文书"之下、第3项"刑事辩护与代理"之上。理由有三：一是，在法律属性上，"值班律师法律帮助"是刑事法律援助的一种特殊服务形式。根据《刑事诉讼法》第36条、第173条、第174条规定，值班律师的法律地位明显不同于"刑事辩护与代理"。二是，在援助内容上，值班律师依法提供的法律帮助主要是法律咨询、发表意见等。因此，其服务内容比"法律咨询""代拟法律文书"丰富，但比"辩护、代理"要少得多。三是，根据《刑事诉讼法》第36条，只要"没有辩护人"，犯罪嫌疑人、被告人都有权获得值班律师的法律帮助。因此，与"法律咨询""代拟法律文书"类似，值班律师服务无需进行经济困难状况审查，基本上属于"去门槛"的法律援助形式。故此，建议调整款项顺序，以符合逻辑。

在立法过程中，有实务部门建议，将"法律援助机构可以组织法律援助人员提供下列法律援助服务"修改为"法律援助机构应当根据不同事项，组织法律援助人员提供下列方式的法律援助服务"。其理由是：法律援助机构"应当"而非"可以"组织实施法律援助；应当明确法律援助机构有决定援助方式的裁量权；法律援助是一项对于经济困难公民的保障制度，建议将法律援助限定在维护其合法权利必要的诉讼范围内。另有实务部门认为，在文字表述上，"及其"容易引起歧义，故建议将该条第 4 项"民事和行政诉讼代理及其非诉讼代理"修改为"民事和行政诉讼代理及其他非诉讼代理"。理由是：司法实践中，法律援助非诉讼代理不是因诉讼代理产生，二者应为并列关系。

【条文释义】

该条规定了法律援助的具体服务形式。在立法表述上，《法律援助法》结合法律援助的办案类型，对"代理"进行了具体列举，包括：刑事代理；民事案件、行政案件、国家赔偿案件的诉讼代理及非诉讼代理；劳动争议调解与仲裁代理。此外，根据实践发展，增加了"代拟法律文书""值班律师法律帮助"两种服务形式。

此外，考虑到法律援助实践的发展，该条同时规定，法律援助主管部门、具有地方立法权的省市，可以根据具体实践需要，规定适宜的法律援助形式。例如，2016 年《广东省法律援助条例》第 18 条第 2 款规定："案情简单、诉讼标的小的，法律援助机构可以指导当事人自行诉讼。"2019 年《深圳市法律援助条例》借鉴香港地区经验规定了辅助性法律援助（第 2 条、第 45 条）。

关于法律援助服务形式，需要特别说明的是，根据 2019 年司法部、财政部《关于完善法律援助补贴标准的指导意见》的规定，为完善发放办案补贴标准，相关规定依据法律援助服务形式将补贴标准概括为三大类：代理或辩护类办案补贴标准、值班律师法律帮助补贴标准、法律咨询补贴标准。其中，就办案补贴而言，进一步区分代理与辩护，即将补贴案件分为民事、刑事、行政代理法律援助案件与刑事辩护法律援助案件两类。因此，从实践价值出发，我们将法律援助服务形式区分为两个层次：一是，基础性法律援助服务与办案类法律援助服务。二是，将办案类法律援助服务进一步区分为刑事辩护类法律援助服务与代理类法律援助服务。具体如表 3-1 所示。

表 3-1　基础性法律援助服务与办案类法律援助服务对照

	基础性法律援助服务	办案类法律援助服务
刑事法律援助（仅适用于犯罪嫌疑人、被告人）	值班律师法律帮助	（作为刑事辩护制度的必要补充和保障的）刑事辩护类法律援助服务
其他法律援助	法律咨询 代拟法律文书	代理类法律援助服务 （1）刑事代理 （2）民事代理 （3）行政代理 （4）劳动争议调解与仲裁代理 ……

在理论上，根据是否有"门槛性"要求，可以将法律援助服务形式分为两大类。

一是基础性法律援助服务。此类服务无需进行经济困难审查，属于"有求必应"的法律援助服务形式。如法律咨询、代拟法律文书、值班律师法律帮助。在公共法律服务三大平台建设中，此类服务可以采取窗口式服务，也可以借助线上、电话等技术手段进行。此外，为提高基础性法律援助服务的供给能力，本法第 17 条第 2 款规定："高等院校、科研机构可以组织从事法学教育、研究工作的人员和法学专业学生作为法律援助志愿者，在司法行政部门指导下，为当事人提供法律咨询、代拟法律文书等法律援助。"

二是办案类法律援助服务。根据办案类型，此类法律援助服务可以分为辩护与代理两大类。具体包括：刑事辩护；刑事代理；国家赔偿、民事和行政诉讼代理及非诉讼代理；劳动争议调解与仲裁代理等。与基础性法律援助服务不同，除依法应当予以援助的情形外（参见本法第 25 条、第 28 条、第 32 条规定），申请办案类法律援助服务，法律援助机构需要进行经济困难状况审查；符合经济困难标准的，才会提供无偿的法律援助服务。根据相关诉讼法律规定，在刑事案件中，无论是刑事辩护还是刑事代理，法律援助服务只能由执业律师提供；民事、行政领域的代理类服务，法律援助人员可以是律师，也可以是基层法律服务工作者。

一、基础性法律援助服务

基础性法律援助服务是指具有普惠性质，无需进行经济困难标准审查的法律援助服务形式。具体包括法律咨询、代拟法律文书和值班律师法律帮助。

（一）法律咨询

法律咨询是法律援助服务中最常见、最基本的服务形式。本法第 23 条规定："法律援助机构应当通过服务窗口、电话、网络等多种方式提供法律咨询服务……"

在现代法治社会，法律已经渗透到社会生活的方方面面。由于法律问题的复杂性、专业性，在普通民众权利受到侵害或者遇到纠纷时，往往不知道如何及时保全证据并通过法律手段有效地维护自己的合法利益。为满足人民群众日益增长的法律服务需求，2015 年两办《关于完善法律援助制度的意见》提出了"实现法律援助咨询服务全覆盖"的改革目标，并就此提出以下具体要求："建立健全法律援助便民服务窗口，安排专业人员免费为来访群众提供法律咨询。对咨询事项属于法律援助范围的，应当告知当事人申请程序，对疑难咨询事项实行预约解答。拓展基层服务网络，推进法律援助工作站点向城乡社区延伸，方便群众及时就近获得法律咨询。加强'12348'法律服务热线建设，有条件的地方开设针对农民工、妇女、未成年人、老年人等群体的维权专线，充分发挥解答法律咨询、宣传法律知识、指导群众依法维权的作用。创新咨询服务方式，运用网络平台和新兴传播工具，提高法律援助咨询服务的可及性。广泛开展公共法律教育，积极提供法律信息和帮助，引导群众依法表达合理诉求。"

根据咨询方式不同，法律咨询可以分为以下三种。

一是以面对面为特色的"线下服务"。即通过公共法律服务中心的便民服务窗口、村居法律顾问等形式，安排专门的法律援助人员为来访群众提供无偿的法律咨询服务。根据 2017 年司法部《关于推进公共法律服务平台建设的意见》的规定，公共法律服务实体平台建设以县（市、区）、乡镇（街道）为重点；同时，在村（居）一级，推进一村（居）一法律顾问工作，鼓励有条件的地方在村（居）委会或当地社区服务中心建立公共法律服务工作室，提供相关法律服务。在功能职责定位上，实体平台建设采用"3+X"的建设模式。所谓"3"，即法律援助、人民调解、法律咨询等基本职能。

二是以便捷高效为特色的"线上服务"。即通过电话、网络平台以及其他新兴传播工具，创新咨询服务方式，提高法律咨询服务的可及性、便捷性。2018 年司法部《关于深入推进公共法律服务平台建设的指导意见》指出，当前和今后一个时期，推进公共法律服务平台建设的总体思路是，"在全面建成实体、热线、网络三大平台基础上，以便民利民惠民为目标，以融合发展为核心，以网络平台为统领，以信息技术为支撑，将实体平台的深度服务、热线平台的方便快捷和网络平台的全时空性有效整合"。其中，省级统筹的公共法律服务热线平台、互联互通的网络平台，将会成为今后人民群众进行法律咨询的主要途径之一。

三是以关照特殊群体为特色的"来信咨询服务"。在法律援助实践中，看守所的在押人员、监狱的服刑人员、强制隔离戒毒人员，以及一些不善于使用新技术手段的老年人，依然会通过写信的传统方式进行法律咨询。

根据 2018 年法律援助统计数据，该年度全国法律援助机构共接受来访、来信、来电咨询约875万人次。其中，通过"12348"法律服务热线进行电话、线上咨询的约348万人次，约占全部法律咨询量的40%。就咨询内容而言，劳动纠纷、婚姻家庭纠纷、损害赔偿领域的咨询量最大。[1]

在法律援助实践中，各地法律援助机构均提供多种形式的法律咨询服务。在新时代条件下，为更好地满足人民群众对美好生活的向往和日益增长的法律服务需求，2019年两办《关于公共法律服务体系建设的意见》提出了"加快建设覆盖城乡、便捷高效、均等普惠的现代公共法律服务体系，切实增强人民群众的获得感、幸福感、安全感"的改革要求。其中，就公共法律服务平台建设，两办《关于公共法律服务体系建设的意见》明确要求，"依托法律援助组织、乡镇（街道）司法所等现有资源，推进公共法律服务实体平台建设。推进'12348'热线平台省级统筹，建立一体化呼叫中心系统。推进'互联网+公共法律服务'，构建集'12348'电话热线、网站、微信、移动客户端为一体的中国法律服务网，提供覆盖全业务、全时空的高品质公共法律服务"。因此，随着各地公共法律服务三大平台建设初见成效，法律咨询必将变得越来越便捷、越来越高效。

（二）代拟法律文书

代拟法律文书是指法律援助人员根据申请人请求，运用自身专业法律知识为申请人撰写法律文书的活动。一般而言，代拟法律文书无需进行经济困难状况审查。

在司法实践中，法律文书的种类有很多，而且复杂程度及专业性要求也不尽相同。例如，在民事诉讼中，常见的法律文书种类有起诉状、答辩状、代理词、上诉状、强制执行申请书、财产保全申请书、先予执行申请书、回避申请书、宣告失踪申请书、宣告死亡申请书、支付令申请书、再审申诉书等。仅就婚姻家庭类民事纠纷案件而言，常见的法律文书种类又有婚前财产协议书、离婚协议书、抚养子女协议书、遗赠协议书、遗赠抚养协议书、收养协议书等。

代拟法律文书是法律援助机构提供的一种公共法律服务。法律援助人员代拟法律文书时，既要充分尊重申请人的意愿，又要坚持"以事实为根据，以法律为准绳"原则，引导申请人依法、合理表达自己的诉求。

在具体案件中，法律文书是一种以追求特定法律效果为目的的书面意思表示，直接关系到申请人的诉讼权利或实体权利。因此，法律援助人员提供代拟法律文书服务务必慎重，避免因为自己的认知偏差或疏漏，不当放弃或侵害受援人的合法权益。

在法律援助实践中，与法律咨询服务相比，代拟法律文书的服务数量相对较

---

[1] 司法部公共法律服务管理局法律援助处："2018年全国法律援助工作统计分析"，载樊崇义、施汉生主编：《中国法律援助蓝皮书：中国法律援助制度发展报告No.1（2019）》，社会科学文献出版社2020年版，第38页。

少。根据 2018 年统计数据，该年度法律援助业务经费支出 131 631.63 万元。其中，用于法律咨询、代书服务的补贴经费分别是 13 342.5 万元、732.89 万元，分别占业务经费支出的 10.14% 和 0.56%。[1]但需要说明的是，在一些法律援助机构，代书服务属于窗口服务的基本服务事项之一，因而，对于提供代书服务的法律援助人员，不会单独就代书事项发放补贴。因此，此类经费支出情况只能作为观察指标，并不能反映代书服务的全貌。

近年来，随着人工智能技术的不断发展，一些智慧法律服务终端已经可以根据当事人提供的具体案件信息，提供自动化、标准化的代书服务。

（三）值班律师法律帮助

值班律师制度是 2018 年《刑事诉讼法》第 36 条确立的一种新的法律援助服务形式。根据该条规定，法律援助机构可以在人民法院、人民检察院、看守所等场所派驻值班律师，为没有辩护人的犯罪嫌疑人、被告人提供法律帮助。

一般认为，值班律师与刑事法律援助律师不同：值班律师并非为特定案件的犯罪嫌疑人、被告人服务，而是在值班时段，根据犯罪嫌疑人、被告人的需求，为不特定的犯罪嫌疑人、被告人提供有限的法律帮助。因此，在提供法律帮助时，值班律师往往不会像法律援助律师那样有较为充裕的时间进行阅卷、会见、调查证据；相反，值班律师主要是根据犯罪嫌疑人、被告人提供的信息和具体问题，提供有针对性的咨询意见与法律建议。在此意义上，值班律师服务本质上是一种基础性、应急性的法律援助服务形式。

根据我国《刑事诉讼法》及相关司法解释的规定，依照值班律师的职责，可以将值班律师服务分为两种类型：一是，根据《刑事诉讼法》第 36 条规定，值班律师只承担较为有限的一般职责："为犯罪嫌疑人、被告人提供法律咨询、程序选择建议、申请变更强制措施、对案件处理提出意见等法律帮助。"二是，在认罪认罚案件中，除上述一般职责外，值班律师根据《刑事诉讼法》第 173 条、第 174 条规定，还享有一些特殊的诉讼权利。如就第 173 条规定的事项发表意见；犯罪嫌疑人签署认罪认罚具结书时在场。具体论述如下。

1. 值班律师的一般职责

在侦查阶段，值班律师的法律帮助更类似于"常规化的柜台式服务"：无论值班期间是否有人来咨询、是否有人来寻求法律帮助，值班律师都会在那里严阵以待，以便随时为有法律帮助需求的犯罪嫌疑人提供法律帮助。换句话说，"值班律师就像医院的急诊医生一样，向病人提供最紧急的建议帮助"。因此，对于没有辩

---

[1] 司法部公共法律服务管理局法律援助处："2018 年全国法律援助工作统计分析"，载樊崇义、施汉生主编：《中国法律援助蓝皮书：中国法律援助制度发展报告 No. 1（2019）》，社会科学文献出版社 2020 年版，第 42 页。

护人的犯罪嫌疑人而言，值班律师提供的只是非常有限的、基础性的、临时性的法律服务。具体而言，面对不期而至的咨询主体，通常情况下，值班律师根本无法深入细致、客观全面地了解案件情况和证据，更不可能像辩护律师那样有充足的时间，在认真阅卷后为犯罪嫌疑人、被告人提供深思熟虑的辩护方案。因此，值班律师提供的法律帮助往往属于依法必须迅速提供的"应急式法律服务"。

作为一种特殊的法律援助服务形式，值班律师法律帮助不仅可以为犯罪嫌疑人、被告人提供所亟需的临时性法律帮助，而且还可以提供必要的程序性协助或指引，帮助犯罪嫌疑人、被告人更好地了解自己享有哪些诉讼权利。此外，在服务过程中，如果值班律师认为犯罪嫌疑人符合法律援助条件的，还应当协助其申请法律援助律师。在此意义上，值班律师法律帮助不仅可以作为传统法律援助服务的补充，还可以激活、增进现代刑事法律援助制度的适用率，为犯罪嫌疑人、被告人积极行使自己的辩护权奠定更为坚实的制度基础。也正是在此意义上，值班律师具有打通法律援助制度"最初一公里"的积极作用。

在侦查阶段，值班律师能否有效发挥作用，很大程度上取决于看守所的态度和支持程度。根据2018年《关于进一步加强和规范看守所法律援助值班律师工作的通知》的规定，看守所应当积极履行以下责任：（1）完善和落实看守所在押人员入所告知制度。即看守所要切实采取措施，认真履行告知职责，保障犯罪嫌疑人、被告人获得值班律师法律帮助的权利，包括要明确告知犯罪嫌疑人、被告人，看守所设有法律援助工作站，犯罪嫌疑人、被告人没有辩护人时，有获得值班律师法律帮助的权利，同时值班律师可以协助看守所开展法治宣传教育活动，帮助犯罪嫌疑人、被告人知悉相关诉讼权利和义务。（2）看守所要将值班律师制度相关内容纳入在押人员权利义务告知书，在犯罪嫌疑人、被告人入所时即书面告知，由犯罪嫌疑人、被告人在告知书上签字。（3）完善值班律师工作运行机制。包括法律援助机构要及时派驻或者安排值班律师。法律援助机构要向看守所提供并及时更新驻看守所值班律师名册或者值班律师库；提供值班律师律师执业证书复印件；提供值班律师排班表、值班方式和联系方式。此外还要及时通知值班律师提供法律帮助。犯罪嫌疑人、被告人向看守所申请值班律师法律帮助的，看守所应当在24小时内通知值班律师。

针对值班律师的实践问题，2020年《法律援助值班律师工作办法》第13条再次强调，看守所应当告知犯罪嫌疑人、被告人有权约见值班律师，并为其约见值班律师提供便利。看守所应当将值班律师制度相关内容纳入在押人员权利义务告知书，在犯罪嫌疑人、被告人入所时告知其有权获得值班律师的法律帮助。犯罪嫌疑人、被告人要求约见值班律师的，可以书面或者口头申请。书面申请的，看守所应当将其填写的法律帮助申请表及时转交值班律师。口头申请的，看守所应当安排代为填写法律帮助申请表。

2. 值班律师的特殊职责

在认罪认罚案件中，值班律师除负有一般职责外，还依法享有更多的诉讼权利。因此，在认罪认罚案件中，值班律师的诉讼地位更类似于"一种准辩护人地位"，其所提供的法律帮助服务是一种准辩护服务或者特殊形式的法律援助服务。[1]

根据 2020 年《法律援助值班律师工作办法》第 6 条第 1 款至第 2 款的规定，在值班律师的工作职责方面，法律援助值班律师应当依法履行下列工作职责：（1）提供法律咨询；（2）提供程序选择建议；（3）帮助犯罪嫌疑人、被告人申请变更强制措施；（4）对案件处理提出意见；（5）帮助犯罪嫌疑人、被告人及其近亲属申请法律援助。此外，在认罪认罚案件中，值班律师还应当提供以下法律帮助：（1）向犯罪嫌疑人、被告人释明认罪认罚的性质和法律规定；（2）对人民检察院指控罪名、量刑建议、诉讼程序适用等事项提出意见；（3）犯罪嫌疑人签署认罪认罚具结书时在场。

为更好地发挥值班律师在认罪认罚案件中的作用，相关司法解释赋予了值班律师必要的会见权、阅卷权：在办理认罪认罚案件时，值班律师可以应犯罪嫌疑人、被告人的约见进行会见，也可以经办案机关允许主动会见；自人民检察院对案件审查起诉之日起，值班律师可以查阅案卷材料、了解案情。

二、办案类法律援助服务

与基础性法律援助服务不同，办案类法律援助服务必须以符合法律援助条件为前提条件。因此，只有依法应当予以援助的案件或者符合经济困难标准的案件，才有权获得办案类法律援助服务。

值得注意的是，在狭义上，法律援助原本专指以案件为单位、以辩护或代理为特点的法律援助服务。例如，在英国，直到 20 世纪 70 年代，根据 1972 年《英国法律咨询与法律帮助法》（Legal Advice and Assistance Act），才开始提供国家公共财政予以保障的法律咨询项目。1974 年，英格兰和威尔士地区只有 15 家社区层面的法律咨询与支持中心；1976 年，增至 24 家。[2]在荷兰，2003~2006 年，在全国范围内建立了 30 个法律服务中心（Legal Services Centers）。这些法律服务中心均匀分布在全国各地（在荷兰公交系统的支持下，荷兰各地公民到距离自己最近的法律

---

〔1〕 该观点也得到了理论界众多学者的支持。参见樊崇义："值班律师制度的本土叙事：回顾、定位与完善"，载《法学杂志》2018 年第 9 期；姚莉："认罪认罚程序中值班律师的角色与功能"，载《法商研究》2017 年第 6 期；吴宏耀："我国值班律师制度的法律定位及其制度构建"，载《法学杂志》2018 年第 9 期。

〔2〕 Sarah Moore, Alex Newbury, *legal aid in crisis: assessing the impact of reform*, Policy Press（2017），p. 19.

服务大厅最多只需要一个小时的车程），共用一个网站和联络中心，属于单独的服务机构，由法律援助委员会划拨资金全额资助。[1]在习惯上，荷兰研究者把（线上或服务中心提供的）咨询类服务称作初级法律援助服务，把以委托代理为特点的案件服务称作二级法律援助服务。在我国香港地区，法律援助署只提供办案类法律援助服务；至于以法律咨询为特色的基础类法律援助服务，则主要依赖民政事务总署的当值律师服务计划以及香港地区律师公会和大律师公会的公益法律咨询项目。

根据案件性质不同，办案类法律援助服务可以进一步区分为两类：刑事辩护服务与案件代理服务。其中，根据案件的具体内容，案件代理服务还可以进一步具体化为：刑事案件代理；民事案件代理；行政案件代理；国家赔偿案件代理；劳动争议调解与仲裁代理；等等。

需要说明的是，在刑事诉讼制度下，刑事法律援助主要是指刑事辩护类法律援助，是犯罪嫌疑人、被告人辩护权的重要支撑和保障。而且，在很多国家，刑事法律援助具有一定的宪法属性，属于重点保障的特殊领域。

根据本法第29条规定，刑事案件的被害人、自诉人等也享有申请法律援助的权利，即所谓的被害人法律援助。但就其法律性质而言，被害人法律援助本质上属于代理类法律援助，与民事、行政案件的法律援助没有本质不同，而有别于具有辩护性质的刑事法律援助。根据《刑事诉讼法》相关规定及我国刑事诉讼法学理论，刑事辩护与刑事代理是两种不同法律性质的诉讼行为；诉讼代理人与辩护人分别行使控诉职能与辩护职能，二者属于不同的控辩阵营，具有不同的诉讼地位、诉讼权利和义务。

（一）刑事辩护

刑事辩护职能是现代刑事诉讼制度的三大基本职能之一。"可以说，刑事诉讼的历史就是辩护的历史。"[2]"作为刑事诉讼制度的重要组成部分，辩护制度随着刑事诉讼制度的发展进步而不断发展壮大，这是各国辩护制度发展的普遍规律。中国也不例外。自改革开放以来，我国刑事诉讼制度历经多次修改和多轮司法改革取得了重大进步，刑事辩护制度也取得了重大的发展。"[3]其中，在我国现代刑事法治发展过程中，刑事法律援助制度既是现代辩护制度不可或缺的重要组成部分，也是现代辩护制度得以有效运作的重要保障和支撑。综观各国刑事司法实践，能够自行聘请辩护律师的犯罪嫌疑人、被告人占比基本上都在30%左右；对于更多的犯罪

---

[1] 荷兰法律援助制度发展报告（2016—2017年度），载中国政法大学刑事法律援助研究中心公众号，https://mp.weixin.qq.com/s/9AsHIXz8lBjc6bwzqFUhaQ，最后访问时间：2021年8月16日。

[2] Julius Glaser，转引自［瑞士］萨默斯：《公正审判》，朱奎彬、谢进杰译，中国政法大学出版社2012年版，第87页。

[3] 孙长永主编：《中国刑事诉讼法制四十年：回顾、反思与展望》，中国政法大学出版社2021年版，第47页。

嫌疑人、被告人而言，只有依托完备的国家法律援助制度，才能确保刑事辩护制度的有效运作。根据实证调研数据，有研究者的结论是，"我们可以发现若干或许有点令人意外的现象，其一是法律援助成为被告人获得辩护的重要甚至是主要手段，指定辩护比例已与委托辩护并驾齐驱，甚至有时高于委托辩护，这不仅在中级法院，而且在基层法院，不仅在发达地区，而且在中等发达地区、欠发达地区的法院均可见到……其二是法律援助已成为严重犯罪尤其是可能判处无期徒刑或死刑案件的最主要甚至是压倒性的辩护方式，这由中院一审刑事案件辩护情况可以清晰见到。其三是法律援助率尤其是基层法院的法律援助率呈现与区域经济、社会发展水平的关联性：越是发达比例越高……"〔1〕

在国际社会，世界各国普遍承认，犯罪嫌疑人、被告人获得刑事法律援助的权利是辩护权的内在要求，是公正审判的"最低限度标准"。例如，《公民权利和政治权利国际公约》第14条第3款第（J）项规定，"……在司法利益有此需要的案件中，为他指定法律援助，而在他没有足够能力偿付法律援助的案件中，不要他自己付费"，是刑事公正审判的"最低限度的保障"。2012年联合国《原则和准则》在导言部分开宗明义地指出："法律援助是以法治为依据的公正、人道和高效的刑事司法系统的一个基本要件。法律援助是享有《世界人权宣言》第11条第1款所界定的其他权利包括公正审判权的基石，是行使这类权利的一个先决条件，并且是确保刑事司法程序基本公正而且得到公众信任的一个重要保障。"

在我国，刑事法律援助制度初见于清末改制时期，后于民国时期渐成制度。〔2〕新中国成立后，作为辩护权的内在要求之一，刑事法律援助制度与刑事辩护制度一样，虽有波折，但始终处于发展壮大的态势。例如，1954年《宪法》规定，"被告人有权获得辩护"。据此，同年颁布的《人民法院组织法》第7条规定，"人民法院认为必要的时候，也可以指定辩护人为他辩护"。该规定以被告人的辩护权为宪法基础，形成了我国刑事法律援助制度的雏形。1979年《刑事诉讼法》第27条在上述《人民法院组织法》规定的基础上，进一步规定了若干应当指定的强制辩护情形。之后，1996年《刑事诉讼法》第一次明确引入"法律援助"的概念，并扩大了强制辩护的范围。2012年《刑事诉讼法》进一步扩大应当予以援助的范围，并确立了由法律援助机构统一指派律师的新机制。2018年《刑事诉讼法》引入值班律师制度，为没有辩护人的犯罪嫌疑人、被告人提供"覆盖所有办案类型、所有刑事诉讼阶段"的法律帮助。

根据我国《刑事诉讼法》及本法规定，有关以辩护权为基础的刑事法律援助，

---

〔1〕 左卫民："中国应当构建什么样的刑事法律援助制度"，载《中国法学》2013年第1期。

〔2〕 参见陈光中、张益南："推进刑事辩护法律援助全覆盖问题之探讨"，载《法学杂志》2018年第3期。

需要注意以下几点。

第一，在广义上，以辩护权为基础的"刑事法律援助"包括两种形式：一是值班律师的法律帮助；二是狭义的（或者说传统意义上的）刑事法律援助。其中，根据相关司法解释，在认罪认罚案件中，随着值班律师依法享有会见、阅卷等诉讼权利，值班律师的法律帮助内容变得更加充实。

第二，就狭义的刑事法律援助而言，犯罪嫌疑人、被告人获得法律援助的方式有两种：一是自行申请。具体而言，依据本法第24条规定，犯罪嫌疑人、被告人因经济困难或者其他原因没有委托辩护人的，本人及其近亲属可以向法律援助机构申请法律援助。据此，犯罪嫌疑人、被告人及其近亲属，均享有独立申请法律援助的权利。二是国家专门机关依职权通知指派。根据本法第25条规定，对于符合法定情形的刑事案件，犯罪嫌疑人、被告人没有委托辩护人的，人民法院、人民检察院、公安机关负有及时通知法律援助机构指派律师的职责。

第三，就狭义的刑事法律援助而言，接受指派提供法律援助服务的律师，在诉讼地位、诉讼权利、辩护要求、执业纪律等方面，与犯罪嫌疑人、被告人自行委托的辩护律师没有本质区别。根据《刑事诉讼法》的相关规定，其基本职责是刑事辩护，即根据事实和法律，提出犯罪嫌疑人、被告人无罪、罪轻或者减轻、免除其刑事责任的材料和意见，维护犯罪嫌疑人、被告人的诉讼权利和其他合法权益。

（二）案件代理

以案件代理为特征的法律援助，本质上是一种民事代理。但需要强调的是，与普通民事代理不同，法律援助服务是法律援助机构代为购买提供的法律服务。因此，在法律援助服务中，事实上存在着三方主体：法律援助机构、法律援助人员、受援人。其中，作为法律服务购买方，法律援助机构对于法律援助人员提供的法律援助服务享有一定的服务监督权利和责任。法律援助人员，作为依法接受法律援助机构指派提供法律援助服务的主体，不得擅自转委托第三人代理、不得未经法律援助机构同意擅自终止法律援助服务。受援人依法获得法律援助人员提供的法律援助服务，但其本人毋庸支付对价；法律援助机构根据法定标准以及法律援助人员的服务内容、服务质量，代为支付法律援助服务的对价。

根据代理事项处理程序的不同，案件代理类法律援助服务分为诉讼案件代理服务与非诉讼事项代理服务。根据本法第38条规定，对于非诉讼事项，除争议处理机关所在地法律援助机构外，事由发生地的法律援助机构也可以根据申请提供法律援助服务。

根据代理事项性质不同，案件代理类法律援助服务分为刑事案件代理、民事案件代理、行政案件代理等。2019年司法部、财政部《关于完善法律援助补贴标准的指导意见》第4条第2款规定："民事、刑事、行政法律援助案件以一件代理或者辩护事项为一件案件，根据承办同类法律援助案件平均耗费的天数，按件计算。同一事项处于不同阶段法律程序的，每一阶段按一件案件计算。同一案件有 2 个以上受援人的，以相应案件补贴标准为基数，适当增加补贴。"据此，由于刑事案件需要先后经历侦查、审查起诉、第一审、第二审、死刑复核程序等不同诉讼阶段或程序环节，因此，每一个阶段应当按照一个独立的案件计算办案补贴。在司法实践中，一些地方规定，同一律师为同一案件的多个诉讼阶段提供辩护的，可以适当折减律师办案补贴。这样做显然有悖于上述规定。

1. 刑事案件代理

《刑事诉讼法》第 108 条规定："……'当事人'是指被害人、自诉人、犯罪嫌疑人、被告人、附带民事诉讼的原告人与被告人……"根据诉讼职能不同，刑事诉讼领域的当事人可以分为三类：一是行使刑事辩护职能的当事人，即犯罪嫌疑人、被告人。二是行使控诉职能的当事人，即自诉人、被害人。三是附带民事诉讼的原告人和被告人。附带民事诉讼，指因犯罪行为造成物质损失而引发的民事赔偿诉讼。因此，附带民事诉讼的原告人和被告人属于民事诉讼案件的当事人。

除以辩护权为核心的刑事法律援助制度外，本法第 29 条就被害人法律援助问题作出了专门规定："刑事公诉案件的被害人及其法定代理人或者近亲属，刑事自诉案件的自诉人及其法定代理人，刑事附带民事诉讼案件的原告人及其法定代理人，因经济困难没有委托诉讼代理人的，可以向法律援助机构申请法律援助。"据此，在刑事诉讼过程中，为保障犯罪被害人一方的刑事追诉权利及附带民事诉讼权利，被害人一方同样享有依法获得法律援助的权利。

关于被害人法律援助，需要明确三点内容。

第一，根据《刑事诉讼法》第 46 条规定及我国传统刑事诉讼理论，被害人一方与其委托律师之间的关系是一种诉讼代理关系；在诉讼地位上，接受委托的律师是诉讼代理人。因此，尽管被害人一方委托诉讼代理人，参照适用《刑事诉讼法》第 33 条关于辩护人范围的相关规定，但在法律属性上，被害人法律援助明显有别于传统意义上的刑事法律援助。在传统意义上，刑事法律援助是辩护权的延伸，具有人权司法保障的性质。因此，在比较法上，通常情况下，刑事法律援助特指以辩护权为基础的法律援助。

第二，在获取法律援助的方式上，被害人只能通过申请的方式获得法律援助，而且，被害人申请法律援助的，法律援助机构需要进行经济困难状况审查。

第三，根据《刑事诉讼法》第 35 条规定，刑事公诉案件的被害人及其法定代理人或者近亲属、自诉案件的自诉人及其法定代理人、附带民事诉讼案件的原告人及其法定代理人，因经济困难申请法律援助的，法律援助机构应当指派律师担任诉讼代理人。在刑事诉讼活动中，担任诉讼代理人的法律援助律师依法享有与辩护律师基本对等的诉讼权利，[1]根据事实和法律，维护受援人的合法权益。

2. 民事案件、行政案件、国家赔偿案件的诉讼代理及非诉讼代理

根据本法第31条、第32条规定，民事、行政领域的法律援助服务，受到法律援助范围的限制。对于法定范围内的案件，当事人申请法律援助且符合经济困难标准的，法律援助机构应当指派符合法定资质要求的法律援助人员为其提供代理服务。

法律援助人员为受援人提供代理服务，本质上就是民事代理。因此，就受援人与法律服务人员之间的法律关系而言，本质上是一种代理与被代理的关系，适用《民法典》第一编第七章有关代理的相关规定。如，《民法典》第162条规定，"代理人在代理权限内，以被代理人名义实施的民事法律行为，对被代理人发生效力"。第164条第1款规定，"代理人不履行或者不完全履行职责，造成被代理人损害的，应当承担民事责任"。

此外，根据《民事诉讼法》第58条规定，法律援助机构可以指派律师或基层法律服务工作者担任代理人，为受援人提供法律援助服务。

3. 劳动争议调解与仲裁代理

劳动争议是我国法律援助实践中与民生紧密相关且需求较大的法律援助领域。根据2018年统计数据，在该年度民事法律援助案件中，数量最多的"仍然是请求支付劳动报酬案件"；在来信来访来电咨询中，数量最多的也是劳动纠纷类咨询。[2]

根据2007年《劳动争议调解仲裁法》第4条、第5条规定，发生劳动争议，劳动者可以与用人单位协商，也可以请工会或者第三方共同与用人单位协商，达成和解协议。当事人不愿协商、协商不成或者达成和解协议后不履行的，可以向调解组织申请调解；不愿调解、调解不成或者达成调解协议后不履行的，可以向劳动争议仲裁委员会申请仲裁；对仲裁裁决不服的，除本法另有规定的外，可以向人民法院提起诉讼。因此，劳动争议的解决，需要依次经历四个环节：自行协商；第三方调解；仲裁；诉讼。

为了鼓励劳动者依法维护自己的合法权利，根据本法第31条规定，请求确认劳动关系或者支付劳动报酬、请求工伤事故赔偿的劳动争议属于依法可以申请法律援助的范围。故此，结合劳动争议的解决程序，该条相应规定了劳动争议调解代理、劳动争议仲裁代理。

---

〔1〕 2021年《最高人民法院关于适用〈中华人民共和国刑事诉讼法〉的解释》第65~68条。

〔2〕 司法部公共法律服务管理局法律援助处："2018年全国法律援助工作统计分析"，载樊崇义、施汉生主编：《中国法律援助蓝皮书：中国法律援助制度发展报告No.1（2019）》，社会科学文献出版社2020年版，第37页、第38页。

第二十三条【法律咨询】

法律援助机构应当通过服务窗口、电话、网络等多种方式提供法律咨询服务；提示当事人享有依法申请法律援助的权利，并告知申请法律援助的条件和程序。

【条文要旨】

本条是关于基础性便民服务的规定。根据该条规定，法律援助机构应当积极为社会公众提供方便获得的、便捷可及的基础性便民法律服务。同时，根据"让人民群众少跑路"的精神，在法律咨询过程中，法律援助机构应当采取措施积极主动地告知当事人享有申请法律援助的权利，实现法律咨询与法律援助的"无缝衔接"。

除本条外，本法第45条的规定（特定群体的法律援助）同样彰显了便民服务理念。

【立法背景】

2015年两办《关于完善法律援助制度的意见》提出了"实现法律援助咨询服务全覆盖"的改革要求，并具体指出，应当"建立健全法律援助便民服务窗口，安排专业人员免费为来访群众提供法律咨询。对咨询事项属于法律援助范围的，应当告知当事人申请程序，对疑难咨询事项实行预约解答。拓展基层服务网络，推进法律援助工作站点向城乡社区延伸，方便群众及时就近获得法律咨询。加强'12348'法律服务热线建设，有条件的地方开设针对农民工、妇女、未成年人、老年人等群体的维权专线，充分发挥解答法律咨询、宣传法律知识、指导群众依法维权的作用。创新咨询服务方式，运用网络平台和新兴传播工具，提高法律援助咨询服务的可及性……拓宽申请渠道，发挥法律援助工作站、联络点贴近基层的优势，方便困难群众及时就近提出申请……"根据上述要求及其精神，2017年司法部、财政部《关于律师开展法律援助工作的意见》进一步提出"广泛开展咨询服务。优先安排律师在法律援助便民服务窗口和'12348'法律服务热线值班，运用自身专业特长为群众提供咨询意见，积极提供法律信息和帮助，引导群众依法表达合理诉求，提高群众法治意识"。

随着法律咨询服务全覆盖的不断推进，法律咨询服务的可及化、便捷化问题也开始变得日益重要。在我国公共法律服务体系建设中，法律咨询已经成为公共法律服务平台的最基本服务内容之一。2019年两办《关于公共法律服务体系建设的意见》明确要求："依托法律援助组织、乡镇（街道）司法所等现有资源，推进公共法律服务实体平台建设。推进'12348'热线平台省级统筹，建立一体化呼叫中心系统。推进'互联网+公共法律服务'，构建集'12348'电话热线、网站、微信、移动客户端为一体的中国法律服务网，提供覆盖全业务、全时空的高品质公共法律服务。"

在立法过程中，《法律援助法（草案）》初稿第21条的表述是："法律援助机构应当通过服务窗口、法律援助工作站、电话、网络等多种方式，提供法律咨询；对于简单案件，可以应当事人请求代拟法律文书。"《法律援助法（草案）》一审稿原则上接受了上述内容。《法律援助法（草案）》二审稿对该条规定进行了部分修改。具体修改有三：一是文字性修改，即将"法律援助机构应当通过服务窗口、法律援助工作站、电话、网络"修改为"法律援助机构可以通过服务窗口、电话、网络"。二是基于立法科学性考虑，将"当事人"修改为"受援人"。在本法相关条文中，"当事人"往往和法律援助案件联系在一起。因此，采用"受援人"的表述更为科学。三是根据无障碍服务要求，增加第2款规定。

为进一步完善法律援助机构服务的方式和内容，保障当事人的合法权益，经第三次审议，除将"可以"修改为"应当"外（将其明确为法律援助机构的责任与职责），本条还增加了以下内容："提示当事人享有依法申请法律援助的权利，并告知申请法律援助的条件和程序。"同时，考虑到法律文书直接关系到申请人法律权利义务的书面意思表示，为慎重起见，立法删除了"对于简单案件，可以应受援人请求代拟法律文书"，而代之以告知申请法律援助的权利的规定，以期实现法律咨询与法律援助的无缝对接。

此外，在第三次审议中，立法者将二审稿该条第2款关于残疾人、老年人无障碍服务的内容，与二审稿第31条规定合并，后移到本法第45条。

一审稿	二审稿	《法律援助法》
第十九条　法律援助机构应当通过服务窗口、法律援助工作站、电话、网络等多种方式，提供法律咨询；对于简单案件，可以应当事人请求代拟法律文书。	第二十二条　法律援助机构**可以**通过服务窗口、电话、网络等多种方式，为受援人提供法律咨询；对于简单案件，可以应**受援人**请求代拟法律文书。 **为残疾人、老年人提供法律援助咨询服务的，应当根据实际情况采取无障碍等便捷的方式。**	第二十三条　法律援助机构**应当**通过服务窗口、电话、网络等多种方式提供法律咨询服务；**提示当事人享有依法申请法律援助的权利，并告知申请法律援助的条件和程序。**

【条文释义】

本条是关于基础性法律援助服务的规定。具体包括两方面的内容。

一、以多元化方式提供方便快捷的法律咨询服务

通过法律咨询，将法律援助服务的触角向前延伸，是各国法律援助制度发展的

基本规律和经验。在英国，20 世纪六七十年代，政策制定者日益认识到法律咨询服务的重要意义，并于 1972 年通过《英国法律咨询与法律帮助法》（Legal Advice and Assistance Act)，首次建立了公共经费予以保障的法律咨询服务。根据法律援助发展经验，2019 年《荷兰法律援助制度发展报告》总结说，"法律服务柜台是提供初级法律援助服务的前台。它们可以为当事人提供有关法律法规和法律程序的信息。若当事人的问题变得更加复杂或者耗时，它们会提供建议并将其推荐给私人律师或者调解员，而且上述所有服务都是免费的。虽然法律服务柜台基本上对任何公民都予以开放，但法律援助服务则主要针对符合法律援助条件的经济困难公民"。[1]

在我国，2003 年国务院《法律援助条例》将法律咨询局限在法定法律援助范围之内。[2]但随着我国法律援助实践的发展，法律咨询日益成为一种"去门槛""去案件范围"的基本公共法律服务。

十八届四中全会《决定》提出了"完善法律援助制度，扩大援助范围，健全司法救助体系，保证人民群众遇到法律问题或者权利受到侵害时获得及时有效法律帮助"的改革要求。很显然，在人民群众遇到法律问题或者权利受到侵害时，最迫切需要的是专业化的法律咨询服务。而且，从基层社会治理的角度看，尽可能早地为遇到法律问题或权利受到侵害的人民群众提供专业化的法律咨询和帮助，可以引导其依法选择适宜的法律渠道理性地表达其诉求，避免矛盾纠纷以恣意的方式蔓延或向着不可控的方向恶性发展。根据十八届四中全会精神的要求，2015 年两办《关于完善法律援助制度的意见》提出了"实现法律援助咨询服务全覆盖"的改革要求。近年来，司法行政部门高度重视提高法律咨询服务的供给能力。

在我国公共法律服务平台建设中，法律咨询是公共法律服务平台的基本服务内容之一。2017 年司法部《关于推进公共法律服务平台建设的意见》为公共法律服务实体平台、热线平台、网络平台建设规定了统一标准和功能要求。其中，公共法律服务实体平台包括公共法律服务中心、公共法律服务工作站、村（居）法律顾问三个层次；在功能职责定位上采用"3+X"建设模式。其中，"3"为法律援助、人民调解、法律咨询等基本职能。"12348"公共法律服务热线平台，应当具有提供法律咨询、纠纷调解、法治宣传、法律援助、服务投诉等综合性服务功能。公共法律服务网络平台应当具有服务功能和监管功能。其中，服务功能面向社会公众，主要包括：法律事务咨询、法律服务指引、法治宣传教育、法律法规与案例查询、信用信息公开等。观察三大平台建设的功能要求，可以看出，法律咨询服务是公共法律服务平台的最基本功能和最基本服务内容。结合公共法律服务三大平台建设情况，

---

〔1〕 National Report of the Netherlands, International Legal Aid Group Conference, Ottawa：June 2019.

〔2〕《法律援助条例》第 10 条第 3 款规定："公民可以就本条第一款、第二款规定的事项向法律援助机构申请法律咨询。"

本条规定，"法律援助机构应当通过服务窗口、电话、网络等多种方式提供法律咨询服务"。

面对面的法律咨询服务具有电话咨询、网络咨询无可比拟的人际互动优势，也是人民群众较为熟悉的传统法律咨询方式。在我国公共法律服务体系建设过程中，法律咨询服务作为一种独立的法律援助服务形式，已经与办案类法律援助服务相分离，成为一项无门槛、无资质要求的公共法律服务。截至 2018 年底，全国建成2900 多个县级公共法律服务中心、3.9 万多个乡镇（街道）公共法律服务工作站，覆盖率分别达到 99.97% 和 96.79%。此外，65 万个村（居）实现了法律顾问全覆盖。法律援助机构依托公共法律服务中心（站、室）建成法律援助便民服务窗口3000 多个，无障碍等配套服务设施普遍配置，城区半小时、乡村一小时法律援助服务圈初步形成。[1]通过公共法律服务中心的窗口服务、公共法律服务工作站、村（居）法律顾问等渠道，法律咨询服务已经成为一种方便人民群众获得的公共法律服务。而且，通过法律咨询，也为广大人民群众获得办案类法律援助开启了方便之门。根据 2012 年司法部《办理法律援助案件程序规定》的要求，"在解答法律咨询过程中，认为申请人可能符合代理或者刑事辩护法律援助条件的，应当告知其可以依法提出申请"。

通过电话、网络等技术手段提供法律咨询服务，具有更便捷、更有效保护相对人隐私等优势。在我国法律援助实践中，早在 1999 年，全国各地就先后开通了"12348"法律服务热线，[2]通过电话的方式，为人民群众提供法律咨询服务。近年来，为了更好地适应网络信息时代的生活方式，为人民群众提供便捷高效的公共法律服务，司法部开始加强公共法律服务网络平台建设。例如，中国法律服务网自2017 年 12 月 20 日试运行以来，一年时间累计访问量 1065.7 万次，注册社会公众69.5 万人，法律咨询总量 118.6 万次。其中，智能法律咨询累计 108 万次，出具法律咨询意见书 45 万份。[3]仅 2018 年一年，中国法律服务网就解答留言咨询 2 万余件，为 1.1 万人次提供了咨询服务，让群众足不出户就可以获得法律咨询服务。[4]2018

〔1〕　参见司法部公共法律服务管理局、中国政法大学国家法律援助研究院："中国法律援助制度发展报告"，载樊崇义、施汉生主编：《中国法律援助蓝皮书：中国法律援助制度发展报告 No.1（2019）》，社会科学文献出版社 2019 年版，第 13 页。

〔2〕　参见邢之国、肖建中："上海、广州、长沙三地 12348 工作模式比较及启示"，载《中国司法》2010 年第 1 期。

〔3〕　参见司法部："我国公共法律服务三大平台全面建成"，载中华人民共和国中央人民政府网，http://www.gov.cn/xinwen/2019-01/16/content_5358228.htm，最后访问时间：2021 年 7 月 27 日。

〔4〕　参见司法部公共法律服务管理局、中国政法大学国家法律援助研究院："中国法律援助制度发展报告"，载樊崇义、施汉生主编：《中国法律援助蓝皮书：中国法律援助制度发展报告 No.1（2019）》，社会科学文献出版社 2019 年版，第 13 页。

年司法部《关于深入推进公共法律服务平台建设的指导意见》要求，"2020 年底前，实现精准化。公共法律服务实体、热线、网络平台全面融合，并与国家政务服务平台对接互联，形成覆盖城乡、功能完备、便捷高效的公共法律服务网络体系，通过公共法律服务大数据的深度应用为群众提供精准、普惠、便捷的公共法律服务"。

二、坚持"让人民群众少跑路"的精神，有效引导咨询人申请法律援助

法律咨询蕴含着潜在的法律援助服务需求。因此，面对寻求法律咨询的人群，法律援助机构应当采取积极措施，引导相关人员了解、行使其法律援助权利，从而实现法律咨询服务与法律援助服务的无缝衔接。

法律咨询是一种最基本的法律援助服务形式，只能解决一些较为简单、基本的法律问题。因此，对于那些因遇到法律困难或权利受到侵害而寻求法律咨询的人群，从便民服务角度出发，法律援助机构应当采取措施，以宣传手册、宣传彩页、宣传视频等适宜的方式，积极主动地宣传法律援助知识，帮助他们知悉、了解有关法律援助的法律规定。在法律咨询服务过程中，应当主动了解咨询人的相关情况，对于符合法律援助条件的，应当主动告知其有权依法申请法律援助，并告知其申请法律援助的条件和程序；咨询人愿意申请法律援助的，应当积极协助其提出法律援助申请。

第二十四条【申请刑事法律援助】

刑事案件的犯罪嫌疑人、被告人因经济困难或者其他原因没有委托辩护人的，本人及其近亲属可以向法律援助机构申请法律援助。

【条文要旨】

本条是关于申请刑事法律援助的规定。根据该条规定，在刑事案件中，犯罪嫌疑人、被告人申请法律援助，应当以"没有委托辩护人"为必要前提。刑事法律援助的申请主体，除犯罪嫌疑人、被告人本人外，还包括犯罪嫌疑人、被告人的近亲属。

此外，本法第 25 条（刑事强制辩护）；第 26 条（重罪案件的法律援助资质）；第 30 条（值班律师法律帮助）、第 37 条（有关值班律师的特殊保障职责）；第 39 条（及时转交申请）等，从公安司法机关保障职责的角度，规定了犯罪嫌疑人、被告人获得刑事法律援助的权利。

【立法背景】

刑事法律援助制度是刑事诉讼法上的一项人权司法保障制度，旨在帮助那些可能受到刑事制裁却又因为经济困难无力委托辩护人的犯罪嫌疑人、被告人同等享有

实质的辩护保障。因此，在各国法律援助制度中，刑事法律援助因事关刑罚、事关国家剥夺个人生命、自由和财产的正当性问题而备受关注。

在我国，1996年《刑事诉讼法》的修正催生了现代意义上的法律援助制度，而且，作为刑事辩护制度的支撑和保障，刑事法律援助制度伴随着刑事辩护制度的发展而渐趋丰满。基于职权主义诉讼传统，1996年《刑事诉讼法》十分强调人民法院的保障职责。1996年《刑事诉讼法》第34条规定的指定辩护制度，"是'被告人有权获得辩护，人民法院有义务保证被告人获得辩护'原则的一项具体体现"。[1]该条规定将指定辩护分为两种情形：可以指定与应当指定。其中，第1款是关于可以指定的规定："公诉人出庭公诉的案件，被告人因经济困难或其他原因没有委托辩护人的，人民法院可以指定承担法律援助义务的律师为其提供辩护。"基于当时盛行的职权主义诉讼传统，立法者没有明确规定被告人申请法律援助的权利，而是采取"司法保障模式"，授权人民法院对于符合法定条件的被告人"可以"依职权为其指定法律援助。对此，当时的研究者解释说，"法律强调了法律援助问题，即对因经济困难或者其他原因没有委托辩护人的，人民法院可以为他指定辩护人，从而使贫穷者或者其他因生理上、精神上的缺陷不能充分自行辩护的、不通晓当地语言文字的以及其他确有必要的被告人，也能获得律师辩护。既充分体现司法程序上的人权保障，也与国际法例相协调"。[2]根据1996年《刑事诉讼法》第36条规定，1997年4月，最高人民法院、司法部发布了《关于刑事法律援助工作的联合通知》，就指定辩护的程序衔接问题作出了具体的规定。综览该通知第3条、第5条规定，指定辩护制度的基本特色是，就法律援助问题，强调并高度尊重人民法院的保障职责；人民法院认为符合条件并通知指定辩护的，法律援助机构根据指定通知予以指派。在这种"司法保障模式"下，被告人"处于被保护的地位"，不需要自行提出法律援助的申请。而且，法律上没有赋予其申请法律援助的权利、没有设置申请法律援助的程序通道。

但是，随着各地法律援助机构的设立并面向社会公众提供法律援助服务，在法律援助实践中，对于刑事领域以外的法律援助需求，则一律实行"申请—审查"制度。1997年5月，为"加速建立和实施我国法律援助制度的步伐""推动法律援助工作健康、规范发展"，司法部《关于开展法律援助工作的通知》将"法律援助对象"分为两类：一是经审查批准的法律援助申请人；二是符合条件、接受人民法院指定的刑事被告人、犯罪嫌疑人。同时，针对两类情形，规定了不同的法律援助程序："人民法院指定辩护的刑事法律援助案件，由该人民法院所在地的法律援助机构统一接受并组织实施；非指定辩护的刑事诉讼案件和其他诉讼案件的法律援助，

[1] 陈光中、严端：《中华人民共和国刑事诉讼法释义与应用》，吉林人民出版社1996年版，第51页。
[2] 陈光中、严端：《中华人民共和国刑事诉讼法释义与应用》，吉林人民出版社1996年版，第52页。

由申请人向有管辖权法院所在地的法律援助机构提出申请；其他非诉讼法律服务，由申请人向住所地或工作单位所在地的法律援助机构提出申请。特殊情况除外。"据此可以看出，在我国法律援助初建时期，刑事法律援助采取"司法保障模式"，由人民法院依法指派法律援助；"其他领域的法律援助"则采取"申请—审查模式"，由社会公众直接向法律援助机构提出申请，法律援助机构依法审查后决定是否予以援助。

值得注意的是，根据 1996 年《刑事诉讼法》规定，法律援助仅限于审判阶段；但是，根据该法第 96 条规定，犯罪嫌疑人在被侦查机关第一次讯问后或采取强制措施之日起，可以聘请律师为其提供法律咨询、代理申诉、控告或申请取保候审。此外，随着自诉案件范围的扩大、被害人的当事人化，被害人一方在刑事诉讼活动中的诉讼权利和重要性也明显增强。因此，随着"申请—审查模式"逐渐趋于成熟，2003 年《法律援助条例》首次将"申请—审查模式"引入刑事案件之中，以弥补指定辩护制度的缺漏，更好地满足刑事诉讼领域的法律援助需求。2003 年《法律援助条例》第 11 条规定："刑事诉讼中有下列情形之一的，公民可以向法律援助机构申请法律援助：（一）犯罪嫌疑人在被侦查机关第一次讯问后或者采取强制措施之日起，因经济困难没有聘请律师的；（二）公诉案件中的被害人及其法定代理人或者近亲属，自案件移送审查起诉之日起，因经济困难没有委托诉讼代理人的；（三）自诉案件的自诉人及其法定代理人，自案件被人民法院受理之日起，因经济困难没有委托诉讼代理人的。"据此，就刑事案件而言，除人民法院依法指定辩护外，[1]根据该条规定，刑事案件的被害人、自诉人以及刑事审前阶段的犯罪嫌疑人，也有权直接向法律援助机构申请法律援助。其中，就刑事辩护制度而言，该条规定首次在立法上赋予了犯罪嫌疑人申请法律援助的权利。

在当事人主义观念影响下，2012 年《刑事诉讼法》进一步强化了当事人的程序主导地位。在此改革趋势影响下，2012 年《刑事诉讼法》第 34 条以"申请法律援助"取代了"可以指定辩护"的规定。也即，现行《刑事诉讼法》第 35 条规定："犯罪嫌疑人、被告人因经济困难或者其他原因没有委托辩护人的，本人及其近亲属可以向法律援助机构提出申请……"

在立法过程中，关于该条规定，《法律援助法（草案）》初稿第 23 条的表述是："刑事案件的犯罪嫌疑人、被告人因经济困难或者其他原因没有委托辩护人的，本人及其近亲属可以向法律援助机构申请法律援助。刑事公诉案件的被害人及其法

---

〔1〕 2003 年《法律援助条例》第 12 条规定："公诉人出庭公诉的案件，被告人因经济困难或者其他原因没有委托辩护人，人民法院为被告人指定辩护时，法律援助机构应当提供法律援助。被告人是盲、聋、哑人或者未成年人而没有委托辩护人的，或者被告人可能被判处死刑而没有委托辩护人的，人民法院为被告人指定辩护时，法律援助机构应当提供法律援助，无须对被告人进行经济状况的审查。"

定代理人或者近亲属，自诉案件的自诉人及其法定代理人，因经济困难没有委托诉讼代理人的，可以向法律援助机构申请法律援助。"《法律援助法（草案）》一审稿第 21 条基本接受了上述建议。针对该条规定，有专家认为，该条文规定了两种不同性质的法律援助类型：与犯罪嫌疑人、被告人相关的是刑事辩护；与被害人、自诉人相关的是诉讼代理。在刑事诉讼法及传统刑事诉讼理论上，刑事辩护与刑事代理是两类虽然相关但截然不同的法律制度；在法律援助层面，前者属于人权司法保障制度，后者则是体现"保基本""弱有所扶"性质的社会保障制度。鉴于此，相关专家建议，将该条拆分为两个条文：第 1 款与"应当予以援助的刑事法定情形"合并，作为刑事法律援助制度的内容；第 2 款独立成条，结合我国刑事被害人制度的特点，构建具有中国特色的被害人法律援助制度。[1]

在听取各界意见之后，《法律援助法（草案）》二审稿对该条规定进行了技术化处理，将该条两款内容分别独立成条。第三次审议时，立法者同样接受了上述修改建议。

一审稿	二审稿
第二十一条　刑事案件的犯罪嫌疑人、被告人因经济困难或者其他原因没有委托辩护人的，本人及其近亲属可以向法律援助机构申请法律援助。 　　刑事公诉案件的被害人及其法定代理人或者近亲属，自诉案件的自诉人及其法定代理人，因经济困难没有委托诉讼代理人的，可以向法律援助机构申请法律援助。	第二十三条　刑事案件的犯罪嫌疑人、被告人因经济困难或者其他原因没有委托辩护人的，本人及其近亲属可以向法律援助机构申请法律援助。

【条文释义】

本条规定明确了两点内容：在刑事案件中，作为辩护一方，谁有权申请法律援助？申请法律援助需要符合什么条件？

一、申请条件

根据本条规定，犯罪嫌疑人、被告人一方申请法律援助，需要符合最基本的形式要件，即"没有委托辩护人"。至于没有委托辩护人的原因为何，是因为"经济困难"还是"其他原因"，则非法律援助机构需要关心的问题。

具体而言，犯罪嫌疑人、被告人申请法律援助，法律援助机构首先需要进行形

---

〔1〕　具体改革思路，参见丰怡凯："关于刑事法律援助范围的几点思考"，载中国政法大学国家法律援助研究院公众号，https://mp.weixin.qq.com/s/7iDvu5K_lmp1SRRYAv-KAg，最后访问时间：2021 年 8 月 18 日。

式审查，即，审查其是否已经委托辩护人。只要有辩护人，不管是谁为其委托的、也不管委托的辩护人是不是辩护律师，都不符合予以法律援助的形式条件。需要强调的是，即使在依法决定予以援助之后，根据本法第 48 条第 1 款第 6 项规定，如果犯罪嫌疑人、被告人及其近亲属已经为其委托了辩护人，也应当立即终止法律援助服务。

通过形式审查之后，法律援助机构才进一步进行实质审查，即按照"申请—审查模式"的常规要求，核查申请人的经济困难状况。符合经济困难标准的，即便是犯罪嫌疑人、被告人基于经济困难以外的"其他原因没有委托辩护人"，也应当依法决定予以援助。换句话说，在经济困难状况核查中，法律援助机构只看事实（是否符合经济困难标准），不问动机（为什么不自己委托辩护律师）。

需要说明的是，该条规定重述了《刑事诉讼法》第 35 条第 1 款的内容。因此，考察《刑事诉讼法》相关规定的立法史，所谓"因经济困难或者其他原因没有委托辩护人"的规定，事实上是 1996 年"司法保障模式"的产物。在"司法保障模式"下，人民法院依职权决定是否为被告人指定辩护。因此，为了规范人民法院指定辩护的权力，立法者将"被告人因经济困难或者其他原因没有委托辩护人"作为人民法院"可以指定辩护"的法定条件和判断标准。但是，2012 年《刑事诉讼法》修正之后，该项规定规范的重心已经不再是"法院指定辩护"，而是"犯罪嫌疑人、被告人提出法律援助申请"。因此，该项规定的法律功能已经发生了实质性变化。换句话说，在"申请—审查模式"下，"被告人因经济困难或者其他原因没有委托辩护人"的规范重心不在于"因"而在于"果"（没有委托辩护人）；犯罪嫌疑人、被告人提出法律援助申请后，法律援助机构要依法就其是否符合经济困难标准进行核查。但核查的也只是没有委托辩护人的事实，而非没有委托辩护人的动机或原因。

二、申请主体资格

作为辩护权的延伸，申请法律援助是犯罪嫌疑人、被告人的应然权利。但是，在司法实践中，犯罪嫌疑人、被告人往往处于被羁押状态，故此，为更好地保障犯罪嫌疑人、被告人的辩护权，我国《刑事诉讼法》及相关司法解释规定，犯罪嫌疑人、被告人的近亲属有权为了犯罪嫌疑人、被告人利益，为其聘请辩护律师或申请法律援助。例如，《刑事诉讼法》第 34 条第 3 款规定，"犯罪嫌疑人、被告人在押的，也可以由其监护人、近亲属代为委托辩护人"。第 35 条第 1 款规定，犯罪嫌疑人、被告人的近亲属有权代为申请法律援助。

（1）犯罪嫌疑人、被告人本人。犯罪嫌疑人、被告人面临着国家公权力机关的指控与追诉，享有不可或缺的刑事辩护权，这已经成为世界法治国家所公认的一项基本法治原则与人权保障原则。我国《刑事诉讼法》第 34 条也对此予以明确，即"犯罪嫌疑人自被侦查机关第一次讯问或者采取强制措施之日起，有权委托辩护人……侦查机关在第一次讯问犯罪嫌疑人或者对犯罪嫌疑人采取强制措施的时候，应当告知犯罪嫌疑人有权委托辩护人。人民检察院自收到移送审查起诉的案件材料之日起三日以内，应当告知犯罪嫌疑人有权委托辩护人。人民法院自受理案件之日起三日以内，应当告知被告人有权委托辩护人。犯罪嫌疑人、被告人在押期间要求委托辩护人的，人民法院、人民检察院和公安机关应当及时转达其要求……"在此基础上，本法在第35条中进一步明确了公安司法机关以及相关部门针对当事人有权申请法律援助的告知义务，即"人民法院、人民检察院、公安机关和有关部门在办理案件或者相关事务中，应当及时告知有关当事人有权依法申请法律援助"。

（2）犯罪嫌疑人、被告人的近亲属。为了更好地保障犯罪嫌疑人、被告人的辩护权，其近亲属享有代犯罪嫌疑人、被告人向法律援助机构申请刑事辩护法律援助服务的权利。所谓"近亲属"，根据《刑事诉讼法》第108条第1款第6项规定，是指犯罪嫌疑人、被告人的"夫、妻、父、母、子、女、同胞兄弟姊妹"。

第二十五条【强制辩护的法定情形】

刑事案件的犯罪嫌疑人、被告人属于下列人员之一，没有委托辩护人的，人民法院、人民检察院、公安机关应当通知法律援助机构指派律师担任辩护人：

（一）未成年人；

（二）视力、听力、言语残疾人；

（三）不能完全辨认自己行为的成年人；

（四）可能被判处无期徒刑、死刑的人；

（五）申请法律援助的死刑复核案件被告人；

（六）缺席审判案件的被告人；

（七）法律法规规定的其他人员。

其他适用普通程序审理的刑事案件，被告人没有委托辩护人的，人民法院可以通知法律援助机构指派律师担任辩护人。

【条文要旨】

本条是关于强制辩护情形的规定。对于符合法定强制辩护情形的刑事案件，人民法院、人民检察院、公安机关应当依职权保障犯罪嫌疑人、被告人获得法律援助的权利；否则，相关刑事诉讼活动因缺乏辩护律师的参与，理应归为无效。在第一审程序中，对于符合本条法定情形的案件应当通知指派法律援助而没有通知的，可视为"剥夺当事人的法定诉讼权利，可能影响公正审判"，并根据《刑事诉讼法》

第 238 条规定撤销原判，发回原审人民法院重新审判。且值得注意的是，该条第 2 款规定吸收了刑事辩护全覆盖试点的相关内容。

本法第 26 条规定，针对本条第 4 项、第 5 项规定的重罪案件，法律援助机构应当指派具有特殊资质的法律援助律师。此外，本法第 36 条规定了有关强制辩护案件的通知指派程序。

【立法背景】

一、刑事诉讼法有关强制辩护的规定

在现代刑事诉讼制度下，刑事法律援助已经成为一项被普遍认同的人权司法保障制度。在我国，1979 年《刑事诉讼法》第 8 条规定："……被告人有权获得辩护，人民法院有义务保证被告人获得辩护。"与此相呼应，第 27 条进一步规定："公诉人出庭公诉的案件，被告人没有委托辩护人的，人民法院可以为他指定辩护人。被告人是聋、哑或者未成年人而没有委托辩护人的，人民法院应当为他指定辩护人。"一般认为，该条第 2 款关于应当指定辩护的规定属于强制辩护的法定情形；对于符合该条第 2 款法定情形的案件，人民法院有义务为被告人指定辩护人，以切实保障其获得辩护的宪法权利。

以 1979 年《刑事诉讼法》规定的制度框架为基础，在之后历次刑事诉讼法修改中，应当指定辩护的法定强制辩护情形呈逐步扩大趋势。1996 年《刑事诉讼法》修改，增加了两类情形：一是，重罪案件的指定辩护。即，对于"被告人可能判处死刑而没有委托辩护人"的，人民法院也应当指定承担法律援助义务的律师为其提供辩护。二是，扩大了残疾人的援助范围。即，将原来的"聋、哑"修改为"盲、聋、哑"。2012 年《刑事诉讼法》修改，增加了三类情形：一是，将强制辩护的重罪范围，从"可能判处死刑"扩大到"可能判处无期徒刑、死刑"；二是，增加"尚未完全丧失辨认或者控制自己行为能力的精神病人"；三是，强制医疗案件。2018 年《刑事诉讼法》修改，除新增值班律师制度外，还将强制辩护的法定情形延伸到新增的"缺席审判程序"。

除了立法层面的规定，相关司法解释和规范性文件也一直就"应当予以法律援助的法定强制辩护情形"作扩张性解释。例如，2017 年 10 月，最高人民法院、司法部《律师辩护全覆盖试点办法》第 2 条第 3 款规定，除《刑事诉讼法》规定的法定强制辩护情形外，"适用普通程序审理的一审案件、二审案件、按照审判监督程序审理的案件，被告人没有委托辩护人的，人民法院应当通知法律援助机构指派律师为其提供辩护"。再如，2021 年《最高人民法院关于适用〈中华人民共和国刑事诉讼法〉的解释》第 47 条第 2 款、第 3 款规定："高级人民法院复核死刑案件，被告人没有委托辩护人的，应当通知法律援助机构指派律师为其提供辩护。死刑缓期执行期间故意犯罪的案件，适用前两款规定。"

值得注意的是，根据 2021 年《最高人民法院关于适用〈中华人民共和国刑事诉讼法〉的解释》第 47 条规定，尽管高级人民法院复核的死刑案件属于应当指定辩护的法定强制辩护情形，被告人没有委托辩护人的，人民法院应当通知法律援助机构指派律师为其提供辩护。但是，最高人民法院对于自己办理的死刑复核案件，却始终没有将其纳入"应当予以通知指派法律援助律师"的强制辩护范围。[1]

最高人民法院死刑复核程序是死刑案件纠偏防错的最后一道刑事程序。死刑复核事关被追诉人生死，于国于民意义重大。然而，相关实证研究表明：2014 年至 2016 年，中国裁判文书网上公布的 255 个最高人民法院复核的死刑案例中，自行聘请辩护律师的只有 22 例，占全部案例的 8.63%；也就是说，在公布的最高人民法院死刑复核案例中，有 91.37% 的案例，被告人根本没有辩护律师予以协助。[2]因此，近年来，有关学者一直呼吁，为保证死刑判决的质量、确保死刑复核程序的程序公正性，应当为最高人民法院复核的死刑案件设置专门的法律援助制度。[3]

值得注意的是，2015 年两办《关于完善法律援助制度的意见》提出，"建立法律援助参与刑事和解、死刑复核案件办理工作机制，依法为更多的刑事诉讼当事人提供法律援助"。在学者和律师群体的共同呼吁下，为死刑复核案件提供法律援助曾经列入法院"四五"改革纲要确定的任务。2016 年 3 月，最高人民法院向第十二届全国人民代表大会第四次会议作 2015 年度工作报告时指出，2016 年，最高人民法院将健全死刑复核法律援助制度，完善司法救助制度，进一步加强人权司法保障。[4]但转眼五年多过去了，在最高人民法院的死刑复核程序中，被告人依然不享有获得法律援助的权利。

此外，仅就刑期而言，我国立法规定的重罪法律援助范围也过于狭窄。根据

---

〔1〕　在理论上，有研究者认为，"可能判处死刑的案件"当然包括死刑判决生效之前、所有审判环节的死刑案件；因此，最高人民法院复核的死刑案件，依法属于应当通知指派的强制范围。参见吴宏耀："死刑复核程序的律师参与"，载《国家检察官学院学报》2012 年第 6 期。

〔2〕　吴宏耀、张亮："死刑复核程序中被告人的律师帮助权：基于 255 份死刑复核刑事裁定书的实证研究"，载《法律适用》2017 年第 7 期。

〔3〕　相关的学术研讨会有：2012 年 7 月 26 日，中国政法大学刑事法律援助研究中心主办的"死刑复核程序的律师参与"。相关文字整理请查询以下网址：http://www. procedurallaw. cn/zh/node/3542，最后访问时间：2021 年 8 月 18 日。2020 年 12 月 27 日，中国政法大学国家法律援助研究院、北京市尚权律师事务所联合召开的"死刑复核案件法律援助制度"学术研讨会暨"死刑复核案件法律援助公益项目"。相关文字整理请查询以下网址：https://mp. weixin. qq. com/s/awY4EdoeXk-u8EckxxK7RA，最后访问时间：2021 年 8 月 17 日。

〔4〕　单玉晓："死刑复核法律援助规定将适时出台"，载财新网，https://topics. caixin. com/2016-03-13/100919623. html，最后访问时间：2021 年 8 月 19 日。

《刑事诉讼法》第 35 条规定，"应当通知援助的"重罪案件，仅限于"可能判处无期徒刑、死刑"的案件。然而，在比较法上，一些国家和地区刑事法律援助的法定强制辩护范围往往要大得多。例如，《日本刑事诉讼法》第 289 条规定，对可能被判处死刑、无期或者 3 年以上惩役或禁锢的被告人，都应当提供国选辩护人。[1] 再如，2017 年《德国刑事诉讼法》规定，强制辩护的法定范围包括所有可能判处 1 年以上自由刑的案件。[2] 其实，在我国民国时期，1935 年《刑事诉讼法》第 31 条规定，最轻本刑为 5 年以上有期徒刑，或高等法院管辖第一审之案件，都属于应当指定辩护法定情形。[3] 在我国台湾地区，根据 2021 年"刑事诉讼法"第 31 条规定，最轻本刑为 3 年以上有期徒刑案件，均属于强制辩护的范围。[4]

因此，随着我国刑事司法实践的发展，研究者一直在呼吁扩大刑事法律援助的案件范围。例如，陈光中教授曾指出，统计数据表明，现阶段我国刑事案件判处 3 年有期徒刑以下的占 80% 左右。而在约 20% 的比例中，还有一部分是自行委托辩护人，实际上需要予以提供刑事辩护法律援助的仅有百分之十几。基于此，陈光中教授认为，"可能判处 3 年有期徒刑以上刑罚的案件应当提供刑事辩护法律援助"，尽管跨度比较大，但在实现可能性方面并非可望而不可及。[5] 在《法律援助法（草案）》初稿面向社会之后，陈光中教授再次撰文呼吁，现阶段应将简易程序中可能判处 3 年有期徒刑以上刑罚的案件纳入指定辩护。理由如下：第一，简易程序审理的案件要求事实清楚、证据确实充分且被告人认罪，而被告人不具有专业知识且无法获知案件信息无法认定案件是否符合要求，需要律师辩护；第二，可能判处 3 年有期徒刑以上刑罚的案件属重罪案件，虽适用简易程序但不代表案情简单，且重罪案件纳入法律援助辩护符合国际发展趋势；第三，将可能判处 3 年有期徒刑以上刑罚的案件纳入法律援助辩护不会增加太多诉讼负累，并且我国已有地区试点尝试。遗憾的是，草案仍然保留了法律援助全覆盖试点中的做法，将其对律师的需求交由值班律师解决。笔者再次呼吁将简易程序中可能判处 3 年有期徒刑以上刑罚的案件纳入指定辩护，在重述以上理由的同时，笔者认为，值班律师无法承担简易程序中

---

〔1〕 参见 [日] 田口守一：《刑事诉讼法》，张凌、于秀峰译，法律出版社 2019 年版，第 180 页、第 312 页。

〔2〕 参见陈光中、魏伊慧："论我国法律援助辩护之完善"，载《浙江工商大学学报》2020 年第 1 期。

〔3〕 参见吴宏耀、种松志主编：《中国刑事诉讼法典百年》（上册），中国政法大学出版社 2012 年版，第 175 页。

〔4〕 参见吴宏耀、种松志主编：《中国刑事诉讼法典百年》（下册），中国政法大学出版社 2012 年版，第 893 页。

〔5〕 参见陈光中、张益南："推进刑事辩护法律援助全覆盖问题之探讨"，载《法学杂志》2018 年第 3 期。

的辩护职能。[1]

二、立法过程

在法律援助法立法过程中，该条规定是争议较大的条文之一。具体情况如下。

（一）《法律援助法（草案）》初稿及其争议

《法律援助法（草案）》初稿第22条规定："刑事案件的犯罪嫌疑人、被告人有下列情形之一，没有委托辩护人的，人民法院、人民检察院、公安机关应当通知法律援助机构指派律师为其提供辩护：（一）未成年人；（二）盲、聋、哑人；（三）尚未完全丧失辨认或者控制自己行为能力的精神病人；（四）可能被判处无期徒刑、死刑的人；（五）不认罪的被告人；（六）缺席审判案件的被告人；（七）死刑复核案件的被告人；（八）法律法规规定的其他情形。人民法院审理强制医疗案件，被申请人或者被告人没有委托诉讼代理人的，人民法院应当通知法律援助机构指派律师为其提供法律帮助。"与现行规定相比，初稿将"不认罪的被告人""死刑复核案件的被告人"纳入了强制辩护的法定情形之列。

在征求意见过程中，有专家建议，将"不认罪的被告人"修改为"不认罪的犯罪嫌疑人、被告人"。理由如下：一是，在认罪认罚从宽制度之下，如果被告人选择不认罪，那么，在侦查阶段、审查起诉阶段就提供法律援助，实践意义更大。二是，从我国司法实践来看，侦查阶段是犯罪嫌疑人合法权利最容易受到侵犯的阶段，也是最需要法律援助律师保护的阶段。三是，从国际经验来看，在刑事诉讼早期阶段，尽可能早地为犯罪嫌疑人提供法律援助，不仅有助于更好地保障无辜者的权利，而且可以减少不必要的羁押。

有专家建议，应当将刑事法律援助范围扩大到"3年以上有期徒刑的犯罪案件"，并从可行性上论证如下：在我国司法实践中，3年以上有期徒刑的案件，只占全国刑事第一审案件的15%左右（约30万人左右，其中一部分原本已经属于法律援助范围的人员），因此，法律援助案件量的增幅不会太大，但立法效果（尤其是国际影响）很好。

有专家建议增加两款规定，明确特定案件的办案资质。具体建议如下：一是，明确重罪案件的办案资质，"对于可能被判处无期徒刑、死刑的案件，法律援助机构应当指派具有5年以上刑事辩护执业经历的律师担任辩护人"。二是，明确未成年刑事案件的特殊要求："对于未成年人案件，应当指派熟悉未成年人身心特点

---

〔1〕　陈光中、褚晓图："刑事辩护法律援助制度再探讨——以《中华人民共和国法律援助法（草案）》为背景"，载《中国政法大学学报》2021年第4期。需要指出的是，此处所指的试点经验是指，2015年浙江省就已经推行"基层人民法院审理的一审刑事案件，被告人经济困难且可能被判处3年以上有期徒刑"的案件可以为其提供刑事辩护的法律援助。参见浙江省高级人民法院、浙江省人民检察院、浙江省公安厅、浙江省司法厅颁布的《关于加强和规范刑事法律援助工作的意见》第5点规定。

的律师担任辩护人。"

（二）《法律援助法（草案）》二审稿及其争议

《法律援助法（草案）》一审稿第 20 条将"不认罪的被告人"修改为"适用普通程序审判案件的被告人"，以期反映当前刑事辩护全覆盖试点的相关内容。在听取各界意见之后，《法律援助法（草案）》二审稿对该条进行了三处实质性修改。

（1）将"盲、聋、哑人"修改为"视力、听力、言语残疾人"。

对此，有实务部门认为，视力、听力、言语的残疾程度不一，建议保留原来的立法表述为宜。一则，可以保持与相关部门法（如刑法、刑事诉讼法）立法用语的一致性；二则，避免将残疾等级不高的人也纳入援助的范围。

但也有实务部门支持这一修改，认为将"盲、聋、哑人"修改为"视力、听力、言语残疾人"有助于规范对残疾人群体的称谓。理由在于：在我国法律法规中，"残疾人"是一个约定俗成的法律术语。但长期以来，我国有关立法特别是刑事立法，并未完全使用这一规范性称谓。例如，《刑法》第 18 条、第 19 条将残疾人表述为"间歇性的精神病人""尚未完全丧失辨认或者控制自己行为能力的精神病人""又聋又哑或者盲人"；《刑事诉讼法》第 35 条将残疾人表述为"盲、聋、哑人""尚未完全丧失辨认或者控制自己行为能力的精神病人"。需要指出的是，随着医疗科学的发展，有关残疾人的分类更加科学精细。依据《残疾人残疾分类和分级》（GB/T26341-2010），残疾分为视力残疾、听力残疾、言语残疾、肢体残疾、智力残疾、精神残疾和多重残疾。鉴于此，为更加精准地保障残疾人合法权益，要求立法有关残疾人的称谓更加规范。就此意义而言，《法律援助法（草案）》二审稿将"盲、聋、哑人"修改为"视力、听力、言语残疾人"，在法律援助层面上体现了对残疾人称谓的规范性与严谨性。

此外，针对这一修改，考虑到残疾科学分类的多面性，有专家提出了进一步的完善建议：将"视力、听力、言语残疾人"修改为"视力、听力、言语等方面的残疾人"，以示周延的同时，实现对残疾人法律援助范围的进一步扩大。

（2）在法定情形中，删除了有关"适用普通程序审判案件的被告人"的规定。

针对该项修改，有专家建议，应当恢复有关"适用普通程序审判案件的被告人"的规定。理由如下：刑事辩护全覆盖是最高人民法院、司法部正在推行的一项改革试点。自 2017 年 10 月启动试点以来，截至 2019 年底，全国共有 2195 个县（市、区）开展了刑事案件律师辩护全覆盖试点，占全国县级行政区域总数的77%。北京等 14 个省（区、市）实现了县级行政区域试点工作全覆盖。通过试点工作不断开展，全国刑事案件审判阶段律师辩护率不断提升。北京等 11 个省（区、市）刑事案件律师辩护率超过 80%。全国因开展试点扩大通知辩护的法律援助案件累计达到 38.7 万件。[1]而且，在我国认罪认罚制度下，不认罪的案件将"适用普通程序审理"。故此，将"适用普通程序审判案件的被告人"纳入法定援助范围，既有利于推动改革目标实现，也有利于加强人权司法保障。

有地方实务部门则从实践角度提出了不同的看法，认为如果将"适用普通程序审判案件的被告人"纳入强制辩护的法定范围，将大幅度增加刑事法律援助的案件数量，可能导致部分基层法律援助机构难以履行指派律师的法定责任、部分地方政府也难以落实相关的经费保障义务，并由此造成全国法律实施不统一的局面。此外，将大量刑事案件纳入法律援助范围，有可能会引发部分辩护律师的抵触和反对，将无法保证法律援助案件质量。

（3）增加第 2 款，就重罪案件中法律援助律师的资质问题作出了明确规定。同时，将原条文第 2 款有关强制医疗案件的规定独立成条。

（三）《法律援助法（草案）》第三次审议

在《法律援助法（草案）》提交第三次审议前，关于该条规定依然存在较大争议：一是，是否应当规定"死刑复核案件的被告人"。二是，是否应当体现刑事辩护全覆盖试点的相关内容。鉴于此，在第三次审议期间，又对该条进行了三处修改：一是，根据《民法典》第 22 条规定，将"尚未完全丧失辨认或者控制自己行为能力的精神病人"修改为"不能完全辨认自己行为的成年人"。二是，将"死刑复核案件的被告人"修改为"申请法律援助的死刑复核案件被告人"，以体现对被告人意愿的尊重。三是，将二审稿关于重罪案件法律援助律师的特殊资质要求独立成条，新增了关于刑事辩护全覆盖的相关内容。

一审稿	二审稿	《法律援助法》
第二十条　刑事案件的犯罪嫌疑人、被告人有下列情形之一，没有委托辩护人的，人民法院、人民检察院、公安机关应当通知法律援助机构指派律师为其提供辩护： （一）未成年人； （二）盲、聋、哑人； （三）尚未完全丧失辨认或者控制自己行为能力的精神病人；	第二十四条　刑事案件的犯罪嫌疑人、被告人**属于下列人员之一**，没有委托辩护人的，人民法院、人民检察院、公安机关应当通知法律援助机构指派律师担任辩护人： （一）未成年人； （二）**视力、听力、言语残疾人；** （三）尚未完全丧失辨认或者控制自己行为能力的	第二十五条　刑事案件的犯罪嫌疑人、被告人属于下列人员之一，没有委托辩护人的，人民法院、人民检察院、公安机关应当通知法律援助机构指派律师担任辩护人： （一）未成年人； （二）视力、听力、言语残疾人； （三）**不能完全辨认自己行为的成年人；**

---

[1]　张昊："全国 2195 个县试点刑事案件律师辩护全覆盖"，载《法制日报》2020 年 1 月 18 日，第 3 版。

续表

一审稿	二审稿	《法律援助法》
（四）可能被判处无期刑、死刑的人； （五）适用普通程序审判案件的被告人； （六）缺席审判案件的被告人； （七）死刑复核案件的被告人； （八）法律法规规定的其他情形。 人民法院审理强制医疗案件，被申请人或者被告人没有委托诉讼代理人的，人民法院应当通知法律援助机构指派律师为其提供法律帮助。	精神病人； （四）可能被判处无期徒刑、死刑的人； （五）死刑复核案件的被告人； （六）缺席审判案件的被告人； （七）法律法规规定的其他人员。 对前款第四项、第五项规定的人员，法律援助机构应当指派具有三年以上相关执业经历的律师担任辩护人。	（四）可能被判处无期徒刑、死刑的人； （五）**申请法律援助的死刑复核案件的被告人；** （六）缺席审判案件的被告人； （七）法律法规规定的其他人员。 其他适用普通程序审理的刑事案件，被告人没有委托辩护人的，人民法院可以通知法律援助机构指派律师担任辩护人。

【条文释义】

本条规定了两方面的内容：一是法定强制辩护情形；二是准强制辩护情形。后者体现了刑事辩护全覆盖试点的相关内容。

一、应当予以援助的法定强制辩护情形

在传统刑事诉讼法学理论上，根据是否必须有辩护人参与，将刑事案件区分为强制辩护案件与任意辩护案件。[1] 在此意义上，所谓强制辩护，是指相应的刑事诉讼活动，以犯罪嫌疑人、被告人有辩护人予以协助为必要条件；没有辩护人的参与，相应的刑事诉讼活动将缺乏程序正当性。换句话说，所谓的"强制"是对刑事程序正当性的要求，至于辩护人从哪里来，则在所不问。恰如有学者所言，"强制辩护/任意辩护……指定辩护/选任辩护，区别标准不同，并无对应关系。强制辩护案件，必经辩护，惟可能是选任，亦可能是指定辩护"。[2] 不过，对于符合法定强制辩护情形的案件，如果犯罪嫌疑人、被告人没有自行委托辩护人，公安司法机关有职责为其指定法律援助律师，以保证相关刑事诉讼活动的程序正当性。就此而言，强制辩护案件又往往与"应当指定辩护"联系在一起。因此，根据我国《刑

---

〔1〕 张建伟：《刑事诉讼法通义》，清华大学出版社2007年版，第293页。

〔2〕 林钰雄：《刑事诉讼法》（上），新学林出版股份有限公司2020年版，第220页。

事诉讼法》第 35 条、第 278 条规定，我国刑事诉讼法学又将强制辩护称为"强制指派辩护"。[1]

与《刑事诉讼法》及相关司法解释规定的法定强制辩护情形相比，本条规定在范围上略有扩张。具体论述如下。

第一，扩大了残疾人的保护范围。我国刑事诉讼法及相关司法解释一直沿用"盲、聋、哑人"的表述方式。本条规定将"盲、聋、哑人"修改为"视力、听力、言语残疾人"。根据《残疾人保障法》第 2 条有关残疾人的界定，所谓"视力、听力、言语残疾人"，可以理解为：因为视力、听力、言语组织方面不正常或丧失相关功能，"全部或者部分丧失以正常方式从事某种活动能力的人"。此外，依据《残疾人残疾分类和分级》（GB/T26341-2010），视力残疾、听力残疾、言语残疾事实上包括不同等级的残疾程度。以"视力残疾"为例，"视力残疾"共分为四级，其中盲为视力残疾一级和二级，低视力为视力残疾三级和四级。因此，在外延上，"残疾人"明显大于彻底丧失或几乎全部丧失视力、听力、言语功能的"盲、聋、哑人"。基于此，在法律援助实践中，"视力、听力、言语残疾人"这一规定意味着，法律援助机构无需再审查申请人的残疾程度是否致使其"全部丧失以正常方式从事某种活动的能力"，而只需审查申请人是否属于视力、听力、言语方面最低残疾等级的残疾人即可。换句话说，只要申请人达到了最低程度的视力、听力、言语残疾标准，即符合该条规定，而不要求其残疾程度必须达到"盲、聋、哑"的程度。

第二，明确了死刑复核案件被告人的法律援助权利。这是该条规定最大的亮点。恰如陈光中教授评价的那样，"死刑复核案件纳入指定辩护是一大亮点。我国死刑复核辩护率低的现实情况以及死刑的不可弥补性特征导致一直以来死刑复核没有纳入法律援助饱受诟病，并且死缓复核有法律援助而死刑立即执行没有显然违背常理。理论界一直呼吁将死刑复核纳入法律援助，但历次刑事诉讼法修改中该问题都未被重视。直到 2015 年两办发布的《关于完善法律援助制度的意见》方才回应学界呼声，提出建立法律援助参与死刑复核案件办理工作机制。草案将死刑复核案件纳入指定辩护，结束了死刑复核这一剥夺公民生命的程序中辩护缺失的局面，体现了对死刑的关怀和重视，有利于少用慎用死刑政策的落实，也有利于与国际社会接轨"。[2]

根据《刑事诉讼法》有关死刑复核程序的规定，以核准法院为区分标准，死刑复核案件可以分为高级人民法院复核的死刑案件和最高人民法院复核的死刑案件。

---

〔1〕　陈卫东主编：《刑事诉讼法学》，高等教育出版社 2019 年版，第 115 页。

〔2〕　陈光中、褚晓茵："刑事辩护法律援助制度再探讨——以《中华人民共和国法律援助（草案）》为背景"，载《中国政法大学学报》2021 年第 4 期。

其中，根据最高人民法院相关司法解释，自 2021 年以来，高级人民法院复核的死刑案件，已经属于法定的强制辩护范围。故此，该项规定的真正意义在于进一步明确了：最高人民法院复核的死刑案件，也应当保障被告人获得法律援助的权利。

在立法表述上，《法律援助法（草案）》在提交第三次审议时，立法者将"死刑复核案件的被告人"修改为"申请法律援助的死刑复核案件的被告人"。就立法技术而言，增加"申请法律援助的"这一限制性规定，与该条立法要旨大异其趣：该条是关于"强制指派辩护"法定情形的规定。如前所述，所谓"强制指派"，不是对法律援助机构的要求，而是对人民法院的要求。根据我国传统刑事诉讼法学理论，对于符合法定强制情形的案件，人民法院"应当通知法律援助机构指派律师为其提供刑事辩护"（《刑事诉讼法》第 35 条）；这也是本法第 36 条的基本立场。因此，在该项规定中增加"申请法律援助的"一语，显然有悖"强制指派辩护"的基本立法精神。

就立法功能而言，该项修改似乎也不太可能发挥预期的"限制性作用"。根据《刑事诉讼法》及本法第 35 条规定，在办理死刑复核案件过程中，最高人民法院同样应当依法告知被告人"有权依法申请法律援助"；在最高人民法院充分履行告知义务的前提下，又有多少被告人会在生死面前断然放弃法律援助律师的帮助呢？如果放弃，究竟是基于外部压力还是基于被告人真实意思表示呢？

需要说明的是，在某种意义上，该项规定表明了一种鲜明的立场：在生死攸关的死刑复核程序中，最高人民法院应当依法保障死刑复核案件被告人获得法律援助的权利。就刑事诉讼法规定而言，死刑复核案件当然属于"可能判处死刑的案件"，而且是"极有可能"判处死刑的案件。因此，从刑事诉讼法体系解释出发，似乎没有任何理由将最高人民法院的死刑复核案件排除在《刑事诉讼法》第 35 条规定之外。[1]如果考虑到，该条规定在有关强制指派辩护的法定情形上始终不愿意突破刑事诉讼法的既有规定，那么，《法律援助法》从初稿到定稿，始终坚持在"可能被判处无期徒刑、死刑的人"之后写入"死刑复核案件的被告人"，似乎代表了一种解决现实问题的立场和勇气。也正是在此意义上，必须承认，"申请法律援助的死刑复核案件的被告人"一项是此次法律援助立法在刑事法领域的一大亮点，并由此催生一项崭新的制度：专门针对最高人民法院死刑复核案件的法律援助制度。[2]

就刑事法律援助制度而言，明确最高人民法院死刑复核案件的法律援助问题，

---

[1] 吴宏耀："死刑复核程序的律师参与"，载《国家检察官学院学报》2012 年第 6 期。

[2] 2021 年 12 月 30 日，最高人民法院、司法部印发《关于为死刑复核案件被告人依法提供法律援助的规定（试行）》。该规定计 13 条，就最高人民法院死刑复核案件的被告人申请法律援助的工作机制作了明确规定。

具有三方面的标志性意义：〔1〕第一，有助于推动我国死刑复核程序的"去行政化"（或者说诉讼化改造）。死刑复核案件法律援助制度的确立，意味着最高人民法院复核的死刑案件都必须有辩护律师的参与。从控辩平等的理念出发，检察机关也必须以常规化的方式参与死刑复核案件。由此，必将进一步推动死刑复核程序的诉讼化发展。第二，有助于充实司法部法律援助中心的服务职能。在我国二元法律援助管理体制下，司法部法律援助中心不可能再行使有关法律援助的司法行政管理职能（如制定政策、业务指导等），而应当逐步恢复其组织实施法律援助的服务供给职能。在此意义上，立足死刑复核案件的重大社会意义，司法部法律援助中心应当通过死刑复核案件的法律援助服务，力争为我国各省市法律援助机构树立一个"部级标杆"。或者说，司法部法律援助中心应当代表着我国法律援助服务的最高水平。第三，有助于推动我国刑事辩护制度的全面发展。刑事辩护全覆盖是各国刑事诉讼制度发展的基本趋势。在我国，轻微刑事案件已经实现了值班律师的全覆盖；普通审判程序也在积极推进刑事辩护律师的全覆盖试点。如果缺失了死刑复核案件的法律援助制度，刑事辩护全覆盖无疑是有重大残缺和遗憾的。

此外，根据本条第1款第7项规定，"法律法规规定的其他人员"同样属于应当予以法律援助的法定强制辩护范围。依据这一兜底性规定，以下两点可以明确：其一，《法律援助法》生效之前法律、法规业已规定的强制辩护情形，仍然为《法律援助法》所承认，即在法律效力上继续有效；其二，未来，拥有立法权的地方各级人民代表大会及其常务委员会制定的地方法规，可以根据实际情况进一步扩大强制辩护范围。同时，可以发现，这一条款所兜底的范围实际上相对有限，仅包括"法律、法规有关规定"。但此处需要予以指出的是，鉴于刑事法律援助是刑事诉讼制度的重要组成部分，因此，在刑事诉讼立法方面，应对本条款的兜底范围作一种更为广泛的理解：不仅《刑事诉讼法》中有关强制辩护的规定继续有效，相关规范性文件就强制辩护所作的规定，同样对法律援助机构具有法律拘束力。换句话说，从刑事诉讼角度理解这一兜底条款时，除《刑事诉讼法》外，视野还应当拓展至相关规范性文件。

例如，在《刑事诉讼法》规定基础上，《最高人民法院关于适用〈中华人民共和国刑事诉讼法〉的解释》就强制辩护情形作了扩张性解释，其第47条第2款、第3款规定："高级人民法院复核死刑案件，被告人没有委托辩护人的，应当通知法律援助机构指派律师为其提供辩护。死刑缓期执行期间故意犯罪的案件，适用前两款规定。"此外，在此问题上，也有《人民检察院刑事诉讼规则》等规范性文件

〔1〕　吴宏耀："认真对待死刑复核案件的法律援助"，载尚权刑辩公众号，https://mp.weixin.qq.com/s/q_CbgUsgEUtwiacd-_vQQw，最后访问时间：2021年8月19日。

与《刑事诉讼法》保持一致性。[1]尽管相关规范性文件就强制辩护问题所作规定不一，但基于上述论述，其均应当与《刑事诉讼法》共同成为本条强制辩护情形的兜底性立法规定。

二、原则上需要予以援助的准强制辩护情形

在新时代背景下，为满足人民群众日益增长的法律服务需求，"不断扩大法律援助范围，提高法律援助质量"是我国法律援助制度发展的主旋律。2014年十八届四中全会《决定》在"建设完备的法律服务体系"部分明确了法律援助制度的发展方向："推进覆盖城乡居民的公共法律服务体系建设，加强民生领域法律服务。完善法律援助制度，扩大援助范围，健全司法救助体系，保证人民群众在遇到法律问题或者权利受到侵害时获得及时有效法律帮助。"根据十八届三中、四中全会的精神，2015年两办《关于完善法律援助制度的意见》进一步指出："……不断扩大法律援助范围，提高援助质量，保证人民群众在遇到法律问题或者权利受到侵害时获得及时有效法律帮助。"其中，关于刑事法律援助范围问题，该意见的基本要求是："落实刑事诉讼法及相关配套法规制度关于法律援助范围的规定，畅通刑事法律援助申请渠道。"此外，提出了如下具体要求：（1）完善被羁押犯罪嫌疑人、被告人经济困难证明制度，切实履行侦查、审查起诉和审判阶段法律援助工作职责。（2）开展试点，逐步开展刑事申诉法律援助工作。（3）建立值班律师制度，健全法律援助参与刑事案件速裁程序试点工作机制。（4）建立法律援助参与刑事和解、死刑复核案件办理工作机制，依法为更多的刑事诉讼当事人提供法律援助。

但是，随着我国刑事司法制度的持续深入，尤其是在如火如荼的以审判为中心的刑事诉讼制度改革中，刑事辩护率低已经成为阻碍刑事司法制度改革的重要因素之一。在我国司法实践中，75%左右的被告人是在没有辩护律师协助的情况下接受审判的；受此影响，为推进以审判为中心的刑事诉讼制度改革而提出的诸多改革举措很难付诸实践、落地生根。[2]如非法证据排除、庭前会议以及庭审实质化要求的"诉讼证据质证在法庭、案件事实查明在法庭、诉辩意见发表在法庭、裁判理由

---

[1]《人民检察院刑事诉讼规则》第42条规定："人民检察院办理直接受理侦查案件和审查起诉案件，发现犯罪嫌疑人是盲、聋、哑人或者是尚未完全丧失辨认或者控制自己行为能力的精神病人，或者可能被判处无期徒刑、死刑，没有委托辩护人的，应当自发现之日起三日以内书面通知法律援助机构指派律师为其提供辩护。"

[2] 为贯彻落实"两院三部"《关于推进以审判为中心的刑事诉讼制度改革的意见》和《关于办理刑事案件严格排除非法证据若干问题的规定》，深入推进以审判为中心的刑事诉讼制度改革，最高人民法院于2017年11月发布《人民法院办理刑事案件庭前会议规程（试行）》《人民法院办理刑事案件排除非法证据规程（试行）》和《人民法院办理刑事案件第一审普通程序法庭调查规程（试行）》，并要求自2018年1月1日起试行。

形成在法庭"。〔1〕

鉴于此，为推进以审判为中心的刑事诉讼制度改革，充分发挥律师在刑事案件审判中的辩护作用，2017年最高人民法院、司法部《律师辩护全覆盖试点办法》将北京、上海、浙江、安徽、河南、广东、四川、陕西8个省（直辖市）作为第一批试点地区，开展刑事案件审判阶段律师辩护全覆盖试点工作。试点省（直辖市）可以在全省（直辖市）或者选择部分地区开展试点工作，试点期限一年。2018年11月29日，最高人民法院、司法部在安徽省合肥市联合召开刑事案件律师辩护全覆盖、律师调解两项试点工作推进会。推进会在肯定试点成绩基础上，提出"到2019年，刑辩全覆盖要在第一批试点的八个省市和天津、江苏、福建、山东等发达省市基本实现，其他省份要在省会城市和一半以上的县市区基本实现全覆盖"。〔2〕

《律师辩护全覆盖试点办法》第2条规定："被告人除自己行使辩护权外，有权委托律师作为辩护人。被告人具有刑事诉讼法第三十四条、第二百六十七条规定应当通知辩护情形，没有委托辩护人的，人民法院应当通知法律援助机构指派律师为其提供辩护。除前款规定外，其他适用普通程序审理的一审案件、二审案件、按照审判监督程序审理的案件，被告人没有委托辩护人的，人民法院应当通知法律援助机构指派律师为其提供辩护。适用简易程序、速裁程序审理的案件，被告人没有辩护人的，人民法院应当通知法律援助机构派驻的值班律师为其提供法律帮助。在法律援助机构指派的律师或者被告人委托的律师为被告人提供辩护前，被告人及其近亲属可以提出法律帮助请求，人民法院应当通知法律援助机构派驻的值班律师为其提供法律帮助。"据此，所谓的"刑事辩护全覆盖"，事实上包含两种意义上的全覆盖：一是，普通审判程序的刑事辩护全覆盖。即除法定强制指派辩护情形外，其他适用普通程序审理的一审案件、二审案件、按照审判监督程序审理的案件，被告人没有委托辩护人的，人民法院也应当通知法律援助机构指派律师为其提供辩护。二是，值班律师的全覆盖。即凡是没有委托辩护人的犯罪嫌疑人、被告人，都有权获得值班律师的法律帮助。其中，根据2018年《刑事诉讼法》第36条规定，值班律师全覆盖已经成为刑事诉讼法上的法定要求。

在法律援助法制定过程中，根据刑事辩护全覆盖试点工作的相关规定，《法律援助法（草案）》初稿、一审稿均将"适用普通程序审判案件的被告人"规定为

〔1〕　2015年《最高人民法院关于全面深化人民法院改革的意见——人民法院第四个五年改革纲要（2014—2018）》指出："必须尊重司法规律，确保庭审在保护诉权、认定证据、查明事实、公正裁判中发挥决定性作用，实现诉讼证据质证在法庭、案件事实查明在法庭、诉辩意见发表在法庭、裁判理由形成在法庭。到2016年底，推动建立以审判为中心的诉讼制度，促使侦查、审查起诉活动始终围绕审判程序进行。"

〔2〕　杨翠婷："最高人民法院、司法部部署扩大刑事案件律师辩护全覆盖和律师调解试点工作"，载司法部政府网，http://www.moj.gov.cn/news/content/2018-11/29/bnyw_43405.html，最后访问时间：2021年8月23日。

"应当通知指派"的法定强制情形之一。但基于立法技术方面的考虑，〔1〕在应当予以援助的强制指派辩护范围问题上，立法者似乎不太愿意突破《刑事诉讼法》的现有规定，以避免因《法律援助法》而引发《刑事诉讼法》相关条文修改的联动效应。鉴于此，在《法律援助法（草案）》二审稿中删除了有关"适用普通程序审判案件的被告人"的规定。

在《法律援助法（草案）》二审稿听取意见过程中，有关部门及专家学者认为，扩大刑事法律援助范围是各国刑事诉讼制度发展的必然趋势；而且，我国刑事辩护全覆盖的试点经验表明，为普通程序的被告人提供法律援助，对于促进人权司法保障具有重要意义。在广泛听取意见基础上，在《法律援助法（草案）》提交第三次审议时，该条增加了有关刑事辩护全覆盖试点的内容。

但值得注意的是，在条文结构上，与《法律援助法（草案）》初稿、一审稿不同，该条规定并没有将"适用普通程序审判案件的被告人"列入第 1 款规定的应当予以援助的法定情形，而是将其单独规定为第 2 款。而且，在条文表述上，该条第 2 款规定："其他适用普通程序审理的刑事案件，被告人没有委托辩护人的，人民法院可以通知法律援助机构指派律师担任辩护人。"对照 2017 年《律师辩护全覆盖试点办法》第 2 条第 3 款规定，可以发现，《律师辩护全覆盖试点办法》的规定是"人民法院应当通知"，而该条规定则是"人民法院可以通知"。

关于该款规定，有必要说明以下两点。

（一）关于"可以通知"的性质

这里的"可以通知"，是相对于第 1 款"应当通知"而言；或者说，相较于"法定应当予以援助"的强制指派辩护而言，"可以通知"是一种弱意义上的强制性要求，是一种"准强制辩护"。

其实，在我国刑事诉讼实践中，一直存在着这种强制性稍弱于"应当予以援助"，但又带有一定立法倾向性意味的"准强制性规定"。例如，早在 1996 年《刑事诉讼法》时期，为贯彻刑事诉讼法关于法律援助的规定，1997 年司法部《关于开展法律援助工作的通知》第 2 条在"应当予以援助"的法定情形外，还进一步

---

〔1〕 在法律援助立法过程中，如何妥善处理《法律援助法》与《刑事诉讼法》的关系，是一个非常棘手的立法技术问题。囿于国务院行政法规的立法权限，2003 年《法律援助条例》不可能就刑事法律援助问题作出相应的规定。因此，自 1996 年以来，有关刑事法律援助的事宜（如应当予以援助的范围、公安司法机关的告知通知义务等）一直是《刑事诉讼法》调整的内容。在《法律援助法》立法过程中，为了从制度上解决人民法院、人民检察院、公安机关等刑事办案机关与法律援助机构之间工作衔接不畅的问题，立法者试图将刑事法律援助的相关问题一并纳入《法律援助法》的调整范围，作出一体化规定。但是，为了避免因《法律援助法》突破《刑事诉讼法》规定而引发《刑事诉讼法》相关条文的修改问题，在涉及刑事法律援助的相关规定中，《法律援助法》基本上都是采取"重述"的谨慎策略，而不愿意突破《刑事诉讼法》的既有规定。

规定了两类"可以援助的情形"："其他残疾人、老年人为刑事被告人或犯罪嫌疑人，因经济困难没有能力聘请辩护律师的，可以获得法律援助"；"刑事案件中外国籍被告人没有委托辩护人，人民法院指定律师辩护的，可以获得法律援助"。很显然，上述通知之所以特别提到这两类特殊情形，言下之意不是"可以援助不援助的问题"，而是代表着一种鼓励、倡导的倾向性。换句话说，对于这两类情形，虽非立法上的强制性要求，原则上却都应当予以援助、优先保证。

1996年以来，最高人民法院有关刑事诉讼法的司法解释一直秉持着上述立法传统，[1]即在"法定应当予以援助"的情形之外，同时规定"可以援助"的若干情形作为必要的补充。例如，2021年《最高人民法院关于适用〈中华人民共和国刑事诉讼法〉的解释》第47条、第48条依次规定了"应当通知"与"可以通知"的内容。其中，第48条规定："具有下列情形之一，被告人没有委托辩护人的，人民法院可以通知法律援助机构指派律师为其提供辩护：（一）共同犯罪案件中，其他被告人已经委托辩护人的；（二）案件有重大社会影响的；（三）人民检察院抗诉的；（四）被告人的行为可能不构成犯罪的；（五）有必要指派律师提供辩护的其他情形。"很显然，这里的"可以通知"旨在鼓励有条件的法院要尽可能通知指派；而且，在司法实践中，也基本上是按照"原则上都通知指派"来处理的。

简言之，该条两款规定，在功能上类似于上述最高人民法院司法解释第47条、第48条的内容。也即，对于适用普通程序审理案件的被告人，尽管不属于应当通知的法定情形，但是原则上还是以通知为原则，以不通知为例外。

（二）关于"可以"的理解

根据上述分析，应将本条第2款关于"可以通知"的规定理解为"一般应当通知"为宜。值得注意的是，尽管在规范逻辑上，"可以做某事"与"可以不做某事"之间能够同时成立，但由"可以做某事"并不能当然地推出"可以不做某事"。更重要的是，法律规范蕴含着价值取向，并非中立的行为规范。[2]因此，价值判断是解释或理解《法律援助法》的重要考量要素。基于此，在对本条第2款中的"可以"进行理解时，应当以准确把握此处的立法价值取向为前提。从本条的条文结构来看，该条第1款是"应当予以援助的"法定强制辩护情形；第2款是关于适用普通程序审理的规定。因此，这种条文结构安排本身实际上就代表了一种立法导向：对于适用普通程序审理案件的被告人，尽管不属于法定强制辩护情形，但是，立法倡导要尽可能地保障此类案件被告人享有获得法律援助的权利。鉴于此，在理解本条款中的"可以"时，不能依循"因为'可以'，所以'可以不'"的逻

---

〔1〕　1998年《最高人民法院关于执行〈中华人民共和国刑事诉讼法〉若干问题的解释》第36条、第37条。2012年《最高人民法院关于适用〈中华人民共和国刑事诉讼法〉的解释》第42条、第43条。

〔2〕　参见姚树举："刑法中的'可以'具有三重含义"，载《检察日报》2020年12月19日，第3版。

辑，简单将其理解为"可以通知、也可以不通知"，而应从立法目的、体系解释的角度出发，将此处的"可以"理解为一种"一般应当通知"的立法价值导向与立法原则性要求。

事实上，在我国《刑事诉讼法》中，以"可以"二字宣示立法价值导向的规定不胜枚举。例如，1979 年《刑事诉讼法》第 10 条第 2 款规定，"对于不满十八岁的未成年人犯罪的案件，在讯问和审判时，可以通知被告人的法定代理人到场"。关于该条"可以通知"的理解，刑事诉讼法学通说一直认为，这里的"可以"意味着"一般情况下都应当通知"，而不是想通知就通知，不想通知就不通知。而且，在 2012 年《刑事诉讼法》修改中，立法者直接将该条规定修改为"应当通知未成年犯罪嫌疑人、被告人的法定代理人到场"。[1]

从立法过程看，该款规定旨在反映当前司法实践中刑事辩护全覆盖试点的相关内容。因此，在具体适用中，应当参照适用 2017 年《律师辩护全覆盖试点办法》的相关规定。具体而言，对于适用普通程序审理的案件，人民法院自受理案件之日起 3 日内，应当告知被告人依法有权获得法律援助，并告知其如果不打算自行委托辩护人，将通知法律援助机构指派律师为其提供辩护。对于被告人没有明确拒绝或者不存在其他正当事由的，[2]人民法院应当参照本法第 36 条规定及时通知法律援助机构指派律师。

【延伸阅读】 刑事辩护全覆盖

"刑事辩护全覆盖"是指，在刑事诉讼过程中，每一个案件中的每一位犯罪嫌疑人、被告人都有律师为其辩护。[3]"刑事辩护全覆盖"描述了辩护律师参与刑事诉讼活动的理想图景。但长期以来，我国刑事诉讼活动中律师辩护率只有 30% 左右。[4]这意味着，大部分被告人在法庭上没有律师为其提供辩护，导致其辩护权难以有效行使，合法权益保障不够充分。[5]鉴于此，为加强人权司法保障，促进司法公正，充分发挥律师在刑事案件审判中的辩护作用，最高人民法院、司法部于 2017 年印发《律师辩护全覆盖试点办法》，该办法共计 26 条，主要包括以下方面

---

〔1〕 参见 2012 年《刑事诉讼法》第 270 条，2018 年《刑事诉讼法》第 281 条。

〔2〕 参照 2017 年《律师辩护全覆盖试点办法》第 6 条第 2 款规定，对于"按照本办法第二条第三款规定应当通知辩护的案件"（即《律师辩护全覆盖试点办法》的增量部分），"被告人坚持自己辩护，拒绝法律援助机构指派的律师为其辩护，人民法院准许的，法律援助机构应当作出终止法律援助的决定；对于有正当理由要求更换律师的，法律援助机构应当另行指派律师为其提供辩护"。

〔3〕 参见顾永忠、肖沛权：《"以审判为中心"与刑事辩护研究》，法律出版社 2021 年版，第 99 页。

〔4〕 刘子阳："中国刑事案件辩护率在 30% 上下　实现质变尚需克难"，载搜狐网，https://www.sohu.com/a/291920915_100253947，最后访问时间：2019 年 1 月 28 日。

〔5〕 参见杨维立："推进刑事案件律师辩护全覆盖"，载《人民法院报》2019 年 7 月 29 日，第 2 版。

的内容。

其一，明确了刑事辩护全覆盖试点工作的目的与受益对象。依据《律师辩护全覆盖试点办法》，开展刑事辩护全覆盖试点工作的核心目的在于"加强人权司法保障，促进司法公正，充分发挥律师在刑事案件审判中的辩护作用"；《律师辩护全覆盖试点办法》第1条规定，"被告人有权获得辩护"。这一规定同时表明，被告人是开展刑事辩护全覆盖试点工作的直接受益对象，在保障被告人辩护权的基础上，推进控辩双方在庭审时形成积极对抗，法官兼听则明，促进案件的公正审判。[1]

其二，厘定了刑事辩护全覆盖的范围。《律师辩护全覆盖试点办法》第2条规定："被告人除自己行使辩护权外，有权委托律师作为辩护人。被告人具有刑事诉讼法第三十四条、第二百六十七条规定应当通知辩护情形，没有委托辩护人的，人民法院应当通知法律援助机构指派律师为其提供辩护。除前款规定外，其他适用普通程序审理的一审案件、二审案件、按照审判监督程序审理的案件，被告人没有委托辩护人的，人民法院应当通知法律援助机构指派律师为其提供辩护。适用简易程序、速裁程序审理的案件，被告人没有辩护人的，人民法院应当通知法律援助机构派驻的值班律师为其提供法律帮助。在法律援助机构指派的律师或者被告人委托的律师为被告人提供辩护前，被告人及其近亲属可以提出法律帮助请求，人民法院应当通知法律援助机构派驻的值班律师为其提供法律帮助。"可以发现，该条规定对《刑事诉讼法》规定的应当指定辩护的范围有所扩大，即将指定辩护扩大到了所有按照普通程序审理的刑事案件。此外，依据该规定，在审判阶段适用简易程序、速裁程序，被告人同样可以得到法律帮助，并且针对不同的程序适用不同的援助方式。这样普通程序的法律辩护加上简易程序、速裁程序的法律帮助，实现了审判阶段对所有刑事案件的法律援助全覆盖。[2]

其三，强化了刑事辩护全覆盖的质量保障。推动刑事案件律师辩护全覆盖，不只是要提高律师在刑事诉讼中的辩护率，解决律师辩护量的问题，更重要的是要解决律师辩护质的问题。为此，《律师辩护全覆盖试点办法》主要通过三个具体维度强化刑事辩护全覆盖的质量。首先，细化法律援助机构与法院之间的衔接程序。《律师辩护全覆盖试点办法》第3条到第6条对法律援助机构与法院之间的衔接从通知程序、时间要求、文书记载事项以及移送、拒绝援助辩护的法律后果等都进行了细化的规定，在程序环节促进辩审关系的和谐、沟通渠道的畅通，提高辩护律师

---

[1] 刘子阳："中国刑事案件辩护率在30%上下 实现质变尚需克难"，载搜狐网，https://www.sohu.com/a/291920915_100253947，最后访问时间：2019年1月28日。

[2] 参见陈光中、张益南："推进刑事辩护法律援助全覆盖问题之探讨"，载《法学杂志》2018年第3期。

认真履行辩护职责的积极性。其次，探索建立律师资源、经费保障机制。根据《律师辩护全覆盖试点办法》第 7 条规定，司法行政机关和律师协会统筹调配律师资源，为法律援助工作开展提供保障，同时鼓励有条件的地方可以建立刑事辩护律师库。第 8 条规定，建立多层次经费保障机制，加强法律援助经费保障，确保经费保障水平适应开展刑事案件律师辩护全覆盖试点工作需要。最后，完善辩护律师权利保障机制、奖惩机制。《律师辩护全覆盖试点办法》第 13 条至第 19 条构建了系统性的辩护律师权利保障、权利救济机制；第 20 条至第 22 条，在明确辩护律师的履职职责与义务的同时，还要求主管机构对辩护律师的履职情况进行监督，并依法予以奖励或惩戒。

作为推进我国刑事辩护全覆盖目标实现的首个具体性实施方案，《律师辩护全覆盖试点办法》一经推出便受到了广泛关注。理论界普遍认为这一改革主张是"具有历史意义的创新之举"。[1]依据《律师辩护全覆盖试点办法》，北京、上海、浙江、安徽、河南、广东、四川、陕西等 8 个省（直辖市）成为第一批开展刑事案件审判阶段律师辩护全覆盖试点工作的试点地区。上述试点省（直辖市）可以在全省（直辖市）或者选择部分地区开展为期一年的试点工作。实践表明，刑事案件审判阶段律师辩护全覆盖试点工作取得了不俗的改革成绩。2018 年 11 月 29 日，最高人民法院、司法部联合召开刑事案件律师辩护全覆盖、律师调解两项试点工作推进会。会议指出，试点工作开展一年来，试点地区律师辩护率大幅提升。其中，广东适用普通程序审理的案件律师辩护率达 92.8%，北京一审案件律师辩护率达 95%。在此基础上，推进会提出了新的改革目标，即"到 2019 年，刑事辩护全覆盖要在第一批试点的八个省市和天津、江苏、福建、山东等发达省市基本实现，其他省份要在省会城市和一半以上的县市区基本实现全覆盖"。[2]

值得注意的是，《律师辩护全覆盖试点办法》将审判阶段作为实现"刑事辩护全覆盖"目标的切入点。依据《律师辩护全覆盖试点办法》的具体设计，率先在审判阶段实现刑事法律援助全覆盖：被告人没有委托辩护人的，在普通程序审理中，人民法院应当通知法律援助机构指派律师为其提供辩护；在简易程序、速裁程序审理中，人民法院应当通知法律援助机构派驻的值班律师为其提供法律帮助。需要指出的是，应然层面上的"刑事辩护全覆盖"，在范围上应当包括侦查阶段、审查起诉阶段、审判阶段在内的"刑事诉讼全过程"。当然，受制于多方因素，实现

---

〔1〕 参见顾永忠："律师辩护全覆盖试点：具有历史意义的创新之举"，载《中国司法》2017 年第 11 期。

〔2〕 杨翠婷："最高人民法院、司法部部署扩大刑事案件律师辩护全覆盖和律师调解试点工作"，载司法部政府网，http://www.moj.gov.cn/news/content/2018-11/29/bnyw_43405.html，最后访问时间：2021 年 8 月 23 日。

应然意义上的"刑事诉讼全过程的辩护全覆盖"并不能一蹴而就，而是一个渐进的过程。对此，熊选国副部长代表司法部提出这一重要改革措施时曾明确表示"这需要一个过程，应该逐步推动"。[1]自《律师辩护全覆盖试点办法》以来，我国在推进刑事辩护全覆盖方面总体上处于不断发展、完善的趋势。例如，2018年《刑事诉讼法》在确立值班律师制度时，明确了"值班律师帮助全覆盖"（第36条）。此外，《法律援助法》第25条有关强制辩护情形的规定，事实上吸收并体现了《律师辩护全覆盖试点办法》中的刑事辩护全覆盖的基本精神；《法律援助法》第30条对"值班律师帮助全覆盖"再度予以强调。

"刑事辩护全覆盖"既是一项刑事司法目标，也是一项挑战。因此，该目标实现需要持续不断的完善。当前，刑事辩护律师介入诉讼程序有两种方式，一种是当事人自行委托，另一种是由法律援助机构指派。而受家庭收入、社会观念等因素的影响，当事人自行委托辩护人的比例将来不可能大幅度提高。因此，实现刑事辩护全覆盖，必须通过改革法律援助制度，提高法律援助率来完成。[2]因此，在现有《法律援助法》基础上，未来应继续深化完善现有刑事辩护全覆盖的深度和广度。例如，应当力争实现将简易程序中可能判处3年有期徒刑以上刑罚的案件纳入指定辩护。[3]

第二十六条【重罪案件的法律援助资质】

对可能被判处无期徒刑、死刑的人，以及死刑复核案件的被告人，法律援助机构收到人民法院、人民检察院、公安机关通知后，应当指派具有三年以上相关执业经历的律师担任辩护人。

【条文要旨】

本条是关于重罪案件法律援助律师特殊资质要求的规定。根据该条规定，对于可能判处无期徒刑、死刑的人以及死刑复核案件的被告人，法律援助律师必须具有最低限度的资质要求。

根据本法第25条，本条中的"可能被判处无期徒刑、死刑的人，以及死刑复核案件的被告人"属于法定强制辩护情形；根据本法第55条，法律援助机构指派

---

〔1〕 参见熊选国副部长在2017年4月26日司法部"保障律师执业权利"新闻发布会上的讲话，载中国政府法制信息网，http://www.moj.gov.cn/pub/sfbgw/zwgkztzl/2021_ bzlszyqlxgwt/，最后访问时间：2021年9月25日。

〔2〕 参见王迎龙："论刑事法律援助的中国模式：刑事辩护'全覆盖'之实现径路"，载《中国刑事法杂志》2018年第2期。

〔3〕 陈光中、褚晓囡："刑事辩护法律援助制度再探讨——以《中华人民共和国法律援助法（草案）》为背景"，载《中国政法大学学报》2021年第4期。

的法律援助人员不符合法定"资质要求"的，犯罪嫌疑人、被告人一方可以向司法行政部门投诉；根据本法第61条，指派不符合本法规定的人员提供法律援助查证属实的，法律援助机构及其工作人员将承担一定的法律责任。

【立法背景】

法律援助服务是一种直接关乎受援人诉讼权利和实体利益的专业化法律服务。因此，需要特别指出的是，法律援助服务尽管是免费的，但是，对于受援人而言，却并非纯粹单方受益的慈善行为。事实上，如果法律援助服务质量不高，受援人甚至会因为法律援助服务遭受不利的判决或处于更不利的法律地位。例如，法律援助人员一个错误的法律判断，可能会让受援人丧失其应有的合法利益；一个怠于及时履行职责的法律援助人员，可能会导致受援人遭致丧失某种诉讼权利的不利后果。根据调查数据，2016年联合国《法律援助全球报告》指出，"在全球范围内，人们对法律援助服务质量缺乏信心是穷人和弱势群体获得法律援助服务面临的三大挑战之一"。换句话说，对于受援人而言，他更关心的不是"服务是不是免费的"，而是"服务质量如何"。因此，法律援助理论普遍认为，法律援助质量是法律援助制度的生命线。

为了确保法律援助制度可持续发展与得到民众信赖，近年来，各国法律援助制度均高度重视法律援助质量保障体系建设。例如，2016年联合国《法律援助全球报告》指出，"在过去十年，改革法律援助制度的成员已经提高了对法律援助提供者（包括法律助理）的资格和认证要求"。其中，在实行法律援助律师名册制度的国家和地区，只有进入法律援助律师名册或者签署法律援助服务合同的律师，才具有代表国家和地区提供法律援助服务的资格和义务。在此意义上，法律援助律师名册，代表着政府对特定律师执业能力、执业操守的认可。在荷兰，一些享有良好法律援助口碑的律师事务所、律师，法律援助机构甚至会赋予他们代为审查并决定是否予以法律援助的资质。[1]

在我国香港地区，为保证法律援助服务质量，提供法律援助的社会律师必须符合一定的资质。《香港地区法律援助条例》详细规定了大律师及律师名册制度。该条例第4条规定："（1）署长须分别编制及备存大律师及律师的名册，记录所有已在按照《法律执业者条例》（第159章）的条文备存的大律师或律师登记册上登记，而又愿意在有人申请给予法律援助时进行调查、作出报告及提供意见，并代受助人行事的大律师及律师。（2）署长须在名册内注明大律师或律师准备代受助人行

---

[1] 有关荷兰"律师信用制度（High Trust）"的介绍，参见"荷兰法律援助制度发展报告（三）"，载中国政法大学刑事法律援助研究中心公众号，https://mp.weixin.qq.com/s/wnDYkZHxfThMcfIkx4TFRA，最后访问时间：2021年8月23日。

事的每年次数或法律程序类别的限制，并按照该等限制行事。（3）任何大律师或律师均有权名列名册内，除非署长因该人代表或获指派代表接受法律援助人士行事时所作的行为，或因该人的一般专业操守，而信纳有充分理由不将其姓名列入名册内，则属例外。（4）署长须信纳大律师或律师已持有有效执业证书，方可将其姓名列入名册内，如有任何大律师或律师并未持有有效执业证书，署长须在名册内将其姓名注销。（5）除第 25（2）条另有规定外，任何大律师或律师均可随时要求署长在名册内将其姓名注销，而署长须顺应其要求。"

根据大律师、律师名册，法律援助署将法律援助案件外派给符合法定资质的大律师、事务律师。根据其外委律师的甄选准则，外派大律师、事务律师的资质要求是：（1）入选法律援助律师名册的律师；（2）实际执业；（3）拥有令人满意的执业表现和记录；（4）就具体相关领域，满足最低执业经验的要求（一般为 3 年以上）；（5）没有超过法律援助工作量的上限，且/或，在适宜的时候，在过去 12 个月为其法律援助工作支付或应当支付的费用和补贴没有超过上限；（6）（就事务律师而言）律师事务所能够为其处理法律援助案件提供必要的支持和设施。

为了确保每个律师有足够的时间办理法律援助案件，法律援助署规定每名律师在一定时期内不得办理过多的法律援助案件。具体而言，根据有关法律援助案件量的规定，在 12 个月内，民事案件，事务律师不得超过 35 件、大律师不得超过 20 件；刑事案件，事务律师不得超过 25 件或法律援助总支出不得超过 75 万港元、大律师不得超过 25 件或总支出费用不得超过 150 万港元。根据 2021 年 4 月至 6 月香港地区法律援助署的相关统计数据，外派案件的办理律师主要以年资 10 年以上的大律师、事务律师为主（分别占外派案件总数的 83.5%、84.1%）。

在我国内地法律援助实践中，随着对法律援助质量问题的关注，一些地方法律援助机构开始建立法律援助律师专家库，以保证提供法律援助的社会律师符合一定的资质。但值得注意的是，法律援助律师专家库的遴选标准、遴选程序、遴选结果都应当遵循"公平、公正、公开原则"，以确保社会律师能够机会均等、公平竞争。此外，作为法律援助信息之一，根据本法第 58 条规定，法律援助律师专家库的名单、特定时间段办理案件的数量、服务质量等信息都应当向社会公开，以方便社会公众的监督。

应该承认，我国相关法律法规一直没有就法律援助律师的资质设定具体的标准。为了提高重罪案件的法律援助质量，在总结过往经验教训基础上，2013 年《关于刑事诉讼法律援助工作的规定》第 13 条第 1 款规定，"对于可能被判处无期徒刑、死刑的案件，法律援助机构应当指派具有一定年限刑事辩护执业经历的律师担任辩护人"。

在法律援助立法过程中，有专家一直呼吁应当就法律援助提供者设定必要的资质要求。在广泛听取意见基础上，《法律援助法（草案）》二审稿增加第 24 条第 2 款，就重罪案件法律援助律师的资质问题作出了具体规定。在第三次审议期间，立法者将该款内容独立成条，即《法律援助法》第 26 条。

【条文释义】

在我国刑事司法实践中，"可能被判处无期徒刑、死刑的案件"以及"死刑复核案件"，均属于极其严重的刑事案件，直接关系到个人的生命或长期失去人身自由的重大利益；鉴于这两类案件包含着重大的司法利益，为了确保法律援助服务的质量，立法要求，提供法律援助的律师必须具有 3 年以上相关执业经验。

本条规定在吸收上述规定的基础上，就此类案件法律援助律师的资质问题，特别明确了两点内容：一是，在执业年限上，明确界定为 3 年以上。立足于我国律师行业实践情况，具有 3 年以上执业经验的刑事辩护律师具有相对丰富的辩护经验，通常能够在死刑、无期徒刑案件中提供有效、高质量的法律援助服务。但需要注意的是，从上述特殊案件的有效辩护角度出发，法律援助律师的经验越丰富对案件的正确处理、当事人权利的保障越有利，3 年以上准入只是最低标准，在实际操作中，越是重大复杂的案件，越应当指派更具有刑事辩护经验的律师提供援助。[1]

二是，在执业经验上，要求必须具有办理此类案件的"相关执业经历"，而不是泛泛的"刑事辩护执业经历"。所谓"相关执业经历"，是指曾经办理过"无期徒刑、死刑案件""死刑复核案件"的执业经历。但 3 年以上相关执业经历是指过去 3 年"每年"都办理过此类案件，还是 3 年内"曾经"办理即可，立法上并不明确。从立法精神来看，该条之所以增加该项规定，旨在保证法律援助律师具有必要的办案经验和知识技能。因此，应当从严掌握为宜。具体而言，可以设定三条具体标准：（1）过去 3 年一直在办理刑事案件；其中，专做刑辩业务的律师优先。（2）以法院判决书为准，过去 3 年每年都办理过一定数量的无期徒刑以上的重罪案件；办案经验丰富、社会效果良好的律师优先。（3）在执业操守上，没有因律师执业受到过惩戒或有过不良记录。

根据此类案件的管辖规定，中级人民法院以上各级人民法院对应的法律援助机构，都应当为此类案件建立专门的法律援助律师库。因此，为保证承办案件的法律援助律师具有前一审判程序的办案经验，此类法律援助律师库的建设，应当由省级司法行政部门统一规划、一体化建设。具体而言，应当以各地市法律援助机构法律援助律师库为基础，通过逐级考核、推荐的遴选方式，筹建上一级法院对应的法律援助律师库。

---

[1] 参见陈光中、褚晓囡："刑事辩护法律援助制度再探讨——以《中华人民共和国法律援助法（草案）》为背景"，载《中国政法大学学报》2021 年第 4 期。

第二十七条【禁止限制或损害委托辩护权】

人民法院、人民检察院、公安机关通知法律援助机构指派律师担任辩护人时，不得限制或者损害犯罪嫌疑人、被告人委托辩护人的权利。

【条文要旨】

本条是关于尊重并保障委托辩护权的规定。根据该条规定，在刑事诉讼案件中，人民法院、人民检察院、公安机关不得以通知指派法律援助为由，限制或侵害犯罪嫌疑人、被告人自行委托辩护人的权利。

本法第48条第6项规定，对于已经指派法律援助律师的刑事案件，如果犯罪嫌疑人、被告人及其近亲属自行委托辩护人的，法律援助机构应当及时终止法律援助。

【立法背景】

在现代法治国家，辩护权是犯罪嫌疑人、被告人最核心的诉讼权利。我国《宪法》第130条规定，被告人有权获得辩护。据此，自1979年《刑事诉讼法》起，"被告人有权获得辩护，人民法院有义务保证被告人获得辩护"〔1〕一直是我国刑事诉讼法规定的基本原则之一。"2012年《刑事诉讼法》修正草案重点完善了辩护人在刑事诉讼中法律地位和作用的规定……明确犯罪嫌疑人在侦查阶段可以委托辩护人。"〔2〕鉴于犯罪嫌疑人、被告人委托辩护的权利已经延伸到了刑事诉讼的各个诉讼阶段，2012年《刑事诉讼法》将第14条第1款修改为："人民法院、人民检察院和公安机关应当保障犯罪嫌疑人、被告人和其他诉讼参与人依法享有的辩护权和其他诉讼权利。"因此，"有权获得辩护原则是一项宪法性的刑事诉讼基本原则，人民法院、人民检察院和公安机关应当切实保障犯罪嫌疑人、被告人刑事辩护权，不得以任何理由和借口加以限制或者剥夺"〔3〕

根据我国《刑事诉讼法》及其相关司法解释的规定，辩护权是犯罪嫌疑人、被告人的基本诉讼权利，具有全程性和全面性，贯穿刑事诉讼全过程。一般认为，犯罪嫌疑人、被告人的辩护权包含三项基本内容。

一是自行辩护权。自行辩护权是辩护权的最基本表现形式，也是最本源意义上的辩护权。

二是委托辩护权。就有效维护犯罪嫌疑人、被告人合法权益而言，自行辩护存在很大的局限性。因此，基于犯罪嫌疑人、被告人获得辩护的权利，《刑事诉讼法》

---

〔1〕 1979年《刑事诉讼法》第8条；2018年《刑事诉讼法》第11条。

〔2〕 王兆国："关于《中华人民共和国刑事诉讼法修正案（草案）》的说明"，载《司法业务文选》2012年第C1期。

〔3〕 陈卫东主编：《刑事诉讼法学》，高等教育出版社2017年版，第82页。

第 34 条规定:"犯罪嫌疑人自被侦查机关第一次讯问或者采取强制措施之日起,有权委托辩护人;在侦查期间,只能委托律师作为辩护人。被告人有权随时委托辩护人。"从辩护制度的发展历史看,从自行辩护到委托辩护(尤其是委托律师辩护)是各国刑事辩护制度发展成熟的标志之一。"辩护人辩护实质上又集中体现为律师辩护。律师作为职业法律工作者,不仅精通法律,而且富有诉讼经验和技巧;不仅享有人身自由,可以在法律允许的范围内进行辩护所需要的一切活动,而且地位独立,可以提出任何有利于犯罪嫌疑人、被告人的辩护意见和诉讼主张。因此,其所进行的辩护较之于犯罪嫌疑人、被告人的自行辩护,更加有理、有力、有利,从而更加有效。正因如此,联合国确立的国际刑事司法准则要求保障犯罪嫌疑人、被告人获得律师帮助的权利。"[1]

在我国司法实践中,犯罪嫌疑人、被告人可能因拘留或逮捕而失去人身自由。鉴于此,为确保在押犯罪嫌疑人、被告人能够及时获得辩护人的帮助,《刑事诉讼法》第 34 条第 3 款规定:"犯罪嫌疑人、被告人在押的,也可以由其监护人、近亲属代为委托辩护人。"据此,就委托辩护而言,犯罪嫌疑人、被告人的监护人、近亲属享有相对独立的委托权;当然,如果犯罪嫌疑人、被告人对监护人、近亲属委托的辩护人不满,他可以随时解除这一委托关系。

三是获得法律援助的权利。委托辩护本质上是一种市场化法律服务。因此,尽管法律赋予了犯罪嫌疑人、被告人委托辩护的权利,但在现实生活中,并不是每个犯罪嫌疑人、被告人都具有通过法律服务市场聘请委托律师的经济实力。随着辩护制度发展,尤其是,随着社会公众逐渐认识到辩护律师参与的重要价值,为保证辩护制度不会沦为"有钱人专属的保障制度",各国先后确立了以国家财政予以保障的刑事法律援助制度,并由此催生了现代意义上的民刑一体化的法律援助制度。

在现代刑事诉讼制度下,法律援助制度旨在保障那些因经济原因无力聘请辩护律师的犯罪嫌疑人、被告人同样可以享有律师辩护的制度利益。在此意义上,法律援助与委托辩护之间,本质上是一种补充与被补充的关系:原则上,国家鼓励个人根据自己的经济状况和需求偏好通过法律服务市场聘请自己心仪的刑事辩护律师,并由此享有类似"私人订制"的个性化法律服务;至于那些无力支付昂贵律师费用的犯罪嫌疑人、被告人,符合法定援助条件的,国家则以公共财政保障其可以享有同等或必要的专业化律师服务。因此,委托辩护是原则,法律援助是必要的补充;委托辩护是第一位,法律援助是补充性的。

法律援助以犯罪嫌疑人、被告人"没有委托辩护人"为必要前提。根据我国《刑事诉讼法》第 35 条、第 36 条规定,任何没有委托辩护人的犯罪嫌疑人、被告

---

〔1〕 陈卫东主编:《刑事诉讼法学》,高等教育出版社 2017 年版,第 111 页。

人都有权获得值班律师的帮助；犯罪嫌疑人、被告人没有委托辩护人且符合法定条件的，人民法院、人民检察院和公安机关依法"应当通知"或"可以通知"法律援助机构为其提供法律援助服务；对于不符合法定强制辩护情形的，人民法院、人民检察院和公安机关应当依法告知其有权依法申请法律援助并予以必要的协助和便利。

必须承认，无论是基于对辩护权的尊重，还是基于法律援助立法功能的一般考量，委托辩护都应当是优于法律援助的第一序位选择。然而，奇怪的是，在我国司法实践中，却屡屡出现人民法院以有法律援助律师为由拒斥当事人家属委托辩护的错误现象。[1]这种"占坑辩护现象"不仅严重损害了公安司法机关的客观公正形象，也让法律援助变成了"不公正司法的遮羞布"。为纠正并规范这种错误的实践做法，2021年《最高人民法院关于适用〈中华人民共和国刑事诉讼法〉的解释》第51条规定："对法律援助机构指派律师为被告人提供辩护，被告人的监护人、近亲属又代为委托辩护人的，应当听取被告人的意见，由其确定辩护人人选。"然而，遗憾的是，所谓"应当听取被告人的意见，由其确定辩护人人选"留下了太大模糊空间。2003年《法律援助条例》第23条第3项规定，"受援人又自行委托律师或者其他代理人的"，法律援助机构经审查核实的，应当终止该项法律援助。因此，对于犯罪嫌疑人、被告人在押的，"其监护人、近亲属"根据《刑事诉讼法》第34条第3款享有独立委托律师的权利；对于法律援助机构指派律师提供法律援助后，被告人的监护人、近亲属又代为委托辩护人的，被告人根本无权选择"是法律援助还是委托辩护"，而只能选择委托"哪个辩护律师"。因此，所谓"应当听取被告人的意见，由其确定辩护人人选"，究其实质，旨在强调犯罪嫌疑人、被告人的监护人、近亲属代为委托辩护人时，应当尊重被告人意愿，选择适宜的律师担任辩护人。而不是说，在监护人、近亲属决定为其委托辩护人时，犯罪嫌疑人、被告人可以在"法律援助还是委托辩护"之间作出选择。

在法律援助法立法过程中，为进一步明确法律援助的补充性质，有专家建议：在有关终止法律援助的条文中，将"受援人自行委托律师或者其他代理人"修改为"受援人及其近亲属自行委托律师或者其他代理人"。

在《法律援助法（草案）》二审稿公开听取意见期间，有实务部门、律师事务所提出，应当从制度上杜绝"占坑辩护现象"的发生。鉴于此，《法律援助法》增加了该条规定。

---

〔1〕　如，2020年江西劳荣枝案；2021年江苏省连云港市女辅警涉嫌敲诈勒索案。参见杨学林："要警惕'指定占坑式辩护'亵渎了法律援助制度"，载刑辩学林公众号，https://mp.weixin.qq.com/s/_l4Zmdr1UJdq_ RRZjseRuw，最后访问时间：2021年8月24日。

【条文释义】

这是《法律援助法（草案）》提交第三次审议时增加的条文。从立法目的看，该条规定从尊重和保障辩护权的立场出发，禁止以任何方式"限制或者损害犯罪嫌疑人、被告人委托辩护的权利"。

首先，该条规定规范的是人民法院、人民检察院、公安机关的"通知指派"活动。

《法律援助法》第四章规定，法律援助服务以申请为原则。但是，在刑事诉讼领域，作为事关辩护权的人权司法保障制度，"法律援助是以法治为依据的公正、人道和高效的刑事司法系统的一个基本要件。法律援助是享有《世界人权宣言》第11条第1款所界定的其他权利包括公正审判权的基石，是行使这类权利的一个先决条件，并且是确保刑事司法程序基本公正而且得到公众信任的一个重要保障"。[1]因此，在特定刑事案件中，为确保没有辩护人的犯罪嫌疑人、被告人能够及时获得法律援助律师的专业化服务，《法律援助法》第36条规定，人民法院、人民检察院、公安机关发现后应当在3日内通知法律援助机构指派律师。根据2021年《最高人民法院关于适用〈中华人民共和国刑事诉讼法〉的解释》第47条、第48条以及本法第25条规定，公安司法机关的"通知指派"分为"应当通知"与"可以通知"（即一般情形下都要通知）两种情形。

但是，公安司法机关"通知指派辩护"应当以犯罪嫌疑人、被告人没有委托辩护人为前提。只要"有辩护人"，无论该辩护人是犯罪嫌疑人、被告人自行委托，还是其监护人、近亲属代为委托，即不再符合法律援助的条件。因此，人民法院、人民检察院、公安机关的"通知指派"活动也应当以"没有辩护"为限制条件；不得以任何理由限制或损害委托辩护的权利，更不能颠倒是非，以通知指派辩护为由排斥委托辩护律师的参与。

其次，该条规定确立了委托辩护优先规则。

根据该条规定，人民法院、人民检察院、公安机关既负有依法通知法律援助机构为犯罪嫌疑人、被告人提供法律援助的保障职责，又负有尊重并保障犯罪嫌疑人、被告人委托辩护权的法定义务。但人民法院、人民检察院、公安机关不得以前者为由限制或损害委托辩护的权利。

在此意义上，该条规定事实上确立了委托辩护优先规则。也即，在获得辩护律师的方式上，委托辩护优于法律援助；相对于委托辩护，法律援助本质上是一种补充性、第二序位的保障性制度。

显而易见，就有效保护当事人合法权益而言，委托辩护比法律援助更符合当事

---

〔1〕 2012年联合国《原则和准则》第1条。

人利益最大化原则。委托辩护是一种市场化法律服务。因此，在市场规律调控下，犯罪嫌疑人、被告人及其监护人、近亲属根据自己的经济实力和需求，总是会尽可能地聘请自己力所能及的、最让自己满意的刑事辩护律师。而且，在辩护律师的选择上，当事人甚至可以在本地区律师之外，在全省、全国范围内进行择优选择。与此相比，法律援助更像是一种标准化法律服务。在我国法律援助实践中，受援人自主选择法律援助律师的机制尚未普遍建立。因此，类似于"拆盲盒"一样的法律援助指派机制，根本不可能充分考虑并体现受援人的个性化需求。

最后，人民法院、人民检察院、公安机关不得以"通知指派"为由，限制或者损害委托辩护的权利。

具体而言，包括两种情形：一是，对于犯罪嫌疑人、被告人决定自行委托辩护人的案件，人民法院、人民检察院、公安机关即不再负有通知指派法律援助的保障职责。因此，在具体案件中，人民法院、人民检察院、公安机关应当告知犯罪嫌疑人、被告人有权委托辩护人、有权获得法律援助，并由犯罪嫌疑人、被告人自行决定是否委托辩护人。对于犯罪嫌疑人、被告人及其监护人、近亲属自行委托辩护人的，人民法院、人民检察院、公安机关不得再通知法律援助机构指派律师提供法律援助。

二是，法律援助机构指派法律援助律师后，如果犯罪嫌疑人、被告人及其监护人、近亲属又自行委托辩护人的，该案件不再符合法律援助的条件。此时，产生两方面的法律效果：一方面，就犯罪嫌疑人、被告人而言，依法不再享有获得法律援助的权利。另一方面，应当依法终止法律援助服务。发现相关情形后，法律援助律师不得擅自终止服务，而应当及时报告法律援助机构；法律援助机构应当根据本法第48条规定及时决定终止法律援助服务。

第二十八条【强制代理：强制医疗案件】

强制医疗案件的被申请人或者被告人没有委托诉讼代理人的，人民法院应当通知法律援助机构指派律师为其提供法律援助。

【条文要旨】

本条是关于强制医疗案件法律援助的规定。在具体表述上，该条借鉴了《刑事诉讼法》第304条相关规定，明确对于符合法定条件的强制医疗案件，人民法院负有依职权通知指派的义务。即，强制医疗案件属于法定的强制代理情形。本法第36条规定了强制医疗案件的通知指派程序。

【立法背景】

2012年是我国强制医疗程序发展史上极其重要的年份。这一年，我国在强制医疗制度方面取得了丰硕的立法成果，在结束原有单一"行政化"强制医疗模式的同时，首次确立了针对具有人身危险性精神病人的二元强制医疗制度格局：[1]一是，涉嫌犯罪的精神病人强制医疗制度（以下简称涉刑精神病人强制医疗制度）。2012年《刑事诉讼法》新增了"依法不负刑事责任的精神病人的强制医疗程序"这一特别程序。此立法目的之一是，实现与《刑法》第18条第1款规定[2]的相互衔接，并对实施暴力行为，危害公共安全或者严重危害公民人身安全，经法定程序鉴定依法不负刑事责任但有继续危害社会可能的精神病人，提出如下安置方案：由公安机关移送人民检察院，人民检察院向人民法院提出强制医疗申请，由人民法院作出决定。

二是，不涉及刑法、仅违反《治安管理处罚法》的精神病人强制医疗制度（以下简称非刑精神病人强制医疗制度）。2012年《精神卫生法》对非刑精神病人强制医疗程序作了制度性安排：其一，针对危害自身的精神病人实施医疗保护性住院治疗。根据《精神卫生法》第30条、第31条规定，精神科执业医师的诊断结论、病情评估表明，就诊者为严重精神障碍患者，且具有"已经发生伤害自身的行为，或者有伤害自身的危险"情形的，经精神病患者的监护人同意，医疗机构应当对患者实施住院治疗。其二，针对具有社会危险性的精神病人实施保安性强制住院治疗。依据《精神卫生法》第30条第2款第2项、第32条、第35条第2款规定，就诊者被诊断为严重精神障碍患者，且具有"已经发生危害他人安全的行为，或者有危害他人安全的危险"情形的，患者或者其监护人对需要住院治疗的诊断结论有异议，不同意对患者实施住院治疗的，可以要求再次诊断和鉴定。但再次诊断结论或者鉴定报告表明，精神障碍患者仍有上述情形的，其监护人应当同意对患者实施住院治疗。监护人阻碍实施住院治疗或者患者擅自脱离住院治疗的，可以由公安机关协助医疗机构采取措施对患者实施住院治疗。其三，针对流浪精神病人和无家可归精神病人实施救助性强制医疗。根据《精神卫生法》第28条、第36条规定，对查找不到近亲属的流浪乞讨疑似精神障碍患者，由当地民政等有关部门按照职责分工，帮助送往医疗机构进行精神障碍诊断。诊断结论表明精神障碍患者需要住院治疗，但其属于查找不到监护人的流浪乞讨人员的，则由送诊的有关部门办理住院手续。

强制医疗是基于社会共同利益而对法定的特定人群限制社会活动范围并予以医

---

[1] 对此，有学者持相同意见，认为我国业已形成以《刑法》和《刑事诉讼法》为主要法律依据的涉刑精神病人强制医疗制度，以及以《精神卫生法》为主要法律依据的非刑精神病人强制医疗制度同时并存的双轨局面。参见魏晓娜："从'被精神病'再现看我国非刑强制医疗制度之疏失"，载《国家检察官学院学报》2015年第4期。

[2] 《刑法》第18条第1款规定："精神病人在不能辨认或者不能控制自己行为的时候造成危害结果，经法定程序鉴定确认的，不负刑事责任，但是应当责令他的家属或者监护人严加看管和医疗；在必要的时候，由政府强制医疗。"

学治疗的一项强制措施。因此，强制医疗不仅仅涉及医学问题，也是一个直接关系到公民权利义务乃至人身自由的法律问题。鉴于此，有学者指出，强制医疗问题应当受到严格的法律规范和监管，并按照司法最终裁决原则，交由司法机关来居中裁决。[1]从上述规定来看，司法裁决原则在涉刑精神病人强制医疗制度中得到了初步体现，即由人民法院作出是否强制医疗的决定。此外，为了保障被申请人或被告人的合法权利，《刑事诉讼法》就强制医疗案件确立了强制指派代理制度。2012年《刑事诉讼法》第286条（现为第304条）规定："……人民法院审理强制医疗案件，应当通知被申请人或者被告人的法定代理人到场。被申请人或者被告人没有委托诉讼代理人的，人民法院应当通知法律援助机构指派律师为其提供法律帮助。"据此，2013年《关于刑事诉讼法律援助工作的规定》第11条第1款进一步明确了人民法院依职权通知指派的程序性要求："人民法院自受理强制医疗申请或者发现被告人符合强制医疗条件之日起3日内，对于被申请人或者被告人没有委托诉讼代理人的，应当向法律援助机构送交通知代理公函，通知其指派律师担任被申请人或被告人的诉讼代理人，为其提供法律帮助。"2021年《最高人民法院关于适用〈中华人民共和国刑事诉讼法〉的解释》第634条第2款亦规定："被申请人或者被告人没有委托诉讼代理人的，应当自受理强制医疗申请或者发现被告人符合强制医疗条件之日起三日以内，通知法律援助机构指派律师担任其诉讼代理人，为其提供法律帮助。"

　　而在非刑精神病人强制医疗制度方面，以《精神卫生法》为基本面向，并未体现出司法裁决原则，且由于其后两种方式完全由行政机关主导，致使司法实践中"被精神病""被强制医疗"的现象时有发生，而另一方面，一些原本应当强制医疗的精神病人，又无法及时得到住院治疗。鉴于此，为了从制度上保障非刑精神病强制医疗程序的公正性与程序正当性，避免"被精神病"的现象发生，同时确保被申请人能够针对相关政府机构作出的强制医疗行政行为"打得起官司"，此次《法律援助法》第28条明确规定，"强制医疗案件的被申请人或者被告人没有委托诉讼代理人的，人民法院应当通知法律援助机构指派律师为其提供法律援助"。

　　关于本条，《法律援助法（草案）》初稿第22条第2款规定："人民法院审理强制医疗案件，被申请人或者被告人没有委托诉讼代理人的，人民法院应当通知法律援助机构指派律师为其提供法律帮助。"一审稿接受了上述条文建议。考虑到强制医疗案件不属于刑事辩护范畴，在公开听取各界意见基础上，二审稿将相关内容独立成条，并进行了少许文字性修改。具体有二：一是将"人民法院审理强制医疗

---

〔1〕　王云超："论我国现行强制医疗程序的现实与对策"，载中国法院网，https://www.chinacourt.org/article/detail/2 013/07/id/1037270. shtml，最后访问时间：2021年9月3日。

案件，被申请人或者被告人没有委托诉讼代理人的"简化为"强制医疗案件的被申请人或者被告人没有委托诉讼代理人的"；二是将"提供法律帮助"修改为"提供法律援助"；在对《法律援助法（草案）》进行第三次审议时，立法者接受了二审稿上述修改建议。

一审稿	二审稿
第二十条（第2款）人民法院审理强制医疗案件，被申请人或者被告人没有委托诉讼代理人的，人民法院应当通知法律援助机构指派律师为其提供法律帮助。	第二十五条　**强制医疗案件的被申请人或者被告人没有委托诉讼代理人的**，人民法院应当通知法律援助机构指派律师为其提供**法律援助**。

【条文释义】

本条明确规定，强制医疗案件中，没有委托诉讼代理人的被申请人或被告人，人民法院应当通知法律援助机构为其提供诉讼代理服务。在对本条进行理解时，需要重点关注强制医疗案件的基本类型以及相应的诉讼代理服务内容。

依据当前涉刑与非刑精神病人强制医疗制度的基本格局，相应地，强制医疗案件分为两类：一类是，在涉嫌犯罪的情况下，依托"依法不负刑事责任的精神病人的强制医疗程序"这一刑事诉讼特别程序，由人民法院组成合议庭最终裁决是否需要适用强制医疗程序的案件（以下简称刑事诉讼强制医疗程序案件）；另一类是，在不涉及犯罪的情况下，被强制医疗人不服相关行政机关依据《精神卫生法》作出的强制医疗决定，事后向人民法院提起行政诉讼请求确认该行政行为违法的案件（以下简称行政诉讼请求强制医疗行为违法案件）。

显然，以上两类有关强制医疗的案件，在诉讼目的上存在着本质性差异：前者旨在通过刑事诉讼特别程序，由法院确认是否需要启动强制医疗程序，最终实现准确的分类处理：对于符合条件的精神病人予以强制医疗的非刑事处分；对于不符合强制医疗条件的被申请人或被告人依法给予相应刑事处罚。后者则立足于行政诉讼的基本价值，以防止行政机关滥用职权为出发点，旨在避免"被精神病""被强制医疗"现象发生，保障被强制医疗人因不服行政机关强制医疗行为而诉诸司法的权利。

从精准维护当事人合法权益的角度出发，在这两种迥异的强制医疗案件类型中，法律援助律师需要提供不甚相同的诉讼代理服务。一方面，在刑事诉讼强制医疗程序案件中，依据《刑事诉讼法》相关规定，法律援助律师应当依法为被申请人或被告人提供法律帮助。一般而言，上述法律帮助要求法律援助律师从精神病司法鉴定意见、作案前有无精神异常、以前是否经过精神病诊断和治疗、被申请人是否配合治疗，以及家庭的监护能力等方面出发，提出旨在维护被申请人或被告人的诉讼代理意见。值得注意的是，从中国裁判文书网的搜索结果来看，实践中，法律援助律师通常对检察机关提出的强制医疗申请并无异议。[1]另一方面，在行政诉讼请求强制医疗行为违法案件中，法律援助律师应当提供充分的诉讼代理服务。具体到司法实践中，包括收集被执行人精神状态正常的证人证言、[2]对被告（行政机关）出示的证据进行质证，[3]举证证明行政机关的强制治疗行为违法，属于侵犯公民合法权利，等等。

此外，需要指出的是，在内容上，该条规定强调了法院依职权通知的保障义务。即，在强制医疗案件中，被申请人或被告人没有委托诉讼代理人，法院必须在法定时间内及时通知法律援助机构指派律师；否则，属于严重程序瑕疵，甚至构成程序违法。对刑事诉讼强制医疗程序案件而言，作为《刑事诉讼法》规定的"强制通知"的法定情形之一，应当通知而没有通知的，足以否定相关强制医疗活动的程序正当性；对行政诉讼请求强制医疗行为违法案件来说，应当通知而没有通知的，则可能属于《行政诉讼法》所规定的"违反法定诉讼程序"，需要裁定撤销原判决，发回原审人民法院重审。

第二十九条　【被害人法律援助】

刑事公诉案件的被害人及其法定代理人或者近亲属，刑事自诉案件的自诉人及其法定代理人，刑事附带民事诉讼案件的原告人及其法定代理人，因经济困难没有委托诉讼代理人的，可以向法律援助机构申请法律援助。

【条文要旨】

本条是关于被害人法律援助的规定。根据该条规定，在刑事诉讼活动中，公诉案件的被害人及其法定代理人或近亲属、自诉人及其法定代理人、附带民事诉讼原告人及其法定代理人等均有权申请法律援助服务。

被害人申请法律援助，应当依照本法第41条进行经济困难状况核查。

【立法背景】

在现代刑事诉讼制度下，被害人、自诉人属于追诉一方，承担的是控诉职能；犯罪嫌疑人、被告人则属于被追诉一方，承担的是辩护职能。因此，在刑事诉讼活动中，被害人与被告人分属不同的阵营，二者之间存在着截然对立的利害关系。就法律援助而言，传统意义上，刑事法律援助制度专指以辩护权为基础的、对被追诉

---

〔1〕　参见青海省海东市乐都区人民法院（2021）青0202刑医1号决定书；云南省宜良县人民法院（2021）云0125刑医2号决定书。不再逐一列举。

〔2〕　参见四川省蓬溪县人民法院（2014）蓬溪行初字第3号判决书。

〔3〕　参见贵州省黎平县人民法院（2020）黔2631行初23号判决书。

人一方的法律援助。但是，20 世纪 80 年代以来，在被害人运动影响下，各国逐渐意识到被害人在刑事诉讼中的重要诉讼地位，并进而承认被害人同样应当享有获得法律援助的权利。在国际公约层面，2012 年联合国《原则和准则》在原则 4 部分规定，"国家应当酌情向犯罪受害人提供法律援助"。

根据我国刑事诉讼法规定，遭受犯罪行为侵害的被害人（即实体法意义上的被害人），可能因案件性质不同而居于"被害人""自诉人""附带民事诉讼原告人"的诉讼地位并享有相应的诉讼权利：一是，作为公诉案件的当事人，承担一定的公诉职能。"公诉案件的被害人属于控诉一方，客观上行使着一部分控诉职能，但不是控诉职能的主要承担者。"〔1〕二是，对于符合自诉条件的，可以作为自诉人独立提起自诉。三是，对于因犯罪行为遭受物质损失的被害人，在刑事诉讼过程中，有权提起附带民事诉讼。因此，笼统地讲，可以将刑事诉讼法上的"被害人""自诉人""附带民事诉讼原告人"统称为"被害人一方"。

在法律援助领域，2003 年《法律援助条例》第 11 条第 2 项、第 3 项首次规定了"被害人法律援助制度"。即，"公诉案件中的被害人及其法定代理人或者近亲属，自案件移送审查起诉之日起，以及自诉案件的自诉人及其法定代理人，自案件被人民法院受理之日起，因经济困难没有委托诉讼代理人的，可以向法律援助机构申请法律援助"。之后，2013 年《关于刑事诉讼法律援助工作的规定》第 3 条进一步明确，刑事案件的被害人、自诉人，因经济困难没有委托诉讼代理人的，可以向办理案件的人民检察院、人民法院所在地同级司法行政机关所属法律援助机构申请法律援助。

就被害人援助问题，《法律援助法》沿袭了 2003 年《法律援助条例》的相关规定。《法律援助法（草案）》初稿第 23 条第 2 款规定："刑事公诉案件的被害人及其法定代理人或者近亲属，自诉案件的自诉人及其法定代理人，因经济困难没有委托诉讼代理人的，可以向法律援助机构申请法律援助。"对此，一审稿持相同表述。

在听取意见过程中，有专家提出了两方面的建议：一是，建议就"被害人法律援助"设置专条，独立规定被害人一方的法律援助问题，以体现我国刑事诉讼制度下被害人的特殊地位。在我国刑事诉讼制度下，自 1996 年《刑事诉讼法》以来，被害人同样是刑事案件的当事人；作为当事人一方，被害人是刑事诉讼活动的重要参与者，并依法享有一系列重要的刑事诉讼权利。而且，在我国法制传统及司法实践中，也一直高度重视被害人的权益保护。因此，为了避免"被告人有权获得法律援助律师的帮助，被害人却只能自己请律师"的不公正现象，建议

---

〔1〕 陈卫东主编：《刑事诉讼法学》，高等教育出版社 2019 年版，第 115 页。

法律援助立法立足我国国情和民众期待，强化被害人的法律援助权利，提供同等的法律援助保障。

二是，在保护方式上，建议在"申请—审查模式"基础上，模仿强制辩护的立法模式，规定必要的"应当予以援助的"法定强制代理情形。具体建议如下：（1）确立特殊被害人强制代理制度。"被害人是未成年人、残疾人且没有委托诉讼代理人的，人民法院、人民检察院、公安机关应当通知法律援助机构指派熟悉未成年人、残疾人身心特点的律师为其提供法律援助服务。"理由是：与作为犯罪嫌疑人、被告人的未成年人、残疾人相比，以往的《法律援助条例》等规范性文件对于作为被害人的未成年人、残疾人获得法律援助的权利没有给予应有的重视和关怀。但是，作为被害人群体中最为脆弱的一部分，未成年人、残疾人被害人恰恰需要更为及时、强有力的法律援助保障。基于平等保护原则，建议将未成年人、残疾人被害人列为"应当予以援助"的法定强制情形，以保障未成年人、残疾人被害人应然的法律援助获得权。（2）确立被害人同等保护制度。即"在人民法院通知为被告人指派法律援助律师的案件中，被害人因经济困难而申请法律援助的"，应当免予经济困难审查，径行提供法律援助，以保证法庭审理中被害人与被告人享有同等的法律援助权利。

在听取各界意见之后，《法律援助法（草案）》二审稿将相关内容独立成条，同时，在申请主体上，增加了"刑事附带民事诉讼案件的原告人及其法定代理人"的内容。

针对二审稿规定，有专家指出，附带民事诉讼本质上是民事诉讼。因此，对于民事诉讼的原告人、被告人，在制度上不应当厚此薄彼，而应当遵循民事法的平等对待原则。故此建议，在立法表述上，应当与《刑事诉讼法》第46条规定相一致，将"附带民事诉讼案件的原告人"修改为"附带民事诉讼案件的当事人"。但在对草案进行第三次审议时，立法者未能采纳这一建议，而是继续接受了二审稿的条文表述。

一审稿	二审稿
第二十一条（第2款）刑事公诉案件的被害人及其法定代理人或者近亲属，自诉案件的自诉人及其法定代理人，因经济困难没有委托诉讼代理人的，可以向法律援助机构申请法律援助。	**第二十六条**　刑事公诉案件的被害人及其法定代理人或者近亲属、自诉案件的自诉人及其法定代理人、**附带民事诉讼案件的原告人及其法定代理人**，因经济困难没有委托诉讼代理人的，可以向法律援助机构申请法律援助。

【条文释义】

根据该条规定，在刑事诉讼活动中，除犯罪嫌疑人、被告人外，被害人、自诉人、附带民事诉讼原告人也有权申请法律援助。上述诉讼主体申请法律援助，应当符合经济困难标准的要求；法律援助机构应当依法进行经济困难状况核查。

根据《刑事诉讼法》第 108 条第 2 项规定，被害人、自诉人、附带民事诉讼原告人是刑事诉讼法上的当事人，依法有权实质性地参与刑事诉讼活动并通过自己的诉讼活动影响刑事诉讼程序的走向和结局。基于上述主体的当事人地位，《刑事诉讼法》第 46 条第 1 款规定："公诉案件的被害人及其法定代理人或者近亲属，附带民事诉讼的当事人及其法定代理人，自案件移送审查起诉之日起，有权委托诉讼代理人。自诉案件的自诉人及其法定代理人，附带民事诉讼的当事人及其法定代理人，有权随时委托诉讼代理人。"根据该款规定，上述诉讼主体有权聘请的是"诉讼代理人"。因此，基于上述诉讼主体申请，法律援助机构指派的法律援助服务，属于刑事诉讼代理服务。

根据本条规定，因案件性质不同，有权申请刑事诉讼代理服务的诉讼主体范围略有差异。

一是，在刑事公诉案件中，有权申请法律援助的诉讼主体范围是被害人及其法定代理人或者近亲属。

被害人是指遭受犯罪行为侵害、与案件处理结果具有直接利害关系的当事人。[1]根据《刑事诉讼法》第 108 条规定，被害人是刑事案件的当事人之一，在刑事诉讼中承担一定的控诉职能并依法享有参与刑事诉讼程序的各项诉讼权利。因此，为充分保障公诉案件中被害人的当事人地位，除被害人本人外，被害人的法定代理人、近亲属同样享有代为申请法律援助的权利。其中，根据《刑事诉讼法》第 108 条规定，所谓的"近亲属"是指被害人的"夫、妻、父、母、子、女、同胞兄弟姐妹"。

被害人的法定代理人、近亲属代为申请法律援助的，应当提交相关的身份关系证明。

二是，在自诉案件中，有权申请法律援助的诉讼主体是自诉人及其法定代理人。

所谓自诉人，是指有权直接以自己名义向人民法院提起自诉、追究被告人刑事责任的诉讼主体。在自诉案件中，自诉人独立承担控诉职能。

根据《刑事诉讼法》第 114 条及相关司法解释的规定，自诉人首先是指被害人本人；被害人死亡或者丧失行为能力的，被害人的法定代理人、近亲属有权以自诉人身份向人民法院提起自诉。根据 2021 年《最高人民法院关于适用〈中华人民共

---

[1] 陈卫东主编：《刑事诉讼法学》，高等教育出版社 2019 年版，第 60 页。

和国刑事诉讼法〉的解释》第317条规定，被害人的法定代理人、近亲属告诉或者代为告诉的，应当提供以下证明材料：（1）与被害人关系的证明；（2）被害人不能亲自告诉的原因证明。这里的"近亲属"，同样适用《刑事诉讼法》第108条的相关规定。

需要特别强调的是，对于因被害人死亡或者丧失行为能力，被害人法定代理人、近亲属是以自己名义提起自诉的，在刑事诉讼法上，被害人的法定代理人、近亲属就是本案的"自诉人"。因此，在法律援助实践中，对于被害人的法定代理人、近亲属直接申请法律援助的，法律援助机构应当首先进行形式审查，即审查其是否取得自诉人地位。具体而言，提起自诉后，人民法院是否已经受理。只要人民法院已经作为自诉案件受理，那么，事实上也就意味着人民法院已经审查并确认了其自诉人地位。因此，法律援助机构毋庸再要求申请人提交上述司法解释第317条规定的相关证明材料。

三是，附带民事诉讼案件的原告人及其法定代理人。

根据《刑事诉讼法》第101条规定，被害人因犯罪行为而遭受物质损失的，在刑事诉讼过程中，有权提起附带民事诉讼。被害人死亡或者丧失行为能力的，被害人的法定代理人、近亲属有权提起附带民事诉讼。

据此，在法律援助实践中，附带民事诉讼案件的原告人及其法定代理人申请法律援助的，法律援助机构应当首先进行形式审查，即审查其是否依法向人民法院提起附带民事诉讼并得到人民法院的确认。

第三十条【值班律师法律帮助】

值班律师应当依法为没有辩护人的犯罪嫌疑人、被告人提供法律咨询、程序选择建议、申请变更强制措施、对案件处理提出意见等法律帮助。

【条文要旨】

本条是关于值班律师服务的规定。该条规定明确了两方面内容：一是，值班律师的服务对象，即凡"没有辩护人"的犯罪嫌疑人、被告人，均有权获得值班律师服务。二是，值班律师服务的具体内容，包括法律咨询、程序选择建议、申请变更强制措施、对案件处理提出意见等。

除本条外，本法有关值班律师的其他规定有第14条（派驻值班律师的职责）、第37条（有关值班律师的特殊保障职责）。

【立法背景】

值班律师制度是我国2018年《刑事诉讼法》规定的一项刑事诉讼制度。作为刑事法律援助服务的表现形式之一，值班律师服务明显区别于传统的办案类刑事法律援助服务。具体而言，根据《刑事诉讼法》及相关司法解释的规定，值班律师只提供有限的法律帮助，而非全面、全程的刑事辩护服务。

作为刑事诉讼参与人之一，值班律师的具体职责因诉讼阶段不同而有所差异。具体职责范围，以《刑事诉讼法》及相关司法解释、规范性文件规定为准。其中，2020年《法律援助值班律师工作办法》在总结前期值班律师实践经验基础上，就值班律师的工作职责、运行模式、监督管理、部门协作、经费保障等内容作出了较为全面系统的规定。

关于本条表述，《法律援助法（草案）》初稿第27条的规定是："值班律师依法为当事人提供法律咨询、程序选择建议、申请变更强制措施、对案件处理提出意见等法律帮助。"根据认罪认罚从宽制度的实践需要，《法律援助法（草案）》一审稿第25条增加了第2款规定，明确了值班律师在认罪认罚从宽案件中的相关诉讼权利。针对该条第2款规定，有专家建议增加以下内容，以全面反映值班律师在认罪认罚案件中的诉讼职责："在认罪认罚案件中，值班律师提供法律帮助时，可以会见在押的犯罪嫌疑人、被告人；查阅案卷材料，了解案情。"对此，也有实务部门持同样的修改建议，强调认罪认罚案件中的值班律师应当享有充分的会见权与阅卷权。理由如下：一方面，与2019年《关于适用认罪认罚从宽制度的指导意见》中有关赋予值班律师会见权、阅卷权的相关规定进行衔接；另一方面，旨在突出和明确认罪认罚案件中值班律师具备会见、查阅案卷材料的权利与职责。值班律师未经阅卷和会见，无法有针对性地释明与犯罪嫌疑人、被告人有关的法律规定；无法把握犯罪嫌疑人、被告人是否构成犯罪、是构成此罪还是彼罪、是否自愿认罪认罚，难以准确就其定罪量刑、诉讼程序适用等与犯罪嫌疑人进行沟通和向办案机关提出意见。因此，值班律师未经阅卷和会见更不宜在场见证犯罪嫌疑人签署认罪认罚具结书。

在公开听取意见基础上，二审稿对此进行了三处修改。

一是删去一审稿新增的第2款规定。事实上，在法律援助领域，值班律师只是一种法律服务形式；至于值班律师在刑事案件中享有何种具体职责，不宜也不应当由《法律援助法》作出规定，而应当留给《刑事诉讼法》及其司法解释、规范性文件做整体性谋划。

二是增加"应当"一词，强调"凡没有辩护人的"，都属于值班律师的服务对象。

三是将"当事人"修改为"没有辩护人的犯罪嫌疑人、被告人"，明确了值班律师服务的范围，仅限于辩方，以期与刑事诉讼法相关规定保持一致。在法律上，"当事人"是一个宽泛的概念，而且不限于刑事诉讼的当事人。因此，在征求意见过程中，有专家指出，该条规定应当与《刑事诉讼法》第36条规定保持一致，将值班律师服务定位为刑事辩护权的必要保障。同时，根据值班律师全覆盖的立法精神，明确"凡没有辩护人的"犯罪嫌疑人、被告人，值班律师都应当提供法律帮助。

在对《法律援助法（草案）》进行第三次审议时，立法者继续接受了上述二审稿的修改建议。

一审稿	二审稿
第二十五条　值班律师依法为当事人提供法律咨询、程序选择建议、申请变更强制措施、对案件处理提出意见等法律帮助。 　　在认罪认罚案件中，值班律师应当向没有委托辩护人的犯罪嫌疑人、被告人释明有关法律规定，就定罪量刑、诉讼程序适用等向办案机关提出意见，在场见证犯罪嫌疑人签署认罪认罚具结书。	**第二十七条**　值班律师**应当**依法**为没有辩护人的犯罪嫌疑人、被告人**提供法律咨询、程序选择建议、申请变更强制措施、对案件处理提出意见等法律帮助。

【条文释义】

本条规定重申了《刑事诉讼法》第 36 条的内容。根据该条规定，值班律师的服务对象是"没有辩护人的犯罪嫌疑人、被告人"；值班律师服务是"提供法律咨询等有限且具体的临时性法律帮助"。

一、值班律师服务的对象

值班律师制度是刑事法律援助制度的必要补充。目前我国刑事法律援助制度的覆盖面相对较窄，受此影响，绝大多数案件的犯罪嫌疑人、被告人，既无力或不愿自行委托辩护人，又不符合"应当予以援助的"法定强制辩护条件。因此，在我国刑事司法实践中，大约有 75% 的犯罪嫌疑人、被告人是在没有辩护人协助下接受追诉和审判的。例如，有研究者通过对中国裁判文书网 2013 年至 2017 年五年间裁判文书的大数据分析，得出的结论是："刑事辩护率仍然偏低。尽管律师辩护率持续上升，但仍然只有五分之一的被告人能够获得律师辩护。"[1]也有研究者通过对中国裁判文书网 2015 年、2016 年两年间四川省法院系统上传的裁判文书进行大数据分析，得出的结论是："2015 年全省上网案件辩护率为 25.6%，2016 年为 22.8%。在上网案件的基础上再加权考虑所有未上网案件，包括但不限于未成年人案件，代入公式计算，得出四川省的全局辩护率：2015 年为 29.3%，2016 年为 26.7%。相

---

〔1〕　王禄生："论刑事诉讼的象征性立法及其后果：基于 303 万判决书大数据的自然语义挖掘"，载《清华法学》2018 年第 6 期。

比于既有的很多研究，这属于比较高的辩护率。"[1]在我国刑事辩护率总体偏低的情形下，对于绝大多数既没有自行委托辩护人、法律援助机构又没有为其指派律师提供辩护的犯罪嫌疑人、被告人而言，值班律师服务无疑是其唯一可以获得执业律师帮助的法律渠道。

值班律师是一种基础性的法律援助服务。在积极推进刑事辩护全覆盖的改革背景下，鉴于为所有犯罪嫌疑人、被告人提供完整的刑事辩护服务既不现实，也不必要，故此，立法采取了一种相对折衷的办法。即，通过值班律师服务全覆盖，让所有没有辩护人的犯罪嫌疑人、被告人都能够得到最基本的法律帮助。

在我国当前经济社会发展条件下，值班律师全覆盖是刑事辩护全覆盖的一种阶段性成果。尽管外国有谚语说"半个律师，不是律师"，但是，相对于之前只能依靠犯罪嫌疑人、被告人自行辩护而言，值班律师服务的存在无疑是一种制度进步。

在制度设计上，值班律师制度有两个基本特点：第一，值班律师本质上是一种补充性的制度。即，如果犯罪嫌疑人、被告人已经有辩护人，则不再享有值班律师服务的权利。只有那些"没有辩护人的犯罪嫌疑人、被告人"，才有权获得值班律师提供的法律帮助。因此，凡是没有辩护人的犯罪嫌疑人、被告人，均有权获得值班律师服务；人民法院、人民检察院、公安机关及司法行政机关（法律援助机构）应当依法保障他们及时获得值班律师的法律帮助。第二，在适用条件上，值班律师制度又是一种低门槛、普惠制的法律援助服务形式。因此，与传统法律援助不同，值班律师不以经济困难为条件，无需进行实质审查。简言之，无论犯罪嫌疑人、被告人的经济状况如何，涉嫌何种罪名，处于哪个刑事诉讼阶段，只要没有辩护人予以协助，均有权申请值班律师法律帮助。而且，在刑事诉讼进程中，同一个犯罪嫌疑人、被告人可以根据需要，多次申请值班律师的法律帮助。

二、值班律师服务的内容

本条重述了《刑事诉讼法》第36条第1款关于值班律师一般职责的规定。具体而言，值班律师提供的法律帮助是有限的、法定的。具体内容包括提供法律咨询、程序选择建议、申请变更强制措施、对案件处理提出意见等形式。

（一）法律咨询

值班律师提供法律咨询，应当遵守2020年《法律援助值班律师工作办法》第7条、第17条的规定。具体而言，在提供法律咨询时，值班律师应当记录犯罪嫌疑人、被告人涉嫌的罪名、咨询的法律问题、提供的法律解答。在此基础上，依照规定给予准确、专业的法律解答。这包括，值班律师应当告知犯罪嫌疑人、被告人有

---

[1] 左卫民、张潋瀚："刑事辩护率：差异化及其经济因素分析——以四川省2015—2016年一审判决书为样本"，载《法学研究》2019年第3期。

关法律帮助的相关规定，结合案件所在的诉讼阶段解释相关诉讼权利和程序规定，解答犯罪嫌疑人、被告人咨询的法律问题。在咨询方式上，原则上应当以面对面咨询为原则。在必要时，也可以采取电话咨询、网络视频咨询等方式。

为了保障犯罪嫌疑人、被告人的合法诉讼权利与权益，值班律师应当注重从程序性法律咨询内容与实体性法律咨询内容出发，提供法律咨询服务。

一是法律咨询的程序性内容。值班律师首先应当根据犯罪嫌疑人、被告人所在的诉讼阶段，以通俗易懂的语言介绍该刑事诉讼阶段有关诉讼权利义务的相关规定以及相关的程序流程；告知犯罪嫌疑人、被告人权利的行使方式以及放弃权利和违反法定义务可能产生的法律后果。依据刑事诉讼法以及法律援助法规定，以上程序性事项告知应当包括但不限于以下几种类型：（1）不被强迫证实自己有罪的权利；（2）有关认罪认罚从宽的法律规定；（3）获得法律援助的权利并询问其是否申请法律援助；（4）拘留羁押期限以及申请取保候审、羁押必要性审查等法律规定；（5）对办案人员的违法取证行为提出申诉和控告的权利；（6）依法申请办案人员回避的权利；（7）有知悉鉴定意见内容并提出异议的权利；（8）有关侦查程序的相关规定，对侦查人员制作的讯问笔录有核对、补充、更正的权利以及在确认笔录没有错误后应当签名的义务；（9）其他相关程序性事项。

二是法律咨询的实体性内容。在法律咨询过程中，值班律师应当围绕咨询问题，就定罪量刑及证据法等问题提供法律咨询。法律咨询的实体性内容包括但不限于以下内容：（1）刑法及相关司法解释关于犯罪嫌疑人所涉嫌罪名的相关规定；（2）刑法及相关司法解释关于从重、从轻、减轻以及免于处罚的相关规定；（3）关于刑事案件的举证责任的相关规定；（4）关于证据的含义、种类及收集、使用的相关规定；（5）关于非法证据排除的相关规定。

（二）程序选择建议

在刑事诉讼过程中，程序选择首先是指审判程序选择。根据2018年《刑事诉讼法》规定，我国已经初步形成了"速裁程序—简易程序—普通程序"的多元刑事审判程序格局。因此，针对提供程序选择建议法律帮助，值班律师需要详细解释以上三种不同类型审判程序的特点及其适用条件，告知其不同的程序选择对其诉讼权利及实体权益可能产生的法律后果和影响。以速裁程序为例，值班律师应当向犯罪嫌疑人、被告人详细解释刑事速裁程序的内容和要求，告知选择速裁对其诉讼权利及实体权益可能带来的后果，包括承认指控的犯罪事实、由审判员一人独任审判、开庭时不进行法庭调查和法庭辩论、审理期限及送达期限等缩短、开庭时被告人有权最后陈述等。

此外，针对犯罪嫌疑人、被告人程序选择方面的疑问，值班律师应当对选择的利弊得失，予以全面解答，为犯罪嫌疑人、被告人提出符合其自身情况的最优程序选择建议。

同时，在认罪认罚从宽制度下，程序选择建议还包括是否认罪认罚的选择。值班律师应当主动告知犯罪嫌疑人、被告人认罪认罚的法律后果及其相关规则。如"主动认罪优于被动认罪，早认罪优于晚认罪，彻底认罪优于不彻底认罪，稳定认罪优于不稳定认罪"的量刑减让规则；对可能判处 3 年有期徒刑以下刑罚的认罪认罚案件，检察机关会尽量依法从简从快从宽办理；对于严重危害国家安全、公共安全犯罪，严重暴力犯罪，以及社会普遍关注的重大敏感案件，检察机关会慎重把握从宽，等等。

（三）申请变更强制措施

在申请变更强制措施的法律帮助方面，值班律师如果认为在押的犯罪嫌疑人、被告人符合取保候审或者监视居住条件，或者依法应当予以变更强制措施的，可以向在押的犯罪嫌疑人、被告人说明情况并征询其意见。犯罪嫌疑人、被告人同意申请变更强制措施的，值班律师应当帮助其填写变更强制措施申请书或者羁押必要性审查申请书，并及时将申请材料转交相关单位。

根据 2020 年《法律援助值班律师工作办法》第 9 条规定，犯罪嫌疑人、被告人提出申请羁押必要性审查的，值班律师应当告知其取保候审、监视居住、逮捕等强制措施的适用条件和相关法律规定、人民检察院进行羁押必要性审查的程序；犯罪嫌疑人、被告人已经被逮捕的，值班律师可以帮助其向人民检察院提出羁押必要性审查申请，并协助提供相关材料。

（四）对案件处理提出意见

值班律师对案件处理提出意见是指，值班律师应当根据事实和法律，就本案应当认定何种罪名、是否符合不起诉条件发表意见；对于检察机关决定提起公诉的案件，值班律师应当就具体适用的刑罚种类、执行方式等内容，与检察机关进行协商并发表意见。根据《刑事诉讼法》第 173 条规定，对于没有辩护人协助的案件，"听取值班律师的意见"是检察机关在审查起诉时的必经程序之一。

但需要指出的是，在认罪认罚案件中，值班律师的法律帮助职责有明显扩大的趋势。具体而言，鉴于认罪认罚案件的特殊性，值班律师在认罪认罚案件中给予犯罪嫌疑人、被告人的法律帮助有别于非认罪认罚案件。例如，依据 2020 年《法律援助值班律师工作办法》第 7 条第 2 款规定，犯罪嫌疑人、被告人认罪认罚的，值班律师应当了解犯罪嫌疑人、被告人对被指控的犯罪事实和罪名是否有异议，告知被指控罪名的法定量刑幅度，释明从宽从重处罚的情节以及认罪认罚的从宽幅度，并结合案件情况提供程序选择建议。

基于此，在值班律师一般职责基础上，根据《刑事诉讼法》第 173 条、第 174 条及 2020 年《法律援助值班律师工作办法》第 7 条、第 8 条、第 10 条等规定，认罪认罚案件中，值班律师还需就以下事项提供相应的法律帮助。

（1）就案件处理发表意见。根据《刑事诉讼法》第 173 条第 2 款、2020 年《法律援助值班律师工作办法》第 8 条第 1 款规定，犯罪嫌疑人认罪认罚的，检察机关应当就涉嫌的犯罪事实、罪名及适用的法律规定，从轻、减轻或者免除处罚等从宽处罚的建议，认罪认罚后案件审理适用的程序等事项听取值班律师的意见。其中，针对案件处罚建议（主要指量刑建议）听取值班律师的意见，有学者将其称为我国的"听取意见式司法机制"，[1]这也是学界普遍认为认罪认罚从宽制度中存在控辩双方量刑协商机制的渊源所在。基于此，认罪认罚案件中，值班律师应当重点就检察机关提出的量刑建议等处罚建议与后者展开协商。

此外，为了保证值班律师能够实质性参与认罪认罚协商，相关司法解释规定，值班律师享有查阅案卷材料、会见犯罪嫌疑人或者被告人、提出书面意见等诉讼权利。

（2）帮助犯罪嫌疑人了解自愿认罪认罚的法律后果。在认罪认罚案件中，值班律师应当协助犯罪嫌疑人真正了解认罪认罚的法律规定及其法律后果，确保其认罪认罚的真实性与自愿性；协助犯罪嫌疑人与检察人员进行沟通协商，提供程序选择建议；应当协助犯罪嫌疑人签署认罪认罚具结书。犯罪嫌疑人自愿认罪认罚的，在签署认罪认罚具结书时，值班律师应当在场见证。值班律师应确保认罪认罚具结书的公正性与公平性（包括罪名认定、刑罚适用、程序选择等）；如果遇到非自愿认罪认罚的，应当依法维护犯罪嫌疑人合法权益。需要特别予以指出的是，当前司法实践中，值班律师的法律帮助并未取得预期的改革实效，[2]对此，未来应当进一步保障值班律师发挥其应然的法律帮助功能，确保犯罪嫌疑人认罪认罚的自愿性与真实性。

（3）犯罪嫌疑人签署认罪认罚具结书时在场。如果值班律师对犯罪嫌疑人认罪认罚自愿性、人民检察院量刑建议、程序适用等均无异议，应当在具结书上签名，同时留存一份复印件归档。有异议的，值班律师在确认犯罪嫌疑人系自愿认罪认罚后，应当在具结书上签字，同时可以向人民检察院提出法律意见。

---

〔1〕　参见闫召华："听取意见式司法的理性建构：以认罪认罚从宽制度为中心"，载《法制与社会发展》2019 年第 4 期。

〔2〕　目前实践中确实存在犯罪嫌疑人、被告人适用认罪认罚从宽制度时权利保障不足的情况，如无法获得切实有效的律师帮助。参见汪海燕："三重悖离：认罪认罚从宽程序中值班律师制度的困境"，载《法学杂志》2019 年第 12 期。

第三十一条【民事、行政：基本事项】

下列事项的当事人，因经济困难没有委托代理人的，可以向法律援助机构申请法律援助：

（一）依法请求国家赔偿；

（二）请求给予社会保险待遇或者社会救助；

（三）请求发给抚恤金；

（四）请求给付赡养费、抚养费、扶养费；

（五）请求确认劳动关系或者支付劳动报酬；

（六）请求认定公民无民事行为能力或者限制民事行为能力；

（七）请求工伤事故、交通事故、食品药品安全事故、医疗事故人身损害赔偿；

（八）请求环境污染、生态破坏损害赔偿；

（九）法律、法规、规章规定的其他情形。

【条文要旨】

本条是关于民事、行政领域法律援助范围的规定，是民事、行政领域法律援助事项的最低国家标准。根据该条规定，对于符合本条规定的民事、行政事项，因经济困难而无力委托诉讼代理人的公民有权申请法律援助。除本条前8项列明的基础性事项外，第9项中进一步规定了民事、行政领域法律援助的补充性事项（该项中"法律"层面上的其他情形仍属于基础性援助事项），即司法部部门规章、各省市地方性法规可以"在财政可承受范围内"，将人民群众迫切需要的其他法律事项纳入法律援助范围，以期在力所能及的范围内最大限度地保障人民群众获得法律援助的权利。

本法第32条规定了民事、行政法律援助领域的优先性事项。

【立法背景】

坚持以人民为中心的基本原则，注重加强普惠性、基础性、兜底性民生建设，构建完备的"弱有所扶"的基本公共法律服务体系，通过法律援助服务更好满足人民日益增长的美好生活需要，一直是我国法律援助事业发展的基本理念之一。但是，作为社会主义民生工程建设的组成部分，法律援助服务的范围必须遵循"量力而行、尽力而为"的原则，确保与经济社会发展程度相适应。

在民事、行政领域，各国法律援助制度均实行有限范围原则，以有针对性地保障与人民群众基本生活密切相关的问题。在立法技术上，西方国家常通过规定优先事项或除外事项的方式明确法律援助的事项范围。例如，澳大利亚采取优先事项方式。2010 年《澳大利亚法律帮助服务国家合作协议》之《附录 A》规定联邦经费对优先事项优先资助，除刑事优先事项外，还包括家庭法优先事项、民事法优先事项和申请人特殊情况优先事项等。英国采取优先事项和除外事项相结合的方式。1999 年《英国获得正义法》第 6-（1）条规定了社区（民事）法律服务的优先顺序，其中"符合大法官作出的任何指示"排在首位；该法"附录 2：社区法律服务排除的服务"第 1 条明确规定，将人身伤害或死亡（医疗过失除外）、不动产转让、边界纠纷、遗嘱订立、信托事务、侮辱或恶意诽谤、公司或合伙事务、企业经营中出现的事务等排除在外。美国法律服务公司原则性规定仅代理无法雇用社会律师的案件，而《美国案件法律服务报告手册（2008）》从规范案件统计的角度明确了 10 类民事案件类型，包括消费者权益、教育、就业、家庭法、未成年人、健康与医疗、住房、收入保障、个人权利、其他等，实践中很少对诽谤案、人身伤害案、员工赔偿案、专利或版权案、不动产案、商业交易案等提供援助。[1]

在我国，针对民事、行政法律援助领域，此次《法律援助法》同样采取了通过划分优先等级明确法律援助范围的立法模式：在优先等级上，本法第 32 条规定了优先性事项（不受经济困难条件限制），第 31 条则对基础性事项及补充性事项作了规定。

其中，针对民事、行政法律援助领域内的基础性事项及补充性事项，2003 年《法律援助条例》曾进行了相关探索。《法律援助条例》第 10 条规定："公民对下列需要代理的事项，因经济困难没有委托代理人的，可以向法律援助机构申请法律援助：（一）依法请求国家赔偿的；（二）请求给予社会保险待遇或者最低生活保障待遇的；（三）请求发给抚恤金、救济金的；（四）请求给付赡养费、抚养费、扶养费的；（五）请求支付劳动报酬的；（六）主张因见义勇为行为产生的民事权益的。省、自治区、直辖市人民政府可以对前款规定以外的法律援助事项作出补充规定。公民可以就本条第一款、第二款规定的事项向法律援助机构申请法律咨询。"基于以上规定，一般认为，在民事、行政领域，申请法律援助仅限于上述法定援助范围的事项。

十八届四中全会提出了"扩大法律援助范围"的改革要求。2015 年两办《关于完善法律援助制度的意见》提出"扩大民事、行政法律援助覆盖面"的一系列具体措施："各省（自治区、直辖市）要在《法律援助条例》规定……法律援助范围的基础上，逐步将涉及劳动保障、婚姻家庭、食品药品、教育医疗等与民生紧密相关的事项纳入法律援助补充事项范围，帮助困难群众运用法律手段解决基本生产生活方面的问题。综合法律援助资源状况、公民法律援助需求等因素，进一步放宽

---

[1] 黄东东："民事法律援助范围立法之完善"，载《法商研究》2020 年第 3 期。

经济困难标准，降低法律援助门槛，使法律援助覆盖人群逐步拓展至低收入群体，惠及更多困难群众。认真组织办理困难群众就业、就学、就医、社会保障等领域涉及法律援助的案件，积极提供诉讼和非诉讼代理服务，重点做好农民工、下岗失业人员、妇女、未成年人、老年人、残疾人和军人军属等群体法律援助工作，切实维护其合法权益。"

值得注意的是，有人大代表认为，根据"应援尽援"的改革精神，应当取消法律援助案件事项范围的限制，现有的法律援助事项范围限制，将很多符合经济困难标准但不在援助事项范围内的主体排除在外，与"应援尽援"的要求不符，离实现普遍的公平正义也有距离……如果说，以往对法律援助范围进行限制，有对政府财力保障压力的考量，也有对法律援助机构人员不足的考虑，那随着经济社会的发展及法律援助机构人员的增加，全面放开法律援助事项范围已具有可行性。其进一步认为，取消法律援助事项范围之后，可以设置案情事实标准（即申请人有充分理由证明为保障自己合法权益需要法律援助），将一些明显无法得到法律支持的诉求过滤掉；同时，通过负面清单的方式，明确不予法律援助的情形；建立法律援助案件优先制，明确在同等条件下应当优先援助的事项。[1]

在我国法律援助实践中，各地法律援助实践在扩大法律援助范围方面积累了丰富的实践经验。其中，除降低法律援助门槛（提高经济困难标准或免予经济困难审查），在扩大法律援助范围方面，可以将各地法律援助实践概括为三种模式："扩大事项范围""建立负面清单"和"取消法律援助范围限制"。

一是"扩大事项范围"。即在国家规定的事项范围基础上，通过直接列举的方式进一步扩大法律援助事项范围。例如，浙江省将困难群众因劳动争议或事故造成人身损害等15类事项纳入法律援助事项范围；江苏省张家港市在国家和省规定事项范围的基础上增加了6类事项，盐城将假种子、假农药、假化肥等坑农害农案件的受害人纳入法律援助事项范围等。[2]

二是"建立负面清单"。即综合考虑本地区经济发展水平、城乡居民收入增长情况、财政保障能力、法律援助资源状况、群众法律援助需求等因素，通过编制法律援助事项负面清单细化明确不予法律援助事项范围，仔细甄别认定需纳入负面清单事项。例如，作为全国四个试点省份之一，江苏省在南通、苏州、泰州等地组织开展援助事项负面清单试点，对负面清单以外事项全部提供法律援助。[3]其中，

〔1〕 李薇："建议取消法律援助事项范围限制"，载《新京报》2018年3月18日，第A02版。
〔2〕 参见司法部："扩范围降门槛更好服务困难群众"，载司法部公众号，https://mp.weixin.qq.com/s/9RoTBc46lkfeY9qDpgbyOQ，最后访问时间：2021年8月12日。
〔3〕 参见司法部："扩范围降门槛更好服务困难群众"，载司法部公众号，https://mp.weixin.qq.com/s/9RoTBc46lkfeY9qDpgbyOQ，最后访问时间：2021年8月12日。

泰州市还专门出台《民事法律援助事项范围负面清单（试行）》，以最高人民法院民事案件案由为依据，对民事案件案由逐条逐项甄别、筛选，编制出了符合泰州市本地实际的负面清单。[1]

三是"取消法律援助范围限制"。即完全取消法律援助申请事项范围限制。一些省份（如广东省、山东省）的法律援助条例已经明确取消了法律援助范围的限制；一些地方（如成都[2]、苏州[3]）也在一定程度上取消了法律援助范围的限制。

在立法体例上，基于扩大民事、行政法律援助范围的考虑，在保留《法律援助条例》已有援助事项规定基础上，此次《法律援助法》进一步扩大了民事、行政基础性事项范围。此外，还增加了"不受经济困难条件的限制"的规定（第32条）、"免予核查经济困难状况"的规定（第42条）。其中，根据第32条规定，对于"不受经济困难条件的限制"的法定案件类型，立法取消了经济困难的"门槛"，只要当事人提出申请，就应当予以援助。因此，在供需关系上，属于"有求必应"的强制性规定；在程序上，无需进行第41条规定的"如实说明"及核查程序。根据第42条规定，对于"免予核查经济困难状况"的法定群体，法律推定其符合"经济困难状况"。因此，在程序上，申请人依然需要根据第42条规定进行个人诚信承诺；只不过，除非有证据表明其根本不符合经济困难条件，法律援助机构应当推定其符合经济困难标准，径行决定予以援助。故此，在立法上，第32条、第42条、第31条规定之间，事实上体现了一种立法的价值导向；根据这一价值导向，我们可以在民事、行政法律援助领域内划分出不同的优先性等级：在同等条件下，应当优先办理第32条规定的法律援助事项，第42条涉及的法定群体次之，然

---

[1] 参见孙丹丹："泰州市试点法律援助'负面清单'"，载中共江苏省委新闻网，http://www.zgjssw.gov.cn/shixianchuanzhen/taizhou/202009/t20200904_6790536.shtml，最后访问时间：2021年8月13日。

[2] 2020年新修订的《成都市法律援助条例》，取消了原条例规定申请法律援助限于请求国家赔偿、请求发给抚恤金救济金等十类事项的限制，转而明确规定只要申请事项依法在本市内审理或者处理，且因维护自身合法权益需要无偿法律服务的经济困难群众，就可以申请法律援助。参见司法部："成都市修订法律援助条例 降低法律援助申请门槛"，载司法部公众号，https://mp.weixin.qq.com/s/qXKz78a ZnuP-KQsUPlHdcSQ，最后访问时间：2021年8月12日。

[3] 据报道，苏州市对高龄、孤寡、失能、失独老人，困境儿童、重度残疾人、重病患者等特殊困难群体，免予法律援助经济状况审查，取消法律援助事项范围限制。此外，对追索劳动报酬、工伤赔偿事项，将免予经济状况审查，由农民工拓展至所有困难人群。对遭受家庭暴力、虐待或者遗弃的受害方，安全生产事故、环境污染事故、食品药品安全事故的被害人及其近亲属追索人身权利损害赔偿，因见义勇为、实施志愿服务、为保护社会公共利益而遭受损害请求赔偿补偿的，免予经济状况审查。同时，深入推进法律援助事项范围负面清单试点，将婚姻家庭、普通合同纠纷，以及涉及土地承包、林权纠纷、假冒伪劣农资等与民生密切相关的事项纳入法律援助范围。参见王小兵、党卫民："苏州扩大法律援助覆盖面"，载中国发展网，http://jjdf.chinadevelopment.com.cn/yq/2021/08/1739219.shtml，最后访问时间：2021年8月12日。

后是本条规定的常规性法律援助事项。

其中，关于法律援助范围的规定，《法律援助法》延续了《法律援助条例》的立法体例和条文框架。关于民事、行政领域的法律援助范围，《法律援助法（草案）》初稿第24条规定："公民对下列需要代理的事项，因经济困难没有委托代理人的，可以向法律援助机构申请法律援助：（一）依法请求国家赔偿的；（二）请求给予社会保险待遇或者最低生活保障待遇的；（三）请求发给抚恤金、救济金的；（四）请求给付赡养费、抚养费、扶养费的；（五）请求支付劳动报酬的；（六）主张因见义勇为行为产生的民事权益的；（七）请求工伤事故、交通事故、食品药品安全事故、医疗事故人身损害赔偿的；（八）请求固体废物污染、水污染等环境污染损害赔偿的；（九）法律法规规定的其他情形。"针对该条规定，有专家建议，增加第2款规定，赋予地方立法机关扩大法律援助范围的自主权，即"享有立法权的地方各级人民代表大会及其常务委员会根据本行政区域的经济社会发展程度和法律援助需求，可以适当扩大法律援助的范围"。原因在于：作为国家立法，《法律援助法》关于民事、行政法律援助范围的规定，属于适用全国范围的基本标准、国家标准。考虑到我国各省市经济社会发展状况存在较大差异，同时考虑到一些省市规定的民事、行政法律援助事项范围已经远远超出了草案的规定，根据本法第4条关于"保障法律援助事业与经济社会协调发展"的规定，应当允许具有地方立法权的地区，结合当地经济社会发展程度以及财政支付能力，以地方性法规的方式规定适宜的民事、行政法律援助范围，以更好地满足当地人民群众的法律服务需求。

在初稿基础上，《法律援助法（草案）》一审稿第22条进行了两处修改：一是将"请求给予社会保险待遇或者最低生活保障待遇的"修改为"请求给予社会保险待遇或者社会救助的"；二是删除了"请求发给救济金"的内容。针对该条有关"请求工伤事故、交通事故、食品药品安全事故、医疗事故人身损害赔偿"的规定，有实务部门建议将其修改为"请求因提供劳务发生的人身损害赔偿、交通事故人身损害赔偿、食品药品安全事故人身损害赔偿、医疗损害赔偿的"。理由有二：一是，"工伤事故"属劳动争议，应循劳动争议处理程序，此处应当是指劳务关系中提供劳务一方发生的人身损害赔偿，对此应作明确表述；二是，"医疗事故"的外延较小，而实践中医疗机构不构成医疗事故，但对患者造成医疗损害的情况较为常见，为维护在医疗损害中权利受损的当事人，建议将"医疗事故"改为"医疗损害"。

在公开听取意见后，《法律援助法（草案）》二审稿对该条民事、行政法定援助事项范围的具体表述进行了修改：一是将"请求支付劳动报酬"修改为"请求确认劳动关系或者支付劳动报酬"；二是将"请求固体废物污染、水污染等环境污染损害赔偿的"修改为"请求环境污染、生态环境损害赔偿"；三是将"主张因见义勇为行为产生的民事权益的"情形，纳入二审稿第29条"不受经济困难条件的限制"的范围。

在第三次审议中，有的常委会委员提出，认定公民无民事行为能力或者限制民事行为能力，关系公民重大权益，建议纳入可以申请法律援助的事项范围。故此，《法律援助法》第31条增加了"请求认定公民无民事行为能力或者限制民事行为能力"的内容。

一审稿	二审稿	《法律援助法》
第二十二条　公民对下列需要代理的事项，因经济困难没有委托代理人的，可以向法律援助机构申请法律援助： （一）依法请求国家赔偿的； （二）请求给予社会保险待遇或者社会救助的； （三）请求发给抚恤金的； （四）请求给付赡养费、抚养费、扶养费的； （五）请求支付劳动报酬的； （六）主张因见义勇为行为产生的民事权益的； （七）请求工伤事故、交通事故、食品药品安全事故、医疗事故人身损害赔偿的； （八）请求固体废物污染、水污染等环境污染损害赔偿的； （九）法律法规规定的其他情形。	第二十八条　**下列事项的当事人**，因经济困难没有委托代理人的，可以向法律援助机构申请法律援助： （一）依法请求国家赔偿； （二）请求给予社会保险待遇或者社会救助； （三）请求发给抚恤金； （四）请求给付赡养费、抚养费、扶养费； （五）请求**确认劳动关系**或者支付劳动报酬； （六）请求工伤事故、交通事故、食品药品安全事故、医疗事故人身损害赔偿； （七）请求**环境污染、生态破坏损害赔偿**； （八）**法律、法规、规章规定的其他情形。**	第三十一条　下列事项的当事人，因经济困难没有委托代理人的，可以向法律援助机构申请法律援助： （一）依法请求国家赔偿； （二）请求给予社会保险待遇或者社会救助； （三）请求发给抚恤金； （四）请求给付赡养费、抚养费、扶养费； （五）请求确认劳动关系或者支付劳动报酬； （六）**请求认定公民无民事行为能力或者限制民事行为能力**； （七）请求工伤事故、交通事故、食品药品安全事故、医疗事故人身损害赔偿； （八）请求环境污染、生态破坏损害赔偿； （九）法律、法规、规章规定的其他情形。

【条文释义】

根据本条规定，对于民事、行政事项，当事人申请法律援助时，应当同时符合两方面的要求：一是，申请的事项属于法定援助范围；二是，符合经济困难标准。其中，关于经济困难标准问题，详见第34条、第41条、第42条规定。在此，主要讨论法律援助范围问题。

2015年两办《关于完善法律援助制度的意见》强调："法律援助工作是一项重

要的民生工程，要把维护人民群众合法权益作为出发点和落脚点，紧紧围绕人民群众实际需要，积极提供优质高效的法律援助服务，努力让人民群众在每一个案件中都感受到公平正义。"其中，就民事、行政法律援助范围而言，《法律援助法》秉持"紧紧围绕人民群众实际需要"的要求，结合我国法律援助制度的实践探索和经验，明确了民事、行政法律援助的具体事项，扩大了法律援助的案件范围。

在立法技术上，《法律援助法》将民事、行政法律援助事项分为两类：一是，"应当予以法律援助的事项"，即优先保障事项。根据第 32 条规定，对于法定类型的事项，"不受经济困难条件的限制"，只要当事人提出申请，就应当予以援助。二是，常规性法律援助事项。值得注意的是，根据国家基本公共服务标准的相关要求，[1] 本法第 31 条规定的法律援助事项又可以进一步区分为：基础事项（即法律援助服务的"国家标准"）和补充事项（即法律援助服务的"地方标准"）。其中，基础事项共 8 类：依法请求国家赔偿；请求给予社会保险待遇或者社会救助；请求发给抚恤金；请求给付赡养费、抚养费、扶养费；请求确认劳动关系或者支付劳动报酬；请求认定公民无民事行为能力或者限制民事行为能力；请求工伤事故、交通事故、食品药品安全事故、医疗事故人身损害赔偿；请求环境污染、生态破坏损害赔偿。应该承认，这 8 类基础性法律援助事项，或者是基于相关法律的要求，[2] 或者是对我国法律援助实践经验的总结。因此，理解起来难度不大。例如，关于"请求国家赔偿"，可以结合《国家赔偿法》《国家赔偿法律援助工作的意见》等相关规定予以理解。

同时，补充事项主要指本条第 9 项中"法规、规章规定的其他情形"（就效力而言，该项中"法律"层面上的其他情形仍属于基础事项）。易言之，在上述民事、行政基础性法律援助事项的基础上，司法部部门规章、各省市地方性法规可以"在财政可承受范围内"，将人民群众迫切需要的其他法律事项纳入法律援助范围，以"保障法律援助事业与经济社会协调发展"。

关于该条规定，主要讨论三方面的内容。

---

〔1〕 国家发展和改革委员会等《关于印发〈国家基本公共服务标准（2021 年版）〉的通知》第 2 条规定："严格界定主要范围。各地要对照《国家标准 2021》认真查缺补漏，进一步细化充实本地区的相关服务标准和服务流程，确保国家标准落地落实。已有国家统一标准的基本公共服务项目，各地区要按照不低于国家标准执行，……服务项目、内容、数量等超出国家标准范围的，要加强事前论证和风险评估，确保符合国家法律法规和制度规定，符合本地区人民群众的迫切需要并控制在财政可承受范围内。"

〔2〕 以"请求环境污染、生态破坏损害赔偿"这一案件类型为例。2016 年《固体废物污染环境防治法》第 84 条第 3 款规定："国家鼓励法律服务机构对固体废物污染环境诉讼中的受害人提供法律援助。"2017 年《水污染防治法》第 99 条第 3 款规定，"国家鼓励法律服务机构和律师为水污染损害诉讼中的受害人提供法律援助"。在此基础上，2021 年 6 月司法部公共法律服务管理局还专门组织编写《环境损害司法鉴定白皮书》，用以支持环境损害方面的法律援助诉求。

一、请求认定公民无民事行为能力或者限制民事行为能力

这是《法律援助法（草案）》第三次审议时，新增加的内容。在《法律援助法（草案）》第三次审议过程中，有委员提出，"认定公民无民事行为能力或者限制民事行为能力，关系公民重大权益"，建议将此类案件纳入法律援助的范围。

根据《民法典》关于"民事权利能力和民事行为能力"的规定，[1]民事行为能力是独立实施民事行为的必要条件。只有具有民事行为能力的人，才可以独立实施一定的民事法律行为，并根据其真实意思表示产生相应的民事法律后果。因此，就自然人而言，是否具有完全的民事行为能力，直接关系到公民进行的民事活动是否具有法律意义。其中，根据《民法典》第24条规定："不能辨认或者不能完全辨认自己行为的成年人，其利害关系人或者有关组织，可以向人民法院申请认定该成年人为无民事行为能力人或者限制民事行为能力人。被人民法院认定为无民事行为能力人或者限制民事行为能力人的，经本人、利害关系人或者有关组织申请，人民法院可以根据其智力、精神健康恢复的状况，认定该成年人恢复为限制民事行为能力人或者完全民事行为能力人。本条规定的有关组织包括：居民委员会、村民委员会、学校、医疗机构、妇女联合会、残疾人联合会、依法设立的老年人组织、民政部门等。"

"认定公民无民事行为能力或者限制民事行为能力"是我国《民事诉讼法》规定的一种特殊程序。根据《民事诉讼法》第177条规定，认定公民无民事行为能力或者限制民事行为能力的案件，适用该法第十五章规定的"特别程序"。其中，为了维护无民事行为能力人或者限制民事行为能力人的合法利益，该法第189条规定："人民法院审理认定公民无民事行为能力或者限制民事行为能力的案件，应当由该公民的近亲属为代理人，但申请人除外。近亲属互相推诿的，由人民法院指定其中一人为代理人。该公民健康情况许可的，还应当询问本人的意见……。"《最高人民法院关于适用〈中华人民共和国民事诉讼法〉的解释》第352条进一步规定："申请认定公民无民事行为能力或者限制民事行为能力的案件，被申请人没有近亲属的，人民法院可以指定经被申请人住所地的居民委员会、村民委员会或者民政部门同意，且愿意担任代理人的个人或者组织为代理人。没有前款规定的代理人的，

---

〔1〕　根据《民法典》第20条、第21条规定，不满八周岁的未成年人、不能辨认自己行为的成年人，是无民事行为能力人，应当由其法定代理人代理实施民事法律行为；《民法典》第19条规定："八周岁以上的未成年人为限制民事行为能力人，实施民事法律行为由其法定代理人代理或者经其法定代理人同意、追认；但是，可以独立实施纯获利益的民事法律行为或者与其年龄、智力相适应的民事法律行为。"第22条规定："不能完全辨认自己行为的成年人为限制民事行为能力人，实施民事法律行为由其法定代理人代理或者经其法定代理人同意、追认；但是，可以独立实施纯获利益的民事法律行为或者与其智力、精神健康状况相适应的民事法律行为。"

由被申请人住所地的居民委员会、村民委员会或者民政部门担任代理人。代理人可以是一人，也可以是同一顺序中的两人。"

认定公民无民事行为能力或者限制民事行为能力案件直接关系到特定自然人能否独立从事民事法律活动，包含着重大法律利益。鉴于此，立法者将此类案件纳入法律援助范围。据此，被申请人的代理人，可以通过申请法律援助，获得法律援助人员的专业化帮助。

从法律服务需求方面看，近年来，认定公民无民事行为能力或者限制民事行为能力的案件数量在迅速增加，存在一定的现实必要性。以"认定公民无民事行为能力或者限制民事行为能力""民事案由""特别程序"等关键词在中国裁判文书网搜索后发现，近年来，"认定公民无民事行为能力或者限制民事行为能力"案件增长迅速（其中 2017 年至 2020 年每年增长 1000 余件），仅 2020 年全年就达到了 3300 余件。

二、请求给予社会保险待遇

社会保险待遇是指在依法缴纳社会保险费的前提下，个人在年老、疾病、工伤、失业、生育等情况下依法享有从国家和社会获得物质帮助的权利。根据《社会保险法》第 10 条第 1 款、第 23 条第 1 款、第 33 条、第 44 条、第 53 条规定，职工应当参加基本养老保险、基本医疗保险、工伤保险、失业保险、生育保险；用人单位和职工应当根据本法规定依法缴纳相关保险费用。《社会保险法》第 4 条规定，"个人依法享受社会保险待遇，有权监督本单位为其缴费情况"。第 58 条第 1 款规定，"用人单位应当自用工之日起三十日内为其职工向社会保险经办机构申请办理社会保险登记。未办理社会保险登记的，由社会保险经办机构核定其应当缴纳的社会保险费"。第 84 条规定："用人单位不办理社会保险登记的，由社会保险行政部门责令限期改正；逾期不改正的，对用人单位处应缴社会保险费数额一倍以上三倍以下的罚款，对其直接负责的主管人员和其他直接责任人员处五百元以上三千元以下的罚款。"

根据《社会保险法》相关规定，用人单位和劳动者应当依法缴纳社会保险费。这是法律明确规定的用人单位和劳动者的义务，用人单位和劳动者无权以协议的方式自由协商处分是否缴纳社会保险。因此，劳动者书面承诺放弃参加社会保险的，因违反法律、法规的强制性规定，此类书面承诺无效。用人单位未为劳动者缴纳社会保险费而产生的损失，均由用人单位承担。如果用人单位以社保补贴的形式向劳动者进行发放，用人单位在依法缴纳社会保险费后可主张返还该部分社保补贴。此外，根据《劳动合同法》第 38 条、第 46 条规定，用人单位未依法缴纳社会保险费的，劳动者有权要求解除劳动合同并要求支付经济补偿。但是，如果劳动者先以自愿为由书面承诺放弃参加社会保险，又以用人单位未缴纳社会保险费为由要求支付经济补偿的，违反诚实信用原则，法律不予支持。

在法律援助实践中，所谓"请求给予社会保险待遇"主要包括三种情形。

一是因用人单位未依法缴纳社会保险，个人有权要求其所在单位为其缴纳的。根据 2011 年《实施〈中华人民共和国社会保险法〉若干规定》第 20 条规定，"职工应当缴纳的社会保险费由用人单位代扣代缴"。第 24 条规定，"用人单位未按月将缴纳社会保险费的明细情况告知职工本人的，由社会保险行政部门责令改正；逾期不改的，按照《劳动保障监察条例》第 30 条的规定处理"。据此，用人单位未依法为职工办理社会保险登记、未依法补交、未依法代扣代缴或者中断缴纳的，个人有权向社会保险行政部门反映情况。各级社会保险行政部门的名称为：人力资源和社会保障部、省人力资源和社会保障厅、市人力资源和社会保障局、县或区人力资源和社会保障局。对于此类情形，法律援助机构可以提供必要的法律咨询，引导个人依法向社会保险行政部门反映情况。

二是职工与所在用人单位发生社会保险争议的。根据 2011 年《实施〈中华人民共和国社会保险法〉若干规定》第 27 条规定，职工与所在用人单位发生社会保险争议的，可以依照《劳动争议调解仲裁法》《劳动人事争议仲裁办案规则》的规定，申请调解、仲裁，提起诉讼。其中，职工认为用人单位有未按时足额为其缴纳社会保险费等侵害其社会保险权益行为的，也可以要求社会保险行政部门或者社会保险费征收机构依法处理。社会保险行政部门或者社会保险费征收机构应当按照《社会保险法》和《劳动保障监察条例》等相关规定处理。在处理过程中，用人单位对双方的劳动关系提出异议的，社会保险行政部门应当依法查明相关事实后继续处理。对于此类情形，法律援助机构可以根据纠纷解决方式，提供法律援助代理服务。

三是用人单位或者个人认为社会保险费征收机构的行为侵害自己合法权益的。根据《社会保险法》第 83 条第 1 款、第 2 款规定，用人单位或者个人认为社会保险费征收机构的行为侵害自己合法权益的，可以依法申请行政复议或者提起行政诉讼。用人单位或者个人对社会保险经办机构不依法办理社会保险登记、核定社会保险费、支付社会保险待遇、办理社会保险转移接续手续或者侵害其他社会保险权益的行为，可以依法申请行政复议或者提起行政诉讼。对于此类情形，法律援助机构可以就行政复议或行政诉讼提供代理服务。

三、请求给予社会救助

社会救助是指国家和社会对由于各种原因而陷入生存困境的公民，给予财物接济和生活扶助，以保障其最低生活需要的制度。社会救助制度是关系人民群众基本生活保障的重大制度安排。

根据国务院《关于印发"十三五"推进基本公共服务均等化规划的通知》，社会救助是社会保障体系的重要组成部分，是我国基本公共服务事项之一。

社会救助事关困难群众基本生活和衣食冷暖，关系民生、连着民心，是一项兜底性、救急难、保民生、促公平的基础性制度安排。2014 年，国务院公布了《社会救助暂行办法》。作为十三届全国人民代表大会常务委员会公布的立法规划事项之一，2020 年 9 月 7 日，民政部、财政部《社会救助法（草案征求意见稿）》全文公布。〔1〕该征求意见稿规定，我国公民在依靠自身努力难以维持基本生活的情形下，享有申请和获得社会救助的权利。具体而言，社会救助对象包括下列家庭或者人员：（1）最低生活保障家庭；（2）特困人员；（3）低收入家庭；（4）支出型贫困家庭；（5）受灾人员； （6）生活无着的流浪乞讨人员； （7）临时遇困家庭或者人员；（8）需要急救，但身份不明或者无力支付费用的人员；（9）省、自治区、直辖市人民政府确定的其他特殊困难家庭或者人员。此外，对法定社会救助对象范围的家庭或者人员，根据其家庭经济状况或者实际困难，分类给予相应的社会救助：（1）最低生活保障；（2）特困人员救助供养；（3）医疗救助；（4）疾病应急救助；（5）教育救助；（6）住房救助；（7）就业救助；（8）受灾人员救助；（9）生活无着的流浪乞讨人员救助；（10）临时救助；（11）法律法规规定的其他社会救助制度。〔2〕《社会救助法（草案征求意见稿）》第 70 条规定，"申请或者已获得社会救助的家庭或者人员，对社会救助管理部门作出的具体行政行为不服的，可以依法申请行政复议或者提起行政诉讼"。《行政复议法》第 6 条第 10 项与《行政诉讼法》第 12 条第 10 项也明确规定，请求给予社会救助属于行政复议、行政诉讼的受案范围。因此，就社会救助存在争议的，申请人既可以先申请行政复议、再提起行政诉讼，也可以不经行政复议径行提起诉讼。个人因请求给予社会救助而申请行政复议或提起行政诉讼的，可以向法律援助机构申请法律援助；法律援助机构应当根据《法律援助法》第 41 条规定进行经济困难审查。

在法律援助实践中，关于社会救助的理解应当具有前瞻性。具体而言，应当从"坚持以人民为中心"的原则出发，结合《社会救助法（草案征求意见稿）》的立法精神和相关规定，认定"请求给予社会救助"的主体范围和救助事项范围。

四、关于本条兜底条款的理解

根据该条规定，民事、行政领域的常规法律援助情形主要有 8 类。此外，在具体列举之后，立法还规定了一项兜底性条款："法律、法规、规章规定的其他情形。"据此，我们认为，该条关于 8 类常规法律援助情形的规定，属于国家最低标准的规定。对于这 8 类案件，各地法律援助机构都应当将其纳入法律援助的范围，

---

〔1〕 2020 年 9 月 7 日，《社会救助法（草案征求意见稿）》全文公布。该草案征求意见稿对我国社会救助制度作了最新的顶层设计与系统部署。

〔2〕 参见《社会救助法（草案征求意见稿）》第 14 条、第 26 条。

并根据本法第41条规定的"说明—核查制"，确保人民群众享有本条规定的最低限度的法律援助权利。除此之外，根据该条兜底性条款的规定，司法部的部门规章、拥有立法权的地方各级人民代表大会及其常务委员会制定的地方法规，可以根据实际情况进一步扩大法律援助范围。因此，在立法功能上，该项兜底性规定相当于授权或容许相应的立法主体，根据实际需要，就民事、行政法律援助范围作出进一步的补充性规定。

就法律援助实践而言，该条兜底性规定具有"瞻前顾后"的双重功能。

所谓"顾后"是指，如果《法律援助法》生效之前法律、法规、规章规定的法律援助范围大于该条具体列举的8种情形，那么，在法律效力上，这些法律、法规、规章的规定依然有效。如果现行法律、法规、规章规定的法律援助范围尚未覆盖该条具体列举的8种情形，则应当适用本法的规定。在此意义上，对于大幅度扩大法律援助范围或取消法律援助范围限制的地方而言，该条规定只具有规范指引意义而不具有实践价值。所谓"规范指引意义"是指，该条所列情形属于国家标准；在同等情形下，应当优先保证这些案件的服务需求。

所谓"瞻前"是指，《法律援助法》生效后，其他法律、行政法规、地方性法规、司法部部门规章可以根据当地的实际法律援助需求，适时扩大法律援助范围，"保障法律援助事业与经济社会协调发展"。当然，在该条规定基础上进一步扩大法律援助范围，应当遵循"量力而行、尽力而为"的原则。在此，需要特别说明的是，在民事、行政领域，法律援助是一项"弱有所扶"的基本公共服务。因此，在援助范围上，应当遵循"尽力而为、量力而行"的原则，确保法律援助服务范围与当地的社会经济相适应并保持同步协调发展。

第三十二条【民事、行政：应当援助事项】

有下列情形之一，当事人申请法律援助的，不受经济困难条件的限制：
（一）英雄烈士近亲属为维护英雄烈士的人格权益；
（二）因见义勇为行为主张相关民事权益；
（三）再审改判无罪请求国家赔偿；
（四）遭受虐待、遗弃或者家庭暴力的受害人主张相关权益；
（五）法律、法规、规章规定的其他情形。

【条文要旨】

本条是关于民事、行政领域应当予以援助事项的规定。根据扩大法律援助范围的立法导向，该条规定，对于法定案件类型，当事人申请法律援助的，不受经济困难条件限制；法律援助机构接到申请后，不再进行经济困难标准审查，直接作出予以援助的决定。因此，该条所列情形，可视为应当予以援助的法定情形。

相较于本法第 31 条规定的基础性、补充性法律援助事项，本条载明的民事、行政法律援助事项不受经济困难条件的限制，属于立法上特别强调的优先性援助事项。

【立法背景】

在立法技术上，2003 年《法律援助条例》关于法律援助范围的规定，属于限定性规定。因此，对于申请事项不属于法定援助范围的，法律援助机构毋庸进行经济困难标准审查，径行作出不予援助的决定。

十八届四中全会《决定》提出了"扩大法律援助范围"的改革任务。据此，2015 年两办《关于完善法律援助制度的意见》在"扩大民事、行政法律援助覆盖面"部分，提出了一系列具体改革措施，例如：逐步扩大法律援助范围；进一步放宽经济困难标准，降低法律援助门槛；等等。根据 2015 年两办《关于完善法律援助制度的意见》的要求，各地法律援助实践就进一步扩大民事、行政领域的法律援助范围进行了积极探索和尝试，积累了丰富的实践经验。

在法律援助立法过程中，为扩大法律援助范围，最初的立法策略是：在有关法律援助范围等条文中，增加若干与民生紧密相关的法律援助事项（详见第 31 条解释）。同时，在审查程序部分，增加"免予审查经济困难状况"的规定。例如，根据《法律援助法（草案）》初稿第 29 条规定，"主张见义勇为产生的民事权益"属于免予经济困难审查的法定情形之一。根据《法律援助法（草案）》一审稿第 34 条的规定，"主张见义勇为产生的民事权益""依照审判监督程序再审改判无罪，原判监禁刑罚已经执行的受害人申请国家赔偿"，均属于免予经济困难审查的法定情形。

在立法技术上，《法律援助法（草案）》二审稿创造性地将民事、行政领域的法律援助事项分为两类：一类需要依法进行经济困难标准审查；一类"不受经济困难条件限制"。在对《法律援助法（草案）》进行第三次审议时，立法者就该条规定仅作个别文字修改。

简言之，立法在扩大法律援助范围的同时，还设定了法律援助事项的优先性等级。具体而言，本条规定的"不受经济困难条件的限制"的法定情形，本质上属于"应当予以援助的法定事项"，带有明显"支持和鼓励"的立法价值导向；故此，对于此类援助事项，只要有申请，就应当予以援助。换句话说，在同等条件下，法律援助机构应当优先安排、重点保证，彰显了民事、行政领域内的法律援助优先原则。

值得注意的是，无论是在法律援助上投入资金较多的发达国家，还是大多数发展中国家，都不同程度地存在着法律援助供不应求的情况。鉴于此，法律援助优先原则是世界各国针对法律援助资源短缺的状况普遍采用的一种工作指导原则。法律援助理论认为，优先原则的基本含义是指在法律援助资源有限的情况下，谁可以优先获得法律援助的权利。在实践中，优先原则一方面体现在国家制定的法律援助的适格标准中，另一方面体现在法律援助的管理者在受理审批当事人的法律援助申请过程中对适格标准把握的尺度上，法律援助优先原则的确定与把握，在很大程度上决定着法律援助公平正义价值的实现，也可以从一个侧面反映出一个国家法治文明的程度。[1]

在我国，法律援助资源有限性的问题更加突出。但值得注意的是，我国此前有关法律援助的法律、法规及规范性文件，往往着眼于"范围问题"，即希望通过划定法律援助范围的方式实现法律援助资源的高效合理运用；至于法定范围内的援助事项，是否应当有个"轻重缓急""优先次序"，则一直缺乏相应的规则和要求。就此，有人大代表曾建议"根据我国法律援助资源条件和社会基础条件，首先优先援助申请法律援助事项关系公民的生存或生命安全权益的；其次在法律援助对象中确定'优先'受援人，即残疾人、妇女、儿童、老年人等社会弱势群体，同时将一些群体性法律援助申请或涉及人数众多、不及时解决可能会危及社会稳定的对社会有较大影响的事项，也纳入优先考虑的范畴"。[2]

鉴于此，《法律援助法》在扩大民事、行政法律援助范围的基础上（第31条），在本条专门增设"不受经济困难条件的限制"的援助事项。"不受经济困难条件的限制"本质上意味着"应当予以援助的法定事项"，因此，一定程度上而言，本条的设立实际上也代表着民事、行政法律援助领域对引入优先原则的尝试：在同等条件下，法律援助机构应当优先安排、重点保证本条列明的援助事项。

一审稿	二审稿
	第二十九条　有下列情形之一，当事人申请法律援助的，不受经济困难条件的限制： （一）英雄烈士近亲属为维护英雄烈士的人格权益； （二）因见义勇为行为主张相关民事权益； （三）再审改判无罪申请国家赔偿； （四）遭受虐待、遗弃或者家庭暴力的受害人主张相关权益； （五）法律、法规、规章规定的其他情形。

---

[1]　桑宁："法律援助'优先原则'之浅见"，载《中国司法》2008年第3期。

[2]　李薇："建议取消法律援助事项范围限制"，载《新京报》2018年3月18日，第A02版。

【条文释义】

本条以列举的方式规定，对于法定案件，当事人申请法律援助的，应当"有求必应""不受经济困难条件的限制"。就其法律效果而言，该条规定具有两方面的意义：一是，在民事、行政领域，模仿刑事强制辩护的规定，确立了"应当予以援助的"法定情形；二是，在民事、行政法律援助事项之间，划定了应当优先保障的事项范围。

关于该条规定，需要说明三点内容。

一、关于"不受经济困难条件的限制"的理解

所谓"不受经济困难条件的限制"是指，对于法定案件，无论当事人是否属于经济困难人群，都依法享有获得法律援助的权利。因此，在申请法律援助时，申请人无须依照本法第 41 条规定说明自己的经济状况；法律援助机构也不需要进行经济困难标准审查。

在此意义上，该条规定所列情形，本质上属于"应当予以援助的事项"：对于申请人而言，无论经济状况如何，都有权获得法律援助；对于法律援助机构而言，收到申请后，只要属于法定事项范围，应当径行作出予以援助的决定。

此外，需要指出的是，该条规定的法律援助，其立法旨趣不是"弱有所扶"，而是"弘扬正气"；其评判依据不是"申请人的经济困难状况"，而是"案件是否蕴含着某种社会利益"。

二、优先援助原则的具体要求

如上文所论，本条规定了民事、行政领域内的优先性法律援助事项。这要求，对于该条列举的事项，应当遵循优先援助原则的要求，优先援助、重点保障。具体而言，在同等条件下，受理此类申请后，应当优先指派法律援助人员予以援助；在法律援助人员的遴选上，应当以充分保障受援人利益为原则，选择经验丰富的法律援助律师予以援助。在法律援助过程中，法律援助机构应当根据本法第 59 条规定重点关注此类案件的服务过程，督促法律援助律师提高法律援助服务质量。

三、本条关涉的具体请求事由

本条中，除第 5 项规定的兜底性事项外，分别列举了"英雄烈士近亲属为维护英雄烈士的人格权益""因见义勇为行为主张相关民事权益""再审改判无罪请求国家赔偿""遭受虐待、遗弃或者家庭暴力的受害人主张相关权益"四类应当予以援助的事项。需要指出的是，从具体表述来看，本条仅载明，针对以上应当予以援助的事项，当事人享有相关特别请求权，但未明确当事人具体的请求事由（立案事由）。故此，从便利受援人角度出发，有必要结合相关法律规定及司法实践，对本条诸事项中的请求事由予以简要明确。

一是，"英雄烈士近亲属为维护英雄烈士的人格权益"中当事人的具体请求事由。对本项中具体请求事由的明确，离不开对"英雄烈士人格权益"内涵的准确认识。根据《民法典》第990条规定，一般而言，人格权益指民事主体享有的生命权、身体权、健康权、姓名权、名称权、肖像权、名誉权、荣誉权、隐私权等权利。但鉴于"英雄烈士"这一主体的特殊性，[1]本项中"英雄烈士的人格权益"具有相对特定性。依据《民法典》第185条规定："侵害英雄烈士等的姓名、肖像、名誉、荣誉，损害社会公共利益的，应当承担民事责任。"此外，《英雄烈士保护法》第22条第2款明确规定："英雄烈士的姓名、肖像、名誉、荣誉受法律保护。任何组织和个人不得在公共场所、互联网或者利用广播电视、电影、出版物等，以侮辱、诽谤或者其他方式侵害英雄烈士的姓名、肖像、名誉、荣誉。任何组织和个人不得将英雄烈士的姓名、肖像用于或者变相用于商标、商业广告，损害英雄烈士的名誉、荣誉。"第25条第1款规定："对侵害英雄烈士的姓名、肖像、名誉、荣誉的行为，英雄烈士的近亲属可以依法向人民法院提起诉讼。"基于此，我们认为，"英雄烈士的人格权益"主要指英雄烈士的姓名权、肖像权、名誉权、荣誉权等权利。据此，当英雄烈士的上述人格权益遭受侮辱、诽谤或者其他方式[2]侵害时，其近亲属可以依法提起诉讼予以维护。[3]

二是，"因见义勇为行为主张相关民事权益"中当事人的具体请求事由。民法理论认为，见义勇为是指行为人没有约定或法定义务，为了保护国家利益、公共利益或他人的合法权益不受或免受损害，而实施的制止侵害、防止损失的行为。《民法典》第183条规定："因保护他人民事权益使自己受到损害的，由侵权人承担民事责任，受益人可以给予适当补偿。没有侵权人、侵权人逃逸或者无力承担民事责

---

〔1〕　立法并未就"英雄烈士"的范围作出明确界定。但理论界权威观点认为，"烈士，是指在革命斗争、建设事业中为人民利益牺牲的人员。""英雄，是指为国家利益、社会利益及为社会主义革命和建设事业作出巨大贡献或成就的人员。"参见中国审判理论研究会民事专业委员会编著：《民法典总则编条文理解与司法适用》，法律出版社2020年版，第336页。我们认为，在这一观点的基础上，基于"传承和弘扬英雄烈士精神、爱国主义精神"的价值导向，应该参照《烈士褒扬条例》第8条、《军人抚恤优待条例》第8条的规定，对"英雄烈士"作扩张性解释。

〔2〕　例如，实践中，侵占英雄烈士纪念设施的行为侵害了英雄烈士的荣誉权。参见江苏省滨海县人民法院（2020）苏0922民初3762号判决书。

〔3〕　需要指出的是，我国民法、刑法对英雄烈士人格权益作了一体化的保护规定。一方面，根据《民法典》第185条、《英雄烈士保护法》第25条第1款规定，英雄烈士近亲属可以就侵害行为提起民事诉讼，请求侵害人承担民事责任；另一方面，《刑法修正案（十一）》新增"侵害英雄烈士名誉、荣誉罪"（《刑法》第299条之一），即"侮辱、诽谤或者以其他方式侵害英雄烈士的名誉、荣誉，损害社会公共利益，情节严重的，处三年以下有期徒刑、拘役、管制或者剥夺政治权利"。因此，根据《刑法》第299条之一、《刑事诉讼法》第101条等条文规定，英雄烈士近亲属可以就诽谤、侮辱或者以其他方式侵害英雄烈士名誉、荣誉的行为，提起刑事附带民事诉讼，请求侵害人在承担刑事责任的同时承担相应的民事责任。

任，受害人请求补偿的，受益人应当给予适当补偿。"由此，以下两点可以明确：其一，"因见义勇为行为主张相关民事权益"的前提是，见义勇为人受害责任的存在，也即，见义勇为人在实施见义勇为行为时，其自身的人身财产遭受到损害；其二，"因见义勇为行为主张相关民事权益"是指，见义勇为人有权要求侵权人承担民事责任（依据《民法典》第1179条规定，侵权损害责任主要包括赔偿医疗费在内的各项合理费用与支出）、受益人给予适当补偿。[1]

三是，"再审改判无罪请求国家赔偿"中当事人的具体请求事由。刑事诉讼理论认为，再审改判无罪是指经过再审确认被告人没有违法行为或者违法行为不构成犯罪而撤销原来的有罪判决。依据《国家赔偿法》第17条规定，当事人因再审改判无罪的，有权向赔偿义务机关申请国家赔偿。同时，依据《最高人民法院关于国家赔偿案件立案工作的规定》第6条第3项规定，"再审改判无罪申请国家赔偿"需要具体的申请事项和理由。

"再审改判无罪请求国家赔偿"的具体理由，应当满足《国家赔偿法》第17条第3项规定，即"依照审判监督程序再审改判无罪，原判刑罚已经执行的"。换句话来说，就本项规定而言，我国国家赔偿遵循的是再审无罪羁押赔偿原则，"重罪再审改判为轻罪""罪名不变，重刑再审改为轻刑"的情形均不属于国家赔偿范围。[2]在"再审改判无罪请求国家赔偿"的具体事项方面，根据《国家赔偿法》第32条、第33条、第34条、第35条等条文规定，当事人可以以人身自由、生命健康权遭受侵犯为由请求赔偿义务机关[3]支付相应的赔偿金，以精神遭受损害为由请求赔偿义务机关在侵权行为影响的范围内，消除影响，恢复名誉，赔礼道歉或者支付相应的精神损害抚慰金。[4]

四是，"遭受虐待、遗弃或者家庭暴力的受害人主张相关权益"中当事人的具体请求事由。一方面，依据《刑法》第234条、第260条、第261条以及《刑事诉讼法》第101条、《最高人民法院关于适用〈中华人民共和国刑事诉讼法〉的解释》第317条等条文规定，当事人有权就家庭暴力行为、遗弃行为所涉嫌的犯罪提起刑事附带民事诉讼，要求侵害人承担相关民事责任；有权就虐待行为提起刑事自诉、附带民事诉讼，要求侵害人承担刑事责任及相关民事责任；另一方面，依据

---

〔1〕 例如，实践中，针对受害责任，有见义勇为人同时主张"侵权人承担医疗费、残疾赔偿金、误工费等民事责任、受益人在其合理损失范围内予以适当补偿"的请求。参见贵州省都匀市人民法院（2020）黔2701民初433号判决书。

〔2〕 参见中华人民共和国最高人民法院赔偿委员会（2020）最高法委赔监233号决定书。

〔3〕 根据《国家赔偿法》第21条第4款规定，再审改判无罪的赔偿义务机关是作出原生效判决的人民法院。

〔4〕 超出国家赔偿范围的申请事项，赔偿义务机关不予支持。参见中华人民共和国最高人民法院赔偿委员会（2020）最高法委赔监217号决定书。

《民法典》第 1067 条规定，当事人有权就虐待、遗弃行为主张抚养费或赡养费；依据《民法典》第 1079 条第 3 款第 2 项规定，当事人有权就家庭暴力行为或者虐待、遗弃行为提起离婚诉讼。

四、关于"家庭暴力的受害人"的法律援助问题

在该条规定的具体适用中，主要问题是如何判断和认定是否属于家庭暴力的受害人？

第一，关于"家庭暴力"的判断。根据《反家庭暴力法》第 2 条，家庭暴力是指家庭成员之间以殴打、捆绑、残害、限制人身自由以及经常性谩骂、恐吓等方式实施的身体、精神等侵害行为。

《反家庭暴力法》第 20 条规定，"人民法院审理涉及家庭暴力的案件，可以根据公安机关出警记录、告诫书、伤情鉴定意见等证据，认定家庭暴力事实"。"两院两部"《关于依法办理家庭暴力犯罪案件的意见》第 11 条规定，"公安机关在办理家庭暴力案件时，要充分、全面地收集、固定证据，除了收集现场的物证、被害人陈述、证人证言等证据外，还应当注意及时向村（居）委会、人民调解委员会、妇联、共青团、残联、医院、学校、幼儿园等单位、组织的工作人员，以及被害人的亲属、邻居等收集涉及家庭暴力的处理记录、病历、照片、视频等证据"。据此，现场的物证、被害人陈述、证人证言，以及相关的处理记录、病例、照片、视频等，都可以作为认定家庭暴力的证据。

一般而言，家庭暴力往往是一种持续性现象。因此，受到家庭暴力一方此前是否曾经向加害人或者受害人所在单位、居民委员会、村民委员会、妇女联合会等单位投诉、反映或者求助，是否曾经向公安机关报案，都是判断是否存在家庭暴力的重要参考依据。参照上述规定，法律援助机构可以通过询问，了解此前是否曾经向有关单位投诉、反映或求助；是否曾经向公安机关报案及公安机关是否出警、是否作出处理；查看其人身伤情等，以便判断是否存在家庭暴力。

第二，关于"家庭暴力受害人"的判断。《反家庭暴力法》第 13 条第 1 款、第 2 款规定，"家庭暴力受害人及其法定代理人、近亲属可以向加害人或者受害人所在单位、居民委员会、村民委员会、妇女联合会等单位投诉、反映或者求助。有关单位接到家庭暴力投诉、反映或者求助后，应当给予帮助、处理。家庭暴力受害人及其法定代理人、近亲属也可以向公安机关报案或者依法向人民法院起诉"。由此可见，当事人遭受家庭暴力的，本人及其法定代理人、近亲属可以向有关单位投诉、反映或求助，也可选择向公安机关报案或者依法提起诉讼。

其中，公安机关是反家庭暴力的重要保护机关。《反家庭暴力法》第 16 条第 1 款规定，"家庭暴力情节较轻，依法不给予治安管理处罚的，由公安机关对加害人给予批评教育或者出具告诫书。"第 33 条规定，"加害人实施家庭暴力，构成违反

治安管理行为的，依法给予治安管理处罚；构成犯罪的，依法追究刑事责任"。由此可见，根据情节严重程度，家庭暴力可以分为三级：情节轻微，不构成治安违法；构成违法行为；构成刑事犯罪。

根据上述规定，遭受家庭暴力的受害人向有关单位投诉、反映或求助属于当事人的自力救济行为；向公安机关报案或向人民法院提起诉讼则属于公力救济手段。当事人在自力救济过程中产生的记录可以作为其申请公力救济的依据。

需要强调的是，根据《反家庭暴力法》上述规定，法律援助机构不是家庭暴力的保护机构。因此，面对遭受家庭暴力的受害人，法律援助机构的职责是帮助其依法行使权利、保护其合法权益。具体而言，法律援助机构的法律援助服务主要包括两种形式：一是，为受害人提供有关家庭暴力的法律咨询，告知家庭暴力受害人依法可以通过哪些途径获得法律保护，引导其依法向有关单位投诉、反映或求助，向公安机关报案或向法院起诉。二是，如果家庭暴力受害人决定依法通过诉讼手段"主张相关权益"时，法律援助机构为其提供诉讼代理服务。

当事人以家庭暴力为由依法主张相关权益，主要包括以下法定情形。

首先，申请人身安全保护令。《反家庭暴力法》第23条规定，"当事人因遭受家庭暴力或者面临家庭暴力的现实危险，向人民法院申请人身安全保护令的，人民法院应当受理。当事人是无民事行为能力人、限制民事行为能力人，或者因受到强制、威吓等原因无法申请人身安全保护令的，其近亲属、公安机关、妇女联合会、居民委员会、村民委员会、救助管理机构可以代为申请"。据此，如果当事人提出向法院申请人身安全保护令的，法律援助机构应当及时提供援助。

其次，因家庭暴力起诉离婚或民事赔偿。在《民法典》中，遭受家庭暴力是起诉离婚的理由之一，《民法典》第1179条规定，"侵害他人造成人身损害的，应当赔偿医疗费、护理费、交通费、营养费、住院伙食补助费等为治疗和康复支出的合理费用，以及因误工减少的收入。造成残疾的，还应当赔偿辅助器具费和残疾赔偿金；造成死亡的，还应当赔偿丧葬费和死亡赔偿金"。因此，如果当事人申请法律援助时，主张因受到家庭暴力要求起诉离婚或者要求起诉请求承担停止侵害、赔礼道歉、赔偿损失等民事责任的，法律援助机构应当提供援助。

最后，家庭暴力构成犯罪的。"两院两部"《关于依法办理家庭暴力犯罪案件的意见》第17条规定，"采取殴打、冻饿、强迫过度劳动、限制人身自由、恐吓、侮辱、谩骂等手段，对家庭成员的身体和精神进行摧残、折磨，是实践中较为多发的虐待性质的家庭暴力。根据司法实践，具有虐待持续时间较长、次数较多；虐待手段残忍；虐待造成被害人轻微伤或者患较严重疾病；对未成年人、老年人、残疾人、孕妇、哺乳期妇女、重病患者实施较为严重的虐待行为等情形，属于刑法第二百六十条第一款规定的虐待'情节恶劣'，应当依法以虐待罪定罪处罚"。故对于遭受持续性、经常性的家庭暴力的申请人,法律援助机构应当予以援助。

根据《法律援助法》第32条规定,因家庭暴力而主张合法权益的,属于法律援助的优先事项。该条的立法旨趣不在于"弱有所扶",而在于"弘扬正气"。故此,法律援助机构提供法律援助服务,不以诉讼结果为准,而应当以协助家庭暴力受害人依法主张相关权益为标准。在实践中,法律援助机构应当适当从宽掌握"家庭暴力受害人的判断标准"。根据《法律援助法》第61条规定,只要法律援助机构及其工作人员并非"故意"为不符合条件的人提供法律援助,即使人民法院最后没有认定成立家庭暴力或者没有支持申请人的诉讼主张,法律援助机构及其工作人员也无需承担任何法律责任。

第三十三条【申诉案件法律援助】

当事人不服司法机关生效裁判或者决定提出申诉或者申请再审,人民法院决定、裁定再审或者人民检察院提出抗诉,因经济困难没有委托辩护人或者诉讼代理人的,本人及其近亲属可以向法律援助机构申请法律援助。

【条文要旨】

本条规定了因申诉而启动再审程序的法律援助。在案件范围上,该条规定既适用于刑事申诉案件,也适用于民事、行政领域的申请再审案件;在主体范围上,既包括为被告人利益提起的申诉案件,也包括为被害人、原告利益提起的申诉案件;在申请法律援助的法定条件上,既要求人民法院、人民检察院已经决定、裁定再审或者提出抗诉,又要求应当符合本法规定的经济困难标准。

【立法背景】

2014年十八届四中全会《决定》指出,"公正是法治的生命线。司法公正对社会公正具有重要引领作用,司法不公对社会公正具有致命破坏作用。必须完善司法管理体制和司法权力运行机制,规范司法行为,加强对司法活动的监督,努力让人民群众在每一个司法案件中感受到公平正义"。同时,为了从制度上解决涉法涉诉信访问题,鼓励人民群众在法治轨道上、法制框架内、法定渠道中有序地表达自己的法律诉求,十八届四中全会《决定》提出:"落实终审和诉讼终结制度,实行诉访分离,保障当事人依法行使申诉权利。对不服司法机关生效裁判、决定的申诉,逐步实行由律师代理制度。对聘不起律师的申诉人,纳入法律援助范围。"据此,2015年两办《关于完善法律援助制度的意见》进一步指出,要"探索建立法律援助参与申诉案件代理制度,开展试点,逐步将不服司法机关生效民事和行政裁判、决定,聘不起律师的申诉人纳入法律援助范围……开展试点,逐步开展为不服司法机关生效刑事裁判、决定的经济困难申诉人提供法律援助的工作"。

为贯彻落实以上重大决策部署,2017年最高人民法院、最高人民检察院、司法部联合发布《关于逐步实行律师代理申诉制度的意见》。该意见指出："实行律师代理申诉制度，是保障当事人依法行使申诉权利，实现申诉法治化，促进司法公正，提高司法公信，维护司法权威的重要途径。""坚持平等、自愿原则。当事人对人民法院、人民检察院作出的生效裁判、决定不服，提出申诉的，可以自行委托律师；人民法院、人民检察院可以引导申诉人、被申诉人委托律师代为进行。"该意见同时就"法律援助参与申诉案件代理"作了具体的制度安排：其一，明确了申诉人的获得法律援助权利。"申诉人因经济困难没有委托律师的，可以向法律援助机构提出申请。""法律援助机构安排律师免费为申诉人就申诉事项提供法律咨询。"其二，明确了法律援助范围条件。"申诉人申请法律援助应当符合《法律援助条例》、地方法律援助法规规章规定的法律援助经济困难标准和事项范围，且具有法定申诉理由及明确事实依据。扩大法律援助范围，进一步放宽经济困难标准，使法律援助范围逐步拓展至低收入群体。"其三，规范了律师代理申诉法律援助程序。"申诉人申请法律援助，应当向作出生效裁判、决定的人民法院所在地同级司法行政机关所属法律援助机构提出，或者向作出诉讼终结的刑事处理决定的人民检察院所在地同级司法行政机关所属法律援助机构提出。申诉已由人民法院或者人民检察院受理的，应当向该人民法院或者人民检察院所在地同级司法行政机关所属法律援助机构提出。法律援助机构经审查认为符合法律援助条件的，为申诉人指派律师，并将律师名单函告人民法院或者人民检察院。"

以《关于逐步实行律师代理申诉制度的意见》为契机，在统筹谋划下，相关地区开始推进律师代理申诉制度试点工作。依托律师代理申诉制度，律师可以利用专业的法律知识和丰富的司法经验，帮助当事人分析、判断已经生效的判决、裁定是否确有错误；是认定的事实错误还是程序错误；是证据问题还是法律适用问题；是当事人理解问题还是判决说理问题；是全案错误还是部分错误；提出申诉或申请再审是否符合法定事由条件等，为当事人决定是否提出申诉或申请再审提供参考意见和建议。就此而言，律师作为第三方，以职业法律人的法治思维、法治理念作出的理性建议，不仅有助于解决当事人申诉难问题，且更易于被当事人接受，同时还有利于推进诉访分离，维护司法权威。对此，部分试点工作所取得的成绩可以佐证。[1]

需要指出的是，尽管律师代理申诉制度在破除"信访不信法、信权不信法、信

---

[1] 例如，2015年，山东省全国范围内率先启动律师代理申诉试点工作。至2017年，仅就法院系统值班律师接待处理案件11448件，其中化解和劝息诉案件5134件，占比44.8%。参见姜东良："律师代理申诉赢得群众信任"，载《法制日报》2017年10月16日，第7版。又如，2018年初，最高人民法院第四巡回法庭率先在山西省开展律师代理刑事申诉试点。自启动试点以来，该庭接待山西申诉来访量呈逐年下降趋势（2017年占比15.09%、2018年占比13.93%、2019年占比10.60%）。参见李宗诚："最高法四巡开展律师代理刑事申诉试点成效初显"，载中华人民共和国最高人民法院官网，http://www.court.gov.cn/zixun-xiangqing-209031.html，最后访问时间：2021年9月9日。

上不信下"错误观念、息诉罢访、引导申诉人理性表达诉求、依法维护权益方面发挥了重要作用，但实践中，涉法涉诉信访案件多发、久诉不息的问题仍然突出，既加重了当事人的诉累，又耗费了大量司法资源，影响了正常申诉秩序。原因在于：一方面，当事人申诉不受限。在我国，申诉被定义为一种信息渠道。[1]因此，诉讼法并未就当事人的申诉次数、期限及理由进行明确限制。这也意味着，按照现有诉讼法规定，只要当事人对已经发生法律效力的判决、裁定不服或者主观上认为其"有错误"，即可向相关司法机关提起再审申诉或再审申请。鉴于申诉的极低成本，实践中不乏一些当事人反复申诉、无理缠诉，进而导致司法机关疲于重复受理。[2]

另一方面，当前律师代理申诉制度本质上是一种任意代理制度。对此，十八届四中全会《决定》已经奠定了相关基调，即"逐步实行由律师代理制度"，意在通过渐进式改革使得民众对该制度逐步适应，而非试图通过强制达致一蹴而就的效果。对此，无论是《关于逐步实行律师代理申诉制度的意见》抑或是各试点出台的具体实施办法，都明确强调"律师代理申诉应秉持自愿原则"，并不强制要求申诉人委托代理律师申诉。由于欠缺强制力约束，任意性的律师代理申诉制度无法实现申诉案件律师代理的全覆盖，因而致使律师代理申诉制度在过滤无理缠诉、维护司法权威方面的功能难以充分实现。

事实上，对于没有司法错误或者发生的司法错误不影响已经生效的裁判或者处理的案件反复申诉，容易造成司法资源浪费，不符合诉讼经济原则，而且影响司法机关将有限的司法资源投入到确有司法错误的案件中去。不仅如此，反复申诉引发的其他问题，也给司法机关带来困扰，如有损司法权威、造成终局处理不终局、影响司法机关的形象等。[3]鉴于此，我们认为，应当从维护当事人权益与司法裁判的稳定性平衡的角度出发，对当事人提起申诉予以适当限制：一是，在宏观制度层面，推动律师代理申诉制度由任意性转向强制性，确保每个申诉案件都能有针对性

---

〔1〕　依照我国诉讼法规定，就启动再审程序而言，申诉是人民法院、人民检察院获取信息的材料来源之一。其他材料来源包括：人民法院和人民检察院自行发现已经处理过的案件存在错误、舆论反应、人民代表对某一案件所提的意见，等等。参见张建伟："刑事申诉的重新定位及其诉讼化难题"，载《吉林大学社会科学学报》2020 年第 4 期。

〔2〕　也有学者认为，"法律有关公民申诉的开放性规定""司法实践中的各种不足""法治环境和社会形势的变化"是当前实践中申诉案件多发的主要原因。具体参见胡云腾："谈谈刑事申诉案件的办理"，载中外法学研究公众号，https://mp. weixin. qq. com/s/N4aSXuEA1D86Kng_ X566cw，最后访问时间：2021 年 10 月 3 日。

〔3〕　参见张建伟："刑事申诉的重新定位及其诉讼化难题"，载《吉林大学社会科学学报》2020 年第 4 期。

地提出申诉理由，在提高申诉质量的同时，提高申诉成功率；[1]二是，在法律援助层面，申诉人因经济困难申请法律援助的，除予以经济困难核查外，法律援助机构还应当确立一定的"案情审查标准"[2]，对其申诉进行实质性的案情审查，帮助法律援助服务机构和人员更加审慎地为申请人提供法律援助服务的同时，确保不向无正当理由提起诉讼的人提供法律援助，减少某些无理纠缠的申请人对法律援助工作的干扰，节省有限的法律援助资源。[3]

根据上述重大决策部署，结合试点经验以及司法实践现状，此次《法律援助法》对律师代理申诉、再审制度进行了回应，正式以法律的形式将申诉案件、再审案件纳入法律援助范围，进一步完善了律师代理申诉制度。特别值得注意的是，为引导合理表达诉求、节约司法资源、维护司法稳定，此次《法律援助法》虽然没有就"事前申请法律援助"予以限制（当事人意图申诉而申请法律援助时，应当符合案情审查标准），但同样彰显了合理规制申诉的意涵：依据本条规定，"所提起的申诉已经事实上导致了再审程序的启动"（下文予以详细阐释）已经成为当事人申请法律援助的基础性条件之一，这本质上属于一种针对"事后申请法律援助"的立法限制。

关于本条，在立法过程中，《法律援助法（草案）》初稿第25条规定："公民不服司法机关生效裁判或者决定提起申诉，因经济困难没有委托代理人的，可以向法律援助机构申请法律援助。"《法律援助法（草案）》一审稿第23条进一步增加了"申请再审"的内容。

在公开听取意见后，《法律援助法（草案）》二审稿对该条规定进行了若干文字性修改；同时明确"本人及其近亲属可以向法律援助机构申请法律援助"。在第三次审议期间，立法者对上述二审稿修改建议基本上予以认可，仅作个别文字性修改。

---

[1] 参见张建伟："刑事申诉的重新定位及其诉讼化难题"，载《吉林大学社会科学学报》2020年第4期。

[2] 有观点认为，"案情审查标准"的基本要求是，当事人申请法律援助的条件不但要符合经济困难标准与事项范围，而且要符合案情事实标准，即申请人有充分理由证明为保障自己合法权益需要法律援助。参见李薇："建议取消法律援助事项范围限制"，载《新京报》2018年3月18日，第A02版。也有观点指出，"案情审查标准"具体由"司法利益标准""胜诉可能性标准"和"法律援助效益标准"组成。详细解读参见郭婕："论法律援助标准的建立与完善"，载《法治研究》2013年第4期。

[3] 参见郭婕："论法律援助标准的建立与完善"，载《法治研究》2013年第4期。

一审稿	二审稿
第二十三条　公民不服司法机关生效裁判或者决定提起申诉或者申请再审，因经济困难没有委托代理人的，可以向法律援助机构申请法律援助。	**第三十条**　**当事人**不服司法机关生效裁判或者决定提起申诉或者申请再审，**人民法院裁定再审或者人民检察院决定抗诉**，因经济困难没有委托辩护人或者诉讼代理人的，**本人及其近亲属**可以向法律援助机构申请法律援助。

在立法过程中，关于该条规定，有专家提出了两点完善建议：一是，建议将"不服司法机关生效裁判或者决定"修改为"不服司法机关生效裁判"。理由是：根据我国诉讼法学理论，"裁判"包括判决、裁定、决定三种形式。在本条中，"裁判"与"决定"是包含与被包含的关系，故建议删除"决定"二字。二是，建议将"人民检察院决定抗诉"修改为"人民检察院决定再审抗诉"。理由是：根据《刑事诉讼法》规定，检察机关的抗诉具体包括二审抗诉、再审抗诉两种类型。在该条规定中，所谓"抗诉"显然仅限于"再审抗诉"。

【条文释义】

根据该条规定，申诉案件的当事人，因经济困难没有委托辩护人或诉讼代理人而申请法律援助的，应当满足两项基础性条件：一是，申诉案件必须已经进入再审程序；二是，必须满足本法规定的经济困难标准。此外，该条还就申请法律援助的主体资格进行了规定。

关于本条，特殊说明以下三点。

一、申诉案件：当事人不服司法机关生效裁判或者决定提起申诉或者申请再审

申诉是指个人或者单位为了维护自身权益，认为某一处理结果或者裁判不公正或者有错误，向国家有关机关申述理由，请求重新处理或者裁判的行为。[1]申诉权作为公民的一项宪法性权利，已为现代民主法治国家所普遍确立，我国宪法也将其作为公民的一项基本权利予以明确规定。[2]对于申诉，理论界普遍认为具体可以分为两种：其一，诉讼中的申诉。即诉讼当事人或其他有关公民、单位对于已发

---

〔1〕参见张建伟："刑事申诉的重新定位及其诉讼化难题"，载《吉林大学社会科学学报》2020年第4期。

〔2〕我国《宪法》第41条规定："中华人民共和国公民对于任何国家机关和国家工作人员，有提出批评和建议的权利；对于任何国家机关和国家工作人员的违法失职行为，有向有关国家机关提出申诉、控告或者检举的权利，但是不得捏造或者歪曲事实进行诬告陷害。对于公民的申诉、控告或者检举，有关国家机关必须查清事实，负责处理。任何人不得压制和打击报复。由于国家机关和国家工作人员侵犯公民权利而受到损失的人，有依照法律规定取得赔偿的权利。"

生法律效力的裁判或者案件处理决定不服，依法向法院或者检察院等提出重新裁判或者处理的要求的行为。其二，诉讼外的申诉。即个人或者单位对于行政机关或者党团机构等作出的处理决定不服而提出改正诉求的行为，如国家机关工作人员或党团成员对所受政纪、党纪处分不服，向本机关、组织或者上级机关、组织提出意见进而要求改正等的行为。[1] 依据这一分类，本条所涉及的"申诉"当属于诉讼性申诉范畴，具体表现为当事人不服司法机关生效裁判或者决定提出申诉或者申请再审。因而在申诉程序上，受到相关诉讼法的直接约束。

根据我国诉讼法规定，当事人不服司法机关的生效裁判或决定，有权依法进行申诉。具体而言如下。

在刑事诉讼领域，根据生效裁判或者决定的作出机关不同，当事人申诉可以分为针对公安机关决定的申诉；[2] 针对检察机关决定的申诉；[3] 以及针对审判机关生效裁判的再审申诉。根据《法律援助法》第 33 条规定，该条规定的"申诉"仅限于针对审判机关生效裁判的再审申诉。也即，根据《刑事诉讼法》第 252 条规定，对于已经发生法律效力的判决、裁定，当事人及其法定代理人、近亲属有权依照审判监督程序向人民法院或者人民检察院提出申诉。

在民事、行政领域，申诉案件来源于当事人的再审申请。[4] 且当事人享有的提起再审申请的权利同样来源于相关诉讼法规定。其中，在民事领域，《民事诉讼

[1] 参见张建伟："刑事申诉的重新定位及其诉讼化难题"，载《吉林大学社会科学学报》2020 年第 4 期。类似观点还有："申诉包括非诉讼性申诉与诉讼性申诉"，参见朱小燕："浅谈申请再审与申诉的区别——从立案审查的角度分析"，载中国法院网，https://www.chinacourt.org/article/detail/2015/01/id/1529577.shtml，最后访问时间：2021 年 8 月 10 日。"公民的申诉权分为行政申诉权与司法申诉权"，参见茅铭晨："论宪法申诉权的落实和发展"，载《现代法学》2002 年第 6 期。

[2] 《刑事诉讼法》第 117 条规定；《公安机关办理刑事案件程序规定》第 196 条规定。

[3] 《刑事诉讼法》第 180 条、第 182 条、第 282 条。《人民检察院办理刑事申诉案件规定》第 8 条规定，当事人还可以就"不服人民检察院因犯罪嫌疑人没有犯罪事实，或者符合《中华人民共和国刑事诉讼法》第十六条规定情形而作出的不批准逮捕决定""不服人民检察院撤销案件决定""不服人民检察院其他诉讼终结的刑事处理决定"等决定提起刑事申诉。

[4] 当前，在三大诉讼法中，除刑事诉讼法外，民事诉讼法和行政诉讼法已不再用"申诉"一词而统一用申请再审的概念，立法背景在于：一方面，在民事领域，1991 年《民事诉讼法》第 111 条第 5 项规定："对判决、裁定已经发生法律效力的案件，当事人又起诉的，告知原告按照申诉处理，但人民法院准许撤诉的裁定除外。"此后 2012 年修正的《民事诉讼法》，将此款的"申诉"改为"申请再审"，具体表述为"对判决、裁定、调解书已经发生法律效力的案件，当事人又起诉的，告知原告申请再审，但人民法院准许撤诉的裁定除外"。另一方面，在行政领域，1989 年《行政诉讼法》第 62 条规定："当事人对已经发生法律效力的判决、裁定，认为确有错误的，可以向原审人民法院或者上一级人民法院提出申诉，但判决、裁定不停止执行。"至 2014 年修正《行政诉讼法》时，其第 90 条亦将"申诉"改为"申请再审"，具体表述为"当事人对已经发生法律效力的判决、裁定，认为确有错误的，可以向上一级人民法院申请再审，但判决、裁定不停止执行"。至此，《民事诉讼法》《行政诉讼法》事实上已将当事人对司法机关生效裁判的申诉权细化规定为"再审权"。

法》第 124 条第 5 项规定："对判决、裁定、调解书已经发生法律效力的案件，当事人又起诉的，告知原告申请再审，但人民法院准许撤诉的裁定除外。"第 199 条规定："当事人对已经发生法律效力的判决、裁定，认为有错误的，可以向上一级人民法院申请再审；当事人一方人数众多或者当事人双方为公民的案件，也可以向原审人民法院申请再审。当事人申请再审的，不停止判决、裁定的执行。"在行政领域，《行政诉讼法》第 90 条规定："当事人对已经发生法律效力的判决、裁定，认为确有错误的，可以向上一级人民法院申请再审，但判决、裁定不停止执行。"

二、再审的启动：人民法院决定、裁定再审或者人民检察院提出抗诉

根据我国诉讼法相关规定，在法定条件下，人民法院、人民检察院有权针对已发生法律效力的判决和裁定启动审判监督程序，依法决定、裁定再审或提出再审抗诉。

根据《刑事诉讼法》第 254 条规定，对于已发生法律效力的刑事判决和裁定，依法有权启动审判监督程序的人民法院认为，原判决、裁定"在认定事实上或者在适用法律上确有错误"，[1]应当决定再审。依法有权启动审判监督程序的人民检察院认为原判决、裁定"确有错误的"，[2]有权按照审判监督程序提出抗诉。

根据《民事诉讼法》第 198 条规定，对于已发生法律效力的民事判决和裁定，依法有权启动审判监督程序的人民法院认为，原判决、裁定"确有错误的"，[3]应当决定再审。根据《民事诉讼法》第 208 条规定，依法有权启动审判监督程序的人民检察院认为原判决、裁定"有该法第 200 条情形之一的"，[4]有权按照审判监督

---

〔1〕　有关"在认定事实上或者在适用法律上确有错误"的具体情形，可结合《刑事诉讼法》第 253 条、《最高人民法院关于适用〈中华人民共和国刑事诉讼法〉的解释》第 457 条规定进行理解。

〔2〕　依据《人民检察院办理刑事申诉案件规定》第 45 条规定，有以下情形之一的，视为"确有错误"，人民检察院应当提出再审抗诉：原判决、裁定认定事实、适用法律确有错误致裁判不公或者原判决、裁定的主要事实依据被依法变更或者撤销的；认定罪名错误且明显影响量刑的；量刑明显不当的；据以定罪量刑的证据不确实、不充分，或者主要证据之间存在矛盾，或者依法应当予以排除的；有新的证据证明原判决、裁定认定的事实确有错误，可能影响定罪量刑的；违反法律关于追诉时效期限的规定；违反法律规定的诉讼程序，可能影响公正审判的；审判人员在审理案件的时候有贪污受贿、徇私舞弊、枉法裁判行为的。

〔3〕　对此，可结合《民事诉讼法》第 200 条、《最高人民法院关于适用〈中华人民共和国民事诉讼法〉的解释》第 389~391 条等条文规定进行理解。

〔4〕　依据《民事诉讼法》第 200 条规定，有下列情形之一的，人民检察院应当提出再审抗诉：有新的证据，足以推翻原判决、裁定的；原判决、裁定认定的基本事实缺乏证据证明的；原判决、裁定认定事实的主要证据是伪造的；原判决、裁定认定事实的主要证据未经质证的；对审理案件需要的主要证据，当事人因客观原因不能自行收集，书面申请人民法院调查收集，人民法院未调查收集的；原判决、裁定适用法律确有错误的；审判组织的组成不合法或者依法应当回避的审判人员没有回避的；无诉讼行为能力人未经法定代理人代为诉讼或者应当参加诉讼的当事人，因不能归责于本人或者其诉讼代理人的事由，未参加诉讼的；违反法律规定，剥夺当事人辩论权利的；未经传票传唤，缺席审判的；原判决、裁定遗漏或者超出诉讼请求的；据以作出原判决、裁定的法律文书被撤销或者变更的；审判人员审理该案件时有贪污受贿、徇私舞弊、枉法裁判行为的。

程序提出抗诉。

根据《行政诉讼法》第 92 条规定，对于已发生法律效力的行政诉讼判决和裁定，依法有权启动审判监督程序的人民法院认为，原判决、裁定"有该法第 91 条情形之一的"，[1]应当决定再审。根据《行政诉讼法》第 93 条规定，依法有权启动审判监督程序的人民检察院认为原判决、裁定"有该法第 91 条情形之一的"，有权按照审判监督程序提出抗诉。

根据《最高人民法院关于完善四级法院审级职能定位改革试点的实施办法》，各级人民法院的基本职能定位是：基层人民法院重在准确查明事实、实质化解纠纷；中级人民法院重在二审有效终审、精准定分止争；高级人民法院重在再审依法纠错、统一裁判尺度；最高人民法院监督指导全国审判工作、确保法律正确统一适用。其中，关于再审程序改革的内容如下所述。

第一，当事人对高级人民法院作出的已经发生法律效力的民事、行政判决、裁定，认为有错误的，应当向原审高级人民法院申请再审；符合下列情形之一的，可以向最高人民法院申请再审：（1）再审申请人对原判决、裁定认定的基本事实、主要证据和诉讼程序无异议，但认为适用法律有错误的；（2）原判决、裁定经高级人民法院审判委员会讨论决定的。

当事人对高级人民法院作出的已经发生法律效力的民事、行政调解书申请再审的，应当向相关高级人民法院提出。

第二，依照该实施办法向最高人民法院就法律问题申请再审的，最高人民法院应当自收到民事、行政再审申请书之日起 30 日内，决定由本院或者作出生效判决、裁定的高级人民法院审查。民事、行政申请再审案件符合下列情形之一的，最高人民法院可以决定由原审高级人民法院审查：（1）案件可能存在基本事实不清、诉讼程序违法、遗漏诉讼请求情形的；（2）原判决、裁定适用法律可能存在错误，但不具有法律适用指导意义的。

最高人民法院决定将案件交原审高级人民法院审查的，应当在 10 日内将决定书、再审申请书和相关材料送原审高级人民法院立案庭，并书面通知再审申请人。

第三，当事人向最高人民法院申请再审的，最高人民法院应当向其释明委托律师作为诉讼代理人的必要性。对于委托律师有困难的再审申请人，最高人民法院应当及时告知其有权申请法律援助。

---

　　〔1〕依据《行政诉讼法》第 91 条规定，有下列情形之一的，人民法院应当再审：不予立案或者驳回起诉确有错误的；有新的证据，足以推翻原判决、裁定的；原判决、裁定认定事实的主要证据不足、未经质证或者系伪造的；原判决、裁定适用法律、法规确有错误的；违反法律规定的诉讼程序，可能影响公正审判的；原判决、裁定遗漏诉讼请求的；据以作出原判决、裁定的法律文书被撤销或者变更的；审判人员在审理该案件时有贪污受贿、徇私舞弊、枉法裁判行为的。

作为最终的司法救济手段，审判监督程序对于保证裁判的正确性和合法性，维护当事人合法权益，维护司法公正等方面具有重大意义。例如，近年来，我国已经通过刑事审判监督程序纠正了一些以聂树斌案为代表的冤假错案，有力地增强了人民群众对司法公正的信心与获得感。值得注意的是，审判监督程序在维护司法公正的同时一定程度上牺牲了"法的安定性"，因此，为了处理好纠正错案与维护裁判效力的稳定性、权威性的关系，我国诉讼法进行了相关制度安排，包括但不限于：当事人申请再审时，"原判决、裁定不停止执行"；对再审程序的启动进行严格规定，将基本标准限定为"原判决、裁定确有错误"；[1]对提起审判监督程序重新审判案件的次数进行适当限制。[2]

鉴于此，尽管当事人的再审申诉是推动启动审判监督程序（再审程序）的重要途径之一，但司法实践中，通过申诉启动审判监督程序的概率并不高。有统计数字表明，2020年，最高人民法院发布再审审查裁定书4203份，其中裁定再审仅占比8.8%；全国高级人民法院发布再审审查裁定书107 734份，其中裁定再审比例为11.56%；四川省高级人民法院裁定再审的585个案件中，仅有9个是由申诉案件引发的再审，相较2019年的10个基本一致。[3]这意味着，绝大多数的当事人再审申诉未能通过再审审查环节，仅极小部分能够成功启动再审程序。这也充分表明：再审程序是一扇难开的门。

三、有权申请法律援助的主体范围

依据本条规定，对于成功进入再审程序，且申诉人因经济困难没有委托辩护人或者诉讼代理人的申诉案件，其本人及其近亲属有权申请法律援助。其中，关于"近亲属"的理解，应当按照案件的性质，适用相应的诉讼法规定。例如，对于刑事案件的再审申诉，根据《刑事诉讼法》第108条规定，近亲属是指：夫、妻、父、母、子、女、同胞兄弟姊妹；对于民事案件的再审申请，依据《最高人民法院关于适用〈中华人民共和国民事诉讼法〉的解释》第85条规定，近亲属是指：与当事人有夫妻、直系血亲、三代以内旁系血亲、近姻亲关系以及其他有抚养、赡养关系的亲属；对于行政案件的再审申请，依据《最高人民法院关于适用〈中华人民共和国行政诉讼法〉的解释》第14条规定，近亲属是指：配偶、父母、子女、兄

---

〔1〕　以民事案件的再审为例。最高人民法院曾专门发布规定，明确要求不得降低再审启动标准。参见《最高人民法院关于民事审判监督程序严格依法适用指令再审和发回重审若干问题的规定》第1条。

〔2〕　最高人民法院曾以司法解释的形式规定，上级人民法院对经终审法院的上一级人民法院依照审判监督程序审理后维持原判或者经两级人民法院依照审判监督程序复查均驳回的申请再审或者申诉案件，一般不予受理。参见《最高人民法院关于规范人民法院再审立案的若干意见（试行）》第15条。

〔3〕　参见邱永兰："四川高院2020年度再审案件大数据分析"，载为之商事诉讼团队公众号，https://mp.weixin.qq.com/s/oAt2WQM0YkeWXPFr4p3TuQ，最后访问时间：2021年8月25日。

弟姐妹、祖父母、外祖父母、孙子女、外孙子女和其他具有扶养、赡养关系的亲属。

此外，依据本条规定，就进入再审程序的申诉案件申请法律援助的，法律援助机构应当依照本法第41条规定进行经济困难标准核查。

第三十四条【经济困难标准】

经济困难的标准，由省、自治区、直辖市人民政府根据本行政区域经济发展状况和法律援助工作需要确定，并实行动态调整。

【条文要旨】

本条是关于经济困难标准的规定。根据该条规定，经济困难底线标准应当以省为单位作出统一规定。确定经济困难标准是省、自治区、直辖市人民政府的权限和职责。

根据本法第4条规定，在制定经济困难标准时，省、自治区、直辖市人民政府负有两方面的职责：一是，要根据当地经济发展水平和法律援助工作需要，确定本行政区域内统一的经济困难标准，以促进法律援助的区域均衡发展；二是，各省经济困难标准应当适时进行动态调整，以确保本省的法律援助事业与经济社会协调发展。

【立法背景】

法律援助经济困难标准是衡量以申请人的经济状况是否应当获得法律援助的尺度，是法律援助服务与市场化法律服务的分水岭。因此，在我国法律援助制度体系中，经济困难标准与法律援助事项范围共同组成了法律援助覆盖面的核心要素，决定了申请人是否有权获得法律援助。简言之，法律援助事项范围扩大、经济困难标准提高必然导致法律援助覆盖面扩大；反之，亦然。

对于法律援助覆盖面的合理把握，应当结合我国法律援助制度建构与实施起步晚、发展快的特点。[1]在发展之初，倡导不断扩大法律援助覆盖面，的确有利于推动各地法律援助工作不断发展。但随着法律援助体系的完善，法律援助覆盖范围的设定不仅需要考虑法律援助服务的需求，还应当立足现实，根据经济社会发展状况、社会保障体系总体发展情况、政府财政状况的负担能力等因素作全局性考量。其中，就法律服务体系健康发展而言，在法律服务需求总量相对确定的前提下，不仅需要保持法律援助份额与法律服务市场份额的合理比例关系，还需要考虑律师资源分配不均衡、法律援助经费保障程度等现实问题。这一方面体现在对申请法律援助事项范围的限制上，即优先保障涉及公民生命权、人身权、生存权等基本权利的

---

[1] 参见樊崇义："我国法律援助制度的发展历程"，载《人民法治》2021年第9期。

法律事项；另一方面则对现行经济困难标准提出适应法律援助工作发展需要的要求，尤其是确定动态合理的经济困难标准显得必要而急迫。[1]

与 2003 年《法律援助条例》相比，《法律援助法》关于经济困难标准的条文表述变化不大，但增加了适时进行动态调整的要求。不过，从体系解释看，该条规定的理解必须置于本法第 4 条规定的一般职责之下，以"保障法律援助事业与经济社会协调发展""促进法律援助均衡发展"。

完善法律援助经济困难标准动态调整机制，是贯彻落实"与经济社会发展同步增长原则"的重要举措，有利于保证人民群众在遇到法律问题或者权利受到侵害时获得及时有效法律帮助。2014 年十八届四中全会《决定》明确提出：建设完备的法律服务体系。推进覆盖城乡居民的公共法律服务体系建设，加强民生领域法律服务。完善法律援助制度，扩大援助范围，健全司法救助体系，保证人民群众在遇到法律问题或者权利受到侵害时获得及时有效法律帮助。2015 年两办《关于完善法律援助制度的意见》进一步提出："紧紧围绕经济社会发展和人民群众实际需要，落实政府责任，不断扩大法律援助范围，提高援助质量，保证人民群众在遇到法律问题或者权利受到侵害时获得及时有效法律帮助。"其中，在"扩大法律援助范围"部分，该意见明确要求："建立法律援助补充事项范围和经济困难标准动态调整机制，各省（自治区、直辖市）要根据本行政区域经济发展状况和法律援助工作需要，及时审查、调整补充事项范围和经济困难标准，促进法律援助事业与经济社会协调发展。"法律援助经济困难标准动态调整的内在要求，就是综合考虑经济社会发展水平、法律援助资源状况等因素，适度放宽法律援助经济困难标准，努力使法律援助覆盖人群拓展至低收入人群，以确保法律援助制度能够根据社会经济的发展程度和人民群众的实际需求，提供及时有效的法律援助服务。

在立法上明确经济困难标准需动态合理调整，能够解决实践中调整放宽经济困难标准步伐缓慢的现实问题，也能为各地司法行政部门合理调整经济困难标准提供法律依据，将各地政府扩大法律援助覆盖面的优良改革经验及时转化为法律规定，从而在全国范围内进行推广。事实上，我国各地的经济发展极其不平衡，各地居民的生活消费水平差别极大，显然不可能制定出一个全国甚至全省统一的经济困难标准。《法律援助条例》第 13 条第 1 款规定："本条例所称公民经济困难的标准，由省、自治区、直辖市人民政府根据本行政区域经济发展状况和法律援助事业的需要规定。"但是，在实践中，省级人民政府通常不会专门就法律援助服务制定相应的经济困难标准。鉴于此，各地法律援助机构往往参照当地民政部门确定的经济困难

---

〔1〕 参见李立家："我国法律援助若干理念辨析"，载《中国司法》2014 年第 8 期。

标准并作适当调整。例如，在 2010 年以前，受经济条件的限制，各地主要是将经济困难标准界定为参照法律援助实施地人民政府规定的最低生活保障标准执行。例如，2004 年《青海省法律援助条例》第 8 条第 2 款规定："经济困难的标准，参照省人民政府规定的最低生活保障标准执行。"这种做法在实务操作中简便易行，无须法律援助机构根据最新数据来确定新的合理标准。此外，由于低保标准在短期内不会大幅增长，法律援助的门槛较高，从而可以限制获得法律援助的人数，对当地政府的财政投入不会施加过大压力。[1]

但是，随着法律援助工作深入开展，受援群众数量和需求日益增长，原定的经济困难标准无法覆盖低收入人群，已经不适应社会需求。因此，根据 2015 年两办《关于完善法律援助制度的意见》的规定，各地纷纷以城镇居民最低工资标准、农村居民上年度人均收入、最低生活保障标准、低收入家庭认定标准或其一定比例等标准作为法律援助经济困难标准，进一步放宽经济困难标准，扩大了法律援助覆盖面，做到能援尽援。对于上述以人为本的动态调整的实践做法，通过在《法律援助法》上予以明确，可以发挥督促各地政府及时调整法律援助经济困难标准，促进法律援助逐步由覆盖低保人群向低收入人群扩展。

表 3-2　各省市法律援助条例中法律援助经济困难标准一览

各省市法律 援助条例	法律援助经济困难标准
《武汉市法律援助条例》第 9 条	公民经济困难的标准，按照**家庭人均月收入**不超过市人民政府规定**最低生活保障标准的 1.5 倍**确定
《成都市法律援助条例》第 14 条	前款所称经济困难标准，按照申请人家庭成员人均收入不足住所地或者受理法律援助申请地**最低工资标准**确定。住所地与受理申请地最低工资标准不一致的，适用有利于申请人的标准
《杭州市法律援助条例》第 12 条	前款所称经济困难标准按照申请人住所地或者受理申请的法律援助机构所在地人民政府确定的**低收入家庭人均收入标准**执行
《湖北省法律援助条例》第 13 条	公民经济困难的标准，按照受理申请的法律援助机构所在县（市、区）公布的**城乡居民最低生活保障标准的 1.5 倍**以内执行

---

[1]　参见孙平凡："法律援助经济困难标准辨析"，载《中国司法》2012 年第 5 期。

各省市法律 援助条例	法律援助经济困难标准
《广东省申请法律援助经济困难公民认定办法》第3条	申请法律援助的公民符合下列情形之一，且本人及其共同生活的家庭成员没有价值较大的资产的，应当认定为经济困难：（一）申请人及其共同生活的家庭成员在申请日之前6个月的月人均可支配收入，低于受理申请的法律援助机构所在地地级以上市**上一年度城镇居民月人均可支配收入的50%**；（二）申请人及其共同生活的家庭成员在申请日之前6个月，因遭遇突发事件、意外伤害、重大疾病或者就读国内全日制中高等学校，导致家庭月人均消费性支出超过家庭月人均可支配收入，且申请人及其共同生活的家庭成员月人均可支配收入低于受理申请的法律援助机构所在地地级以上市**上一年度城镇居民月人均可支配收入**
《贵州省法律援助条例》第10条	经济困难的标准按照当地人民政府公布的**城乡居民最低生活保障、农村五保供养标准**执行
《南京市法律援助条例》第12条	本条例所称经济困难标准，按照家庭人均月收入**不超过**市人民政府规定的**最低生活保障标准的二倍**执行
《辽宁省法律援助条例》第8条	符合下列情形之一的，属于经济困难的公民：（一）最低生活保障家庭的成员；（二）特困人员；（三）低收入家庭的成员；（四）在社会福利（救助）机构中由政府供养或者接受社会救助的人员；（五）作为政府扶贫对象并登记在册的农村贫困家庭的成员；（六）法律、法规、规章规定或者县以上人民政府确定的其他经济困难人员
《山西省法律援助条例》第13条	公民申请法律援助的经济困难标准，由设区的市人民政府按照**不低于当地最低生活保障标准的二倍**确定
《云南省法律援助条例》第9条	公民经济困难的标准，按照接受申请的法律援助机构所在县（市、区）**城乡居民上一年度最低生活保障标准的1.5倍**执行
《北京市法律援助条例》第10条	公民申请法律援助的经济困难条件，按照**国家和本市低收入家庭认定标准**执行
《青海省法律援助条例》第8条	经济困难的标准，参照**省人民政府规定的最低生活保障标准**执行

关于经济困难标准的规定，《法律援助法（草案）》初稿第28条的表述是，"法律规定公民因经济困难可以申请法律援助的，经济困难的标准，由省、自治区、直辖市人民政府根据本行政区域经济发展状况和法律援助工作需要确定，并实行动态调整"。在听取各界意见之后，《法律援助法（草案）》一审稿在表述上更为规

范简练，删除了"法律规定公民因经济困难可以申请法律援助的"的前缀修饰。二审稿则与一审稿基本上保持一致表述。《法律援助法》第34条规定与二审稿、一审稿在表述上保持一致，但在条文顺序上，立法者将其从第四章"程序与实施"调整到第三章"形式与范围"。

关于本条规定，在立法过程中，有专家提出了增加第2款的完善建议，来推动经济困难人口的数字化管理，并以此作为第41条第2款经济困难审查的基础保障。具体条文为"省级司法行政部门应当建立经济困难人员数据库，实现法律援助信息互联互通、资源共享"。该条款主要是参考《社会救助法（草案征求意见稿）》第11条的规定，即"县级以上人民政府应当加强社会救助信息化建设，建立社会救助资源库，实现社会救助信息互联互通、资源共享"。同时，法律援助信息化建设也是落实《法律援助法》第51条保障和监督法律援助服务的重要内容，这些探索不仅是法律援助工作在具体实施过程中保持与时俱进的具体体现，也是在实施过程中提高效率的积极方式，是向现代网络智能科技要"生产力"的有益尝试，更进一步确保了《法律援助法》在内容、实施以及效果上的前瞻性。

【条文释义】

该条规定了法律援助"经济困难标准"的确定主体、确定标准及调整原则。其中，法律援助经济困难标准的确定主体为"省、自治区、直辖市人民政府"；确定标准则明确规定为两个因素：本行政区域经济发展状况和法律援助工作需要；调整原则则是实行"动态调整"机制，符合法律援助事业"与经济社会发展同步增长"的基本要求。

一、确定主体："省、自治区、直辖市人民政府"

（一）"省级人民政府统筹协调"的思路

根据本条款前半部分的规定，法律援助经济困难标准的确定主体是省级人民政府，即由省级人民政府根据不同地区、不同区域之间法律援助制度的均衡发展情况，来统筹协调经济困难标准的认定，体现了"省级人民政府统筹协调"的思路。根据十九大报告，"中国特色社会主义进入新时代，我国社会主要矛盾已经转化为人民日益增长的美好生活需要和不平衡不充分的发展之间的矛盾"。而在法律援助领域，据司法行政部门数据统计，2018年我国各省法律援助经费投入差距较大，广东省2018年法律援助经费总投入高达29 588.32万元，但中西部地区法律援助经费明显低于东部地区，如西藏自治区法律援助经费总投入为1322.94万元。从2018年各省市法律援助人均经费来看，各省市的人均经费差异也非常明显，如上海市法律援助人均经费为4.82元，而河北省法律援助人均经费则低至0.82元。在新时代背景下，《法律援助法》要积极回应社会主要矛盾，以解决法律援助制度发展的不平衡不充分问题。2018年《中共中央关于深化党和国家机构改革的决定》规定，

"（五）完善公共服务管理体制。健全公共服务体系，推进基本公共服务均等化、普惠化、便捷化，推进城乡区域基本公共服务制度统一。政府职能部门要把工作重心从单纯注重本行业本系统公共事业发展转向更多创造公平机会和公正环境，促进公共资源向基层延伸、向农村覆盖、向边远地区和生活困难群众倾斜，促进全社会受益机会和权利均等"。

就此，立足 2003 年《法律援助条例》的规定，《法律援助法》坚持并再次重申应当由省级人民政府制定适宜的法律援助经济困难标准。考虑到我国各地区法律援助发展存在明显的不平衡不充分问题，遽然制定全国统一的经济困难标准不具有可行性和现实性；但为了逐步缩小法律援助服务的地区差异，由省级人民政府来统一行使经济困难标准的制定权，以确保省级行政区域内各县市区之间法律援助服务的均衡协调发展。

此外，《法律援助法》规定由"省级人民政府"确定经济困难标准是否排除"地级市""县市区"自行制定当地的经济困难标准？

地级市、县市区人民政府原则上不再享有法律援助经济困难标准制定权。在实践中，我国现阶段社会主要矛盾的表现形式之一是法律援助发展不平衡不充分，即便是在同一省份中，不同地级市之间的经济差异也非常明显。基于此，《法律援助法》之前的旧有条例虽然未明确规定地级市是否有权制定经济困难标准，但各省已在出台地方法律援助条例时授权地级市制定和调整当地经济困难标准，来因地制宜解决人民群众在民生方面的法律需求。例如，2021 年《四川省法律援助条例》第 13 条第 3 款规定："市州人民政府可以根据本行政区域实际情况调整公民获得法律援助的经济困难标准，报省人民政府备案。"

但是，必须明确的是，《法律援助法》第 34 条已经明确规定法律援助经济困难标准的确定主体为"省、自治区、直辖市人民政府"，即立法上将标准的确定权仅授予省级人民政府，而下级人民政府在缺乏法律依据的前提下不得自行制定相应经济困难标准。那么省级人民政府能否通过规章将经济困难标准制定权授权给下级人民政府？在我国的行政法律规范中，行政授权是指依据我国的法律、法规将行政许可、行政处罚、行政强制等行政行为的实施权授予行政机关以及有权管理公共事务的组织，由被授权主体以自己的名义独立实施相关权力，并独立承担法律后果的一项法律制度。省级人民政府授权下级人民政府自行制定标准的前提是具有法律、法规的明确规定，而《法律援助法》仅规定授权省级人民政府确定经济困难标准，尚未赋予省级人民政府逐级向下授权的权力。因此，若省级人民政府通过规章授权下级人民政府自行制定经济困难标准，构成下位法与上位法之间的冲突，而下级人民政府自行制定经济困难标准，则构成级别越权。超越权限进行的立法，应属无效，应当根据《立法法》第 96 条的规定由有关机关予以改变或者撤销。

在特殊情况下，省级人民政府可以根据省内各地区经济发展状况和法律援助工作需要，制定差异化的法律援助经济困难标准区间，为下级人民政府明确划定经济困难标准浮动范围，赋予下级人民政府一定的选择权。而下级人民政府可以在权限范围内进一步细化和调整省级经济困难标准，以尽可能满足当地人民群众的法律援助需求。《立法法》第82条第6款规定："没有法律、行政法规、地方性法规的依据，地方政府规章不得设定减损公民、法人和其他组织权利或者增加其义务的规范。"对此，省级以下人民政府在细化省级经济困难标准时，不得造成公民权利的减损或义务的增加，需要遵循相应的基本原则。

我们认为，地级市制定法律援助经济困难标准须遵循三项基本原则，即"遵守底线""量力而行""均衡化发展"原则。

第一，"遵守底线"原则。"遵守底线"原则是指，地级市、县市区人民政府制定经济困难标准时，不得低于省级人民政府制定的统一的经济困难底线标准，而是在省级经济困难标准的基础上，争取放宽经济困难标准，扩大法律援助范围。2021年国家发展和改革委员会等《关于印发〈国家基本公共服务标准〉（2021年版）的通知》提到，"已有国家统一标准的基本公共服务项目，各地区要按照不低于国家标准执行，对于暂无国家统一标准的服务项目，各地要按照国家有关要求和本地区实际情况明确相关标准，纳入本地区具体实施标准"。同理，在已有省级统一经济困难标准时，各地区的标准不得低于省级标准，才能确保全省困难群众能够普遍获得基本的公共法律服务，在此基础上才有必要支持和鼓励各地区人民政府发挥主观能动性，促使其为当地群众提供更优质的法律援助服务。

第二，"量力而行"原则。"量力而行"原则是指，各地区在超出省级经济困难标准范围时，要本着"尽力而为，量力而行"的原则，按照本地区法律援助实际供给能力和困难群众的迫切需求，同时兼顾地方政府的财政承受能力，制定科学合理的经济困难标准，并随着地方经济发展水平的提高不断调整，保障法律援助事业与经济、社会协调发展。2019年10月《中共中央关于坚持和完善中国特色社会主义制度　推进国家治理体系和治理能力现代化若干重大问题的决定》明确规定，"必须健全幼有所育、学有所教、劳有所得、病有所医、老有所养、住有所居、弱有所扶等方面国家基本公共服务制度体系，尽力而为，量力而行，注重加强普惠性、基础性、兜底性民生建设，保障群众基本生活"。国家发展和改革委员会等《关于印发〈国家基本公共服务标准〉（2021年版）的通知》也强调"服务项目、内容、数量等超出国家标准范围的，要加强事前论证和风险评估，确保符合国家法律法规和制度规定，符合本地区人民群众的迫切需要并控制在财政可承受范围内"。

第三，"均衡化发展"原则。"均衡化发展"原则是指，省级司法行政机关尽量消除法律援助基础性规则的不统一，避免经济困难标准过于碎片化的问题，以推动法律援助均衡化发展。除供给总量不足外，我国法律援助不仅表现为区域间发展不均等不平衡的复杂情况，如东、中、西部之间的不均等以及城乡之间的不均等，而且体现为各地制度安排的参差不齐。[1]在经济困难标准方面，由于《法律援助条例》的规范表达比较原则，授权地方立法成为克服制定全国统一经济困难标准所需高昂信息成本的主要办法，但是这也进一步加剧了各地经济困难标准规则地方化、碎片化的问题，从而导致省内同一类案件的申请人仅因处于不同的地级市决定其能否获得法律援助，使得同一省份内公民无法公平可及地获得大致均等的法律援助服务。对此，2017 年国务院《"十三五"推进基本公共服务均等化规划》明确指出，基本公共服务均等化，是指全体公民都能公平可及地获得大致均等的基本公共服务，其核心是促进机会均等，重点是保障人民群众得到基本公共服务的机会，而不是简单的平均化。享有基本公共服务是公民的基本权利，保障人人享有基本公共服务是政府的重要职责。推进基本公共服务均等化，是全面建成小康社会的应有之义，对于促进社会公平正义、增进人民福祉、增强全体人民在共建共享发展中的获得感、实现中华民族伟大复兴的中国梦，都具有十分重要的意义。

因此，为推进法律援助均衡化发展，建议省级人民政府必要时收回各市县制定和调整法律援助经济困难标准的权力，由省级人民政府统一行使。在具体方法上，可以根据各市县人民政府统计机构共享的信息和数据，以当地经济、社会发展水平和法律援助需求情况为划分标准，实行法律援助经济困难标准分区分级设立机制，确保经济社会发展状况差不多的县市区适用同样的经济困难标准；同一省份内，各县市区之间的经济困难标准差距不宜过大，以规范和统一全省的经济困难标准，实现省内困难群众人均受援机会均等化、平衡化。

此外，省级人民政府制定的经济困难标准，对于本省行政区域内其他提供法律援助的群团组织、事业单位、社会组织而言同样具有指导意义。在多元化法律援助供给制度下，相关的法律援助提供组织可以就援助对象范围自行设置经济困难标准，但同样应当遵守上述三项基本原则，在体现"应援尽援"的宗旨的同时确保法律援助均等化发展。

（二）经济困难标准的确定具有"阶段性"

关于经济困难标准的确定主体，不论是 2003 年《法律援助条例》还是《法律援助法》都明确规定，由省、自治区、直辖市人民政府确定。因此，确定经济困难标准属于省级人民政府的一项法定职能。

在法律援助实践中，经济困难标准的确定受到两方面因素的影响，即"本行政区域经济发展状况""法律援助工作需要"。因此，为了确保法律援助领域的经济

---

[1]　参见黄东东、张娜："基本公共法律服务视野下的法律援助均等化研究"，载《山东社会科学》2020 年第 6 期。

困难标准既符合本行政区域经济发展状况和财政承受能力，有必要将法律援助领域的经济困难标准纳入国家基本公共服务建设及其发展水平的大格局中进行一体化考量。具体而言，省级人民政府应当成立专门的工作组，由司法行政部门会同民政部门、扶贫部门、财政部门、人社部门等相关单位，联合商讨确定本省的法律援助经济困难标准。

法律援助领域的经济困难标准是社会发展到一定阶段的产物。因此，为确保法律援助服务与社会经济状况、与国家基本公共服务体系协调同步发展，必须建立制度化、常规化的动态调整机制。故此，建议根据本法第34条规定，按照省级国民经济和社会发展规划的周期，五年调整一次。

二、确定标准："本行政区域经济发展状况"和"法律援助工作需要"

在新时代背景下，法律援助服务是国家基本公共服务之一，是社会公众享有的一项基本权利。2017年，国务院《"十三五"推进基本公共服务均等化规划》明确提出，"国家建立完善基本社会服务制度，为城乡居民提供相应的物质和服务等兜底帮扶，重点保障特定人群和困难群体的基本生存权与平等参与社会发展的权利"。因此，法律援助的对象应当是那些特殊案件的当事人或因经济困难无力通过法律服务市场自行购买律师服务的个人。为满足当事人法律服务需求，国家应当以法律服务市场保障为原则，以法律援助制度（"兜底帮扶"）保障为例外。在法律服务市场价格较为合理时，当事人具有足够的法律服务购买能力，则应当由市场规律来调整法律服务供给关系；但是，在当事人缺乏法律服务购买能力、法律服务市场价格不太合理时，需要由国家以"兜底帮扶"的方式，通过法律援助机构组织法律援助服务人员为其无偿提供法律援助服务。因此，只有在厘清法律服务市场与法律援助制度之间关系的基础上，才能构建出合理的、动态的法律援助经济困难标准体系。

事实上，《法律援助法》第34条关于法律援助经济困难标准的两个确定标准，与旧有条例并无实质差异。但回顾2003年《法律援助条例》以来近二十年的法律援助实践，关于上述两个要素的理解有待深入、亟需体系化解读。例如，《广东省法律援助条例》第3条第1款规定："省人民政府应当规定法律援助经济困难标准，并根据本省国民经济和社会发展、法律援助的资源和需求，以及公民支付法律服务费用的能力等因素适时进行调整。"该条文以"列举+兜底"的方式来解释两个确定标准。从内容上看，列举的各项因素都对经济困难标准有一定影响，但各因素之间的关系尚未厘清。对此，我们认为，影响经济困难标准的因素主要有两个：一是法律援助服务需求；二是法律援助服务供给。经济困难标准的确定应当遵循"尽力而为，量力而行"的原则，既要考虑尽可能满足具有法律援助服务需求的多数群体，也要考量受经费和律师资源限制的当地法律援助服务的供给能力。

（一）*法律援助服务需求："本行政区域经济发展状况"*

只有在公民自身法律服务购买能力无法达到最低法律服务市场价格，无力通过法律服务市场自行购买律师服务时，才会产生寻求法律援助的需求。因此，影响法律援助服务需求的两个主要因素分别是：最低法律服务市场价格和法律服务购买能力。而这两个因素都与"本行政区域经济发展状况"息息相关。

一方面，法律服务市场价格主要是受市场规律、市场规则的规范和调整，随着法律服务供需、经济发展状况、法治环境的变化而变化。但是供需变化和法治环境的变化比较难掌握，政府通常是根据当地经济发展情况，通过制定律师服务收费指导价格来规范法律服务市场。一般来说，经济较发达区域的法律服务市场价格相对较高。以广东省和黑龙江省来对比，根据2016年《广东省律师服务收费管理办法（征求意见稿）》的规定，刑事案件审判阶段的律师服务政府指导收费标准为每件收费6000元~60 000元，而根据2015年《黑龙江省物价监督管理局、黑龙江省司法厅关于律师服务收费标准的通知》的规定，刑事案件审判阶段律师收费为每件3000元。在制定指导价格时，政府普遍会制定一个浮动的收费标准，规定最低价格以防止不正当竞争，可以将律所服务政府指导价的最低价格视为最低的法律服务市场价格。

另一方面，当地经济发展状况往往决定当地居民的收入高低，而通常使用家庭人均可支配收入来判断法律服务购买能力。也有实务部门认为，用"可动用资产"能较为客观地反映申请人的法律服务购买能力。但是，我们认为目前"可动用资产"在我国法律体系中并不是一个正式的概念，且由于固定资产清查流于形式、资产评估不规范，对申请人的总资产难以查清，暂不适宜用"可动用资产"来综合评价申请人的现实经济实力。当然由于该条款仅是模糊规定"本行政区域经济发展状况"，各省可以根据当地情况选择适宜的评价申请人法律服务购买能力的标准，在此仅以"家庭人均可支配收入"作为参考。家庭人均可支配收入是指家庭总收入扣除缴纳的所得税、个人缴纳的社会保障费以及调查户的记账补贴后的收入再除以家庭人口得到的平均收入。对家庭人均可支配收入的计算，应当充分考虑以下几个因素：（1）申请人家庭成员的范围，不仅限于夫妻和未成年子女，可能还包括共同居住的，具有赡养、抚养、扶养关系的父母、兄弟姐妹以及孤儿身份的近亲属等。对于无配偶的成年人、无其他家庭成员的孤儿等特殊情形，则核实申请人个人收入即可。（2）各项收入的性质，对于不可独立支配的住房公积金、社会保险费用等，应在总收入中予以扣除。（3）特殊情形，比如存在家庭因治疗重大疾病、孩子就读等必须支出的情形，应当予以额外的考量。

（二）法律援助服务供给："法律援助工作需要"

关于"法律援助工作需要"的理解，需先明确"法律援助工作"的内容。"法律援助工作"区分为法律援助行政管理职责与法律援助服务管理职能。前者是以政策供给为基本内容的法律援助工作，后者则是以服务供给为基本内容的法律援助工作。在确定法律援助经济困难标准时，实践中司法行政部门常常从行政管理便利的角度考虑该问题，将经济困难标准参照最低生活保障线或最低工资标准来执行，以方便法律援助机构进行经济困难状况审查。但是，从法律援助服务供给关系来看，决定法律援助服务提供能力的两个因素——经费保障和律师资源，却未在制定经济困难标准时有所体现，或只是模糊提及。

我们认为，地方政府根据"法律援助工作需要"制定经济困难标准时，既要考虑到法律援助行政管理职责，确保经济困难标准在实践中的可操作性和可行性，也要考虑到法律援助服务管理职责，在经费投入较为充足和律师资源相对丰裕的地区，尽可能放宽经济困难标准，扩大法律援助范围，以满足困难群众的法律援助需求；反之，也可以进行必要的限缩。

在经费保障方面，据统计，随着法律援助经费保障机制不断完善，2018年度中西部地区的人均法律援助经费已经基本上与东部地区持平。在过去二十年法律援助制度的发展过程中，国家通过中央转移支付等方式，持续加大对中西部地区的经费投入，在一定程度上缓解了中西部地区法律援助经费不足的问题。[1]并且受制于国家总体财政能力和公共服务支出结构平衡，短期内法律援助经费投入无法大幅增长，对法律援助经济困难标准的影响在未来一段时间内依旧保持稳定。[2]然而，在律师资源保障方面，我国法律援助律师资源存在地域分布严重失衡的问题。据司法部统计，截至2019年底，全国共有执业律师47.3万多人。但是，从律师地域分布来看，律师人数超过1万人的18个省份主要集中在中东部。律师的地域分布基本上遵循的是经济规律。即，市场经济通过供求机制有效调节律师资源配置，导致律师资源集中在经济较发达的区域，欠发达地区律师资源匮乏，进而引发法律援助需求与供给矛盾的问题。[3]对此，以2018年底全国律师万人比平均数3.0为标准，在律师万人比高于3.0的地区，律师数量比较充足，经济条件相对发达，法律援助服务供给能力相对较强，可以适当放宽经济困难标准，扩大法律援助覆盖范围；在律师万人比低于3.0的地区，律师资源相对匮乏，需要适当紧缩经济困难标准，以优先满足困难群众的法律援助需求。

（三）法律援助经济困难标准的参考体系

在完成对上述确定标准的说明后，需要进一步考虑经济困难标准体系的构建。具体而言，立足我国此前关于经济困难标准的实践做法，通过借鉴其他经济困难标

〔1〕 参见樊崇义、吴宏耀、余鹏文："西部地区法律援助制度之完善"，载《人民法治》2020年第14期。

〔2〕 参见吴宏耀、余鹏文："构建多元化的法律援助服务提供模式"，载《中国司法》2020年第6期。

〔3〕 参见樊崇义、吴宏耀、余鹏文："西部地区法律援助制度之完善"，载《人民法治》2020年第14期。

准体系的先进制度设计，可以建立一套兼具灵活性、统一性的层次化经济困难标准认定方式，以解决实践中经济困难标准覆盖面过窄或过宽以及参照依据缺乏合理性的问题。该套标准以审查申请人的家庭人均可支配收入为核心要素，以最低工资标准（或其一定比例）和最低法律服务市场价格为区间划分标准，将法律援助服务提供模式区分为完全免费法律援助、分担费用法律援助以及不予提供法律援助三种情形。

1. 完全免费法律援助

当申请人的家庭人均可支配收入低于当地最低工资标准时，可以推定申请人完全不具有法律服务购买能力，无力通过法律服务市场自行购买律师服务，仅足够支付日常生活基本需求支出，法律援助机构应当为其提供完全免费的法律援助服务。之所以选择最低工资标准作为判断依据，主要是因为相比于最低生活保障标准和低收入家庭人均收入标准而言，最低工资标准相对较高，可以尽可能覆盖中低收入群体，确保夹心层弱势群体能够获得法律援助服务。此外，以最低工资标准为划分标准具有较强的可操作性，在实践中已有实例来予以支撑，具有一定的接受度。例如，2019 年修订的《广州市法律援助实施办法》第 11 条第 1 款规定："法律援助申请人及其共同居住的家庭成员在申请日之前 12 个月的人均月收入，低于本市企业职工现行月最低工资标准的，可以认定法律援助申请人经济困难；但法律、法规、其他规章规定的法律援助经济困难标准优于上述规定的，从其规定。"当然，最低工资标准与最低法律服务市场价格之间依然存在相当大的差距，各地可以根据当地法律援助经费和律师资源保障情况来自行上下浮动调整判断标准。

2. 分担费用法律援助

当申请人的家庭人均可支配收入高于当地最低工资标准，低于最低法律服务市场价格时，则申请人依旧无力购买最便宜的法律服务，但有一定能力承担法律服务支出中的一些基本费用。对此，法律援助机构可以为其提供法律援助服务，但要按照规定的分担范围和分担比例要求其偿还部分费用。法律援助费用分担制度是指，受援助的当事人因胜诉或由于受到援助，使其经济状况有所改善，并且有能力支付法律援助的部分费用，则应当按照规定的分担范围和分担比例偿还部分费用的制度。目前荷兰、日本、西班牙等国都采取此方法减少法律援助的预算压力。[1] 而我国理论界和实务界反对推行法律援助费用分担机制的主要理由是，我国财产申报制度不完善，无法准确区分符合分担费用条件的群体，也与我国《法律援助条例》第 2 条规定的"无偿法律服务"不符。全面推行法律援助分担费用制度的前提就是构建和完善个人信用信息管理系统，需要落实《法律援助法》第 51 条中"国家加

---

〔1〕　参见刘玮珃、胡晓伟："法律援助费用分担机制的可行性研究"，载《中国司法》2019 年第 3 期。

强法律援助信息化建设"的配套措施。目前推行这项制度存在一定困难，可以积极鼓励各地有条件地进行法律援助服务费用分担的探索。

3. 不予提供法律援助

当申请人的家庭人均可支配收入高于最低法律服务市场价格时，可以认定其具有从市场上自行购买法律服务的能力，则法律援助机构一般情况下不予提供法律援助服务。但是，也存在一定例外，比如家庭暴力的受害者或有未成年子女的单亲母亲等，因属于本法第 42 条关于免予核查经济困难状况的法定情形，依然享有获得法律援助的权利。

三、调整原则："实行动态调整"

法律援助经济困难标准实行"动态调整"机制，但对于如何理解"动态调整"，《法律援助法》并没有进一步明确规定。对此，我们认为，经济困难标准的调整需要遵循法律援助的基本原则，即及时便民原则和与经济社会发展同步增长原则。换言之，在调整时机方面，政府应当及时有效地调整经济困难标准，为公民提供及时便利的法律援助服务，提高法律援助服务的便民性和易得性，体现法律援助制度在保障公民权利中的地位和作用。在调整标准方面，政府应当确保法律援助经济困难标准与经济社会发展水平动态平衡，以满足人民群众日益增长的法律援助服务需求，使得"应援尽援"目标合理又适度可行。[1]

（一）及时便民原则

对于及时便民原则的理解，不应仅限于围绕为公民提供优质高效的法律援助服务，在法律援助覆盖范围方面，则要求当地政府及时调整法律援助经济困难标准，提高法律援助服务的便民性和易得性，以满足人民群众日益增长的法律服务需求，发挥法律援助作为社会基本公共法律服务和基本司法人权保障的积极作用。2017年联合国《示范法典》第 2.3 条规定，确保需要得到法律援助的个人能够有易于获得的、支付得起的、平等、高效、可信赖、可持续的法律援助服务。2015 年两办《关于完善法律援助制度的意见》也要求，"推进公共法律服务体系建设，加强民生领域法律服务，努力为困难群众提供及时便利、优质高效的法律援助服务，将涉及困难群体的矛盾纠纷纳入法治化轨道解决，有效化解社会矛盾，维护社会和谐稳定"。这就需要各地政府在规划法律援助范围时，不应将经济困难标准作为静态的、迟缓的、落后的限制条件，而是应当以维护人民群众合法权益作为出发点和落脚点，积极回应民生诉求，结合法律援助工作和当地经济发展规律，及时调控法律援助经济困难标准，确保其具有动态性、快速回应性以及先进性，使符合条件的公民都能获得法律援助，平等享受法律保护。事实上，司法实践中有的实务部门已经充

---

〔1〕 参见樊崇义编著：《法律援助制度研究》，中国人民公安大学出版社 2020 年版，第 122~128 页。

分认识到经济困难标准"动态调整"需要符合及时便民原则。例如，2020年3月上海市司法局《关于加强企业复工复产复市公共法律服务工作的通知》规定，"对与疫情防控相关的其他人群请求劳动报酬、工伤赔偿等法律援助事项，适当放宽经济困难标准……对疫情防控一线的社区工作者、志愿者提出的法律援助事项申请，适当放宽经济困难标准"，积极满足新冠肺炎疫情防控背景下困难群众的法律援助服务需求，强化法律服务的针对性、有效性，提高法律服务一体化水平。

（二）与经济社会发展同步增长原则

国家的经济发展水平是制约法律援助及其实施的主要瓶颈，也是影响法律援助经济困难标准确定的重要因素。政府在调整经济困难标准时，不能脱离经济社会发展水平和能力，应当随着经济社会发展同步增长，确定"因地制宜"的发展规划。[1]举例说明，当某地区的经济发展状况发生变化时，当地的最低工资标准和法律服务市场价格必然也会随之改变，则政府要综合考虑经济社会发展水平、法律援助资源状况等因素，适度放宽或缩紧法律援助经济困难标准，积极主动履行社会责任，将法律援助作为一种与经济社会发展程度相适应的民生保障措施。将"与经济社会发展同步增长原则"作为法律援助经济困难标准的调整原则，以确保法律援助制度能够根据社会经济的发展程度和人民群众的实际需求，提供及时有效的法律援助服务，对于促进社会公平正义、增进人民福祉、增强全体人民在共建共享发展中的获得感，都具有十分重要的意义。

【延伸阅读】多元化经济困难标准与费用分担机制

一、多元化经济困难标准

我国目前对"法律援助经济困难标准"未作出明确定义。2003年《法律援助条例》正式从立法上提出"经济困难标准"这一概念，但没有对其进行定义，只是阐明其是政府用来衡量申请人是否应当获得法律援助的经济状况标准。一般来说，在确定法律援助经济困难标准时，应当充分考虑下列三个政策性因素：一是当地政府对法律援助事业的财政投入，经济条件相对优越的地方在法律援助事业上投入经费充足的，则会将法律援助经济困难标准适当放宽，公民获得法律援助的门槛就相对较低；二是当地公民法律援助需求，需要考量当地公民在发生纠纷时诉诸司法的可能性以及经济状况低于法律援助经济困难标准的人数；三是当地的律师资源分配情况，对于当地法律服务市场律师资源相对丰富的地方，经济困难标准可以适当放宽，让更多律师受理更多的法律援助案件。但是在司法实践中，各地政府往往忽视上述政策性因素，而是将法律援助认定为社会保障体系的一部分，直接将经济

---

〔1〕　参见樊崇义编著：《法律援助制度研究》，中国人民公安大学出版社2020年版，第122~123页。

困难标准与最低生活保障标准或者最低工资标准绑定。[1]当前法律援助经济困难标准存在诸多弊端，主要是最低生活保障的待遇或者最低工资标准和取得法律服务的市场价格之间相差太大，许多中低收入群体即"夹心层"人群既聘不起律师，也未被纳入法律援助覆盖范围，其合法权益无法得到维护，法律援助制度的直接目的和根本目的难以实现，制约了法律援助事业的可持续发展。

对此，我们认为，法律援助服务不是一项"基于裁量可以给或不给的社会福利"，而应当成为符合法定条件的个体依法享有的一项法律权利。需要明确的是，社会救助和法律援助并非同一个层次上的概念，而且两者所关注的重点也各不相同。其中，社会救助侧重于行政层面，以关注公民的基本生存权利为核心，保障公民的最低生活水平；而法律援助侧重于司法层面，以当事人诉讼权利保护为中心，使得所有当事人所享有的政治、经济、文化等权利得到法律上的有效保护和实现，是有效保障社会救助制度顺利开展的重要方式之一。[2]因此，将法律援助经济困难标准直接与社会救助的标准等同的做法是错误的，应当综合考虑当地困难群众的法律服务购买能力和最低法律服务市场价格等客观因素，从法律援助的目的和宗旨、法律援助的供给和需求关系以及法律援助的可持续发展的角度出发，对法律援助经济困难标准提出符合时代需求的合理性要求。各地普遍地、简单地以最低生活保障线为衡量标准已经不合时宜，迫切需要建立新的动态的法律援助经济困难标准。相应地，这就需要参照世界各国的经济困难标准的认定方式，建立科学的法律援助经济困难体系，进一步明确最低法律服务市场价格、申请人购买法律服务能力以及可支配收入等各项指标。对此，本书选取了几个具有代表性的国家，详细介绍了其认定经济困难标准的方法。

一是英国的分层次、分类别的经济困难审查模式。就刑事案件而言，根据诉讼程序的阶段不同，英国法律援助经济困难标准主要分为三个层次：一是在侦查阶段，置身警察局的犯罪嫌疑人有权获得免费的值班律师建议和帮助，此类法律援助无须进行经济困难审查，法律援助局允许事务律师自行决定是否提供此类法律援助。二是治安法院的经济困难标准。简言之，如果委托人家庭的调整后年度总收入（an adjusted gross income，该项总收入将根据委托人有多少孩子予以确定）低于12 475英镑，可以通过治安法院代理命令的经济困难标准的审查。对于年度总收入高于12 475英镑，但低于22 324英镑的家庭，法律援助局将审查其年度可支配收入（disposable income）。即，需要从年度总收入中扣减以下费用：（1）税和国民保险；（2）年度住房支出；（3）年度儿童照管费用；（4）年度前妻及孩子的生活费

---

[1] 参见杨泳："论法律援助经济困难标准"，载《中国司法》2004年第6期。
[2] 郭婕：《法律援助制度研究》，红旗出版社2018年版，第72页。

用；（5）调整后的年度生活津贴。年度可支配收入低于 3398 英镑的家庭，可以通过经济困难标准的审查。对于调整后年度总收入超过 22 324 英镑的家庭，将因为不符合经济困难标准而无权获得法律援助。但是，他们还可以以艰难困苦为由要求审查（a review on hardship grounds）。三是皇家刑事法院的法律援助经济困难标准。对于皇家刑事法院的代理命令，法律援助局将审查委托人的家庭年度可支配收入是否低于 37 500 英镑（不同于治安法院年度可支配收入低于 3398 英镑的标准）。对于年度可支配收入高于 3399 英镑但低于 37 500 英镑的家庭，委托人需要根据其收入按月分担（最多 6 个月）一定比例的法律援助费用。如果最终判决委托人有罪且被告人拥有 30 000 英镑以上的资产（包括存款、房产），那么，委托人必须支付法律援助的主要支出。如果委托人没能通过经济困难标准审查，依然可以以艰难困苦为由请求进行复查。贫困复查是经济困难标准的补充制度。在未通过经济困难审查时，如申请人坚持认为自己确属无力负担案件费用，须提供之前未纳入考量的各类支出的具体情况，法律援助组织将重新评估可支配收入。[1]

民事案件的法律援助经济困难标准则是当事人需要符合收入及资产两方面的条件：在收入方面，当事人的月总收入应当在 2657 英镑以下，或当事人的月可支配收入应当在 733 英镑以下；在资产方面，当事人的可支配资产应当在 8000 英镑以下。在一些案件中，当事人虽然符合获得法律援助的条件，但需要支付一定比例的分担费用。享受特定国家福利的当事人可以直接通过收入标准的审查，但是依然需要对其资产进行评估。对于家暴以及强迫婚姻的受害者，在申请保护令程序中，法律援助局将自动放弃经济标准上限的要求。但是，当事人可能需要支付一定比例的分担费用。[2]

二是菲律宾的以申请人收入和居住地区为核心的经济困难标准计算方式。根据《菲律宾共和国法》和《菲律宾公设辩护人法》，法律援助受援人要符合贫困程度和信誉测试的标准。根据现行的贫穷程度测试，申请人必须证明其个人净收入不超过下列各项：（1）居住在马尼拉大都会，月收入不超过 14 000 比索；（2）居住在其他城市，个人净收入不超过每月 13 000 比索；（3）居住在其他所有地方的，个人净收入不超过每月 12 000 比索。

此处使用的"净收入"一词，应理解为指当事人的收入减去法定扣除额和经授权的扣减额。法定扣除额是指代扣缴税款、政府服务保险费用、社会保障费用和健

---

〔1〕 参见徐艺宁："英国法律援助制度发展报告"，载樊崇义、施汉生主编：《中国法律援助蓝皮书：中国法律援助制度发展报告 No.1（2019）》，社会科学文献出版社 2019 年版，第 173~201 页。

〔2〕 参见［英］格林·哈迪："英国法律援助制度概述"，吴宏耀等译，载中国政法大学国家法律援助研究院公众号，https://mp.weixin.qq.com/s/-PUP5yGh1fF0NWrLYLCi9w，最后访问时间：2021 年 7 月 23 日。

康保险费，以及以书面合同适当证明的其他贷款摊销。经授权的扣减额应理解为包括工资单中所反映的所有扣减，经雇员明确书面同意并经雇主同意的其他扣减，以及雇员可以证实的所有其他扣减。收入状况只算净收入，如申请人拥有土地所有权仍可得到援助。净收入不包括退休人员领取的退休金，这显示了菲律宾对退休人员的尊重。公设辩护人办公室已将老年公民列入特别授权名册。[1]

三是格鲁吉亚的以经济贫困人口为基础的经济困难标准。经济困难标准依据的是全国统一的经济贫困人口登记制度。任何低于7万或更低家庭排名积分的人都被视为经济困难人员，他们有权申请法律援助。此外，如果某人持有10万或更低的积分，且又属于下列人士，则被视为社会弱势群体：（1）有3个或更多18岁以下子女的家庭成员；（2）是战争或军队老兵；（3）18岁以下限制行为能力人；（4）具有特定或相当有限能力的成年人；（5）具有特定、严重或中度限制行为能力的人，这种情况自儿童时期就发生了；（6）18岁以下的孤儿；（7）由于俄罗斯对格鲁吉亚的军事侵略而造成的国内流离失所者。在特殊情况下，应当为虽没有在社会贫穷者数据库登记，但由于经济条件困难，无法聘请律师的人指派法律援助律师。这种特例由法律援助服务部决定。[2]

二、法律援助费用分担机制

随着法治建设的发展和国民法律意识的提升，我国司法诉讼总量和法律援助需求不断增加。在这种背景下，党的十九大报告指出，中国特色社会主义进入新时代，我国社会主要矛盾已经转化为"人民日益增长的美好生活需要和不平衡不充分的发展之间的矛盾"。在法律援助领域中，则存在人民日益增长的法律援助需求和法律援助事业发展不平衡不充分之间的矛盾。一方面，我国法律援助的需求量在不断增长。据统计，自法律援助制度实施以来，全国办理的法律援助案件总量由16.6万件增长至124万件，年均增长率达到20.06%。[3]2018年全国共批准办理法律援助案件1 452 534件，比上年增长11.2%。从各省批准办理案件情况看，案件量超过5万件的省份有9个，刑事法律援助案件超过1万件的省份有14个。[4]另一方面，目前我国法律援助经费保障机制仍不完善，短期内财政拨款的增长速度难以跟

〔1〕 嵇苏红："菲律宾法律援助制度概述"，载中国政法大学国家法律援助研究院公众号，https://mp. weixin. qq. com/s/H836TQbeH2UMVjeJgH5qwQ，最后访问时间：2021年7月23日。

〔2〕 王凯、嵇苏红："格鲁吉亚共和国法律援助制度概述"，载中国政法大学国家法律援助研究院公众号，https://mp. weixin. qq. com/s/rW9KyaQAaU-LPemJozr0EQ，最后访问时间：2021年7月23日。

〔3〕 胡铭、王廷婷："法律援助的中国模式及其改革"，载《浙江大学学报（人文社会科学版）》2017年第2期。

〔4〕 司法部公共法律服务管理局法律援助处："2018年全国法律援助工作统计分析"，载樊崇义、施汉生主编：《中国法律援助蓝皮书：中国法律援助制度发展报告 No. 1（2019）》，社会科学文献出版社2019年版，第36页。

上法律援助案件的增长速度。据统计，我国 2018 年全国法律援助经费总额为 26.51 亿元，仅占全国财政一般公共预算支出的 0.012%，年人均法律援助财政拨款为 1.98 元，远远低于世界经济发达国家水平，也低于某些周边发展中国家。[1]与此同时，2015 年两办《关于完善法律援助制度的意见》要求紧紧围绕经济社会发展和人民群众实际需要，落实政府责任，进一步放宽法律援助申请标准，以降低准入门槛，扩大民事、行政法律援助范围，使法律援助惠及更多困难群众。实践中，近年来我国各个省份陆续将经济困难标准调整至低收入、最低工资标准或者低保标准的 2 倍。法律援助范围的扩大，对我国法律援助制度的进一步完善提出更高要求，即如何在经费有限的情况下让更多的人民群众享受到法律援助提供的便利，解决现实中的法律纠纷、维护合法权益。[2]而法律援助费用分担机制正是化解这一问题的有益选项，在政府增加投入相应资金的同时，让中等偏低收入群体适当分担部分法律援助办案费用，可以大大拓宽法律援助覆盖的人群范围，满足人民群众日益增长的法律援助需求，通过公平有效配置有限法律援助资源来完善法律援助制度，推进法治中国建设，维护社会公平正义。[3]

法律援助费用分担制度是指，受援助的当事人因胜诉或由于受到援助，经济状况有所改善，并且有能力支付法律援助的部分费用，则应当按照规定的分担范围和分担比例偿还部分费用的制度。目前荷兰、日本、西班牙等国都采取此方法减少法律援助的预算压力。受援人是否需要分担法律援助费用，以及分担费用的份额，则多根据其财产状况、是否存在收益以及收益多少等进行个案判断。根据受援人的费用分担情况，可将法律援助费用分担机制大致划分为如下几种类型。

一是受援人免予分担费用。主要情形分为两种：其一，受援人因败诉而免予分担费用。例如日本司法援助中心指出，若法律援助申请人败诉，其无需偿还中心垫付的全部法律服务费用。[4]其二，受援人虽胜诉但未因此而获得经济收益时，或虽有一定的经济收益，但对于维持受援人的基本生活以及教育、医疗等是必不可少的，则可以免予分担法律援助费用。例如，《香港地区法律援助条例》第 32 条第 3 款规定，"署长如信纳他假若行使根据本条收取分担费用的权利，会使任何人遭遇严重困苦，并在所有情况下均属公正及公平，可藉给予受助人书面通知，完全或局部放弃该等权利"。

---

〔1〕 李雪莲、夏慧、吴宏耀："法律援助经费保障制度研究报告"，载《中国司法》2019 年第 10 期。

〔2〕 参见刘玮珂、胡晓伟："法律援助费用分担机制的可行性研究"，载《中国司法》2019 年第 3 期。

〔3〕 参见法言："关于法律援助受援人分担费用制度几个基本问题的研究（三）：在我国实行的必要性"，载《中国司法》2014 年第 6 期。

〔4〕 ［日］司法援助中心：《日本司法援助中心业务方法书》，第 65 页。

二是由败诉的非受援方分担费用。某些国家和地区规定了败诉的非受援人承担法律援助办案费用的做法。我国香港地区规定，受援人若在民事诉讼中胜诉，败诉的对方当事人被法院裁定必须支付受援人的律师代理费用，并且将赔偿金缴到法律援助署后，受援人已经支付的分担费用就可以被返回。[1]在英国，若受助人在民事诉讼中胜诉，则败诉的一方当事人经法院裁定后应代为支付受助人的相关费用，在将赔偿金缴付至法律援助部门之后，受助人业已支付的费用便可被退还。《韩国法律援助案件管理条例》规定，律师可以从败诉方处获得胜诉金额的偿付，并把偿付交给法律援助机构，法律援助机构把扣除分担费用后的余额交还给受助人。[2]

三是受援人于诉讼前分担费用。即接受援助的申请人在向法律援助机构提出申请时，其经济状况符合法律援助机构划定的经济困难的区间，需要分担一部分法律服务费用，不论受援案件胜诉与否。一般来说，在经济困难标准下限之下的申请人能够获得全免费的法律援助，而处于下限与上限之间的申请人则只能获得分担费用的法律援助，其所获得的法律援助所需要的费用由法律援助机构和受援人共同承担，具体分担比例根据相应的法律加以确定。例如，根据《香港地区法律援助（评定资源及分担费用）规例》的规定，受助人的财务资源不超过 2 万港元，就无须承担任何费用，但如果受助人的财务资源被评估超过 2 万港元，一旦接受法律援助，便须按照规定的分担费比率（目前分为 7 个等级）缴纳一部分分担费用。分担费是按诉讼预计所需诉讼费厘定的，但不会超过受助人根据其财务资源所需交付的数额。如有关诉讼费超出受助人所需交付的分担费，受助人便得缴付全数的分担费，金额多寡则视其财务资源总额而定，由 1000 港元至 41 425 港元不等。不过，如案件属于因违反《香港地区人权法案条例》或《公民权利和政治权利国际公约》适用于香港地区的范围而引起争论且有充分依据的，则法律援助署署长可以免除上述财务资源上限的规定。[3]

四是受援人于诉讼后分担费用。即法律援助受援人在诉讼过程中因胜诉而获得一定的经济收益，其经济状况有实质性改善时，法律援助机构要求其在一定期限内偿还部分或全部法律援助费用。目前我国台湾地区对此有详细规定。根据我国台湾地区"法律扶助法"第32条和第33条以及相关基金会制定的"办理回馈金应行注意要点"的规定，因法律扶助所取得的标的具有财产价值，且其财产价值超过酬金及必要费用达新台币 50 万元以上的，依审查委员会决定其应负担该扶助案件所支出酬金及必要费用，也称回馈金。受扶助人取得的财产价值少于新台币 50 万元的，

---

[1] 法言："关于法律援助受援人分担费用制度几个基本问题的研究（一）：意义及特点"，载《中国司法》2014 年第 4 期。

[2] 刘玮琍、胡晓伟："法律援助费用分担机制的可行性研究"，载《中国司法》2019 年第 3 期。

[3] 刘玮琍、胡晓伟："法律援助费用分担机制的可行性研究"，载《中国司法》2019 年第 3 期。

由受扶助人自愿捐赠。但是，对于刑事诉讼和刑事补偿程序，以及仅提供法律咨询和法律文件撰写服务的案件，则不适用胜诉回馈制度。[1]其中，具体的缴纳比例可以参见我国台湾地区法律扶助基金会制定的"办理回馈金应行注意要点"第 8 条的规定。

事实上，尽管法律援助费用分担机制在我国尚未形成一项全国性的制度，《法律援助条例》也明确规定法律援助是无偿提供法律服务，但仍有一些部门规章和地方性法规对费用分担进行规定，并在部分地区逐步开展试点探索。1999 年司法部与最高人民法院《关于民事法律援助工作若干问题的联合通知》第 7 条规定，法律援助人员办理法律援助案件所需差旅费、文印费、交通通讯费、调查取证费等办案必要开支，受援方列入诉讼请求的，人民法院可根据具体情况判由非受援的败诉方承担。2017 年最高人民法院、司法部《律师辩护全覆盖试点办法》第 9 条明确规定："探索实行由法律援助受援人分担部分法律援助费用。实行费用分担法律援助的条件、程序、分担标准等，由省级司法行政机关综合当地经济发展水平、居民收入状况、办案补贴标准等因素确定。"这一规定为法律援助费用分担机制的实施奠定了立法基础。

在实践中，上海浦东新区探索试行法律援助费用分担机制，从最方便管辖的本地户籍人士开展此项试点工作，采用受援人诉前分担方式，受援案件主要限制为以民事或刑事附带民事案件为主，并且是可能胜诉的案件。结合当地经济发展水平和居民生活水平，目前暂定目标人群经济状况为月收入为 2140 元~3500 元（2140 元为目前全市法律援助经济困难标准），3500 元则是相对经济困难与困难人群的划分线。[2]而广东省深圳市早在 2009 年就率先在全国创设起辅助性法律援助制度。即由市、区政府设立的法律援助机构组织法律援助人员，依法为不符合无偿法律援助条件但符合条例相关规定条件的当事人提供法律服务的活动。2019 年修正的《深圳市法律援助条例》第六章"辅助性法律援助"规定，申请人家庭经济状况高于一般法律援助经济困难标准，但是低于本市上年度在岗职工人均月工资水平的，申请事项符合特定案件范围的，争议标的不低于 3 万元，可以向法律援助机构提出申请。辅助性法律援助申请受理后，受援人应当与法律援助机构签订辅助性法律援助协议并缴纳受理费 600 元。受援人通过辅助性法律援助获得收益的，应当向法律援助机构支付所获净收益总额的 8%；调解、和解结案的，向法律援助机构支付所获

---

〔1〕　除此之外，根据"办理回馈金应行注意要点"的规定，对于债权债务案件，若受扶助人是为了解决债务问题，则不会因此获得任何财产，不需要缴纳回馈金。受扶助人也可以向法律扶助基金会说明困难，申请减少应缴纳的金额，或向基金会申请分期付款。

〔2〕　参见刘玮珮、胡晓伟："法律援助费用分担机制的可行性研究"，载《中国司法》2019 年第 3 期。

净收益总额的 5%。无论是受援人于诉讼前分担费用还是于诉讼后分担费用，事实上我国均有相应的地方成熟试点经验，对全国法律援助分担机制的建立与完善无疑具有重要意义。而我国理论界和实务界反对推行法律援助费用分担机制的主要理由是，我国财产申报制度不完善，无法准确区分符合分担费用条件的群体，也与我国《法律援助法》第 2 条规定的"无偿提供……法律服务"不符。但是，随着经济社会的发展，我国的征信体系必将越来越完善，法律援助机构对申请人可支配收入、可支配资产的查询将更为便捷准确，则法律援助费用分担机制也必然会得到逐步推广，以使国家有限的财力资源得到更为有效的配置，同时在最大程度上满足不同人群的法律援助需求。

第四章　程序和实施

该章共 16 条，依次规定了法律援助的通知与申请（第 35~40 条）、经济困难状况核查（第 41~44 条）、法律援助服务的实施（第 45~50 条）。

其中，为保证人民群众可以更方便地获得法律援助服务，《法律援助法》第 41 条规定，就经济困难状况，实行"说明—核查制"；第 42 条规定，对于法定人员，免予核查经济困难状况。此外，第 44 条规定了"先行援助制度"；第 45 条规定了特定群体的法律援助；第 49 条完善了法律援助的救济制度。

第三十五条【及时告知义务】

人民法院、人民检察院、公安机关和有关部门在办理案件或者相关事务中，应当及时告知有关当事人有权依法申请法律援助。

【条文要旨】

本条是关于告知义务的规定。在条文体系上，该条是第 6 条公安司法机关保障职责的具体化规定。告知义务是当事人依法获得法律援助权利的重要前提和保障。根据本条规定，人民法院、人民检察院、公安机关和有关部门负有告知义务，即在各自职责范围内，应当及时告知有关当事人有权依法申请法律援助。

知悉权是依法行使权利的必要前提。该项规定不仅仅适用于刑事诉讼程序，在涉及民事、行政领域的法律援助问题时，人民法院和有关部门（如企业劳动争议调解委员会、劳动争议仲裁委员会等）在办理相关案件或相关事务中，同样负有告知义务。

此外，本法第 10 条第 1 款规定，司法行政部门应当开展经常性的法律援助宣传教育，普及法律援助知识。第 23 条规定，法律援助机构应当提示当事人享有依法申请法律援助的权利，并告知申请法律援助的条件和程序。

【立法背景】

对法定权利及权利内容的明确认知是积极行使权利的必要前提。只有明确知悉自身拥有什么权利，如何去行使，如何去维护，权利才不会被束之高阁，成为"纸面上"的权利。从这一点上来说，公民，尤其是具体案件的当事人，对自身所享有的法律援助权的知悉显得尤为重要。当事人只有明确知道自身拥有申请法律援助的权利，才可能根据自身情况、案件需要作出相应的正确选择，积极行使自身的权利。就刑事诉讼而言，作为实现控辩实质平等的重要措施，法律援助是当事人有权获得辩护的重要制度保障。而在民事、行政领域内，法律援助是扶弱扶贫，保障社会弱势群体合法权益的重要举措。

囿于 2003 年国务院《法律援助条例》的立法权限及当时的时代背景，该条例不可能就审判机关、检察机关、侦查机关的责任和义务作出规定。因此，在《法律援助法》之前，刑事诉讼中法律援助的告知义务仅存在于相关刑事程序法律法规、司法解释当中。根据《刑事诉讼法》及其相关司法解释的规定，公安司法机关在办理刑事案件过程中负有特定的权利告知义务。就告知内容而言，《刑事诉讼法》第 34 条第 2 款规定，公安机关、人民检察院、人民法院在特定的程序节点应当告知犯罪嫌疑人有权委托辩护人。但是，值得注意的是，自 2012 年《刑事诉讼法》修正以来，相关司法解释及规范性文件均明确规定，在特定的程序节点，公安机关、人民检察院、人民法院应当告知当事人享有申请法律援助的权利。例如，《公安机关办理刑事案件程序规定》第 43 条第 1 款规定："公安机关在第一次讯问犯罪嫌疑人或者对犯罪嫌疑人采取强制措施的时候，应当告知犯罪嫌疑人有权委托律师作为辩护人，并告知其如果因经济困难或者其他原因没有委托辩护律师的，可以向法律援助机构申请法律援助。告知的情形应当记录在案。"2019 年最高人民检察院《人民检察院刑事诉讼规则》第 40 条、2021 年《最高人民法院关于适用〈中华人民共和国刑事诉讼法〉的解释》第 44 条就此作出了更为细致的规定。

2018 年《刑事诉讼法》第 36 条确立了值班律师制度，同时规定，"……人民法院、人民检察院、看守所应当告知犯罪嫌疑人、被告人有权约见值班律师……"之后，有关值班律师的规范性文件，进一步明确了专门机构的告知义务。例如，2020 年"两院三部"关于《法律援助值班律师工作办法》第 12 条规定，"公安机关、人民检察院、人民法院应当在侦查、审查起诉和审判各阶段分别告知没有辩护人的犯罪嫌疑人、被告人有权约见值班律师获得法律帮助……"；第 13 条规定，"看守所应当告知犯罪嫌疑人、被告人有权约见值班律师，并为其约见值班律师提供便利。看守所应当将值班律师制度相关内容纳入在押人员权利义务告知书，在犯罪嫌疑人、被告人入所时告知其有权获得值班律师的法律帮助……"

如上所述，《刑事诉讼法》及其相关司法解释已经明确规定了较为完备的法律援助告知制度。但是，在民事、行政类法律援助领域，有关法律援助告知义务的规定却一直付之阙如。如果考虑到，在我国法律援助实践中，有一半甚至一半以上的法律援助案件是民事、行政类法律援助案件，[1]而且，绝大多数人民群众对于哪些事项属于法律援助范围、如何申请法律援助基本上还处于无知懵懂的状态，[2]那么，强化民事、行政类法律援助领域的告知义务无疑具有重大的实践意义。

在《法律援助法》立法过程中，立法者明确意识到，对自身权利的无知是阻碍个人依法行使法定权利、享有法治利益的最大障碍。为此，立法者借鉴刑事诉讼法上"权利告知义务"的规定，将法律援助告知义务作为一项法定义务扩展到所有类型法律援助案件中。《法律援助法（草案）》初稿第 32 条规定："人民法院、人民检察院、公安机关和有关部门在办理案件或者其他事务中，应当及时告知公民有依法申请法律援助的权利。"《法律援助法（草案）》一审稿沿用了该条规定；《法律援助法（草案）》二审稿有两处修改：一是将"公民"修改为"有关当事人"，使之更加符合条文的立法目的。即相关部门告知的对象仅限于具体案件或者相关事务中的当事人，而非所有的公民；面向社会公众的普法宣传，属于司法行政部门的普法义务。二是将"有依法申请法律援助的权利"修改为"有权依法申请法律援助"，使之更加通顺、简洁。

一审稿	二审稿
第二十八条 人民法院、人民检察院、公安机关和有关部门在办理案件或者其他事务中，应当及时告知公民有依法申请法律援助的权利。	第三十二条 人民法院、人民检察院、公安机关和有关部门在办理案件或者**相关**事务中，应当及时告知**有关当事人有权**依法申请法律援助。

根据我国刑事诉讼实践的经验，只有明确违反告知义务的法律后果，方能更有效地指引公安司法机关依法履行其法定的告知义务。故此，有专家建议，本条规定应当明确刑事诉讼中公安司法机关不积极履行或者不及时履行告知义务的程序性后果。即建议在该条增加一款规定："对于本法第二十五条规定的刑事案件，人民法院、人民检察院、公安机关未依法及时告知的，相关刑事诉讼活动自始无效。"

在国际法律援助领域，相关规范性文件普遍提倡明确规定违反告知义务的救济

---

[1] 根据 2018 年统计数据，该年度我国刑事法律援助案件约占法律援助案件总数的 33%，民事法律援助案件约占 67%，行政法律援助案件约占 0.005%。详见樊崇义、施汉生主编：《中国法律援助蓝皮书：中国法律援助制度发展报告 No.1（2019）》，社会科学文献出版社 2019 年版，第 36 页。

[2] 关于我国社会公众法律援助知晓率，有地方实证调查结果表明，调查对象中对法律援助听说过，但不太了解的，高达 70.77%，比较了解的占 20%。调查对象中，有 78.46% 不知道申请法律援助的途径，56.92% 不知道法律援助是免费的。详见吴宏耀、赵艺童："江苏省常州市法律援助知晓率调查结果的对比分析"，载中国政法大学国家法律援助研究院公众号，https://mp.weixin.qq.com/s/UUjOIEgz9hdXF NtJ40X BCg，最后访问时间：2021 年 8 月 15 日。

措施。例如，2012 年联合国《原则和准则》原则 8 是有关知情权的规定；在此基础上，原则 9 进一步规定："国家应当就获得法律援助的机会受损、遭拖延或被剥夺或在相关人未充分获知其享有法律援助权的情况下拟订所可适用的有效的救济措施和保障措施。"例如，规定禁止进行程序性诉讼、解除拘留、证据排除、司法复审和赔偿等救济性措施。2017 年联合国《示范法典》第 47 条规定，在刑事司法领域，"在违反告知义务的情形下，违反告知权利获得的证据应当被排除"。

【条文释义】

本条是关于办案机关法律援助告知义务的规定。根据该条规定，有关办案机关在办理案件或处理事务过程中，应当及时告知当事人有权依法申请法律援助。本条规定可从告知主体、告知内容、告知时间、救济手段四方面来理解。

一、告知主体

为保证广大人民群众能够知悉、了解依法享有的获得法律援助的权利，该条规定借鉴刑事诉讼法的立法经验，规定了办案机关的法律援助告知义务。根据该条规定，告知义务主体具体包括以下内容。

（1）刑事诉讼案件：在侦查阶段，是指依法行使侦查权的侦查机关。根据我国《刑事诉讼法》相关规定，我国的侦查机关主要是指公安机关、国家安全机关、人民检察院、军队保卫部门、中国海警局和监狱侦查部门以及海关走私犯罪侦查机关等。[1]在审查起诉阶段，是指人民检察院。在审判阶段，是指人民法院。此外，对于羁押人员，看守所同样负有法律援助的告知义务，尤其是告知有权约见值班律师的义务。

（2）民事、行政诉讼或非诉讼案件：对于符合法律援助条件的当事人，人民法院应当依法告知其获得法律援助的权利。

（3）劳动争议调解与仲裁案件：劳动争议调解委员会、劳动争议仲裁委员会、人民法院，根据各自的职责范围，依法履行自己的告知义务。

告知可以采取口头的方式，也可以采取书面的方式。相关机构可以通过制作法律援助手册等方式，以便于当事人了解相关领域的法律援助规定。

二、告知内容

公安机关、检察机关、审判机关以及有关部门负有告知当事人有权依法申请法律援助的义务。从字面规定来看，相关部门仅需告知当事人"有权依法申请法律援助"即可。但从实质解释出发，该项告知义务应当包括以下内容：（1）有权依法申请法律援助的相关规定；（2）申请法律援助的具体途径、方法；（3）放弃该项

---

[1] 陈卫东主编：《刑事诉讼法》，高等教育出版社 2017 年版，第 58~59 页。

权利的法律后果。

首先，办案机关应当告知当事人依法享有获得法律援助是一项权利。即，符合法定条件的当事人，均有权申请法律援助。为了便于相关当事人申请法律援助，办案机关应熟悉相关领域的法律援助规定，并根据案件的具体情形，及时履行告知义务。当然，对于明显不符合法律援助条件的，办案机关也可以简单告知或书面告知。

其次，办案机关应当告知当事人申请法律援助的途径和方法。如果仅仅告知当事人其拥有申请法律援助的权利，而不告知其获得法律援助的途径和方法，仍然无法充分保障其获得法律援助的权利的实现。法律援助作为国家确立的一项基本保障制度，并不一定被每个人熟知，更别提对相关程序的了解。对于身陷囹圄的犯罪嫌疑人、被告人来说，申请法律援助更离不开具体办案机关的支持和协助。因此，告知其享有申请法律援助的权利，在实质意义上意味着，办案机关不仅应当告知相关当事人有关法律援助的规定，而且，在当事人有意愿申请法律援助时，还应当进一步告知其获得法律援助的途径和方法，并就如何提出申请、向谁申请、去哪申请等基本问题，向当事人作出解答。

最后，办案机关应当告知放弃该项权利的法律后果。在此，法律后果并不意味着"放弃申请法律援助"的后果，而是应当告知其申请法律援助的好处、如果不申请法律援助可能遇到的困难。

告知应当以相关当事人能够理解的方式进行。2013 年《关于刑事诉讼法律援助工作的规定》第 6 条规定，告知的内容应当易于被告知人理解，而不宜拘泥于干巴巴的法言法语。

办案机关也可以与相关法律援助机构建立稳定的合作机制。对于可能符合法律援助条件或有明显申请法律援助意愿的当事人，办案机关可以协助其直接与相关法律援助机构或法律咨询服务机构对接，以减轻办案机关、相关当事人的额外负担。

三、告知时间

本条规定告知应当"及时"。在《法律援助法》先后共有 10 处使用了"及时"一词，但何为"及时"，立法并没有作出具体规定。

根据《刑事诉讼法》及相关司法解释的规定，公安机关在第一次讯问犯罪嫌疑人或者对犯罪嫌疑人采取强制措施的时候，应当告知犯罪嫌疑人有权申请法律援助；检察机关自收到移送审查起诉的案件材料之日起 3 日以内，应当告知犯罪嫌疑人有权申请法律援助；审判机关自受理案件之日起 3 日以内，应当告知被告人有权申请法律援助。

借鉴刑事诉讼法的相关立法经验，同时参照本法第 36 条规定，在有关法律援助的民事、行政案件中，建议将"及时"解释为该办案机关"接手案件之日起 3 日以内"。

四、救济手段

告知义务是法律规定告知主体需向告知对象履行的特定义务，违反告知义务的行为往往伴随一定的救济手段，否则告知义务便不具备实践生命力。例如，《基本医疗卫生与健康促进法》第102条第1款第3项规定，医疗卫生人员在开展医学研究或提供医疗卫生服务过程中未按照规定履行告知义务的，将依法给予行政处罚；同样，《行政许可法》第72条规定，行政机关及其工作人员在受理、审查、决定行政许可过程中未向申请人、利害关系人履行告知义务的，由其上级行政机关或者监察机关责令改正；情节严重的，对直接负责的主管人员和其他直接责任人员依法给予行政处分。

法律义务必然引发相应的法律责任。因此，《基本医疗卫生与健康促进法》《行政许可法》的上述规定并非特例，相反，恰是告知义务能够得到正确履行的必要保障手段。《法律援助法》第35条只规定了告知义务，并没有同步规定未依法履行告知义务的法律责任。但是，需要指出的是，在刑事诉讼领域，2013年"两院两部"《关于刑事诉讼法律援助工作的规定》第24条规定："犯罪嫌疑人、被告人及其近亲属、法定代理人，强制医疗案件中的被申请人、被告人的法定代理人认为公安机关、人民检察院、人民法院应当告知其可以向法律援助机构申请法律援助而没有告知，或者应当通知法律援助机构指派律师为其提供辩护或者诉讼代理而没有通知的，有权向同级或者上一级人民检察院申诉或者控告。人民检察院应当对申诉或者控告及时进行审查，情况属实的，通知有关机关予以纠正。"因此，建议在本条中规定相应的救济手段，以有效地指引公安司法机关依法履行法定的告知义务。

第三十六条【及时通知指派】

人民法院、人民检察院、公安机关办理刑事案件，发现有本法第二十五条第一款、第二十八条规定情形的，应当在三日内通知法律援助机构指派律师。法律援助机构收到通知后，应当在三日内指派律师并通知人民法院、人民检察院、公安机关。

【条文要旨】

本条是关于及时通知指派的程序性规定。根据该条规定，对于法定应当予以援助的刑事案件，人民法院、人民检察院、公安机关负有及时通知义务；法律援助机构在收到通知后，负有及时指派义务。通知与指派均应当在3日内完成。通知与指派按照人民法院的审判管辖实行同级对应原则。

本条是第6条一般保障职责的具体化表现，是本法第25条第1款、第28条情形中的犯罪嫌疑人、被告人能够获得及时法律援助帮助的保障举措。

【立法背景】

法律援助服务的实现并非简单地取决于法律援助机构的核查与指派，而是一项涉及人民法院、人民检察院、公安机关、法律援助机构、司法行政部门、民政部门、群团组织等在内的多部门、多流程、多环节的基本公共服务。因此，法律援助服务的提供必然涉及不同部门之间的流转、不同程序之间的衔接，法律援助程序的流转不畅、衔接不良，必然会影响受援群众在法律援助过程中的满意度与获得感。

在刑事诉讼领域，尤其如此。在刑事诉讼活动中，公安机关、人民检察院、人民法院依次在侦查阶段、审查起诉阶段、审判阶段发挥着程序主导作用。作为具体案件的办案机关，人民法院、人民检察院、公安机关最了解该案件是否属于法定的应当予以援助的案件类型。因此，在刑事诉讼制度史上，应当予以援助的刑事案件，曾一度被视为"强制辩护形式"；对于此类法定强制辩护情形，没有辩护人协助，法院不得进行审判。[1]

2012年《刑事诉讼法》修改以前，对于法定应当予以援助的案件，人民法院直接指定承担法律援助义务的律师为其提供辩护。[2]根据2012年《刑事诉讼法》第34条规定，对于法定应当予以援助的案件，人民法院、人民检察院和公安机关应当通知法律援助机构指派律师为其提供辩护。根据该项规定，人民法院、人民检察院和公安机关是否依法、及时通知，直接决定着法律援助机构的指派工作并进而影响到犯罪嫌疑人、被告人能否依法享有法律援助服务。

针对刑事司法实践中，人民法院、人民检察院和公安机关不通知、通知不及时等问题，2015年两办《关于完善法律援助制度的意见》明确提出，"落实刑事诉讼法及相关配套法规制度关于法律援助范围的规定……建立健全办案机关通知辩护工作机制，确保告知、转交申请、通知辩护（代理）等工作协调顺畅，切实履行侦查、审查起诉和审判阶段法律援助工作职责"。2019年两办《关于公共法律服务体系建设的意见》再次重申，要"健全依申请法律援助工作机制和办案机关通知辩护工作机制"。为贯彻落实上述两办文件的要求，2016年"两院三部"《关于推进以审判为中心的刑事诉讼制度改革的意见》第20条第2款规定："完善法律援助制度，健全依申请法律援助工作机制和办案机关通知辩护工作机制。对未履行通知或者指派辩护职责的办案人员，严格实行责任追究。"

根据上述规范性文件的精神以及《法律援助法》第6条一般保障职责的规定，本法第36条明确规定了公安司法机关的及时通知义务，以期健全办案机关通知辩

---

[1]　根据大陆法系刑事诉讼法传统，法定应当予以援助的案件属于强制辩护案件。"强制辩护案件未经辩护人到庭辩护，不问未到庭之原因，皆不得径行审判，否则判决当然违背法令。"关于强制辩护与任意辩护问题，详见林钰雄：《刑事诉讼法》（上），新学林出版股份有限公司2020年版，第220页。

[2]　参见1979年《刑事诉讼法》第27条；1996年《刑事诉讼法》第34条。

护机制，确保通知辩护相关程序协调顺畅。在立法过程中，《法律援助法（草案）》一审稿第 26 条规定："人民法院、人民检察院、公安机关办理刑事案件，发现当事人有本法第二十条规定情形的，应当及时通知法律援助机构指派律师。法律援助机构收到通知后，应当及时指派律师并通知人民法院、人民检察院、公安机关。"为进一步明确"及时"的含义，以便于实务工作遵守相关要求，《法律援助法（草案）》二审稿将"及时"明确为"三日内"。强制医疗程序属于刑事诉讼程序中的一项特别程序，虽不属于《刑事诉讼法》第 35 条规定的法定强制辩护情形，但根据《刑事诉讼法》规定，仍然属于应当予以通知指派的法定情形。因此，《法律援助法》将本法第 28 条强制医疗程序也纳入本条通知的法定情形。

一审稿	二审稿	《法律援助法》
第二十六条　人民法院、人民检察院、公安机关办理刑事案件，发现当事人有本法第二十条规定情形的，应当及时通知法律援助机构指派律师。法律援助机构收到通知后，应当及时指派律师并通知人民法院、人民检察院、公安机关。	第三十三条　人民法院、人民检察院、公安机关办理刑事案件，发现有本法第二十四条第一款规定情形的，应当在**三日内**通知法律援助机构指派律师。法律援助机构收到通知后，应当在**三日内**指派律师并通知人民法院、人民检察院、公安机关。	第三十六条　人民法院、人民检察院、公安机关办理刑事案件，发现有本法**第二十五条第一款、第二十八条规定情形的**，应当在三日内通知法律援助机构指派律师。法律援助机构收到通知后，应当在三日内指派律师并通知人民法院、人民检察院、公安机关。

关于本条规定，基于立法科学性考虑，有专家建议将其修改为："在刑事案件中，法律援助的权利告知、通知指派等程序，按照刑事诉讼法的相关规定进行。除本法另有规定外，国务院司法行政部门可以就办理法律援助的程序作出规定。"具体理由如下。

第一，在我国现行法律框架下，刑事法律援助的援助范围、援助形式以及与人民法院、人民检察院、公安机关相关的诉讼程序等内容主要由《刑事诉讼法》予以规定。因此，在立法技术上，法律援助立法应当从立法发展的动态视角，妥善处理《法律援助法》与《刑事诉讼法》的条文衔接问题。具体而言，随着我国经济社会的发展，作为刑事诉讼制度重要组成部分的刑事法律援助范围、援助形式将与我国刑事诉讼制度保持同步协调发展。因此，除特殊规定外，有关刑事法律援助的内容，应当交由《刑事诉讼法》规定为宜。

第二，为保证《法律援助法》相关条文的流畅性，不宜就法律援助程序问题作出过多过细的规定。故此，除必须由《法律援助法》作出规定的重大程序性要求外，可以通过授权立法的方式，将法律援助程序问题交由国务院通过行政法规或部门规章加以规定。事实上，司法部于 2012 年发布了《办理法律援助案件程序规定》、2019 年发布了《全国刑事法律援助服务规范》等规范性文件。这些规范性文件已经就法律援助机构受理、审查、承办等程序性问题，作出了较为系统的规定。

【条文释义】

为切实保障犯罪嫌疑人、被告人在法定案件中能够及时获得法律援助服务，本条规定，对于法定应当予以援助的案件，专门机关负有及时通知义务、法律援助机构负有及时指派义务。所谓"法定应当予以援助的案件"，具体是指本法第 25 条第 1 款以及第 28 条规定的案件。[1]

一、人民法院、人民检察院、公安机关：及时通知义务

本条规定以《刑事诉讼法》第 35 条规定的"通知义务"为基础，将相关司法解释的内容上升为国家法律，明确了人民法院、人民检察院、公安机关的及时通知义务。根据本条规定，人民法院、人民检察院、公安机关在办理刑事案件过程中，发现法定应当予以援助的案件，犯罪嫌疑人、被告人没有委托辩护人的，应当在 3 日内通知法律援助机构指派律师。在此，立法者将通知法律援助机构的时间明确为"三日"，以督促人民法院、人民检察院、公安机关积极履行通知义务，切实保障犯罪嫌疑人、被告人的辩护权利。

通知以 3 日为限，是我国相关规范性文件的通例。例如，2019 年《人民检察院刑事诉讼规则》第 42 条规定："人民检察院办理直接受理侦查案件和审查起诉案件，发现犯罪嫌疑人是盲、聋、哑人……应当自发现之日起三日以内书面通知法律援助机构指派律师为其提供辩护。"

但是，值得注意的是，该条规定仅限于人民法院、人民检察院、公安机关依职权发现应当予以援助的情形。如果犯罪嫌疑人、被告人被拘留、逮捕后主动提出法律援助申请的，无论是否属于应当予以援助的法定情形，人民法院、人民检察院、公安机关都应当根据本法第 39 条规定，在 24 小时内将其法律援助申请转交法律援助机构。[2]

---

〔1〕　在刑事辩护全覆盖试点地区，还应当注意《律师辩护全覆盖试点办法》第 2 条规定的案件范围。

〔2〕　参见 2013 年《关于刑事诉讼法律援助工作的规定》第 7 条："被羁押的犯罪嫌疑人、被告人提出法律援助申请的，公安机关、人民检察院、人民法院应当在收到申请 24 小时内将其申请转交或者告知法律援助机构，并于 3 日内通知申请人的法定代理人、近亲属或者其委托的其他人员协助向法律援助机构提供有关证件、证明等相关材料。犯罪嫌疑人、被告人的法定代理人或者近亲属无法通知的，应当在转交申请时一并告知法律援助机构。"

二、法律援助机构：及时指派

法律援助机构在收到通知后，应当在 3 日内指派律师并通知人民法院、人民检察院、公安机关。在此，需要特别强调两点。

第一，对于人民法院、人民检察院、公安机关通知指派的案件，法律援助机构无需审查，直接根据通知指派即可。就刑事案件而言，办案机关最了解案件的具体信息和具体情况，因此，也最有能力、最有条件就案件是否符合本法第 25 条第 1 款和第 28 条规定作出实质性判断。更重要的是，刑事法律援助是辩护权的重要组成部分，直接关系到公正审判等基本诉讼价值。就此而言，办案机关的通知，事实上代表了办案机关关于本案是否具有"司法利益需要"[1]的实质性判断。因此，根据本条规定，法律援助机构收到通知后，径行产生应当及时指派的义务。

第二，为了确保法定案件的犯罪嫌疑人、被告人能够及时获得法律援助服务，法律援助机构应当在 3 日内指派律师并通知相应的办案机关。"3 日内"，是指最长不得超过 3 日。因此，在具体案件中，法律援助机构应当根据"及时原则"，无不合理迟延地"尽早指派律师"。

刑事法律援助的通知与指派，涉及四方主体：办案机关，犯罪嫌疑人、被告人，法律援助机构与法律援助律师。因此，从办案机关发现法律援助需求到通知，到法律援助机构指派，再到法律援助律师联系办案机关递交手续，然后才是法律援助律师面向犯罪嫌疑人、被告人的法律援助服务活动。在上述环节中，有关通知、指派、递交手续的法律文书流转，不仅造成了大量纸张浪费，而且占用了诉讼时间。故此，根据 2015 年两办《关于完善法律援助制度的意见》、2019 年两办《关于公共法律服务体系建设的意见》的精神，建议在办案机关跨部门大数据协同平台建设中，能够将上述"通知—指派"环节纳入公安司法机关的办案平台，让数据"跑"起来，让繁琐的纸质文书流转转变成方便快捷的"点一下鼠标"，真正实现"通知—指派"的同步互动、及时便捷。

第三十七条【有关值班律师的特殊保障职责】

人民法院、人民检察院、公安机关应当保障值班律师依法提供法律帮助，告知没有辩护人的犯罪嫌疑人、被告人有权约见值班律师，并依法为值班律师了解案件有关情况、阅卷、会见等提供便利。

【条文要旨】

本条是关于保障值班律师履职的规定。根据本法第 14 条规定，法律援助机构

---

[1] 联合国《公民权利和政治权利国际公约》第 14 条第 3 款第 4 项规定，"在司法利益有此需要的案件中，为他指定法律援助，而在他没有足够能力偿付法律援助的案件中，不要他自己付费"是"人人完全平等地有资格享受以下的最低限度的保证"。

可以在特定场所派驻值班律师。为了避免值班律师流于形式，人民法院、人民检察院、公安机关负有必要的保障职责。

从体系解释看，该条规定是本法第 6 条规定的具体化规定之一。根据本条规定，人民法院、人民检察院、公安机关的具体保障职责包括：（1）对犯罪嫌疑人、被告人负有告知义务；（2）对值班律师负有提供必要便利、保障其依法履职的义务。

【立法背景】

我国 2018 年《刑事诉讼法》确立了值班律师制度。根据《刑事诉讼法》第 36 条及本法第 14 条规定，法律援助机构可以在人民法院、人民检察院、看守所等场所派驻值班律师。截至 2018 年 2 月，全国已在 3300 多个人民法院、2500 多个看守所建立法律援助工作站，实现了看守所、人民法院法律援助工作站全覆盖。[1]

根据《刑事诉讼法》第 36 条规定，值班律师服务适用于刑事诉讼的各个诉讼阶段；只要犯罪嫌疑人、被告人没有辩护人协助，均有权约见值班律师提供法律咨询、程序选择建议、申请变更强制措施等法律帮助。为确保值班律师能够依法履职、发挥其人权司法保障作用，2020 年《法律援助值班律师工作办法》第 4 条规定：“公安机关（看守所）、人民检察院、人民法院、司法行政机关应当保障没有辩护人的犯罪嫌疑人、被告人获得值班律师法律帮助的权利。”此外，《公安机关办理刑事案件程序规定》第 49 条第 1 款规定：“犯罪嫌疑人、被告人入所羁押时没有委托辩护人，法律援助机构也没有指派律师提供辩护的，看守所应当告知其有权约见值班律师，获得法律咨询、程序选择建议、申请变更强制措施、对案件处理提出意见等法律帮助，并为犯罪嫌疑人、被告人约见值班律师提供便利。”2021 年《最高人民法院关于适用〈中华人民共和国刑事诉讼法〉的解释》第 44 条规定，人民法院应当告知被告人有权约见值班律师，并为被告人约见值班律师提供便利。

根据《刑事诉讼法》及相关司法解释、规范性文件的规定，《法律援助法（草案）》一审稿第 27 条规定：“人民法院、人民检察院、公安机关应当保障值班律师依法向当事人提供法律帮助，告知当事人有权约见值班律师，并为当事人约见值班律师和值班律师了解案件有关情况提供必要的便利。”在此基础上，二审稿做了两处修改：（1）在刑事案件中，当事人在外延上还包括自诉人、被害人等。但是，根据《刑事诉讼法》第 36 条规定，值班律师仅仅适用于没有辩护人协助的犯罪嫌疑人、被告人。故此，二审稿将“当事人”修改为“没有辩护人的犯罪嫌疑人、被

---

〔1〕　司法部：“更好地发挥值班律师职能作用”，载法制网，http://www.legaldaily.com.cn/zfzz/content/2019-03/21/content_ 7807347. htm，最后访问时间：2021 年 8 月 7 日。

告人"，与《刑事诉讼法》的规定保持一致；（2）根据相关司法解释关于值班律师诉讼权利的规定，明确公安司法机关应"依法为值班律师了解案件有关情况、阅卷、会见等提供必要的便利"。

一审稿	二审稿
第二十七条　人民法院、人民检察院、公安机关应当保障值班律师依法向当事人提供法律帮助，告知当事人有权约见值班律师，并为当事人约见值班律师和值班律师了解案件有关情况提供必要的便利。	第三十四条　人民法院、人民检察院、公安机关应当保障值班律师依法提供法律帮助，告知**没有辩护人的犯罪嫌疑人**、**被告人**有权约见值班律师，并依法为值班律师了解案件有关情况、**阅卷、会见等**提供必要的便利。

在立法过程中，有专家建议，该条规定应当充分吸收现有司法解释及相关规范性文件的规定，将值班律师的相关诉讼权利一律上升为国家立法。也有专家建议，根据专门机关义务对象不同，可以将本条规定分为两款：第 1 款规定对于犯罪嫌疑人、被告人的义务，即"人民法院、人民检察院、公安机关应当告知犯罪嫌疑人、被告人有权约见值班律师"。第 2 款规定对于值班律师的义务，即"人民法院、人民检察院、公安机关应当保障值班律师依法提供法律帮助，并为值班律师了解案件有关情况、阅卷、会见等提供必要的便利"。

【条文释义】

为保障值班律师依法提供法律帮助、充分发挥其人权司法保障作用，本条规定了专门机关的两项保障义务：相对于犯罪嫌疑人、被告人的告知义务；相对于值班律师的依法提供便利的义务。

一、专门机关的告知义务

告知义务是专门机关对于犯罪嫌疑人、被告人的保障义务。本条规定与第 35 条相呼应，都属于专门机关在刑事案件办理过程中为保障犯罪嫌疑人、被告人法律援助权利必须履行的告知义务。二者的差别仅仅在于告知的对象、内容略有不同：其一，适用对象不同。第 35 条告知义务的对象为有关当事人。具体而言，在刑事案件中，除包含刑事诉讼程序中的犯罪嫌疑人、被告人之外，还包括被害人、自诉人、附带民事诉讼的原告人和被告人。而本条告知义务的对象限于没有辩护人的犯罪嫌疑人、被告人。在我国，值班律师制度从确立之初就是作为辩护权的保障制度而存在的，是实现刑事案件律师辩护全覆盖的具体要求和内容。因此，值班律师制度仅适用于犯罪嫌疑人、被告人。其二，告知内容不同。第 35 条规定的告知内容为申请法律援助的权利，而本条规定的告知内容为约见值班律师的权利。本质上讲，值班律师是一种特殊类型的刑事法律援助服务形式，与传统的、完整意义上的法律援助一样都属于广义的法律援助范畴。但是，值班律师的援助方式和援助服务内容，又明显有别于传统意义上的法律援助。故此，如果从广义上理解，第35条规定的告知义务实质上已经包含了本条规定的内容，二者之间是一般规定与具体规定的关系。如果从狭义上理解，第35条规定更侧重于以案件为基础的法律援助服务（如辩护、代理），而本条规定则专指值班律师服务，二者之间各有侧重。

根据本条规定，只要犯罪嫌疑人、被告人没有辩护人，专门机关即负有告知其有权约见值班律师、获得值班律师法律帮助的权利。所谓"没有辩护人"是一种事实状态。也即，只要在程序上还没有律师向办案机关递交手续，[1]就属于"没有辩护人"的情形。具体而言，"没有辩护人"包括两种情形：第一，犯罪嫌疑人、被告人没有委托辩护人，也不符合本法第25条第1款、第28条规定的应当予以援助的法定情形。在该情形下，意味着犯罪嫌疑人、被告人在相关刑事诉讼过程中，将始终没有辩护人的协助。这也是立法规定的典型意义上的"没有辩护人"。第二，犯罪嫌疑人、被告人有聘请辩护人或申请法律援助的想法或打算，但不知道如何聘请或申请。在该情形下，"没有辩护人"只是一种临时状态。但为了切实保障犯罪嫌疑人、被告人的辩护权，专门机关同样应当告知其有权约见值班律师。[2]事实上，帮助犯罪嫌疑人、被告人申请法律援助或聘请辩护律师，恰恰是值班律师的法定职责之一。2020年《法律援助值班律师工作办法》第7条规定，值班律师提供法律咨询时，应当告知犯罪嫌疑人、被告人有关法律帮助的相关规定，符合法律援助条件的，值班律师应当积极协助犯罪嫌疑人、被告人申请法律援助。

在我国刑事辩护全覆盖试点地区，根据相关试点办法，刑事辩护全覆盖是两个层面的全覆盖：一是辩护律师的全覆盖，包括委托律师和法律援助律师；二是值班律师的全覆盖，即任何一个案件的刑事被追诉人，只要没有辩护人，或者说还没有得到辩护人的协助，就有权得到值班律师的帮助。因此，从思维逻辑上来看，首先需要判断犯罪嫌疑人、被告人是否属于应当予以援助的法定情形；如果不属于，则进一步考察其经济困难程度是否符合当地经济困难标准的要求。如果不符合上述任一法律援助的条件，则应当为其提供值班律师的法律帮助。

二、国家专门机关依法为值班律师履职提供便利的义务

国家专门机关对值班律师的保障包括一般保障和具体保障，一般保障是指国家

---

〔1〕《刑事诉讼法》第34条第4款规定："辩护人接受犯罪嫌疑人、被告人委托后，应当及时告知办理案件的机关。"本法第36条规定，法律援助机构收到通知后，"应当在三日内指派律师并通知"办案机关。

〔2〕《律师辩护全覆盖试点办法》第2条第5款规定："在法律援助机构指派的律师或者被告人委托的律师为被告人提供辩护前，被告人及其近亲属可以提出法律帮助请求，人民法院应当通知法律援助机构派驻的值班律师为其提供法律帮助。"

专门机关对值班律师正常履职所提供的基础性保障服务，如为值班律师提供值班场所。2020年《法律援助值班律师工作办法》第26条第3款就一般保障义务做了规定："看守所、人民检察院、人民法院应当为法律援助工作站提供必要办公场所和设施。有条件的人民检察院、人民法院，可以设置认罪认罚等案件专门办公区域，为值班律师设立专门会见室。"广东省《关于开展法律援助值班律师工作的实施意见》规定得更为具体和详细，人民法院、人民检察院、看守所应当为值班律师开展工作提供工作场所，配备桌椅、电话、电脑等必要的办公设施，保障值班律师依法履行职责。有条件的单位，应当提供值班律师工作室，同时为值班律师提供停车、就餐等便利。

具体保障则是指国家专门机关对值班律师为具体案件提供法律服务过程中提供的保障服务，包括为值班律师了解案件有关情况、阅卷、会见等提供必要的便利。2020年《法律援助值班律师工作办法》就值班律师的阅卷、会见问题作出了具体规定。其中，关于阅卷问题，根据该办法第21条规定，在侦查阶段，值班律师可以向侦查机关了解犯罪嫌疑人涉嫌的罪名及案件有关情况；案件进入审查起诉阶段后，值班律师可以查阅案卷材料，了解案情，人民检察院、人民法院应当及时安排，并提供便利。已经实现卷宗电子化的地方，人民检察院、人民法院可以安排在线阅卷。关于会见问题，该办法第22条规定，值班律师持律师执业证或者律师工作证、法律帮助申请表或者法律帮助通知书到看守所办理法律帮助会见手续，看守所应当及时安排会见。司法实践中，各地因地制宜，积极探索国家专门机关的具体保障义务，并就此出台了一系列保障措施。例如，南京市栖霞区人民检察院、区司法局共同制定了《值班律师参与审查起诉阶段认罪认罚工作实施细则》，明确规定应当为值班律师提供"四大便利"：（1）远程提讯便利。值班律师可以通过检察院远程提讯系统为在押犯罪嫌疑人提供法律帮助，并见证具结书签署。（2）当日阅卷便利。值班律师凭法律援助中心介绍信、律师执业证、《提供法律帮助建议函》，可以申请查阅案件卷宗，区人民检察院应当在律师申请当日提供电子卷宗，并为其了解案件有关情况提供必要的便利。值班律师经过身份核验后可以通过区检察院网上诉讼服务平台在线阅卷。（3）必要会见便利。审查起诉阶段，值班律师认为有必要会见犯罪嫌疑人的，区人民检察院应当准许会见。（4）意见附卷便利。犯罪嫌疑人认罪认罚，但值班律师有不同意见的，检察办案人员应当记录在案或将值班律师提交的书面法律意见附卷。[1]

---

[1] 栖霞区司法局："法援值班律师'牛'！拥有四大'便利'"，载法润栖霞公众号，https://mp.weixin.qq.com/s/bWIgKcTn0RMA1LzHKkNikg，最后访问时间：2021年8月15日。

第三十八条【申请受理机构】

对诉讼事项的法律援助，由申请人向办案机关所在地的法律援助机构提出申请；对非诉讼事项的法律援助，由申请人向争议处理机关所在地或者事由发生地的法律援助机构提出申请。

【条文要旨】

本条是关于法律援助申请受理机构的规定。根据服务力量下沉基层的要求，法律援助申请实行属地管辖、同级对应原则。其中，就诉讼事项申请法律援助的，实行属地管辖，由办案机关所在地的法律援助机构负责；就非诉讼事项申请法律援助的，根据便民原则，由争议处理机关所在地或者事由发生地的法律援助机构负责。

从体系解释方面看，该条与本法第24条、第29条、第31条、第32条、第33条等有关申请法律援助的规定相呼应，明确了法律援助申请人向哪里的法律援助机构提出申请。群团组织开展法律援助的，应当参照适用本条规定。

【立法背景】

法律援助机构是组织实施法律援助的服务机构。因此，尽管法律援助机构的设立机关存在行政级别上的差异，但就其本身而言，同一行政辖区内的法律援助机构之间并不存在行政隶属关系，也无所谓上下级之分。在立法上，之所以要明确不同地区法律援助机构的服务职责及其分工，主要是基于便民方面的考虑。也即，就特定的法律援助申请，应当明确由哪一个法律援助机构受理，以避免不同机构之间相互推诿，影响人民群众的获得感。[1]

2003年《法律援助条例》第14条、第15条首次就法律援助机构的职责范围问题作出了规定。根据案件性质，该条例区分了两种情形：一是关于刑事诉讼案件申请法律援助的规定。该条例第15条规定，对于此类案件，以办案机关对应的法律援助机构负责为原则。据此，中级人民法院办理的案件，由中级人民法院对应的地市一级司法行政机关设立的法律援助机构负责；高级人民法院办理的案件，由高级人民法院对应的省级司法行政机关设立的法律援助机构负责。二是关于民事、行政类案件申请法律援助的规定。该条例第14条规定，对于此类案件，以被请求人所在地法律援助机构负责为原则。

关于法律援助机构的职责范围问题，《法律援助法（草案）》初稿规定："公民申请法律援助，对于诉讼事项，由申请人向办案机关所在地的法律援助机构提出申请；对于非诉讼事项，由申请人向争议处理机关所在地或者事由发生地的法律援

---

〔1〕　尤煦："中国法律援助若干问题研究"，苏州大学2003年硕士学位论文。

助机构提出申请。如果由申请人住所地或工作单位所在地的法律援助机构受理更为适宜的，可以向其提出申请。"对此，有专家建议，可以根据法律援助事项的性质，将该条分为两款。其中，第1款规定："对于诉讼事项，公民申请法律援助的，向办案机关所在地的法律援助机构提出。"第2款规定："对于非诉讼事项，公民申请法律援助的，向争议处理机关所在地或者事由发生地的法律援助机构提出。必要时，可以向申请人居住地或者工作单位所在地的法律援助机构提出。"

《法律援助法（草案）》一审稿基本上沿用了初稿的建议；二审稿删除了"如果由申请人住所地或者工作单位所在地的法律援助机构受理更为适宜的，可以向其提出申请"。《法律援助法》与二审稿保持一致。

一审稿	二审稿
第二十九条　公民申请法律援助，对于诉讼事项，由申请人向办案机关所在地的法律援助机构提出申请；对于非诉讼事项，由申请人向争议处理机关所在地或者事由发生地的法律援助机构提出申请。如果由申请人住所地或者工作单位所在地的法律援助机构受理更为适宜的，可以向其提出申请。	第三十五条　对诉讼事项的法律援助，由申请人向办案机关所在地的法律援助机构提出申请。**对非诉讼事项的法律援助**，由申请人向争议处理机关所在地或者事由发生地的法律援助机构提出申请。

【条文释义】

根据法律援助需求的提出方式，可以将法律援助程序分为两大类：一类是，根据本法第36条规定，国家专门机关依职权通知指派；另一类是，申请人直接向法律援助机构提出申请。其中，就法律援助申请而言，只有明确法律援助机构的职责分工，做到"事事有人管"，才能从制度上方便申请人依法申请法律援助。而且，基于便民原则的考虑，这种职责分工越简单越好，不宜搞得过于复杂。

本条是关于向谁申请法律援助的具体规定。根据援助事项属于诉讼事项还是非诉讼事项，本条规定设置了不同的职责分工，以便于指引申请人向特定的法律援助机构提出申请。

一、以基层法律援助机构管辖为原则

根据本条规定，申请法律援助，对于诉讼事项以办案机关所在地的法律援助机构为原则（即所谓的"属地管辖原则"）；对于非诉讼事项，申请人既可以向争议处理机关所在地法律援助机构提出申请，也可以向事由发生地的法律援助机构提出申请。

对于法律援助事项，原则上由县市区一级基层法律援助机构负责。但是，办案机关是中级人民法院、高级人民法院及其对应的人民检察院、公安机关的，则应当由与其同级对应的司法行政机关设立的法律援助机构负责。例如，根据本法第 33 条规定，当事人申诉或再审申请法律援助的，根据办案机关不同，可能是由地市级司法行政机关设立的法律援助中心负责，也可能是由省级司法行政机关设立的法律援助中心、司法部法律援助中心负责。

二、诉讼事项与非诉讼事项的划分标准

根据本法第 38 条规定，在理论上，需要首先明确究竟何谓"诉讼事项""非诉讼事项"？二者的界分标准是什么？

诉讼事项及非诉讼事项，并非我国法学理论上的既有概念，而是法律援助实践中逐渐形成的习惯用语。2003 年《法律援助条例》并未明确规定非诉讼事项的法律援助。但在法律援助实践中，一些地方的法律援助机构逐渐出现了有关非诉讼事项的规定。例如，2010 年云南省司法厅公布的《云南省非诉讼法律援助工作暂行规定》第 2 条规定："本规定所称非诉讼法律援助是指法律援助机构组织法律援助人员，对符合法律援助条件的当事人，以诉讼或仲裁以外的形式提供免费法律服务的活动。非诉讼法律援助案件应当符合以下条件：（一）案件当事人符合法律援助受援人条件的；（二）案件范围符合法律援助事项范围的；（三）案件争议事项适宜采用非诉讼方式或手段解决的。"第 5 条则进一步规定了非诉讼法律援助的形式："非诉讼法律援助的形式：（一）代理参与调解；（二）代理协商、和解；（三）代理进行公证等法律事务；（四）可以提供和采取的其他非诉讼法律服务。"2016 年《安徽省非诉讼法律援助案件质量标准（试行）》第 1 条规定："本标准所称非诉讼法律援助案件是指法律援助机构指派或安排法律援助人员办理的除诉讼和仲裁案件以外的法律援助案件。"该标准第 8 条规定："法律援助人员应当根据代理方案，通过法律咨询、代写法律文书、参与调解、组织和解及非诉讼法律事务代理等方式，依法维护受援人合法权益。"

根据上述地方规范性文件，各地法律援助实践普遍认为，通过"诉讼或仲裁以外"方式解决法律纠纷或诉讼案件的，即属于非诉讼事项。值得注意的是，在法学理论上，"诉讼事项"当然不包括仲裁案件的代理，但在我国法律援助实践中，则普遍将仲裁案件也纳入"诉讼事项"范畴。有研究者就此论证说，法律援助案件主要是以诉讼和劳动仲裁的方式办结，而劳动仲裁程序又类似于诉讼程序，具有固定模式，办案过程程式化，而且不具有非诉讼程序所具有的节约司法资源、提高诉讼效率的作用，因而将仲裁纳入诉讼事项法律援助范畴。[1] 在常见的劳动仲裁案件中，有较大比例的案件是属于群体性劳动争议，而法律援助律师处理此类案件的难

---

〔1〕　参见戴其武、沈树萍："构建非诉讼法律援助的工作机制"，载《中国司法》2007 年第 6 期。

度较大，因此，法律援助机构往往将代理参加劳动仲裁作为诉讼事项之一。[1]

我们认为，关于诉讼事项与非诉讼事项的区分标准及其范围，需要首先明确三点。

第一，本法第38条关于诉讼事项与非诉讼事项的区分，与服务形式无关。根据本法第22条规定，法律援助服务类型主要有：法律咨询、代拟法律文书、值班律师、辩护或代理等。很显然，就法律咨询等基础性法律援助服务而言，公民可以就近进行咨询，不存在法律援助机构之间的职责分工问题。而且，就第38条规定而言，该条规定仅适用于需要依法提出申请的法律援助事项。也即，仅限于传统意义上以法律纠纷或案件为基础的、以辩护或代理为服务形式的法律援助服务。

第二，本法第38条关于诉讼事项与非诉讼事项的区分，与办案补贴标准没有必然关联。根据本法第52条规定，法律援助补贴的确定，主要考量法律援助服务类型、承办成本、基本劳务费用等因素。参考2019年司法部、财政部《关于完善法律援助补贴标准的指导意见》第3条第1款规定，"根据法律援助的不同服务形式，可以分别制定办案补贴标准、值班律师法律帮助补贴标准、法律咨询补贴标准"。其中，办案补贴标准是指办理民事、刑事、行政代理或者辩护法律援助案件的补贴标准。民事、刑事、行政法律援助案件以一件代理或者辩护事项为一件案件，根据承办同类法律援助案件平均耗费的天数，按件计算。因此，只要属于以辩护或代理为服务形式的法律援助服务，原则上都以案件为单位，根据承办成本、平均耗费天数来确定其补贴标准。

第三，本法第38条关于诉讼事项与非诉讼事项的区分，应当置于我国多元化纠纷解决机制改革背景之下予以讨论。十八届四中全会提出，要完善多元化纠纷解决机制，推动司法体制和社会治理体系改革。在现代社会，纠纷解决机制由诉讼与非诉讼两大类型构成。其中，诉讼程序较为严格，用时长、成本高、具有一定的对抗性；非诉讼程序则相对灵活、快捷简便、自治性强。在我国，"长期以来，诉讼或审判被视为民事纠纷解决的唯一途径，国家通过法院几乎将纠纷解决权全盘垄断，诉讼由此陷入公力救济唯一化的泥潭之中，诉讼中的弊端日益凸显，诉讼成本高昂，诉讼迟延普遍，诉讼中的不公和腐败问题多发频发，诉讼的过程和诉讼的结果很难满足人民群众不断增长的对于纠纷解决的期待与愿望，由此所造成的诉讼难题不断产生，比如诉讼难、公正及时审判难、执行难、申诉难等，也造成了纠纷化

---

[1] 据上海市静安区人民法院统计，2018年7月至2019年4月静安区人民法院共受理群体性劳动争议20批140件，占收案总数的22.54%。群体性劳动争议案件的一个显著特点是，虽系群体性案件，但个案之间情况又有所不同，一批案件中往往存在三种至四种不同情况，故加大了该类案件的审理难度。参见邱悦："从近一年来的劳动争议案件中总结特点并分析对策建议"，载浦江天平公众号，https://mp.weixin.qq.com/s/CuF3k_ PGpR5AKCnAhm7WZw，最后访问时间：2021年10月11日。

而不解、案结事难了以致纠纷大量外溢、信访上访等现象"。[1]因此，在新时代背景下，推进多元化纠纷解决机制和现代化诉讼服务体系建设，是我国人民法院司法体制改革的重中之重。2009 年《最高人民法院关于建立健全诉讼与非诉讼相衔接的矛盾纠纷解决机制的若干意见》指出，应完善诉讼与仲裁、行政调处、人民调解、商事调解、行业调解以及其他非诉讼纠纷解决方式之间的衔接机制。2016 年，《最高人民法院关于人民法院进一步深化多元化纠纷解决机制改革的意见》再次强调，应"畅通纠纷解决渠道，引导当事人选择适当的纠纷解决方式；合理配置纠纷解决的社会资源，完善和解、调解、仲裁、公证、行政裁决、行政复议与诉讼有机衔接、相互协调的多元化纠纷解决机制"。

综上，我们认为，关于诉讼事项与非诉讼事项的区分标准也应当以纠纷解决机制为准。需要特别指出的是，在条文表述上，本法第 38 条规定明确区分了诉讼事项的"办案机关"与非诉讼事项"争议处理机关"。据此，我们认为，凡是诉诸人民法院通过正式程序解决的法律援助事项，均属于诉讼事项，由办案机关所在地法律援助机构负责。在此意义上，法律援助法意义上的诉讼事项，与法院采取何种审判程序或审判方式无关。故此，民事诉讼领域的非讼程序、非讼案件，刑事法领域的强制医疗案件，在本法第 38 条规定中，依然属于诉讼事项。

凡是诉诸诉讼外纠纷解决机制的法律援助事项，均属于非诉讼事项。根据上述最高人民法院规范性文件，所谓的"诉讼外纠纷解决机制"具体包括和解、调解、仲裁、公证、行政裁决、行政复议等。在此，需要特别强调的是，仲裁尽管与法院审判具有一定的相似性，但是，在法律性质上，仲裁与司法裁判有着质的区别，肯定不属于"诉讼"之列。故此，诉诸仲裁的法律援助事项，也应当适用非诉讼事项的规定，由争议处理机关所在地或者事由发生地的法律援助机构负责。当然，考虑到各种诉讼外纠纷解决机制在服务类型、承办成本、办案时间等方面存在较大差异，就法律援助非诉讼事项的补贴标准，应当在 2019 年司法部、财政部《关于完善法律援助补贴标准的指导意见》第 4 条规定的基础上，进一步区分不同纠纷解决类型，设置更为科学的补贴标准体系。

根据上述理解，就同一法律援助案件，根据采用纠纷解决机制的不同，应当适用不同的规则。例如，同样是工伤事故赔偿问题，如果采取起诉的方式，即属于诉讼事项，由法院所在地法律援助机构负责；如果采取人民调解的方式，则属于非诉讼事项，可以依法向事由发生地的法律援助机构提出申请。

此外，《劳动争议调解仲裁法》第 5 条规定："发生劳动争议，当事人不愿协

---

[1]　汤维建："多元化纠纷解决机制改革的时代意义及其要点"，载《人民法院报》2016 年 6 月 30 日，第 2 版。

商、协商不成或者达成和解协议后不履行的，可以向调解组织申请调解；不愿调解、调解不成或者达成调解协议后不履行的，可以向劳动争议仲裁委员会申请仲裁；对仲裁裁决不服的，除本法另有规定的外，可以向人民法院提起诉讼。"据此，就劳动争议而言，劳动调解、劳动仲裁是提起诉讼的前置性程序。故此，就此类案件，可能会因为同一事由，先后经历调解、仲裁、诉讼三个环节。同样，随着诉讼与行政调解、行政复议、行政裁决、人民调解、商事调解、仲裁、公证等对接机制的逐步完善，同一法律援助案件也可能因诉讼外纠纷解决机制无效而转化为诉讼案件。因此，在法律援助补贴标准上，建议明确两种情形：一是，通过诉讼外纠纷解决机制结案的，视同为一个法律援助案件；为鼓励诉讼外化解纠纷，应当就此制定适宜的补贴标准。二是，通过诉讼外纠纷解决机制无法结案而转为诉讼的，同样应当肯定法律援助人员参与诉前活动投入的时间、适当上浮其法律援助补贴。

第三十九条 【及时转交申请】

被羁押的犯罪嫌疑人、被告人、服刑人员，以及强制隔离戒毒人员等提出法律援助申请的，办案机关、监管场所应当在二十四小时内将申请转交法律援助机构。

犯罪嫌疑人、被告人通过值班律师提出代理、刑事辩护等法律援助申请的，值班律师应当在二十四小时内将申请转交法律援助机构。

【条文要旨】

根据本条规定，羁押人员申请法律援助的，办案机关、监管场所及值班律师负有及时转交义务；转交申请应当在 24 小时内完成。该条是对本法第 6 条一般保障职责的具体化规定，属于确保被羁押人员获得法律援助的保障性规定。

根据本条规定，被羁押的犯罪嫌疑人、被告人、服刑人员以及强制隔离戒毒人员等提出法律援助申请的，办案机关、监管场所负有将申请转交至法律援助机构的义务；犯罪嫌疑人、被告人通过值班律师提出法律援助申请的，值班律师负有将申请转交至法律援助机构的义务。

【立法背景】

处于被羁押状态的犯罪嫌疑人、被告人、服刑人员，以及强制隔离戒毒人员，由于其人身自由处于限制当中，不可能亲自前往法律援助机构进行申请，并且也无法第一时间与其近亲属、法定代理人会面，此时，由办案机关、监管场所或值班律师来转交法律援助申请成为有意愿申请法律援助的犯罪嫌疑人、被告人等能够及时获得法律援助的唯一有效途径。因此，为保障被羁押人员法律援助权利的及时实现，畅通被羁押人员获得法律援助的申请渠道，办案机关、监管场所、值班律师负有及时转交被羁押人员法律援助申请的义务。同时，这也是相关办案机关履行诉讼照料义务的体现。

2003年《法律援助条例》仅规定由看守所替被羁押的犯罪嫌疑人24小时内向法律援助机构转交法律援助申请，未规定其他办案机关、监管场所的转交义务，且对象仅限于被羁押的犯罪嫌疑人。为进一步保障刑事诉讼程序中犯罪嫌疑人、被告人获得法律援助权利的实现，2005年"两院两部"《关于刑事诉讼法律援助工作的规定》明确规定公安机关、人民检察院、人民法院均负有24小时内转交犯罪嫌疑人、被告人法律援助申请的义务，转交法律援助申请的义务性主体不再局限于看守所，扩大至公安司法机关。

2012年司法部《办理法律援助案件程序规定》第11条明确提出："被羁押的犯罪嫌疑人、被告人、服刑人员，劳动教养人员、强制隔离戒毒人员申请法律援助的，可以通过办理案件的人民法院、人民检察院、公安机关或者所在监狱、看守所、劳动教养管理所、强制隔离戒毒所转交申请。"本规定将转交申请范围进一步扩大，主要体现为申请主体范围的扩大和义务机关范围的扩大。首先，申请主体不再仅限于被羁押的犯罪嫌疑人、被告人，还包括服刑人员、劳动教养人员、强制隔离戒毒人员。与此相对应，承担转交义务的机关范围也进一步扩大，在人民法院、人民检察院、公安机关之外，被羁押人员所在监狱、看守所、劳动教养管理所、强制隔离戒毒所均负有转交法律援助申请之职责。但值得注意的是，本条采用了"可以"的表述，虽然在范围上进行了扩大，但是在条文强制性和执行力度上大打折扣。

2015年两办《关于完善法律援助制度的意见》对办案机关与法律援助工作之间的衔接作出了明确规定，要求"畅通刑事法律援助申请渠道，加强司法行政机关与法院、检察院、公安机关等办案机关的工作衔接"。在此基础上，《法律援助法（草案）》初稿吸收了相关规范性文件对转交申请的规定，将人民法院、人民检察院、公安机关简化表述为办案机关，将监狱、看守所、强制隔离戒毒所简化表述为监管场所，并删除了劳动教养的相关规定，最终表述为"被羁押的犯罪嫌疑人、被告人、罪犯、强制隔离戒毒人员提出法律援助申请的，办案机关或者监管场所应当及时转交法律援助机构。当事人通过值班律师提出法律援助申请的，值班律师应当及时转交法律援助机构"。

《法律援助法（草案）》一审稿将初稿当中的"罪犯"修改为"服刑人员"，更加注重对服刑人员的人权保障，避免歧视，符合现代法治的基本精神。在此基础上，《法律援助法（草案）》二审稿又作了两方面的修改：一是将第2款当中通过值班律师提出法律援助申请的"当事人"修改为"犯罪嫌疑人、被告人"，措辞更加精准，特指刑事诉讼程序中的犯罪嫌疑人、被告人，而非较为宽泛的当事人；二是确立转交申请均需在24小时内转交，相关负责转交的人员不得迟延。《法律援助法》作了文字性修改，在条文表述上增加了"将申请"转交法律援助机构，使之更加通畅。

一审稿	二审稿	《法律援助法》
第三十条 被羁押的犯罪嫌疑人、被告人、服刑人员、强制隔离戒毒人员提出法律援助申请的，办案机关或者监管场所应当及时转交法律援助机构。 当事人通过值班律师提出法律援助申请的，值班律师应当及时转交法律援助机构。	**第三十六条** 被羁押的犯罪嫌疑人、被告人、服刑人员，以及强制隔离戒毒人员等提出法律援助申请的，办案机关、监管场所应当在**二十四小时内**转交法律援助机构。 **犯罪嫌疑人、被告人**通过值班律师提出**代理、刑事辩护等**法律援助申请的，值班律师应当**在二十四小时内**转交法律援助机构。	**第三十九条** 被羁押的犯罪嫌疑人、被告人、服刑人员，以及强制隔离戒毒人员等提出法律援助申请的，办案机关、监管场所应当在二十四小时内将申请转交法律援助机构。 犯罪嫌疑人、被告人通过值班律师提出代理、刑事辩护等法律援助申请的，值班律师应当在二十四小时内**将申请**转交法律援助机构。

【条文释义】

一、办案机关、监管场所的转交申请

办案机关、监管场所转交申请的申请主体为被羁押的犯罪嫌疑人、被告人、服刑人员，以及强制隔离戒毒人员三类。

（一）犯罪嫌疑人、被告人的转交申请

被羁押的犯罪嫌疑人、被告人是指处于刑事诉讼程序中，被羁押在看守所的犯罪嫌疑人、被告人，其通过人民法院、人民检察院、公安机关、看守所来转交法律援助申请，该规定与本法第35条告知义务一同构成了公安司法机关对刑事诉讼程序中犯罪嫌疑人、被告人辩护权利的重要保障，对辩护权的实现具有重要意义。具体流程为：公安司法机关在办理案件或处理相关事务过程中，及时告知犯罪嫌疑人、被告人有权申请法律援助后，如犯罪嫌疑人、被告人选择申请法律援助的，公安司法机关应当及时转交申请至法律援助机构。犯罪嫌疑人、被告人向看守所提交申请的，由看守所转交。

（二）服刑人员的转交申请

服刑人员申请法律援助是通过监狱来转交至法律援助机构的。服刑人员的法律援助需求集中在减刑假释类、婚姻家庭类、社会保障类、申诉类、漏罪和新罪类，其中减刑假释类是法律援助诉求的绝对重点。[1]当前我国各地罪犯获得法律援助的方式基本上类似，主要都是通过以监狱为主体开展的具有显著帮教活动性质的法

---

[1] 贡太雷："罪犯获得法律援助问题的反思与构想"，载《犯罪与改造研究》2020年第2期。

律援助工作，如通过开展各式各样的法制专题讲座、法律咨询、法制教育开放日等活动进行法律援助。[1]因此，服刑人员的法律援助具有被动性特征，只有在监狱主动开展相关法律援助活动的情况下，服刑人员才可以获得法律援助的帮助。

有观点认为，造成服刑人员获得法律援助权实现困难的原因主要在于没有专门的法律条文对其作出规定，没有把服刑人员获得法律援助权落实在具体制度上。[2]《法律援助法》明确监管场所对服刑人员负有转交法律援助申请的义务，未来应当建立服刑人员法律援助申请的特殊通道，畅通服刑人员申请法律援助渠道，保障其法律援助权利的实现。

（三）强制隔离戒毒人员的转交申请

强制隔离戒毒人员的法律援助申请由监管场所——强制隔离戒毒所负责转交至法律援助机构。长期以来，由于对强制隔离戒毒人员法律援助权利的规定在法律规范层面上的阙如，仅在《办理法律援助案件程序规定》中有强制隔离戒毒人员申请法律援助的，可以通过强制隔离戒毒所转交申请，这一程序性规定，强制隔离戒毒人员法律援助权利的实现情况堪忧。实践中，对于强制隔离戒毒人员的法律援助形式也多为地方政府来人帮教、面对面法律咨询、视频播放法制片、法制情景剧演出和网上法律咨询，[3]强制隔离戒毒人员提出的法律援助需求也无法在第一时间得到回复和解决。本法明确了相关监管场所负有转交强制隔离戒毒人员法律援助申请的义务，相关监管场所、法律援助机构应当积极履行职责，完善程序衔接机制，保障其法律援助权的实现。

二、值班律师的转交申请

2020年《法律援助值班律师工作办法》第6条对值班律师的职责作了明确规定，其中第1款第5项即"帮助犯罪嫌疑人、被告人及其近亲属申请法律援助"，从这一条规定来看，值班律师承担的职责并不仅仅是转交犯罪嫌疑人、被告人及其近亲属的法律援助申请，必要时还应当帮助其申请法律援助，需要告知申请人需准备的材料、申请流程、援助条件，这对值班律师提出了更高的职责要求。

本条在规定办案机关、监管场所的转交申请职责的同时，也规定了值班律师也需履行转交申请的职责，此举可以双重保障被羁押的犯罪嫌疑人、被告人法律援助权利的实现，也为其提供了多重选择，在任何阶段、任何机关、任何场所，不论是向公权力机关提出，还是向值班律师提出，其法律援助申请均可以被转交到法律援助机构，全面保障了其法律援助权利的实现。

---

〔1〕　贡太雷："罪犯获得法律援助问题的反思与构想"，载《犯罪与改造研究》2020年第2期。

〔2〕　贡太雷："罪犯获得法律援助问题的反思与构想"，载《犯罪与改造研究》2020年第2期。

〔3〕　浙江省十里坪强制隔离戒毒所课题组："浙江省强制隔离戒毒场所戒毒人员公告法律服务现状调查与思考"，载《中国司法》2014年第6期。

第四十条【代为申请】

无民事行为能力人或者限制民事行为能力人需要法律援助的，可以由其法定代理人代为提出申请。法定代理人侵犯无民事行为能力人、限制民事行为能力人合法权益的，其他法定代理人或者近亲属可以代为提出法律援助申请。

被羁押的犯罪嫌疑人、被告人、服刑人员，以及强制隔离戒毒人员，可以由其法定代理人或者近亲属代为提出法律援助申请。

【条文要旨】

本条是关于代为申请的规定。代为申请适用于两类人员：无民事行为能力人或者限制民事行为能力人；被羁押的犯罪嫌疑人、被告人、服刑人员、强制隔离戒毒人员。前者是因为欠缺行为能力；后者是因为欠缺行动自由。其中，无民事行为能力人或者限制民事行为能力人只能由法定代理人提出。在法定代理人侵犯无民事行为能力人或者限制民事行为能力人合法权益时，可以由其他代理人或近亲属代为提出申请，以全方位地保障无民事行为能力人和限制民事行为能力人的权益。被羁押的犯罪嫌疑人、被告人、服刑人员、强制隔离戒毒人员可以由其法定代理人提出申请，也可以由其近亲属代为申请。

本条第2款与第39条（及时转交申请）一样，属于确保被羁押人员获得法律援助的保障措施。被羁押人员可以自行申请，通过办案机关、监管场所或值班律师转交其申请，也可以由其法定代理人或近亲属独立代为提出法律援助申请。

【立法背景】

法律援助是一项由国家建立的为经济困难公民和符合法定条件的其他当事人无偿提供法律咨询、代理、刑事辩护等法律服务的制度。根据法律援助需求的提出方式，可以将法律援助程序分为两大类：一类是本法第36条规定的国家专门机关的通知指派；一类是基于个人的申请。囿于缺乏对法律援助的必要认识及相应的行为能力，有法律援助需求的无民事行为能力人或限制民事行为能力人无法提出申请，而处于羁押状态的人员也存在种种限制。因此，代为申请制度成为保障此类人群的法律援助权利实现的重要保障。

2003年《法律援助条例》第16条就代为申请作出了明确规定，"申请人为无民事行为能力人或者限制民事行为能力人的，由其法定代理人代为提出申请。无民事行为能力人或者限制民事行为能力人与其法定代理人之间发生诉讼或者因其他利益纠纷需要法律援助的，由与该争议事项无利害关系的其他法定代理人代为提出申请"。该条仅就无民事行为能力人和限制民事行为能力人的代为申请作出了规定，而没有对被羁押的相关人员的代为申请作出规定。

考虑到《刑事诉讼法》中明确规定了在押的犯罪嫌疑人、被告人，可以由其监护人或近亲属代为委托辩护人，《法律援助法（草案）》初稿也将被羁押人员囊括进法律援助代为申请的对象中来，规定"申请人为无民事行为能力人或者限制民事行为能力人的，由其法定代理人代为提出申请。被羁押的犯罪嫌疑人、被告人、罪犯、强制隔离戒毒人员的监护人、近亲属，也可以代为申请法律援助"。可见，初稿并没有对无民事行为能力人或限制民事行为能力人的监护人侵犯其权益情况下的代为申请作出规定。《法律援助法（草案）》一审稿也没有对此加以规定，仅是将第2款当中的"罪犯"修改为"服刑人员"，使之表述更为人性化。《法律援助法（草案）》二审稿对此作了明显修改，增加了无民事行为能力人或限制民事行为能力人的监护人或法定代理人侵犯其权益情况下的代为申请规定，表述为"法定代理人侵犯无民事行为能力人、限制民事行为能力人合法权益的，其他法定代理人或者近亲属可以代为提出法律援助申请"。值得注意的是，这一规定与2003年《法律援助条例》的规定有所区别，将原"与该争议事项无利害关系的其他法定代理人"修改为"其他法定代理人或者近亲属"，取消了对"无利害关系"的判断。此外，将一审稿中被羁押人员代为申请的主体由"监护人、近亲属"修改为"法定代理人或者近亲属"。

一审稿	二审稿	《法律援助法》
第三十一条　申请人为无民事行为能力人或者限制民事行为能力人的，由其法定代理人代为提出申请。 被羁押的犯罪嫌疑人、被告人、服刑人员、强制隔离戒毒人员的监护人、近亲属，也可以代为申请法律援助。	第三十七条　无民事行为能力人或者限制民事行为能力人需要法律援助的，可以由其法定代理人代为提出申请。法定代理人侵犯无民事行为能力人、限制民事行为能力人合法权益的，其他法定代理人或者近亲属可以代为提出法律援助申请。 被羁押的犯罪嫌疑人、被告人、服刑人员、强制隔离戒毒人员，可以由其法定代理人或者近亲属代为提出法律援助申请。	第四十条　无民事行为能力人、限制民事行为能力人需要法律援助的，可以由其法定代理人代为提出申请。法定代理人侵犯无民事行为能力人、限制民事行为能力人合法权益的，其他法定代理人或者近亲属可以代为提出法律援助申请。 被羁押的犯罪嫌疑人、被告人、服刑人员，以及强制隔离戒毒人员，可以由其法定代理人或者近亲属代为提出法律援助申请。

【条文释义】

一、无民事行为能力人或限制民事行为能力人的代为申请

从《法律援助法（草案）》初稿，到《法律援助法（草案）》一审稿，再到《法律援助法（草案）》二审稿，对于无民事行为能力人或限制民事行为能力人的代为申请主体均与《法律援助条例》保持一致，为法定代理人，即只有无民事行为能力人或限制行为能力人的法定代理人才能代为申请法律援助。考察各地区的规范性文件，对于无民事行为能力人或限制民事行为能力人代为申请主体的规定不一，主要有三种类型：（1）仅法定代理人可以为无民事行为能力人或限制民事行为能力人代为申请法律援助，例如山西省、吉林省、江苏省等；[1]（2）除法定代理人可以作为无民事行为能力人或限制民事行为能力人的代为申请主体之外，还有住所地居民委员会或者村民委员会以及法律、法规规定的其他组织、人员，[2]或者监护人可作为此类主体；[3]（3）对法定代理人不履行申请义务的情况作了补充规定，有的规定，申请人无法定代理人或者其法定代理人不履行申请义务的，由其住所地居民委员会、村民委员会或者法律、法规规定的其他组织或者人员代为申请；[4]有的规定为，没有法定代理人的，由申请人所在地的居民委员会、村民委员会、民政部门或者法律法规规定的单位或者人员代为申请。[5]

《民法典》第 23 条规定："无民事行为能力人、限制民事行为能力人的监护人是其法定代理人。"因此，在法定代理人之外，将监护人也规定为无民事行为能力人、限制民事行为能力人代为申请的主体，实属没有必要。而将居民委员会或村民委员会纳入代为申请主体中，本意应当是拓宽代为申请的主体范围，在法定代理人不能或不愿申请的情况下，仍有其他个人或组织来为无民事行为能力人、限制民事行为能力人申请法律援助，不至于出现无人帮助的情形。然而，这种并列的列举式规定，没有注意到法定代理人与其他申请主体之间的本质区别，没有设定相应的主体位阶顺序，与设定法定代理人的精神不符。在法定代理人不愿或不能履行申请义务之时，再由相关单位或人员代为申请更为合适，因此，建议此条表述为"无民事行为能力人或者限制民事行为能力人需要法律援助的，可以由其法定代理人代为提出申请。法定代理人不能或不愿意代为申请法律援助的，由申请人所在地的居民委员会、村民委员会、民政部门或者法律法规规定的单位或者人员代为申请"。

---

〔1〕 参见 2016 年《山西省法律援助条例》第 17 条、2020 年《吉林省法律援助条例》第 24 条、2005 年《江苏省法律援助条例》第 15 条。

〔2〕 参见 2009 年《北京市法律援助条例》第 16 条。

〔3〕 参见 2016 年《浙江省法律援助条例》第 15 条。

〔4〕 参见 2020 年《吉林省法律援助条例》第 24 条、2020 年《湖北省法律援助条例》第 19 条。

〔5〕 参见 2016 年《广东省法律援助条例》第 25 条。

此外，在法定代理人侵犯无民事行为能力人或限制民事行为能力人合法权益的情况下，不是由申请人所在地的居民委员会、村民委员会、民政部门等代为申请，而是由其他法定代理人或近亲属代为申请。根据《刑事诉讼法》的规定，近亲属指夫、妻、父、母、子、女、同胞兄弟姊妹，而《民法典》当中的近亲属指配偶、父母、子女、兄弟姐妹、祖父母、外祖父母、孙子女、外孙子女，考虑到一般情况下，无民事行为能力人或限制民事行为能力人均为未成年人，所以此时的近亲属实践中更应当指父母、兄弟姐妹、祖父母、外祖父母。

二、被羁押人员的代为申请

被羁押的犯罪嫌疑人、被告人、服刑人员及强制隔离戒毒人员想要申请法律援助的，不仅可以通过监管场所、办案机关或值班律师转交其法律援助申请，同样可以由其法定代理人或者近亲属代为提出法律援助申请。转交申请与代为申请，共同构成了被羁押人员提起法律援助申请的保障措施。此处的近亲属应当与《刑事诉讼法》中保持一致，为夫、妻、父、母、子、女、同胞兄弟姊妹。

第四十一条【经济困难状况"说明—核查制"】

因经济困难申请法律援助的，申请人应当如实说明经济困难状况。

法律援助机构核查申请人的经济困难状况，可以通过信息共享查询，或者由申请人进行个人诚信承诺。

法律援助机构开展核查工作，有关部门、单位、村民委员会、居民委员会和个人应当予以配合。

【条文要旨】

本条是关于经济困难状况"说明—核查制"的规定。根据该条规定，就申请人的经济困难状况，实行"说明—核查制"。其中，申请人依法负有如实说明义务，并就此承担相应的法律责任。对于法律援助申请，法律援助机构应当区分情形，作出是否援助的决定：一是，对于符合本法第 32 条规定的申请，不受经济困难条件的限制，法律援助机构应当依法径行决定援助。因此，申请人无需按照本法第 41 条规定说明自己的经济状况。二是，对于申请人有材料证明属于本法第 42 条规定的，推定申请人说明情况属实，免予核查经济困难状况；但有相反证据证明申请人不符合经济困难条件且经核查属实的，应当根据本法第 48 条规定及时终止法律援助。三是，对于本法第 32 条、第 42 条规定以外的其他申请，法律援助机构应当核查申请人经济困难状况。核查方式一般以信息共享查询、个人诚信承诺为原则。在未实行信息共享查询之前，法律援助机构也可以根据本条第 3 款规定，向有关机构或个人进行核实；确实无法核查或者核查成本太高的，可以要求申请人进行个人诚信承诺。法律援助机构及其工作人员经勤勉核查或根据申请人诚信承诺决定予以援助的，除非有足够证据证明相关人员"明知申请人不符合经济困难条件""故意"为其提供法律援助，否则，即便事后发现申请人不符合经济困难条件，也不得以"故意为不符合法律援助条件的人员提供法律援助"（第61条第1项）为由予以处罚。

申请人依法负有如实说明义务、进行个人诚信承诺。申请人未依法如实说明经济困难状况，根据本法第48条，法律援助机构应当及时终止法律援助。通过虚假诚信承诺或伪造相关证明文件等方式骗取律援助的，根据本法第64条的规定，属于"以欺骗或者其他不正当手段获得法律援助的"违法情形，应当由司法行政部门作出相应的行政处罚。

【立法背景】

经济困难状况，作为公民是否能够获得法律援助的必要条件，并且是最为关键的条件，一直是法律援助制度的热议焦点。申请人家庭经济状况在什么情况下符合经济困难标准、如何证明其符合经济困难标准，是法律援助经济困难标准制度的两大课题。法律援助申请人经济困难状况审查的程序，对于公民能否及时、便捷获得法律援助非常重要，关系到困难群众的切身利益；其审查结果将直接决定是否给予法律援助，从而决定财政支出的数额。

《法律援助法》关于经济困难状况审查程序的表述明显改变了自2003年《法律援助条例》发布以来的"经济困难证明+全面审查"的审查模式，并进一步明确了相关单位和个人的配合义务。

首先，2003年《法律援助条例》第17条第1款规定："公民申请代理、刑事辩护的法律援助应当提交下列证件、证明材料：（一）身份证或者其他有效的身份证明，代理申请人还应当提交有代理权的证明；（二）经济困难的证明；（三）与所申请法律援助事项有关的案件材料。"据此，公民申请法律援助，应当向法律援助机构提交证据以证明自己符合法律援助条件，其中必须包括由有关机关出具的经济困难的证明，才能依法获得法律援助，即采取"法律援助经济困难证明"制度。之后，司法部出台了格式文书《法律援助申请人经济状况证明表》，以确定经济困难证明的统一格式。《办理法律援助案件程序规定》第9条进一步细化规定："公民申请代理、刑事辩护法律援助，应当如实提交下列申请材料：……（三）法律援助申请人经济状况证明表；……法律援助申请人经济状况证明表应当由法律援助地方性法规、规章规定的有权出具经济困难证明的机关、单位加盖公章。无相关规定的，由申请人住所地或者经常居住地的村民委员会、居民委员会或者所在单位加盖公章。"但在司法实践中，经济困难证明存在取得难、证明难的问题，群众申请法律援助之前需要历经复杂的程序，请求相关单位出具各类经济困难的证明、家庭成员证明和收入证明。

对此，2015 年两办《关于完善法律援助制度的意见》明确指出，"立足基本国情，积极探索法律援助工作发展规律，创新工作理念、工作机制和方式方法，实现法律援助申请快捷化、审查简便化、服务零距离，不断提高法律援助工作规范化、制度化、法治化水平"。2016 年《广东省法律援助条例》也已经将"证明制"改为"申报制"，申请人的经济困难状况材料从单一性的"经济困难的证明"转为多元化的经济困难申报材料。其中第 20 条规定，"公民申请代理、辩护或者代拟法律文书的法律援助应当提交下列申请材料：……（三）经济困难申报材料；……"综上，《法律援助法》推进了经济困难状况审查程序的改革创新，将 2003 年《法律援助条例》有关公民申请法律援助需要提交"经济困难的证明"的规定修改为"如实说明经济困难状况"，允许申请人自证自身经济状况，让公民更为高效便捷地获得法律援助。

其次，对于法律援助申请人的经济困难状况审查，《法律援助法》将《法律援助条例》规定的"全面审查"模式修改为"必要核查"模式。2003 年《法律援助条例》第 18 条第 1 款规定："法律援助机构收到法律援助申请后，应当进行审查；认为申请人提交的证件、证明材料不齐全的，可以要求申请人作出必要的补充或者说明，申请人未按要求作出补充或者说明的，视为撤销申请；认为申请人提交的证件、证明材料需要查证的，由法律援助机构向有关机关、单位查证。"即，法律援助机构不仅要针对有权单位出具的经济困难的证明进行形式审查，包括对书面证明的主体是否适格、签章真伪进行审查，还要对书面证明载明的各项内容做实质审查。但在司法实践中，受法定期限、办案条件、机关互信等主客观因素的影响，法律援助机构对于有权机关出具的证明一般不予实质审查，大多进行形式审查，或者不审查。基于此，随着法律援助机构与其他部门之间信息共享和业务协同的加快推进，以及证明事项告知承诺制试点工作的开展，《法律援助法》规定法律援助机构可以通过信息共享查询和实行申请人个人诚信承诺，在申请材料确有疑问时核查申请人的经济困难状况，以使法律援助申请的手续更为便捷。[1]

最后，相比于《法律援助条例》而言，《法律援助法》明确规定相关单位和个人的配合法律援助机构的义务。《法律援助条例》仅规定，认为申请人提交的证件、证明材料需要查证的，由法律援助机构向有关机关、单位查证。该条文并没有就相关部门的配合义务作出明确规定，实践中也常出现法律援助机构前往查证时，有关部门以各种理由推诿搪塞、不予配合的情况。对此，《法律援助法》第 41 条第 3 款明确有关单位和个人应当配合法律援助机构的核查工作，既要加强与法律援助机构

---

〔1〕　参见蒲晓磊："为群众获得优质高效法律援助服务提供法治保障　解读法律援助法"，载《法治日报》2021 年 8 月 21 日，第 2 版。

之间的相关信息的数据共享，也要积极协调配合法律援助机构的调查核实工作。

关于经济困难状况审查的规定，《法律援助法（草案）》初稿第 36 条规定："法律规定公民因经济困难可以申请法律援助的，申请人应当如实说明经济困难状况或者提供有关证明材料。申请人依法免于审查经济困难状况的，应当提供有关证明材料。法律援助机构对公民经济困难情况进行核查，可以通过部分信息共享查询，要求村民委员会、居民委员会出具经济困难证明，或者实行个人诚信承诺等方式进行。有关部门、单位和个人应当配合。"而《法律援助法（草案）》一审稿则明确删除申请人"提供有关证明材料"的要求，只规定"申请人应当如实说明经济困难状况"。此外，一审稿还删除了法律援助机构的核查手段之一，即"要求村民委员会、居民委员会出具经济困难证明"，改为要求其履行配合义务。《法律援助法（草案）》二审稿对此的表述则基本上与一审稿保持一致，仅进行文字性表述修改。《法律援助法》第41 条第2 款的表述进一步规范和简化，即"法律援助机构核查申请人的经济困难状况，可以通过信息共享查询，或者由申请人进行个人诚信承诺"。

一审稿	二审稿	《法律援助法》
第三十二条 本法规定公民因经济困难可以申请法律援助的，申请人应当如实说明经济困难状况。 法律援助机构对公民经济困难情况进行核查，可以通过部门信息共享查询，或者实行个人诚信承诺等方式进行。有关部门、单位、村民委员会、居民委员会和个人应当配合。	第三十八条 因经济困难申请法律援助的，申请人应当如实说明经济困难状况。 法律援助机构可以通过部门信息共享查询对申请人的经济困难状况进行核查，或者**由申请人进行个人诚信承诺**。 **法律援助机构开展核查工作**，有关部门、单位、村民委员会、居民委员会和个人应当予以配合。	第四十一条 因经济困难申请法律援助的，申请人应当如实说明经济困难状况。 **法律援助机构核查申请人的经济困难状况**，可以通过信息共享查询，或者由申请人进行个人诚信承诺。 法律援助机构开展核查工作，有关部门、单位、村民委员会、居民委员会和个人应当予以配合。

关于本条规定，在立法过程中，有专家提出反对实行经济困难证明事项告知承诺制，强调"申请人应当如实提供经济困难证明"。理由如下。

（1）英美法系是判例法国家，该法系的国家实施的承诺制是建立在国家健全的信用体系之上，我国作为成文法国家，尚不具备实施承诺制的环境。究其原因在于，相对于提交证明材料的他证方式，公民进行个人诚信承诺是一种自证方式，考虑到我国公民诚信制度和部门信息共享机制尚未完全建立，因此现阶段尚不是全面推行法律援助机构对申请人经济困难状况实质性核查的最佳时机。同时，考虑到区县法律援助机构平均一两个人的现状，立法全面取消经济困难证明制度后行政核查的成本增大，会出现工作人员人手不足的现象。而且，2019年司法部在公布的保留证明事项清单中已经保留了经济困难证明。

（2）从责任承担方式上来看，以美国的移民法为例，如果当事人虚假陈述，一旦被发现，将承担严重的法律责任。《法律援助法（草案）》二审稿第45条以及第61条规定了受援人以欺骗或者其他不正当手段获得法律援助应承担的责任。但是这样的责任承担方式导致当事人违法获得的收益远远高于其付出的成本，不能达到惩罚的作用。对此，建议采纳地方司法行政部门普遍要求的保留经济困难证明的意见，在立法中明确经济困难证明制度，建议将第1款修改为"因经济困难申请法律援助的，应当如实说明个人及家庭经济状况，并提交相关证明材料，有条件的可以实行个人诚信承诺"。

【条文释义】

该条规定了经济困难状况的"说明—核查制"。该条规定包含三项内容：法律援助申请人员的如实说明义务；法律援助机构的核查方式；有关单位和个人的核查配合义务。

一、如实说明义务："如实说明经济困难状况"

根据本条第1款规定，申请人因经济困难申请法律援助的，需要承担如实说明自身经济困难状况的义务，但无需提供有关证明材料。对此，需要从以下三点来理解。

第一，从立法表述的变化来看，《法律援助法》明确取消申请人提交经济困难证明的要求，而是要求申请人"应当如实说明"自己的经济困难状况。《法律援助法（草案）》初稿第36条规定，"法律规定公民因经济困难可以申请法律援助的，申请人应当如实说明经济困难状况或者提供有关证明材料。申请人依法免于审查经济困难状况的，应当提供有关证明材料"。但是，《法律援助法（草案）》一审稿则明确删除了申请人"提供有关证明材料"的要求，只规定"申请人应当如实说明经济困难状况"。之后的二审稿和定稿均维持此规定。

第二，从司法改革趋势来看，依据司法部《开展证明事项告知承诺制试点工作方案》，为落实党中央、国务院深入推进简政放权、放管结合、优化服务改革的决策部署，司法部已经在开展证明事项告知承诺制试点工作，切实减少"奇葩"证明、循环证明、重复证明，加快建设人民满意的服务型政府。据此，《法律援助条例》第17条规定的"经济困难的证明"已经不再是申请法律援助的必要材料，而是由申请人书面承诺已经符合获得法律援助的条件，愿意承担不实承诺的法律责任，法律援助机构不再索要经济困难证明而依据书面承诺来受理法律援助申请。

第三，从当前的司法实践做法来看，部分省市对于经济困难公民申请法律援助，已经不再需要出具经济困难证明。例如，2020年《关于集中修改、废止涉及取消证明事项的部分省本级地方性法规的决定》，对《湖北省法律援助条例》原第20条作出修改，将公民申请法律援助应当提供和填写材料中的"经济困难证明"改为"经济困难承诺书"。同时将该条例第20条第2款修改为"经济困难承诺书应当载明申请人家庭人口状况、就业状况、家庭财产、家庭人均收入等信息"。[1]综上，对于"申请人应当如实说明经济困难状况"，应当理解为申请人有义务自行披露经济状况，但法律援助机构无权强制要求申请人提交有关机关出具的经济困难证明。即，申请人是否以经济困难证明来说明经济状况，取决于申请人意愿。

此外，本条第1款中对于申请人如实说明经济困难状况的规定，是法律援助机构开展核查工作的必要前提。即，法律援助机构需要以申请人说明的信息为线索进行信息共享查询。同时，申请人如实说明的经济情况也是本条第2款中"由申请人进行个人诚信承诺"所要保证的具体内容。申请人需要保证自行说明的经济困难状况属实且符合获得法律援助的条件、标准和要求。如果申请人承诺的事项不属实，根据《法律援助法》第48条的规定，属于"以欺骗或者其他不正当手段获得法律援助的"，法律援助机构应当作出终止法律援助的决定；根据《法律援助法》第64条的规定，司法行政部门可以责令受援人支付已实施法律援助的费用，并处3000元以下的罚款。

二、核查方式："信息共享查询"或"个人诚信承诺"

根据本条第2款规定，法律援助机构负责对申请人经济困难状况进行核查。核查主要采取"信息共享查询""个人诚信承诺"两种方式。从立法规定看，两种方式属于择一并列关系。因此，在实践中，对于暂时还无法实现"信息共享查询"的地区，在核查成本太高或根本无法核查时，可以要求申请人进行"个人诚信承诺"，并据此推定其符合经济困难条件。在未来法律援助实践中，核查方式的基本发展方向应当是"信息共享查询"。因此，根据本法第51条规定，各地司法行政部门应当加强法律援助信息化建设，尽快实现信息共享和工作协同。

本条第2款规定主要包含以下三项内容。

一是，法律援助机构负有核查职责，但对于如何进行核查享有一定的裁量权。即，可以通过部门间信息共享查询进行核查，也可以实行申请人个人诚信承诺的方式。此前，在一些地区法律援助实践中，公民申请法律援助告知承诺制主要适用于特定法律援助的证明事项，如领取最低生活保障金的证明、低收入困难家庭证明等。至于申请人的经济困难状况审查，则并未全面实施告知承诺制，而是沿用调查核实的方式。实务部门的主要顾虑是：告知承诺制相应的社会信用评估机制和惩戒

---

[1] 参见 http://sfj.jingzhou.gov.cn/ywgz/gffw/202006/t20200604_489815.shtml，最后访问时间：2021年7月22日。

配套制度尚未完善；而且法律援助日常工作面临各种审计、监察，担心承担"为不符合法律援助条件的人员提供法律援助"的责任风险。基于此，在立法上并未采用"一刀切"的规定，而是同时规定了两种核查方式。2015 年两办《关于完善法律援助制度的意见》规定，"建立健全便民利民措施，加强长效机制建设，简化程序、手续，丰富服务内容。加强便民窗口规范化服务，优化服务环境、改进服务态度，推行服务承诺制、首问负责制、限时办结制、援务公开制，规范履行服务指引、法律咨询、申请受理、查询答疑等职责"。故此，在还无法实现信息共享查询的地区，法律援助机构应当秉持"以人民为中心"的要求，坚持为了人民、服务人民的工作方针，尽可能地减少人民群众依法获得法律援助服务的障碍。具体而言，对于明显属于经济困难人群的申请人，应当优先采用个人诚信承诺的核查方式，简化经济困难核查程序，让符合法律援助条件的人民群众便利享受法律援助服务。对于有合理理由怀疑申请人不符合经济困难条件的，法律援助机构可以根据该条第 3 款规定按照传统方式向相关部门了解情况、进行核实；确实无法核查或核查成本太高的，也可以要求申请人进行个人诚信承诺。此时，法律援助机构应当明确告知申请人相关法律后果，郑重要求申请人进行个人诚信承诺，并据此推定其符合经济困难标准为其提供法律援助服务，并加强事后跟踪，要求其对不如实承诺承担相应的法律后果。

当然，必须看到，法律援助的基本发展趋势是：经济困难核查方式以信息共享查询为主、以个人诚信承诺为补充。因此，根据本法第 51 条规定，省级以上人民政府司法行政部门应当加强法律援助信息化建设，尽早与相关部门实现信息共享和工作协同，为经济困难核查创造现实条件。

关于本法第 41 条规定的"说明—核查制"，一些地方的法律援助机构可能会心存顾虑，担心采取"个人诚信承诺"会导致法律援助案件数量大幅度增加；据此提供法律援助服务，害怕承担"为不符合法律援助条件的人员提供法律援助"的法律责任和风险。对此，需要特别强调两点：第一，为确保第 41 条规定的"说明—核查制"的顺利实施，对于"申请人以欺骗或者其他不正当手段获得法律援助的"，本法第 64 条规定了严厉的行政处罚措施。即，不区分情节轻重，一律"责令其支付已实施法律援助的费用，并处三千元以下罚款"。因此，为避免不教而诛，在要求申请人进行个人诚信承诺时，法律援助机构人员必须以通俗的方式明确、郑重地告知申请人不如实说明经济状况、不诚信承诺的法律后果，尽可能地避免申请人的投机取巧行为。第二，就法律责任而言，个人诚信承诺本身就是一种核查方式。因此，对于申请人依法进行个人诚信承诺的，法律援助机构已经依法履行了法定核实职责，无需承担"故意为不符合法律援助条件的人员提供法律援助"的法律责任。本法第 61 条第 1 项规定，就拒绝提供法律援助与错误提供法律援助规定了明显不同的认定标准。其中，对于拒绝提供法律援助的，主要着眼于符合条件而"拒绝提供"这一事实状态，因此，即便不是故意为之，也可以予以处罚；然而，与此不同，对于不当提供法律援助的，则必须以"故意"为主观意图，也即，只要不是故意为之，即不承担相应的法律责任。很显然，该条规定体现了此次法律援助立法的基本精神："让更多需要法律援助的人更便利地享受更有质量的法律援助服务。"[1]因此，对于采用个人诚信承诺进行核查的案件，即便后续发现申请人不适格，也只是申请人承担相应的法律责任；至于法律援助机构工作人员，只要没有足够证据证明其"明知"不符合条件而"故意"提供法律援助，就无需承担法律责任。

二是，法律援助机构通过信息共享查询的关键在于加强法律服务信息化建设，加快推动跨部门、跨区域、跨行业涉及公共服务事项的信息互通共享、校验核对。一方面，司法部《关于推进公共法律服务体系建设的意见》要求：大力加强法律服务信息化建设。积极推进司法行政工作与智慧城市建设迅速、深度的融合，努力把公共法律服务网络平台纳入本地区公共服务网络平台。另一方面，《"十三五"推进基本公共服务均等化规划》要求发展"互联网+"益民服务。加快互联网与政府公共服务体系的深度融合，推动公共数据资源开放，促进公共服务创新供给和服务资源整合，构建面向公众的一体化在线公共服务体系。对于该款前半部分内容的理解，要结合《法律援助法》第51条的规定，以加强法律援助信息化建设为核心，推动部门间实现信息共享和工作协同。例如，2021年广州市司法局《关于开展公民申请法律援助证明事项告知承诺制工作的通知》提出，广州市法律援助信息管理系统与广州市居民家庭经济状况核对信息系统实现对接后，鼓励支持各级法律援助机构借助信息化、智能化手段，探索因经济困难申请法律援助需进行居民家庭经济状况核对的情形适用告知承诺制的具体措施。

三是，法律援助机构选择由申请人进行个人诚信承诺，则需要做好五项配套工作。根据司法部《开展证明事项告知承诺制试点工作方案》的规定，第一，法律援助机构应当明确个人诚信承诺的适用对象，同步完善风险防控措施，探索建立事前信用预警机制，对于有较严重的不良信用记录或曾作出虚假承诺等情形的申请人，不适用个人诚信承诺制；第二，法律援助机构要书面告知申请人办理的法律援助事项、当地经济困难标准、承诺的方式和依据以及虚假承诺的法律责任等，并制作个人诚信承诺书格式文本；第三，法律援助机构要加强事中事后核查，通过全国一体化在线政务服务平台、国家数据共享交换平台、全国信用信息共享平台、政府部门内部核查和部门间行政协助等方式对申请人的承诺内容予以核实；第四，法律援助机构可以探索设立申请人诚信档案和虚假承诺黑名单制度，对于失信人员可以开展

---

[1] 蒲晓磊："为群众获得优质高效法律援助服务提供法治保障　解读法律援助法"，载《法治日报》2021年8月21日，第2版。

联合惩戒，加强跨部门联动响应；第五，法律援助机构对于核查难度较大的事项，探索建立承诺书公示制度，让申请人公开接受社会监督。对于实施个人诚信承诺的案件，并不意味着后续不再进行核查，各法律援助机构应当建立相应的事中事后核查机制，建议各法律援助机构对当年实行告知承诺制的法律援助申请的核查比例不低于50%。

三、配合义务：“应当予以配合”

本条第3款规定，有关部门、单位、村民委员会、居民委员会和个人应当配合法律援助机构的核查工作，包括但不限于为法律援助机构提供信息共享查询服务。

关于该款规定，我们认为应当从以下三点加以解读。

一是，配合主体的范围。从法律规定来看，只要是掌握法律援助申请人相关经济状况信息的单位和个人，当法律援助机构要求查询相关部门现有的信息资料时，上述主体均应履行配合义务。其中，对于“有关部门、单位”涵盖的范围，《法律援助条例》并没有作出详细解释，《法律援助法》仅在第51条提及“与司法机关及其他有关部门实现信息共享和工作协同”，对于“其他有关部门”的范畴还有待进一步厘清。

我们认为应当结合现有地方法律援助条例和司法实践做法来加以界定。《广东省法律援助条例》第59条第1款规定，“民政、人力资源社会保障、国土资源、住房城乡建设、工商、税务、档案等部门应当加强与法律援助机构的协调配合和相关信息数据共享”。《湖北省法律援助条例》第6条规定：“人民法院、人民检察院以及公安、财政、民政、人力资源和社会保障、卫生健康、市场监督管理、信访等国家机关，根据各自职责做好有关法律援助工作。乡镇人民政府、街道办事处以及社区、村（居）民委员会应当支持配合法律援助机构做好法律援助工作，并为辖区内需要法律援助的公民提供帮助。”实践中，法律援助机构需要对申请人提交的收入、资产清单项目进行查证，其中涉及买卖房屋、登记公司、银行存款、交税记录等信息。因此，对于配合核查工作的“有关部门、单位”应当作宽泛解释，泛指掌握申请人具体经济状况信息的相关单位。

此外，《法律援助法（草案）》一审稿删除了初稿中法律援助机构核查时“要求村民委员会、居民委员会出具经济困难证明”的内容，并额外增设“村民委员会、居民委员会”的配合核查义务。之所以如此修改，主要是考虑到实践中出具经济困难证明存在任意性、失范性以及形式混乱的问题，并且仅有村（居）民委员会出具经济困难的举措不能完全达到证明申请人经济状况的目的。因此，在法条上明确村（居）民委员会的配合调查义务即可，由法律援助机构通过与多部门协作共享查询来综合核查申请人经济困难情况更佳。对于配合主体中“个人”的范围界定，我们认为除有关单位的工作人员以外，还包括申请人及其家庭成员等。

二是，关于配合事项。本条第 2 款规定法律援助机构仅有权查询部门共享信息，即核查方式主要为网络核查，例外情况下采取书面核查、实地核查和公示核查等方式。通过对接其他政府部门共享信息资源、电子证照信息和公共信用管理系统，法律援助机构可以在线核查经济困难状况，当在线核查方式无法核实相关情况时，相关单位和个人应当配合法律援助机构其他的调查取证工作，如通过书函或实地查阅相关档案资料等。《湖北省法律援助条例》第 28 条规定："法律服务人员在办理法律援助案件时，凭法律援助公函查阅有关档案资料，有关单位应当给予配合和协助，国家机关、国有企业事业单位和社会团体应当免收相关查询、咨询、复制等费用。"

对于申请人配合义务的具体内容，则可以结合《法律援助法》第 47 条、第 48 条来理解。具体而言，申请人具有消极配合义务和积极配合义务，前者是指申请人在法律援助机构核查时，不得故意隐瞒实际经济状况或者提供虚假材料；后者则是要求申请人在经济状况发生变化时，要及时告知法律援助机构，协助配合法律援助机构调查核实经济状况，必要时可以授权法律援助机构来完成核查工作。

三是，关于配合义务与其他条款的关系。首先，有关单位和个人积极配合是法律援助机构开展核查工作的必要条件。在立法上明确相关单位和个人的配合义务，可以保证在对申请人说明的经济困难状况有疑义和质疑时，法律援助机构有权主动调查核实，从相关单位现有的信息资料中获得可靠、准确的数据材料。其次，关于申请人配合核查工作的要求是受援人在获得法律援助时承担的法定责任的重要组成部分。最后，申请人拒绝配合也是法律援助机构依据《法律援助法》第 48 条、第 64 条可以予以处罚的情形之一，如故意隐瞒经济状况。

【延伸阅读】 证明事项告知承诺制

2018 年 6 月 28 日，国务院总理李克强在全国深化"放管服"改革转变政府职能电视电话会议上的讲话中指出，要借鉴国际通行做法，探索实行承诺制，政府依据申请人承诺办理各类事项，事后进行随机抽查，一旦发现申请人承诺存在虚假，给予严厉处罚并纳入信用记录。同年 8 月 5 日，国务院办公厅《关于印发全国深化"放管服"改革转变政府职能电视电话会议重点任务分工方案的通知》提出，要探索实行承诺制，事后进行随机抽查，依法严厉处罚虚假承诺并纳入信用记录。2019 年 5 月 7 日，司法部《开展证明事项告知承诺制试点工作方案》就开展证明事项"告知承诺制"试点工作作出部署，对证明事项告知承诺制进行了界定，并确立了五项重点工作，即确定告知承诺适用对象、规范告知承诺工作流程、加强事中事后核查、探索失信惩戒模式和强化风险防范措施。截至 2019 年底，13 个省（市）、5 个部门累计试点告知承诺制证明事项约 2500 项，涉及公安户籍、交通运输、人力资源和社会保障、不动产登记、教育、科技、司法行政等 60 多个领域。

　　在总结试点经验之后，2020 年国务院办公厅正式发布《关于全面推行证明事项和涉企经验许可事项告知承诺制的指导意见》，全面推行证明事项告知承诺制，创新政府服务和管理的理念、方式，方便企业和群众办事创业，推进政府治理体系和治理能力现代化，努力建设人民满意的服务型政府。根据该意见规定，证明事项告知承诺制，是指公民、法人和其他组织在向行政机关申请办理行政事项时，行政机关以书面形式（含电子文本，下同）将证明义务、证明内容以及不实承诺的法律责任一次性告知申请人，申请人书面承诺已经符合告知的相关要求并愿意承担不实承诺的法律责任，行政机关不再索要有关证明并依据书面承诺办理相关行政事项的工作机制。但是，对于直接涉及国家安全、国家秘密、公共安全、金融业审慎监管、生态环境保护，直接关系人身健康、生命财产安全，以及重要涉外等风险较大、纠错成本较高、损害难以挽回的证明事项，则不适用告知承诺制。总结而言，告知承诺制就是"书面告知、书面承诺、准予办理、事后监督"的行政程序改革，通过简化程序来提升行政效率，减轻申请人程序性负担，并将部分审查内容转化为事中事后的监督。

　　证明事项告知承诺制是我国首创，但也借鉴了市场经济发达国家行政执法改革的经验和理念。如日本行政许可"迅速审查"的改革趋势、德国在企业设立许可方面实行的司法登记制等，符合世界范围内放松管制、强调监督，还权于公众的行政执法改革趋势。从我国告知承诺制的改革现状来看，首先是在地方实施，中央在地方试点经验的基础上鼓励在全国范围内推广，因而在国家层面缺乏统一性立法规定，导致该制度存在被滥用的风险。由于缺乏统一立法规范，各地对事后监督的规定也不一致，一些行政机关由于缺少行政执法人员或者是缺乏重监督的执法理念，事后监督往往是"走过场"，导致不法分子利用该制度的漏洞骗取行政许可或给付。此外，目前我国证明事项告知承诺制最大的问题是配套实施机制不健全，尤其是社会信用体系以及信用审查与失信联合惩戒机制尚未完善，贸然推广证明事项告知承诺制可能造成不良影响和严重后果。尽管我国已经在逐步形成信用黑名单等制度，但社会公众的信用意识还未普遍确立，而证明事项告知承诺制"轻准入重监督"的特点对申请人的信用要求较高。在信用审查机制和失信联合惩戒机制还尚未完全建立的情况下，容易导致行政机关缺乏有效的依据来对申请人进行甄别，随意降低准入门槛，则可能使得违法分子在进行成本收益分析之后，通过提供虚假申请材料与虚假承诺骗取行政服务。而在法律援助领域中，经济困难核查采用证明事项告知承诺制，也要充分考虑现有的信用审查体系和失信联合惩戒机制是否完善，是否能够足以限制申请人以不当手段获得法律援助的行为。

第四十二条【免予经济困难状况核查】

法律援助申请人有材料证明属于下列人员之一的，免予核查经济困难状况：

（一）无固定生活来源的未成年人、老年人、残疾人等特定群体；

（二）社会救助、司法救助或者优抚对象；

（三）申请支付劳动报酬或者请求工伤事故人身损害赔偿的进城务工人员；

（四）法律、法规、规章规定的其他人员。

【条文要旨】

本条是关于免予经济困难状况核查的规定。为降低法定人员获得法律援助的难度，完善法律援助与司法救助、社会救助等相关社会保障制度的工作衔接机制，对于该条规定的法定人员，申请人只需根据第 41 条第 1 款规定如实说明经济困难状况，法律援助机构不再进行经济困难状况核查。

对于此类申请，依法免予经济困难状况核查，法律援助机构及其工作人员不负核查义务。因此，不得以"为不符合法律援助条件的人员提供法律援助"为由，追究法律援助机构及其工作人员的责任。

【立法背景】

本条聚焦于四类社会弱势群体（一类属于兜底情形），通过免予经济困难状况核查来保障法定人员能够更方便、更及时地获得法律援助服务。

一、无固定生活来源的未成年人、老年人、残疾人等特定群体

（一）未成年人

对于无固定生活来源的未成年人，我国目前的情况是：一方面由于区域发展不均衡、城市化带来的人口流动，导致留守儿童成为一种社会现象，在某些区域大量存在。这些未成年人在祖辈的照顾下生活，较为贫困，仅仅能够维持基本的生活和学习，也没有来自父母的关怀，人身及其他合法权益受到侵犯的事件仍然经常发生。但是由于自身条件的限制，基本上不懂得运用法律武器维护自身的合法权益，更无力负担法律服务费用。另一方面，部分未成年人所受侵害来自最亲近的监护人和其他亲属，寄希望于监护人来保护他们是不可能的，此时需要法律援助机构的及时介入。[1]1996 年司法部、共青团中央发布《关于保障未成年人合法权益做好未成年人法律援助工作的通知》要求，"各地法律援助专门机构要把未成人的法律援

---

〔1〕 参见王春良等：《完善法律援助制度研究》，法律出版社 2018 年版，第 262 页。

助案件作为工作重点，采取特殊措施，提供优先、便捷的法律服务……对家庭经济困难、无力支付法律服务费用的当事人，要酌情减、免其费用"。实践中，地方法律援助机构通过简化程序，开辟农村留守老人儿童法律援助"绿色通道"，实行"优先受理、优先审批、优先指派、优质服务"的"四优"原则，凡是涉及未成年人的法律援助申请，一律免除经济困难状况核查。

（二）老年人

当前，我国人口老龄化趋势日趋明显，老年人权益保障正成为需要社会共同面对的重要课题。根据民政部预测，"十四五"时期，全国老年人口将突破3亿，我国将从轻度老龄化迈入中度老龄化。对此，党的十八大以来，为坚决贯彻落实党中央决策部署和习近平总书记关于家庭、家教、家风的重要论述，各级司法行政部门切实保障老年人合法权益，通过精简办事环节，减少办事材料，缩短办事时间，确保为老年法律援助申请人提供高效优质快捷服务。2015年，司法部、全国老龄办印发了《关于深入开展老年人法律服务和法律援助工作的通知》，对老年人法律援助工作作出进一步部署。2016年全国老龄办、最高人民法院、最高人民检察院等发布的《关于进一步加强老年法律维权工作的意见》要求，"各级司法行政机关要把老年人作为法律援助工作的重点人群，推动进一步降低门槛，扩大老年人法律援助事项范围，逐步将法律援助对象扩展到低收入、高龄、空巢、失能等老年人。完善法律援助便民服务机制，简化手续、程序，加快办理速度"。北京市司法局也积极开展老年人公共法律服务专项维权活动，对"三无"老人（无劳动能力、无生活来源、无赡养人和抚养人）和享受低保待遇、特困供养待遇的老人以及老年人因家庭暴力、虐待、遗弃主张权利申请法律援助的，免予经济困难状况核查；各法律援助机构对于符合法律援助条件的老年人应实行当日受理、当日审批、优先指派。[1]

（三）残疾人

作为社会弱势群体，残疾人遭遇诸多外部障碍和不利处境，只有知晓并通过法律援助，才有能力主张、救济自己的权利，确保残疾人平等获得及时、方便、有效的法律援助，这也是《残疾人权利公约》第13条等明确规定的内容。[2]截至2020年底，全国31个省级、256个地级、760个县级残联开通网站，全国残疾人人口基

---

〔1〕　参见北京市司法局："北京市司法局开展老年人公共法律服务专项维权活动"，载北京市司法局官网，http://sfj.beijing.gov.cn/sfj/sfdt/ywdt82/flfw93/10873424/，最后访问时间：2021年7月27日。

〔2〕　丁鹏、张万洪："残疾人权利保障的新进展"，载樊崇义、施汉生主编：《中国法律援助蓝皮书：中国法律援助制度发展报告No.1（2019）》，社会科学文献出版社2019年版，第85~86页。

础数据库入库持证残疾人 3780.7 万人。[1]对于残疾人法律援助，2017 年司法部《关于"十三五"加强残疾人公共法律服务的意见》规定，"简化法律援助审查程序，对纳入最低生活保障范围、救助供养范围、城乡医疗救助范围的残疾人和持有残疾证的残疾人，接受康复服务、领取生活补贴的困难残疾人和领取护理补贴的重度残疾人申请法律援助的，免予经济困难条件审查"。实践中，天津市司法局、市残联联合开展"法援惠民生·关爱残疾人"法律援助品牌建设工作，对于具有天津市户籍并持有第二代《中华人民共和国残疾人证》的残疾人，当合法权益受到侵害时，需要申请法律援助的，不受案件范围限制，免予经济困难条件审查。[2]

二、社会救助、司法救助或者优抚对象

法律援助是以公民司法人权保护为出发点和落脚点，通过国家和政府为经济困难公民提供专业化的免费法律援助，以使困难公民所享有的政治、经济、文化等权利得到法律的有效保护和实现。而社会救助、司法救助则是关注民生，保障公民的基本生存权，通过国家和社会为困难群众提供基本的物质文化生活保障。两者并不是同一层面的概念，但是在被救助与被援助对象的经济困难标准的确定上存在一定的重合，社会救助对象也往往是符合法律援助经济困难标准的法律援助对象。[3]基于此，为完善法律援助与司法救助、社会救助工作衔接机制，2015 年两办《关于完善法律援助制度的意见》明确规定"对城乡低保对象、特困供养人员等正在接受社会救助的对象"，免除经济困难审查，以加强民生领域法律援助服务，切实发挥法律援助保基本、兜底线作用。2021 年 4 月，江苏省高级人民法院、省司法厅、省民政厅联合发布《关于加强社会救助对象法律援助工作的通知》，扩大法律援助有效覆盖面，将法律援助范围拓展至民政部门认定的低收入家庭、支出型困难家庭，对特困人员、低保对象、低收入家庭、支出型困难家庭、无固定收入重度残疾人、依靠抚恤金生活的人员、困境儿童、社会福利机构中政府供养人员、领取总工会发放的特困证的职工的法律援助申请，不区分诉讼地位、案由、审级及审判程序，一律免除经济困难状况核查和事项范围限制。

三、申请支付劳动报酬或者请求工伤事故人身损害赔偿的进城务工人员

进城务工人员（农民工）是我国产业工人的主体；但就其经济状况而言，又属于我国经济困难群体中人数占比较大的一类人群。据《2018 年农民工监测调查报

---

〔1〕 参见中国残疾人联合会："2020 年残疾人事业发展统计公报"，载中国残疾人联合会官网，https://www.cdpf.org.cn/zwgk/zccx/tjgb/d4baf2be2102461e96259fdf13852841.htm，最后访问时间：2021 年 7 月 27 日。

〔2〕 参见韩雯："津籍残疾人申请法律援助'零门槛'"，载《天津日报》2018 年 11 月 1 日，第 6 版。

〔3〕 参见郭婕："谈法律援助与社会救助的区别"，载《中国司法》2008 年第 5 期。

告》显示，我国 2018 年农民工总量为 28 836 万人，比上年增加 184 万人，增长 0.6%。[1] 进城务工人员数量庞大，相应地，社会法律援助需求也日益增长，但其由于缺乏法律知识，且在权益受到侵害后因经济困难无法聘请律师，进而无法有效通过法律渠道维护其正当权益。尤其是，进城务工人员遭遇工伤事故不能得到及时的救治，农民工"讨薪难"等侵权问题屡见不鲜。对此，2006 年国务院《关于解决农民工问题的若干意见》明确规定，"要把农民工列为法律援助的重点对象。对农民工申请法律援助，要简化程序，快速办理。对申请支付劳动报酬和工伤赔偿法律援助的，不再审查其经济困难条件"。

《民法典》第 807 条明确规定："发包人未按照约定支付价款的，承包人可以催告发包人在合理期限内支付价款。发包人逾期不支付的，除根据建设工程的性质不宜折价、拍卖外，承包人可以与发包人协议将该工程折价，也可以请求人民法院将该工程依法拍卖。建设工程的价款就该工程折价或者拍卖的价款优先受偿。"《民法典》明确规定建设工程优先受偿权，正是要着重解决农民工欠薪问题。根据《劳动法》规定，劳动者享有取得劳动报酬的权利、提请劳动争议处理的权利以及法律规定的其他劳动权利。2020 年 5 月 1 日《保障农民工工资支付条例》正式颁布，第 11 条规定："农民工工资应当以货币形式，通过银行转账或者现金支付给农民工本人，不得以实物或者有价证券等其他形式替代。"其第 12 条规定："用人单位应当按照与农民工书面约定或者依法制定的规章制度规定的工资支付周期和具体支付日期足额支付工资。"为了震慑恶意欠薪行为，有效维护劳动者合法权利，2011 年 2 月 25 日，第十一届全国人民代表大会常务委员会第十九次会议表决通过了《刑法修正案（八）》。《刑法修正案（八）》将部分拒不支付劳动报酬的行为纳入了刑法调整范围。2013 年 1 月 23 日施行的《最高人民法院关于审理拒不支付劳动报酬刑事案件适用法律若干问题的解释》对"劳动者的劳动报酬""以转移财产、逃匿等方法逃避支付劳动者的劳动报酬""经政府有关部门责令支付仍不支付"等概念进行了进一步明确。各地司法行政部门也纷纷开展"法援惠民生·助力农民工"品牌建设活动，开辟农民工法律援助绿色通道，优先受理、优先审查、优先指派；情况紧急的，先行受理，事后补办手续。对农民工法律援助案件简化受理程序、免予经济困难状况审查，切实增强农民工群体对法律援助的满意度。《法律援助法》在此条中将实践中对农民工简化经济困难状况核查程序的做法进行吸收，并在立法中予以明确。

对此，十八届四中全会《决定》从建设法治社会的角度，以建设完备的法律服务体系为题，进一步提出了"完善法律援助制度，扩大援助范围，健全司法救助体

---

〔1〕　参见国家统计局："2018 年农民工监测调查报告"，载国家统计局官网，http://www.stats.gov.cn/tjsj/zxfb/201904/t2 0190429_ 1662268. html，最后访问时间：2021 年 7 月 22 日。

系，保证人民群众在遇到法律问题或者权利受到侵害时获得及时有效法律帮助"的改革任务，尤其关注新时代社会弱势群体法律援助需求是否得到满足。针对我国法律援助制度中经济困难标准认定困难、过于严苛而导致部分弱势群体无法获得法律援助的现状，并且实践中特殊弱势公民绝大多数为经济困难公民，因此对于弱势群体的法律援助申请的审查程序应当尽可能简化，以完善法律援助便民服务机制。对此，2015年两办《关于完善法律援助制度的意见》规定："简化审查程序，对城乡低保对象、特困供养人员等正在接受社会救助的对象和无固定生活来源的残疾人、老年人等特定群体，以及申请支付劳动报酬、工伤赔偿的农民工，免除经济困难审查；……开辟法律援助'快速通道'，有条件的地方对未成年人、老年人、残疾人符合条件的申请实行当日受理、审查，并快速办理。"本条在此基础上，于立法上明确将"无固定生活来源的特定群体""农民工"以及"社会救助的对象"纳入免予核查经济困难状况的范围内，并额外增设第四项"法律、法规、规章规定的其他人员"，以"列举+兜底"的表述形式尽可能地覆盖处于夹心层的困难群众，扩大法律援助范围，为广大人民群众提供有效法律帮助，推动全社会公平正义的实现。

关于免予核查经济困难状况的对象，《法律援助法（草案）》初稿第29条的表述是"法律规定公民因经济困难可以申请法律援助的，申请人系无固定生活来源的残疾人、老年人等特定群体的，正在接受社会救助、司法救助或者属于优抚对象的，主张见义勇为产生的民事权益的，以及农民工申请支付劳动报酬、工伤赔偿的，免予核查经济困难状况"。《法律援助法（草案）》一审稿在初稿的基础上，额外增加免予经济困难状况核查的对象，即"依照审判监督程序再审改判无罪，原判监禁刑罚已经执行的受害人申请国家赔偿的"，并且额外增加一款规定，要求申请人提供"有关证明材料"。而《法律援助法（草案）》二审稿相比于一审稿而言，主要修改之处在于：一是，从立法技术上采取列举式，以便于就各种情形作出具体规定；二是，将"主张见义勇为产生的民事权益的"和"依照审判监督程序再审改判无罪，原判监禁刑罚已经执行的受害人申请国家赔偿的"两种情形移到本法第29条，作为"不受经济困难条件的限制"的法律援助事项；三是，将第2款中对申请人"提供有关证明材料"的要求提前至第1款，修改为"法律援助申请人有材料证明属于下列人员之一的"；四是，在文字表述方面进行完善，如将"农民工"修改为"进城务工人员"等。《法律援助法》只是进行了文字性修改，将第1项中"特殊群体"修改为"特定群体"。

一审稿	二审稿	《法律援助法》
第三十四条 法律援助申请人系无固定生活来源的残疾人、老年人等特定群体的，正在接受社会救助、司法救助或者属于优抚对象的，~~主张见义勇为产生的民事权益的，~~**农民工**申请支付劳动报酬、工伤赔偿的，以及依照审判监督程序再审改判无罪，原判监禁刑罚已经执行的受害人申请国家赔偿的，免予审查经济困难状况。 　　申请人依法免予审查经济困难状况的，应当提供有关证明材料。	第四十条 法律援助申请人有材料证明属于下列人员之一的，免予核查经济困难状况： 　　（一）无固定生活来源的未成年人、老年人、残疾人等**特殊群体**； 　　（二）社会救助、司法救助或者优抚对象； 　　（三）申请支付劳动报酬或者请求工伤事故人身损害赔偿的**进城务工人员**； 　　（四）**法律、法规、规章规定的其他人员。**	第四十二条 法律援助申请人有材料证明属于下列人员之一的，免予核查经济困难状况： 　　（一）无固定生活来源的未成年人、老年人、残疾人等**特定群体**； 　　（二）社会救助、司法救助或者优抚对象； 　　（三）申请支付劳动报酬或者请求工伤事故人身损害赔偿的进城务工人员； 　　（四）法律、法规、规章规定的其他人员。

　　关于本条规定，在立法过程中，有实务部门提出了比较有争议性的建议。

　　一是，建议删除关于免予经济困难状况核查的条文。修改理由如下：第一，从法律援助制度概念上看，法律援助制度是对因经济困难或者其他因素而难以通过通常意义上的法律救济手段保障自身基本社会权利的社会弱者，通过减免收费提供法律帮助的一项法律保障制度。从法律援助制度的立法目的来看，法律援助保证在经济上处于弱势地位的社会成员享有平等的法律保护。2003年《法律援助条例》第1条明确指出，"为了保障经济困难的公民获得必要的法律服务，促进和规范法律援助工作，制定本条例"。对此，法律援助制度所要维护的对象是经济困难的弱势群体，经济困难状况核查应当严格依法进行，不能随意免予核查经济困难状况，扩大法律援助覆盖范围。况且，由于目前我国的公共法律服务资源有限，包括律师资源和经费资源还不是很充裕，应当将法律援助资源用在最需要帮助的经济困难人员身上。第二，该条的立法目的是扩大援助范围，为更多的人提供法律保障，但是在实践中会导致法律援助资源的滥用。为推动法律援助工作的发展，进一步扩大法律援助覆盖面，各地法律援助机构多通过地方性条例以及政策性文件方式，规定农民工、五保户、重度残疾人等特定群体申请法律援助免予核查经济困难状况。[1]但是实践中，该条规定的相关当事人经济上可能并不处于弱势地位，如果对其提供法律援助，将导致法律援助资源的滥用。即便特定弱势群体属于经济困难公民，也可以通过上调法律援助经济困难标准，自然将特定弱势公民纳入法律援助保障范围内。

---

　　〔1〕 李立家："我国法律援助若干理念辨析"，载《中国司法》2014年第8期。

二是，建议保留该条文，只是对部分内容进行文字性修改。例如，第 3 项"进城务工人员"为政策性概念，指代不明确，建议修改为"劳动者"。

【条文释义】

核查经济困难状况是法律援助工作程序的关键环节，其结果直接决定申请人是否获得法律援助。一般来说，法律援助机构在接受法律援助申请后，根据申请人提交的申请及经济困难状况说明，根据本法第 41 条规定依法进行核查，以决定申请人是否符合法律援助条件。但在法律援助实践中，也存在无须核查经济困难状况的情形。即对于那些明显属于经济困难的特定人群，可以不经核查直接认定其符合经济困难条件。[1]例如，国务院《关于解决农民工问题的若干意见》规定，"要把农民工列为法律援助的重点对象。对农民工申请法律援助，要简化程序，快速办理。对申请支付劳动报酬和工伤赔偿法律援助的，不再审查其经济困难条件"。当然对于无须核查经济困难状况的情形，《法律援助法》也在第 42 条中明确规定对适用条件予以限制，以防止随意突破法律援助经济困难标准的限制，滥用法律援助资源。

本条规定了免予核查经济困难状况的适用对象和适用前提。其中，免予核查经济困难状况的前提是：申请人能够证明其属于特定社会弱势群体。对于适用对象，本条款规定了免除四类群体的经济困难状况核查。此外，对于"免予核查经济困难状况"的内涵需要进一步厘清，以区别于本法第 32 条规定的"不受经济困难条件的限制"。

一、适用前提："有材料证明属于下列人员之一"

一般来说，不需要经过经济困难状况核查的情况主要分为两类：一是申请人持有特殊证件，如持有城市居民最低生活保障金领取证、农村特困户救助证、人民法院给予司法救助的决定等；二是申请人为特定身份者，如无固定生活来源的残疾人、社会福利机构中由政府供养者等。对于上述具有特定身份或持有特殊证件的情况，根据本条的规定，司法行政部门不承担举证责任，举证责任由法律援助申请人承担，即"法律援助申请人有材料证明属于下列人员"。

对此，法律援助申请人具有两方面的义务：一是行为意义上的证明责任。即法律援助申请人负有提供有关证明材料的义务，主要包括必须依法如实提供有关证明材料，不得拒绝，也不得伪造或隐匿相关证件；必须如实陈述相关事实，不得虚假陈述，也不能拒绝陈述；当申请人的特殊身份发生变化时，必须及时向法律援助机构或实施法律援助的人员报告。二是结果意义上的证明责任。申请人未能尽到提供证明材料的责任，且法律援助机构无法查明申请人具体情况，从而导致申请人的身

---

[1] 高贞："法律援助审查中的若干问题探讨"，载《中国司法》2008 年第 2 期。

份不清的，此时由法律援助申请人承担举证不能的后果，即不得获得免予核查经济困难状况的便利，需要经过第41条规定的经济困难状况核查程序。[1]

二、适用对象：四类特定弱势群体

对于下列人员，可以直接视为符合经济困难标准，不再进行经济困难状况核查：一是，无固定生活来源的未成年人、老年人、残疾人等特定群体；二是，社会救助、司法救助或者优抚对象；三是，申请支付劳动报酬、请求工伤事故人身损害赔偿的进城务工人员；四是兜底条款，即法律、法规、规章规定的其他人员。

（一）无固定生活来源的未成年人、老年人、残疾人等特定群体

1. 未成年人

根据《民法典》第17条规定，不满18周岁的自然人为未成年人，这也与我国《宪法》第34条的规定相一致。我国宪法将选举权和被选举权这一重要的政治权利，赋予年满18周岁的公民。对于18周岁以下的未成年人是否具有"固定生活来源"，需要根据具体情况来判断。

一是16~18周岁的未成年人。根据《民法典》第18条和《劳动法》第15条的规定，16~18周岁的未成年人已经具备劳动资格；如果被用工单位正式招用，以自己的劳动收入为主要生活来源的，表明其具备成年人的辨识能力，法律上将其视为完全民事行为能力人，即不属于本条第1项规定的特定群体。当具有固定劳动收入的16~18周岁的未成年人申请法律援助时，需要经过第41条规定的经济困难状况核查程序，以确保符合法律援助经济困难标准。因此，对于16~18周岁的未成年人，判断其是否有收入来源，应当以其是否有稳定工作收入为准。没有稳定工作收入的，应视为"无固定生活来源的未成年人"。

二是16周岁以下的未成年人。依照《民法典》第18条和《劳动法》第15条的规定，16周岁以下的未成年人不具有劳动资格。因此，对于16周岁以下的未成年人，应当一律推定其为无固定生活来源，除非有相反证据能够证明其有明显的、大额的、连续的劳动收入。所谓"有固定生活来源"主要包括但不限于以下情形：（1）根据《劳动法》第15条第2款的规定，未成年人在文艺、体育和特种工艺单位工作，具有较高的固定劳动收入；（2）根据《民法典》第19条的规定，8周岁以上的未成年人可以独立实施纯获利益的民事法律行为或者与其年龄、智力相适应的民事法律行为。对此，具有长期接受大笔数额赠与或者发表个人作品获得固定出版收入等特殊情形的未成年人，应当被认定为有固定生活来源。

在刑事案件中，与未成年犯罪嫌疑人、被告人获得法律援助的权利的保障相比，以往的法律援助条例、法规等规范性文件并未就未成年被害人获得法律援助的

---

[1] 参见丛卉："试论建立法律援助经济困难证明制度"，载《中国司法》2006年第1期。

权利给予足够充分的关怀，容易产生"未成年被告人有权获得法律援助律师的保障，未成年被害人却只能自己请律师"等不公正现象。[1]针对此问题，《法律援助法》第29条明确规定，"刑事公诉案件的被害人及其法定代理人或者近亲属，刑事自诉案件的自诉人及其法定代理人，刑事附带民事诉讼案件的原告人及其法定代理人，因经济困难没有委托诉讼代理人的，可以向法律援助机构申请法律援助"。该条明确赋予未成年被害人申请获得法律援助的权利，同时结合本条关于免予核查经济困难状况的规定，对于大多数的无固定生活来源的未成年被害人，应当免予经济困难状况核查，径行提供法律援助，以保证未成年人刑事案件审理中被害人与被告人享有同等的法律援助权利，形成对称性的法律援助权利模式，使得未成年被害人在个案中充分感受到公平正义。此外，更为重要的是，依据《法律援助法》第45条第2款的规定，法律援助机构应当对未成年被告人和被害人一视同仁，指派熟悉未成年人身心特点的律师为其提供法律援助服务，以修复未成年被害人的身心创伤，有效保障其各项合法权利的充分实现。

2. 老年人

在实践中，截至2020年，我国有10个省级行政地区在经济困难标准以外，专门为老年人设定受援新标准。对于符合相应年龄、收入、身体健康状况条件或者被严重侵害人身权的老年人，法律援助机构不再对其经济困难状况进行核查，直接为其提供法律援助服务。[2]但是，目前各地所出台的政策执行不同的经济困难认定标准，无疑会引起老年人法律援助领域的不平等，尤其是各地突破经济困难认定标准、采用不同类型的认定标准，只会进一步加深老年人法律援助的混乱程度。为避免因各地援助政策和援助标准不同导致的"同案不同援"的问题，本条统一规定无固定生活来源的老年人申请法律援助的，免予经济困难状况核查，不再附加额外的认定标准，在吸收实践中的优良做法和经验的同时，进一步降低老年人法律援助门槛，提高老年人的权利保障水平。通过完善老年人法律援助机制，为老年人多元化的社会参与提供必要的环境支持，最大程度地激发社会活力。[3]

根据《老年人权益保障法》的规定，老年人一般是指60周岁以上的公民。总体来看，我国老年人的生活来源主要集中在家庭其他成员供养、离退休养老金以及劳动收入三项，最低生活保障金和财产性收入的占比较低。2010~2015年，我国城镇老年人生活来源中离退休养老金的占比超过50%，而农村老年人的生活来源主要

---

[1] 参见孙道萃："中国特色刑事法律援助制度的立法完善"，载《江西社会科学》2021年第6期。

[2] 参见王蓓、周秘："理论阐释与实践应用：老年人法律援助扩大机制研究"，载《四川大学学报（哲学社会科学版）》2020年第5期。

[3] 谢立黎、汪斌："积极老龄化视野下中国老年人社会参与模式及影响因素"，载《人口研究》2019年第3期。

是家庭其他成员供养和劳动收入。但是随着"民改居"的推进，越来越多的农村老年人成为城镇居民，他们的收入来源从以前的依靠劳动收入或家庭其他成员供养为主，转变为以离退休养老金为主。[1]因此，对于老年人是否"有固定生活来源"，总体上应当适用以离退休养老金为主，[2]以家庭其他成员供养、劳动收入及财产性收入等为辅的判断标准。

值得借鉴的是，2021年民政部印发的《特困人员认定办法》第6条规定："收入低于当地最低生活保障标准，且财产符合当地特困人员财产状况规定的，应当认定为本办法所称的无生活来源。前款所称收入包括工资性收入、经营净收入、财产净收入、转移净收入等各类收入。中央确定的城乡居民基本养老保险基础养老金、基本医疗保险等社会保险和优待抚恤金、高龄津贴不计入在内。"

3. 残疾人

根据《残疾人保障法》，残疾人被界定为"在心理、生理、人体结构上，某种组织、功能丧失或者不正常，全部或者部分丧失以正常方式从事某种活动能力的人"。就残疾类别而言，残疾人可分为视力残疾、听力残疾、言语残疾、肢体残疾、精神残疾、智力残疾和多重残疾，此外还有一些其他类型的残疾。根据残疾等级评定标准，上述前6类残疾又视残疾程度不同各分为4个等级，多重残疾则根据不同类别的残疾按残疾程度最重的一类进行分级评定。[3]此外还有军人残疾等级评定标准，其根据伤残程度分成了10个等级。[4]在现实生活中，因为存在各种显性和隐性社会障碍，用人单位包括机关、团体、企业、事业单位和民办非企业单位，大多数宁可交保障金也不愿安排残疾人就业，致使残疾人就业的客观需要难以得到满足，残疾人缺乏固定的生活来源。[5]根据全国第二次残疾人抽样调查披露的数据，目前有858万有劳动能力且在就业年龄段的残疾人没能就业。[6]对于无固定生活来源的残疾人的辨别，应当以残疾人是否有固定工作岗位为判断标准。

---

〔1〕　参见丁志宏、张亚锋、夏咏荷："我国老年人生活来源现状及变化：2010—2015年"，载《老龄科学研究》2019年第1期。

〔2〕　目前，我国养老保险制度主要包括城镇职工养老保险、城乡居民养老保险两种。对于城镇职工，依据国务院《关于完善企业职工基本养老保险制度的决定》，2006年全国统一改革基本养老金计发办法，退休养老金由三部分组成：基础养老金、个人账户养老金以及过渡性养老金。对于城乡居民，2014年国务院印发《关于建立统一的城乡居民基本养老保险制度的意见》，将新农保和城居保两项制度合并实施，在全国范围内建立了统一的城乡居民养老保险制度。城乡居民养老金主要分为基础养老金和个人账户养老金。

〔3〕　参见中国残疾人联合会、国家卫生和计划生育委员会关于印发《残疾人证管理办法》的通知。

〔4〕　参见民政部、人力资源和社会保障部、卫生部、总后勤部印发的《军人残疾等级评定标准》的规定。

〔5〕　参见王海燕、唐钧："残疾人社会保护亟须反对社会排斥"，载《湖南社会科学》2021年第1期。

〔6〕　参见赵启锋："残疾人就业中的政府责任"，载《中国残疾人》2011年第1期。

　　总而言之，之所以免除申请法律援助的残疾人的经济困难状况核查，主要是考虑到在现实中，多数残疾人就业困难甚至无法就业，普遍缺乏固定经济来源，即便有经济收入，也常常被监护人控制和限制，无力自行购买法律市场上的律师服务。对此，本条取消无固定生活来源的残疾人的经济困难状况核查，可以减轻这一弱势群体的经济负担，也消除了与经济困难状况核查程序相关的各类态度和环境障碍，使得更多有法律服务需求的残疾人真正有机会获得法律援助。此外，也有论者提出，在民事、行政领域中，残疾人可以申请法律援助的事项范围并不能充分满足其需要，尤其是残疾人在平等和反歧视领域中具有强烈的法律援助诉求，需要得到及时的回应。[1]在刑事领域中，值得庆幸的是，此次法律援助立法通过在第 25 条中规范残疾犯罪嫌疑人、被告人的称谓，适当扩大法律援助范围。但是，我们认为立法过于局限和保守，强制代理的适用对象不应当局限于犯罪嫌疑人、被告人，更不应当限制在刑事案件中，而应当扩展到监护人不作为或者监护人与残疾人之间存在利益冲突的案件，以便于保障残疾人合法权益。而在法律援助服务质量方面，根据《法律援助法》第 45 条的规定，法律援助机构有必要在残疾人法律援助质量标准中纳入援助主体培训标准，探索设立"残疾人法律援助专业律师名册制度"，并通过网站、印刷品等方式向公众公开。

　　与其他款项规定的特定弱势群体相比，本项规定的"无固定生活来源"的程序为后置要件，即弱势群体符合社会救助、司法救助或者优抚对象等适格条件，则可以直接免予经济困难状况核查，无须判断是否具有固定生活来源，确保法律援助服务尽可能地覆盖特定弱势群体。

　　（二）社会救助、司法救助或者优抚对象

　　对于"社会救助、司法救助或者优抚对象"三类群体的解读，要结合相关法律法规进行。

　　一是，根据 2020 年民政部、财政部发布的《社会救助法（草案稿）》第 14 条的规定，"社会救助对象包括下列家庭或者人员：（1）最低生活保障家庭；（2）特困人员；（3）低收入家庭；（4）支出型贫困家庭；（5）受灾人员；（6）生活无着的流浪乞讨人员；（7）临时遇困家庭或者人员；（8）需要急救，但身份不明或者无力支付费用的人员；（9）省、自治区、直辖市人民政府确定的其他特殊困难家庭或者人员"。事实上，社会救助对象与法律援助对象在一定程度上是重合的，以社会救助对象中最低生活保障家庭为例，共同生活的家庭成员人均收入低于当地最低生活保障标准，也自然符合法律援助经济困难标准，只是前者已经经过县级民政部门或者乡镇人民政府、街道办事处审核确认，无须再要求法律援助机构

――――――――――

〔1〕　参见郭锐、倪震："残障人法律援助基本原则研究"，载《人权》2018 年第 2 期。

重复核查。

　　二是，根据中共中央政法委员会、财政部、最高人民法院等部门发布的《关于建立完善国家司法救助制度的意见（试行）》规定，国家司法救助的对象包括以下几类：（1）刑事案件被害人受到犯罪侵害，致使重伤或严重残疾，因案件无法侦破造成生活困难的；或者因加害人死亡或没有赔偿能力，无法经过诉讼获得赔偿，造成生活困难的。（2）刑事案件被害人受到犯罪侵害危及生命，急需救治，无力承担医疗救治费用的。（3）刑事案件被害人受到犯罪侵害而死亡，因案件无法侦破造成依靠其收入为主要生活来源的近亲属生活困难的；或者因加害人死亡或没有赔偿能力，依靠被害人收入为主要生活来源的近亲属无法经过诉讼获得赔偿，造成生活困难的。（4）刑事案件被害人受到犯罪侵害，致使财产遭受重大损失，因案件无法侦破造成生活困难的；或者因加害人死亡或没有赔偿能力，无法经过诉讼获得赔偿，造成生活困难的。（5）举报人、证人、鉴定人因举报、作证、鉴定受到打击报复，致使人身受到伤害或财产受到重大损失，无法经过诉讼获得赔偿，造成生活困难的。（6）追索赡养费、扶养费、抚育费等，因被执行人没有履行能力，造成申请执行人生活困难的。（7）对于道路交通事故等民事侵权行为造成人身伤害，无法经过诉讼获得赔偿，造成生活困难的。（8）党委政法委和政法各单位根据实际情况，认为需要救助的其他人员。涉法涉诉信访人，其诉求具有一定合理性，但通过法律途径难以解决，且生活困难，愿意接受国家司法救助后息诉息访的，可参照执行。申请国家司法救助人员，具有以下情形之一的，一般不予救助：对案件发生有重大过错的；无正当理由，拒绝配合查明犯罪事实的；故意作虚伪陈述或者伪造证据，妨害刑事诉讼的；在诉讼中主动放弃民事赔偿请求或拒绝加害责任人及其近亲属赔偿的；生活困难非案件原因所导致的；通过社会救助措施，已经得到合理补偿、救助的。对社会组织、法人，不予救助。

　　在实践中，司法救助对象获得法律援助服务主要存在两个方面的障碍：一是法律援助和司法救助具有相对独立的申请审查程序。公民是否符合接受司法救助的条件，由法院的立案庭进行审查，而是否获得法律援助由法律援助机构审查决定。司法救助对象若要获得法律援助，需要来回奔波于法院和法律援助机构，分别向两个部门提供所需的证件资料，在一定程度上影响了两项制度功能的最大限度发挥。[1]二是法律援助和司法救助制度的经济困难标准的认定不一。相比于法律援助经济困难标准而言，司法救助的经济困难标准没有明确规定，包括各种情况的困难群众。两种制度救助的标准不统一，从而造成实践中的双重审查，可能出现获得司法救助但得不到法律援助的情况。[2]基于此，为了减轻司法救助对象申请法律援助的负

　　〔1〕　参见汤啸天："论法律援助与司法救助制度的衔接"，载《中国司法》2009年第1期。
　　〔2〕　参见梁桂芝："论法律援助与司法救助的一体化"，载《理论前沿》2007年第14期。

担，实现法律援助与司法救助制度的相互衔接，《法律援助法》第42条明确规定申请法律援助的司法救助对象免予经济困难状况核查，使得困难群众既能获得律师帮助也能获得法院减免诉讼费用的援助，真正全面达到维护经济困难公民合法权益的目的。

三是，根据2019年修订的《军人抚恤优待条例》第2条规定，优抚对象包括"中国人民解放军现役军人（以下简称现役军人）、服现役或者退出现役的残疾军人以及复员军人、退伍军人、烈士遗属、因公牺牲军人遗属、病故军人遗属、现役军人家属"。2014年，国务院、中央军委《关于进一步加强军人军属法律援助工作的意见》规定，军人军属申请法律援助的，应当适当放宽经济困难条件，对于义务兵、供给制学员及军属，执行作战、重大非战争军事行动任务的军人及军属以及烈士、因公牺牲军人、病故军人的遗属，免予经济困难状况核查。实践中军人军属大多两地分居，存在区域化差异。各省（区、市）之间法律援助的经济困难标准和事项范围不一，差异化必然导致认定困难，给军人军属申请法律援助带来困难。[1]基于军人军属的特殊属性及所需的特殊保护，为推进全国军人军属法律援助服务均等化，《法律援助法》第42条明确规定统一免除军人军属法律援助经济困难状况核查，以体现国家和社会对军人军属的优待。

（三）申请支付劳动报酬或者请求工伤事故人身损害赔偿的进城务工人员

进城务工人员（农民工）是我国特有的临时用工现象。在2006年国务院《关于解决农民工若干问题的意见》中，"农民工"作为官方正式称呼出现，并获得权威解释："农民工是我国改革开放和工业化、城镇化进程中涌现的一支新型劳动大军。他们的户籍仍在农村，主要从事非农产业，有的在农闲季节外出务工、亦工亦农，流动性强，有的长期在城市就业，已成为产业工人的重要组成部分。"因此，农民工是指户籍仍在农村，进城务工和在当地或异地从事非农产业劳动6个月及以上的劳动者。本地农民工是指在户籍所在乡镇地域内从业的农民工。外出农民工是指在户籍所在乡镇地域外从业的农民工。[2]

"农民工"是具有中国特色的一个特殊概念，是中国二元户籍制度的产物，是我国从农业社会向工业社会转变过程中出现的特有社会群体。从1958年通过的《户口登记条例》开始，立法明确将公民划分为农村户籍居民和城市户籍居民，二者在住房、教育、就业、医疗、养老保障等制度方面存在巨大差别，同时法律限制户口的流动性，实行严格的户籍管理制度。改革开放以后，农村生产力有所提高，

---

[1] 参见河南省司法厅课题组："完善我国军人军属法律援助制度若干问题探析"，载《中国司法》2016年第10期。

[2] 国家统计局："2020年国民经济稳定恢复 主要目标完成好于预期"，载 http://www.stats.gov.cn/ztjc/zthd/lhfw/2021/lh_ hgjj/202102/t20210219_ 1813625. html，最后访问时间：2021年9月21日。

富余劳动力增多，而城市化的迅速发展导致用工需求大幅增加，致使农民开始进入城市谋求工作，由此诞生农民工群体。"农民工"一词中的"农民"是指身份，即户籍性质，而"工"则指此类群体的职业状况，不再从事农业生产活动。由于该称谓具有简明清晰的特性，"农民工"这一概念在20世纪80年代初出现后一直沿用至今。[1]

但是，进入21世纪以来，城市化进程大大加快，户籍制度改革进一步推进，呈现出从严控户口到松动户口的转变趋势。2001年，国务院批转公安部《关于推进小城镇户籍制度改革意见》，通过改革小城镇户籍管理制度，引导农村人口向小城镇有序转移。2012年初，国务院办公厅发布《关于积极稳妥推进户籍管理制度改革的通知》，规定引导非农产业和农村人口有序向中小城市和建制镇转移，逐步实现城乡基本公共服务均等化。2014年7月，国务院发布《关于进一步推进户籍制度改革的意见》，明确规定建立城乡统一的户口登记制度，取消农业户口与非农业户口的性质区分和由此衍生的蓝印户口等户口类型，统一登记为居民户口，体现户籍制度的人口登记管理功能。据有关统计，截至2016年9月19日，全国已经有30个省区市出台户籍制度改革方案，全面开展城乡户口合并制度。随着户籍制度改革的推进，越来越多的地区的户口类型将统一登记为居民户口，农业户口将逐步在全国范围内取消，"农民"这一概念作为一种身份的含义将不再存在。此外，从权益保障的角度来看，"农民工"一词带有一定的歧视性，通过固化城乡身份隔阂，将进城务工者与一般的城市工人和其他劳动者区分开来，进而使这个群体在附属的劳动保障、教育、医疗、住房等方面都难以享受与"城里人"同等的权益，难以推进城镇基本公共服务常住人口全覆盖。

因此，基于"农民工"的称谓概念模糊以及"同工不同酬"的突出问题，早在2011年的两会就有政协委员提交《关于尽快取消新生代农民工户籍限制的建议》和《关于停止使用"农民工"称谓的建议》两份议案，以尽快淡化"农民工"这一概念，完善统一的社会保障制度，保证进城务工者在城市中享有和城镇居民一样的基本公共服务。[2]但是，根据2018年人力资源和社会保障部的答复意见，目前主要基于以下三点考虑而不宜取消"农民工"这一称谓：一是在农民工问题被根本解决之前，农民工群体还将存在一段时期，因此需要有特定称谓，以便实行有针对性的政策，逐步解决他们遇到的问题。二是除"农民工"外，很难找出一个准确、简洁、各方认可的称谓来指称户籍仍在农村但从事非农产业的群体。三是"农民

---

〔1〕　参见熊光清："必须取消带有社会歧视含义的'农民工'称谓——再驳'改革代价论'"，载《探索与争鸣》2012年第5期。

〔2〕　参见陈凤莉："从农民工到市民还有多远"，载《中国青年报》2011年3月8日，第4版。

工"称谓已经约定俗成，为大多数人所接受。[1]

尽管随着城市化进程的推进和户籍制度改革的深入，学界呼吁取消"农民工"的称谓，用"进城务工人员"作为替代，但实际上官方文件中"农民工"一词的使用频率依旧较高。此次法律援助立法将"农民工"一词修改为"进城务工人员"，符合我国目前逐步取消农业户口的改革趋势，也有利于客观上淡化进城就业的外来人员的身份歧视印记，确保基本公共服务均等化。但是，"进城务工人员"这一概念侧重地域范围，较"农民工"的外延略为狭窄，没有涉及进城进行个体经营和流入异地农村务工经商的农村居民。而对于"进城务工人员"覆盖范围的界定，各地方应当秉持"遵守底线""量力而行"的原则来设定。

具体而言，"进城务工人员"要覆盖原有"农民工"群体，既包括户籍地在乡村，进入城区从事非农产业6个月及以上，常住地在城区的劳动者，也包括进城进行个体经营或者到异地农村务工经商的农村居民；此外，各地方也可以根据当地的经济状况和法律援助供给能力来适当扩大解释"进城务工人员"，例如考虑是否包括户籍地在市辖县而到本市中心城区居住务工，或者户籍地在本市非中心城区跨区（市）县居住务工的劳动者。

（四）法律、法规、规章规定的其他人员

本条一方面通过直接列举的方式表明了免予核查经济困难状况的三类基本弱势群体，另一方面又通过兜底式规定，以实现本法中所规定的免予核查对象与其他法律、法规、规章中的相关规定的衔接与协调。如2020年司法部《疫情防控和企业复工复产公共法律服务工作指引》规定，"对于群众因疫情而导致生活困难的，与相关部门研究建立信息共享和衔接协作机制，依法合理审查经济困难标准，明确免于审查经济困难的人员范围"。此外，该项条文也赋予地方一定的自由裁量权，即各地方政府可以量力而行、尽力而为，适当扩大免予经济困难状况核查人员的范围，以确保法律援助能够尽可能地覆盖社会弱势群体，保障社会公平正义。

三、内涵界定："免予核查经济困难状况"

与2003年《法律援助条例》相比，《法律援助法》首次区分"免予核查经济困难状况"和"不受经济困难条件的限制"两种情形。但对于两者的关系，《法律援助法》并没有进一步明确，需要结合以往的法律援助相关法律法规来理解。以"农民工请求支付劳动报酬"和"主张见义勇为行为产生的民事权益"两种情况为例，依据2003年《法律援助条例》的规定，申请人仍需满足经济困难标准才可获得法律援助。但随着法律援助事业的发展以及法律援助范围的扩大，《法律援助法》将前者归入第42条免予核查经济困难状况的情形，而将后者作为不受经济困难条

---

[1] 参见《人力资源社会保障部对十三届全国人大一次会议第8048号建议的答复》。

件的限制的情况之一，两者之间究竟有何异同？总结各地法律援助条例，可以发现对上述两种情况的规定方式主要分为三种：一是，将两者都作为"不受经济困难条件的限制"的情形。例如 2010 年《广西壮族自治区法律援助条例》第 9 条规定："申请法律援助有下列情形之一的，可以不受经济困难条件的限制：（1）公民主张因见义勇为行为产生的民事权益的；（2）农村进城务工人员通过诉讼请求支付劳动报酬或者工伤事故人身损害赔偿的。"二是，将两者都作为"免予核查经济困难状况"的情形。例如 2017 年修订的《杭州市法律援助条例》第 13 条规定："申请人有下列情形之一的，免予审查经济状况：……（3）见义勇为人员及其近亲属因见义勇为行为权益受损需要维权的；（4）农村进城务工人员请求支付劳动报酬、工伤赔偿以及解决劳动保障、社会保障、劳动合同纠纷等事项的；……"三是，将两者分开规定。例如 2016 年修订的《广东省法律援助条例》第 21 条规定："申请人符合下列条件之一的，无须提交经济困难申报材料，但是应当提供相关证件或者证明材料：……（十）追索劳动报酬、工伤待遇的；……（十二）其他根据国家和地方人民政府的有关规定应当视为经济困难的。"第 23 条则规定："主张因见义勇为行为产生的民事权益申请法律援助的，申请人无须提交经济困难申报材料，但是应当提交被县级人民政府或者不设区的地级市人民政府见义勇为评定委员会认定为见义勇为的证明材料。"

可以看到，实践中对两种情况的规定都比较混乱，但可以明确的是对于"农民工请求支付劳动报酬"的情形，一般可以推定申请人符合法律援助经济困难标准。而对于"主张见义勇为行为产生的民事权益"的申请人，只是要求提供见义勇为的证明材料，对于是否符合经济困难标准并没有严格要求。据此，对于《法律援助法》第 32 条和第 42 条之间的关系的理解，我们认为，前者所提到的"不受经济困难条件的限制"，明确指出符合五种情形（如见义勇为）的当事人不再需要满足经济困难标准这个基本要件，属于法律援助经济条件适格性的例外规定。而第 42 条规定的"免予核查经济困难状况"的四类弱势群体，可以理解为法律直接推定符合经济困难标准，只要求提供特殊证件或者特定身份证明即可，简化了法律援助经济困难状况核查程序。对此，有实务人员认为进城务工人员具有相对固定的生活来源，工资水平在当地属于中低收入，不宜直接推定符合经济困难标准，将其列入第 32 条的事项范畴更为合理。上述观点值得进一步探讨。而对于"免予核查经济困难状况"的申请人，虽然立法上明确无须核查经济困难状况，但并不代表法律援助机构不再对其进行核查，而是要对申请人提交的相关证明材料核对属实，确保法律援助资源得到妥善利用。

第四十三条 【审查决定是否援助】

法律援助机构应当自收到法律援助申请之日起七日内进行审查，作出是否给予法律援助的决定。决定给予法律援助的，应当自作出决定之日起三日内指派法律援助人员为受援人提供法律援助；决定不给予法律援助的，应当书面告知申请人，并说明理由。

申请人提交的申请材料不齐全的，法律援助机构应当一次性告知申请人需要补充的材料或者要求申请人作出说明。申请人未按要求补充材料或者作出说明的，视为撤回申请。

【条文要旨】

本条是关于法律援助机构审查决定是否援助的程序性规定。根据本法第38条、第41条、第42条及本条规定，法律援助机构的服务流程主要包括"受理""核查""决定"三个环节。一是受理环节。对于法律援助申请，法律援助机构应当根据法律法规关于援助范围的规定以及本法第38条关于服务职能分工的规定，决定是否受理。对于不属于法定援助范围的，应当做好解释疏导工作；对于不属于自己服务范围的，法律援助机构应当告知申请人向合适的法律援助机构提出申请。对于属于自己服务范围的申请，法律援助机构应当就申请材料进行形式要件审查：对于属于本法第32条规定的，应当径行决定援助；对于符合第44条规定的，可以决定先行援助；对于其他申请，应当审查其申请材料是否齐全。申请材料不齐全的，应当一次性告知需要补充哪些材料或要求申请人作出说明，同时告知未按时补充材料或作出说明的程序性后果。二是核查环节。受理申请后，法律援助机构应当根据本法第41条、第42条规定进行核查：依法免予核查经济困难状况的，应当径行决定援助；需要进行核查的，应当采取适宜的方式及时进行核查。三是决定环节。经核查，符合法律援助条件的，法律援助机构应当及时指派法律援助人员提供服务；决定不予援助的，应当书面告知申请人并说明理由。

根据本法第49条规定，对于法律援助机构决定不予援助的，申请人有权提出异议；根据第55条规定，申请人认为法律援助机构及其工作人员未依法履行职责的，可以向司法行政部门投诉。

【立法背景】

与2003年《法律援助条例》相比，《法律援助法》关于法律援助审查与决定的规定在总体流程上保持一致，但就以下几个方面作出修改。一是，《法律援助法》明确规定了具体的审查期限，以提高法律援助工作效率，确保受援人能及早获得有效的法律援助服务来维护自身合法权益。虽然《法律援助条例》规定法律援助机构在受理申请人申请后应当及时审查并作出是否给予法律援助的决定，但没有规定具体的审查期限。为弥补该方面规定的不足，司法部《办理法律援助案件程序规定》第 13 条第 1 款规定："法律援助机构应当自受理申请之日起 7 个工作日内进行审查，并作出是否给予法律援助的决定；属于本规定第十四条规定情形的，可以适当延长审查期限。"《法律援助法》明显吸收此条款的内容，在立法上对审查期限予以了明确。二是，明确要求对于申请人提交的材料不齐全的，法律援助机构应当一次性告知需要补充的材料，以贯彻"最多跑一次"的改革要求，减轻人民群众的负担。《法律援助条例》仅规定"可以要求申请人作出必要的补充或者说明"，并未落实一次性告知制度。三是，《法律援助法》将法律援助机构的核查职责转移到第 41 条第 2 款，故删除旧有条例关于"法律援助机构向有关机关、单位查证"的规定。四是，《法律援助法》增设关于指派法律援助人员的规定，要求在作出决定之日起 3 日内指派法律援助人员。五是，《法律援助法》对旧有条例进行了文字性修改，以确保法律条文更加明晰、准确。例如，将"申请人未按要求作出补充或者说明的，视为撤销申请"修改为"申请人未按要求补充材料或者作出说明的，视为撤回申请"。

关于本法中审查决定是否援助的程序，《法律援助法（草案）》初稿第 38 条的表述是，"法律援助机构收到法律援助申请后，经审查，对于符合法律援助条件的，应当作出法律援助的决定，指派或者安排法律援助人员为受援人提供法律援助；对于不符合法律援助条件的，应当作出不予法律援助的决定，书面告知申请人，并说明理由。申请人提交的申请材料不齐全的，法律援助机构可以要求申请人作出补充或者说明。申请人未按照要求作出补充或者说明的，视为撤销申请"。《法律援助法（草案）》一审稿相比于初稿而言，主要是进行了文字性修改，将"指派或者安排"删减为"指派"，将"撤销申请"修改为"撤回申请"。在听取各界意见之后，《法律援助法（草案）》二审稿相比于一审稿而言修改了以下几处：一是，对于法律援助机构审查决定是否援助以及指派法律援助人员设定明确的期限；二是，在申请材料不齐全时，增设规定要求法律援助机构一次性告知要补充的材料；三是，对部分条文表述进行文字性修改，旨在让该条法律规定更加具体、明确。《法律援助法》与二审稿的表述一致。

一审稿	二审稿
第三十六条　法律援助机构收到法律援助申请后，经审查，对于符合法律援助条件的，应当作出法律援助的决定，**指派**法律援助人员为受援人提供法律援助；对于不符合法律援助条件的，应当作出不予法律援助的决定，书面告知申请人，并说明理由。 　　申请人提交的申请材料不齐全的，法律援助机构可以要求申请人作出补充或者说明。申请人未按要求作出补充或者说明的，视为**撤回申请**。	第四十一条　法律援助机构应当**自收到法律援助申请之日起七日内进行审查，作出是否给予法律援助的决定**。决定给予法律援助的，应当自**作出决定之日起三日内**指派法律援助人员为受援人提供法律援助；决定不给予法律援助的，应当书面告知申请人，并说明理由。 　　申请人提交的申请材料不齐全的，法律援助机构应当**一次性告知**申请人需要补充的材料或者要求申请人作出说明。申请人未按要求补充材料或者作出说明的，视为撤回申请。

关于本条规定，在立法过程中，有实务部门提出了两个方面的完善建议。

第一，建议赋予法律援助机构审查通知辩护（代理）权限。实践工作中，部分办案机关在通知辩护（代理）时，存在以下问题：一是通知法律援助机构指派律师为非法定法律援助的犯罪嫌疑人、被告人或被申请强制医疗人员提供辩护或代理；二是向法律援助机构发送通知辩护（代理）公函时，未完整移送相应的采取强制措施决定书、起诉意见书、起诉书、强制医疗申请书或者判决书等法律文书。为防止和纠正非法定援助对象通过通知辩护而直接获得法律援助，以及因通知辩护（代理）材料不齐全而影响案件的指派和办理，有必要赋予法律援助机构审查通知辩护（代理）的权限，并与第36条的内容相呼应。因此建议将第43条内容修改为："法律援助机构收到通知辩护（代理）或法律援助申请后，应当在三日内审查并作出是否给予法律援助的决定。对于符合法律援助条件的，应当作出法律援助的决定，指派法律援助人员为受援人提供法律援助；对于不符合法律援助条件的，应当作出不予法律援助的决定，书面告知通知机关或申请人，并说明理由。通知机关移送的法律文书或申请人提交的申请材料不齐全的，法律援助机构可以要求通知机关或申请人在五日内作出补充或者说明。通知机关或申请人逾期、未按要求作出补充或者说明的，视为撤回申请。"

第二，建议明确法律援助机构的审查责任，即法律援助机构对当事人的承诺或提供的证明材料承担形式审查责任还是实质审查责任。如果法律援助机构承担的是形式审查责任，当事人虚假陈述或者提供虚假证明材料导致法律援助资源浪费的，法律援助机构是否需要承担责任；如果是实质审查责任，法律援助机构对当事人提供的证明材料审查到什么程度及与其对应的责任承担方式，建议立法进一步明确。此外，建议明确法律援助机构不予援助的条件、程序，不予援助决定书的格式及内容。

【条文释义】

本条规定了法律援助机构的受理、审查和决定的程序，关系到法律援助工作的分工以及法律援助的质量效果。应当完善申请和受理审查工作制度，建立健全法律援助组织实施各环节业务规范，加强法律援助质量管理，推进法律援助标准化建设。《关于完善法律援助制度的意见》也明确规定，"加强法律援助质量管理。认真履行法律援助组织实施职责，规范接待、受理、审查、指派等行为，严格执行法律援助事项范围和经济困难标准，使符合条件的公民都能及时获得法律援助"。

一、受理环节："收到法律援助申请"

根据《法律援助法》第24~31条的规定，我国法律援助程序的启动主要包括两类：一是由办案机关对于符合法律援助条件的公民以通知法律援助机构由该机构指派律师的方式启动法律援助程序；二是由法律援助申请人向法律援助机构申请启动法律援助程序。本条主要规定的是后一类情形，由法律援助申请人通过申请启动法律援助机构受理、审查和决定程序。

而对于申请人申请法律援助所要满足的条件，需要结合其他法条加以理解。第一，申请法律援助的主体是与申请事项有直接利害关系的公民。根据《法律援助法》第三章"形式和范围"的规定，我国当前申请法律援助的主体必须是公民，公民以外的法人和团体、组织不能申请法律援助。根据本法第40条，申请主体为无民事行为能力人或者限制民事行为能力人的，则可以由其法定代理人代为提出申请。被羁押的犯罪嫌疑人、被告人、服刑人员、强制隔离戒毒人员，可以由其法定代理人或者近亲属代为提出法律援助申请。第二，申请法律援助的前提是因经济困难或其他原因没有委托诉讼代理人或辩护人。例如，《法律援助法》第24条规定，"刑事案件的犯罪嫌疑人、被告人因经济困难或者其他原因没有委托辩护人的，本人及其近亲属可以向法律援助机构申请法律援助"。第三，申请法律援助的方式一般采取书面形式，确有困难的可以口头申请。第四，申请法律援助必须向有管辖权的法律援助机构提出申请。根据《法律援助法》第38条的规定，"对诉讼事项的法律援助，由申请人向办案机关所在地的法律援助机构提出申请；对非诉讼事项的法律援助，由申请人向争议处理机关所在地或者事由发生地的法律援助机构提出申请"。在收到申请人提交的材料之后，法律援助机构需要在规定时间内，对申请人申请法律援助事项、经济状况以及相关材料进行审查，以决定是否给予申请人法律援助。

二、审查环节：形式要件与实质要件

法律援助机构的审查环节内容主要分为"审查主体""审查内容""审查方式"和"审查期限"四部分。

一是审查主体统一为法律援助机构，其他任何机构和组织都无权进行法律援助审查。即法律援助申请的审查主体是各级司法行政机关设立的法律援助机构。

二是审查内容分为形式要件和实质要件。在审查申请人申请法律援助是否符合形式要件时，法律援助机构主要审查当事人申请书及委托书和身份证明是否有误，申请事项是否属于法律援助机构受理和管理，申请材料是否齐全等。在满足上述形式要件后，法律援助机构才会进入下一环节的审查，否则应当及时告知申请人向有权的行政机关、部门或者其他法律援助机构另行提出申请。对于申请人提交的证件、证明材料不齐全的，法律援助机构应当一次性告知申请人需要补充的材料或者要求申请人作出说明，未补正或作出说明的视为撤回申请。

实行一次性告知制度是贯彻落实"最多跑一次"改革的重要举措。两办印发的《关于深入推进审批服务便民化的指导意见》，将浙江省"最多跑一次"经验做法作为典型经验之一向全国全面推广，深入推进"互联网+政务服务"，使更多事项在网上办理，必须到现场办的也要力争做到"只进一扇门""最多跑一次"。[1]其中，落实一次性告知制度旨在强化法律援助机构内部管理，提高法律服务工作效率和质量，切实改进机构内部工作作风，杜绝推诿扯皮现象，为广大人民群众提供更为便捷、高效的法律援助服务，也是加快审批型政府向服务型政府转变的抓手，是打造服务型政府的突破口。

在符合形式要件以外，法律援助机构也要依法严格审查获得法律援助的实质要件，主要包括申请人是否符合经济困难标准和申请事项是否符合法律援助事项范围，以作出是否援助的决定。对于申请人因经济困难申请法律援助的，法律援助机构需要依据本法第41条的规定核查申请人的经济状况。但以下几种情形法律援助机构无需核查被援助人的经济状况：（1）公安机关、检察机关、审判机关通知援助的案件，法律援助机构无需核查被援助人的经济状况，因为通知援助的前提是办案机关认为被援助人符合通知援助的条件，具体条文参见《法律援助法》第14条、第25条、第28条。（2）《法律援助法》第32条规定的五种情形，当事人申请法律援助不受经济困难条件的限制，自然也就不用核查经济困难状况。（3）《法律援助法》第42条规定的四类特定弱势群体，在法律上推定为经济困难人员，无需重复进行核查工作。（4）符合法律法规等规定的其他情形。此外，根据《法律援助法》第44条规定，对于一些特殊情形，经审查存在紧急提供法律援助的需求，法律援助机构可以先行对其提供法律援助，以维护受援人的合法利益，事后再对其是否符合法律援助的条件进行审查。

三是审查方式实行的是以形式审查为主，实质审查为辅的模式。有实务部门提

---

[1] 参见范柏乃、陈亦宝："推动'最多跑一次'改革不断前行"，载国务院官网，http://www.gov.cn/zhengce/2018-04/20/content_5284540.htm，最后访问时间：2021年8月11日。

出法律援助机构对当事人的承诺或提供的证明材料承担形式审查责任还是实质审查责任的问题。我们认为，若申请人如实说明经济困难状况，主动提供收入证明等相关材料，则法律援助机构对申请人法律援助的申请一般采取形式审查方式，即法律援助机构对申请人提供所有必须的书面材料进行形式审查。只要该材料形式上符合相关规定的要求即可决定给予其法律援助，但当申请人出现未提交相关材料、提交的材料不真实或者真伪不明以及申报内容与实际状况明显不符等情况，法律援助机构应当对其进行实质审查，如前往有关单位调取档案资料进行实质核查，以确保申请人是真正需要法律援助之人。

四是审查期限为收到法律援助申请之日起 7 日内。审查期限的规定主要参考《办理法律援助案件程序规定》第 13 条的内容。实践中，2007 年发布的《河北省法律援助条例》第 18 条对此已有所规定，"法律援助机构收到法律援助申请后，应当在七个工作日内进行审查。经审查认为申请人提交的证件、证明材料不齐全的，应当一次性告知申请人补交，申请人未按要求补交的，视为撤销申请。申请人提交的证件、证明材料需要查证的，应当向有关机关、单位或者个人查证，有关机关、单位或者个人应当予以协助，如实提供有关情况和材料。对符合法律援助条件的，法律援助机构应当及时决定提供法律援助；对不符合法律援助条件的，应当以书面形式告知申请人理由"。此外，根据《全国刑事法律援助服务规范》第 8.3.2 条规定，"经审查，法律援助机构认为申请人提交的申请材料不齐全或者相关情况存在疑问时，应向申请人说明情况，并要求其补充材料或予以解释。申请人补充材料、予以解释说明所需时间不计入审查期限。申请人如期未按要求补充材料或者作出说明的，期限届满后视为撤回申请"。对于本条第 2 款规定的补充材料或说明所需的期间，我们认为也应当理解为不计入 7 日内的审查期限，以便于满足法律援助条件的申请人尽可能通过审查程序，以获得有效的法律援助服务。

三、决定环节："三日内指派法律援助人员"

法律援助申请经法律援助机构审查以后，产生两种结果：对于符合援助条件的，法律援助机构应当作出提供法律援助的决定，并在作出决定之日起 3 日内指派法律援助人员提供服务；对于不符合援助条件的，作出不予法律援助决定，并且应当书面告知申请人理由。对于指派期限，该条主要是参考《法律援助法》第 36 条关于刑事法律援助的指派期限，从而确保通知援助和申请援助的受援人能够享有平等及时的法律援助服务，符合法律面前人人平等原则。

此外，根据本条的规定，在申请人提交的申请材料齐全时，法律援助机构经审查认定其不属于法律援助范围，决定不给予法律援助的，需要明确告知申请人具体的拒绝理由。之所以强调此点，主要是考虑到在实践中实务部门一直不重视拒绝援助说明理由的正当性和必要性，法律援助机构往往直接作出结论式的不予法律援助决定书，没有针对性地、笼统概括地说明理由，甚至是"无理"决定。

在此，必须明确作出不予援助决定时详细说明理由的合理性。一方面，从申请人的角度来看，法律援助服务是公民享有的基本公共服务之一，获得法律援助的权利是公民的一项基本权利。法律援助机构在限制甚至剥夺公民的受援权时，必须符合合法性和合理性的基本要求。对此，法律援助机构在不予援助决定书中进行"说理"，可以充分诠释其在审查申请时所做的事实认定和法律适用过程，使得申请人能够在心理层面参与行政决策的产生和作出，便于申请人认同和理解法律援助机构作出的决定结论，进而在行动层面一次性解决纠纷，避免申请人另行寻求上访等救济途径。[1]另一方面，对于法律援助机构本身来说，在作出不予提供法律援助决定时，由于无法采用任何量化标准来进行测度，可能产生滥用审查权的问题。因此，必须将行使决定权的过程和结果公开化，通过详细说明理由这一程序来有效监控法律援助供给制度是否合理运行。同时，根据本法第61条的规定，法律援助机构及其工作人员作出不当的拒绝援助的决定，会受到相应的行政处分。此时详细说理制度不失为法律援助机构及其工作人员自我保护的重要措施，即通过说明作出决定时的具体理由，向司法行政部门和申请人展示自己作出决定的正当性"说理"，方便后续主管部门审查。在决定环节中作出说明判断理由的规定，也可以锻炼和培养法律援助工作人员的逻辑思维和理性分析的能力，从而提高其核查业务素质。[2]

对于法律援助机构如何详细说明理由，可以借鉴我国刑事诉讼判决书的说理制度。刑事判决书首先是"主文"，即判决结果，然后是"事实"，再然后是"理由"，即陈述法院所认定的案件事实和作出判决结果的理由，包括应适用的法律。相应地，法律援助机构在进行详细说理时，首先要阐明根据申请人提交的申请材料所认定的事由情况，分析论证申请是否符合法律援助事项范围，若不符合则可以直接作出不予法律援助的决定；若符合则进入本法第41条规定的经济困难状况核查程序（免予经济困难状况核查的情形除外），需要明确列明判断经济困难状况所依据的具体证据和法律条文，最后必须告知申请人对本决定有异议的，可以依据本法第49条的规定采取救济措施。

---

〔1〕 参见万毅、林喜芬："从'无理'的判决到判决书'说理'——判决书说理制度的正当性分析"，载《法学论坛》2004年第5期。

〔2〕 参见龙宗智：《刑事庭审制度研究》，中国政法大学出版社2001年版，第424页。

第四十四条【先行援助】

法律援助机构收到法律援助申请后，发现有下列情形之一的，可以决定先行提供法律援助：

（一）距法定时效或者期限届满不足七日，需要及时提起诉讼或者申请仲裁、行政复议；

（二）需要立即申请财产保全、证据保全或者先予执行；

（三）法律、法规、规章规定的其他情形。

法律援助机构先行提供法律援助的，受援人应当及时补办有关手续，补充有关材料。

【条文要旨】

本条是关于先行提供法律援助的规定。根据本条规定，为有效保障法定紧急情形下当事人的合法权益，法律援助机构可以决定先行提供法律援助。该条规定主要包括两方面的内容：一是，先行提供法律援助的法定情形；二是，先行提供法律援助的程序性要求，即先行提供服务、后补办手续，以确保在紧急情形下申请人能够迅速获得法律援助服务。

【立法背景】

以人为本、服务为民是法律援助工作的宗旨。以人为本原则要求把维护人民群众合法权益作为出发点和落脚点，积极回应民生诉求，完善便民利民措施，推进公共法律服务体系建设，加强民生领域法律服务，努力为困难群众提供及时、便利、优质的法律援助服务，将涉及困难群体的矛盾纠纷纳入法治化轨道解决，有效化解社会矛盾，维护社会和谐稳定。而服务为民原则要求法律援助机构及时、有效地为受援人提供法律援助，强调法律援助的及时性，确保公民能够便捷及时地获得法律援助服务。2015年两办《关于完善法律援助制度的意见》也明确规定法律援助的工作方式，要求"完善法律援助便民服务机制。建立健全便民利民措施，加强长效机制建设，简化程序、手续，丰富服务内容。加强便民窗口规范化服务，优化服务环境、改进服务态度，推行服务承诺制、首问负责制、限时办结制、援务公开制，规范履行服务指引、法律咨询、申请受理、查询答疑等职责"。

本条关于先行提供法律援助的规定正是贯彻落实以人为本、服务为民的工作宗旨，相比于2003年《法律援助条例》属于增设条款。对符合受援条件的受援人，当案件法定诉讼时效期间即将届满，需要立即提起诉讼的，如果按照正常程序进行审查受理，有可能导致因超过诉讼时效而使其合法权益丧失法律的保护。为有效应对和解决紧急情况下当事人权益保障问题，规定在时效期限即将届满等紧急、特殊情况下，法律援助机构可以决定先行提供援助后续补充审查，保证了公民在紧急状况下能够迅速获得法律援助。

2012年司法部《办理法律援助案件程序规定》已经对先行提供法律援助机制作出规定，其第18条指出，"申请事项符合《法律援助条例》第十条、第十一条规定，且具有下列情形之一的，法律援助机构可以决定先行提供法律援助：（一）距法定时效届满不足7日，需要及时提起诉讼或者申请仲裁、行政复议的；（二）需要立即申请财产保全、证据保全或者先予执行的；（三）其他紧急或者特殊情况。先行提供法律援助的，受援人应当在法律援助机构确定的期限内补交规定的申请材料。法律援助机构经审查认为受援人不符合经济困难标准的，应当终止法律援助，并按照本规定第三十三条第二款的规定办理"。2015年两办《关于完善法律援助制度的意见》也要求"对情况紧急的案件可以先行受理，事后补办材料、手续"。2019年司法部《全国刑事法律援助服务规范》进一步细化先行提供法律援助机制，其第8.3.4条规定："经审查，法律援助机构认为符合法律援助的基本条件且具有下列情形之一的，可决定先行提供法律援助，同时送交权利义务风险一次性告知书并要求受援人在规定的期限内补交申请材料。a）距诉讼时效或法定期限届满不足7日的；b）需要立即申请财产保全、证据保全或者先予执行的；c）存在其他紧急情况或者特殊情形，需要立即提供法律援助的。"此次《法律援助法》在立法过程中，吸收了上述规范中在紧急情况下为申请人先行提供法律援助服务的做法。

关于先行提供法律援助的规定，《法律援助法（草案）》初稿第37条的表述是，"法律援助机构收到法律援助申请后，发现有下列情形之一的，可以决定先行提供法律援助：（一）距法定时效届满不足七日，需要及时提起诉讼或者申请仲裁、行政复议的；（二）需要立即申请财产保全、证据保全或者先予执行的；（三）法律法规规定的其他紧急情形"。在听取各界意见之后，《法律援助法（草案）》一审稿在初稿的基础上，增加规定，先行提供法律援助的，受援人需要后续及时补办手续、补充材料。《法律援助法（草案）》二审稿相比于一审稿而言主要修改以下几处：一是，将第1款第3项中的"法律法规规定的其他紧急情形"修改为"法律、法规、规章规定的其他情形"，赋予国务院部门、直属机构及地方政府根据实际工作需要另设其他情形的权力。二是，将第1款第1项中的"法定时效"修改为"法定时效或者期限"，表达更为规范准确。三是，第2款增设主语"法律援助机构"，明确提供主体。2021年8月最终通过的《法律援助法》与二审稿的表述保持一致。

一审稿	二审稿
第三十五条　法律援助机构收到法律援助申请后，发现有下列情形之一的，可以决定先行提供法律援助： （一）距法定时效届满不足七日，需要及时提起诉讼或者申请仲裁、行政复议的； （二）需要立即申请财产保全、证据保全或者先予执行的； （三）法律法规规定的其他紧急情形。 **先行提供法律援助的，受援人应当及时补办有关手续，补充有关材料。**	第四十二条　法律援助机构收到法律援助申请后，发现有下列情形之一的，可以决定先行提供法律援助： （一）距**法定时效或者期限**届满不足七日，需要及时提起诉讼或者申请仲裁、行政复议； （二）需要立即申请财产保全、证据保全或者先予执行； （三）法律、法规、**规章**规定的其他情形。 **法律援助机构**先行提供法律援助的，受援人应当及时补办有关手续，补充有关材料。

关于本条规定，在立法过程中，有实务部门提出了两方面的完善建议。

一是，建议删除本条第1款第1项中的"或者期限"。理由是：其一，此条文系法律援助机构决定先行提供法律援助的紧急情形，诉讼期限不同于诉讼时效，案件当事人已启动前期的法律程序，不会对当事人实体的诉讼权益产生影响；其二，规定诉讼期限纳入先行提供法律援助的情形，将使法律援助申请中的经济困难审查形同虚设，申请人怠于提起诉讼即可获得先行提供法律援助的"特别待遇"，法律不应特别保护躺在权利上睡觉的人。

二是，建议删除本条第1款第1项中的"行政复议"。理由是："行政复议"只是可提供"非诉讼代理"的事项类型之一，此外还包括申请非诉讼执行、国家赔偿、申请司法救助等，此处单列行政复议的表述不周延。

【条文释义】

本条规定了法律援助机构先行提供法律援助的情形和程序。其中，先行提供法律援助的情形分为三类：时效或期限即将届满；需要即时保全或先予执行；其他法律法规规章规定的情形。先行提供法律援助的程序主要分为"初步审查"和"补充审查"，在初步审查环节，由申请人提供符合上述三种紧急情形的相关线索材料，经过审查后由法律援助机构裁量决定是否先行提供法律援助；决定先行提供法律援助的，在补充审查阶段，由受援人补办有关手续，补充有关材料。

一、先行提供法律援助的三种情形

通过法律援助审查程序来决定法律援助有限资源的分配，是法律援助制度的必要程序。由法律援助机构对申请人申请法律援助的事项、申请人的经济状况进行审查，可以筛选出真正需要法律援助的困难群众，以避免和限制无价值的援助或法律援助权的滥用。但也存在特殊情形，如申请人处于紧急、特殊情况下，法律援助机构可以决定先行提供援助、后续补充审查，保证了公民在紧急状况下能够迅速获得法律援助。

对于申请人处于紧急情形，本条第 1 款主要明确规定了三种情形。

一是，"距法定时效或者期限届满不足七日，需要及时提起诉讼或者申请仲裁、行政复议"。对于该项内容的理解，我们认为应当从以下几点来解读。

第一，法律援助事项范围不仅包括诉讼事项，也包括非诉讼事项，如仲裁、行政复议活动。例如，2020 年人力资源社会保障部、司法部、财政部《关于进一步加强劳动人事争议调解仲裁法律援助工作的意见》规定，"扩大调解仲裁法律援助范围。在法律援助对象上，司法行政机关要综合考虑当地法律援助资源供给状况、困难群众法律援助需求等因素，推动法律援助逐步覆盖低收入劳动者，重点做好农民工、工伤职工和孕期、产期、哺乳期（以下简称'三期'）女职工的调解仲裁法律援助工作。在法律援助事项上，司法行政机关要在《法律援助条例》规定的请求支付劳动报酬、给予社会保险待遇等事项基础上，推动有条件的地方将经济补偿、赔偿金等涉及劳动保障事项纳入法律援助补充事项范围"。而 2020 年 11 月，司法部《行政复议法（修订）（征求意见稿）》第 18 条规定，"对经济困难需要行政复议法律服务的公民，当地法律援助机构应当依法为其提供法律援助"，也尝试建立为经济困难的公民提供行政复议法律援助的制度，提升行政复议申请人的复议能力，减轻申请人的复议负担，帮助申请人更便捷、更有效地维护其合法权益。对此，《法律援助法（草案）》初稿和一审稿仅用"法定时效"一词来覆盖诉讼和非诉讼活动的期限，显然是不周延的。例如，2017 年修订的《行政复议法》第 9 条规定，"公民、法人或者其他组织认为具体行政行为侵犯其合法权益的，可以自知道该具体行政行为之日起六十日内提出行政复议申请；但是法律规定的申请期限超过六十日的除外"。此处用的是"期限"一词而非"时效"，所以有必要再额外增加"期限"的表述规定，确保法律条文的表述准确。

第二，对于实务部门认为规定诉讼期限纳入先行提供法律援助的情形，可能会导致经济困难标准失效，法律不应保护躺在权利上睡觉的人的说法，需要进一步回应和阐明。需要明确的是，先行提供法律援助是一般审查程序的一种特殊形式，其首先要符合法律援助的一般条件，所不同的是由于申请人所处情况紧急，需要法律援助机构尽早采取行动，而暂时回避了一般审查程序。先行提供法律援助仅意味着法律援助的决定和行为在先，最终都要归于一般审查程序，包括法律援助机构在提供紧急援助之后，要求申请人尽快补充法律援助机构所需要的能够证明该申请人符合法律援助条件的全部材料。[1]此外,结合《法律援助法》第48条、第64条的规定,如果申请人事后不能提供相关材料,或者故意欺骗获取法律援助,可以及时终止其法律援助,以及责令受援人支付已实施法律援助的费用,并处一定罚款。从受援人的角度来考虑,一般情况下其不会故意拖延、怠于提起诉讼,导致损害自身合法权益的后果。

第三,对于"距法定时效或者期限届满不足七日"的时间要求,主要是考虑到《法律援助法》第43条规定的"七日"审查期限。在申请人提交法律援助申请时,法定时效或者期限即将届满,按照正常程序进行受理审查,有可能导致因超过诉讼时效而使其合法权益丧失法律的保护,此时由于情况紧急需要先行提供法律援助。

二是,"需要立即申请财产保全、证据保全或者先予执行"。本条第1款第1项内容主要是规定截止时间较为紧急的情形,而第2项则是从维护当事人正常进行诉讼活动的角度出发,需要由申请人向人民法院提出申请,对财产、证据等特定事项予以保存和保护,以保障诉讼程序正常推进。按照发生在诉前还是诉中的不同,财产保全分为诉前财产保全和诉讼财产保全两类。《民事诉讼法》第100条规定,"人民法院对于可能因当事人一方的行为或者其他原因,使判决难以执行或者造成当事人其他损害的案件,根据对方当事人的申请,可以裁定对其财产进行保全、责令其作出一定行为或者禁止其作出一定行为;当事人没有提出申请的,人民法院在必要时也可以裁定采取保全措施。人民法院采取保全措施,可以责令申请人提供担保,申请人不提供担保的,裁定驳回申请。人民法院接受申请后,对情况紧急的,必须在四十八小时内作出裁定;裁定采取保全措施的,应当立即开始执行"。

证据保全也有类似的分类,《民事诉讼法》第81条规定:"在证据可能灭失或者以后难以取得的情况下,当事人可以在诉讼过程中向人民法院申请保全证据,人民法院也可以主动采取保全措施。因情况紧急,在证据可能灭失或者以后难以取得的情况下,利害关系人可以在提起诉讼或者申请仲裁前向证据所在地、被申请人住所地或者对案件有管辖权的人民法院申请保全证据。证据保全的其他程序,参照适用本法第九章保全的有关规定。"

而先予执行主要是确保申请人在诉讼期间能够维持正常生活与生产,人民法院根据申请人的申请,在诉讼期间责令一方当事人预先给付另一方当事人一定数额的金钱或其他财物。先予执行通常适用于追索赡养费、扶养费、抚育费、抚恤金、医疗费用的,追索劳动报酬的以及因情况紧急需要先予执行的。[2]《民事诉讼法》第106条规定,"人民法院对下列案件,根据当事人的申请,可以裁定先予执行:(一)追索赡养费、扶养费、抚育费、抚恤金、医疗费用的;(二)追索劳动报酬

---

[1] 高贞:"法律援助审查中的若干问题探讨",载《中国司法》2008年第2期。

[2] 参见宋朝武主编:《民事诉讼法学》,中国政法大学出版社2015年,第249~255页。

的；（三）因情况紧急需要先予执行的。"此外，《刑事诉讼法》第102条也对诉讼保全有所规定，"人民法院在必要的时候，可以采取保全措施，查封、扣押或者冻结被告人的财产。附带民事诉讼原告人或者人民检察院可以申请人民法院采取保全措施。人民法院采取保全措施，适用民事诉讼法的有关规定"。经济困难的法律援助申请人，在需要立即向法院提出上述申请时，由于缺乏必要的法律知识和实践操作能力，此时需要有经验的法律援助人员提供法律帮助，如代拟申请书、依法提供担保以及解答申请人疑问等，如此才能维护受援人合法权益、确保法律正确实施、促进社会公平正义。

三是，"法律、法规、规章规定的其他情形"。该项内容是兜底条款，在实践中难以精准把握。从《法律援助法（草案）》初稿、一审稿和二审稿的对比来看，二审稿删去"紧急"一词，那是否案件不再局限于申请人情况紧急的情形？我们认为，紧急性依旧还是判断是否先行提供法律援助的重要依据。法律援助制度是维护社会稳定的重要法治手段。经济困难的弱势群体是在社会利益分配中处于较弱地位，需要社会给予特殊关爱和及时援助的人群，在急需法律援助的紧急状态下，能否迅速得到便捷、及时、有效的法律援助，是对法律援助制度健全程度的考验。为了避免正义的迟到，对不及时提供法律援助会造成不良社会影响或者激化矛盾，或者使申请人面临重大人身或者财产损害危险等紧急或者特殊情形，法律援助机构可以考虑先行提供法律援助。[1]例如，《关于进一步加强劳动人事争议调解仲裁法律援助工作的意见》规定："对情况紧急的集体劳动争议案件，可以先行提供法律援助，事后补交申请材料、补办相关手续。"这种情况主要针对农民工提交的受理材料严重缺乏与维权紧迫的矛盾情形，需要法律援助机构实施"容缺受理"，让援助律师提前介入案件，帮助农民工补齐相关材料，允许后续补办相关审批手续，也促使案件在第一时间内进入维权程序，得以进入依法解决的法律轨道，维护社会的和谐稳定。

二、先行提供法律援助的两阶段程序

先行提供法律援助的程序主要分为"初步审查"和"补充审查"，在初步审查环节，由申请人提供符合上述三种紧急情形的相关线索材料，经过审查后由法律援助机构裁量决定是否先行提供法律援助；决定先行提供法律援助的，在补充审查阶段，由受援人补办有关手续，补充有关材料，再由法律援助机构进行正式核查，决定是否终止法律援助服务或责令受援人赔付支出费用。具体流程如下。

第一，在初步审查环节中，由申请人向法律援助机构提出申请，法律援助机构根据申请人提供的初步线索材料进行形式审查，在符合先行提供法律援助的三种情

---

[1] 参见邱中慧："完善法律援助体制之思考"，载《贵州社会科学》2008年第6期。

形下，则可以裁量决定先行提供法律援助。与《法律援助法》第43条规定的一般审查程序相比，初步审查程序在审查主体上与其保持一致，但在审查内容、审查方式以及审查期限方面两者存在差异。

一是，在审查内容方面，与一般审查程序需要判断是否符合形式要件和实质要件不同，此时法律援助机构仅是形式审查申请人是否存在紧急或特殊情况，是否需要先行提供法律援助服务，以确保及时维护申请人的合法权益。二是，在审查方式方面，初步审查环节采取形式审查，对申请人提供的书面材料或者口头说明进行简要审查。若申请人提交的反映紧急情况的材料存在真伪不明的情况，法律援助机构也无需进行实质审查，而是根据案情紧迫程度、可能造成的社会影响大小、申请人日常信用情况等因素以裁量决定是否提供法律援助。三是，在审查期限方面，初步审查环节显然无法采用一般审查程序中"七日"内作出决定的做法，而是应当开辟法律援助绿色通道，加快审查进度，有条件的当日受理、当日提供。先行提供法律援助机制作为传统法律援助供给模式的创新和补充，应当重点体现法律援助便民高效原则，同时基于对申请人的高度信任，需要申请人的积极配合，如实及时地向法律援助机构说明自身所处的紧急情况，以确保有限的法律援助资源能够发挥最大的法律帮助作用，让困难群众在司法活动中感受到公平正义。

第二，在决定先行提供法律援助的同时，法律援助机构应当送交权利义务风险一次性告知书并要求受援人在规定的期限内补交申请材料，从而进入补充审查环节。根据司法部《全国民事行政法律援助服务规范》第7.3.1.3条的规定，"法律援助机构决定先行提供法律援助的，应向受援人送交权利义务风险一次性告知书，要求受援人在规定期限内补交申请材料"。权利义务风险一次性告知书需要明确记载申请法律援助所需材料，法律援助机构审查程序，拒绝援助时申请人的救济措施以及法律援助人员和受援人的权利义务等内容。补充审查环节基本上与《法律援助法》第43条的一般审查程序一致，但审查后所做的决定存在差异。

一般审查程序之后，法律援助机构需作出是否提供法律援助的决定，而补充审查程序之后，法律援助机构要根据材料是否符合法律援助要求、后来情况变化以及法律援助进程，来决定是否终止法律援助。若法律援助机构认为受援人不符合法律援助条件的，应当终止法律援助，但法律援助服务已经完成的，根据《法律援助法》第64条的规定，责令受援人支付已实施的相关费用，对采取欺骗或不正当手段的则要予以罚款。例如，《南京市法律援助条例》第29条第2款规定："先行提供法律援助的，受援人应当在法律援助机构确定的期限内补交规定的申请材料。法律援助机构经审查认为受援人不符合经济困难标准的，应当终止法律援助，并由受援人支付已实施的相关费用。"但是，也存在一些特殊情形需要额外考量，如开庭审理正在进行中不便立即终止法律援助的。2016年12月，广东省人民政府发布的

《广东省法律援助经济困难标准规定（修订草案）》第14条第3款规定，"先行提供法律援助的受援人没有在规定的期限内补交证明其经济困难的相关证件、证明或者经济困难申报材料，或者法律援助机构审查认为受援人不符合法律援助经济困难标准的，应当终止法律援助。但正在进行或者2日内即将进行开庭审理的除外"。上述经验值得我们借鉴，也建议立法进一步明确终止法律援助的例外。

第四十五条【特定群体的法律援助】

法律援助机构为老年人、残疾人提供法律援助服务的，应当根据实际情况提供无障碍设施设备和服务。

法律法规对向特定群体提供法律援助有其他特别规定的，依照其规定。

【条文要旨】

本条是关于特定群体法律援助的规定。根据本条规定，法律援助机构为特定群体提供法律援助时，应当针对特定群体的特殊需求，提供必要的便民服务。其中，本条特别强调，为老年人、残疾人等群体提供法律援助服务时，应当以"便利受援人"为价值导向，提供"无障碍设施设备和服务"。

【立法背景】

随着社会的进步与法律援助事业的不断发展，创新法律援助服务供给模式，持续提高法律援助服务的规范性、及时性与便捷性，是新时期法律援助高质量内涵式发展的基本方向。基于"法律面前人人平等"的宪法原则，对于特定群体，应当针对其特殊需求，确保其能够平等地、无歧视地享有同等的法律援助机会。其中，如何为老年人、残疾人等特定群体提供更加有针对性、更加有效的法律援助服务，从受援人的角度提升法律援助服务的便民性，已经成为各国法律援助事业发展的基本课题。

近年来，一些国家开始倡导"旨在消除障碍的设施设备或服务"，以保障老年人、残疾人等特定群体能够享受到同等、便捷、可及化的法律援助服务。其中，在消除障碍的设施设备建设方面，美国律师协会未来法律服务委员会积极推进技术创新，扩大信息技术的使用，通过远程视频、法律援助问答网站等技术，保障残疾人在内的受援人能够及时获得法律援助。此外，针对人口持续老龄化问题，美国一些州（如纽约州、密歇根州等）开始尝试通过"线上法律援助互动平台"（Law Help Interactive）等新型法律援助提供方式，为居家老年人提供包括遗嘱、遗嘱认证、监护等在内的专属老年人的法律援助服务，大大提升了法律援助服务的可及性。在提供无障碍法律援助服务方面，澳大利亚首都直辖区法律援助组织选择在图书馆等公共场所定期举办相关活动，以方便与老年人群体的广泛接触。此外，该法律援助组织还通过"家庭图书馆服务"（Home Libraries Service）、广播节目等方式，为那些行动不便的老年人提供法律援助服务。[1] 在英格兰、威尔士及北爱尔兰地区，法律援助组织通过设置"居间人"制度，协助法律援助人员与残障人士实现无障碍交流与沟通。[2] 一些国家还通过专门立法的方式保障老年人、残疾人等特定群体能够获得及时、无障碍的法律援助服务。例如，基于人口结构老龄化、关爱残疾人士权益等因素考虑，日本于 2016 年 6 月 4 日颁布了《日本综合法律援助法》修正案。该修正案规定，对于有认知障碍的高龄者和残疾人，如果因为没有亲人在附近居住等原因无法自主寻求法律服务的，无论其经济状况如何，均可获得免费的法律咨询服务，以满足其特殊需求。

在我国，关切特定群体的特殊需求，通过"无差别对待""无障碍服务"提升其法律援助服务的可及性、获得感，不仅是法律援助服务高质量发展的应有之义，也是较为紧迫的现实需求。以我国老年人与残疾人群体为例。一方面，国际上通常把 60 岁及以上人口占总人口的比重达到 10%，或者 65 岁及以上人口占总人口的比重达到 7% 作为老龄化社会的标准。而我国第七次人口普查数据显示，现阶段我国 60 岁及以上人口为 26 402 万人，占人口总数的 18.7%；65 岁及以上人口为 19 064 万人，占人口总数的 13.5%，这表明我国已逐步迈向深度老龄化社会。另一方面，据《新中国残疾人权益保障 70 年》白皮书统计，当前我国共有 8500 万残疾人，占人口总数的 6.34%，是世界上残疾人口最多的国家。同时，有预测结果显示，我国人口的残疾现患率将在未来 40 多年中持续增长，至 2050 年我国人口的残疾现患率将达到 11.31%，全国残疾人总量将会达到 1.65 亿，将是目前的两倍。[3] 鉴于老年人、残疾人庞大的群体数量以及存在的客观情况（如行动不便、表达困难、理解力低等），本条特别强调，法律援助机构为老年人、残疾人等群体提供法律援助服务时，应当提供"无障碍设施设备和服务"。

值得注意的是，根据宪法平等原则，近年来，我国已经在为老年人、残疾人等具有特殊需求群体提供无障碍法律援助服务方面进行了广泛的探索与推进。2008年《残疾人保障法》明确提出，"国家和社会应当采取措施逐步完善无障碍设施，推进信息交流无障碍，为残疾人平等参与社会生活创造无障碍环境……公共服务机构和公共场所应当创造条件，为残疾人提供语音和文字提示、手语、盲文等信息交流服务，并提供优先服务和辅助性服务"，为无障碍法律援助服务提供了明确的法律依据。在此基础上，2012 年国务院公布《无障碍环境建设条例》，要求社会各个

---

[1] 参见"2019 年澳大利亚法律援助年度报告"，任美婷译，载《世界法律援助制度资料汇编（第一辑）》，第 194 页。

[2] 参见郭锐、倪震："残障人法律援助基本原则研究"，载《人权》2018 年第 2 期。

[3] 朱萍："8500 万：谁为这个'被遗忘的群体'风险兜底？"，载新浪网，https://finance.sina.com.cn/tech/2021-03-30/doc-ikknscsk4845457.shtml，最后访问时间：2021 年 8 月 26 日。

领域都应当"创造无障碍环境，保障残疾人等社会成员平等参与社会生活"。2016年《"十三五"加快残疾人小康进程规划纲要》《国家人权行动计划（2016—2020年）》等政策性文件则进一步指出，要帮助更多残疾人及时获得法律援助、法律服务和司法救助。为加快构建无障碍公共法律服务的便民机制，2017年司法部印发《关于"十三五"加强残疾人公共法律服务的意见》。该意见要求，到2020年，公共法律服务网络体系覆盖所有残疾人，为残疾人共享公共法律服务成果提供充分便利。同年，国务院印发《"十三五"国家老龄事业发展和养老体系建设规划》，要求"加强老年人法律服务和法律援助，针对老年群体特点开展适应老年人特殊需求的专项法律服务活动……重点做好农村和贫困、高龄、空巢、失能等特殊困难老年人群体的法律服务、法律援助和司法救助"。2018年，司法部《关于深入推进公共法律服务平台建设的指导意见》进一步提出，"整合各项服务平台，简化服务手续，完善服务功能，应用技术手段实现音频、视频、文字信息无障碍快速转换，适应不同受众服务需求"。此外，2019年两办《关于公共法律服务体系建设的意见》、2021年国务院《"十四五"残疾人保障和发展规划》、2021年《国家人权行动计划（2021—2025年）》等文件均体现了"推进公共法律服务场所无障碍环境建设"的基本要求。其中，值得特别提出的是，2021年9月发布的《国家人权行动计划（2021—2025年）》就全面推进无障碍环境建设作了细致规定，旨在提高老年人权益保障水平，促进残疾人的平等参与和社会融入，推进依法保障特定群体权益。

在上述政策性文件的引导下，全国法律援助机构在强化硬件设施建设，确保残障人无障碍设施全天畅通，方便高龄行动不便人群出行等无障碍建设方面也取得了可喜的成绩。例如，实践中，在为老年人提供无障碍法律援助服务方面业已形成了一些成熟机制，包括但不限于开通快速法律援助通道、建立老年人法律援助专项服务团队、开辟老年人法律援助专项服务项目等。[1]同时，在为残疾人提供无障碍法律援助服务方面，2018年司法部、中国残联联合下发《关于开展"法援惠民生·关爱残疾人"法律援助品牌建设工作的通知》，在全国范围内组织开展"法援惠民生·关爱残疾人"法律援助品牌建设，并提出如下具体建设目标，为我国残疾人无障碍法律援助服务的发展起到了积极示范与引领作用：以"防范、主动、全覆盖"为重点，以满足残疾人法律援助需求为导向，创新服务方式，提升服务水平，着力加强对残疾人的法律援助供给力度；有效防范和化解残疾人法律纠纷，全面提升残疾人法律援助服务能力，努力提高残疾人法律援助服务质量，使所有残疾人都能获得便捷、精准、优质的法律援助服务，提高残疾人对法律援助工作的满意度。

关于本条，秉持"以人民为中心"价值理念，《法律援助法（草案）》初稿与

---

〔1〕 参见王蓓、周秘："理论阐释与实践应用：老年人法律援助扩大机制研究"，载《四川大学学报（哲学社会科学版）》2020年第5期。

一审稿规定："法律法规对未成年人、妇女、老年人、残疾人、英雄烈士近亲属、家庭暴力受害人等申请法律援助有特别规定的，依照其规定。"（初稿第 26 条、一审稿第 24 条）。针对该条规定，有专家建议：一是，建议通过授权立法的方式，授权国务院、司法行政部门通过行政法规、部门规章的方式，就特殊群体的法律援助问题作出特殊规定；二是，建议将军人军属纳入特定群体范畴，针对其特殊需求予以特别保护。理由是：近年来，我国对于军人军属的保障日益重视，因此有必要将其纳入特殊人群，保障其获得法律援助的权利。具体条文建议如下："国务院司法行政部门应当通过行政法规、部门规章，就未成年人、妇女、老年人、残疾人、军人军属、英雄烈士近亲属、家庭暴力受害人等特殊群体申请法律援助作出特殊规定。"

　　在公开听取意见后，二审稿基于"便民服务"的要求，在法律咨询条款中，增加第 2 款规定："为残疾人、老年人提供法律援助服务的，应当根据实际情况采取无障碍等便捷的方式。"（二审稿第 22 条第 2 款）同时将一审稿相关规定修改为："为未成年人、妇女、老年人、残疾人等特殊群体提供法律援助的，法律援助机构应当考虑上述人员的特殊情况，指派适合的法律援助人员。法律法规对提供法律援助有特别规定的，依照其规定。"（二审稿第 31 条）

　　在提交第三次审议期间，立法机关将上述两处规定予以合并，将其作为程序性事项，后移至第四章"程序和实施"。

一审稿	二审稿	《法律援助法》
第二十四条　法律法规对未成年人、妇女、老年人、残疾人、军人军属、英雄烈士近亲属、家庭暴力受害人等申请法律援助有特别规定的，依照其规定。	**第二十二条（第 2 款）**为残疾人、老年人提供法律援助服务的，应当根据实际情况采取无障碍等便捷的方式。 **第三十一条**　为未成年人、妇女、老年人、残疾人等特殊群体提供法律援助的，法律援助机构应当考虑上述人员的特殊情况，指派适合的法律援助人员。 　　法律法规对提供法律援助有特别规定的，依照其规定。	**第四十五条**　法律援助机构为老年人、残疾人提供法律援助服务的，应当根据实际情况**提供无障碍设施设备和服务**。 　　法律法规**对向特定群体**提供法律援助**有其他**特别规定的，依照其规定。

【条文释义】

　　根据本条规定，关于特定群体的法律援助服务，应当实行实质平等原则：针对特定群体，应当优先遵循相关法律法规的特别规定。其中，立法特别强调，对于老年人、残疾人，应当依据实际情况提供"无障碍化服务"。

一、老年人、残疾人的无障碍化法律援助服务

作为国家基本公共服务制度体系的重要组成部分，我国法律援助制度致力于为有需求的人民群众提供均等、可及的法律援助服务。这一目标要求，全体公民都能公平可及地获得大致均等的法律援助服务，其核心在于促进机会均等，而不是简单的平均化。鉴于此，我们认为，应当对本条中"根据实际情况"作这样一种理解：法律援助机构并非可以根据自身的实际情况酌情为老年人、残疾人提供无障碍设施设备和服务，而是应当深入关切老年人、残疾人群体的实际情况、特殊需求，克服困难，切实为其提供"无障碍化"的法律援助服务。这不仅是本条的立法旨趣，也是实现法律援助服务均等化、可及性的题中之义。

（一）老年人的无障碍化法律援助服务

老龄化时代，作为基本公共服务组成部分，法律援助服务应当成为被重点对待的养老服务内容之一，这也是 2021 年《国家人权行动计划（2021—2025 年）》有关"提高老年人权益保障水平，实现老有所养、老有所依、老有所乐、老有所为"要求的应有之义。但这一时期，老年人行动不便、理解力相对降低、不善于使用现代技术手段等客观障碍集中凸显，一定程度上影响了这一群体在法律援助服务可及性方面的充分实现。鉴于此，为了保障老年人群体在法律援助服务方面的可获得性、可接近性与可接受性，本条明确规定，应当为老年人群体提供无障碍化法律援助服务。

从老年人所可能面临的实际情况与客观障碍出发，无障碍化法律援助服务是指能够为其提供量身定制的"适老化"法律援助服务，确保这一群体能够获得及时且有效的法律援助服务。例如，针对行动不便的老年人，一方面，法律援助机构可以设置绿色通道，尽可能地减少不必要的服务手续，确保法律援助服务的便捷性；另一方面，对于卧病在床、不便出行的老年人，还可以通过上门提供一对一、面对面法律援助服务的方式，最大程度地消除距离、环境等障碍。此外，2021 年《政府工作报告》指出，推进智能化服务要适应老年人需求，并做到不让智能技术给老年人日常生活造成障碍。因此，针对当下老龄化与数字化交汇所形成的"老年人数字鸿沟"问题，在保留必要的传统援助方式（如纸质方式）的同时，法律援助机构还可以结合 2020 年《关于切实解决老年人运用智能技术困难的实施方案》、2021年《国家人权行动计划（2021—2025 年）》"适老智慧服务"相关要求，探索提供触手可及、便于操作的法律援助设施设备，推动老年人群体能够享受到智能化法律援助服务，努力克服技术性障碍。同时，在为老年人群体提供法律服务过程中，应当尽量安排善解人意、善于沟通、了解老年人心理的法律援助人员或者辅助人员，使得老年受援人能够在此过程中感受到温馨、获得尊严感，消除可能存在的沟通

障碍。

（二）残疾人的无障碍化法律援助服务

《新中国残疾人权益保障 70 年》白皮书指出，尽管我国已经初步建立了残疾人基本公共服务体系，残疾人社会保障体系逐步健全，残疾人基本公共服务水平持续提升，残疾人事业迈上新台阶，但整体而言，残疾人事业发展仍然不平衡、不充分。残疾人生活状况与残疾人对美好生活的期待相比依然存在较大差距。鉴于此，本条从法律援助服务角度出发，以为残疾人群体提供"无障碍化法律援助服务"为基本要求，积极关心残疾人这一特殊困难群体，保障残疾人获得法律援助服务权利，注重残疾人在法律援助中的社会参与，推动残疾人真正成为法律援助服务中的权利主体。

为残疾人提供无障碍化法律援助服务，同样应当立足于残疾人群体的实际情况与客观障碍。依据《残疾人保障法》第 2 条规定，残疾人是指"在心理、生理、人体结构上，某种组织、功能丧失或者不正常，全部或者部分丧失以正常方式从事某种活动能力的人"。《残疾人残疾分类和分级》（GB/T26341-2010）进一步明确：在类别上，残疾分为视力残疾、听力残疾、言语残疾、肢体残疾、智力残疾、精神残疾和多重残疾；在级别上，残疾程度分为四级，残疾一级、残疾二级、残疾三级和残疾四级。残疾一级为极重度，残疾二级为重度，残疾三级为中度，残疾四级为轻度。因此，基于不同程度上的心理、生理或身体上的缺陷，残疾人在参与接受法律援助服务在内的社会事务时事实上存在着不容忽视的客观障碍。但作为社会群体的重要组成部分，残疾人同样拥有平等参与社会生活、均等享有各项权利的现实需求。就此而言，在关切残疾人群体客观障碍与实际需求的基础上，法律援助机构依照本条规定，为其提供"无障碍设施设备和服务"，能够极大地增强残疾人法律援助服务均等化、可及化程度，有助于提升残疾人公共服务均等化水平，实现残疾人事业的高质量发展，进一步提升广大残疾人的法治获得感、幸福感和安全感。

在为残疾人群体提供无障碍化法律援助服务的具体形式上，2021 年《国家人权行动计划（2021—2025 年）》有关"全面推进无障碍环境建设"的规划提供了基本方向。同时，值得特别指出的是，司法部、中国残联联合推出的"法援惠民生·关爱残疾人"法律援助品牌建设实施方案为理解本条中"无障碍设施设备和服务"提供了可供参照的具体标准与内容。依据该方案，无障碍化法律援助设备与服务具体包括如下内容。

其一，提供无障碍浏览服务。借助"互联网+"打造"全天候、普惠制"服务新模式，全面推进"12348"中国法律服务网、法律援助信息系统集成网页无障碍浏览工具，实现文字大小控制、页面色彩对比、语音朗读等辅助功能，配置"无障碍浏览服务机器人"等法律援助辅助设备，为更多的残疾人实现网上咨询、申请法律援助提供便利，逐步实现融合电话、网站、短信、微博、微信等多种方式的法律援助服务。其二，提供精准化"家庭医生"式法律援助服务。探索并推行对行动不便且有法律需求的残疾人"一对一"综合包户服务模式，建立服务档案，安排精通残疾人法律法规的律师、基层法律服务工作者或者志愿者等与残疾人结成帮扶对子，实行"一户一档一策"，按需定制"法律援助服务套餐"。其三，强化无障碍沟通服务。发挥具有专业技能的志愿者的作用，建设法律援助残疾人专用翻译资源库，为需要诉讼法律援助服务的残疾人提供语音和文字提示、手语、盲文等信息和交流无障碍服务。

法律援助应当始终把维护人民群众合法权益作为出发点与落脚点，努力为困难群众提供及时便利、优质高效的法律援助服务。秉持"以人民为中心"的法律援助服务理念，本条赋予老年人、残疾人群体享有无障碍化法律援助服务的基本权利，且这一权利的基本要求是：法律援助机构应当坚持从受援人角度思考问题，尽可能地为其提供必要的便利和帮助，并根据实际情况提供无障碍设施设备和服务，增加服务供给，推动法律援助服务的高质量发展；在基本服务设施配置、服务场所选择、服务交流过程等方面，切实关照老年人、残疾人群体的特殊困难与实际需求，把"无障碍服务"融入法律援助的服务环节，以确保其能够像正常人一样无差别地享有普惠均等、便捷高效的法律援助服务，推进实现法律援助服务的可及性。

此外，为了切实保障老年人、残疾人能够充分享有"无障碍化法律援助服务"这一基本法律援助权利，本法第55条、第56条同时规定了相应的权利救济路径，即，法律援助机构、法律援助人员未依法履行职责的，受援人可以向司法行政部门投诉，司法行政部门接到投诉后，应当依照有关规定受理和调查处理，并及时向投诉人告知处理结果。

二、为特定群体提供法律援助，优先适用特别规定

党的十九届四中全会强调，必须全面推进幼有所育、学有所教、劳有所得、病有所医、老有所养、住有所居、弱有所扶，健全相关方面的国家基本公共服务制度体系。这表明，不同的社会群体具有特定的、个性化的公共服务需求。具体到法律援助服务领域，为了实现法律援助服务的均等化与可及化目标，法律援助机构同样需要依据特定群体的实际处遇与群体特性，为其提供量体裁衣式的专属法律援助服务。基于此，本条第2款规定，针对特定群体，应当优先遵循相关法律法规的特别规定。

对于本条第2款规定，在此特别说明两点。

（一）对"特定群体"的界定

根据本条第2款的规定，有关特定群体的具体指向，将直接影响法律援助机构的选择。属于特定群体范畴且存在法律援助方面法律法规特别规定的，法律援助机构在为其提供法律援助时应当优先遵循特别规定的相关要求；不属于法律援助意义上的特定群体的，或者属于但并未有相关特别规定的，法律援助机构应径行依照本法为其提供法律援助。鉴于此，从本条款的可操作性出发，首先需要廓清何谓本条款意义上的"特定群体"。

需要指出的是，在不考虑法律援助这一特定语境的情况下，仅就表面文义而言，特定群体主要指具有某种特定身份或特殊需求的社会群体。在此意义上，任何具有特殊限定词修饰的群体，都可以称为特定群体，例如"生活在沿海地区的公民""50 岁以上的公民"，等等。但是，从法律援助"扶贫助弱、弱有所扶"的基本目的出发，本条款所指向的特定群体并不具有广泛性，主要指现实生活中以老年人、残疾人为代表的弱势困难、需要法律特别保护的群体。国内外法律援助立法传统与法律援助实践能够予以印证。

例如，2012 年联合国《原则和准则》在原则 10，即"公平获得法律援助的机会"中指出，特定群体指具有特殊需要的群体，范围包括但不限于：妇女、儿童、老年人、少数群体、残疾人、精神病患者、艾滋病病毒携带者和患有其他严重传染性疾病者、吸毒者、原住民和土著人、无国籍者、寻求庇护者、外国公民、移民和移徙工人、难民和国内流离失所者。此外，依据 2017 年联合国《示范法典》第 3 条第 18 款规定，法律援助中的特定群体主要指"易受侵害而需要予以特别保护的人"，范围包括但不限于：未成年人、难民、国内无家可归者、无国籍者、寻求庇护者、贩卖人口以及基于性别因素实施的暴力犯罪的被害人、文盲、少数民族、移民和农民工、不通晓当地语言文字的人、老年人、残疾人、精神疾病患者、艾滋病毒携带者或其他严重传染疾病患者、被羁押人、毒品使用人以及原住民和土著人。

我国立法传统与法律援助实践同样表明，法律援助语境下的特定群体一般指身处弱势地位、亟需法律特别保护的群体。例如，依据 2003 年《法律援助条例》，包括残疾人、未成年人在内的群体都属于特定群体；《妇女权益保障法》《未成年人保护法》《老年人权益保障法》《残疾人保障法》《关于进一步做好为农民工服务工作的意见》《军人军属法律援助工作实施办法》等法律、规范性文件不仅将上述文件涉及的群体视为法律援助的特定群体，还进一步就其获得法律援助权利作了特别规定（下文将予以详细阐述）。在此基础上，2015 年两办《关于完善法律援助制度的意见》明确指出，特定群体包括农民工、妇女、未成年人、老年人等具有特殊需求的群体。同样地，依据 2021 年《国家人权行动计划（2021—2025 年）》，少数民族、妇女、未成年人、老年人、残疾人等均属于特定群体。此外，在本法立法过程中，依据《法律援助法（草案）》初稿第 26 条、一审稿第 24 条规定，法律援助中的特定群体主要指未成年人、妇女、老年人、残疾人、英雄烈士近亲属、家庭暴力受害人等；二审稿第 31 条则重申未成年人、妇女、老年人、残疾人等属于特定群体；从本法第 68 条、第 69 条、第 70 条等条文规定来看，法律援助中的特定群体至少包括未成年人、妇女、老年人、残疾人、外国人、无国籍人、军人军属等群体。而与上述法律援助立法相对应的是，我国法律援助实践同样对特定群体进行了界分，还专门针对农民工、残疾人、老年人、妇女和未成年人等特定群体设立了专门性法律援助项目。[1]

基于以上论述，我们认为，本条款中的"特定群体"主要指以未成年人、妇女、老年人、残疾人、英雄烈士近亲属、军人军属、家庭暴力受害人、农民工等为典型代表的弱势困难、需求特殊且易受侵害的人群，需要法律援助机构在法律援助实践中予以重点关注。

（二）对"特别规定"的梳理

依据本条第 2 款规定，针对以上特定群体，法律援助机构应当优先遵循相关法律法规的特别规定。应该说，就该条款内容而言，其蕴含了"促进《法律援助法》与其他法律之间'法法衔接'"，"表明《法律援助法》生效之前，已有的针对特定群体的法律援助特别立法规定仍然继续有效"，"为未来制定其他有关特定群体法律援助立法预留空间"等诸多基础性立法功能。

此外，为了明确法律援助机构可遵循的具体依据，有必要对本条款中有关特定群体法律援助的"特别规定"进行解读与梳理。以上述对本条款中典型特定群体为基础，对其法律援助的"特别规定"梳理如下。

第一，有关未成年人法律援助方面的特别规定。首先，《法律援助法》在保障未成年人能够及时获得法律援助问题上作了如下特别规定：其一，未成年犯罪嫌疑人、被告人没有委托辩护人的，人民法院、人民检察院、公安机关应当通知法律援助机构指派律师担任辩护人（第 25 条）；其二，无固定生活来源的未成年人申请法律援助免予核查经济困难状况（第 42 条）。其次，在未成年人法律援助服务提供方面，由于未成年人尚处于身体、心理成长发育阶段，需要引导、教育甚至是感化式的法律援助服务。鉴于此，《未成年人保护法》第 104 条明确要求"法律援助机构应当指派熟悉未成年人身心特点的律师为未成年人提供法律援助服务"。

值得注意的是，为进一步细化这一特定服务要求，增强实践中法律援助机构的可操作性，2020 年司法部公共法律服务管理局、中华全国律师协会联合发布《未成年人法律援助服务指引（试行）》。该指引指出，法律援助机构指派未成年人案件时，应当优先指派熟悉未成年人身心特点、熟悉未成年人法律业务的承办人员；未成年人为女性的性侵害案件，应当优先指派女性承办人员办理等。同时，该指引

---

[1] 以中央专项彩票公益金法律援助项目为例，这一项目自 2009 年开始实施，由财政部、司法部委托中国法律援助基金会负责管理施行，将农民工、残疾人、老年人、妇女和未成年人等特定群体作为法律援助对象。

还就未成年人法律援助服务的过程、基本程序作了细致规定：法律援助承办人员在与未成年人交谈、见面及具体办理等过程中，不得使用批评性、指责性、侮辱性以及有损人格尊严等性质的语言；会见未成年人，应当优先选择未成年人住所或者其他让未成年人感到安全的场所；会见未成年当事人或未成年证人，应当通知其法定代理人（监护人）或者其他成年亲属等合适成年人到场等。

第二，有关妇女群体法律援助方面的特别规定。受传统性别观念的影响，女性得到的法律认可的地位、权利与现实生活中被认可和取得的实际地位、权利之间有一定的距离。为强化对妇女群体合法权益的保护，相关保障妇女权利的法律法规同时就妇女法律援助问题做了特别规定。例如，《反家庭暴力法》第19条第1款规定："法律援助机构应当依法为家庭暴力受害人提供法律援助。"这一特别规定表明，对于受到家庭暴力侵害的妇女而言，无论经济状况如何，都有权获得法律援助；对于法律援助机构而言，只要受到家庭暴力侵害的妇女提出法律援助申请的，应当径行作出予以援助的决定。易言之，依据该特别规定，"受到家庭暴力侵害的妇女"属于法律援助机构应当予以援助的法定情形。此外，《妇女权益保障法》第52条第2款规定："对有经济困难需要法律援助或者司法救助的妇女，当地法律援助机构或者人民法院应当给予帮助，依法为其提供法律援助或者司法救助。"依据该规定，对于满足经济困难标准且亟需法律援助的妇女，当地（通常指当事人居住地）的法律援助机构应当及时为其提供法律援助。显然，这一特别规定体现出了鲜明的便利受援人理念：一方面，将提供法律援助服务的主体限定为当地的法律援助机构，有助于妇女申请法律援助的便捷性；另一方面，当地的法律援助机构通常比较熟悉本区域内的相关情况，从而更有利于为有需要的妇女群体提供及时的法律援助服务。

第三，有关老年人法律援助方面的特别规定。如上文所述，老年人普遍地面临行动不便、理解力下降、贫困等诸多现实困境，《法律援助法》在确认老年人享有无障碍化法律援助权利的同时，还明确指出无固定生活来源的老年人申请法律援助免予核查经济困难状况（第42条）；此外，《老年人权益保障法》在保障老年人群体一般性权利的同时，在其第56条还就老年人法律援助作了特别规定，即"老年人因其合法权益受侵害提起诉讼交纳诉讼费确有困难的，可以缓交、减交或者免交；需要获得律师帮助，但无力支付律师费用的，可以获得法律援助"。需要指出的是，这一规定中有关"可以获得法律援助"的规定，同样不能望文生义地将其理解为"可以获得、也可以不获得"。事实上，从上述老年人因交纳诉讼费困难而可以缓交、减交甚至免交的规定来看，需要把"老年人因无力支付律师费用而可以获得法律援助"中的"可以"理解为一种这样的立法价值导向：对于老年人，尽管其无力支付律师费用不属于应当法律援助的情形，但是，立法倡导要尽可能地保障该情形下的老年人享有获得法律援助的权利。亦即，应将此处的"可以"理解为"一般应当"为宜。此外，也有地方法规规定，有特殊困难的老年人，提出法律援助申请的，法律援助机构可以直接认定为符合法律援助条件，无须出具经济困难承诺书。[1]同样，从立法原意出发，这一规定旨在为有实际特殊困难的老年人提供便捷、及时的法律援助服务，该情形下，法律援助机构应当尽可能地直接将其认定为符合法律援助条件，并及时提供法律援助。

第四，有关残疾人法律援助方面的特别规定。根据《新中国残疾人权益保障70年》白皮书的数据显示，当前我国直接涉及残疾人权益保障的法律有80多部，行政法规有50多部。其中，相当数量的法律法规，在保障残疾人合法权益的同时，还就残疾人群体获得法律援助的权利进行了特别规定。例如，《法律援助法》除在本条确认残疾人享有无障碍化法律援助权利外，还明确指出无固定生活来源的残疾人申请法律援助免予核查经济困难状况（第42条）；《残疾人保障法》第60条第2款规定："对有经济困难或者其他原因确需法律援助或者司法救助的残疾人，当地法律援助机构或者人民法院应当给予帮助，依法为其提供法律援助或者司法救助。"值得注意的是，这一规定与上述《妇女权益保障法》中有关法律援助的特别规定相类似，强调当地的法律援助机构有职责为有经济困难或者其他原因确需法律援助的残疾人提供及时、便捷的法律援助，保障残疾人法律援助服务的可及性。有关地方性法规同样就残疾人法律援助进行了特别规定，旨在保障残疾人群体的获得法律援助权，包括但不限于："困难残疾人家庭、重度残疾且无固定生活来源或者一户多残的"，申请法律援助时无须提交经济困难申报材料，仅提供相关证件或者证明材料即可；[2]"无固定生活来源的残疾人"申请法律援助时，法律援助机构应当直接将其视为符合经济困难标准；[3]"有特殊困难的残疾人"申请法律援助时，法律援助机构可以直接认定符合法律援助条件，无须出具经济困难承诺书。[4]

第五，有关英雄烈士、军人军属法律援助方面的特别规定。加强对英雄烈士、军人军属群体的保护，不仅有助于弘扬社会正气，同时还对于维护社会公共利益，传承和弘扬爱国主义精神具有重大意义。在英雄烈士法律援助的特别规定方面，《英雄烈士保护法》第25条规定："对侵害英雄烈士的姓名、肖像、名誉、荣誉的行为，英雄烈士的近亲属可以依法向人民法院提起诉讼……英雄烈士近亲属依照第一款规定提起诉讼的，法律援助机构应当依法提供法律援助服务。"依据这一规定，无论经济状况如何，只要英雄烈士近亲属依法提起诉讼的，即有权获得法律援助。

[1] 参见《湖北省法律援助条例》第22条。
[2] 参见《广东省法律援助条例》第21条。
[3] 参见《四川省法律援助条例》第14条。
[4] 参见《湖北省法律援助条例》第22条。

因此，该规定实际上已将"英雄烈士近亲属依法通过诉讼维护英雄烈士人格权益"纳入法律援助机构应当援助的范围。值得注意的是，《英雄烈士保护法》这一特别法律援助规定，已基本为《法律援助法》第 32 条所吸收，该条同样将"英雄烈士近亲属依法维护英雄烈士人格权益"作为应当予以援助的情形（免受经济困难条件限制）。

有关军人军属法律援助的特别规定，具体包括宏观、微观两个部分。宏观层面体现为国家立法的原则性指引或要求。例如，2021 年 6 月 10 日全国人民代表大会常务委员会通过了《军人地位和权益保障法》。该法第 61 条明确规定，"军人、军人家属和烈士、因公牺牲军人、病故军人的遗属维护合法权益遇到困难的，法律援助机构应当依法优先提供法律援助，司法机关应当依法优先提供司法救助"，在国家立法层面确立了军人军属法律援助优先原则。《法律援助法》第 70 条规定，"对军人军属提供法律援助的具体办法，由国务院和中央军事委员会有关部门制定"，这是关于军人军属法律援助的具体规定和明确指引。

在此基础上，微观意义上的军人军属法律援助特别规定，事实上表现为 2016 年由司法部、中央军事委员会政法委员会联合印发的《军人军属法律援助工作实施办法》。该实施办法对法律援助机构为军人军属提供法律援助服务提出了诸多具体特定要求，主要包括：其一，法律援助人员的特别保密义务。法律援助人员办理军人军属法律援助案件，应当保守国家秘密、军事秘密，不得泄露当事人的隐私（第 4 条）。其二，军人军属的特别申请事项。除《法律援助法》规定的事项外，军人军属对"请求给予优抚待遇的""涉及军人婚姻家庭纠纷的""涉及农资产品质量纠纷、土地承包纠纷、宅基地纠纷以及保险赔付的"等事项，因经济困难没有委托代理人的，可以向法律援助机构申请法律援助（第 5 条）。其三，军人军属无需提交经济困难证明的特定情形。军人军属有如下情形的，申请法律援助无需提交经济困难证明："义务兵、供给制学员及军属""执行作战、重大非战争军事行动任务的军人及军属""烈士、因公牺牲军人、病故军人的遗属"（第 7 条）。其四，法律援助机构的特别程序义务。对军人军属申请法律援助的，法律援助机构应当优化办理程序，优先受理、优先审批、优先指派。对情况紧急的可以先行受理，事后补充材料、补办手续。对伤病残等特殊困难的军人军属，实行电话申请、邮寄申请、上门受理等便利服务。有条件的可以实行网上办理。法律援助机构对军人军属的法律援助申请作出给予法律援助的决定后，应当及时告知军队有关部门（第 9 条）。

第六，有关农民工群体法律援助方面的特别规定。农民工已成为我国产业工人的主体，是推动国家现代化建设的重要力量，为经济社会发展作出了巨大贡献。自国务院印发《关于进一步做好为农民工服务工作的意见》以来，有关农民工权益保障的法律、法规日趋健全。其中，部分法律法规一并就农民工法律援助问题做了相关规定。值得注意的是，《法律援助法》同样就农民工法律援助问题作出了特别规定。例如，《法律援助法》第 31 条规定，农民工因经济困难没有委托代理人的，有权就"请求支付劳动报酬""工伤事故人身损害赔偿"申请法律援助。在此基础上，其第 42 条进一步规定，法律援助机构应当对"申请支付劳动报酬或者请求工伤事故人身损害赔偿的进城务工人员"免予核查经济困难状况。这一"组合拳"式规定，对农民工群体的获得法律援助权利提供了有力的法律保障。

除却法律层面，一些地方性法规中同样存在有关农民工法律援助的特别规定。例如，相关特别规定包括："追索劳动报酬、工伤待遇的"，申请法律援助时无须提交经济困难申报材料，仅提供相关证件或者证明材料即可；[1]"农村进城务工人员请求支付劳动报酬或者工伤赔偿的"，法律援助机构可以直接认定其符合法律援助条件，无须出具经济困难承诺书。[2]"农民工因请求支付劳动报酬或者工伤赔偿申请法律援助的，不受经济困难条件的限制。"[3]作为国家层面的立法，《法律援助法》有关农民工法律援助问题的规定（免予核查经济困难状况）实际上代表了国家最低标准，要求法律援助机构必须予以保证实现。同时，可以发现，较之国家最低标准，上述地方性法规对保障农民工获得法律援助权利作出了持平或者更高的保障要求："无须提交经济困难申报材料""直接认定为符合法律援助条件，无须出具经济困难承诺书"本质上均属于国家标准意义上的"免予核查经济困难状况"；而"不受经济困难条件的限制"则更进一步表明，农民工申请法律援助时不仅无须说明自身经济状况，法律援助机构同样不需要对其进行经济困难标准审查，即本质上将其纳入"应当予以援助的事项"。[4]

需要指出的是，在国家最低标准的基础上，拥有立法权的地方各级人民代表大会及其常务委员会制定的地方性法规，可以根据本区域内的实际情况细化或进一步扩大法律援助范围。鉴于此，为确保有需要的农民工群体获得切实有效的法律援助服务，实现应援尽援的法律援助目标，法律援助机构为其提供法律援助时应当优先遵循以上特别规定。

可以发现，以上有关特定群体的法律援助特别立法规定，实际上业已有效关注到了特定群体的实际处遇、特殊需要与群体特性。基于此，若相关法律法规对向特定群体提供法律援助有其他特别规定的，法律援助机构依照其规定提供法律援助服务，更有助于指派适合的法律援助人员提供"因人制宜"的法律援助服务，保障针对特定群体的法律援助的精准性与类别化。同时，需要强调的是，依据本条第 1 款

---

〔1〕 参见《广东省法律援助条例》第 21 条。

〔2〕 参见《湖北省法律援助条例》第 22 条。

〔3〕 参见《北京市法律援助条例》第 11 条。

〔4〕 有关"不受经济困难条件限制"的具体阐释参见本书有关本法第 32 条的解释。

规定，对于老年人、残疾人群体，法律援助机构应当在遵循特别立法规定的基础上，确保为其提供无障碍化法律援助服务。

【延伸阅读】 无障碍服务

无障碍服务，是指国家为满足人民群众的美好生活需要，特别是保障残疾人、老年人、伤病人士等社会成员充分自主参与社会生活，平等享有经济社会发展成果而提供的旨在消除现实障碍、增强服务可及性的系列服务措施，包括无障碍环境建设、无障碍信息交流建设、无障碍公共服务等诸多内容。

无障碍服务是一项为现代法治国家所公认的人权保障措施。世界无障碍服务理念滥觞于 20 世纪 50 年代。彼时，"二战"结束不久，残疾人大量出现，部分社会思潮开始用新残疾人观代替旧残疾人观。同时，社会参与理论逐渐深入人心。[1]在此背景下，美国颁布了以《美国残疾人法》为代表的大量的无障碍法律法规，成为世界上第一个制定"无障碍标准"的国家。英国、德国、法国、加拿大、日本、以色列、丹麦、芬兰、澳大利亚等几十个国家和地区都制定和完善了各自的无障碍环境建设法律、法规和相关鼓励政策。[2]2006 年，第 61 届联合国大会通过了《残疾人权利公约》，其第 9 条专门就"无障碍"作了明确规定，核心内容包括两个方面：一是，对实现"无障碍"的宏观层面要求。即缔约国应当采取适当措施，确保残疾人在与其他人平等的基础上，无障碍地进出物质环境，使用交通工具，利用信息和通信，包括信息和通信技术和系统，以及享用在城市和农村地区向公众开放或提供的其他设施和服务。这些措施应当包括查明和消除阻碍实现无障碍环境的因素，以保障残疾人能够独立生活和充分参与社会生活的各个方面。二是，对实现"无障碍"的微观层面要求。具体要求包括：缔约国应当拟订和公布无障碍服务的准则、就无障碍问题进行专门培训、创造无障碍环境、提供无障碍设施与无障碍信息服务，等等。以上表明，无障碍服务以其"平等、参与、共享"的人权保障理念，逐渐为广大法治国家所重视，并日趋成为一项国际共识。

在我国，无障碍服务建设虽然起步晚，但迄今为止已经取得了长足的发展。具体而言，我国无障碍服务经历了三个发展阶段。

第一，"无障碍基础设施"建设时期（1986 年至 2003 年）。1986 年 7 月，国家建设部、民政部、中国残疾人福利基金会共同编制了我国第一部《方便残疾人使用的城市道路和建筑物设计规范（试行）》，由此迈开了我国无障碍基础设施的建设步伐。1990 年，国家颁布了《残疾人保障法》。该法第 4 条明确规定，"国家采取

---

〔1〕 参见闫蕊："美国的无障碍环境建设"，载《社会保障研究》2007 年第 1 期。

〔2〕 参见李炜冰："无障碍环境建设中的政府责任"，载《苏州大学学报（哲学社会科学版）》2010年第 2 期。

辅助方法和扶持措施，对残疾人给予特别扶助，减轻或者消除残疾影响和外界障碍，保障残疾人权利的实现"；第46条规定："国家和社会逐步实行方便残疾人的城市道路和建筑设计规范，采取无障碍措施。"1991年，国务院发布《中国残疾人事业"八五"计划纲要（1991年—1995年）》，就建设无障碍设施的任务与措施作了具体部署。根据1996年《老年人权益保障法》规定，新建或者改造城镇公共设施、居民区和住宅，应当考虑老年人的特殊需要；应当建设适合老年人生活和活动的配套设施。1998年，建设部、民政部、中残联联合发布《关于贯彻实施方便残疾人使用的城市道路和建筑物设计规范的若干补充规定的通知》，明确公共建筑以及居住小区等均应进行无障碍设计。1999年，原建设部、民政部共同下发《关于发布行业标准〈老年人建筑设计规范〉的通知》，要求专供老年人使用的居住建筑和公共建筑，应为老年人使用提供方便设施和服务。方便残疾人使用的无障碍设施，可兼为老年人使用。2001年建设部、民政部、中残联联合发布修订的《城市道路和建筑物无障碍设计规范》，对城市道路和建筑物无障碍设计作出进一步规划与要求。2003年，建设部、民政部、全国老龄委办公室、中残联制定了《全国无障碍设施建设示范工作实施方案》和《全国无障碍设施建设示范城市标准（试行）》，进一步加大对无障碍创建工作的指导和督查。以上立法与规划，为我国无障碍基础设施的建设奠定了坚实的基础。

第二，"无障碍信息交流"建设时期（2004年至2012年）。2004年，首届中国信息无障碍论坛在京召开。该论坛以"信息无障碍"为主题，正式提出残疾人无障碍信息环境的建设。2005年，第二届信息无障碍论坛以"缩小数字鸿沟，共享信息文明"为主题，成立了中国信息无障碍推进联盟和法律法规标准制定工作推进委员会。2006年，国务院发布《中国残疾人事业"十一五"发展纲要（2006年—2010年）》，提出全面推进信息化建设，在全国100个城市开展无障碍设施建设示范城市活动。2008年，信息产业部《网络设计无障碍技术要求》标准发布，针对不同形式的信息交流障碍，规定了语音识别技术、生物识别技术、语音合成技术、语音放大技术、屏幕阅读技术、OCR识别技术、感应耦合技术等七大辅助技术。同年，全国人大常委会通过修订后的《残疾人保障法》，对无障碍物质环境建设作了修改和补充的同时，新增了信息无障碍相关的权益保障条款。[1]随着信息技术的发展和社会信息化程度的提高，方便地获取、交流信息对残疾人等社会成员显得愈发重要。基于此，为了进一步推进无障碍信息交流建设，2012年，国务院制定了《无障碍环境建设条例》。在无障碍信息交流建设方面，该条例作了以下规定：一是县级以上人民政府及其有关部门发布重要政府信息和与残疾人相关的信息，应当创

---

〔1〕 参见李炜冰："无障碍环境建设中的政府责任"，载《苏州大学学报（哲学社会科学版）》2010年第2期。

造条件为残疾人提供语音和文字提示等信息交流服务；二是国家举办的升学考试、职业资格考试和任职考试，有视力残疾人参加的，应当为视力残疾人提供盲文试卷、电子试卷，或者由工作人员予以协助；三是设区的市级以上人民政府设立的电视台在播出电视节目时配备字幕，每周播放至少一次配播手语的新闻节目；四是设区的市级以上人民政府设立的公共图书馆应当开设视力残疾人阅览室；五是残疾人组织的网站应当达到无障碍网站设计标准，设区的市级以上人民政府网站、政府公益活动网站，逐步达到无障碍网站设计标准。

此阶段，我国在坚持完善"无障碍基础设施"的同时，逐步探索并推进"无障碍信息交流"建设，进一步丰富了无障碍服务的内容与形式。

第三，"无障碍公共服务"建设时期（2012 年至今）。需要指出的是，2012 年《无障碍环境建设条例》第四章专门规定了"无障碍社区服务"，由此标志着我国无障碍服务建设迈入了一个新的历史时期：坚持推进"无障碍基础设施""无障碍信息交流"的同时，注重"无障碍公共服务"的建设与供给，以期满足人民群众日益增长的美好生活需要。例如，2016 年《"十三五"加快残疾人小康进程规划纲要》指出，要"建立残疾人基本公共服务标准体系。加快制定残疾人基本公共服务国家标准体系。制定实施残疾人康复、辅助器具、教育、就业服务、托养、盲人医疗按摩等服务机构设施建设、设备配置、人员配备、服务规范、服务质量评价等标准，加强绩效考评，提高服务制度化、均等化、专业化水平"。同时，该纲要还明确了建设残疾人社区康复服务项目等在内的 8 个残疾人基本公共服务重点项目。此外，同年制定的《国家人权行动计划（2016—2020 年）》就"无障碍公共服务"的供给作了规划与展望。例如，在老年人无障碍公共服务方面，指出要"建立健全老年宜居环境政策法规和标准规范体系，推进老年人宜居环境建设；推进服务老年人的公共文化设施建设，增加老年人公共文化产品供给"。在残疾人无障碍公共服务方面，提出"开展残疾人康复服务、推进精神障碍患者社区康复服务、提升残疾人受教育水平、加强残疾人文化权益保障、完善残疾人获得法律援助、法律服务和司法救助制度"等具体服务要求。

此外，为加快构建无障碍公共法律服务的便民机制，2017 年司法部印发《关于"十三五"加强残疾人公共法律服务的意见》。该意见要求，到 2020 年，公共法律服务网络体系覆盖所有残疾人，为残疾人共享公共法律服务成果提供充分便利。同年，国务院印发《"十三五"国家老龄事业发展和养老体系建设规划》，要求加强对老年人公共文化服务、公共法律服务的供给能力。2018 年《关于深入推进公共法律服务平台建设的指导意见》、2019 年《关于公共法律服务体系建设的意见》等文件就无障碍公共法律服务作了进一步规划。2021 年国务院《"十四五"残疾人保障和发展规划》在无障碍公共服务方面提出要"提高残疾人事业法治化水平、创新残疾人法律服务和权益维护、提升无障碍设施建设管理水平"等具体要求，并且明确将"无障碍服务"作为无障碍重点项目予以规划。2021 年 9 月发布的《国家人权行动计划（2021—2025 年）》为促进解决人民日益增长的美好生活需要和不平衡不充分的发展之间的矛盾，强化高质量的无障碍公共服务供给能力，在无障碍公共服务建设方面提出了进一步的要求，包括但不限于：为特殊困难高龄、失能、残疾老年人家庭提供实施适老化改造，配备康复辅助器具和防走失装置等设施，为老年人交通出行提供便利等家庭生活、交通出行适老化服务；运用智能技术，对社区和居家养老服务设施、医疗康复设施和机构进行无障碍化、便捷化、智能化改造，提供适老智慧服务；加强残疾人康复医疗，落实残疾儿童康复救助制度，实施残疾人精准康复行动，为残疾人提供基本康复服务；完善特殊教育保障机制，促进残疾人就业；编制《无障碍通用规范》，提高无障碍服务质量，等等。

以上表明，我国无障碍服务建设过程中体现了鲜明的"以人民为中心"的基本导向。一直以来，我们坚持将"以人民为中心"作为我国无障碍公共服务发展的指导思想，始终以"增进人民福祉、促进人的全面发展作为发展的出发点和落脚点，发展人民民主，维护社会公平正义，保障人民平等参与、平等发展权利"作为我国无障碍服务发展的基本要求。我国无障碍服务建设虽然起步晚，但迄今为止已经取得了举世瞩目的发展成就，并体现出了鲜明的"以人民为中心"的国家特色。

第四十六条【法律援助人员的服务要求】

法律援助人员接受指派后，无正当理由不得拒绝、拖延或者终止提供法律援助服务。

法律援助人员应当按照规定向受援人通报法律援助事项办理情况，不得损害受援人合法权益。

【条文要旨】

本条是关于法律援助人员的服务要求的规定。在法律援助服务过程中，法律援助人员负有双重责任：一是，积极责任。本法第 19 条规定，法律援助人员应当依法履行职责，及时为受援人提供符合标准的法律援助服务，维护受援人的合法权益。二是，消极责任。根据本条规定，法律援助人员接受指派后，无正当理由不得拒绝、拖延或者终止提供法律援助服务。法律援助人员有正当理由无法如期提供法律援助服务的，应当及时告知法律援助机构。本法第 48 条规定了终止法律援助的法定事由；遇有法定情形，法律援助人员应当及时向法律援助机构报告。此外，在服务过程中，法律援助人员应当按照规定通报、沟通案件办理情况，保障受援人的知情权；实施重大诉讼策略时，应当听取受援人意见，不得自作主张，损害受援人的合法权益。

对于无正当理由拒不履行或者怠于履行法律援助义务的律师，根据第 60 条规定，律师协会有权依法进行惩戒；根据第 63 条规定，司法行政部门可以依法给予处罚。

【立法背景】

本条主要是进一步细化《法律援助条例》第 22 条对法律援助人员工作规范的要求，吸收了《办理法律援助案件程序规定》第 30 条的具体内容，并明确规定了法律援助人员对受援人的忠诚义务。

一方面，《法律援助法》第 46 条第 1 款首次明确规定法律援助人员不得随意拒绝、拖延或者终止提供法律援助服务，但在具有"正当理由"时可以不予提供服务，对 2003 年《法律援助条例》关于法律援助人员工作规范的模糊内容进一步细化和规范化。《法律援助条例》第 22 条规定："办理法律援助案件的人员，应当遵守职业道德和执业纪律，提供法律援助不得收取任何财物。"对于法律援助人员具体服务要求，旧有条例并没有明确规定，只是要求其遵守职业道德和执业纪律，不得额外收取任何财物。《法律援助条例》第 6 条则规定，"律师应当依照律师法和本条例的规定履行法律援助义务，为受援人提供符合标准的法律服务，依法维护受援人的合法权益，接受律师协会和司法行政部门的监督"。上述强调律师提供法律援助的义务性以及不得收取财物的要求，被《法律援助法》第 19 条和第 20 条吸收并转化。

但是，在实践中，法律援助人员在接受指派后，也存在终止所承办法律援助事项的例外情形，即在具有"正当理由"时可以拒绝为受援人提供法律援助。《法律援助条例》第 23 条规定："办理法律援助案件的人员遇有下列情形之一的，应当向法律援助机构报告，法律援助机构经审查核实的，应当终止该项法律援助：（一）受援人的经济收入状况发生变化，不再符合法律援助条件的；（二）案件终止审理或者已被撤销的；（三）受援人又自行委托律师或者其他代理人的；（四）受援人要求终止法律援助的。"《法律援助法》提取旧有条例第 6 条、第 22 条以及第 23 条的共同因子，即要求法律援助人员履行提供法律援助服务的义务，从反面要求不得随意拒绝、拖延或者终止提供法律援助服务。同时，本条也结合司法实践情形，即法律援助人员发现受援人捏造或隐瞒事实，出现违法行为或者违反援助合同行为等情况，规定在有正当理由时法律援助人员有权向法律援助机构及时报告，获准后有权拒绝提供法律援助。

另一方面，为保障受援人对法律援助事务的知情权和参与权，《法律援助法》在立法上首次明确规定法律援助人员向受援人通报法律援助事项办理情况的义务，吸收了《刑事诉讼法》《办理法律援助案件程序规定》等法律法规的规定，切实保障受援人的合法权益。《刑事诉讼法》第 38 条规定，"辩护律师在侦查期间可以为犯罪嫌疑人提供法律帮助；代理申诉、控告；申请变更强制措施；向侦查机关了解犯罪嫌疑人涉嫌的罪名和案件有关情况，提出意见"。在侦查阶段，辩护律师便可以与当事人进行会见，向当事人提供法律意见，告知案件办理情况。《办理法律援助案件程序规定》第30条也规定："法律援助人员应当向受援人通报案件办理情况，答复受援人询问，并制作通报情况记录。"《全国刑事法律援助服务规范》第8.5.1.1条规定："……在案件办理过程中，承办律师应及时向受援人提供咨询和法律意见，告知案件办理情况，填写司发通〔2013〕34号文件附件法律援助文书格式十八并附卷归档；……"《法律援助法》第46条在上述规定的基础上，要求法律援助人员既要及时告知受援人法律援助事项办理情况，保障受援人的知情权；也要履行忠诚义务，维护受援人的合法权益。

关于法律援助人员具体服务要求的规定，《法律援助法（草案）》初稿的表述是，"法律援助人员接受指派或者安排后，无正当理由不得拒绝、拖延或者终止提供法律援助服务。法律援助人员应当按照规定向受援人通报法律援助事项办理情况，不得损害受援人合法权益"。《法律援助法（草案）》一审稿对该条规定进行了文字性修改，将"法律援助人员接受指派或者安排后"修改为"法律援助人员接受指派后"，旨在使该项法律规定更加具体、明确、简练。《法律援助法（草案）》二审稿和一审稿表述保持一致。

关于本条规定，在立法过程中，有专家提出了两方面完善建议。

第一，建议扩大通报对象范围，将"受援人"修改为"受援人或其法定代理人、近亲属"，以适应不同案件情况。有专家建议，法律援助人员告知办理情况的对象应当结合司法实践和其他条文来规定，应当在受援人的基础上，进一步赋予其法定代理人、近亲属知情权，这对于依法维护犯罪嫌疑人、被告人诉讼权利，加强人权司法保障，促进司法公正具有重要意义。根据《法律援助法》第40条的规定，对于无民事行为能力人或者限制民事行为能力人，在实践中是由法定代理人代为提出申请，且在办案过程中也是由法定代理人代为行使诉讼权利，而被羁押的受援人则由于处于封闭空间，无法及时获知外界状态和案件发展情况，由其法定代理人或者近亲属代为申请法律援助和行使相关诉讼权利。对此，立法也应当要求法律援助人员及时告知受援人的法定代理人、近亲属相关情况，使其能积极配合援助工作，有效维护受援人的合法权益。例如，《福建省刑事法律援助案件质量标准》第13条规定，"承办律师应当向受援人或其法定代理人、近亲属通报案件办理情况，提供法律咨询，并记录在案"。

第二，建议履行通报义务要符合及时性要求。即，"法律援助人员应当按照规定及时向受援人通报法律援助事项的办理情况，不得损害受援人合法权益"。

此外，有实务部门也提出修改建议，建议将本条第2款修改为"法律援助人员应当按照规定向法律援助机构、受援人通报法律援助事项办理情况，不得损害受援人合法权益"。这样便于法律援助机构对法律援助案件进行事中监管，法律援助机构需要及时了解法律援助事项办理情况，并对受援人与法律援助人员之间可能产生的争议进行判断。

【条文释义】

本条规定法律援助人员在提供法律援助服务时承担着消极责任和积极责任：一方面，法律援助人员不得随意拒绝、拖延或者终止提供法律援助服务，除非符合实体要件和程序条件。实体条件为具有"正当理由"，包括受援人存在终止法律援助的情况、援助人员因自身身体问题无力提供服务以及情势变更等情况。程序条件则是，法律援助人员必须获得法律援助机构的批准。当援助人员发现存在违法不当情形时，应当及时向法律援助机构报告，就具有"正当理由"进行合理解释或作出说明。另一方面，在办理法律援助案件时，法律援助人员既要及时告知受援人案件办理情况，保障受援人的案件知情权；也要履行忠诚义务，维护受援人的合法权益。

一、法律援助人员的消极责任

根据本条第 1 款的内容，法律援助人员不得无故拒绝、拖延或终止提供法律援助服务。这主要是从两方面考虑：一方面，从法律援助机构与援助人员的关系来看，指派行为属于一种行政命令，要求法律援助人员履行一定的义务，而非享有自由裁量的权利。另一方面，从法律援助人员与受援人的关系来看，法律援助案件一经指派后，法律援助人员的服务行为就与受援人的合法权益紧密联系在一起。如果法律援助人员无故拒绝、拖延或终止提供法律援助服务，会给受援人的合法权益造成损失，这显然违背法律服务工作者的职业道德要求。但是，当法律援助人员具有法定事由时，则有权拒绝或终止提供法律援助服务。当然法律援助人员提供法律援助一直被视为其法定义务，所以许多国家和地区对法律援助人员拒绝或终止法律援助权力的行使，都进行了严格的限制。例如，《香港地区法律援助条例》第 25 条规定，"未经许可不得中止法律援助：（1）受助人未经署长许可，不得停止聘用根据本条例被指派代其行事的大律师或律师。（2）除第（3）款另有规定外，被指派代受助人行事的大律师或律师未经署长许可，不得中止其援助。（3）本条的规定并不损害大律师或律师以合理理由而拒绝或放弃处理任何案件的权利"。《法律援助法》显然对法律援助人员应承担的义务有着更高的要求，为保障这些义务的切实履行，在法律援助人员行使拒绝或终止法律援助权力限制条件的规定上就需更加严格和谨慎，最后局限在与此权力相对应的受援人所承担的义务的瑕疵方面。[1]具体而言，拒绝、拖延或终止提供法律援助需要满足实体和程序两方面条件。

---

〔1〕 参见宫晓冰主编：《中国法律援助立法研究》，中国方正出版社 2001 年版，第 214 页。

一是，如何认定"正当理由"。"正当理由"是一个很宽泛的概念，究竟由谁来认定正当理由，哪些情况属于正当理由，相关法律中并没有给出详细说明。我们认为，从体系解释的角度出发，法律援助人员拒绝、拖延或终止提供法律援助的"正当理由"主要包括法定事由和其他事由。法定事由是指由法律法规规定的可以拒绝、拖延或者终止提供法律援助服务的情形。例如，《法律援助法》第48条规定的八种终止法律援助的情形。又例如2017年修正的《律师法》第32条第2款规定："律师接受委托后，无正当理由的，不得拒绝辩护或者代理。但是，委托事项违法、委托人利用律师提供的服务从事违法活动或者委托人故意隐瞒与案件有关的重要事实的，律师有权拒绝辩护或者代理。"《律师执业行为规范》第60条对此进行了补充："有下列情形之一，经提示委托人不纠正的，律师事务所可以解除委托协议：（一）委托人利用律师提供的法律服务从事违法犯罪活动的；（二）委托人要求律师完成无法实现或者不合理的目标的……"在符合上述情形时，法律援助人员有权拒绝或终止提供法律援助服务。此外，还有法律法规未明确规定的客观事由，也可能导致法律援助人员无法提供法律援助服务，如因为生病不能胜任援助工作，或者由于与其他案件开庭时间发生冲突，申请延期审理导致延迟提供援助服务等。

二是，相关程序要求。一般来说，尽管法律援助人员出于正当理由拒绝、拖延或终止法律援助，还是必须报法律援助机构批准，将这种权力置于法律援助机构的有效监督之下，防止权力被滥用。此外，从法律援助机构与法律援助人员的关系来看，行政命令是一种强制性要求，法律援助人员一般应当遵守法律援助机构的指派，若违反需要承担相应的法律责任。若认为执行命令可能存在违法行为时，应当向发布命令的机关叙明理由、提出异议。因此，《法律援助法》第48条第2款规定："法律援助人员发现有前款规定情形的，应当及时向法律援助机构报告。"结合第48条第1款的规定，作出终止法律援助的决定的主体只能是法律援助机构，法律援助人员无权径直作出终止法律援助的决定。对于法律援助人员提出的非法定事由，由法律援助机构自行判断是否正当合理。

二、法律援助人员的积极责任

法律援助人员除承担消极责任以外，还需要尽职尽责地维护受援人的合法权益，履行及时报告情况、保密以及接受监督等义务。例如，《法律援助法》第21条规定，"法律援助机构、法律援助人员对提供法律援助过程中知悉的国家秘密、商业秘密和个人隐私应当予以保密"。《律师职业道德和执业纪律规范》第39条规定，"律师对与委托事项有关的保密信息，委托代理关系结束后仍有保密义务"。之所以在立法上明确规定保密义务，是因为保守秘密是法律援助人员取得受援人信任，保持正常委托关系的前提，也是维护受援人合法权益、维护国家利益和司法工作秩序的需要。又比如，《法律援助法》第57条规定，"司法行政部门应当加强对法律援助服务的监督，制定法律援助服务质量标准，通过第三方评估等方式定期进行质量考核"。在政府采取各种强有力的管理手段和监督措施的同时，法律援助人员也相应地负有接受监督的义务。而本法第46条第2款则规定法律援助人员维护受援人合法权益和及时通报情况的义务。

一是，"不得损害受援人合法权益"是我国法律服务工作者的一项基本义务，要求尽职尽责地维护受援人的合法权益。这也是法律援助人员所承担的全部义务的核心，其他一切义务都是由此派生的。《法律援助法》第19条也正向规定，"法律援助人员应当依法履行职责，及时为受援人提供符合标准的法律援助服务，维护受援人的合法权益"。而《律师法》第2条第2款也规定："律师应当维护当事人合法权益，维护法律正确实施，维护社会公平和正义。"《律师职业道德和执业纪律规范》第4条和第5条也分别规定执业律师的双重义务，一方面要忠于职守，坚持原则，维护国家法律与社会正义；另一方面也要诚实守信，勤勉尽责，尽职地维护委托人的合法利益。对此，立法上明确规定以"不得损害受援人合法权益"为底线，要求法律援助人员对受援人善尽忠诚义务，同时也在遵守底线的前提下保持一定的独立性，以维护社会公平正义。

二是，法律援助人员要及时向受援人通报办理法律援助事项的进展情况。一方面，及时通报的目的是维护受援人的合法权益，是保障受援人知情权和参与权的重要举措。《法律援助法》第55条规定："受援人有权向法律援助机构、法律援助人员了解法律援助事项办理情况；法律援助机构、法律援助人员未依法履行职责的，受援人可以向司法行政部门投诉，并可以请求法律援助机构更换法律援助人员。"据此，受援人有权及时了解和掌握法律援助事项的进程，并且根据了解的信息，能够对案件充分地发表意见，提出正当、合理的诉求。另一方面，由于法律援助关系的特殊性，法律援助人员在法律援助机构、受援人之间担任着中转站的角色，应当承担起向双方及时报告有关重大情况的义务。[1]比如上文论及，法律援助人员在发现有拒绝、拖延或终止援助的情形时，要及时通报给法律援助机构，同时对法律援助机构作出的拒绝、拖延或终止援助的决定，也应当及时通报受援人，使其能尽快获得救济。

此外，对于通报的内容，《法律援助法》未予以明确规定，建议可以参考2018年11月《广州市法律援助服务标准（试行）》第5.6.1.5条的规定，即"受援人在接受法律援助过程中有权向法律援助机构和法律援助人员了解法律援助事项的办理情况。法律援助人员应当向受援人通报案件办理情况，答复受援人询问，并填写工作记录，应向受援人通报的内容包括：a）案件承办过程中产生的问题及后续变

---

〔1〕　参见宫晓冰主编：《中国法律援助立法研究》，中国方正出版社2001年版，第218页。

化；b）建议采取的行动；c）案件进展情况或无进展的原因及其他情形。有必要向受援人提供书面材料的，应当在 3 个工作日内提供"。

【延伸阅读】法律援助法律关系

对于法律援助人员具体服务要求的规定，必须通过剖析法律援助法律关系来解读。法律援助法律关系是由有关法律援助法律规范所调整的，在管理、实施法律援助的过程中，法律援助机构、法律援助人员、受援人及国家之间所形成的权利义务关系。法律援助法律关系可有广义、狭义之分。广义上的法律援助法律关系还包括国家与法律援助机构及受援人之间的关系，狭义的法律援助法律关系指具体的法律援助关系，仅涉及法律援助机构、法律援助人员及受援人，该法律援助行为包含了三个具体行为，法律援助机构决定给付法律援助的行为，法律援助机构指派法律援助人员具体实施法律援助的行为，法律援助人员为受援人提供法律服务的行为。[1]在此仅讨论狭义的法律援助法律关系的后两种法律援助行为，以此来分析法律援助人员所需承担的责任。

一、法律援助机构与法律援助人员之间的法律关系

法律援助人员指具体实施法律援助、为受援人提供法律服务的人员。根据《法律援助法》第 12 条的规定，法律援助人员主要包括律师、基层法律服务工作者和法律援助志愿者。与 2003 年《法律援助条例》第 21 条规定不同，后者规定法律援助机构可以指派律师事务所安排律师，也可以安排本机构的工作人员办理法律援助案件。实践中，多年来法律援助机构工作人员承办了大量法律援助案件，并领取办案费用补贴。但由于修正后的《刑事诉讼法》《民事诉讼法》和《行政诉讼法》对辩护人、代理人的资格有严格的限制，法律援助机构工作人员严格来说并不符合担任辩护人、代理人资格。此外，法律援助机构饱受"既当裁判员又当运动员"的质疑，承担组织实施职能的法律援助机构安排本机构工作人员办案，不符合公共管理规律，容易对本机构办案疏于监管。党的十八大以来，中央严肃严格清理乱发补贴问题，法律援助机构因缺少明确依据，大多停止给法律援助机构工作人员发放办案费用补贴，许多地区的法律援助机构已经原则上不办案。[2]但是，《法律援助法》第 13 条依旧保留了法律援助机构安排本机构工作人员提供法律援助的规定，主要是考虑到我国当前律师资源地域分布极不平衡和提高法律援助覆盖率的现实情况，通过赋予法律援助机构服务提供职能，来提高法律援助服务的供给力量。对于机构安排内部人员援助的法律关系，在此不再赘述。本书仅讨论法律援助机构与社会律

---

〔1〕 参见朱昆、郭婕："论我国法律援助法律关系"，载《山西省政法管理干部学院学报》2010 年第 1 期。

〔2〕 王春良等：《完善法律援助制度研究》，法律出版社 2018 年版，第 10~11 页。

师、基层法律服务工作者之间的法律关系，尤其是法律援助机构与被指派的律师之间的关系，在学界存在较大的争议，主要存在"行政委托说""行政命令说"以及"政府购买说"三种学说。

一是，法律援助机构与法律援助人员之间是一种行政委托关系，即法律援助机构将为受援人提供法律服务的责任委托给法律援助人员实施。[1]行政委托是指行政机关在其职权范围内依法将其行政职权或行政事项委托给有关行政机关、社会组织或者个人，受委托者以委托机关的名义实施管理行为和行使职权，并由委托机关承担法律责任。但对于法律援助机构指派律师的行为，在立法上并未明确为行政委托，缺乏法定依据。此外，行政委托的内容是行政行为，而法律援助机构指派律师提供服务属于民事行为，而且是由律师自行承担相应的法律责任。行政委托也是一种合约关系，需要征得双方的同意才可实施，但根据本法第46条的规定，律师提供法律援助服务具有强制性，无正当理由不得拒绝提供法律援助。[2]目前"行政委托说"暂时缺乏一定的解释力，需要回应上述诸多质疑。

二是，法律援助机构与法律援助人员之间是行政命令关系。行政命令是指行政主体依法要求相对人进行一定的作为或不作为的意思表示。法律援助机构的指派行为符合上述特征。[3]根据《法律援助法》第16条规定："律师事务所、基层法律服务所、律师、基层法律服务工作者负有依法提供法律援助的义务。律师事务所、基层法律服务所应当支持和保障本所律师、基层法律服务工作者履行法律援助义务。"律师事务所和律师有义务服从指派，为受援人提供法律援助服务。律师事务所和律师无正当理由拒绝接受法律援助机构指派，不履行法律援助义务的，根据《法律援助法》第62条和第63条的规定，由司法行政部门依法给予处罚。从目前法律援助机构指派行为所具有的强制性来看，法律援助机构与法律援助人员之间是行政命令关系。

---

〔1〕　主要表现为：法律援助机构有权要求法律援助人员为受援人提供合格的法律援助服务，有权监督法律援助人员的办案进程和质量，有义务为法律援助人员出具必要的法律文书，协调法律援助人员与法院等相关部门的关系，有义务支付法律援助人员的实际办案开支；法律援助人员有权要求法律援助机构出具必要的法律文书、协调其与法院等相关部门的关系、支付实际办案开支，法律援助人员有义务为受援人提供合格的法律援助服务并接受法律援助机构对办案进程和质量的监督。参见宫晓冰主编：《中国法律援助立法研究》，中国方正出版社2001年版，第42页。

〔2〕　王春良等：《完善法律援助制度研究》，法律出版社2018年版，第77~78页。

〔3〕　它的特征是：（1）行政命令由有权发布命令的行政主体作出；（2）行政命令属于行政主体的一种处理行为，表现为要求相对人进行一定的作为或不作为；（3）行政命令是要求相对人履行一定的义务，而不是赋予相对人一定的权利；（4）命令是为相对人设定的行为规则，具体规则表现在特定时间内对特定事或特定人所作的特定规范；（5）相对人违反行政命令，可以引起行政主体对他的制裁；（6）命令是依法或依职权作出的。参见朱昆、郭婕："论我国法律援助法律关系"，载《山西省政法管理干部学院学报》2010年第1期。

三是，法律援助机构与法律援助人员之间是一种政府购买公共服务的关系。"政府购买说"又可以分为"行政合同说"和"民事行政合同混合说"两种。2014年修正的《行政诉讼法》第12条将行政合同以"行政协议"的形式正式写进行政诉讼法，因而行政协议是指"行政机关为实现公共利益或者行政管理目标，在法定职责范围内，与公民、法人或者其他组织协商订立的具有行政法上权利义务内容的协议"。[1]相比于通常意义的民事合同，行政合同中因一方当事人为政府，基于公共利益的需要，政府享有更多的"特权"或行政优益权。例如，美国的政府合同包含给予政府变更合同条款、终止合同等特别的合同权利。[2]持"行政合同说"的学者认为法律援助机构具有预先设定辩护服务提供方的资格条件，单方面解除辩护合同以及有权监督管理辩护服务提供方的履约行为三方面的特权。[3]"民事行政合同混合说"赞成上述观点，同时认为合同双方当事人也要遵守合同法的基本原则和一般规则，如双方的法律地位是平等的。但是，对"政府购买说"最大的质疑是法律援助人员提供法律援助服务与获得报酬具有不对等性，其只能获得一定的办案补贴，无法按照法律服务市场上等价有偿原则从法律援助机构取得相应的报酬，显然不符合合同的一般原理。[4]

我们认为，以目前《法律援助法》的规定来看，法律援助机构指派行为对于法律援助人员而言具有一定的强制性，且法律援助机构也在事中事后对法律援助人员具有监督和规范服务质量的职能，对于援助人员无故拖延、拒绝提供、擅收财物等不当行为，由司法行政部门依法予以处罚。对此，法律援助机构与法律援助人员之间的关系更贴合一种行政命令关系。我国法律援助制度初建时期，为确保有律师提供法律援助服务，当时的立法强调执业律师、律师事务所负有履行法律援助的义务。但是，随着我国法律援助制度的发展，法律援助机构设置愈发规范化，将来会逐渐转变为事业单位，不再承担具体的行政职能，相应的指派行为不再具有行政性质。此外，基于法律援助服务质量的考量，法律援助机构的指派行为也将逐步纳入政府购买法律服务的范围，通过设置严格的资格条件和准入门槛，制定科学评审标准和方法，以公开招标的方式购买高质量法律援助。建议立法明确确立"法律援助实行法律援助服务名册管理制度"，在强调法律援助质量资质管理的制度下，只有

---

〔1〕 江必新主编：《中华人民共和国行政诉讼法理解适用与实务指南》，中国法制出版社2015年版，第56页。

〔2〕 ［美］罗伯特·A. 希尔曼：《合同法的丰富性：当代合同法理论的分析与批判》，郑云端译，北京大学出版社2005版，第268页。

〔3〕 参见吴羽："合同关系视域下政府购买律师法律服务研究——以政府合同外包刑事法律援助案件为中心"，载《社会科学研究》2017年第1期。

〔4〕 参见朱昆、郭婕："论我国法律援助法律关系"，载《山西省政法管理干部学院学报》2010年第1期。

符合法定条件、进入服务名册的律所、律师才能够提供法律援助。从国际法律援助实践来看，法律援助服务名册管理制度也是一项普遍的做法和经验，而且已经为我国部分省市法律援助中心所采用（如山东、安徽的"法律援助律师库"）。故建议修改本条第 1 款的规定，构建高质量的法律援助制度，让受援人获得有效的法律援助应是我国法律援助的发展方向。

二、法律援助人员与受援人之间的法律关系

在这一系列法律关系当中，法律援助律师与受援人之间的关系最为模糊。无论是立法、司法还是理论界，至今仍未形成一致的意见。以律师会见为例，《刑事诉讼法》第 39 条第 2 款规定，"辩护律师持律师执业证书、律师事务所证明和委托书或者法律援助公函要求会见在押的犯罪嫌疑人、被告人的，看守所应当及时安排会见，至迟不得超过四十八小时"。在此，刑事诉讼法已经明确，委托书与法律援助公函具有等同的法律效力，辩护律师可以任意择其一，这也意味着刑事诉讼法在一定程度上已经区分委托律师和法律援助机构指派律师。但是，2013 年"两院两部"《关于刑事诉讼法律援助工作的规定》第 14 条规定："承办律师接受法律援助机构指派后，应当按照有关规定及时办理委托手续。"这一要求律师与受援人签订委托手续的规定显然与《刑事诉讼法》第 37 条的内容相互冲突，背后所反映的问题是法律援助人员与受援人之间的关系是否与委托律师和当事人之间的关系等同？对此，学界尚未形成一致意见，大体上形成三种观点，即"委托关系论""特殊委托关系论"和"行政法律关系论"。

一是，法律援助人员与受援人之间的关系就是一种民事委托与被委托关系，是与付费当事人一样的委托代理关系。除了免费之外，这种法律服务协议与其他法律服务协议没有大的区别。法律援助人员与受援人之间的权利义务关系为，前者有义务为特定受援人提供合格法律服务，有义务向受援人报告案件办理情况，有义务为受援人保密，相应地有权利要求受援人如实陈述与案件有关的情况，及时提供相关证据材料，协助、配合法律援助工作。受援人则有权了解案件的进展情况，对于未尽到职责的法律援助人员，可以依法向司法行政部门投诉，并可以请求法律援助机构更换法律援助人员。[1]对此，2017 年联合国《示范法典》第 9 条规定，"法律援助提供者与法律援助受援人之间的关系应当与私人聘请的辩护律师与其委托人一样，享有同样的权利和特权，并负有同样的义务、责任和职责"。但有论者提出反对意见，认为法律援助权利义务关系的根据不是基于双方意思自治产生的委托关系，而是基于法律的规定，体现出国家公权力的特征。此外，仅以是否免费作为社会律师、法律援助律师与受援人关系的唯一区别，则无法界分公益辩护与法律援助

---

〔1〕　参见耿胜先："论法律援助法律关系及各方责任"，载《中国司法》2010 年第 1 期。

辩护的关系。[1]

二是，法律援助人员与受援人之间的关系被定位为一种特殊类型的委托代理关系。相比于法律服务市场中社会律师与当事人之间的关系，法律援助人员与受援人之间的委托关系则是建立在非自愿、有条件以及无偿基础之上。法律援助人员与受援人之间的法律关系不是通过双方自愿选择产生的，而是通过法律援助申请人的申请或者人民法院的指定并经由法律援助机构的指派或者安排产生的。在提供法律援助过程中，法律援助人员不得向受援人收取任何财物，这与市场经济下等价有偿原则不符。此外，法律援助人员违反法律援助法所要承担的法律责任也与社会律师有所不同。[2]当然，也有论者直接否定双方形成委托关系，因为委托关系强调的是双方的自愿和信任，而法律援助人员与受援人均缺乏双方自愿性的基础和前提。

三是，从国家责任的视角出发，法律援助人员与受援人之间是一种行政法律关系，是履行与国家签订的行政合同而为受援人提供法律服务。1996年《刑事诉讼法》第34条规定，"公诉人出庭公诉的案件，被告人因经济困难或者其他原因没有委托辩护人的，人民法院可以指定承担法律援助义务的律师为其提供辩护"。2012年修正的《刑事诉讼法》将原来"承担法律援助义务的律师"表述为"律师"，这是有意将"国家责任、律师义务"变为"国家责任"。[3]而且正如上述，刑事诉讼法已经在立法上明确委托书和法律援助公函是性质不同的两种文书，后者带有鲜明的行政属性，受援人既不能自主地选择具体某个律所的律师，也不能自主地选择由法律援助律师还是社会律师来为自己辩护，其自愿性被大大压缩。当法律援助律师接到法律援助机构开出的法律援助公函之后，他就已经正式代表国家来为受援人提供法律服务，这是一种无偿的、上命下从的行政关系。[4]

我们认为，从目前的法律法规来看，法律援助人员与受援人之间的关系，由于受到法律援助机构指派行为的影响，带有更多的行政色彩。但是，随着法律援助事业的发展，这两者的关系必然会走向一种正常的委托关系。例如，在实行法律援助服务名册管理制度后，由社会律师自愿决定是否进入法律援助服务律师名册当中。在建立法律援助律师库之后，部分地区也开始实行点援制，由受援人根据案件案由、案情等因素，在法律援助中心建立的律师名册内自主选择法律援助人员，这样

---

[1] 参见覃冠文："刑事法援律师与受援人法律关系之正本清源——以国家责任为视角"，载《山东警察学院学报》2016年第1期。

[2] 参见朱昆、郭婕："论我国法律援助法律关系"，载《山西省政法管理干部学院学报》2010年第1期。

[3] 参见汪海燕："责任、范围和标准：刑事法律援助制度的隘口"，载顾永忠主编：《刑事法律援助的中国实践与国际视野：刑事法律援助国际研讨会论文集》，北京大学出版社2013年，第165页。

[4] 参见覃冠文："刑事法援律师与受援人法律关系之正本清源——以国家责任为视角"，载《山东警察学院学报》2016年第1期。

就确保法律援助人员与受援人之间是基于自愿和信任而产生代理关系，有效地提高法律援助服务的质量。而伴随着经济条件的改善，我国法律援助经费保障制度不断完善，则法律援助服务价格将逐渐与法律市场服务价格缩小差距，尽量符合市场服务等价有偿的原则。

第四十七条 【受援人的协助配合义务】

受援人应当向法律援助人员如实陈述与法律援助事项有关的情况，及时提供证据材料，协助、配合办理法律援助事项。

【条文要旨】

本条是关于受援人协助配合义务的规定。根据该条规定，在法律援助服务过程中，受援人应当积极协助、配合法律援助人员开展工作，为维护自身合法权益创造积极条件。具体而言，受援人负有三项具体义务：一是，如实陈述相关的案件情况，不得故意误导法律援助人员。二是，及时提供有关证据材料，为维护自身利益创造条件。三是，协助、配合法律援助人员进行诉讼，如配合调查案件事实。考虑到受援人的具体情况，法律援助人员应当及时提醒、告知受援人需协助准备哪些证据材料、配合完成哪些诉讼活动。

根据本法第48条的规定，受援人故意隐瞒与案件有关的重要事实或者提供虚假证据，或者利用法律援助从事违法活动的，法律援助人员有权通知法律援助机构，及时终止法律援助。

【立法背景】

与2003年《法律援助条例》相比，本条关于受援人责任的规定属于新增条款，旨在弥补立法上缺乏规定法律援助受援人义务的漏洞。《法律援助条例》仅规定了法律援助机构、法律援助人员的职责和义务，但对于受援人的义务并没有予以规定。从法律援助人员与受援人的关系来看，作为一种特殊的委托代理关系，律师事务所在接到法律援助机构指派后，需与受援人签订委托协议，就双方的权利和义务予以明确。一般来说，受援人享有无偿获得法律援助、了解案件办理情况、要求相关人员对案件内容予以保密等权利，同时也必须履行真实地向办案人员陈述案情事实，及时提供与本案有关的证据材料，协助、配合办理法律援助事项的义务。

在《法律援助法》出台前，国家层面关于受援人的义务几乎没有规定，仅在地方条例中有所体现。例如，2019年修订的《深圳市法律援助条例》第30条第2款规定："受援人应当履行下列义务：（一）向法律援助人员如实陈述案件事实与相关情况；（二）提供真实的有关证明和证据材料；（三）配合法律援助人员工作；（四）经济状况和案件情况发生变化时，及时告知法律援助机构。"又比如《武汉市法律援助条例》第26条规定："受援人应当如实陈述案件事实和相关情况，及时提供有关材料，配合法律援助人员调查案件事实；当经济状况发生变化时，应当及时告知法律援助人员或者法律援助机构。"但是，在国家层面缺乏统一的关于受援人义务的规定，容易导致受援人违法成本偏低，势必会为其骗取法律援助，不履行相应的义务等违法行为的发生埋下隐患。[1]

此外，从比较法的角度来看，为确保法律援助工作的顺利开展，增强法律援助的严肃性、权威性和正义性，各国也都对受援人的义务在立法上予以规定，以督促受援人积极配合法律援助工作。例如，《越南法律援助法》第9条规定，法律援助受援人的义务包括："1. 提供证明其符合法律援助资格的相关文件。2. 予以配合，就受援助案件及时提供充分的信息、文件和证据，并对所提供的信息、文件和证据的准确性负责。3. 尊重法律援助组织、法律援助提供者和参与法律援助案件的其他机构、组织和个人。4. 不能就其他法律援助组织已经予以援助的案件请求法律援助。5. 遵守法律援助法及法律援助所在地的各项规则。"又比如《瑞士日内瓦州法律援助和民事、行政、刑事法律顾问及指定辩护人补贴规章》第7条规定，"法律援助受援人有义务即刻告知书记室其经济状况方面的任何变化。一旦诉讼结束，在《民事诉讼法典》第123条第2款规定的期限内继续对负责征收的部门承担此项义务……申请人或受援人如故意提供不完整或不正确信息，或疏于告知书记室其账务状况的改善，可能受到刑事检举"。[2]我国《法律援助法》在吸收实践中各省条例和世界上各国法律援助立法的优良做法的基础上，首次明确规定受援人需要履行的义务。

关于受援人责任的规定，《法律援助法（草案）》初稿第40条的表述是，"受援人有权了解法律援助事项办理情况，有证据证明法律援助人员不依法履行职责的，可以向法律援助机构投诉，或者请求更换法律援助人员。受援人应当向法律援助人员如实陈述与法律援助事项有关的情况，及时提供证据材料，协助、配合办理法律援助事项"。即该条第1款首先规定受援人的知情权、投诉或申请变更的权利，之后在第2款中规定了受援人的义务。《法律援助法（草案）》一审稿与初稿的表述保持一致。但在听取各界意见之后，《法律援助法（草案）》二审稿对该条规定进行了体例上的修改，将该条第1款的内容转移到第五章"保障和监督"第55条，第2款内容保持不变，与一审稿一致。《法律援助法》与二审稿在表述上一致。这样保证了《法律援助法》第47条与第46条的内容形成权利义务对应关系，即分别规定法律援助人员的义务和受援人的义务，体例上更为合理完整。

---

[1] 参见葛景富："法律援助制度化规范化若干问题研究"，载《中国司法》2015年第6期。

[2] 司法部法律援助中心编译：《国（境）外法律援助法律法规汇编》，法律出版社2016年版，第403页。

一审稿	二审稿
第三十八条　受援人有权了解法律援助事项办理情况，有证据证明法律援助人员不依法履行职责的，可以向法律援助机构投诉，或者请求更换法律援助人员。 受援人应当向法律援助人员如实陈述与法律援助事项有关的情况，及时提供证据材料，协助、配合办理法律援助事项。	**第四十四条**　受援人应当向法律援助人员如实陈述与法律援助事项有关的情况，及时提供证据材料，协助、配合办理法律援助事项。

关于本条规定，在立法过程中，有实务部门提出完善建议：建议修改为"受援人应当向法律援助机构、法律援助人员如实陈述与法律援助事项有关的情况，及时提供证据材料，协助、配合办理法律援助事项"。理由如下：为便于法律援助机构及时受理、审查法律援助申请，受援人需要如实提供证据材料，协助并配合办理法律援助事项。

【条文释义】

本条规定受援人应当承担如实陈述案情，及时提供证据，协助、配合办理法律援助三项责任。其中"协助、配合办理法律援助事项"是受援人所要履行的核心义务，如实陈述案件情况和及时提供证据两项义务都是协助、配合义务的具体表现，属于衍生责任。通过对该条的细致分析，可以发现其主要包括三部分内容：责任主体、责任内容和违反后果。

一、责任主体："受援人"

从体系解释的角度来看，《法律援助法》要求接受法律援助一方履行配合义务的规定共有四处，一是在申请法律援助时要求申请人如实说明经济困难状况；二是在法律援助机构开展核查工作时要求申请人应当予以配合；三是申请人提交的申请材料不齐全的，法律援助机构可以要求申请人作出说明；四是本条规定的受援人需协助配合法律援助人员办理法律援助事项。与前三类配合义务相比，第四类规定的特殊之处在于责任主体为"受援人"。在法律援助实践中，有权或有资格申请并获得法律援助的人只是潜在的法律援助受援人，只有在其法律援助申请获得法律援助机构的审查批准，或者经法院指定辩护律师之后，他才能成为法律援助的受援主体。[1]

"受援人"一词体现以下几层含义：第一，受援人履行协助配合义务所处的阶段不再是法律援助申请审查阶段，而是处于法律援助案件办理过程中；第二，正是因为所处阶段不同，受援人所要协助配合的对象也发生变化，不再是负责组织实施

---

〔1〕　宫晓冰主编：《中国法律援助立法研究》，中国方正出版社2001年版，第86页。

工作的法律援助机构，而是具体提供法律服务的法律援助人员，即主要包括律师、基层法律服务工作者和法律援助志愿者等；第三，从受援人和法律援助人员的权利义务关系来看，配合阶段和对象发生变化，决定了受援人所要承担的责任内容主要是如实陈述与案件相关的事实，及时提供与案件有关的证据材料，以确保法律援助人员能够积极维护其合法权益。对此，我们认为增加"法律援助机构"作为受援人协助配合的对象的做法并无必要，在办理法律援助案件过程中，主要是由法律援助人员与受援人进行沟通联系并提供具体服务，法律援助机构的主要职责则是监督法律援助人员案件办理质量和效率。

二、责任内容：如实陈述、提供证据和协助配合

权利和义务是具体的、对应的，享受权利就必然要承担一定的义务。在立法上明确规定受援人的配合义务，主要有三方面的好处：一是，从受援人角度出发，由于受援人一般与案件的处理结果有利害关系，对案件事实和相关情况较为了解，需要其积极配合说明情况、提供证据，协助法律援助人员调查有关情况，这是法律援助人员顺利办理法律援助事宜的必要保证；二是，从法律援助人员角度出发，让受援人清楚自身应尽的义务，从而主动配合办案人员工作，避免出现受援人得到法律援助后，对案件后续的回访及满意度调查不闻不问的情况；三是，在获准法律援助的经济状况和案情条件发生变化时，要求受援人就该情况向法律援助人员及时报告，则是法律援助机构掌握受援人情况，防止法律援助被滥用所必需的。

此外，从法律援助人员与受援人之间的法律关系来看，双方本质上系平等主体之间的法律服务合同关系。《民法典》第一编总则第一章基本规定第7条规定，"民事主体从事民事活动，应当遵循诚信原则，秉持诚实，恪守承诺。"基于诚信原则，受援人与法律援助人员需根据自愿签订的法律援助委托代理合同来履行相关的权利义务。而根据一般委托合同规定，受援人应当真实、详尽地向法律援助人员叙述案件事实，提供与案件有关的证据材料，并对证据材料的真实性、合法性负责，也要主动配合法律援助人员的工作，提出的诉讼请求应当明确、合理、合法。

至于受援人具体责任内容，包括但不限于以下方面：（1）如实陈述与请求有关的事实及法律理由，并及时提供一切相关证据。（2）积极配合法律援助人员调查案件事实等诉讼活动。（3）经济状况、案件情况发生变化的，应当及时告知法律援助机构或者法律援助人员。（4）自行委托律师或者其他代理人时，要及时告知法律援助人员并与之解除委托关系。（5）有正当理由要求终止法律援助的，要及时告知法律援助人员具体情况。（6）在法律援助服务被终止时，应要求返还已经由法律援助机构或人员支付的全部或部分法律援助费用，甚至缴纳一定数额的罚款。

在法律援助实施过程中受援人在履行一定义务的同时，必然要享有一定的权利，而法律援助制度中各主体之间的法律关系都是以受援人权利的实现为目的和出发点的。综合《法律援助法》的相关规定，受援人的权利主要体现在以下几个方面：（1）获得无偿法律援助服务的权利（第2条，将来可能按规定分担部分法律援助费用）；（2）向法律援助机构、法律援助人员了解法律援助事项办理情况的权利（第55条）；（3）要求对其提供给法律援助机构或法律援助人员的有关信息予以保密的权利（第21条）；（4）在法律援助申请被拒绝或终止时，向设立该法律援助机构的司法行政部门提出异议，甚至申请行政复议或者提起行政诉讼的权利（第49条）；（5）基于正当理由而向司法行政部门投诉及请求更换法律援助人员的权利（第55条）；（6）基于正当理由要求终止法律援助的权利（第48条）；（7）通过委托辩护优先原则拒绝法律援助的权利（第27条）。当然有些权利，如选择律师权等，在实践中虽然有点援制的试点和推行，但在立法上缺乏必要的规定。

三、违反后果

法律义务是法律关系的主体所受到的法律上的约束，即义务人必须依照法律规定，作出或不作出一定的行为，以实现或不侵犯他人的合法权利。而法律责任是指义务人在不履行自己的法律义务时所应受到的法律上的处罚，即拒绝遵守法律上的约束时所必须承担的、由此引起的法律后果。因此，一方面，一般情况下违反法律义务是承担法律责任的前提；另一方面，有时候追究法律责任是法律义务得以履行的手段和措施。[1]故对于受援人义务条款的理解，必须结合其违反义务所需要承担的法律责任的相关条款。根据《法律援助法》第48条的规定，受援人不履行如实陈述义务，故意隐瞒与案件有关的重要事实或者提供虚假证据的，法律援助机构有权作出终止法律援助的决定。受援人隐瞒自身经济状况，通过提供虚假的经济困难证明材料来获得法律援助的，可以根据《法律援助法》第64条规定，由司法行政部门责令其支付已实施法律援助的费用，并处3000元以下罚款。此外，受援人在接受法律援助过程中有未对法律援助人员予以协助配合，滥用法律援助权利，要求法律援助人员做法律法规所不允许的事情，构成犯罪的，根据《法律援助法》第67条的规定，依法追究刑事责任。关于受援人义务的规定，不只是原则上要求受援人协助配合法律援助人员，而是一种强制性义务，在其不予配合时对其施加必要的法律惩戒。

---

[1]　参见张贵成："法律义务与法律责任"，载《法学》1984年第7期。

第四十八条【终止法律援助】

有下列情形之一的，法律援助机构应当作出终止法律援助的决定：

（一）受援人以欺骗或者其他不正当手段获得法律援助；

（二）受援人故意隐瞒与案件有关的重要事实或者提供虚假证据；

（三）受援人利用法律援助从事违法活动；

（四）受援人的经济状况发生变化，不再符合法律援助条件；

（五）案件终止审理或者已经被撤销；

（六）受援人自行委托律师或者其他代理人；

（七）受援人有正当理由要求终止法律援助；

（八）法律法规规定的其他情形。

法律援助人员发现有前款规定情形的，应当及时向法律援助机构报告。

【条文要旨】

本条是关于终止法律援助的规定。根据该条规定，终止法律援助的法定情形主要有 7 种；此外，其他法律法规也可以增加新的情形。终止法律援助的法定情形可以分为三类：一是，基于受援人的过错，如第 1 项、第 2 项、第 3 项；二是，基于情势变化，如第 4 项和第 5 项；三是，基于受援人主动放弃，如第 6 项和第 7 项。遇有法律规定情况，法律援助人员无权自行终止提供法律援助，而应当及时报告法律援助机构。是否终止法律援助，由法律援助机构查明情况后决定。

根据本法第 55 条规定，受援人有正当理由的，可以请求更换法律援助人员。此外，在刑事案件中，根据本法第 27 条的规定，受援人及其近亲属决定自行委托辩护时，法律援助机构应当及时终止法律援助。

【立法背景】

在法律援助的实施过程中，因受援人自身的情况变化或出现以前未被法律援助机构掌握的情况，使得受援人不再符合法律援助条件时，法律援助机构可以作出终止法律援助的决定。各国法律援助法有关终止法律援助的规定内容丰富。例如，《瑞士日内瓦州法律援助和民事、行政、刑事法律顾问及指定辩护人补贴规章》第 9 条规定，"当不再具备给予法律援助的条件时或当证实该条件从未具备时，法律援助将被撤销"。[1] 又如《新西兰 2011 年法律服务法》第 30 条规定，关于民事事项，受援人有下列任何情形的，法律服务专员可以随时撤销或修改向其授予的法律

---

〔1〕 参见司法部法律援助中心编译：《国（境）外法律援助法律法规汇编》，法律出版社 2016 年版，第 403 页。

援助：（1）受援人不再属于符合法律法规规定有权获得该法律援助授予的人；（2）确信与法律援助授予相关的诉讼程序已处分完毕；（3）确信受援人不合理地要求进行诉讼程序，从而使法律服务专员产生不具充分理由的支出，或不合理地要求继续诉讼程序；（4）受援人不再有合理理由提起、应对诉讼程序或在诉讼程序中成为当事方，或者在特定情形下该人继续接受法律援助不合理或不需要；（5）受援人故意或因过失就经济来源作出不实陈述，或未能披露任何与其相关的重大事实；或受援人要求撤销法律援助授予等情况。[1]

《法律援助法》关于终止法律援助的规定明显是在 2003 年《法律援助条例》第 23 条的基础上，进行了进一步的扩展和完善。2003 年《法律援助条例》第 23 条规定，"办理法律援助案件的人员遇有下列情形之一的，应当向法律援助机构报告，法律援助机构经审查核实的，应当终止该项法律援助：（一）受援人的经济收入状况发生变化，不再符合法律援助条件的；（二）案件终止审理或者已被撤销的；（三）受援人又自行委托律师或者其他代理人的；（四）受援人要求终止法律援助的"。与《法律援助条例》相比，本条主要是增加了三类受援人存在过错的情形以及法律法规规定的其他情形，以防止受援人滥用法律援助来获取不正当利益。

对于本条第 1 款第 1 项中"受援人以欺骗或者其他不正当手段获得法律援助"的情形，《法律援助法》第 43 条规定在法律援助申请阶段，应当由法律援助机构直接作出不予法律援助的决定，而在办理案件过程，则应当及时作出终止法律援助的决定，及时追回受欺诈而支出的法律援助费用。2017 年联合国《示范法典》第 38 条规定："38.1 在下列情形中，法律援助机关享有暂缓或取消法律援助受援人获得法律援助资格的权力：38.1.1 通过诈骗或虚假陈述获得法律援助资格的；38.1.2 经济上不再符合获得法律援助资格的；38.1.3 拒绝与被指派的法律援助提供者合作，或拒绝提供客户与律师关系中所需的合理的、必须的信息以及文件的；38.1.4 向法律援助机关提出撤回法律援助的请求的。"

对于本条第 1 款第 2 项、第 3 项中"受援人故意隐瞒与案件有关的重要事实或者提供虚假证据"和"受援人利用法律援助从事违法活动"的情形，《法律援助法》主要是参考《办理法律援助案件程序规定》第 33 条第 1 款的规定，即"有下列情形之一的，应当终止法律援助：（一）受援人不再符合法律援助经济困难标准的；（二）案件依法终止审理或者被撤销的；（三）受援人自行委托其他代理人或者辩护人的；（四）受援人要求终止法律援助的；（五）受援人利用法律援助从事违法活动的；（六）受援人故意隐瞒与案件有关的重要事实或者提供虚假证据的；（七）法律、法规规定应当终止的其他情形"。根据《律师法》的规定，辩护律师

---

[1]　参见司法部法律援助中心编译：《国（境）外法律援助法律法规汇编》，法律出版社 2016 年版，第 559 页。

除应当维护当事人合法权益之外，还要维护法律的正确实施与社会公平正义，其执业活动必须遵守宪法和法律，恪守律师职业道德和执业纪律，以事实为根据，以法律为准绳。当受援人故意隐瞒重要事实或提供虚假证据，或利用法律援助从事违法活动时，受援人与法律援助人员之间的代理关系由于不具有合法性和现实性的基础，因此当然应当被强制终止。[1]

对于本条第 1 款第 7 项"受援人有正当理由要求终止法律援助"的情形，《法律援助法》在旧有条例的基础上增设"正当理由"的条件，对受援人坚持自行辩护进行严格限制，充分发挥律师在审判过程中的辩护作用，加强人权司法保障，促进司法公正。2013 年"两院两部"《关于刑事诉讼法律援助工作的规定》第 15 条规定，"对于依申请提供法律援助的案件，犯罪嫌疑人、被告人坚持自己辩护，拒绝法律援助机构指派的律师为其辩护的，法律援助机构应当准许，并作出终止法律援助的决定；对于有正当理由要求更换律师的，法律援助机构应当另行指派律师为其提供辩护。对于应当通知辩护的案件，犯罪嫌疑人、被告人拒绝法律援助机构指派的律师为其辩护的，公安机关、人民检察院、人民法院应当查明拒绝的原因，有正当理由的，应当准许，同时告知犯罪嫌疑人、被告人需另行委托辩护人。犯罪嫌疑人、被告人未另行委托辩护人的，公安机关、人民检察院、人民法院应当及时通知法律援助机构另行指派律师为其提供辩护"。

关于终止法律援助的规定，《法律援助法（草案）》初稿第 41 条的表述是，"法律援助机构发现有下列情形之一的，应当终止法律援助：（一）受援人以欺骗或者其他不正当手段获得法律援助的；（二）受援人利用法律援助从事违法活动的；（三）受援人经济状况发生变化，不再符合法律援助条件的；（四）案件终止审理或者已经被撤销的；（五）受援人自行委托律师或者其他代理人的；（六）受援人要求终止法律援助的；（七）法律法规规定应当终止的其他情形"。在听取各界意见之后，《法律援助法（草案）》一审稿相比于初稿，主要修改了以下几处：一是，将"应当终止法律援助"修改为"应当作出终止法律援助的决定"，主要是考虑到法律援助决定与实施主体二分，终止法律援助的直接主体是法律援助人员；二是，在第 5 项中将"委托律师"修改为"委托执业律师"；三是，在第 6 项中增设"有正当理由"的要求。《法律援助法（草案）》二审稿相比于一审稿主要修改了以下几处：一是，进行文字性修改，即调换主语"法律援助机构"的位置以及删除"执业"一词等；二是，增加一项内容，即"（二）受援人故意隐瞒与案件有关的重要事实或者提供虚假证据"；三是，增加一款关于法律援助人员报告终止法律援助情形的义务要求。2021 年 8 月《法律援助法》关于此条的规定与二审稿保持一致。

---

[1] 参见刘译矾："论委托人与辩护律师的关系——以美国律师职业行为规范为切入的分析"，载《浙江工商大学学报》2018 年第 3 期。

一审稿	二审稿
第三十九条　法律援助机构发现有下列情形之一的，**应当作出终止法律援助的决定：** （一）受援人以欺骗或者其他不正当手段获得法律援助的； （二）受援人利用法律援助从事违法活动的； （三）受援人经济状况发生变化，不再符合法律援助条件的； （四）案件终止审理或者已经被撤销的； （五）受援人自行委托**执业律师**或者其他代理人的； （六）受援人**有正当理由**要求终止法律援助的； （七）法律法规规定应当终止的其他情形。	第四十五条　有下列情形之一的，**法律援助机构**应当作出终止法律援助的决定： （一）受援人以欺骗或者其他不正当手段获得法律援助； **（二）受援人故意隐瞒与案件有关的重要事实或者提供虚假证据；** （三）受援人利用法律援助从事违法活动； （四）受援人的经济状况发生变化，不再符合法律援助条件； （五）案件终止审理或者已经被撤销； （六）受援人自行**委托律师**或者其他代理人； （七）受援人有正当理由要求终止法律援助； （八）法律法规规定的其他情形。 **法律援助人员发现有前款规定情形的，应当及时向法律援助机构报告。**

关于本条规定，在立法过程中，有专家建议将"（六）受援人自行委托律师或者其他代理人"修改为"（六）受援人及其近亲属已经自行委托律师或者其他代理人"。理由是在司法实践中，多数犯罪嫌疑人、被告人处于被逮捕羁押状态。因此，往往是犯罪嫌疑人、被告人的近亲属代为委托律师，而不是在押的受援人本人委托律师。故此，建议立法增加"及其近亲属"字样。对此，也有实务人员建议新增"监护人、近亲属代为委托"作为终止法律援助的情形。在当事人已自行聘请律师或者其他代理人的情况下，法律援助已不具备条件，应当终止。但在司法实践中，根据《刑事诉讼法》第34条第3款的规定，"犯罪嫌疑人、被告人在押的，也可以由其监护人、近亲属代为委托辩护人"，多为监护人、近亲属代为委托辩护人。近年来，司法实践中出现了被告人近亲属代为委托律师后，法院以法律援助中心已指派法律援助律师为由，拒绝委托律师辩护的情形。这种行为剥夺了当事人选择辩护律师的权利，显然是不正确的。因此，法律援助法有必要进一步明确终止法律援助的条件，即当监护人或近亲属已委托辩护律师时，法律援助机构也应当终止法律援助。

有实务部门对于该条款提出以下几方面的完善建议。

第一，建议删除"受援人的经济状况发生变化，不再符合法律援助条件"。理由如下：审查法律援助申请人经济状况，是指对其申请日前的经济状况进行审查。

作出给予决定及指派承办人员之后，受援人经济状况发生变化的，法律援助机构无法对个案均跟进核查，对不再符合法律援助条件的作出终止决定。上述规定无实践操作意义，且与行政行为的稳定性不符。

第二，建议将"受援人有正当理由要求终止法律援助"修改为"受援人申请撤回法律援助或者拒绝辩护的，但受援人是犯罪嫌疑人、被告人且符合《中华人民共和国刑事诉讼法》第三十五条第二款、第三款和第二百七十八条情形的除外"。理由是，受援人要求终止法律援助的，应当与《刑事诉讼法》关于拒绝辩护的规定相对应。

第三，建议新增两项，即"受援人拒不签署应当由其本人签字的委托协议等文书材料或违反协议约定，导致法律援助事项无法办理的""受援人失去联系无法继续为其提供法律援助的"。理由是，实践中，部分受援人在法律援助机构指派法律援助人员后，无正当理由拒不签署应当由其本人签字的委托协议等文书材料，违反协议约定，或失去联系，导致法律援助人员无法办理法律援助事项，亦无法结案归档。建议增加上述终止法律援助的情形，促使受援人正确行使权利，协助、配合办理法律援助事项，积极维护自身合法权益。

第四，建议增加"被申请强制医疗人员的近亲属已委托律师"作为法律援助机构终止法律援助情形之一。近年来，有些办案机关抢先通知法律援助机构指派法律援助律师，以达到排除犯罪嫌疑人、被告人或被申请强制医疗人员的近亲属聘请律师的目的。为防止再次出现"被法律援助"的情况，杜绝类似变相剥夺犯罪嫌疑人、被告人或被申请强制医疗人员选择辩护（代理）人的权利，有必要在第48条增加法律援助机构终止法律援助的情形，建议增加"被法律援助"解除条款，即"被申请强制医疗人员的近亲属已委托律师的"和"被羁押受援人近亲属已委托律师并申请终止法律援助的，办案机关应当安排法律援助律师和家属聘请的律师共同会见受援人。受援人选择家属聘请的委托律师的，应当与法律援助律师解除委托协议，法律援助机构应当终止法律援助"。

【条文释义】

本条规定了终止法律援助的适用程序和适用情形。一方面，决定终止法律援助的主体为法律援助机构，法律援助人员在发现终止法律援助情形时应当及时告知法律援助机构；另一方面，终止法律援助的情形主要分为三类：受援人存在过错类、案件情势变更类以及受援人放弃援助类。

一、适用程序

根据发现终止法律援助情形的主体不同，适用程序主要分为以下三种。

一是，法律援助机构发现新情况直接作出终止法律援助的决定。根据《法律援助法（草案）》初稿和一审稿的规定，法律援助机构发现有终止援助情形的，应当作出终止法律援助的决定。与初稿相比，一审稿将"应当终止法律援助"修改为"应当作出终止法律援助的决定"，主要是考虑到作出终止法律援助决定的主体与实施法律援助的主体不同，一般由法律援助机构经过审查核实作出决定，制作终止法律援助决定书，并发送受援人，同时函告法律援助人员所属单位和有关机关、单位，通知法律援助人员停止提供法律援助。《办理法律援助案件程序规定》第 33 条第 2 款规定："有上述情形的，法律援助人员应当向法律援助机构报告。法律援助机构经审查核实，决定终止法律援助的，应当制作终止法律援助决定书，并发送受援人，同时函告法律援助人员所属单位和有关机关、单位。法律援助人员所属单位应当与受援人解除委托代理协议。"

二是，法律援助人员在办案过程中发现受援人有不符合法律援助条件的情况的，应当及时向法律援助机构报告。在实践中，受援人的情况变化大多数时候是由承办人员在办案过程中发现的，但法律援助人员不能自行拒绝或终止援助，只能向法律援助机构报告具体情况，由法律援助机构审查核实后决定是否终止。之所以如此规定，主要是赋予法律援助机构监督职能，防止法律援助人员随意终止法律援助服务，损害受援人获得法律援助的权利。例如《香港地区法律援助规例》第 12 条第 7 款、第 8 款规定，在不损害律师或大律师以良好理由放弃处理案件的权利的原则下，任何律师或大律师如认为受助人曾要求以不合理的方式进行有关法律程序，致使署长招致不具充分理由的开支，或曾不合理地要求继续进行有关法律程序，或因受助人故意不提供他须提供的数据，或在提供数据时明知而作出虚假申述，可放弃处理该受助人的案件。但律师或大律师行使放弃处理受助人案件的权利时，须就行使该权利所处的一切情况，向署长作出报告。[1]

三是，公安机关、人民检察院、人民法院在诉讼程序中发现受援人有关情况后，应当及时函告法律援助机构来作出终止决定。受援人有关情况的出现或变化，除法律援助机构和承办律师外，作为办理该受援人案件的公安司法机关是很容易了解的。但是，对于司法人员发现受援人有关情况后如何作出终止援助决定，《法律援助法》并没有具体规定，需要结合其他法律法规来理解。

2003 年"两院两部"《关于刑事诉讼法律援助工作的规定（试点稿）》第 25 条规定："人民法院发现被告人有下列情形之一的，应当及时作出撤销指定辩护的决定，并将该决定函告法律援助机构，法律援助机构应当通知律师终止法律援助……法律援助机构发现法院指定辩护的刑事法律援助案件的被告人具有本条第一款的情形之一的，可以作出撤销法律援助的决定，同时通知律师终止法律援助，并应函告作出指定的人民法院。法律援助律师发现被告人有本条第一款规定的情形

---

[1] 参见司法部法律援助中心编译：《国（境）外法律援助法律法规汇编》，法律出版社 2016 年版，第 663 页。

的，应当将有关情况告知法律援助机构，经法律援助机构作出撤销法律援助的决定后，应当终止法律援助，并由法律援助机构函告作出指定的人民法院。"在此时期，人民法院也可以直接作出撤销指定辩护的决定。2005年《关于刑事诉讼法律援助工作的规定》第13条规定："实施法律援助的刑事诉讼案件出现《法律援助条例》第23条规定的情形时，法律援助机构、人民法院均应当在作出终止法律援助决定或者终止指定辩护决定的当日函告对方，对方相应作出终止决定。"该条文也承认人民法院有权直接作出终止指定辩护的决定。但是，2013年修改的《关于刑事诉讼法律援助工作的规定》第22条第2款规定，公安机关、人民检察院、人民法院在案件办理过程中发现受援人有终止法律援助情形的，应当及时函告法律援助机构，由法律援助机构审查核实后作出决定。至此，决定是否终止法律援助的权力由法律援助机构统一行使。

二、适用情形

终止法律援助的适用情形主要有八种三类，其中受援人存在过错的三种情形属于本次修法中的新增情况，而原有受援人放弃援助的条文则增加了"正当理由"的限制要素，第8项"法律法规规定的其他情形"为兜底条款，需要进一步解释和说明。

第一，本条第1款的前三项内容属于受援人存在过错的情形。其中，当"受援人以欺骗或者其他不正当手段获得法律援助"时，显然受援人并不符合法律援助事项范围或经济困难标准，法律援助机构自然需要及时终止法律援助。对于"受援人利用法律援助从事违法活动"，法律援助机构及时作出终止法律援助的决定的意义在于：一方面，可以及时阻止受援人的违法活动，以防止受援人的行为产生更为严重的社会危害后果；另一方面，由法律援助机构强制终止援助，可以对律师忠诚义务和真实义务这两种法律价值冲突进行协调。根据忠诚义务的基本要求，法律援助人员应将维护受援人的利益作为辩护或代理的目标，尽一切可能选择有利于实现这一目标的辩护手段和辩护方法。[1]同时，法律援助人员参与诉讼活动，只能采取合法或者至少不违法的方式和手段，承担着"消极的真实义务"，如不得帮助被追诉人隐匿、毁灭、伪造证据或者串供等。[2]当受援人利用法律援助从事违法活动时，作为当事人合法权益的维护者，法律援助人员不得将不利于被追诉人的事实和证据告知公检法机关，同时也不能协助配合受援人从事违法活动，危害社会的正常秩序稳定，从而陷入忠诚义务和消极真实义务相冲突的困境中。对此，参照《律师

---

〔1〕 参见陈瑞华："论辩护律师的忠诚义务"，载《吉林大学社会科学学报》2016年第3期。

〔2〕 参见［日］佐藤博史：《刑事辩护的技术与伦理：刑事辩护的心境、技巧和体魄》，于秀峰、张凌译，法律出版社2012年版，第37页。

法》第 32 条第 2 款的规定，受援人利用法律援助从事违法活动的，法律援助人员应当及时向法律援助机构报告，法律援助机构应当尽快作出终止法律援助的决定，让双方解除代理关系。

但对于"受援人故意隐瞒与案件有关的重要事实或者提供虚假证据"的情形，是否能够作为终止法律援助的理由，学界仍存在一定的争议。尤其是在强制辩护的情况下，作为犯罪嫌疑人、被告人的一项基本诉讼权利，获得辩护权不应当因为隐瞒所谓的重要事实而被限制。无论被追诉人是为了逃脱更严厉的惩罚向办案机关隐瞒事实，还是担心律师知悉事实后会带来不利影响而故意隐瞒，通常并不会妨碍律师的辩护活动。而且法律援助律师在为被追诉人辩护时，只是不得积极歪曲事实，而不需要掌握全部事实，有时律师知悉的部分事实可能会给辩护活动带来障碍。[1]但是，在申请法律援助的情况下，是否给予法律援助是由法律援助机构自行裁量的，其可以基于法律援助协议中的权利义务关系条款规定，对故意隐瞒与案件有关的重要事实的受援人终止援助。因此，本条第 1 款第 2 项关于受援人故意隐瞒事实或者提供虚假证据的情形，要区分为通知援助和申请援助两种情况进行讨论，对于后者，法律援助机构可以作出终止法律援助的决定。

第二，本条第 1 款第 7 项"受援人有正当理由要求终止法律援助"相比于 2003 年《法律援助条例》，增加了"正当理由"的限制。综观世界相关立法和司法实践，被告人能否拒绝指定辩护大体分为三种模式，即基于被告人自治权的独自辩护主导模式、基于辩护人地位的司法机关属性的强制指定辩护主导模式以及多元诉讼价值平衡观下的附条件的独自辩护主导模式。[2]例如，在日本，根据《日本刑事诉讼法》第 289 条的规定，对于可能判处死刑、无期徒刑或者 3 年以上惩役或禁锢的被告人，如果没有聘请辩护人，则必须指定国选辩护人，否则庭审不能进行。[3]在德国，根据《德国刑事诉讼法》第 141 条、第 142 条和第 145 条的规定，对于被指控犯重罪的被告人，必须有辩护人参与诉讼，被告人不享有选择独自辩护的权利；在强制辩护的情况下，德国判例甚至认为，即便被告人自己是律师也不能完全独自辩护。[4]

一般来说，辩护作为一种权利，被告人应有权自由处分，但是辩护人也负有协助法庭查明案件事实真相、促进法庭作出正确裁决的义务，被告人处分自己的辩护权利不得侵犯公共利益，故其无权随意拒绝国家提供的指定辩护。2021 年《最高

---

〔1〕　参见李奋飞："论辩护律师忠诚义务的三个限度"，载《华东政法大学学报》2020 年第 3 期。

〔2〕　参见陈学权："被告人能否拒绝指定辩护问题研究"，载《当代法学》2021 年第 1 期。

〔3〕　参见［日］田口守一：《刑事诉讼法》，张凌、于秀峰译，法律出版社 2019 年版，第 311 页。

〔4〕　参见［德］托马斯·魏根特：《德国刑事诉讼程序》，岳礼玲、温小洁译，中国政法大学出版社 2004 年版，第 59 页。

人民法院关于适用〈中华人民共和国刑事诉讼法〉的解释》第50条规定："被告人拒绝法律援助机构指派的律师为其辩护，坚持自己行使辩护权的，人民法院应当准许。属于应当提供法律援助的情形，被告人拒绝指派的律师为其辩护的，人民法院应当查明原因。理由正当的，应当准许，但被告人应当在五日内另行委托辩护人；被告人未另行委托辩护人的，人民法院应当在三日以内通知法律援助机构另行指派律师为其提供辩护。"

据此，在刑事领域，对于必须提供法律援助辩护的案件，我国采取的是强制指定辩护模式，要求被追诉人拒绝辩护时必须具有正当理由。2013年《关于刑事诉讼法律援助工作的规定》第15条也与《最高人民法院关于适用〈中华人民共和国刑事诉讼法〉的解释》的规定相类似，对于申请类法律援助案件，被追诉人有权无理由拒绝援助，法律援助机构应当准许，显然属于被告人独自辩护主导模式。而对于强制指定辩护的案件，公安司法机关必须查明被追诉人拒绝援助的原因以及是否具有正当理由。特殊的是，2017年《律师辩护全覆盖试点办法》规定的"适用普通程序审理的一审案件、二审案件、按照审判监督程序审理的案件"，人民法院应当通知法律援助机构指派律师为其提供辩护，但参照依申请提供法律援助的案件，被告人坚持自己辩护，拒绝法律援助机构指派的律师为其辩护，人民法院准许的，法律援助机构应当作出终止法律援助的决定，采取的是被告人独自辩护主导模式。因此，为与《刑事诉讼法》关于拒绝辩护的规定相对应，对于该项中"正当理由"的要求，应当理解为仅限于被告人具有《刑事诉讼法》第35条、第278条规定的应当通知辩护的情形，其他情形则受援人有权要求终止法律援助、独自辩护，法律援助机构无须审查其是否具有正当理由。即便属于应当通知辩护的对象，若是未成年被告人、盲聋哑被告人以及不能完全控制和辨认自己行为的限制刑事责任能力的精神病人，由于不具有正常的心智，不能行使独自辩护权，也无权拒绝指定辩护。

我国的法律援助自设立起就是一体化的法律援助制度，包括刑事法律援助制度及民生保障制度。在刑事诉讼中，面对国家暴力机构的被追诉人是弱势一方，由于其人身自由权乃至生命权受到威胁，因此基于人权保障的普遍性和非歧视性，对所有被追诉人提供法律援助的法律价值基础是形式平等。而在民事诉讼中，私权利主体之间的对抗因为贫困弱势群体无力通过法律服务市场获得律师的有效帮助，对与民生相关的民事案件提供法律援助的法律价值基础是实质正义，通过矫正法律服务市场的失灵以实现社会正义。[1]因此，世界上多数国家确立了刑事优先原则，民事法律援助则采取有限援助原则。

而在民事案件中受援人是否有权要求终止法律援助，应当以生存和发展基本

---

[1] 参见黄东东："民事法律援助范围立法之完善"，载《法商研究》2020年第3期。

权利的保障为判断标准。根据本法第 55 条的规定，法律援助人员未依法履行职责的，受援人有权要求终止法律援助服务，请求法律援助机构更换法律援助人员。对于受援人想要自行参与诉讼的，应当首先判断受援人是否具有清晰认识和判断自己拒绝法律援助行为的意思能力，其次再判断受援人的行为能力是否适格，无行为能力的法律行为无效，最后有必要判断其意思表示是否真实以及内容是否违法背俗。[1] 只有确保受援人有自行诉讼的能力，法律援助机构才能准许终止法律援助。

上述规定主要针对受援人没有委托辩护律师的情况，需要限制其拒绝指定辩护的权利，以保障受援人的合法权益得到维护。但是受援人自行委托律师或者其他代理人的，在司法实践中，人民法院"借口被告人有法律援助而拒绝委托辩护"的现象屡有发生。这种变相侵犯被告人辩护权的现象不仅严重损害了刑事司法的程序公正性，而且也严重扭曲了法律援助制度的法律功能。鉴于此，《法律援助法》第 27 条规定，"人民法院、人民检察院、公安机关通知法律援助机构指派律师担任辩护人时，不得限制或者损害犯罪嫌疑人、被告人委托辩护人的权利"。据此，立法确立了委托辩护优先规则。也即，在辩护人来源问题上，应当坚持"委托辩护优先、法律援助补充"的基本法则。换句话说，法律援助以犯罪嫌疑人、被告人"没有委托辩护"为前提条件；只要"有委托辩护"，无论是犯罪嫌疑人、被告人自行委托，还是其近亲属依法代为委托，犯罪嫌疑人、被告人即不再享有获得法律援助的权利。只有贯彻落实委托辩护优先原则，才能解决其与法律援助的冲突问题，杜绝审判机关以法律援助之名，行不公正审判之实。

第三，对于本条第 1 款第 8 项中"法律法规规定的其他情形"的规定，属于兜底条款，用于弥补列举式立法模式之不足，在保持法律相对稳定性的同时可以应对日益变化的社会变迁，方便法律援助机构顺利开展工作。例如，2005 年最高人民法院、司法部《关于民事诉讼法律援助工作的规定》第 12 条规定，"实施法律援助的民事诉讼案件出现《法律援助条例》第二十三条规定的终止法律援助或者《司法救助规定》第九条规定的撤销司法救助的情形时，法律援助机构、人民法院均应当在作出终止法律援助决定或者撤销司法救助决定的当日函告对方，对方相应作出撤销决定或者终止决定"。

---

[1]　参见常鹏翱："意思能力、行为能力与意思自治"，载《法学》2019 年第 3 期。

第四十九条 【救济程序】

申请人、受援人对法律援助机构不予法律援助、终止法律援助的决定有异议的，可以向设立该法律援助机构的司法行政部门提出。

司法行政部门应当自收到异议之日起五日内进行审查，作出维持法律援助机构决定或者责令法律援助机构改正的决定。

申请人、受援人对司法行政部门维持法律援助机构决定不服的，可以依法申请行政复议或者提起行政诉讼。

【条文要旨】

本条是关于法律援助救济程序的规定。根据该条规定，申请人、受援人对法律援助机构不予法律援助、终止法律援助的决定有异议的，可以依法寻求救济。在程序上，申请人、受援人只能向设立该法律援助机构的司法行政部门提出异议；司法行政部门就此作出维持决定的，属于具体行政行为，依法可以申请行政复议或提起行政诉讼。

作为法律援助主管部门，司法行政部门有权责令法律援助机构改正。对于明显符合法律援助条件却"拒绝提供法律援助的"，司法行政部门应当根据本法第61条进行处罚。

【立法背景】

无救济则无权利。法律援助事业发展的不均衡不充分问题决定了并非所有的法律援助申请都能得到满足，由此赋予法律援助机构审查申请和决定提供与否的权力，从而确保有限的法律援助资源得到合理利用。依法获得法律援助是公民的一项重要的权利，法律援助机构对特定申请人作出是否给予援助的决定，关系到公民依法享有的法律援助权是否被无端剥夺，也关系到法律援助机构是否不适当地行使甚至是滥用自己的权力。从立法上规定法律援助申请被拒绝或终止法律援助后的救济程序，无疑是保障法律援助制度公正实施所必需的。[1]按照2003年《法律援助条例》第19条的规定，申请人对法律援助机构作出的不符合法律援助条件的通知有异议的，可以向确定该机构的司法行政部门提出，司法行政部门应当在5个工作日内进行审查。但是，当事人不服该司法行政部门的决定的，不能提起行政复议，也不能提起行政诉讼。[2]

旧有条例仅规定异议审查制度，由设立法律援助机构的同级司法行政部门实

---

[1] 参见宫晓冰主编：《中国法律援助立法研究》，中国方正出版社2001年版，第168页。

[2] 国务院法制办政法司、司法部法律援助中心、司法部法规教育司编著：《法律援助条例通释》，中国法制出版社2003年版，第71页。

施，导致两方面的问题。一方面，在实践中，由于大多数法律援助机构的地位等同于同级司法行政部门的内设机构，异议审查基本上形同虚设。对于法律援助机构作出"不予法律援助"决定的能否通过行政复议和行政诉讼进行救济，没有明确规定，导致各地做法不一，当事人的法律援助权难以保障。[1]另一方面，仅规定异议审查不符合法理，因为司法行政部门经审查后所作出的决定实际上就是一种具体行政行为，将其排除于行政复议或行政诉讼之外，不利于保护申请人的合法权益。[2]

在此背景下，《法律援助法》在旧有条例的基础上，增加了对异议审查决定的进一步的救济途径，并将异议主体、异议对象、审查主体、处理结果进行细化和修改。具体内容如下。

一是，将提出异议的主体从"申请人"扩展到"申请人、受援人"。法律援助机构在申请审查阶段和案件办理阶段可以作出是否提供和终止法律援助的决定，此时行政相对人分别为法律援助申请人和受援人，将异议主体范围扩大化符合司法实践做法。二是，将异议对象从"不符合法律援助条件的通知"具体化为"不予法律援助、终止法律援助的决定"，修改理由同上。三是，将审查异议的主体从"确定该法律援助机构的司法行政部门"修改为"设立该法律援助机构的司法行政部门"，从而与《法律援助法》第12条的规定相契合。2003年《法律援助条例》第5条第1项规定，"直辖市、设区的市或者县级人民政府司法行政部门根据需要确定本行政区域的法律援助机构"。该条将法律援助机构的设立明确以"按需确定"为原则。而《法律援助法》第12条则规定法律援助机构的设立以"应当设立"为原则，与此同时，县、市、省、国家四级人民政府的司法行政部门均应当设立相应的法律援助机构。本条将"确定"修改为"设立"，既体现了法律援助机构的设立从遵守"按需确定"原则转变为"应当设立"原则，也体现了法律援助立法体系融合的特点，确保法条之间用词一致、内容规范。四是，明确异议审查后的处理结果不仅包括"责令法律援助机构改正"，也包含"维持法律援助机构决定"，为后续行政救济程序提供依据。五是，针对旧有条例中异议审查性质不明的问题，本法明确将其视为行政行为，并规定对"维持法律援助机构决定"不服的救济方式，即依法申请行政复议或者提起行政诉讼。

关于法律援助救济程序的规定，《法律援助法》的具体表述与二审稿保持一致。

关于本条规定，在立法过程中，有专家和实务部门提出以下几方面完善建议。

第一，建议删除异议审查的规定或对救济程序作出可选择的程序设定。前者的

---

[1]　参见梁宣养、张兆祜："关于建立法律援助实质审查制度的思考"，载《中国司法》2014年第5期。

[2]　王俊民、孔庆余："反思与超越：论法律援助之政府责任"，载《政治与法律》2006年第6期。

理由是不予法律援助、终止法律援助的行为属于具体行政行为，因此没有必要再设置异议审查程序，不服具体行政行为可以按照行政复议法的规定向有权机关（区分法律援助机构属于内设机构、下属单位等情形）提出行政复议，也可以直接提起行政诉讼，建议立法中对救济程序不予体现。后者建议将本条修改为："申请人、受援人对法律援助机构不予法律援助、终止法律援助的决定有异议的，可以依法申请行政复议或者提起行政诉讼。申请人、受援人对法律援助机构不予法律援助、终止法律援助的决定有异议的，也可以向设立该法律援助机构的司法行政部门提出。司法行政部门应当在收到异议之日起五个工作日内进行审查，作出维持法律援助机构决定或者责令法律援助机构改正的决定。司法行政部门的异议决定为终局决定。"理由如下：其一，法律援助机构的决定是行政行为，对行政行为不服的，可以直接进入行政复议或者行政诉讼；其二，实践中，部分受援人利用法律援助的无偿性质，滥用法律援助资源，导致司法行政部门及法律援助机构陷入重复、循环的救济程序之中。建议参考英国法律援助制度设计，对救济程序作出可选择的程序设定，司法行政部门的异议程序为终局性决定。

第二，建议将异议审查定性为行政复议，再增加行政诉讼的救济程序即可。理由如下：一是，异议审查是司法行政部门对获授权的法律援助机构之行政行为的审查，实质上是行政复议，尽管在程序和时限上与行政复议略有不同；二是，异议审查无论是实质审查还是形式审查，在行政程序上都足以为申请人提供充分的救济，再由上一级司法行政部门提供救济似无必要；三是，如将异议审查不视为行政复议，那么在5天异议审查之外，再加上60天的行政复议时间，将对行政效率产生负面影响。因此，应当将第2款修改为"对司法行政部门维持法律援助机构决定不服的，可以依法提起行政诉讼"。如果做这一修改，实际上就明确了异议审查的行政复议性质，同时也明确规定了申请人有提起行政诉讼的权利。

第三，建议为申请人、受援人提出异议和申请行政复议或提起行政诉讼时提供法律援助服务，以弥补其诉讼能力的欠缺。具体建议如下：一是，建议将第49条第1款修改为"申请人、受援人对法律援助机构不予法律援助、终止法律援助的决定有异议的，可以向设立该法律援助机构的司法行政部门提出，并告知申请人、受援人对提出异议事宜，可以向上一级法律援助机构申请法律援助"。二是，建议将第49条第3款修改为"申请人、受援人对司法行政部门维持法律援助机构决定不服的，可以依法向上一级司法行政部门申请行政复议或者提起行政诉讼，并可以向上一级法律援助机构申请法律援助"。

修改理由：（1）申请人、受援人对司法行政部门维持法律援助机构决定不服的，如果向司法行政部门所在地的本级人民政府申请行政复议，而政府机构改革后，行政复议承办机构设立在司法行政部门，则违背了回避原则，行政复议制度在此可能失去了应有的纠错功能。因此，要明确"可以依法向上一级司法行政部门申请行政复议"。（2）申请人、受援人大多是文化程度偏低、经济困难的公民，就是因为经济困难请不起律师，才去申请法律援助的，如果申请人、受援人对法律援助机构不予法律援助、终止法律援助的决定有异议的，在提出异议、申请行政复议或者提起行政诉讼时不纳入上一级法律援助机构的法律援助范围，那么提出异议、申请行政复议或者提起行政诉讼在现实中难以启动，则此规定失去了应有的功能，将会出现法律援助机构错误作出不予法律援助、终止法律援助的决定时，弱势群体无力寻求救济的情况。

第四，建议对司法行政部门审查异议的程序进行具体规定。建议将第49条第2款修改为"司法行政部门应当在收到异议之日起五个工作日内进行审查。司法行政部门认为有正当理由的，应当责令法律援助机构予以改正；维持法律援助机构决定的，应当及时书面通知申请人、受援人并说明理由"。

【条文释义】

该条规定了三种法律援助救济程序：异议审查、行政复议和行政诉讼。其中，由司法行政部门对法律援助机构决定进行异议审查是当事人依法申请行政复议或者提起行政诉讼的前置要件，从而形成多层次、体系化的救济模式，有利于保障当事人获得法律援助的权利。

一、异议审查

（1）关于异议审查的性质和定位。2003年《法律援助条例》仅规定了异议审查的适用情形，并未明确异议审查的性质，同时也未明确对于异议审查不服的救济方式。而在本法出台之前，部分地区将异议审查区别于行政复议。例如，2017年《南京市法律援助条例》第28条第2款规定："申请人对司法行政部门作出的书面审查意见不服的，可以自收到司法行政部门书面审查意见之日起，在法定期限内向本级人民政府或者上一级司法行政部门申请行政复议。"根据《行政复议法》第5条规定，公民、法人或者其他组织对行政复议决定不服的，可以依照行政诉讼法的规定向人民法院提起行政诉讼，但是法律规定行政复议决定为最终裁决的除外。若将异议审查定性为行政复议，则对异议审查决定进一步的救济机制应当是行政诉讼，而非继续申请行政复议。对此，《法律援助法》吸收了部分地区的做法，并未将异议审查程序定性为行政复议，而是允许申请人、受援人可以对司法行政部门维持法律援助机构决定的决定，依法申请行政复议或提起行政诉讼，为其提供充分的救济渠道。

（2）关于提出异议的时限问题。本条仅规定了司法行政部门异议审查的期限，但对于申请人、受援人提出异议的期限并没有规定。实践中，各地对此的规定不一、较为混乱。例如，《重庆市法律援助条例》第36条规定："申请人对法律援助机构作出的不予法律援助决定或者终止律援助决定有异议的，可以自收到决定之日起十五日内向主管该法律援助机构的司法行政部门提出。"又如，《南京市法律援助条例》第 28 条规定，"申请人对法律援助机构不予法律援助的决定有异议的，可以在接到通知之日起三十日内向主管该法律援助机构的司法行政部门提出"。《贵州省法律援助条例》第 25 条规定："申请人对法律援助机构作出不予提供法律援助的决定有异议的，可以在收到通知书之日起 5 日内，向同级人民政府司法行政部门申请重新审议。"《四川省法律援助条例》第 29 条规定："申请人对法律援助机构作出不予援助或者终止援助的决定有异议的，可以自收到决定书之日起六十日内向主管该法律援助机构的司法行政部门提出异议申请。"综合考虑，对于申请人、受援人的申诉时限既不能规定过长，影响司法行政部门的效率，也不能规定过短，限制申请人、受援人获得救济的权利，建议在《法律援助法》的实施细则中统一规定为收到决定书之日起 15 日或 30 日以内。

（3）关于异议审查的主体问题。从世界立法实践来看，异议审查主要分为由地方法律援助管理机构负责、由中央法律援助管理机构负责、由专门委员会负责或者由法院负责几类。[1]异议审查主体的选择是由一国的法律援助制度体系和司法制度体系决定的。我国法律援助机构大多为事业单位，行使行政职能，而且并非独立体系，都是在行政上隶属于各级政府司法行政部门。因此，参照《行政复议法》第 15 条第 1 款第 3 项的规定，即"对法律、法规授权的组织的具体行政行为不服的，分别向直接管理该组织的地方人民政府、地方人民政府工作部门或者国务院部门申请行政复议"，《法律援助法》则规定异议审查主体为"设立该法律援助机构的司法行政部门"。

二、行政复议或行政诉讼

行政复议和行政诉讼并称行政争讼制度，它们不仅共享重要的适用条件和法律标准，而且也服务于共同的目标：对行政行为的合法性进行审查，并且解决行政争议。申请行政复议和提起行政诉讼是法律赋予公民、法人或者其他组织的权利，他们既可以选择行政复议，也可以选择行政诉讼，还可以在选择行政复议之后再行提起行政诉讼，除非法律规定行政复议决定为最终裁决。依据行政法学理论，本条并没有规定异议审查决定为最终决定，则对于司法行政部门作出的异议审查决定，应当提供进一步的救济机制。因此，本条第 3 款规定，"申请人、受援人对司法行政部门维持法律援助机构决定不服的，可以依法申请行政复议或者提起行政诉讼"。

对于申请人、受援人申请行政复议的程序，依据《行政复议法》第 12 条规定，"对县级以上地方各级人民政府工作部门的具体行政行为不服的，由申请人选择，可

---

〔1〕 参见宫晓冰主编：《中国法律援助立法研究》，中国方正出版社 2001 年版，第 173~174 页。

以向该部门的本级人民政府申请行政复议，也可以向上一级主管部门申请行政复议"。

对于申请人、受援人提起行政诉讼的程序，依据《行政诉讼法》第 44 条的规定来处理，即"对属于人民法院受案范围的行政案件，公民、法人或者其他组织可以先向行政机关申请复议，对复议决定不服的，再向人民法院提起诉讼；也可以直接向人民法院提起诉讼。法律、法规规定应当先向行政机关申请复议，对复议决定不服再向人民法院提起诉讼的，依照法律、法规的规定"。

对于申请行政复议或提起行政诉讼时是否提供法律援助服务，《法律援助法》并未予以明确规定。一方面，结合《法律援助法》第 31 条的规定，不服司法行政部门维持法律援助机构决定不属于法律援助事项范围，对其提供援助缺乏法律依据。在实践中，部分地区开展行政复议法律援助工作，也是明确限制事项范围，并未将不服司法行政部门维持决定纳入援助范围。例如《苏州市行政复议法律援助办法（试行）》第 2 条规定，"申请行政复议法律援助的事项范围：（一）就社会保险待遇、最低生活保障待遇等审批行为而申请行政复议的；（二）就抚恤金、救济金发放等行政给付行为而申请行政复议的；（三）附带要求行政赔偿而申请行政复议的；（四）就其他行政行为，认为严重侵害其人身权等合法权益而申请行政复议的"。另一方面，在实际运作过程中，若申请人、受援人在向上一级司法行政部门申请复议的同时，向上一级法律援助机构申请援助，由于法律援助机构一般情况下隶属于同级司法行政部门，则可能涉及利益冲突所导致的回避问题，《法律援助法》对此也无法为实务部门提供相应指导。因此，在尚未解决立法和实务层面问题的前提下，暂时难以要求法律援助机构为申请行政复议或提起行政诉讼的申请人、受援人提供法律援助服务。

第五十条【结案报告】

法律援助事项办理结束后，法律援助人员应当及时向法律援助机构报告，提交有关法律文书的副本或者复印件、办理情况报告等材料。

【条文要旨】

本条是关于法律援助人员提交结案报告的规定。根据该条规定，法律援助人员在法律援助事项办理结束后，应当及时向法律援助机构报告，办理结案手续。向法律援助机构提交相关结案材料，是法律援助人员的法定义务。据此，法律援助机构可以了解服务质量并据此按照差异化标准发放法律援助补贴。

【立法背景】

《法律援助法》关于提交结案材料的规定主要是吸收 2003 年《法律援助条例》第 24 条的规定。《法律援助法》第 50 条继承了《法律援助条例》第 24 条的规定。2003 年《法律援助条例》第 24 条共分为 3 款，第 1 款即关于法律援助人员提交结案报告的规定，要求"受指派办理法律援助案件的律师或者接受安排办理法律援助案件的社会组织人员在案件结案时，应当向法律援助机构提交有关的法律文书副本或者复印件以及结案报告等材料"。可以发现，《法律援助法》第50条相比于《法律援助条例》第24条，不仅统一了提交结案报告的主体，将"受指派的律师"和"接受安排办理法律援助的社会组织人员"统一规定为"法律援助人员"，更加简洁精炼，而且没有将法律援助人员限于"律师"和"社会组织人员"，也符合立法逐渐扩大法律援助人员范围的趋势；同时，将法律援助人员需要提交的"结案报告"修改为"办理情况报告"，更加符合法律援助人员参与司法程序的实际状况。《法律援助条例》第24条第2款紧接着对法律援助机构在收到相关材料后应当及时向法律援助人员支付补贴作了规定，第3款对经济补贴的确定主体和标准作了规定。而《法律援助法》将支付补贴的相关规定放在了第五章，即法律援助的"保障和监督"程序中，将其视作保障性的措施，未将支付补贴视作法律援助"程序和实施"的一部分。

《法律援助法》第50条从立法草案初稿到一审稿、二审稿以及定稿，并未进行实质性调整，仅进行了简单的文字性修改。首先，法律援助人员需要提交的材料范围一直是"有关的法律文书副本或者复印件以及办理情况报告等材料"，未作变动。其次，《法律援助法（草案）》初稿中，需要提交相关材料的人员被限定为"接受指派"或"接受安排"办理法律援助事项的这两类人员，而一审稿将"安排"这一类型删除了，二审稿则直接将"法律援助人员"的限定语都删除了，即不再强调法律援助人员是接受指派还是接受安排，只要法律援助人员办理法律援助事项，就应当按照规定提交有关材料。《法律援助法》关于此条的表述与二审稿保持一致。

一审稿	二审稿
第四十条 法律援助人员接受指派办理法律援助事项，应当在办理结束后向法律援助机构报告，提交有关的法律文书副本或者复印件以及办理情况报告等材料。	**第四十七条** 法律援助事项办理结束后，法律援助人员应当及时向法律援助机构报告，提交有关法律文书的副本或者复印件、办理情况报告等材料。

关于本条规定，在立法过程中，有专家提出了两方面完善建议。

第一，建议参考《广东省法律援助条例》第52条规定，即"法律援助人员应当按照法律援助机构要求报告法律援助事项办理情况。法律援助事项有下列情形之一的，法律援助人员应当向法律援助机构报告：（一）刑事法律援助案件的受援人拒绝其辩护或者代理；（二）有依法应当终止法律援助的情形；（三）涉及群体性事件；（四）有重大社会影响；（五）其他复杂、疑难情形"，增加具体需要报告事项的内容，以强化法律援助机构的流程性管理。

　　第二，为了加强法律援助服务管理，各地法律援助中心一般要求法律援助事项结束后，律师必须提交结案材料，但所交材料的范围各地存在差异，因此建议立法明确提交的是"结案材料"，从而统一法律援助的流程管理。

　　【条文释义】

　　作为法律援助人员提交相关材料的原则性规定，本条明确了以下内容：第一，向法律援助机构报告并提交相关诉讼文书等材料是法律援助人员的义务；第二，提交材料的范围包括有关法律文书的副本或者复印件、办理情况报告等材料；第三，提交办理情况报告等材料的时间节点为法律援助事项办理结束后。

　　第一，向法律援助机构报告并提交相关诉讼文书等材料是法律援助人员的义务。一方面，法律援助机构需要通过法律援助人员提交的相关材料，对其法律援助的过程和结果进行质量审查。《法律援助法》第57条规定法律援助机构可以通过制定质量标准、聘请第三方评估等方式进行质量考核，以督促法律援助人员提升法律援助质量。很明显，法律援助机构的质量评估、监督和考核在很大程度上依赖于法律援助人员按照规定提交的相关材料。另一方面，履行义务的相对面是行使权利，获得补助是法律援助人员的一项权利，而提交相关材料是领取办案补助的必要条件。从历史解释的角度看，2003年《法律援助条例》第24条将援助人员提交材料和领取补助的规定放在同一条款中，而《法律援助法》第50条虽然将领取补助的相关规定放在了第五章"保障和监督"部分，却仍然将领取补助视为法律援助运行机制的保障措施，延续了和《法律援助条例》第24条的"亲缘"关系。

　　第二，提交材料的范围包括有关法律文书的副本或者复印件、办理情况报告等材料。对法律援助人员应当提交的相关材料的范围，立法做了"列举式"的开放性规定。以刑事法律援助为例，法律援助律师接受指派介入诉讼程序之后，必须充分履行辩护职能，通过会见、阅卷、调查取证、核实案卷材料、与案件承办人员充分沟通等方式全面了解案件事实，形成最有利于受援人的辩护方案，并通过出庭参加法庭调查和法庭辩论，甚至提出上诉等方式说服法官作出有利于受援人的裁判。在这个过程中，法律援助律师会掌握各个机关和各个诉讼阶段的诉讼案卷和证据卷宗，如侦查卷宗、检察卷宗和法院卷宗等，其中包括各种强制措施、侦查措施和结案的法律文书及审批文书，也包括各类书证、物证以及电子数据等证据的卷宗，还包括法院的相关通知文书和裁判文书等材料。为了保证法律援助机构能够对法律援助律师的办案过程进行实质的监督、管理和考核，在满足经济性和必要性的条件下，法律援助律师应当尽量将所掌握的文书材料的副本或者复印件全部交给法律援助机构。对于那些"终结性的法律文书"，如不起诉书、判决书等，以及那些反映办案过程的法律文书，如出庭通知书、解除强制措施的申请书等是必须提交的。同时，为了照顾地区差异和法律援助机构的工作实际，各地省级司法行政机关可以对办理情况报告作格式性的要求，如制作统一的案件办理情况报告模板，内容主要包括受援助人基本情况、案件基本情况、提供法律服务的过程和结果等；同时也可以参考《广东省法律援助条例》第 52 条的规定，要求出现拒绝辩护或者代理、符合终止法律援助条件、援助事项可能引发群体性事件等情形时，法律援助人员都应当主动向援助机构报告；还可以通过发布法律援助的具体管理文件对"相关文书"的范围做更进一步的细化。

第三，提交办理情况报告等材料的时间节点为法律援助事项办理结束后。不同类型的法律援助案件，结束的时间点不一样。根据《法律援助法》第 22 条的规定，如果法律援助人员只是简单地提供法律咨询、代拟法律文书等，其时间节点以提供服务结束为标志；而如果法律援助人员被指派参与刑事辩护与代理，参与国家赔偿、民事和行政诉讼代理及其非诉讼代理，提供值班律师法律帮助，或者参与劳动争议调解与仲裁代理等，则法律援助人员在各个阶段提供服务的时间节点并不一致，需要在实践中灵活把握。同时，可以参考《全国刑事法律援助服务规范》第8.7.3 条规定，要求承办律师应在结案后逐项填写结案报告表，并自案件办结之日起 30 日内向法律援助机构提交立卷材料。在刑事法律援助中，侦查阶段应以承办律师收到起诉意见书或撤销案件的相关法律文书之日为结束时间点。审查起诉阶段应以承办律师收到起诉书或不起诉决定书之日为结束时间点。诉讼案件以承办律师收到判决书、裁定书、调解书之日为结束时间点。无相关文书的，以义务人开始履行义务之日为结束时间点。法律援助机构终止法律援助的，以承办律师所属单位收到终止法律援助决定函之日为结束时间点。

此外，实践中，一些法律援助律师因服务质量问题选择不办理结案，以放弃获得办案补贴的方式来拒绝接受法律援助机构的监督。对此，除了要安排人员积极督促案件归档，严格按照要求审查卷宗内容，法律援助机构也要加强法律援助服务的流程性监督，利用法律援助信息管理系统全程跟踪，对律师办案全流程进行监管，完善系统自动考评机制，通过旁听案件审理过程或回访受援人，监督律师办案情况，坚决杜绝和严肃查处律师消极懈怠办案以及应付式提供法律服务等违法违规现象。对于律师因质量问题规避结案程序的情形，司法行政部门应当结合《法律援助法》第 62 条和第 63 条的规定，予以惩戒。

第五章　保障和监督

该章共 10 条，规定了信息化建设、质量保障、信息公开、投诉机制等保障制度以及法律援助补贴、相关费用减免等相关内容。

法律援助服务的可持续、高质量均衡发展，离不开完备的保障制度。鉴于此，针对保障不足问题，此次立法着重完善了法律援助服务的保障制度体系。其中，本法第 4 条第 2 款规定，"县级以上人民政府应当健全法律援助保障体系……"，并着重完善了法律援助的经费保障制度。此外，新增第五章"保障和监督"，规定了法律援助服务的保障、监督制度。

该章绝大多数条文为此次立法新增条文。其中，配合本法关于"说明—核查制"的规定，第 51 条规定了信息化建设制度；为提高法律援助服务质量，该章规定了有计划培训（第 54 条）、质量监督措施（第 57 条、第 59 条）、质量考核结果公开（第 58 条）；受援人的知情权、投诉权（第 55 条、第 56 条）、律师协会考核惩戒职责（第 60 条）等内容。此外，新增法律援助信息公开制度（第 58 条）、第三方评估制度（第 57 条），完善了法律援助补贴（第 52 条）、相关费用减免（第 53 条）等内容。

第五十一条【信息化建设】

国家加强法律援助信息化建设，促进司法行政部门与司法机关及其他有关部门实现信息共享和工作协同。

【条文要旨】

本条是关于法律援助信息化建设的规定。根据该条规定，国家加强法律援助信息化建设，实现信息共享和工作协同，以提高法律援助服务的信息化程度和信息化保障能力。

本法第 36 条规定了及时通知指派义务，第 41 条确立了"说明—核查制"。为便于公安司法机关与法律援助机构之间的工作衔接、便于法律援助机构通过信息共享平台快捷核查申请人的经济状况并及时作出是否提供法律援助的决定，应当加快法律援助信息化建设，实现信息共享、工作协同。

【立法背景】

法律援助信息化是"现代科技+法律援助"的综合体，属于政务信息化的实践内容之一。法律援助信息化建设就是要充分利用互联网、人工智能、大数据、云计算、区块链等现代科技，以信息互联共享为平台，以计算机、手机等移动设备为载体，挖掘现代信息科技能为法律援助制度实施与发展提供的一切便利并付诸现实。

追溯我国法律援助信息化的发展历程，需着眼于政务信息化这一宏观背景。我国政务信息化起步于 20 世纪 80 年代末，经历了从探索计算机二进制的单项应用阶段，到新世纪以来的综合发展阶段。具体而言，从"十五"时期的启动，"十一五"时期的全面建设，到"十二五"时期的转型发展，基本上实现了政府部门的办公自动化、重点业务的信息化，以及政府网站的普及化。到"十三五"时期，国家又进一步提出以信息化推进国家治理体系和治理能力的现代化，这是在充分肯定我国政务信息化取得重大成就的基础上提出的更高要求，意味着在新的历史时期，政务信息化工作的关键意义已经远远超出技术范畴，跃升成为国家和社会治理现代化的重要推动力量。2021 年是"十四五"的开局之年，我国的政务信息化建设正式迈进数字化发展阶段，通过数据一体化和协同化提高数字政府建设水平是"十四五"规划的基本任务之一。

放眼全国，个别省市（如贵州、浙江、广东、北京等）在政务信息共享和业务协同方面一路领跑，但绝大多数省区的数字化碎片问题依然严重且久拖不决，并已成为阻碍我国政务信息化建设的一个重大挑战。各省级地区的政务服务平台已有的网络基础设施、业务系统和数据资源基本上采用独立发展的模式，跨地区、跨部门、跨业务的信息资源共享共用和业务协同难以实现，数据壁垒难以从根本上消除，尤其是公民户籍、教育、就业、生育、医疗等一些基本信息都处于分散状态，数据整合和业务协同程度普遍较低。

同样地，上述问题也是我国法律援助信息化建设中的最大短板。法律援助信息化建设中的信息共享和工作协同主要体现在两个方面。一方面，司法行政部门需要与公安司法部门建立起法律援助案件通知辩护信息交换平台，实现部门间法律援助案件数据共享和业务协同。另一方面，司法行政部门需要与公安、民政、人力资源和社会保障、工会、共青团、妇联、老龄委、残联等部门建立数据共享平台，实现法律援助申请人经济状况信息的数据共享。可通过以下两种方式实现，一是通过对接后者相关部门的数据库，实现线上无障碍核查法律援助申请人的户籍信息、机动车保有信息、低保对象信息、城镇职工个人参保证明、就业登记信息等相关背景信息，从而降低法律援助机构对法律援助申请对象经济状况核实的难度，让"法律援助实行告知承诺", 更大力度推进"无证明办事"的工作步伐。[1]二是通过与后者相关部门共同建立法律援助对象动态数据库, 将贫困人员信息录入数据库以实现信息共享, 进而便于对数据库内人员申请法律援助开通绿色特快通道, 免去经济困难审查, 简化援助办理手续。[2]但是, 这两方面建设在实施过程中均遭遇重重阻碍。一些行政部门以怕泄密或怕出错为由, 不愿对外共享内部数据, 由此导致全国大多数省区的法律援助信息共享和工作协同建设推进迟缓。

鉴于此, 2015 年两办《关于完善法律援助制度的意见》第 10 条明确指出, 要"加强信息化建设, 加大投入力度, 改善基层信息基础设施, 提升法律援助信息管理水平, 实现集援务公开、咨询服务、网上审查、监督管理于一体的网上管理服务, 实现与相关单位的信息共享和工作协同"。之后, 2020 年中共中央《法治中国建设规划 (2020—2025 年)》第 20 条要求加强科技和信息化保障。"充分运用大数据、云计算、人工智能等现代科技手段, 全面建设'智慧法治', 推进法治中国建设的数据化、网络化、智能化。优化整合法治领域各类信息、数据、网络平台, 推进全国法治信息化工程建设。加快公共法律服务实体平台、热线平台、网络平台有机融合, 建设覆盖全业务、全时空的公共法律服务网络。"

在相关规定的影响下,《法律援助法》在"保障和监督"一章开篇就明确提出了国家要加强法律援助信息化建设的宏观要求, 以顺应科技发展趋势与现实需求, 通过信息技术手段及相应基础设施为法律援助的持续稳定发展保驾护航。最重要的是,《法律援助法》第 51 条指明了法律援助信息化建设的基本方向是促进部门间实现信息共享和工作协同, 这是对"十四五"规划中建设数字政府这一新任务、新要求的积极回应。未来, 法律援助信息化建设应当主要致力于加强跨部门、跨地区的协同治理和信息共享, 推动法律援助信息化建设迈入以"集约整合、全面互联、协同共治、共享开放、安全可信"为特征的数字化阶段。

关于法律援助信息化建设,《法律援助法 (草案)》一审稿第 47 条的表述是, "国家加强法律援助信息化建设, 促进法律援助机构与司法机关及有关部门实现信息共享和工作协同, 提高法律援助管理和服务水平"。在听取各界意见之后,《法律援助法 (草案)》二审稿对该条规定进行了文字性修改。具体修改有二:一是, 将"法律援助机构"修改为"司法行政部门", 旨在提高信息共享和工作协同的部门层级;二是, 将"提高法律援助管理和服务水平"这一笼统性的目的表述删除以求条文精简。

---

〔1〕　宁波市司法局:"宁波持续推进法律援助服务'信息化''数据化''公开化'", 载澎湃网, https://www.thepaper.cn/newsDetail_forward_8811860, 最后访问时间: 2021 年 10 月 9 日。
〔2〕　淄博市司法局:"淄博市司法局积极推进法律援助信息化建设", 载澎湃网, https://m.thepaper.cn/newsDetail_forward_2740994, 最后访问时间: 2021 年 10 月 9 日。

一审稿	二审稿
第四十七条 国家加强法律援助信息化建设，促进法律援助机构与司法机关及有关部门实现信息共享和工作协同，~~提高法律援助管理和服务水平~~。	**第四十八条** 国家加强法律援助信息化建设，促进**司法行政部门**与司法机关及其他有关部门实现信息共享和工作协同。

【条文释义】

该条主要规定了国家加强法律援助信息化建设的直接目的和主要要求，即"促进司法行政部门与司法机关及其他有关部门实现信息共享和工作协同"。在现阶段，应尽快通过信息技术手段打破部门间的信息壁垒实现互联互通，并整合条块分割的工作模式加强协调配合。具体实施要求主要围绕以下四个方面展开。

一、法律援助信息化建设的总体布局

当前，我国法律援助信息化建设中的一个突出问题是各地区建设和应用情况不均衡，不利于我国法律援助信息化水平的整体推进。尤其是在跨部门的信息共享方面，只有少数经济发展水平较高的省市地区建立了相关数据共享平台，多数地区仍依赖于传统的线下作业方式。造成这一现象的根本原因，是缺乏从国家层面对全国法律援助信息化建设的整体布局予以统筹规划，仅依靠各省、自治区、直辖市政府司法行政部门的自发努力和自主推进，既难以保障人财物力的持续投入，也难以冲破部门间、地区间的重重壁垒。因此，必须先从国家层面建立完善的法律援助信息化建设规范，明确相关单位在法律援助信息化建设中的职责，并要求各级政府司法行政部门应当将信息化建设经费纳入财政预算并严格执行。

第一，明确司法部为全国法律援助信息化建设的主导机关，负责制定相关规范，监督和指导全国各地法律援助信息化建设情况，与中央政府相关部门就如何实现法律援助信息共享和工作协同展开沟通和协作。

第二，明确省级政府司法行政部门为全国法律援助信息化建设的主要实施部门，负责根据各省实际情况制定本省的法律援助信息化建设规范，监督和指导省内各地法律援助信息化建设情况，与省级政府相关部门就如何实现法律援助信息共享和工作协同展开沟通和协作，建立各省的法律援助信息共享平台或统一管理系统。

第三，明确市级政府司法行政部门应当积极配合、辅助省级政府司法行政部门推进法律援助信息化建设。市级政府司法行政部门及其下属的法律援助机构作为法律援助信息化建设成果的最大受益者，主要负责对其使用的信息系统进行日常的运行、管理和维护，并对日常工作中发现的常见问题或总结的有益经验及时汇总、上报至省级政府司法行政部门。

此外，在信息共享和工作协同方面，由省级政府司法行政部门与本省的民政、残联、妇联、工会、人力资源与社会保障等部门之间，统一建立覆盖全省范围的数据共享平台以实现信息集成的最大功效，在保障可行性的情况下同时兼顾数据资源的跨部门和跨地区共享，在此基础上市级政府司法行政部门无需再重复建立，但可以推动与同级公安司法机关之间建立法律援助案件的信息交换平台，便于日常工作的衔接。

二、司法行政部门与公安司法机关之间的信息交换

在跨部门的工作协同方面，各级政府司法行政部门与公安司法机关之间的联系最为紧密。对此，应当积极利用信息技术手段建立更加快捷的工作衔接机制，尽可能将传统的线下工作流程转移到线上进行。

具体而言，在刑事法律援助案件中，各市级司法行政部门可以依托司法行政OA系统或者直接将法律援助业务纳入政法跨部门大数据协同办案平台，从而实现法律援助案件通知辩护信息的线上交换，不仅极大地节约了人力成本，而且完善了法律援助机构与公检法部门的协同办案机制。此外，根据2019年《全国刑事法律援助服务规范》第8.7.8条规定，"各地法律援助机构应运用法律援助管理信息系统及时存储和更新刑事法律援助案件相关数据，并将产生的非涉密数据上传司法公有云，与司法部法律援助管理信息系统对接，实现刑事法律援助办案数据互通共享"。

在民事行政法律援助案件中，法律援助工作可以与人民法院的司法救助工作相衔接。因此，各市级司法行政部门同样可以采取前述两种方式与同级人民法院搭建起法律援助—司法救助信息交换平台，人民法院可直接在该平台上核查法律援助案件的真实性，从而免去受援人在申请司法救助时提供相关证明的义务。

三、司法行政部门与其他相关部门的数据共享

推进司法行政部门与公安、民政、人力资源与社会保障、残联、妇联、工会等部门的数据共享，主要是为了便于法律援助机构通过信息共享平台快速核查申请人的经济状况，并及时作出是否提供法律援助的决定。

关于信息共享的实现方式，有的地方司法行政部门是向外借用相关部门的内部信息系统。例如，苏州市司法行政部门经与市民政部门沟通和协商，全市法律援助机构可以共享和使用"苏州市社会救助信息管理系统"。依托"苏州市社会救助信息管理系统"，全市法律援助机构可以及时掌握全市城乡低保（含城市"三无"）、农村五保、低保边缘重病困难对象、一户多残和依老养残救助对象、无业重度残疾人、临时救助等困难对象的基本情况和信息。[1]有的地方司法行政部门是通过整

---

〔1〕 李昌桂、沙一："苏州：依托信息化手段实施精准法律援助服务"，载中国网·东海资讯，http://jiangsu. china. com. cn/html/jsnews/bwzg/5299827_1. html，最后访问时间：2021年10月9日。

合各相关部门数据接口统一布置到自家的法网平台或内部信息管理系统上。例如，宁波市司法行政部门通过市大数据局数据接口共享服务平台，与省公安厅、市民政局、市人社局等多个部门对接，在全市法律援助"12348"公共法律服务热线平台建立机动车查询、低保对象信息查询、城镇职工个人参保证明、就业登记信息查询等接口，从而使得法律援助机构实现对申请人经济状况信息进行一站式查询。[1]有的地方司法行政部门与相关部门合作建立法律援助对象动态数据库。例如，淄博市司法行政部门积极与市扶贫办、民政、残联、妇联、工会等部门沟通，建立健全法律援助对象动态数据库，将贫困人员信息录入数据库。此举不仅便于对数据库内人员申请法律援助开通绿色特快通道，免去经济困难审查，简化援助办理手续，而且能够提前对数据库内人员进行法律援助的定点宣传和精准帮扶，以期达到防患于未然的社会效果。[2]

上述所列举的实践经验虽然都能实现便利法律援助机构快速核查申请人经济状况的目的，但信息共享范围大多仅能覆盖本市行政区域，而不能跨市域查询。因此，由省级政府司法行政部门主导建立全省的信息共享平台便能轻松解决跨市域信息核查的问题，而且省级人财物力资源的投入力度也是市一级所不能相比的。

四、信息共享的数据安全

跨部门或跨区域的信息共享所面临的最大威胁莫过于数据泄露。在数据交换过程中，包括蠕虫病毒、木马攻击等都会造成数据泄露甚至是数据篡改。故此，法律援助信息化建设中的数据共享也应当坚持安全为本，严格遵守《数据安全法》和《个人信息保护法》的相关要求，谨防数据泄露、数据篡改或数据滥用，避免有关部门或个人因此遭受损失。

在此，建议司法行政部门与相关部门在建立信息共享平台时可以探索运用区块链技术。目前，区块链加密技术已被广泛应用到政府部门的数据共享领域，在防止数据泄露、数据篡改方面具有极大优势。

---

[1] 宁波市司法局："宁波持续推进法律援助服务'信息化''数据化''公开化'"，载澎湃网，https://www.thepaper.cn/newsDetail_forward_8811860，最后访问时间：2021年10月9日。

[2] 淄博市司法局："淄博市司法局积极推进法律援助信息化建设"，载澎湃网，https://m.thepaper.cn/newsDetail_forward_2740994，最后访问时间：2021年10月9日。

第五十二条 【法律援助补贴】

法律援助机构应当依照有关规定及时向法律援助人员支付法律援助补贴。

法律援助补贴的标准，由省、自治区、直辖市人民政府司法行政部门会同同级财政部门，根据当地经济发展水平和法律援助的服务类型、承办成本、基本劳务费用等确定，并实行动态调整。

法律援助补贴免征增值税和个人所得税。

【条文要旨】

本条是关于法律援助补贴的规定。具体包括三方面的内容：一是支付法律援助补贴。根据本法第 12 条规定，（根据法律援助质量）支付法律援助补贴是法律援助机构的法定职责。本条进一步规定，法律援助机构应当依法依规及时支付法律援助补贴。二是确定法律援助补贴标准。该条规定，法律援助补贴标准是省级人民政府司法行政部门及同级财政部门的专属权力；确定法律援助补贴标准，既要考虑当地经济发展水平，又要结合法律援助的服务类型、承办成本、基本劳务费等因素。为保证法律援助事业与当地经济社会协调发展，法律援助补贴标准应当根据当地经济社会发展情况，实行动态调整。三是为了彰显法律援助服务的公益性，该条特别规定，法律援助补贴免征增值税和个人所得税。

【立法背景】

法律援助补贴是对法律援助人员提供法律援助服务活动的酬劳和保障，是法律援助质量体系的重要组成部分。2003 年《法律援助条例》第 24 条第 2 款、第 3 款规定，"法律援助机构收到前款规定的结案材料后，应当向受指派办理法律援助案件的律师或者接受安排办理法律援助案件的社会组织人员支付法律援助办案补贴"；"法律援助办案补贴的标准由省、自治区、直辖市人民政府司法行政部门会同同级财政部门，根据当地经济发展水平，参考法律援助机构办理各类法律援助案件的平均成本等因素核定，并可以根据需要调整"。该条虽然规定了法律援助补贴的支付主体、支付对象、补贴标准的确定主体和参考因素，但是没有对法律援助补贴的定义和构成要素、支付时限、支付条件、动态调整时限等问题作出明确规定。而且，囿于条例的效力层级较低，对行政机关的约束力有限，司法实践中，法律援助补贴标准的确定，也往往并未像《法律援助条例》规定的那样完全由省级政府相关部门负责，而是由市、县两级政府相关部门协商确定。2003 年《法律援助条例》关于法律援助补贴标准的规定存在诸多弊端且不合时宜，直接影响了我国法律援助服务质量水平的整体提高。

第一，2003 年《法律援助条例》忽视了法律服务的劳务费用等基本参考因素，致使补贴标准普遍较低，且实践中对补贴标准常年不作调整，与市场化机制下办案报酬的差距越来越大。当前法律援助补贴标准普遍过低的现状，一方面源于法律援助补贴标准的参考因素设置不合理，除办案成本外，基本劳务费用作为法律援助人员智力、体力和时间付出的适度回报，也应当成为必不可少的参考因素。另一方面源于2003年《法律援助条例》中"可以根据需要调整"这一规定形同虚设，以致实践中不调整为常态，调整为特例。譬如，部分地区长久未根据经济社会发展水平调整过补贴标准，以致补贴标准远低于办案成本，承办人员甚至需要垫付相关办案费用。一些地区，囿于法律援助经费保障不足，在援助案件数量激增的情形下，实发案件补贴迟难到账。补贴标准长期低位运行，直接影响法律援助人员参与法律援助的积极性，难以保障和提升法律援助服务质量。因此，为提高我国法律援助补贴标准，2015年两办《关于完善法律援助制度的意见》第9条规定，"适当提高办案补贴标准并及时足额支付。建立动态调整机制，根据律师承办案件成本、基本劳务费用等因素及时调整补贴标准"。2019年司法部、财政部《关于完善法律援助补贴标准的指导意见》第8条又进一步强调要"建立健全法律援助补贴标准动态调整机制。法律援助事项直接费用、基本劳务费用等发生较大变化时，应当及时调整法律援助补贴标准"。

第二，2003年《法律援助条例》关于补贴标准确定主体的规定在实践中出现了适用偏差，导致补贴标准的地区差异较大，存在严重的不均衡。尽管《法律援助条例》明确规定法律援助补贴标准由省级政府司法行政部门会同同级财政部门确定，但在过去的法律援助实践中，一些省市，却根据地方性法规授权地级市、县市区一级政府司法行政部门会同同级财政部门制定当地的法律援助补贴标准。究其原因，一方面与前述所说的条例的法律效力有关；另一方面则受制于当时参差不齐的法律援助经费保障情况，这是造成这一现象的根源所在。在过去很长一段时期内，由于经济发展不均衡，并非所有县级以上人民政府都将法律援助相关经费列入本级政府财政预算，即便是列入政府预算的，各地的具体经费数额也存在较大差距。因此，为避免由省统一制定法律援助补贴标准"一刀切"，出现既满足不了发达地区的要求、欠发达地区又难以承受的问题，多数省级政府司法行政部门在与同级财政部门会商后，往往不直接规定办理各类法律援助事项的补贴金额，而是出台指导性意见，再由各地根据该意见确定的原则和参考标准自行制定符合本行政辖区实际情况的补贴标准。

客观来看，这一做法的出发点虽好，但实际操作起来却问题较多，甚至阻碍了省内法律援助质量和资源分布的均衡发展。具体而言，首先，将法律援助补贴标准的制定权下放，增加了各级政府相关部门之间就标准设置问题所付出的沟通协调成本。首先，由于上下级行政部门之间的隶属关系，市、县两级政府相关部门虽有权自行制定本地区的补贴标准，但也必须反复征求上级主管部门意见，有时还需参考其他地区同级部门已经出台的补贴标准，造成过多的行政成本消耗。其次，虽然由省级政府相关部门制定统一标准容易"一刀切"，但授权市、县两级政府相关部门自行制定五花八门的补贴标准则会加大省级政府司法行政部门的监管难度，使其对各地补贴标准设定的科学性、合理性、动态调整性等质量要求难以进行常态化把控。这也是导致有些市、县两级政府相关部门所制定的法律援助补贴标准较低且常年不作调整的原因之一。最后，省内各地法律援助补贴标准不一甚至差距过大，会直接导致省内法律援助发展的不均衡。律师是提供法律援助服务的主力军，尽管法律援助补贴远不及市场化机制下的办案报酬，但对于部分刚入行的年轻律师来说，法律援助补贴未尝不是一项稳定的收入来源。因此，实践中，越是法律援助补贴标准高的地区，律师资源就越丰富。相应地，在高补贴标准的激励下，法律援助服务质量也能够始终保持在较高水平。法律援助服务质量越高，对民生保障作出的贡献就越大，当地政府就会对法律援助事业加大政策扶持和经费保障力度。与之相反，法律援助补贴标准较低的地区能够得到的人财物力资源就会十分有限。长此以往，高标准地区与低标准地区之间的差距会越拉越大，省内法律援助发展水平的不均衡状况便会愈发严重。

客观来看，各地法律援助补贴标准的高低取决于由经济发展水平决定的经费保障情况。既往经费保障体系不健全，省级政府司法行政部门即便有意制定相对统一的高补贴标准也是心余力绌。但是，2015年两办《关于完善法律援助制度的意见》第9条明确规定"省级财政要为法律援助提供经费支持，加大对经济欠发达地区的转移支付力度，提高经济欠发达地区的财政保障能力"，由此为省级政府司法行政部门将下放多年的法律援助补贴标准制定权重新收回提供了契机。在由各市、县两级政府将法律援助相关经费纳入本级政府财政预算的基础上，再由省级财政对全省的法律援助工作提高经费支持，尤其是对经费保障不充足的经济欠发达地区加大转移支付力度，使省内各地区之间的法律援助经费保障水平都能维持在一个相对均衡的状况，从而使得省级政府司法行政部门在制定法律援助补贴标准时不再是简单的"一刀切"，而是全省"一盘棋"式地科学统筹和系统谋划。

但是，仅凭省级财政支持仍不足以建立健全法律援助的经费保障体系，毕竟像我国西部一些经济欠发达的地区，光依靠自身财政力量难以保障省内法律援助的均衡发展，进而也难以统筹制定全省区的法律援助补贴标准。因此，考虑到各省区之间的经济发展水平差异，2019年两办《关于公共法律服务体系建设的意见》不仅重申市、县级财政要将法律援助经费全部纳入同级财政预算，而且强调要统筹利用中央财政转移支付资金等资金渠道，加强公共法律服务经费保障，并对欠发达地区特别是革命老区、民族地区、边疆地区、贫困地区予以倾斜。至此，经济欠发达地区的法律援助事业,不仅能够获得省级财政的支持,在省级财政支持不足的情况下还能获得中央财政的转移支付。可以说,2019 年两办《关于公共法律服务体系建设的意见》的印发标志着我国法律援助的经费保障体系已经基本建立健全。鉴于此,无论从实践还是立法层面,对于将法律援助补贴标准的制定权统一收归省级政府相关部门行使都已经具备了充足的条件。

第三,2003 年《法律援助条例》及以后的相关规范都未能关注到法律援助补贴的免税问题,法律援助补贴需要纳税的实践做法长期为社会各界所诟病。事实上,司法行政部门早就在试图推动法律援助补贴的免税政策,但却在实践中遇到一些阻碍。客观而言,法律援助人员提供的是公益性法律服务,领取的援助补贴也远低于市场化机制下的办案报酬,坚持对其按照有偿法律服务来征税明显不合情理。

综上所述,在我国法律援助制度发展过程中,法律援助补贴问题已经成为制约法律援助发展的结构性矛盾,亟待从立法层面予以统一解决。鉴于此,在《法律援助法》立法过程中,为解决法律援助补贴标准过低的问题,《法律援助法(草案)》一审稿第 41 条在沿袭 2003 年《法律援助条例》第 24 条第 2 款、第 3 款规定基础上,吸收相关文件的规定,明确增加了"法律援助的服务类型""基本劳务费用"等因素作为确定法律援助补贴标准的参考因素,以期适当提高法律援助补贴标准。客观来看,与 2003 年《法律援助条例》第 24 条相比,《法律援助法(草案)》一审稿略有进步,但仅增加几项参考因素仍不足以大幅度改善我国法律援助补贴标准普遍较低的现状。因此在一审稿公布后,各地法律援助机构、办案律师及有关专家学者,都在极力呼吁提高法律援助补贴标准,建立科学合理的法律援助补贴标准动态调整制度,从而促使《法律援助法(草案)》二审稿采纳了这项建议,并最终体现在正式立法当中。

为解决省、自治区、直辖市内法律援助补贴标准差异较大的问题,《法律援助法》第 52 条第 2 款再次重申法律援助补贴标准应当由省级政府司法行政部门会同同级财政部门确定。从条文上看,该项规定与 2003 年《法律援助条例》第 24 条的规定并无二致,但其法律效力却明显不同。《法律援助法》没有给省级政府司法行政部门下放补贴标准制定权留下任何余地,今后,法律援助补贴标准只能由省级政府司法行政部门会同同级财政部门制定,市、县两级政府相关部门不再享有此项权力。据此,2019 年司法部、财政部《关于完善法律援助补贴标准的指导意见》第 2 条关于授权市、县级人民政府司法行政部门会同同级财政部门确定法律援助补贴标准的规定,由于与《法律援助法》第 52 条相冲突而不再具有任何效力。

此外,关于法律援助补贴的纳税问题,尽管《法律援助法(草案)》一审稿未有涉及,但在社会各界的大力推动下,《法律援助法(草案)》二审稿终于将法律援助补贴的免税待遇正式确定下来，并最终呈现在《法律援助法》第52条当中。

一审稿	二审稿
第四十一条　法律援助人员办理法律援助事项，由法律援助机构依照有关规定支付法律援助补贴。 　　法律援助补贴标准，由省、自治区、直辖市人民政府司法行政部门会同同级财政部门，根据当地经济发展水平和法律援助的服务类型、承办成本、基本劳务费用等确定，并根据需要调整。	**第四十九条**　法律援助机构应当依照有关规定**及时**向法律援助人员支付法律援助补贴。 　　法律援助补贴的标准，由省、自治区、直辖市人民政府司法行政部门会同同级财政部门，根据当地经济发展水平和法律援助的服务类型、承办成本、基本劳务费用等确定，**并实行动态调整**。 　　**法律援助补贴免征增值税和个人所得税。**

关于本条规定，在立法过程中，有专家曾建议增加一款"法律援助补贴应当按月足额支付"。根据2019年司法部、财政部《关于完善法律援助补贴标准的指导意见》第10条规定，"各级人民政府司法行政部门和财政部门要严格执行本地区法律援助补贴标准，确保相关经费保障政策措施落到实处，督促法律援助机构严格按照规定标准及时、足额支付，不得截留，促进法律援助事业健康发展"。因此，专家认为，明确"办案补贴应当按月足额支付"的规定，可以杜绝司法实践中办案补贴久拖不发的现象，提高律师参与法律援助服务的积极性。

【条文释义】

本条是关于法律援助补贴的规定，分三款，依次规定了依规及时支付法律援助补贴、法律援助补贴标准的确定机制、法律援助补贴的免税待遇。

一、依规及时支付法律援助补贴

根据本法第12条规定，"支付法律援助补贴"是法律援助机构的法定职责之一。根据本条第1款规定，"法律援助机构应当依照有关规定及时向法律援助人员支付法律援助补贴"。

支付法律援助补贴的相关规定包括，2012年司法部《办理法律援助案件程序规定》第35条规定："法律援助机构应当自收到法律援助人员提交的立卷材料之日起30日内进行审查。对于立卷材料齐全的，应当按照规定通过法律援助人员所属单位向其支付办案补贴。"之后，2019年《全国刑事法律援助服务规范》第8.7.5条规定："法律援助机构应自收到承办律师提交的立卷材料之日起30日内审查完毕。对于材料齐全的，应根据本地法律援助经费管理办法，按照规定的范围、标准和程序及时支付办案补贴或报销有关费用。"很显然，上述规定仅就支付法律援助补贴作出了原则性规定；至于具体发放方式，则需要参考各地的法律援助经费管理办法。为此，各省级人民政府司法行政部门应当依法履行政策供给职能，为法律援助机构及时支付法律援助补贴建章立制，提供指导和依据。

具体而言，法律援助机构支付法律援助补贴，应当注意以下内容。

第一，及时支付。所谓及时支付，是指在法律援助人员依照本法第 50 条规定办理结案手续后，法律援助机构应当依照规定如期、一次性支付法律援助补贴；支付办案补贴应当遵循及时原则，避免不适当地拖延，影响法律援助人员提供法律援助服务的积极性。法律援助补贴，应当按照标准足额发放，严禁截留或附加其他条件。实践中，法律援助机构一般施行按季度支付、按月支付，或者在案卷材料审核通过后的 30 天内支付。

2015 年两办《关于完善法律援助制度的意见》规定，"逐步推行办案质量与办案补贴挂钩的差别案件补贴制度，根据案件办理质量确定不同级别发放标准，促进提高办案质量。据此，在法律援助实践中，为督促法律援助人员提高服务质量，一些地方的法律援助机构已经在积极探索差异化的补贴标准发放机制。即，法律援助机构根据法律援助人员的服务质量及其评级，在一定幅度内，确定法律援助补贴的具体金额。

第二，补贴的支付对象是法律援助人员。根据本法第 12 条及第 36 条、第 43 条规定，对于符合法律援助条件的，法律援助机构应当指派法律援助人员为受援人提供法律援助；所谓法律援助人员，是指律师、基层法律服务工作者、法律援助志愿者等具体承办法律援助事项的人员。据此，法律援助补贴的支付对象主要是指上述具体提供法律援助服务的法律援助人员。

值得注意的是，为了充实律师资源匮乏地区的服务供给能力，本法第 13 条规定，根据法律援助工作需要，在例外情形下，法律援助机构也可以安排本机构适格的工作人员提供法律援助服务。那么，法律援助机构适格人员据此提供法律援助服务的，是否可以领取法律援助补贴呢？

该问题涉及国家的相关宏观政策。2005 年中央纪委、中央组织部、监察部、财政部、人事部、审计署《关于严肃纪律加强公务员工资管理的通知》第 1 条规定，"各地区、各部门、各单位必须坚决维护国家公务员工资政策的严肃性，自本通知下发之日起，一律不准以任何借口、任何名义、任何方式在国家统一工资政策之外新设津贴、补贴、奖金项目，一律不准提高现有津贴、补贴、奖金的标准和水平；一律不准以现金或其他任何形式发放新的福利"。此外，2019 年司法部、财政部《关于完善法律援助补贴标准的指导意见》第 1 条规定，"法律援助补贴，是指法律援助机构按照规定支付给社会律师、基层法律服务工作者、社会组织人员等法律援助事项承办人员（不含法律援助机构工作人员，以及其他承办法律援助事项的具有公职身份的基层法律服务工作者、社会组织人员）所属单位的费用"。根据上述政策及规定，法律援助机构工作人员依照《法律援助法》第 13 条规定提供法律援助服务的，不得领取办案补贴。但是，为避免法律援助机构工作人员为提供法律援助服务而"自行垫付相关费用"，基于公平原则，省级司法行政部门应当制定具体办法，允许提供法律援助服务的机构人员据实报销办案的相关实际支出或按照额定费用支付直接费用。

第三，支付方式。2012 年司法部《办理法律援助案件程序规定》第 35 条规定："……对于立卷材料齐全的，应当按照规定通过法律援助人员所属单位向其支付办案补贴。"2019 年司法部、财政部《关于完善法律援助补贴标准的指导意见》第 1 条亦规定，法律援助机构向法律援助人员支付法律援助补贴，应当支付给法律援助人员所属单位，而非直接支付给法律援助人员。

二、法律援助补贴标准的确定机制

本条第 2 款明确了法律援助补贴标准的确定机制，具体包括三项内容。

第一，确定法律援助补贴标准的责任主体。本条第 2 款规定："法律援助补贴的标准，由省、自治区、直辖市人民政府司法行政部门会同同级财政部门……确定……"据此，确定法律援助补贴标准是省级人民政府司法行政部门及同级财政部门的法定职责。《立法》第 12 条规定："被授权机关应当严格按照授权决定行使被授予的权力。被授权机关不得将被授予的权力转授给其他机关。"据此，确定法律援助补贴标准是省级人民政府相关部门的法定职责，不得再行授权下级机关或变相推诿给下级部门，徒增协商沟通的行政成本。

由省级人民政府相关部门确定法律援助补贴标准有三方面的积极意义。其一，有助于推动不同县市区之间法律援助实践的均衡发展，通过省级统筹协调，逐步实现法律援助服务的均等化。基本公共服务均等化是高质量发展的应有之义，也是全面建成小康社会、实现全面共同富裕的内在要求。作为基本公共服务内容之一，法律援助制度的发展也应当朝着"让人民群众更加公平可及地获得大致均等的基本公共服务"的大方向努力。因此，在法律援助补贴标准问题上，由省级人民政府相关部门确定法律援助补贴标准，是"促进法律援助均衡发展"的制度抓手。其二，有助于强化法律援助补贴标准的"刚性"，降低县市区一级、地市一级司法行政部门会同财务部门另行确定当地补贴标准的行政沟通成本和协商难度。其三，有助于形成常规化的动态调整机制。2003 年《法律援助条例》实施以来近二十年的法律援助实践经验表明，分级沟通协商法律援助补贴标准，不仅增加了县市区一级司法行政部门确定补贴标准的难度，而且，逐级沟通协商，最终还会让补贴标准动态调整机制难以如期地常规化运行。

由省级人民政府相关部门确定法律援助补贴标准，有助于实现省级统筹，但并不等于全省实行统一的补贴标准。相反，在确定补贴标准时，省级人民政府相关部门可以根据全省基本公共服务的建设情况，综合考虑全省各县市区经济社会发展程度，设定多元化、差异化的标准等级，从而实现"统一制定、标准多元、动态调整"的新格局。具体而言，可以根据经济发展状况将县市区一级划分为若干等级，并据此适用差异化的法律援助补贴标准，从而保证经济发展水平相近的地区，适用同一级标准。由此，既能做到统筹兼顾，保证省内地区间法律援助的均衡发展，又能避免"一刀切"，与各地经济发展水平相适应。

在省级人民政府相关部门统一确定法律援助补贴标准的体制下，省级司法行政部门同时应当充分发挥中央转移支付、省级转移支付经费的统筹协调职能，确保本行政区域内经济欠发达地区的经费支持力度。也即，对于有能力支付较高补贴标准的地区，应当主要依靠同级财政的经费；对于适用较低补贴标准仍有难度的县市区，则应当加强转移支付的经费保障力度，同时督促其将同级财政经费更多地用于机构基础设施建设、人员工资待遇方面。

此外，需强调的是，在多元化供给制度下，省级政府相关部门确定的法律援助补贴标准，除适用于法律援助机构外，还应当一体化地适用于本行政辖区内依法提供法律援助的群团组织、事业单位和社会组织。

第二，法律援助补贴标准的确定依据和要求。本条第 2 款规定："法律援助补贴的标准……根据当地经济发展水平和法律援助的服务类型、承办成本、基本劳务费用等确定……"据此，法律援助补贴标准的确定应当主要参考以下因素：当地经济发展水平；法律援助的服务类型、承办成本、基本劳务费用。

根据本法第 22 条规定，法律援助服务的类型主要有 7 种。根据 2019 年司法部、财政部《关于完善法律援助补贴标准的指导意见》第 3 条至第 6 条的规定，法律援助补贴标准根据法律援助的不同服务形式，可以分为办案补贴标准、值班律师法律帮助补贴标准和法律咨询补贴标准。其中，办案补贴标准是指，办理民事、刑事、行政代理或者辩护法律援助案件的补贴标准，按件计算。值班律师法律帮助补贴标准是指，法律援助机构派驻在人民法院、人民检察院、看守所的值班律师，为没有辩护人的犯罪嫌疑人、刑事被告人提供法律咨询、转交法律援助申请等法律帮助的补贴标准，按工作日计算。值班律师为认罪认罚案件的犯罪嫌疑人、被告人提供法律帮助的补贴标准，由各地结合本地实际情况按件或者按工作日计算。法律咨询补贴标准是指，提供接待来访、接听电话、在线解答咨询服务的补贴标准，按工作日计算。

法律援助的承办成本一般是指办案平均成本，法律援助人员在办案过程中的花费成本主要是差旅费、邮电费、印刷费、调查取证费、翻译费、公证费、鉴定费。这些费用的多少根据具体案件的办案活动地域、复杂程度而有所不同。测算办案平均成本的方法有三种：一种是对一定地域、一定时期内的案件逐一调查的实际花费，用总的花费金额除以总的案件数量得出平均办案成本。另一种是对案件进行分类，如刑事诉讼案件、民事诉讼案件、行政诉讼案件、国家赔偿案件、申诉案件、执行案件、劳动仲裁案件、行政复议案件等，对一定地域、一定时期内的各类案件逐一调查的实际花费，用每类案件总的花费金额除以每类案件数量得出每类案件的平均办案成本。还有一种是按照机关公务和出差费用报销和补助标准，根据办案活动区域（可以分档次）和平均办案活动次数，加上根据实际测算的平均通讯费用和平均文印费用，测算出办案平均成本。[1]

法律援助的基本劳务费用是对法律援助人员付出的智力、体力、时间的补偿费用。根据2019年司法部、财政部《关于完善法律援助补贴标准的指导意见》第3条第3款的规定，基本劳务费用根据日平均工资、服务天数等因素确定。其中，日平均工资参照上一年度本地在岗职工年平均工资除以年工作日所得或其一定系数。

除上述参考因素外，基于实际情况的复杂性，为了构建科学合理的法律援助补贴标准，还可以考虑以下因素并实行差别化的援助补贴制度：一是案件复杂程度。例如，在刑事案件基础上，根据案件法律关系的复杂程度，进一步区分轻罪案件、重罪案件。二是服务工作量大小。例如，可以根据案卷的数量、页数以及开庭时间等因素，估算法律服务的时间。三是服务质量情况。四是律师执业资历和水平，等等。[2]

第三，法律援助补贴标准实现动态调整。本条第2款规定，"法律援助补贴的标准……实行动态调整"。据此，法律援助补贴标准，应当与当地经济社会发展状况保持协调发展，并根据当地经济社会发展变化情况定期作出调整，逐步实现补贴标准动态调整的常态化。

本法第4条第1款规定："县级以上人民政府应当将法律援助工作纳入国民经济和社会发展规划、基本公共服务体系，保障法律援助事业与经济社会协调发展。"据此，根据我国国民经济和社会发展规划的制定情况，可以明确，参考并根据五年规划的实施情况，法律援助补贴标准每五年调整一次。

法律援助补贴标准的动态调整，可以与当地法律服务市场的收费标准挂钩。即根据测算过去五年当地法律服务市场同类案件的收费标准，按照一定比例确定同类法律援助服务的补贴标准。

三、法律援助补贴的免税待遇

在收入性质上，对于法律援助补贴究竟是"服务补贴"还是"劳务收入"，一直存在争议。根据《个人所得税法》第4条规定，按照国家统一规定发给的补贴、津贴，应当"免征个人所得税"。此外，根据《国家税务总局关于取消增值税扣税

---

[1] 王春良等：《完善法律援助制度研究》，法律出版社2018年版，第45页。
[2] 王春良等：《完善法律援助制度研究》，法律出版社2018年版，第48页。

凭证认证确认期限等增值税征管问题的公告》第 7 条规定，"纳税人取得的财政补贴收入，与其销售货物、劳务、服务、无形资产、不动产的收入或者数量直接挂钩的，应按规定计算缴纳增值税。纳税人取得的其他情形的财政补贴收入，不属于增值税应税收入，不征收增值税"。因此，如果法律援助补贴属于政府补贴，不仅应当免征个人所得税，而且在增值税方面也"不属于增值税应税收入，不征收增值税"。

《法律援助法》第 52 条第 3 款规定："法律援助补贴免征增值税和个人所得税。"该条规定首次在国家立法层面明确了法律援助补贴的免税待遇。其理由有二：一是，从服务性质看，律师提供法律援助服务是根据政府要求统一提供公益性法律服务的活动，补偿标准也远低于律师市场收费价格，不具有营利性质。二是，从税收原理看，法律援助补贴由办案成本、基本劳务费用等要素组成。其中，办案成本（如交通费、餐费等直接费用）属于法律援助人员的办案支出，原本就不应纳入征税的范围。至于基本劳务费部分，也与市场化法律服务的价格存在较大差距，鉴于我国法律援助补贴标准总体不高的实际情况，不宜按有偿法律服务纳税。

一言以蔽之，根据本条第 3 款规定，法律援助补贴本身仍属于增值税和个人所得税的征税范围，但依法享受免税的税收优惠。[1]

第五十三条 【减免相关费用】

人民法院应当根据情况对受援人缓收、减收或者免收诉讼费用；对法律援助人员复制相关材料等费用予以免收或者减收。

公证机构、司法鉴定机构应当对受援人减收或者免收公证费、鉴定费。

【条文要旨】

本条是关于减免相关费用的规定。根据本条规定，人民法院、公证机构和司法鉴定机构应当依法减免相关费用。其中，就受援人而言，人民法院应当根据情况缓收或减免诉讼费用；公证机构、司法鉴定机构应当减免公证费、鉴定费。就法律援助人员而言，人民法院应当根据情况减免其复印费等。

【立法背景】

关于人民法院、公证机构和司法鉴定机构对受援人和法律援助人员减免缓收相关费用的制度，尽管未在 2003 年《法律援助条例》中进行规定，但在其后出台的几部规范性文件中已屡见不鲜。2003 年《最高人民法院关于印发〈关于落实 23 项

---

[1] 有关税收具体问题，参见王晓伟："《法律援助法》明确援助补贴免税，为何还会增加律师税收负担？"，载律师税务圈公众号，https://mp.weixin.qq.com/s/1LH5Vr-73DEhaXMR4wFuYA，最后访问时间：2021 年 10 月 6 日。

司法为民具体措施的指导意见〉的通知》第 15 条规定，"人民法院对于法律援助机构决定提供法律援助的民事案件，经审查认为符合司法救助条件的，可以先行对受援人作出缓收案件受理费及其他诉讼费的司法救助决定，待案件审结后再根据案件的具体情况决定对受法律援助当事人一方诉讼费的减免"。2004 年司法部等九部委《关于贯彻落实〈法律援助条例〉切实解决困难群众打官司难问题的意见》第 5 条规定，"相关部门对法律援助案件办理中查阅档案资料所涉及的相关费用应当予以减免，共同降低法律援助成本，减轻经费短缺给法律援助工作造成的压力。对档案资料查询费、咨询服务费、调阅档案（资料）保护费、证明费（包括学历、工龄证明、机构设置证明、房产地产证明、财产证明）予以免收；对相关材料复制费，包括原件复印、缩微胶片复印、翻拍、扫描费给予减、免，减收的标准按复制档案资料所需的原材料成本费计算"，第 6 条规定，"为了解决法律援助案件的受援人因交不起鉴定费用而无法进入诉讼程序，从而无力维护自己合法权益的问题，各鉴定机构应当对法律援助案件所涉及事项的鉴定给予减免的优惠。司法行政部门管理的面向社会服务的司法鉴定机构，对法律援助案件受援人申请司法鉴定的，应缓收或免收鉴定费。受援人胜诉后，应向鉴定部门补交实际需交纳的费用，受援人败诉，交纳鉴定费用确有困难，鉴定部门给予减免。其他非财政拨款的鉴定机构对法律援助案件受援人申请人身伤残鉴定、亲子鉴定、笔迹鉴定以及财产评估等，实行缓收相关费用。受援人胜诉后，应向鉴定部门补交实际需交纳的费用。受援人败诉，交纳鉴定费用确有困难，由法律援助机构承担相关费用"。2005 年《公证法》第 34 条第 2 款规定："对符合法律援助条件的当事人，公证机构应当按照规定减免公证费。"除此以外，在各省、自治区、直辖市制定的法律援助条例中也几乎无一例外地对这项制度作出了明确规定。譬如，《北京市法律援助条例》第 27 条、第 28 条；《浙江省法律援助条例》第 23 条；《广东省法律援助条例》第 46 条、第 47 条；《湖北省法律援助条例》第 28 条、第 32 条；《河北省法律援助条例》第 28 条、第 29 条，等等。

从规范角度看，有关这项制度的现有法律规定已经十分完备，但实践中的应用效果并不理想。由于相关部门之间协调不够，仍有很多地区尚未形成良好的法律援助工作联动机制。具体表现为，一些经济状况极为困难的受援人虽然得到了免费的律师服务，但因法院减免缓收诉讼费难以落实而不能及时获得司法救助，阻碍其进入诉讼程序等。法律援助是一项社会系统工程，任何一个工作环节的顺利实施都离不开相关部门的大力支持和配合。尤其事关费用承担问题，对于本就属于社会贫弱群体的法律援助受援人而言，即便获得了免费的法律服务，但包括诉讼费、鉴定费、公证费、调查取证费在内的任何一项其他费用都可能成为压倒受援人的最后一根稻草——如果负担不起诉讼费用，就无法进入司法程序，即便进入了司法程序，也会因为缺少关键证据而败诉。由此可见，减免相关费用的制度虽好，但在实践中却落实不到位，致使法律援助这项惠民制度的重要作用没有得到充分发挥。[1]

对此实践现状，2015年两办《关于完善法律援助制度的意见》第13条和第14条再次重申要进一步完善公证处、司法鉴定机构、人民法院依法减免相关费用的制度，加强法律援助办案工作的协调和衔接。本次立法更是将其正式上升至法律层面，旨在督促相关部门落实并完善这项充分彰显人性关怀、彻底免除法律援助受援人和法律援助人员后顾之忧的利民措施。

关于减免相关费用的规定，《法律援助法（草案）》一审稿第49条的表述是，"人民法院应当依法对法律援助受援人缓收、减收或者免收诉讼费用。公证机构、司法鉴定机构应当依法对法律援助受援人减收或者免收公证费、鉴定费"。在听取各界意见之后，《法律援助法（草案）》二审稿对该条规定进行了文字性修改。具体修改有二：一是，将两款中"依法"二字删除；二是，在第1款增加"对法律援助人员复制相关材料的费用予以免收或者减收"的规定。与《法律援助法（草案）》二审稿相比，《法律援助法》第53条第1款又作出了细微改动，即增加了"根据情况"的表述。

一审稿	二审稿	《法律援助法》
第四十九条 人民法院应当依法对法律援助受援人缓收、减收或者免收诉讼费用。 公证机构、司法鉴定机构应当依法对法律援助受援人减收或者免收公证费、鉴定费。	第五十条 人民法院应当对法律援助受援人缓收、减收或者免收诉讼费用；**对法律援助人员复制相关材料的费用予以免收或者减收。** 公证机构、司法鉴定机构应当对法律援助受援人减收或者免收公证费、鉴定费。	第五十三条 人民法院应当**根据情况**对受援人缓收、减收或者免收诉讼费用；**对法律援助人员复制相关材料等费用予以免收或者减收。** 公证机构、司法鉴定机构应当对受援人减收或者免收公证费、鉴定费。

【条文释义】

该条规定了人民法院、公证机构和司法鉴定机构应当对法律援助受援人和法律援助人员减免缓收相关费用。

一、减免缓收受援人的相关费用

根据本条规定，对于法律援助受援人，在其能够提供相关书面材料证明其属于

---

[1] 南江县赶场司法所："浅谈农村法律援助现状及对策分析"，载巴中传媒网，http://www.bznews-s.org/scnj/bm/201509/138740.html，最后访问时间：2021年10月9日。

法律援助受援人的情况下，人民法院、公证机构和司法鉴定机构应当对其减免缓收相关费用。

（一）人民法院的费用减免义务

就人民法院而言，人民法院应当根据情况对受援人缓收、减收或者免收诉讼费用。对于"根据情况"的理解，其并不是法律赋予人民法院对于受援人是否适用减免缓收诉讼费用制度的裁量权。应当认为，只要是法律援助案件，人民法院就应当对受援人减免缓收诉讼费用，在是否适用的问题上没有裁量的余地。这一点在各省制定的法律援助条例中已有充分体现。这里的"根据情况"是指人民法院在实践中对于法律援助案件究竟是适用缓收、减收还是免收，可以根据法律援助案件类型、受援人经济情况及案件裁判结果等因素进行裁量和选择。

追根溯源，该条规定的人民法院对受援人减免缓收诉讼费用其实就是人民法院司法救助制度的重要组成部分。根据最高人民法院、司法部《关于民事诉讼法律援助工作的规定》第 8 条规定，当事人以法律援助机构给予法律援助的决定为依据，向人民法院申请司法救助的，人民法院不再审查其是否符合经济困难标准，应当直接作出给予司法救助的决定。根据《最高人民法院关于对经济确有困难的当事人提供司法救助的规定》第 5 条、第 6 条规定，对受援人给予司法救助的具体流程为，人民法院依据法律援助机构给予法律援助的决定，准许受援的当事人司法救助请求的，应当先行对当事人作出缓交诉讼费用的决定。待案件审结后，若对方当事人败诉的，诉讼费用由对方当事人交纳；若对方当事人胜诉的，可视申请司法救助当事人的经济状况决定其减交（减交比例不得低于30%）或免交诉讼费用。

从前述规定可以看出，对于受援人一方败诉的，法院在决定对其减收或免收诉讼费用时没有一个相对确定的参考标准，主要依靠法院的自由裁量。因此，为契合《法律援助法》以人民为中心的立法精神，建议人民法院可以根据"民事行政法律援助的事项等级"决定对受援人免收或减收诉讼费用，从而确立起一个相对明确、可预期的裁量标准，尽可能保障经济困难程度较高的受援人能够获得免交诉讼费用的司法救助。具言之，属于《法律援助法》第 32 条规定的优先性援助事项的，人民法院应当决定免收受援人诉讼费用；属于《法律援助法》第 31 条规定的基础性援助事项或补充性援助事项的，人民法院可以视情况决定免收或减收受援人诉讼费用。

（二）公证机构、司法鉴定机构的费用减免义务

在我国法律援助制度初建时期，曾一度规定公证机构也负有一定的法律援助义务。例如，1997 年司法部《关于开展法律援助工作的通知》将"法律援助"界定为："法律援助，是指在国家设立的法律援助机构的指导和协调下，律师、公证员、基层法律工作者等法律服务人员为经济困难或特殊案件的当事人给予减、免收费提

供法律帮助的一项法律制度。"据此，该通知第 3 条明确将"公证证明"规定为法律援助形式之一；同时规定，公证处和律师事务所、基层法律服务机构一样，"在本地区法律援助中心的统一协调下"，负有"实施法律援助"的义务。但是，值得注意的是，2003 年《法律援助条例》已经将法律援助限定为"法律咨询、代理、刑事辩护等无偿法律服务"（第 2 条）。至于公证机构、司法鉴定机构，则主要是依法减免相关费用的问题。故此，2015 年两办《关于完善法律援助制度的意见》要求，"完善公证处、司法鉴定机构依法减免相关费用制度，并加强工作衔接"。

《法律援助法》第 53 条第 2 款规定，"公证机构、司法鉴定机构应当对受援人减收或者免收公证费、鉴定费"。据此，公证机构、司法鉴定机构负有一定的费用减免义务。

就公证机构和司法鉴定机构而言，公证机构和司法鉴定机构应当对受援人减收或者免收公证费、鉴定费，不存在缓收这一裁量项。实践表明，公证事项往往独立存在；在具体法律援助服务过程中，通常不会遇到需要公证的事项。因此，公民个人向公证机构申请公证时，如果符合《法律援助法》第 34 条规定的"经济困难的标准"，公证机构应当在既有收费标准基础上，减免收费。在法律援助服务过程中，如果法律援助人员需要就具体取证行为或相关事项进行公证的，可以以受援人名义提出申请，公证机构也应当依法减免相关公证费用。

与公证不同，申请司法鉴定是法律援助服务过程中的常规事项，而且，往往直接关系到法律援助服务的成效与质量。根据 2020 年司法部公共法律服务管理局《司法鉴定与法律援助工作衔接管理办法（试行）》第 2 条、第 3 条、第 4 条、第 5 条规定，法律援助案件受援人申请减免司法鉴定费用，应当同时满足三个条件：一是申请司法鉴定的法律援助案件已进入诉讼程序；二是办案机关已启动委托程序；三是申请的鉴定事项属于法医类、物证类、声像资料、环境损害司法鉴定业务范围。受援人应当向作出给予其法律援助决定的司法行政部门法律援助机构提出减免司法鉴定费用的申请，填写申请表并提交相应材料。法律援助机构征求司法鉴定管理部门的意见，由司法鉴定管理部门接收符合条件的申请表及相关材料。司法鉴定机构收到相关材料后，经核查无误的，可以根据案件情况减收、免收司法鉴定费用，并依法按程序及时开展鉴定工作。根据上述规定，司法鉴定费用的减免申请需由受援人提出。法律援助人员认为需要鉴定的，应当根据《法律援助法》第 46 条，向受援人通报相关情况，由其决定是否申请鉴定。

《司法鉴定与法律援助工作衔接管理办法（试行）》第 8 条规定，"司法鉴定机构依法减免法律援助案件受援人司法鉴定费用。法律援助机构可以按照相关规定，将法律援助案件中产生的司法鉴定费用列入直接费用予以安排。司法鉴定机构减免司法鉴定费用和法律援助机构安排核报的司法鉴定费用比例或额度由各省

（区、市）、新疆生产建设兵团根据本地实际情况确定"。

值得注意的是，2004 年司法部等九部委《关于贯彻落实〈法律援助条例〉切实解决困难群众打官司难问题的意见》第 6 条规定，属于财政拨款的司法鉴定机构对法律援助案件受援人申请司法鉴定的，应先予缓收鉴定费，若受援人胜诉的，应向鉴定部门补交实际需交纳的费用；若受援人败诉且交纳鉴定费用确有困难的，鉴定部门给予减收或免收。属于非财政拨款的鉴定机构对法律援助案件受援人申请人身伤残鉴定、亲子鉴定、笔迹鉴定以及财产评估等，应先予缓收相关费用，待受援人胜诉后再补交实际需交纳的费用，确有经济困难的受援方败诉后，鉴定费由法律援助机构承担。而根据《法律援助法》第 53 条第 2 款规定，法律援助受援人申请司法鉴定的，司法鉴定机构应当依照一定标准直接决定减收或者免收鉴定费用，而不能先决定缓收再根据诉讼成败要求其补交鉴定费。显而易见，《法律援助法》生效后，该意见第 6 条因与《法律援助法》第 53 条第 2 款相抵触而失效。

关于公证机构和司法鉴定机构对受援人减免收费的裁量标准，同样可以参考前述"民事行政法律援助的事项等级"。也即，属于《法律援助法》第 32 条规定的优先性援助事项的，公证机构和司法鉴定机构应当决定免收受援人公证费、司法鉴定费；属于《法律援助法》第 31 条规定的基础性援助事项或补充性援助事项的，公证机构和司法鉴定机构可以视情况决定免收或减收受援人公证费、司法鉴定费。至于减交的比例，也可以参考《最高人民法院关于对经济确有困难的当事人提供司法救助的规定》，一般不得低于应交公证费、鉴定费标准的 30%。

二、减免法律援助人员的复制费

根据本条第 1 款的规定，人民法院应当根据情况对法律援助人员复制相关材料的费用予以减收或免收。此处"根据情况"的含义在前文已做解释，在此不再赘述。之所以增加此项规定，主要基于以下两点考虑：一是，该规定是对 2015 年两办《关于完善法律援助制度的意见》第 14 条之内涵更切实、更完整的贯彻。第 14 条要求法院为法律援助办案工作提供必要支持，这不仅包括对受援人提供减缓免收诉讼费用的便利，也应当包括对法律援助人员提供减免收复制案件材料费用的便利。二是，此前已有多部规范性文件及各省（自治区、直辖市）制定的法律援助条例明确规定了人民法院对于法律援助人员复制相关材料的费用应当减收或免收。在此情况下，《法律援助法（草案）》二审稿将其正式入法。

但是，该款存在两个突出问题。一是该款规定与既往规范性文件和实践惯例存在冲突。2014 年《国家赔偿法律援助工作的意见》中规定，人民法院对代理国家赔偿法律援助案件的法律援助人员复制相关材料的费用，应当予以免收。而且在司法实践中，人民法院对于法律援助人员的材料复制费也多是直接免收。但本款规定"免收或减收"，为人民法院收取法律援助人员的材料复制费留下本没有必要的裁量余地。二是本款的义务主体只是人民法院，其他相关部门是否也应当对法律援助人员复制相关材料的费用予以减免则未予明确。司法部等九部委《关于贯彻落实〈法律援助条例〉切实解决困难群众打官司难问题的意见》第5条规定，"相关部门对法律援助案件办理中查阅档案资料所涉及的相关费用应当予以减免"，这里的相关部门自然不只是人民法院，还包括国土资源、建设、卫生、档案管理等在内的所有相关部门，只要遇到本条规定的情形均应履行这一义务。事实上，关于对法律援助人员直接免收材料复制费，在一些省级政府制定的法律援助条例中已有相当成熟的规定。如《江西省法律援助条例》第32条规定"法律援助人员办理法律援助案件需要查阅、复制有关档案资料的，国家机关、事业单位、社会团体及其他组织应当予以配合和协助，不得收取或者以其他名义变相收取档案资料查询费、调阅保护费、咨询服务费、复制费、证明费等利用档案资料费用"。未来立法可予以参考，对该款再加以完善。

总的来说，《法律援助法》第53条的规范意旨在于尽可能地予以受援人和法律援助人员便利，减轻甚至免除材料提交负担及费用负担。未来，为与《法律援助法》相衔接，人民法院、公证机构、司法鉴定机构等相关部门也应当尽快出台细则进一步明确并完善对法律援助受援人和法律援助人员减免缓收相关费用的制度。

第五十四条 【培训】

县级以上人民政府司法行政部门应当有计划地对法律援助人员进行培训，提高法律援助人员的专业素质和服务能力。

【条文要旨】

本条是关于有计划组织培训的规定。根据该条规定，县级以上人民政府司法行政部门负有对法律援助人员组织培训的法定职责，以提高法律援助人员的专业素质和服务能力。

在多元化法律援助供给制度下，司法行政部门开展法律援助培训，应当覆盖本行政区域的各种法律援助服务力量。此外，为提高法律援助机构的管理水平，司法行政部门也可以有针对性地对法律援助机构工作人员进行培训。

【立法背景】

对法律援助人员进行培训是加强机构队伍建设、确保法律援助服务质量的必然要求。根据2015年两办《关于完善法律援助制度的意见》第11条规定，"加强教育培训工作，加大培训教材、师资、经费等投入，完善培训体系和工作机制，提高法律援助人员专业素质和服务能力"，《法律援助法》便正式规定了对法律援助人员的培训制度以保障法律援助的服务质量。

值得注意的是，在既往实践中，多是由法律援助机构负责组织培训，司法行政部门鲜少实施。但是，法律援助服务的提供者不仅是法律援助中心，还包括社会组织、高校等其他法律援助服务供给主体，而由法律援助机构组织培训势单力薄，难以覆盖到其他供给主体内部的法律援助人员。因此，从职责范围来看，由司法行政部门负责对本行政区域内的法律援助人员进行培训更为适宜。对此，《法律援助法》也明确规定了司法行政部门应当承担起对法律援助人员的培训职责。

关于本条规定，在立法过程中，有专家建议将原条文中"有计划地对法律援助人员进行培训"这一笼统表述修改为"有计划地按年度对法律援助人员进行轮训"。此建议旨在明确培训的具体要求。实践中，虽然各地司法行政部门也例行对当地法律援助人员组织必要的业务和素质培训，但是培训覆盖面和培训周期往往难以保证。不仅每年的培训次数非常有限，且有相当多的法律援助人员在一年或者几年内都未能获得培训机会。因此，为确保法律援助人员能够像检察官、法官一样，与法律发展保持同步，应当建立必要的"年度轮训"制度。即每名法律援助人员每年必须有机会接受至少一次培训，而不再是像以往那样，只是个别法律援助人员能够获得培训机会。

【条文释义】

本条是对法律援助人员培训的规定。针对法律援助参与者的角色不同，县级以上司法行政部门应当制订不同的培训计划、设置不同的培训内容。

从培训对象看，我国法律援助参与者具有多样性和广泛性，法律援助的培训对象绝不只包括本法第54条框定的"法律援助人员"。以职能为划分标准，我国法律援助参与者包括履行服务职能的法律援助人员，以及履行服务管理职能的法律援助机构人员。以是否负有法律援助义务为依据，又可以划分为法律援助义务主体和法律援助志愿者。前者包括法律援助机构人员、律师、基层法律服务工作者、经法律援助机构安排提供法律援助服务的本机构内工作人员；后者包括社会团体内的专职维权工作者、法律院校的学生、法学教师、退休的法官和检察官等。这些人员在法律援助工作中定位不同，所需掌握和了解的法律援助专业知识则不同，这就要求针对不同的参与者角色进行不同内容的针对性培训。

一、负有法律援助服务管理职责的法律援助机构人员

一个合格的法律援助服务管理人员，应当掌握法律援助、行政管理和人力资源管理的基本理论；法律援助案件从受理、审查、指派到结案、发放援助补贴的全部程序及规定；信息资料的收集与整理、档案管理、计算机运用及有关社会保障的基本知识；关于特殊群体如农民工、妇女、未成年人、残疾人、老年人权益保障的法律法规或政策性规定；与法律援助密切相关的司法行政其他业务知识，如律师管理、公证管理、基层法律服务管理等；各种法律援助案件办理的基本要求和程序、案件质量评估标准和评估方法；经费的管理与使用，等等。因此，县级以上司法行

政部门应根据上述内容制订培训计划，有针对性地进行培训。

二、律师和基层法律服务工作者

由于律师和基层法律服务工作者是提供法律援助服务的主要义务主体，从提高办案技能和业务素质出发，灌输法律援助的基本理论知识以增强他们的法律援助责任感以外，应当重点加强其法律援助业务技能培训和法律知识培训。业务技能培训首先需要根据法律援助案件类型开展，使其掌握各种案件相关的办案技能，特别是刑事辩护技巧，较为疑难和专业性强的医疗纠纷、劳动争议纠纷等案件的办理技能。基层法律服务工作者由于存在业务范围上的限制，他们不需要参加刑事办案业务的培训。其次可以适当探索针对某些特殊案件进行特殊技能培训，如针对未成年人案件可组织专门的沟通技能培训、心理辅导培训等。法律知识培训主要包括对于新出台法律法规等法律文件的专题培训。

此外，需要特别强调的是，"根据平等对待、一体化管理"原则的要求，针对律师的培训，应当覆盖本行政区域内其他依法提供法律援助服务的相关人员。具体而言，包括以下类型人员。

第一，根据本法第68条规定，就依法开展法律援助工作的工会、共青团、妇联、残联等群团组织，参照本法相关规定，接受法律援助主管部门的指导和监督。因此，为了保证政策、服务流程及标准等的一致性，司法行政部门在组织培训时，应当将本行政区域内组织开展法律援助的群团组织一并纳入其中。

第二，根据本法第13条规定，在例外情形下，法律援助机构根据工作需要也可以安排本机构内具有律师资格或者法律职业资格的工作人员提供法律援助。因此，对于这类提供法律援助服务的特殊义务主体，其承担着办案义务与法律援助管理的双重责任。他们在掌握作为一个法律援助管理者应当掌握的知识的基础上，同样需要同上述律师和基层法律服务工作者一样掌握各种案件相关的法律规定和办案技能。

三、法律援助志愿者培训

本法第17条第1款规定："国家鼓励和规范法律援助志愿服务；支持符合条件的个人作为法律援助志愿者，依法提供法律援助。"同时，该条第2款规定，志愿参加法律援助工作的法律院校学生可以依法提供法律咨询、代拟法律文书等法律援助服务。因此，根据法律援助志愿者的服务事项，应当组织有针对性的培训，以给予必要的鼓励和支持，同时规范其服务流程、保障其服务质量。

具体而言，针对大学生法律援助志愿者的培训，除法律援助基本知识外，还应当包括：案件办理的技巧，如办案程序、案件的证据要求、调查取证的方法、法庭辩论和询问的技巧等；解答咨询的技巧，主要是在告知当事人与案件相关的法律规定之外，还应了解具体司法解释的规定，诉讼所需证据要求、诉讼风险、诉讼程序等事项，详细向当事人提供解答；代写法律文书的技巧，除应掌握相关法律规定、具备文字功底并了解文书格式外，还应帮助当事人为实现诉讼目的而设计诉讼请求。大学生只有具备并熟练掌握上述知识和技能，才能成为合格的法律援助志愿者，才能保证法律援助服务的质量。

对于其他法律援助志愿者，培训内容可以主要侧重于以下方面：法律援助基本常识；法律援助案件的范围、条件和案件申请程序等；常见的法律援助案件的办理程序和基本法律规定；咨询和代书的技能等。[1]

第五十五条【受援人知情权和救济权】

受援人有权向法律援助机构、法律援助人员了解法律援助事项办理情况；法律援助机构、法律援助人员未依法履行职责的，受援人可以向司法行政部门投诉，并可以请求法律援助机构更换法律援助人员。

【条文要旨】

本条是关于受援人知情权、救济权的规定。根据本条规定，受援人对于援助事项的办理情况享有知情权，法律援助机构应当建立必要的工作机制，保证受援人及时查询、了解相关情况。根据本法第 46 条规定，法律援助人员应当按照规定向受援人及时通报援助事项办理情况。

受援人认为法律援助机构、法律援助人员未依法履职或怠于履职的，可以进行投诉，并可以请求更换法律援助人员。经查明，法律援助人员确实未依法履行职责或怠于履行职责的，应当区分情况，通知律师协会依照规定进行惩戒，或根据本法第 63 条规定依法予以处罚。

【立法背景】

本条规定了受援人在接受法律援助过程中享有的三项权利，分别是知情权、投诉权和请求更换法律援助人员权。其中，后两项权利可以合称为受援人的救济权。这三项权利相辅相成、互为依存，是受援人依法行使监督权的有力武器。

首先，知情权是受援人监督法律援助机构和法律援助人员依法履职的前提和基础。受援人只有充分知晓并随时跟进与自身权益息息相关的法律援助事项办理情况，才能切身感知法律援助机构及法律援助人员是否尽职尽责，是否存在损害自身合法权益的行为。本条关于受援人知情权的规定与本法第 46 条规定的法律援助人员负有向受援人通报法律援助事项办理情况的义务相呼应，且根据体系解释，前者是后者赖以存在的根基。在此前司法部出台的多部法律援助办案规定中，如 2012年《办理法律援助案件程序规定》、2019 年《全国刑事法律援助服务规范》和《全

---

〔1〕 马骏："各种法律援助参与者的角色及培训"，载《中国司法》2007 年第 12 期。

国民事行政法律援助服务规范》，都只从法律援助人员角度规定其对受援人负有的通报义务，既未对法律援助机构设置同样的义务要求，亦未从受援人权利角度明确受援人的知情权。但好在各省制定的法律援助条例已经弥补了这两项缺憾。例如《北京市法律援助条例》第 33 条第 1 款，《湖南省法律援助条例》第 24 条第 3 款，《广东省法律援助条例》第 44 条，《江苏省法律援助条例》第 27 条第 1 款，《浙江省法律援助条例》第 26 条第 2 款，《河北省法律援助条例》第 26 条，等等。鉴于此，《法律援助法》第 55 条也合理参照了各省法律援助条例的相关规定，明确受援人享有向法律援助机构、法律援助人员了解法律援助事项办理情况的知情权。

其次，投诉权是受援人对法律援助机构和法律援助人员未依法履职行为进行合法监督的最有效手段。《法律援助法》明确受援人享有投诉权，实质上是尊重、保护和实现受援人监督权的体现，有利于更好地维护受援人的合法权益。《法律援助法》第 55 条关于投诉权的规定，主要沿袭 2013 年司法部《法律援助投诉处理办法》第 5 条的相关规定，即"有下列情形之一的，投诉人可以向主管该法律援助机构的司法行政机关投诉：（一）违反规定办理法律援助受理、审查事项，或者违反规定指派、安排法律援助人员的；（二）法律援助人员接受指派或安排后，懈怠履行或者擅自停止履行法律援助职责的；（三）办理法律援助案件收取财物的；（四）其他违反法律援助管理规定的行为"，以及 2015 年两办《关于完善法律援助制度的意见》第 7 条，"完善法律援助投诉处理制度，进一步规范投诉事项范围、程序和处理反馈工作，提高投诉处理工作水平"。

最后，请求更换法律援助人员权是受援人在其合法权益遭受损害后为寻求救济所提出的正当主张。因法律援助人员不依法履职或怠于履职而遭受权益损害的受援人，有权在向司法行政部门提出投诉的同时请求更换法律援助人员，以起到及时止损和补救的作用。《法律援助法》第 55 条关于受援人请求更换法律援助人员权利的规定，主要吸收了 2012 年《办理法律援助案件程序规定》第 32 条、2019 年《全国刑事法律援助服务规范》第 8.4.1-e）-3）条和 2019 年《全国民事行政法律援助服务规范》第 7.4.1.3-a）-1）条的相关规定。

关于受援人知情权和救济权的规定，《法律援助法（草案）》一审稿第 38 条的表述是，"受援人有权了解法律援助事项办理情况，有证据证明法律援助人员不依法履行职责的，可以向法律援助机构投诉，或者请求更换法律援助人员"。在听取各界意见之后，《法律援助法（草案）》二审稿对该条规定进行了较大改动。具体修改有七点：一是，在条文位置上将本条放在了第五章"保障和监督"中，而非一审稿中的第四章"法律援助程序"；二是，将受援人有权了解法律援助事项办理情况的规定和受援人对法律援助机构、法律援助人员不依法履职的救济权予以分句规定；三是，明确了受援人行使知情权的对象为法律援助机构和法律援助人员；四是，删除"有证据证明"；五是，增加"法律援助机构"作为投诉对象；六是，将投诉部门"法律援助机构"修改为"司法行政部门"；七是，将救济方式修改为可以同时进行投诉和请求更换法律援助人员，而非一审稿规定的只能二选一。

一审稿	二审稿	《法律援助法》
第三十八条　受援人有权了解法律援助事项办理情况，有证据证明法律援助人员不依法履行职责的，可以向法律援助机构投诉，或者请求更换法律援助人员。 受援人应当向法律援助人员如实陈述与法律援助事项有关的情况，及时提供证据材料，协助、配合办理法律援助事项。	**第五十二条**　受援人有权向**法律援助机构、法律援助人员**了解法律援助事项办理情况；**法律援助机构**、法律援助人员不依法履行职责的，受援人可以向**司法行政部门**投诉，并可以请求法律援助机构更换法律援助人员。	**第五十五条**　受援人有权向法律援助机构、法律援助人员了解法律援助事项办理情况；法律援助机构、法律援助人员未依法履行职责的，受援人可以向司法行政部门投诉，并可以请求法律援助机构更换法律援助人员。

关于本条规定，在立法过程中，有实务部门建议明确受援人更换法律援助人员的条件，即参照 2012 年司法部《办理法律援助案件程序规定》第 32 条的规定，建议修改为"受援人有证据证明法律援助人员不依法履行职责的，可以申请法律援助机构更换法律援助人员"。原因在于，实践中存在受援人无正当理由请求更换律师，或请求指定知名律师为其提供法律援助的情形，若对此不附加任何条件就允许更换法律援助人员，无疑会造成法律援助资源的滥用。

我们认为，这一建议有失妥当，《法律援助法》第 55 条的规定相对合理。首先，皮之不存，毛将焉附。受援人申请更换法律援助人员只是其行使投诉权利的附随请求，没有对法律援助人员不依法履职或怠于履职行为的投诉，便不存在请求更换法律援助人员的前提条件。而且，是否准许更换取决于投诉的处理结果，若经调查受援人投诉情况属实的，作为对受援人权益遭受损害的一种补偿，应当准许受援人更换法律援助人员的请求；若经调查投诉情况不成立的，可在告知其投诉处理结果的同时直接拒绝其更换法律援助人员的请求。

其次，法律援助受援人多属于弱势群体，即便确实遭受法律援助人员不依法履职行为的侵害，也往往难以收集到相关有力证据。而作为负有法律援助监管职能的司法行政部门，在调查法律援助人员是否存在不依法履职行为时无疑具有充足便利的条件和强大的权限。因此，无论是受援人只进行投诉，还是在投诉的同时提出更换法律援助人员的请求，都无需也不应苛求其承担举证责任，只需其将在与法律援助机构、法律援助人员交往过程中的所见所闻以书面形式提交给司法行政部门即可，如此能够保障受援人毫无负担地行使其救济权利。

最后，关于受援人申请更换特定知名律师的请求，我们认为也实属合情合理。如果受援人的投诉情况属实且其选定的律师也不存在无法提供法律援助服务的情形，作为对受援人权益遭受损害的补偿，司法行政部门可以支持其请求。事实上，国外早已通过确立法律援助律师名册制度，赋予受援人在名册中自行选择援助律师的权利，且我国实践中也不乏其例。据了解，浙江省安吉县司法局为了确保法律援助案件质量，推行"双选制""点援制"，即律师经过申请、考试、考核合格后，才能与法律援助中心签约并被纳入"援助律师库"，受援人可在"援助律师库"内自主选择自己信任或熟悉的律师，以"就近就熟"的方式获得法律援助。因此，未来我国法律援助立法可以借鉴实践中的有益做法，建立法律援助律师名册制度，从而既能确保法律援助律师的资质水平，又能赋予受援人自主选择权，真正贯彻落实法律援助坚持以人为本的原则和宗旨。

【条文释义】

该条是关于受援人知情权和救济权的规定，受援人的知情权主要是指其有权了解法律援助事项办理情况；受援人的救济权主要是指其有权对不依法履职的法律援助机构和法律援助人员投诉，并请求更换法律援助人员。

一、本条侧重对法律援助服务的监督和保障

《法律援助法（草案）》一审稿第 38 条是被放在第四章"法律援助程序"中仅作为"受援人权利"而规定的，而从二审稿开始被放在第五章"保障和监督"中，意在将受援人享有的这一知情权进一步定位为对法律援助机构和法律援助人员履职情况的监督权，表明本法既要保障受援人能够充分地行使这项权利，也要通过这项权利的行使督促法律援助机构和法律援助人员依法履行职责。

二、受援人有权投诉的事项范围

《法律援助法》第 55 条将受援人有权了解法律援助事项办理情况的规定和受援人对法律援助机构、法律援助人员不依法履职的救济权予以分句规定，前后两句虽有相关但不等同。《法律援助法（草案）》一审稿第 38 条容易被误认为"受援人有权了解法律援助事项办理情况"统摄整个条文，后面"法律援助人员不依法履行职责"仅指法律援助人员不依法向受援人履行告知法律援助事项办理情况的义务，受援人仅能就侵害其知情权的违法行为寻求投诉等救济。简言之，一审稿第 38 条从条文表述上来看似乎是限缩了受援人救济事项的范围。而二审稿第 52 条将两句用分号隔开后，就当然阻断了第一句对整个条文的统摄，使分号后的内容成为独立的规定。也即，第二句中"法律援助机构、法律援助人员不依法履行职责"的情形，不仅包括不依法向受援人履行告知法律援助事项办理情况的义务，受援人也有

权对法律援助机构和法律援助人员不依法履行《法律援助法》第 12 条以及第 19 条至第 21 条中所述职责的情形进行投诉。具体投诉事项的范围可参考 2013 年司法部《法律援助投诉处理办法》第 5 条，以及《法律援助法》第 61 条至第 63 条的规定。

三、告知义务主体和告知内容

与《法律援助法（草案）》一审稿第 38 条规定的"受援人有权了解法律援助事项办理情况"这一笼统表述相比，《法律援助法》第 55 条又进一步明确了"受援人有权向谁了解"，即负有告知义务的主体为法律援助机构和法律援助人员，从而避免受援人空享知情权之名却无权利行使之实，以及面对受援人询问时法律援助机构和法律援助人员出现互相推诿的情况。

基于法律援助人员和法律援助机构都属于负有告知义务的主体，故应对"法律援助事项办理情况"作扩张理解，不仅包括涉及《法律援助法》第 24 条、第 25 条、第 28 条、第 29 条、第 30 条规定的刑事法律援助案件办理情况，以及第 31 条规定的民事行政法律援助案件办理情况；还应当包括涉及《法律援助法》第 12 条规定的法律援助机构对受援人的履职情况，即受援人有权就其提出的法律援助申请向法律援助机构了解受理、审查和指派情况。此外，就案件办理情况而言，受援人既可以选择向法律援助人员了解，也可以选择向法律援助机构了解，此二者都应如实、及时向受援人履行告知义务，充分保障受援人知情权的有效行使。

四、完善救济权

与《法律援助法（草案）》一审稿第 38 条规定的"有证据证明法律援助人员不依法履行职责的，可以向法律援助机构投诉，或者请求更换法律援助人员"相比，《法律援助法》第 55 条第二分句所做的四处修改具有显著的进步意义。一是删除"有证据证明"，免去受援人不合理的举证责任，便于受援人积极行使投诉权利；二是投诉对象增加"法律援助机构"，契合该条前半句和《法律援助投诉处理办法》第 5 条的规定；三是投诉部门将"法律援助机构"改为"司法行政部门"，再次明确法律援助的监督管理职能只属于司法行政部门，避免法律援助机构既当运动员又当裁判员；四是救济权的行使方式是允许同时行使投诉权和请求更换法律援助人员权，而非一审稿规定的二选一，从而既能保证受援人通过投诉维护自己被侵害的合法权利，又能保障受援人获得的法律援助服务质量不因投诉而受到影响。

有关投诉的处理机制将在第 56 条的条文释义中予以详细阐述，在此仅就法律援助机构对受援人请求更换法律援助人员的处理机制展开说明。根据 2012 年司法部《办理法律援助案件程序规定》第 32 条、2019 年《全国刑事法律援助服务规范》第 8.4.1-f）条、《全国民事行政法律援助服务规范》第 7.4.1.3-b）条和第 7.4.1.3-c）条，受援人有证据证明法律援助人员不依法履行义务的，可以请求法律援助机构更换法律援助人员。法律援助机构应当自受援人申请更换之日起 5 个工作日内决定是否更换。决定更换的，应当另行指派或者安排人员承办。对犯罪嫌疑人、被告人具有应当指定辩护的情形，人民法院、人民检察院、公安机关决定为其另行指定辩护人的，法律援助机构应当另行指派或者安排人员承办。更换法律援助人员的，原法律援助人员所属单位应当与受援人解除或者变更委托代理协议，原法律援助人员应当在 3 个工作日内与更换后的法律援助人员办理案件材料移交手续。此外，《全国民事行政法律援助服务规范》第 7.4.1.3-c）条还规定，决定更换承办人员的，法律援助机构应在 3 个工作日内将新的承办人员的姓名和联系方式告知受援人或者其法定代理人、近亲属，并函告办案机关。

第五十六条【投诉查处制度】

司法行政部门应当建立法律援助工作投诉查处制度；接到投诉后，应当依照有关规定受理和调查处理，并及时向投诉人告知处理结果。

【条文要旨】

本条是关于法律援助投诉查处制度的规定。根据该条规定，司法行政部门应当建立投诉查处制度。为此，司法行政部门应当采取积极措施，提示申请人、受援人依法享有投诉的权利；建立方便快捷的投诉受理渠道；接到投诉后，能够快速作出处理并及时告知投诉人处理结果。

【立法背景】

建立法律援助工作投诉查处制度是司法行政部门监督管理法律援助活动的重要渠道，有利于规范法律援助服务行为，提高法律援助办案质量，确保法律援助机构和法律援助人员依法履行职责，促进法律的正确实施。

早在 2013 年以前，各级司法行政部门就基本建立了法律援助投诉查处制度，通过公示投诉地址、设立投诉电话、公布电子邮箱等方式畅通投诉渠道；认真办理投诉事项，积极组织调查核实，依法妥善处理问题。但在实践中也存在一些不足，主要包括各地对投诉人资格及其权利义务、受理投诉的条件和投诉事项范围、办理程序、救济途径等方面的规定不一致，导致实践操作不统一；一些投诉行为不规范，存在"一事多投"和不同部门重复受理的现象等。这些问题严重影响了投诉处理工作的质量和效率，亟需对法律援助投诉处理工作进行统一规范。[1] 在深入调查研究、总结各地实践经验的基础上，2013 年司法部《法律援助投诉处理办法》界定了法律援助投诉的概念，明确了投诉人、被投诉人资格及其权利义务，投诉处理工作应当遵循的原则，投诉应具备的条件和投诉事项范围；规范了投诉行为和司

---

〔1〕 周斌："畅通投诉渠道规范法律援助服务行为——司法部副部长解读《法律援助投诉处理办法》"，载《法制日报》2014 年 1 月 7 日，第 2 版。

法行政部门办理程序、被投诉人违法违规行为应当承担的责任形式，以及对处理不服的救济途径等。目前，各地各级司法行政部门处理投诉事项主要依据该办法实施。

在 2013 年《法律援助投诉处理办法》出台后，2015 年两办《关于完善法律援助制度的意见》第 7 条再次强调要"完善法律援助投诉处理制度，进一步规范投诉事项范围、程序和处理反馈工作，提高投诉处理工作水平"。鉴于此，《法律援助法》在第五章"保障和监督"中增加了这条关于法律援助工作投诉查处制度的规定。

一审稿	二审稿
	第五十三条 司法行政部门应当建立法律援助工作投诉查处制度；接到投诉后，应当依照有关规定受理和调查处理，并及时向投诉人告知处理结果。

【条文释义】

本条与《法律援助法》第 55 条是承接关系。第 55 条规定受援人有权就法律援助机构和法律援助人员不依法履职的行为向司法行政部门投诉，本条随之确立投诉查处制度的法律地位。

结合 2013 年司法部《法律援助投诉处理办法》，为充分保障投诉人权利，法律援助工作投诉查处制度应当涵盖以下六个方面。

第一，以显见的方式提示申请人、受援人或利害关系人依法享有对法律援助机构及其工作人员、律师事务所、法律援助人员投诉的权利以及投诉应承担的义务。提示方式包括：法律援助机构工作人员的口头提示，以权利义务告知书提示，在法律援助机构内设大屏幕或在法网平台、微信公众号和小程序等线上综合服务平台上滚动提示，等等。投诉人应承担的义务包括：提出投诉应当采取书信、传真或者电子邮件等书面形式；应当如实投诉，对其所提供材料真实性负责；委托他人投诉的，应当向司法行政部门提交授权委托书，并载明委托权限等。

第二，畅通投诉渠道，明确司法行政部门应当向社会公示法律援助投诉地址、电话、传真、电子邮箱及投诉事项范围、投诉处理程序等信息。

第三，制定完善的投诉受理程序，以高度负责任的态度对待投诉人和投诉事项。根据《法律援助投诉处理办法》第 10 条，投诉受理程序包括登记和审查两个环节。司法行政机关在收到投诉事项后，不论其来源，也不问是否属于其受理范围，一律予以登记。之后司法行政机关需在 5 个工作日内审查投诉人提出的事项是否符合受理条件，是否属于受理范围，并向投诉人发出是否受理的通知书。关于投诉事项范围，遵照《法律援助法》第 61 条、第 62 条和第 63 条的规定。关于投诉受理条件，根据《法律援助投诉处理办法》第 8 条规定，包括以下五项：（1）具有投诉人主体资格；（2）有明确的被投诉人和投诉请求；（3）有具体的投诉事实和理由；（4）属于本机关管辖范围；（5）属于本办法规定的投诉事项范围。

第四，对投诉事项进行全面、客观、公正的调查。严谨的投诉调查程序是行政公正性原则的基本要求，可以杜绝办理机关对投诉事项只进行简单的书面审查就草率作出决定的现象，有利于督促办理机关实事求是、负责任地查清事实，维护投诉人的合法权益。[1]调查方式主要包括要求被投诉人说明情况、提交有关材料，调阅被投诉人有关业务案卷和档案材料，向有关单位、个人核实情况、收集证据，听取有关部门的意见和建议。根据 2019 年《全国民事行政法律援助服务规范》第 9.7.1-c）条，对法律援助人员投诉的，调查程序可分为初查和集体讨论两个环节，即投诉承办人员，经初步查实确有问题的，对投诉事项可组织进行集体讨论；集体讨论由法律援助机构、办案机关和承办机构等提起，由法律援助机构组织开展。参加集体讨论的人员应包括提起集体讨论的承办人员、相关处室负责人、律师或专家学者等。

第五，根据调查结果作出处理并及时书面告知投诉人处理结果。结合《法律援助法》第 60 条、第 61 条、第 62 条、第 63 条，以及《法律援助投诉处理办法》第 14 条，对经查实确实存在违法违规行为的投诉对象，应分情况作出处理：其一，针对法律援助机构及其工作人员的投诉。如经查实法律援助机构及其工作人员存在《法律援助法》第 61 条规定的违法违规行为的，由设立该法律援助机构的司法行政部门责令限期改正；有违法所得的，责令退还或者没收违法所得；对直接负责的主管人员和其他直接责任人员，依法给予处分；对非直接责任人员，可给予批评教育或通报批评。其二，针对法律援助人员的投诉。如经查实律师事务所、基层法律服务所，律师、基层法律服务工作者分别存在《法律援助法》第 62 条、第 63 条规定的违法违规行为的，由司法行政部门依法给予处罚，或根据《法律援助法》第 60 条通知律师协会依照相关规定进行惩戒。对违法违规行为情节轻微并及时纠正，没有造成危害后果，依法不予处罚或者惩戒的，应当给予批评教育、通报批评、责令限期整改等处理。此外，根据《法律援助投诉处理办法》第 16 条规定，司法行政机关应当自作出处理决定之日起 5 个工作日内，向投诉人发送《法律援助投诉处理答复书》。这样规定，既有利于投诉人对办理机关行为的监督，减少投诉事项处理的随意性；又有利于维护投诉人的合法权益，便于投诉人及时确定下一步寻求救济的途径。

第六，明确投诉人权利救济途径。《法律援助投诉处理办法》第 17 条规定，投

---

〔1〕 周斌："畅通投诉渠道规范法律援助服务行为——司法部副部长解读《法律援助投诉处理办法》"，载《法制日报》2014 年 1 月 7 日，第 2 版。

诉人对处理答复不服的，可以依法申请行政复议或提起行政诉讼。

第五十七条【服务质量监督】

司法行政部门应当加强对法律援助服务的监督，制定法律援助服务质量标准，通过第三方评估等方式定期进行质量考核。

【条文要旨】

本条是关于法律援助服务质量监督的规定。根据本条规定，司法行政部门负有监督法律援助服务质量的一般职责；其履职方式包括制定法律援助服务质量标准，以及通过第三方评估等方式定期进行质量考核。

根据本法第 58 条规定，质量考核结果属于法定公开事项，应当定期公布，接受社会监督。对于质量考核结果不佳的法律援助服务人员，应当依法取消其提供法律援助服务的资质。

【立法背景】

法律援助服务质量是提高法律援助制度公信力的根本保障，是法律援助制度可持续发展的生命线。2016 年联合国《法律援助全球报告》表明，在有关法律援助制度的全球调查中，受援人最关心的问题之一即"法律援助服务的质量如何"。然而，我国法律援助质量的总体水平尚不容乐观，并成为制约法律援助发展的结构性障碍。法律援助案件的质量受诸多因素影响，而能够对其起决定作用的莫过于法律援助服务质量监管体系。在我国，司法行政部门和法律援助机构都负有对法律援助服务质量的监督职责，具体监督方式主要包括庭审旁听、案卷检查、征询司法机关意见、回访受援人、满意度测评、服务质量考核等。在此前的法律援助实践中，法律援助机构主要承担了监管法律援助服务质量的职责，而司法行政部门鲜少实施。但值得注意的是，在前述所列几项监督方式中，由法律援助机构组织进行服务质量考核的正当性存疑。法律援助机构本身负有提供法律援助服务的职责，如果允许其对自身提供的援助服务质量进行考核评估，则是让其"既当运动员又当裁判员"，无法保证评估过程和结果的客观公正。而且，实践表明，由法律援助机构负责实施服务质量考核存在两个弊端，一是考核往往流于形式，基本上仅针对卷宗质量展开，无法全面反映法律援助服务的质量和水平；二是考核对象只能是经本机构指派办理的法律援助案件，而不能覆盖其他法律援助服务提供主体办理的援助案件。因此，仅就质量考核这一监督方式而言，由司法行政部门组织实施更为适宜。

2015 年两办《关于完善法律援助制度的意见》第 7 条提出要"完善服务质量监管机制，综合运用质量评估、庭审旁听、案卷检查、征询司法机关意见和受援人回访等措施强化案件质量管理"，但该条并未进一步明确司法行政部门和法律援助机构各自应当采用的监管方式，并未解决实践中两个监管主体的职能分工问题。不仅如此，2019 年司法部《全国民事行政法律援助服务规范》第 9.1 条规定"法律援助机构应在司法行政机关指导下建立完善法律援助案件的考核评估机制"，也未对质量考核的职责归属问题作出契合实际的安排。故此，面对我国法律援助服务质量双监管主体的现实情况，当务之急是从立法层面建立起一套权责分明、科学系统的法律援助质量监管机制，使法律援助的整体服务质量得到有效保障。

此外，就法律援助服务质量考核的方式而言，实践中最常采用司法行政部门评估和同行评估两种方式。但为寻求多元化评估方式，进一步强化考核结果的专业性和公正性，一些地方也在探索采用第三方评估的方式进行服务质量考核。并且，在法律援助服务质量考核机制中引入第三方评估已经得到了官方文件的认可和鼓励。如，2017 年 8 月司法部《关于推进公共法律服务平台建设的意见》第六部分第 4 条规定"探索第三方评价机制，将评价结果作为对部门和服务人员考核评价的依据，促进优质服务和高效服务"，以及 2019 年两办《关于公共法律服务体系建设的意见》第四部分第 14 条规定"建立公共法律服务质量评价制度，探索引入第三方评估机制"。但从实践来看，囿于评估成本、评估便利性等客观因素，第三方评估在我国各地法律援助服务质量考核中的应用率仍普遍较低。

前述表明，我国法律援助服务质量监管体制一直在"摸着石头过河"，以相对保守的态度缓慢发展。这也注定"法律援助服务质量监督"会成为本次立法工作中的重点与难点。《法律援助法（草案）》一审稿第 46 条仍未区分司法行政部门的"管理职责"和法律援助机构的"服务职责"在对法律援助质量进行监督管理方面的不同，而仅笼统地提出"质量考核"这一概念，没有对此进行任何补充和解释，无法对实践提供有力指引。鉴于此，有专家就曾对本草案一审稿第 46 条提出两点修改建议：一是明确区分法律援助的"管理职能"和"服务职能"在对法律援助质量进行监督管理方面的职责界限，建立起司法行政部门和法律援助机构"分工负责、相互配合"的共同监管体系，即司法行政部门应当主要负责通过制定服务质量标准和质量考核评估方式加强对法律援助服务质量的宏观监管和指导；法律援助机构则应当通过质量考核评估以外的其他方式督促法律援助人员及时有效办理法律援助事项，即主要负责对个案质量的监督管理。二是建立法律援助服务质量第三方评估机制，由司法行政部门通过第三方评估等方式进行质量考核。

显然，《法律援助法（草案）》二审稿第 55 条和第 56 条（《法律援助法》第 57 条和第 59 条）合理吸收了这两项修改建议。一方面，《法律援助法（草案）》二审稿第 55 条和第 56 条对司法行政部门和法律援助机构在监管法律援助服务质量方面的履职方式做了明确分工：制定服务质量标准和组织质量考核由司法行政部门负责；庭审旁听、案卷检查、征询司法机关意见和回访受援人主要由法律援助机构负责实施。另一方面，《法律援助法（草案）》二审稿第 55 条明确规定要"通过第三方评估等方式定期进行质量考核"，从而赋予了第三方评估在法律援助质量监管机制中的法定地位，有利于提高第三方评估在实践中的适用率。

一审稿	二审稿	《法律援助法》
第四十六条 司法行政部门、法律援助机构应当建立法律援助服务质量考核机制，督促法律援助人员及时有效办理法律援助事项。	**第五十五条** 司法行政部门应当加强对法律援助服务的监督管理，制定法律援助服务质量标准，通过第三方评估等方式定期进行质量考核。	**第五十七条** 司法行政部门应当加强对法律援助服务的监督，制定法律援助服务质量标准，通过第三方评估等方式定期进行质量考核。

【条文释义】

本条规定了司法行政部门负有对法律援助服务质量的监督职责，其履职方式主要包括制定法律援助服务质量标准，以及通过第三方评估等方式定期进行质量考核。

一、司法行政部门负有对法律援助服务质量的监督职责

法律援助是国家的责任、政府的义务，各级司法行政部门应当积极履行其对法律援助服务质量的监督管理职责。司法行政部门负责法律援助服务质量的监督管理，不仅体现在本条规定的制定服务质量标准和组织质量考核两方面，也包括《法律援助法》第 54 条规定的对法律援助人员组织培训、第 55 条规定的对涉服务质量投诉事项的处理、第 59 条规定的几种过程监督措施、第 61 条至第 63 条规定的对几种损害援助服务质量行为的处罚，以及负责收集汇总、分析年度法律援助服务质量统计数据，等等。其中，本条规定的两项履职方式最为重要，通过制定科学完善的法律援助服务质量标准以及定期进行严格规范的质量考核，能从根本上保障法律援助服务质量的稳步提升。

二、制定法律援助服务质量标准

法律援助服务质量标准是由司法行政部门依据有关法律规定制定的，对法律援助机构工作人员和法律援助人员在受理、审查、指派、承办、结案、监督等整个提供法律援助过程中应当"做什么、怎么做、做到什么程度"的指导和规范。制定法律援助服务质量标准主要有两个方面的意义，一是对法律援助机构及法律援助人员的援助工作提出明确具体的要求，要求其在提供法律援助服务过程中必须依照此标准严格行事。因此，法律援助服务质量标准不是指引或建议，其具有强制性的规范效力。二是为法律援助服务质量考核设定参考标准，用来衡量法律援助服务的优劣。因此，法律援助服务质量标准绝不是实践中普遍存在的相对简单粗疏的工作规范，而是精细全面的、可量化的、操作性强的评估指标。但无论从哪一方面来看，法律援助服务质量标准都不能是较低层次的合格标准，而应按照高标准来制定，否则无法对法律援助服务质量提供切实保障。

具体而言，法律援助服务质量标准必须覆盖法律援助工作的方方面面，既包括接待、受理、审查、指派、监督等专门指向法律援助机构工作的质量标准，也包括咨询、代书、提供法律帮助、承办案件等专门指向法律援助人员的质量标准。其中，承办案件质量标准作为其核心，包括承办诉讼案件质量标准和承办非诉讼案件质量标准，又可进一步区分为承办民事诉讼法律援助案件质量标准、承办行政诉讼法律援助案件质量标准、承办刑事诉讼法律援助案件质量标准（死刑复核法律援助案件质量标准）、承办劳动仲裁法律援助案件质量标准、承办国家赔偿法律援助案件质量标准等。[1]各级司法行政部门可在司法部《全国刑事法律援助服务规范》《全国民事行政法律援助服务规范》等基础上，作出更为严格的细化规定。

另外，法律援助服务质量标准不仅包括上述工作标准，还应当包括法律援助人员的资质准入标准。有些国家对于法律援助人员的专业素质有着颇高的要求。例如，2011年《新西兰法律服务（质量管理）条例》规定，只有持有新西兰律师协会执业证书，并经司法部批准，与司法部签订有效合同，才能提供法律援助服务。要获得批准，个人需要证明有相关的技能、经验和业务系统来有效地代理当事人。芬兰规定法律援助办公室的公共法律援助律师要在芬兰取得法学硕士学位（且不是国际法和比较法学硕士），需要有足够的诉讼经验，且其中一半的公共法律援助律师都是律师协会成员。我国2017年《律师法》第5条规定："申请律师执业，应当具备下列条件：（一）拥护中华人民共和国宪法；（二）通过国家统一法律职业资格考试取得法律职业资格；（三）在律师事务所实习满一年；（四）品行良好。实行国家统一法律职业资格考试前取得的国家统一司法考试合格证书、律师资格凭证，与国家统一法律职业资格证书具有同等效力。"在我国担任法律援助律师显然要先满足《律师法》对律师的条件要求，但并不止于此，尤其是刑事法律援助律师。因为刑事案件关涉犯罪嫌疑人、被告人的人身自由甚至身家性命，兹事体大，不得不慎。比如《银川市司法局关于在全市律师事务所选拔法律援助值班律师的通知》规定，法律援助值班律师的选拔要求是要在全市各律师事务所具有两年以上执业经验且热爱法律援助事业；办理刑事案件的律师需要5年以上执业经验。[2]而且，《法律援助法》第26条规定，对可能被判处无期徒刑、死刑的人，以及死刑复核案件的被告人，法律援助机构收到人民法院、人民检察院、公安机关通知后，应当指派具有3年以上相关执业经历的律师担任辩护人。鉴于此立法导向，为保证法律援助

---

〔1〕 王春良等：《完善法律援助制度研究》，法律出版社2018年版，第56页。

〔2〕 樊崇义编著：《法律援助制度研究》，中国人民公安大学出版社2020年版，第173页。

服务质量，也应当针对不同类型案件的法律援助人员制定不同的资质准入标准，从而严格把控法律援助人员的资格和资质，从源头上确保法律援助人员的专业素质和法律援助服务质量。

总的来说，法律援助服务质量标准的制定应当立足于受援人、司法行政部门、法律援助机构及法律援助人员三方视角。站在受援人的角度，质量标准应当表明达到受援人满意的基本要求；站在司法行政部门的角度，质量标准应当反映其是否尽到监管责任；站在法律援助机构和法律援助人员的角度，质量标准应当指明其努力方向。

值得注意的是，本条虽规定了司法行政部门有权制定法律援助服务质量标准，但美中不足的是未明确部门层级，从条文含义来看似乎各级司法行政部门都有权制定法律援助服务质量标准。目前，各地对法律援助案件的质量管理差异较大，缺乏一个全国性的可供参照的标准。有的地方侧重对卷宗的审查，有的地方则侧重出庭的表现，还有的侧重当事人的满意程度。以《重庆市法律援助服务质量标准（试行）》为例，其主要从法律援助机构服务和法律援助人员服务方面设定了程序标准和实体标准两方面内容，适用对象具体包括法律咨询、代写文书、刑事辩护和代理、民事代理和行政代理等主要的法律援助服务方式。该标准基本覆盖了该地区法律援助案件的全过程，同时将援助质量标准按案件种类分为刑事、民事、行政，并根据不同案件的特征提出了不同要求。再以安徽省为例，在其 2014 年《安徽省法律援助质量监督管理办法（试行）》中着重提出了案件质量控制标准、个案质量评定和综合管理质量评价，同时将个案质量评定的等次与办案补贴数额挂钩，综合管理质量评价结果在司法行政系统通报，并作为相应年度法律援助工作考核内容的重要部分，注重的是监督过程和对援助提供者的评判。[1] 尽管各地实际情况会有所不同，但对法律援助服务质量的严格要求应当是趋向一致的。而目前各地制定的服务质量标准实际上缺乏统一的逻辑体系，有的可能过于细密，操作起来成本较高；有的则过于粗疏，实用性不强。这样一来，不仅会造成资源浪费，而且难以对标准的质量进行整体把控，导致适用时参差不齐。因此，未来立法可明确由国务院司法行政部门制定统一的法律援助服务质量参考标准，并授权省、市两级政府司法行政部门在此标准基础上进行细化和完善，但不得限缩或降低。不仅如此，随着受援人对法律援助服务质量的要求越来越高，以及经费保障力度越来越大，法律援助服务质量标准也应当逐步升级，确保始终保持在较高水平。

---

[1]　唐文凯："法律援助质量标准之中西比较"，载《市场周刊》2018 年第 3 期。

三、通过第三方评估等方式定期进行质量考核

司法行政部门另一项主要的服务质量监管职责就是对法律援助人员提供援助服务的情况定期进行质量考核，一般按年度进行，这是对法律援助服务质量进行事后管理的一种重要方法。

质量考核一般采用评估的方式。根据 2019 年《全国民事行政法律援助服务规范》第 9.6.1 条规定，法律援助机构应根据本年度承办案件数量等实际情况，从已办结并上报结案的卷宗材料中选取一定比例的案件，定期开展评估。

评估主体为经司法行政部门选派的评估专家。根据 2019 年《全国民事行政法律援助服务规范》第 9.6.2 条规定，评估案件应选派评估专家，确定评估样本，根据本地法律援助案件质量评估要求，在承办案件结案后进行。依照评估专家的不同组成，主要分为司法行政部门评估、同行评估、第三方评估。

评估的参考标准分为综合参考因素和具体评估指标。根据 2019 年《全国民事行政法律援助服务规范》第 9.6.3 条规定，综合参考因素主要包括案件办理的时效性、运用法律法规的准确性、与受援人和办案机关沟通的有效性、案件材料及法律文书的规范性。具体评估指标可以是法律援助服务质量标准，也可以根据每次评估的不同目的，或是针对不同问题、不同重点、不同案件类型，在法律援助服务质量标准的基础上予以调整。

评估结果会根据案件质量分级作出且会向社会公开，接受社会监督。评估结果会与各种实质性的奖惩紧密结合。若被评为优秀案件不仅予以通报表扬，还按规定给予奖励，且承办人员不仅优先入选法律援助案件质量评估专家库，而且将质量评查结果纳入律师考核、年检和评先评优的依据。若经评估发现存在拒绝或怠于履行法律援助义务行为的，应当依法取消其提供法律援助服务的资质。律师协会予以行业惩戒，年度考核也将被确定为不称职或不合格等次，并由司法行政部门给予行政处罚。

【延伸阅读】法律援助质量评估

健全的质量评估机制对于我国法律援助制度的发展和完善具有重要的指引和规范作用，其直接关系到法律援助职能的充分发挥与法律援助事业的持续发展。法律援助质量评估机制应当至少包括评估主体、评估对象、评估方式、评估结果四个维度。

就评估主体而言，主要包括司法行政部门评估、同行评估和第三方评估。司法行政部门评估是指由司法行政部门内部工作人员，包括法律援助机构工作人员对法律援助案件进行评估；同行评估是指由律师同行对法律援助案件进行评估；第三方评估是指由高校专家、专业公司、社会代表等第三方主体对法律援助案件进行评

估。实践中，司法行政部门评估和同行评估的单独适用和混合适用最为常见。客观来看，评估机制的科学性及有效性在很大程度上取决于评估主体的素质和能力。因此，为保障评估主体能够充分发挥其作用，需要从以下三个方面予以严格把控。

首先，确保评估主体的中立性。中立性是评估机制的基础，评估主体应当与评估对象没有任何关系。就前述三种评估主体而言，无论是司法行政部门评估，还是公职律师、社会律师的同行评估，本质上都属于内部的自我评估机制，在中立性和客观性方面受到一定限制。由司法行政部门工作人员进行评估，混淆了法律援助监督管理者与评估者本应相互独立的身份。而且自查自纠很难真正地发现并改正问题，对于一些已形成思维定式或是固定模式的问题也容易陷入"当局者迷"的困境当中。因此，法律援助服务质量的评估应与行政检查、监管严格界分，既是为了减少内部干预，保证结果的客观性；也是为了能够打破现状，精准发现真正需要改善的一些潜藏问题。与司法行政部门相比，律师也并非最为合适的中立评估主体。律师基于多年的从业经历，深知办理法律援助案件的苦与乐，因此可能会在评估过程中带入自身经验和情感，进而对评估结果的客观性产生一定影响。相比之下，第三方评估的优越性便得到凸显。在第三方评估中，第三方的独立性被认为是保证评估结果公正的起点，引入第三方评估机制的首要原因就在于利用第三方中立客观的视角，从全局角度去发现问题、提出问题并给出对应的改进建议。实践表明，近年来，第三方评估已成为政府部门重大行政决策的重要辅助机制，其作为一种必要而有效的外部制衡机制，弥补了传统的司法行政部门或法律援助机构自我评估的缺陷，在法律援助服务质量提升方面发挥了不可替代的促进作用。

其次，确保评估主体的专业性。评估主体专业性是评估结果权威可信的前提，实践中具备专业评估能力的人员一定对法律援助办案工作十分熟悉和精通，否则就会陷入"外行看热闹"的尴尬境地。因此，实践中，具有丰富执业经验的律师成为被广泛认可的专业评估主体。以杭州市为例，要想进入杭州市法律援助质量评估专家库，必须是从事诉讼业务10年以上且具有本科以上学历的律师，或从事诉讼业务20年以上的资深律师。客观来看，这些从事过法律援助业务的资深律师虽然具有足够的专业知识水平，但其专业性仅是对办理案件而言，而并不是对评估这项工作的擅长，律师评估的视角可能会侧重于以案件结果来评定服务质量的高低。而且，一次完整系统的评估工作往往历时较长，尤其是对市级以上单位法律援助服务质量的评估，绝不仅是一两次短暂的访谈、座谈以及粗略地翻阅案卷所能作出的。因此，由律师来担任评估主体，其评估的时间与专业性均难以保障。相比之下，由专业的智库型研究机构作为第三方评估机制的主体，更有利于保障评估结果的权威性和科学性。目前，实践中有些司法行政部门委托法院系统的业务专家组成第三方评估委员会，有些选取社会律师和外辖区的法律援助中心主任组成第三方评估专家，还有的委托社会上的评估机构或商业公司。前两者并非严格意义上的第三方评估，只能是第三方"同行评估"，而专门从事社会服务评估的机构虽然是独立的第三方，但毕竟术业有专攻，虽能保障客观中立性，但专业性略显不足。而专业研究机构作为第三方评估主体享有得天独厚的优势，专业研究机构的专家学者既掌握深厚的理论基础，又具有丰富的实践经验，甚至了解域外法治国家的先进做法。因此，依托各大高校建立起来的专业研究机构或许是从事第三方评估的最合适主体，能够为各地法律援助服务质量的发展提供更大的智识力量。

最后，确保评估技能的熟练性。为了更好地完成法律援助服务质量评估工作，评估主体不仅要具备法律知识和业务知识，更要具备熟练依据相关标准进行准确评估的技能。因此，在评估工作开展前，必须先对评估组成员进行培训。由参与案件评估指标制定和具有多年评估经验的专家对评估组成员进行评估指标解读和实际操作培训，评估组成员围绕范例案卷进行反复演练，掌握评估规则，以便熟练评估。

就评估对象而言，实践中，法律援助质量评估对象主要是已办结的法律援助案件。从案件类型上看，各地评估对象仍主要是民事、刑事和行政三类案件。《法律援助法》实施后，可根据其第22条规定扩展评估案件类型，如增加国家赔偿案件、劳动争议调解与仲裁代理案件、强制医疗案件、值班律师法律帮助案件，等等。尤其是要积极开展对值班律师法律帮助案件的及时有效评估，这对于强化犯罪嫌疑人、被告人人权司法保障，推进我国认罪认罚从宽制度的落实和完善具有重要意义。此外，目前我国的法律援助质量评估只是简单的服务质量评估，或是单维度的投入—绩效评估。未来在继续健全服务质量评估机制的基础上，还可以增加法律援助管理质量作为新的评估对象，对法律援助经费的使用、法律援助机构工作人员的履职情况等进行同样专业化的评估。由此建立起法律援助服务质量和管理质量的二元评估机制，保障法律援助的服务水平和管理水平同步提高。

就评估方式而言，实践中各地主要采用案卷评查的方式。通过随机抽取一定数量的归档案卷，由评估组成员以一案一评的方式，从律师对案件事实的了解，办案思路的针对性和逻辑性，庭审的准备及技巧，法律文书的规范严谨性，法律论证的清晰严密性，案卷材料的完整、规范、及时和完成案件的法律效果与社会效果等多个方面逐项、逐条评估，从法律援助案件办理的全过程考察承办人的业务能力和职业素养，发现律师在办理法律援助案件时存在的问题与不足。尽管案卷评查方式最为便捷直观，但仅靠这一种评估方式获得的有效信息未免不够全面。若能与回访受援人、征询司法机关意见、集体讨论等评估方式相结合，从而对评估对象展开全方位的调查和评估，则既能保障评估结果的全面性，又能近距离听取各方面对提高法律援助服务质量的意见和建议。

就评估结果而言，评估组最后出具的质量评估报告不仅要对当地法律援助服务质量现状作出优劣评断，还要总结问题并提出整改方案，更要对下一步如何完善法律援助服务质量评估标准及进一步提升法律援助服务质量水平提出建议。也即，评估组成员的职责绝不仅是发现问题与解决问题，而应当承担更多责任，充分发挥"法律智囊"的作用，站在全局角度为当地法律援助实施制订长远计划，以期把法律援助质量提升到新的高度。

第五十八条【信息公开】

司法行政部门、法律援助机构应当建立法律援助信息公开制度，定期向社会公布法律援助资金使用、案件办理、质量考核结果等情况，接受社会监督。

【条文要旨】

本条是关于法律援助信息公开制度的规定。根据该条规定，司法行政部门、法律援助机构应当定期公开法律援助相关信息，保障公民知情权、加强社会监督。法律援助信息公开的内容主要包括法律援助资金使用、案件办理、质量考核结果等情况。

【立法背景】

随着政务网站、裁判文书网站等信息化成果的不断完善，政务信息和司法信息的公开程度越来越高，社会公众不仅获取相关信息越来越便捷，而且对行使其知情权和监督权的诉求也越来越强烈。因此，在现代法治国家，建立健全信息公开机制是国家对公权力部门的基本要求。尤其是涉及公共财政经费的使用事项，更应当遵循财政公开原则主动向社会公开。然而，作为主要依靠政府财政拨款而得以运行的法律援助制度在信息公开方面却显得相对保守，在过去很长一段时间内都未能建立起规范的法律援助信息公开机制。

在我国法律援助实践中，虽然部分地区已经开始定期向社会公开法律援助相关信息，但各地公开的内容、范围非常有限且存在较大差异，缺乏统一的信息公开标准。例如，有些地方只公开案件办理情况，不公开资金使用情况；有些地方只公开法律援助政策法规，不公开具体援助情况。2020年司法部办公厅《公共法律服务领域基层政务公开标准目录》（以下简称2020年《标准目录》）规定了县级司法行政部门和法律援助机构应当公开的法律援助事项。但据此，需要向社会主动公开的要素只有两项，即"对在法律援助工作中作出突出贡献的组织和个人进行表彰奖励"，以及"对律师事务所拒绝法律援助机构指派，不安排本所律师办理法律援助案件、律师无正当理由拒绝接受、擅自终止法律援助案件或办理法律援助案件收取财物的处罚"。公开主体是县级政府司法行政部门，公开时限是自制作或获取该信息之日起20个工作日内，公开渠道和载体不限于政府网站、"两微一端"、广播电视、纸质媒体等。此外，2020 年《标准目录》中还规定了三项内容需要在经申请后精准推送给特定申请人，分别是"给予或不予法律援助的决定书或指派通知书""案件补贴审核发放表""法律援助机构不予援助处理决定书"。

从现有规范看，县级政府司法行政部门和法律援助机构应当主动向社会公开的内容少之又少。尽管司法部办公厅《关于印发公共法律服务领域基层政务公开标准指引的通知》第 3 条规定"基层司法行政系统各有关单位应当参照本《指引》，根据地区差异和具体职责等实际情况对公开标准目录进行适当调整，制定本单位的公共法律服务领域政务公开标准，明确公开的主体、内容、时限、方式等"。但实践中，鲜有相关单位在 2020 年《标准目录》的基础上另行增加公开事项，而多是严格"照章办事"，仅向社会公开前述两项固定要素。

鉴于实践中各地法律信息公开程度较低，在本次立法过程中，有专家极力呼吁应当建立法律援助信息公开制度。具体理由如下。

首先，信息公开是保障公民知情权的必要前提。《政府信息公开条例》第 19 条"对涉及公众利益调整、需要公众广泛知晓或者需要公众参与决策的政府信息，行政机关应当主动公开"，以及其第 20 条和第 21 条所规定的主动公开的范围，均涉及有关"社会保障"与"公共服务"类信息事项。法律援助作为公共法律服务体系的基本保障制度，担负的是实现法律面前人人平等的国家责任，使用的是国家经费和公共资金，其主管部门理应遵循《政府信息公开条例》的有关规定，通过法定形式积极、及时、全面地履行信息公开职责，以充分保障社会公众的知情权。

其次，信息公开是强化社会监督的坚实基础。2018 年《中共中央关于深化党和国家机构改革的决定》规定，"创新监管方式，全面推进'双随机、一公开'和'互联网+监管'，加快推进政府监管信息共享，切实提高透明度，加强对涉及人民生命财产安全领域的监管，主动服务新技术新产业新业态新模式发展，提高监管执法效能。加强信用体系建设，健全信用监管，加大信息公开力度，加快市场主体信用信息平台建设，发挥同行业和社会监督作用"。作为政府基本公共服务之一，法律援助服务需要国家持续投入巨额的公共经费。因此，为确保公共经费支出的合理性、有效性，必须建立一套行之有效的、信息化的事后监督机制，从而更好地发挥社会监督作用。

最后，信息公开是提升公信力的有力手段。从各国实践经验来看，法律援助信息的公开，也有助于提高法律援助服务的社会信赖度和公信力。如，日本每年都会发布一份法律援助年度报告，通过列明数据来细致地介绍上年度法律援助服务的具体情况。公信力是制度可持续发展的源泉，法律援助要想永葆生命力，必须以信息公开为基点，定期向社会公众披露法律援助服务实施过程中的必要信息。

此外，和法律援助立法同期进行的社会救助立法，在《社会救助法（草案征求意见稿）》第 67 条中明确规定："县级人民政府及其社会救助管理部门应当及时公开社会救助政策、救助标准以及社会救助资金、物资管理和使用等情况，接受社会监督。"

于是，在有关专家学者的大力推动下，《法律援助法》在第五章中正式确立了法律援助信息公开制度。该条可以说是本次立法的一大亮点，对进一步推动我国法律援助制度建设迈向更高水平的法治化和规范化具有开创意义。

关于信息公开的内容是《法律援助法（草案）》二审稿新增的规定；与二审稿第 54 条相比，《法律援助法》第 58 条又增加了一项应当向社会公开的内容，即"质量考核结果"。

一审稿	二审稿	《法律援助法》
	第五十四条　司法行政部门、法律援助机构应当建立法律援助信息公开制度，定期向社会公布法律援助资金使用、案件办理等情况，接受社会监督。	**第五十八条**　司法行政部门、法律援助机构应当建立法律援助信息公开制度，定期向社会公布法律援助资金使用、案件办理、**质量考核结果**等情况，接受社会监督。

【条文释义】

本条规定了法律援助信息公开制度。根据本条规定，各级司法行政部门和法律援助机构应当建立法律援助信息公开制度；定期公开的内容至少包括法律援助资金使用情况、案件办理情况、质量考核结果，等等。

尽管《法律援助法》第 58 条对于信息公开的规定较为原则，但整体上已为我国的法律援助信息公开制度搭建起了一个基础框架。为确保该项规定能够在实践中得到贯彻落实，国务院司法行政部门及省级司法行政部门应当加强制度建设，制定相关规范性文件对其予以进一步细化。具体来说，第一，法律援助信息至少应当按年度向社会公布。在基层法律援助实践中，也可以采用按月公开、按季度公开和按年度公开相结合的方式，便于社会公众能够及时有效地对法律援助进行监督。第二，通过举例的方式，细化应当公开的具体内容。譬如，法律援助资金使用情况主要包括两部分，一是地方实际投入和中央、省级实际投入等经费投入情况；二是案件补贴、宣传培训、信息化建设、人员管理等经费使用情况，其中，案件补贴应当公布补贴标准，并按照承办人员、案件类别、服务方式等类目制作并公布明细表。案件办理情况也至少应当包括两部分，一是按照受援人姓名、案由、案件类别、受理时间和结案时间、承办人单位、承办人员姓名及联系方式、案件结果等制作并公布明细表；二是按照计划数、审批数、完成率、办结数、结案率公布详细统计数据。法律援助质量考核情况主要包括考核主体、考核对象、考核方式和考核结果四项基本内容。第三，除上述本条列举的应公开内容外，还应当明确其他应公开内容。譬如，本行政辖区全部法律援助人员的名单、各人员当期承办案件的数量（如我国香港地区法律援助机构每年都会按照个人在本年度承办法律援助案件的数量向社会公开法律援助律师的名单）、法律援助人员的奖惩情况，等等。

第五十九条【法律援助机构的监督职责】

法律援助机构应当综合运用庭审旁听、案卷检查、征询司法机关意见和回访受援人等措施，督促法律援助人员提升服务质量。

【条文要旨】

本条是关于法律援助机构监督职责的规定。根据该条规定，法律援助机构可综合采取必要的监督措施，督促法律援助人员提升服务质量。

【立法背景】

如本法第57条"立法背景"中所述，在我国法律援助服务二元监管体制背景下，经实践检验，法律援助机构不宜再采用质量考核这一服务质量监督措施。因此《法律援助法（草案）》二审稿第55条（《法律援助法》第57条）将法律援助服务质量考核职责规定为由司法行政部门履行，使之从法律援助机构的服务质量监管职责中剥离。但是，剥离法律援助机构的这一职责事项并不等于全盘否定法律援助机构对于法律援助服务质量的监管职责。基于法律援助机构的"服务职能"，对法律援助服务质量进行必要的监督管理是其法定职能的应有之义。而且，法律援助机构在对法律援助服务进行过程监督方面具有更多便利条件，尤其是像"案卷检查"和"回访受援人"，法律援助机构可随时采取这两项措施进行监督管理，且实践表明这些日常的个案监督措施也取得了非常好的效果。

鉴于此，《法律援助法》在第五章"保障和监督"中增加了本条规定，明确了法律援助机构的服务质量监督职责及其可采用的具体措施。

一审稿	二审稿	《法律援助法》
第四十六条 司法行政部门、法律援助机构应当建立法律援助服务质量考核机制，督促法律援助人员及时有效办理法律援助事项。	第五十六条 法律援助机构应当采取庭审旁听、案卷检查、征询司法机关意见和回访受援人等措施，督促法律援助人员提升服务质量。	第五十九条 法律援助机构应当**综合运用**庭审旁听、案卷检查、征询司法机关意见和回访受援人等措施，督促法律援助人员提升服务质量。

【条文释义】

本条主要规定了法律援助机构的监督职责，即法律援助机构所具有的服务职能不仅要求其切实履行受理、审查、指派、发放补贴等基本职责，也要求其综合运用一些过程性检查措施积极担负起保障服务质量的监督职责。

一、各种过程性监督措施的具体要求

（一）庭审旁听

对于庭审旁听，可以参考 2019 年司法部《全国民事行政法律援助服务规范》第 9.4 条设定如下要求。

（1）案件承办中，法律援助机构应根据案件难易程度和社会关注度等因素，选取特定案件开展庭审现场旁听，并将庭审服务质量作为案件质量评估结果的重要依据。

（2）法律援助机构安排旁听案件庭审，可按以下因素进行评审，并做好相应记录：

①是否按时出席法庭审理；

②是否遵守法庭规则和法庭秩序，听从法庭指挥；

③是否语言文明规范、举止端庄、仪表整洁；

④是否依法进行举证和质证；

⑤是否紧紧围绕争议焦点或者法庭调查的重点进行辩论，从事实、证据、法律等方面进行分析，阐明观点，陈述理由。

（3）参与庭审旁听人员在庭审结束后，应提交庭审服务质量综合评价及书面记录。

（二）案卷检查

对于案卷检查，可以采取随机抽查的方式，按照不同案件类型从内容要件和形式要件两方面予以"一卷一查"。对于不同的案件类型，案卷检查的形式要件都是案卷要符合司法部和全国律师协会规定的案卷归档规范要求［如顺序、纸张规格（A4）和装订等要求］，区别主要在于内容要件。故在此仅就各类案卷的内容评查标准作出详细列举。

1. 刑事案件案卷内容评查项目

（1）犯罪嫌疑人或其近亲属向司法机关提出法律援助的申请书或者人民法院的指定辩护通知书（原件）。

（2）犯罪嫌疑人或被告人的经济困难、生存状况材料。证明材料由犯罪嫌疑人或被告人所在的最基层单位（如村委会、居委会、社区等）认可。

（3）法律援助审批表。

（4）委托协议。

（5）检察机关的起诉书（原件）。

（6）办案人员会见嫌疑人或被告的文字记录。

（7）办案人员查阅侦查或起诉案卷的笔录（要求记录真实、全面和准确）或侦查、起诉卷的主要材料（复印件）。

（8）办案人员的调查笔录或调取的其他证据。

（9）人民法院的出庭通知书。

（10）办案人员的庭审笔录（要求全面记录反映庭审的内容）。

（11）办案人员的辩护词（要求辩护要点明确、全面并切合案情）。

（12）人民法院的判决书。

（13）办案小结（要有辩护意见采纳或未采纳的理由）。

（14）案件需要的其他材料。

2. 民事、行政诉讼案件案卷内容评查项目

（1）委托人的经济困难状况证明材料。证明由委托人的最基层单位（如村委会、居委会、社区等）认可。

（2）法律援助申请书、法律援助审批表。

（3）起诉书、答辩状、上诉状和上诉答辩状等。

（4）政府作出的具体行政行为决定。

（5）免费委托代理协议。

（6）委托人提供的证据材料（复印件）。

（7）查阅人民法院卷宗获取的材料（阅卷摘抄或复印件）。

（8）办案人调查获取的证据材料。

（9）出庭通知书。

（10）庭审笔录（要求全面记录反映庭审的内容）。

（11）办案人员的代理词（要求代理意见正确，论据充分）。

（12）人民法院的法律文书。

（13）结案报告或办案小结（要有代理意见是否采纳并简述理由的文字）。

（14）行业和案件需要的其他材料。

3. 非诉讼案件案卷内容评查项目

（1）法律援助申请书、法律援助审批表。

（2）委托人的授权委托书或调解申请书。

（3）非诉讼委托合同（法律援助工作站以人民调解委员会的名义调解的案件除外）。

（4）委托人提供的证据材料。

（5）办案人员调查获取的有关证据材料等。

（6）委托人的经济困难状况证明材料。证明由委托人所在的最基层单位（如居委会、村民委员会、社区等）、司法所及民政业务部门共同认可。

（7）办案人员制作双方当事人均同意非诉讼解决纠纷的笔录。

（8）调解笔录。

（9）对方当事人提供的证据材料。

（10）双方共同提供的证据材料（如鉴定结论等）。

（11）是仲裁案件的需提供仲裁机关涉及的材料。

（12）办案人员的代理意见（法律援助工作站以人民调解委员会的名义调解的案件除外）。

（13）争议双方协商一致形成的协议书及履行的相关凭据。

（14）结案报告或办案小结。

（15）案件需要的其他材料。

（三）征询司法机关意见

对于庭审旁听，可以参考2019年司法部《全国民事行政法律援助服务规范》第9.5条设定如下要求。

（1）法律援助机构可通过上门走访、听取重点案件办案人员意见和发放办案机关意见征询表等方式，征询办案机关对承办人员的意见，作为评价案件办理质量的依据。

（2）办案机关意见征询表应包括对承办人员工作态度、案件办理质量和结果的评定及其他意见和建议。

（四）回访受援人

对于回访受援人，可以参考2019年司法部《全国民事行政法律援助服务规范》第9.8条设定如下要求。

（1）法律援助机构可通过电话、电邮、谈话、信件和填写调查表等形式对受援人进行回访，同时开展满意度测评。

（2）法律援助机构可定期抽取一定比例案件开展回访及满意度测评。回访次数及满意度测评比例根据各地工作实际需要确定。

（3）回访调查内容应包括承办人员与受援人联系情况、案件办理进度与结案情况、受援人满意度及意见等方面。

（4）如遇到受援人情绪激动、回访易激化矛盾或者联系不到受援人，无法回访受援人的，可向案件承办人员回访以了解案件情况。

（5）回访过程中如接到受援人的电话或书面投诉，应做好记录，并转入法律援助投诉处理程序。

（6）法律援助机构应每年对法律援助服务满意度调查结果进行分析汇总，形成年度法律援助服务满意度测评调查报告，并通过适当方式公开。满意度测评调查报告主要应包括参与满意度测评的当事人基本情况、当事人综合满意度评价指数、当事人对改进法律援助服务的意见建议等内容。

（7）受援人综合满意度评价指数应为：（法律援助服务满意度测评调查问卷中有关满意度综合评价选项中表示满意的受援人数量/参与调查受援人的总数量）×100%。受援人综合满意度评价指数60%以上为合格，80%以上为优秀。

此外，根据2019年司法部《全国民事行政法律援助服务规范》第9.3条和第9.7条的规定，法律援助机构还可以采用监督督导和集体讨论方式履行监督职责。监督督导主要适用于一些疑难复杂、有重大社会影响的案件，即法律援助机构可通过安排专家和律师等人员参与案件讨论、研究诉讼方案和调查取证等方式进行监督督导。

集体讨论既适用于案件承办环节，也适用于结案后的质量评估环节。集体讨论事项范围应包括：（1）重大事项处理和结案；（2）疑难复杂、有重大社会影响和存在不确定风险的案件；（3）投诉承办人员，经初步查实确有问题的；（4）上级部门交办和督办的重要案件；（5）其他需要集体讨论的事项。集体讨论可由法律援助机构、办案机关和承办人员等提起，由法律援助机构组织开展。参加集体讨论的人员应包括提起集体讨论的承办人员、相关处室负责人、律师或专家学者等。集体讨论时，参加人员应充分发表意见，法律援助机构应留存讨论记录。对于经集体讨论的事项，应按照集体讨论意见执行。

二、法律援助机构服务质量监督职责的特点

法律援助机构的服务质量监督职责不同于前述第57条规定的司法行政部门的监督职责。前者主要通过综合运用庭审旁听、案卷检查、征询司法机关意见和回访受援人等一些非正式、常规的措施进行不定期普通检查，且检查结果往往不与实质性的奖惩机制挂钩，但对于法律援助的日常办案工作也能起到一种常态化的督促效果；而后者主要负责制定法律援助服务质量标准，以及通过第三方评估、同行评估等一些正式、特殊的方式定期进行质量考核，其考核结果直接决定被考核对象的资质或资格评定、荣誉或奖项的获得。从这个意义上讲，《法律援助法》第57条可以看作是对法律援助服务质量的个案管理、结果管理，第59条是一般性管理、流程性管理。

因此，法律援助机构对于法律援助人员服务质量的督促虽不如司法行政部门的监督力度大、效力强，但这种常态化的内部监督机制对于保障和提升法律援助服务质量而言也具有不可替代的重要地位。

第六十条【律师协会职责】

律师协会应当将律师事务所、律师履行法律援助义务的情况纳入年度考核内容，对拒不履行或者怠于履行法律援助义务的律师事务所、律师，依照有关规定进行惩戒。

【条文要旨】

本条是关于律师协会职责的规定。根据该条规定，律师协会应当将律师事务所、律师履行法律援助义务的情况纳入年度考核内容；对于拒不履行或者怠于履行法律援助义务的律师事务所、律师，应当依照有关规定进行惩戒。

【立法背景】

律师、律师事务所是提供法律援助服务的主力军，而律师协会作为律师行业的管理组织，相对于其他法律服务行业管理组织，在法律援助工作中需要承担起更为重要的职责。《法律援助法》第 7 条笼统性地规定律师协会应当指导和支持律师事务所、律师参与法律援助工作。其中，律师协会对于法律援助服务质量的指导和监督职责主要表现为本条规定的对律师事务所、律师的法律援助工作进行考核以及实施惩戒。只有加强律师协会对律师事务所、律师履行法律援助义务情况的监管，才能确保律师事务所、律师严格遵守律师职业道德、执业纪律、执业规范的要求，勤勉尽责地提供高质量的法律援助服务。

对于律师协会的这项考核和奖惩职责，已有多部法律法规予以明确。《律师法》第 46 条规定，律师协会负有对律师的执业活动进行考核，以及对律师、律师事务所实施奖励和惩戒的职责；2010 年中华全国律师协会《律师执业年度考核规则》第 8 条规定，律师执业年度考核的内容包括"律师履行法律援助义务，参加社会服务及其他社会公益活动的情况"；2010 年司法部《律师事务所年度检查考核办法》第 6 条和第 8 条规定，对律师事务所进行年度检查考核的内容包括"履行法律援助义务、参加社会服务及其他社会公益活动的情况"；2017 年司法部、财政部《关于律师开展法律援助工作的意见》第五部分第 6 条规定，"对于积极办理法律援助案件、广泛开展法律援助工作的律师事务所和律师，司法行政机关、律师协会在人才培养、项目分配、扶持发展、综合评价等方面给予支持，在律师行业和法律援助行业先进评选中加大表彰力度，并通过多种形式对其先进事迹进行广泛深入宣传，树立并提升行业形象"。然而，实事求是地讲，律师协会在进行年度考核时，较少看重律师事务所、律师履行法律援助义务的情况这一考核内容；而且就相关奖惩职责而言，律师协会也几乎从来没有真正实施过。

据此，为改善实践中律师协会对律师事务所、律师提供法律援助服务的监管职责"空挂空转"等问题，《法律援助法（草案）》二审稿在第五章"保障和监督"

中特意增加该条关于律师协会职责的规定，旨在进一步督促律师协会落实并强化对于律师事务所和律师履行法律援助义务情况的监管职责。

一审稿	二审稿
	第五十七条 律师协会应当将律师事务所、律师履行法律援助义务的情况纳入年度考核内容，对拒不履行或者怠于履行法律援助义务的律师事务所、律师，依照有关规定进行惩戒。

【条文释义】

本条规定了律师协会对于律师事务所、律师履行法律援助义务的情况负有监督管理职责，其履职方式包括将律师事务所、律师履行法律援助义务的情况纳入年度考核内容，以及对拒不履行或者怠于履行法律援助义务的律师事务所、律师，依照有关规定进行惩戒。

一、律师协会的考核职责

根据 2010 年中华全国律师协会《律师执业年度考核规则》第 8 条规定，律师协会对律师执业年度考核的内容包括"律师履行法律援助义务，参加社会服务及其他社会公益活动的情况"，律师协会负有将律师履行法律援助义务的情况纳入年度考核内容的职责。这里的"情况"主要包括律师每年履行法律援助义务的时限、办理法律援助案件的数量、被投诉情况、司法行政部门组织的服务质量考核结果，等等。在明确与履行法律援助义务相关的年度考核事项的基础上，还需对每一事项设置量化的、可操作的考核标准，以提升考核科学性。此外，要强化考核结果的运用。考核的真正目的是加强对律师执业活动的监督。各地律师协会要将对律师履行法律援助义务情况的考核结果与评先创优相结合、与表彰宣传相结合、与诚信信息披露相结合、与人才培养相结合，加大对考核结果的运用力度。[1]同时，对于经年度考核，在提供法律援助服务方面被评为"不称职"的律师，应予以公示公告。如允许在省级律师协会门户网站上将"不称职"律师比照行业处分公告的方式予以专门公告，借此形成对"不称职"律师的严肃警戒。

根据 2010 年司法部《律师事务所年度检查考核办法》第 6 条和第 8 条规定，司法行政机关对律师事务所进行年度检查考核的内容包括"履行法律援助义务、参加社会服务及其他社会公益活动的情况"，司法行政机关负有将律师事务所履行法律援助义务的情况纳入年度检查考核内容的职责。而本条中"律师协会应当将律师

---

〔1〕 陈秋兰："促进律师事业健康发展 全国律协推进律师执业年度考核工作"，载《中国律师》2014 年第 1 期。

事务所、律师履行法律援助义务的情况纳入年度考核内容"的规定，并非要改变考核的权限主体，而是在于强调律师协会有责任了解、收集和统计律师事务所在本年度履行法律援助义务的情况，并将其报送司法行政机关，再由司法行政机关根据这一统计情况对律师事务所进行年度考核。

二、律师协会的惩戒职责

根据《律师法》第 46 条至第 50 条和《律师协会会员违规行为处分规则（试行）》（以下简称《处分规则》）的规定，我国律师的违法违规行为由司法行政部门与律师协会分别采取行政处罚与行业处分的方式各自处置。与司法行政部门的行政惩戒相比，律师协会的行业惩戒一直处于辅助地位，缺乏独立性，行业自律作用没有得到充分发挥。2007 年修订的《律师法》规定了律师协会的职责包括"制定行业规范和惩戒规则；对律师、律师事务所实施奖励和惩戒"。2013 年中华全国律师协会《关于进一步加强和改进律师行业惩戒工作的意见》，就行业惩戒的意义、工作机制、监督指导等内容作了规定，形成了行业惩戒的制度框架。2017 年司法部、中华全国律师协会《关于进一步加强律师惩戒工作的通知》第 1 条特意强调，对律师违法违规行为原则上先由律师协会作出行业惩戒，再由司法行政机关依法依规给予相应行政处罚。规范虽如此，然而实践中仍由司法行政机关主导律师惩戒权，律师协会的行业惩戒处于可有可无的辅助地位。[1]

但是，律师协会的行业惩戒对于督促律师、律师事务所严格遵守律师职业道德、执业纪律和执业规范，维护行业纪律的严肃性、权威性，以及推动整个律师行业的正风正气都具有司法行政惩戒无法替代的重要作用。尤其在法律援助等公益法律服务领域，律师应当竭尽所能地在其中塑造积极正面的社会形象，充分运用自己的专业技能和执业经验提供高标准、无差别的法律服务，而这光靠司法行政机关的监管是远远不够的，律师协会也应当拿起行业惩戒这把利剑彰显监督威力。鉴于此，为了能够充分激活律师协会对律师事务所、律师履行法律援助义务情况的行业惩戒权，《法律援助法》第 60 条明确规定了律师协会负有对拒不履行或者怠于履行法律援助义务的律师事务所、律师依照有关规定进行惩戒的职责，从国家立法层面强化律师协会行业惩戒对于律师事务所、律师提供法律援助服务的监督保障作用。

但尚显不足的是，《法律援助法》在规定对拒不履行或者怠于履行法律援助义务的律师事务所、律师给予司法行政处罚和律师协会行业惩戒的同时，却没有规定二者的处罚顺序。我们认为，应当坚持贯彻 2017 年司法部、中华全国律师协会《关于进一步加强律师惩戒工作的通知》第 1 条的规定，对律师违法违规行为原则上先由律师协会作出行业惩戒，再由司法行政机关依法依规给予相应行政处罚，以

---

〔1〕　朱德堂："新时代律师惩戒体系与行业惩戒的完善"，载《中国司法》2018 年第 7 期。

此保证律师协会惩戒的独立地位，逐步构建起以行业惩戒为主导的惩戒体系。

在具体操作层面，根据 2017 年中华全国律师协会《处分规则》第 22 条第 3 项的规定，"无正当理由拒绝接受律师事务所或者法律援助机构指派的法律援助案件的，或者接受指派后，拖延、懈怠履行或者擅自停止履行法律援助职责的，或者接受指派后，未经律师事务所或者法律援助机构同意，擅自将法律援助案件转交其他人员办理的"属于提供法律援助服务不尽责的情形，律师协会应当给予训诫、警告或者通报批评的纪律处分；情节严重的，给予公开谴责、中止会员权利 3 个月以上一年以下或者取消会员资格的纪律处分。此外，对于因情节轻微等原因而免于训诫、警告、通报批评的律师、律师事务所，律师协会可以以发出规范建议书的形式，给予必要的教育与警示，从而更好地体现律师协会行业惩戒"惩教结合"的工作原则。[1]

---

〔1〕 骆轩："严管源自厚爱　亮剑亦是举旗——第十届北京律协行业惩戒工作回顾"，载《中国律师》2019 年第 2 期。

第六章　法律责任

该章共 7 条，规定了国家机关及其工作人员、法律援助机构及其工作人员、法律援助人员及其所属组织以及受援人、其他人员的行政法律责任、刑事法律责任。

其中，第 64 条、第 65 条为此次立法新增的内容。为落实第 41 条关于"说明—核查制"的规定，第 64 条规定了骗取法律援助服务的法律责任；为防止冒用法律援助名义谋取利益，第 65 条规定了相应的行政处罚措施。其中，根据《律师法》第 47 条至第 50 条规定，对于律师事务所、律师"拒绝履行法律援助义务"的行政处罚权，由设区的市级或者直辖市的区人民政府司法行政部门行使。

第六十一条【法律援助机构及其工作人员的法律责任】

法律援助机构及其工作人员有下列情形之一的，由设立该法律援助机构的司法行政部门责令限期改正；有违法所得的，责令退还或者没收违法所得；对直接负责的主管人员和其他直接责任人员，依法给予处分：

（一）拒绝为符合法律援助条件的人员提供法律援助，或者故意为不符合法律援助条件的人员提供法律援助；

（二）指派不符合本法规定的人员提供法律援助；

（三）收取受援人财物；

（四）从事有偿法律服务；

（五）侵占、私分、挪用法律援助经费；

（六）泄露法律援助过程中知悉的国家秘密、商业秘密和个人隐私；

（七）法律法规规定的其他情形。

【条文要旨】

本条是关于法律援助机构及其工作人员法律责任的规定。根据本法第 12 条、第 13 条规定，法律援助机构及其工作人员依法负有组织实施法律援助的管理职能以及直接提供法律援助的服务职能；在此过程中，法律援助机构及其工作人员具有本条规定情形的，司法行政部门有权予以行政处罚。

【立法背景】

在我国法律援助制度建设初期，法律援助机构职能配置各异，尚处于探索阶段。但从全国范围来看，彼时法律援助机构的基本职能在于"负责组织、指派律师提供法律援助服务"。2003年《法律援助条例》的正式实施，进一步确立了"司法行政部门负责监督管理法律援助工作，法律援助机构具体负责组织实施法律援助工作"的管理职能配置。[1] 在上述职能配置格局下，法律援助机构组织实施法律援助的管理职能依法受到司法行政部门的监督。为更好地督促法律援助机构及其工作人员"组织实施法律援助服务工作"，强化司法行政部门的监督职能，《法律援助条例》第26条专门设置了针对法律援助机构及其工作人员履职不当的责任条款。即"法律援助机构及其工作人员有下列情形之一的，对直接负责的主管人员以及其他直接责任人员依法给予纪律处分：（一）为不符合法律援助条件的人员提供法律援助，或者拒绝为符合法律援助条件的人员提供法律援助的；（二）办理法律援助案件收取财物的；（三）从事有偿法律服务的；（四）侵占、私分、挪用法律援助经费的。办理法律援助案件收取的财物，由司法行政部门责令退还；从事有偿法律服务的违法所得，由司法行政部门予以没收；侵占、私分、挪用法律援助经费的，由司法行政部门责令追回，情节严重，构成犯罪的，依法追究刑事责任"。实践证明，该条规定基本上可以满足法律援助实践的需要。但需要指出的是，与2003年《法律援助条例》相比，《法律援助法》开启了法律援助制度发展的"国家法"时代，并以制度化的方式为法律援助制度积极应对新时代社会主要矛盾、满足人民日益增长的法律服务需求提供了坚强的保障。因此，为了与《法律援助法》相关规定保持协调一致，做好国家立法时代下法律援助的管理、规范工作，有必要在2003年《法律援助条例》基础上进一步完善法律援助机构及其工作人员的法律责任条款内容。

关于本条，《法律援助法（草案）》初稿第54条、一审稿第52条持相同表述。即"法律援助机构及其工作人员有下列情形之一的，由同级司法行政部门责令限期改正，并对直接负责的主管人员以及其他直接责任人员依法给予处分：（一）为不符合法律援助条件的人员提供法律援助，或者拒绝为符合法律援助条件的人员提供法律援助的；（二）指派不符合本法规定的人员提供法律援助的；（三）办理法律援助事项收取财物的；（四）从事有偿法律服务的；（五）侵占、私分、挪用法律援助经费的；（六）法律法规规定的其他情形。办理法律援助事项收取的财物，由司法行政部门责令退还；从事有偿法律服务的违法所得，由司法行政部门予以没收；侵占、私分、挪用法律援助经费的，由司法行政部门责令追回"。上述规定以

---

〔1〕 参见吴宏耀、赵常成："法律援助的管理体制"，载《国家检察官学院学报》2018年第4期。

2003 年《法律援助条例》规定为基础，增加了"指派不符合本法规定的人员提供法律援助的"具体违法情形。同时，为保障立法的周延性，新增"法律法规规定的其他情形"这一兜底式规定。

"以人民为中心"是我国法律援助制度的基本立法导向。因此，法律援助机构及其工作人员在组织实施法律援助的过程中，应坚持以人民为中心原则，切实满足人民群众的法律援助需求；坚持"弱有所扶、应援尽援"，降低人民群众获得法律援助的难度。值得注意的是，在经济困难审查方式上，自《法律援助法（草案）》初稿（第36条）以来，立法试图引入"信息共享查询""个人诚信承诺制度"等新兴方式，对法律援助机构及其工作人员的核查义务提出新的要求。在此情况下，为让人民群众更方便获得法律援助、鼓励法律援助机构工作人员放心大胆地适用新法规定，有专家针对初稿、一审稿有关本条的规定提出了修改建议：建议修改为"不符合法律援助条件而提供法律援助服务"，并以"明知"不符合法定条件为限。也即，基于申请人如实说明、个人诚信承诺，法律援助机构在"客观上无法核实"或"难以核实"，"核实成本太高"以及因疏忽或过于自信等情况下，决定提供法律援助服务的，不应当追究其法律责任。

相比于《法律援助法（草案）》初稿、一审稿规定，二审稿第58条在"法律援助机构及其工作人员的法律责任"问题上作了适当修改：一是将所有的法律责任承担形式，集中规定在一起，并置于条文之首，而不再分散规定；二是调整了法律责任的决定主体。即，将原有的"同级司法行政部门"修改为"设立该法律援助机构的司法行政部门"；三是将"为不符合法律援助条件的人员提供法律援助"限定为"故意为不符合法律援助条件的人员提供法律援助"；四是增加"泄露法律援助过程中知悉的国家秘密、商业秘密和个人隐私"之情形。此外，在违法情形的具体表述上，也作了相关文字性修改。

针对以上二审稿规定，有专家提出，针对司法实践中屡有发生的伪造法律援助案件行为，在现有规定基础上，建议增加以下违法情形，即"以伪造法律援助案件等方式骗取法律援助经费"。

关于本条，在对《法律援助法（草案）》进行第三次审议时，立法者继续沿用了二审稿的相关表述。

一审稿	二审稿
第五十二条 法律援助机构及其工作人员有下列情形之一的，由同级司法行政部门责令限期改正，并对直接负责的主管人员以及其他直接责任人员依法给予处分： （一）为不符合法律援助条件的人员提供法律	**第五十八条** 法律援助机构及其工作人员有下列情形之一的，**由设立该法律援助机构的司法行政部门责令限期改正；有违法所得的，责令退还或者没收违法所得**；对直接负责的主管人员和其他直接责任人员，

一审稿	二审稿
援助，或者拒绝为符合法律援助条件的人员提供法律援助的； （二）指派不符合本法规定的人员提供法律援助的； （三）办理法律援助事项收取财物的； （四）从事有偿法律服务的； （五）侵占、私分、挪用法律援助经费的； （六）法律法规规定的其他情形。 　　办理法律援助事项收取的财物，由司法行政部门责令退还；从事有偿法律服务的违法所得，由司法行政部门予以没收；侵占、私分、挪用法律援助经费的，由司法行政部门责令追回。	依法给予处分： 　　（一）拒绝为符合法律援助条件的人员提供法律援助或者**故意**为不符合法律援助条件的人员提供法律援助； 　　（二）指派不符合本法规定的人员提供法律援助； 　　（三）**收取受援人财物**； 　　（四）从事有偿法律服务； 　　（五）侵占、私分、挪用法律援助经费； 　　（六）**泄露法律援助过程中知悉的国家秘密、商业秘密和个人隐私**； 　　（七）法律法规规定的其他情形。

【条文释义】

本条是关于法律援助机构及其工作人员的法律责任之规定。在理解与适用上，应注意以下几点。

一是承担法律责任的主体。根据本法第 12 条规定，法律援助机构具有组织实施法律援助工作，受理、审查法律援助申请，指派律师、基层法律服务工作者、法律援助志愿者等法律援助人员提供法律援助，支付法律援助补贴等法定管理职能；根据本法第 13 条规定，法律援助机构在必要的时候可以指派有律师资格或者法律职业资格的工作人员提供法律援助服务。以此为基础，依据本条规定，法律援助机构及其工作人员在依法履行上述管理职能、服务职能的过程中，存在违法情形的，应当承担相应法律责任。此外，需要特别予以指出的是，在承担法律责任方面，本条实际上设置了二元的责任主体格局：作为单位的法律援助机构与作为个体的法律援助机构工作人员。法律援助机构存在上述违法履职情形的，作为单位的法律援助机构与作为个人的主管责任人员、其他直接责任人员同时需要承担法律责任；当法律援助机构的工作人员存在本条规定的违法情形时，仅相关直接责任人员承担相应法律责任。

有必要指出的是，对"直接负责的主管人员和其他直接责任人员"的理解，可以参照 2001 年《全国法院审理金融犯罪案件工作座谈会纪要》中有关单位犯罪中的"直接负责的主管人员和其他直接责任人员"的规定。以此规定为参考，具体到本条中，"直接负责的主管人员"是指，在法律援助机构实施的上述违法情形中起决定、批准、授意、纵容、指挥等作用的人员，一般是法律援助机构的主管负责人；"其他直接责任人员"是指，在上述违法情形中具体实施违法行为并起较大作用的人员。此外，对于受法律援助机构领导指示或奉命而参与实施了上述违法行为的人员，一般不宜作为直接责任人员追究责任。

二是决定法律责任的主体。根据《法律援助法》，司法行政部门与法律援助机构具有如下逻辑关系：其一，隶属关系。根据本法第12条规定，县级以上人民政府司法行政部门应当设立法律援助机构。因此，法律援助机构由司法行政部门设立。后者是前者的直接主管部门。其二，指导、监督关系。根据本法第5条规定，县级以上地方人民政府司法行政部门指导、监督本行政区域的法律援助工作。因此，司法行政部门负责指导、监督法律援助机构及其工作人员的法律援助组织实施工作。一言以蔽之，法律援助机构由司法行政部门设立产生，对其负责，并需要接受其监督。因此，法律援助机构及其工作人员组织实施法律援助工作不当的，设立该法律援助机构的司法行政部门具有处罚法律援助机构及其工作人员的法理正当性。此外，司法行政部门对法律援助机构及其工作人员存在的违法情形予以处罚，还具备合法性：依据本条规定，"法律援助机构及其工作人员有下列情形之一的，由设立该法律援助机构的司法行政部门责令……依法给予处分"。基于此，设立该法律援助机构的司法行政部门负有指导监督其法律援助的行政管理职责，是本条中法律责任的决定主体。

三是法律责任的实现形式。根据本条规定，法律援助机构及其工作人员的法律责任形式包括：对法律援助机构不当的实施行为，司法行政部门责令限期改正；对于违法所得，司法行政部门责令退还或者予以没收；对直接负责的主管人员和其他直接责任人员，司法行政部门予以处分。需要指出的是，以上法律责任形式主要是通过司法行政部门行政处罚方式予以实现，因此并不涉及刑事责任范畴。但是，根据本法第67条规定，违反本法构成犯罪的，依法应当追究刑事责任。因此，本条中，若法律援助机构及其工作人员的违法行为构成犯罪的，应移送至检察机关，依法追究其刑事责任。

四是法定违法情形。本条采用"具体列举+概括性规定"的立法模式规定了法律援助机构及其工作人员的违法情形。其中，具体列举的法定违法情形包括以下几种。

（1）拒绝为符合法律援助条件的人员提供法律援助或者故意为不符合法律援助条件的人员提供法律援助。该种情形又具体涵摄两种情况，即"拒绝为符合法律援助条件的人员提供法律援助"与"故意为不符合法律援助条件的人员提供法律援助"。在本法中，前者可以表现为"法律援助机构及其工作人员对于符合强制辩护情形的被告人，拒绝指派辩护律师"，也可以表现为"对于符合经济困难标准的申请人，拒绝提供法律援助服务"，等等。值得注意的是，"拒绝"通常表现为主观上的故意，但也可以是过失，这涉及法律援助机构及其工作人员对符合法律援助条件的审查判断问题。按照本法"弱有所扶、应援尽援"的立法宗旨，除非明显不符合条件的，否则原则上应当提供法律援助。因此，主观上"故意"拒绝为符合法律援助条件的人员提供法律援助，严重背离了法律援助的立法目的及"以人民为中心"的立法价值取向，拒绝者应当承担本条规定的法律责任。此外，由于业务能力等原因，法律援助机构工作人员过失认为申请人不符合法律援助条件而予以拒绝，但实际上符合法定条件的，法律援助机构及其工作人员同样应当承担本条规定的关于"限期改正"，甚至"处分"等法律责任。

后一种情况，则与前者有所不同：立法明确要求，法律援助机构及其工作人员为不符合法律援助条件的人员提供法律援助，在主观上限定为"故意"。为全面理解本条中的"故意"内涵，可以以刑法理论中"直接故意"与"间接故意"为参照。[1]具体而言，本条中的"故意"包括两种具体内涵：其一，明知且积极追求发生。即法律援助机构及其工作人员明知申请人不符合法定条件，但依然积极为其提供法律援助服务。其二，明知但放任发生。例如，某一法律援助机构工作人员明知申请人不符合法定条件（如知晓申请人以欺骗的方式骗取法律援助），但并未告知负责审查、指派的工作人员，放任其为不符合法律援助条件的人员提供法律援助。总之，依据本条规定，因"为不符合法律援助条件的人员提供法律援助"而对法律援助机构及其工作人员追责的前提是，法律援助机构及其工作人员必须存在主观上的"故意"。这也表明，为鼓励法律援助机构工作人员尽可能地保障人民群众获得法律援助的权利，对于法律援助机构工作人员在"不明知"或"存在一定疏漏或过失"情形下为不符合法律援助条件的人员提供法律援助的，应当不属于本条规定的违法情形。

（2）指派不符合本法规定的人员提供法律援助。根据本法规定，安排提供法律援助服务时，法律援助机构可以选择指派以下法律援助人员：具有律师资格或者法律职业资格的法律援助机构工作人员、律师、基层法律服务工作者以及法律援助志愿者。需要指出的是，法律援助并不是慈善、不是单方受益的行为。如果法律援助服务质量不高，受援人甚至会因此遭受不利的判决或处于更不利的法律地位。也即，质量是法律援助制度可持续发展的生命线。因此，为确保法律援助服务质量，法律援助机构及其工作人员在选择指派法律援助人员时应当审慎且合法规范。例如，本法第26条明确要求，"对可能被判处无期徒刑、死刑的人，以及死刑复核案

---

〔1〕 刑法理论认为，"直接故意"指明知自己的行为会发生危害社会的结果，并且希望这种结果发生的心理态度；"间接故意"指明知自己的行为可能发生危害社会的结果，并且放任这种结果发生的心理态度。参见张明楷：《刑法学》（上），法律出版社 2021 年版，第 337 页、第 344 页。

件的被告人，法律援助机构收到人民法院、人民检察院、公安机关通知后，应当指派具有三年以上相关执业经历的律师担任辩护人"。由于以上情形直接关涉被告人的人身自由以及生命，因此，该条对上述重罪案件法律援助律师作了特殊资质要求，即"应当具有三年以上相关执业经历"。通常而言，法律援助律师的经验越丰富，对案件的正确处理、当事人权利的保障越有利。因此，"三年以上准入"只是最低标准，在实际操作中，越是重大复杂的案件，越应当指派更具有刑事辩护经验的律师提供援助。基于此，法律援助机构及其工作人员在为以上重罪被告人指派法律援助人员时必须保证所指派人员符合上述最低资质要求。对此，"指派法律援助志愿者、相关执业经历不足三年的律师、无相关执业经历的律师"均不符合法定要求，属于本条中"指派不符合本法规定的人员提供法律援助"的典型情形，有违本法第19条"法律援助人员应当依法履行职责，及时为受援人提供符合标准的法律援助服务，维护受援人的合法权益"的规定。因此，法律援助机构及其工作人员应当承担相应法律责任。

（3）收取受援人财物与（4）从事有偿法律服务。根据本法规定，一方面，法律援助机构负有组织实施法律援助工作，受理、审查法律援助申请，指派法律援助人员提供法律援助，支付法律援助补贴的法定职责。简言之，法律援助机构承担着法律援助供需调配者的角色：依据申请者的法律援助需求，指派适格的法律援助人员提供法律援助服务。因此，在此过程中，法律援助机构及其工作人员应当认真履职，恪守职业道德。如果法律援助机构及其工作人员私自收取（包括"收受"与"索取"）受援人的财物（包括金钱、贵重器物、礼品等），在审查申请、指派法律援助人员等环节为受援人谋取不正当利益，不仅违反法律规定与职业道德，同时也将对法律援助供需的平衡调配产生冲击。

另一方面，根据本法第13条的规定，在必要时，法律援助机构可以安排本机构具有律师资格或者法律职业资格的工作人员提供法律援助。此种情况下，法律援助机构的工作人员由法律援助供需的调配者，转换为了法律援助服务的提供者——法律援助人员。需要强调的是，法律援助是一项扶助贫弱、保障社会弱势群体合法权益的社会公益事业，而非一种有偿法律服务。同样地，本法第20条业已明确规定，"法律援助人员应当恪守职业道德和执业纪律，不得向受援人收取任何财物"。基于此，当法律援助机构的工作人员以法律援助人员的身份从事有偿法律服务时，严重违反职业道德和执业纪律，应当承担本条所规定的法律责任。

（5）侵占、私分、挪用法律援助经费。根据本法第12条、第52条规定，"支付法律援助补贴"是法律援助机构组织实施法律援助工作的重要组成部分。据此，法律援助机构及其工作人员是我国法律援助经费的具体分配、使用者。法律援助经费是法律援助制度发展的重要物质基础，同时也决定了法律援助的质量、法律援助制度的可持续性发展等。[1]因此，法律援助机构及其工作人员侵占、私分、挪用法律援助经费的行为，不仅性质恶劣，且直接造成法律援助经费在法律援助工作上的应有投入（主要表现为法律援助补贴）不足、不及时，影响法律援助人员的积极性，进而降低法律援助质量。需要指出的是，法律援助机构及其工作人员侵占、私分、挪用法律援助经费，情节严重的，可能构成犯罪的，需要承担刑事责任。

（6）泄露法律援助过程中知悉的国家秘密、商业秘密和个人隐私。根据本法第21条规定，"法律援助机构、法律援助人员对提供法律援助过程中知悉的国家秘密、商业秘密和个人隐私应当予以保密"。据此，法律援助机构及其工作人员对于提供法律援助过程中知悉的国家秘密、商业秘密和个人隐私负有法定保密义务。值得注意的是，本条中"泄露法律援助过程中知悉的国家秘密、商业秘密和个人隐私"这一违法情形，在主观方面，并未以"故意"为前提。因此，是故意泄露抑或是因过失而泄露，在所不问；在客观方面，并不要求必须因泄露而造成相关后果。换言之，只要存在事实上的泄露行为，使得外界、公众等有知悉以上国家秘密、商业秘密与个人隐私的可能性，即需要承担本条规定的法律责任。但需要特别予以明确的是，为及时维护国家安全、公共安全以及他人人身安全，法律援助机构及其工作人员以《律师法》第38条第2款为参照，将委托人或其他人准备或者正在实施危害国家安全、公共安全以及严重危害他人人身安全的犯罪事实和信息及时告知有关机关，并不属于本条意义上的"泄露法律援助过程中知悉的国家秘密、商业秘密和个人隐私"，不可对其追责。此外，依据我国刑法规定，泄露国家秘密、商业秘密和个人隐私等，情节严重的，可能构成犯罪，应当承担刑事责任。

除以上具体列举的法定违法情形外，本条还规定了其他的兜底违法情形。这需要根据其他法律法规具体确认。在解释上，应当遵循"同类实质"规则，也即兜底的情形与明文列举的情形在行为方式以及造成的后果上具有实质的等同性、相当性。在认定法律法规规定的其他兜底情形时，也要严格遵循《公务员法》《监察法》《公职人员政务处分法》《行政处罚法》《律师法》等相关规定，从实体和程序上确保法律责任的追究与实现合法、合理且正当。

---

〔1〕 参见李雪莲、夏慧、吴宏耀："法律援助经费保障制度研究报告"，载《中国司法》2019年第10期。

第六十二条【律师事务所、基层法律服务所的法律责任】

律师事务所、基层法律服务所有下列情形之一的，由司法行政部门依法给予处罚：

（一）无正当理由拒绝接受法律援助机构指派；

（二）接受指派后，不及时安排本所律师、基层法律服务工作者办理法律援助事项或者拒绝为本所律师、基层法律服务工作者办理法律援助事项提供支持和保障；

（三）纵容或者放任本所律师、基层法律服务工作者怠于履行法律援助义务或者擅自终止提供法律援助；

（四）法律法规规定的其他情形。

【条文要旨】

本条是关于法律援助服务人员所在机构法律责任的规定。根据本法第 16 条规定，律师事务所、基层法律服务所负有依法提供法律援助的义务，应当支持和保障本所律师、基层法律服务工作者履行法律援助义务。作为法律援助过程中的衔接角色，律师事务所与基层法律服务所是法律援助机构与提供法律援助服务人员之间的沟通桥梁。律师事务所、基层法律服务所存在本条规定的不履行法定义务、消极怠工等情形的，应当承担法律责任。需要承担法律责任的情形，主要分为常见的法定情形与其他兜底情形。

【立法背景】

在我国，在法律援助机构的设立之初，司法部赋予这一机构管理法律援助工作以及直接办理法律援助案件的双重职能，即法律援助机构最初具备管理机构及服务机构的双重职能定位。对此，2003 年《法律援助条例》予以立法上的确认，其第 5 条第 2 款规定了法律援助机构的管理职能，即"法律援助机构负责受理、审查法律援助申请，指派或者安排人员为符合本条例规定的公民提供法律援助"。第 21 条规定了法律援助机构的服务职能，即"法律援助机构可以安排本机构的工作人员办理法律援助案件"。需要指出的是，尽管在职能定位上，法律援助机构兼具管理职能与服务职能，但事实上，"组织实施法律援助工作"的管理职能仍是法律援助机构的基础性职能。原因在于，实践中法律援助机构人员有限，在履行管理职能的同时，无法有效兼顾提供法律援助服务的职能。[1]鉴于此，此次《法律援助法》同

---

[1]　例如，2010 年全国法律援助机构的平均工作人员只有 3.75 人。参见桑宁："法律援助发展中结构性矛盾和瓶颈问题研究"，载《人民司法》2012 年第 2 期；也有数据统计表明，2011～2013 年间，法律援助机构直接办理的刑事法律援助案件比例呈逐年下降趋势。参见顾永忠、杨剑炜："我国刑事法律援助

样强调法律援助机构组织实施法律援助工作，受理、审查法律援助申请，指派法律援助人员提供法律援助的核心职能（第12条），而通过立法授权的形式赋予其履行服务职能的"灵活选择性"（第13条）。

管理职能作为法律援助机构的基础性职能，意味着法律援助机构指派的绝大多数法律援助人员来自于律师事务所或基层法律服务所。因此，律师事务所与基层法律服务所业已成为法律援助机构与提供法律援助服务人员之间的重要沟通桥梁，同时也是保障法律援助供需稳健调配的重要因素。为充分发挥律师事务所等法律援助人员所在机构的法律援助衔接作用，《法律援助条例》在第27条明确规定，"律师事务所拒绝法律援助机构的指派，不安排本所律师办理法律援助案件的，由司法行政部门给予警告、责令改正；情节严重的，给予1个月以上3个月以下停业整顿的处罚"，初步就律师事务所等法律援助人员所在机构所应承担的法律责任作出规定。但需要指出的是，这一规定总体比较简单、内容比较单一，不够全面和完整。例如，在责任主体上，未能将基层法律服务所纳入其中；在具体责任情形上，仅规定"拒绝接受法律援助机构指派"情形，而未将接受指派后可能出现的消极、不作为情形考虑其中。

为进一步适应新时期法律援助发展需要，保障律师事务所、基层法律服务所等法律援助人员所在机构积极支持、保障本所律师、基层法律服务工作者履行法律援助义务，法律援助法立法过程中对其法律责任问题予以了关切与完善。《法律援助法（草案）》初稿第55条规定："律师事务所有下列情形之一的，由司法行政部门、律师协会依照有关规定给予行政处罚、实施惩戒：（一）无正当理由拒绝接受法律援助机构的指派的；（二）接受指派后，不及时安排本所律师办理法律援助事项或者拒绝为办理法律援助事项提供条件和便利的；（三）纵容或者放任本所律师怠于履行法律援助职责或者擅自终止提供法律援助的；（四）法律法规规定的其他情形。基层法律服务所有前款所列情形之一的，由司法行政部门依照有关规定给予行政处罚。"可以发现，相比于2003年《法律援助条例》，《法律援助法（草案）》初稿将基层法律服务所同等纳入，并同步规定了法律责任；而且，"具体列举+概括性规定"的立法模式，能更周延地规定需要追究法律责任的情形。经第一次审议后，《法律援助法（草案）》一审稿（第53条）仍与初稿（第55条）保持基本相同的表述。

针对一审稿中有关本条的规定，有专家指出，根据现行法律援助制度，法律援

（接上页）的实施现状与对策建议：基于2013年《刑事诉讼法》施行以来的考察与思考"，载《法学杂志》2015年第4期。以上数据一定程度上表明，法律援助机构自身的法律援助提供能力有限，服务职能更多地表现为一种补充性、次要性职能。

助机构直接指派律师提供法律援助，律师事务所主要是承担辅助性保障职责。因此建议对本条作如下修改：一是上述第 3 项调整为"（三）纵容或者放任本所律师在法律援助过程中弄虚作假的"。二是上述第 2 款调整为"在基层法律服务工作者提供法律援助服务过程中，基层法律服务所有前款规定行为的，由司法行政部门依照有关规定给予行政处罚"。此外，上述条文中的"依照有关规定给予行政处罚、实施惩戒"，建议修改为"依照有关规定给予行政处罚或纪律惩戒"。

在广泛听取意见后，较之于初稿、一审稿规定，二审稿第 59 条对此作了较大修改：一是并列而非分开规定律师事务所、基层法律服务所的法律责任；二是将"由司法行政部门、律师协会依照有关规定给予行政处罚、实施惩戒"修改为"由司法行政部门依法给予处罚"；三是在具体违法情形表述上，作了文字修改，使其更为精准和明确，促进条文内部之间语义的协调。

二审稿第 59 条中，第 2 项表述为"（二）接受指派后，不及时安排本所律师办理法律援助事项或者拒绝为本所律师、基层法律服务工作者办理法律援助事项提供支持和保障"。相比于《法律援助法（草案）》一审稿，这一表述增加了"拒绝为基层法律服务工作者办理法律援助事项提供支持和保障"之规定。对此，有专家指出，为了使条文立法更严谨，建议将上述二审稿第 2 项规定，修改为"（二）接受指派后，不及时安排本所律师、基层法律服务工作者办理法律援助事项或者拒绝为本所律师、基层法律服务工作者办理法律援助事项提供支持和保障"。这样表述更为周延和明确。值得注意的是，在对《法律援助法（草案）》进行第三次审议时，立法者吸收了上述专家建议，对二审稿规定作了微调。也即，将本条第 2 项的前半段修改为"（二）接受指派后，不及时安排本所律师、基层法律服务工作者办理法律援助事项……"

一审稿	二审稿	《法律援助法》
第五十三条　律师事务所有下列情形之一的，由司法行政部门、律师协会依照有关规定给予行政处罚、实施惩戒： （一）无正当理由拒绝接受法律援助机构指派的； （二）接受指派后，不及时安排本所律师办理法律援助事项或者拒绝为办理法律援助事项提供条件和便利的； （三）纵容或者放任本	第五十九条　**律师事务所、基层法律服务所**有下列情形之一的，由司法行政部门依法给予处罚： （一）无正当理由拒绝接受法律援助机构指派； （二）接受指派后，不及时安排本所律师办理法律援助事项或者拒绝为**本所律师、基层法律服务工作者办理**法律援助事项提供支持和保障；	第六十二条　律师事务所、基层法律服务所有下列情形之一的，由司法行政部门依法给予处罚： （一）无正当理由拒绝接受法律援助机构指派； （二）接受指派后，不及时安排本所律师、**基层法律服务工作者**办理法律援助事项或者拒绝为本所律师、基层法律服务工作者办理法律援助事项提供支持和保障；

一审稿	二审稿	《法律援助法》
所律师怠于履行法律援助职责或者擅自终止提供法律援助的； （四）法律法规规定的其他情形。 基层法律服务所有前款所列情形之一的，由司法行政部门依照有关规定给予行政处罚。	（三）纵容或者放任本所律师、**基层法律服务工作者**怠于履行法律援助义务或者擅自终止提供法律援助； （四）法律法规规定的其他情形。	（三）纵容或者放任本所律师、基层法律服务工作者怠于履行法律援助义务或者擅自终止提供法律援助； （四）法律法规规定的其他情形。

【条文释义】

本条是关于律师事务所、基层法律服务所法律责任的规定。虽然律师事务所、基层法律服务所并非直接或具体为受援人提供法律援助服务，也和法律援助机构在性质、功能上都存在本质的区别，但之所以对其追究法律责任，是因为律师事务所、基层法律服务所作为法律援助机构与提供法律援助人员之间的桥梁，承担着非常重要的承上启下作用。只有每一个环节都运行无阻，才能确保法律援助服务的顺畅及其质量。律师事务所、基层法律服务所违反本法之规定，拒不履行法定义务或怠于履行职责的，应承担法律责任。

根据本法第16条规定，律师事务所、基层法律服务所、律师、基层法律服务工作者负有依法提供法律援助的义务。律师事务所、基层法律服务所应当支持和保障本所律师、基层法律服务工作者履行法律援助义务。据此，该条明确了律师事务所、基层法律服务所"依法提供法律援助，支持和保障本所律师、基层法律服务工作者履行法律援助义务"的法定义务。在此基础上，根据本条规定，律师事务所、基层法律服务所对以下常见的三种违背法定义务情形以及其他法律法规规定的情形，应当承担法律责任：一是无正当理由拒绝接受法律援助机构指派；二是接受指派后，不及时安排本所律师、基层法律服务工作者办理法律援助事项或者拒绝为本所律师、基层法律服务工作者办理法律援助事项提供支持和保障；三是纵容或者放任本所律师、基层法律服务工作者怠于履行法律援助义务或者擅自终止提供法律援助。

对上述律师事务所、基层法律服务所的三种违背法定义务情形进行理解时，以下几点需要着重注意：一是"无正当理由"。理论上，可将"正当理由"具体分为

"道德性理由"与"规范性理由"。[1]循此思路，本条中的"无正当理由"的成立，须满足以下要求：首先，不存在规范层面的"正当理由"。也即，法律援助机构的指派通知并非不符合本法或者其他法律规定；其次，不存在客观现实、常识等非规范层面的"正当理由"。如律师事务所、基层法律服务所并没有出现停业或被吊销执业许可证等无法履行指派义务的客观情形。此外，需要注意的是，为防止单方面对法律援助人员提出过高的不切实际的要求，打击法律援助人员的积极性，在认定是否成立"无正当理由"的过程中，既要给予律师事务所、基层法律服务所充分的说明、辩解乃至申诉权利，又要注重各地实际情况，根据个案情况综合认定。

二是"不及时"。本条中的"不及时"，首先表现为，没有按照本法或者其他法律规定的时间或期限要求进行办理。以超出法定期限要求为例。我国诉讼法均在规定当事人享有上诉权的同时，出于维护裁判权威、稳定社会秩序等需要，同步规定了当事人上诉的法定期限。因此，如果当事人因上诉提起法律援助申请，且法律援助机构受理后业已指派，但律师事务所、基层法律服务所在接受指派后，没有安排本所律师、基层法律服务工作者在法定上诉期限内办理有关上诉法律援助事项，即表现为一种"超出法定期限"的"不及时"。显然，这种"超出法定期限"的"不及时"，会给包含当事人诉讼权利在内的合法权益造成无可挽回的损害。其次，除却法定期限，本条中的"不及时"还表现为律师事务所、基层法律服务所因消极怠工而超出合理期限。法律援助是一项旨在实现"弱有所扶"的民生工程，有时甚至直接与公民的生命权息息相关（涉及死刑案件、死刑复核程序时）。基于此，即使某一待办法律援助事项并没有法定期限要求，出于及时保护受援人合法权益的考虑，律师事务所、基层法律服务所在接受法律援助机构的指派后，应尽快安排本所律师、基层法律服务工作者办理法律援助事项。而对于本法中诸如指定辩护、先行法律援助等紧迫需求情形，律师事务所、基层法律服务所在接受指派后应尽可能第一时间予以安排，避免给受援人带来不可挽回的损害。因此，可以根据案件的性质、办理程序的紧迫性、可能或已经造成的危害结果、对受援人诉讼权利的侵犯程度等多种因素确认是否属于因消极怠工而超出合理期限的"不及时"。

三是"拒绝为本所律师、基层法律服务工作者办理法律援助事项提供支持和保障"中的"拒绝"与"支持和保障"。在已经接受法律援助机构指派的前提下，律师事务所、基层法律服务所事实上已对待办法律援助事项有所了解。因此，一般而言，此种情况下，律师事务所、基层法律服务所并不会因过失而拒绝给予本所律师、基层法律服务工作者办理法律援助事项的必要支持和保障。因此，应将此处的"拒绝"理解为"基于明知的心态，积极追求发生"的直接故意情形。此外，本项

---

[1] 参见贾秀文、杜学文："论《民事诉讼法》中的'正当理由'"，载《云南行政学院学报》2011年第2期。

中的"支持和保障"是指律师事务所、基层法律服务所应当依法为本所律师、基层法律服务工作者提供办理案件所必需的协助。如为辩护律师的会见提供律师事务所证明、出具法律援助公函等。

四是"纵容或者放任"。本法明确规定律师、基层法律服务工作者负有依法提供法律援助的义务（第16条第1款），同时也明确了终止法律援助的具体情形（第48条）。因此，禁止律师、基层法律服务工作者怠于履行法律援助义务或者擅自终止提供法律援助。同时，根据本法第16条第2款规定，律师事务所、基层法律服务所应当保障本所律师、基层法律服务工作者履行法律援助义务。对于本所律师、基层法律服务工作者的怠于履行法律援助义务或者擅自终止提供法律援助，律师事务所、基层法律服务所"纵容或者放任"，是典型的不作为，即对所可能出现的结果持"漠不关心"的态度，在主观上表现为间接故意。

五是在认定"法律法规规定的其他情形"时，应当坚持比例原则，与上述前几种情形具有相当性，而不能随意扩大追究法律责任的范围。

此外，依据本条规定，律师事务所、基层法律服务所存在上述情形的，由司法行政部门依法对其给予处罚。可见，本条仅笼统规定了"处罚"，并未明确规定处罚权机关以及律师事务所、基层法律服务所应承担的具体法律责任。对此，为增强实践中司法部门处罚的可操作性，一方面，未来可以制定《法律援助法》实施细则，对此条的适用规则予以明确，明晰具体的法律责任；另一方面，现阶段可以参照《律师法》第六章"法律责任"专章中，针对律师事务所"拒绝履行法律援助义务""对本所律师疏于管理，造成严重后果"应予承担的法律责任的规定。具言之，根据《律师法》第52条规定，县级人民政府司法行政部门对律师事务所的执业活动实施日常监督管理，对检查发现的问题，责令改正；对当事人的投诉，应当及时进行调查。县级人民政府司法行政部门认为律师事务所的违法行为应当给予行政处罚的，应当向上级司法行政部门提出处罚建议。根据《律师法》第50条规定，律师事务所拒绝履行法律援助义务或对本所律师疏于管理，造成严重后果的，对其的处罚权由设区的市级或者直辖市的区人民政府司法行政部门行使。设区的市级或者直辖市的区人民政府司法行政部门应当视其情节给予警告、停业整顿1个月以上6个月以下的处罚，可以处10万元以下的罚款；有违法所得的，没收违法所得；情节特别严重的，由省、自治区、直辖市人民政府司法行政部门吊销律师事务所执业证书；律师事务所因前款违法行为受到处罚的，对其负责人视情节轻重，给予警告或者处2万元以下的罚款。

就基层法律服务所而言，根据2017年《基层法律服务所管理办法》第34条规定，县级司法行政机关或者直辖市的区（县）司法行政机关对基层法律服务所的日常执业活动和内部管理工作进行指导和监督，可以按照有关规定对基层法律服务所进行检查，要求基层法律服务所报告工作、说明情况、提交有关材料。司法所可以根据县级司法行政机关或者直辖市的区（县）司法行政机关要求，承担对基层法律服务所进行指导监督的具体工作。此外，第 36 条规定，对于基层法律服务所实施的"法律、法规、规章规定应予处罚的其他行为"，县级司法行政机关或者直辖市的区（县）司法行政机关可以予以警告；有违法所得的，依照法律、法规的规定没收违法所得，并由设区的市级或者直辖市的区（县）司法行政机关处以违法所得 3 倍以下的罚款，罚款数额最高为 3 万元。司法行政机关对基层法律服务所实施行政处罚，应当依照《行政处罚法》和司法部有关规定进行。基层法律服务所对行政处罚不服的，可以依照《行政复议法》和司法部有关规定申请行政复议。

第六十三条【律师、基层法律服务工作者的法律责任】

律师、基层法律服务工作者有下列情形之一的，由司法行政部门依法给予处罚：

（一）无正当理由拒绝履行法律援助义务或者怠于履行法律援助义务；

（二）擅自终止提供法律援助；

（三）收取受援人财物；

（四）泄露法律援助过程中知悉的国家秘密、商业秘密和个人隐私；

（五）法律法规规定的其他情形。

【条文要旨】

本条是关于提供法律援助服务人员的法律责任的规定。根据本法第 16 条、第 19 条等条文规定，律师、基层法律服务工作者等法律援助人员负有依法提供法律援助的义务，并应当尽职尽责。根据本条规定，律师、基层法律服务工作者等法律援助人员在履职过程中存在违反本法及相关法律规定情形的，由司法行政部门依法予以处罚。就其情形而言，包括常见的法定情形，也包括兜底的情形。

【立法背景】

长期以来，在我国法律援助实践中，律师是提供法律援助服务的重要主体，也是最为主要的法律援助人员。为鼓励和规范律师积极提供法律援助服务，一方面，2003 年《法律援助条例》在第 6 条中明确规定，"律师应当依照律师法和本条例的规定履行法律援助义务，为受援人提供符合标准的法律服务，依法维护受援人的合法权益，接受律师协会和司法行政部门的监督"。另一方面，在第 28 条中就律师不当提供法律援助情形的法律责任作了具体规定，即"律师有下列情形之一的，由司法行政部门给予警告、责令改正；情节严重的，给予 1 个月以上 3 个月以下停止执业的处罚：（一）无正当理由拒绝接受、擅自终止法律援助案件的；（二）办理法律援助案件收取财物的。有前款第（二）项违法行为的，由司法行政部门责令退还违法所得的财物，可以并处所收财物价值 1 倍以上 3 倍以下的罚款"。同时，第 29 条规定："律师办理法律援助案件违反职业道德和执业纪律的，按照律师法的规定予以处罚。"

《律师法》同样针对律师在提供法律援助服务过程中可能涉及的法律责任作了规定。《律师法》第 47 条规定，律师拒绝履行法律援助义务的，由设区的市级或者直辖市的区人民政府司法行政部门给予警告，可以处 5000 元以下的罚款；有违法所得的，没收违法所得；情节严重的，给予停止执业 3 个月以下的处罚。《律师法》第 48 条规定，律师私自收取委托人费用，接受委托人财物或者其他利益的；无正当理由，拒绝辩护或者代理，不按时出庭参加诉讼或者仲裁的；泄露商业秘密或者个人隐私的，由设区的市级或者直辖市的区人民政府司法行政部门给予警告，可以处 1 万元以下的罚款；有违法所得的，没收违法所得；情节严重的，给予停止执业 3 个月以上 6 个月以下的处罚。具有《律师法》第 49 条规定情形的，由设区的市级或者直辖市的区人民政府司法行政部门给予停止执业 6 个月以上 1 年以下的处罚，可以处 5 万元以下的罚款；有违法所得的，没收违法所得；情节严重的，由省、自治区、直辖市人民政府司法行政部门吊销其律师执业证书；构成犯罪的，依法追究刑事责任。

为落实法律援助要求，规范法律援助程序，此次法律援助法立法过程中同样高度关注律师、基层法律服务工作者等法律援助人员的法律责任问题，并在此问题上部分借鉴了《律师法》的规定。《法律援助法（草案）》初稿第 56 条对执业律师、基层法律服务工作者的法律责任作了规定，即"律师有下列情形之一的，由司法行政部门、律师协会依照有关规定给予行政处罚、实施惩戒：（一）无正当理由拒绝接受安排办理法律援助事项的；（二）怠于履行法律援助职责或者擅自终止提供法律援助的；（三）办理法律援助事项收取财物的。基层法律服务工作者有前款所列情形之一的，由司法行政部门依照有关规定给予行政处罚"。

《法律援助法（草案）》一审稿第 54 条基本沿袭了初稿有关律师、基层法律服务工作者的法律责任规定，仅作以下修改：一是将"律师"改为"执业律师"；二是增加"法律法规规定的其他情形"这一兜底性情形。针对一审稿上述规定，有专家指出，建议将本条中的"执业律师"修改为"接受指派的律师"；将"依照有关规定给予行政处罚、实施惩戒"，修改为"依照有关规定给予行政处罚或纪律惩戒"。

在广泛听取各方意见后，相比于一审稿规定，《法律援助法（草案）》二审稿在律师、基层法律服务工作者法律责任的规定上作了进一步修改，主要包括：一是在立法技术上，一方面，将一审稿第 54 条第 2 款融贯于第 1 款内，并最终合为一个条款。也即，并列而非分开地规定律师、基层法律服务工作者的法律责任；另一方面，将一审稿第 54 条第 1 款第 2 项情形中的"怠于履行法律援助职责"并入第 1 项之中；二是将处罚责任的主体由"司法行政部门、律师协会"统一调整为"司法行政部门"，将处罚方式由"行政处罚、实施惩戒"统一调整为"处罚"；三是将原有第 1 款第 3 项"（三）办理法律援助事项收取财物的"修改为"（三）收取受援人财物"；四是增加了第 4 项追责情形，即"（四）泄露法律援助过程中知悉的国家秘密、商业秘密和个人隐私"。需要指出的是，针对这一新增情形，有专家指出，律师的保密义务并不是绝对的，而是存在一定的例外。法律援助人员的保密义务同样需要设定必要的例外。故此，在立法技术上，建议第 4 项参照《律师法》第 38 条第 2 款规定，与律师保密义务保持一致。即，建议在二审稿该条第 4 项中增加"违反规定"的规定，具体表述为"（四）违反规定泄露法律援助过程中知悉的国家秘密、商业秘密和个人隐私"。

关于本条，在第三次审议期间，立法者沿用了二审稿的规定及其表述。

一审稿	二审稿
第五十四条　执业律师有下列情形之一的，由司法行政部门、律师协会依照有关规定给予行政处罚、实施惩戒： （一）无正当理由拒绝接受安排办理法律援助事项的； （二）怠于履行法律援助职责或者擅自终止提供法律援助的； （三）办理法律援助事项收取财物的； （四）法律法规规定的其他情形。 基层法律服务工作者有前款所列情形之一的，由司法行政部门依照有关规定给予行政处罚。	第六十条　**律师、基层法律服务工作者有下列情形之一的，由司法行政部门依法给予处罚：** （一）**无正当理由拒绝履行法律援助义务或者怠于履行法律援助义务；** （二）**擅自终止提供法律援助；** （三）**收取受援人财物；** （四）**泄露法律援助过程中知悉的国家秘密、商业秘密和个人隐私；** （五）法律法规规定的其他情形。

【条文释义】

本条规定了律师、基层法律服务工作者等法律援助人员，在未依法履行提供法律援助义务情形下应当承担的法律责任。法律援助是对弱势群体的基本法律保障制度，是贯彻习近平法治思想，特别是坚持以人民为中心的重要体现。再完美的法律规定及其功能预期，也需要通过有效的实施予以实现。根据本法规定，律师和基层法律服务工作者是提供法律援助服务的主体，是贯彻法律援助制度的主体力量，也是直接关系法律援助制度能否充分发挥功能的关键要素。概言之，律师和基层法律服务工作者不仅肩负着履行法律援助的法定职责，更是提供法律援助服务的中坚力量。因此，一旦律师和基层法律服务工作者违反本法规定，不当履行法律援助义务，不仅会破坏法律援助的管理制度及其实施秩序，更重要的是会冲击法律援助制度的公平与正义基础，从源头上"污染"法律援助制度。这是建立健全有中国特色法律援助制度所绝不能容许的。

因此，为有效甄别法律援助人员队伍的不当履职行为，维护法律援助实施秩序，应当对本条中有关律师和基层法律服务工作者的不当履职情形作出详尽与准确的解释。其中，关于"无正当理由拒绝履行法律援助义务"情形中"无正当理由"的理解问题，本法第62条有关"无正当理由拒绝接受法律援助机构指派"的释义中已予以解释，在此不再赘述。以下主要讨论本条中的其他情形。

一是"怠于履行法律援助义务"。根据本法第16条第1款规定，律师和基层法律服务工作者负有依法提供法律援助的义务。同时，本法第19条规定："法律援助人员应当依法履行职责，及时为受援人提供符合标准的法律援助服务，维护受援人的合法权益。"根据本法第46条第1款规定，法律援助人员接受指派后，无正当理由不得拖延提供法律援助服务。这一"组合拳"式规定表明，律师和基层法律服务工作者不仅负有依法履行法律援助的义务，还同时负有"应当及时履职""履职应当符合标准"等法定义务。从这个意义上来看，本条中的"怠于履行法律援助义务"，在主观上表现为律师和基层法律服务工作者的消极松懈、敷衍应付的不作为心态，在客观行为上则体现为两种具体情形：其一，"不及时履行法律援助义务"。需要指出的是，对"不及时"的判断前文已予以详细解释，即将"不及时"分为"超出法定期限的不及时"与"超出合理期限的不及时"，在此不予赘述。其二，"未能提供符合标准的法律援助服务"。具体表现为律师和基层法律服务工作者在提供法律援助服务的过程中，敷衍了事，导致未能履行符合法定标准的法律援助义务。例如，法律援助律师在为被告人提供辩护服务过程中，不能深入认真阅卷、了解案情和搜集证明被告人无罪或罪轻的证据材料，最终提供一种形式辩护、无效辩护，而非应然意义上的有效辩护。

二是"擅自终止提供法律援助"。从法律援助实施逻辑看，法律援助机构承担的是法律援助服务供需法定调配者的角色：在审查申请人法律援助申请的基础上，指派法律援助人员提供对应的法律援助服务。在这个过程中，以律师和基层法律服务工作者为代表的法律援助人员作为法律援助实施链条的关键一环，作为提供法律援助服务的法定主体，有保质保量履行法律援助的法定义务，不得擅自终止提供法律援助服务。对此，本法第46条第1款明确规定，法律援助人员接受指派后，无正当理由不得终止提供法律援助服务。此外，根据本法第48条第1款规定，只有在法定情形下，法律援助机构才应当作出终止法律援助的决定；同时，根据该条第2款规定，即使律师和基层法律服务工作者等法律援助人员已经发现存在前款规定的法定情形，也需要及时向法律援助机构报告，由后者予以确认并作出终止提供法律援助的决定，法律援助人员无权跳过法律援助机构擅自终止提供法律援助。

三是"收取受援人财物"。根据本法第 20 条规定，律师和基层法律援助工作者等法律援助人员应当恪守职业道德和执业纪律，不得向受援人收取任何财物。因此，"收取受援人财物"成为本条中问责律师和基层法律服务工作者的基本情形之一。需要指出的是，本法第 61 条第 3 项的释义部分已就"收取受援人财物"作了相关阐述。仅就文义而言，本法第 61 条第 3 项中的"收取受援人财物"与本条第 3 项中的"收取受援人财物"相一致，均指相关主体收受或者索取受援人的金钱、贵重器物或者礼品。但值得注意的是，两者"收取受援人财物"的主体截然不同，前者的"收取主体"是法律援助机构及其工作人员（第 61 条）；后者的"收取主体"是律师和基层法律服务工作者（第 63 条）。

四是"泄露法律援助过程中知悉的国家秘密、商业秘密和个人隐私"。本法第 21 条规定："法律援助机构、法律援助人员对提供法律援助过程中知悉的国家秘密、商业秘密和个人隐私应当予以保密。"根据上述规定，律师、基层法律服务工作者等法律援助人员负有保守国家秘密、商业秘密和个人隐私的法定义务和职责。基于此，律师、基层法律服务工作者"泄露法律援助过程中知悉的国家秘密、商业秘密和个人隐私"显然违背了这一法定义务。在理解这一违法情形时，需要注意对"泄露"的认识。构成本条中的"泄露"，主观方面并不以"故意"为前提，既可以是故意泄露也可以是因过失而泄露；在客观方面，只要存在事实上的泄露行为，使得国家秘密、商业秘密与个人隐私有被知悉的可能性即可，一般不要求必须因泄露而造成相关后果。对此，本法第 61 条第 6 项的释义部分已予以明确阐述。同样地，出于维护国家安全、公共安全以及他人人身安全的需要，律师、基层法律服务工作者在提供法律援助服务的过程中，根据《律师法》第 38 条第 2 款规定，将其他人准备或者正在实施危害国家安全、公共安全以及严重危害他人人身安全的犯罪事实和信息及时告知有关机关，并不构成本条意义上的"泄露法律援助过程中知悉的国家秘密、商业秘密和个人隐私"，不应对其予以追责。

五是"法律法规规定的其他情形"。在适用其他情形时，应当遵循同类的实质解释规则，也即其他情形，与上述明文列举的 4 种情形，在行为性质、法律后果上实质相当。

在认定上述情形时，还应注意：其一，上述行为既可以是积极的作为，也可以是消极的不作为。其二，实施上述行为，达到一定的程度，才需要承担本条所规定的法律责任。如果实施了上述行为，但没有造成任何实质的危害结果，可以根据其他法律法规或行业准则进行处置。其三，在法律后果上，律师、基层法律服务工作者有上述情形之一的，由司法行政部门依法给予处罚。

其中，就律师而言，根据《律师法》第 52 条规定，县级人民政府司法行政部门对律师的执业活动实施日常监督管理，对检查发现的问题，责令改正；对当事人的投诉，应当及时进行调查。县级人民政府司法行政部门认为律师的违法行为应当给予行政处罚的，应当向上级司法行政部门提出处罚建议。《律师法》第 47 条规定，律师"拒绝履行法律援助义务的"，由设区的市级或者直辖市的区人民政府司法行政部门给予警告，可以处 5000 元以下的罚款；有违法所得的，没收违法所得；情节严重的，给予停止执业 3 个月以下的处罚。

就基层法律服务工作者而言，根据 2017 年《基层法律服务工作者管理办法》第 44 条规定，县级司法行政机关或者直辖市的区（县）司法行政机关对基层法律服务工作者的日常执业活动和遵守职业道德、执业纪律的情况进行指导和监督，可以按照有关规定对基层法律服务工作者的执业情况进行检查，要求有关人员报告工作、说明情况、提交有关材料。司法所可以根据县级司法行政机关或者直辖市的区（县）司法行政机关要求，承担对基层法律服务工作者进行指导监督的具体工作。该办法第 46 条规定，对于基层法律服务工作者实施的"法律、法规、规章规定应予处罚的其他行为"，由所在地县级司法行政机关或者直辖市的区（县）司法行政机关予以警告；有违法所得的，依照法律、法规的规定没收违法所得，并由设区的市级或者直辖市的区（县）司法行政机关处以违法所得 3 倍以下的罚款，罚款数额最高为 3 万元。司法行政机关对基层法律服务所实施的行政处罚，应当依照《行政处罚法》和司法部有关规定进行。基层法律服务所对行政处罚不服的，可以依照《行政复议法》和司法部有关规定申请行政复议。

此外，关于法律援助志愿者是否可以参照本条之规定处理的问题。根据本法第 17 条第 3 款的规定，法律援助志愿者具体管理办法由国务院有关部门规定。鉴于本条明文规定的法律责任主体是"律师、基层法律服务工作者"，法律援助志愿者不属于"律师"，故不能参照本条的规定处理，应由有关部门规定决定。

第六十四条【受援人的法律责任】

受援人以欺骗或者其他不正当手段获得法律援助的，由司法行政部门责令其支付已实施法律援助的费用，并处三千元以下罚款。

【条文要旨】

本条是关于受援人法律责任的规定。根据本法第 41 条第 1 款和第 2 款的规定，因经济困难申请法律援助时，申请人应当如实说明自己的经济情况；必要时，申请人应当就自己的经济困难状况进行个人诚信承诺。受援人以欺骗或者其他不正当手段获得法律援助的，根据本法第 48 条第 1 款规定，法律援助机构应当作出终止法律援助的决定；同时根据本条规定，司法行政部门应当对其作出相应处罚。本条旨在规定，受援人应当在符合本法规定的条件下获得法律援助，不得随意占用法律援助这一相对稀缺和有限的公共法律服务资源，以保障真正需要法律援助的困难群体可以及时享有；否则，应当承担相应的法律责任。

【立法背景】

权利与义务相伴而生。因此，从应然的角度来说，受援人在享有国家提供的法律援助服务的权利的同时，也应履行依法申请法律援助、遵守法律援助秩序等一系列法定义务，甚至需要承担相应的法律责任。值得注意的是，2003 年《法律援助条例》没有规定受援人的法律责任。这和当时我国法律援助制度的实际情况有关。事实上，在法律援助远未能充分发挥作用和实现"应援尽援"的全面效果时，对受援人追究法律责任是否必要，值得进一步考量。理论上，只有在法律援助制度发展到一定阶段、法律援助覆盖到一定程度、法律援助成为"有利可图"的法律服务后，对恶意利用法律援助制度并能从中谋取不当利益的受援人，才有追究法律责任的必要。

此次法律援助立法坚持"以人民为中心"的基本原则，代表了我国新时期法律援助制度发展的最新成就，"弱有所扶、应援尽援"业已成为一种现实性的法律援助目标。在此基础上，为保障法律援助秩序，法律援助法首次就受援人的法律责任问题作出了相关规定。在受援人法律责任问题上，《法律援助法（草案）》初稿第 57 条、一审稿第 55 条持相同表述，即"受援人以欺骗或者其他不正当手段获得法律援助的，法律援助机构应当责令其支付已实施法律援助的费用，并由司法行政部门处三千元以下罚款"。该条秉承权利义务的同等性、均衡性理念，既充分保障公民依法享有法律援助的基本权利，又对滥用权利和不积极履行法定义务的受援人，依法追究法律责任，有利于强化法律援助制度的社会地位，强化守法意识。

有专家认为，上述初稿、一审稿规定存在如下问题，值得商榷：一是骗取法律援助，本质上是一种骗取法律服务的行为。因此，建议按照法律服务市场标准支付相关法律援助活动的费用，而不是按照法律援助服务的费用进行补偿。如此，既可以体现该行为骗取法律服务的本质，对当事人而言也可以发挥一定惩罚作用。二是应当区分情形，对于情节严重的，才诉诸行政处罚措施（罚款）。故此，建议修改为："受援人以欺骗或者其他不正当手段获得法律援助的，法律援助机构应当责令其按照法律服务市场标准支付已实施法律援助活动的费用；情节严重的，法律援助机构可以申请司法行政部门处以三千元以下罚款。省、自治区、直辖市人民政府司法行政部门可以会同相关部门，建立信用惩戒制度。"

在受援人的法律责任问题上，《法律援助法（草案）》二审稿第 61 条基本沿用了初稿、一审稿的有关规定。但需要指出的是，较之于初稿、一审稿规定，二审稿第 61 条调整了受援人法律责任的实施主体。具体而言，根据初稿、一审稿规定，受援人以欺骗或者其他不正当手段获得法律援助的，需要同时接受来自两个主体的不同处罚，即"法律援助机构应当责令其支付已实施法律援助的费用"与"司法行政部门处三千元以下罚款"。二审稿第 61 条对此予以调整，规定统一由司法行政部门进行处罚，即"由司法行政部门责令其支付已实施法律援助的费用，并处三千元以下罚款"。

针对以上二审稿第 61 条规定，有专家建议将"罚款"限定于"情节严重"的情形，而非对所有骗取法律援助服务的情形都一律处以罚款。也即，建议将二审稿第 61 条中的"并处三千元以下罚款"修改为"情节严重的，可处以三千元以下罚款"。

关于本条，在对《法律援助法（草案）》进行第三次审议时，立法者沿用了上述二审稿的条文表述。

一审稿	二审稿
第五十五条 受援人以欺骗或者其他不正当手段获得法律援助的，法律援助机构应当责令其支付已实施法律援助的费用，并由司法行政部门处三千元以下罚款。	**第六十一条** 受援人以欺骗或者其他不正当手段获得法律援助的，由司法行政部门责令其支付已实施法律援助的费用，并处三千元以下罚款。

【条文释义】

作为本法第 41 条"说明—核查制"的配套措施，本条规定了受援人骗取法律援助的法律责任。

本法第 1 条规定："为了规范和促进法律援助工作，保障公民和有关当事人的合法权益，保障法律正确实施，维护社会公平正义，制定本法。"同时，本法第 19 条规定："法律援助人员应当依法履行职责，及时为受援人提供符合标准的法律援助服务，维护受援人的合法权益。"据此，保护受援人的合法权益，是本法的主要目的之一。为此，本法从国家责任、政府义务、援助程序、制度保障等方面，为公民（受援人）建构了丰富而完整的保障制度。同时，根据《宪法》第 51 条规定，公民在行使权利时，不得损害国家利益。因此，公民不能滥用国家为其提供法律援助的权利，或者违反本法之规定享有其不应得的权利，更不能从中谋取利益。根据本法规定，除国家应当予以法律援助的情形（如本法第 25 规定的强制辩护情形）或者主体（如本法第 32 条规定的不受经济困难条件限制的主体）之外，一般而言，公民获得法律援助需要遵循本法第 41 条规定的"说明—核查制"的申请法律援助程序（根据本法第 42 条规定，部分特定主体免予核查经济困难状况）。本法第 41 条第 1 款和第 2 款规定："因经济困难申请法律援助的，申请人应当如实说明经济困难状况。法律援助机构核查申请人的经济困难状况，可以通过信息共享查询，或者由申请人进行个人诚信承诺。"因此，一般情况下，根据该条规定，公民申请法律援助，应当"如实说明经济困难状况"；以不正当的方式，隐瞒不符合该条件的事实，骗取法律援助服务的，严重破坏了法律援助制度的法定性与严肃性，甚至无形中剥夺了其他公民享受法律援助的权利，因此应当承担法律责任。

根据本条规定，受援人以欺骗或者其他不正当手段获得法律援助的，由司法行政部门责令其支付已实施法律援助的费用，并处 3000 元以下罚款。在理解和适用上，应注意以下几点。

一是"欺骗"。一般认为，"欺骗"包括虚构事实和隐瞒真相两种具体情形。因此，"以欺骗手段获得法律援助"一般表现为：其一，通过虚构事实（如虚构涉嫌诉讼或被刑事追诉）获得法律援助。其二，通过隐瞒真相（如隐瞒真实的高收入情况）获得法律援助。

二是"其他不正当手段"。此处的"不正当手段"指除"欺骗"之外的、不符合规范与道德等方面的"方式或方法"。应当注意的是，当前法律援助资源相对紧张，尚无法立即实现"应援尽援"的目标。因此，不排除部分受援人采取除"欺骗"以外的"不正当手段"，如利用亲友关系、行贿甚至是威胁等方式获得法律援助。

三是本条中的行政处罚规定。《行政处罚法》第 5 条规定："行政处罚遵循公正、公开的原则。设定和实施行政处罚必须以事实为依据，与违法行为的事实、性质、情节以及社会危害程度相当。对违法行为给予行政处罚的规定必须公布；未经公布的，不得作为行政处罚的依据。"该法第 6 条规定："实施行政处罚，纠正违法行为，应当坚持处罚与教育相结合，教育公民、法人或者其他组织自觉守法。"秉持上述行政处罚原则与要求，司法行政部门对受援人"以欺骗或者其他不正当手段获得法律援助"的行为处以罚款时，应当以受援人实施上述行为达到一定危害程度为前提，而非一律都直接处以罚款。毕竟在实践中，一些受援人虽通过以欺骗或者其他不正当的手段获得法律援助服务，但客观上一定程度上保护了受援人合法权益或维护了社会稳定。此外，大部分需要获取法律援助的受援人，往往都是经济条件相对较差的人，考虑到其实际缴纳罚款的能力，一般都应当慎重处以罚款，且不宜顶格处罚。

第六十五条【冒用法律援助名义谋利】

违反本法规定，冒用法律援助名义提供法律服务并谋取利益的，由司法行政部门责令改正，没收违法所得，并处违法所得一倍以上三倍以下罚款。

【条文要旨】

本条规定了冒用法律援助名义谋利的法律责任。根据本法第2条规定，法律援助是国家建立的为法定群体无偿提供法律服务的制度。法律援助服务具有公益性、无偿性，属于国家基本公共服务之一。为此，立法禁止冒用法律援助之名谋取利益。对于违反本法之规定，冒用法律援助名义提供法律援助服务并谋取利益的，不论所提供的法律服务质量如何，都破坏了法律援助的基本制度及其实施秩序，应追究法律责任。

【立法背景】

本条是新规定，2003年《法律援助条例》没有类似的规定。这和当时我国法律援助刚起步、发展相对不足有一定的关系，也和《法律援助条例》制定者当时对法律援助制度的重要地位、法治价值以及法律援助承载的公正理论的认识有一定的关系。为保障法律援助的基本制度及其实施秩序，本次法律援助法立法注意到了这一问题，并作出明确规定。

关于本条，《法律援助法（草案）》初稿第58条、一审稿第56条、二审稿第62条持相同表述，且第三次审议期间，立法者继续采用这一表述，即"违反本法规定，冒用法律援助名义提供法律服务并谋取利益的，由司法行政部门责令改正，没收违法所得，并处违法所得一倍以上三倍以下罚款"。该条对维护法律援助制度的社会声誉、作为基本公共法律服务的基础内容、作为实现司法正义的基本保障等具有积极的意义，在现阶段也有助于确保相对有限的法律援助资源可以真正帮助那些符合条件的弱势群体。

【条文释义】

本条是关于冒用法律援助名义谋利的法律责任规定。

本法第2条规定："本法所称法律援助，是国家建立的为经济困难公民和符合法定条件的其他当事人无偿提供法律咨询、代理、刑事辩护等法律服务的制度，是公共法律服务体系的组成部分。"由此可见，法律援助是一项无偿的法律服务活动，由国家直接承担。任何单位和个人借用法律援助的名义，从中谋取利益，都会严重破坏法律援助制度的根基。此外，本法第三章"形式和范围"、第四章"程序和实施"对法律援助的具体实施作了基本规定。因而，任何单位和个人都不得违反本法规定，冒用法律援助名义提供法律服务并谋取利益，否则，应承担法律责任。

关于本条，在理解和适用上，应注意以下几点。

一是"冒用法律援助名义提供法律服务并谋取利益"的主体。本条并未明确实施该行为的具体主体。因此，实施这一行为的主体并不具有特定性。这也意味着，实施"冒用法律援助名义提供法律服务并谋取利益"的主体既可能是单位（如律师事务所、群团组织、事业单位等），也可能是自然人（如律师、基层法律服务工作者）。

二是对"冒用法律援助名义提供法律服务并谋取利益"中"冒用"的理解。本条中，所谓"冒用"，就是打着法律援助的幌子，包括可以委派法律援助律师、提供法律援助服务等形式，在没有相应的资格或条件的情况下，擅自以法律援助机构或法律援助人员的名义，实施法律援助，严重破坏法律援助的管理制度和实施秩序。

三是必须通过实施上述行为，谋取了利益。这是关于目的的规定。在实践中，"冒用法律援助名义提供法律服务并谋取利益"一般应当以实际取得了利益为准，特别情况下也包括高度确定的预期利益。对于虽有冒用法律援助的名义提供法律援助服务，但没有从中谋取利益，并认真提供符合法律规定的法律援助服务的，一般不应按照本条规定予以处理。

根据本条规定，实施上述行为的，由司法行政部门责令改正，没收违法所得，并处违法所得一倍以上三倍以下罚款。需要说明的是，冒用法律援助名义提供法律服务，谋取利益，又同时造成受援人权益损失，情节严重，涉嫌构成诈骗罪等犯罪的，应依法追究刑事责任。

本条规定没有明确具体的处罚机关。就此，可以参照《律师法》第55条规定，由所在地的县级以上地方人民政府司法行政部门作为处罚权主体。

第六十六条【国家机关工作人员的法律责任】

国家机关及其工作人员在法律援助工作中滥用职权、玩忽职守、徇私舞弊的，对直接负责的主管人员和其他直接责任人员，依法给予处分。

【条文要旨】

本条是关于国家机关工作人员法律责任的规定。根据本法第4条、第5条、第6条、第12条等条文规定，法律援助是一个系统性工程，需要国家机关及其工作人员依法履行指导、监督、支持、保障、协调、管理等法定职责。在法律援助工作中，国家机关及其工作人员存在本条规定的渎职行为的，无论是滥用职权、玩忽职守，或者是徇私舞弊，国家机关中的直接负责的主管人员和其他直接责任人员都应承担法律责任。同时，在法律责任上，本条采取的是"单罚制"，即不追究国家机关的法律责任，只追究直接负责的主管人员和其他直接责任人员的法律责任。

【立法背景】

前文论及，自我国法律援助制度诞生以来，司法行政部门一直是负责监督管理法律援助工作的国家机关。为防止司法行政部门对法律援助工作的监督流于形式，甚至存在渎职行为，影响法律援助制度的健康发展，2003年《法律援助条例》在第30条专门设置了有关司法行政部门的法律责任条款。该条规定，"司法行政部门工作人员在法律援助的监督管理工作中，有滥用职权、玩忽职守行为的，依法给予行政处分；情节严重，构成犯罪的，依法追究刑事责任"。值得注意的是，该条对"司法行政部门工作人员"既规定了行政责任，也规定了刑事责任，但限定在"法律援助的监督管理工作中"之特殊情形。

但需要指出的是，参与我国法律援助制度工作的国家机关并非只有司法行政部门，立法机关、人民法院、人民检察院、公安机关等国家机关皆在此列。法律援助理念能否得到真正贯彻落实、法律援助发展成果能否真正惠及人民，与所有参与法律援助工作的国家机关及其工作人员息息相关。就此而言，在国家机关及其工作人员的法律责任问题上，2003年《法律援助条例》仅就司法行政部门的渎职行为规定法律责任，有失全面。此次立法对这一问题予以充分关切，尝试就参与法律援助工作的国家机关及其工作人员的法律责任问题作出专门规定。

在国家机关及其工作人员的法律责任问题上，《法律援助法（草案）》初稿第53条、一审稿第51条持相同表述，即"司法行政部门工作人员在法律援助的监督管理工作中滥用职权、玩忽职守、徇私舞弊的，依法给予处分。人民法院、人民检察院、公安机关和有关部门工作人员在法律援助工作中滥用职权、玩忽职守、徇私舞弊的，依法给予处分"。相比于2003年《法律援助条例》第30条规定，上述《法律援助法（草案）》初稿、一审稿体现了两方面的变化：其一，仅规定了行政责任及其承担的形式，有关刑事责任的规定另由其他条文规定；其二，在法律责任的主体上，从"司法行政部门工作人员"拓展至"司法行政部门工作人员、人民法院、人民检察院、公安机关和有关部门工作人员"等多方主体。以上变化一定程度上彰显了立法周延性方面的进步。但从立法的明确性看，"有关部门工作人员"之表述不甚妥当，在实施过程中容易引发新的问题。

有专家建议删除该条规定。理由是，"滥用职权、玩忽职守、徇私舞弊"等行为是以享有特定国家权力为基础的。但在现行法律援助制度及本法规定下，人民法院、人民检察院、公安机关和有关部门工作人员只具有抽象的支持义务（《法律援助法（草案）》初稿第7条、一审稿第6条）。即便是司法行政部门工作人员，也只具有宏观监督管理职责，而不接触具体个案。因此，该条规定本质上是一个宣誓性规定，基本上"无法律责任"可言。

较之于上述《法律援助法（草案）》初稿、一审稿的相关规定，二审稿第63

条进行了较大幅度的修改：一是，在立法技术上，将原有两款规定合并为一条；将原有"司法行政部门工作人员、人民法院、人民检察院、公安机关和有关部门工作人员"统一调整为"国家机关及其工作人员"；二是，调整了责任主体。将与原有"司法行政部门工作人员、人民法院、人民检察院、公安机关和有关部门工作人员"这一责任主体修改为"直接负责的主管人员和其他直接责任人员"。此外，在条文的具体表述上也作了一定调整。例如，将"在法律援助的监督管理工作中""在法律援助工作中"统一表述为"在法律援助工作中"。

关于本条，在对《法律援助法（草案）》进行第三次审议时，立法者仍然沿用了二审稿的规定及其表述。

一审稿	二审稿
第五十一条　司法行政部门工作人员在法律援助的监督管理工作中滥用职权、玩忽职守、徇私舞弊的，依法给予处分。 　　人民法院、人民检察院、公安机关和有关部门工作人员在法律援助工作中滥用职权、玩忽职守、徇私舞弊的，依法给予处分。	**第六十三条**　**国家机关及其工作人员在法律援助工作中**滥用职权、玩忽职守、徇私舞弊的，**对直接负责的主管人员和其他直接责任人员**，依法给予处分。

【条文释义】

本条是关于国家机关工作人员法律责任的规定。而且，应当仅限于与法律援助相关的领域，也即限定在指导、监督、管理与实施法律援助等职权范围内。

本条与本法第 61 条（法律援助机构及其工作人员的法律责任）之间存在相互补充的关系：本法第 61 条规定了法律援助机构及其工作人员的法律责任，其承担法律责任的主体相对特定，是特殊规定；本条系一般规定，是指国家机关工作人员在履行涉及法律援助指导、监督、支持、保障等法定职责过程中的法律责任。需要说明的是，本条并非多余之规定。这是因为，根据本法第 4 条、第 5 条、第 6 条等条文规定，除法律援助机构及其工作人员负有组织实施法律援助的法定职责外，顺利实施法律援助还需要其他机关单位的支持、保障和协调。也即，在关涉法律援助方面，其他国家机关及其工作人员同样负有相关法定职责。因此，这些国家机关及其工作人员违反有关法律援助方面的规定，需要承担法律责任。基于此，在本法第 61 条规定的法律援助机构及其工作人员这一特定法律责任主体之外，还有必要就其他参与法律援助工作的国家机关及其工作人员的法律责任进行专门规定。这也是设置本条的立法用意所在。

关于本条，在理解与适用上，应注意以下几个方面。

一是"国家机关及其工作人员"的范围。根据我国《宪法》规定，"国家机关"包括国家权力机构、行政机关、监察机关、司法机关、军事机关等机关单位。而"国家机关工作人员"的内涵相对广泛，各法规定不一。例如，《公务员法》第2条第1款规定："本法所称公务员，是指依法履行公职、纳入国家行政编制、由国家财政负担工资福利的工作人员。"《监察法》第15条第1项至第2项规定："监察机关对下列公职人员和有关人员进行监察：（一）中国共产党机关、人民代表大会及其常务委员会机关、人民政府、监察委员会、人民法院、人民检察院、中国人民政治协商会议各级委员会机关、民主党派机关和工商业联合会机关的公务员，以及参照《中华人民共和国公务员法》管理的人员；（二）法律、法规授权或者受国家机关依法委托管理公共事务的组织中从事公务的人员。"《公务员法》《监察法》为认定本条所规定的"国家机关及其工作人员"提供了基本依据。根据本法之规定，"国家机关及其工作人员"就是上述《公务员法》第2条第1款、《监察法》第15条第1项至第2项所规定的主体范围。此外，《刑法》第93条明确规定了国家工作人员的范围。该条规定："本法所称国家工作人员，是指国家机关中从事公务的人员。国有公司、企业、事业单位、人民团体中从事公务的人员和国家机关、国有公司、企业、事业单位委派到非国有公司、企业、事业单位、社会团体从事公务的人员，以及其他依照法律从事公务的人员，以国家工作人员论。"作为补充，2003年《全国人民代表大会常务委员会关于〈中华人民共和国刑法〉第九章渎职罪主体适用问题的解释》指出，在依照法律、法规规定行使国家行政管理职权的组织中从事公务的人员，或者在受国家机关委托代表国家机关行使职权的组织中从事公务的人员，或者虽未列入国家机关人员编制但在国家机关中从事公务的人员，在代表国家机关行使职权时，有渎职行为，构成犯罪的，依照刑法关于渎职罪的规定追究刑事责任。

以上规定为认定《法律援助法》本条中的"国家机关及其工作人员"提供了法律依据。

二是"滥用职权、玩忽职守、徇私舞弊"的内涵。根据《公务员法》第14条规定，公务员应当履行下列义务：（1）忠于宪法，模范遵守、自觉维护宪法和法律，自觉接受中国共产党领导；（2）忠于国家，维护国家的安全、荣誉和利益；（3）忠于人民，全心全意为人民服务，接受人民监督；（4）忠于职守，勤勉尽责，服从和执行上级依法作出的决定和命令，按照规定的权限和程序履行职责，努力提高工作质量和效率；（5）保守国家秘密和工作秘密；（6）带头践行社会主义核心价值观，坚守法治，遵守纪律，恪守职业道德，模范遵守社会公德、家庭美德；（7）清正廉洁，公道正派；（8）法律规定的其他义务。根据当然解释，国家机关及其工作人员在法律援助工作中违反上述法律规定的义务，就是滥用职权、玩忽职守、徇私舞弊。同时，可以参照《刑法》中关于滥用职权、玩忽职守、徇私舞弊犯罪的相关规定加以认定。根据《刑法》规定，滥用职权，通常表现为违反或者超越法律规定的权限和程序使用手中的职权，致使公共财产、国家和人民利益遭受损失；玩忽职守，通常表现为不履行、不正确履行或者放弃履行职责，致使公共财产、国家和人民利益遭受损失，如工作马虎、极端不负责任、放弃职守、对所负责的工作不管不问等；徇私舞弊，就是利用上述职务便利谋私利等。

三是承担法律责任的主体。根据本条规定，国家机关及其工作人员在法律援助工作中存在滥用职权、玩忽职守、徇私舞弊等违法行为的，无需对相应的国家机关、工作人员同时予以处分，而是采取"单罚制"，即不追究国家机关的法律责任，只追究直接负责的主管人员和其他直接责任人员的法律责任。

四是对"处分"的适用。根据本条规定，国家机关及其工作人员在法律援助工作中滥用职权、玩忽职守、徇私舞弊的，对直接负责的主管人员和其他直接责任人员，依法给予处分。这里的"处分"，应当综合参照《公务员法》《监察法》《公职人员政务处分法》中的"罚则"的内容进行具体确定。

【延伸阅读】公务员与监察监督

《公务员法》第2条规定："本法所称公务员，是指依法履行公职、纳入国家行政编制、由国家财政负担工资福利的工作人员。公务员是干部队伍的重要组成部分，是社会主义事业的中坚力量，是人民的公仆。"同时，第57条规定："机关应当对公务员的思想政治、履行职责、作风表现、遵纪守法等情况进行监督，开展勤政廉政教育，建立日常管理监督制度。对公务员监督发现问题的，应当区分不同情况，予以谈话提醒、批评教育、责令检查、诫勉、组织调整、处分。对公务员涉嫌职务违法和职务犯罪的，应当依法移送监察机关处理。"这对公务员的范围及其相关法律责任作了基本规定，为追究法律援助主管部门公职人员的法律责任提供了基本遵循。

为了深化国家监察体制改革，加强对所有行使公权力的公职人员的监督，实现国家监察全面覆盖，深入开展反腐败工作，推进国家治理体系和治理能力现代化，根据《宪法》，我国制定了《监察法》。《监察法》第15条规定了监察范围，即，"监察机关对下列公职人员和有关人员进行监察：（一）中国共产党机关、人民代表大会及其常务委员会机关、人民政府、监察委员会、人民法院、人民检察院、中国人民政治协商会议各级委员会机关、民主党派机关和工商业联合会机关的公务员，以及参照《中华人民共和国公务员法》管理的人员；（二）法律、法规授权或者受国家机关依法委托管理公共事务的组织中从事公务的人员；（三）国有企业管理人员；（四）公办的教育、科研、文化、医疗卫生、体育等单位中从事管理的人员；（五）基层群众性自治组织中从事管理的人员；（六）其他依法履行公职的人员"。该条以法律的形式，将所有行使公权力的公职人员予以国家监察全覆盖。由此确立了针对"公职人员和有关人员"的新规制逻辑：监察对象的范围，是所有行使公权力的公职人员。而且，《监察法》所确立的一个重要原则是，判断是否属于公职人员，关键看其是否行使公权力或者根据法律履行公务，而不是看其是否具有公职的身份。

此外，在主体范围上，《监察法》第15条更广于上述《公务员法》第2条规定。具体而言，《监察法》第15条规定了以下六类监察对象。

（1）公务员和参公管理人员。这是监察对象中的关键和重点。根据《公务员法》的规定，公务员是指依法履行公职、纳入国家行政编制、由国家财政负担工资福利的工作人员。主要包括八类：一是中国共产党机关公务员。二是人民代表大会及其常务委员会机关公务员。三是人民政府公务员。四是监察委员会公务员。五是人民法院公务员。六是人民检察院公务员。七是中国人民政治协商会议各级委员会机关公务员。八是民主党派机关和工商业联合会机关公务员。此外，公务员身份的确定，有一套严格的法定程序，只有经过有关机关审核、审批及备案等程序，登记、录用或者调任为公务员后，方可确定为公务员。其中，参照《公务员法》管理的人员，是指根据《公务员法》规定，法律、法规授权的具有公共事务管理职能的事业单位中除工勤人员以外的工作人员，经批准参照《公务员法》进行管理的人员。比如，中国证券监督管理委员会，就是参照《公务员法》管理的事业单位。列入参照《公务员法》管理范围，应当严格按照规定的条件、程序和权限进行审批。

（2）法律、法规授权或者受国家机关依法委托管理公共事务的组织中从事公务的人员。这主要是指除参公管理以外的其他管理公共事务的事业单位，比如疾控中心等的工作人员。

（3）国有企业管理人员。根据有关规定和实践需要，主要是国有独资企业、国有控股企业（含国有独资金融企业和国有控股金融企业）及其分支机构的领导班子成员，包括设董事会的企业中由国有股权代表出任的董事长、副董事长、董事，总经理、副总经理，党委书记、副书记、纪委书记，工会主席等。

（4）公办的教育、科研、文化、医疗卫生、体育等单位中从事管理的人员。主要是该单位及其分支机构的领导班子成员，以及该单位及其分支机构中的国家工作人员，比如，公办学校的校长、副校长，科研院所的院长、所长，公立医院的院长、副院长等。

（5）基层群众性自治组织中从事管理的人员。包括村民委员会、居民委员会的主任、副主任和委员，以及其他受委托从事管理的人员。

（6）其他依法履行公职的人员。为了防止出现对监察对象列举不全的情况，避免挂一漏万，《监察法》设定了这一兜底条款。但是对于"其他依法履行公职的人员"不能无限制地扩大解释，判断一个"履行公职的人员"是否属于监察对象的标准，主要是看其是否行使公权力，所涉嫌的职务违法或者职务犯罪是否损害了公权力的廉洁性。需要注意的是，公办的教育、科研、文化、医疗卫生、体育等单位中具体哪些人员属于从事管理的人员，需要随着实践的发展，不断完善。[1]

关于公务员承担法律责任的类型及其形式，《公务员法》第62条规定："处分分为：警告、记过、记大过、降级、撤职、开除。"此外，第63条第1款规定："对公务员的处分，应当事实清楚、证据确凿、定性准确、处理恰当、程序合法、手续完备。"

为了规范政务处分，加强对所有行使公权力的公职人员的监督，促进公职人员依法履职、秉公用权、廉洁从政从业、坚持道德操守，根据《监察法》，我国制定了《公职人员政务处分法》，对公务员或公职人员的行政处分作了详细的规定。该法第2条规定："本法适用于监察机关对违法的公职人员给予政务处分的活动。本法第二章、第三章适用于公职人员任免机关、单位对违法的公职人员给予处分。处分的程序、申诉等适用其他法律、行政法规、国务院部门规章和国家有关规定。本法所称公职人员，是指《中华人民共和国监察法》第十五条规定的人员。"此外，根据该法第7条规定，政务处分具体分为警告、记过、记大过、降级、撤职、开除等种类。

关于行政处罚，《行政处罚法》第2条规定："行政处罚是指行政机关依法对违反行政管理秩序的公民、法人或者其他组织，以减损权益或者增加义务的方式予以惩戒的行为。"根据该法第9条规定，行政处罚的种类包括：（1）警告、通报批评；（2）罚款、没收违法所得、没收非法财物；（3）暂扣许可证件、降低资质等级、吊销许可证件；（4）限制开展生产经营活动、责令停产停业、责令关闭、限制从业；（5）行政拘留；（6）法律、行政法规规定的其他行政处罚。虽然行政处罚与行政处分不同，但都是法律责任的实现形式。同时，在行政处罚的程序上，该法第5条规定："行政处罚遵循公正、公开的原则。设定和实施行政处罚必须以事实为依据，与违法行为的事实、性质、情节以及社会危害程度相当。对违法行为给予行政处罚的规定必须公布；未经公布的，不得作为行政处罚的依据。"因此，在作出行政处罚时，必须坚持程序公正，坚持比例原则，做到适当与合理。

---

[1]　参见中共中央纪律检查委员会法规室、中华人民共和国国家监察委员会法规室编写：《〈中华人民共和国监察法〉释义》，中国方正出版社2018年版，第108~114页。

第六十七条【刑事责任】

违反本法规定，构成犯罪的，依法追究刑事责任。

【条文要旨】

本条是本法中关于刑事责任的一般性规定，属于典型的附属刑法条款。根据本条规定，违反本法的规定，严重危害国家的法律援助管理制度及其实施秩序，侵害受援人的合法权益，导致法律援助制度及其实施遭受严重破坏的，应当根据《刑法》的规定，依法追究刑事责任。本条所可能涉及的罪名，包括常见的滥用职权罪、玩忽职守罪等渎职犯罪，贪污罪、受贿罪等贪污贿赂犯罪，以及侵犯公民个人信息罪、故意（过失）泄露国家秘密罪等犯罪。

【立法背景】

2003年《法律援助条例》第30条规定："司法行政部门工作人员在法律援助的监督管理工作中，有滥用职权、玩忽职守行为的，依法给予行政处分；情节严重，构成犯罪的，依法追究刑事责任。"这对开展和实施法律援助工作过程中所可能出现的犯罪问题作了相关规定。但仅限于滥用职权、玩忽职守两种情形。

法律援助立法过程中，自《法律援助法（草案）》初稿以来，在"法律责任"一章专门设置了刑事责任规定。《法律援助法（草案）》初稿第59条规定："违反本法规定，构成犯罪的，依法追究刑事责任。"据此，在立法体例上，《法律援助法（草案）》初稿设置了专门的刑事责任条款，相比于2003年《法律援助条例》采取行政责任与刑事责任的混合立法模式更为科学。而且，规定法律援助领域的刑事责任，有助于维护法律援助的管理制度及其实施秩序，督促各方积极履责、遵守法定义务，有效保障弱势群体的权益。

关于本条，值得注意的是，历经三次审议，立法者仍沿用了《法律援助法（草案）》初稿的立法体例及条文表述，充分彰显了本条的科学性。本条内容简洁明了，且在立法技术上采取一种概括式规定，并未就相关情形予以具体列举。这看似缺乏明确性和操作性，实际上有助于本法与《刑法》之间衔接的有效性与灵活性，有效避免了个别列举方式可能引发的滞后性和不周延性等一系列问题。

【条文释义】

根据本法的相关规定，无论是法律援助机构及其工作人员，还是国家机关及其工作人员；无论是具有法定提供法律援助服务义务的律师事务所、基层法律服务所、律师、基层法律服务工作者，还是有资格提供法律援助服务的群团组织、事业单位、社会组织、法律援助志愿者等单位或者个体，违反本法规定，严重破坏法律援助管理制度及其实施秩序，导致法律援助活动遭受破坏或者引发、产生危害社会的结果，构成犯罪的，均应当承担刑事责任。在实践中，根据本法与《刑法》的相关规定，常见、多发、高发罪名主要包括以下内容。

一是滥用职权罪、玩忽职守罪。《刑法》第397条规定："国家机关工作人员滥用职权或者玩忽职守，致使公共财产、国家和人民利益遭受重大损失的，处三年以下有期徒刑或者拘役；情节特别严重的，处三年以上七年以下有期徒刑。本法另有规定的，依照规定。国家机关工作人员徇私舞弊，犯前款罪的，处五年以下有期徒刑或者拘役；情节特别严重的，处五年以上十年以下有期徒刑。本法另有规定的，依照规定。"因此，根据本法第66条规定，参与法律援助工作的国家机关及其工作人员滥用职权、玩忽职守、徇私舞弊，情节严重的，涉嫌构成滥用职权罪、玩忽职守罪。

二是贪污罪。《刑法》第382条规定："国家工作人员利用职务上的便利，侵吞、窃取、骗取或者以其他手段非法占有公共财物的，是贪污罪。受国家机关、国有公司、企业、事业单位、人民团体委托管理、经营国有财产的人员，利用职务上的便利，侵吞、窃取、骗取或者以其他手段非法占有国有财物的，以贪污论。与前两款所列人员勾结，伙同贪污的，以共犯论处。"因此，根据本法第4条、第5条、第12条、第52条、第61条等相关规定，人民政府工作人员、司法行政部门工作人员、法律援助机构工作人员，利用职务便利，侵吞法律援助经费等的，涉嫌构成贪污罪。

三是挪用公款罪。《刑法》第384条规定："国家工作人员利用职务上的便利，挪用公款归个人使用，进行非法活动的，或者挪用公款数额较大、进行营利活动的，或者挪用公款数额较大、超过三个月未还的，是挪用公款罪，处五年以下有期徒刑或者拘役；情节严重的，处五年以上有期徒刑。挪用公款数额巨大不退还的，处十年以上有期徒刑或者无期徒刑。挪用用于救灾、抢险、防汛、优抚、扶贫、移民、救济款物归个人使用的，从重处罚。"基于此，按照本法相关规定，参与法律援助工作的国家工作人员利用职务便利，挪用法律援助经费的，涉嫌构成挪用公款罪。

四是受贿罪、单位受贿罪、利用影响力受贿罪。《刑法》第385条规定："国家工作人员利用职务上的便利，索取他人财物的，或者非法收受他人财物，为他人谋取利益的，是受贿罪。国家工作人员在经济往来中，违反国家规定，收受各种名义的回扣、手续费，归个人所有的，以受贿论处。"第387条规定："国家机关、国有公司、企业、事业单位、人民团体，索取、非法收受他人财物，为他人谋取利益，情节严重的，对单位判处罚金，并对其直接负责的主管人员和其他直接责任人员，处五年以下有期徒刑或者拘役。前款所列单位，在经济往来中，在帐外暗中收受各种名义的回扣、手续费的，以受贿论，依照前款的规定处罚。"《刑法》第388条规定："国家工作人员利用本人职权或者地位形成的便利条件，通过其他国家工作人员职务上的行为，为请托人谋取不正当利益，索取请托人财物或者收受请托人财物的，以受贿论处。"

以上是《刑法》中有关受贿罪、单位受贿罪、利用影响力受贿罪的规定。根据本法第20条的规定，法律援助人员应当恪守职业道德和执业纪律，不得向受援人收取任何财物。因此，法律援助机构的人员利用职务便利，在履行法定职责的过程中，实施上述行为的，涉嫌构成受贿罪。法律援助机构，对法律援助工作负有指导、监督、支持、保障、协调等职责的国家机关在履行法定职责的过程中收取他人或受援人的财物的，涉嫌构成单位受贿罪。参与法律援助工作的国家工作人员利用本人职权或者地位形成的便利条件，通过法律援助机构工作人员职务上的行为，为请托人谋取不正当利益（如为不符合法律援助条件的申请人提供法律援助），索取请托人财物或者收受请托人财物的，涉嫌构成利用影响力受贿罪。同时，与上述情形相对应，如果申请人在不符合法定条件下，为谋求获得法律援助服务，而向法律援助机构工作人员、国家机关工作人员、法律援助机构及其他参与法律援助工作的国家机关给予财物，依照《刑法》规定，可能构成行贿罪、对单位行贿罪等犯罪。

五是诈骗罪。《刑法》第266条规定："诈骗公私财物，数额较大的，处三年以下有期徒刑、拘役或者管制，并处或者单处罚金；数额巨大或者有其他严重情节的，处三年以上十年以下有期徒刑，并处罚金；数额特别巨大或者有其他特别严重情节的，处十年以上有期徒刑或者无期徒刑，并处罚金或者没收财产。本法另有规定的，依照规定。"在法律援助的实施过程中，有关人员冒用法律援助的名义，骗取律师费、咨询费或好处费等的，涉嫌构成诈骗罪。

六是侵犯公民个人信息罪、泄露不应公开的案件信息罪、故意或过失泄露国家秘密罪。《刑法》第253条之一规定："违反国家有关规定，向他人出售或者提供公民个人信息，情节严重的，处三年以下有期徒刑或者拘役，并处或者单处罚金；情节特别严重的，处三年以上七年以下有期徒刑，并处罚金。违反国家有关规定，将在履行职责或者提供服务过程中获得的公民个人信息，出售或者提供给他人的，依照前款的规定从重处罚。窃取或者以其他方法非法获取公民个人信息的，依照第一款的规定处罚。单位犯前三款罪的，对单位判处罚金，并对其直接负责的主管人员和其他直接责任人员，依照各该款的规定处罚。"此外，《刑法》第308条之一规定："司法工作人员、辩护人、诉讼代理人或者其他诉讼参与人，泄露依法不公开审理的案件中不应当公开的信息，造成信息公开传播或者其他严重后果的，处三年以下有期徒刑、拘役或者管制，并处或者单处罚金。有前款行为，泄露国家秘密的，依照本法第三百九十八条的规定定罪处罚。公开披露、报道第一款规定的案件信息，情节严重的，构成披露、报道不应公开的案件信息罪，依照第一款的规定处罚。单位犯前款罪的，对单位判处罚金，并对其直接负责的主管人员和其他直接责任人员，依照第一款的规定处罚。"《刑法》第 398 条规定："国家机关工作人员违反保守国家秘密法的规定，故意或者过失泄露国家秘密，情节严重的，处三年以下有期徒刑或者拘役；情节特别严重的，处三年以上七年以下有期徒刑。非国家机关工作人员犯前款罪的，依照前款的规定酌情处罚。"

基于此，根据本法第 21 条、第 61 条第 6 款、第 63 条第 4 款等条文规定，法律援助机构及其工作人员、律师、基层法律服务工作者等法律援助人员泄露法律援助过程中知悉的国家秘密、商业秘密和个人隐私，情节严重的，涉嫌构成侵犯公民个人信息罪、泄露不应公开的案件信息罪、故意或过失泄露国家秘密罪等犯罪。

第七章　附　则

附则，是指法律法规总则分则之后规定的具有一定辅助性、补充性内容的法律规则。在我国立法实践中，附则主要规定那些在总则和分则中不宜规定的内容。如法律法规的生效时间、解释权修改权的归属等问题。在立法技术上，有国家和地区通过专门的"××法律施行法"来规定此类附属性内容。

本法附则共 4 条，依次规定了群团组织提供法律援助服务，外国人和无国籍人、军人军属的法律援助问题，以及本法的生效时间。

第六十八条【社会参与】

工会、共产主义青年团、妇女联合会、残疾人联合会等群团组织开展法律援助工作，参照适用本法的相关规定。

【条文要旨】

本条是关于群团组织开展法律援助的特殊规定。根据本法第 8 条规定，国家鼓励和支持群团组织依法提供法律援助服务。工会、共青团、妇联、残联等群团组织在组织开展法律援助工作时，其法律地位视为法律援助机构，参照适用本法关于法律援助服务管理、服务质量等相关规定。群团组织提供法律援助，应当接受法律援助主管部门的指导。

【立法背景】

社会参与是国家法律援助的必要补充和有效延伸。在我国法律援助实践中，群团组织作为社会参与的中坚力量一直发挥着重要的作用，有效保障了弱势群体的合法权益，推动了法律援助事业的发展。

在制度层面，群团组织承担着维护本组织成员合法权益的法定职责。2009 年《工会法》第 6 条第 1 款规定："维护职工合法权益是工会的基本职责。工会在维护全国人民总体利益的同时，代表和维护职工的合法权益"；第 29 条规定："县级以上各级总工会可以为所属工会和职工提供法律服务。"2018 年《妇女权益保障法》第 7 条第 1 款规定，"中华全国妇女联合会和地方各级妇女联合会依照法律和中华全国妇女联合会章程，代表和维护各族各界妇女的利益，做好维护妇女权益的工作"；第 54 条第 1 款规定，"妇女组织对于受害妇女进行诉讼需要帮助的，应当给予支持"。2020 年《未成年人保护法》第 10 条规定："共产主义青年团、妇女联合会、工会、残疾人联合会、关心下一代工作委员会、青年联合会、学生联合会、少年先锋队以及其他人民团体、有关社会组织，应当协助各级人民政府及其有关部门、人民检察院、人民法院做好未成年人保护工作，维护未成年人合法权益。"此外，一些群团组织还专门就本组织内部开展法律援助工作出台相关规范，以保障法律援助工作能够在明确指引下有序开展。例如，中华全国总工会在《工会法律援助办法》中开宗明义地提到，"工会建立法律援助制度，为合法权益受到侵害的职工、工会工作者和工会组织提供无偿法律服务。工会法律援助是政府法律援助的必要补充"。该办法对工会法律援助机构的设立、人员聘请、援助范围等予以详细说明。由此可见，群团组织参与法律援助有规范、有组织、有秩序，已然是一股强大而稳定的社会力量。

在实践层面，群团组织参与法律援助模式成熟，大致可分为两类：其一，纳入政府法律援助工作管理体系，成为政府法律援助组织的分支机构或派出机构。在具体程序上，群团组织向政府法律援助主管部门提出参与法律援助工作体系的申请，主管部门对其各项条件进行审查，然后作出是否批准的决定；其二，未纳入政府法律援助工作管理体系，自行成立组织，仍命名为"法律援助中心"，但不接受政府业务主管部门的指导和监督。[1]同时，群团组织间也积极合作交流、互帮互助。如山西省开创了群团组织法律援助联席会议工作机制，以山西省法律援助中心为牵头单位，把"工青妇老残"、农民工工作站等涉及帮扶弱势群体工作的群团组织以联席制度的形式联合起来，[2]优化整合各方资源，以提高法律援助的质量和工作效率。

虽然群团组织参与法律援助久矣，但此前尚未有法律法规对其开展法律援助工作的法律地位予以确认，或对其提供法律援助的方式进行统一规范。《法律援助法（草案）》初稿及一审稿也未对此作出进一步说明。在《法律援助法（草案）》第二次审议期间，有常委会组成人员、部门、地方和社会公众提出，草案将提供法律援助的主体限定为法律援助机构，但实践中还包括群团组织、事业单位和社会组织。因此，建议尊重现实做法，进一步拓宽渠道，鼓励和支持更多社会力量参与法律援助。全国人民代表大会宪法和法律委员会经研究，建议删去一审稿第 2 条中"法律援助由法律援助机构组织法律援助人员实施"的规定，明确鼓励和支持群团组织、事业单位、社会组织依法提供法律援助，并建议增加规定：工会、共产主义

---

〔1〕 杨晓光、王爱芹："我国社会组织参与法律援助研究"，载《河北法学》2020 年第 7 期。

〔2〕 安淑珍、王宗文："法律援助群团联席制度的探索与完善 ——基于山西省试点地区的调研"，载《辽宁公安司法管理干部学院学报》2018 年第 1 期。

青年团、妇联等群团组织开展法律援助工作，参照适用本法的相关规定。（二审稿第2条、第8条、第65条）

简言之，基于我国法律援助实践的习惯性做法，同时为了鼓励和支持社会力量有秩序地参与法律援助，《法律援助法（草案）》二审稿新增本条规定，明确工会、共青团、妇联等群团组织在开展法律援助工作时具有与法律援助机构相同的法律地位，应当参照适用本法规定。《法律援助法》第68条保留了二审稿的表述方式，并在列举中增加了"残疾人联合会"。至此，本法既为群团组织提供法律援助"正名"，又为其开展法律援助工作提供法律依据，体现了对"国家保障和社会参与法律援助相结合"原则的遵循。

二审稿	《法律援助法》
第六十五条　工会、共产主义青年团、妇联等群团组织开展法律援助工作，参照适用本法的相关规定。	第六十八条　工会、共产主义青年团、妇女联合会、**残疾人联合会**等群团组织开展法律援助工作，参照适用本法的相关规定。

【条文释义】

本条是对《法律援助法》第3条及第8条规定的具体化。根据本条规定，群团组织开展法律援助，不仅有助于强化法律援助服务的供给能力，而且可以根据特定群体的特殊需求，持续推动法律援助服务特色化、专业化发展。群团组织在开展法律援助工作时，视为法律援助机构，应当参照适用本法的相关规定。此外，群团组织在开展法律援助工作时，应当接受法律援助主管部门的指导和监督。

《法律援助法》将群团组织提供法律援助单列一条予以规定，主要是基于以下三方面的考量。

第一，群团组织性质特殊。与社会组织不同，群团组织是党委、政府联系群众的桥梁和纽带，具有国家与社会双重属性。群团组织的"国家性"体现在其人事管理、日常经费、领导人选拔等方面。《工会、共青团、妇联等人民团体和群众团体机关参照〈中华人民共和国公务员法〉管理的意见》将工会、共青团、妇联、残联等21家人民团体和群众团体机关列入参照《公务员法》管理范围，即要求其按照《公务员法》及各项配套政策法规的规定开展人事管理工作。同时，群团组织日常经费由财政拨付，领导人选由党委组织部门统一安排。正是这种"国家性"使群团组织具有稳定的法律援助经费预算、专业专职的工作人员和较高的社会影响力与公信力，一定程度上保证了其参与法律援助的稳定性与高质量。群团组织的"社会性"体现在其服务对象、职责功能、工作方式等方面。一般而言，群团组织旨在发挥其对目标群体的服务性职能和代表性职能,[1]如妇联代表和维护妇女儿童的合法权益,为受侵害的妇女儿童提供法律援助。在工作方式上,群团组织能够借助广泛社会力量,将援助的触角延伸到社会各个角落。[2]许多地方工会与律师协会或者律师事务所合作,维护职工合法权益。因此,较之于法律援助机构,群团组织所开展的法律援助工作更具有针对性,也更容易获得特定弱势群体当事人的信赖。此外,群团组织的性质也决定了其接受司法行政部门与上级群团组织的双重指导与监督。

第二,群团组织的服务对象具有特定性。司法部数据显示,我国 2013 年至 2018 年约 700 万人获得法律援助,其中有 246.7 万农民工、32.8 万残疾人、58.5 万老年人、74.2 万未成年人。2018 年上半年,司法部联合残联组织开展了一次覆盖 12 个省 36 个市区、288 个村民委员会和社区、6840 户残疾人家庭的残疾人需求调查。结果显示,80% 以上的受访残疾人有法律援助需求,20% 以上的受访者表示曾遇到过法律纠纷。[3]可见,我国法律援助的受援对象中有很大一部分属于工会、共青团、妇联、残联等群团组织的成员。为这些弱势群体提供法律援助,是群团组织义不容辞的责任。同时,作为特定弱势群体的保护者,群团组织最了解其成员的利益诉求与心理状态,具有处理类似事件的丰富经验。[4]由群团组织向其成员提供法律援助将更具针对性与高效性。群团组织在开展法律援助工作上的对象专一性与服务范围特定性,使其对法律援助人员在特定领域的专业性具有较高要求。这也是群团组织与法律援助机构在提供法律援助时最根本的区别。群团组织更强调其所提供法律援助的深度与契合度,而法律援助机构则更强调其所提供法律援助的宽度与广度。本条重点申明群团组织开展法律援助工作的法律地位,有利于明晰其与法律援助机构的不同定位,促使社会力量与政府力量形成合力,共同维护弱势群体的合法权益,促进法律援助事业的发展。

第三,强化法律援助服务供给能力、推动法律援助服务专业化发展的现实需要。根据《工会法》《妇女权益保障法》《未成年人保护法》等法律规定,群团组织具有维护其成员合法权益的职责,包括向其成员提供法律援助。在实践中,群团组织亦是我国法律援助体系中不可忽视的一环,发挥了重要的作用。因此,在《法律援助法》中申明群团组织"参照适用本法的相关规定",既是对群团组织开展法律援助工作的统摄,与已有的法律法规相呼应,促进法律援助制度体系的规范化发

---

〔1〕 葛亮:"群团组织参与社会治理创新——共同参与和搭台唱戏",载《浙江社会科学》2017 年第 5 期。

〔2〕 葛亮:"群团组织参与社会治理创新——共同参与和搭台唱戏",载《浙江社会科学》2017 年第 5 期。

〔3〕 "司法部就'法援惠民生'工作推进情况等答问",载中华人民共和国中央人民政府网,http://www.gov.cn/xinwen/2018-11/29/content_5344511.htm#1,最后访问时间:2021 年 8 月 4 日。

〔4〕 杨晓光、王爱芹:"我国社会组织参与法律援助研究",载《河北法学》2020 年第 7 期。

展；也是对实践的响亮回应，体现了我国鼓励"社会力量广泛参与法律援助"的制度特色。需要注意的是，尽管群团组织具有独立开展法律援助工作的法律地位，但并不强制要求全国各地各级群团组织均必须独立开展法律援助工作。群团组织应当以辖区法律援助需求与经费情况为依据，在上级组织的统一领导下决定开展法律援助工作的具体方式。

需要特别强调的是，立法者将本条规定置于附则部分，具有两方面的含义。

第一，与本法规定的法律援助机构相比，群团组织提供法律援助具有补充性。换句话说，群团组织提供法律援助服务只是丰富了特定群体获得法律援助服务的渠道，而不是取代法律援助机构的法律援助服务。相反，根据本法规定，法律援助机构是最基本、最主要的法律援助服务的供给主体。因此，符合法定条件的妇女、儿童、工人等特殊主体，既有权通过群团组织寻求法律援助，也可以通过法律援助机构获得法律援助。法律援助机构不得以群团组织也提供法律援助为由，拒绝特定群体的援助需求。

第二，该条属于参照适用型规定。因此，群团组织开展法律援助工作，在法律上被视同为法律援助机构，参照适用《法律援助法》各章关于法律援助工作的相关规定。

法律规则表述中的"参照"，通常用于没有直接纳入法律调整范围内，但又属于该法律调整范围逻辑内涵自然延伸的事项。[1]使用"参照适用"的立法方式，是为了体现法律文本的简明性，避免就同一事项重复规定。既然群团组织同样适用本法中法律援助服务管理、服务质量等内容，自然无需赘述。需要注意的是，尽管群团组织在开展法律援助工作时可以被视为法律援助机构，但由于二者在受援对象、援助内容、机构编制、人员管理等多方面存在差异，群团组织应在遵循《法律援助法》的基础上，结合具体情况开展法律援助工作，以更好地维护受援人合法权益。

概言之，群团组织开展法律援助，应当遵循以下要求：其一，要立足自身的权益保障属性，服务于"特定对象"而非一般的社会公众；应当注重凸显特定群体的特定需求，推动法律援助服务的特色化、专业化发展；不求数量，但求质量，务必将法律援助服务做好做优。其二，主要提供民事、行政领域的法律援助，而不包括刑事法律援助。根据《刑事诉讼法》第35条及《法律援助法》第36条规定，对于符合法定情形的刑事案件，公安司法机关应当通知法律援助机构指派律师。因此，刑事法律援助是法律援助机构的专属事项。其三，与本法第12条规定不同（"应当设立法律援助机构"），群团组织并非必须提供法律援助服务。因此，各地群团组织是否开展法律援助，应当结合自身的条件，而不宜勉强为之。此外，对于开展法律援助的群团组织，应当充分发挥群团组织的自身优势，建立上下一体、统一管理

---

〔1〕 全国人民代表大会常务委员会法制工作委员会办公室："立法工作规范手册（试行）"，中国民主法制出版社2012年版，第22页。

的法律援助服务管理组织。其四，接受法律援助主管部门的指导，与法律援助机构形成一种有序竞争、优势互补的良好合作关系。

第六十九条 【涉外规定】

对外国人和无国籍人提供法律援助，我国法律有规定的，适用法律规定；我国法律没有规定的，可以根据我国缔结或者参加的国际条约，或者按照互惠原则，参照适用本法的相关规定。

【条文要旨】

本条是关于向外国人和无国籍人提供法律援助的规定。根据该条规定，外国人和无国籍人可以成为我国法律援助对象，是否向其提供法律援助以及如何提供法律援助应当遵循以下要求：我国法律有规定的，从其规定；我国法律没有规定的，可以根据我国缔结或参加的国际条约，或者按照互惠原则，参照适用本法关于法律援助范围、程序、保障措施等相关规定。

【立法背景】

随着改革开放的不断深入，中国与国际社会的交往愈加密切，越来越多的外国人员选择来华工作、学习、生活。据统计，2016 年来中国大陆工作的外国人员超过90 万人次。[1]是否将这类特殊人群划入法律援助对象范围，如何向其提供法律援助，不仅关乎我国涉外法治的建设，更与我国新时代国际形象的塑造紧密相连。

2003 年《法律援助条例》第 2 条规定："符合本条例规定的公民，可以依照本条例获得法律咨询、代理、刑事辩护等无偿法律服务"。该条规定将法律援助对象限定为"公民"，即根据《国籍法》具有中华人民共和国国籍的个人。因此，外国人、无国籍人原则上不属于我国法律援助的服务对象，不享有获得法律援助的权利。但是，在刑事司法中，由于向犯罪嫌疑人、被告人提供法律援助兼具保障司法人权与公正审判之价值，兹事体大，故有必要特殊情况特殊处理，这既是国际社会普遍承认的法律准则，也是我国刑事司法的实践惯例。

具体而言，《公民权利和政治权利国际公约》第 14 条第 3 款规定，"审判被控刑事罪时，被告一律有权平等享受下列最低限度之保障：……（卯）……未经选任辩护人者，应告以有此权利；法院认为审判有此必要时，应为其指定公设辩护人，如被告无资力酬偿，得免付之"。2012 年联合国《原则和准则》在原则 10 中明确呼吁，"应当采取特别措施以便确保外国公民享有公平获得法律援助的机会"。我国通过不同层级、不同类型的法律法规、规范性文件赋予了外国人、无国籍人与我国

---

〔1〕 徐博、周科："2016 年来中国大陆工作的外国人员超 90 万人次"，载中华人民共和国中央人民政府官网，http://www.gov.cn/shuju/2017-04/16/content_5186221.htm，最后访问时间：2021 年 9 月 7 日。

公民平等获得刑事法律援助的权利。根据《刑事诉讼法》第 35 条规定，如果犯罪嫌疑人、被告人符合指定辩护情形，公安机关和司法机关应当通知法律援助机构为其指派辩护律师；如果不属于指定辩护的范围，但是因经济困难或者其他原因没有委托辩护人，本人及其近亲属可以向法律援助机构提出申请。该条规定适用于所有犯罪嫌疑人与被告人，不受国籍限制。《最高人民法院关于适用〈中华人民共和国刑事诉讼法〉的解释》第 485 条第 4 款更进一步明确指出，在涉外刑事案件中，"外国籍被告人没有委托辩护人的，人民法院可以通知法律援助机构为其指派律师提供辩护"；且"应当为外国籍当事人提供翻译"。以上规定有效保障了外国人、无国籍人获得刑事法律援助的权利。在法律援助制度层面，尽管《法律援助条例》未对外国人或无国籍人予以规范，但司法部在 2019 年《全国刑事法律援助服务规范》中申明，"对于盲、聋、哑人或外国人（无国籍人）及不通晓当地语言的受援人，应为承办律师安排必要翻译人员"。据统计，2020 年广州市（区）法律援助机构共计向外国人或无国籍人提供刑事法律援助 240 件，约占所有刑事法律援助案件的 2.5%。[1]

在民商事及行政案件中，外国人、无国籍人是否属于我国法律援助的对象存在争议。1994 年，时任司法部部长肖扬在《建立有中国特色的法律援助制度》一文中指出，"对于民事和行政诉讼的外国当事人，如系经济困难的，应由其所属国籍的国家提供法律援助费用，或者由两国间签订了法律援助的司法协助协议相互减免有关费用"。[2]学者、实务界人士普遍认为，法律援助的国家责任是一个国家对其本国公民的责任，而不是一个国家对世界各国公民的责任。[3]因此，尽管《民事诉讼法》第 5 条第 1 款规定，外国人、无国籍人与中国公民享有同等的诉讼权利，但一般认为，该条规定的"诉讼权利"并不包括获得法律援助的权利。在司法实践中，由于法律援助机构很难对外国人或无国籍人的经济困难情况予以审查，所提供法律援助多限于国内法查明、法律咨询等基础性服务。[4]

十八届四中全会《决定》，明确提出"强化涉外法律服务，维护我国公民、法人在海外及外国公民、法人在我国的正当权益"。作为涉外法治建设的重要组成部分，涉外法律援助的重要性日益凸显。各省市相继设立"涉外法律援助工作站"或"涉外法律援助工作窗口"，组建办理涉外案件律师队伍，聘用"小语种"翻译等来解决涉外案件语言障碍问题，将涉外法律援助服务提高到一个更高水平。

为了更好地指引实践，让涉外法律援助在法治的轨道上发展，《法律援助法》

---

〔1〕 资料来源于《广州市法律援助白皮书（2020）》。

〔2〕 肖扬："建立有中国特色的法律援助制度"，载《诉讼法学（司法制度）》1996 年第 4 期。

〔3〕 冯祥武："论赋予外国人、无国籍人同等的法律援助对象资格"，载《人权》2010 年第 6 期。

〔4〕 张琰："中国积极对外籍嫌犯提供法律援助服务"，载中国日报网，https://www.chinadaily.com.cn/zgrbjx/2012-05/16/content_15309679.htm，最后访问时间：2021 年 9 月 7 日。

新增涉外法律援助规定，从立法层面对外国人、无国籍人是否享有以及如何享有法律援助问题予以明确。在条文表述上，《法律援助法（草稿）》初稿、一审稿规定相同。在征求意见中，有专家建议，参考《刑事诉讼法》第18条规定，将该条表述修改为"根据中华人民共和国缔结或者参加的国际条约，或者按照互惠原则，外国人和无国籍人可以参照本法规定申请法律援助"。二审稿在综合各方面意见基础上，将外国人、无国籍人的法律援助问题区分为两种情形：我国法律有规定的（适用法律规定）；我国法律没有规定的（根据国际条约或互惠原则，参照适用本法）。《法律援助法》保留了二审稿的表述方式。

一审稿	二审稿
第六十条　外国人和无国籍人可以按照中国缔结或者参加的国际公约和司法协助条约的规定申请法律援助，没有相关规定的，适用对等原则。	第六十六条　对外国人和无国籍人提供法律援助，**我国法律有规定的，适用法律规定；我国法律没有规定的，可以根据我国缔结或者参加的国际条约，或者按照互惠原则，参照适用本法的相关规定。**

在立法过程中，有专家建议，在附则中增列一条规定我国港澳台地区居民的法律援助问题。事实上，根据我国《国籍法》规定，我国港澳台地区居民或者属于中国公民，或者属于外国人或无国籍人。因此，就我国港澳台地区居民的法律援助问题，因其是否具有中国国籍，存在一定差别：如果其具有中国国籍，依照本法规定，享有获得法律援助的权利；如果其不具有中国国籍，适用本法第69条规定，享有程度不一的法律援助权利。

【条文释义】

基于我国国情并参照国际惯例，我国在对待是否向外国人、无国籍人提供法律援助的问题上，分两类情况处理。

首先，我国法律有规定，适用法律规定。如前所述，在我国刑事法领域，只要符合应当提供法律援助的条件（如指定辩护的法定情形），外国人、无国籍人享有与我国公民同等的获得法律援助的权利。根据《刑事诉讼法》第35条规定，如果外国或无国籍犯罪嫌疑人、被告人是盲、聋、哑人，未成年人，或者是尚未完全丧失辨认或者控制自己行为能力的精神病人，或者可能被判处无期徒刑、死刑，没有委托辩护人的，人民法院、人民检察院和公安机关应当通知法律援助机构指派律师为其提供辩护。同时，根据《刑事诉讼法》第36条规定，作为犯罪嫌疑人、被告人，外国人、无国籍人依法有权获得值班律师的帮助。简言之，刑事诉讼事关国家刑罚权，赋予外国人、无国籍人平等享有获得刑事法律援助的权利，在一定程度上是程序正义的内在要求。

其次，我国法律没有规定的，细分为以下三种情况分别处理。

第一，依照其所属国同中国缔结的条约办理。这里的条约，主要是指我国同其他国家签订的载有法律援助事项的双边条约，如《中华人民共和国和伊朗伊斯兰共和国关于民事和商事司法协助的条约》。根据条约规定，一方国民在另一方境内，应当与该另一方国民在同等条件下和范围内获得法律援助。因此，当该国公民在我国申请法律援助时，法律援助机构应当遵循条约规定，向符合条件的申请人提供法律援助。需要注意的是，不同条约对法律援助相关事宜的约定有所不同。例如，在案件类型上，有的条约覆盖民事和刑事案件，有的则限于民商事案件；在经济困难证明方面，有的条约仅允许由申请人住所或者居所所在地的主管机关出具证明材料，有的同时允许由申请人所属国的外交或者领事机关对其财产状况予以确认；在材料补充方面，有的条约规定法律援助机构可以对该国申请人提出材料补充要求，有的则未予提及。总言之，法律援助机构需仔细甄别各条约对法律援助事项的不同规范，在受理不同国籍申请人的法律援助时应以该国具体缔结之条约为首要遵循。

以下列举部分双边条约关于法律援助的内容，以供参考。[1]

条约名称	条约相关内容
中华人民共和国和伊朗伊斯兰共和国关于民事和商事司法协助的条约（2016年1月23日签订）	**第二条　诉讼费用减免和法律援助** 一、一方国民在另一方境内，应当有权在与该另一方国民同等的条件下和范围内获得诉讼费用减免和法律援助。 二、申请获得第一款规定的诉讼费用减免或法律援助，应当由申请人住所或者居所所在地的一方主管机关出具关于该人财产状况的证明。如果申请人在双方境内均无住所和居所，可以由该人国籍所属的一方的外交或者领事代表出具或者确认有关该事项的证明。 三、负责对诉讼费用减免或法律援助申请作出决定的司法机关或者其他主管机关可以要求提供补充材料。
中华人民共和国和埃塞俄比亚联邦民主共和国关于民事和商事司法协助的条约（2014年5月4日签订）	**第三条　诉讼费用减免和法律援助** 一、一方国民在另一方境内，应当在与该另一方国民同等的条件下和范围内获得诉讼费用减免和法律援助。 二、申请获得第一款规定的诉讼费用减免和法律援助，应当由申请人住所或者居所所在地的一方主管机关出具关于该人财产状况的证明。如果申请人在双方境内均无住所和居所，可以由该人国籍所属的一方的外交或者领事机关出具或者确认有关该事项的证明。 三、负责对诉讼费用减免和法律援助申请作出决定的司法机关或者其他主管机关可以要求提供补充材料。

---

[1]　资料来源：北大法宝法律数据库。

续表

条约名称	条约相关内容
中华人民共和国和波斯尼亚和黑塞哥维那关于民事和商事司法协助的条约（2012 年 12 月 18 日签订）	**第二条　诉讼费用减免和法律援助** 　　一、一方国民在另一方境内，应当在与该另一方国民同等的条件下和范围内获得诉讼费用减免和法律援助。 　　二、申请获得本条第一款规定的诉讼费用减免和法律援助，应当由申请人住所或者居所所在地的一方主管机关出具关于该人财产状况的证明。如果申请人在双方境内均无住所和居所，可以由该人国籍所属的一方的外交或者领事机关出具或者确认有关该事项的证明。 　　三、负责对诉讼费用减免和法律援助申请作出决定的司法机关或者其他主管机关可以要求提供补充材料。
中华人民共和国和阿尔及利亚民主人民共和国关于民事和商事司法协助的条约（2010 年 1 月 10 日签订）	**第四条　法律援助和诉讼费用** 　　一、任何一方国民在另一方境内，在遵守另一方法律的条件下，有权享有与另一方国民同等的法律援助或者诉讼费用减免。 　　二、如果申请人在一方境内有住所或者居所，应当由该方主管机关出具申请人的经济困难证明；如果申请人在第三国有住所或者居所，应当由申请人所属国在第三国的外交或者领事代表机关出具该证明。 　　三、负责提供法律援助或者作出诉讼费用减免决定的主管机关可以要求提供补充材料。
中华人民共和国和巴西联邦共和国关于民事和商事司法协助的条约（2009 年 5 月 19 日签订）	**第四条　诉讼费用减免和法律援助** 　　一、一方国民在另一方境内，应当在与该另一方国民同等的条件下和范围内获得诉讼费用减免和法律援助。 　　二、申请获得第一款规定的诉讼费用减免和法律援助，应当由申请人住所或者居所所在地的一方主管机关出具关于该人财产状况的证明。如果申请人在双方境内均无住所和居所，可以由该人国籍所属一方的外交或者领事机关出具或者确认有关该事项的证明。 　　三、负责对诉讼费用减免和法律援助申请作出决定的司法机关或者其他主管机关可以要求提供补充材料。
中华人民共和国和秘鲁共和国关于民事和商事司法协助的条约（2008 年 3 月 19 日签订）	**第二条　诉讼费用减免和法律援助** 　　一、一方国民在另一方境内，应当在与该另一方国民同等的条件下和范围内获得诉讼费用减免和法律援助。 　　二、申请获得第一款规定的诉讼费用减免和法律援助，应当由申请人住所或者居所所在地一方的主管机关出具关于该人财产状况的证明。如果申请人在双方境内均无住所或者居所，可以由该人国籍所属一方的外交或者领事代表机关出具或者确认有关该事项的证明。 　　三、负责对诉讼费用减免和法律援助申请作出决定的司法机关或者其他主管机关可以要求提供补充材料。

条约名称	条约相关内容
中华人民共和国和朝鲜民主主义人民共和国关于民事和刑事司法协助的条约（2003 年 11 月 19 日签订）	**第四条　诉讼费用的减免和法律援助** 　　一、缔约一方公民在缔约另一方境内，可以在与缔约另一方公民同等的条件下和范围内获得诉讼费用减免和法律援助。 　　二、申请获得第一款规定的诉讼费用减免和法律援助，应当由申请人住所或者居所所在地的缔约一方主管机关出具关于该人财产状况的证明。如果申请人在缔约双方境内均无住所和居所，可以由该人国籍所属缔约一方的外交或者领事机关出具或者确认有关该事项的证明。 　　三、负责对诉讼费用减免和法律援助申请作出决定的司法机关或者其他主管机关可以要求提供补充材料。
中华人民共和国和大韩民国关于民事和商事司法协助的条约（2003 年 7 月 7 日签订）	**第二条　法律援助** 　　一、一方国民在另一方境内，应当有权根据该另一方的法律，获得法律援助。 　　二、申请获得第一款规定的法律援助，应当由申请人住所或者居所所在地的一方主管机关出具关于该人财产状况的证明。如果申请人在双方境内均无住所和居所，可以由该人国籍所属的一方的外交或者领事官员出具或者确认有关该事项的证明。 　　三、负责对法律援助申请作出决定的主管机关可以要求申请人提供补充材料。
中华人民共和国和阿根廷共和国关于民事和商事司法协助的条约（2001 年 4 月 9 日签订）	**第三条　诉讼费用减免和法律援助** 　　一、一方国民在另一方境内，应当在与该另一方国民同等的条件下和范围内获得诉讼费用减免和法律援助。 　　二、申请获得第一款规定的诉讼费用减免和法律援助，应当由申请人住所或者惯常居所所在地的一方主管机关出具关于该人财产状况的证明。如果申请人在双方境内均无住所和惯常居所，可以由该人国籍所属一方的外交或者领事机关出具或者确认有关该事项的证明。 　　三、负责对诉讼费用减免和法律援助申请作出决定的司法机关或者其他主管机关可以要求提供补充材料。
中华人民共和国和立陶宛共和国关于民事和刑事司法协助的条约（2000 年 3 月 20 日签订）	**第三条　诉讼费用的减免和法律援助** 　　一、缔约一方国民在缔约另一方境内应有权在与另一方国民相同的条件下和范围内，减免交纳诉讼费用和获得免费法律援助。 　　二、如果对于减免诉讼费用或法律援助的申请应依申请人的财产状况作出决定，关于申请人财产状况的证明书应由申请人的住所或居所所在地的缔约一方主管机关出具。如果申请人在缔约双方境内均无住所或居所，可以由其本国的外交或领事代表机构出具证明书。 　　三、缔约一方国民根据本条第一款申请减免诉讼费用或申请法律援助，可以向其住所或居所所在地的缔约一方主管机关提交申请。该机关应当将申请连同根据本条第二款出具的证明书一起转交给缔约另一方的主管机关。该人亦可直接向缔约另一方主管机关提出申请。

续表

条约名称	条约相关内容
中华人民共和国和突尼斯共和国关于民事和商事司法协助的条约（1999年5月4日签订）	**第二条 法律援助** 一、缔约一方国民在缔约另一方境内，有权按照该缔约另一方法律规定的同等条件，获得与该缔约另一方国民同等的法律援助。 二、如果申请法律援助的人员居住在缔约任何一方境内，关于该人财产不足的证明由该人经常居住地的主管机关出具。如果申请人居住在第三国，可由其本国的外交或领事机关出具或确认上述证明。 三、负责对法律援助申请作出决定的司法机关或其他主管机关可以要求提供补充材料。
中华人民共和国和老挝人民民主共和国关于民事和刑事司法协助的条约（1999年1月25日签订）	**第三条 诉讼费用的减免和法律援助** 缔约一方国民在缔约另一方境内，可以在与缔约另一方国民相同的条件下和范围内，申请减免诉讼费用和获得法律援助。 **第四条 出具财产状况证明** 申请减免诉讼费用和法律援助，应出具申请人财产状况的证明。该证明应由申请人住所或居所所在地的缔约一方主管机关作出。如果申请人在缔约双方境内均无住所或居所，亦可由其本国的外交或领事代表机构作出证明。 **第五条 诉讼费用的减免和法律援助的申请** 根据第三条申请诉讼费用减免或法律援助的缔约一方国民，可向其住所或居所所在地的主管机关提出申请，该主管机关应将申请连同根据第四条出具的证明一起转交给缔约另一方的主管机关。
中华人民共和国和越南社会主义共和国关于民事和刑事司法协助的条约（1998年10月19日签订）	**第三条 诉讼费用的减免和法律援助** 一、缔约一方公民在缔约另一方境内应在与缔约另一方公民相同的条件下和范围内，免除交纳诉讼费用并获得法律援助。 二、如果申请减免诉讼费用或申请法律援助取决于申请人的财产状况，关于申请人财产状况的证明书应由申请人的住所或居所所在地的缔约一方主管机关出具。如果申请人在缔约双方境内均无住所或居所，可由其本国的外交或领事代表机构出具上述证明书。 三、缔约一方公民根据本条第一款申请减免诉讼费用或申请法律援助时，可以向其居所或住所所在地的缔约一方主管机关提交申请。该机关应将申请连同根据本条第二款出具的证明书一起转交给缔约另一方的主管机关；缔约一方公民亦可直接向缔约另一方主管机关提出申请。
中华人民共和国和阿拉伯埃及共和国关于民事、商事和刑事司法协助的协定（1994年4月21日签订）	**第二条 诉讼费用的减免和法律援助** 一、缔约一方公民在缔约另一方境内应在与缔约另一方公民相同的条件和范围内，免除交纳费用并获得无偿法律援助。 二、如果申请减免诉讼费用或申请法律援助取决于申请人的财产状况，关于申请人财产状况的证明书应由申请人的住所或居所所在地的缔约一方主管机关出具。如果申请人在缔约双方境内均无住所或居所，可由其本国的外交或领事代表机构出具证明书。

条约名称	条约相关内容
	三、缔约一方公民根据本条第一款申请减免诉讼费用或申请法律援助时，可以向其居所或住所所在地的主管机关提交申请。该机关应将申请连同根据本条第二款出具的证明书一起转交给缔约另一方的主管机关。

第二，依照其所属国同中国共同参加的国际条约办理。例如《上海合作组织反极端主义公约》第 4 条第 2 款规定"当本公约所涵盖的犯罪涉及至少两方司法管辖权时，本公约规定的法律援助和引渡领域的合作，适用本公约"。《儿童权利公约》要求缔约国应确保给予儿童各种援助和支助，其中包括法律援助。《联合国少年司法最低限度标准规则》（又称《北京规则》）第 15.1 条明确指出，"在整个诉讼程序中，少年人应有权由 1 名法律顾问代表，或在提供义务法律援助的国家申请这种法律援助"。如果申请人所属国既与中国缔结条约，又与中国共同参加国际条约，应当优先适用双边条约中关于法律援助的约定。

第三，依照互惠原则办理。互惠原则又称对等原则，当主权国家之间既未缔结也未参加国际条约时，如果一国为我国公民提供法律援助，那么我国也为该国公民提供同等条件与范围的法律援助，反之亦然。

再次，法律援助机构在向外国人提供法律援助时应当注意以下两点：其一，如果外国人因经济困难申请法律援助，应当向法律援助机构如实说明其财产状况。外国人经济困难标准应与法律援助机构所在地经济困难标准相同。其二，由于我国尚未出台有关法律援助材料涉外公证的相关规定，法律援助机构在审查形成于中华人民共和国域外的证明材料时，可以参照适用 2019 年《最高人民法院关于民事诉讼证据的若干规定》的相关规定，即要求申请人所提供的证明材料应经所在国公证机关证明，且经中华人民共和国驻该国使领馆认证，并附中文译本。

最后，我们认为，即使申请人不符合应当通知法律援助的情形，也不符合上述三种情况中的任何一种，当外国人或无国籍人向我国法律援助机构申请法律援助时，法律援助机构亦可以根据具体情况决定向其提供与我国公民同等待遇的法律援助。这不仅是出于司法公正的需要，更体现了我国对世界公民的人道主义关怀，体现了我国作为一个负责任大国在构建人类命运共同体过程中的有为与担当。2017年，习近平总书记在瑞士日内瓦发表了题为"共同构建人类命运共同体"的主旨演讲，全面、系统地阐述了人类命运共同体理念；之后，"构建人类命运共同体"理念被写入联合国决议。从价值观上看，构建人类命运共同体是一种基于人类整体利益的全球价值观，以"和平、发展、公平、正义、民主、自由"为共同价值基础；

从原则上看，构建人类命运共同体要超越传统的国别、种族、宗教、社会制度、意识形态等的差异，打造开放包容、交流互鉴的文明世界。[1]是故，在构建人类命运共同体使命的号召下，本法应当立足新时代，展现新作为，向更多有需要的外国人或无国籍人提供必要的法律援助。对于这类人的经济困难审查，建议参照适用本法规定，分以下两种情况处理：其一，对于长期在华居住的外国人，其申请法律援助仅需承担如实说明自身经济困难状况的义务，无须提供相关证明材料；其二，对于短期赴华的外国人，不仅需要承担如实说明自身经济困难状况的义务，亦需要向法律援助机构提供相关证明材料。

【延伸阅读】民商事法律援助的域外实践

在民商事案件中，各国对是否将外国人、无国籍人纳入法律援助范围做法不一。《海牙国际司法救助公约》第一章（"法律援助"部分）第 1 条明确规定，"缔约国的国民以及惯常居住在缔约国内的人，在各缔约国内进行的民事和商事诉讼中，应有与各该国国民及惯常居住在该国的人在同等条件下享受法律援助的权利"。该公约于 1980 年 10 月 25 日在海牙签订，[2]1988 年 5 月 1 日生效。截至 2005 年 10 月 1 日，批准、加入或继承该公约的国家已达 22 个，全部是海牙国际私法会议成员，并且对所有国家均已生效。[3]

随着全球化进程的明显加快，英国、加拿大、丹麦、芬兰、意大利、挪威等国规定外国人、无国籍人与本国公民享有同等获得民事法律援助的资格；欧盟成员国之间依据《欧盟宪法条约》和《里斯本条约》中禁止国籍歧视的原则性规定，给予所有贫困的成员国公民申请民事法律援助的权利。但是，或许因为资源不足，抑或因为外国人经济状况难以确定，几乎没有发展中国家将外国人和无国籍人纳入民事法律援助范围之内，而是选择依据国与国之间司法互助协定的约定，给予外国人申请民事法律援助的资格。[4]

---

〔1〕 莫春菊："不断推动人类命运共同体构建走深走实"，载光明理论网，https://theory.gmw.cn/2021-09/02/content_35151903.htm，最后访问时间：2021 年 9 月 3 日。

〔2〕 公约签订时有缔约国 25 个，分别是：阿尔巴尼亚、白俄罗斯、波黑、保加利亚、克罗地亚、塞浦路斯、捷克、爱沙尼亚、芬兰、法国、拉脱维亚、立陶宛、卢森堡、马耳他、黑山、荷兰、波兰、罗马尼亚、塞尔维亚、斯洛伐克、斯洛文尼亚、西班牙、瑞典、瑞士、前南斯拉夫。

〔3〕 杜焕芳：《海牙国际司法救助公约》介评"，载中国法律信息网，http://service.law-star.com/cacnew/201009/415063660.htm，最后访问时间：2021 年 8 月 4 日。

〔4〕 黄东东："民事法律援助范围立法之完善"，载《法商研究》2020 年第 3 期。

第七十条 【军人军属的法律援助】

对军人军属提供法律援助的具体办法，由国务院和中央军事委员会有关部门制定。

【条文要旨】

本条是关于军人军属法律援助办法的授权性规定，旨在为国务院、中央军事委员会制定具有针对性、实用性、可操作性的军人军属法律援助办法提供立法层面的依据，以切实维护军人军属合法权益与我国军事和国防利益。

【立法背景】

尊崇军人、优待军属，是我党我军的政治优势和优良传统。《国防法》总则第8条第1款明确规定："国家和社会尊重、优待军人，保障军人的地位和合法权益，开展各种形式的拥军优属活动，让军人成为全社会尊崇的职业。"作为保障军人合法权益的重要手段，为军人军属提供法律援助优待是国家的责任。

2001年9月，司法部《关于加强法律援助和法律服务工作切实维护国家军事利益和军人军属合法权益有关问题的通知》首次规定放宽军人军属申请法律援助的经济条件，并要求各地法律服务机构应当在政策上给予军人军属适当优惠和照顾。这标志着我国军人军属法律援助制度的初步建立。

2003年《法律援助条例》并没有就军人军属法律援助问题作出专门性规定，司法实践继续以上述通知为遵循。为了更有针对性、更有效地满足军人军属的特殊法律援助需求，2014年9月，国务院、中央军事委员会《关于进一步加强军人军属法律援助工作的意见》从军人军属法律援助总体要求、扩大军人军属法律援助覆盖范围、健全军人军属法律援助工作机制、积极提供政策支持和相关保障、切实加强组织领导五个方面对军人军属法律援助制度作出了顶层设计，进一步完善了军人军属法律援助制度。此后，各省（自治区、直辖市）、新疆生产建设兵团先后出台文件推动该项制度的实施。2015年两办《关于完善法律援助制度的意见》，再次强调应当做好军人军属法律援助工作、提高法律援助质量。据此，司法部、中央军事委员会政法委员会于2016年9月印发《军人军属法律援助工作实施办法》，该办法一方面将长期以来开展军人军属法律援助工作的成功经验和有效做法以制度化形式予以规范，另一方面以实践中存在的问题为导向，对相关制度机制予以补充和完善。

2021年6月，第十三届全国人民代表大会常务委员会第二十九次会议通过《军人地位和权益保障法》。该法第61条明确规定："军人、军人家属和烈士、因公牺牲军人、病故军人的遗属维护合法权益遇到困难的，法律援助机构应当依法优先提供法律援助，司法机关应当依法优先提供司法救助。"这是军人军属法律援助制度首次被写入国家法律，彰显了国家对军人军属法律援助的重视，标志着军人军属法律援助发展步入新阶段。

军人军属法律援助工作是中国特色法律援助事业的重要组成部分。做好军人军属法律援助工作，不仅能够有效化解矛盾纠纷，维护部队与社会和谐，还有利于增强部队凝聚力、战斗力，促进国防和军队建设。《法律援助法》第 70 条规定："对军人军属提供法律援助的具体办法，由国务院和中央军事委员会有关部门制定。"通过明确军人军属法律援助的特殊性，授权国务院与中央军事委员会制定军人军属法律援助实施办法，既与《军人地位和权益保障法》实现"法法衔接"，又与《军人军属法律援助工作实施办法》达至"法规相承"，遵循了科学立法的理念，有利于促进中国特色社会主义法律体系的完善，推动依法治国与依法治军并进。

【条文释义】

本条是对军人军属法律援助的特殊规定，对国务院和中央军事委员会制定军人军属法律援助工作具体规定进行了立法授权。

《立法法》第 65 条第 1 款至第 2 款规定："国务院根据宪法和法律，制定行政法规。行政法规可以就下列事项作出规定：（一）为执行法律的规定需要制定行政法规的事项；（二）宪法第八十九条规定的国务院行政管理职权的事项。"第 103 条第 1 款至第 3 款规定："中央军事委员会根据宪法和法律，制定军事法规。中央军事委员会各总部、军兵种、军区、中国人民武装警察部队，可以根据法律和中央军事委员会的军事法规、决定、命令，在其权限范围内，制定军事规章。军事法规、军事规章在武装力量内部实施。"因此，国务院与中央军事委员会有权针对军人军属法律援助制定具体办法。该办法将作为《法律援助法》的配套法规，共构中国特色社会主义法律援助制度。

相较于一般法律援助制度，军人军属法律援助制度具有特殊性，主要体现在以下三方面。

第一，军人军属法律援助的对象具有特定性。根据《军人军属法律援助工作实施办法》第 2 条规定，军人是指现役军（警）官、文职干部、士兵以及具有军籍的学员。军队中的文职人员、非现役公勤人员、在编职工，由军队管理的离退休人员，以及执行军事任务的预备役人员和其他人员，按军人对待。军属是指军人的配偶、父母、子女和其他具有法定扶养关系的近亲属。烈士、因公牺牲军人、病故军人的遗属按军属对待。

第二，军人军属法律援助制度的宗旨与目的具有特殊性。军人军属法律援助不仅着眼于为个体维权提供帮助，更是以稳定军队整体作战效能、为提高军队凝聚力提供保障为目标。法律援助是否及时到位、质量是否符合期待，关乎官兵能否安心服役、军队建设能否全面等军事大局问题。

第三，军人军属法律援助工作的组织开展具有特殊性。军人军属法律援助具有流动性（各大军区系统与部队政治机关人员流动速度快）、异地性（军人服役地与军属所在地大多不一致）、协同性（军队与地方分属不同系统，需要协同开展法律援助）的特点，[1]要求军人军属法律援助必须加强顶层统一设计与系统部署，建立完备的军地衔接配套制度与异地协作机制，为军人军属法律援助工作的顺畅高效提供制度保障。

基于军人军属法律援助制度目的、援助对象、组织工作的特殊性，2016年国务院、中央军事委员会政法委员会《军人军属法律援助工作实施办法》首次以制度化形式对军人军属法律援助予以规范。随着《法律援助法》的出台与施行，国务院、中央军事委员会有关部门应根据本法原则、精神及相关规定，结合军人军属法律援助工作的特殊情况，对该实施办法进行修订与完善。

【延伸阅读】 退役军人法律援助

退役军人，是指从中国人民解放军依法退出现役的军官、军士和义务兵等人员。[2]对于这些曾经为国防和军队建设作出了巨大贡献、退役后仍然积极投身社会主义现代化建设的特殊群体，依法保障他们的合法权益，不让英雄既流血又流泪，是全社会应尽之义务。习近平总书记在十九大报告中明确提出，"组建退役军人管理保障机构，维护军人军属合法权益，让军人成为全社会尊崇的职业"。2018年4月，中华人民共和国退役军人事务部挂牌成立。[3]2019年10月，退役军人事务部、民政部、财政部、住房和城乡建设部、国家医疗保障局《关于加强困难退役军人帮扶援助工作的意见》提出，要运用法治思维、法治手段处理和化解退役军人事务工作中遇到的困难和矛盾。2020年11月，第十三届全国人民代表大会常务委员会第二十三次会议通过《退役军人保障法》，该法共计85条，自2021年1月1日起施行。

当退役军人遭遇困难、深陷困境时，依法维权是其最为迫切的需求。贵州省遵义市2019年数据显示，遵义市全年接待的退役军人所办事项中，维权和法律咨询占到47%。[4]为退役军人提供法律援助优待，引导退役军人合法、理性反映问题、表达诉求，不仅有利于帮助退役军人通过法律方式解决问题，还能够增强其法治理念，使之感受到来自政府与社会的关心关爱，因此是困难退役军人帮扶工作中的重

---

〔1〕 周济生等："完善我国军人军属法律援助制度若干问题探析"，载《中国司法》2016年第10期。

〔2〕 《退役军人保障法》第2条。

〔3〕 截至2019年3月，全国县级以上退役军人事务厅已全部挂牌运行。

〔4〕 欧阳海南、方亚丽："贵州探索退役军人法律援助工作新路径"，载中华人民共和国退役军人事务部官网，https://www.mva.gov.cn/xinwen/dfdt/202012/t20201207_43609.html，最后访问时间：2021年8月7日。

要内容。

在法律法规方面,《退役军人保障法》第 70 条明确规定:"……退役军人的合法权益受到侵害,应当依法解决。公共法律服务有关机构应当依法为退役军人提供法律援助等必要的帮助。"据此,2021 年 1 月中共中央政法委员会、最高人民法院、最高人民检察院、公安部、司法部、退役军人事务部《关于加强退役军人司法救助工作的意见》再次明晰了司法行政机关帮助困难退役军人的职责和方式。以《退役军人保障法》与该意见为遵循,各省市纷纷出台了为退役军人提供法律援助工作的文件,指导法律援助机构协助退役军人事务部门开展法律援助工作。[1]

需要注意的是,《退役军人保障法》第 2 条规定的"退役军人"与《法律援助法》第 70 条"对军人军属提供法律援助"的"军人"在语义上有重叠,应仔细辨明。根据《军人军属法律援助工作实施办法》第 2 条规定,军人是指:(1)现役军(警)官、文职干部、士兵以及具有军籍的学员;(2)按军人对待的军队中的文职人员、非现役公勤人员、在编职工,由军队管理的离退休人员,以及执行军事任务的预备役人员和其他人员。因此,若军人退役后报考并成为非现役公勤人员,或者军人虽退出现役,但依然属于由军队管理的离退休人员,则适用军人军属法律援助相关规定;若非上述情况,退役军人法律援助工作应当依照《法律援助法》组织开展。

在法律援助实践方面,各地一般会将退役军人列为法律援助服务的重点服务对象。广州市法律援助处与广州市、区退役军人事务局对接,合作建立退役军人法律援助及驻点现场服务工作机制,积极为退役军人提供法律援助;[2]上海市设立退役军人法律援助工作站(点),为退役军人申请法律援助开通"绿色通道",做到"优先受理、优先审查、优先指派";贵州省自各级法律援助站(点)开展援助工作以来,已为退役军人和优抚对象提供法律援助服务 12 748 件,其中办理法律援助案件 60 件,代写诉讼文书和其他法律文书 229 件,调解矛盾纠纷 342 件,法律咨询服务 12 117 件。[3]

---

[1] 例如《贵州省退役军人事务厅、贵州省司法厅关于开展全省退役军人法律援助服务工作的通知》《宁夏回族自治区司法厅、宁夏回族自治区退役军人事务厅关于加强退役军人法律援助工作的通知》《上海市退役军人事务局、上海市司法局关于加强本市退役军人公共法律服务法律援助工作的通知》《海南省律师协会关于协助做好退役军人司法救助工作的通知》等。

[2] "广州法律援助白皮书(2020)",载广州市人民政府网,http://sfj.gz.gov.cn/xxgk/sjfb/index.html,最后访问时间:2021 年 8 月 7 日。

[3] 欧阳海南、方亚丽:"贵州探索退役军人法律援助工作新路径",载中华人民共和国退役军人事务部官网,https://www.mva.gov.cn/xinwen/dfdt/202012/t20201207_ 43609.html,最后访问时间:2021 年 8 月 7 日。

第七十一条【生效施行日期】

本法自 2022 年 1 月 1 日起施行。

【条文要旨】

本条是关于本法的生效施行日期的规定。

【条文释义】

法律施行时间，即法律的生效时间，是指法律何时开始生效、何时终止效力，以及法律对于其生效前的事件或者行为是否具有溯及力的问题，是一部法律的重要组成部分。

法律从何时开始生效，一般根据该项法律的性质和实际需要来决定。通常有三种方式：第一种是法律条文中明确规定，从其公布之日起生效施行。第二种是法律公布后，并不立即生效施行，经过一定时期后才开始施行，法律中明确规定生效施行的日期。第三种是法律公布后先予以试行或者暂行，而后由立法部门加以补充修改，再通过为正式法律，公布施行。但在试行期间也具有约束力。本条属于第二种法律生效时间的规定，即在法律条文中明确规定生效施行的日期。《法律援助法》于 2021 年 8 月 20 日由第十三届全国人民代表大会常务委员会第三十次会议通过，根据 2021 年中华人民共和国第九十三号主席令，于 2022 年 1 月 1 日起正式施行。

关于本法的效力问题。《立法法》第 88 条第 1 款规定："法律的效力高于行政法规、地方性法规、规章。"因此，本法生效后，其法律效力应区分为两种情形：其一，本法规定与《刑事诉讼法》等基本法律有不一致的，应当按照新法优于旧法原则，适用本法的相关规定。其二，有关法律援助的行政法规、地方性法规、规章以及相关规范性文件，与本法规定相抵触的，应当以本法为准。因此，本法生效后，各省法律援助条例与《法律援助法》"相抵触的规定无效，制定机关应当及时予以修改或者废止"。

关于本法溯及力问题，《立法法》第 93 条规定："法律、行政法规、地方性法规、自治条例和单行条例、规章不溯及既往，但为了更好地保护公民、法人和其他组织的权利和利益而作的特别规定除外。"本法没有对溯及力问题作出特别规定，可理解为法不溯及既往。也即，本法仅适用于本法生效之后的法律援助活动。

关于 2003 年《法律援助条例》的法律效力问题。根据《立法法》第 88 条规定，在法律效力上，《法律援助法》高于 2003 年《法律援助条例》。但这并不意味着，《法律援助法》生效后，《法律援助条例》就自动失效了。

就《法律援助法》与《法律援助条例》的关系而言，二者之间并非《立法法》第 65 条第 2 款规定的"授权行政法规"上升为国家立法的替代关系。事实上，国务院《法律援助条例》的立法性质属于《立法法》第 65 条第 1 款规定，是一部

"为执行法律的规定"而制定的行政法规，且部分内容属于"国务院行政管理职权"范畴。换言之，《法律援助法》与《法律援助条例》调整的领域存在一定差异。故此，《法律援助法》生效后，《法律援助条例》并非当然失去法律效力；但鉴于《法律援助条例》的绝大部分内容，《法律援助法》都已经有新的规定，在具体实施中，应当结合《法律援助法》的相关规定和立法意旨，判断《法律援助条例》相关条款是否与《法律援助法》相抵触：如果《法律援助条例》规定与《法律援助法》的立法目的或具体规定"相抵触"，则应当适时予以修改或废止；[1]如果《法律援助条例》规定是对《法律援助法》相应条款的补充，则可以继续适用。[2]具体论证如下。

　　第一，《法律援助条例》并不因《法律援助法》生效而当然废止。理由有三：首先，《法律援助条例》规定的内容属于《宪法》第89条第8项规定的"司法行政工作"；根据《立法法》第65条规定，在立法权限上，属于国务院行政法规的立法权限范围。2003年《法律援助条例》的制定者曾专门就此说明如下：2001年，由于有关方面经研究认为制定国务院行政法规也基本能够解决法律援助工作中的问题，司法部根据法律援助工作发展的需要，及时作出了从推动全国人大立法转变到推动国务院行政法规出台的调整，决定先推动起草并出台《法律援助条例》，通过行政法规的形式规范我国法律援助工作。[3]故此，就立法权限而言，《法律援助法》与《法律援助条例》之间并非《立法法》第65条第3款规定的国家立法与"授权立法"的吸收与被吸收关系。因此，《法律援助法》虽然借鉴了不少《法律援助条例》的内容，但二者在调整范围、立法功能上却不尽相同。其次，在某种意义上，可以将《法律援助条例》视为"为执行法律的规定需要"而制定的行政法规（《立法法》第65条第2款）。1996年《律师法》第43条规定，"法律援助的具体办法，由国务院司法行政部门制定，报国务院批准"。因此，《法律援助条例》事实上是国务院为执行1996年《刑事诉讼法》《律师法》相关规定而制定的行政法规。最后，《法律援助法》并未明确废止《法律援助条例》。值得注意的是，同期的其他国家立法，如《契税法》《海关法》《商标法》《民办教育促进法》等，立法者均在附则部分明确规定相应的行政法规"同时废止"；然而，《法律援助法》附则部分却并未明确规定该法生效后《法律援助条例》的法律效力问题。考虑到立法者对法律援助领域的行政法规有相当充分的了解，并将部分较为成熟的法律援助规定上升为国家法律，因此，有理由认为，立法者之所以没有明确规定《法律援助

---

〔1〕　例如2003年《法律援助条例》第5条、第17条、第18条、第21条。

〔2〕　例如，2003年《法律援助条例》第3条、第6条规定。

〔3〕　国务院法制办政法司、司法部法律援助中心、司法部法规教育司编著：《法律援助条例通释》，中国法制出版社2003年版，第4页。

条例》的法律效力问题，绝非立法疏忽，而是有意为之。概言之，无论是探寻《法律援助条例》的制定历程，还是考察我国其他法律与对应行政法规的关系，都可以肯定性地得出以下结论，《法律援助条例》并不因《法律援助法》的生效而当然废止。

第二，在立法功能上，根据《立法法》第65条规定，《法律援助条例》可以定位为"为执行法律的规定需要"而制定的行政法规。据此，在《法律援助法》生效后，《法律援助条例》应当根据《法律援助法》的立法精神和法律原则适时进行修改，以贯彻落实《法律援助法》的基本原则、基本制度。在立法过程中，《法律援助法》吸收了经实践检验已经比较成熟的法律援助规定和实践经验，以立法的形式确立了法律援助制度的基本内容。其中，在法律援助范围、申请程序、经费保障、保障体系等方面，《法律援助法》均有较大发展和变化。根据"下位法不得违反上位法规定"的基本法理，参照《立法法》第73条关于地方性法规的处理规则，《法律援助法》生效后，《法律援助条例》与之"相抵触的规定无效，制定机关应当及时予以修改或者废止"。概言之，在新时代背景下，为了更好地贯彻实施《法律援助法》的相关规定，《法律援助条例》应当与时俱进，切实做好两方面的工作：一是，针对《法律援助法》"已经明确规定的内容"，删除《法律援助条例》的重复性规定；二是，将《法律援助条例》定位为"为执行法律的规定需要"而制定的行政法规，通过具体规则将《法律援助法》规定的相关制度和内容落地落实。

当然，《法律援助条例》的修改需要遵循法定的程序，并需要一定的时间。在《法律援助条例》与《法律援助法》并行期间，需要逐条分析《法律援助条例》是否与《法律援助法》相抵触，以确保《法律援助法》的正确实施。

附　录

附录一 《中华人民共和国法律援助法》 及立法说明

中华人民共和国法律援助法

(2021年8月20日第十三届全国人民代表大会常务委员会第三十次会议通过。根据中华人民共和国第九十三号主席令,自2022年1月1日起施行)

第一章 总 则

第一条 为了规范和促进法律援助工作,保障公民和有关当事人的合法权益,保障法律正确实施,维护社会公平正义,制定本法。

第二条 本法所称法律援助,是国家建立的为经济困难公民和符合法定条件的其他当事人无偿提供法律咨询、代理、刑事辩护等法律服务的制度,是公共法律服务体系的组成部分。

第三条 法律援助工作坚持中国共产党领导,坚持以人民为中心,尊重和保障人权,遵循公开、公平、公正的原则,实行国家保障与社会参与相结合。

第四条 县级以上人民政府应当将法律援助工作纳入国民经济和社会发展规划、基本公共服务体系,保障法律援助事业与经济社会协调发展。

县级以上人民政府应当健全法律援助保障体系,将法律援助相关经费列入本级政府预算,建立动态调整机制,保障法律援助工作需要,促进法律援助均衡发展。

第五条 国务院司法行政部门指导、监督全国的法律援助工作。县级以上地方人民政府司法行政部门指导、监督本行政区域的法律援助工作。

县级以上人民政府其他有关部门依照各自职责,为法律援助工作提供支持和保障。

第六条 人民法院、人民检察院、公安机关应当在各自职责范围内保障当事人依法获得法律援助,为法律援助人员开展工作提供便利。

第七条 律师协会应当指导和支持律师事务所、律师参与法律援助工作。

第八条　国家鼓励和支持群团组织、事业单位、社会组织在司法行政部门指导下，依法提供法律援助。

第九条　国家鼓励和支持企业事业单位、社会组织和个人等社会力量，依法通过捐赠等方式为法律援助事业提供支持；对符合条件的，给予税收优惠。

第十条　司法行政部门应当开展经常性的法律援助宣传教育，普及法律援助知识。

新闻媒体应当积极开展法律援助公益宣传，并加强舆论监督。

第十一条　国家对在法律援助工作中做出突出贡献的组织和个人，按照有关规定给予表彰、奖励。

第二章　机构和人员

第十二条　县级以上人民政府司法行政部门应当设立法律援助机构。法律援助机构负责组织实施法律援助工作，受理、审查法律援助申请，指派律师、基层法律服务工作者、法律援助志愿者等法律援助人员提供法律援助，支付法律援助补贴。

第十三条　法律援助机构根据工作需要，可以安排本机构具有律师资格或者法律职业资格的工作人员提供法律援助；可以设置法律援助工作站或者联络点，就近受理法律援助申请。

第十四条　法律援助机构可以在人民法院、人民检察院和看守所等场所派驻值班律师，依法为没有辩护人的犯罪嫌疑人、被告人提供法律援助。

第十五条　司法行政部门可以通过政府采购等方式，择优选择律师事务所等法律服务机构为受援人提供法律援助。

第十六条　律师事务所、基层法律服务所、律师、基层法律服务工作者负有依法提供法律援助的义务。

律师事务所、基层法律服务所应当支持和保障本所律师、基层法律服务工作者履行法律援助义务。

第十七条　国家鼓励和规范法律援助志愿服务；支持符合条件的个人作为法律援助志愿者，依法提供法律援助。

高等院校、科研机构可以组织从事法学教育、研究工作的人员和法学专业学生作为法律援助志愿者，在司法行政部门指导下，为当事人提供法律咨询、代拟法律文书等法律援助。

法律援助志愿者具体管理办法由国务院有关部门规定。

第十八条　国家建立健全法律服务资源依法跨区域流动机制，鼓励和支持律师事务所、律师、法律援助志愿者等在法律服务资源相对短缺地区提供法律援助。

第十九条　法律援助人员应当依法履行职责，及时为受援人提供符合标准的法律援助服务，维护受援人的合法权益。

第二十条　法律援助人员应当恪守职业道德和执业纪律，不得向受援人收取任何财物。

第二十一条　法律援助机构、法律援助人员对提供法律援助过程中知悉的国家秘密、商业秘密和个人隐私应当予以保密。

第三章　形式和范围

第二十二条　法律援助机构可以组织法律援助人员依法提供下列形式的法律援助服务：

（一）法律咨询；

（二）代拟法律文书；

（三）刑事辩护与代理；

（四）民事案件、行政案件、国家赔偿案件的诉讼代理及非诉讼代理；

（五）值班律师法律帮助；

（六）劳动争议调解与仲裁代理；

（七）法律、法规、规章规定的其他形式。

第二十三条　法律援助机构应当通过服务窗口、电话、网络等多种方式提供法律咨询服务；提示当事人享有依法申请法律援助的权利，并告知申请法律援助的条件和程序。

第二十四条　刑事案件的犯罪嫌疑人、被告人因经济困难或者其他原因没有委托辩护人的，本人及其近亲属可以向法律援助机构申请法律援助。

第二十五条　刑事案件的犯罪嫌疑人、被告人属于下列人员之一，没有委托辩护人的，人民法院、人民检察院、公安机关应当通知法律援助机构指派律师担任辩护人：

（一）未成年人；

（二）视力、听力、言语残疾人；

（三）不能完全辨认自己行为的成年人；

（四）可能被判处无期徒刑、死刑的人；

（五）申请法律援助的死刑复核案件被告人；

（六）缺席审判案件的被告人；

（七）法律法规规定的其他人员。

其他适用普通程序审理的刑事案件，被告人没有委托辩护人的，人民法院可以通知法律援助机构指派律师担任辩护人。

第二十六条　对可能被判处无期徒刑、死刑的人，以及死刑复核案件的被告人，法律援助机构收到人民法院、人民检察院、公安机关通知后，应当指派具有三年以上相关执业经历的律师担任辩护人。

第二十七条　人民法院、人民检察院、公安机关通知法律援助机构指派律师担任辩护人时，不得限制或者损害犯罪嫌疑人、被告人委托辩护人的权利。

第二十八条　强制医疗案件的被申请人或者被告人没有委托诉讼代理人的，人民法院应当通知法律援助机构指派律师为其提供法律援助。

第二十九条　刑事公诉案件的被害人及其法定代理人或者近亲属，刑事自诉案件的自诉人及其法定代理人，刑事附带民事诉讼案件的原告人及其法定代理人，因经济困难没有委托诉讼代理人的，可以向法律援助机构申请法律援助。

第三十条　值班律师应当依法为没有辩护人的犯罪嫌疑人、被告人提供法律咨询、程序选择建议、申请变更强制措施、对案件处理提出意见等法律帮助。

第三十一条　下列事项的当事人，因经济困难没有委托代理人的，可以向法律援助机构申请法律援助：

（一）依法请求国家赔偿；

（二）请求给予社会保险待遇或者社会救助；

（三）请求发给抚恤金；

（四）请求给付赡养费、抚养费、扶养费；

（五）请求确认劳动关系或者支付劳动报酬；

（六）请求认定公民无民事行为能力或者限制民事行为能力；

（七）请求工伤事故、交通事故、食品药品安全事故、医疗事故人身损害赔偿；

（八）请求环境污染、生态破坏损害赔偿；

（九）法律、法规、规章规定的其他情形。

第三十二条　有下列情形之一，当事人申请法律援助的，不受经济困难条件的限制：

（一）英雄烈士近亲属为维护英雄烈士的人格权益；

（二）因见义勇为行为主张相关民事权益；

（三）再审改判无罪请求国家赔偿；

（四）遭受虐待、遗弃或者家庭暴力的受害人主张相关权益；

（五）法律、法规、规章规定的其他情形。

第三十三条　当事人不服司法机关生效裁判或者决定提出申诉或者申请再审，人民法院决定、裁定再审或者人民检察院提出抗诉，因经济困难没有委托辩护人或者诉讼代理人的，本人及其近亲属可以向法律援助机构申请法律援助。

第三十四条　经济困难的标准，由省、自治区、直辖市人民政府根据本行政区域经济发展状况和法律援助工作需要确定，并实行动态调整。

第四章　程序和实施

第三十五条　人民法院、人民检察院、公安机关和有关部门在办理案件或者相关事务中，应当及时告知有关当事人有权依法申请法律援助。

第三十六条　人民法院、人民检察院、公安机关办理刑事案件，发现有本法第二十五条第一款、第二十八条规定情形的，应当在三日内通知法律援助机构指派律师。法律援助机构收到通知后，应当在三日内指派律师并通知人民法院、人民检察院、公安机关。

第三十七条　人民法院、人民检察院、公安机关应当保障值班律师依法提供法律帮助，告知没有辩护人的犯罪嫌疑人、被告人有权约见值班律师，并依法为值班律师了解案件有关情况、阅卷、会见等提供便利。

第三十八条　对诉讼事项的法律援助，由申请人向办案机关所在地的法律援助机构提出申请；对非诉讼事项的法律援助，由申请人向争议处理机关所在地或者事由发生地的法律援助机构提出申请。

第三十九条　被羁押的犯罪嫌疑人、被告人、服刑人员，以及强制隔离戒毒人员等提出法律援助申请的，办案机关、监管场所应当在二十四小时内将申请转交法律援助机构。

犯罪嫌疑人、被告人通过值班律师提出代理、刑事辩护等法律援助申请的，值班律师应当在二十四小时内将申请转交法律援助机构。

第四十条　无民事行为能力人或者限制民事行为能力人需要法律援助的，可以由其法定代理人代为提出申请。法定代理人侵犯无民事行为能力人、限制民事行为能力人合法权益的，其他法定代理人或者近亲属可以代为提出法律援助申请。

被羁押的犯罪嫌疑人、被告人、服刑人员，以及强制隔离戒毒人员，可以由其法定代理人或者近亲属代为提出法律援助申请。

第四十一条　因经济困难申请法律援助的，申请人应当如实说明经济困难状况。

法律援助机构核查申请人的经济困难状况，可以通过信息共享查询，或者由申请人进行个人诚信承诺。

法律援助机构开展核查工作，有关部门、单位、村民委员会、居民委员会和个人应当予以配合。

第四十二条　法律援助申请人有材料证明属于下列人员之一的，免予核查经济困难状况：

（一）无固定生活来源的未成年人、老年人、残疾人等特定群体；

（二）社会救助、司法救助或者优抚对象；

（三）申请支付劳动报酬或者请求工伤事故人身损害赔偿的进城务工人员；

（四）法律、法规、规章规定的其他人员。

第四十三条　法律援助机构应当自收到法律援助申请之日起七日内进行审查，作出是否给予法律援助的决定。决定给予法律援助的，应当自作出决定之日起三日内指派法律援助人员为受援人提供法律援助；决定不给予法律援助的，应当书面告知申请人，并说明理由。

申请人提交的申请材料不齐全的，法律援助机构应当一次性告知申请人需要补充的材料或者要求申请人作出说明。申请人未按要求补充材料或者作出说明的，视为撤回申请。

第四十四条　法律援助机构收到法律援助申请后，发现有下列情形之一的，可以决定先行提供法律援助：

（一）距法定时效或者期限届满不足七日，需要及时提起诉讼或者申请仲裁、行政复议；

（二）需要立即申请财产保全、证据保全或者先予执行；

（三）法律、法规、规章规定的其他情形。

法律援助机构先行提供法律援助的，受援人应当及时补办有关手续，补充有关材料。

第四十五条　法律援助机构为老年人、残疾人提供法律援助服务的，应当根据实际情况提供无障碍设施设备和服务。

法律法规对向特定群体提供法律援助有其他特别规定的，依照其规定。

第四十六条　法律援助人员接受指派后，无正当理由不得拒绝、拖延或者终止提供法律援助服务。

法律援助人员应当按照规定向受援人通报法律援助事项办理情况，不得损害受援人合法权益。

第四十七条　受援人应当向法律援助人员如实陈述与法律援助事项有关的情况，及时提供证据材料，协助、配合办理法律援助事项。

第四十八条　有下列情形之一的，法律援助机构应当作出终止法律援助的决定：

（一）受援人以欺骗或者其他不正当手段获得法律援助；

（二）受援人故意隐瞒与案件有关的重要事实或者提供虚假证据；

（三）受援人利用法律援助从事违法活动；

（四）受援人的经济状况发生变化，不再符合法律援助条件；

（五）案件终止审理或者已经被撤销；

（六）受援人自行委托律师或者其他代理人；

（七）受援人有正当理由要求终止法律援助；

（八）法律法规规定的其他情形。

法律援助人员发现有前款规定情形的，应当及时向法律援助机构报告。

第四十九条 申请人、受援人对法律援助机构不予法律援助、终止法律援助的决定有异议的，可以向设立该法律援助机构的司法行政部门提出。

司法行政部门应当自收到异议之日起五日内进行审查，作出维持法律援助机构决定或者责令法律援助机构改正的决定。

申请人、受援人对司法行政部门维持法律援助机构决定不服的，可以依法申请行政复议或者提起行政诉讼。

第五十条 法律援助事项办理结束后，法律援助人员应当及时向法律援助机构报告，提交有关法律文书的副本或者复印件、办理情况报告等材料。

第五章　保障和监督

第五十一条 国家加强法律援助信息化建设，促进司法行政部门与司法机关及其他有关部门实现信息共享和工作协同。

第五十二条 法律援助机构应当依照有关规定及时向法律援助人员支付法律援助补贴。

法律援助补贴的标准，由省、自治区、直辖市人民政府司法行政部门会同同级财政部门，根据当地经济发展水平和法律援助的服务类型、承办成本、基本劳务费用等确定，并实行动态调整。

法律援助补贴免征增值税和个人所得税。

第五十三条 人民法院应当根据情况对受援人缓收、减收或者免收诉讼费用；对法律援助人员复制相关材料等费用予以免收或者减收。

公证机构、司法鉴定机构应当对受援人减收或者免收公证费、鉴定费。

第五十四条 县级以上人民政府司法行政部门应当有计划地对法律援助人员进行培训，提高法律援助人员的专业素质和服务能力。

第五十五条 受援人有权向法律援助机构、法律援助人员了解法律援助事项办理情况；法律援助机构、法律援助人员未依法履行职责的，受援人可以向司法行政部门投诉，并可以请求法律援助机构更换法律援助人员。

第五十六条 司法行政部门应当建立法律援助工作投诉查处制度；接到投诉后，应当依照有关规定受理和调查处理，并及时向投诉人告知处理结果。

第五十七条 司法行政部门应当加强对法律援助服务的监督，制定法律援助服务质量标准，通过第三方评估等方式定期进行质量考核。

第五十八条 司法行政部门、法律援助机构应当建立法律援助信息公开制度，定期向社会公布法律援助资金使用、案件办理、质量考核结果等情况，接受社会监督。

第五十九条　法律援助机构应当综合运用庭审旁听、案卷检查、征询司法机关意见和回访受援人等措施，督促法律援助人员提升服务质量。

第六十条　律师协会应当将律师事务所、律师履行法律援助义务的情况纳入年度考核内容，对拒不履行或者怠于履行法律援助义务的律师事务所、律师，依照有关规定进行惩戒。

第六章　法律责任

第六十一条　法律援助机构及其工作人员有下列情形之一的，由设立该法律援助机构的司法行政部门责令限期改正；有违法所得的，责令退还或者没收违法所得；对直接负责的主管人员和其他直接责任人员，依法给予处分：

（一）拒绝为符合法律援助条件的人员提供法律援助，或者故意为不符合法律援助条件的人员提供法律援助；

（二）指派不符合本法规定的人员提供法律援助；

（三）收取受援人财物；

（四）从事有偿法律服务；

（五）侵占、私分、挪用法律援助经费；

（六）泄露法律援助过程中知悉的国家秘密、商业秘密和个人隐私；

（七）法律法规规定的其他情形。

第六十二条　律师事务所、基层法律服务所有下列情形之一的，由司法行政部门依法给予处罚：

（一）无正当理由拒绝接受法律援助机构指派；

（二）接受指派后，不及时安排本所律师、基层法律服务工作者办理法律援助事项或者拒绝为本所律师、基层法律服务工作者办理法律援助事项提供支持和保障；

（三）纵容或者放任本所律师、基层法律服务工作者怠于履行法律援助义务或者擅自终止提供法律援助；

（四）法律法规规定的其他情形。

第六十三条　律师、基层法律服务工作者有下列情形之一的，由司法行政部门依法给予处罚：

（一）无正当理由拒绝履行法律援助义务或者怠于履行法律援助义务；

（二）擅自终止提供法律援助；

（三）收取受援人财物；

（四）泄露法律援助过程中知悉的国家秘密、商业秘密和个人隐私；

（五）法律法规规定的其他情形。

第六十四条 受援人以欺骗或者其他不正当手段获得法律援助的，由司法行政部门责令其支付已实施法律援助的费用，并处三千元以下罚款。

第六十五条 违反本法规定，冒用法律援助名义提供法律服务并谋取利益的，由司法行政部门责令改正，没收违法所得，并处违法所得一倍以上三倍以下罚款。

第六十六条 国家机关及其工作人员在法律援助工作中滥用职权、玩忽职守、徇私舞弊的，对直接负责的主管人员和其他直接责任人员，依法给予处分。

第六十七条 违反本法规定，构成犯罪的，依法追究刑事责任。

第七章 附 则

第六十八条 工会、共产主义青年团、妇女联合会、残疾人联合会等群团组织开展法律援助工作，参照适用本法的相关规定。

第六十九条 对外国人和无国籍人提供法律援助，我国法律有规定的，适用法律规定；我国法律没有规定的，可以根据我国缔结或者参加的国际条约，或者按照互惠原则，参照适用本法的相关规定。

第七十条 对军人军属提供法律援助的具体办法，由国务院和中央军事委员会有关部门制定。

第七十一条 本法自 2022 年 1 月 1 日起施行。

全国人民代表大会监察和司法委员会
关于《中华人民共和国法律援助法(草案)》的说明

——2021 年 1 月 20 日在第十三届全国人民代表大会常务委员会
第二十五次会议上

全国人民代表大会监察和司法委员会副主任委员　张苏军

一、制定法律援助法的必要性

法律援助工作是体现以人民为中心的发展思想，切实维护人民群众合法权益的一项重要民生工程，有利于贯彻公民在法律面前一律平等的宪法原则，使公民不论经济条件好坏、社会地位高低都能获得必要的法律服务；有利于保障社会公平正义，保证人民群众在遇到法律问题或者权利受到侵害时获得及时有效法律帮助。党的十八届三中、四中全会明确提出，完善法律援助制度，扩大援助范围。中共中央办公厅、国务院办公厅《关于完善法律援助制度的意见》提出，推进法律援助立法工作，提高法治化水平。近年来，许多全国人大代表也提出议案和建议，希望加快法律援助立法，进一步推动法律援助工作实现高质量发展。

2003 年，国务院制定法律援助条例，为规范和促进法律援助事业发展发挥了重要作用。近年来，法律援助覆盖面逐步扩大，服务质量不断提高，制度建设积极推进，保障能力逐步增强。但随着我国经济社会不断发展，社会主要矛盾转化为人民日益增长的美好生活需要和不平衡不充分的发展之间的矛盾，人民群众在民主、法治、公平、正义、安全、环境等方面的要求日益增长。现行法律援助条例已经不能很好地适应法律援助工作需要，与人民群众特别是困难群众日益增长的法律援助需求相比，法律援助工作还存在制度不够完善、保障不够充分、援助范围亟待扩大等问题。及时制定法律援助法，是贯彻落实中央关于推进全面依法治国的重大战略部署，完善中国特色社会主义法律援助制度的必然要求，是努力让人民群众在每一个司法案件中感受到公平正义的重要举措，对于更好地维护公民合法权益、维护法律正确实施、维护社会公平正义具有十分重要的意义。

二、起草过程、立法指导思想和原则

法律援助法列入十三届全国人大常委会立法规划，由全国人大监察和司法委员会牵头组织起草，并列入 2020 年度立法工作计划初次审议项目。2018 年 10 月，我委启动立法工作，研究制定起草工作实施方案，组织成立起草工作领导小组，下设

办公室和工作专班。

起草工作启动后，我委认真领会中央有关文件精神，收集整理国内外立法资料，先后赴深圳、云南、重庆、浙江、上海及澳门特别行政区等地开展调研，认真总结法律援助实践经验，梳理研究立法重点问题。2019年6月，根据实施方案要求，司法部向全国人大监察和司法委员会提交草案建议稿后，我委将草案建议稿印发中央编办、全国人大常委会法工委、国务院有关部门、最高人民法院、最高人民检察院、全国律协等有关单位征求意见，结合前期立法调研、会议研究等工作成果，于2019年底形成了草案征求意见稿初稿，并经再次征求有关单位意见和反复研究修改，形成草案征求意见稿。此后，我委通过将草案征求意见稿印发各省（区、市）人大监察和司法委员会征求意见、召开起草工作领导小组办公室会议、召开专家学者座谈会、书面征求我委联系的部分全国人大代表意见等方式，充分听取各方面意见，进一步完善草案征求意见稿。2020年10月，由全国人大常委会办公厅发函，书面征求国务院办公厅的意见。在上述工作基础上，经过反复研究修改，形成了议案、法律草案和说明。

法律援助法立法工作坚持以习近平新时代中国特色社会主义思想为指导，贯彻习近平法治思想，贯彻党的十八大、十九大和十九届二中、三中、四中、五中全会精神，落实党中央关于法律援助工作的决策部署，总结我国法律援助工作积累的实践经验，借鉴国际有益做法，坚持改革方向，坚持问题导向，从实际出发，通过立法完善法律援助制度，推动法律援助工作，促进公正司法，维护社会和谐稳定。

起草工作遵循以下原则：第一，坚持以人民为中心。始终把维护人民群众合法权益作为出发点和落脚点，努力为困难群众获得及时便利、优质高效的法律援助服务提供法治保障。第二，坚持立足基本国情。从我国国情和实际出发，适应经济社会发展，兼顾区域差异，尽力而为，量力而行，处理好法律援助需求与法律援助供给之间的关系。第三，坚持国家保障与社会参与相结合。鼓励和支持人民团体、事业单位、社会组织在司法行政部门指导下，依法参与法律援助工作。鼓励和支持组织、个人提供法律援助志愿服务，捐助法律援助事业，推动法律援助健康有序可持续发展。

三、主要内容和重点问题

草案分为7章，包括总则、法律援助机构和人员、法律援助范围、法律援助程序、保障措施、法律责任和附则，共61条。主要内容包括：

（一）明确法律援助的概念

草案将法律援助定义为："国家为经济困难公民和符合法定条件的当事人无偿提供的法律咨询、代理、刑事辩护、值班律师法律帮助等法律服务。"（第二条）明确了法律援助对象除经济困难公民外，还包括诉讼中符合法定条件的当事人（不限于公民）。考虑到我国法律援助发展现状及保障水平，对福利机构、提起公益诉讼的社会组织等非自然人，各地可组织律师提供减免费用等法律服务，根据实际情况在实践中继续探索，法律中暂不作明确规定。

（二）明确法律援助的提供主体

草案规定，法律援助的提供主体包括执业律师、法律援助机构律师、基层法律服务工作者、法律援助志愿者（第九条）。考虑到当前律师资源分布不均，中西部地区仍有一些无律师县或者律师资源缺乏的地方，为了适应值班律师、刑事案件律师辩护全覆盖等刑事诉讼改革需求，草案规定法律援助机构律师为法律援助提供主体之一，并对其应当具备的条件作出专门规定（第十三条）。

（三）适当扩大法律援助范围

为落实党中央关于法律援助工作的决策部署，总结当前我国法律援助工作现状，草案对法律援助范围作出适当扩大。一是关于刑事法律援助。刑事法律援助事项除按照现行法律规定予以明确外，根据当前刑事诉讼改革需求，结合刑事案件律师辩护全覆盖试点工作，草案增加规定刑事案件的犯罪嫌疑人、被告人没有委托辩护人的，司法机关通知的法律援助事项包括"适用普通程序审判案件的被告人"和"死刑复核案件的被告人"（第二十条）。二是关于民事法律援助。草案增加规定请求工伤事故、交通事故、食品药品安全事故、医疗事故人身损害赔偿和请求固体废物污染、水污染等环境污染损害赔偿两类情形（第二十二条）。三是根据十八届四中全会决定精神，将聘不起律师的申诉人纳入法律援助范围（第二十三条）。同时，草案第十八条、第二十条、第二十二条设置了兜底条款"法律法规规定的其他法律援助服务""法律法规规定的其他情形"，为今后通过立法或者制定行政法规、地方性法规等扩大法律援助范围提供了依据。

（四）明确值班律师法律帮助相关内容

刑事诉讼法规定了法律援助机构可以在人民法院、看守所等场所派驻值班律师，为没有辩护人的犯罪嫌疑人、被告人提供法律帮助。草案明确值班律师法律帮助是法律援助的一种服务形式（第二条、第十八条），并对法律援助机构可以在人民法院、人民检察院和看守所等场所派驻值班律师，值班律师法律帮助的内容，保障值班律师履职，有关工作程序等作出具体规定（第十一条、第二十五条、第二十七条、第三十条第二款）。

（五）规定了法律援助的程序

草案第四章对法律援助程序进行了规定，明确司法机关和有关部门通知指派、权利告知等义务，对提出法律援助申请、经济困难审查、决定和指派、办理情况报告等程序作出规定，明确免于经济困难审查、先行提供法律援助等情形。同时，对法律援助人员工作规范、受援人的权利义务、终止法律援助、救济程序等也作出相应规定。考虑到法律援助工作程序的具体时限属于操作层面的问题，现行法律法规、司法解释等已有明确规定，并且法律援助事项难易程度不同、情况复杂，草案对此仅作原则性规定。

（六）明确法律援助的保障措施

草案在总则中明确法律援助属于国家责任（第二条），明确政府及各部门的职责（第四条、第五条、第六条）。设置保障措施一章，对总体发展要求、经费保障、培训、监督管理和质量考核、信息化建设、宣传教育等作出规定。对于实践中一些地方提出办案补贴标准较低、刑事案件律师辩护全覆盖后经费需求增长较大、落后地方经费困难希望加大中央财政转移力度等意见，建议由国务院有关部门通过制定规范性文件研究解决。

全国人民代表大会监察和司法委员会

2021 年 1 月 20 日

全国人民代表大会宪法和法律委员会
关于《中华人民共和国法律援助法（草案）》
修改情况的汇报

——2021年6月7日在第十三届全国人民代表大会常务委员会第二十九次会议上

全国人民代表大会宪法和法律委员会副主任委员　江必新

全国人民代表大会常务委员会：

常委会第二十五次会议对法律援助法草案进行了初次审议。会后，法制工作委员会将草案印送有关部门、地方和单位征求意见；在中国人大网公布草案全文，征求社会公众意见；先后到湖北、江苏调研，听取地方政府有关部门以及法律援助机构、法院、检察院、人民团体、高等院校、律师事务所和全国人大代表的意见。宪法和法律委员会于5月19日召开会议，根据常委会组成人员的审议意见和各方面的意见，对草案进行了逐条审议。监察和司法委员会、司法部、全国总工会有关负责同志列席了会议。5月27日，宪法和法律委员会召开会议，再次进行了审议。现将法律援助法草案主要问题的修改情况汇报如下：

一、有的常委会组成人员、部门、地方和社会公众提出，草案将提供法律援助的主体限定为法律援助机构，但实践中还包括群团组织、事业单位和社会组织，应当尊重现实做法，进一步拓宽渠道，鼓励和支持更多社会力量参与法律援助。宪法和法律委员会经研究，建议删去"法律援助由法律援助机构组织法律援助人员实施"的规定，明确鼓励和支持群团组织、事业单位、社会组织依法提供法律援助，并增加规定：工会、共产主义青年团、妇联等群团组织开展法律援助工作，参照适用本法的相关规定。

二、有的常委委员、部门、地方和社会公众提出，政府应当不断加大法律援助经费投入，提高经费保障水平。宪法和法律委员会经研究，建议明确县级以上人民政府应当健全法律援助保障体系，将法律援助相关经费列入本级政府预算，建立动态调整机制，保障法律援助工作需要，促进法律援助均衡发展。

三、草案第九条规定，法律援助机构可以指派"法律援助机构律师"提供法律援助；第十三条规定了"法律援助机构律师"应当具备的条件。有的常委委员、单位、地方和社会公众提出，法律援助机构既负责监督管理，又直接提供法律援助，这种做法不妥；同时，在律师法等法律之外再创设新的律师种类，也缺乏必要依据。宪法和法律委员会经研究，建议删去有关"法律援助机构律师"的规定。

四、有的常委会组成人员、部门、地方和社会公众提出，应当鼓励法律援助志愿服务，完善志愿服务范围和管理规范。宪法和法律委员会经研究，建议明确高等院校、科研机构可以组织法律援助志愿者，提供"法律咨询、代拟法律文书等法律援助"，并增加规定：国家鼓励和规范法律援助志愿服务；支持符合条件的个人作为法律援助志愿者，依法提供法律援助。法律援助志愿者具体管理办法由国务院有关部门规定。

五、有的常委委员、地方和社会公众提出，对于一些特殊案件，应当指派具有一定经验的律师担任辩护人。宪法和法律委员会经研究，建议明确可能被判处无期徒刑、死刑的人以及死刑复核案件的被告人需要法律援助的，法律援助机构应当指派具有三年以上相关执业经历的律师担任辩护人。

六、有的常委会组成人员、部门、地方和社会公众提出，应当进一步扩大民事、行政法律援助覆盖面，放宽免于审查经济困难状况的情形。宪法和法律委员会经研究，建议落实有关中央文件精神，在申请法律援助的事项中增加"确认劳动关系""生态破坏损害赔偿"以及"规章"规定的其他情形，并增加规定：英雄烈士近亲属维护英雄烈士的人格权益、因见义勇为行为主张相关民事权益等情形下，当事人申请法律援助的，不受经济困难条件限制。

七、有的常委委员、地方和社会公众提出，应当根据经济发展水平及时调整法律援助补贴标准，提高法律援助人员待遇水平。宪法和法律委员会经研究，建议明确法律援助补贴标准实行动态调整，法律援助补贴免征增值税和个人所得税。

八、有的常委委员、地方和社会公众提出，应当落实有关中央文件精神，建立健全法律援助工作有关监督制度。宪法和法律委员会经研究，建议增加规定：司法行政部门应当建立法律援助工作投诉查处制度，依照有关规定调查处理，并及时向投诉人告知处理结果；司法行政部门、法律援助机构应当建立法律援助信息公开制度，定期向社会公布法律援助资金使用、案件办理等情况；司法行政部门应当制定法律援助服务质量标准，通过第三方评估等方式定期进行质量考核；法律援助机构应当采取措施，督促法律援助人员提升服务质量；律师协会应当加强律师事务所、律师履行法律援助义务的考核管理等。

此外，还对草案作了一些文字修改。

草案二次审议稿已按上述意见作了修改，宪法和法律委员会建议提请本次常委会会议继续审议。

草案二次审议稿和以上汇报是否妥当，请审议。

全国人民代表大会宪法和法律委员会

2021年6月7日

全国人民代表大会宪法和法律委员会
关于《中华人民共和国法律援助法（草案）》
审议结果的报告

——2021 年 8 月 17 日在第十三届全国人民代表大会常务委员会
第三十次会议上

全国人民代表大会宪法和法律委员会副主任委员　江必新

全国人民代表大会常务委员会：

　　常委会第二十九次会议对法律援助法草案进行了二次审议。会后，法制工作委员会在中国人大网公布草案二次审议稿全文，向社会公开征求意见；先后到重庆、云南调研，听取地方政府有关部门以及法律援助机构、法院、检察院、群团组织、高等院校、律师事务所和全国人大代表的意见。宪法和法律委员会于 7 月 12 日召开会议，根据委员长会议精神、常委会组成人员审议意见和各方面的意见，对草案进行了逐条审议。监察和司法委员会、司法部、全国总工会有关负责同志列席了会议。7 月 27 日，宪法和法律委员会、监察和司法委员会、法制工作委员会召开会议，进一步听取了司法部、全国总工会等有关方面的意见。7 月 28 日，宪法和法律委员会召开会议，再次进行了审议。宪法和法律委员会认为，草案经过两次审议修改，已经比较成熟。同时，提出以下主要修改意见：

　　一、有的常委委员和部门提出，为满足实际需要，法律援助机构指派本机构具有一定资格的工作人员提供法律援助，是现实做法，法律上应当有所体现。宪法和法律委员会经研究，建议增加规定，法律援助机构根据工作需要，可以安排本机构具有律师资格或者法律职业资格的工作人员提供法律援助。

　　二、有的常委委员和地方提出，应当合理调配法律服务资源，为偏远地区开展法律援助工作提供更多支持。宪法和法律委员会经研究，建议落实有关中央文件精神，增加一条规定："国家建立健全法律服务资源依法跨区域流动制度机制，鼓励和支持律师、法律援助志愿者等在法律服务资源相对短缺地区提供法律援助。"

　　三、有的常委委员提出，应当进一步完善法律援助机构服务的方式和内容，保障当事人合法权益。宪法和法律委员会经研究，建议增加规定，法律援助机构应当提示当事人享有依法申请法律援助的权利，并告知申请法律援助的条件和程序。

　　四、有的常委委员和部门提出，法律援助应当与刑事案件律师辩护全覆盖试点工作相结合，加大人权司法保障力度。宪法和法律委员会经研究，建议在已有规定基础上，进一步增加规定："其他适用普通程序审理的案件，被告人没有委托辩护人的，人民法院根据实际情况，可以通知法律援助机构指派律师担任辩护人。"

五、有的常委委员提出，人民法院、人民检察院、公安机关通知法律援助机构指派律师辩护时，应当尊重当事人委托辩护的权利。宪法和法律委员会经研究，建议增加一条规定："人民法院、人民检察院、公安机关通知法律援助机构指派律师担任辩护人时，不得限制或者损害犯罪嫌疑人、被告人委托辩护人的权利。"

六、草案二次审议稿第六十五条规定，工会、共产主义青年团、妇联等群团组织开展法律援助工作，参照适用本法的相关规定。有的常委委员建议增加"残疾人联合会"。宪法和法律委员会经研究，建议采纳这一意见。

此外，还对草案二次审议稿作了一些文字修改。

7月20日，法制工作委员会召开会议，邀请部分全国人大代表、专家学者和地方有关部门、法院、检察院、法律援助机构、律师事务所等方面的代表就草案中主要制度规范的可行性、出台时机、实施的社会效果和可能出现的问题等进行评估。与会人员普遍认为，草案经过多次审议修改，坚持问题导向，贯彻落实有关中央文件精神，吸收了各方面的意见，回应了社会关切，主要制度设计符合实际，具有较强的针对性和可操作性，已经比较成熟。同时，还对草案提出了一些具体修改意见，宪法和法律委员会对有的意见予以采纳。

草案三次审议稿已按上述意见作了修改，宪法和法律委员会建议提请本次常委会会议审议通过。

草案三次审议稿和以上报告是否妥当，请审议。

全国人民代表大会宪法和法律委员会
2021年8月17日

全国人民代表大会宪法和法律委员会
关于《中华人民共和国法律援助法
（草案三次审议稿）》修改意见的报告

——2021 年 8 月 19 日在第十三届全国人民代表大会常务委员会
第三十次会议上

全国人民代表大会宪法和法律委员会副主任委员　江必新

全国人民代表大会常务委员会：

本次常委会会议于 8 月 17 日下午对法律援助法草案三次审议稿进行了分组审议。普遍认为，草案已经比较成熟，建议进一步修改后，提请本次常委会会议表决通过。同时，有些常委组成人员和列席人员还提出了一些修改意见。宪法和法律委员会于 8 月 18 日上午召开会议，逐条研究了常委会组成人员的审议意见，对草案进行了审议。法制工作委员会就草案修改与司法部进行了沟通，共同研究。宪法和法律委员会认为，草案是可行的，同时，提出以下修改意见：

一、草案三次审议稿第十八条规定，国家鼓励和支持律师、法律援助志愿者等在法律服务资源相对短缺地区提供法律援助。有的常委委员提出，为更好地保障律师在上述地区开展法律援助工作，建议在鼓励和支持的对象中增加"律师事务所"。宪法和法律委员会经研究，建议采纳这一意见。

二、草案三次审议稿第二十二条对法律援助的形式作出规定。有的常委委员建议，对其中规定的诉讼代理与非诉讼代理，进一步明确关系和范围。宪法和法律委员会经研究，建议将第四项"国家赔偿、民事和行政诉讼代理及其非诉讼代理"修改为"民事案件、行政案件、国家赔偿案件的诉讼代理及非诉讼代理"。

三、草案三次审议稿第三十一条规定，在一定情形下，当事人因经济困难没有委托代理人的，可以申请法律援助。有的常委委员提出，认定公民无民事行为能力或者限制民事行为能力，关系公民重大权益，建议在可以申请法律援助的情形中增加这项内容。宪法和法律委员会经研究，建议采纳这一意见。

经与有关部门研究，建议将本法的施行时间确定为 2022 年 1 月 1 日。

此外，根据常委会组成人员的审议意见，还对草案三次审议稿作了一些文字修改。

草案修改稿已按上述意见作了修改，宪法和法律委员会建议本次常委会会议审议通过。

草案修改稿和以上报告是否妥当，请审议。

全国人民代表大会宪法和法律委员会
2021 年 8 月 19 日

附录二　我国香港地区法律援助制度

我国香港地区法律援助制度概览

吴宏耀　周琳清*

2012 年联合国《原则和准则》指出："法律援助是以法治为依据的公平、人道和高效的刑事司法系统的一个基本要件。"一个公正透明的法律援助制度，对维护法治起着举足轻重的作用，是司法公正的基石，其推动着法治从形式平等走向实质平等。法律援助水平也是一个国家法治化和权利保障水平的重要量度，在现代法治社会，法律援助制度是法律体系的基本保障制度。[1]如果没有完善的法律援助制度，精致的司法体系只能是普通人高不可攀的米其林餐厅，有权获得律师帮助的宪法权利实质上也将沦为"富裕阶层的法律特权"，这明显违背了法律面前人人平等的宪法原则。

自 1970 年香港地区法律援助署成立以来，我国香港地区制度化的法律援助体系已经运行了五十余年，以香港地区法律援助署为代表的多种形式的法律援助服务对香港地区的法治发展作出了非常重要的贡献，在香港地区的法治建设中具有举足轻重的地位。正因如此，香港地区终审法院在最近的一份判决中指出："与许多其他司法管辖区相比，香港地区的法律援助制度相对慷慨，多年来确保了大多数涉及重大公众利益的案件都由法庭作出裁决。"[2]

时值《法律援助法》颁布之际，全面了解我国香港地区覆盖面较广、专业化程度较高的法律援助制度，对于推动我国法律援助制度科学化、合理化发展具有一定的借鉴意义。本文以香港地区法律援助制度五十多年来的发展历史为背景，简要介绍我国香港地区的法律援助制度。

---

*　吴宏耀，中国政法大学国家法律援助研究院院长；周琳清，中国政法大学刑事诉讼法学专业研究生。

〔1〕　樊崇义："我国法律援助立法与实践的哲理思维"，载《江西社会科学》2021 年第 6 期。

〔2〕　参见香港地区法律援助署五十周年纪念特刊编辑委员会："法援五十年，跨步再向前"，载香港地区法律援助署官网，https://www.lad.gov.hk/50th-ebook/，最后访问时间：2021 年 9 月 5 日。

一、我国香港地区法律援助制度的发展历史

根据香港地区法律援助机构的发展史，可以将我国香港地区法律援助制度的发展历程划分为三个大的阶段：1970 年法律援助署成立以前；1970 年法律援助署成立；1996 年法律援助服务局成立。

（一）香港地区法律援助署成立之前：刑事法律援助以及例外的"穷民诉状"

在 1966 年《香港地区法律援助条例》颁布前，我国香港地区法律援助主要是刑事法律援助，即为可能被终审法院判处死刑的案件以及存在需终审法院裁断的法律争议的案件提供刑事法律援助。此外，在 1844~1963 年间，对于香港地区无力负担律师服务的人士来说，唯一诉诸法律的途径就是英国 1495 年亨利七世时所确立的"穷民诉状"（forma pauperis）制度。根据《1844 年高等法院条例》，[1]对于资产价值不超过 50 港元的人士，法官会为无力承担律师费的诉讼参与人指派一名律师。1954 年，该资产价值上限被提高至 500 港元，但也仅仅相当于当时香港地区普通双职工家庭一个月的工资收入。这段时期，我国香港地区免费法律服务的覆盖人群较少，仅仅针对绝对贫困人士和可能被判处死刑的被告人；大量资产总值超过 500 港元，但生活同样拮据的普通市民被挡在了免费法律服务的大门之外。而且，就律师方面而言，由于缺乏公帑资助及不确定能否（通过败诉一方当事人）获得报酬，律师对代理"穷民诉状"案件变得越来越不感兴趣。与其说"穷民诉状"制度是法律援助制度，不如说其不过是一项对社会弱势群体的社会公益救济，社会各界参与明显不足，尤其是政府责任明显缺失。

（二）香港地区法律援助署时期：刑民一体化服务体制

20 世纪五六十年代，平权运动在全球范围内兴起，社会各界也认识到法律援助，尤其是刑事法律援助属于人权保障制度，是国家的法定义务，而不仅仅是一项慈善事业或民生工程。[2]在平等和人权保障思想的浪潮之下，我国香港地区于 1958 年成立法律援助委员会，成员包括大律师公会及律师会的代表，其职责是研究在香港地区推行法律援助计划是否可行，经过了近十年的调研，我国香港地区于 1966 年 11 月 23 日通过《香港地区法律援助条例》，其条文大体上参考了《英国法律援助及意见法案》以及新加坡的相关法例条文，[3]《香港地区法律援助条例》的颁布标志着我国香港地区的法律援助从单纯的社会慈善上升为政府的法定义务。《香港地区法律援助条例》颁布后，我国香港地区于 1967 年 1 月 12 日启动法律援助计划，计划初期的法律援助暂时由司法机关负责，并在司法机关开设名为法律援

---

〔1〕 1840 年英国占领我国香港地区后，1844 年在当地设高等法院并制定该条例。

〔2〕 吴羽："论刑事法律援助全覆盖"，载《中南民族大学学报（人文社会科学版）》2021 年第 8 期。

〔3〕 参见邝宝昌："香港的法律援助制度"，载《中国法律》2019 年第 3 期。

助部的附属部门，由司法人员借调到该部担任助理主管，当时由该部负责审批民事及刑事法律援助申请。[1]经过四年的筹备，法律援助署（Legal Aid Department, LAD）于1970年7月1日正式成立（当时的办公地点位于炮台里、俗称"红砖屋"的前法国外方传道会大楼）。法律援助署是香港特区政府的组成部门，不再隶属于司法机关，并全权接管司法机关的法律援助工作，香港特区政府对法律援助事业予以制度化治理也由此肇始。法律援助署于1973年成立诉讼部，最初专注于处理刑事案件，其后在1974年把工作范围扩大至各类民事法律援助案件。1984年11月，法律援助署开始推行法律援助辅助计划，为那些经济能力超出普通民事法律援助计划限额但仍无足够财力聘请执业律师的人士提供法律援助，[2]法律援助署开始更加注重满足不同社会群体的个性化需要，法律援助也向着更高水平发展。

香港地区法律援助署的经费主要源于香港特区政府的财政支持，且不设上限。法律援助署的经费十分充足。2018~2019年度，其经费总计11.32亿港元；而根据我国司法部于2020年10月发布的《法律援助经费保障制度研究报告》，我国内地2018年法律援助经费总额为26.51亿元。[3]相比之下，香港地区较我国内地的法律援助经费明显更加充足。

香港地区法律援助署是政府部门之一，负责为地方法院及以上法院审理的民事诉讼和刑事诉讼案件提供法律援助服务。法律援助署署长由香港特区政府任命，通常是在法律援助署工作多年的法律援助律师。法律援助署下设三个分支：申请及审查科；诉讼科（民事诉讼组、刑事诉讼组）；政策及行政科；分别由一名副署长具体负责并配置助理署长协助。各分支的具体职责如下。

（1）申请及审查科：主要职责是：①通过法例规定的经济审查及案情审查，处理民事法律援助申请；②评估获批法律援助的申请人应付的分担费用；③委派署内律师或委托私人执业律师办理个案；④监察委托私人执业律师办理的案件的进度；⑤提供查询及预约服务。

（2）诉讼科：下设民事诉讼组和刑事诉讼组。民事诉讼组主要负责处理由本署接办的民事案件及进行诉讼工作。具体包括：①根据《香港地区雇员补偿条例》及《香港地区肺尘埃沉着病（补偿）条例》提出的补偿申索；②就人身伤害提出普通法索偿；③离婚、其他婚姻法律程序和家事法律程序；④追讨工资。刑事诉讼组的主要职责是：①处理刑事法律援助申请；②办理各级法院的刑事诉讼；③监察委托私人执业律师所办理的案件的进度。

（3）政策及行政科：下设三个分支：政策及发展组；行政组；会计及物料供应

---

〔1〕 参见邝宝昌："香港的法律援助制度"，载《中国法律》2019年第3期。

〔2〕 雨非："法律援助制度：香港给内地的启示"，载《法商研究》1999年第2期。

〔3〕 李雪莲、夏慧、吴宏耀："法律援助经费保障制度研究报告"，载《中国司法》2019年第10期。

组。其中，政策及发展组的主要职责是：①担任法律援助署副署长（政务）的副手，协助处理有关的政策事宜，以及与政务司长办公室、法律援助服务局、立法会议员或立法会秘书处及专业法律团体联络；②督导法律及管理支援组，为部门提供资讯科技及管理支援；③督导训练组，制定培训政策和计划以及举办训练课程；④督导新闻组，处理传媒查询以及推广公共关系及统筹宣传活动；⑤此外，还有一个专门维护无法律行为能力人利益的法定代表律师办事处。

此外，法律援助署还设有一个直接由署长负责的独立办事处：法定代表律师办事处。根据 1991 年《香港地区法定代表律师条例》规定，法定代表律师办事处是法律援助署署长辖下的独立办事处；法律援助署署长担任法定代表律师，在诉讼中代表法律上无行为能力（即未满 18 岁或精神上无行为能力）的人士的利益。

根据有关法律规定，法律援助署的职责是为符合资格的申请人，在民事或刑事诉讼中提供代表律师或大律师服务，以确保任何具备充分理据提出诉讼或抗辩的人士，不会因缺乏经济能力而无法将案件诉诸法庭。在具体案件中，法律援助署可以安排本署诉讼组法律援助律师提供法律援助，也可以外派事务律师、大律师提供法律援助服务。根据外委律师的甄选准则的规定，在香港地区，外派的大律师、事务律师必须满足以下条件：（1）入选法律援助律师名册；（2）实际执业；（3）拥有令人满意的执业表现和记录；（4）就具体相关领域，满足最低执业经验的要求（一般为 3 年以上）；（5）没有超过法律援助工作量的上限，且/或，在适宜的时候，以过去 12 个月为期法律援助工作支付或应当支付的费用和补贴没有超过上限；（6）（就事务律师而言）律师事务所能够为其处理法律援助案件提供必要的支持和设施。根据有关法律援助案件量的规定，在 12 个月内，民事案件，事务律师不得超过 35 件、大律师不得超过 20 件；刑事案件，事务律师不得超过 25 件或法律援助总支出不得超过 75 万港元、大律师不得超过 25 件或总支出费用不得超过 150 万港元。规定援助案件量上限有利于保证法律援助律师有充足的时间和精力处理每一件援助案件，以免法律援助律师过于疲惫，使得法律援助流于形式。根据法律援助署官网公布的 2021 年 7 月至 9 月的相关统计数据，在外派案件中，主要以执业 10 年以上的大律师、事务律师为主（分别占外派案件总数的 83.5%、84.1%），这有利于保证外派案件中的法律援助律师有足够的经验以应对复杂案件办理的需要。

法律援助署提供的法律援助服务以满足市民需求为主导。其中，民事法律援助范围，几乎涵盖所有区域法院或以上级别法院进行的法律程序，并延伸至广泛的案件类别，包括人身伤害、欠薪追讨、医疗疏忽、婚姻诉讼，以及入境事务和公法诉讼。自成立以来，法律援助署已为超过 42 万人提供过法律援助，[1]占香港地区总

---

〔1〕 参见香港地区法律援助署五十周年纪念特刊编辑委员会："法援五十年，跨步再向前"，载香港地区法律援助署官网，https://www.lad.gov.hk/50th-ebook/4/，最后访问时间：2021 年 9 月 7 日。

人口的5%，为香港地区法治作出了巨大贡献。

值得注意的是，除法律援助署以外，我国香港地区还有若干政府资助的法律援助项目。如香港特区政府资助的当值律师服务。当值律师服务由香港地区法律专业人士独立管理，主要提供四项服务：当值律师计划、免费法律咨询计划、电话法律咨询计划、酷刑申请计划。

（三）香港地区法律援助服务局（Legal Aid Service Council）：民间监督

香港地区回归前，我国香港地区立法局通过了《香港地区法律援助服务局条例》。根据该条例，香港地区于1996年9月1日成立法律援助服务局，负责监管法律援助署提供的法律援助服务，并就法律援助政策向政府提供意见。同时，法律援助署从社会福利署接手经济状况调查的工作，以便监控整个程序，并为申请人提供一站式的服务。

根据《香港地区法律援助服务局条例》规定，香港地区法律援助服务局是具有独立法人资格的法人团体（statutory body），"不得被视为政府的代理人或雇员"。根据《香港地区法律援助服务局条例》第4条关于"法援局的职能及与法援署的关系"的规定，法律援助服务局的基本职责是，第一，服务监督。"负责监督由法援署提供的法律援助服务的管理。法援署就该等服务的提供，向法援局负责"；第二，政策改良。"在不抵触第（3）项及第（5）项的条文下，制定政策以管限由法援署提供的服务，并就法援署的政策方向提供意见；不时检讨法援署的工作，并作出有利和适当的安排，以确保法援署能有效率地并合乎经济原则地履行其职能和提供法律援助服务；检讨由法援署所提供的服务及其发展计划；就法援署的开支预算作出考虑及提供意见。"第三，政策咨询。法律援助服务局的基本职责是"行政长官在关于获公帑资助并由法援署提供的法律援助服务的政府政策上的咨询组织，并须就下列事宜作出建议：（a）范围、提供服务的方式、未来的改善计划、提供款项的规定及法律援助政策的未来发展；（b）建立一个独立的法律援助管理局的可行性及可取性；（c）由行政长官不时转交法援局的任何其他方面的法律援助事项"。因此，法律援助服务局主要是政策性机构，"无权就职员事宜以及法援署对个别案件的处理向法援署作出指示"。

在机构关系上，法律援助服务局作为政府序列之外的法定机构，一方面为法律援助政策管理部门提供政策建议和咨询；另一方面负责监管法律援助署的具体服务并促使其及时改良相关政策。其中，就政策建议而言，法律援助服务局曾多次就法律援助的独立性、法律援助的申请和审批程序、法律援助申请被拒后的申诉程序、法律援助署的信息系统策略等问题提出建议，[1]其近年曾就以下法律援助事宜提

---

〔1〕 参见Zhao Hongfang："香港法律援助制度"，载《中国法律》2015年第4期。

出意见书：社区法律服务问题（2012 年）；法律援助机构的独立性问题（2013 年）；警察局在押人员的法律帮助问题（2016 年）；辅助性法律援助计划问题（2016 年）。

此外，法律援助服务局还直接负责一项特殊的法律援助计划：大律师证明书计划。根据《香港地区法律援助条例》第 26A 条的规定，凡向终审法院提出上诉而未获批法律援助的人士，可以在法律援助署署长作出拒绝批准法律援助的决定后 28 天内申请复核。寻求复核的申请必须附有由香港地区执业大律师发出的证明书，述明该申请人有合理机会向终审法院上诉得直，[1] 以及提出该项意见的理由。为扶助相关人申请复核，法律援助服务局推出了一项辅助计划，协助向终审法院提出上诉而其法律援助申请又非因经济理由而遭拒绝的人士寻求复核。该类人士可以据此就其复核申请免费提供一张大律师证明书。从法律援助服务局官网公布的统计数据看，每年根据该计划提出申请的数量很小，2019 ~ 2020 年最多，但也只有 42 件（29 件获准大律师证明书）；2020 年 26 件（获准 12 件）。

根据法律援助服务局官网公布的 2019 ~ 2020 年度年报，"法援局自成立以来，一直与负责制定法律援助政策及管理法律援助署的政策局保持密切联系"。在香港地区行政系统中，与法律援助服务局相衔接的具体部门是政务司司长办公室辖下行政署。在香港地区政务司司长办公室系统中，"法律援助政策事宜"是行政署长的六大职责之一。在两名副行政署长中，有一人负责"法律援助及免费法律咨询政策事宜"及"法律援助署内务管理事宜"，并为其专设助理行政署长一人，具体负责以下法律援助相关事宜：法律援助政策及检讨；免费法律咨询及支援的政策事宜；法律援助署内务管理事宜；法律援助服务局及当值律师服务自助事宜；授勋及嘉奖。

从"穷民诉状"制度的适用到《香港地区法律援助条例》的颁布再到法律援助署和法律援助服务局的成立，我国香港地区的法律援助在观念上从单纯针对社会弱势群体的公益救助逐步上升为一项政府的法定义务；在制度安排上从司法机关的简单负责逐渐发展为政府主导下多个社会主体广泛参与的系统工程；在服务质量上从形式化的满足法律面前人人平等的要求逐步发展为实质化的应对不同社会群体的个性化诉求。香港地区的法律援助制度不断扩大覆盖范围，惠及更多社会群体，在不断与时俱进应对社会变化的同时也不断加强着法律援助系统内部的综合监督与整顿，使之成为香港地区法治事业的重要基石。

二、多元化的法律援助服务供给体系

我国香港地区的法律援助服务具有多元化特色，主要包括：法律援助署运营管理的法律援助计划、政务司司长办公室辖下的对涉及慈善事业等公益案件的支持诉

---

〔1〕 "上诉得直"是香港地区的法律术语，是指原审败诉的当事人向上级法院提出上诉，上级法院认为原审有误而撤销原审判决，并改判上诉方胜诉。"上诉得直"与"驳回上诉"相对。

讼、大律师公会提供的法律义助服务计划，以及在香港特区政府财政支持下并由香港地区律师公会和大律师公会运营管理的当值律师服务等。有香港地区律师界人士指出，最近香港地区社会的不同阶层在不同事情上，都要求有更多及更广泛的法律援助，[1]可见构建一个覆盖范围广、多元化法律援助供给体系已经成为社会共识。在香港地区多元化的法律服务供给体系中，法律工作人士依托多个法律服务机构协同参与，通过法律咨询、案件代理等形式定分止争，并积极为法治建设建言献策，为城市社会有效治理作出了重要贡献。[2]

法律援助署运营的法律援助计划包括普通民事法律援助计划、法律援助辅助计划和刑事法律援助计划；所有通过资格审查的申请人都将会根据案件的具体情况在有需要的时候获得大律师代理出庭应诉服务。[3]政务司司长的支持诉讼仅限于公益性案件，其支持诉讼的目的是维护重大的公共利益，对于一般的法律援助案件，其无权介入。律师公会和大律师公会运营管理的当值律师服务最初是为部分刑事案件提供免费辩护，目前已经扩展至所有刑事法庭审理的大部分刑事案件，只要被告人通过资格审查便可获得服务，其每年为大量的刑事案件被告人提供法律援助。根据香港地区当值律师服务官网公布的统计数据，2020 年，当值律师服务援助成人刑事案件14 266件，援助少年法庭案件 288 件，共计 14 554 件。根据法律援助署官网公布的统计数据，同年法律援助署援助的刑事案件量为 2751 件，可见当值律师服务的刑事案件援助量远高于法律援助署。此外，当值律师服务还提供具有特色的免费的法律咨询以及电话法律咨询。大律师公会提供的免费法律咨询和代理出庭等法律义助计划服务属于公益法律服务活动，针对的对象是未获得其他援助部门的法律援助且经济困难但具有合理诉讼理由的人士，提供援助的审核标准也没有法律援助署的法律援助计划那样严格，具有一定的随意性，其仅仅是其他法律援助服务的补充兜底。因此，香港地区法律援助服务总体状况是：在民事案件领域，以法律援助署运营的法律援助计划为主导，其他的法律援助形式为补充；在刑事案件领域，重罪案件以法律援助署的刑事法律援助计划为主，其他刑事案件，则主要依赖当值律师服务。

在我国香港地区，与社会公众联系最为密切的是法律援助署提供的诉讼代理服

---

[1] Zhao Hongfang："香港法律援助制度"，载《中国法律》2015 年第 4 期。

[2] 戴康："城市社会治理中的公共法律服务"，载《上海交通大学学报（哲学社会科学版）》2021 年第 4 期。

[3] 根据我国香港地区的普通法传统，律师可以分为"大律师"和"律师"。"大律师"（barrister）是出庭律师，尤其是有权利在高等法院和终审法院的刑事法庭出庭的律师；"律师"（solicitor）是事务律师，主要从事非讼业务，一般不出庭或者仅仅被获准有权在低级别法院出庭。但随着法律业务更加专业化，部分事务律师也被获准到高级别法院出席部分专业性较强的案件的法庭审理，大律师和律师在出庭权上的区别在逐渐缩小。

务以及律师公会和大律师公会负责的当值律师服务。

三、以案件代理为特色的法律援助服务

（一）我国香港地区法律援助署的法律援助服务

我国香港地区法律援助署的法律援助计划分为普通民事法律援助计划、法律援助辅助计划和刑事法律援助计划，法律援助计划的特色是以案件代理为导向，会为符合条件的申请人提供大律师出庭代理诉讼服务，但不会给市民提供单独的法律意见咨询服务。根据法律援助署官网公布的统计数据，2019 年法律援助署共收到 16 074 件法律援助申请，经过审查后批准了 7734 件。其中援助案件量最多的是普通民事法律援助计划案件，共计 5228 件，占总援助量的 67.6%；其次是刑事法律援助计划案件，共计 2328 件，占总援助量的 30.1%；最少的是法律援助辅助计划案件，共计 178 件，占总援助量的 2.3%。

（1）普通民事法律援助计划。该计划适用于婚姻案件、人身损害、合同违约等普通民事案件；诽谤、证券金融期货纠纷（金融产品销售欺诈纠纷除外）、选举纠纷等不在普通民事法律援助计划的范围之内。根据法律援助署 2019 年年报，在普通民事法律援助计划中案件数量最多的是人身伤害类案件，对人身伤害类案件的援助支出占 2019~2020 年度该援助计划总支出的 37.2%；其次是婚姻案件，其占同年总支出的 15.7%，由此可见人身伤害类案件和婚姻案件是民事法律援助最重要的组成部分。

（2）法律援助辅助计划。该计划是普通民事法律援助计划的补充，其为那些在经济上不符合普通民事法律援助计划的申请资格但所涉案件属于某些特定类型的申请人提供援助。法律援助辅助计划起始于 1984 年，适应了 20 世纪 80 年代被称为"夹心阶层"的社会群体兴起。该群体普遍受过良好的教育，有自己的事业，但家庭负担较重，还往往因为住房和创业等原因背负贷款并面临一些更专业的法律问题，其虽然相较于经济困难的社会弱势群体有一定的经济基础，但其仍然有获取法律援助，尤其是更专业的法律援助的需求，而法律援助辅助计划的出现正当其时。根据法律援助署官网公布的数据，法律援助辅助计划主要适用于人身伤亡，医疗或法律等专业过失，执业会计师、注册建筑师等专业过失，商品房买卖纠纷等案件，且案件的索偿额必须超过 75 000 港元。2020 年 4 月 1 日，法律援助辅助计划的涵盖范围进一步扩大至包括证券和期货合约交易在内的专业过失案件。为专业化程度较高的金融案件提供案件覆盖范围更广的法律援助，这也标志着香港地区的法律援助向着更加专业化的方向不断发展。

法律援助辅助计划最大的特色是其在经费来源上自给自足，完全由法律援助署自行筹措，经费来自申请人所缴付的申请费、分担费，以及从申请人在诉讼中讨回的赔偿或补偿所扣除的款项和法律援助辅助计划基金的利息，其中申请人缴纳的分

担费和基金利息是主要的收入来源，根据法律援助署 2019 年年报，这二者在2018~2019 年度分别收入 9 784 756 港元和 6 489 765 港元，占该年总收入的99%以上。截至 2019 年 9 月 30 日，法律援助辅助计划基金的净资产已经达到 205 008 269 港元，较上一年度增加了 7 681 011 港元，基金净资产持续盈利的状态显示出法律援助辅助计划运营的稳定性和可持续性。

（3）刑事法律援助计划。在《香港地区法律援助条例》颁布前，香港地区仅为可能被终审法院判处死刑的案件以及存在需终审法院裁断的法律争议的案件提供刑事法律援助。根据 1969 年生效的《香港地区刑事案件法律援助规则》，目前法律援助署的刑事法律援助计划已经覆盖了区域法院和高等法院的原讼法庭审判案件、[1]裁判法院的交付审判案件、[2]向高等法院的上诉法庭和终审法院上诉的案件。根据法律援助署 2019 年年报，在刑事法律援助计划中对区域法院和原讼法庭审判案件的援助分别占 2019~2020 年该援助计划总支出的 50.7%和 42.4%；其他各类上诉案件占同年援助总支出的 6.9%。

有相当数量的刑事案件被告人本身就是社会中的弱势群体，其资财困乏且文化水平较低，无力自行聘请大律师出庭辩护。因为辩护权不仅仅是个人申辩的权利，其更应当体现为获得专业律师有效辩护的权利，香港地区覆盖范围较广的刑事法律援助计划有利于刑事被告人辩护权的平等实施与有效行使。

（二）法律援助的申请资格

申请人欲获得法律援助署的法律援助需经过申请和审批程序。在申请人填写法律援助申请书并提供用以证明收入情况和申请法律援助目的的证明材料之后，其需要经过法律援助署的经济审查和案情审查。根据法律援助署官网公布的数据，在这两种审查中，法律援助署对援助案件的案情审查比经济审查更加严格，在 2019 年未通过审查的 6126 件援助申请中有 5211 件是因为其未通过案情审查，占比高达85%。根据法律援助服务局 2019~2020 年度年报，目前香港地区的法律援助有淡化经济审查的立法意向，例如有建议对经济条件虽高于当前法律援助辅助计划的财务资格限额，但主要依赖储蓄生活而没有固定收入的年长申请人，亦应当为其提供法

---

〔1〕 香港地区不同层级的法院刑事量刑权也是不同的，裁判法院的裁判官（Magistrate）最高可判处被告人 2 年的刑期，但如果被告人犯有数罪，可判处最高 3 年的刑期，区域法院的法官有权判处最高 7 年的刑期，而原讼法庭的法官可以判处任何刑期。原讼法庭审理的一般是严重罪行，因此仅仅原讼法庭设置了陪审团，对被告人是否有罪进行认定。

〔2〕 对于应由原讼法庭一审的严重罪行，在案件到达原讼法庭之前，要先在裁判法院经过交付审判程序（Committal Proceedings），即由裁判法院决定是否有必要把案件交由原讼法庭开庭审理。在这个程序中，法官将会审查检察官的起诉是否有足够的证据基础，并告知被告人诉讼权利。被告人如果认罪，裁判法院将把案件移交原讼法庭做量刑判决，这被称为"交付判决"；被告人如果不认罪，裁判法院将把案件移交原讼法庭开庭审查，这被称为"交付审判"。

律援助。

（1）经济审查。经济审查的目的是保证法律援助的受援人是社会中的相对弱势群体，避免部分经济条件较优者以"搭便车"的方式挤占宝贵的公共法律服务资源。香港地区曾经以个人资产总额作为法律援助经济审查的单一标准，为了更加公平地衡量受援人的经济能力，目前香港地区以可动用收入和可动用资产的总额作为法律援助经济审查的标准，同时对某些特定类型的案件豁免经济审查以使得更多民众受益。

可动用收入是指每月收入减去某些可扣减项目，例如房屋租金或住所的按揭还款、差饷（是香港地区对房屋征收的一种间接税，原主要用于警政开支，后来扩大用于支付街灯、供水、消防等市政开支）、入息税（基本相当于个人所得税）和按申请人及由其承担养育义务的人的生活开支而定的法定个人豁免额。

可动用资产包括一切资本和资产，例如，现金、银行存款、珠宝、古董、股票、股份及房产。不过，有些资产不会计算在可动用资产内，例如，申请人的自住房屋、家具、衣物，以及谋生工具，如果申请人已经年满 60 岁，还会另外扣减一笔相等于普通民事法律援助计划财务资格限额的数目，即 420 400 港元。

在衡量申请人的经济能力时，除非申请人已经与配偶分居，或配偶在法律援助申请所涉及的案件中有对立利益，在计算申请人的财务资源时，会把配偶的收入及财产计算在申请人的财务资源之内。

香港地区为三个法律援助计划设定了不同的经济审查标准。根据法律援助署官网公布的数据，2020 年 6 月 26 日，普通民事法律援助计划及法律援助辅助计划的经济能力限额，分别大幅提升至 420 400 港元和 2 102 000 港元，而该两项限额在 20 世纪 70 年代仅有不到 10 000 港元。如果申请人所涉案件根据《香港地区人权法案条例公约》和《公民权利和政治权利国际公约》具有合理的索赔依据，法律援助署署长可以酌情豁免经济能力限额。刑事法律援助计划的申请人虽然也需要经过经济审查，且经济能力额度与普通民事法律援助计划相同，但根据刑事案件的特殊性，如果申请人被指控涉嫌故意杀人、叛逆和实施暴力海盗行为等严重罪名，其可以向法官申请免于接受经济审查。

为了确保申请人提供的有关经济状况的材料真实无误，申请人申请法律援助时若提供虚假资料或隐瞒资产，可能会承担刑事责任。一经简易程序定罪，根据《香港地区法律援助条例》第 23 条之（1）b 的规定，虚假陈述人可能面临罚金 10 000 港元及监禁 6 个月的最高刑事处罚。

（2）案情审查。法律援助的申请人在通过经济审查之后，还需要接受案情审查，案情审查的目的是防止恶意诉讼和无理缠讼，以避免法律援助资源的浪费。对于民事诉讼，法律援助署在审查申请人提供的相关证据材料之后，根据事实和相关法律，认为案件有胜诉的可能性才会批准法律援助，同时法律援助署还会考虑申请人提起诉讼的合理性和执行的可能性，因此如果一个案件可能获得胜诉但胜诉的收益极小以至于不足以覆盖诉讼费用或者对讼方名下已经无财产可供执行，此时法律援助署将酌情拒绝批准援助。对于某些申请人要求法院对行政机关等公权力机构的决定作出司法审查的司法救济案件，只要法律援助署认为法院可能会启动司法审查程序便会批准法律援助，除非其认为此类案件即使启动程序，胜诉的可能性也微乎其微。对于刑事案件，基于刑事诉讼的特殊性，法律援助署并没有为其设定如民事案件一般严格的审查标准，只要申请人通过经济审查，法律援助署便会批准法律援助。但刑事上诉案件一般要求申请人确有较为充分的上诉理由；不过如果是对故意杀人、叛逆和实施暴力海盗行为等罪的上诉，即使无充分的上诉理由，法律援助署仍会提供法律援助。

较为严格的案情审查也使得法律援助署的援助案件保持极高的胜诉率和受援人满意度，根据法律援助署 2019 年年报，2019 年法律援助署援助的人身伤害案件的胜诉率达到 94%，交通事故案件的胜诉率达到 93%，婚姻案件的胜诉率达到 81%，足见法律援助署为相当多的弱势群体维护了合法权益。

申请人通过经济审查和案情审查后，法律援助署会向其签发《法律援助证书》。但如果申请人的申请因未通过经济审查或者案情审查而未获得批准，其也仍有权利向有关机关上诉。对于民事案件，其可以向高等法院司法常务官提出上诉；如案件由终审法院审理，则可向复核委员会上诉，司法常务官或复核委员会的决定为最终的决定。对于刑事案件，凡涉及故意杀人、叛逆或实施暴力海盗行为的案件，如果申请人因不能通过经济审查而未获得法律援助，其可向法官申请批准法律援助、豁免接受经济审查及缴付分担费；如果申请人申请法律援助的目的是向终审法院上诉，则其需要向复核委员会上诉。对于其他类型的案件，如果申请人能够通过经济审查，而法律援助署基于案情理由而未批准法律援助申请，法官仍可批准给予法律援助。如申请人未能获得法律援助署的法律援助且上诉失败而又没有能力聘请私人律师代理诉讼，其可尝试寻求香港地区大律师公会提供的义助法律服务。

（三）法律援助的个人承担费用

香港地区法律援助署的法律援助虽然是公益性的，但并不是完全免费的，申请人需根据个人的实际经济状况承担一定的分担费用。

申请人所涉案件无论属于普通民事法律援助计划、法律援助辅助计划或刑事法律援助计划均需要根据其经济条件状况缴纳一定的分担费用，该分担费用即使败诉也不予返还。尤其是当申请人所涉案件属于法律援助辅助计划的范围时，因为该计划本身就是为那些在经济条件上超过普通民事法律援助计划限额的申请人提供援助，且该计划在财政上自给自足，经费的主要来源之一便是申请人承担的分担费，因此法律援助辅助计划的申请人也要承担更多的分担费。

具体而言，根据法律援助署官网相关信息，在普通民事法律援助计划中，如果申请人的财务资源被评定为介于52 550港元至420 400港元之间，当其接受法律援助时，便须根据比例缴付分担费，缴付标准共七个档次，以52 550港元为起点，申请人的财务资源每多52 550港元便提升一个档次，缴付比例从2%不断升至25%，实际缴付的金额也由1051港元至105 100港元不等。

在法律援助辅助计划中，申请人将根据不同的案件类型缴付不同的分担费，根据法律援助署官网相关信息，例如牙医、法律专业过失案件和证券交易欺诈索赔案件，因为案件的专业程度更高且案情也更复杂，申请人也需要承担较多的费用。此类案件中的申请人在接受法律援助时须缴付5000港元的申请费及中期分担费，中期分担费比率为经评定财务资源的10%或105 100港元，金额以较高者为准；如案件胜诉，法律援助署还会从讨回的赔偿中再扣除20%的款项，拨入辅助计划基金。

在刑事法律援助计划中，申请人所须缴付分担费的计算方式与普通民事法律援助计划相同，对于那些财务资源超过420 400港元的法定限额，法律援助署运用酌情权给予法律援助的申请人，其须缴付分担费的比率，为经评估财务资源的介于30%~67%的某个百分比。

为了保证申请人可以按规定缴纳分担费用，法律援助署还享有被称为"第一押记"的优先受偿权。所谓"第一押记"，是指法律援助署署长有权从受援人在诉讼中成功收回或者保留的财产中扣除其应当缴纳的分担费用或该费用的不足之处。

但为了降低受援人的经济负担，实际上法律援助署也在不断为受援人"减负"。例如，从2000年开始法律援助辅助计划的分担费比率由15%降至12%，并于2006年降至10%。2020年针对"第一押记"，赡养费豁免金额由4800港元提高至9100港元，遭遇严重困苦个案豁免金额由57 400港元提高至108 850港元。[1]

香港地区法律援助署的法律援助不完全免费，其目的在于保证申请人理性地提起诉讼，避免滥诉，以节约司法资源。此外申请人分担的费用还会纳入法律援助基金，减少法律援助署对财政支持的依赖，还会用以独立运营法律援助辅助计划，使得法律援助覆盖面更广、更加可持续化，最终会使得更多香港地区民众获益。

四、以咨询服务为特色的当值律师服务

香港地区法律援助署属于香港特区政府的组成部门，当值律师服务却是由一家非盈利公司负责运营的。当值律师服务启动于1978年，最初由大律师公会和律师会独立负责并且自筹经费；当时被称为律师会法律辅导计划，该计划在三个裁判法

---

〔1〕　参见香港地区法律援助署五十周年特刊编辑委员会："法援五十年，跨步再向前"，载香港地区法律援助署官网，https://www.lad.gov.hk/50th-ebook/，最后访问时间：2021年9月5日。

院为被指控犯有六种特定犯罪的被告人提供免费的辩护。[1]1993 年香港特区政府将律师会法律辅导计划改称为"当值律师服务",由公共财政提供全额的经费支持,并由一家同年新设的名为"当值律师服务"的公司独立负责项目的运营管理。该公司的董事会也是当值律师服务的执行委员会,其成员包括总干事、香港地区大律师公会和香港地区律师会的成员各四名以及三名非法律界人士。其中,香港地区大律师公会和律师会承担主要的运营管理职责,具体的出庭辩护和咨询等服务也由其指派愿意参加当值律师服务的义务律师负责。

当值律师服务提供的各种法律援助均完全免费,其最初设立的主要目的是保障《香港地区人权法案》第 11(2)(d)条的实施,即"法院认为审判有此必要时,应为其指定公设辩护人,如被告无资力酬偿,得免付之",从而赋予被告人权利。在香港特区政府财政支持下,当值律师服务的办案经费也十分充足。根据我国香港地区当值律师服务官网公布的数据,2019~2020 年当值律师服务的总支出为 219 273 000 港元;在 2020 年的全部援助工作结束后,项目净资产仍剩余 56 965 141 港元。

当值律师服务最大的特色体现为提供咨询服务,而该项服务是法律援助署不会提供的。咨询服务包括免费法律咨询计划和电话法律咨询计划,可以为来访市民提供关于个案的具体司法指导和建议,但不会跟进后续诉讼进程。这有利于避免为某一简单的案件投入过多的法律援助资源,还有利于实现我国香港地区法律援助服务程序的分流,有利于法律援助资源的优化配置。而且,其咨询服务十分容易获得并且高度贴近普通市民的生活,有利于及时解决市民在日常生活中遭遇的司法问题,也有利于提升市民的法制观念,构建法治社会。

(一) 当值律师的法律援助服务

当值律师服务主要设有当值律师计划、免费法律咨询计划、电话法律咨询计划以及免遭返声请计划。

(1) 当值律师计划。当值律师计划的服务包括在所有的裁判法院和少年法庭,为符合条件的被告人提供大律师出庭辩护;在死因裁判法庭,为可能承担刑事责任的证人提供大律师出庭代理;在劳资审裁处、小额钱债审裁处和竞争事务审裁处,为被指控犯有侮辱行为或藐视法庭罪的被告人提供辩护;在引渡程序中,为面临引渡的人士在引渡聆讯中提供出庭辩护。但当值律师计划并不局限于刑事诉讼,在小贩上诉程序中,小贩因未获发牌照而向市政服务上诉委员会上诉时,其有权申请当值律师代表出席市政服务上诉委员会的上诉聆讯。

与法律援助署不同的是,当值律师计划不提供民事案件代理出庭服务。根据香港地区当值律师服务官网公布的数据,在 2020 年,参加当值律师计划的义务律师

---

[1] 罗沛然:"香港律师的诉讼权利维护经验",载《中国法律评论》2014 年第 2 期。

共计 2101 人，共援助成人刑事案件 14 266 件，援助少年刑事案件 288 件。当值律师服务在所有裁判法院均设立法庭联络处。被告人若需此项服务，可到裁判法院的法庭联络处申请。当值律师计划的职员也会主动联络被羁押的被告人，以便为其案件的首次开庭提供律师出庭辩护。

（2）免费法律咨询计划。该计划由当值律师服务公司与民政事务总署合作负责，服务地点为民政事务总署提供的 9 个民政咨询中心。因为该计划的义务律师几乎都是执业律师，为不耽误这些律师的日常工作，民政咨询中心均在晚间开放咨询。每个咨询点在开放日的晚间有 3 名至 5 名义务律师当值，每个律师当晚接待 5 名当事人，为每位当事人提供约 30 分钟的服务。该计划为实际面对法律问题的市民提供一次性的初步法律意见及指导。义务律师一般只会向申请人阐释他们在法律上的权利及义务、问题的法律性质，以及解决问题的可行渠道。但义务律师不会就个别复杂案件作出全面而深入的分析，或者对案件的诉讼胜负作出评估，义务律师也不会跟进后续的诉讼进程。免费法律咨询向全体市民开放，申请程序也十分简单，欲获得帮助的市民只需要前往任意咨询点提出申请并提供其所涉案件的相关证据资料，根据案件的具体情况和轻重缓急，咨询中心将会在 2 周至 8 周内安排市民与义务律师会面。根据香港地区当值律师服务官网公布的数据，在 2020 年，9 个咨询点一共有 1262 名义务律师共计办理 5605 件免费法律咨询案件，其中财产合同类案件占比最多，占总案件量的 20.43%；其次是婚姻案件和雇用案件，分别占比16.22% 和 11.88%。

（3）电话法律咨询计划。该计划于 1984 年启动，具有一定的"普法性"。当值律师服务公司建设了一个 24 小时的全天候自动系统，通过互联网和电话，根据来访公众的提问，为其提供免费的预制音频，简要介绍相关的法律知识，音频包括英语、粤语和普通话三个版本。该计划意在为公众采取司法行动前提供参考知识，法律知识的覆盖范围十分广泛，目前音频已经涵盖民事法、刑事法、经济法和行政法等领域。根据香港地区当值律师服务官网公布的数据，2020 年电话法律咨询计划一共为 19 678 名来访者提供了法律知识音频。

（4）免遣返声请计划。该计划自 2009 年 12 月 24 日开始为那些依据联合国《不得施以酷刑或予以残忍、不人道或侮辱之处遇或惩罚公约》第 3 条向入境事务处提出申请的人士提供法律援助。免遣返声请计划向受援人提供法律程序指导、司法文书填写协助、陪同受援人与相关政府机构会面，请求启动重新审查和撤销遣返决定等法律服务。

（二）当值律师服务的资格审查

与法律援助署的法律援助计划相同，当值律师服务的受援人也需要经过经济审查和案情审查。但经济审查仅限于当值律师计划，免费法律咨询计划和电话咨询计划属于当值律师服务公司与香港特区政府合作提供的公共便民服务，向全体市民开放，无需经过经济审查。

（1）经济审查。根据香港地区当值律师服务官网相关信息，凡被提出刑事指控的罪名属于当值律师服务的《控罪范围一览表》上所列罪名的被告人，无需通过经济收入审查便可在案件首次聆讯时，获得当值律师的出庭辩护。这是一种为了维持控辩秩序平等和被告人合法权利的"急诊"性援助。如果被告人想在案件后续进程中继续获得当值律师服务，就必须到当值律师服务设在法庭的联络处并通过提交存款单、工资证明、按揭还款单等证明材料对其个人的经济状况作出证明，目前经济审查标准是申请人的年薪不超过216 500港元。

通过经济审查的被告人需要缴纳610港元的手续费；无论该案件的程序会持续多久，该手续费都将会是被告人缴纳的唯一费用，但如果申请人经济十分困难，当值律师服务的总干事可以酌情免除该笔手续费。被告人如未能通过经济审查，可到法庭联络处提出豁免申请，该申请由当值律师服务总干事根据公平和正义原则作出最终决定。

（2）案情审查。当值律师计划的案情审查只要求被告人被指控的犯罪在《控罪范围一览表》的范围内，除此之外并没有十分严格的标准，审查的依据主要是公平和正义原则。具体可以参考域爵理委员会（Widgery Committee）于1966年所制定的标准，包括：①被指控的罪名严重以致被告人面临失去自由之风险或其声誉会受严重影响；②案件涉及重大法律观点议题；③被告人因语言不通、精神问题或身体伤残而无法明白法庭程序，难以作出抗辩；④在抗辩过程中，有需要追溯或与证人面谈，或对控方证人进行熟练的盘问；⑤提供法律代表以维护被告人以外相关人的利益，例如在幼童被性侵犯的案件中，被告人应避免亲自盘问证人。从第⑤项可见，当值律师服务维护的公平和正义不仅仅限于被告人的合法权利，其还考虑到相关诉讼参与人的权益，并为推进刑事司法更加文明化和人性化作出努力。

关于免费法律咨询计划的案情审查，该计划虽然没有经济审查，但如果咨询案件涉及以下情况的，咨询中心将拒绝提供咨询服务：①案件涉及香港地区司法辖区以外的法律法规；②涉及楼宇管理、业主立案团体及大厦公契的个案；③涉及非法律的问题，例如怎样申请公共房屋和办理签证；④申请人已聘请私人律师处理；⑤申请人已获得其他法律援助；⑥申请人因有意成立公司而要求义务律师草拟合同供日后使用；⑦申请人为某一公司的人员或代表，代表公司寻求法律意见；⑧申请人为某一法人团体的人员或代表，其代表该团体寻求法律意见；⑨申请人重复地为同一事件或问题寻求法律意见。免费法律咨询计划拒绝为以上情况提供服务的目的是避免法律援助的重复和部分机关团体搭公共服务的"便车"，保证免费法律咨询计划的受益人是普通香港地区市民。

五、我国香港地区法律援助的借鉴与启示

我国香港地区法律群体普遍认为，香港地区法律援助制度对于推动香港地区的法治建设意义重大。综合前文论述，我们认为，香港地区法律援助制度值得借鉴之处有以下几点。

第一，应当加大对法律援助的财政支持力度。法律援助经费预算应当以社会需求为导向，不应当有过于严格的经费上限；在有援助需求但援助机构的援助案件量已经超过其一般经费上限时，可以允许其申请额外经费，以满足援助需求。尤其因为刑事案件相较于民事案件更具有人权保障的功能，应当将刑事法律援助经费单列，优先保障并专款专用。[1]同时还要优化法律援助经费的使用结构，引入中立的第三方机构对法律援助经费的使用予以监督，降低法律援助制度运营的行政成本。还要将法律援助经费支出的主体用于实际办案，提升经费的使用效率。[2]

第二，应当动态调整法律援助的经济困难标准，同时用更科学的指标衡量申请人的财务状况；经济条件指标不应以总资产额为单一衡量标准，同时对于不同的社会群体应当根据其实际情况设定不同的衡量标准。

第三，法律援助应当在经济审查之外，引入案情审查标准。对于某些没有法律和事实依据的案件以及某些胜诉可能性微乎其微的案件，可以考虑不批准援助，以避免法律援助经费的无谓浪费。

第四，法律援助可以根据申请人的实际经济情况适当收费，纳入法律援助经费来源，缓解法律援助经费对财政的依赖，同时也有利于更多的司法专业人员投入专职的法律援助工作之中，但分担费用的比例要明显低于普通律师的行业指导收费，且设置相应的豁免条件，否则将无法体现法律援助的公益性。

需要说明的是，我国香港地区是一个经济社会发达地区。有数据表明，受疫情影响，2020年香港地区人均GDP为36.23万港元，实际下降5.8%，折合32.3万元。但就人均GDP而言，香港地区依旧是全球最富有的地区之一；内地没有一个城市能出其右（以我国内地人均GDP最高的城市深圳市为例，2020年深圳市人均GDP为20.59万元）。更重要的是，与香港地区相比，在我国内地，东西部地区以及同一省市的不同县市区之间，经济社会发展状况及法律服务资源状况还很不均衡。一些欠发达地区，县市区一级人民政府就法律援助提供必要的财政支持还存在较大压力。此外，法律服务资源的地缘分布也极不均衡。有数据表明，全国80%以

---

[1]　陈光中、褚晓图："刑事辩护法律援助制度再探讨——以《中华人民共和国法律援助法（草案）》为背景"，载《中国政法大学学报》2021年第4期。

[2]　参见孙长永主编：《中国刑事诉讼法制四十年：回顾、反思与展望》，中国政法大学出版社2021年版，第78~79页。

上的律师机构集中在约 20% 的城市中。[1]这意味着广大乡镇居民能够享受到的就近法律服务资源仍然十分有限。这些客观条件都在一定程度上阻碍了我国法律援助事业的均衡发展。因此，我们应当因地制宜，结合实际情况和发达地区的法律援助成熟范例，利用现代化的科技，探索适合我国国情的法律援助模式，最终建成惠及更多人民群众的法律援助制度，让广大人民群众感受到法律的公平与正义。

---

〔1〕 邹小华、薛德升、黄颖敏："等级化、网络化与区域化：基于律师事务所空间分布的中国城市体系研究"，载《华南师范大学学报（自然科学版）》2015 年第 2 期。

香港地区法律援助条例

（第 91 章）

本条例旨在就向经济能力有限的人给予法律援助以进行民事诉讼事宜，以及为由该事宜附带引起的或与该事宜相关的目的，订定条文。

［1967 年 1 月 12 日］1967 年第 1 号法律公告。[1]

第Ⅰ部 导 言

1. 简称

本条例可引称为《法律援助条例》。

2. 释义

（1）在本条例中，除文意另有所指外：

人、人士（person）就授权给予任何人法律援助而言，不包括属法团或并非法团的团体；

大律师（counsel）指已在按照《法律执业者条例》（第 159 章）的条文备存的大律师登记册上登记为大律师，而在关键时间并无被暂时吊销执业资格的人；

分担费用（contribution）指受助人或前受助人根据本条例就法律援助的讼费及开支所须缴付的分担费用；

司法常务官（Registrar）指高等法院司法常务官，就在终审法院进行的任何法律程序而言，包括终审法院司法常务官；

幼年人（infant）指年龄未满 18 岁的未婚人士；

名册（panel）指按照第 4 条备存的适当名册；

收入（income）、可动用收入（disposable income）及可动用资产（disposable capital）指以订明方式厘定的收入、可动用收入及可动用资产；

受助人（aided person）指已获发给法律援助证书的人，而该证书仍然有效；

法官（judge）指高等法院法官或区域法院法官（视属何情况而定）；

法律援助（legalaid）指根据本条例的条文给予的法律援助；

法律援助主任（Legal Aid Officer）指获委出任附表 1 指定的人员的职位并正在

---

〔1〕 自 1967 年以来，该条例曾历经多次修订；其中，最近一次是 2020 年第 130 号法律公告修订。——编者注

任职的人员，或合法执行该等人员的职能的人员；

法律援助辅助计划（Supplementary Legal Aid Scheme）指本条例内有关给予第5A 条适用的法律援助的条文；

法律援助证书（legal aid certificate）指根据第 10 条发给的法律援助证书；

法律程序（proceedings）包括：

（a）法院法律程序；

（b）在提出法院法律程序之前进行的商讨（包括调解），以及为没有就其提出法院法律程序的由汽车保险局支付的补偿而进行的商讨；

（c）向精神健康复核审裁处提出的申请；

法院（court）指在其处进行的法律程序而可给予法律援助的法院、审裁处或人士，但不包括终审法院；

律师（solicitor）指已在按照《法律执业者条例》（第 159 章）的条文备存的律师登记册上登记，而在关键时间并无被暂时吊销执业资格的人；

指派（assignment，assigned）包括署长指派律师或大律师、受助人自行挑选律师或大律师，以及律师延聘大律师；

计划基金（Fund）指根据第 29 条设立的法律援助辅助计划基金；

订明（prescribed）指由根据第 28 条所订立的规例订明；

家事法律程序（domestic proceedings）指在《婚姻法律程序与财产条例》（第192 章）、《婚姻诉讼条例》（第 179 章）、《未成年人监护条例》（第 13 章）、《分居令及赡养令条例》（第 16 章）或《父母与子女条例》（第 429 章）下的法律程序；

财务资源（financial resources）指以订明方式厘定的财务资源；

署长（Director）指根据第 3 条的条文获委任的法律援助署署长、法律援助署副署长、法律援助署助理署长及法律援助主任；

监护人（guardian）就幼年人而言，在不损害该词的概括性的原则下，包括署长认为法院可妥善地委任为该幼年人的起诉监护人或辩护监护人的人；

誊本（transcript）包括正式速记纪录的誊本及法官手书纪录的任何正式打字本；

缴付讼费命令（order for costs）包括法院或终审法院颁令法律程序一方向另一方缴付讼费的判决、命令、判令、判给或指示，不论是否在该等法律程序中发出或作出的。

（2）凡本条例内提述关乎或涉及向终审法院提出上诉或申请向终审法院提出上诉的许可的法律程序、申请、命令或决定，即包括提述关乎或涉及反对该上诉或申请上诉的许可的法律程序、申请、命令及决定。

（3）行政长官可藉命令修订附表 1。

3. 委任

（1）行政长官可委任一人为法律援助署署长，并可委任其认为适当人数的法律援助署副署长、法律援助署助理署长及法律援助主任。

（2）任何人除非已具有资格在香港、联合王国或《律政人员条例》（第 87 章）附表 2 列出的地区以法律执业者身分执业，否则不得获委任为法律援助署署长、法律援助署副署长、法律援助署助理署长或法律援助主任，亦不得暂时署理该等职位。

（3）根据第（1）款获委任的人，在根据本条例或依据《刑事诉讼程序条例》（第 221 章）第 9A 条订立的规则履行职责或行使权力时，须具有获根据《法律执业者条例》（第 159 章）妥为认许的大律师及律师的所有权利、权力、特权及责任，包括在任何法院或终审法院出庭发言的权利：

但上述人士不得在任何刑事讼案或事宜的审讯中，以大律师身分为被告人承办及处理其案件，亦不得以该身分在任何刑事讼案或事宜中代表该被告人处理上诉事宜。

（4）宪报上所刊登有关某人已获委出任第（1）款所指任何职位或已停任该等职位的公告，即为证明其内所述事实的充分证据。

4. 大律师及律师名册

（1）署长须分别编制及备存大律师及律师的名册，记录所有已在按照《法律执业者条例》（第 159 章）的条文备存的大律师或律师登记册上登记，而又愿意在有人申请给予法律援助时进行调查、作出报告及提供意见，并代受助人行事的大律师及律师。

（2）署长须在名册内注明大律师或律师准备代受助人行事的每年次数或法律程序类别的限制，并按照该等限制行事。

（3）任何大律师或律师均有权名列名册内，除非署长因该人代表或获指派代表接受法律援助人士行事时所作的行为，或因该人的一般专业操守，而信纳有充分理由不将其姓名列入名册内，则属例外。

（4）署长须信纳大律师或律师已持有有效执业证书，方可将其姓名列入名册内，如有任何大律师或律师并未持有有效执业证书，署长须在名册内将其姓名注销。

（5）除第 25（2）条另有规定外，任何大律师或律师均可随时要求署长在名册内将其姓名注销，而署长须顺应其要求。

第 II 部　法律援助的范围

5. 有资格获得法律援助的人

（1）除本条例另有规定外，财务资源不超过 ＄420，400 的人，均可按照本条例规定获得本条所适用的法律援助，以进行附表 2 第 1 部所述的民事法律程序，但该附表第 2 部所述的法律程序则不包括在内。

（2）凡据法权产由属法团或并非法团的团体，为任何与该据法权产相关的目的而转让予任何人，该人不得根据本条例获给予法律援助。

5AA. 署长可免除财务资源审查的上限

如署长在顾及第 10（3）条列明的事宜后，信纳某人在一项违反《香港人权法案条例》（第 383 章）或抵触《公民权利和政治权利国际公约》中适用于香港的规定是其中争论点的法律程序中，会获发给法律援助证书，署长可免除根据第 5（1）条施加的财务资源限制。

5A. 法律援助辅助计划

除本条例另有规定外，凡符合以下说明的人，均可按照本条例规定获得本条所适用的法律援助（即根据法律援助辅助计划给予的法律援助）：

（a）因其财务资源超过第 5 条订明的款额而不能根据该条获得法律援助；及

（b）其财务资源超过 ＄420，400，但不超过 ＄2，102，000，以进行附表 3 第 1 部所述的民事法律程序，但该附表第 2 部所述的法律程序则不包括在内。

6. 法律援助的范围

法律援助的具体形式是署长或律师（如有需要，包括大律师）根据本条例订定的条款代表受助人办理案件，包括律师或大律师在进行任何法律程序的初步工作或附带工作时，或为终止任何法律程序而达成妥协或执行妥协条款时通常给予的一切援助。

7. 立法会作出修订的权力

立法会可藉决议：

（a）修订以下款额：

（i）第 5 条指明的财务资源；及

（ii）第 5A 条指明的财务资源；及

（b）修订附表 2 及 3。

第 III 部　法律援助的申请及证书的发给

8. 法律援助的申请

（1）任何人如欲本身获得法律援助或以代表或受信人身分获得法律援助，须为此而向署长提出申请。

（2）法律援助申请须以订明表格提出，并附上订明的法定声明，以核实申请书所述资料。

（3）如欲获得法律援助的人是幼年人，须由其父亲、母亲或监护人代其根据本条提出申请。

（4）在第（1）款中提述欲以代表身分获得法律援助的人之处，须延伸至包括欲获得法律援助以向法院或终审法院申请命令，使其能够代表精神紊乱者进行民事法律程序（须属根据本条例可给予法律援助进行的民事法律程序）的人。

9. 署长作出查讯的权力

凡有人根据第 8 条的条文申请法律援助：

（a）署长可对申请人的经济能力及个案的成功机会作出其认为适当的查讯，并且为查讯个案的成功机会，署长有权无须缴费而：

（i）按照《裁判官条例》（第 227 章）第 35A 条的条文，获得任何有关法律程序的纪录副本或该条所指的登记册的有关摘录副本；

（ia）获得任何有关法律程序中的状书或其他文件的副本；

（ii）获得申请所关乎的任何法律程序的证供誊本，如有其他有关的法律程序（须属与第（i）节无关的法律程序），署长并有权获得该等法律程序中有关证供的誊本，如该等法律程序为刑事法律程序，则亦有权获得法官在该等法律程序中作出的总结词；

（b）署长可规定申请人提供署长为考虑其申请而需要的资料及文件；

（c）署长可规定申请人亲自面见署长；

（d）署长可将该项申请或申请所引起的任何事宜转交名列适当名册的大律师或律师，由其调查有关事实，并就该等事实作出报告，或就该等事实或该项申请所引起的任何法律问题提供意见；

（da）（由 1995 年第 79 号第 50 条废除）

（e）署长可在该项申请有所决定之前，采取或安排采取所需步骤，以保护申请人或申请人所代表的任何人的利益；

（f）署长可从受其支配并可为有关目的而动用的基金中，拨款支付上述任何事宜附带引起的开支。

10. 法律援助证书的发给

（1）除第（2）及（3）款另有规定外，署长如信纳以下事宜，可将法律援助证书发给申请人，证明该人有权根据本条例条文获得法律援助，进行任何法律程序：

（a）申请人要求给予法律援助进行的法律程序，是根据第 5 或 5A 条（视属何情况而定）可给予法律援助的法律程序；

（b）如属第 5 条适用的法律援助，除第 5AA 条另有规定外，该人的财务资源不超过该条指明的财务资源款额；及

（c）如属第 5A 条适用的法律援助，该人的财务资源不超过该条指明的财务资源款额。（由 1991 年第 27 号第 9 条代替）

(d)（由 1991 年第 27 号第 9 条废除）

（2）署长即使信纳第（1）款指明的事宜，但如认为申请人曾处置任何资产或收入，以便符合该款各段指明的条件，或为求耗用或减少其财务资源以达到该目的而没有尽力发挥其赚钱能力，署长仍可拒绝发给法律援助证书。

（3）任何人均须显示他有合理理由进行法律程序、在法律程序中抗辩、反对或继续法律程序或作为其中一方，否则不可获发给法律援助证书，进行该等法律程序；署长如觉得有以下情况，亦可拒绝给予法律援助：

（a）申请人从该等法律程序中只会得到轻微好处；

（b）鉴于法律程序简易，通常无须聘用律师处理

（c）就该案件的个别情况而言，给予申请人法律援助是不合理的；

（d）申请人在作出申请后，曾经离开香港，并连续 6 个月逗留在香港以外的地方；

（e）申请人不遵从署长根据第 9（b）或（c）条作出的规定；

（f）申请人已容许给予法律援助的要约失效或已表示他意欲撤回其申请；或

（g）在寻求该等法律程序的实质相似结果方面，有其他人与申请人共同受涉及或与申请人有相同的利害关系，但如申请人不能提出其本人的法律程序便会蒙受不利的话，则属例外。

11. 证书的撤回及取消

署长可在订明的情况下，以订明的方式撤回或取消任何法律援助证书。

12. 超过一方申请援助

（1）在任何法律程序中，如已有一方申请法律援助或受助人是其中一方，而任何另一方亦申请法律援助，则本条例的条文对双方均适用：

但署长本人不得代任何一方行事，而须指派按以下规定挑选的大律师或律师代每一名受助人行事：

（a）凡属在终审法院进行的法律程序，由署长挑选；或

（b）凡属其他法律程序，如受助人要求，可由其自行挑选，否则由署长从名册中挑选，

但如署长已在受助人为其中一方的法律程序中代受助人行事，则当另一方申请法律援助时，署长如认为不会引致利益冲突或使任何受助人蒙受不利，可继续代该受助人行事。

（2）凡署长按照第（1）款的但书继续代受助人行事，他须从名册中指派一名律师，及增派或改派大律师代另一受助人行事。

13. 法律援助证书的批注

（1）凡署长发给法律援助证书，他可代受助人在任何法律程序中或法律程序任

何部分中行事，而受助人如欲自行挑选大律师或律师，署长可指派该人自行挑选的大律师或律师，否则可由署长挑选，署长并须将被指派的大律师或律师姓名批注在法律援助证书上。

（2）署长如认为某法律程序异常困难或重要，或可能会变为异常困难或重要，可在证书中注明在该法律程序中，应由2名大律师代表受助人，其中1人可为首席大律师。

（3）根据第（1）款由受助人或署长挑选的大律师或律师，均须从名册中挑选，除第（2）款适用的情况外，受助人如未获署长同意，不得挑选首席大律师。

14. 将法律援助证书提交法院

（1）署长须在以下时间将法律援助证书提交法院登记处：

（a）如给予法律援助进行的法律程序已经展开，须于发出证书后在切实可行范围内尽快提交；及

（b）如属其他情况，须于该等法律程序在该法院展开时提交，

提交该等证书时，无须缴付法院费用。

（2）凡大律师或律师于法律援助证书提交法院后才获指派代受助人行事，或凡署长作出新指派，取代先前指派的大律师或律师，则署长无须将其指派或新指派（视属何情况而定）的大律师或律师姓名批注在证书上，而可改为将该项指派或新指派以书面通知将会进行有关法律程序的法院的适当人员。

（3）-（4）（由1984年第54号第11条废除）

（5）在本条中，法院（court）包括终审法院。

15. 提出法律援助申请后有关法律程序须暂停进行

（1）（由1995年第79号第50条废除）

（2）凡诉讼已经展开，或已有人就任何法律程序提出上诉，而任何一方或任何欲加入成为其中一方的人提出法律援助申请，署长须于接获申请后，在切实可行范围内尽快通知另一方或其他各方，并将有关该项通知的备忘录提交已展开有关诉讼的法院或审理有关上诉的法院（视属何情况而定）。

（3）凡任何诉讼一方或欲加入成为其中一方的人申请法律援助，以便提出上诉或属上诉性质的法律程序，反对某法院或审裁处的判决或命令，署长须于接获申请后，在切实可行范围内尽快通知另一方或其他各方，并将有关该项通知的备忘录提交该法院或审裁处。

（4）凡署长将任何备忘录如此提交法院，则除非该法院另有命令，否则有关诉讼或有关上诉的所有程序，或有关诉讼及有关上诉的所有程序，均须凭借本条在订明期间内暂停进行，而该段期间不得少于14天。除非上述法院另有命令，否则该段期间不得计算在由任何法例或根据任何法例或以其他方式，就有关程序中作出任

何作为或采取任何步骤所订定的时限内。

（5）将备忘录提交法院，并不阻止：

（a）法院作出一项非正审命令，以发出强制令或委任接管人或经理人或接管人及经理人；或

（b）法院作出一项命令，以防止针对土地交易的知会备忘失效；或

（c）收到备忘录的法院为防止无可补救的不公正情况出现而作出其认为必需的任何其他命令。

（6）除非收到备忘录的法院另有命令，否则将备忘录提交法院并不阻止为获取、执行或以其他方式施行第（5）款所述的命令或具有相同效力的判令而提起或继续进行有关法律程序。

（7）凭借本条而暂停进行法律程序的时限，可由收到备忘录的法院藉命令予以缩短或延长。

（8）将本条所指的备忘录提交法院，无须缴费。

（9）就本条而言，诉讼（action）包括任何讼案或事宜。

16. 受助人提出上诉

（1）（由 1995 年第 79 号第 50 条废除）

（2）受助人如向任何法院提出上诉或属上诉性质的法律程序（非正审上诉除外）而未有将法律援助证书提交该法院，则就本条例而言，该人不得被当作为受助人。

16A. 向终审法院上诉

任何人不得以受助人身分向终审法院提出上诉或申请向终审法院提出上诉的许可、在该上诉或申请中抗辩、反对或继续该上诉或申请，或成为其中一方，但已为该目的而根据第 10 或 26A 条获发给法律援助证书者除外。

第 IV 部　讼费及分担费用

16B. 受助人所得的利益

除本条例另有规定外，凡任何人就任何法律程序而接受法律援助：

（a）该人就该等法律程序而招致的开支，除由署长直接支付的开支外，如通常是由获指派代该人行事的律师或该律师的代表先行支付的，须由该律师或代表支付，而律师所支付的开支须由署长付还；

（b）该人的大律师及律师的费用，由署长按照第 20 条支付；

（c）该人在法律援助证书所关乎的法律程序中，对于法院费用、为送达法律程序文件而须付的费用或就执行法律程序文件而须付予执达主任的任何费用，均无须缴付，但如就该等法律程序而作出或订立该人获得讼费的缴付讼费命令或协议，则

就该命令或协议而言，该等讼费须当作已由该人支付，第 19、19A（1）及 19B（1）（b）条均据此而适用；

（d）署长有权无须缴费而代表该人获提供证书所关乎的任何法律程序的证供誊本，如有其他有关的法律程序，并有权获提供该等法律程序中有关证供的誊本，如该等法律程序为刑事法律程序，则亦有权获提供法官在该等法律程序中作出的总结词；

（e）该人可能须向署长缴付分担费用；

（f）该人缴付讼费的法律责任，须按照第 16C 条厘定。

16C. 缴付讼费的法律责任

（1）除第 18A 条另有规定外，受助人及署长缴付讼费的法律责任，须按以下方式厘定：

（a）凡：

（i）署长根据法律援助辅助计划代受助人招致讼费，受助人除按照第 32 条的规定外，无须缴付该等讼费；及

（ii）署长在其他情况下代受助人招致讼费，受助人无须缴付超过其分担费用的讼费；

（b）凡法院或终审法院作出缴付讼费命令，判令受助人缴付讼费予并无接受法律援助的人，或有关各方订立协议，由受助人缴付讼费予并无接受法律援助的人：

（i）如并无接受法律援助的一方在有关法律程序中是被告人或答辩人（反申索或交相呈请中的被告人或答辩人除外），或是上诉案（包括向终审法院提出上诉或申请向终审法院提出上诉的许可）的答辩人（交相上诉中的答辩人除外），讼费由署长缴付；

（ia）如并无接受法律援助的一方是反申索中的被告人或交相呈请中的答辩人，或是上诉案（包括向终审法院提出上诉或申请向终审法院提出上诉的许可）交相上诉的答辩人，则受助人或其代表提出的反申索、交相呈请或交相上诉所引致的讼费须由署长缴付；

（ib）如并无接受法律援助的一方是上诉反对某法院的判决或命令的上诉案（包括向终审法院提出上诉或申请向终审法院提出上诉的许可）的上诉人，而在该法院，原告人是受助人，则讼费须由署长缴付；及

（ii）如属其他情况，署长或受助人均无须缴付讼费，但受助人须根据第 18（1）（b）条缴付分担费用的则除外，而在此情况下，署长须代受助人缴付讼费，但以该项分担费用超过署长代受助人招致的讼费的款额为限；及

（c）凡法院或终审法院作出缴付讼费命令，判令受助人缴付讼费予另一名亦接受法律援助的人，或有关各方订立协议，由受助人缴付讼费予另一名亦接受法律援

助的人，则双方均无须缴付超过其分担费用款额的讼费，而根据该命令或协议有责任缴付讼费的一方的分担费用，须先用于双方的讼费上，其后，如另一方的讼费未能从有责任缴付讼费的一方所付的分担费用中收回，则该另一方的分担费用须用于本身的讼费上，但以不超过其本身讼费的款额为限。

（2）第（1）款所指的受助人的讼费，只指法律援助证书所关乎的法律程序在有关期间内引致的讼费，除此以外，该款并不影响受助人缴付讼费的法律责任。

（3）如第（1）款对受助人缴付讼费的法律责任作出限制：

（a）凡受助人代表另一人行事或代另一人持有基金，并以代表或受信人身分获得法律援助，该项限制须延伸至该另一人，并为该笔基金的利益而延伸；及

（b）凡受助人以幼年人的监护人身分获得法律援助，该项限制须延伸至该幼年人。

（4）（由 1995 年第 79 号第 50 条废除）

17. 法院可在某些情况下命令受助人缴付讼费

（1）凡法院或法官觉得有人以欺诈手段或失实陈述获取法律援助证书，可命令该受助人缴付署长及代该受助人行事的大律师和律师的讼费，或缴付另一方的讼费，或缴付署长、大律师和律师以及另一方的讼费。

（2）如法律援助证书在上述命令作出前已被撤回或取消，则第（1）款提述受助人（aided person）之处，包括提述在紧接撤回或取消证书之前为受助人的人。

（3）凡法院或法官觉得受助人在提出或进行法律程序或就法律程序抗辩时曾作出不恰当作为，可命令该受助人缴付署长及代该受助人行事的大律师和律师的讼费，或缴付另一方的讼费，或缴付署长、大律师和律师以及另一方的讼费。

（4）凡法院或法官根据第（1）或（3）款作出命令，有关讼费须予以评定，犹如被命令缴付讼费的一方并非受助人一样。

（5）除有关命令另有指示外，法院或法官根据第（1）或（3）款命令缴付的讼费须包括第 16B（c）及（d）条所指性质的费用。

（6）在本条中，法院（court）包括终审法院。

18. 受助人缴付的分担费用

（1）凡

（a）受助人根据法律援助辅助计划获得法律援助，受助人须按照第 32 条向署长缴付分担费用；及

（b）属其他情况，如署长提出要求，受助人须就可能要由署长为该人缴付的款项或可能变为要由署长为该人缴付的款项，向署长缴付分担费用。

（2）受助人根据本条例须向署长缴付的分担费用为欠署长的债项，须以订明的方式缴付。

（3）如受助人缴付的分担费用总额超过第 18A（2）条所指由署长为该人而承担的费用净额，则多缴之数须发还给该受助人：

但本款不适用于根据第 32 条缴付的分担费用。

18A. 被收回的财产的押记

（1）凡受助人就某法律程序或署长认为是与该法律程序有重大关连的另一法律程序而接受法律援助，而在该法律程序或该另一法律程序中有任何财产（不论是否位于香港）为受助人收回或保留，则除本条另有规定外：

（a）分担费用中未缴的款额；及

（b）除根据法律援助辅助计划给予法律援助的情况外，如分担费用总额少于署长为受助人承担的费用净额，则相等于不敷之数的款项，须作为使署长受益的第一押记而押记于该等财产之上。

（2）第 18 条及第（1）款提述署长就任何法律程序为任何人承担的费用净额之处，包括提述以下款额的总和：

（a）署长就该法律程序已经或必须为该人付予任何律师或大律师的款项（如署长代人行事，则指假若并非由署长如此代人行事时所须缴付的款项），该等款项须属未被署长从该人根据缴付讼费命令或协议就该法律程序收回的款项中扣除者；

（b）署长已经或必须根据第 16C 条代该人支付的任何款额；及

（c）署长根据第 9（f）条就给予该人法律援助而支付的任何开支款额。

（3）第（1）款提述在任何法律程序中为受助人收回或保留的财产之处，须包括：

（a）受助人根据任何为避免进行法律程序或为终止法律程序而达成的妥协所享有的权利，及该人根据缴付讼费命令或协议就该法律程序收回的任何款项；及

（b）（凡就有关法律程序发给受助人的法律援助证书被撤回或取消）在其后由受助人本人或别人为他在有关法律程序中收回或保留的任何财产，或凭借任何为避免进行法律程序或为终止法律程序而达成的妥协所收回或保留的任何财产；及

（c）为受助人所代表的人的利益或为受助人有权从中获得弥偿的任何产业或基金的利益而收回的任何财产。

（3A）凡所收回或保留的财产是土地或土地权益，第（1）款所指的押记须归属署长，署长可根据《土地注册条例》（第 128 章）将有关押记注册，并可使用任何可就各方之间作出的押记而由承押记人使用的方式强制执行该押记。

（3B）凡在任何法律程序中有任何财产为受助人收回或保留，而根据法院或终审法院命令或所达成的协议的条款，该财产须用作受助人或其受养人的居所，则以下条文适用：

（a）如署长信纳该财产能为他本会就该财产而留存的任何款项提供足够的保

证，他可押后强制执行有关押记。

（b）除（c）段另有规定外，自有关押记首度注册之日起，（a）段提述的款项须孳生须由受助人缴付予署长的单息，以每年10%的息率或订明息率计算。

（c）尽管有（b）段的规定：

（i）凡署长信纳：

（A）受助人缴付根据该段孳生的全部或任何利息会对受助人造成严重困苦；或

（B）在所有情况下均属公正及公平，署长可完全或局部免除受助人缴付全部或任何该等利息；

（ii）受助人根据该段须缴付的利息须一直孳生，直至（a）段提述的款项获清缴为止，而在该款项获清缴之前，署长不得谋求追讨利息；及

（iii）本款并不阻止受助人定期或不定期地就（a）段提述的款项的利息或本金作出中期付款，如受助人就本金付款，该款项须相应减少。

（4）如律师享有的讼费留置权不能阻止法院或终审法院准许将有关的损害赔偿或讼费用作抵销其他损害赔偿或讼费，则根据第（1）款就有关损害赔偿或讼费而订立的押记，亦不能阻止法院或终审法院作出该项批准。

（5）第（1）款所订的对财产的押记不适用于以下款项：

（a）根据命令或与命令具有相同效力的协议而作的中期付款；

（b）在审讯期间提供的赡养费或在家事法律程序中作出的命令，或根据与命令具有相同效力的协议，而就子女、配偶或前度配偶的赡养而作的定期付款；但如付款是就配偶或前度配偶的赡养而作出，而其款额超过每月＄9,100（或其等值），则属例外；

（c）凡须就配偶或前度配偶的赡养而支付的款额，超过每月＄9,100（或其等值），则第（1）款所订的对财产的押记不适用于首＄9,100（或其等值）；

（d）因拖欠赡养费而缴付款额（但在（b）段会适用的范围内则除外）；及

（e）以雇员补偿方式收回的款额；但第（1）款所订的对财产的押记就可归因于在相同情况下产生的受助人的普通法申索而适用。

18B. 讼费保证金

如受助人须缴付讼费保证金，署长可从受其支配并可为该目的而动用的基金，拨款支付该笔保证金：

但如根据法律援助辅助计划给予受助人法律援助，则保证金须由计划基金拨款支付。

19. 讼费的判给

（1）法院或终审法院可作出缴付讼费命令，判令受助人获得讼费或缴付讼费，

命令的方式及范围与命令任何其他人获得讼费或缴付讼费一样，但命令只可在第16C条容许的范围内针对受助人及署长而强制执行。

（1A）（a）凡法院或终审法院作出缴付讼费命令，判令受助人获得讼费，被缴付讼费命令判令缴费的人，须同时缴付若无第16B（c）及（d）条的规定即须由受助人缴付的法院费用及其他费用。

（b）根据（a）段须付予受助人的法院费用及其他费用均须付予署长，只有署长能够确认缴付该等款项的责任已妥为履行。

（2）（由1984年第54号第19条废除）

（3）（由1995年第79号第50条废除）

19A. 受助人应得的一切款项须付予署长

（1）除非署长藉书面通知向负责付款的人及受助人发出其他指示，否则受助人可获付的以下所有款项须付予或付还（视属何情况而定）署长：

（a）受助人凭借一项命令（包括终审法院命令）而可获付的款项，而该命令是就受助人的法律援助证书所关乎的法律程序而作出的；

（b）受助人凭借一项协议（不论该协议在受助人的法律援助证书所关乎的法律程序实际开始前或开始后订立）而可获付的款项，而该协议是就该等法律程序而订立的；

（c）由受助人或代受助人就其法律援助证书所关乎的法律程序而缴存于法院或终审法院，并被判令付还他的款项；或

（d）就受助人的法律援助证书所关乎的法律程序而存放于法院或终审法院的款项。

（2）凡任何法院或终审法院、主管当局或任何人行使任何法例赋予的权力，就付款予受助人事宜发出任何指示或行使酌情权，则第（1）款并不适用；在该情况下，该法院或终审法院、主管当局或该人须规定付予受助人的款项，须受一项为根据本条例须付予或付还署长的款项而设的第一押记所规限。

（3）即使：

（a）《雇员补偿条例》（第282章）；或

（b）《高等法院条例》（第4章）；或

（c）任何其他法例，

有任何条文：

（i）限制支付任何款项予任何人；或

（ii）禁止支付任何款项予任何人，

本条条文仍适用于所有可能变为须付予受助人的款项。

（4）根据本条可能变为须付予署长的款项，只有署长能够确认缴付的责任已妥

为履行。

（5）在本条中提述受助人（aided person）之处，包括所持的法律援助证书已被撤回或取消的受助人。

19B. 署长对所收到款项的处理

（1）署长收到依据第 19 或 19A 条付予他的一切款项后，须：

（a）保留以下款项：

（i）凭借惠及受助人的缴付讼费命令或协议而缴付的款项；

（ii）一笔相等于如凭借第 18A（1）条就任何被收回或保留的财产为署长的利益作出押记的款额的款项；及

（iii）署长在根据本条例订立的规例以其本身名义进行的法律程序中所收回的任何讼费：

但署长如信纳根据本段保留任何款项会导致任何人遭遇严重困苦，而减少其保留的款项在所有情况下均属公正及公平，则须减少其保留的款项，款额由署长厘定，但以不超过＄108，850 为限；

（b）将依据第 19（1A）条付予他的法院费用及其他费用转付高等法院司法常务官或终审法院司法常务官；及

（c）将余款付予受助人，如法院发出指示，则将余款付予法院或其他的人。

（2）尽管有第（1）款的规定，如署长信纳：

（a）遵照第（1）（a）款的规定会导致任何人遭遇严重困苦；及

（b）他将会根据第 19 或 19A 条收到款项，他可在收到该等款项后，不遵照第（1）（a）款的规定而将其中他认为为适当的部分付予受助人。

（3）在本条中，法院（court）包括终审法院。

19C. 付予署长的款项衍生的利息

（1）由受助人或代受助人付予署长的一切款项所衍生，并由政府根据本条例收取的利息及股息，须拨入政府一般收入。

（2）现声明在本条例经《1991 年法律援助（修订）条例》（Legal Aid（Amendment）Ordinance1991）（1991 年第 27 号）修订前，政府根据本条例所收取的由受助人或代受助人付予署长的一切款项所衍生的利息或股息，须当作是及当作一向是政府一般收入的一部分。

20. 大律师及律师的讼费

署长须向代受助人行事的大律师及律师，支付其代受助人行事而收取的订明费用及讼费。

20A. 讼费评定

（1）凡受助人是法律程序的一方，在评定该法律程序的讼费时，就本条例而言，须按照适用于按律师与当事人间的基准评定讼费（而该等讼费乃由一项该当事人及其他人有利害关系在内的共同基金支付）的一般原则予以评定。

（2）署长有权在该等讼费评定进行时出席和陈词，亦有权提出反对或申请按照根据《香港终审法院条例》（第484章）、《高等法院条例》（第4章）或《区域法院条例》（第336章）订立的规则对评定进行复核。

21. 获弥偿权利的修改

（1）如有人对本身招致的开支享有获得弥偿的权利（不论该权利何时或如何订立或产生），则为了就本条例而修改该项权利的目的，本条须具有效力。

（2）在为上述权利的目的而决定任何开支是否合理时，无须理会有人利用本条例以图避免缴付该等开支或其中部分开支的可能性。

（3）凡有人享有获得弥偿他就任何法律程序而招致的开支的权利，并就该等法律程序接受法律援助，则在不损害该项弥偿就该人向署长缴付分担费用（如有的话）而具有的效力的原则下，该项权利亦可为署长的利益而行使，犹如署长就有关法律程序而代该人招致的开支是由该人招致的一样。

（4）凡：

（a）任何人获得弥偿他就任何法律程序而招致的开支的权利，是凭借协议而产生的，并受一项明订条件（指赋予根据该协议有责任缴付费用的人提出或进行法律程序的权利的条件）所规限；及

（b）有责任缴付费用的人已获给予合理机会行使该条件所赋予的权利，但他未曾利用该机会，则就第（3）款而言，获弥偿的权利须视为不受该条件所规限。

（5）第（3）及（4）款不得视为剥夺任何人或团体所受的法律保障；除第（4）款另有规定外，亦不得视为赋予就任何开支而为署长收回款项的较大权利，即大于接受法律援助的人如招致有关开支便会享有的权利。

（6）凡任何人就任何法律程序所招致的开支获得弥偿的权利，根据第（3）款为署长的利益而行使，则为署长收回的任何款项，均须从署长就该等法律程序而须缴付的所有款项总额中扣除，余额为可向该人追讨的最高款额。

22. 禁止向受助人收取费用

（1）除第18条另有规定外，任何人如依据本条例作出的案件转介而进行调查、作出报告、提供意见、给予证明书或代受助人行事，均不得就此等事情而向受助人收取或协定向受助人收取或求取任何费用、利润或报酬（不论是金钱或其他方面的）。

（2）任何人违反第（1）款，即属犯罪，经定罪后，可处第5级罚款及监禁6个月。

22A. 立法会作出修订的权力

立法会可藉决议修订：

（a）第18A（5）条内所指明的赡养费款额；及

（b）第19B（1）（a）条的但书内所指明的款额。

第 V 部　杂项规定

23. 就失实陈述等提起的法律程序

（1）任何寻求或接受法律援助的人：

（a）故意不遵守有关由其提供资料的规例；或

（b）在提供该等规例所规定的资料时，明知而作出任何虚假陈述或虚假申述，即属犯罪，循简易程序定罪后，可处第3级罚款及监禁6个月。

（2）即使有任何法例订明提出第（1）款所订罪行的法律程序的时限，该等法律程序可在犯罪后2年内提出，或检控人初次揭发有关罪行后的1年内提出，两个限期中以较早届满者为准。

24. 附于某些关系上的特权

（1）以下各种关系所产生的特权及权利，和当事人与以专业身分受聘行事的大律师及律师之间的关系所产生的特权及权利相同：

（a）法律援助申请人与署长及（如其申请转介予大律师及律师）受转介的大律师及律师之间的关系；

（b）受助人与署长及被指派在法律援助证书所关乎的法律程序中代受助人行事的大律师及律师之间的关系。

（2）（由1991年第27号第15条废除）

（3）除按本条例规定外，本条例赋予受助人的权利，并不影响有关法律程序其他各方的权利或法律责任，亦不影响任何法院或审裁处通常行使酌情权时所根据的原则。

（4）任何人不得披露为本条例的施行而给予的资料，而该等资料与寻求或接受意见、援助或代表的人是有关的，但在以下情况披露则除外：

（a）为使某人能够妥善履行在本条例下的职能而披露；

（b）为就因本条例实施而产生的罪行提起及进行刑事法律程序而披露，及为就该等法律程序提供意见或作出报告或报导而披露；或

（c）在有关人士的同意下及（如资料不是他给予的）给予资料的人的同意下披露。

（5）如撮要或结集形式的资料的罗列方式，令人不能从中确定关于某一特定人士的资料，则第（4）款不适用于该等资料。

（6）如有任何资料给予以其专业身分行事的大律师或律师，而该等资料是由寻求或接受在本条例下的意见、援助或代表的人或其代表给予的，则该资料不是为本条例的施行而给予的资料。

（7）在本条中，法院（court）包括终审法院。

25. 未经许可不得中止法律援助

（1）受助人未经署长许可，不得停止聘用根据本条例被指派代其行事的大律师或律师。

（2）除第（3）款另有规定外，被指派代受助人行事的大律师或律师未经署长许可，不得中止其援助。

（3）本条的规定并不损害大律师或律师以合理理由而拒绝或放弃处理任何案件的权利。

26. 上诉反对署长的决定

（1A）对于署长就申请法律援助以便向终审法院提出上诉或申请向终审法院提出上诉的许可而作出的命令或决定，本条并不适用。

（1）因署长根据本条例任何条文作出的命令或决定而感到受屈的法律援助申请人或受助人，可向高等法院司法常务官提出上诉，由他以内庭聆讯方式处理。

（2）根据本条提出的上诉，须在上诉所反对的命令或决定作出后 14 天内，或高等法院司法常务官准许的较长期间内，以通知到司法常务官席前的书面通知方式提出，无须另发传票。

（3）除非司法常务官另有命令，否则上诉通知书送达之日与进行聆讯之日最少须相隔一整天。

（3A）根据本条提出上诉的人，有权自费聘请大律师或律师在聆讯上诉时代表他。

（4）司法常务官就根据本条提出的上诉所作的决定，为最终决定，但他可将任何上诉转交高等法院法官在内庭决定，如属反对署长根据第 4（3）条所作决定而提出的上诉，则必须转交高等法院法官在内庭决定；在上述两种情况下，法官的决定为最终决定。

（4A）根据本条进行的聆讯，可兼以两种法定语文进行或以其中一种进行。

（5）司法常务官须将对根据本条提出的上诉所作的决定，以书面通知署长及上诉人，并须于通知内充分述明决定理由。

26A. 上诉反对署长就向终审法院上诉事宜所作的决定

（1）法律援助申请人或受助人如申请法律援助以便向终审法院提出上诉或申请向终审法院提出上诉的许可，而因署长就其申请作出的命令或决定而感到受屈，可将该项命令或决定呈交一个由以下人士组成的委员会复核：

（a）高等法院司法常务官，他须任主席；

（b）由香港大律师公会主席委任的一名有资格在香港执业的大律师（他须有资格获委为高等法院法官）；及

（c）由香港律师会会长委任的一名有资格在香港执业的律师（他须在普通法适用地区执业为律师满 10 年）。

（2）主席可委任一名公职人员为委员会秘书。

（2A）（由 1998 年第 25 号第 2 条废除）

（3）任何人如要求复核，须以书面发出通知，并在有关上诉所反对的命令或决定作出后 28 天内，或主席准许的较长期间内，将通知送交署长及主席，该通知须附有由在香港执业的大律师发出的证明书，述明该受屈的人有合理机会上诉得直，及提出该项意见的理由。

（4）委员会可：

（a）就申请人的经济能力与状况以及其案件的案情的是非曲直，作出委员会认为合适的查讯；

（b）要求申请人提供委员会认为合适的资料及文件；

（c）要求申请人亲自出席委员会的聆讯；及

（d）收取证据及为此目的而为证人监督。

（5）申请人及署长均有权亲自出席，或由大律师或律师代其出席委员会的聆讯，并可提交书面申述。

（6）委员会如信纳该受屈的人有合理机会上诉得直，并根据其案件的个别情况而信纳给予该人法律援助是合理的，可推翻或更改署长就有关上诉拒绝或限制给予法律援助的命令或决定，并可指示署长根据第 10 条向该人发给法律援助证书；委员会如不信纳上述情况，则须维持署长的命令或决定。

（7）委员会根据第（6）款作出的决定为最终决定。

（8）主席如认为合适，可命令由署长从受其支配并可为有关目的而动用的基金中，拨款支付主席按有关情况厘定为适当的以下费用：

（a）大律师发出第（3）款所述证明书的费用；及

（b）大律师或律师根据第（5）款出席委员会聆讯的费用及开支。

（9）委员会的开支，包括主席就委员会成员中的大律师及律师所厘定的合理收费，须由署长从立法会的拨款中支付。

（10）主席须将对根据本条提出的上诉所作的决定，以书面通知署长及上诉人，并须于通知内充分述明决定理由。

27. 法律援助的开支

法律援助的开支须由署长从立法会的拨款中支付

但本条不适用于根据法律援助辅助计划给予援助而招致的开支，而不能由计划基金支付的开支则除外。

28. 规例

（1）行政长官会同行政会议可订立规例，订明根据本条例必须或可以订明的任何事宜，及为更有效施行本条例，作出一般规定。

（2）在不损害第（1）款的概括性的原则下，该等规例可：

（a）对有关受助人为其中一方的法律程序的费用及讼费的所有事宜，予以规管；

（b）减免该等法律程序的费用，或就减免该等费用订定条文；

（c）就寻求或接受法律援助的人所须提供的资料，订定条文；

（d）就为给予法律援助而须将何等法律程序视为或不视为独立法律程序，及凭借一般就视为独立法律程序的法律程序作出的缴付讼费命令而可追讨或已收回的款项的分摊办法，订定条文；

（e）就在何种情况下，可在任何人寻求或接受法律援助时，因该人的行为而拒绝给予法律援助（不论是同一事宜或不同事宜）订定条文；

（f）就追讨关于法律援助的欠款及为使一项押记生效（该项押记是根据本条例施加于为受助人收回或保留的财产之上的）而订定条文，包括就以下事宜订定的条文：

（i）判令或订明向接受法律援助的人缴付讼费的缴付讼费命令或协议的执行；及

（ii）使大律师或律师获得付款的权利完全视乎或部分视乎他如何执行为施行本段而订立的规例所委予他的职责而定；

（g）订定应付以下特别情况所需的条文：

（i）有人就特别紧急事宜寻求法律援助；

（ii）有人循一般途径咨询大律师或律师后，再就同一事宜开始接受法律援助，或在有关事宜最终获得解决之前已停止接受法律援助；及

（iii）任何人在接受法律援助期间，其情况出现有关的变更；

（h）就为施行本条例而计算任何人的财务资源、可动用收入及可动用资产款额所采用的方式，订定条文，并在不减损上文的概括性的原则下，包括就以下事宜所订定的条文

（i）就有关人士必须支付或可合理地支付的受养人生活费、贷款利息、差饷、租金及其他项目，及就顾及其资源的性质下订明的其他宽免额，订明扣除额；

（ii）决定是否有任何资源须视为收入或资产，以及顾及收入的变动；

（iii）除规例另有规定外，任何人的配偶的资源须视为该人的资源，并就与未

成年人及其他特别情况有关时顾及其他人的资源，订定条文；

（iv）就根据社会福利署署长管理的综合社会保障援助计划接受援助的人，规定在厘定其资源时，其资源应如何对待；

（i）就根据法律援助辅助计划寻求或接受法律援助的人的财务资源的厘定方式，订定条文，并在不减损上文的概括性的原则下，包括（h）（i）、（ii）及（iii）段所指明性质的条文；

（j）厘定受助人就讼费及开支而须支付的分担费用；

（k）确保寻求或接受法律援助的人的资源不被视为包括争议标的；

（l）（如某死者的家人就《死因裁判官条例》（第 504 章）下对死亡个案进行的研讯要求法律援助）决定可根据第 5 条获给予法律援助的人的类别；

（m）（由 1984 年第 54 号第 25 条废除）

（n）订明被缴付讼费命令判令缴费的受助人缴付讼费的法律责任的范围及限度；

（o）订明律师或大律师呈交第 9 条所述报告或意见或第 16 条所述证书所收取费用的收费率；

（p）订明律师或大律师代受助人行事所收取费用的收费率；

（pa）为施行第 18A（3B）（b）条订明利率；

（q）就可要求受助人缴付讼费保证金的情况、保证金数额及缴付方式，订定条文；

（r）就任何根据第 3 条任职的人员在任何民事事宜（不论是争讼事宜或非争讼事宜）中需要代人行事所收取的费用及讼费，订定一般或特别条文；

（s）在看来有需要时修改本条例的任何条文，以适应寻求或接受法律援助而属以下情况的人：

（i）该人并非在香港居住；

（ii）该人以代表、受信人或其他身分而牵涉入有关事项；

（iii）该人联同其他人牵涉入有关事项或与其他人享有相同权益，不论该其他人是否接受法律援助；或

（iv）该人可利用某些权利及协助而无须利用本条例，或在合理情况下可望获得其所属团体给予财务或其他帮助；

（t）（由 1984 年第 54 号第 25 条废除）

（u）订定须根据本条例作出、发出、使用或给予的申请、证书、证明书、通知或命令，可用署长决定的方式及表格和格式作出、发出、使用或给予；

（v）就法律援助辅助计划的管理，包括向根据该计划申请法律援助的人收取的费用，及就计划基金事务的管理，订定条文；

（w）就根据第32条缴付的分担费用的计算方式，订定条文，并在不减损上文的概括性的原则下，就在事件获得和解或法律援助证书被取消或撤回时该笔分担费用的计算方式，订定条文。

（3）该等规例可一般地适用于所有法律事宜，不论该等事宜是否与由法院审理的法律程序有关，亦可适用于任何指明类别的事宜或法律程序，或某一指明类别的事宜或法律程序以外的所有事宜或法律程序，并可就法律援助辅助计划范围以内及以外的事宜，订定不同条文。

第 VI 部　与法律援助辅助计划有关的条文

29. 法律援助辅助计划基金的设立

（1）现设立一个由署长管理的基金，名为法律援助辅助计划基金。

（2）计划基金由以下款项组成：

（a）根据第30条为计划基金而给予署长的贷款；

（b）根据第32条须缴付的分担费用；

（c）将计划基金内的款项作出任何投资所得的收入及利息；

（d）（如受助人根据法律援助辅助计划接受援助）根据第19或19A条付予或付还署长的款项，或署长根据第19B条保留的款项；及

（e）其他订明款项。

（3）计划基金须承担以下项目：

（a）法律援助辅助计划的开支，包括付予大律师及律师的款项；如受助人根据该计划接受法律援助，则包括署长根据第16C条须缴付的任何讼费；

（b）根据第18B条缴付并由计划基金拨款缴付的保证金；

（c）根据第30条所借款项利息的缴付、该等借款的偿还及因该项借贷而须缴付的所有费用及开支；

（d）根据第（5）款须由计划基金支付的费用；及

（e）其他订明开支。

（4）署长可将计划基金的款项按财政司司长批准的方式进行投资。

（5）财政司司长可发出指示，就公务员根据该计划提供服务而向计划基金收取每年管理费用，拨入政府一般收入项下，该笔费用数额由财政司司长厘定。

30. 署长的借贷权力

（1）署长可用透支或其他方式暂时借入所需款项，以应付在恰当情况下须由计划基金支付的开支，或充作这方面的开支。

（2）署长在获得财政司司长事先批准下，可为计划基金的妥善运作，藉暂时贷款以外的方式借入所需款项。

（3）贷款给署长的人无须查究借款是否合法，或合乎规定，或所筹集的款项是否妥善运用，亦无须因为有任何不合法或不合乎规定的事，或有关款项运用不当或不予运用而蒙受不利。

31. 帐目

（1）署长须备存妥善的帐目及与之有关的计划基金事务纪录。

（2）审计署署长有权审计计划基金的帐目。

32. 拨付计划基金的分担费用

（1）凡根据法律援助辅助计划给予任何人法律援助：

（a）署长须要求该人向他缴付中期分担费用，拨入计划基金；并且

（b）如该人在该等法律援助的协助下提出的法律程序中完全或局部胜诉，署长须要求该人向他缴付最终分担费用，拨入计划基金，

而上述分担费用的款额以订明的方式及按照订明的情况计算。

（1A）凡受助人在有关法律援助的协助下提出的法律程序中败诉，该人将不获付还已根据第（1）（a）款缴付的任何中期分担费用及根据《法律援助规例》（第91章，附属法例A）第3（3）条缴付的任何申请费用：

但在取消法律援助证书之前已从或须从基金中为该受助人缴付的款项及代该受助人招致的讼费，如少于根据第（1）（a）款缴付的中期分担费用，署长须将剩余的款额付还予该人。

（1B）根据第（1）（a）款缴付的任何中期分担费用、根据或凭借惠及受助人的缴付讼费命令或缴付讼费协议而收回的款项，及其他订明款项（如有的话），须从根据第（1）（b）款须缴付的最终分担费用中扣除。

（2）根据本条缴付的分担费用，不得超过在法律程序中为受助人收回或保留的财产的价值。

（3）署长如信纳他假若行使根据本条收取分担费用的权利，会使任何人遭遇严重困苦，并在所有情况下均属公正及公平，可藉给予受助人书面通知，完全或局部放弃该等权利。

（4）第（1）、（1A）、（1B）或（2）款并不阻止署长在撤回或取消根据法律援助辅助计划发给前受助人的法律援助证书时，按订明方式及款额，向该人追讨在撤回或取消其证书前招致的讼费及开支，而不论该人是否继续进行有关法律程序，亦不论该等法律程序是否胜诉。

（5）就本条而言，凡根据法院命令或根据为避免进行法律程序或为终止法律程序而达成的妥协，为受助人收回或保留财产，则有关法律程序须当作为胜诉。

（6）本条提述在法律程序中为受助人收回或保留财产之处，须按照第18A（3）条解释。

32A. 转移至不同计划的效果

（1）凡某人的财务资源有所改变，令他有权寻求在法律援助辅助计划以外的另一法律援助计划下的援助，署长可更改须由该人根据法律援助辅助计划的分担费用。

（2）署长可在顾及该人根据法律援助辅助计划获得援助的时间及解决有关申索所用时间后，将须缴付的分担费用摊分。

33. 署长提出的上诉及其权力

（1）凡根据法律援助辅助计划获给予法律援助的人：

（a）在该项法律援助的协助下，于法院提出的法律程序中全部或部分败诉，署长可对该法院所作的判决或命令提出上诉；

（b）在该等法律程序中全部或部分胜诉，但没有在任何其他人提出的上诉中抗辩，则署长本人可反对该上诉。

（2）凡署长根据第（1）款行使其权力，须享有假若受助人提出上诉或反对上诉即会享有的所有权利及特权，包括有权与法律程序的另一方达成妥协，使有关法律程序得到解决。

（3）凡署长根据本条提出上诉或反对上诉，则因该上诉而须缴付的所有开支，包括根据有关讼费的命令而须缴付的款额，须由署长从计划基金拨款支付；但如署长在上诉中全部或部分胜诉，第 32 条即适用，犹如受助人本人提出上诉或在上诉中抗辩一样。

附表 1

［第 2（1）条］
法律援助主任：职衔

1. 助理首席法律援助律师
2. 高级法律援助律师
3. 法律援助律师

附表 2

［第 5 条］

根据第 5 条可给予法律援助的法律程序

第1部　法律程序类别

1. 在以下法院进行的民事法律程序：

（a）终审法院；

（b）上诉法庭；

（c）原讼法庭；

（d）区域法院。

2. 上述任何法院将案件全部或部分转介任何人席前进行的民事法律程序。

3. 在有关死者的家人提出法律援助要求后，署长认为为了维护社会公义需要而给予法律援助的在《死因裁判官条例》（第504章）下对死亡个案进行的研讯。

4. 根据《业主与租客（综合）条例》（第7章）第 II 部由土地审裁处审理的法律程序。

5. 在提出法院法律程序之前进行的商讨（包括调解），以及为没有就其提出法院法律程序的由汽车保险局支付的补偿而进行的商讨。

6. 向精神健康复核审裁处提出的申请。

第2部　不在法律援助范围内的法律程序

1. 全部或部分与以下事项有关的法律程序：

（a）诽谤，但对指称有诽谤的反申索作出的抗辩除外。

（b）－（c）（由 1986 年第 40 号第 6 条废除）

2. 促讼人诉讼。

3. 为追讨罚款而提出的法律程序（如该等法律程序可由任何人提出，而有关罚款须全部或部分付予提出该等法律程序的人）。

4. 立法会及区议会选举所引致的选举呈请；如呈请人声称违反《香港人权法案条例》（第383章）或抵触《公民权利和政治权利国际公约》中适用于香港的条文是争论点，而署长在顾及第10（3）条列明的事宜后，信纳呈请人会获发给法律援助证书，则属例外。

5. 在区域法院或原讼法庭审理的法律程序，而就被告人而言，在该等法律程序中法院须审理的唯一问题是他清缴债项（包括算定损害赔偿）及讼费的时间及付款办法。

6. （由 1995 年第 43 号第 13 条废除）

7. （由 1991 年第 27 号第 19 条废除）

8. 本附表本部所述的任何法律程序附带引起的法律程序。

9. 根据《小额钱债审裁处条例》（第 338 章）在小额钱债审裁处提起的法律

程序。

10. 根据《劳资审裁处条例》（第 25 章）在劳资审裁处进行的法律程序。

11. 任何以下法律程序：（由 2012 年第 112 号法律公告修订）

（a）涉及关于证券衍生工具、货币期货或其他期货合约的金钱申索的法律程序，但如寻求法律援助的人提出申索的基础是该人因诈骗、欺骗或失实陈述，而被诱使进行该等证券衍生工具、货币期货或其他期货合约交易，则属例外；（由 2012 年第 112 号法律公告修订）

（b）追讨寻求法律援助的人在其进行的业务的正常过程中借出的贷款的法律程序；

（c）涉及有限公司之间的或其股东之间的并与该公司及该等股东各自的权益有关的争议的法律程序；

（d）因关于合股关系的争议而产生的法律程序；

（e）讼费的评定程序；但如有关的缴付讼费命令是就某项诉讼作出而寻求法律援助的人过去在该项诉讼中获得法律援助则除外。

在本段中：

期货合约（futures contract）具有《证券及期货条例》（第 571 章）附表 1 第 1 部第 1 条所给予的涵义；

证券衍生工具（derivatives of securities）指：

（a）买入或卖出公司、政府主管当局或其他机构的股本的权益的期权，或买入或卖出公司、政府主管当局或其他机构发出的文书的权益的期权；

（b）上述股本或文书的权益证明书或参与证明书；

（c）认购上述股本或文书的权证；或

（d）上述股本或文书中的权利（股份除外）。

附表 3

[第 5A 条]

根据第 5A 条可给予法律援助的法律程序

第 1 部　法律程序类别

1. 寻求法律援助的人（申索人）因任何人的人身受伤或死亡，而为申索损害赔偿在原讼法庭或上诉法庭提起的民事法律程序（包括关于针对申索人的反申索抗辩的法律程序，亦包括该等民事法律程序附带引起的其他法律程序）；以及在更高级法院进行的关乎上述申索的法律程序。

2. 如因某人的人身受伤或死亡，提出损害赔偿申索，而署长认为申索款额相当可能会超过指明款额：

（a）由寻求法律援助的人（申索人）就该申索在区域法院提起的民事法律程序，包括对针对申索人的反申索作抗辩的法律程序，以及该民事法律程序附带引起的其他法律程序；及

（b）在更高级法院进行的、关乎该申索的法律程序。

3. 由寻求法律援助的人根据《雇员补偿条例》（第282章）在区域法院以雇员身分提起的民事法律程序（包括该等民事法律程序附带引起的其他法律程序）；以及在更高级法院进行的关乎上述民事法律程序的法律程序。

4. 如因医疗专业疏忽、牙科专业疏忽或法律专业疏忽，提出损害赔偿申索，而署长认为申索款额相当可能会超过指明款额：

（a）由寻求法律援助的人就该申索在区域法院、原讼法庭或上诉法庭提起的民事法律程序，包括对针对该人的反申索作抗辩的法律程序，以及该民事法律程序附带引起的其他法律程序；及

（b）在更高级法院进行的、关乎该申索的法律程序。

5. 寻求法律援助的人，就符合以下描述的损害赔偿申索，在区域法院、原讼法庭或上诉法庭提起的民事法律程序（包括对针对该人的反申索作抗辩的法律程序，以及该民事法律程序附带引起的其他法律程序），及在更高级法院进行的、关乎该申索的法律程序

（a）申索是由该人就以下任何人的专业疏忽而提出的：

（i）《专业会计师条例》（第50章）第2条所界定的执业会计师；

（ii）根据《建筑师注册条例》（第408章）注册为注册建筑师的人；

（iii）《工程师注册条例》（第409章）第2条所界定的注册专业工程师；

（iv）《测量师注册条例》（第417章）第2条所界定的注册专业测量师；

（v）《规划师注册条例》（第418章）第2条所界定的注册专业规划师；

（vi）《土地测量条例》（第473章）第2条所界定的认可土地测量师；

（vii）《地产代理条例》（第511章）第2条所界定的地产代理；

（viii）根据《园境师注册条例》（第516章）注册为注册园境师的人；

（ix）就《证券及期货条例》（第571章）所指的第1、2或8类受规管活动获发牌的持牌人（该条例附表1第1部第1条所界定者）；

（x）就《证券及期货条例》（第571章）所指的第1或2类受规管活动获注册的注册机构（该条例附表1第1部第1条所界定者）；及

（b）署长认为，申索款额相当可能会超过指明款额。

6. 寻求法律援助的人，就符合以下描述的损害赔偿申索，在区域法院、原讼

法庭或上诉法庭提起的民事法律程序（包括对针对该人的反申索作抗辩的法律程序，以及该民事法律程序附带引起的其他法律程序），及在更高级法院进行的、关乎该申索的法律程序

（a）申索是该人就以下事宜提出的：《保险业条例》（第41章）所指的获授权的保险人或该条例第2（1）条所界定的持牌保险中介人为获得属该申索的标的之个人保险的投购而履行其职责时的疏忽；及

（b）署长认为，申索款额相当可能会超过指明款额。

7. 寻求法律援助的人，就符合以下描述的损害赔偿申索，在区域法院、原讼法庭或上诉法庭提起的民事法律程序（包括对针对该人的反申索作抗辩的法律程序，以及该民事法律程序附带引起的其他法律程序），及在更高级法院进行的、关乎该申索的法律程序：

（a）申索是该人针对属一手物业的住宅物业的法律上的拥有人或实益拥有人而提出的；

（b）申索：

（i）是一份该物业的买卖协议（不包括因本附表第3部第5、6或7段而不得视为已就该物业而订立者）所引起的；或

（ii）是按第（i）分节描述的协议进行的售卖所引起的；及

（c）署长认为，申索款额相当可能会超过指明款额。

8. 寻求法律援助的人在原讼法庭或上诉法庭所提起的民事法律程序，而该等程序是就《劳资审裁处条例》（第25章）所指的、关乎一项该人以雇员身分为一方的申索的上诉而提起的（包括该等民事法律程序附带引起的法律程序），以及在更高级法院进行的关乎上述上诉的法律程序。

9. 寻求法律援助的人，就符合以下描述的损害赔偿申索，在区域法院、原讼法庭或上诉法庭提起的民事法律程序（包括对针对该人的反申索作抗辩的法律程序，以及该民事法律程序附带引起的其他法律程序），及在更高级法院进行的、关乎该申索的法律程序：

（a）申索是该人就证券衍生工具、货币期货或其他期货合约提出，而申索基础，是该人因诈骗、欺骗或失实陈述，被诱使进行该等衍生工具、期货或合约的交易；及

（b）署长认为，申索款额相当可能会超过指明款额。

第2部　不在法律援助范围内的法律程序

1.（由1995年第43号第14条废除）

2. 因遭袭击及殴打而在区域法院或原讼法庭提出的损害赔偿申索。

第3部 释义条文

1. 在本附表中：

公司（company）具有《公司条例》（第 622 章）第 2（1）条给予该词的涵义；

有联系法团（associate corporation）就某公司或指明团体而言，指：

（a）该公司或指明团体的附属公司；或

（b）该公司或指明团体的控权公司的附属公司；

住宅物业（residential property）指兴建作或拟兴建作住宅用途，并构成一个独立单位的不动产（不论是已建成或尚未建成）；

附属公司（subsidiary）指《公司条例》（第 622 章）所指的附属公司；

指明款额（specified amount）指《小额钱债审裁处条例》（第 338 章）的附表第 1 段指明的金额限制；

指明团体（specified body）指根据任何条例成立或设立的法人团体；

个人保险（personal insurance）指由某名个人投购而受保人属个人的保险，但并不包括唯一目的或主要目的是下列任何一项或多于一项的该等保险：

（a）业务或商业保险；

（b）工业保险；

（c）投资；

控权公司（holding company）指《公司条例》（第 622 章）所指的控权公司；

期货合约（futures contract）具有《证券及期货条例》（第 571 章）附表 1 第 1 部第 1 条所给予的涵义；

证券衍生工具（derivatives of securities）指：

（a）买入或卖出公司、政府主管当局或其他机构的股本的权益的期权，或买入或卖出公司、政府主管当局或其他机构发出的文书的权益的期权；

（b）上述股本或文书的权益证明书或参与证明书；

（c）认购上述股本或文书的权证；或

（d）上述股本或文书中的权利（股份除外）。

2. 就本附表第 1 部第 7（a）段而言，如从未有买卖协议就某项住宅物业订立，则该项物业属一手物业。

3. 为本部第 2 段的目的，在断定是否有买卖协议就某项住宅物业订立时，本部第 4、5、6 及 7 段适用。

4. 如已有买卖协议就某项住宅物业订立，而协议已遭终止，或已被法院宣布为无效，则该协议不得视为已就该项物业订立。

5. 如：

（a）某公司或指明团体（不论是否与任何其他人一起）；与

（b）该公司或指明团体的有联系法团或控权公司（不论是否与任何其他人一起），

就某项住宅物业订立买卖协议，则该协议不得视为已就该项物业订立。

6. 如：

（a）某发展项目、屋苑或发展项目或屋苑的期数有多于一项住宅物业（不论该发展项目、屋苑或期数是否已落成）；及

（b）在该发展项目、屋苑或期数中的所有住宅物业，是根据单一份买卖协议售卖予或议定售卖予任何人的，

则该协议不得视为已就在该发展项目、屋苑或期数（视情况所需而定）中的任何该等物业而订立。

7. 如：

（a）某幢建筑物有多于一项住宅物业（不论该幢建筑物是否已落成）；及

（b）该幢建筑物的所有住宅物业是根据单一份买卖协议售卖予或议定售卖予任何人的，

则该协议不得视为已就任何该等物业而订立。

8. 为免生疑问，在断定某项住宅物业是否一手物业时，不得将属有关申索的标的之买卖协议或关乎引致有关申索的售卖的买卖协议，计算在内。

香港地区法律援助规例

(第 91 章,附属法例 A) 〔1967 年 1 月 12 日〕〔1〕

1. 引称

本规例可引称为《法律援助规例》。

2. 释义

在本规例中,除文意另有所指外:

证书 (certificate) 指按照本规例发出,使持有人有权根据本条例获得法律援助的证书或紧急证书。

3. 证书的申请

(1) 任何人意欲在民事诉讼中获得法律援助,可用署长决定的方式及表格申请法律援助。

(2) 每项法律援助申请均须载有署长所规定的资料及附有署长所规定的文件,以供署长决定以下事项:

(a) 申请人寻求法律援助进行的法律程序的性质,及需要法律援助的情况;

(b) 发给证书是否合理的问题;及

(c) 申请人的财务资源。

(3) 根据法律援助辅助计划:

(a) 就本条例附表 3 第 1 部第 1、2、3 或 8 段所述的法律程序而提出的申请,须附上费用 $1,000;而

(b) 就该部第 4、5、6、7 或 9 段所述的法律程序而提出的申请,须附上费用 $5,000。

4. 代表幼年人提出的申请

(1) 为幼年人提出的法律援助申请,须由一名具备完全行为能力的成年人以署长决定的方式及表格代为提出;凡申请所关乎的法律程序是法院规则规定由起诉监护人或辩护监护人提出或抗辩的法律程序,则申请人须为该名起诉监护人或辩护监

---

〔1〕 根据《香港地区法律援助条例》第 28 条规定:"行政长官会同行政会议可订立规例,订明根据本条例必须或可以订明的任何事宜,及为更有效施行本条例,作出一般规定。"因此,在香港法律体系中,条例系立法会制定的立法;规例则是根据立法授权制定的行政法规。《香港地区法律援助规例》曾多次修改;最近一次修订是 2019 年第 170 号法律公告。

护人，如该等法律程序实际上尚未开始，则申请人须为拟以起诉监护人或辩护监护
人身分行事的人。

（2）-（3）（由1984年第326号法律公告废除）

（4）凭借本条发出的证书须以该幼年人名义发给，并注明代他提出申请的人的
姓名。

（5）在关乎发出、修订、撤回或取消凭借本条发出的证书的事宜上，及受助人
与署长之间可能产生的任何其他事宜上，就各方面而言（包括收取通知），代幼年
人申请证书的人须被视为该幼年人的代理人。

5. 证书的发出

（1）证书可就以下整项法律程序或其中一部分而发出：

（a）在初审法院进行的法律程序；或

（b）在审理上诉的法院进行的法律程序。

证书不得与兼在初审法院及审理上诉的法院进行的法律程序（非正审上诉除
外）有关。

（2）（由1984年第326号法律公告废除）

（3）署长在评定须就任何法律程序缴付的分担费用（如有的话）款额时，须
考虑该等程序的可能费用；除下文另有规定外，所评定的款额不得超过本条例规定
的分担费用最高款额。如该等程序的可能费用超过分担费用的最高款额，则除上述
条文有所规定外，署长在作出评定时，须以该最高款额为就该等程序所须缴付的分
担费用款额。

（4）凡署长就以下法律程序批准申请：

（a）就任何诉讼、讼案或事宜而在审理上诉的法院进行的法律程序（非正审
法律程序除外），而申请人于该等程序在有关的初审法院进行时为受助人；或

（b）按审理上诉的法院命令以重新审讯方式进行的法律程序，而申请人于在
该法院进行的法律程序中为受助人，

署长不得重新厘定申请人的财务资源，但除下文另有规定外，署长在评定就该
等法律程序缴付的分担费用（如有的话）时，所评定的分担费用款额，不得超过署
长就上次法律程序厘定的分担费用最高款额减去他就该等法律程序评定的款额的
余数：

但本款并不阻止署长在任何时候根据第6B条行使其权力。

（5）署长在订定缴付分担费用的方法时，须考虑所有有关情况，包括就有关申
请而发出的证书的可能有效期，并可命令分期缴付分担费用，或在发出证书之前缴
付整笔费用或其中一部分。

（6）署长批准要求发出证书的申请后，须通知申请人：

（a）署长所厘定的分担费用最高款额；及

（b）将按何等条款发出证书给申请人。

（7）申请人如欲按署长所通知的条款获发证书，须在接获该通知后 14 天内，或在署长准许的较长期间内，以署长决定的表格表示接纳该等条款，并将表格提交署长。

（8）（由 2000 年第 147 号法律公告废除）

（9）申请人遵从第（7）款中与其个案有关的条文后，署长须以其决定的表格发出证书。

（10）凡法律援助是根据法律援助辅助计划给予的，则第（3）、（4）及（6）（a）款均不适用。

6. 证书不得涉及超过一项诉讼案件等

除以下事项外，证书不得涉及超过一项诉讼、讼案或事宜：

（a）婚姻法律程序；

（b）申请授予使诉讼（指属证书标的之诉讼）得以进行的代表权；或

（c）（如属署长根据第 6A（b）（iv）条行使其权力的情况），就该证书所关乎的法律程序而发出的命令或订立的协议，或为使该命令或协议生效而可采取的法律程序。

6A. 修订证书的权力

署长如认为有以下情况，可修订证书：

（a）证书内有文书上的错误；或

（b）情况变得适宜将证书的适用范围扩及：

（i）法律程序；

（ii）其他步骤；

（iii）（在符合第 6 条的规定下）其他法律程序；

（iv）为执行在该证书所涉及的法律程序中发出的命令或订立的协议，或为使该命令或协议生效而可采取的法律程序；或

（v）非正审上诉的提出；或

（c）情况变得适宜将证书的适用范围扩及任何与交相诉讼、对交相诉讼的回应或交相上诉有相同效力的步骤；或

（d）情况变得适宜在该证书所涉及的法律程序中增添或替换某方；或

（e）情况变得适宜使证书的适用范围不扩及该证书所涉及的某些法律程序；或

（f）须更换律师或大律师。

6B. 在情况或分担费用变更时修订证书的权力

在不损害第 6A 或 8（2）、（2A）或（3）条的情况下，凡署长厘定受助人的财

务资源时所参考的情况已经改变，署长可修订证书，但根据法律援助辅助计划发给的证书除外。

6C. 提高根据证书须缴付的分担费用

凡署长已根据本条例第 5 或 5AA 条给予法律援助，而他评定的分担费用款额，不超过《法律援助（评定资源及分担费用）规例》（第 91 章，附属法例 B）所容许的分担费用最高款额，其后如觉得根据该证书所招致或相当可能招致的讼费超过或相当可能超过所评定的分担费用款额，则署长须将分担费用款额提高至讼费的款额或讼费相当可能达到的款额，或提高至分担费用的最高款额，以款额较小者为准。

7. 紧急证书

（1）任何人如意欲急切获得法律援助，可以署长决定的方式及表格申请紧急证书：

但如根据法律援助辅助计划寻求法律援助，则不可申请紧急证书。

（2）申请人申请紧急证书时，须提供必需的资料，以便署长决定：

（a）如根据本条例在某些条件下给予法律援助，申请人是否相当可能符合该等条件；及

（b）急切地给予申请人法律援助是否公正，并须提供对根据本条例申请法律援助证书而言属足够的额外资料及文件（如有的话）：

但如署长觉得申请人在提出申请时未能在合理情况下提供该等资料或其中部分资料，仍有权发出紧急证书，但须就提供进一步资料事宜施加他认为合理的条件。

（3）紧急证书须以订明表格发出。

（4）紧急证书的效力在各方面均与法律援助证书相同。

（5）紧急证书的有效期为 6 星期，或署长准许的较长期间，但以不超过 3 个月为限；除非在该段期间内，署长就该紧急证书所关乎的法律程序发出法律援助证书，否则该紧急证书在期满时须当作被撤回：

但如在该段期间内，署长决定拒绝就紧急证书所关乎的法律程序而提出的法律援助证书申请，则须随即撤回该紧急证书。

7A. 根据第 15 条暂停进行法律程序的期限

根据本条例第 15 条暂停进行法律程序的期限为 42 天。

8. 证书的取消及撤回

（1）署长可在本条指明的情况下取消或撤回证书。

（2）署长：

（a）可随时应获发给证书的人的要求，取消证书；

（b）如规定受助人须缴付分担费用，而任何有关付款拖欠逾 30 天，可取消证书；

（c）如信纳证书所关乎的法律程序已获得解决，可取消证书；

（d）如信纳受助人曾要求以不合理的方式进行有关法律程序，致使署长招致不具充分理由的开支，或曾不合理地要求继续进行有关法律程序，可取消证书：

但署长须先给予受助人机会，让他提出不应取消证书的因由，方可根据本段取消证书；

（e）如信纳有以下情况，可取消证书：

（i）受助人已去世；或

（ii）针对受助人的破产令已发出；

（f）如信纳受助人不向指派给他的大律师或律师提供必需或合宜的协助，以便该大律师或律师以妥善或适当的方式履行他作为该受助人的大律师或律师的职责，可取消证书；

（fa）如信纳受助人的财务资源超过本条例第 5 或 5A 条所订明的限额，可取消证书：

但署长须先给予受助人机会，让他提出不应取消证书的因由，方可根据本段取消证书；

（g）在受助人在香港以外地方连续逗留超过 6 个月的情况下，可取消证书。

（2A）尽管有第（2）（fa）款的规定，在不损害第 6B 条的情况下，署长如信纳不取消证书是适当的，则无须由于有该款提述的任何情况而取消证书。

（3）署长如认为受助人不再有合理理由进行有关法律程序、在有关法律程序中抗辩或成为有关法律程序其中一方，或（视属何情况而定）认为在有关特定情况下，该受助人继续接受法律援助是不合理的，则须取消有关证书：

但署长须先给予受助人机会，让他提出不应取消证书的因由，方可根据本款取消证书。

（4）署长如信纳有以下情况，可撤回或取消证书：

（a）受助人明知而就他所提供的资料作出虚假陈述或虚假申述；或

（b）受助人故意：

（i）不披露其财务资源；

（ii）不披露关于其财务资源的任何重要事实；

（iii）不真实正确地披露其财务资源；

（iv）不遵守有关由其提供资料的规例；

（v）不披露关于该等资料的重要事实；

（vi）不遵守有关由其提供文件的规例；

（vii）不披露关于该等文件的重要事实；

（viii）不遵守《法律援助（评定资源及分担费用）规例》（第 91 章，附属法

例 B) 第 10 条（有关人士报告财务状况变更的责任）；或

（ix）在署长要求出席面见时不依照要求行事：

但署长须先给予受助人机会，让他提出不应撤回或取消证书的因由，方可根据本段撤回或取消证书（视属何情况而定）。

（5）在受助人为其中一方的法律程序进行聆讯期间的任何时间，如其他任何一方本人或其代表或署长提出申请，法院可考虑受助人是否：

（a）故意不遵守有关由其提供资料的规例；或

（b）在提供资料时，明知而作出虚假陈述或虚假申述，而法院在接获上述申请后，可作出命令，撤回证书，或自一个适当日期起取消证书，法院的决定为最终决定：

但法院须先给予受助人机会，让他提出不应撤回或取消证书（视属何情况而定）的因由，方可根据本款作出命令。

（6）署长撤回或取消受助人的证书时，须随即向该人发出取消或撤回证书的通知。

（7）凡被如此撤回或取消的证书已提交任何法院的登记处，署长须随即将以他所决定的表格发出的通知书，提交该法院登记处。

（8）如法院作出撤回或取消受助人证书的命令，法院人员须随即告知署长。

9. 取消及撤回证书的效果

（1）除本条另有规定外，任何人的证书如被撤回，该人须当作从未在证书所关乎的法律程序中作为受助人；如任何人的证书被取消，则该人自取消证书之日起，不再在该等法律程序中为受助人。

（2）当该人接获署长发出的撤回或取消证书的通知后，或当法院撤回或取消其证书后，在该证书所关乎的法律程序中代受助人行事的律师及大律师的聘用须随即终止。

（3）本条所指的法律程序有裁定后：

（a）获发给证书的人或其代表就证书所关乎的法律程序所招致的讼费，须于作出裁定后在切实可行范围内尽快评定或按照本规例的条文评估（视属何情况而定）；

（b）署长仍须有责任缴付如此评定或评估的讼费。

（4）（由 1981 年第 60 号第 4 条废除）

（5）凡证书被撤回，或凡根据法律援助辅助计划给予援助而有关证书被取消，署长有权向获发给证书的人追讨根据第（3）（b）款已缴付或须缴付的讼费。

（5A）署长根据第（5）款可追讨的款额：

（a）（如不是根据法律援助辅助计划给予援助）须扣除署长已收取的分担费用款额；或

（b）（如援助是根据法律援助辅助计划给予的）须扣除根据本条例第 32 条缴

付的中期分担费用及根据第 3 (3) 条缴付的申请费用。

(6) 凡证书被取消，而曾获发给证书的人继续进行证书所关乎的法律程序，或在该等法律程序中抗辩，或作为其中一方：

(a) 如讼费是在该人仍是受助人期间招致的，则本条例中与凭借订明受助人获得讼费的协议而收回的款项有关的条文，仍须适用；及

(b) 如讼费是在该人仍是受助人期间招致的，则本条例中与受助人凭借判令他须缴付讼费的缴付讼费命令而负上的法律责任有关的条文，仍须适用。

(6A) 凡署长就法律程序发出证书，则不论该证书是否已被取消或撤回，署长有权强制执行在该法律程序中作出并判令受助人获得讼费的命令，而署长可以其官方名义在具有司法管辖权的法院中提出法律程序，以追讨所判的讼费。

(7) 如署长将以他决定的表格发出的取消或撤回证书通知书提交法院登记处，则除法院另有命令外，有关诉讼的所有程序均须暂停进行 14 天；在计算由任何法例、根据任何法例或以其他方式订定在有关法律程序中作出任何作为或采取任何步骤的时限时，该 14 天不得计算在内。

(8) 凭借第 (7) 款暂停进行法律程序的期间，可由处理待决诉讼的法院的法官藉命令予以缩短或延长。

(9) 除根据法律援助辅助计划发给的证书外，凡证书已被取消，曾获发给证书的人仍有责任缴付其分担费用 (如有的话) 的最高款额，数额由署长厘定，但不得超过署长根据第 (3) (b) 款已缴付或须缴付的款额。

(10) 凡根据法律援助辅助计划发给的证书被撤回或取消，而曾获发给证书的人继续进行证书所关乎的法律程序，或在该等法律程序中抗辩，或作为其中一方，并获得胜诉，而在该情况下，假若其证书未被撤回或取消，该人原本须根据本条例第 32 条缴付分担费用，则该人除缴付根据第 (5) 款须缴付的款额外，还有责任缴付分担费用，款额相等于假若有以下情况根据本条例第 32 条本应缴付的分担费用：有关法律程序于撤回或取消证书时已达致和解，而在有关法律程序中为获发给证书的人收回或保留 (或凭借为终止有关法律程序而达成的妥协为该人收回或保留) 的财产的价值，相等于如有关法律程序达致和解可为该人收回或保留的财产的价值：

但：

(a) 如署长根据第 8 (3) 条取消证书，本款并不适用；

(b) 如署长因受助人拒绝和解的要约而根据第 8 (2) (d) 条取消证书，而事后在有关法律程序中为该人收回或保留 (或凭借任何为终止有关法律程序而达成的妥协为其收回或保留) 的财产的价值大于要约的价值，则本款仍须适用，犹如该财产的价值为要约的价值一样。

10. 在法律程序展开后给予法律援助

（1）凡在任何法院或终审法院提起法律程序后，任何一方就该等法律程序成为受助人，则署长缴付讼费的责任，只限于在证书有效期间所招致者。

（2）任何律师，如在证书日期当日之前已在有关法律程序中代受助人行事，或如在法律上对证书所关乎的法律程序所需的任何文件有留置权，并在不影响其留置权的情况下交出该等文件，可将事实通知署长。

（3）如在法律程序中为受助人收回损害赔偿或讼费，署长须从收回的款项中拨款支付讼费予律师，支付的款额为该律师如按律师与当事人间的基准评定讼费本应有权收取的款额：

但如根据本条例第5条给予法律援助，而如此收回的款项不足以全数支付按照本款须付的讼费，及支付署长为受助人招致的费用净额，则在法律程序中收回的款项须按拖欠署长及律师的款额比例分配予两人，而凭借本条例施加于在法律程序中收回或保留的财产之上并令署长受益的第一押记，亦须据此生效。

（4）如没有评定讼费的命令，讼费款额须由署长订定。

11. 多次拒发证书

（1）凡有人：

（a）申请证书而被拒，次数达2次或以上，而各次申请实质上与同一讼案或事宜有关；或

（b）在其他情况下，申请证书而被拒，次数达4次或以上，

而署长觉得其行为构成滥用本条例提供的协助，署长可命令对该人日后提出的任何申请，均不予考虑。

（2）该项指示：

（a）不适用于该人代表幼年人提出的申请；或

（b）有效期不得超过3年。

12. 由律师进行法律程序

（1）每批文件，不论由署长送交律师或大律师，或由律师送交大律师，均须标明"Legal Aid"或"法律援助"字样。

（2）凡受助人的律师觉得为使法律程序得以妥善进行，必须采取或向法院申请许可而采取以下任何一项或多项步骤：

（a）在该等法律程序中增添多一方；或

（b）预先要求取得任何法律程序的速记纪录誊本；或

（c）提出任何非正审上诉；或

（d）延聘超过一名大律师；或

（e）确立或抵销任何具有与交相起诉（由同一宗事件产生，并可成为免责辩

护的反申索或抵销除外）相同效力的权利或申索，或对其他当事人确立或抵销的权利或申索作出答辩；或

（f）提出任何反申索、交相呈请或交相上诉；或

（g）（如证书所关乎的法律程序是由某人的死亡引致的）在就该人的死亡根据《死因裁判官条例》（第504章）进行的研讯中代表受助人，

除非证书规定须作出有关的作为，否则他须向署长申请授权这样做，而就未经署长批准而采取的任何步骤所付的款项，在评定讼费时不得获准。

（3）署长可给予在任何特定类别案件中代受助人行事的律师一般权限，以获取专家的意见及提出专家证供，署长如给予该项权限，须同时述明可就任何报告或意见或专家证人支付的最高费用。

（4）凡：

（a）受助人的律师觉得为使法律程序得以妥善进行，必须在一宗案件中获取一名或以上专家的报告或意见或提出专家证供，而该案件所属类别并不在根据第（3）款获授予的一般权限内；或

（b）案件所属类别在上述权限内，但受助人的律师觉得为使法律程序得以妥善进行，必须支付的费用数额较署长述明的为高，或获取的报告或意见的数量或提出的专家证人数目较获授权的为多，他可向署长申请授权这样做，署长如授予权限，须述明可获取的报告或意见的最高数量或提出专家证供的人的最多人数，以及可为此而支付的最高费用。

（5）除按本条规定外，不得就专家的报告或意见或受助人或其代表提出的专家证供支付款项。

（6）凡受助人的律师觉得为使法律程序得以妥善进行，必须作出某项作为，但该作为的性质并不寻常，或涉及异常巨额开支，他须事先要求署长批准作出该作为；如事先获得批准，则在按律师与当事人之间的基准评定讼费时，不得提出该作为是否适当的问题。（1984年第326号法律公告）

（7）在不损害律师或大律师以良好理由放弃处理案件的权利的原则下，任何律师或大律师如认为受助人曾要求以不合理的方式进行有关法律程序，致使署长招致不具充分理由的开支，或曾不合理地要求继续进行有关法律程序，可放弃处理该受助人的案件。

（8）凡律师或大律师：

（a）根据第（7）款的规定；或

（b）因受助人故意不提供他须提供的资料，或在提供资料时明知而作出虚假申述，而行使放弃处理受助人案件的权利时，须就行使该权利所处的一切情况，向署长作出报告。

（9）受助人的律师须按署长为根据本条例执行其职能而不时作出的要求，向署长提供他所要求的并与证书有关的法律程序的进展及解决办法的资料；在不损害上文的概括性的原则下，曾经或正在代受助人行事的律师如信纳受助人已去世或针对受助人的接管令已发出，须将事实向署长报告。

（10）律师不得因律师与当事人之间的关系所产生的任何特权，而被禁止向署长披露任何可能令署长能够根据本条例执行其职能的资料，或提供任何可能令署长能够根据本条例执行其职能的意见。

（11）署长可在证书有效期内，随时将经署长批准的款项，付予受助人的律师，作为支付律师就证书所关乎的法律程序垫付的费用。凡已取得上述批准，则在按律师与当事人之间的基准评定讼费时，不得提出依照该项批准支付任何垫付费用是否适当的问题。

12A. 根据《破产规则》第 52 条及《公司（清盘）规则》第 22A 条缴存的款项

（1）凡署长发给法律援助证书，以提出破产或公司清盘的法律程序，他可缴存根据《破产规则》（第 6 章，附属法例 A）第 52 条或《公司（清盘）规则》（第 32 章，附属法例 H）第 22A 条（视属何情况而定）所规定缴存的款项；即使该法律援助证书所关乎的法律程序获得裁定，仍可缴存更多款项。

（2）（由 1992 年第 194 号法律公告废除）

13. 通知的送达

（1）根据本条例任何条文须送达任何人的任何通知，须以面交方式送达，或以邮递方式送达该人最后为人所知的地址。

（2）在任何时间，受助人成为法律程序的其中一方，或法律程序其中一方成为受助人，署长须随即向其他各方送达符合订明格式的通知书；如以后任何时间有任何其他人成为其中一方，受助人的律师须随即将类似的通知书送达该人。

14. 为受助人收回的财产及判给受助人的讼费

（1）（由 1967 年第 56 号法律公告废除）

（2）凡在受助人是其中一方的法律程序中：

（a）有命令作出或协议订立，规定为受助人的利益而收回或保留财产，而一项令署长受益的第一押记凭借本条例加于该财产之上；或

（b）有命令作出或协议订立，规定向受助人支付讼费，

则除第（3）款另有规定外，受助人须按需要而进行根据本条例第 5 条可进行的法律程序，以执行或实施该命令或协议。

（3）受助人可用考虑到第（2）款所指的法律程序可能引致的讼费，或考虑到其胜诉的机会而认为进行该等法律程序是不合理为理由，向署长申请发出指示，使

第（2）款不适用于他；署长如同意，须指示无须进行该等法律程序，并修订受助人的证书，令该等法律程序不列入证书的适用范围。

即使受助人不提出申请，署长仍可行使本款赋予的权力。

（4）署长发出指示令受助人无须进行法律程序后，如认为适宜这样做，可以其名义执行任何付款的命令。

15. 杂项条文

（1）凡在受助人是其中一方的法律程序中：

（a）在无人出庭或无人提出抗辩的情况下签署判决，该判决须载有一项指示，指示受助人的讼费须予评定；

（b）法院在法律程序中作出判决或最后命令，该判决须载有一项指示（除该判决或命令中所载有关评定讼费的其他指示外），指示任何受助人的讼费均须予以评定。

（2）凡在受助人是其中一方的法律程序中：

（a）该法律程序终止或已经终止，但并无根据第（1）（a）或（b）款或其他条文就评定受助人的讼费发出指示；或

（b）判处对方胜诉，并包括受助人的讼费须予评定的指示的判决或命令尚未拟定或登录（视属何情况而定），

则司法常务官须在受助人的律师或署长提出单方面申请时，发出受助人的讼费须予评定的命令，该项申请及评定讼费的费用须当作为证书所关乎或曾关乎的法律程序的讼费。

15A. 就死因裁判官研讯可获给予法律援助的人的类别

（1）为施行本条例第 28（2）条及附表 2 第 1 部第 3 段，及为向某死者的家人就死者的死亡根据《死因裁判官条例》（第 504 章）进行的研讯给予法律援助，署长可批准向死者的尚存配偶、子女、父母或兄弟姊妹给予法律援助，但仅以其中一人为限。

（2）尽管有第（1）款的规定，如署长信纳没有该款所述可获给予法律援助的人仍在世，或向该等人之中的任何人给予法律援助均非合理可行，则署长可因此并在他信纳是适当的情况下，批准向一名他认为是可合理视为死者尚存近亲的其他人给予法律援助，以达至该款所述的目的。

16. 程序

除本规例另有规定外，在任何法院进行的任何法律程序中，如受助人为其中一方，则有关程序须由该法院的程序规则所规管。

17. 大律师及律师的责任

（1）凡大律师或律师的姓名列入名册内，该大律师或律师如曾在某法院及某法

律程序中代受助人行事，则亦有责任在以下法律程序中代受助人行事：

（a）对该法院不服而提出的上诉；及

（b）该法院将该法律程序转介至任何人席前进行的法律程序。

（2）为免除疑问，现声明：凡为进行任何法律程序而指派律师，同一律师事务所的其他律师亦可代该法律程序中的受助人行事。

18. 争讼性法律程序的费用及讼费

（1）凡就任何事宜在法院或审裁处进行的法律程序涉及根据本条例第 3 条任职的任何人员，进行该等法律程序（包括就有关法律程序作出预备的一切事宜）的费用及讼费及附带费用及讼费，以及该人员出庭的费用及讼费，均由《香港终审法院规则》（第 484 章，附属法例 A）及《高等法院规则》（第 4 章，附属法例 A）第 62 条命令规限。

（2）为施行《香港终审法院规则》（第 484 章，附属法例 A）及《高等法院规则》（第 4 章，附属法例 A），及在应用任何其他与费用及讼费有关的法律条文或常规时，根据本条例第 3 条任职的人员须当作为具有获根据《法律执业者条例》（第 159 章）妥为认许的大律师及律师的地位，不过，在考虑由并非受助人的一方开出或由他人针对其开出的讼费单内的项目时，如该项目：

（a）包括纯粹因延聘大律师而获准给予律师的讼费；或

（b）包括纯粹因律师延聘大律师而须付予大律师的费用；或

（c）涉及就同一事件付予律师及大律师的酬金，

司法常务官在评定讼费时须获告知该项事实，并须考虑是否有一名或超过一名根据本条例第 3 条任职的人员参与有关案件的预备工作或聆讯。

（3）在第（1）款所指的任何法律程序中，如法律援助署署长在任何法院或审裁处亲自出庭，则不论法律援助署署长是否资深大律师，该法院或审裁处或评定讼费的司法常务官可按首席大律师所收费用的准则，评定署长出庭的费用及讼费。

19. 非争讼性法律程序的费用及讼费

为执行在非争讼性事宜中就费用及讼费而订立的协议，根据本条例第 3 条任职的人员须当作为具有获根据《法律执业者条例》（第 159 章）妥为认许的大律师及律师的地位。

20. 讼费等须拨入政府一般收入内

任何人员根据第 18 或 19 条收取的讼费及费用须拨入政府一般收入内，但如法律援助是根据法律援助辅助计划给予的，则所收讼费及费用须拨入计划基金内。

21. 举报滥用法律援助的责任

（1）凡受助人的律师或大律师有理由相信受助人：

（a）曾要求以不合理的方式进行其案件，致使署长招致不具充分理由的开支，

或曾不合理地要求继续进行其案件；或

（b）曾故意不遵守规定他提供资料的规例，或在提供该等资料时明知而作出虚假陈述或虚假申述，

该律师或大律师须随即向署长报告有关事实。

（2）凡律师或大律师不肯定继续代受助人行事是否合理，须向署长报告有关情况。

附表

（由 1992 年第 194 号法律公告废除）

香港地区刑事案件法律援助规则

（第 221 章第 9A 条，附属法例 D）

［1970 年 1 月 1 日］1969 年第 176 号法律公告[1]

第 1 部 导 言

1. 引称

本规则可引称为《刑事案件法律援助规则》。

2. 释义

（1）在本规则中，除文意另有所指外：

上诉人（appellant）指第 4（1）（c）、（f）或（h）条提述的人；

上诉援助证书（appeal aid certificate）指根据第 10、11、12 或 13 条给予的上诉援助证书；

大律师（counsel）指在按照《法律执业者条例》（第 159 章）的条文备存的大律师登记册上登记为大律师，并在关键时间没有被暂时吊销执业资格的人；

可动用收入（disposable income），就法律援助的申请人而言，指根据第 15 条评定的申请人收入；

可动用资产（disposable capital），就法律援助的申请人而言，指根据第 15 条评定的申请人资产；

司法常务官（Registrar）指高等法院司法常务官，就于终审法院席前进行的任何法律程序而言，则包括终审法院司法常务官；

受助人（aided person）指已获给予法律援助证书或上诉援助证书的人；

法律援助（legal aid）指按本规则所规定而由大律师或律师或由两者作代表；

法律援助证书（legal aid certificate）指根据第 6、7、8 或 13 条给予的法律援助证书；

律师（solicitor）指在按照《法律执业者条例》（第 159 章）的条文备存的律师登记册上登记为律师，并在关键时间没有被暂时吊销执业资格的人；

财务资源（financial resources）指按照《法律援助（评定资源及分担费用）规

---

[1] 该规则曾历经多次修改，最近一次修改是 2020 年第 133 号法律公告（2020 年 7 月 20 日生效）。

例》（第 91 章，附属法例 B）评定的受助人的财务资源；

署长（Director）指根据《法律援助条例》（第 91 章）第 3 条委任的法律援助署署长，以及任何如此委任的法律援助署副署长、法律援助署助理署长及法律援助主任。

（2）在本规则中：

（a）如署长根据第 14 条代表被控人或上诉人，则提述大律师或律师，须解释为包括提述署长；

（b）（由 1992 年第 199 号法律公告废除）

（ba）凡提述向原讼法庭提出的上诉，即包括提述对该等上诉的反对；

（bb）凡提述向上诉法庭提出的上诉，即包括提述根据本条例第 IV 部在上诉法庭席前进行的法律程序，及根据《区域法院条例》（第 336 章）第 84 条在上诉法庭席前进行的法律程序，而凡提述该等上诉，即包括提述对该等上诉的反对；

（c）凡提述向终审法院提出的上诉或向终审法院上诉的许可申请，即包括提述对该等上诉或申请的反对。

（3）在本规则中，在第 4（1）（ca）条适用的个案中：

（a）对被控人或上诉人（视属何情况而定）的提述，须视作包含该条提述的订明因犯；及

（b）本规则的条文在经过情况所需的变通后，适用于该个案，而在不局限上文的一般性的原则下：

（i）第 9（a）条须在犹如提述"被定罪"即提述根据本条例第 67C 条作出的裁定的标的，而提述"其定罪或刑罚或两者"即提述根据本条例第 67C 条作出的裁定一样的情况下理解；

（ii）第 10（a）条须在犹如该条亦提述被指派在根据本条例第 67C 条提起的法律程序中代表有关订明因犯的律师或大律师根据第 9（a）条（按照第（i）节理解）发出的证明书一样的情况下理解；及

（iii）第 21（4）（a）条及附表第 2 部收费表第 1、5A 及 7 项，须在犹如提述"审讯"即提述根据本条例第 67C 条提起的法律程序一样的情况下理解。

3. 大律师及律师名册

（1）署长须编制和备存大律师名册和律师名册，分别记录所有在按照《法律执业者条例》（第 159 章）的条文备存的大律师登记册及律师登记册上登记并愿意代表受助人的大律师及律师。

（2）（由 1983 年第 323 号法律公告废除）

（3）署长须在适当的名册内注明大律师或律师打算代表受助人的每年次数或法律程序类别的限制，并按照该等限制行事。

（4）任何大律师或律师有权名列适当的名册内，但如署长因该人在代表或被指

派代表接受法律援助的人的时候的行为，或一般而言因该人的专业操守，而信纳有好的理由不将该人的姓名列入名册内，则属例外。

（5）除非署长信纳大律师或律师持有执业证书，否则不得将其姓名列入名册内，如有任何大律师或律师并未持有执业证书，署长须在名册内将其除名。

（6）为免生疑问，如就任何法律程序而指派律师予某受助人，与该律师属同一律师事务所的其他律师亦可代表该受助人；然而，除非署长事先给予同意，本款不适用于附表第 2 部收费表第 5A、5B、5C、5D、6、17 或 19 项所描述的律师指派。

（7）在不抵触第（8）款的条文下，被指派代表受助人的大律师或律师未经署长许可，不得中止其援助。

（8）本条不损害大律师或律师以合理理由而拒绝或放弃处理任何案件的权利。

（9）在符合第（7）款的规定下，大律师或律师可随时要求署长在名册内将其除名，而署长须顺应该要求。

（10）在本条中执业证书（practising certificate）指《法律执业者条例》（第159 章）第 6 或 30 条所指的属有效的执业证书。

（11）在《1983 年刑事案件法律援助（修订）规则》[1]（1983 年第 323 号法律公告）生效日期前，姓名已列入于为本条的目的而备存的名册内的任何大律师或律师，其姓名须当作在该生效日期时列入于根据本条而备存的适合名册内；但任何该等大律师或律师，可根据第（3）款要求加入记项，将在该生效日期前他并无表示愿意代表行事的法律程序类别从名册内剔除，藉以限制他打算代表行事的法律程序类别，而署长须顺应该要求。

第 2 部　给予法律援助

4. 被控人及上诉人的法律援助

（1）在符合根据第 3 部订立的缴付分担费用的规定下，如署长信纳下述有关的人的财务资源并无超逾《法律援助条例》（第 91 章）第 5 条就根据该条例所给予的法律援助而指明的限额，则：

（a）交付原讼法庭席前审讯的被控人，可根据本规则就其抗辩的准备和进行，以及公诉书所引起的答辩，获给予法律援助；

（aa）任何被控人，如已有法律程序就其根据《复杂商业罪行条例》（第 394 章）第 4 条移交原讼法庭，可根据本规则就其抗辩的准备和进行，包括根据该条例第 22 条提出的释放申请，以及由此而引起的上诉，获给予法律援助；

---

〔1〕《1983 年刑事案件法律援助（修订）规则》"乃 "Legal Aid in CriminalCases（Amendment）Rules1983"之译名。

（b）在区域法院席前被控告任何罪行的人，可根据本规则就其抗辩的准备和进行，以及控罪书所引起的答辩，获给予法律援助；

（c）在或曾在原讼法庭或区域法院席前被控告任何罪行的人（不论该人是否就任何罪行被定罪），可根据本规则就以下各项获给予法律援助：

（i）向上诉法庭提出的、由该项控罪引起或与该项控罪相关的上诉；及

（ii）该上诉的初步或附带法律程序；

（ca）本条例第 67C 条所指的订明因犯，可根据本规则就根据该条提起的任何法律程序，以及由此而引起的任何上诉或其他法律程序或相关的任何初步或附带的上诉或其他法律程序，获给予法律援助；

（d）－（e）（由 2012 年第 36 号法律公告废除）

（f）在或曾在裁判官席前被控告任何罪行的人（不论该人是否就任何罪行被定罪），或就裁判官就任何罪行作出（或在与任何罪行有关连的情况下作出）的命令或裁定感到受屈的人，可根据本规则就以下各项获给予法律援助：

（i）向原讼法庭提出的、由该项控罪引起或与该项控罪相关的上诉；及

（ii）该上诉的初步或附带法律程序；

（g）（由 2012 年第 36 号法律公告废除）

（h）被控告或曾被控告任何罪行的人（不论该人是否就任何罪行被定罪），可根据本规则就以下各项获给予法律援助

（i）向终审法院提出的、由该项控罪引起或与该项控罪相关的上诉或上诉许可申请；及

（ii）该上诉或该上诉许可申请的初步或附带法律程序；

（i）（由 1993 年第 182 号法律公告废除）

（j）任何被控人（如裁判官已就该被控人指定提讯日以继续进行交付审判程序）可根据本规则就其抗辩的准备和进行，包括根据本条例第 16 条提出的释放申请，以及由此而引起的上诉，获给予法律援助；

（k）被命令到原讼法庭或区域法院席前并将根据《社会服务令条例》（第 378 章）受处置的人，可根据本规则就有关法律程序的进行获给予法律援助；

（l）根据《区域法院条例》（第 336 章）第 20 或 21 条会由区域法院法官处置的人，可根据本规则就有关法律程序的进行获给予法律援助。

（2）凡任何人就第（1）款指明的任何事宜获给予法律援助，该人亦可就任何因该事宜产生或与之相关的法律程序而获给予法律援助，包括任何保释申请或针对拒绝给予保释的上诉。

（3）凡被控人根据第（1）（a）、（b）或（j）款获给予法律援助，而原讼法庭已根据《证据条例》（第 8 章）第 77E 条发出致予在香港以外地方行使司法管辖权

的法院或审裁机构的请求书，该人亦可就在该法院或审裁机构进行与请求书相关的法律程序而获给予法律援助。

5. 法律援助的申请

根据第 4 条提出的法律援助申请，须以署长规定的方式及格式向署长提出。

6. 对法律援助申请的考虑

除第 13 条另有规定外，署长在决定被控人的法律援助申请时，须考虑：

（a）案件的所有情况，特别是将被控人交付羁押的裁判官的任何建议；及

（b）被控人的财务资源

并且除非他信纳为司法公正是宜于给予法律援助的，否则不得批准申请。

7. 给予法律援助证书

（1）凡署长信纳被控人应获给予法律援助，署长须：

（a）给予被控人法律援助证书；及

（b）指派 1 名律师或大律师，或 1 名律师及 1 名大律师，或 1 名律师及 2 名大律师（其中一人可为首席大律师），按署长认为适合者而定，以代表被控人。

（1A）凡被控人根据第 4（3）条获给予法律援助，署长须聘用 1 名律师的服务，或如署长认为适合，则须聘用多于 1 名律师的服务，以在该条所提述的法院或审裁机构代表被控人，而该律师或该等律师（视属何情况而定）须符合以下资格：

（a）有资格在该法院或审裁机构代表被控人；及

（b）没有被暂时吊销于该法院或审裁机构席前执业的资格。

（2）法律援助证书：

（a）须采用署长规定的格式；及

（b）须由署长递送被控人，而副本则递送在香港的适当法院和根据本规则指派的律师或大律师。

8. 拒绝给予法律援助

（1）凡署长不信纳被控人应获给予法律援助，署长须拒绝申请，并须将一份拒绝通知送交香港的适当法院存档，通知的格式由署长决定。

（2）凡署长不信纳被控人的财务资源并无超逾第 4 条指明的有关款额，拒绝申请即属最终决定并不得予以改动。

（3）除关乎向终审法院提出的上诉或向终审法院上诉的许可申请外，凡法官或区域法院法官觉得在其席前出现的被控人，尽管其申请已遭署长拒绝但仍应获法律援助，则除第（2）款另有规定外，法官或区域法院法官可向被控人给予法律援助证书，而署长须随即指派 1 名律师或大律师，或 1 名律师及 1 名大律师，或 1 名律师及 2 名大律师（其中一人可为首席大律师），按署长认为适合者而定，以代表被控人。

9. 被指派的律师及大律师的职责

根据本规则指派予被控人的律师或大律师有以下职责：

（a）如被控人已被定罪，须向署长发出证明书，说明他认为被控人是否有合理理由针对其定罪或刑罚或两者而提出上诉，如认为有合理理由，则须拟定该等理由；及

（b）如被控人拟上诉，须发出上诉通知或申请上诉许可的通知，并办理与此相关的任何初步事宜。

10. 上诉人的法律援助

除第13条另有规定外，署长在决定上诉人的法律援助申请时，须考虑：

（a）案件的所有情况，特别是被指派在审讯中代表上诉人的大律师根据第9条发出的证明书；及

（b）上诉人的财务资源

并且除非他信纳为司法公正是宜于给予法律援助的，否则不得批准申请。

11. 给予上诉援助证书

（1）如署长信纳上诉人应获给予法律援助，署长须：

（a）给予上诉人上诉援助证书；及

（b）指派1名律师或大律师，或1名律师及1名大律师，或1名律师及2名大律师（其中一人可为首席大律师），按署长认为适合者而定，以代表上诉人。（2016年第109号法律公告）

（2）上诉援助证书：

（a）须采用署长规定的格式；及

（b）须由署长递送上诉人，而文本则递送在香港的适当法院和根据本规则指派的律师或大律师。

12. 拒绝给予法律援助以进行上诉

（1A）本条不适用于关乎向终审法院提出的上诉或向终审法院上诉的许可申请的法律程序。

（1）凡署长不信纳上诉人应获给予法律援助进行上诉，署长须拒绝申请，并须将一份拒绝通知递送司法常务官，通知的格式由署长决定。

（2）凡署长不信纳上诉人的财务资源并无超逾第4条指明的有关款额，拒绝申请即属最终决定并不得予以改动。

（3）凡就任何罪行的定罪、命令或裁定或就与该罪行相关的定罪、命令或裁定而提出上诉，法官或（如属向上诉法庭提出的上诉）上诉法庭或上诉法庭法官觉得上诉人的申请尽管已遭署长拒绝，上诉人仍应获给予法律援助，则除第（2）款另有规定外，法官或上诉法庭可向上诉人给予上诉援助证书，而署长须随即指派1名律师或大律师，或1名律师及1名大律师，或1名律师及2名大律师（其中一人可

为首席大律师)，按署长认为适合者而定，以代表上诉人。

13. 某些案件的法律援助

(1) 即使本部有任何规定，凡任何人：

(a) 就谋杀、叛逆或使用暴力的海盗行为的控罪而被交付审讯；

(b) 就谋杀、叛逆或使用暴力的海盗行为的控罪被定罪并打算就该定罪提出上诉；或

(c) 拟在涉及谋杀、叛逆或使用暴力的海盗行为的控罪的法律程序中，反对向终审法院提出的上诉或向终审法院上诉的许可申请，

署长在考虑被控人或上诉人的财务资源后，可给予他法律援助证书或上诉援助证书(视乎情况所需而定)，并如被控人或上诉人的财务资源并无超逾第4条指明的有关款额，则须如此行事。

(2) 署长根据第 (1) 款 (a) 及 (b) 段具有的权力，可由法官或 (如属向上诉法庭提出的上诉) 上诉法庭或上诉法庭法官行使，而上诉法庭或法官如认为适合，可藉命令豁免被控人或上诉人，使其不受第3部的规定规限。

(3) 根据本条发给法律援助证书或上诉援助证书后，上诉法庭、法官或署长须指派1名律师或大律师，或1名律师及1名大律师，或1名律师及2名大律师 (其中一人可为首席大律师)，按其认为适合者而定，以代表被控人或上诉人。

13A. 署长作出查讯的权力

凡有人根据第4 (1) (h) 条申请法律援助，署长可在发给上诉援助证书前将法律援助申请或申请所引起的任何事宜转交任何大律师或律师，由他调查有关事实，并就该等事实作出报告，或就该等事实或法律援助申请所引起的法律问题提供意见。

14. 署长可代表受助人

署长可代表被控人或上诉人，而不根据本规则指派律师或大律师予被控人或上诉人。

14A. 取消证书的权力

(1) 署长如信纳为了司法公正是宜于取消法律援助证书或上诉援助证书的，则可如此行事。

(2) 除在向终审法院提出的上诉或向终审法院上诉的许可申请所关乎的法律程序外，署长根据第 (1) 款具有的权力，可由法官或区域法院法官或 (如属向上诉法庭提出的上诉) 上诉法庭或上诉法庭法官行使。

14B. 拒绝给予向终审法院上诉的法律援助

(1) 如署长不信纳上诉人应就向终审法院提出的上诉或向终审法院上诉的许可申请获给予法律援助，署长须拒绝申请，并须将拒绝申请一事以书面通知上诉人。

(2) 上诉人如对署长根据第 (1) 款作出的决定感到受屈，或对署长取消就向终审法院提出的上诉或向终审法院上诉的许可申请给予的上诉援助证书的决定感到

受屈，可将该决定呈交《法律援助条例》（第91章）第26A条所述的委员会席前复核，而该条的条文适用于本条所指的复核。

第3部 分担费用的评定

15. 财务资源的评定

（1）除第（2）款另有规定外，署长须按照《法律援助（评定资源及分担费用）规例》（第91章，附属法例B），评定每名法律援助申请人的财务资源，犹如申请人是根据《法律援助条例》（第91章）申请法律援助的人一样，而该规例须据此适用。

（2）尽管署长根据第（1）款作出评定后，决定申请人的财务资源，就《法律援助条例》（第91章）第5条适用的法律援助而言，超逾该条指明的款额，但如署长信纳为了司法公正是宜于给予申请人法律援助证书或上诉援助证书的，则仍可如此行事。

16. 受助人缴付的分担费用

（1）除第13条另有规定外，署长可规定受助人就署长须为他缴付的款项向署长缴付分担费用。

（2）根据第（1）款规定须予缴付的分担费用的款额：

（a）须按照《法律援助（评定资源及分担费用）规例》（第91章，附属法例B）附表3第1部计算，犹如须缴付分担费用的受助人已根据《法律援助条例》（第91章）获给予法律援助一样；

（b）是欠署长的债项，须在署长决定的日期或期间内一整笔或分期缴付。

（3）（由1995年第360号法律公告废除）

17. 给予法律援助的效力

发出法律援助证书后：

（a）在法律援助证书发出前由受助人聘用或代受助人聘用的某大律师或律师，在法律援助证书发出后未经法官许可不得退出法律程序；

（b）署长在评定须付予该大律师及律师的费用时，须将该大律师或律师在发出法律援助证书前所收取的款额抵销。

18. 分担费用多缴之数须发还受助人

如任何人就任何法律程序所缴付的分担费用总数多于署长须为他承担的费用净额，则多缴之数须发还该人。

第4部 杂项

19. 交付羁押的裁判官须将申请法律援助的权利通知被控人

（1）（由1983年第323号法律公告废除）

（2）裁判官根据《裁判官条例》（第227章）第Ⅳ部将控罪或申诉移交区域法院时，须将申请法律援助的权利通知被控人。

20. 誊本的文本

根据本规则而指派予被控人或上诉人的律师或大律师，有权在提出申请后，免费从香港的适当法院收取法律程序誊本或案件中的书面供词的文本，包括文件证物（如有的话）的文本在内。

21. 律师及大律师费用

（1）须付予附表第2部收费表第2栏所描述的律师或大律师的费用，由署长在符合本条及该附表第1部的规定下，按照该表第3栏相应的段而厘定。署长在厘定费用时，须考虑按理可被预期完成的工作，或在合理情况下实际地完成的工作。

（2）-（3）（由2012年第36号法律公告废除）

（4）除根据第（1）款须付的费用外，另须付予律师以下费用：

（a）律师本人及其文员，为准备或进行审讯或上诉，前往法庭或从法庭返回以及往返任何地方，而在合理情况下实际地招致的开支；及

（b）在合理情况下实际地招致的任何其他现金付款开支。

（5）-（6）（由2012年第36号法律公告废除）

（7）申索费用须采用署长所规定的格式及方式向署长提出。

（8）署长可在其认为经考虑按理可被预期完成的工作的任何改变（或已在合理情况下实际地完成的工作的任何改变）后属适当的情况下，按照以下收费率，重新厘定根据本条按照附表第2部收费表第1（a）及（b）（i）及（ii）、2（a）及（b）（i）及（ii）、3（a）及（b）（i）及（ii）、4（a）及（b）（i）及（ii）、5（a）及（b）（i）及（ii）、5A（a）（i）及（ii）、5B（a）（i）及（ii）、5C（a）（i）及（ii）、5D（a）（i）及（ii）、6（a）（i）及（ii）、7（a）（i）及（ii）、8（a）（i）及（ii）、9（a）（i）及（ii）、10（a）（i）及（ii）及11（a）（i）及（ii）项而厘定须付予律师或大律师（资深大律师除外）的费用

（a）如法律程序在区域法院进行：

（i）就以发出指示的律师身分行事的律师而言，如属该表第5（a）及（b）（i）及（ii）项：每小时$920；

（ii）就以讼辩人兼发出指示的律师身分行事的律师而言，如属该表第6（a）（i）及（ii）项：每小时$1,950；及

（iii）就大律师（资深大律师除外）而言，如属该表第11（a）（i）及（ii）项：每小时$1,720；

（b）如法律程序在原讼法庭进行：

（i）就以发出指示的律师身分行事的律师而言，如属该表第1（a）及（b）

（i）及（ii）或2（a）及（b）（i）及（ii）项：每小时$1,100；

（ia）就享有较高级法院出庭发言权，并以讼辩人兼发出指示的律师身分行事的律师而言，如属该表第5A（a）（i）及（ii）或5B（a）（i）及（ii）项：每小时$2,370；及

（ii）就大律师（资深大律师除外）而言，如属该表第7（a）（i）及（ii）或8（a）（i）及（ii）项：每小时$2,100；

（c）如法律程序在上诉法庭进行：

（i）就以发出指示的律师身分行事的律师而言，如属该表第3（a）及（b）（i）及（ii）或4（a）及（b）（i）及（ii）项：每小时$1,490；

（ia）就享有较高级法院出庭发言权，并以讼辩人兼发出指示的律师身分行事的律师而言，如属该表第5C（a）（i）及（ii）或5D（a）（i）及（ii）项：每小时$2,370；及

（ii）就大律师（资深大律师除外）而言，如属该表第9（a）（i）及（ii）或10（a）（i）及（ii）项：每小时$2,100。

22. 过渡条文：《2016年刑事案件法律援助（修订）规则》

（1）在本条中：

生效日期（commencement date）指《修订规则》开始实施的日期；[1]

《修订规则》（amending Rules）指《2016年刑事案件法律援助（修订）规则》。

（2）如在生效日期前，根据本规则指派某律师或大律师予受助人，则就该项指派而言，在紧接生效日期前有效的本规则，继续适用于该律师或大律师，犹如《修订规则》并未订立一样。

23. 过渡条文：《2017年刑事案件法律援助（修订）规则》

（1）在本条中：

生效日期（commencement date）指《修订规则》开始实施的日期；[2]

《修订规则》（amending Rules）指《2017年刑事案件法律援助（修订）规则》。

（2）如在生效日期前，根据本规则指派某律师或大律师予受助人，则就该项指派而言，在紧接生效日期前有效的本规则，继续适用于该律师或大律师，犹如《修订规则》并未订立一样。

24. 过渡条文：《2020年刑事案件法律援助（修订）规则》

如在2020年7月20日前，根据本规则指派某律师或大律师予受助人，则就该项指派而言，在紧接该日期之前有效的本规则，继续适用于该律师或大律师，犹如

---

〔1〕 生效日期：2016年11月14日。
〔2〕 生效日期：2018年4月3日。

《2020 年刑事案件法律援助（修订）规则》并未订立一样。

25. 过渡条文——《2021 年刑事案件法律援助（修订）规则》

如在《2021 年刑事案件法律援助（修订）规则》（《修订规则》）开始实施的日期[1]之前，根据本规则指派某律师或大律师予某受助人，则就该项指派而言，在紧接该日期之前有效的本规则，继续适用于该律师或大律师，犹如《修订规则》并未订立一样。

附　表
［第 2、3 及 21 条］　律师及大律师费用
第 1 部　导言

1. 在第 2 部收费表中：

文件册（bundles）指控方或法院就受助人的案件拟备的审讯或上诉文件册；

律师或大律师（solicitor or counsel）就第 2 部收费表第 21 项而言，包括律师、大律师或有权从事一个在香港以外的司法管辖区的法律执业的人；

会议（conference）不包括在有关律师或大律师为有关案件出庭之日举行的会议。

2. 在第 2 部收费表中，如某费用属按时间收费的费用，完成有关的工作所合理地和恰当地需要的时间，由署长评估。

3. 为免生疑问，如某律师或大律师（资深大律师除外）根据本规则，获指派代表 2 名或多于 2 名被控人或 2 名或多于 2 名上诉人，而其审讯、答辩、判刑、上诉或其他法律程序是一并聆讯的（不论属同一案件或组合在一起的 2 件或多于 2 件案件），第 2 部收费表的以下的项所描述的费用，仅须就 1 名被控人或 1 名上诉人支付，但就如此获代表的每一额外被控人或上诉人而言，须上调 10%，而凡有 6 名或多于 6 名被控人或上诉人如此获代表，则最多只可上调 50%：

（a）第 1（d）及（e）项；

（b）第 2（d）及（e）项；

（c）第 3（d）及（e）项；

（d）第 4（d）及（e）项；

（e）第 5（d）及（e）项；

（ea）第 5A（b）（i）及（ii）及（c）项；（2016 年第 109 号法律公告）

（eb）第 5B（b）（i）及（ii）及（c）项；（2016 年第 109 号法律公告）

（ec）第 5C（b）（i）及（ii）及（c）项；（2016 年第 109 号法律公告）

（ed）第 5D（b）（i）及（ii）及（c）项；（2016 年第 109 号法律公告）

---

〔1〕 实施日期：2021 年 10 月 8 日。

(f) 第 6 (b)(i) 及 (ii) 及 (c) 项;

(g) 第 7 (b) 及 (c) 项;

(h) 第 8 (b) 及 (c) 项;

(i) 第 9 (b) 及 (c) 项;

(j) 第 10 (b) 及 (c) 项;

(k) 第 11 (b) 及 (c) 项;

(l) 第 17 (a) 及 (b) 项;

(m) 第 18 (a) 及 (b) 项;

(n) 第 19 (a) 及 (b) 项。

第 2 部 收费表

第 1 栏项	第 2 栏 律师或大律师	第 3 栏 费用
1.	根据法律援助证书,获指派就原讼法庭的法律程序以发出指示的律师的身分行事的律师	(a) 阅读文件册,费用为每小时 $1,110。 (b)(i) 准备工作((a)、(c) 及 (e) 段所描述的工作除外),费用为 $4,470。 (ii) 如准备工作需时多于 4 小时,则额外费用为每一额外 4 小时单位(不足 4 小时亦作一单位论)$4,470。 (c) 署长所核准的与大律师进行的会议(包括往返会议场地的时间,以及等候时间),费用为每小时 $1,100。 (d) 在原讼法庭就审讯、答辩或判刑出庭,每日出庭(不论在一日中聆讯时间的长短),费用为 $8,980。 (e) 在原讼法庭出庭(就审讯、答辩或判刑出庭除外)的费用,收费率为署长觉得属合理和恰当者。
2.	根据上诉援助证书,获指派就对裁判官的裁定向原讼法庭提出的上诉以发出指示的律师的身分行事的律师	(a) 阅读文件册,费用为每小时 $1,100。 (b)(i) 准备工作((a)、(c) 及 (e) 段所描述的工作除外),费用为 $4,470。 (ii) 如准备工作需时多于 4 小时,则额外费用为每一额外 4 小时单位(不足 4 小时亦作一单位论)$4,470。 (c) 署长所核准的与大律师进行的会

续表

第 1 栏 栏项	第 2 栏 律师或大律师	第 3 栏 费用
		议（包括往返会议场地的时间，以及等候时间），费用为每小时 \$1,100。 （d）在原讼法庭就上诉聆讯出庭，每日出庭（不论在一日中聆讯时间的长短），费用为 \$8,980。 （e）在原讼法庭出庭（就上诉聆讯出庭除外）的费用，收费率为署长觉得属合理和恰当者。
3.	根据上诉援助证书，获指派就对原讼法庭的裁定向上诉法庭提出的上诉，或就根据《裁判官条例》（第 227 章）第 118 条保留由上诉法庭考虑的上诉或上诉的论点或指示在上诉法庭辩论的上诉或上诉的论点，以发出指示的律师的身分行事的律师	（a）阅读文件册，费用为每小时 \$1,490。 （b）（i）准备工作（（a）、（c）及（e）段所描述的工作除外），费用为 \$6,070。 （ii）如准备工作需时多于 4 小时，则额外费用为每一额外 4 小时单位（不足 4 小时亦作一单位论）\$6,070。 （c）署长所核准的与大律师进行的会议（包括往返会议场地的时间，以及等候时间），费用为每小时 \$1,490。 （d）在上诉法庭就上诉聆讯出庭，每日出庭（不论在一日中聆讯时间的长短），费用为 \$12,180。 （e）在上诉法庭出庭（就上诉聆讯出庭除外）的费用，收费率为署长觉得属合理和恰当者。
4.	根据上诉援助证书，获指派就对区域法院的裁定向上诉法庭提出的上诉以发出指示的律师的身分行事的律师	（a）阅读文件册，费用为每小时 \$1,490。 （b）（i）准备工作（（a）、（c）及（e）段所描述的工作除外），费用为 \$6,070。 （ii）如准备工作需时多于 4 小时，则额外费用为每一额外 4 小时单位（不足 4 小时亦作一单位论）\$6,070。 （c）署长所核准的与大律师进行的会议（包括往返会议场地的时间，以及等候时间），费用为每小时 \$1,490。 （d）在上诉法庭就上诉聆讯出庭，每

续表

第1栏 栏项	第2栏 律师或大律师	第3栏 费用
		日出庭（不论在一日中聆讯时间的长短），费用为$12,180。 （e）在上诉法庭出庭（就上诉聆讯出庭除外）的费用，收费率为署长觉得属合理和恰当者。
5.	根据法律援助证书，获指派就区域法院的法律程序以发出指示的律师的身分行事的律师	（a）阅读文件册，费用为每小时$920。 （b）（i）准备工作（（a）、（c）及（e）段所描述的工作除外），费用为$3,790。 （ii）如准备工作需时多于4小时，则额外费用为每一额外4小时单位（不足4小时亦作一单位论）$3,790。 （c）署长所核准的与大律师进行的会议（包括往返会议场地的时间，以及等候时间），费用为每小时$920。 （d）在区域法院就审讯、答辩或判刑出庭，每日出庭（不论在一日中聆讯时间的长短），费用为$7,610。 （e）在区域法院出庭（就审讯、答辩或判刑出庭除外）的费用，收费率为署长觉得属合理和恰当者。
5A.	符合以下说明的律师： 享有较高级法院出庭发言权，并根据法律援助证书，获指派就原讼法庭的法律程序，以讼辩人兼发出指示的律师身分行事	（a）（i）准备工作（（c）段所描述的工作除外），费用为署长觉得属合理和恰当者，但不得超逾$23,570。 （ii）如准备工作需时多于8小时，则额外费用的收费率为署长觉得属合理和恰当者，但每一额外4小时单位（不足4小时亦作一单位论）的费用不得超逾$9,540。 （b）不论在一日中聆讯时间的长短： （i）在原讼法庭就审讯、答辩或判刑出庭的费用为署长觉得属合理和恰当者，但不得超逾$23,570；及 （ii）如审讯、答辩或判刑没有在其开始的当日完结，则其后每日的额外费用为署长觉得属合理和恰当者，但每日费用不得超逾$26,130。

第1栏 栏项	第2栏 律师或大律师	第3栏 费用
		（c）在原讼法庭出庭（就审讯、答辩或判刑出庭除外）的费用，收费率为署长觉得属合理和恰当者。
5B.	符合以下说明的律师： 享有较高级法院出庭发言权，并根据上诉援助证书，获指派就对裁判官的裁定向原讼法庭提出的上诉，以讼辩人兼发出指示的律师身分行事	（a）（i）准备工作（（c）段所描述的工作除外），费用为署长觉得属合理和恰当者，但不得超逾$23,570。 （ii）如准备工作需时多于8小时，则额外费用的收费率为署长觉得属合理和恰当者，但每一额外4小时单位（不足4小时亦作一单位论）的费用不得超逾$9,540。 （b）不论在一日中上诉聆讯时间的长短： （i）在原讼法庭就上诉聆讯出庭的费用为署长觉得属合理和恰当者，但不得超逾$23,570；及 （ii）如上诉聆讯没有在其开始的当日完结，则其后每日的额外费用为署长觉得属合理和恰当者，但每日费用不得超逾$26,130。 （c）在原讼法庭出庭（就上诉聆讯出庭除外）的费用，收费率为署长觉得属合理和恰当者。
5C.	符合以下说明的律师： 享有较高级法院出庭发言权，并根据上诉援助证书，获指派就对原讼法庭的裁定向上诉法庭提出的上诉，以讼辩人兼发出指示的律师身分行事	（a）（i）准备工作（（c）段所描述的工作除外），费用为署长觉得属合理和恰当者，但不得超逾$31,440。 （ii）如准备工作需时多于8小时，则额外费用的收费率为署长觉得属合理和恰当者，但每一额外4小时单位（不足4小时亦作一单位论）的费用不得超逾$9,540。 （b）不论在一日中上诉聆讯时间的长短： （i）在上诉法庭就上诉聆讯出庭的费用为署长觉得属合理和恰当者，但不

续表

第1栏项	第2栏 律师或大律师	第3栏 费用
		得超逾$31,440；及 （ii）如上诉聆讯没有在其开始的当日完结，则其后每日的额外费用为署长觉得属合理和恰当者，但每日费用不得超逾$34,860。 （c）在上诉法庭出庭（就上诉聆讯出庭除外）的费用，收费率为署长觉得属合理和恰当者。
5D.	符合以下说明的律师： 享有较高级法院出庭发言权，并根据上诉援助证书，获指派就对区域法院的裁定向上诉法庭提出的上诉，以讼辩人兼发出指示的律师身分行事	（a）（i）准备工作（（c）段所描述的工作除外），费用为署长觉得属合理和恰当者，但不得超逾$25,140。 （ii）如准备工作需时多于8小时，则额外费用的收费率为署长觉得属合理和恰当者，但每一额外4小时单位（不足4小时亦作一单位论）的费用不得超逾$9,540。 （b）不论在一日中上诉聆讯时间的长短： （i）在上诉法庭就上诉聆讯出庭的费用为署长觉得属合理和恰当者，但不得超逾$25,140；及 （ii）如上诉聆讯没有在其开始的当日完结，则其后每日的额外费用为署长觉得属合理和恰当者，但每日费用不得超逾$27,870。 （c）在上诉法庭出庭（就上诉聆讯出庭除外）的费用，收费率为署长觉得属合理和恰当者。
6.	根据法律援助证书，获指派就区域法院的法律程序以讼辩人兼发出指示的律师的身分行事的律师	（a）（i）准备工作（（c）段所描述的工作除外），费用为署长觉得属合理和恰当者，但不得超逾$15,680。 （ii）如准备工作需时多于8小时，则额外费用的收费率为署长觉得属合理和恰当者，但每一额外4小时单位（不足4小时亦作一单位论）的费用不得超逾$7,810。

第1栏项	第2栏 律师或大律师	第3栏 费用
		（b）不论在一日中聆讯时间的长短： （i）在区域法院就审讯、答辩或判刑出庭的费用为署长觉得属合理和恰当者，但不得超逾 $15,680；及 （ii）如审讯、答辩或判刑没有在其开始的当天完结，则其后每天的额外费用为署长觉得属合理和恰当者，但每日费用不得超逾 $17,390。 （c）在区域法院出庭（就审讯、答辩或判刑出庭除外）的费用，收费率为署长觉得属合理和恰当者。
7.	根据法律援助证书就原讼法庭的法律程序，而获指派的大律师（资深大律师除外）	（a）（i）准备工作（（c）段及第13项所描述的工作除外），费用为署长觉得属合理和恰当者，但不得超逾 $20,410。 （ii）如准备工作需时多于8小时，则额外费用为署长觉得属合理和恰当者，但每一额外4小时单位（不足4小时亦作一单位论）的费用不得超逾 $8,550。 （b）在原讼法庭就审讯、答辩或判刑出庭，每日出庭（不论在一日中聆讯时间的长短），费用为署长觉得属合理和恰当者，但不得超逾 $20,410。 （c）在原讼法庭出庭（就审讯、答辩或判刑出庭除外）的费用，收费率为署长觉得属合理和恰当者。
8.	根据上诉援助证书就对裁判官的裁定向原讼法庭提出的上诉，而获指派的大律师（资深大律师除外）	（a）（i）准备工作（（c）段及第13项所描述的工作除外），费用为署长觉得属合理和恰当者，但不得超逾 $20,410。 （ii）如准备工作需时多于8小时，则额外费用为署长觉得属合理和恰当者，但每一额外4小时单位（不足4小时亦作一单位论）的费用不得超逾 $8,550。 （b）在原讼法庭就上诉聆讯出庭，每

第1栏 栏项	第2栏 律师或大律师	第3栏 费用
		日出庭（不论在一日中聆讯时间的长短），费用为署长觉得属合理和恰当者，但不得超逾$20,410。 （c）在原讼法庭出庭（就上诉聆讯出庭除外）的费用，收费率为署长觉得属合理和恰当者。
9.	根据上诉援助证书就对原讼法庭的裁定向上诉法庭提出的上诉，或就根据《裁判官条例》（第227章）第118条保留由上诉法庭考虑的上诉或上诉的论点或指示在上诉法庭辩论的上诉或上诉的论点，而获指派的大律师（资深大律师除外）	（a）（i）准备工作（（c）段及第13项所描述的工作除外），费用为署长觉得属合理和恰当者，但不得超逾$27,240。 （ii）如准备工作需时多于8小时，则额外费用为署长觉得属合理和恰当者，但每一额外4小时单位（不足4小时亦作一单位论）的费用不得超逾$8,550。 （b）在上诉法庭就上诉聆讯出庭，每日出庭（不论在一日中聆讯时间的长短），费用为署长觉得属合理和恰当者，但不得超逾$27,240。 （c）在上诉法庭出庭（就上诉聆讯出庭除外）的费用，收费率为署长觉得属合理和恰当者。
10.	根据上诉援助证书就对区域法院的裁定向上诉法庭提出的上诉，而获指派的大律师（资深大律师除外）	（a）（i）准备工作（（c）段及第13项所描述的工作除外），费用为署长觉得属合理和恰当者，但不得超逾$21,770。 （ii）如准备工作需时多于8小时，则额外费用为署长觉得属合理和恰当者，但每一额外4小时单位（不足4小时亦作一单位论）的费用不得超逾$8,550。 （b）在上诉法庭就上诉聆讯出庭，每日出庭（不论在一日中聆讯时间的长短），费用为署长觉得属合理和恰当者，但不得超逾$21,770。 （c）在上诉法庭出庭（就上诉聆讯出庭除外）的费用，收费率为署长觉得属合理和恰当者。

续表

第 1 栏项	第 2 栏 律师或大律师	第 3 栏 费用
11.	根据法律援助证书就区域法院的法律程序，而获指派的大律师（资深大律师除外）	（a）（i）准备工作（（c）段及第 14 项所描述的工作除外），费用为署长觉得属合理和恰当者，但不得超逾$13,570。 （ii）如准备工作需时多于 8 小时，则额外费用为署长觉得属合理和恰当者，但每一额外 4 小时单位（不足 4 小时亦作一单位论）的费用不得超逾$7,010。 （b）在区域法院就审讯、答辩或判刑出庭，每日出庭（不论在一日中聆讯时间的长短），费用为署长觉得属合理和恰当者，但不得超逾$13,570。 （c）在区域法院出庭（就审讯、答辩或判刑出庭除外）的费用，收费率为署长觉得属合理和恰当者。
12.	根据法律援助证书就原讼法庭或区域法院的法律程序，或根据上诉援助证书，而获指派的资深大律师	费用按署长觉得属合理和恰当的每小时收费率计算。
13.	根据法律援助证书就原讼法庭的法律程序，或根据上诉援助证书，而获指派的大律师（资深大律师除外）	署长所核准的会议（包括往返会议场地的时间，以及等候时间），费用为署长觉得属合理和恰当者，但每小时的费用不得超逾$2,100。
14.	根据法律援助证书就区域法院的法律程序，而获指派的大律师（资深大律师除外）	署长所核准的会议（包括往返会议场地的时间，以及等候时间），费用为署长觉得属合理和恰当者，但每小时的费用不得超逾$1,720。
15.	根据上诉援助证书就向终审法院提出的上诉或为向终审法院上诉而提出的许可申请，而获指派的律师或大律师	署长觉得属合理和恰当的费用。
16.	根据第 13A 条获转交申请或事宜的律师或大律师	署长觉得属合理和恰当的费用。

续表

第1栏项	第2栏 律师或大律师	第3栏 费用
17.	根据法律援助证书，获指派就初级侦讯以讼辩人身分行事的律师或大律师	(a) 费用为署长觉得属合理和恰当者，但不得超逾$16,310。 (b) 如侦讯没有在其开始的当天完结，则其后每天的额外费用为署长觉得属合理和恰当者，但每日费用不得超逾根据（a）段准予的费用的一半。
18.	根据法律援助证书，获指派在交付审判程序（包括初级侦讯）中，以发出指示的律师的身分行事的律师	(a) 费用为$3,650。 (b) 如法律程序没有在其开始的当天完结，则其后每天的额外费用为署长觉得属合理和恰当者，但每日费用不得超逾$2,990。
19.	根据法律援助证书，获指派在交付审判程序（非以初级侦讯的形式）中，以讼辩人身分行事的律师或大律师	(a) 费用为署长觉得属合理和恰当者，但不得超逾$16,310。 (b) 如法律程序没有在其开始的当天完结，则其后每天的额外费用为署长觉得属合理和恰当者，但每日费用不得超逾$8,140。
20.	根据上诉援助证书，获指派拟定上诉通知（根据第9（a）条拟定上诉理由除外）的律师或大律师	费用为署长觉得属合理和恰当者，但不得超逾$5,390。
21.	根据第7（1A）条聘用的律师或大律师	署长觉得属合理和恰当的费用。

附录三　我国澳门地区法律援助制度

我国澳门地区司法援助制度研究

梁　彦[*]

在我国澳门地区，法律援助被称为司法援助。为确保符合法定条件的人不会因为经济能力不足而无法通过诉讼途径取得或维护其依法受保护的权益，司法援助制度应运而生。根据《澳门特别行政区基本法》第 36 条第 1 款，澳门地区居民享有诉诸法律，向法院提起诉讼，得到律师的帮助以保护自己的合法权益，以及获得司法补救的权利。根据《澳门地区司法组织纲要法》第 6 条第 1 款和第 2 款，法律确保任何人均有权诉诸法院，以维护其权利以及受法律保护的利益；不得以其缺乏经济能力而拒绝公正。有关在缺乏经济能力下诉诸法院的情况，由独立法规规范。我国澳门地区第 21/88/M 号法律《澳门地区法律和法院的运用》（又称《法律援助章程》）第四–A 条规定，"所有人均有权运用法律，向法院提起诉讼，在任何程序及有关程序的任何阶段中即使以证人、声明人或嫌犯身份亦可得到律师的帮助，以及获得司法补救；不得因经济资源不足而拒绝实现公正。所有人均有权取得法律信息和法律咨询、在法院被代理及由律师在没有和无需展示事先授权书的情况下陪同面对任何公共当局，特别是司法当局和刑事调查当局，不论其相对于有关当局的地位为何"。上述规定为我国澳门地区司法援助制度的主要法律依据，与之相关的具体制度规定散见于澳门地区的若干法律规范之中。例如，澳门地区第 13/2010 号法律《澳门地区因执行公共职务的司法援助》、第 13/2012 号法律《澳门地区司法援助的一般制度》、第 1/2013 号行政法规《澳门地区司法援助委员会的组成及运作》以及第 2/2013 号行政法规《澳门地区申请司法援助的可支配财产的法定限额》等文件对司法援助制度及有关程序进行了多方位的系统规定。

在互联网及"超星发现"系统检索"澳门司法援助"关键词，关于我国澳门地区司法援助制度的文章有：1999 年朱健发表于《中国法律》第 5 期的《澳门司法援助制度》，2007 年谢淑霞发表于《行政》第 2 期的《澳门司法援助制度之反

---

* 梁彦，中国政法大学刑事司法学院硕士研究生。

思》，2015 年赵琳琳发表于《中国法律》第 4 期的《澳门司法援助制度》，2018 年姚学宁发表于《当代检察官》第 5 期、第 6 期的《澳门特别行政区司法援助制度窥探（上）》《澳门特别行政区司法援助制度窥探（下）》等。此外，赵琳琳在 2013 年出版的《刑事法律援助的中国实践与国际视野：刑事法律援助国际研讨会论文集》一书中发表《澳门特区司法援助制度新论》一文，于 2015 年出版《澳门司法制度新论》一书，其中专章阐述司法援助制度。鉴于澳门地区已经形成较为完备的司法援助制度，故本文拟在上述文章及书籍的研究基础上，从历史沿革、援助机构、援助类型等方面对该制度展开系统梳理，以期为改进和完善内地的法律援助制度提供参考与借鉴。

一、我国澳门地区司法援助制度的历史沿革

我国澳门地区司法援助制度的萌芽，最早可追溯至葡萄牙 1944 年 2 月 23 日颁布的第 33548 号法令，[1]该法令于 1946 年经殖民事务部的训令延伸至澳门地区适用。[2]当时，司法援助仅限于刑事案件中的私罪被害人或是其他有权控诉的人提供法律代理。如果是公罪，或是准公罪，则不提供司法援助。[3]理由在于，私罪的被害人在没有代理人帮助的情况下，提起诉讼的难度很大，而检察机关对于公罪或者准公罪均有义务履行追诉职责，因而即使没有其他人员的协助也不影响诉讼的启动。

1988 年，根据《澳门地区组织章程》第 31 条第 1 款 a 项的规定，[4]我国澳门地区立法会颁布第 21/88/M 号法律《澳门地区法律和法院的运用》。该法第 1 条指出，其目的是"使任何人不因本身的社会或文化条件又或因经济能力不足而有困难或受阻去认识、取得或维护本身的权利"。第 3 条规定，"法律和法院的运用是政府和法律专业人士或其倘有的代表机构透过设定合作的一项共同责任"。即明确司法援助是政府和法律专业人士或其代表机构的共同责任。此外，该法将受益人的范围界定为"显示无足够经济能力负担因法律专业人士向其提供服务的报酬及全部或局部支付诉讼案的一般费用的个人，以及提出上述所指证明的集体和公司"，故满足条件的个人、集体和公司均有权获得司法援助。

1993 年第 41/94/M 号法令《澳门地区规范司法援助制度》颁布，标志着我国澳门地区司法援助制度的正式确立。该法首先指明，司法援助包括免除支付全部或部分预付金，或免除支付全部或部分预付金及诉讼费用，准许支付之延迟以及提供

---

〔1〕 参见姚学宁："澳门特别行政区司法援助制度窥探（上）"，载《当代检察官》2018 年第 5 期。

〔2〕 参见谢淑霞："澳门司法援助制度之反思"，载《行政》2007 年第 2 期。

〔3〕 郭慧娟："澳门特别行政区刑事司法援助制度研究"，中国政法大学 2021 年硕士学位论文。

〔4〕 《澳门地区组织章程》第 31 条第 1 款 a 项："立法会的职权：a. 对专属本地区有利而非按照具有宪法规定属于共和国主权机构的事项，制定法律连同解释、停止及撤销。"

依职权指定在法院的代理，并对司法援助的适用范围、申请主体、申请条件及相关程序等具体制度进行了较为系统的规定。在其生效后的十余年，该法对我国澳门地区司法援助制度的有效运行起到了重要作用，但随着时间推移，在内容上逐渐表现出滞后于社会发展的特征。从该法的规定中可以得出"司法援助仅为出于同情心的援助"的结论，其建立的机制因繁琐而不便于公众使用，同时也不再符合诉诸法院及求诸司法保护系统的现实要求。

2009 年澳门地区立法会对第 21/88/M 号法律《澳门地区法律和法院的运用》作出修订，明确任何人均有权在诉讼程序中获得律师帮助和司法补救、取得法律信息和法律咨询、在法院被代理以及在面对公共当局时获得律师陪同。

2012 年 8 月 30 日，澳门地区立法会通过了第 13/2012 号法律《澳门地区司法援助的一般制度》，其取代原有的第 41/94/M 号法令《澳门地区规范司法援助制度》，成为澳门地区关于司法援助制度的专门性法律规范。

此外，第 1/2013 号行政法规《澳门地区司法援助委员会的组成及运作》、第 2/2013 号行政法规《澳门地区申请司法援助的可支配财产的法定限额》、第 13/2010 号法律《澳门地区因执行公共职务的司法援助》以及《澳门地区民事诉讼法典》《澳门地区刑事诉讼法典》《澳门地区法院诉讼费用制度》等文件也对司法援助进行了相应的规定。因此，当前在我国澳门地区，上述规范共同搭建起司法援助制度的法律框架。

二、我国澳门地区司法援助委员会

根据我国澳门地区第 13/2012 号法律《澳门地区司法援助的一般制度》第 4 条，司法援助委员会是有权对司法援助的批给和其他相关事宜作出决定的机关，其组成和运作由补充法规即第 1/2013 号行政法规《澳门地区司法援助委员会的组成及运作》订定。

（一）职权

司法援助委员会负责行使《澳门地区司法援助的一般制度》及有关补充性法规所规定的职权，即包括批给及废止司法援助，科处罚款，调查与核实司法援助申请人的经济能力状况，委任在法院的代理人，应行政长官要求就《澳门地区司法援助的一般制度》以及补充性法规的适用发表意见，就司法援助的一般制度的适用编制年度报告，以及制定其内部规范等。

（二）组成

司法援助委员会由最多 7 名的单数正选成员组成，包括正副主席各一名。委员会成员在被公认为杰出及具相当知识及专业经验的人士中选任。

1. 成员的委任及任期

司法援助委员会成员由公布于《澳门特别行政区公报》的行政长官批示委任，

任期 3 年，可连任。在批示中须同时指定委员会其他正选成员的候补成员，但主席与副主席除外。委员不在或因故不能视事时，由候补成员顶替。

2. 主席与副主席

司法援助委员会主席与副主席须具备法律学士学历。委员会主席有权代表委员会，召集及主持会议，核准议程，行使行政长官批示或委员会决议授予的其他职权，以及其他法定职权。委员会主席可将其职权授予副主席。委员会副主席负责协助主席行使职权，行使主席授予的职权，以及当主席不在或因故不能视事时代任主席。

此外，司法援助委员会设有一名秘书，由委员会主席指定，其须列席委员会会议但没有表决权。委员会秘书负责处理委员会运作所需的文书，按照主席的指示编制委员会的会议议程及会议记录，执行主席所指派或内部规章所规定的其他职务等。

（三）运作

司法援助委员会一般每周举行一次平常会议，特别会议由主席提出或应最少两名成员的建议而召开。委员会主席可邀请公共或私人实体的代表，以及就商讨事宜有认识及经验的专家或人士列席委员会会议，受邀人员无权表决，但有权依法收取出席费。司法援助委员会运作所需的财政资源，由登录于法务公库本身预算的拨款支付。此外，澳门地区法务局负责向司法援助委员会提供其他技术及行政辅助。

三、我国澳门地区一般司法援助制度

（一）援助范围

根据《澳门地区司法援助的一般制度》第 2 条，除澳门地区公共部门的工作人员因执行公共职务作出的行为或发生的事实而被起诉的情况，以及刑事诉讼程序中嫌犯委托辩护人和支付诉讼费用的情况之外，其他在澳门地区法院进行的任何形式的诉讼均可适用，即包括民事诉讼、行政诉讼等。同时，如对保全程序批给司法援助，该援助亦适用于以保全程序所保护的权利为依据的主诉讼程序。不论诉讼的裁判为何，司法援助在有关上诉中继续适用，并延伸适用于一切以附文方式并附于获批给司法援助的诉讼而进行的诉讼程序。司法援助继续适用于以获批给司法援助的诉讼的终局裁判为依据的执行程序。因此，一般司法援助也适用于符合法定条件的保全程序、上诉程序和执行程序。

（二）援助对象

1. 申请主体

在我国澳门地区，有权申请司法援助的主体分为自然人与法人两类。自然人包括澳门地区居民、具有外地雇员身份的人、获承认难民地位的人以及在澳门地区获逗留的特别许可的人（例如，在高等院校求学的学生）。上述自然人主体如符合经济能力不足条件的，可以申请司法援助。而住所设于澳门地区的非营利性质的法人如属经济能力不足，亦可申请司法援助。此外，援助对象亦包括按照其他法律规定有权获得司法援助的人，且不取决于申请人在案件中的诉讼地位及他方当事人是否获批给司法援助。[1]

2. 经济能力不足标准

在我国澳门地区司法实践中，最终提供一般司法援助与否的衡量标准在于判断申请人是否"经济能力不足"。[2]根据《澳门地区司法援助的一般规定》和《澳门地区申请司法援助的可支配财产的法定限额》的规定，申请人及其家团成员（包括配偶、父母、子女及岳父母等）可支配财产的金额，如不超出澳门币32万元的法定限额，则视为经济能力不足。

可支配财产的金额的计算是申请人及其家团成员的收入与资产的总和，再扣除支出而得出的数额，即可支配财产＝收入＋资产－支出。其中，收入是指自提出司法援助申请之日起计过去一年内，申请人及其家团成员在澳门地区内外所取得的收益，包括工作收入，退休金、补助金或退伍金，从工商业活动、不动产、著作权及财务运用中所取得的收益等。现金分享款项、敬老金、残疾津贴、社会保障给付、援助金及不属课税收益的其他政府津贴不纳入收入的计算。资产是指在提出司法援助申请时，申请人及其家团成员在澳门地区内外的财产，包括非属家庭居所的不动产、公司的股或股份、车辆、有价证券、金额超过澳门币5000元的账户、现金、珠宝等，扣除以不动产作抵押担保的银行贷款的负债。支出则包含固定支出与非固定支出，前者指的是为申请人及其家团成员的年度生活开支而订出的固定金额，该金额因应家团成员数目而自动按照相应的维生指数乘以12再乘以2.5倍计算，后者指的是在提出司法援助申请之日起一年内，每项金额超过澳门币5000元的必要开支，尤其是教育、医疗及丧葬等开支，但不包括申请人及家团成员因过错而须支付的罚款、赔偿或其他费用。

（三）援助内容

在我国澳门地区，一般司法援助的形式包括豁免支付预付金，豁免支付诉讼费用，以及委任在法院的代理人和支付代理费用等。如拟获批给司法援助的诉讼程序依法无须强制律师代理，则司法援助不包括委任在法院的代理人和支付代理费用，但诉讼的他方当事人已委托律师代理的情况除外。

（四）援助程序

1. 申请

在我国澳门地区，一般司法援助需经申请获得。申请主体可通过填写司法援助

---

[1]　姚学宁："澳门特别行政区司法援助制度窥探（上）"，载《当代检察官》2018年第5期。

[2]　姚学宁："澳门特别行政区司法援助制度窥探（上）"，载《当代检察官》2018年第5期。

委员会提供的申请表提出申请，其既可在首次参与诉讼程序前，也可在诉讼程序中任何阶段向司法援助委员会提出。[1]在提出司法援助申请时，申请人须简要陈述其诉讼请求和作为有关请求依据的事实，指明申请援助的形式，并附同能证明符合批给司法援助的条件的文件和资料。申请主体申请司法援助完全免费。

申请时须递交的材料因申请主体不同而有所区别。自然人在申请时需递交以下七项材料：本人及家团成员的身份证明文件副本；自提出司法援助申请之日起计的过去一年的收入证明副本，例如粮单、雇主发出的薪酬声明、职业税凭单等；自提出司法援助申请之日起计的过去一年的银行账户和电子钱包资料副本；资产及其相关价值的资料副本，例如不动产、车辆、保险、有价证券等；所签署的许可查阅其银行账户及其他可支配财产资料的同意书；支持诉讼请求的文件或资料；地址证明。法人在申请时则需提交八项材料，包括：申请人的法定代表的身份证明文件副本；由身份证明局发出的在该局存有法人登记记录的证明书；公布于《澳门特别行政区公报》的社团章程副本；自提出司法援助申请之日起计的过去一年银行账户资料副本；资产及其相关价值的资料副本，例如不动产、车辆、保险、有价证券等；许可查阅银行账户及其他可支配财产资料的同意书；支持诉讼请求的文件或资料；地址证明。

2. 审批

为查证申请人是否符合批给司法援助的条件，司法援助委员会可要求申请人提交补充文件及资料，并在获申请人及其家团成员书面许可下查阅银行账户及其他有助知悉其可支配财产的资料。此时即排除金融及信用机构的保密义务。如果申请人具有以下四种情形之一的，无论其是否经济能力不足，委员会均不批给司法援助：一是有理由怀疑申请人或其家团成员转让财产或为其财产设定负担，以符合批给司法援助的条件；二是申请人为争议权利或争议物的受让人，且有关转让是为获批给司法援助而作出；三是申请人或其家团成员拒绝或未在指定期间内提供委员会要求的补充文件、资料及许可；四是拟获批给司法援助的诉讼的请求或其理由明显不成立。

通常情况下，司法援助委员会在接获申请和收到所有文件和资料之日起15日内作出决定，如有充分理由，则可延长最多15日，即委员会至迟须在30日内作出决定。

3. 废止

在批给司法援助的前提下，如果出现法定情形，则司法援助委员会可依职权，或应法院、检察院、诉讼他方当事人、获委任的在法院的代理人的要求作出废止司

---

〔1〕 参见赵琳琳：《澳门司法制度新论》，社会科学文献出版社2015年版，第212页。

法援助的决定。法定情形包括五种：其一，在提出申请至诉讼程序终结期间，经重新计算，申请人及其家团成员的可支配财产超出法定限额一倍；其二，作为批给司法援助依据的文件和资料属虚假；其三，在批给司法援助至诉讼程序终结期间证实批给理由不成立；其四，受益人被确定裁判判为恶意诉讼人，即在明显不具备条件的情况下提出司法援助申请，以达致拖延诉讼进行的目的；其五，受益人表示不提起诉讼或不继续进行诉讼，又或不向获委任的在法院的代理人提供为提起诉讼程序或推动诉讼程序进行属必不可少的资料或协助。

4. 款项的支付与退回

在三种情况下，司法援助的受益人须按司法援助委员会的命令支付诉讼费用及预付金，以及退回由法务公库承担的款项：一是司法援助在法定情形下被废止；二是诉讼程序终结后发现作为批给司法援助依据的文件和资料属虚假，或证实批给司法援助的理由不成立；三是受益人因胜诉而实际取得的财产价值超出因批给司法援助而获免除支付的款项，且受益人因取得该财产而计得的可支配财产超出法定限额的一倍，即澳门币 64 万元。

（五）救济机制

为保障申请主体获得司法援助的权利，《澳门地区司法援助的一般制度》还确立了司法申诉机制。即虽然利害关系人不可对司法援助委员会就司法援助的批给申请、废止或确认失效作出的决定提出声明异议或行政上诉，但其可以在收到上述决定的通知之日起 10 日内提出司法申诉，并且无须委托诉讼代理人。司法申诉请求须以书面方式送交司法援助委员会，但无须以分条缕述方式作出陈述。申诉只接纳书证，并可通过法院请求获取有关证据。提出司法申诉豁免支付预付金。

司法援助委员会须在收到利害关系人的请求后 5 日内作出维持或更改的决定。如果委员会更改司法申诉所针对的全部决定，则须将此事通知利害关系人，此时该司法申诉即告终结；如果委员会维持其全部或部分决定，则须将司法申诉请求书、经认证的卷宗副本，以及维持有关决定的意见书送交管辖法院。

法院在收到及分发卷宗后，法官可命令采取必要的调查措施，并应当在 15 日内作出裁判。针对该裁判不能提起上诉。法院须将其裁判通知司法援助委员会，而委员会须将该裁判通知受益人、倘有的获委任的在法院的代理人、他方当事人，以及审理待决诉讼的法院，但属该法院就司法申诉作出决定的情况除外。在司法申诉被裁定为理由不成立的情况下，有关诉讼费用由提出司法申诉的人承担。

四、我国澳门地区刑事司法援助制度

2012 年联合国《原则和准则》认为，"法律援助是以法治为依据的公正、人道和高效的刑事司法系统的一个基本要件，是享有其他权利包括公正审判权的基石，是行使这类权利的一个先决条件，并且是确保刑事司法程序基本公正而且得到公众信任的一个重要保障"。因此，在刑事司法中，保障相关主体获得法律援助的权利至关重要。在我国澳门地区，刑事诉讼程序中嫌犯委托辩护人和支付诉讼费用的情况，适用《澳门地区刑事诉讼法典》和第 63/99/M 号法令核准的《澳门地区法院诉讼费用制度》的规定，而刑事诉讼中的辅助人或者民事当事人等适用前述一般司法援助制度。

（一）援助对象

根据《澳门地区刑事诉讼法典》第 46 条，凡在刑事诉讼程序中被控诉之人或被声请进行预审之人，均具有嫌犯身份，其身份在整个诉讼程序进行期间予以维持。成为嫌犯的具体情形包括六种：一则，该人在被侦查时向任何司法当局或刑事警察机关作出声明；二则，该人被采取强制措施或财产担保措施；三则，该人被拘留；四则，制作实况笔录将该人视为犯罪行为人，并将实况笔录告知该人；五则，在询问该人期间有理由怀疑该人曾犯罪；六则，曾经涉嫌犯罪的人在被采取某些措施时请求成为嫌犯。嫌犯身份的取得需经司法当局或刑事警察机关口头或者书面告知。

（二）援助形式

自取得嫌犯身份起，该人即具有诉讼主体资格。根据《澳门地区刑事诉讼法典》第 50 条，除法律另有规定外，嫌犯在诉讼程序中任何阶段内特别享有八项权利，包括：在作出直接与其有关的诉讼行为时在场；在法官应作出会对嫌犯本人造成影响的裁判时，由法官听取嫌犯陈述；对于任何实体就对其归责的事实提出的问题，以及就其所作、与此类事实有关的声明的内容提出的问题不予回答；选任辩护人，或向法官请求为其指定辩护人；在一切有其参与的诉讼行为中由辩护人援助，如已被拘留，则有权与辩护人进行即使是私下的联络；介入侦查及预审，并提供证据及声请采取其认为必需的措施；获其须报到的司法当局或刑事警察机关告知其享有的权利；依法就对其不利的裁判提起上诉。在司法实践中，由于嫌犯本人可能并不具备专业的法律素养，对于相关实体及程序规定不甚了解，凭借其自身的力量难以与控方形成平等对抗。在缺乏辩护人帮助的情况下，嫌犯可能无法积极有效地参与刑事诉讼程序，在举证、质证等方面处于下风。因此，获得辩护人帮助对于保障嫌犯权益的实现具有重要意义，也是嫌犯所享有权利的内容之一。根据同法第 51 条，嫌犯在诉讼程序中任何时刻均得委托律师，如法律规定嫌犯必须由辩护人辩护，而嫌犯仍未委托或者不委托辩护人，则法官为其指定辩护人。由此可见，在我国澳门地区刑事诉讼中，嫌犯获得司法援助的形式包括强制指定辩护与可以指定辩护两类。

1. 强制指定辩护

根据《澳门地区刑事诉讼法典》第 53 条，在七种情况下嫌犯必须有辩护人的援助：第一，对被拘留的嫌犯进行首次司法讯问时；第二，在除不可科处徒刑或收容报案处分之外的诉讼程序中进行预审辩论及听证时；第三，在缺席审判时；第四，在整个诉讼过程中，只要嫌犯为聋、哑，或就嫌犯之不可归责性或低弱可归责性提出问题；第五，在平常或非常上诉时，其中平常上诉指的是除法律明确规定不可上诉的情形之外的上诉，例如对合议庭的裁判、批示提出的上诉，而非常上诉主要是针对已经生效的判决提出上诉，包括统一司法见解的非常上诉和申请再审的非常上诉；[1]第六，在证人、辅助人、鉴定人等因不可避免的因素无法出席审判时，预审法官可依职权或依申请询问时；第七，法律规定的其他情况。因此，在上述情形中，如果嫌犯没有委托或者不委托辩护人，则法官必须为其指定辩护人，律师为优先考虑的指定对象。

2. 可以指定辩护

在不属于强制指定辩护的场合，如果案件情节表明有必要援助嫌犯，并且援助是合适的，则法官可以为嫌犯指定辩护人。

就指定辩护人的资格而言，律师、实习律师以及在紧急情况下适当人士乃至非法学士均可以被指定为嫌犯提供司法援助，而一旦可以指定律师、实习律师以及法学士时，应立即停止由非法学士提供的援助。[2]

就指定辩护人的更换而言，在三种情况下可以更换辩护人：其一，如果辩护人在必须有辩护人援助的案件中不到场，在援助行为完结前缺席、拒绝、放弃辩护，即指定辩护人未能尽职履责，则法官应当立即指定其他辩护人，当无法立即更换指定或者更换指定不合适时，法官有权决定中断援助行为；其二，嫌犯有权随时对指定辩护人提出异议并申请更换，法院认为其有合理理由的，可以为其另行指定辩护人；其三，指定辩护人享有与嫌犯相同的异议权利，其有权提出更换申请，法院认为其理由合理的，可以更换辩护人。如果辩护人在预审辩论或听证期间被替换，则法院可依职权或依新辩护人的声请，中断预审辩论或听证的进行，以便为新辩护人留出与嫌犯商议及查阅笔录的时间。

此外，在共同犯罪案件中，多名嫌犯可在同一程序中由同一名辩护人进行援助。如果其中一名或多名嫌犯已委托律师而其余嫌犯尚未委托律师，法官可以在被委托的各律师中指定一名或多名律师为其余嫌犯辩护。此两种情形均以不妨碍辩护作用的发挥为前提。

（三）援助内容

在我国澳门地区，除法律限制必须由嫌犯本人行使的权利之外，辩护人有权行

---

〔1〕　参见郭慧娟："澳门特别行政区刑事司法援助制度研究"，中国政法大学 2021 年硕士学位论文。

〔2〕　参见郭慧娟："澳门特别行政区刑事司法援助制度研究"，中国政法大学 2021 年硕士学位论文。

使法律承认嫌犯享有的所有权利，而嫌犯有权在裁判作出前撤销辩护人以其名义作出的有关行为。因此，辩护人可在权利范围内为嫌犯提供相应的司法援助。具体来说，辩护人享有以下权利。

其一，阅卷权。在我国澳门地区，刑事诉讼程序自作出起诉批示时起公开，或在没有预审的情况下，自作出指定听证日的批示时起公开。刑事诉讼程序公开后，嫌犯、辩护人可以查阅笔录及获得笔录任何部分的副本、摘录或证明。

其二，通信权。辩护人有权同嫌犯保持联络，即使嫌犯处于被拘留状态，辩护人也可以与嫌犯进行不被监听的私下联络。

其三，陪同权。嫌犯可在辩护人的陪同下参与刑事诉讼程序，例如辩护人可陪同嫌犯到场接受审判。

其四，介入权。辩护人可以介入侦查和预审程序，代表嫌犯提交证据，向法官申请采取必要的措施。

其五，申请回避权。辩护人可代表嫌犯申请符合条件的法官、检察官、鉴定人、传译员或司法公务员回避。

其六，上诉权。除对于单纯事务性批示、命令实施取决于法院自由决定的行为的裁判和在最简易诉讼程序中宣示的裁判不得提起上诉之外，辩护人可以代表嫌犯对不利的裁判提起上诉。

此外，根据《澳门地区法院诉讼费用制度》第62条，四类主体得以豁免诉讼费用，包括对于在未成年人司法管辖范围内的教育制度的程序中作出决定采用措施的裁判或修改或终止所采用措施的裁判提起上诉的未成年人或其法定代理人或等同的人；作出答复表示确认上诉所针对的裁判的非为上诉人的嫌犯；司法援助的附随事项中的被声请人，但其曾提出明显无理由的反对者除外；特别法规定豁免诉讼费用的其他实体。即嫌犯可在法定条件下免交诉讼费用。同时，上述规定不影响各诉讼法或特别法规定的适用。

（四）指定辩护费用分担机制

在我国澳门地区，被判处缴纳司法费的被追诉者同样需缴纳因其活动而导致的诉讼费用，包括强制指定辩护人的辩护费用。[1]该缴费标准因提供司法援助的主体资格不同而有所差异。如果获得律师提供的司法援助，则受益人须按照司法援助的相关条例规定支付报酬，具体金额如表1所示。[2]如果获得实习律师提供的司法援助，则受益人须支付三分之二的服务费。在既非律师又非实习律师提供司法援助

---

〔1〕 参见邱庭彪：《澳门刑事诉讼法分论》，社会科学文献出版社2014年版，第348页。

〔2〕 《澳门地区法院诉讼费用制度》第76条；第59/2013号行政长官批示；第297/2013号行政长官批示；第10/2014号行政长官批示。转引自郭慧娟："澳门特别行政区刑事司法援助制度研究"，中国政法大学2021年硕士学位论文。

的特殊情况下，则须根据其具体工作情况确定相应的服务费用。

表1　司法援助服务费

5. 刑事诉讼程序	金额下限（澳门币）	金额上限（澳门币）
5.1. 属合议庭管辖权的诉讼程序	1500	50 000
5.2. 属独任庭管辖权的诉讼程序	1000	20 000
5.3. 简捷诉讼程序	1000	15 000
5.4. 简易诉讼程序	2000	10 000
5.5. 最简易诉讼程序	1000	3000
5.6. 违例诉讼程序及轻微违反诉讼程序	1000	3000
5.7. 上诉	1000	适用于主诉讼程序的服务费的三分之二
5.8. 异议	1000	5000

五、我国澳门地区公职司法援助制度

除前述一般司法援助制度与刑事司法援助制度之外，第13/2010号法律《澳门地区因执行公共职务的司法援助》还给予包括按司法制度聘用者在内的公共部门的工作人员专门的司法援助，即在其因执行公共职务而作出的行为或发生的事实被起诉的诉讼程序中为其提供法律服务。

（一）援助对象

公职司法援助制度适用于公共部门的工作人员。其中，公共部门指公共行政当局的机关及部门，包括行政长官办公室、政府主要官员的办公室及行政辅助部门、自治基金、公务法人、立法会辅助部门、终审法院院长办公室及检察长办公室。不论诉讼的裁判为何，司法援助在上诉中继续提供，并延伸适用于以附文方式并附于获司法援助的诉讼程序的卷宗而进行的一切诉讼程序。司法援助在以获司法援助的诉讼程序中所作判决为依据的执行中维持有效。因在职时作出的行为或发生的事实而提供的司法援助，对于离职待退休、已退休及自愿中止或终止职务联系的人士依然有效。在受惠人死亡的情况下，公职司法援助延伸适用于具法定正当性继续诉讼的人士。

（二）援助内容

根据《澳门地区因执行公共职务的司法援助》第2条，公职司法援助的形式包

括两种，即豁免诉讼费用及预付金与支付在法院的代理费用。其中，第一种形式的司法援助无须由利害关系人提出申请。澳门特别行政区公共部门的工作人员因执行公共职务被起诉时，不论诉讼形式为何，均豁免诉讼费用及预付金，亦可同时获支付在法院的代理费用形式的司法援助。若上述人士在诉讼程序中被宣告为败诉当事人，以当事人的诉讼费用名义偿还给胜诉当事人的款项则由澳门特别行政区负担。而支付在法院的代理费用形式的司法援助包括有关律师的服务费、开支及负担。服务费的最高援助金额由行政长官按情况以批示订定，并须参考澳门律师工会现行的服务费表及属代理范围的诉讼行为的类型。为给予司法援助所需的申请表、证明或其他文件，均获豁免税项、手续费及费用。针对不批准司法援助申请的决定而提出的司法争执获豁免支付预付金。

（三）援助程序

1. 申请与批给

申请支付在法院的代理费用形式的司法援助，须在首次参与有关诉讼程序前提出。申请须提交专用表格，并附同具备给予司法援助的前提的必需证明。专用表格样式见公布于《澳门特别行政区公报》的第 17/2011 号行政长官批示，该表格可以电子版本的形式提供。

在公职司法援助制度中，是否给予支付在法院的代理费用形式的司法援助的决定权限在行政长官手中，该权限不得转授。行政长官在作出决定前，须听取独立委员会的意见。该独立委员会为公布于《澳门特别行政区公报》的第 53/2011 号行政长官批示设立的公职司法援助委员会，负责分析给予在法院的代理费用形式的司法援助的申请，并发表意见。

2. 预支款项与结算

在给予司法援助的决定作出后，如申请人提出要求，可预支款项。申请预支款项也须提交专用表格，并附同已作出或将作出的开支的证明文件。

支付在法院的代理费用形式的司法援助的开支在获司法援助的诉讼程序的裁判确定后结算；如有上诉程序或者获司法援助的诉讼程序，则在该等诉讼程序的裁判确定后结算。结算申请应当以专用表格提出，并附同有关支付的证明文件。提交上述文件的期间为作出最后开支后的 30 日，如逾期提交将导致不获支付尚未支付的款项或须退回已预支的款项，但有值得考虑的理由除外。如果行政长官认为相当于已完成的工作的数量及复杂性，以及已作出的行为或措施，代理的费用及负担过高、不合比例或不适当时，则可减少支付结算的金额。

（四）司法援助优惠的丧失

公职司法援助是为了保障公职人员更好地依法履行职责，因此，有违制度目标的一些情形则不应获得司法援助。[1]根据《澳门地区因执行公共职务的司法援助》第6条，司法援助的受惠人在三种情况下必须支付由澳门特别行政区负担的诉讼费用、预付金，以及退回由其负担的款项，同时受惠人应负的纪律责任和刑事责任不受影响：一是根据确定的司法裁判的结论，导致提起诉讼的行为或事实非因执行公共职务而发生；二是根据确定的司法裁判的结论，属因执行职务时实施故意犯罪而被判罪；三是根据确定的司法裁判的结论，属故意或因严重过错而作出不法行为。在被证实存在上述规定情形时，应在获司法援助的诉讼程序的裁判中指明有关情况。作虚假声明的申请人及签署有关声明的人，须就不当结算及支付的款项向澳门特别行政区负连带责任，且不影响应负的纪律责任与刑事责任。被宣告为胜诉当事人的受惠人，以职业代理费名义而收取的款项应偿还予澳门特别行政区，但以其所承担的款项为限。

六、结语

我国澳门地区法律制度深受葡萄牙影响，在承袭其法制特色的同时，建立了一套契合本地区司法实践需求的司法援助制度体系。其中，刑事司法援助制度主要针对嫌犯适用，公职司法援助制度仅适用于执行公务的公共部门的工作人员，其余法律实体在符合法定条件的情况下适用一般司法援助制度。总体而言，澳门地区司法援助制度的援助对象广泛、援助形式多样，在管理机构、经济困难标准等方面均值得我们学习和借鉴。

---

[1]　参见赵琳琳：《澳门司法制度新论》，社会科学文献出版社2015年版，第217页。

澳门地区司法援助委员会的组成及运作

（澳门地区第 1/2013 号行政法规）

行政长官根据《澳门特别行政区基本法》第五十条（五）项及第 13/2012 号法律《司法援助的一般制度》第四条第二款的规定，经征询行政会的意见，制定本补充性行政法规。

第一条 标的

本行政法规订定司法援助委员会（下称"委员会"）的组成及运作。

第二条 职权

委员会负责行使第 13/2012 号法律《司法援助的一般制度》及有关补充性法规所规定的职权，以及：

（一）应行政长官要求，就第 13/2012 号法律《司法援助的一般制度》以及补充性法规的适用发表意见；

（二）就司法援助的一般制度的适用编制年度报告；

（三）制定其内部规范。

第三条 组成

一、委员会由最多七名的单数正选成员组成，包括一名主席及一名副主席。

二、主席及副主席须具备法律学士学历。

三、委员会成员在被公认为杰出及具相当知识及专业经验的人士中选任。

第四条 成员的委任及任期

一、委员会成员由公布于《澳门特别行政区公报》的行政长官批示委任。

二、委员会成员的任期为三年，可续期。

三、在第一款所指批示中须同时指定委员会其他正选成员的候补成员，但主席及副主席除外。

四、委员不在或因故不能视事时，由候补成员代任。

第五条 主席

一、委员会主席具下列职权：

（一）代表委员会；

（二）召集及主持会议；

（三）核准议程；

（四）行使行政长官批示或委员会决议授予的其他职权，以及其他法定职权。

二、委员会主席可将其职权授予副主席。

第六条　副主席

委员会副主席具下列职权：

（一）协助主席行使职权；

（二）行使主席授予的职权；

（三）当主席不在或因故不能视事时代任主席。

第七条　运作

一、委员会一般每周举行一次平常会议；特别会议由主席提出或应最少两名成员的建议而召开。

二、主席可邀请公共或私人实体的代表，以及就商讨事宜有认识及经验的专家或人士列席委员会会议，但该等人士无表决权。

第八条　秘书

一、委员会设有一名秘书，其须列席会议但无表决权，并具下列职权：

（一）负责处理委员会运作所需的文书；

（二）按主席的指示编制委员会的会议议程及会议纪录；

（三）执行主席所指派或内部规章所规定的其他职务。

二、秘书由委员会主席指定。

第九条　技术及行政辅助

法务局负责向委员会提供其他技术及行政辅助。

第十条　报酬

一、委员会主席、副主席及委员的报酬分别相等于公职薪俸表一百五十点、一百三十点及一百一十点的金额。

二、如属委员的代任，代任人每次出席会议有权收取上款所指金额除以当月会议次数所得的份额，且该份额在被代任人的报酬中扣除。

三、秘书有权每月收取相当于公职薪俸表一百点的百分之五十的报酬。

第十一条　出席费

第七条第二款所指获邀列席委员会会议的人士，有权依法收取出席费。

第十二条　负担

委员会运作所需的财政资源由登录于法务公库本身预算的拨款支付。

第十三条　生效

本行政法规自二零一三年四月一日起生效。

二零一三年二月二十八日制定。

命令公布。

行政长官　崔世安

澳门地区司法援助的一般制度

(澳门地区第 13/2012 号法律)

立法会根据《澳门特别行政区基本法》第七十一条（一）项，为实施《澳门特别行政区基本法》第三十六条所订定的基本制度，制定本法律。

第一章　一般规定

第一条　标的

本法律订定司法援助的一般制度，以保障符合法定条件者不会因经济能力不足而无法透过司法诉讼取得或维护其依法受保护的权益。

第二条　适用范围

一、本法律适用于在澳门特别行政区的法院所进行的任何形式的诉讼，但下列情况除外：

（一）澳门特别行政区公共部门的工作人员因执行公共职务作出的行为或发生的事实而被起诉的情况，适用第 13/2010 号法律的规定；

（二）刑事诉讼程序中嫌犯委托辩护人和支付诉讼费用的情况，适用《刑事诉讼法典》和十月二十五日第 63/99/M 号法令核准的《法院诉讼费用制度》的规定。

二、如对保全程序批给司法援助，该援助亦适用于以保全程序所保护的权利为依据的主诉讼程序。

三、不论诉讼的裁判为何，司法援助在有关上诉中继续适用，并延伸适用于一切以附文方式并附于获批给司法援助的诉讼而进行的诉讼程序。

四、司法援助继续适用于以获批给司法援助的诉讼的终局裁判为依据的执行程序。

第三条　形式

一、司法援助包括以下形式：

（一）豁免支付预付金；

（二）豁免支付诉讼费用；

（三）委任在法院的代理人和支付代理费用。

二、如拟获批给司法援助的诉讼程序依法无须强制律师代理，则司法援助不包括委任在法院的代理人和支付代理费用，但诉讼的他方当事人已委托律师代理的情况除外。

第四条　司法援助委员会

一、司法援助委员会（下称"委员会"）具职权按照本法律的规定对司法援助的批给和其他相关事宜作出决定。

二、委员会的组成和运作由补充法规订定，委员会主席须具备法律学士学历。

第五条　合作义务

应委员会为行使本法律规定的职权而提出的要求，任何公共或私人实体均有提供协助的义务。

第六条　个人资料的保护

一、委员会成员、其他参与委员会会议的人，以及参与司法援助批给程序的公共部门的工作人员须就其执行职务时根据本法律的规定所获提供的个人资料，遵守职业保密义务，不得将之透露或用于非为执行本法律的其他目的，即使在职务终止后亦然。

二、适用本法律时，尤其涉及处理及保护个人资料的事宜，应遵守第 8/2005 号法律所定的制度。

第二章　司法援助的批给

第七条　批给对象

一、澳门特别行政区居民和住所设于澳门特别行政区的非具营利目的之法人，如属经济能力不足，有权获得司法援助。

二、基于下列任一情况而在澳门特别行政区逗留者，如属经济能力不足，亦有权获得司法援助：

（一）具有外地雇员身份者；

（二）获澳门特别行政区主管当局承认难民地位者；

（三）获第 4/2003 号法律第八条所指在澳门特别行政区逗留的特别许可者。

三、司法援助的批给对象尚包括按照其他法律规定有权获得司法援助者。

四、司法援助的批给不取决于申请人在案件中的诉讼地位及他方当事人是否获批给司法援助，但不影响第三条第二款规定的适用。

第八条　经济能力不足

一、为适用本法律的规定，申请人及其家团成员的可支配财产的金额，如不超出法定限额，视为经济能力不足。

二、上款所指可支配财产的金额为申请人及其家团成员的收入与资产总和扣除支出而得出的数额。

三、在订定第一款所指限额时，须特别考虑获批给司法援助的诉讼案件平均的诉讼费用及代理费用。

第九条　可支配财产的计算

一、为适用本法律的规定，可支配财产的收入、资产及支出按以下各款的规定计算。

二、收入是指自提出司法援助申请之日起计的过去一年内，申请人及其家团成员在澳门特别行政区内外所取得的收益，尤其包括：

（一）从自僱工作或为他人工作而取得的收益；

（二）补助金、退休金或退伍金；

（三）从工商业活动、不动产、著作权及财务运用所取得的收益。

三、现金分享款项、敬老金、残疾津贴、社会保障给付、援助金及不属课税收益的其他政府津贴，不视为上款所指的收入。

四、资产是指提出司法援助申请时申请人及其家团成员在澳门特别行政区内外的财产，尤其是非属家庭居所的不动产、工商业场所、合伙或公司的股、股份、出资或其他的资本参与，对船舶、飞行器或车辆拥有的权利、有价证券及金额超过澳门币五千元的银行账户、现金、债权、艺术品、珠宝或其他物品，扣除以不动产作抵押担保的银行贷款的负债。

五、如诉讼的他方当事人为申请人的家团成员，则在计算可支配财产时，无须计算该家团成员的收入及资产。

六、支出包括：

（一）为申请人及其家团成员的年度生活开支而订出的固定金额，该金额为第6/2007号行政法规附件一所载最低维生指数的二点五倍再乘以十二；

（二）在提出司法援助申请之日起一年内经适当证明的每项金额超过澳门币五千元的必不可少的开支，尤其是因教育、医疗及丧葬而引致的开支，但不包括申请人及其家团成员因过错而须支付的罚款、赔偿或其他费用。

七、如申请人属非营利目的之法人，则其收入及支出是指自提出司法援助申请之日起计的过去一年内以任何名义取得的收益及所作的开支，而其资产则适用经适当配合后的第四款的规定，但不包括法人住所及专供本身运作的不动产。

八、如对申请人所申报的资产的价值存有疑问，委员会可透过适当的途径进行评估。

第十条　家团

一、为适用本法律的规定，家团由下列以共同经济方式生活的人组成：

（一）夫妻或如夫妻般生活的人；

（二）直系血亲尊亲属；

（三）直系血亲卑亲属；

（四）直系姻亲；

（五）夫妻任一方的养父母或其直系血亲尊亲属，养子女或其配偶，又或养子女的直系血亲卑亲属。

二、被监护人及经行政交托或司法判决交托的未成年人等同直系血亲卑亲属。

第十一条　不获批给司法援助的情况

如属下列任一情况，不论申请人是否经济能力不足，均不获批给司法援助：

（一）有理由怀疑申请人或其家团成员转让财产或为其财产设定负担，以符合批给司法援助的条件；

（二）申请人为争议权利或争议物的受让人，且有关转让是为获批给司法援助而作出；

（三）申请人或其家团成员拒绝或未在指定期间内提供第十七条第三款所指的文件、资料及许可；

（四）拟获批给司法援助的诉讼的请求或其理由明显不成立。

第十二条　司法援助的废止

一、如属下列任一情况，司法援助予以废止：

（一）在提出申请至诉讼程序终结期间，按照经必要配合的第九条的规定重新计算的可支配财产超出第八条第一款所指限额一倍；

（二）作为批给司法援助依据的文件和资料属虚假；

（三）在批给司法援助至诉讼程序终结期间证实批给理由不成立；

（四）受益人被确定裁判判为恶意诉讼人；

（五）受益人表示不提起诉讼或不继续进行诉讼，又或不向获委任的在法院的代理人提供为提起诉讼程序或推动诉讼程序进行属必不可少的资料或协助。

二、司法援助可由委员会依职权废止，或应法院、检察院、诉讼他方当事人、获委任的在法院的代理人的要求而废止。

三、在作出废止司法援助的决定前，须听取受益人的陈述。

四、如司法援助被废止，委员会须将有关决定通知要求废止的实体、受益人、获委任的在法院的代理人和审理待决诉讼的法院。

五、废止司法援助的决定自转为不可申诉时方产生效力。

第十三条　强制通知

一、在诉讼程序终结前，受益人须在知悉上条第一款（一）项所指事实之日起五日内向委员会作出通知，否则将被科处澳门币五千元至二万元的罚款。

二、委员会具有科处上款所指罚款的职权。

三、按照第一款规定而科处的罚款所得归法务公库所有。

第十四条　司法援助的失效

如在获批给司法援助后一年内基于可归责于申请人的原因而未提起诉讼程序，又或获批给司法援助的自然人死亡或法人消灭，司法援助即失效，但诉讼继受人提出司法援助的申请且获批给的情况除外。

第十五条　款项的支付及退回

一、如属下列任一情况，司法援助的受益人须按委员会的命令支付诉讼费用及预付金，以及退回由法务公库承担的款项：

（一）司法援助因第十二条第一款的规定而被废止；

（二）诉讼程序终结后发现作为批给司法援助依据的文件和资料属虚假，或证实批给司法援助的理由不成立；

（三）受益人因胜诉而实际取得的财产价值超出因批给司法援助而获免除支付的款项，且受益人因取得该财产而计得的可支配财产超出第八条第一款所指限额的一倍。

二、为适用上款（三）项的规定，获批给司法援助的诉讼的终局裁判一经确定，法院应将该终局裁判通知委员会。

三、受益人应在接获委员会通知之日起三十日内支付诉讼费用及预付金，以及退回由法务公库承担的款项。

四、如未在上款所定期间内支付或退回有关款项，则采取下列措施：

（一）如属支付诉讼费用及预付金的情况，强制支付十月二十五日第 63/99/M 号法令核准的《法院诉讼费用制度》所指诉讼费用及罚款；

（二）如属退回由法务公库承担的款项的情况，以委员会命令退回的决定的证明作为执行名义，按照税务执行程序进行强制征收。

五、按照上款（二）项规定获退回的款项归法务公库所有。

第十六条　支付期间的中止

一、如于应支付诉讼费用或预付金之时尚未就司法援助的申请作出决定，则中止计算支付该等款项的期间，直至申请人接获决定的通知。

二、如申请不获委员会批准，申请人应在接获该通知之日起十日内支付有关款项；如对该决定提起的申诉的理由成立，应返还申请人已支付的款项。

三、为适用本条的规定，利害关系人应将提出司法援助申请的证明文件附于卷宗，并将关于该申请的决定通知法院。

第三章　批给司法援助的程序

第十七条　申请

一、司法援助的申请可在首次参与诉讼程序前或在诉讼程序中的任何阶段向委员会提出。

二、在提出司法援助申请时，申请人须简要陈述其诉讼请求和作为有关请求依据的事实，指明申请援助的形式，并附同能证明符合批给司法援助的条件的文件和资料。

三、为查证申请人是否符合批给司法援助的条件，委员会可要求申请人提交补充文件及资料，并在获申请人及其家团成员书面许可下查阅银行账户及其他有助知悉其可支配财产的资料，在此情况下，金融及信用机构的保密义务即予排除。

第十八条　正当性

一、下列人士可提出司法援助的申请：

（一）利害关系人；

（二）代表利害关系人的律师或实习律师；

（三）代表利害关系人的检察院。

二、上款（二）项所指的代表关系，是以利害关系人及有关律师或实习律师的共同签名予以证实。

第十九条　程序的自主性

相对于拟获批给司法援助的诉讼，批给司法援助的程序具自主性，且不妨碍该诉讼的进度，但不影响下条及第三十二条第二款规定的适用。

第二十条　期间的中断及时效的中止

一、如在诉讼程序的待决期间提出委任在法院的代理人和支付代理费用的司法援助申请，则正在进行的诉讼期间自申请人将已提出该申请的证明文件附于卷宗之日起中断。

二、如提出司法援助申请，则提起诉讼程序的期间自提出申请之日起中断。

三、因适用以上两款的规定而中断的期间，自对司法援助申请所作的决定转为不可申诉之日起重新计算。

四、如提出司法援助申请，则拟透过获批给司法援助的诉讼而行使的权利的时效自提出申请之日至对该申请所作的决定转为不可申诉之日中止。

第二十一条　恶意诉讼人

一、如申请人明显不具备条件而提出司法援助的申请，以达致拖延诉讼进行的目的，则视为《民事诉讼法典》第三百八十五条所规定的恶意诉讼人。

二、为适用上款的规定，委员会须将知悉的事实通知审理有关诉讼的法院。

第二十二条　决定的期间

一、委员会须在接获司法援助的申请及按第十七条规定所提交的文件和资料之日起十五日内作出决定。

二、如有充分理由，上款所指期间可延长最多十五日。

第二十三条　通知

一、在对司法援助的申请作出决定后，委员会须将决定通知申请人。

二、如申请在诉讼程序的待决期间提出，须将有关决定通知他方当事人，且在有关决定转为不可申诉后，将决定通知审理待决诉讼的法院，但属该法院就司法申诉作出决定的情况除外。

第二十四条　豁免

为申请司法援助而向公共实体要求发出的证明、证明书或其他文件，均获豁免税项、手续费及费用。

第四章　司法申诉

第二十五条　对委员会的决定提出申诉

一、不可对委员会就司法援助的批给申请、废止或确认失效所作出的决定提出声明异议或行政上诉，但可按本章规定提出司法申诉。

二、利害关系人在接获上款所指决定的通知之日起十日内提出司法申诉，且无须委托诉讼代理人。

第二十六条　正当性

一、司法援助的申请人具有正当性提出司法申诉。

二、对涉及司法援助批给申请所作出的决定，第二十三条所指的他方当事人亦有正当性提出司法申诉。

第二十七条　管辖法院

一、如司法援助的申请在提起诉讼程序前提出，则初级法院具有审理司法申诉的管辖权。

二、如司法援助的申请在诉讼程序的待决期间提出，则审理待决诉讼的法院具有审理司法申诉的管辖权。

第二十八条　申诉请求

一、司法申诉请求应以书面方式送交委员会，但无须以分条缕述方式作出陈述。

二、司法申诉只接纳书证，并可透过法院请求获取有关证据。

三、委员会在收到利害关系人的请求后，应在五日内维持或更改其决定。

四、如委员会更改司法申诉所针对的全部决定，应将此事通知利害关系人，在此情况下，该司法申诉即告终结。

五、如委员会维持其全部或部分决定，须将司法申诉请求书、经认证的卷宗副本，以及维持有关决定的意见书送交管辖法院。

六、提出司法申诉获豁免支付预付金。

第二十九条　审理

一、法院在收到及分发卷宗后，法官可命令采取必要的调查措施，并须在十五日内作出裁判。

二、不可对司法申诉的裁判提起上诉。

三、法院须将其裁判通知委员会。

四、委员会须将该裁判通知受益人、倘有的获委任的在法院的代理人、第二十三条所指的他方当事人，以及审理待决诉讼的法院，但属该法院就司法申诉作出决定的情况除外。

五、如司法申诉获裁定理由不成立，则有关诉讼费用由提出司法申诉者承担。

第五章　在法院的代理

第三十条　委任在法院的代理人

一、如委任在法院的代理人和支付代理费用的司法援助申请获得批准，委员会应委任在法院的代理人，并将所作决定通知申请人和获委任的代理人。

二、关于委任在法院的代理人的方式、程序、代理人名单、委任次序及其他相关事宜，由委员会与澳门律师公会透过协议订定。

第三十一条　提起诉讼程序

一、在提起诉讼程序前获委任的在法院的代理人，应在获通知有关委任之日起三十日内提起诉讼程序；提交起诉状时应附同已获批给司法援助的证明文件。

二、在上款所指期限内未提起诉讼程序者应向委员会作出解释。

三、如不作出解释，或解释的理由不成立，委员会须委任新代理人，并将有关决定通知受益人及律师业高等委员会，以便提起倘有的纪律程序。

第三十二条　推辞

一、如有充分理由，获委任的在法院的代理人可向委员会提出推辞有关委任的申请。

二、如在诉讼程序的待决期间提出上款所指申请，则代理人应通知法院有关事实，而正在进行的诉讼期间自将该申请获批准的证明文件附于卷宗之日起中断。

三、如申请获得批准，委员会应立即委任新代理人。

四、委员会应将上款所指决定通知获委任的新代理人、司法援助的受益人和审理待决诉讼的法院。

五、因适用第二款的规定而被中断的期间，自新代理人接获委任通知之日起重新计算。

第三十三条　代理人的替换

如有充分理由，受益人可向委员会申请由其他代理人担任职务，并适用经作出必要配合后的上条第二款至第五款的规定。

第三十四条　代理费用

一、获委任的在法院的代理人有权对所提供的服务收取由委员会订定的服务费，以及获偿还经适当证明的开支，但不得要求或收取其他款项。

二、在定出服务费时，应考虑所耗的时间、工作量及工作的复杂程度、已作出的行为或措施，以及案件的利益值；为此，获委任的代理人须向委员会呈交报告，而在有关诉讼程序已展开的情况下，该报告须经审理获批给司法援助的诉讼的法官签署。

三、委员会定出的服务费不得超出由公布于《澳门特别行政区公报》的行政长官批示所核准的服务费表所定金额的上下限。

四、订定和调整载于上款所指批示内的服务费的上下限时，应听取澳门律师公会的意见。

第三十五条　违纪行为的通知

如委员会知悉获委任的在法院的代理人的违纪行为，须通知律师业高等委员会，以便提起倘有的纪律程序。

第六章　最后及过渡规定

第三十六条　刑事责任

为获批给司法援助而提供虚假资料或伪造文件，适用《刑法典》第二百四十四条及第二百四十五条的规定。

第三十七条　例外

基于人道理由或其他可予特别考虑的理由，即使申请人不符合第七条的规定，委员会按照本法律的规定作出审查，并经充分说明理由后，亦可例外地批给司法援助。

第三十八条　通知方式

一、为适用本法律的规定，所有的通知按《行政程序法典》规定的方式作出，但须遵守以下数款的特别规定。

二、凡按下列地址作出的通知均以单挂号信作出，并推定应被通知人自信件挂号日起第三日接获通知，如第三日并非工作日，则推定自紧接该日的首个工作日接获通知：

（一）申请人在司法援助申请中指定的通讯地址或住址；

（二）获委任的在法院的代理人的职业住址；

（三）在拟获批给司法援助的诉讼程序中所载的他方当事人的通讯地址或住址。

三、如申请人的地址属澳门特别行政区以外的地方，上款所指期间于《行政程序法典》第七十五条所定延期期间届满后方起计。

四、仅在因可归咎于邮政服务的事由而令应被通知人在推定接获通知的日期后才收到通知的情况下，方可由应被通知人推翻第二款所指的推定。

第三十九条　负担

因执行本法律而引致的财政负担由法务公库的预算承担。

第四十条　过渡规定

在本法律生效前已提出司法援助申请的待决个案适用原制度。

第四十一条　补充法规

为执行本法律所需的补充规定，尤其是第八条第一款所指限额、申请和批给司法援助的其他具体事宜由补充法规订定。

第四十二条　废止

废止：

（一）八月十五日第 21/88/M 号法律第七条第二款、第十三条及第十四条；

（二）八月一日第 41/94/M 号法令；

（三）十月二十五日第 63/99/M 号法令核准的《法院诉讼费用制度》中有关司法援助的规定，但第七十六条第一款除外。

第四十三条　生效

本法律自二零一三年四月一日起生效。

二零一二年八月三十日通过。

立法会主席　刘焯华

二零一二年九月四日签署。

命令公布。

行政长官　崔世安

澳门地区刑事诉讼法典（节录）

（澳门地区第 48/96/M 号法令）

第一卷　诉讼主体
第四编　嫌犯及其辩护人

第四十六条（嫌犯身分）

一、凡在刑事诉讼程序中被控诉之人或被声请进行预审之人，均具有嫌犯身分。

二、嫌犯身分在整个诉讼程序进行期间予以维持。

第四十七条（成为嫌犯）

一、如有下列情况，下列之人必须成为嫌犯，但不影响上条之规定之适用：

a）对特定人进行侦查时，该人向任何司法当局或刑事警察机关作出声明；

b）须对某人采用强制措施或财产担保措施；

c）依据第二百三十七条至第二百四十四条之规定及为着该等条文所指之目的，将涉嫌人拘留；或

d）制作实况笔录，视某人为犯罪行为人，且将实况笔录告知该人。

二、成为嫌犯系透过司法当局或刑事警察机关向被针对之人作出口头或书面告知，以及说明及有需要时加以解释其因成为嫌犯而具有第五十条所指之诉讼上之权利及义务而为之。该告知内须指出自当时起该人在该诉讼程序中应被视为嫌犯。

三、如有义务作出以上两款所指之手续而不作出，或违反该等手续，被针对之人所作之声明将不得作为针对该人之证据。

第四十八条（成为嫌犯之其他情况）

一、在向一非为嫌犯之人作出任何询问期间，如有理由怀疑该人曾犯罪，则进行询问之实体须立即中止询问，并作出上条第二款所指之告知及说明。

二、涉嫌曾犯罪之人有权透过请求而成为嫌犯，只要正实行某些旨在证实可否将事实归责该人之措施，而该等措施系影响其本人者。

三、上条第三款之规定，相应适用之。

第四十九条（诉讼地位）

一、自某人取得嫌犯身分时起，须确保其能行使诉讼上之权利及履行诉讼上之

义务，但不妨碍依据法律所列明之规定采用强制措施与财产担保措施及实行证明措施。

二、应在不抵触各种辩护保障下尽早审判嫌犯，在有罪判决确定前推定嫌犯无罪。

第五十条（诉讼上之权利及义务）

一、除法律规定之例外情况外，嫌犯在诉讼程序中任何阶段内特别享有下列权利：

a）在作出直接与其有关之诉讼行为时在场；

b）在法官应作出裁判而裁判系对其本人造成影响时，由法官听取陈述；

c）不回答由任何实体就对其归责之事实所提出之问题，以及就其所作、与该等事实有关之声明之内容所提出之问题；

d）选任辩护人，或向法官请求为其指定辩护人；

e）在一切有其参与之诉讼行为中由辩护人援助；如已被拘留，则有权与辩护人联络，即使属私下之联络；

f）介入侦查及预审，并提供证据及声请采取其认为必需之措施；

g）获司法当局或刑事警察机关告知其享有之权利，而该等机关系嫌犯必须向其报到者；

h）依法就对其不利之裁判提起上诉。

二、如基于安全理由，则上款 e 项所指之私下联络在监视下进行，但以负责监视之人听不到其内容为条件。

三、嫌犯特别负有下列义务：

a）如法律要求嫌犯向法官、检察院或刑事警察机关报到，且为此经适当传唤，则嫌犯须向法官、检察院或刑事警察机关报到；

b）就有权限实体所提之关于其身分资料，以及当法律规定时关于其前科之问题据实回答；

c）受制于法律列明及由有权限实体命令采用及实行之证明措施、强制措施及财产担保措施。

第五十一条（辩护人）

一、嫌犯在诉讼程序中任何时刻均得委托律师。

二、如法律规定嫌犯须由辩护人援助，而嫌犯仍未委托或不委托辩护人，则法官为其指定辩护人，而律师属优先考虑者。

三、嫌犯委托律师后，指定之辩护人须立即终止其职务。

四、第二款所指辩护人之指定得由下列机关为之：

a）如属第五十三条第一款 d 项所指之情况，得由检察院或刑事警察当局指定；

b）如属第一百二十九条第二款所指之情况，得由检察院指定。

第五十二条 （辩护人之权利）

一、辩护人行使法律承认嫌犯所享有之权利，但法律限制须由嫌犯本人行使之权利除外。

二、嫌犯得撤销由辩护人以嫌犯名义作出之行为之效力，只要作出与该行为有关之裁判前嫌犯明确表示之。

第五十三条 （援助之强制性）

一、在下列情况下，必须有辩护人之援助：

a）对被拘留之嫌犯进行首次司法讯问时；

b）在预审辩论及听证时，但属不可科处徒刑或收容保安处分之诉讼程序除外；

c）在缺席审判时；

d）在任何诉讼行为进行期间，只要嫌犯为聋、哑，或就嫌犯之不可归责性或低弱之可归责性提出问题；

e）在平常或非常上诉时；

f）第二百五十三条及第二百七十六条所指之情况；

g）法律规定之其他情况。

二、如不属上款所指之情况，而案件之情节显示援助嫌犯属必需及适宜者，法官得为其指定辩护人。

第五十四条 （对数名嫌犯之援助）

一、如在同一诉讼程序中有数名嫌犯，该等嫌犯得仅由一名辩护人援助，但以此情况不妨碍辩护之作用为限。

二、如其中一名或数名嫌犯已委托律师而其余嫌犯尚未委托律师，法官得在被委托之各律师中指定一名或一名以上律师为其余嫌犯辩护，但以此情况不妨碍辩护之作用为限。

第五十五条 （指定之辩护人）

一、如指定辩护人时其本人不在场，须通知之。

二、如指定之辩护人陈述法官认为合理之理由，得免除其在法院之代理。

三、基于合理理由，法官得应嫌犯之声请随时替换指定之辩护人。

四、为某一行为而指定之辩护人，在未被替换时，对于该诉讼程序随后之诉讼行为维持辩护人之身分。

五、对于执行指定之辩护人之职务，均须给予报酬。

第五十六条 （辩护人之替换）

一、如辩护人在一必须有辩护人援助之行为中不到场、在该行为完结前缺席，又或拒绝或放弃辩护，法官须立即指定另一辩护人；但当显示立即指定另一辩护人为不可能或不适宜时，法官亦得决定中断该行为之进行。

二、如辩护人在预审辩论或听证期间被替换，法官得依职权或应新辩护人之声请，中断预审辩论或听证之进行，以便新辩护人能与嫌犯商议及查阅笔录。

三、如有绝对需要，法官得决定押后进行该行为或听证而不为以上两款所指之中断，但押后之时间不得超逾五日。

澳门地区因执行公共职务的司法援助

(澳门地区第 13/2010 号法律)

立法会根据《澳门特别行政区基本法》第七十一条（一）项，制定本法律。

第一章　一般规定

第一条　标的及范围

一、本法律规范给予澳门特别行政区公共部门的工作人员，包括按私法制度聘用者，在因执行公共职务而作出的行为或发生的事实被起诉的诉讼程序中的司法援助。

二、为适用本法律的规定，公共部门指公共行政当局的机关及部门，包括行政长官办公室、政府主要官员的办公室及行政辅助部门、自治基金、公务法人、立法会辅助部门、终审法院院长办公室及检察长办公室。

三、不论诉讼的裁判为何，司法援助在有关上诉中继续提供，并延伸适用于以附文方式并附于获司法援助的诉讼程序的卷宗而进行的一切诉讼程序。

四、司法援助在以获司法援助的诉讼程序中所作判决为依据的执行中维持有效。

五、因在职时作出的行为或发生的事实而提供的司法援助对离职待退休、已退休及自愿中止或终止职务联系的人士维持有效。

六、如受惠人死亡，本法律所指的司法援助延伸适用于具法定正当性继续诉讼程序的人士。

第二条　形式

一、司法援助的形式如下：

（一）豁免诉讼费用及预付金；

（二）支付在法院的代理费用。

二、豁免诉讼费用及预付金形式的司法援助无须由利害关系人提出申请。

第三条　豁免诉讼费用及预付金

一、本法律所指的人士因执行公共职务被起诉时，不论诉讼形式为何，均获豁免诉讼费用及预付金。

二、如上述的任何人士在诉讼程序中被宣告为败诉当事人，以当事人的诉讼费用名义偿还予胜诉当事人的款项由澳门特别行政区负担，但不影响第六条规定的适用。

第四条　支付在法院的代理费用

一、属上条第一款规定的情况，亦可同时获支付在法院的代理费用形式的司法援助。

二、支付在法院的代理费用形式的司法援助包括有关律师的服务费、开支及负担。

三、服务费的最高援助金额由行政长官按情况以批示订定，并须参考澳门律师公会现行的服务费表及属代理范围的诉讼行为的类型。

第五条　其他豁免

一、为给予司法援助所需的申请表、证明或其他文件，均获豁免税项、手续费及费用。

二、针对不批准司法援助申请的决定而提出的司法争执获豁免支付预付金。

第六条　丧失司法援助优惠

一、属下列情况，司法援助的受惠人必须支付由澳门特别行政区负担的诉讼费用、预付金，以及退回由澳门特别行政区负担的款项，且不影响应负的纪律责任及刑事责任：

（一）根据确定的司法裁判的结论，导致提起诉讼的行为或事实非因执行公共职务而发生；

（二）根据确定的司法裁判的结论，属因执行职务时实施故意犯罪而被判罪；

（三）根据确定的司法裁判的结论，属故意或因严重过错而作出不法行为。

二、证实存在上款规定的情况时，应在获司法援助的诉讼程序的裁判中指明有关情况。

三、作虚假声明的申请人及签署有关声明的人，须就不当结算及支付的款项向澳门特别行政区负连带责任，且不影响应负的纪律责任及刑事责任。

第七条　偿还

被宣告为胜诉当事人的司法援助的受惠人，以职业代理费名义而收取的款项应偿还予澳门特别行政区，但以澳门特别行政区所承担的款项为限。

第二章　给予司法援助的程序

第八条　决定权限

一、是否给予支付在法院的代理费用形式的司法援助的决定权限属行政长官。

二、上款所指权限不得转授。

三、在作出决定前，须听取为此而以公布于《澳门特别行政区公报》的行政长官批示设立的独立委员会的意见。

第九条 司法援助申请

一、申请支付在法院的代理费用形式的司法援助，应在首次参与有关诉讼程序前提出。

二、申请须提交专用表格，并附同具备给予司法援助的前提的必需证明。

第十条 预支款项

一、给予司法援助的决定作出后，如提出要求，可预支款项。

二、申请预支款项须提交专用表格，并附同已作出或将作出的开支的证明文件。

第十一条 结算

一、支付在法院的代理费用形式的司法援助的开支在获司法援助的诉讼程序的裁判确定后结算；如有第一条第三款及第四款所指诉讼程序，则在该等诉讼程序的裁判确定后结算。

二、结算申请须以专用表格提出，并附同有关支付的证明文件。

三、提交上款所指文件的期间为作出最后开支后的三十日。

四、不遵守上款的规定，导致不获支付尚未支付的款项或须退回已预支的款项，但有值得考虑的理由除外。

五、如行政长官认为相对于已完成的工作的数量及复杂性，以及已作出的行为或措施，代理的费用及负担过高、不合比例或不适当时，可减少支付结算的金额。

第十二条 表格式样

第九条第二款、第十条第二款及第十一条第二款所指表格的式样，由公布于《澳门特别行政区公报》的行政长官批示核准。

第十三条 独立程序

相对于有关诉讼，申请司法援助的程序具独立性，且不影响该诉讼的进度。

第三章 最后规定

第十四条 负担

适用第三条第二款、第四条及第十条的规定所引致的负担，由登录于澳门特别行政区财政预算的特别款项支付。

第十五条 补充制度

《行政程序法典》的规定适用于给予司法援助的行政程序，但本法律另有特别规定者除外。

第十六条 补充法规

可由补充性行政法规订定澳门特别行政区就第四条第三款所指诉讼行为类型所

承担的服务费的最高援助金额。

第十七条　废止性规定

废止下列规定：

（一）第 5/2006 号法律第十七条第二款、第三款及第四款；

（二）第 7/2006 号法律第二十条第二款及第三款。

第十八条　生效及适用

一、本法律自公布翌月的首日起生效。

二、本法律的规定仅适用于自其生效日起提起的诉讼程序，但不影响下款规定的适用。

三、第 5/2006 号法律第十七条第二款、第三款及第四款，以及第 7/2006 号法律第二十条第二款及第三款所规定的制度继续适用于本法律生效日仍待决的程序。

二零一零年十二月十五日通过。

立法会主席　刘焯华

二零一零年十二月十七日签署。

命令公布。

行政长官　崔世安

附录四 我国台湾地区法律援助制度

我国台湾地区法律援助制度考察

贾紫涵*

在我国台湾地区，"法律援助"一般被习惯性称为"法律扶助"，[1]指对于需要专业性法律帮助且又无资力负担诉讼费用及律师报酬之民众，予以制度性援助，以维护"法律"所保障之诉讼权及平等权等基本人权。[2]在"法律扶助法"施行之前，我国台湾地区关于法律援助的规范散见于"刑事诉讼法""民事诉讼法"以及"公设辩护人条例"等条文之中，内容十分匮乏，也缺少系统性。其中刑事法律援助仅限于公设辩护人制度，民事法律援助仅包括暂时免除当事人的诉讼费用及律师费用，而行政法律援助则无具体规定。此外，由于没有"法律"对法律援助的实施主体予以明确规定，我国台湾地区法律援助主要依靠民间力量推动，无法为无资力民众提供充分的法律帮助。政府法律援助的缺位导致诉讼权利平等在贫富差距面前沦为一纸空谈。为推动民众享有平等的诉讼地位，保障审判的公平与公正，我国台湾地区于2003年通过"法律扶助法"并于次年设立财团法人法律扶助基金会（以下简称法扶会）负责组织实施法律援助。该"法律"既包括刑事法律援助的内容，也包括民事、行政法律援助的内容。只要申请人符合法定条件，即可获得相应的法律援助。"法律扶助法"的施行标志着我国台湾地区法律援助服务正式走向政府主导、刑民一体化的发展道路。需要注意的是，除"法律扶助法"外，我国台湾地区还根据特定事由制定了"油症患者权益诉讼案件法律扶助办法""'公私场所违反空气污染防制法'行为揭弊者法律扶助办法""性别工作平等诉讼法律扶助办法""原住民族委员会就业歧视及劳资纠纷法律扶助办法""'违反毒性及关注化学物质管理法'行为揭弊者法律扶助办法"等特别"法"。如果申请人符合上述办法

---

* 贾紫涵，中国政法大学刑事司法学院硕士研究生。

[1] "法律援助"一词属舶来词，不同翻译又称"法律扶助""法律救助"等。民国时期，随着西方法文化在中国的传播，彼时的学者将"法律援助"译为"法律扶助"，现在我国台湾地区也沿袭了该名词概念。为方便理解，除专有名词、法律规定外，本文统一表述为"法律援助"。

[2] 郑文龙："法律扶助和诉讼救助之关系"，载《日新半年刊》2005年第4期。

中的条件，可根据此办法获得法律援助服务。

　　从实践层面观之，法律援助并非法扶会的独唱，而更似社会多元主体共同参与之合奏。政府、法院、律师公会、民间团体等都是法律援助的提供主体。例如法院设有诉讼辅导窗口为民众提供"法律"咨询，依法为强制辩护案件中的被告人提供公设辩护人服务；律师公会组织义务律师为民众提供诉讼代理及辩护等。同时，不同的法律援助主体关于如何申请以及实现法律援助的方式均有所不同，即使某申请人不符合法扶会之申请标准，也可以通过其他途径获得法律援助。政府力量与民间力量的共同参与不仅扩大了法律援助的适用范围，亦丰富了法律援助的形式，增益了法律援助的普惠性。

　　我国台湾地区法律援助制度与大陆地区法律援助制度同宗同源。梳理我国台湾地区法律援助制度的历史沿革与制度现状，有利于更好地观察台湾地区法律援助制度的发展轨迹，加深对其现行法律援助制度的理解，促进两岸法律援助制度的比较研究与实践完善。因此，为更全面详尽地展现我国台湾地区法律援助制度全貌，本文将按照"从古至今""从概括至具体""从一般至特殊"三条逻辑径路，结合法律规定与司法实践层层展开。[1]

一、我国台湾地区法律援助制度的历史根源

　　我国台湾地区的法律援助制度是清末修法及民国法律援助制度的延续，受其影响巨大，直至今日尚可一瞥遗风。因此，为感受我国台湾地区法律援助制度的历史变迁，把握其发展脉络，有必要对其历史根源予以考察。

　　（一）清末修法与法律援助观念的萌芽

　　中华法系以其特有的礼法精神与中国传统帝制社会相生相伴运行了几千年之后，终于在清末社会制度日渐变质的背景之下逐步瓦解。[2]《中英五口通商章程》《中美五口贸易章程》《中德通商条约》等条约的签订，使多国在华享有领事裁判权，即一国通过驻外领事馆等对处于另一国领土境内的本国国民根据其本国法律行

---

　　〔1〕　目前有关法律援助制度的学术研究，范围广泛，内容丰富，但多集中于 2003～2011 年之间，且总数较少。在"法律扶助法"出台之前，我国台湾地区学者的研究多为介绍其他地区法律援助制度，呼吁法律援助立"法"，如谢瑶伟《日本法律扶助制度之简介》等；伴随"法律扶助法"的出台，学者们纷纷着笔介绍法律援助制度的运行，如林天财《台湾地区法律扶助制度》，蔡志扬《法律扶助之立"法"与制度选择》，郑文龙《法律扶助之简介》《法律扶助与诉讼救助之关系》《法律扶助现况与展望》等。此后，有学者围绕法扶会展开研究，如施峻中《财团法人法律扶助基金会之研究》等；有学者针对具体法律援助制度进行研究，如金克威《法律扶助制度下强制辩护案件之研究与展望》等。中国大陆地区学者对台湾地区法律援助制度以介绍性和比较法研究为主，如王培秋《中国台湾地区法律扶助制度研究》、沈丽飞《我国大陆与台湾地区法律援助制度比较研究》、马林利《我国台湾地区刑事法律扶助制度的研究》等。

　　〔2〕　赵晓耕、陆侃怡："清末诉讼法改革对于律师制度的借鉴——以 1906 年《大清刑事民事诉讼法草案》为视角"，载《北方法学》2011 年第 1 期。

使司法管辖权。至 1899 年（光绪二十五年），共计 19 国在华享有领事裁判权，遍布欧、亚、非、美四洲。领事裁判权的确立不仅侵害了清王朝的完整法权，使得中国人的权利无法得到保障，更对国家主权产生巨大危害。当时的有识之士便指出，"若夫因循苟安，坐待法权之侵夺，则逃犯不解，索债不偿，赴诉无门，人心大去，无论治外法权不能收回，恐治内法权亦不可得而自保矣"。[1] 为了收回被抢占的领事裁判权，清政府以西方诉讼制度为参照，着手修律。1902 年 5 月，清政府下诏沈家本、伍廷芳主持修律，由此拉开中国法制现代化之序幕。

1906 年 4 月，修订法律大臣沈家本、伍廷芳向光绪帝奏呈《进呈诉讼法拟请先行试办折》，请求先颁试行《大清刑事民事诉讼法（草案）》。在该奏折中，沈家本等人指出，"盖人因讼对簿公庭，惶悚之下，言词每多失措，故用律师代理一切质问、对诘、复问各事宜"，同时建言"若遇重大案件，则由国家拨予律师；贫民或由救助会派律师代伸权利，不取报酬，辅助于公私之交，实非浅鲜"。[2] 其中"国家拨予律师"是指对于犯重大之罪被告人，若其未委任律师进行辩护，则由国家为其指定辩护律师；"救助会派律师代伸权利"是指由专门办理法律援助的民间机构安排律师为贫困者提供无偿诉讼帮助。二者都属于法律援助的范畴，具有近代性质的法律援助开始萌生，并在中国近代法制中逐渐显影。需要说明的是，尽管沈家本等人在《进呈诉讼法拟请先行试办折》中慷慨法律援助之要旨，但《大清刑事民事诉讼法（草案）》中未见相关条文明确载有法律援助。

1910 年《民事刑事诉讼暂行章程（草案）》（以下简称《诉讼章程》）是清末首份载有法律援助规定的法律草案。根据《诉讼章程》第三章"诉讼费用"第 101 条规定，在民事案件中，"诉讼费用，由败诉之当事人担负，但相对人支出之费用以伸张权利或其防御上所必要者为限，由败诉人赔偿"；第 106 条规定，"当事人若因支出诉讼费用致自己或其家族窘于生活者，得向受诉审判衙门申请救助，但伸张权利或防御无理由者，不在此限"；第 107 条规定，"诉讼救助，有左列各款之效力：……第四，审判衙门若为申请人选任律师者，暂免其酬谢"，"……为受救助人办事之承发吏或律师，得对于担负诉讼费用之相对人请求偿还办公费用及垫款。依前二项规定为征收或请求者，得因受救助人所持有执行力之债务名义，为确定费用额之申请及强制执行"。[3] 根据上述条文所知，其一，《诉讼章程》未区分法律援助与诉讼救助，律师费可以通过申请诉讼救助的形式予以暂免；其二，律师费的减免仅适用于审判衙门为当事人指派律师的情形；其三，对于审判衙门减免的律师

---

〔1〕 故宫博物馆明清档案部编：《清末筹备立宪档案史料》，中华书局 1979 年版，第 822~823 页。

〔2〕 （清）沈家本等："进呈诉讼法拟请先行试办折"，载张国华、李贵连编著：《沈家本年谱初编》，北京大学出版社 1989 年版，第 112 页。

〔3〕 吴宏耀、种松志主编：《中国刑事诉讼法典百年》，中国政法大学出版社 2012 年版，第 58 页。

费，律师可以直接要求受救助人的相对人在受助人债权范围内偿还，或者以受救助人名义申请强制执行；但是如果受救助人败诉，该律师很难获得应有的酬劳。此外，《诉讼章程》还首次明确了刑事案件中的指定辩护制度。根据该章程第224条规定，"遇有左列各款情形，并未选任辩护人或选任之辩护人不出庭者，审判衙门因职权或检察官之请求，以决定指定辩护人：第一，被告人未满二十岁。第二，被告人系妇女。第三，被告人系聋哑。第四，被告人系精神障碍。第五，审判衙门认为案件应科二等有期徒刑以上及其他有置辩护人之必要。本条之辩护人，应由审判长就审判衙门所在地之律师或学习检察官、学习推事中选任之"。[1]可见，虽《诉讼章程》的规定与现代法律援助制度存在差异，但法律援助之内涵与精神已然蕴含其中。不过遗憾的是，由于法部没有会奏该章程，其所载法律援助亦未能成为现实。

1911年1月，沈家本、俞廉三等修律大臣先后将《大清刑事诉讼律（草案）》《大清民事诉讼律（草案）》奏进清廷。二律均涉及法律援助内容。首先，《大清刑事诉讼律（草案）》第316条明确规定，"被告案件应科二等有期徒刑以上刑者，无辩护人不得开公判，但宣告裁判不在此限。遇有前项情形，并未选任辩护人或选任之辩护人不出庭者，应由审判长因职权指定辩护人"，[2]"本条之辩护人系为公益起见，据法律所命令者。故虽经被告人承诺，亦不能无辩护人径行公判。违者，即为违法审判"。[3]此外，根据第317条规定，对于二等有期徒刑以下的案件，如果符合法定的五种情形，即被告人未满20岁、系妇女、系聋哑、疑系精神障碍或审判衙门认为被告案件应置辩护人，审判衙门可以依职权或检察官之请求为其指定辩护人。可见，《大清刑事诉讼律（草案）》强调指定辩护的公益性，并基于不同类型的权益保护需求，将指定辩护分为重大案件指定辩护与特定对象指定辩护两类，具有科学性与周延性，使得刑事法律援助的雏形逐渐清晰。但是，对于审判衙门如何指定律师，由谁承担律师费用等问题，《大清刑事诉讼律（草案）》未有提及。

其次，在《大清民事诉讼律（草案）》中，关于法律援助的内容可隐见于第七章"诉讼救助"。诉讼救助是指"准暂缓交纳诉讼费用"，其立法目的在于"夫国家对于人民应不问贫富，保护其利益，然诉讼行为必需相当之费用。若有权利而

---

〔1〕　吴宏耀、种松志主编：《中国刑事诉讼法典百年》，中国政法大学出版社2012年版，第77页。

〔2〕　吴宏耀、郭恒编校：《1911年刑事诉讼律（草案）——立法理由、判决例及解释例》，中国政法大学出版社2011年版，第220页。

〔3〕　吴宏耀、种松志主编：《中国刑事诉讼法典百年》，中国政法大学出版社2012年版，第175页。

贫苦之人不能暂缓交纳费用，则无从伸张其权利，或加以防御"。[1]关于律师费用是否属于诉讼费用，沈家本等人在立法理由中提到，"至应付律师之报酬，因本案不采用律师诉讼主义，故以不属于诉讼费用为原则"。[2]但是，根据该草案第 155条与第 156 条规定，"诉讼救助有下列各款效力：……第四，审判衙门为申请救助人选任律师，暂免酬谢"，"审判衙门得以决定，为受诉救助之当事人选任律师代理诉讼"。可见，如果由审判衙门为当事人指定律师，属于诉讼救助的范围，应当减免律师费用。同时，为简洁流程，草案允许律师向受救助人之相对人在受救助人债权范围内请求偿还或要求强制执行律师费用。

因辛亥革命的爆发，上述关于法律援助的规定因清王朝覆灭而未能贯施，但是其立法精神及相关条文却在民国初年得以援用，对后世产生了巨大影响。同时，草案的问世也足以说明，法律援助作为西方法治文明的承载，在清末复杂的时代背景与混乱的司法环境中仍熠熠发光，得到当时法学专家的认可，并被逐渐吸收至中国法的制定之中。

（二）民国时期法律援助的制度化发展

20 世纪初中国，乃过渡时代之中国。[3]随着清王朝的覆灭，新生政权的迭起，国家和社会经历着大变革后的动荡与混乱，法律制度亦如是。辛亥革命促使传统中华法系开始向近代法典化大陆法系转型。[4]民国法律制度被烙上了过渡时代的鲜明印记。自 1912 年至 1948 年，民国各政府均以西方法律制度为参照，颁布了多部具有极强借鉴色彩的法案，在法律援助领域，体现为指定辩护、公设辩护人、平民法律援助等多项制度。为更好地展现民国时期法律援助制度的风貌，突出这一时期法律援助的特色与发展，本文重点考察、梳理民国北京政府时期与南京国民政府时期法律援助制度的发展。

1. 民国北京政府时期

辛亥革命以后，以袁世凯为首的北洋军阀政府夺取了革命的胜利成果，[5]在北京建立了中央政府，称民国北京政府或北洋政府。粗概而言，从 1912 年 3 月民国北京政府成立到 1928 年 12 月东北三省和热河归顺南京国民政府，民国北京政府约存续 17 年。在此期间，法律援助的制度可从立法与司法两个层面予以考察。

---

〔1〕 陈刚主编：《中国民事诉讼法制百年进程》（清末时期·第二卷），中国法制出版社 2004 年版，第 93 页。

〔2〕 陈刚主编：《中国民事诉讼法制百年进程》（清末时期·第二卷），中国法制出版社 2004 年版，第 69 页。

〔3〕 梁启超："过渡时代论"，载《清议报》第八十二册（1901 年 6 月 26 日）。

〔4〕 刘昕杰、杨晓蓉："民国学者对民初大理院判例制度的研究"，载《东方法学》2011 年第 5 期。

〔5〕 张晋藩主编：《中国法制史》，中国政法大学出版社 2013 年版，第 281 页。

　　在立法层面，1914 年 2 月，民国北京政府司法部发布《核准指定辩护人办法令》，第一次较为完整地规定了指定辩护的具体遵循，标志着指定辩护制度在中国的正式确立。根据《令京师地审厅所拟指定人办法应即准行文》记载，"律师制度现已实行，唯查刑事被告人每因无力选任律师，故公判中不能为充足之辩论。拟嗣后刑事案件凡被告人应科二等以上刑者，如未选任辩护人一律指定辩护人。此外被告未满二十岁及妇女、聋哑、精神障碍，并本厅认为应置辩护人之案件、或经检察官之请求，亦得有本厅指定辩护人。此项辩护人，即于在京执行职务之律师及本厅同级检察厅之有推事检察官资格之练习实务员与将来之学习推检中指定。现行试办俟刑事诉讼律颁行后，再遵照办理。等情查该厅所拟办法，系为被告人之利益起见。按之法理、事实均属可行，应即准如所拟办理此令"。[1]概言之，指定辩护制度旨在保障被告人能够进行"充足辩论"；适用对象包括刑事重刑犯、无完全行为能力人以及法院认为应当指定辩护的被告人；指定辩护人一般应由执业律师担任，也可以由法院或检察厅中有推事或检察官资格的候补法官或检察官担任。1921 年11 月，民国北京政府发布《刑事诉讼条例》，将指定辩护的适用范围予以扩大，"地方审判厅管辖第一审之案件，于开始预审时未经选任辩护人者，预审推事得依职权指定律师为辩护人。其最轻本刑为三等有期徒刑之罪者，应依职权定之。前项案件不经预审径行起诉者，辩护人之指定由审判长行之"，"高等审判厅管辖第一审之案件，于开始预审时未经选任辩护人者，预审推事应依职权指定律师为辩护人"。[2]

　　在司法层面，大理院作出了大量关于法律援助与指定辩护的解释例与判决例，为各级法院适用法律提供了重要指引。[3]例如在重刑犯的认定方面，大理院解释道，"部令二等以上徒刑案件，系指法定本刑反有二等徒刑以上之刑者而言，不问最轻之刑为何判"；[4]"在第一审应以检厅起诉文书认定之法定刑为准。经过预审者，应以预审决定所认知法定刑为准。在上诉审应以原判宣告刑为准，不同原判有若干罪刑，只须有一罪处死刑、无期徒刑或一、二等有期徒刑者，即属之……若起诉文预审决定或原判认定罪刑错误，而审判衙门认为应置辩护人，固得依职权指

---

　　〔1〕　张亦晨："民国时期法律援助制度研究"，上海师范大学 2019 年硕士学位论文。

　　〔2〕　张亦晨："民国时期法律援助制度研究"，上海师范大学 2019 年硕士学位论文。

　　〔3〕　据统计，从 1912 年至 1927 年，大理院汇编判例约计 3900 多件，公布的解释约 2000 多件。相较于成文法条，判决例与解释例更简易灵活，易于操作，是司法实践的重要参照。因此，通过研究大理院判例，能够一览民国北京政府时期法律援助制度的运行情况。

　　〔4〕　统字第一三八八号解释例，载吴宏耀、郭恒编校：《1911 年刑事诉讼律（草案）——立法理由、判决例及解释例》，中国政法大学出版社 2011 年版，第 226 页。

定"。[1]关于指定辩护是否具有强制性，大理院在判决中载明，"被告人中，有合于应设强制辩护之条件者，如其未经委任辩护人，或虽经委任，被委任者未曾出庭，自应选定辩护人为之辩护"。[2]最后，关于未指定辩护的救济，大理院认为，"如无委任辩护人，审判衙门又不指定辩护人出庭辩护，或令出具辩护意旨，均得据为上告理由"；[3]"除经部令准用指定辩护人办法之省份，自当依照办理，否则系属违法外，其未定有此项办法之省区，应由审判衙门酌夺。对于请求先为准否之裁判，惟即未为此项裁判，既无违法可言，自不能遽以此点为撤销原审审判之理由"[4]。

对于民事法律援助，民国北京政府延续了《大清民事诉讼律（草案）》的体例与内容，在"诉讼救助"章中对其予以规范，并明确法律援助的前提条件为审判厅指定律师代理诉讼。在实践中，苏州地方审判厅曾发布选任律师状，为当事人选任法律援助律师；大理院通过判决确认"贫苦"的认定标准。[5]其一，在主观方面，当事人会因支出诉讼费用而使得自己或家族窘于生活。其二，在客观方面，当事人提起诉讼符合法律规定的要件与程序，有必要且有胜诉之可能性。

2. 民国南京国民政府时期

从1928年至1937年，中华民国在南京国民政府的领导下经历了一段短暂的建设时期，法律制度进一步完善。在此期间，法律援助内容亦得到充实，不仅确立了公设辩护人制度以保障被告人的辩护权；在法院设置了民刑诉讼程序询问处，为民众提供法律咨询；还推行平民法律援助制度，鼓励民间力量参与法律援助。

（1）公设辩护人制度。

南京国民政府于1928年《刑事诉讼法》中首次提出"公设辩护人"这一概念，并规定"初级或地方法院管辖之第一审案件，于起诉后未经选任辩护人者，审判长认为有为被告置辩护人之必要时，得依职权指定公设辩护人为其辩护，其最轻本刑为五年以上有期徒刑者，应依职权指定之"；"高等法院管辖之第一审之案件，

---

[1] 统字第一四三九号解释例，载吴宏耀、郭恒编校：《1911年刑事诉讼律（草案）——立法理由、判决例及解释例》，中国政法大学出版社2011年版，第221页。

[2] 1921年上字第四一八号判决，载郭卫编：《大理院判决例全书》，中国政法大学出版社2013年版，第890页。

[3] 统字第一六四六号解释例，载吴宏耀、郭恒编校：《1911年刑事诉讼律（草案）——立法理由、判决例及解释例》，中国政法大学出版社2011年版，第222页。

[4] 统字第一二四一号解释例，载吴宏耀、郭恒编校：《1911年刑事诉讼律（草案）——立法理由、判决例及解释例》，中国政法大学出版社2011年版，第226页。

[5] 1926年抗字第118号、抗字第216号、声字第121号，载郭卫编：《大理院判决例全书》，中国政法大学出版社2013年版，第761~762页。

于起诉后未经选任辩护人者，审判长应依职权指定公设辩护人为其辩护"。[1]其中，高等法院管辖的第一审案件包括内乱罪、外患罪与妨害国交罪。1935年《刑事诉讼法》在前法的基础上对公设辩护人制度予以细化，明确"最轻本刑为五年以上有期徒刑或高等法院管辖第一审之案件，未经选任辩护人者，审判长应指定公设辩护人为其辩护，其他案件认为必要者亦同。前项案件选任辩护人于审判日无正当理由而不到庭者，审判长得指定公设辩护人。被告有数人者，得指定一人辩护，但各被告之利害相反者不在此限。指定辩护人后经选任律师为辩护人者，得将指定之辩护人撤销"。同时，该法还规定，除律师具备公设辩护人资格外，法院"学习推事"亦可担任公设辩护人。

尽管公设辩护人制度已由上述两部法律得到确认，但仍十分粗疏，在适用中存在很多问题。基于此，为保障被告人充分辩护权，维护被告人的权利与权益，宣扬司法公平与公正，南京国民政府于1939年推出《公设辩护人条例》，以单行法的方式对公设辩护人制度予以更详细的规定。具体而言主要规定了以下方面，其一，在公设辩护人的设置上，"高等以下各级法院所在地置公设辩护人，其名额视各该地刑事诉讼案件之繁简定之"。其二，在受援人范围与申请方式上，"刑事诉讼案件，除依刑事诉讼法第31条第1项之规定已指定公设辩护人者外，被告得以言词或书面申请法院指定公设辩护人为其辩护。因无资力申请指定公设辩护人者，法院应为指定"；"最高法院命行辩论之案件，被告因无资力，不能依刑事诉讼法第381条第2项之规定选任辩护人者，得申请最高法院指定公设辩护人为其辩护"。其三，关于公设辩护人的薪酬，应"比照推事、检察官之俸给核叙之"且"公设辩护人不得收受被告之任何报酬"。其四，关于公设辩护人的地位与职责，"公设辩护人对于法院及检察官，独立行使其职务"；对法院指定案件负辩护之责，尽量搜集有利于被告之辩护材料，制作辩护书；诚实处理每一份承办案件；将诉讼进行情形及其他有关诉讼事项，制作纪录，编制卷宗；如果案件经被告上诉，因被告请求，应代作上诉状、上诉理由书或答辩书。其五，在公设辩护人的选任与管理方面，"公设辩护人应就现任或曾任推事、检察官，现任或曾任候补推事、检察官成绩优良者遴充之"；"公设辩护人受该管高等法院院长之监督"；"公设辩护人之考绩，准用关于推事、检察官考绩之规定"。

由于《公设辩护人条例》未尽公设辩护人办理案件程序之事宜，南京国民政府于1945年颁布《公设辩护人服务规则》（以下简称《服务规则》）作为补充。根据《服务规则》规定，公设辩护人在法院工作须遵守法院的工作要求与纪律，并记录自己的工作开始结束时间作为考勤的依据；遇突发事故或疾病，必须向院长请

---

[1]　参见国民政府司法院参事处编纂的《国民政府司法例规》（下）。

假，由院长批准。公设辩护人从接受法院指派受理法律援助案件起，应马上查阅相关案件材料或会见被羁押被告；为了搜集有利于辩护的证据，应于必要时赴犯罪现场或有关场所。公设辩护人应当在法庭第一次开庭前向法院提交辩护意见书。同时，《服务规则》还对公设辩护人出庭辩护的服装和位置作出相应的规定。

（2）平民法律援助制度。

平民法律援助起源于民间自治，后得到南京国民政府的支持，成为其要求律师公会对一般平民应当履行之法律援助义务。当时之中国，有学者描述道，"贫苦民众动辄为万恶土棍欺凌，无处伸冤，甚有举家性命以殉者"。[1]为改善这一情况，中华民国律师协会于1934年在第二次执行委员会会议上作出拟定《贫民法律扶助会暂行规则》的决议。上海、山东、湖南等多地律师公会和律师积极参与，取得了较好的法律效果与社会效果。南京国民政府认为此种实践有利于补充法律援助制度存在的不足，且符合其一贯宣传的便民思想，便将其融入法律援助体系中。[2]具体而言，1941年《律师法》第15条规定，《律师公会章程》应该规定的事项中包括"平民法律扶助之实施办法"。据此，司法行政部于1941年9月颁布《律师公会平民法律扶助实施办法》，对开展平民法律援助进行了详细的规定。首先，在受援对象上，南京国民政府将"贫民"改为"平民"，"以无资力负担律师酬金者为限"；其次，在援助事项上，律师公会开展平民法律援助的内容包括办理民事、刑事及非诉案件，解答平民法律疑问等；最后，进一步细化了律师公会受理案件的时间、值班人员安排等细节规定，赋予律师公会下属律师在受理案件时更多的自由裁量权。各省律师公会亦纷纷制定"平民法律扶助实施办法细则"，以浙江永嘉律师公会为例，其细则明确规定，律师公会定每日下午1时至4时（或上午8时至12时）为办公时间；律师公会全体理事轮流值日，处理平民法律援助事项；在开展平民法律援助遇疑难问题时，律师公会随时召开理事会议或理监事联席会议集体解难；律师解答法律疑问，需在3日内拟出书面意见并交理事会审核后答复求问者；律师办理案件，应在结案后将案卷送交理事会；律师公会应设置平民法律援助民事诉讼案、刑事诉讼案、非诉讼案件和法律疑问解答事件四个登记簿，登记法律援助事项，以为考核奖惩根据。[3]

由于此时之中国正值艰难抗日期，平民法律援助制度的开展面临重重困难。为了敦促各地律师公会尽快订立并施行平民法律援助制度，司法行政部先后四次发布训令，要求各省律师公会制定平民法律援助实施办法，并明确提出将对不遵从训令的律师公会的全部理事予以惩戒。据统计，自1942年至1947年，共计15省81个

---

〔1〕 张家镇等编："上海律师工会纪事"，《上海律师公会报告书》第32期，第24页。
〔2〕 张亦晨："民国时期法律援助制度研究"，上海师范大学2019年硕士学位论文。
〔3〕 周正云："论民国时期的法律援助制度"，载《湖南省政法管理干部学院学报》2002年第5期。

律师公会设立"平民法律扶助处"，其中长沙律师公会自 20 世纪 30 年代中期至 1948 年共受理法律援助案件 170 余件，解答法律疑难 2430 余件。[1]

（3）民刑诉讼程序询问处。

1942 年 1 月 2 日，民国政府司法行政部发布司法令称："民刑诉讼法规内容繁复，诉讼人每因不谙法律程序致有贻误。他如公设辩护人及公证等项办法，诉讼人往往不知利用，致权利遭受损害。"并以"谋当事人诉讼之便利"为因，制定并颁布了《高等以下各级法院民刑诉讼程序询问处通则》（以下简称《询问处通则》）。《询问处通则》共计 12 条，主要目的为规范各法院内民刑诉讼程序询问处之设置与运行，以为不明诉讼程序而到法院询问者提供免费解答。根据《询问处通则》规定，询问处负责人员由该院院长在书记官中指派有法律学识者充当。当事人或与诉讼案件有利害关系人可以向询问处询问以下事项，其一，权利被侵害或有被侵害之嫌疑者，为保护其权利应适用的程序；其二，已受理诉讼案件的诉讼进程；其三，依法应缴纳各项费用数额；其四，其他诉讼程序上的事项，如关于强制执行、不动产登记、公证、非诉事项的程序等。此外，高等以下各级法院应依定式制作询问单放置于询问处，免费备询问人填写询问事由，或由询问处负责人员代写。询问处负责人员应根据事项性质，分送承办推事或庭长或公设辩护人批答，并应送由法院院长核阅，再发还询问人。批答询问事项概不征收费用。如询问违背准许询问的事项范围，均不予批答，但应当写明不批答理由。[2]《询问处通则》颁行后，响应法院寥寥。对此，司法行政部于 1944 年在第 805 号训令中严令："……乃查各级法院院长能推行中央政令、遵照设置询问处者，固属不鲜；其玩弄功令延未设置者仍不在少。兹将尚未设置民刑诉讼程序询问处之各省法院列表随令抄发，限于文到一个人内从速成立，层报本部备核。毋得再有违延，切切此令。"[3]在此严令下，各地纷纷成立法院询问处。根据司法行政部统计，从 1942 年《询问处通则》颁布至 1947 年，全国成立法院询问处共计 380 处。

二、我国台湾地区法律援助制度的立法沿革

1949 年以降，我国台湾地区"法律"制度以中华民国时期的立法规定为基础，结合台湾地区的具体社会经济条件，在不断调试中取得进一步发展。其中，就法律援助制度而言，为了更好地维护民众的诉讼权与平等权，保障无资力者获得法律援助，台湾地区延续民国时期公设辩护人制度与指定辩护制度，并新定"法律扶助法"，逐步建立起以政府为主导、法扶会为中心的法律援助体系。

---

[1] 周正云："论民国时期的法律援助制度"，载《湖南省政法管理干部学院学报》2002 年第 5 期。
[2] 周正云："论民国时期的法律援助制度"，载《湖南省政法管理干部学院学报》2002 年第 5 期。
[3] 参见谢冠生 1948 年版《战时司法纪要》。

（一）公设辩护人制度的延续与衰落

我国台湾地区的公设辩护人制度从规范体系上看，主要由"公设辩护人条例"与"公设辩护人管理规则"共同构成。其中"公设辩护人条例"直接沿袭1939年南京国民政府所制定的《公设辩护人条例》，为其第五次修正案。"公设辩护人管理规则"依据1939年《公设辩护人条例》第7条第2项制定。

回顾公设辩护人制度在我国台湾地区的发展之路，其所遭遇的褒贬功过不一而足。自20世纪60年代起，公设辩护人制度的运行开始走向下坡，批评之声渐起；至80年代，对公设辩护人制度进行"专业化"改革已成为业界共识。大势所趋之下，我国台湾地区于1986年修订"公设辩护人条例"，并于次年出台"公设辩护人管理规则"。遗憾的是，由于公设辩护人制度积弊难除，改革成效甚微。此后，废除公设辩护人制度成为主流声音。1999年，公设辩护人制度经我国台湾地区司法改革会议表决被正式废除；同年，司法机关停止招考公设辩护人，公设辩护人队伍逐渐萎缩。但公设辩护人制度的生命并未因此终结，而是随着台湾地区刑事诉讼模式"改良式当事人主义"改革重焕新生。不过由于公设辩护人数量严重不足，[1]以及法扶会的壮大，公设辩护人作用愈微。

（二）"法律扶助法"的制定与修改

在"法律扶助法"公布实施之前，我国台湾地区法律援助主要依赖民间团体的力量推动，缺乏机构统筹与政府经费保障。法律援助形式单一，以提供口头咨询为主，鲜有撰写"法律"文书或提供诉讼代理与辩护。虽然我国台湾地区"刑事诉讼法"与"民事诉讼法"涉及法律援助制度的部分内容，但并不健全，如"刑事诉讼法"仅规定强制辩护制度，未涉及对贫困当事人的法律援助，"民事诉讼法"仅声明暂免诉讼费用或律师酬劳，而无具体程序规范。因此，为保障民众平等权及诉讼权，避免民众因无资力而被削弱获得正义的机会，法律援助法制化呼声愈大。2003年12月，"法律扶助法"通过，2004年1月7日发布；后经两次修正，形成"法律扶助法"现貌。

1. 2004年"法律扶助法"的制定

我国台湾地区法律援助的法制化探索始于民间。郑文龙律师和林永颂律师于1998年率先提出法律援助法治化的主张，并召集民间司法改革委员会、台北律师公会等民间团体，成立"法律扶助法（草案）"推进小组。该小组以召开读书会的方式密集开会，深入学习和研究世界各国法律援助制度，以期完成所谓民间版的法律援助草案。1999年7月，我国台湾地区司法改革会议作出"推动法律扶助制度"的决议，"法律扶助法"被纳入立"法"计划。然而，窘于政府财力不足，台

---

〔1〕 截至2017年10月底，我国台湾地区仅余45名公设辩护人。

湾地区"法律扶助法"的制定过程并不顺利，甚至一度遭遇搁置。经多方沟通协商，终于 2003 年 12 月通过"法律扶助法"，并于 2004 年 1 月 7 日发布。至此，我国台湾地区法律援助制度体系初成。

2004 年"法律扶助法"共设六章。第一章"总则"依序说明了法律援助的立法目的、责任主体、法扶会的成立及其主管机关、法律援助事项、法律援助资格、法律援助经费来源、法扶会业务等内容；第二章"法律扶助之申请"由法律援助对象开始，进一步载明法律援助的施行范围、申请书状的格式、准许援助决定及载明事项，以及变更援助、撤销援助、终止援助等情形；第三章"扶助律师及酬金"聚焦律师群体，对法律援助律师的选任、酬金拨付等予以规范；第四章"救济程序"主要规定申请法律援助复议的主体及程序；第五章"基金会之组织及监督"围绕法扶会的组织体制与运行机制展开；第六章"附则"包括诉讼救助的申请、保密义务等内容。

2. 2015 年"法律扶助法"的全面修改

我国台湾地区"法律扶助法"历经两次修正，其中第一次仅对个别条文作文字性修改；第二次则对 2004 年"法律扶助法"进行全面修正，以促进法律援助资源的高效运用与为民众提供更强有力的法律援助。修正内容包括：其一，拓宽法律援助服务事项，增加对非诉或其他事件的代理、辩护或辅佐，同时赋予法扶会有权通过决议增加服务事项。其二，扩大受援人的范围，降低无资力标准及证明门槛，新增因"其他原因无法受到法律适当保护者"的对象范围。此外，2004 年"法律扶助法"仅适用于合法居住于我国台湾地区的居民，2015 年"法律扶助法"则将非我国台湾地区居民但符合特定条件的申请人纳入法律援助对象范畴。其三，增加法律援助资金来源，可将前三年度"支付公库之缓起诉处分金或协商判决金"平均总金额的 15%纳入法扶会预算。其四，提升法扶会的运作能力与管理水平，如在法扶会办理事项中新增律师评鉴一项，并允许法扶会自行决定非核心事项，并在司法机关备案；对于如组织编制、基金及经费之运用、重大措施等核心事项，则需要由司法机关决定。其五，建立法律援助律师遴选制度，提高法律援助质量。

三、我国台湾地区法律援助的体系与机制

根据"法律扶助法"规定，法扶会是我国台湾地区组织实施法律援助服务的主要机构；各级法院、检察署、律师公会及律师均负有协助实施法律援助的义务。政府力量与社会力量的积极参与，使我国台湾地区法律援助体系呈多元发展趋势。根据提供法律援助的主体不同，可将我国台湾地区法律援助体系大致划分为以下三部分：第一，法扶会指派法律援助律师（含法扶会专职律师）向民众提供法律援助，包括诉讼、非诉、仲裁及其他事件的代理、辩护或辅佐，调解与和解代理，"法律"文件撰写，"法律"咨询等，覆盖刑事、民事、行政等多个领域。法扶会遵循"法

律扶助法”及经授权自行制定之操作办法，受司法机关的监督与管理。第二，法院组织提供的法律援助，如在法院内部设置诉讼辅导窗口提供“法律”咨询服务，以及为强制辩护案件中无辩护律师之被告人提供公设辩护人辩护。其中公设辩护人的选任、指派、考核等应当遵循我国台湾地区“刑事诉讼法”“公设辩护人条例”“公设辩护人管理规则”等相关规定。第三，律师公会组织提供的平民法律援助，包括组织义务律师向民众提供免费“法律”咨询、协助撰写“法律”文书、进行诉讼代理或辩护等。不同地区律师公会所提供的法律援助事项不同。此外，根据“律师公会办理平民法律扶助事项督导事项”的规定，地方检察署是平民法律援助制度的监督机关，负责定期监督、考察律师公会提供法律援助的情况，保证平民法律援助制度在施行中的规范性与高质量。[1]

（一）法扶会

法扶会是我国台湾地区为推行法律援助制度所专门成立的机构。根据“法律扶助法”第3条规定，“为实现本‘法’之立‘法’目的，应成立财团法人法律扶助基金会；其捐助及组织章程，由主管机关定之；第6条规定，“基金会之基金为新台币一百亿元，除鼓励民间捐助外，由主管机关逐年编列预算捐助”。可见，法扶会是推进我国台湾地区法律援助事务的执行主体。其一方面受司法机关的管理与捐助，负有向司法机关报备、报告之义务；另一方面负责审核当事人所提出的法律援助申请，以及遴选、指派法律援助律师并对其所提供法律援助服务予以评鉴。目前，法扶会已于我国台湾地区开设22家分会，并成立原住民族“法律”服务中心，为近百万民众提供法律援助服务。[2]为推进法扶会依“法”开展法律援助事务，保障机构运行的组织性与规范性，我国台湾地区于2003年3月发布“财团法人法律扶助基金会捐助及组织章程”（以下简称章程），对法扶会的组织架构、办理事项、经费来源等作出具体规定。

1. 组织架构

法扶会设有董事会、监察人会、专门委员会以及复议委员会。具体而言，董事会为法扶会的最高决策机构，负责决定会内重大事项，如聘任及解聘正副执行长、分会会长、分会执行秘书、审查委员会委员、复议委员会委员、专门委员会委员及其他重要职位；订立会务方针及计划；编列预算；筹措经费；依职权制定、修改、

---

[1] 除正文所提及的三部、高校、行政部门、社会律师等组织机构，社会团体或个人也以不同形式积极参与法律援助事业，但因其提供法律援助的方式、范围、时间、对象较为有限，缺少相关法定规范，故限于篇幅，不再逐一详细介绍。

[2] 法扶会于成立同年在台北、台中、台南、高雄、花莲5个高等法院所在地成立分会，2005年增设桃园、新竹、彰化、宜兰、台东、基隆、苗栗、南投、云林、嘉义、屏东、澎湖、金门以及马祖14个分会，2006年增设板桥分会（后移址三重并更名新北分会），2009年成立士林分会，2017年成立桥头分会，2018年再增原住民族“法律”服务中心。

废止法扶会办法；变更章程；处分财产等。根据"法律扶助法"第37条规定，董事会中有董事13人，董事会组成法定。根据"法律扶助法"第40条规定，法扶会设置董事长一人，需经全体董事互选。监察人会是法扶会的监督机关，负责监督法扶会业务的推展情况及执行业务人员的情况；稽核基金、存款及其他财产；检查财务状况；审议决算。根据"法律扶助法"第51条规定，法扶会共设5名监察人，任期3年，监察人会组成法定。监察人独立行使职权，必要时也可以召开监察人会议行使职权。监察人需要列席董事会陈述意见。

依据层级划分，法扶会由总会与分会共同组成，分会接受总会的管理与监督。因办理事项不同，总会与分会下辖不同机构。其中分会设有审查委员会，主要负责审议以下事项。（1）法律援助申请的批准、法律援助的变更、撤销及终止；（2）法律援助律师酬金的给付、酌定增减或取消；（3）受援人应当返还、分担或负担酬金及必要费用；（4）受援人与援助律师之间的争议；（5）"法律"规定的其他事项。审议方式为3人合议。如果当事人不服分会审查委员会所作出的决定，可向总会所设立的复议委员会提请复议。复议委员会委员由执行长或分会会长推举资深法官、检察官、公设辩护人、军法官、律师或其他具有法学专门学识的学者、专家担任。复议方式亦为3人合议。此外，总会还设有专门委员会旨在为董事会、监察人会科学决策提供参考。目前总会共设7个专门委员会，分别为"法规"专门委员会、研究专门委员会、发展专门委员会、原住民族司法保障委员会、扶助律师评鉴专门委员会以及扶助律师评鉴复审委员会等。

2. 经费来源

根据章程第3条规定，法扶会经费来源有以下九种途径，分别为（1）司法机关依法扶会业务需求，逐年编列预算补助；（2）政府相关部会之补助款；（3）直辖市、县（市）政府之补助款；（4）支付公库之缓起诉处分金或协商判决金；（5）律师公会捐赠；（6）基金之孳息；（7）受援人依本"法"所分担或负担之酬金及必要费用；（8）其他团体或个人之捐赠；（9）其他收入。其中（5）（8）（9）的收入如果在会计年度结束后还有结余，应转入法扶会基金。第（4）项经费，由司法机关依前三年度平均总金额百分之十五，并同第（1）项预算编列之。

3. 办理事项

法扶会（总会）与其下辖各分会具有不同的职责与服务内容。法扶会（总会）主要负责我国台湾地区法律援助服务的统筹与监管。根据章程第6条规定，法扶会（总会）办理事项包括规划、执行法律援助事务；法律援助经费之募集、管理及运用；推广法律援助、弱势人权议题之教育；受理机关（构）、团体委托执行法律援助事务；推动与法律援助、弱势人权议题相关之法令建置，具体办理方式依照法扶会与委托之政府机关、团体契约；办理不服分会审查委员会决定之复议案件；进行援助律师之评鉴；督导、管理及考核分会等事务；其他法律援助事宜。法扶会（分会）主要负责为辖区内符合要求的民众提供法律援助服务以及办理相关事项。根据章程第 7 条规定，法扶会（分会）办理事项包括法律援助事件的准驳、变更、撤销及终止之审议与执行；酬金及必要费用之预付、给付、酌增、酌减、取消、返还、分担或负担之审议与执行；受援人与援助律师间的争议调解；协助筹募法律援助经费；执行董事会交办事项及其他法律援助事项。

（二）法院体系公设辩护人

在我国台湾地区，公设辩护人是指隶属于法院体系，受法院监督管理，在强制辩护案件中为被告人提供辩护服务的专职辩护人。根据"公设辩护人条例"第 2 条规定："刑事诉讼案件，除依'刑事诉讼法'第 31 条第 1 项规定已指定公设辩护人者外，被告得以言词或书面申请法院指定公设辩护人为其辩护。因无资力选任辩护人而申请指定公设辩护人者，法院应为指定。"高等法院以下各级法院及其分院均设置公设辩护人。公设辩护人制度的运行，以"公设辩护人条例"和"公设辩护人管理规则"为具体遵照。

1. 选任条件

根据"公设辩护人条例"第 7 条规定，地方法院及其分院公设辩护人应从符合下列情形的人员中进行择选，其一，经公设辩护人考试及格者；其二，具有地方法院或其分院法官，地方法院或其分院检察署检察官任用资格者；其三，经律师考试及格，并执行律师职务 3 年以上，成绩优良，具有荐任职任用资格者；其四，经军法官考试及格，并担任相当荐任职军法官四年以上，成绩优良者。此外，根据该条例第 8 条第 2 款规定，"高等法院及其分院公设辩护人，应就曾任地方法院或其分院主任公设辩护人二年以上或公设辩护人七年以上，成绩优良者遴任之"。

2. 诉讼地位和主要职责

根据"公设辩护人条例"第 12 条规定，"公设辩护人对于法院及检察官，独立行使职务"。如果有两人以上担任公设辩护人，以一人为主任公设辩护人。主任公设辩护人负责监督及分配公设辩护事务。根据"公设辩护人管理规则"第 8 条规定，"公设辩护人接受法院指定案件之通知后，应即为下列事项，以维被告之权益：（1）调阅诉讼卷宗及证物，详研案情，积极、忠实为被告之利益搜集事证；（2）必须亲自接见被告一次以上，探求事实真相，如有必要时，并得亲赴犯罪地或其他有关处所搜集有利于被告之证据；（3）于接受法院关于讯问期日之通知时，应到庭陈述意见，并行使诘问权如发现有利于被告之事证，并应提出准备书状，申请法院调查证据，询问证人、鉴定人；（4）应善尽职责，撰写辩护书状"。此外，公设辩护人就承办的案件，应当负有诚实处理的义务，需将诉讼进行的各类情形及其他有关诉讼事项予以记录。公设辩护人办理案件，除"法律"另有规定，适用我国台湾地区"刑事诉讼法"关于辩护人之规定。

3. 公设辩护人的监督与管理

高等以下各级法院及其分院公设辩护人除受该管高等法院院长监督外，应同时受其所属法院的院长监督。在薪酬方面，公设辩护人薪酬由法院比照法官、检察官薪酬酌定给付。公设辩护人不得收受被告人报酬。在考核方面，根据"公设辩护人管理规则"第19条规定，初任公设辩护人试署实授成绩，应就最近1年制作之辩护书类或其他相当文稿检取20份，并造具任职期内承办案件收结简表，由所属法院或其上级法院层转司法机关审查。初任公设辩护人，因书类审查而尚未取得实授资格前，于任职满1年后，参照公务人员考绩法之规定，至年终予以考绩；第20条规定，前条公设辩护人成绩审查不及格者，得于继续任职满6个月之日起1个月内再检送最近制作之辩护书类等文稿审查之。未依本规则检送成绩审查及格人员，不得升迁。此外，公设辩护人中符合条件者经过选拔可担任法官。

（三）我国台湾地区律师公会

我国台湾地区目前共计16个律师公会，是参与法律援助事业的重要社会力量。各律师公会会组织旗下律师自愿向民众提供免费"法律"咨询服务，或根据公会情况酌情提供义务辩护等。不同公会提供法律援助的时间地点、方式与程度均有所不同。例如桃园律师公会组织律师于每周一上午在桃园地方法院服务窗口提供免费"法律"咨询服务；台中律师公会组织律师于台中地方法院、高等法院台中分院等地为民众解答"法律"疑难问题，帮助撰写、修改诉讼文书等；台北法院不仅组织律师于市政府内办理"法律"咨询服务，还制定了"台北律师公会平民法律扶助实施要点"，成立了平民法律扶助委员会，向符合条件的民众提供义务辩护或义务代理服务。

以"台北律师公会平民法律扶助实施要点"为例，台北律师公会平民法律扶助分为面谈咨询与义务辩护（代理）两种，就所请求之法律援助案件，应当给予何种法律援助，由平民法律扶助委员会就当事人所提供之材料，于审核后决定。根据该规定，台北律师公会向符合以下条件的当事人提供义务辩护或代理：（1）当事人有身体或精神上之残疾者；（2）劳工、未成年人、妇女及原住民等公益团体所委办者；（3）重大人权侵害案件、"法律"原则重大案件、社会重大案件；（4）其他经委员会认定确有必要者。义务律师在提供咨询服务时，如果发现当事人符合上述条件，应当主动告知其可以申请义务辩护或代理。对于义务辩护或代理之案件，义务律师不得向当事人索取任何报酬或费用，但律师公会可以对当事人酌定收取必要费用，以支付义务律师所支出的交通及复印费用。

此外，为加强律师公会办理平民法律援助，我国台湾地区制定了"律师公会办理平民法律扶助事项督导办法"，规定由地方检察署督导律师公会参与法律援助工作。根据该办法第4条与第5条规定，"地方检察署对于律师公会承办平民法律扶助事项，应每月派员前往考察一次，调阅有关文卷及簿册，发觉有办理不当者，应予指正"，且每半年详加考核一次，并将办理情形列册层报主管部门审查。

四、我国台湾地区法律援助制度的具体内容

我国台湾地区民众获得法律援助的种类，大致可以分为以下三个方面：其一，一般性的"法律"咨询服务，此类法律援助是最广泛也最易获得的。各级政府所设置的法律服务站、各地区各级法院的法律援助窗口、律师公会等处均长期提供免费的"法律"咨询服务。其二，特定案件类型的法律援助服务，具体包括刑事案件中的公设辩护人服务与保障弱势者的特别法律援助规定。其中后者散见于不同"法律"规范之中，如"家庭暴力防治法"第58条要求直辖市、县（市）主管机关为家庭暴力被害人核发诉讼费用及律师费用作为补助；"性侵害犯罪防治法"第19条要求直辖市、县（市）主管机关依被害人申请向其核发诉讼费用及律师费用等。其三，综合性与兜底性的法律援助，主要是指法扶会依据"法律扶助法"所提供的法律援助，既包括民事法律援助，也包括刑事、行政法律援助。

由于法扶会承担了我国台湾地区大部分法律援助案件，故有必要以"法律扶助法"及其相关配套制度为索引，从法律援助类型、法律援助对象、法律援助的申请与审查、法律援助事项、法扶会律师、受援人可能负担的费用、法律援助的撤销与终止七方面详细介绍法扶会是如何提供法律援助的。

（一）法律援助类型

法扶会作为我国台湾地区提供法律援助的组织实施机构，所提供的法律援助可分为一般性法律援助与法律援助专案。一般性法律援助主要是指"法律"咨询，刑事法律援助中的辩护，民事、行政法律援助中的诉讼代理等。据统计，2020年法扶会准许援助案件（一般案件）57 304件，刑事案件占比48.85%，民事案件占比34.78%，家事案件15.7%，行政案件0.66%。[1]法律援助专案包括"常年援助专案"与"集体援助专案"。区分一般性法律援助与法律援助专案具有重要意义，二者不仅制度目标不同，在适用对象、申请条件、审核标准、服务内容、援助资金来源等方面也有所差异。当申请者既满足一般性法律援助条件，又满足特殊性法律援助条件，其仅能选择一种法律援助类型予以申请。一般而言，后者申请条件较前者更为简易。但是需要注意的是，不同的路径意味着其获得法律援助的最终结果也将有所差异。

（二）法律援助对象

根据"法律扶助法"第1条规定，该法的制定目的是，对于无资力或因其他原因，无法受到"法律"适当保护者，提供必要之法律扶助。可见，法律援助对象有两类，第一类为无资力者，第二类为符合法定原因者。

---

[1] 参考资料：我国台湾地区法扶会2020年年度报告。

1. 无资力者的认定

关于无资力者的认定，符合下列情形之一即可。

其一，符合我国台湾地区"社会救助法"规定的低收入户、中低收入户。根据"社会救助法"第4条规定，"低收入户"是指经申请户籍所在地主管机关审核认定，符合家庭总收入平均分配全家人口，每人每月在最低生活费以下，且家庭财产未超过政府及当地主管机关公告之当年度一定金额者。"中低收入户"是指经申请户籍所在地主管机关审核认定，家庭总收入平均分配全家人口，每人每月不超过最低生活费1.5倍，且不得超过前条第三项之所得基准，且家庭财产未超过政府及当地主管机关公告之当年度一定金额者。

其二，符合我国台湾地区"特殊境遇家庭扶助条例"第4条第1项的特殊境遇家庭。也就是说，申请人其家庭总收入按全家人口平均分配，每人每月未超过政府当年公布最低生活费2.5倍及我国台湾地区平均每人每月消费支出1.5倍，且家庭财产未超过主管机关公告之一定金额，同时具有下列情形之一：（1）65岁以下，其配偶死亡，或失踪经向警察机关报案协寻未获达6个月以上；（2）因配偶恶意遗弃或受配偶不堪同居之虐待，经判决离婚确定或已完成协议离婚登记；（3）家庭暴力受害；（4）未婚怀孕妇女，怀胎3个月以上至分娩2个月内；（5）因离婚、丧偶、未婚生子独自扶养18岁以下子女或祖父母扶养18岁以下父母无力扶养之孙子女，其无工作能力，或虽有工作能力，因遭遇重大伤病或照顾6岁以下子女或孙子女致不能工作；（6）配偶处1年以上之徒刑或受拘束人身自由之保安处分1年以上，且在执行中；（7）其他经直辖市、县市政府评估因3个月内生活发生重大变故导致生活、经济困难者，且其重大变故非因个人责任、债务、非因自愿性失业等事由。

其三，其可处分之资产及每月可处分之收入低于一定标准。申请人非同财共居之配偶或亲属，与申请人无扶养事实的父母、子女、配偶或同财共居亲属，以及与申请人长期分居的配偶，其名下财产不计入此款可处分之资产。可处分资产、收入的标准及具体认定办法，由法扶会认定。

由于每年各地公告之低收入户、中低收入户标准会有所浮动，为方便申请人评估自己是否符合无资力标准，法扶会每年均会制表予以指引。

2. 其他原因的认定

我国台湾地区"法律扶助法"所称因其他原因无法受到"法律"适当保护者，包括以下情形：（1）涉犯最轻本刑为3年以上有期徒刑或高等法院管辖第一审案件，于侦查中初次询（讯）问、审判中，未经选任辩护人；（2）被告或犯罪嫌疑人具原住民身份，于侦查、审判中未经选任辩护人；（3）因神经系统构造及精神、心智功能损伤或不全，无法为完全陈述，于侦查、审判中未经选任辩护人；或于审判中未经选任代理人，审判长认为有选任之必要；（4）前三款情形，于少年事件调查、审理中，未经选任辅佐人；（5）其他审判、少年事件未经选任辩护人、代理人或辅佐人，审判长认为有选任之必要；（6）重大公益、社会瞩目、重大繁杂或其他类似事件，经基金会决议认定是否给予法律援助。

3. 不予援助的对象及其例外规定

我国台湾地区"法律扶助法"第15条规定了不应准许申请法律援助的情形及例外。根据该条规定，如果申请人属于以下八种情形，则不应允许其申请。其一，依申请人之陈述及所提资料，显无理由。其中，"显无理由"是指：（1）依申请人陈述之事实，将受较起诉书或原判决相同或更不利之判决者。但如有其情可悯或减刑、免刑或缓刑等可从轻量刑之事由者，不在此限；（2）申请人承认起诉书或判决书所载全部事实，且无其情可悯或减刑、免刑或缓刑等可从轻量刑之事由者；（3）申请人陈述事实与起诉书或原判决不同，但依其陈述，将受较起诉书或原判决相同或更不利之判决者。但如有其情可悯或减刑、免刑或缓刑等可从轻量刑之事由者，不在此限。需要注意的是，如果该案件为死刑案件，或行为人乃精神障碍、智能不足者，或行为人行为时未满18岁，则不得以"显无理由"为依据驳回申请。其二，申请人胜诉所可能获得的利益小于诉讼费用及律师报酬。但是，如果所涉及之纷争具有"法律"上或社会上之重大意义，则不在此限。其三，同一事件依本"法"或其他"法律"已受法律援助，而无再予援助的必要。其四，同一事件申请人已选任律师；法院已指定辩护人或指定律师担任代理人或辅佐人。其五，对法扶会提起的诉讼。其六，于我国台湾地区外进行的诉讼。其七，同一事件经法扶会或分会驳回确定，而无其他新事实或新证据。但依申请人所提资料，足以认定有予以援助之必要者，不在此限。其八，申请之事项不符法律援助的目的。如果申请者符合上述第一、二项规定，但是该案件属于刑事强制辩护情形的，则例外处理，同样应当准许当事人的法律援助申请。

此外，我国台湾地区2020年"财团法人法律扶助基金会法律扶助施行范围办法"还从申请对象与案件范围两个角度对法扶会提供法律援助及其例外情形进行具体说明。

从申请对象上看，法扶会原则上不为法人及机关团体提供法律援助，但经董事会决议允许，也可以例外提供。此外，如果该申请人已就同一申请案件或事件，自政府机关（构）或民间团体获得法律援助，除审查委员会认为有再予援助的必要外，应全部或部分不予援助。如果申请人于1年内已获得3项及以上法律援助服务，那么原则上便不再予以援助。

从案件范围来看，部分案件原则上不属于法律援助范围，但是如果确有给予援助之必要，审查委员会需经分会会长同意后可以向申请人提供援助。首先，对于下列刑事案件，法扶会原则上不予援助：（1）审判程序之告诉及告发代理。但如果被害人神经系统构造及精神、心智功能损伤或不全，无法为完全陈述，或为法定最轻本刑 3 年以上有期徒刑、妨害性自主或人口贩运之罪的告诉，或为符合我国台湾地区"刑事诉讼法"第 455 条之 38 第 1 项所定之罪的告诉，[1] 向法扶会申请审判中的告诉代理援助，不适用此项规定。（2）自诉代理。（3）再审及非常上诉程序的辩护。但申请人经宣告死刑确定者，不适用此项规定。（4）申请交付审判的代理。（5）商标侵权的告诉代理。其次，对于下列民事案件，法扶会原则上不予援助：（1）选举诉讼。（2）小额诉讼及其强制执行程序的代理。但是如果申请人请求标的为维持申请人家庭生活所需，或申请事件所涉及之纷争具有"法律"上或社会上之重大意义者，则不适用此项规定。（3）再审事件的代理。（4）商标权、专利权事件的代理。最后，对于下列行政案件，法扶会原则上不予援助：（1）再审事件的代理；（2）商标权、专利权事件的代理。

（三）法律援助的申请与审查

1. 申请资格

我国台湾地区居民均可以向法扶会申请法律援助，如果符合条件，即有权获得法律援助；非我国台湾地区居民如果符合下列情形之一，也有资格向法扶会申请法律援助：（1）该申请人合法居住于我国台湾地区；（2）该申请人系因不可归责于己之事由而丧失居留权；（3）该申请人系人口贩运案件的被害人或疑似被害人；（4）该申请人曾因同一事实接受法扶会援助；（5）该申请人对于他人曾因同一事实受法扶会援助后死亡，依我国台湾地区"法律"可行使权利；（6）该申请人对于他人因职业灾害死亡，依我国台湾地区"法律"可行使权利；（7）其他事项经法扶会决议。此七项的具体审查办法由法扶会决定。

2. 审查要件

法扶会审查要件有三，其一，案件要有道理；其二，案件系属法律援助范围；其三，申请人资力情况需符合无资力认定标准。法扶会原则上需要审查申请人经济状况，但是如果申请人为我国台湾地区"社会救助法"规定的低收入户与中低收入户、"特殊境遇家庭扶助条例"之特殊境遇家庭或存在强制辩护等法定情形，则不需予以审核。此外，如果申请人属于我国台湾地区"就业服务法"第 46 条第 1 项第 8~10 款所规定的引进从事海洋渔捞、家庭帮佣、机构看护、家庭看护、外展看护、制造、营造工作，或经政府主管机关指定工作之非台湾地区居民，或者"法律"规定其他情形之台湾地区居民的配偶，当其向法扶会保证其无资力时，法扶会亦无需审核其资力情况。

---

〔1〕 我国台湾地区"刑事诉讼法"第 455 条之 38 第 1 项：下列犯罪之被害人得于检察官提起公诉后第二审言词辩论终结前，向该管法院申请参与本案诉讼：一、因故意、过失犯罪行为而致人于死或致重伤之罪。

3. 申请与审查流程

申请人需先向通过电话或线上方式向法扶会预约时间，再亲自（或委托他人代理）前往各分会提出正式申请。在审查阶段，审查委员将就该申请人的案件及资力等情况与其进行面谈；此后，三位审查委员组成审查委员会对该申请进行评议，并以过半数之意见为审查意见。审查委员会需要决定以下内容：其一，是否准予法律援助及理由；其二，给予法律援助之事项；其三，申请人是否需要负担部分酬金及必要费用，如果需要，应缴数额及缴纳期限；其四，法律援助律师的酬金数额。审查委员会作出审查意见后，法扶会应当及时告知申请人申请结果。如果申请人有异议，可于 30 日内向所申请的分会提出异议。原申请分会应当组建由三名复议委员形成的复议委员会，对申请人所提出的异议进行书面审查，并视情况要求申请人到场说明。复议结果以复议委员会过半数意见为准。如果申请人无异议，法扶会应当在收到准许提供法律援助的审查意见 3 日内为申请人指派法律援助律师；法律援助律师的指派应综合考虑援助案件类型，援助律师专长、意愿、已承接援助事件之数量及受援人意愿等情况；当确认律师已与当事人会面并开始法律援助后，分会即可通知总会预付酬金。

（四）法律援助事项

我国台湾地区"法律扶助法"第 4 条明确规定了法律援助事项包括以下六项：（1）诉讼、非诉、仲裁及其他事件之代理、辩护或辅佐（2）调解、和解之代理；（3）"法律"文件撰拟；（4）"法律"咨询；（5）其他"法律"事务上必要之服务及费用；（6）其他经法扶会决议之事项。

（五）法扶会律师

法扶会提供法律援助的律师由"法律援助律师"与"专职律师"组成，二者均具有律师资格，且都可以在我国台湾地区法院以律师身份开庭。二者不同之处有三：其一，定义不同。法律援助律师是指申请加入法扶会且经法扶会审核通过，列入法律援助名册的一般律师；专职律师是指受雇于法扶会，且仅办理法扶会案件的律师。其二，办理案件内容不同，专职律师主要负责一般律师在执业过程中较少接触的，具有特殊专业性、公益性、重大性的案件，如环境诉讼、死刑辩护、集体案件等。其三，人数不同。法律援助律师无数量上的限制，而专职律师有额数限制。截至 2020 年 12 月 31 日，我国台湾地区共计登记 4382 名法律援助律师；法扶会共计聘请 21 名专职律师，其中台北分会、新北分会、台南分会各 3 名，北部专职律师中心 8 名，原住民族"法律"服务中心 4 名。[1]其四，法律援助案件限制不同。一位法律援助律师一年原则上至多接受 24 件法律援助案件，而一位专职律师应当

---

〔1〕 参考资料：我国台湾地区法扶会 2020 年年度报告。

办理规定数量及以上的法律援助案件。

1. 法律援助律师的选任

我国台湾地区经"法律扶助法"第23条授权，法扶会于2018年修正"扶助律师遴选及派案办法"，对法律援助律师的遴选、审核等事宜予以全面规定。根据该办法第2条规定，律师具有二年以上执业经验，可以向分会申请担任法律援助律师，但是符合以下情形，则不在此限。其一，申请者曾任法官、检察官、军事审判官、军事检察官、公设辩护人；其二，申请者提交所承办不同案号书状10份，经法扶会审查合格；其三，分会得因当地特殊情形，报经董事会同意后，增订担任该分会援助律师之特别条件。董事会可以视特定援助事件类型之特性及需求，弹性调整援助律师担任该类法律援助工作之资格条件，不受前二项之限制。

2. 法律援助律师的职责

根据我国台湾地区"法律扶助法"第26条规定，法律援助律师应忠实执行工作，善尽律师职责。法律援助律师经指派办理法律援助事务，非有正当理由，不得拒绝。法律援助律师除依本"法"规定请领酬金及必要费用外，不得以任何方式收受报酬或不正当利益。法律援助律师违反前三项规定者，视同违反律师伦理规范，移送评鉴；情节重大者，由法扶会移请律师惩戒委员会依"律师法"处理。

3. 法律援助律师的酬金

法律援助律师的酬金及必要费用，由法扶会给付，以"基数"为计算标准，其中1个"基数"折算为新台币1000元。根据我国台湾地区"法律扶助法"第27条规定，"每一审级诉讼、非诉、仲裁或其他事件之代理、辩护或辅佐，15至50个基数；侦查程序之代理或辩护，2至35个基数；调解、和解之代理或"法律"文件撰拟，而不涉及前二款之代理、辩护或辅佐者，2至15个基数；其他"法律"事务上必要之服务，依其性质，准用前四款规定"。如果法律援助律师承办"重大公益、社会瞩目、重大繁杂或其他相类似事件"或案件因律师协助达成和解，或超出法律援助酬金计付标准工时，可向法扶会书面申请酌增酬金；如果因可归责于法律援助律师之事由或情势变更致使法律援助律师未履行援助事务，分会亦可以酌减、取消其酬金。关于酬金的具体计算办法，由法扶会决定。

根据法扶会2020年"财团法人法律扶助基金会法律扶助酬金计付办法"规定，法律援助律师的酬金给付标准如表1所示。

表1　法律援助律师的酬金给付标准

援助种类	援助项目	基数	备注
"法律"咨询	一小时	0.6	

续表

援助种类	援助项目			基数	备注
"法律"文件撰拟	一件			2~5	
调解、和解之代理	一件			2~10	
检警第一次侦讯律师陪同到场	一小时（注：时长包括警察局侦讯、检察署复讯及检察官申请羁押）			0.6	平常日的日间时段（09：00-17：00）
				1	1. 平常日的小夜时段（17：00-24：00） 2. 例假日的日间与小夜时段
				1.2	大夜时段（24：00-09：00），含平常日与例假日
诉讼、非讼、仲裁及其他事件之代理、辩护或辅佐	民事第一、二审	简易诉讼案件		15~20	1. 小额诉讼案件若例外准予援助，给付15个酬金基数。 2. 仲裁、破产案件，案件若例外准予援助，给付20~30个酬金基数
		通常诉讼案件		20~30	
	家事	通常诉讼程序		20~30	
		非讼程序		15~20	
	刑事	侦查程序之辩护及告诉代理		15~20	
		交付审判		15~30	1. 单纯申请酬金以15个基数计算 2. 进入实质审判程序后，应扣除单纯申请已给付之酬金
		第一、二审辩护		20~30	自诉及告诉代理准予援助者，比照之
		认罪协商程序		2~10	
		非常上诉		15~20	
	少年	少年调查及保护事件		15~20	
		少年侦查案件		10~20	
		少年刑事诉讼案件		20~30	
		少年事件审理程序		15~30	1. 单纯申请酬金以15个基数计算 2. 进入实质审判程序后，应扣除单纯申请已给付之酬金

援助种类	援助项目		基数	备注
诉讼、非讼、仲裁及其他事件之代理、辩护或辅佐	行政救济	诉愿程序或其他前置程序	15~20	
		行政诉讼第一审（简易）	15~20	
		行政诉讼第一审（通常）	20~30	
		行政诉讼第二审	15~20	
	刑事补偿		15~20	
	民事、劳动、家事及刑事第三审		15~20	
	大法庭程序		20~30	
	民事、劳动、家事、刑事及行政再审		15~30	1. 单纯申请酬金以15个基数计算。 2. 进入实质审判程序后，应扣除单纯申请已给付之酬金
	民事、劳动、家事及行政第一、二审	保全或执行程序	15~20	1. 如仅撰状时，则依左列之撰状酬金基数范围给付酬金。 2. 进入实质保全或执行程序后，应扣除单纯申请已给付之酬金
	申请大法官解释		15~30	
	提审		5~15	1. 单纯撰写申请状以5个基数计算。 2. 进入开庭审理程序，应再给付10个基数
	消费者债务清理事件		8~20	1. 单纯协商或调解以8个基数计算。 2. 进入更生清算后，应扣除单纯协商或调解已给付之酬金
备注	1. 起诉前证据保全、申请停止强制执行、家事暂时处分、家事履行劝告程序及行政停止执行适用民事、劳动、家事及行政第一、二审之保全或执行程序项目 2. 其他扶助种类或项目不在本附表之列，其酬金基数标准准用性质最近之扶助项目 3. 大法庭程序案件之派案，以具有相当执业年资及经验之扶助律师为原则			

关于给付酬金的时间，法律援助律师可以在承接案件后，根据案件情况向分会申请预付酬金及必要费用；并可于案件终结或每一审终结后两个月内，向分会申请给付案酬及必要费用。

（六）受援人可能负担的费用

根据受援人可能负担费用的性质，大致可以分为分担金、反馈金（也称回馈金）、追偿金三类。具体而言，法扶会依据受援人资力情况，向其提供"全部法律援助"或"部分援助"。当法扶会提供法律援助为"全部法律援助"时，受援人不需要支付律师酬金；当法扶会提供法律援助为"部分法律援助"时，受援人应按比例分担律师酬金以及必要费用。"律师酬金"是指经法扶会核准向法律援助律师支付的薪酬，"必要费用"是指在办理该法律援助案件中，必须支出的与诉讼相关的费用，包括裁判费、鉴定费、执行费等。一般而言，分担金为律师酬金及必要费用的二分之一或三分之一。如果受援人负担确有困难，可以向法扶会申请代垫，并于案件结束后向法扶会返还。如果受援人因法扶会之援助取得财产且该财产的价值达到一定标准，分会经审查可以要求受援人负担酬金及必要费用之全部或一部分为反馈金。如果取得财产为不动产，应以公告现值或评定价值计算。根据法扶会2017年"受扶助人缴纳回馈金标准"第4条规定，如果受援人取得之标的价值合计超过律师酬金及其他必要费用100万元新台币以上者，应反馈全部的律师酬金及必要费用；取得之标的价值合计超过律师酬金及其他必要费用50万元新台币以上，未满100万元新台币者，应反馈一半的律师酬金及必要费用。最后，根据我国台湾地区"法律扶助法"第34条规定，在民事、行政案件中，法扶会就援助事项所支出的律师酬金及必要费用归于诉讼费用。如果受援人胜诉，法扶会可以向负担诉讼费用的另一方请求支付。若其拒绝支付，法扶会可以受援人的名义，申请确定诉讼费用数额及强制执行。

（七）法律援助的撤销与终止

当法律援助的申请经法扶会准许后，发现受援人所提交的释明、证明文件或陈述有伪造、变造或虚伪不实的情形，分会应撤销对其法律援助的准许。法扶会撤销法律援助，应给予受援人陈述意见的机会。法律援助撤销后，分会应以书面形式通知受援人支付撤销金。

如果受援人具有下列情形之一，法扶会应当终止法律援助：（1）因继承、赠与或其他原因，已不符合无资力的条件；（2）死亡或行踪不明；（3）因法令变更、情势变迁或请求之标的毁损、灭失致无继续援助之必要；（4）无正当理由不配合执行援助之要求，或不依限缴纳应分担之酬金及必要费用，致该援助事件无法进行；（5）对援助律师有重大侮辱行为；（6）其他原因致无继续援助之必要。除受援人死亡或行踪不明外，其余情形应当给予受援人陈述意见的机会。

五、我国台湾地区刑事法律援助制度

刑事法律援助制度是我国台湾地区法律援助制度的重要组成，也是刑事诉讼制度的具体内容之一。刑事法律援助不仅涵盖我国台湾地区"刑事诉讼法"第31条所规定的强制辩护情形，还包括少年案件、重大公益、社会瞩目、重大繁杂或其他相类案件；既包括一般性法律援助案件，也包括法律援助专案，如检警第一次侦讯律师陪同到场专案、原住民法律援助专案等；既涉及侦查阶段，也覆盖审判阶段。由于我国台湾地区法律援助体制为"民刑一体"，并无专门针对刑事的法律援助规定，因此对我国台湾地区刑事法律援助制度的介绍将以该地区"法律扶助法"与"刑事诉讼法"为根据，同时结合法扶会所颁布专案予以铺展。刑事法律援助主要是指为刑事案件中当事人提供法律援助，在侦查讯问阶段，刑事法律援助主要表现为律师陪讯；在侦查羁押阶段与审判阶段，刑事法律援助主要表现为强制辩护制度，即由法院指定义务辩护律师、公设辩护人或法扶会律师为犯罪嫌疑人、被告人提供辩护。[1]

（一）检警第一次侦讯律师陪同到场专案

为缩小民众与侦查机关之间"法律"专业知识的落差，协助民众行使辩护权，并确保侦查机关依"法"进行讯问，法扶会自2007年9月于法院、检察署先行试办"检警第一次侦讯律师陪同到场专案"（以下简称律师陪讯专案）。该专案是指法扶会依申请派遣律师陪同当事人接受检警讯问。陪讯律师可以为当事人提供"法律"咨询与建议、提醒当事人可以选择不回答问题、对不妥当的讯问提出异议、确保当事人基于意愿而陈述、确认笔录内容与当事人意思同一以及维护当事人受证人指示时应有的合法权益。2007年10月，法扶会将"律师陪讯专案"的运作时间延伸至夜间与假日，保证"365天、24小时"均有律师接受指派参与陪讯。2008年2月1日，"律师陪讯专案"在我国台湾地区15个县市警察分局开始试行，继而逐渐推向全台湾地区（除金门及马祖地区外）。据统计，2020年一般民众申请案件中，符合申请资格应派遣律师案件2531件，原住民检警案件符合申请资格应派遣律师1453件。[2]此专案的主要内容如下。

---

〔1〕　法扶会于2014年推出的"我要见法官——提审案件律师陪同专案"也可运用于刑事司法中。当犯罪嫌疑人因受检警机关非法逮捕、拘禁，限制人身自由时，可以申请该专案。在这种情形下，该专案属于刑事法律援助的一部分。但由于该专案在刑事司法中运用较少，对刑事司法影响甚微，故未纳入本文予以详叙。具体而言，原因有三，其一，从专案设计本旨观之，"我要见法官—提审案件律师陪同专案"主要适用于2014年"提审法"修改前无法申请提审者等，而非犯罪嫌疑人（因犯罪嫌疑被逮捕、拘禁后自始有权申请提审）。其二，如犯罪嫌疑人符合"检警讯问律师陪同申请服务"之条件，法扶会将优先指派律师陪同接受刑事讯问。其三，该专案本身运用数量较少，2020年共计适用14例。

〔2〕　参考资料：我国台湾地区法扶会2020年年度报告。

1. 申请主体

在刑事案件中，只要当事人符合下述"申请条件"，经本人、亲友、社工或者讯问机关致电法扶会，法扶会相关部门即会派遣律师前往当事人即将接受讯问的警察局、地方检察署或法院，陪同当事人参与讯问。

2. 申请条件

首先，对于一般民众，需同时符合以下两项条件才能于警询、侦讯、声押庭阶段提出专案申请：其一，涉嫌最轻本刑 3 年以上有期徒刑的重罪案件或高等法院管辖的第一审案件（常见 3 年以上有期徒刑的重罪有：杀人、强制性交/妨害性自主、强盗、贩毒、走私、枪炮、重伤、放火等）。其二，需为第一次被讯问。"第一次被讯问"包括两种情形，未曾因为同一案件接受讯问，以及虽然因为同一案件接受讯问，但第二次讯问被移送至新侦查机关进行。

其次，对于具有原住民身份或是心智障碍的当事人，则不限案件类型，只要其处于警询、侦讯、侦查阶段，均可以申请该专案。心智障碍者是指当事人因神经系统构造及精神、心智功能损伤或不全，无法为完全陈述者，需要领有身心障碍手册或卫生机构开具的医疗证明，或检警人员依其陈述能力认为其客观上陈述能力不佳。

最后，如果当事人符合法扶会"公民不服从法律援助专案"的适用标准，也可进行申请。

3. 申请时间

申请人在警察局或调查局等侦查机关接受讯问时、经移送至检察官进行复讯时、直接由检察官进行讯问时，以及检察官向法院申请羁押，法院进行羁押庭审理时均可以向法扶会申请"律师陪讯专案"。

4. 申请流程

"律师陪讯专案"需由当事人（或其家属、社工、警员等）通过电话进行申请，并于电话中告知申请人姓名及所在的侦查机关、涉案案由、侦查机关的联络电话及承办人姓名。法扶会根据信息判断是否符合专案申请条件，若符合相关规定，则指派援助律师到场为当事人提供陪讯服务。

（二）强制辩护制度

以辩护是否为刑事诉讼必须要素为区分标准，可将辩护分为强制辩护与任意辩护。强制辩护又称必要辩护，在特定案件类型中，以辩护人到场为被告人或犯罪嫌疑人辩护或执行职务为程序合法要件。[1]我国台湾地区"刑事诉讼法"第 31 条、

---

[1] 王兆鹏、张明伟、李荣耕：《刑事诉讼法》（上），新学林出版股份有限公司 2020 年版，第 600 页。

第 263 条、第 371 条、第 455 条共同构建了强制辩护制度。需要注意的是，强制辩护之辩护人来源包括公设辩护人、法院义务辩护律师以及法扶会所提供的法律援助律师。三者均为由政府保障犯罪嫌疑人或被告人享有充分辩护权的律师资源。关于三者之指定顺序，"法律"暂无相关规定。但我国台湾地区又于 2019 年作出决议，要求分情况指定辩护人，以消除社会对于强制辩护案件中少数有资力之人挤占法律扶助资源之疑虑。具体而言，"未来法院于审理强制辩护案件时，宜审酌当事人资力做初步筛选，如非无资力之人，应由公设辩护人或义务辩护律师协助，若属无资力之人，始转介法律扶助基金会承接案件"。

1. 案件适用范围

强制辩护制度的设计初衷即强调案件必须由辩护人参与，具体表现为其能在法庭上与检察官进行对抗，发现真实，维护被告人权利。因此，审判程序中的强制辩护是强制辩护制度的重中之重。随着人权保障价值被逐渐得到重视，强制辩护由审判阶段扩大至侦查阶段，从侦查讯问、询问环节扩大至侦查羁押审查程序。

（1）侦查阶段。

2006 年，我国台湾地区"刑事诉讼法"第 31 条第 6 项规定，强制辩护制度仅限于"因智能障碍无法为完全之陈述"的情形；2013 年，将"具有原住民身份者"增至侦查阶段强制辩护制度事由，同时明确强制辩护制度之例外；2015 年将"智能障碍"更改为"被告人因精神障碍或其他心智缺陷无法为完全之陈述者"，未增加新情形；2017 年将强制辩护制度扩充至审查羁押程序，新增"刑事诉讼法"第 31 条之一，对其适用及其例外予以规定。

概言之，当下我国台湾地区"刑事诉讼法"对侦查询问、讯问程序与羁押审查程序中强制辩护进行分别规定：在侦查讯问或询问程序中，"被告人或犯罪嫌疑人因精神障碍或其他心智缺陷无法为完全之陈述或具原住民身份者，于侦查中未经选任辩护人，检察官、司法警察官或司法警察应当通知依"法"设立之法律扶助机构指派律师到场为其辩护。但经被告人或犯罪嫌疑人主动请求立即讯问或询问，或等候律师逾四个小时未到者，得径行讯问或询问"。在侦查羁押审查程序中，"侦查中之羁押审查程序未经选任辩护人者，审判长应指定公设辩护人或律师为被告人辩护。但等候指定辩护人逾四小时未到场，经被告人主动请求讯问者，不在此限"。侦查阶段强制辩护中辩护人的指定与撤销、违反强制性的"法律"后果均同于审判阶段强制辩护制度的适用。

（2）审判阶段。

从 1934 年强制辩护制度首次入刑事诉讼法时仅适用于 3 类案件，至 2015 年我国台湾地区增至 7 类案件，强制辩护制度在审判程序中的适用范围不断扩大，适用条件不断细化。具体而言，1934 年仅规定"最轻本刑为 5 年以上有期徒刑，或高等法院管辖第一审之案件"及"其他案件认为有必要者"兜底；1945年将最轻本刑降至3年以上有期徒刑；1997年新增"被告人因智能障碍无法为完全之陈述者"适用强制辩护制度；2003年新增"低收入户被告人未选任辩护人而申请指定"；2013年新增"被告人具原住民身份，经依通常程序起诉或审判者"，并将6类分别陈列，体现了立法的科学化；2015年将"智能障碍"表述更改为"被告人因精神障碍或其他心智缺陷无法为完全之陈述者"，立法语言更加精准。

根据我国台湾地区"刑事诉讼法"最新规定，强制辩护案件适用类型有七，其中第31条规定了6类案件。（1）最轻本刑为3年以上有期徒刑案件，例如"刑法"第271条规定的杀人罪、第221条规定的强制性交罪等；（2）高等法院管辖第一审案件；（3）被告人因精神障碍或其他心智缺陷无法为完全之陈述的案件，本条文原表述为"智能障碍者"，后为防止例如自闭症、精神障碍、失智症等被告人被排除于强制辩护外，故参考"民法"第14条、"刑法"第19条，扩充为"精神障碍或其他心智缺陷"；（4）被告人具原住民身份，经依通常程序起诉或审判的案件；（5）被告人为低收入户或中低收入户且申请指定的案件；（6）其他审判长认为有必要的案件。第455条之5第1项将"协商程序，被告人合意范围已逾有期徒刑6个月且未受缓刑宣告的案件"也纳入强制辩护制度的适用范畴。

2. 辩护人的指定与撤销

辩护人的指定与撤销主要体现在审判过程中。我国台湾地区"刑事诉讼法"第31条规定，强制辩护案件被告人于审判中未经选任辩护人者，或选任辩护人于审判期日内无正当理由而不到庭者，审判长应为其指定公设辩护人或辩护律师。如果被告人有数人，审判长应指定一人为其辩护，但若被告人之间利益相互冲突，例如互指对方为杀人者，则应为其指定不同辩护人。这样安排既能够节约诉讼资源，避免指定辩护人的浪费，又能够使被告人利益得到周全且有效的保障。此外，强制辩护制度仅强调辩护人之必要性，并不排斥由被告人选任辩护人。若被告人或其亲属在审判长指定辩护人后另行选任，考虑到被告人与选任辩护人之间的信赖关系，审判长应当将指定辩护人撤销。

3. 强制性及其违反后果

强制辩护之"强制性"具体表征于"无辩护"之"法律"后果。我国台湾地区"刑事诉讼法"第284条规定，"第31条第1项所定之案件无辩护人到庭者，不得审判。但宣示判决，不在此限"。第397条规定："依有下列情形之一者，其判决当然违背法令……七、本'法'应用辩护人之案件或已经指定辩护人之案件，辩护人未经到庭辩护而径行审判者。"简言之，强制辩护案件未经辩护人到庭，不得审判；若审判，则当然违背法令，构成上诉至第三审理由。此外，如果辩护律师未尽实质辩护，那么据此审判并作出的判决同样违背法令，构成被告人上诉理由。根据司法判例，"未尽实质辩护"包括如下三种情形：其一，辩护人虽然形式上出席法庭，但审判笔录没有辩护人陈述意见的记载，显然这一情况与辩护人未出庭而径行审判者无差别；其二，在原审审判笔录中，虽然有辩护人陈述意见的记载，但经过查阅其卷宗，该律师未曾提出任何辩护书状或上诉理由书状，这也与未经辩护无异[1]；其三，辩护人虽然到庭，而没有明确的辩护意旨，即与未经辩护无异。[2]

从"法律"条文来看，强制辩护不存在例外，但在司法实践中，强制辩护无罪被告人的例外规定得到普遍认可，即如果强制辩护案件中被告人被判无罪，则对是否有辩护人为其辩护在所不问。然而，法官对这种例外的合法性并未达成一致意见，有法官认为："若该案件应论知无罪者，得经检察官一造辩论，并不违法"；[3]亦有法官认为："强制辩护案件，原审未指定辩护人为被告人辩护，其践行之诉讼程序，固属违法，但于判决无影响，不构成上诉第三审之理由。"[4]

六、我国台湾地区民事法律援助制度

民事法律援助制度是我国台湾地区法律援助制度的重要组成，对维护我国台湾地区居民合法权益发挥了重大作用。关于民事法律援助制度的相关规定，散见于我国台湾地区"法律扶助法"与"民事诉讼法"中。其中，"法律扶助法"主要规定了经申请获得民事法律援助的情形，只要当事人符合一定条件，则可以获得法扶会所提供的一般性法律援助或特殊性法律援助。我国台湾地区"民事诉讼法"虽未在法条中言明"法律援助"，但其关于"诉讼救助"[5]与"民事诉讼律师强制代理"的制度设计充分彰明保障民众平等参与诉讼之意，体现了法律援助制度的内在价值。

（一）法扶会民事法律援助

民事法律援助，是指对在民事（家事）案件中有经济困难或其他法定原因的当事人提供法律援助，根据"法律扶助法"第4条规定，民事法律援助事项包括：诉讼、非讼、仲裁及其他事件之代理；调解、和解之代理；"法律"文件撰拟；"法律"咨询；其他"法律"事务上必要之服务及费用；其他经法扶会决议之事项。民事法律援助申请要件有三：其一，申请人合法居住于我国台湾地区（除"法律"另有规定外）；其二，申请人经济困难，即全户每月收入、名下资产应符合法扶会

---

[1]　我国台湾地区1979年台上字第1046号判决。

[2]　我国台湾地区1984年台上字第2750号判决。

[3]　我国台湾地区1990年台上字第338号判决。

[4]　我国台湾地区2003年台上字第4731号判决。

[5]　需要说明的是，在我国大陆地区，法律援助制度与诉讼救助制度属于两项完全不同的制度；但在台湾地区，由于其秉承民国时期立法习惯，未明确区分法律援助与诉讼救助，因此二者存在重叠。例如，减免律师酬金与为特定案件中无资力者选任律师既属于法律援助领域，又属于诉讼救助范畴，值得注意。

"无资力"标准；其三，案情要有理由；其四，案件类型符合民事法律援助范围（部分案件需要经分会长同意后才能准予援助）。

据统计，法扶会 2020 年共计准许援助 57 304 件一般性法律援助案件，其中民事案件占比 34. 78%（诉讼代理占比 86%）；家事案件占比 15. 7%（诉讼代理占比 90%）。在民事案件中，消费者债务清理条例（9508 件）、侵权行为（4953 件）、消费借贷（1055 件）、所有权（598 件）、给付工资（515 件）为排名前五的案由；在家事案件中，给付扶养费（3959 件）、离婚（1478 件）、监护权（739 件）、亲权（728 件）、通常保护令（445 件）为排名前五的案由。此外，在特殊性法律援助中，法扶会 2020 年共计办理消费者个人债务清理事件法律援助专案 9516 件；劳工诉讼援助专案 3340 件，其中民事案件占比 98. 26%；原住民法律援助专案 4703 件，其中民事案件占比 53. 69%，家事案件占比 23. 6%。[1]综上可见，民事法律援助案件数量大，且多以提供诉讼代理为法律援助事项。

（二）诉讼救助与法律援助的关系

在民事诉讼中，当事人必须依法缴纳诉讼费用。根据我国台湾地区"民事诉讼法"第 110 条规定，诉讼费用包括裁判费、依"法"应预纳之诉讼费用以及审判长为受救助人指任律师所产生的律师酬金。从制度规范层面观之，诉讼救助与法律援助在立法目的上具有一致性，均为避免当事人因其经济处于弱势，无法利用诉讼程序伸张权利，使诉讼权与平等权流于空谈。同时，二者在实现方式上也具有相似性。根据"法律扶助法"第 4 条规定，法律援助事项包括暂免当事人部分或者全部诉讼费用。从制度沿革与体系角度观之，法律援助制度是对诉讼救助制度不周的补足，对弱势当事人保护力度更强。具体而言，当前我国台湾地区诉讼救助制度乃南京国民政府时期诉讼救助制度的沿袭，与当时刑事诉讼中指定辩护制度、公设辩护人制度共同描摹出法律援助制度的框架。然而由于诉讼救助之效力仅限于起诉后申请人应缴纳诉讼费用的暂免，在时间上不及于起诉前的法律咨询，在费用上不包括律师代理诉讼之报酬（非法官选任情形），对弱势当事人保护力度有限，未能改变经济优势者与弱势者诉讼权不平等的现状。基于此，2003 年"法律扶助法"明确规定，法律援助包括提供"法律"咨询、调解和解、"法律"文件撰写、诉讼或仲裁之代理或辩护、其他"法律"实务上必要之服务及费用扶助以及其他经法扶会决议之事项，旨在建立更健全的法律援助制度。由此可见，法律援助制度实为对诉讼救助制度缺陷的补足，二者在制度功能与规范上具有较多共同点，甚至在部分情形下，二者适用完全重合（如法官为当事人选任法律援助律师担任诉讼代理人时）。在司法实践中，诉讼救助的提供不仅需以我国台湾地区"民事诉讼法"为"法律"

---

[1] 参考资料：我国台湾地区法扶会 2020 年年度报告。

依据，也应当注意"法律扶助法"中的有关规定。有学者认为，"法律扶助法"关于诉讼救助的规定，是诉讼救助制度的特别性规定。[1]

首先，在申请条件上，法律援助与诉讼救助皆以当事人无资力且非无理由（非显无胜诉之望）为要件。为避免司法适用产生疑义，我国台湾地区"法律扶助法"第 63 条明确规定，经分会准许法律扶助之无资力者，其于诉讼或非讼程序中，向法院申请诉讼救助时，除显无理由者外，应准予诉讼救助，不受"民事诉讼法"第 108 条规定之限制。该条宣示了"法律扶助法"与"民事诉讼法"有关诉讼救助的关系。无资力者如果经过分会审查符合无资力之要件，被准许提供法律援助时，其亦应当依"民事诉讼法"之规定，（经申请）获得诉讼救助。申言之，如果该当事人已经过分会审查符合无资力之要件，则当其申请诉讼救助时，法院无须再审查其资力情况，应当准予诉讼救助，这既节省了法院调查程序，强化了法院诉讼救助功能，同时还能减轻法扶会经费负担。其次，在我国台湾地区以外公民是否享有诉讼救助方面，如果该公民因"无资力"已被法扶会应允提供法律援助，若其在诉讼中向法院申请诉讼救助时，法院应当准许。最后，在诉讼费用的确定与承担顺序方面，根据"法律扶助法"第 34 条规定，法扶会扶助案件适用（准用）"民事诉讼法"第 77 条之 25 第 1 项、第 466 条之 3 第 1 项[2]及其他"法律"规定，即法扶会因法律援助案件支出的酬金与必要费用，可被视为诉讼费用的一部分，由负担诉讼费用的一方予以支付；如果该方不予以支付，法扶会或其分会有权以受援人的名义，申请确定诉讼费用额及强制执行。此外，根据我国台湾地区"民事诉讼法"第 110 条明确规定，案件裁判费及其他应预先缴纳的诉讼费用由公帑垫付；第 114 条第 2 项规定，为受援人选任律师之酬金，征收而无效果时，由公帑垫付。概言之，第一，对于符合诉讼救助的当事人，其案件的裁判费及其他应预先缴纳的诉讼费用由公帑垫付。第二，如果法院依"法"为当事人选任法律援助律师担任诉讼代理人，则其援助律师的酬金由法院酌定；法扶会有权以受援人名义请求应当负担诉讼费一方予以给付酬金或强制执行；如果执行无果，则该酬金亦由公帑垫付。

需要注意的是，尽管法律援助制度与诉讼救助制度具有大量相通之处，诉讼救助部分情形可归于民事法律援助范畴，但二者亦存在差异。例如在对象上，诉讼救助的对象既可以是自然人，也可以是法人或非法人团体；但民事法律援助的对象原则上仅限于自然人。在具体费用方面，诉讼救助不含当事人为准备诉讼所支出的费用，例如鉴定费、律师差旅费等；法律援助包括"其他'法律'事务上必要之费

---

[1]　郑文龙："法律扶助和诉讼救助之关系"，载《日新半年刊》2005 年第 4 期。

[2]　我国台湾地区"民事诉讼法"第 77 条之 25 第 1 项规定，"法院或审判长依'法律'规定，为当事人选任律师为特别代理人或诉讼代理人者，其律师之酬金由法院酌定之"；第 466 条之 3 第 1 项规定，"第三审律师之酬金，为诉讼费用之一部，并应限定其最高额"。

用"，较诉讼救助更为广泛。在资金来源方面，诉讼救助支出费用由公帑兜底；法律援助支出费用由法扶会承担，来源包括司法机关捐助、民间捐助等。此外，法院为当事人选任诉讼代理人不一定是法律援助律师，也可以是律师公会义务辩护律师。

（三）民事诉讼律师强制代理制度

当前，在很多民事案件中，由于代理律师的缺失，当事人的合法权益无法得到充分实现，诉讼效率亦因此而较为低下，为了解决上述问题，我国台湾地区设置了强制律师代理制度。具体而言，强制律师代理制度是指对于特定案件，除非"法律"另有规定，当事人本身无诉讼行为能力，且所为之诉讼行为不生效力，必须由律师代为诉讼。[1]亦即，在律师强制代理案件中，当事人无法亲自起诉、上诉并出庭为诉讼行为。如果当事人无资力聘请律师，则由法院为其选任律师担任诉讼代理人。在民事诉讼中，此虽称之为诉讼救助制度，但实际上彰显了法律援助的内在价值，也需要法扶会的配合。因此可以说，法律援助是实现律师强制代理的重要手段。

1. 制度现状

根据我国台湾地区 2021 年"民事诉讼法"规定，律师强制代理制度目前仅适用于第三审程序。根据"民事诉讼法"第 466 条之 1 规定，对于第二审判决上诉，上诉人应委任律师为诉讼代理人。但上诉人或其法定代理人具有律师资格者，不在此限。上诉人之配偶、三亲等内之血亲、二亲等内之姻亲，或上诉人为法人、政府机关时，其所属专任人员具有律师资格并经法院认为适当者，亦得为第三审诉讼代理人。第一项但书及第二项情形，应于提起上诉或委任时释明之。上诉人未依第一项、第二项规定委任诉讼代理人，或虽依第二项委任，法院认为不适当者，第二审法院应定期先命补正。逾期未补正亦未依第 466 条之 2 为申请者，第二审法院应以上诉不合法裁定驳回之。之所以在三审程序中先行律师强制代理制度，盖因为我国台湾地区第三审为严格之"法律"审，上诉理由为第二审判决有违反"法律"规定的情形。鉴于当事人"法律"知识的欠缺，很难发现二审裁判中是否有违反"法律"规定，故采强制代理制度，以保护当事人的权益。需要注意的是，根据"法律"规定，律师强制代理制度仅适用于上诉人，不适用于被上诉人。被上诉人既可以委托律师代理诉讼，也可以自行进行诉讼。

如果上诉人无资力委任诉讼代理人，应当依照诉讼救助的规定，申请第三审法院为之选任律师担任其诉讼代理人，第三审律师的酬金，为诉讼费用的一部分。由此可见，如果上诉人无资力，且符合法扶会标准，既可以向法扶会申请法律援助，也可以直接向法院申请诉讼救助，由法扶会为其选任律师担任诉讼代理人。

---

〔1〕 张文郁："论律师强制代理制度下第三审法院之审理"，载《月旦法学杂志》2018 年第 279 期。

2. 改革方向

我国台湾地区"民事诉讼法"近十年来,每年修正未曾间断。2017年9月,我国台湾地区提出"以法院金字塔化为改革方向",并于2018年5月通过草案。在"构建民事诉讼金字塔型诉讼结构"之诉讼制度改革中,健全民事诉讼律师强制代理制度,扩大律师强制代理范围是重点内容。2018年我国台湾地区司法机关明确指出,"鉴于民事诉讼具高度'法律'专业性,无'法律'素养之人代理诉讼,难以胜任,为保护当事人权益,并使诉讼程序顺利进行,明定诉讼代理人应委任律师为之,如欲委任非律师为诉讼代理人,应限于与当事人有特定亲属关系,或为其所属专任人员,且具一定资格,并经审判长许可者为限。至攸关公益或对于当事人权益影响重大之特定诉讼事件,则采律师强制代理制度,除当事人或其法定代理人具有律师资格者外,双方均应委任律师为诉讼代理人"。据此,草案明确扩大律师强制代理范围、确定律师强制代理效力、限定律师强制代理酬金,推动强制律师代理制度的发展。

在扩大律师强制代理范围方面,草案于第68条第1项明确规定,对于下列案件,当事人应委任律师为诉讼代理人;但当事人或其法定代理人具有律师资格者,不在此限:其一,我国台湾地区"民事诉讼法"第44条之1至第44条之3之诉讼。此类案件具有公益性与集团性,采用律师强制代理制度有利于保护多数人利益,加速诉讼进程。其二,适用通常诉讼程序之财产权诉讼,其诉讼目标金额或价额在500万元新台币以上者。此类案件涉案标的高,对当事人影响大,采用律师强制代理制度有利于保护当事人权益、促进审理公平公正。其三,第二审法院适用通常诉讼程序之财产权诉讼,其诉讼目标金额或价额或因上诉所得受之利益,逾150万元之事件。其四,第三审法院之事件。其五,适用通常诉讼程序之再审事件。再审是对确定判决或裁定申明不服之程序,具有高度的"法律"专业性,为避免当事人无法准确表明再审理由,任意提起再审之诉,故要求由律师强制代理。其六,依其他"法律"规定起诉应委任律师为诉讼代理人者,例如"消费者保护法"第49条第2项规定"当消费者保护团体要提起消费者损害赔偿诉讼时,必须委任律师代理诉讼"等。

在明定律师强制代理效力方面。草案规定,当事人自为诉讼行为,除另有规定外,不发生"法律"效力。未委任律师起诉、上诉、申请或抗告,经法院定期命补正而逾期未补正者,应裁定驳回;被告、被上诉人或相对人未委任律师,审判长得定期命补正。当事人依"法"补正者,其诉讼行为经诉讼代理人追认,溯及于行为时发生效力。诉讼代理人偕同当事人于期日到场,当事人得为自认、成立和解或调解、撤回起诉或申请、撤回上诉或抗告等诉讼行为,经审判长许可后,并得以言词为陈述。此外,诉讼代理人的诉讼行为直接对当事人本人发生效力;诉讼代理人关于诉讼行为有故意或过失时，当事人本人应与自己之故意或过失负同一责任。诉讼代理人于辩论期日不到场，视同当事人不到场。

在限定律师酬金方面。草案规定，律师强制代理中的律师酬金，是诉讼费用的组成部分，并应限定其最高额。此条规定已于 2020 年"民事诉讼法"修正中予以彰明。

七、我国台湾地区法律援助专案

法律援助专案体现了我国台湾地区法律援助制度的特色。相较于一般性法律援助，法扶会组织实施法律援助专案更具能动性与自主性。法律援助专案包括"常年援助专案"与"集体援助专案"。"常年援助专案"主要通过提供特殊形式的法律援助以保护特定弱势群体的合法权益。"集体援助专案"主要针对某一具有较大社会影响力的事件展开，通过法扶会组织律师团开展集体诉讼的形式维护受害人群体合法权益。

（一）常年援助专案

目前正在施行的"常年援助专案"有七，分别为身心障碍者法律援助专案、劳工诉讼法律援助专案、原住民法律援助专案、消费者债务清理条例法律援助专案、检警讯问律师免费陪讯服务专案、公民不服从法律援助专案、我要见法官—提审案件律师陪同专案。根据专案设立类型，可细分为合作型常年援助专案与独办型常年援助专案。

1. 合作型常年援助专案

合作型常年援助专案为法扶会接受其他政府部门委托，合作设立、共同办理。这种合作援助的模式不仅有利于保护特定弱势群体的合法权益，更扩大了法律援助范围，促进了我国台湾地区法律援助制度向精细化发展。具体而言，合作型常年援助专案包括法扶会与卫生部门共同设立的身心障碍者法律援助专案、与劳动部门共同设立的劳工诉讼援助专案以及与"原住民委员会"共同设立的原住民法律援助专案。据统计，2020 年身心障碍者法律援助专案申请件数 475 件、准予援助 152 件；劳工诉讼法律援助专案申请件数 3934 件、准予援助 3340 件；原住民法律援助专案申请件数 5038 件、准予援助 4703 件；原住民检警侦讯律师陪同到场专案申请件数 1545 件、准予援助 1523 件。

合作型常年援助专案为保护特定人群的合法权益而设，其与一般性法律援助相比在申请资格、援助项目、救济方式等多方面存在差异。首先，在申请资格方面，一般性法律援助适用于所有合法居住于我国台湾地区的居民，要求每月收入、名下资产数额应符合法扶会无资力标准，低收入户、中低收入户、特殊境遇家庭或符合特殊条件时，不审查资力；"身心障碍者法律援助专案"需提交身心障碍手册或证明，申请者无资力标准较一般性法律援助放宽 1.5 倍；"劳工诉讼法律援助专案"

无资力标准为申请人每月收入低于 7.5 万元新台币，个人名下资产低于 300 万元新台币；"原住民法律援助专案"仅适用于我国台湾地区原住民，虽无资力审核门槛，但需申请者提供全户资力证明。需要说明的是，如果申请人符合上述四项法律援助标准，应当结合身份类型、案件类型、是否缴纳裁判费等择一申请。其次，在援助项目方面，一般性法律援助由法扶会承担法律援助律师费、裁判费及以外费用，同时需要受援人缴纳回馈金；"身心障碍者法律援助专案"仅涵盖律师费及聋人或听障者沟通的手语翻译、听打服务费用，不需要受援人缴纳回馈金；"劳工诉讼法律援助专案"覆盖律师费、裁判费及以外费用，不需要受授人缴纳回馈金；"原住民法律援助专案"仅含援助律师费，无须申请人缴纳回馈金。最后，在救济程序方面，若申请一般性法律援助或"原住民法律援助专案"被拒，申请人可以向复议委员会申请重新审议；若申请"身心障碍者法律援助专案"与"劳工诉讼法律援助专案"被拒，申请人只能向我国台湾地区有关部门申请诉愿审议。此外，在"法律"规范上，不同类型的法律援助亦有不同遵循。一般性法律援助依据"法律扶助法"及相关子"法"；"身心障碍者法律援助专案"遵循身心障碍者法律援助专案计划暨委托契约书；"劳工诉讼法律援助专案"遵循"劳资争议'法律'及生活费用扶助办法"；"原住民法律援助专案"遵循"推动原住民族'法律'服务要点"。

2. 独办型常年援助专案

经董事会决议，法扶会还设有四类独办型常年援助专案，分别是"消费者债务清理条例法律援助专案""检警讯问律师免费陪讯服务专案""公民不服从法律援助专案"与"我要见法官—提审案件律师陪同专案"。这些专案的特点在于对象特定、法律援助手段特殊。

"消费者债务清理条例法律援助专案"主要是为符合"消费者债务清理条例"所规定的消费者（五年内没有从事营业行为的债务人，或虽然有营业行为，但营业额平均每月 20 万元新台币以下的债务人）指派律师协助进行法院调解、银行协商、申请清算等。"检警讯问律师免费陪讯服务专案"旨在为符合特定条件的犯罪嫌疑人（三年以上有期徒刑且就该案件第一次接受讯问，或具有原住民身份、因神经系统构造及精神、心智功能损伤或不全，无法为完全陈述且就该案件第一次接受讯问）提供讯问陪同服务。据统计，2020 年法扶会共办理 9516 件"消费者债务清理条例法律援助专案"，2531 件"检警讯问律师免费陪讯服务专案"，1453 件"原住民身份检警侦讯陪同案件"。[1]此外，"公民不服从法律援助专案"由"公民不服从检警专案"与"公民不服从诉讼援助专案"组成，适用于因公益以非过激方式进行抗议活动的民众；当其面临检警单位侦讯及后续司法程序时，法扶会依申请为

---

〔1〕　参考资料：我国台湾地区法扶会 2020 年年度报告。

其指派律师提供陪讯、辩护等法律援助。"我要见法官—提审案件律师陪同专案"主要针对受法院以外机关逮捕、拘禁者，如遭受医疗机关强制住院的精神病患者等；当其人身自由受到剥夺或限制，法扶会经申请可以向其指派律师陪同其向法官陈述意见。

（二）集体援助专案

根据我国台湾地区"法律扶助法"第5条第4项第6款规定，重大公益、社会瞩目、重大繁杂或其他相类案件，经法扶会决议者，即属"法律扶助法"所称"因其他原因无法受到'法律'适当保护"，可由法扶会提供法律援助。据此，法扶会设立集体援助专案，以保护某一具体事宜下民众之合法权益。集体援助专案具有受众多、援助持续时间长、社会影响大等特点。目前正在进行的集体援助专案有"太鲁阁号出轨事故受害人援助专案""六轻空污受害者法律援助专案""RCA美国无线电公司污染事件""持志集团受害人法律援助项目""八仙尘爆炸受害人法律援助""维冠大楼倒塌受害人法律援助专案""国道游览车翻车事件法律援助专案"与"中石化戴奥辛污染事件法律援助专案"。以"维冠大楼倒塌受害人法律援助专案"为例。2016年2月，我国台湾地区发生6.7级地震，台南市永康区维冠金龙大楼倒塌，楼内115人遇难，另有轻重伤约百人。此次倒塌成为我国台湾地区因单一建筑物倒塌造成伤亡最惨重的灾难事件。由于此次倒塌事件伤亡惨重、性质恶劣、社会影响力巨大，为维护被害人及其家属的合法权益，法扶会特设专案向其提供法律援助。该专案援助无须审核申请人资力情况，且援助覆盖诉讼全流程，包括刑事附带民事诉讼部分。

八、附录：我国台湾地区法律援助"法规"指引

目前我国台湾地区施行法律援助遵循"法规"如下：

1	"法律扶助法"
2	公私场所违反"空气污染防制法"行为揭弊者法律扶助办法
3	性别工作平等诉讼法律扶助办法
4	油症患者权益诉讼案件法律扶助办法
5	原住民族委员会就业歧视及劳资纠纷法律扶助办法
6	违反"毒性及关注化学物质管理法"行为揭弊者法律扶助办法
7	财团法人法律扶助基金会捐助及组织章程
8	财团法人法律扶助基金会监督管理办法
9	法律扶助施行范围办法
10	受法律扶助者无资力认定标准

11	审查委员会审议办法
12	复议委员会审议办法
13	法律扶助酬金给付办法
14	法律扶助必要费用计付办法
15	劳资争议"法律"及生活费用扶助办法
16	免经审查委员会审议扶助事件处理办法
17	办理扶助律师评鉴办法
18	扶助律师遴选及派案办法
19	我国台湾地区高等法院与法律扶助基金会台北分会联系作业流程
20	审查委员审查注意要点
21	审查强制辩护案件是否显无理由注意要点
22	审查委员会委员及复议委员会委员回避注意要点
23	原住民族委员会法律扶助要点
24	扶助律师办理扶助案件应行注意事项
25	律师公会办理平民法律扶助事项督导办法

资料来源："法规"资源引介第 160 辑（2019 年 9 月制）